Jörg Jovy

Digital filmen

Das umfassende Handbuch

Rheinwerk
Design

Liebe Leserin, lieber Leser,

Filme sind großartig! Kaum ein Medium ist so vielfältig wie der Film. Mit ihm kann man Menschen berühren, informieren, faszinieren oder auch überraschen. Dabei lebt ein guter Film – ganz egal, ob nun Urlaubsdoku, Hochzeitsvideo oder abendfüllender Spielfilm – maßgeblich von einer souveränen Kameraführung, dem richtigen Rhythmus, von spannungsgeladenen Pausen und geschickt aufgebauten Erzählsträngen. Kurz: Von dem gelungenen Zusammenspiel von Erzählung, Technik und Ästhetik, das durch den anschließenden Videoschnitt den »Filmstreifen« erst wirklich zum Leuchten bringt.

Unser Autor und erfahrener Film-Profi Jörg Jovy hat es sich zur Aufgabe gemacht, Sie auf den nächsten ca. 700 Seiten bei allen Stationen der Videoproduktion zu begleiten. Von den technischen Grundlagen bis zur Aufnahmepraxis, vom Storyboard bis zum Videoschnitt lernen Sie in diesem Handbuch den gesamten Workflow der digitalen Filmherstellung kennen. Dabei beantwortet Jörg Jovy nicht nur alle technischen Fragen, sondern geht auch ausführlich auf wichtige Themen rund ums Filmemachen wie Rechtliches, Drehbuchschreiben und Präsentation des fertigen Films ein und verrät dabei allerlei Profi-Tipps aus der Filmpraxis. Ganz egal, ob Sie nun mit einer Systemkamera, Actioncam, Drohne oder auch mal mit Ihrem Smartphone filmen – das hier vermittelte Wissen können Sie immer anwenden!

Eine wahre Fundgrube ist auch die Webseite zum Buch. Unter *www.rheinwerk-verlag.de/6101* finden Sie alle verwendeten Beispieldateien, hilfreiche Lehrfilme zu Drehplanung, -ablauf und Postproduktion und darüber hinaus Beispielprojekte zum Thema Videoschnitt inkl. Footage zum Üben u. v. m.

Nun bleibt mir noch, Ihnen viel Spaß bei der Lektüre und beim Ausprobieren der zahlreichen Tipps und Tricks zu wünschen. Sollten Sie Anregungen, Fragen oder Kritik zum Buch haben, so freue ich mich über Ihre Nachricht.

Ihre Ruth Lahres
Lektorat Rheinwerk Design
ruth.lahres@rheinwerk-verlag.de

www.rheinwerk-verlag.de
Rheinwerk Verlag • Rheinwerkallee 4 • 53227 Bonn

Auf einen Blick

Wir hoffen, dass Sie Freude an diesem Buch haben und sich Ihre Erwartungen erfüllen. Falls Sie Anregungen, Wünsche und Kommentare haben, lassen Sie es uns wissen: **service@rheinwerk-verlag.de**.

Informationen zu unserem Verlag und Kontaktmöglichkeiten finden Sie auf unserer Verlagswebsite **www.rheinwerk-verlag.de**. Dort können Sie sich auch umfassend über unser aktuelles Programm informieren und unsere Bücher und E-Books bestellen.

Autor Jörg Jovy
Lektorat Ruth Lahres
Copy-Editing Petra Biedermann, Reken
Typografie & Layout Vera Brauner
Satz Markus Miller, München
Herstellung Denis Schaal
Covergestaltung Mai Loan Nguyen Duy
Coverbilder iStock: 112407 © mammamaart, 3279551 © lisegagne, 8302687 © bjones27, 19773234 © Nastco, 20174906 © Lisa-Blue, 20437749 © LifesizeImages, 22463855 © MmeEmil, 57695516 © ianmcdonnell; Shutterstock: 158754935 © blurAZ, 376067443 © Mark Agnor; Buchrückseite: iStock: 17178783 © fzant
Druck mediaprint solutions, Paderborn

PEFC
PEFC/04-31-0810

Dieses Buch wurde mit mineralölfreien Farben auf PEFC-zertifiziertem Papier aus nachhaltiger Waldwirtschaft gedruckt. Hergestellt in Deutschland.

Bibliografische Information der Deutschen Nationalbibliothek:
Die Deutsche Nationalbibliothek verzeichnet diese Publikation in der Deutschen Nationalbibliografie; detaillierte bibliografische Daten sind im Internet über *http://dnb.dnb.de* abrufbar.

ISBN 978-3-10808-4

5., aktualisierte Auflage 2026

Rheinwerk Verlag GmbH • Rheinwerkallee 4 • 53227 Bonn
service@rheinwerk-verlag.de

Inhalt

TEIL II Aufnahme

5 Das digitale Bild

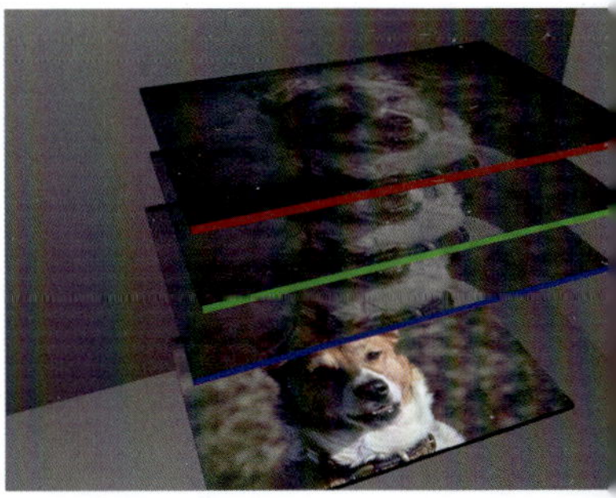

6 Die richtige Kamera

7 Zubehör

10 Das Handwerk des Filmens

11 Die Bildgestaltung

12 Von der Einstellung zur Szene

13 Workshop Filmen

TEIL III Schnitt

14 Die Kunst des Filmschnitts

15 Das optimale Schnittsystem

16 Das Schnittprojekt

17 Die ersten Schritte

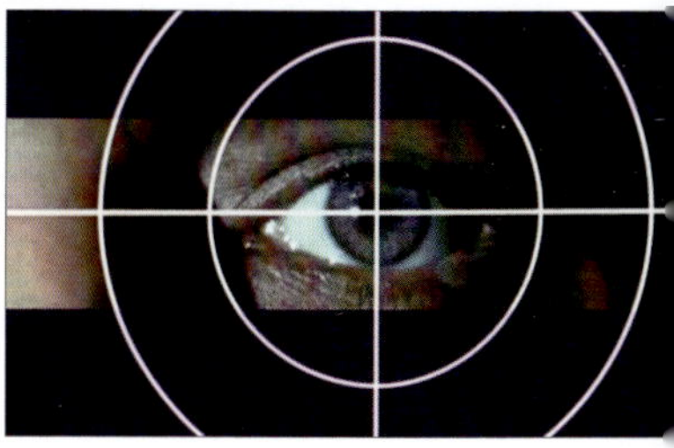

18 Montagetechniken, Ton und Grafik

19 Videoeffekte

20 Workshop Schnitt

TEIL IV Präsentation

21 Der Feinschliff

22 Die Veröffentlichung eines Films

23 Liveproduktion

24 Die Archivierung

Die Beispieldateien zum Buch

Dieses Icon in der Randspalte des Buches verweist auf die Beispieldateien.

Auf der Webseite zum Buch *www.rheinwerk-verlag.de/6101* können Sie sämtliche Beispieldateien herunterladen. Öffnen Sie den Reiter MATERIALIEN. Bitte halten Sie Ihr Buchexemplar bereit, damit Sie die Materialien freischalten können.

Im Downloadbereich finden Sie neben den Beispielfilmen zusätzliches Arbeitsmaterial sowie weiterführende Informationen. Das Zip-Archiv beinhaltet folgende Ordner:

- Filme
- Projekte
- Zusatzmaterial

Filme

In diesem Ordner finden Sie passend zum Buch zahlreiche Beispiel- und Lehrfilme. Meist sind das kurze Sequenzen und Videoclips, die eine bestimmte Technik zeigen oder vorführen, wie man typische Fehler vermeiden kann.

Sollten Sie die Beispielfilme mit Ihrem Standard-Video-Player nicht abspielen können, empfehlen wir Ihnen die Installation des VideoLAN-Clients (jeweils für Windows und Mac). Bei diesem Programm handelt es sich um einen kostenlosen Video Player, der die allermeisten Film-Formate abspielen kann. Weitere Informationen erhalten Sie unter *www.videolan.org*.

Copyright
Beachten Sie: Die Beispieldateien sind ausschließlich für Sie zum Üben vorgesehen! Sie dürfen nicht in kommerziellen Projekten verwendet und nicht weitergegeben werden.

Projekte

In diesem Ordner finden Sie drei Beispielprojekte für Adobe Premiere Pro, mit denen Sie einige der in diesem Buch gezeigten Schnittprojekte selbst ausprobieren können.

Zusatzmaterial

Hier finden Sie zwei PDF-Dateien. Die Datei »Hofheim1250.doc« zeigt Ihnen exemplarisch den Aufbau des Treatments für den Dokumentarfilm »Hofheim 1250«. Mehr zum Thema Treatments erfahren Sie in Abschnitt 3.1, »Der Plan zum Film«.

Die Datei »Freigabeerklaerung.pdf« können Sie als Mustervertrag nutzen, wenn Sie Schauspieler anheuern. Im Abschnitt 4.5.5, »Model-Release«, erfahren Sie dazu mehr.

Vorwort

Die Welt dreht sich immer weiter, auch wenn man manchmal den Eindruck hat, die Zeit und die Entwicklung würde stillstehen. Bei der Hardware wie Kameras oder Monitore sind die Entwicklungsschritte deutlich keiner geworden. 4K oder UHD ist mittlerweile der Goldstandard, trotzdem finde ich immer noch viele Full-HD-Beamer, mit denen die Veranstalter glücklich sind. Und auch ich gehöre zu den ungeduldigen Nutzern, die zum Beispiel auf eine neue FX6 oder FX9 warten, aber Sony hat es wohl nicht eilig. Aber: Mit der Übernahme von RED durch Nikon setzt sich ein Megatrend weiter durch: Video- und Fotoproduktion rücken immer näher zusammen. Und es tut sich eine Menge bei den Arbeitsschritten zwischen der Aufnahme und dem Abspielen. KI revolutioniert die Branche an vielen Punkten. Im Schnitt stehen ganz neue Möglichkeiten zur Verfügung; Standbilder können in hoher Qualität produziert werden, und wann es bei Videos so weit ist, ist nur eine Frage der Zeit. Für TikTok oder Instagram reicht es auf jeden Fall schon. Mit der Technik ändern sich auch die Geschäftsmodelle. Statt mühsam ein Set einzurichten und sich mit unwilligen Darstellern herumzuschlagen, kann man ganze Szenen mit ein paar passenden Prompts vom Computer erstellen und rendern lassen. Machen wir uns nichts vor: Es geht weniger um die kreative Selbstverwirklichung, wie Adobe und Co. uns gerne glauben machen möchten; es geht ums Geld. Ein KI-Schauspieler ist einfach billiger als George Clooney und altert nicht. Das gilt natürlich auch für Darstellerinnen. Und in der Stock-Library von Adobe kostet ein 10-sekündiger Clip gerade einmal 8 Credits, also umgerechnet knapp 20€. Klar, man muss schon fünf Clips kaufen, um am Ende eine Szene zu erhalten, aber 120€ für ein brennendes Haus samt Feuerwehrleuten in Heldenpose – wo gibt's denn sowas?

Also üben mittlerweile immer mehr Kreative die richtige Eingabe von Prompts und füttern ChatGPT, Adobe Firefly, Runway, Gemini oder Midjourney mit Bildern, damit diese von den Tools zum Leben erweckt werden. Und sie blicken mit Sorge auf ihre Kunden, die sich Social-Media-Videos lieber von Kids am Computer generieren lassen. Doch wer genau hinschaut, erkennt schnell, worauf es wirklich ankommt: auf den richtigen Blick für das gute Bild und die noch bessere Szene und auf Authentizität. Bei Ersterem kann künstliche Intelligenz mit Effekten und auch mit computergenerierten Inhalten an der richtigen Stelle helfen, aber fertige Imagefilme, die Auftraggeber und Endkunden in ihren Bann ziehen, kann sie eben noch nicht herstellen. Und das wird auch noch dauern. Und beim Thema Authentizität sind Dokumentarfilmer und fiktionale Geschichten, die von lebendigen Schauspielern und einfühlsamen Kameraleuten mit emotionaler Tiefe erzählt werden, unschlagbar.

In dieser – mittlerweile 5. – Ausgabe von »Digital filmen« – hat sich deshalb wieder einmal viel geändert. Denn an KI kommt die Branche nicht vorbei. Viele Fragen sind ungeklärt, zum Beispiel, wem die computergenerierten Video eigentlich gehören – dem Kreativen am Keyboard oder doch dem Softwareentwickler dahinter? Und was passiert eigentlich, wenn ich KI im Schnitt, bei der Farbkorrektur, beim Freistellen oder bei der Produktion eines passenden Musikclips beschäftige? Zugleich habe ich versucht. die vielen kleinen und großen Schritte in der Technik zu berücksichtigen. So gibt es ein ganzes neues Kapitel über die Produktion von Liveübertragungen, natürlich auch unter Berücksichtigung neuer Übertragungsstandards wie NDI oder SMPTE ST2110. Nicht mehr ins Buch geschafft haben es dafür DVD und CD. Dieses Kapitel, das heute wirklich nurmehr historische Bedeutung hat, steht zum Download auf der Rheinwerk-Website unter *www.rheinwerk-verlag.de/6101* bereit – für alle, die noch über einen funktionierenden DVD-Brenner verfügen.

Mein Dank gilt an dieser Stelle den vielen Kameraleuten, Cuttern, Contentproduzenten und Kollegen, die ihr Wissen und ihre Erfahrung mit mir austauschen. Und dem Rheinwerk Verlag, der so treu an diesem Buch festhält und nicht ChatGPT mit der Überarbeitung bzw. Neufassung beauftragt.

Jörg Jovy

TEIL I

Planung

Kapitel 1

Grundlagen der Ein-Mann-Videoproduktion

Was braucht man eigentlich, um einen Film zu drehen? Die Antwort klingt wenig ermutigend: eine gute Idee, viel Zeit, viel Technik und viele Freunde, die gerne mitmachen. Das amerikanische Multitalent Robert Rodriguez beweist, dass sich mit dieser Art der Filmproduktion sogar Kinoknüller herstellen lassen. Bei seinem ersten Spielfilm führte er Regie und Kamera, schrieb das Drehbuch und erledigte den Schnitt – mit Erfolg. In diesem Kapitel erfahren Sie, woran Sie bei einem Film alles denken müssen und wie Sie die vielen Aufgaben auch allein bewältigen können.

1.1 Der Videojournalist

Auch in der professionellen Fernsehproduktion setzt sich das »Ein-Mann-Team« zunehmend durch – aus Kostengründen. Diese Entwicklung ist eigentlich bedauerlich, denn die Qualität des Fernsehens steigt dadurch nicht. Wer ein guter Journalist ist, muss sich nicht unbedingt für Kameratechnik begeistern. Und wer gerne am Computer Bilder bearbeitet, will oft nichts mit Darstellern und widrigen Umständen am Set zu tun haben. Doch es wächst die Zahl derer, die sich dieser Herausforderung stellen.

The Oscar goes to VJ
Robert Rodriguez hat schon viele, auch große Filmpreise gewonnen, doch der Oscar war noch nicht darunter. Wen wundert es? Denn würden alle Filmemacher so arbeiten wie er, würden möglicherweise viele der derzeit 24 Kategorien überflüssig werden, oder es würde immer ein und derselbe die begehrte Statue abholen. Tatsächlich aber ist es wohl so, dass die Herstellung eines Films immer Teamwork ist, was nicht ausschließt, dass das Team sehr klein sein kann oder schlecht bezahlt wird.

◂ **Abbildung 1.1**
Ein Mann – viele Filme: Der Alleskönner Robert Rodriguez ist das Vorbild vieler Videojournalisten.

Bei der Produktion eines Films gibt es viel zu tun. Wer sich einmal den Abspann eines Hollywood-Blockbusters durchliest, erfährt staunend, wie viele verschiedene Berufe zum Gelingen eines Kinofilms beitragen. Die meisten Amateure, aber auch viele Profis, müssen all diese Aufgaben zunehmend ohne Unterstützung erledigen. Neudeutsch nennen sie sich dann *VJ – Videojournalist* oder auch *Videographer*. Dieses Buch ist ein Buch für VJs, also alle, die gerne ihren Film allein herstellen möchten oder zumindest die meisten Aufgaben maßgeblich begleiten.

Wer als VJ arbeitet, der vereint mehrere Handwerke in einer Person. Aber nur drei »Berufe« müssen sich zwingend an der Entstehung eines Films beteiligen, damit am Ende auch wirklich ein Film entsteht – und zwar sind es die Aufgaben eines Autors oder Regisseurs, eines Kameramanns und eines Cutters.

▲ **Abbildung 1.2**
Der Autor dieses Buches mit DSLR und Profikamera

Urteile über Entwicklungen im eigenen Berufsumfeld sind immer schwierig, denn natürlich »war früher alles besser«. Ich glaube festgestellt zu haben, dass viele Videos heute standardisierter aussehen, das heißt, es werden mehr vorproduzierte Übergänge verwendet, häufig ähnlich klingende Konservenmusik und immer gleiche Schnittfolgen, Einstellungen oder Effekte. Im Ergebnis wirken viele Filme und Filmchen oft monoton und stereotyp. Aber: Natürlich gibt es auch die spannenden Ausreißer, wo kreative Köpfe versuchen, eine neue und andere Ästhetik zu schaffen. Ich glaube schon, dass chronischer Geld- und Zeitmangel irgendwann auch die Kreativität einschränkt, deshalb mein Fazit: Film ist Teamwork, aber wenn es kein Team gibt, dann sollte man lieber zu einfachen Mitteln greifen als zu versuchen, mit Vorlagen aus Bibliotheken sein Material zu pimpen. Gute Ideen, eine gute Geschichte, gute Bilder und dramaturgisch geschickter Schnitt sind die wahren Zutaten zum guten Film.

1.1.1 Autor und Regisseur

Ein Film erzählt in der Regel eine Geschichte. Zwar gibt es auch Videokünstler, die das Medium für ihre Zwecke verwenden, aber der klassische Film beschäftigt sich mit einem »Stoff«, verfolgt eine Idee, einen Handlungsstrang. Diese Filmideen entwickelt normalerweise ein Autor in seinem Drehbuch. Doch weil die Geschichte so entscheidend für jeden Film ist, schreiben viele Regisseure bereits am Drehbuch mit. Zumindest aber wählen sie »ihren Stoff« und setzen ihn dann um. Dabei kümmert sich der Regisseur weniger um die Bildgestaltung als vielmehr um die Organisation am Set und die Beurteilung der jeweiligen Arbeitsschritte. Er führt die Schauspieler und achtet darauf, dass genau jene Einstellungen »in den Kasten kommen«, die für den Film notwendig sind.

Der erste Teil dieses Buches widmet sich ganz den Aufgaben eines Filmregisseurs und Autors.

◂ **Abbildung 1.3**
Kultregisseur Spike Lee bei den Dreharbeiten zu »Do the Right Thing«

1.1.2 Kameramann

Kameramann ist heute ein Ausbildungsberuf, an manchen Universitäten auch ein Studienfach. Aber ob jemand am Ende beim Spielfilm landet, für Fernsehsender tagesaktuelle Beiträge realisiert, lange Dokus dreht oder in einem Studio hinter der Kamera arbeitet, darüber entscheidet neben dem Talent oft auch der Zufall. Und viele erfolgreiche Kameraleute haben als Fotograf oder Amateur ihre Karriere begonnen.

Kernaufgabe des Kameramanns ist es, die visuellen Ideen des Regisseurs in konkrete Bilder umzusetzen. Dies setzt eine Menge technisches Know-how voraus, um das es vor allem im zweiten Teil dieses Buches geht. Darüber hinaus verleiht der Kameramann dem Film aber auch seinen Look. Seine Art, Motive in Bilder umzusetzen, bestimmt die Bildsprache des Films. Er entscheidet über Licht und Schatten, über Kontraste und Farben im Film und leistet damit einen eigenständigen, kreativen Beitrag zum Film.

▴ **Abbildung 1.4**
Kameramann und Regisseur bei der Arbeit

1.1.3 Cutter

Ein Film entsteht nur, wenn letztlich alle Einstellungen und Szenen aneinanderpassen. Dafür sorgt der Cutter. Seit über zwei Jahrzehnten ist der Computer das bevorzugte Arbeitsgerät eines Cutters. Heute können auch Amateure ihren Film am PC schneiden. Hardware und Software sind mittlerweile auch für ambitionierte Anfänger brauchbar.

1.2 Die Story

Nur selten entstehen Filme als Ergebnis eines langen Denkprozesses, in dem der Autor nach seinem Thema sucht. In den allermeisten Fällen findet ein Thema den Autor. Oft beflügelt ein Erlebnis, eine geplante Reise, eine Begegnung mit einem anderen Menschen oder die Begeisterung für ein Hobby, die Idee, einen Film zu drehen. Sobald sich in Ihrem Kopf so eine Idee hartnäckig festsetzt, ist es an der Zeit, wie ein Profi daran zu arbeiten, und zwar bevor Sie auch nur daran denken, die Kamera in die Hand zu nehmen. Folgende Überlegungen sollten Sie anstellen:

- **Relevanz**: Ist das Thema wirklich die viele Arbeit wert? Die Antwort darauf kann sehr persönlich sein, d. h., Sie drehen z. B. Ihren Film nur für sich, aber Sie sollten sich darüber vorher im Klaren sein.
- **Einzigartigkeit**: Gibt es Ihren Film möglicherweise schon? Schauen Sie sich an, was die »Konkurrenz« zu Ihrem Thema möglicherweise bisher gemacht hat. Was unterscheidet Ihren Film von den anderen?
- **Aufwand**: Steht der Aufwand in einem vernünftigen Verhältnis zum Ergebnis? Diese Abschätzung dreht sich häufig um Geld, aber längst nicht immer. Es ist auch wert, sich Gedanken darüber zu machen, ob innerfamiliäre Spannungen die Dokumentation über den Ausflug ins Freizeitland rechtfertigen.
- **Zugang**: Filme sind nie abstrakt, d. h., auch Ihre Filmidee sollte nicht allein am Küchentisch entstehen. Ich kenne viele Filmautoren, die davon träumen, einmal einen Film über Ureinwohner in den Tiefen eines Urwaldes zu drehen, ohne je im Urwald gewesen zu sein oder Kontakt zu Ureinwohnern gehabt zu haben. Suchen Sie Ihre Filmidee in Ihrem Umfeld, und prüfen Sie kritisch, ob Sie auch wirklich Zugang zum Thema haben, also Ihre Protagonisten gerne mit Ihnen den Film realisieren.

Jeder Film hat einen Haken
Dieser Haken entscheidet darüber, ob am Ende ein fertiger Film entsteht oder nur Fragmente, die kaum zusammenpassen. Zurzeit drehe ich einen Film über Emanuel von Seidl, der als Architekt die Marktgemeinde Murnau in Oberbayern entscheidend prägte. Der Haken, an dem ich die Geschichte und Geschichten rund um Murnau und Seidl aufgehängt habe, ist der Park und die Villa, die er der Gemeinde hinterließ. Und die vielen Anstrengungen, die es brauchte, dieses Erbe zu erhalten.

In diesem Buch werden Sie öfter Beispielmaterial finden, das ich sozusagen vor der Haustür gedreht habe. Es stammt aus einem

Film über einen kleinen Ort im bayerischen Voralpenland, der 2013 sein 1.250-jähriges Bestehen feierte. Die Idee zum Film kam mir, als ich den Aufruf der Gemeinde im Schaukasten vor dem Rathaus las, man suche noch Beiträge für die Feierlichkeiten. Auf der Suche nach einem Übungsthema für meine Kursteilnehmer kam mir spontan die Idee, doch ein Video über den Ort Hofheim zu drehen. Realisiert wurde der Film schließlich, nach langen Recherchen in der Dorfchronik, dank der Unterstützung der Einwohner, die das Projekt nach anfänglicher Skepsis unterstützten, und der Hilfe vieler ehrenamtlich arbeitender Kameraleute, Tonassistenten, Besitzer von Flugdrohnen, freiwilliger Helfer und eines professionellen Sprechers, der dem Film am Ende seine Stimme lieh.

Am Ende investierten alle etwa 100 Drehtage und etwa 30 Schnitttage und noch viel mehr Tage Arbeit im Umfeld, um den 80-minütigen Kinofilm herzustellen. Gerechtfertigt hat den Aufwand am Ende die spürbare Begeisterung der Hofheimer für ihren Film.

◂ **Abbildung 1.5**
Hofheim aus der Luft

1.3 Die Bausteine eines Films

Die Aufgaben von Autor, Regisseur, Kameramann und Cutter sind deutlich voneinander getrennt.

Wenn man so will, liefert jedes Handwerk einen eigenständigen Baustein zum Film. Ohne Idee keine Bilder, ohne Bilder kein Schnitt, ohne Schnitt kein Film. So könnte man die Schritte einer Filmproduktion beschreiben, in Neudeutsch auch oft wie folgt bezeichnet:

- Pre-Production
- Production
- Postproduction

Im professionellen Alltag haben sich die englischen Begriffe durchgesetzt. Reduziert man einen fertigen Film dagegen allein auf die Medien, aus denen er hergestellt wurde, dann besteht er aus folgenden Bausteinen, die die Tabelle 1.1 zeigt.

Tabelle 1.1 ▼
Bausteine und Aufgabenverteilung bei der Filmproduktion

	Autor/Regisseur	Kameramann	Cutter
Film	Legt Struktur, Inhalt und Thema des Films fest.	Legt Look des Films fest.	Montiert Film entsprechend dem Wahrnehmungsverhalten des Publikums.
Szene	Legt Ort, Zeit, Darsteller etc. für die Aufnahme in Absprache mit dem Kameramann fest.	Entscheidet über Realisierung der Szene.	Legt Länge der Szene fest.
Einstellung	Legt fest, ob die Einstellung für die Erzählabsicht geeignet ist.	Legt Perspektive, Farbe, Kadrierung, Einstellungsgröße etc. fest.	Wählt geeignete Einstellungen nach Vorgaben des Erzählstrangs aus und prüft, ob sie technisch und inhaltlich in die Szene passen.

1.3.1 Bild

Dass Bilder zu einem Film gehören, sollte sich eigentlich von selbst verstehen. Und trotzdem sind Bilder häufig Mangelware, bei Profis ebenso wie bei Amateuren. Der Grund: Motive mit der Kamera einzufangen ist eine mühsame Sache, vor allem wenn man sorgfältig arbeitet. Doch ohne Bilder gibt es keinen Film. Deshalb beherzigen Sie den Rat großer Filmemacher, und werden Sie zum Eichhörnchen, das Bilder hortet. Sammeln Sie Bilder, solange und so viele Sie können. Wenn Sie eine Einstellung machen, suchen Sie nach der zweiten. Wo bietet das Motiv spannende und interessante Details? Was geschieht drum herum? Und: Film besteht aus bewegten Bildern. Zwar kann auch einmal ein Foto, etwa zu dokumentarischen Zwecken, in einen Film eingeschnitten werden, aber das Ziel sollte sein, immer bewegte Bilder zu verwenden, d. h. Bilder, die mit einer Filmkamera aufgenommen wurden. Die klassische Filmkamera gibt es so gut wie nicht mehr. Film wird heute digital produziert. Trotzdem ähnelt die Aufnahme von Bildern heute der Arbeit von vor 100 Jahren noch bis ins Detail. Entscheidend ist der Blick für das Motiv. Den schult man am besten, indem man viel übt. Was es technisch mit digitalen Bildern auf sich hat, erfahren Sie übrigens in Kapitel 4.

In Bildern denken
Einige Kameraleute und Regisseure sehen ihren Film längst vor ihrem inneren Auge, bevor das erste Megabyte Film aufgenommen wurde. Sie können einzelne Einstellungen und ganze Szenen visualisieren. Deshalb finden sie oft überraschende und neue Bilder für eine Geschichte. Versuchen Sie, es ihnen nachzumachen, und beginnen Sie, in Bildern zu denken. Natürlich sind auch Handlung und Inhalt wichtig, aber ohne Bilder geht im Film gar nichts.

1.3.2 Ton

Schon zu Stummfilmzeiten empfand man tonlose Vorführungen als bedrückend. Pianisten und manchmal auch ganze Orchester sorgten live für die musikalische Untermalung und trugen damit wesentlich zum Erfolg des Mediums bei. Im Film spielen Töne eine entscheidende Rolle. Musik sorgt für zusätzliche Emotionen, O-Töne für Authentizität. Ein Frosch ohne das dazugehörige Quaken wäre nur eine halbe Filmeinstellung ebenso wie schlagende Glocken ohne das Läuten.

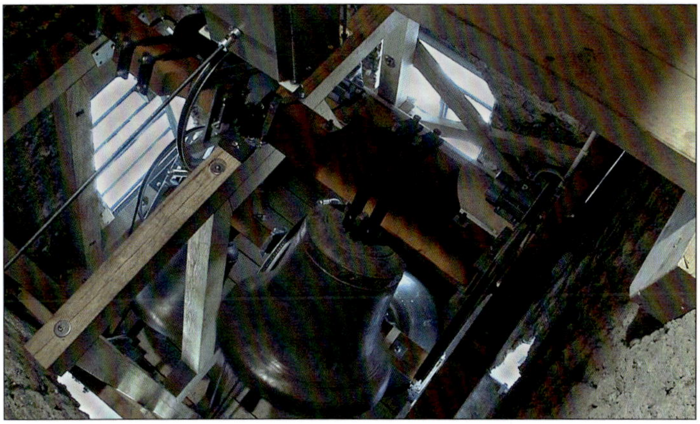

◂ **Abbildung 1.6**
Ohne Ton nicht sendefähig: Glocken in einem Glockenstuhl

In einem Film begegnen uns viele unterschiedliche Töne:

- **O-Töne**: alle Töne, die parallel zum Bild laufen, z. B. das Quaken unseres Frosches oder menschliche Sprache
- **Geräusche**: Töne, die eine Stimmung unterstreichen und extra zur Untermalung aufgenommen oder besorgt wurden, z. B. das Quietschen einer Tür, Donnern, Glockenläuten etc.
- **Sprache**: z. B. Kommentartexte, die nachträglich aufgenommen werden, oder auch Interviewsequenzen, die nachträglich unter ein anderes Bild gelegt werden

Töne machen einen Film erst lebendig und glaubwürdig.

1.3.3 Musik

Natürlich ist auch Musik Ton, aber für einen Film ist sie so entscheidend, dass sie es verdient, hier eigenständig aufgeführt zu werden. Musik kann die Wahrnehmung eines Films verändern, die emotionale Haltung des Zuschauers manipulieren. Deshalb spielte die richtige Musik im Film immer schon eine große Rolle, und deshalb erhalten Filmkomponisten auch einen eigenen Oscar bei den berühmten Preisverleihungen der Academy.

Die meisten Filmproduktionen setzen jedoch aus Kostengründen nicht auf eigens komponierte Musik, sondern bedienen sich aus Konserven. Doch auch die richtige Musikauswahl ist eine Kunst. Gute Musik sollte immer zu Thema und Motiv passen.

Abbildung 1.7 ▸
Der Musiker Sepp Felix beim Komponieren von Musik zum Jubiläum von Hofheim

Mit der Auswahl der Musik allein ist es aber leider nicht getan. Wer Musik in seinem Film verwendet und diese nicht gerade selbst komponiert und eingespielt hat, der muss Rechte erwerben. Und das kann teuer oder sogar unmöglich werden. Mehr darüber erfahren Sie in Kapitel 4 zum Thema Recht.

1.3.4 Grafik

Auch Grafiken spielen in fast jedem Film eine Rolle. Es beginnt beim Vorspann und endet beim Copyright-Vermerk am Ende des Abspanns. In Fernsehbeiträgen informieren *Bauchbinden* darüber, wer gerade spricht, nennen *Inserts* die Namen von Autor, Kameramann und Cutter. Animationen klären über das Wetter der nächsten Tage auf oder tragen zum Verständnis komplizierter wissenschaftlicher Zusammenhänge bei. Mithilfe von Grafiken lassen sich aber auch ansprechende Trailer und Vorspanne gestalten.

Abbildung 1.8 ▸
Filmtitel

1.4 Der Film im Kopf

In Hollywood ist die Entwicklung eines Films eine eigene Kunstform. Weil es bei den meisten Produktionen auch immer um sehr viel Geld geht, ist die Sorgfalt und Akribie auch gerechtfertigt.

Bereits eine erste Ideenskizze – noch dazu, wenn sie von einem No-Name stammt – wird mit hohem Aufwand hergestellt. Hängt es doch bereits in diesem frühen Stadium davon ab, ob man das Geld bekommt, seine Idee in einem Exposé ausarbeiten zu können, in einem Treatment daran zu feilen, bevor dann mit dem Drehbuch die Produktion richtig beginnt. Gute Drehbücher kosten in Hollywood bereits mehrere Millionen Euro. Da will man natürlich möglichst vorab wissen, ob das Geld auch wirklich gut angelegt ist. Es geht also nicht nur um die sorgfältige Planung eines Films, sondern immer auch um Kontrolle.

Ein Film ist ein eigener Kosmos. Am Beginn steht eine Idee, ein roter Faden oder der berühmte Haken, an dem man die Geschichte aufhängt. Egal, ob fiktional (engl. *fictional*) oder nicht fiktional (engl. *non-fictional*), gute Filme erzählen eine Geschichte. Wenn Sie anfangen, über das Drehbuch nachzudenken, dann entwickeln Sie eine große, in sich abgeschlossene Geschichte – ein Thema. Dieses Thema sollten Sie nie aus den Augen verlieren, vor allem wenn Sie später im Schnitt sitzen und sich notgedrungen von der einen oder anderen Szene verabschieden müssen.

Die Produktion eines Films ist ein skurriler Prozess. Am Anfang steht meist nur eine grobe Idee, z. B.:

- ein Alien unterwegs auf der Erde
- die Besteigung der Zugspitze
- Venedig im Karneval
- die Hochzeit meiner Schwester
- das Murnauer Moos im Wandel der Jahreszeiten

Von den Profis lernen
Viele meiner Kursteilnehmer interessieren sich vor allem für die Arbeit mit der Kamera oder das Schneiden. Der Film, glauben sie, kommt schon von ganz allein, wenn man erst einmal die komplizierte Technik beherrscht. Das ist – leider – ein Irrtum. Denn die meisten Filme bleiben ungedreht oder ungeschnitten, weil sich die verhinderten Filmautoren nie Gedanken über ihren Film machen, sondern immer nur übers Filmemachen. Profis hingegen denken immer erst an ihren Film und dann an die Produktion. Und: Profis legen immer erst dann los, wenn sie sich Lösungen für alle erkennbaren Produktionsprobleme überlegt haben.

Der Titel ist wie ein Versprechen. Was uns erwartet, lässt sich allenfalls erahnen. So geht es auch den meisten Autoren, die von einer Filmidee »besessen« sind. Sie entwickeln im Kopf einen fertigen Film, stellen sich Szenen und Bilder vor, entwickeln ihre Geschichte. Das gilt nicht nur für Spielfilme, sondern genauso für Dokumentationen. Dokumentarfilmer denken darüber nach, welche O-Töne für ihren Film wichtig sein könnten, an welchen Orten sie drehen und welche kameratechnischen Herausforderungen ihr Thema stellt. Sie träumen davon, wie man den Flug eines Adlers in bewegten Bildern einfängt, wie man die Größe der Antarktis filmisch umsetzt, wie man einem jagenden Gepard mit der Kamera folgen kann. All das entsteht im Kopf, bevor sie es möglichst schriftlich festhalten.

Wenn Sie Ihr Exposé oder Treatment oder sogar ein Drehbuch fertiggestellt haben, sehen Sie bereits viele Details. Bei den Dreharbeiten stehen nur noch die einzelnen Szenen, die es in den Kasten zu bekommen gilt, im Mittelpunkt. Während der Drehar-

Vom Ende her denken
Die Idee zu einem Film reißt seinen Autor meistens mit. Schnell sind die großen Probleme identifiziert, und noch schneller verliert man sich dann in deren Lösung. Bevor Sie sich jedoch auf die Details stürzen, sollten Sie sich ausgiebig mit Ihrem Film auseinandersetzen. Lassen Sie am besten den ganzen Film vor Ihrem inneren Auge im Kopfkino ablaufen. Wenn Sie eine klare Vorstellung vom Ergebnis der bevorstehenden Mühen haben, also von Ihrem Film, dann kennen Sie auch alle Probleme.

beiten denken Kameraleute selten an das große Ganze, sondern versuchen, die Aufnahmen wie geplant abzudrehen. Am Ende gibt es viele kleine Bildschnipsel, die sich auf der Festplatte ihres Computers mit kryptischen Namen wie *Ven_0235_01.mp4* angesammelt haben. Nun heißt es, aus den Clips einen Film zusammenzubauen, Szene für Szene, bis schließlich das fertige Werk mit einem Anfang, einem Ende und möglichst vielen Höhepunkten in die Cloud hochgeladen werden kann.

Während Sie bei den Dreharbeiten den Fokus also vor allem auf möglichst perfekte Details setzen, arbeiten Sie beim Schnitt daran, wieder das große Ganze erkennbar zu machen. Autoren und Regisseure haben dabei stets alles im Auge. Kameraleute und Cutter blicken auf eine Filmproduktion jeweils aus ihrem speziellen Blickwinkel.

Ein guter Kameramann sucht nach Lösungen für die konkreten Aufgaben. Er hat vor allem die Details im Blick, achtet auf Anschlüsse, Farbe, Komposition und Kadrierung. Wenn er eine Szene aus dem Mittelteil des Films dreht, ist ihm das Ende herzlich egal. Und weil er weiß, dass man eine Geschichte immer auch anders erzählen kann, wird er stets versuchen, Alternativen zu drehen, die dem Cutter später das Leben einfacher machen sollen. Der Cutter hingegen wird jeden Bildschnipsel daraufhin überprüfen, ob seine Verwendung im Film sinnvoll ist, ob er dem Erzählfluss der Geschichte dient oder nur ablenken würde. Als VJ oder Videographer sind Sie alles: Autor, Regisseur, Kameramann und Cutter, gegebenenfalls auch noch Darsteller, Maskenbildner, Grafiker und Sprecher. Wenn Ihnen nicht alle Arbeiten gefallen, dann suchen Sie sich Mitstreiter für Ihr Filmprojekt. Und so umfangreich und herausfordernd die Arbeit auch erscheinen mag, am Ende flimmert *Ihr* Film über die Mattscheibe oder auf der Leinwand eines digitalen Kinos!

Kapitel 2

Die Filmidee

Worum geht es eigentlich beim Filmemachen? Um die Unterhaltung des Publikums? Um den Egotrip eines Filmemachers? Um Wahrheit oder Propaganda? Die Motive fürs Filmemachen sind vielfältig. Und nicht der schlechteste Grund ist der Spaß am Hobby oder Beruf des Filmemachers. In diesem Kapitel geht es um den Kern des Filmschaffens – das, was Film von Buch, Malerei und anderen Medien unterscheidet.

2.1 Die Idee zu einem Film

Die Idee zu einem Film wird häufig verwechselt mit der Idee, einen Film zu machen. Film fasziniert die Menschen. Die Macht der bewegten Bilder ist seit ihren Anfängen ungebrochen. Und weil heute die Herstellung kein Buch mit sieben Siegeln mehr ist, sondern zumindest im Prinzip mit einem Handy und einem Computer erledigt werden kann, erliegen viele erst der Faszination des Films und dann dem Reiz, sich selbst als Regisseur, Cutter oder Kameramann zu versuchen. Oberflächlich betrachtet, hat sich die Technik der Filmherstellung in den letzten 20 Jahren beträchtlich vereinfacht. YouTube und andere Videoportale legen ein bewegtes Zeugnis ab, wie hoch die Attraktivität des Mediums ist.

In ästhetischer und formaler Hinsicht ist YouTube auch für Profis ein Schatz an Ideen und ein Experimentierlabor für Filmbegeisterte, die hier Ideen und Konzepte ausprobieren und einem Publikum präsentieren können. Viele folgen dem Ruf Hollywoods, sobald sie die Aufnahmefunktion an ihrem Handy oder das kleine Kamerasymbol auf ihrem digitalen Fotoapparat entdecken. Gerade weil die Technik vermeintlich so einfach und vor allem auch preiswert geworden ist, begegnen uns überall selbst gedrehte Filme und Filmchen. Dummerweise – und dies lässt sich auf YouTube leider auch bewundern – bliebe vieles besser

Vimeo – das Filmportal für Filmschaffende
Ursprünglich ähnlich ehrgeizig wie YouTube hat sich das Videoportal Vimeo in den letzten Jahren verstärkt auf professionelle Nutzer und ambitionierte Videoamateure spezialisiert. Dort steht eindeutig Film im Mittelpunkt, und rund um viele spannende Beispiele finden Sie auch viele Tipps zur Technik und zur Filmproduktion: *www.vimeo.com*

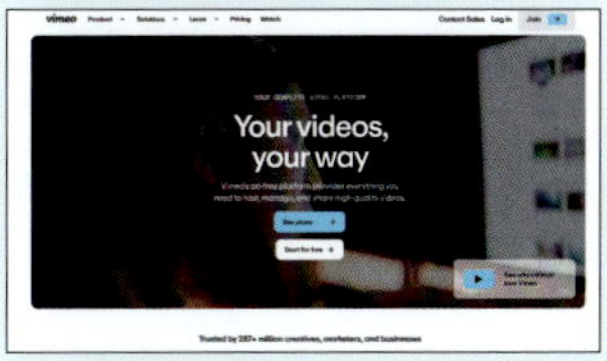

▲ **Abbildung 2.1**
Die Website von Vimeo

ungefilmt. Nicht weil die Filme technisch schlecht gemacht sind, weil Bild und Ton kaum sendefähig zu nennen sind, nein: Die Videos sind einfach schlecht und langweilig, manchmal auch nur peinlich. Dazu zählen auch die unzähligen Firmenpräsentationen, Propagandafilmchen und verfilmten Handbücher, die zum Teil auf technisch hohem Niveau hergestellt werden, sich aber nicht im Mindesten an die Grundgesetze des Films halten.

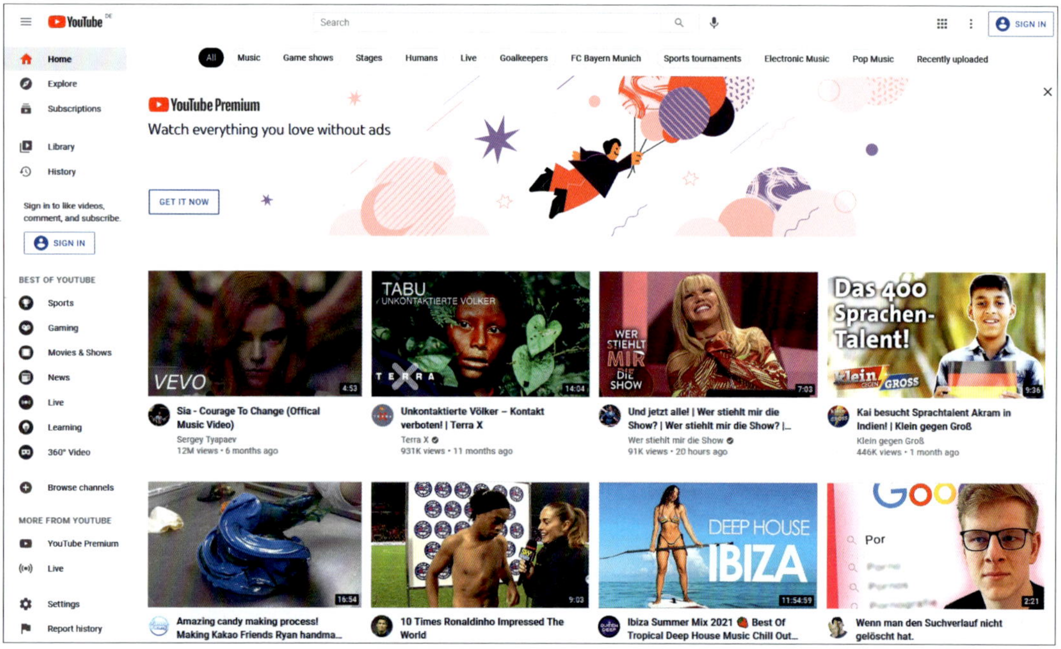

▲ Abbildung 2.2
Das Filmarchiv der Welt – YouTube

2.2 Zutaten

Zu einem guten Film gehören viele Zutaten. Und die entscheidenden sind nicht immer allein gute Bilder. Mindestens ebenso wichtig ist eine Dramaturgie, die den Film zusammenhält. Jeder Film benötigt eine Handlung oder einen Erzählstrang, ganz gleich ob Spiel- oder Dokumentarfilm. Dieser mag im Einzelfall sehr subjektiv sein oder schwer nachzuvollziehen, sodass sich ein Autor an der Grenze zwischen Kunst und Film bewegt, aber ganz ohne roten Faden oder eine Filmidee kommt wohl kein Werk aus.

2.2.1 Die Filmgeschichte

Ein guter Film erzählt eine Geschichte, die die Aufmerksamkeit des Publikums fesselt. Bevor Sie zur Kamera greifen, überlegen Sie sich, welche Geschichte Sie eigentlich erzählen wollen. Wenn Sie die Kamera nach Venedig mitnehmen und alle historischen

Gebäude und das bunte Touristentreiben in der Stadt aufnehmen, erzählen Sie keine Geschichte. Sie produzieren Bilder. Bilder, die ohne Geschichte keinen Sinn machen, auch wenn sie noch so schön sind. Wenn Sie ein großes Faible für ästhetisch und handwerklich perfekte Bildgestaltung haben, aber kein Empfinden für Spannung, Humor und Dramatik, sind Sie vielleicht bei der Fotografie besser aufgehoben. Handlung gehört zum Film wie ein Objektiv zur Kamera. Eine Filmhandlung kann völlig absurd oder skurril sein, nur fehlen sollte sie nicht.

Eine der wichtigsten Überlegungen als Filmemacher sollte nicht allein die Begeisterung für das Thema sein, sondern auch die Antwort auf die Frage, ob es Sinn macht, einen Film darüber zu drehen. Film erzählt Geschichten mit Bildern. Wenn bereits frühzeitig absehbar ist, dass es schwer wird, Bilder zu finden und zu drehen, dann eignet sich ein Stoff vielleicht einfach nicht für das Medium Film.

Meine Filmideen waren meistens spontane Eingebungen. Die Idee zur Dokumentation über Patricks Reise als Entwicklungshelfer in den Kongo bekam ich in einem Gespräch mit ihm, als er mir begeistert von seinen Plänen berichtete. Die Idee zum Film über den Ort Hofheim hatte ich, als ich das erste Mal von der Jubiläumsfeier las. Bei beiden Filmen hatte ich sofort Bilder im Kopf, auf die ich mich freute, sie drehen zu können. Bei der Ausarbeitung der Filmideen musste ich von einigen Szenen Abschied nehmen, aber nicht von der Idee selbst.

Um ein Thema auf seine Filmtauglichkeit hin prüfen zu können, sollten Sie folgende Überlegungen anstellen:

- Gibt es einen roten Faden?
- Gibt es einen Protagonisten, der bereit ist, mit mir zu drehen?
- Gibt es bereits Filme zum gleichen Thema? Unterscheiden sich diese Filme von meinem?

Die Antworten auf die Fragen habe ich für meine beiden Filmprojekte einmal in der Tabelle 2.1 skizziert.

Sie können das Konzept auf jeden Film anwenden. Schnell werden Sie erkennen, dass die Anwesenheit an einem fremden, exotischen Ort allein nicht als Filmidee taugt. Erst wenn Sie z. B. Ihre persönliche Entdeckungsreise zum Thema machen, erzählen Sie eine Geschichte, und es entsteht wahrscheinlich ein Film. Sie sind dann der Protagonist Ihres eigenen Films und Ihre persönlichen Erlebnisse der rote Faden. Ein Blick in andere Filme zeigt Ihnen, was die Konkurrenz vor Ort entdeckt hat und was sie möglicherweise übersehen hat.

Im Buch erkläre ich viele filmische Probleme an Beispielen aus den beiden Filmen »Hofheim 1250« oder »Patrick im Kongo«. Ausgewählte Szenen finden Sie auch im Beispielmaterial zum Buch unter *www.rheinwerk-verlag.de/6101*. Hinweise, welche Szene zu welchem Kapitel gehört, finden Sie dann an der jeweiligen Stelle im Buch.

	Patrick im Kongo	Hofheim 1250

Idee	Porträt eines jungen Entwicklungshelfers bei seinem ersten Einsatz	ein Ort mit knapp 400 Einwohnern, der für ein Jahr im Mittelpunkt steht
Roter Faden	Patrick und seine Erlebnisse	der Ort, seine Menschen, seine Besonderheiten, seine Geschichte und Geschichten
Protagonisten	Patrick	Einwohner
Konkurrenz	»Süßes Gift«, Dokumentarfilm über Entwicklungshilfe von Peter Heller, »Haiti – tödliche Hilfe« von Raoul Peck	»Expedition Heimat« (Deutsche Welle), »bergheimat« (Sendereihe des br), »Unter unserem Himmel« (Sendereihe des br)

▲ **Tabelle 2.1**
Filme, ihre Idee, der rote Faden und die Protagonisten: Diese Überlegungen sollten Sie vor Drehbeginn auch bei ihrem Film anstellen. Ein Blick auf die Konkurrenz hilft.

Sprechen Sie über Ihren Film
Wenn Sie mit einer Filmidee schwanger gehen, dann können Sie ganz einfach testen, ob die Idee bereits eine Filmgeschichte trägt. Erzählen Sie anderen davon – vielleicht sogar mit dem Ziel, auch andere für Ihren Film zu begeistern, um sie später als preiswerte Komparsen und Mitarbeiter einsetzen zu können. Gelingt Ihnen das, dann können Sie davon ausgehen, dass Ihre Idee und Ihre Geschichte gut sind. Ernten Sie hingegen nur ein freundliches Lächeln, fragt niemand nach, nimmt keiner Ihren Faden auf, um ihn selbst weiterzuspinnen, dann stimmt möglicherweise irgendetwas noch nicht. In vielerlei Hinsicht ähnelt die Aufgabe eines Filmemachers sehr der eines »Geschichtenerzählers«. Eine gute Story schlägt Zuhörer und Zuschauer gleichermaßen in ihren Bann. Nur die Mittel sind unterschiedlich.

2.2.2 Die Wahrheit im Film oder der magische Augenblick

Was ist der Kern eines guten Films? Auf diese Frage gibt es wahrscheinlich so viele Antworten wie Filmemacher. Denken Sie selbst darüber nach, was der Kern Ihrer Filme ist, wann Sie zufrieden sind, wann Ihr Film wichtig wird. Die Antwort darf ruhig sehr subjektiv sein, denn ein Film ist letztlich – selbst wenn viele bei seiner Entstehung mitgewirkt haben – meistens das Werk eines Einzelnen.

Im Dokumentarfilm sprechen Autoren oft vom magischen Augenblick eines Films, wenn sich vor der Kamera das Leben so natürlich abspielt, als ob die Kamera gar nicht zugegen wäre: Wenn ein Täter seine Schuld einsieht und vor laufender Kamera bereut, wenn ein Opfer weinen kann, wenn ein Sportler nach jahrelangen Anstrengungen siegt. Doch diese vermeintlich »echten« Momente in einem Film sind längst korrumpiert. Mittlerweile bereuen Straftäter im Reality-TV am laufenden Band, hören Opfer gar nicht mehr auf zu schluchzen. Der Ekel der Dschungelkönige vor irgendwelchen Krabbeltieren, die sie vor laufender Kamera verzehren, ist in etwa so glaubwürdig wie Dieter

Bohlens Kritik an seinen Kandidaten. Alles wirkt inszeniert und aufgesetzt. Der *magische Augenblick* ist scheinbar verloren. Und dennoch gibt es ihn. Finden Sie ihn in Ihrem Film, indem Sie zeigen, warum Venedig trotz des Massentourismus eine liebenswerte Metropole ist, warum Volleyball für Sie die geilste Sportart überhaupt ist, warum der Mensch, den Sie filmen, es wert ist, gefilmt zu werden.

Haltung bewahren
Wer filmt, gibt mit dem Film immer auch ein Stück von sich selbst preis. Ein Film ist – egal, ob er schlecht ist oder gut, Preise gewinnt oder nur über den heimischen Fernseher flimmert – etwas sehr Persönliches. Deshalb ist es wichtig, dass Sie sich immer wieder Ihrer Haltung zu Ihrem Film klar werden. Warum drehen Sie den Film, und was wollen Sie mit ihm erreichen? Das klingt vielleicht ein wenig pathetisch, hilft aber, einen Film besser zu machen.

Denn es macht mutig, wo Mut verlangt ist. Ich behaupte, dass Zuschauer diese Haltung im Film spüren und ihm damit anders begegnen. Wer lieblos abfilmt, was ihm vor die Linse läuft, verpasst die Chance, etwas Wichtiges mitzuteilen. Wer mit jeder Szene, jeder Einstellung ringt, ist bereits auf dem Weg zum besseren Film und besser gewappnet, auch Kritik zu ertragen – mit Haltung.

▲ **Abbildung 2.3**
Filmemacher und Film gehören untrennbar zusammen.

Verzichten Sie dagegen auf die Attitüde, allgemeingültige Wahrheiten formulieren zu wollen, indem Sie vermeintliche Fakten kolportieren. Ein Film über Venedig ohne Dogenpalast, Markusplatz und Seufzerbrücke – geht das überhaupt? Selbstverständlich. In der Praxis zeigen mir Filmemacher immer wieder ihre Werke, die eher kunsthistorischen Kommentaren gleichen, weniger einem lebendigen Film. Auch Dokumentarfilme sind keine bebilderten Lexika. Und schon gar nicht sind sie die »besseren« oder »wichtigen« Filme, nur weil sie viele, vermeintlich notwendige Fakten enthalten. Ein Film wird nicht besser, weil Sie die Jahreszahl der Überführung des Leichnams des heiligen Markus von Alexandria nach Venedig wissen. Das macht ihn im Zweifelsfall nur langweilig. Suchen Sie in Ihrem Film immer nach dem eigenen Zugang zu einem Thema.

Im Film über Patrick im Kongo ging es mir darum, ein Porträt zu zeichnen: Was passiert, wenn idealistische Erwartungen auf die Realität in einem Entwicklungsland treffen? Deshalb habe ich mein Augenmerk vor allem auf Patrick gerichtet. Der Film ist also kein Film über den Kongo, auch wenn er dort spielt und viele Facetten dieses Landes zeigt (siehe Abbildung 2.4).

Umgekehrt ist ein Film nicht bereits deshalb sehenswert, weil er möglichst inhaltsbefreit ist. Es ist schon erstaunlich, dass viele Menschen offensichtlich bereit sind, jemandem beim Essen, Trin-

Den richtigen Zugang finden
Überlegen Sie sich, wie Sie Ihr Thema anpacken. Auch wenn Sie nur einen Urlaubsfilm drehen, suchen Sie nach Ihrer persönlichen Note im Film. Was interessiert Sie wirklich am Reiseland und was am Film? Auch wenn Sie den Urlaub nur für das Familienarchiv auf Video bannen, am Ende möchten alle sehen, was das Besondere an der gemeinsamen Reise war. Und vielleicht erzählt dies ein Mitglied Ihrer Reisegesellschaft oder eine Zufallsbekanntschaft vor Ort sehr anschaulich? Dann müssen Sie denjenigen nur überzeugen, bei Ihrem Film mitzuwirken.

ken, Rauchen und Toilettengang zuzuschauen, nur weil dieser eine narzisstische Kiezgröße ist und seine Art der Nahrungsaufnahme gerne als »unvergleichlich« bezeichnet wird oder einfach weil ein toter Hummer auf dem Teller liegt.

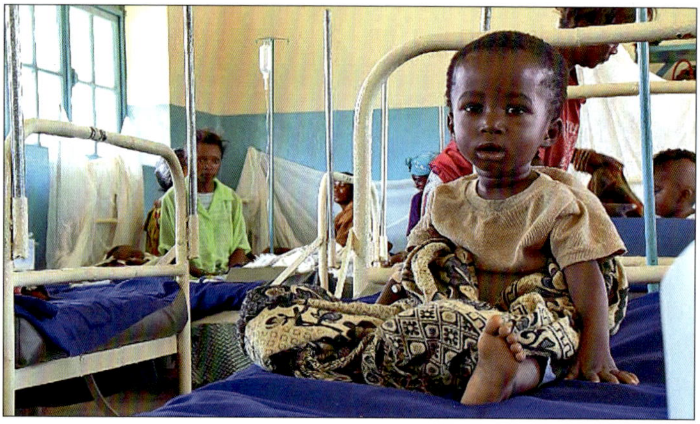

▲ **Abbildung 2.4**
Szene im Krankenhaus von Kamituga

2.2.3 Die doppelte Verantwortung im Film

Wenn Sie einen Film drehen, tragen Sie in vielfacher Hinsicht Verantwortung. An Ihnen liegt es, ob der Film fertig wird oder nicht. Da sitzen Sie am Computer an einem sehr persönlichen Film, den Sie Ihrem Nachwuchs zur Hochzeit schenken möchten. Am Abend soll er allen Gästen gezeigt werden, und Sie durchforsten die vielen, vielen Einstellungen, die Sie als fleißiger Filmvater in den letzten 25 Jahren gedreht haben. Beim Sichten sind Sie bereits hin- und hergerissen zwischen der Verlockung, Ihr Publikum mit der einen oder anderen peinlichen Einstellung zu unterhalten, und dem Zorn des eigenen Fleischs und Bluts über Ihren Verrat. Bei Ihnen liegt die Entscheidung, ob Sie eine Szene in den Film aufnehmen oder nicht, z. B. eine Szene, die für den Dargestellten schlicht peinlich ist. Schon vermeintlich einfache Filmprojekte im familiären Umfeld scheitern an diesem Problem. Sie finden es einfach toll, die Bauchklatscher Ihrer Kinder im nahegelegenen Spaßbad einem breiten Publikum zugänglich zu machen? Unabhängig von den nicht unerheblichen juristischen Problemen im Zusammenhang mit Persönlichkeitsrechten und Filmaufnahmen sollten Sie schon aus Respekt vor Ihrem Filmmotiv auf solche Aufnahmen verzichten. Selbst wenn sie noch so viel Anlass zur Schadenfreude geben. Das gilt in besonderem Maße für Fremde, die Sie ablichten und vielleicht in der Öffentlichkeit zeigen.

◂ **Abbildung 2.5**
Vorsicht bei Aufnahmen mit Dritten

Filmemacher müssen für ihr Projekt werben, beim Publikum und bei den Mitwirkenden. Ein väterliches Machtwort hilft nichts, wenn die undankbare Brut stocksteif in das Objektiv starrt. Auf diesem schmalen Grat kann man ins Wanken geraten. Vor allem dann, wenn man sich seine doppelte Verantwortung nicht immer wieder bewusst macht. Und die gilt sowohl dem Film als auch seinen Darstellern.

2.3 Dokumentarisches oder szenisches Arbeiten

Im Filmbusiness und bei der Ausbildung von Filmschaffenden wird gerne zwischen fiktional und nicht fiktional unterschieden, das heißt zum Beispiel zwischen Kameraleuten, die sich eher auf das Drehen von Naturereignissen, Tieren, Zeitgeschichte spezialisieren, also auf nicht fiktionale Stoffe, und solchen, die Spielhandlungen, also Fiktion, in Szene setzen. Vorschnell wird unterstellt, nur die Kameraleute, die verantwortlich als *Director of Photography* (DoP) im Abspann eines Spielfilms genannt werden, spielten in der höchsten Liga. Doch wer sich die Budgets aufwändiger Dokumentationen wie etwa James Camerons Ausflug zum Wrack der Titanic anschaut, erkennt schnell, dass auch im Dokumentarfilm die Anforderungen an Technik, Können und Geldbeutel enorm sind.

Zudem verschwimmen beide Bereiche zunehmend: Die animierten Dinosaurier der bekannten BBC-Doku über die Urzeitriesen ähneln frappierend den Raptoren aus »Jurassic Park«. Filme über historische Themen werden zunehmend mit nachgespielten Szenen angereichert, und in einigen Tierdokus übernimmt der Moderator eher die Rolle eines Schauspielers.

Mut zum Spielen
Gerade Einsteiger scheuen sich, in ihren Filmen Szenen zu inszenieren, zum einen aus einem falsch verstandenen Respekt gegenüber der »Realität«, zum anderen wegen des Aufwands. Doch *Inszenierung* ist nicht gleichbedeutend mit Manipulation und schon gar nicht mit aufwändigen Kostümen, Maskenbildnern und Schauspielern. Sie inszenieren eine Szene auch dann, wenn Sie Ihre Protagonisten optimal im Bild positionieren oder wenn Sie ein Interview so planen und vorbereiten, dass Ihr Interviewpartner eine kurze, prägnante und vor allem verständliche Antwort gibt.

2.3.1 Fiktion

Die meisten kennen diesen Begriff aus der Bezeichnung des Filmgenres Science-Fiction. Deshalb wird Fiktion auch häufig falsch verstanden, etwa im Sinne von erfunden oder fantastisch. Unter fiktionalen Stoffen verstehen Dramaturgen und Regisseure alle Geschichten, die sich ein Autor ausgedacht hat. Dabei kann er durchaus reale Geschehnisse als Vorlage heranziehen. Der Film »Der Baader Meinhof Komplex« von Bernd Eichinger (Drehbuch) und Uli Edel (Regie) handelt von der Entstehung und Geschichte der RAF, so wie sie der intime Kenner des deutschen Linksterrorismus, Stefan Aust, in seinem gleichnamigen Buch schilderte.

Regisseur Edel legte viel Wert darauf, alle Szenen so authentisch wie möglich zu gestalten. Er besorgte die Cover der Lieblingsplatten von Andreas Baader oder ließ KFZ-Kennzeichen mit den originalen Nummern anfertigen. Trotzdem handelt es sich bei allen Szenen und Dialogen natürlich um erfundene Gespräche. Sicher hat vieles so ähnlich stattgefunden, aber nicht genau so. Und natürlich dampft der Film die Geschichte der RAF zwischen 1967 und 1977 auf 150 Sendeminuten ein.

Auch Stefan Austs Buch ist ein fiktionales Buch. Zwar kannte der ehemalige Spiegel-Chefredakteur viele Beteiligte persönlich und kümmerte sich jahrelang um die Kinder von Ulrike Meinhof, aber er war natürlich kein Mitglied der RAF. Er hat die Geschichte der RAF nacherzählt und sich dabei, soweit möglich, auf Fakten und Unterlagen gestützt. Er erzählt die Geschichte aus seinem Blickwinkel, und der Film setzt diesen Blickwinkel mit erfundenen Dialogen und Szenen filmisch um.

Der Film »Der Baader Meinhof Komplex« ist einer der ambitioniertesten Versuche, »Realität« im Film einzufangen, trotzdem bleibt er fiktional, ein Spielfilm eben, wie in Deutschland fiktionale *Movies* heißen. Der Film ist auch deshalb ein gutes Beispiel, weil er zeigt, welche Tricks in fiktionalen Filmen verwendet werden, um eine Geschichte zu inszenieren. Spielfilmregisseure erzählen Geschichte(n), indem sie ihre Story in Handlungen und Dialoge umsetzen. Der Zuschauer wird Zeuge des Geschehens. Er beobachtet die Akteure, hört ihre Gespräche, sieht, was passiert.

Diese szenische Umsetzung ist das große Geheimnis des Spielfilms. Denn im Kopf des Zuschauers entwickelt der Film eine eigene Dynamik. Jeder kennt das. Beim Anschauen eines Krimis rätseln wir, wer der Täter ist, und versuchen, schlauer zu sein als der Kommissar. Der Spielfilm versetzt den Zuschauer in die Geschichte. Je schneller der Zuschauer vergisst, dass er eigentlich in einem Kino oder daheim vor dem Fernseher sitzt, desto erfolgreicher waren die Macher des Films. Die Technik der szenischen Umsetzung finden wir aber nicht nur im Spielfilm. Auch Dokumentarfilme vertrauen zunehmend auf die Suggestivkraft gespielter Szenen. Und die Inszenierung beginnt bereits bei ganz einfachen Regieideen.

▲ **Abbildung 2.6**
Von links nach rechts: Inszenierte und dokumentarische Szene mit einem Musiker im Film »Hofheim 1250«

Für das Gründungsjubiläum des Ortes Hofheim komponierte der Musiker Sepp Felix ein eigenes Lied. Ihm bei der kreativen Arbeit über die Schulter zu schauen war leider nicht möglich. Wir haben die Szene nachgestellt, in seinem Probenraum und mit Musikinstrument. Ganz so wird es wohl nicht gewesen sein, wahrscheinlich kam ihm die Kernidee, die Melodie zu seinem »Glockenboarischen«, ganz woanders. Die Szene, in der er sein Stück mit den Musikern des Ortes einstudierte, haben wir dagegen dokumentarisch gedreht, um einzufangen, wie es bei den Einheimischen ankommt.

Auch wenn ich Ihnen dringend davon abrate, einen Spielfilm im Alleingang zu drehen, ist es trotzdem sinnvoll, sich Gedanken über fiktionale Szenen auch in Ihrem Film zu machen. Es ist völlig in Ordnung, wenn Sie Szenen »nachdrehen«, um eine Geschichte verständlich zu machen. Nicht in Ordnung ist es, wenn Sie Ihre Aufnahmen im kanadischen Omega-Tierpark als »wahre« Begegnungen mit wild lebenden Bären und Wölfen ausgeben. Bedenklich und auf jeden Fall eine Urheberrechtsverletzung ist es, wenn Sie Ihre fehlenden Luftaufnahmen von Venedig durch Raubkopien aus Kaufvideos ersetzen. Völlig in Ordnung finde ich dagegen, wenn Sie mit der Kamera bewusst mogeln, also z. B. Ihren Sohn im Schwimmbad beim Absprung vom 10-Meter-Brett filmen, das in Wahrheit aber nur einen Meter hoch war.

Die Grenze des Erlaubten
Viele Grenzen zieht das Gesetz, etwa wenn es um den Schutz der Privatsphäre geht (siehe Kapitel 4, »Be prepared«). Andere Grenzen müssen wir selbst ziehen. Der »Dokumentarfilmer« Michael Born verkaufte einst die Kinder seiner Freunde wahlweise als »teppichknüpfende Kindersklaven in Indien« oder »okkulte Sektenanhänger beim Tieropfer«. Als bekannt wurde, dass es sich um Fälschungen handelte, die Born in seiner Heimat drehte, fielen die vielen Ungereimtheiten in seinen Werken plötzlich jedem auf. Auch jenen, die zuvor bei ihm möglichst »eindrückliche« Geschichten bestellt hatten. Dieses Schicksal droht jedem, der beim Spiel mit der Wahrheit keine Grenzen kennt.

2.3.2 Dokumentarfilm

Reality-TV
Dokumentiert weitgehend inszeniertes Leben, z. B. in einem Container oder Dschungelcamp.

Der Anspruch des Dokumentarfilms ist mit einem Wort zu umschreiben: *Authentizität*. Programmzeitschriften übersetzen den Begriff gerne blumig, wenn sie Dokumentationen mit Schlagwörtern bewerben, wie etwa, der Autor habe das »echte« Leben beobachtet, die Kamera die Ereignisse »hautnah« eingefangen oder den Emotionen des Hauptdarstellers »ungefiltert« nachgespürt. Doch so einfach, wie die Umschreibungen glauben machen, ist es mit der Authentizität nicht. *Reality-TV*, *Scripted Reality* und historische Dokumentationen, die auf sogenanntes *Reenactment* setzen, verwischen die Grenzen zwischen Realität und Fiktion.

Reenactment
Reenactment ist eine beliebte Technik, historische Stoffe durch inszenierte Szenen zu vermitteln. Historiker setzen ihre Forschungen sozusagen in Szene.

© Die Förderer e.V./Landshut

Abbildung 2.7 ▸
Reenactment eines historischen Ritterturniers bei der Landshuter Hochzeit

Scripted Reality
Pseudodokus, bei denen angeblich »echte« Geschichten mit realen Personen erzählt werden. Tatsächlich spielen Laien fiktive Stoffe nach. Sehr beliebt bei Gerichts- und Krankenhausdokus.

Die primäre Absicht der Produktion besteht darin, den Zuschauer zu unterhalten. Und die Technik ist nicht auf den Film allein beschränkt. Der Bestsellerautor Dan Brown setzt in seinen Romanen bewusst auf historische Fakten und Belege, die er kunstvoll zu einem für Laien kaum entwirrbaren, aber natürlich erfundenen Rätselfaden aus »wahren« Fakten und erfundenen »Bedeutungen« verspinnt. In Deutschland beherrscht Frank Schätzing diese Methode wie kein Zweiter. Seine Romane, wie z. B. »Der Schwarm«, fußen auf akribischen Recherchen wissenschaftlicher Fakten aus den Bereichen Meeresbiologie, Geologie und modernem Schiffsbau. Trotzdem ist bis heute keine die Menschheit bedrohende »Schwarmintelligenz« als neue Lebensform in den Tiefen des Ozeans entdeckt worden.

Der Regisseur James Cameron untersuchte den Untergang der Titanic mit den Möglichkeiten des Spielfilms und der Dokumentation. Trotzdem gibt es immer noch viele ambitionierte Dokumentarfilmer, die der Darstellung von Realität in ihren Werken hohe Aufmerksamkeit schenken. Einen eindrucksvollen Beweis stellt z. B. die Dokumentation »Eisenfresser« dar, die 2010 mit dem Adolf-Grimme-Preis ausgezeichnet wurde. Darin zeigt der aus Bangladesch stammende Regisseur Shaheen Dill-Riaz, wie Tagelöhner in seinem Heimatland unter unmenschlichen Bedingungen Frachtschiffe abwracken.

◂ **Abbildung 2.8**
Titelmotiv aus »Die Eisenfresser«

Der Regisseur solidarisiert sich mit den Müllmännern der Globalisierung, ohne jedoch ein politisches Manifest abzuliefern. Der Münchner Journalist und Regisseur Daniel Harrich setzte seine Recherchen (und die seiner Kollegen) über illegale Waffenlieferungen eines deutschen Unternehmens nach Mexiko sowohl in einen Dokumentarfilm als auch einen Spielfilm um. Beide Filme haben sich gegenseitig befruchtet.

Dieses Buch ist ein Praxisbuch. Die aufgeführten Beispiele sollen vor allem zeigen, dass auch und gerade im Dokumentarfilm alles möglich ist. O-Töne, inszenierte Szenen, beobachtende Kamera, Spielszenen, versteckte Kamera – all das ist erlaubt und sind denkbare Stilmittel eines Dokumentarfilms.

Auch wenn Sie nur einen Urlaubsfilm planen, lohnt es, sich mit den vielen Möglichkeiten auseinanderzusetzen, die der Dokumentarfilm bietet. In diesem Buch werden wir immer wieder Venedig als Beispiel für die unterschiedlichsten Probleme gerade bei der Aufnahme heranziehen. Doch bevor man überhaupt die Kamera zum ersten Mal am Markusplatz aufbaut, sollte man sich überlegen, ob der Film nicht aus »mehr« als dem unvermeidlichen Schwenk über Markuskirche, Dogenpalast und Campanile besteht – z. B. aus aktionistischen Elementen wie dem Versuch, in einer Gondel per Anhalter mitgenommen zu werden.

2.4 Genrefilme

Filmgenres

- Kriminalfilm
- Western
- Fantasy
- Thriller
- Erotikfilm
- Roadmovie
- Tanzfilm
- Horror
- Romantikkomödie
- Science-Fiction
- Eastern

Die klassischen Filmgenres stammen alle aus dem fiktionalen Bereich. Mir geht es um Unterschiede im Dokumentarfilm. Denn auch dort gibt es aus meiner Sicht bestimmte Genres. Die folgenden Definitionsversuche sind Marke Eigenbau, d.h., sie beanspruchen keine Allgemeingültigkeit. Trotzdem finde ich sie ganz zutreffend und nützlich.

2.4.1 Industriefilm

Der *Industriefilm* wird häufig als Werbefilm eines Unternehmens missverstanden. Selbstverständlich möchte ein Unternehmen, das über sich oder sein Produkt einen Film in Auftrag gibt, auch positiv »rüberkommen«, doch die Profis in den Kommunikationsabteilungen wollen in der Regel vor allem sicherstellen, dass eine bestimmte »Message« beim Zuschauer (Kunden) ankommt. Diese Botschaft sollen die potenziellen oder tatsächlichen Kunden möglichst leicht verstehen. Industriefilm ist meiner Überzeugung nach deshalb der übergeordnete Begriff für Filme, die einen klaren Kommunikationsauftrag haben. Erst wenn der Nutzer die Botschaft verstanden hat, hat der Industriefilm seinen Zweck erfüllt. Ihr Können als Filmemacher liegt darin, mit den Mitteln des Films die Botschaft »rüberzubringen«. Industriefilme können ganz unterschiedlich gestaltet und aufgebaut sein. Nutzer einer Profisoftware wollen z.B. von einem Film zum neuen Release erfahren, welche wichtigen Features sie für den Preis des Updates erhalten. Sie könnten auch O-Töne des Entwicklerteams interessieren sowie attraktive Produktdemos. Ein kleiner KFZ-Betrieb, der seine Homepage aufwerten möchte, will dagegen vor allem die Kunden aus seiner lokalen Umgebung erreichen. Da kann sogar Mundart gesprochen werden.

Liebe zum Detail

Achten Sie gerade bei Industriefilmen darauf, dass die Details stimmen. Denn Sie führen Ihren Film immer einem Fachpublikum vor, das keinen noch so kleinen Fehler verzeiht. Namen, egal, ob von Personen oder Orten, müssen immer stimmen, ebenso wie Berufsbezeichnungen, Altersangaben oder Fachbegriffe einer »Expertensprache«. Für Handwerker ist ein »Schraubenzieher« nun einmal ein »Schraubendreher«. Selbst der Duden hilft hier im Streitfall nicht, obwohl er den Schraubenzieher kennt. Vermeiden Sie aber auch, sich anzubiedern, indem Sie geflissentlich viele seltene Fachwörter einfließen lassen, am besten noch lateinischen Ursprungs, um mit Ihrem Wissen zu punkten. So wird Ihr Film nicht wichtiger, sondern unverständlich.

2.4.2 Imagefilm

Häufig werden *Imagefilm* und Industriefilm miteinander verwechselt. Tatsächlich aber geht es beim Imagefilm darum, die Wahrnehmung eines Unternehmens positiv zu prägen. Mit dem Unternehmen sollen Werte und Emotionen verbunden werden. Ein Autohersteller will innovativ und sportlich erscheinen, ein Lebensmittelkonzern naturverbunden und ökologisch. Diese Filme werden den Kunden des Unternehmens gezeigt, oft aber auch innerhalb eines Unternehmens, um die Mitarbeiter zu motivieren und die Identifikation mit der Firma zu stärken. Ein Imagefilm zeigt Bilder, um ein übergeordnetes Gesamtbild im Kopf des Betrachters zu erzeugen.

Es gehören für mich auch »Hochzeitsfilme« in diesen Bereich. Wir zeigen nicht unbedingt, was »wirklich« passiert ist, sondern wie glücklich der Tag war, wer alles dabei war, was an Highlights passiert ist. Wenn ich mir die Beispiele renommierter Hochzeitsfilmer auf ihren Websites anschaue, habe ich das Gefühl, dass sich hier Paare inszenieren, eben um Eindruck zu machen. Wenn Sie also einen Hochzeitsfilm drehen, bei dem das Brautpaar Wert auf dieses Image legt, dann müssen Sie sich mehr damit beschäftigen, wie Sie Glück, Freude, Liebe in Szene setzen, als mit der Hochzeit selbst. Dazu gehört z. B. das berühmte »Und bitte lächeln«, worauf Sie auf keinen Fall verzichten sollten.

2.4.3 Themenfilm

Der wesentliche Unterschied zwischen einem Urlaubsfilm und einem Reisefilm ist der, dass den Urlaubsfilm nur wenige Bekannte zu Gesicht bekommen, während mit dem Reisefilm ein ganz inhomogenes, am Reiseziel interessiertes Publikum angesprochen wird. Ähnliches gilt für viele andere *Themenfilme*, etwa über Tiere, Menschen oder ein aussterbendes Handwerk. Statt »Themenfilm« könnte man auch Dokumentarfilm sagen, doch viele ambitionierte Amateure, die ihre Reiseerlebnisse mit einer Kamera dokumentieren, scheuen den hohen Anspruch, den sie mit der Bezeichnung verbinden. Entscheidend ist: Das Publikum interessiert sich für das Thema. Wird ein Themenfilm im Fernsehen gezeigt, so muss er möglicherweise sein Publikum einfangen, während der Film läuft. Wird ein Reisefilm dagegen in einem lokalen Bürgerzentrum vorgeführt, so werden vor allem jene Zuschauer angelockt, die in das entsprechende Land reisen wollen oder bereits dort waren. Wenn Sie sich einem Thema filmisch widmen wollen, dann werden Sie Experte, und zeigen Sie Ihrem Publikum, was Sie am Thema fasziniert. Fesseln Sie Ihre Zuschauer mit spannenden und überraschenden Informationen und Einblicken.

2.4.4 Lehrfilm

In wachsendem Maße lösen Filme klassische Bücher ab. Filme können auch komplizierte Handlungsanleitungen halbwegs anschaulich umsetzen. Vor allem aber zeigen sie genau, wie etwas gemacht wird. In *Lehrfilmen* kann das Medium Film einen seiner wesentlichen Vorteile ausspielen: seine hohe Anschaulichkeit. Allerdings: Dem Film sind hier auch Grenzen gesetzt. Denn mit der Komplexität des Problems steigt auch die Gefahr, dass der Film das Verständnis übersteigt und der Zuschauer dann aussteigt. Gute Lehrfilme zu machen ist eine große Kunst. Wer Vorbilder sucht, ist bei der »Sendung mit der Maus« oder »Galileo« gut aufgehoben.

Abbildung 2.9 ▸
Szene aus einer Rettungsübung. Der Film dient als Lehrfilm für andere Rettungskräfte.

2.4.5 Enthusiastenfilm

Enthusiastenfilme sind in gewisser Art und Weise die häufigste Art von Filmen, die auf YouTube hochgeladen werden (neben Mitschnitten). Dabei gibt es zwei Spielarten: Bei der einen begeistert sich der Autor für ein Thema und möchte deshalb unbedingt auch das Medium Film nutzen, um »sein Anliegen« oder »seine Botschaft« rüberzubringen.

Die andere, besonders sympathische Form sind die Filme enthusiastischer Filmemacher. Dazu zähle ich z. B. die vielen perfekten Fake-Videos, in denen Bälle ihren Weg über unzählig viele Umwege ins Ziel finden, Autos und Fußgänger über Wasser wandeln oder Slackliner auf Ketten surfen. Nicht alles davon ist Fake, aber alle Videos sind ein echter Hingucker, die sich ihre Klicks verdienen.

Die folgenden vier Abbildungen stammen aus dem YouTube-Video »Die längste Wasserrutsche der Welt«. Sie finden es auf YouTube unter *www.youtube.com/watch?v=VogP2Y6y8Qk*.

Abbildung 2.10 ▸
Ein YouTube-Video im Fake-Check: In den Abbildungen sehen Sie oben links, wie der »Delinquent« sich vorbereitet. Die nächste Abbildung zeigt einen ersten Blick auf die Schanze. Unten links: Hier streiten sich die Fans, ob es Fake ist oder nicht, aber die Landung findet treffsicher im Schwimmbassin statt.

2.5 Achtung, Publikum!

Die empirische Sozialforschung hat sich in den letzten 50 Jahren intensiv mit der Wirkung von Filmen beschäftigt und dabei zum Leidwesen vieler Filmemacher wissenschaftlich bestätigt, dass Zuschauer sehr untreue Wesen sind. Wenn das Publikum etwas nicht versteht, irritiert oder emotional nicht angesprochen wird, dann verliert es innerhalb von Sekunden das Interesse an einem Film. Zuschauer schalten ab oder seit der Erfindung der Fernbedienung bevorzugt um. Auf YouTube können Sie sekundengenau abfragen, wie lange die Nutzer an Ihrem Film »dranbleiben« und wann sie ausgestiegen sind – ein gutes Hilfsmittel, um Ihren Film zu optimieren.

Moderne Zuschauer machen so intensiv von der Fernbedienung Gebrauch, dass für Magazinsendungen die goldene Regel gilt, ein Beitrag sollte nicht länger als drei Minuten sein. Andernfalls verliert man den Zuschauer, dessen Aufmerksamkeit durch eine neue Sensation gelockt werden möchte. Für Spielfilme, insbesondere Actionfilme, heißt dies, dass nach ein paar Minuten Ruhe Zeit für eine Verfolgungsjagd, eine Schießerei oder Kampfszene ist.

Noch viel schlimmer ist, wenn Sie Ihre Zuschauer erst gar nicht vor den Bildschirm locken können – ein Schicksal, das viele Urlaubsfilme erleiden. Täglich nehmen ambitionierte Amateure massenhaft Szenen auf, in denen die Kinder die Wasserrutsche des Funparks hinabgleiten, das opulente Buffet im Fünf-Sterne-all-inclusive-Club abgefilmt wird oder die Sonne über dem Heck des Kreuzfahrtschiffes im Meer versinkt. Auch wenn sie noch so gelungen sein mögen, am Ende sind sie in aller Regel doch nur langweilig, und keiner schaut sie an.

Im Kopf des anderen
Betrachten Sie Ihr Werk auch immer aus den Augen eines möglichen Zuschauers, etwa Ihrer Kinder, wenn es sich um einen Urlaubsfilm handelt. Über welche Gags lachen Sie, und was finden Sie wahrscheinlich nur »doof«? Präsentieren Sie Ihren Film einem größeren Publikum, dann versetzen Sie sich in deren Situation. Versteht der Zuschauer eine Szene überhaupt, oder haben Sie ihm wichtige Informationen vorenthalten, die nur Ihnen »klar« sind?

▲ **Abbildung 2.11**
Strandszene: Cluburlaub am Roten Meer

Sobald wir eine Szene aber einordnen können, sie Kontext einer Geschichte wird, die noch so klein oder banal erscheinen mag, finden wir einen Film plötzlich interessant, spannend, bleiben »dran«. Und das, weil der Autor eine Idee hatte und sie filmisch so umgesetzt hat, dass wir sie verstanden haben. Dabei ist die Qualität oft weniger entscheidend als die Idee selbst. Deshalb: Wenn Sie einen Film planen, denken Sie zuerst darüber nach, was Sie Ihrem Zuschauer am Ende zeigen wollen.

Jeder gute Geschichtenerzähler wird den Stoff so anpassen, dass seine Zuhörer ihm gebannt zuhören werden. Details, die Erwachsenen überflüssig erscheinen, sind für Kinder von großer Wichtigkeit – und umgekehrt. In dem Augenblick, in dem Sie sich entscheiden, einen Film über ein Ereignis, über ein Thema zu drehen, muss Ihre wichtigste und bis zur Fertigstellung des Werks immer wieder gestellte Frage lauten: Warum zur Hölle soll sich das irgendjemand anschauen? Selbstverständlich können Sie sich abgeschieden an Ihren Computer setzen und Ihren ganz persönlichen Film nur für sich selbst schneiden, der dann nie das Licht der Öffentlichkeit erblickt. Aber schon wenn Sie nur für das eigene Familienarchiv arbeiten, sollten Sie an Ihre Kinder denken, die sich irgendwann einmal durch Ihr Material arbeiten werden.

Bevor Sie ans Drehbuchschreiben gehen oder sich Gedanken zum Film machen, überlegen Sie sich immer, wer Ihren Film am Ende anschauen soll. Ein Fachpublikum stellt andere Erwartungen an einen Film als zufällige Zuschauer.

Kapitel 3

Von der Idee zum Film

Die Idee zu einem Film begeistert hoffentlich nicht nur den Autor, sondern auch alle am Projekt Mitwirkenden, also Darsteller, Helfer und Unterstützer. Dazu ist es wichtig, seine Idee mitzuteilen. Bei Spielfilmen ist dies meist ein Drehbuch, bei Dokumentarfilmen reicht oft ein Treatment. Die Arbeit an beidem hilft, die Idee zu schärfen und weitere Ideen rund um den eigenen Film zu entwickeln. In diesem Kapitel geht es genau darum: um die Feinarbeit an einem Filmkonzept.

3.1 Der Plan zum Film

Die Entwicklung eines Films ist eine mühsame Sache. Leider verzichten die meisten auf eine schriftliche Ausarbeitung ihres Konzepts. Selbst erfahrene Autoren ertappe ich immer wieder dabei, dass sie ohne Konzept zum Drehen oder in den Schnitt marschieren. Das sind schlechte Voraussetzungen für einen erfolgreichen Film. Wenn Sie jetzt befürchten, ich erwarte, dass Sie für Ihren nächsten Urlaubsfilm ein komplettes Drehbuch ausarbeiten, das allen Mitreisenden vor Reiseantritt ausgehändigt wird, dann kann ich Entwarnung geben. Ich will Sie nur für die Entwicklungsprozesse begeistern, die aus einer Filmidee einen spannenden Film machen. So sieht die Arbeit bei den Profis aus, wobei nur beim Spielfilm tatsächlich auch die Mühsal auf Sie wartet, ein umfassendes Drehbuch zu verfassen.

Die Produktion eines Films ähnelt dem Bau eines Hauses. Viele verschiedene Arbeitsschritte sind notwendig, um am Ende ein ästhetisch zufriedenstellendes Ergebnis zu erzielen, das »funktioniert«. Während die meisten akzeptieren, dass vor einem Hausbau eine Planung erforderlich ist, ist beim Filmemachen die Vorstellung verbreitet, es ginge auch ohne. Leider nicht. Denn am Ende passen die vielen Bilder, die man vielleicht mühsam gesammelt hat, ebenso wenig zusammen wie vorgefertigte Fenster in nicht ausgemessene Aussparungen.

Auch wenn das Verfassen von Exposés und Treatments nicht zu Ihren Lieblingsaufgaben gehören sollte, unterziehen Sie sich dieser Übung trotzdem. Sie werden schnell feststellen, wie beim Schreiben in Ihrem Kopf ein Film zu spielen beginnt. Und dieser Film, der zunächst noch nicht von technischen und finanziellen Grenzen behindert wird, macht oft mehr Spaß als die spätere Handwerksarbeit mit der Kamera und am Schneidetisch. Vier verschiedene Pläne für einen Film werde ich Ihnen vorstellen.

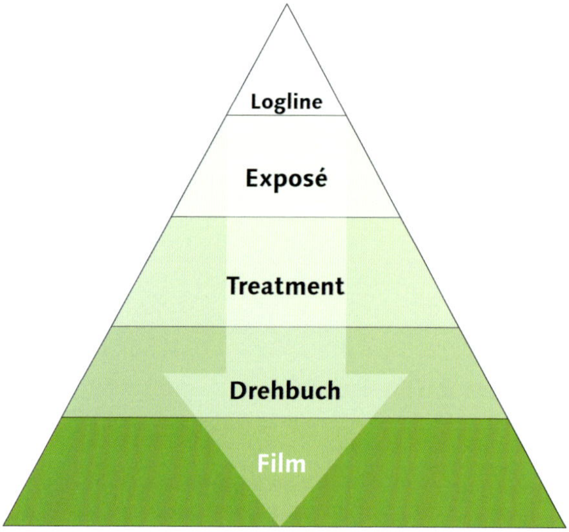

Abbildung 3.1 ▸
Von der Logline zum Film

3.1.1 Drehbücher mit KI

Die KI schreibt mittlerweile ganze Bücher und erstellt auch noch die Illustrationen dazu. Warum also nicht auch ein Drehbuch? Ich habe ChatGPT von OpenAI und Googles Gemini mit meiner Idee für eine Dokumentation über eine Wasserwachtstation an einem idyllischen Bergsee gefüttert. Ergebnis: Beide waren begeistert bei der Sache. ChatGPT fabulierte gleich ganze Szenen mit fiktiven Interviews, machte Szenevorschläge und wechselte zwischen O-Tönen und Off-Kommentar. Gemini schlug vor, lieber ein Treatment zu erstellen als ein detailliertes Drehbuch, und textete schon einmal eine Logline. Es charakterisierte die handelnden Personen und entwickelte Ideen für den Dreh. Ein Mix aus beidem wäre tatsächlich schon ein guter und vor allem sehr schneller Schritt zu einer ausgearbeiteten Idee, mit der man in die Vermarktung starten könnte. Warum also noch mühsam Szene für Szene in ein Word-Dokument schreiben oder gar eine Software wie Final Draft, CeltX oder DramaQueen nutzen?

Zunächst einmal: KI ist sicherlich ein guter und durchaus kompetenter Sparring-Partner. Sie kennt sich meist recht gut an den verschiedensten Schauplätzen aus und weiß, was ein Drehbuch ist. Gerade bei Dokus kommt es nicht unbedingt auf Dialoge und detaillierte Szenenbeschreibungen an, da die meisten Szenen ja erst bei der Aufnahme entstehen. Aber schon bei Drehbüchern für eine Scripted-Reality-Story stehen die Dialoge im Mittelpunkt.

Wer zu ihrer Erstellung auf KI setzt, muss sich darüber im Klaren sein, dass möglicherweise Dritte Urheberrechtsansprüche am Werk anmelden. Und sei es, weil die KI beim Erstellen ihrer Textvorschläge auf gespeicherte Textbausteine zugreift, mit der sie einst trainiert wurde. Einige Produzenten fordern deshalb von Autoren explizit den Verzicht auf KI, um späteren Urheberrechtsklagen vorzubeugen. Umstritten ist, ob KI überhaupt Urheber im Sinne des Urheberrechts werden kann, da Miturheber laut § 8 UrhG nur Menschen sein können. Trotzdem ist sich die Branche zumindest einig, dass Werke, die ausschließlich von der KI erstellt wurden, den Urheberrechtsanspruch des Autors infrage stellen.

Noch schwieriger ist die Frage, inwieweit das eigene Werk in eine KI eingespeist werden darf. Beispiel: Das Exposee wird durch eine KI in ein ausgearbeitetes Drehbuch verwandelt. Der Autor steht dann bereits mit einem Bein vor der Tür. Schlimmer noch: Die KI wird mit der Entwicklung eines Sequels zu einer erfolgreichen Serie beauftragt. Viele Produzenten behalten sich das Recht vor, die Werke von Autoren in eine KI einzuspeisen. Meist sitzen die Autoren am kürzeren Hebel, etwa wenn sie darauf pochen, in komplizierten Vertragswerten einen Vorbehalt nach § 44 Abs. 3 UrhG aufzunehmen.

Mein Tipp: Auf KI beim Erstellen eines Drehbuches oder Treatments generell zu verzichten, ist Unsinn. Aber die KI darf immer nur Werkzeug sein, nicht den Autor und seine kreative Leistung ersetzen. Was die Verwendung des eigenen Werkes durch KI betrifft, bevorzuge ich den Ausschluss einer Verwertung durch eine KI. Ob man diesen Opt-out durchsetzen kann, ist ein anderes Thema.

Weiterführendes
Wer tiefer in die komplizierte Materie einsteigen möchte, dem empfehle ich einen Besuch der Website des deutschen Drehbuchverbandes: *www.drehbuchverband.de*

3.1.2 Die Logline als zündende Filmidee

Die Idee zu einem Film entsteht manchmal ganz zufällig, manchmal ist sie Ergebnis eines jahrelangen Prozesses, in dem der Autor mit »seiner« Filmidee schwanger ging. Am Ende aber steht immer eine Vorstellung, die sich möglichst in wenigen griffigen Worten beschreiben lassen sollte. Dann hat die Idee einen hohen Reifegrad, und man kann sich an die Umsetzung wagen.

Das Bild zur Logline

Wenn Sie die Schlagzeile für Ihren Film gefunden haben, dann suchen Sie auch die Einstellung zur Zeile. Dieses Bild müssen Sie unbedingt drehen, vorher dürfen Sie nicht mit dem Schnitt anfangen.

Für meinen Film über Hofheim war dies die Silvesterfeier vor dem Jubiläumsjahr, bei der sich erstmals das ganze Dorf im neu erbauten Feuerwehrhaus traf, um zu feiern. Zu diesem Zeitpunkt hatte ich noch nicht einmal ein Drehbuch, trotzdem wusste ich, dass diese Szene den Film auf den Punkt bringt und deshalb am Anfang steht, obwohl mein Film alles andere als chronologisch ist.

▲ **Abbildung 3.2**
Silvester 2012 in Hofheim

Amerika wäre nicht das Mutterland der Filmindustrie, wenn es für die Präsentation von Filmideen nicht auch eine eigene Kunstform entwickelt hätte: die sogenannte *Logline*. Meistens besteht sie aus nur einem Satz, der häufig das ganze Projekt überstrahlt und nicht selten am Ende sogar als Ankündigung im TV-Programmheft auftaucht. Eine gute Logline spannt den Bogen des Films auf, gibt preis, um wen es geht, welches Problem der Protagonist bewältigen und welche Widerstände er dabei überwinden muss. Eine gute Logline stellt also eine Geschichte vor, indem sie den Hauptcharakter benennt, sein Ziel und seine Gegner. Dabei gelten folgende wesentliche Gesetze für das Ausformulieren:

- Die Logline sollte immer im Präsens geschrieben werden, und der Protagonist sollte immer aktiv sein. Hinter dieser Vorgehensweise steckt ein Jahrhundert Erfahrung in der Filmproduktion.
- Das Verb wiederum darf kein Hilfsverb sein, sondern sollte den Kern der Handlung möglichst treffend beschreiben. Wenn einem partout kein Verb einfällt, mit dem man umschreiben kann, was der Held erlebt, dann eignet sich der Stoff vielleicht einfach nicht dazu, verfilmt zu werden.

Kommen Sie immer wieder zu dem Ergebnis, dass Ihr komplexes Filmprojekt nicht mit einem Satz umschrieben werden kann, dann haben Sie vielleicht gar keine Filmidee, sondern gehen noch mit dem Thema schwanger. Auch in diesem Fall lohnt es sich, länger über die Logline nachzudenken.

In diesem Buch verwende ich Material aus verschiedenen Filmprojekten. Für diese Beispiele habe ich exemplarisch Loglines (siehe Abbildung 3.3 bis Abbildung 3.5) entwickelt. So lernen Sie die Filme kennen und freuen sich hoffentlich darauf, im Fortgang des Buches mehr über sie zu erfahren.

▲ **Abbildung 3.3**
Patrick im Kongo: Der junge Theologe Patrick geht aus Überzeugung als Entwicklungshelfer in den Kongo. Seine anfängliche Euphorie wird auf eine harte Probe gestellt.

▲ **Abbildung 3.4**
Rettung auf Probe: Rettungskräfte von Rotem Kreuz und Feuerwehr üben den Ernstfall – den Absturz eines Flugzeugs in ein bewohntes Haus.

▲ **Abbildung 3.5**
Der Motorenpapst: Heinz Dachsel repariert alte Flugmotoren, wie z. B. die Sternmotoren der Ju52 von BMW. Seine Arbeit ist vor allem eine Jagd nach Ersatzteilen.

Wenn irgend möglich, sollte Ihre Logline folgende Fragen beantworten:

- Wer ist der Held?
- Welches Ziel hat der Held?
- Welche Schwierigkeiten muss der Held überwinden?

Die Antworten werden möglicherweise nicht immer eindeutig sein. Im Film über das Rettungsmanöver steht z. B. kein Teilnehmer im Mittelpunkt. Denn der Film sollte eine Erinnerung für alle sein, die an der Übung teilgenommen haben. Patrick wiederum hatte nur das konkrete Ziel, sich als Entwicklungshelfer zu beweisen. Er wusste nicht, was ihn im Kongo erwartet.

Die Logline-Methode können Sie, wie oben gesehen, auch auf Dokumentarfilme anwenden, selbst wenn es sich um Urlaubs- oder Hochzeitsfilme handelt. Besteht Ihre Idee darin, auf der nächsten Reise nach Venedig die Videokamera einzupacken, dann haben Sie keine Filmidee. Sie haben den Plan, die Kamera mitzunehmen, wovon ich Sie auch gar nicht abhalten möchte.

Lautet Ihre Logline aber »Ein Kunstbanause in Venedig«, so erklärt sich die Herangehensweise an den Film von selbst. Setzen Sie diese Idee konsequent um, und Sie kommen mit ganz anderen Bildern zurück als der Tourist, der ziellos um sich filmt. Sie werden vielleicht zeigen, wie schwer es ist, einen Platz in einem venezianischen Restaurant zu erobern oder wie voll der Markusplatz ist, wie wenig romantisch eine Gondelfahrt durch überfüllte Kanäle ist und hoffentlich wie die einzigartige Atmosphäre der Lagunenstadt alle Besucher am Ende doch immer wieder einfängt.

◂ **Abbildung 3.6**
Gondelfahrt in Venedig: abgenudelte Touristenmotive durch ungewöhnliche Perspektiven neu entdecken

Oder drehen Sie den Film über Venedig doch einmal konsequent aus den Augen Ihres Kindes.

Seit einigen Jahren setzen immer mehr Dokumentationen auf die Idee, das »Film-Making« selbst zum Thema zu machen. Der mehrfach preisgekrönte Tierfilmer John Downer flocht in seine Dokumentation »Tiger – Spy in the Jungle« über drei junge Bengalische Tiger die Geschichte über die Kameraelefanten ein, die für die spektakulären Nahaufnahmen eingesetzt wurden. Je öfter die Filmemacher allerdings in den Mittelpunkt rücken, desto schneller nutzt sich das Konzept ab. Deshalb lohnt es sich, auch nach anderen Akteuren Ausschau zu halten. Nichts anderes macht das momentane Reality-TV, das in Ermangelung echter Helden ständig Durchschnittsbürger zu Protagonisten macht. Damit die Geschichte richtig »knackt«, werden möglichst voyeuristische Situationen erfunden, in die man die frischgebackenen TV-Stars schickt. Angefangen hat dieser Trend mit Dokus aus Containern, heute sind es Sternchen im Dschungel, Otto Normalverbraucher beim Auswandern oder liebeskranke Bauern. Auch wenn man diesen Formaten kritisch gegenübersteht, das Grundprinzip, wie man eine Geschichte strickt, kann man sich hier einfach abgucken und aufs eigene Filmprojekt anwenden.

3.1.3 Exposé

Ein Exposé ist so etwas wie eine Projektskizze. Auch bei Spielfilmen und großen Dokumentationen umfasst es meist nur ein paar Seiten, obwohl es als Grundlage für weitreichende Entscheidungen dient. Das Exposé stellt das Thema vor, unterstreicht die Besonderheiten, gibt Auskunft über Protagonisten, Drehorte, besondere Herausforderungen.

Für Profis ist ein Exposé schon bei kurzen Fernsehbeiträgen unerlässlich. Denn fast immer wirken bei der Filmproduktion mehrere Personen mit, die wissen müssen, worauf es ankommt und was man von ihnen erwartet, und die vielleicht noch ihre eigenen Ideen einbringen wollen, bevor die ersten MBytes auf die Speicherkarte geschrieben werden.

Wenn es nach den Kriterien von Hollywoods Filmbossen geht, dann gibt es auch für Exposés klare Vorgaben. In diesem Fall möchte ich mich davon verabschieden und stattdessen nur empfehlen: Schreiben Sie möglichst viel auf, was Ihnen bei Ihrem Filmprojekt wichtig erscheint. Wenn Sie tatsächlich einen Spielfilm – und noch dazu für Hollywood – drehen wollen, werden Sie zwangsläufig auch die formalen Voraussetzungen erfüllen müssen. Für unsere Zwecke gilt: Das Exposé ist eine Art Notizzettel, der helfen soll, die Filmidee auszuarbeiten, Probleme frühzeitig zu erkennen, Schlüsselszenen zu identifizieren, Mitarbeiter zu werben, Sponsoren zu gewinnen, den Überblick zu behalten und, und, und. Je nachdem, welche dieser Aufgaben Ihnen besonders wichtig erscheint, sollten Sie den Schwerpunkt auf die Beantwortung folgender Fragen legen, die helfen, Ihren Film und damit auch das Exposé zu entwickeln:

- **Wer trägt die Handlung?** Überlegen Sie sich, wer durch den Film führt. Gibt es eine Hauptperson, z. B. Sie selbst, ein Familienmitglied oder jemand Anderes? Machen Sie sich klar, wer ein solcher Akteur sein könnte, und fragen Sie sich, ob er der Rolle gewachsen ist.
- **Gibt es einen roten Faden?** Gibt es einen Handlungsstrang, der im Mittelpunkt des Geschehens steht, z. B. eine Veranstaltung, ein Ort, ein Ereignis? Suchen Sie nach dem roten Faden. Wenn Sie keinen finden, suchen Sie weiter, bis Sie einen gefunden haben. Vielleicht müssen Sie auf die eine oder andere Szene verzichten, weil sie nichts mit dem roten Faden zu tun hat. Egal: Je konzentrierter Sie die Geschichte erzählen, desto mehr fesseln Sie Ihr Publikum. Ein guter roter Faden ist so etwas wie ein Garant für den Erfolg.
- **Wo spielt der Film?** Machen Sie sich Gedanken über die Locations, an denen Sie drehen. Je entscheidender eine Location für den roten Faden ist, desto mehr Gedanken sollten Sie sich machen, wie Sie den Ort des Geschehens optimal in Szene setzen. Versuchen Sie, die Geschichte an möglichst wenigen Orten zu erzählen. Spielt der Film an abgelegenen Plätzen, dann müssen Sie sich Gedanken über die Logistik und die Sicherheit machen. Bei Familienevents wie Hochzeiten: Wo ist die Kirche oder das Standesamt, wo findet die Feier statt?
- **Wann spielt der Film?** Sind Sie abhängig von einem bestimmten Termin, z. B. dem Karneval in Venedig?

Verzichten Sie in einem Exposé auf Allgemeinplätze, versuchen Sie stattdessen immer, möglichst konkret zu werden, das Besondere herauszuarbeiten. Dass die Zugspitze Deutschlands höchster Berg ist, weiß jedes Kind. Geben Sie eine Antwort auf die Frage, warum Sie einen Film gerade über ihre Besteigung drehen. Auch wenn die Antwort letztlich nur für Sie selbst relevant ist, versuchen Sie, sich immer vorzustellen, Sie müssten vor einem sehr kritischen Gremium rechtfertigen, warum Sie einen ganzen Tag mit Dreharbeiten bei Garmisch-Partenkirchen verschwenden wollen. Sollte Ihre Fantasie dafür nicht ausreichen, finden Sie im familiären Umfeld im Regelfall leicht jemanden, der als Kritiker einspringt.

3.1.4 Treatment

Im Gegensatz zum Exposé ist ein Treatment bereits ein umfangreiches Werk, in dem Szenen und wesentliche Dialoge in Kurzform geschildert werden.

Treatment erstellen
Ein Treatment besteht vorrangig aus Text. Das aufwendige *Scribbeln*, also die Illustration des Treatments, ist nicht die Sache des Dokumentarfilms. Und wenn Sie nicht für einen Fernsehsender arbeiten oder Ihren Film professionell vermarkten wollen, dann reichen auch ein DIN-A4-Blatt und ein Bleistift aus. Mit einer ordentlichen Textverarbeitung geht es aber meistens genauso schnell, und der große Vorteil ist, Sie können Ihr Drehbuch immer wieder verändern, ohne dass die Lesbarkeit leidet. Schreiben Sie Ihr Drehbuch am einfachsten in eine Tabelle, und machen Sie sich mit den Tabellenfunktionen wie dem Einfügen, Kopieren und Löschen von Zellen und Zeilen vertraut. So gehen Änderungen später einfach von der Hand.

Ein Treatment geht also deutlich über das Exposé hinaus und enthält in der Regel eine szenengenaue Auflösung des geplanten Films. Je genauer Sie vorab wissen, wie Ihr Film aussehen soll, desto eher macht es Sinn, alle Überlegungen in einem Treatment festzuhalten. Meine Treatments sehen in der Regel so aus:

❶ Szene	❷ Bild	❸ Ton	❹ Kommentar	❺ Zeit
1	Totale Venedig, Standort La Giudecca, 6 Uhr früh, Schnittbilder	Musik G. G. Anderson Atmo		20 Sek.
2	Müllmänner räumen auf, Bars am Markusplatz etc.	Abblende Musik Atmo	Venedig wird wach. Längst bevor die ersten Touristen über den Markusplatz strömen, beginnt die Arbeit an der Touristenattraktion. Der Müll muss weggebracht werden, Platz und Tisch geputzt.	30 Sek.
3	Musiker geht in Café in Mestre	Atmo	Giovannis Dienst beginnt um zehn Uhr auf dem Markusplatz. Der Musiker spielt Geige in einem der Cafés. Er hat die Frühschicht. Eigentlich ist sieben Uhr zu früh, aber er liebt seine Heimatstadt am Morgen.	20 Sek.
4	Statement Giovanni In Café, trinkt Cappuccino	O-Ton	»Ich mag Venedig. Vor allem, wenn es noch nicht den Touristen gehört. Ich genieße jeden Morgen und ich mag in Ruhe zur Arbeit gehen. Die Stadt lebt von den Besuchern, deshalb müssen wir Einheimische uns die Augenblicke suchen, in denen Venedig ruhig ist.«	30 Sek.
5	Camping Punta Sabbioni di Venezia, Familie schält sich aus Zelt, geht Zähne putzen. Vorstellung Frank und Familie	Atmo	Auch anderswo beginnt der Tag. Viele Venedig-Besucher campieren am Strand in der Nähe von Punta Sabbioni, entweder auf einem der vielen Campingplätze oder wild. Auch Frank mit seiner Frau Birgit und den beiden Kindern Melissa und Jonas übernachten hier.	40 Sek.

Abbildung 3.7 ▸
Aufbau eines Treatments

Schreiben Sie das Treatment in eine Word-Tabelle. Sie können nachträglich Szenen herausschneiden und an anderer Stelle wieder einfügen oder löschen.

❶ **Spalte Szene**: Ich nummeriere die Szenen immer durch, denn so findet man sie leichter wieder, wenn man sie mit einem Kameramann oder Darsteller bespricht. Statt der Nummerierung bietet es sich auch an, die Startzeit einer Szene im Film anzugeben, also z. B. 1 Minute 20 Sekunden. Nachteil: Tauscht man zwei Szenen aus oder löscht eine, dann müssen alle nachfolgenden Zeiten geändert werden – zumindest wenn man mit einem einfachen Word-Dokument arbeitet.

❷ **Spalte Bild**: Beschreiben Sie so detailliert wie möglich den Bildinhalt, also das zentrale Motiv, aber auch einzelne Einstellungen, die Sie unbedingt realisieren möchten. Wenn Sie einen Aufnahmeort bereits gewählt haben, dann vermerken Sie die Location im Treatment ebenso wie die mögliche Tageszeit. Hier sollten auch mögliche Schnittbilder notiert werden.

❸ **Spalte Ton**: Die Rubrik *Ton* ist wichtig, um in der Hektik des Drehs noch einmal an die Qualität der Tonaufnahme erinnert zu werden. Das Kameramikro ist nicht geeignet, um ein Inter-

Im Beispielmaterial zum Buch finden Sie im Ordner ZUSATZMATERIAL exemplarisch das vorläufige Treatment, das ich zu »Hofheim 1250« angefertigt hatte. Die Datei heißt »Hofheim1250.pdf«.

view aufzuzeichnen. Steht also in der Rubrik z. B. der Vermerk »O-Ton«, so sollten Sie ein externes Mikro verwenden.

4. **Spalte Kommentar**: Die Spalte für den Kommentar fasst den Inhalt zusammen, erzählt also in wesentlichen Eckpunkten die Geschichte, um die es in der Szene geht. Der Text muss nicht ausformuliert sein und auch keinen schriftstellerischen Ansprüchen genügen, aber ein Laie sollte nach der Lektüre eine Vorstellung haben, worum es in einer Szene geht. Der Kommentartext ist zugleich auch hilfreich, um eigenen Irrtümern auf die Spur zu kommen. Achtung: In dieser Spalte wird nicht der Sprechertext festgehalten.
5. **Spalte Zeit**: Die letzte Rubrik sorgt für Disziplin. Hier notieren Sie die geplante Länge der Szene. Wer im fertigen Film eine Minute über den Markusplatz einplant, wird kaum mit zwei Minuten Drehzeit zurande kommen. Umgekehrt: Wer für eine 20-Sekunden-Szene bereits zwei Stunden Material aufgenommen hat, sollte aufhören oder sein Treatment neu überdenken. Überlegen Sie deshalb bei jeder Szene bereits, wie viel Zeit sie in Ihrem Film einnehmen soll, und notieren Sie die geplante Dauer. Bei Szenen über eine Minute ist es möglicherweise sinnvoll, diese nochmals in Szenen zu unterteilen.

Diese Art von Treatment, die manche bereits mit einem Drehbuch verwechseln, halte ich für die praktischste und beste Methode, einen Film sorgfältig zu planen. Für das Schreiben eines Treatments für einen 10-minütigen Film rechne ich mit etwa zwei bis drei Stunden Arbeitszeit. Wenn Sie mit dem Treatment fertig sind, legen Sie es für ein paar Tage zur Seite und überarbeiten es dann noch einmal kritisch. Lassen Sie es andere lesen.

Vorteile eines Treatments | Wenn Sie sich die Mühe machen, vorab ein detailliertes Treatment zu schreiben, sind Sie mit Sicherheit auf viele Eventualitäten am Drehort vorbereitet. Zumindest im Geiste sind Sie alles bereits einmal durchgegangen. Packen Sie das Treatment ein, wenn es losgeht, und schauen Sie möglichst häufig während der Dreharbeiten hinein. Sie werden schnell feststellen, was Sie realisieren können und was nicht. Und wenn Sie Augen und Ohren offen halten, entdecken Sie auch Szenen, die eigentlich geplante Aufnahmen durch noch bessere, neue ersetzen können.

Auch wenn die Dreharbeiten – gerade bei dokumentarischen Filmen – begonnen haben, sollte man stets aufgeschlossen sein, aktuellen Ereignissen und neuen Eindrücken Raum zu geben. Oder wollen Sie die Einladung eines netten Gondoliere, ihn nach

Geheimhaltungssache
Wenn Sie mit anderen zusammen an einem Film arbeiten, dann stellen Sie ihnen Ihr Treatment selbstverständlich zur Verfügung. Jeder kann dann beurteilen, welche Aufgabe auf ihn zukommt. Aber: Geben Sie das Treatment niemals an die Protagonisten einer Dokumentation heraus, außer Ihr Projekt droht andernfalls zu platzen. Allein die Tatsache, schwarz auf weiß zu lesen, was jemand Anderes über einen denkt, übersteigt das Abstraktionsvermögen der meisten Menschen, egal, wie richtig oder positiv für den Betroffenen Ihre Darstellung sein mag. Auch alle Beteuerungen, das Treatment sei doch nur ein Entwurf und im Film würde alles anders, bringen in der Regel nichts. Deshalb: Geben Sie Ihr Treatment niemals aus den Händen, und lassen Sie es nie unbeaufsichtigt irgendwo liegen.

Hause zu begleiten, nur deshalb ausschlagen, weil die Szene nicht im Drehbuch steht? Umgekehrt sollte es jedoch Ihr Ehrgeiz sein, all jene Szenen zu realisieren, die Sie sich im Treatment vorgenommen haben.

3.1.5 Drehbuch

Ein Drehbuch ist so etwas wie ein kompletter Produktionsleitfaden. Jede Szene ist ausgearbeitet, alle Dialoge sind fertig. Wichtige Einstellungen wurden von einem Künstler bereits in gezeichnete Bilderszenen umgesetzt. Kurz: Ein Drehbuch zu schreiben bedeutet einen Riesenaufwand und kann sich über Jahre hinziehen. Nur selten oder sogar nie werden Sie deshalb für Ihr Filmprojekt ein vollständiges Drehbuch verfassen. Nach meiner Ansicht reicht auch für größere Projekte ein Treatment völlig aus.

Es gibt Software, die bei der Erstellung von Drehbüchern hilft. Doch die Struktur, die Ihnen die Software vorgibt, mit Inhalt zu füllen, ist eine Sisyphusarbeit, von der ich Ihnen eher abraten würde. Mir würde auch bei Profis ein Treatment immer reichen.

Vielleicht planen Sie aber einen Kurzfilm von wenigen Minuten. Dann kann es durchaus sinnvoll sein, ein kleines Drehbuch zu erstellen. Beispiel: Sie wollen einige Spielszenen für einen Hochzeitsfilm inszenieren. In solchen Fällen hilft es, wenn Sie wichtige Dialoge und Regieanweisungen in einer eigenen Spalte im Treatment ergänzen. Die Braut soll, während sie eingekleidet wird, im O-Ton erzählen, warum sie ein bestimmtes Kleid oder Accessoire ausgesucht hat. Solche Bildideen entstehen, weil Ihnen die Braut im Vorgespräch begeistert geschildert hat, was für ein tolles Kleid sie gefunden hat. Schreiben Sie die Aussagen möglichst konkret ins Treatment, weil sich die Braut im Trubel der Hochzeit möglicherweise gar nicht mehr daran erinnert.

Werkzeug für Drehbuch-Autoren

Eine kostenlose Drehbuchsoftware ist die Basisversion der deutschen Autorensoftware DramaQueen.

Wer jedoch Karriere in Hollywood machen möchte, sollte sich vielleicht gleich in den dortigen Marktführer Final Draft einarbeiten. Beide Softwareprodukte sind für größere Projekte gedacht, nicht unbedingt für die Planung eines Fünfminüters. Ob der Einsatz und die möglicherweise entstehenden Kosten sich für Sie rentieren, hängt auch maßgeblich davon ab, wie viele Menschen an Ihrem Projekt mitwirken. Je mehr Input von Dritten Sie brauchen, umso eher sollten Sie zu einer Profilösung greifen. In allen anderen Fällen tut es in meinen Augen auch eine Textverarbeitung.

https://dramaqueen.info
https://www.finaldraft.com

3.2 Vom Film zur Szene zur Einstellung

Wenn ein Autohersteller ein komplett neues Fahrzeug entwickelt, dann bedeutet dies in der Regel jahrelange Arbeit für viele Spezialisten. Die Marketingabteilung entwickelt ein Konzept, welche Art Fahrzeug bei den Kunden wahrscheinlich auf die größte Begeisterung stößt und was die eigene Marke hier anbieten könnte. Designer legen ihre ersten visionären Entwürfe vor und werden dann von den Ingenieuren schnell auf den Boden der Tatsachen zurückgeholt. Und danach beginnt unendlich viel Detailarbeit – an Motoren, Innenausstattung, Karosserie oder Fahrwerk. Zwar gibt es immer einige Leute, die versuchen, den Überblick zu behalten, aber die meisten Ingenieure und Designer beschäftigen sich immer nur mit einem kleinen Ausschnitt vom großen Ganzen. Beim Film ist es nicht anders. Auch wenn man als Autor oder Regisseur den ganzen Film vor Augen haben sollte, am Ende entsteht ein Film aus vielen kleinen Einzelteilen, die mit viel Sorgfalt erstellt werden müssen. Sobald das Treatment einmal steht, heißt es also, sich auf die Details zu konzentrieren. Und das wiederum heißt, in Szenen und Einstellungen zu denken.

Geheimhaltung 2
Sie haben die Idee Ihres Lebens und feilen jahrelang daran, und dann startet Ihr Film im Kino, bevor Sie die erste Sekunde Material aufgenommen haben. Aber Sie haben vielen von Ihrer Idee erzählt. Da liegt der Verdacht nahe, dass irgendjemand Ihre Idee geklaut hat, und sei es nur, dass er sie einem Dritten erzählt hat, in dessen Gehirn sie auf fruchtbaren Boden gefallen ist. Wenn Sie Ihr Werk schützen möchten, dann gibt es mittlerweile eine Reihe von Angeboten. In Deutschland ist dies z. B. der Deutsche Drehbuchverband oder die Writers Guild (*https://writersguild.eu*). Die Writers Guild hat daraus so etwas wie ein Geschäftsmodell gemacht.

3.2.1 Die kleinste Erzähleinheit – die Szene

Eine Szene spielt in der Regel an einem Ort in einer Zeit. Ausnahmen davon sind Montagen, wie z. B. Trailer. In einem Trailer können ganz unterschiedliche Motive zu einer sinnvollen Einheit zusammengefasst werden, etwa als Einstieg in eine Sportsendung, wenn Einstellungen verschiedener Sportarten miteinander kombiniert werden. Dann springen die Cutter gerne von einem Actionbild zum nächsten, und es spielt keine Rolle, wann und wo die Aufnahme entstand. Entscheidend ist, ob sie ins Konzept des Trailers passt. Auch im Spielfilm gibt es solche Montagen, z. B. wenn die Erlebnisse eines Darstellers in einer Art »Traumsequenz« zusammengefasst werden.

Doch der Standard sind solche »montierten« Sequenzen nicht. Viel häufiger sind Szenen, in denen ein Teil der Geschichte erzählt wird. Diese Geschichte ist in sich abgeschlossen, etwa wie der Absatz in einem Buch oder ein Kapitel. Szenen sind inhaltlich definiert, d. h., sie sind die kleinste Erzähleinheit eines Films.

▼ Abbildung 3.8
Einen Film in Szenen und Einstellungen auflösen (T = Totale, N = Nahe)

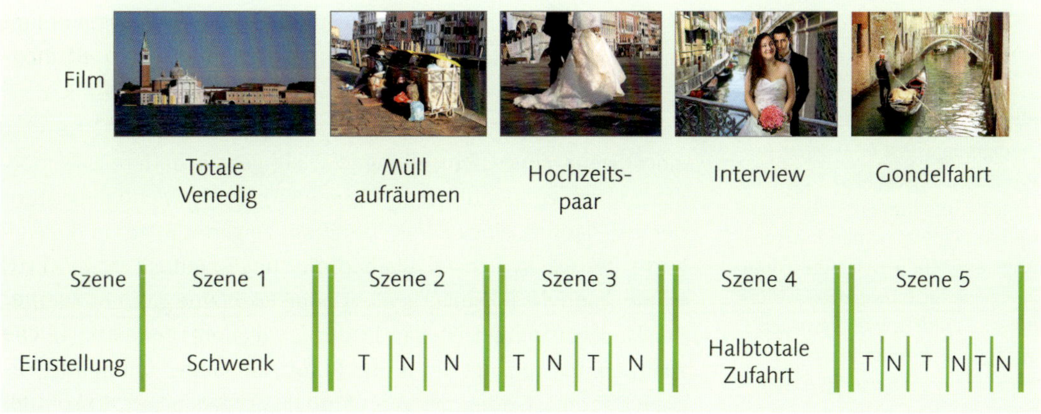

Von links nach rechts: Fotolia.com: Carola G., cunaplus, Pascal06, Brian Jackson, lulu

Abbildung 3.8 zeigt schematisch den Aufbau eines Films aus Szenen und Einstellungen. In Kapitel 14, »Die Kunst des Filmschnitts«, zeige ich am Beispiel eines Hochzeitsfilms das Prozedere noch einmal detailliert auf. Um sich den Unterschied zwischen Szene und Einstellung zu vergegenwärtigen, habe ich hier versucht, eine möglichst kurze Definition der beiden Begriffe zu geben:

- **Szene**: Abfolge von Bildern, die eine in sich abgeschlossene Handlung darstellen
- **Einstellung**: gestalterische Auflösung einer Szene in einzelne Bilder, die Einstellungen

An der Grenze zwischen Vorstellung und Realität
Die Filmsprache hat es an sich, dass einige Begriffe doppeldeutig verwendet werden. Dazu gehört auch der Begriff *Einstellung*. Auf der Ebene eines Treatments beschreibt die Einstellung einen Idealzustand, also wie wir planen, sie zu drehen und im Film zu verwenden. Nach Abschluss der Dreharbeiten bezeichnet der Begriff den konkreten Clip, wie er also etwa im Projektordner Ihres Schnittprogramms liegt. Im englischsprachigen Raum gibt es hierfür die Unterscheidung zwischen *Shot* und *Take*. Der Shot entspricht unserer Einstellung, der Take hingegen beschreibt immer den physikalisch vorhandenen Clip.

In Kapitel 11, »Die Bildgestaltung«, gehe ich noch einmal detailliert auf die Gestaltung von Szenen und Einstellungen und ihre Bedeutung im Film ein. Der Hochzeitsfilm verwebt verschiedene Ereignisse des Tages zu einer eigenen Chronologie. Er enthält Elemente, die für den Ablauf einer Hochzeit bedeutend sind, z. B. die Zeremonie in der Kirche, und Szenen, in denen es mehr darum geht, Menschen zu zeigen, etwas von der Stimmung zu vermitteln. Bei den Kirchenaufnahmen akzeptieren wir auch nicht so geglückte Einstellungen, Hauptsache, sie zeigen, was passiert. Bei der Produktion der Hochzeitsbilder wollen wir dagegen nur die Aufnahmen glücklicher Gäste und eines noch glücklicheren Brautpaares sehen.

3.2.2 In Schnittbildern denken – Szenen in Einstellungen auflösen

Ein Film besteht aus verschiedenen Szenen und jede Szene aus verschiedenen Einstellungen, englisch häufig auch *Take* genannt. Ein Take ist also ein Baustein einer Szene. Wenn die Szene ungeschnitten ist, dann sind Szene und Take gleich groß. Doch meistens wird geschnitten, um eine Szene lebendiger zu gestalten. Bei Dialogen werden beide Sprecher abwechselnd gezeigt, mal beim Sprechen, mal beim Zuhören. Bei Actionfilmen wird eine Kampfszene in viele spannende Naheinstellungen aufgelöst. Oft sind in einer Szene einige Einstellungen wichtiger als andere. Sie möglichst vorab zu identifizieren ist eine große und wichtige Leistung bei der Planung eines Films. Tierfilmer zeigen z. B. gerne die Aufzucht des Nachwuchses. Bleiben die Jungen jedoch lange in der Höhle, kann die Einstellung nicht ohne Probleme gedreht werden. Bei Hochzeitsfilmen ist das Ja des Brautpaares eine fast unverzichtbare Einstellung. Braut und Bräutigam wollen wir beim Sprechen der entscheidenden Worte möglichst nah sehen. Eine Totale von hinten reicht nicht. Es kommt auf die richtige Einstellung an.

Kopfkino
Eine große Kunst erfahrener Autoren und Regisseure ist es, die spätere Aufnahme bereits vorab sehr konkret vor ihrem inneren Auge entstehen zu lassen. Diese Fähigkeit zur Imagination ist leider nicht jedem von Natur aus gegeben. Trotzdem macht es Sinn, wenn Sie versuchen, sich vor Dreharbeiten zentrale Einstellungen vorzustellen. Die häufige Übung mit der Kamera, also selbst zu drehen, hilft enorm dabei, die Vorstellungskraft zu bilden.

3.2.3 Alles Einstellungssache

Jedes – vorzugsweise englischsprachige – Lehrbuch stellt die Erläuterungen über die typischen Einstellungsgrößen im Film ziemlich weit an den Anfang, erwähnt sie aber selten im Zusammenhang mit dem Thema Drehbuch. Dabei sind sich die meisten namhaften Autoren einig, dass Aufnahmen, die nicht geplant werden, in der Regel auch nicht entstehen. Filmemacher müssen sozusagen in *Totale*, *Halbtotale* und *Nahe* denken. Wer sich eine Szene überlegt, sollte immer gleich darüber nachdenken, in welche Einstellungen er sie auflösen könnte. Das gilt gleichermaßen für fiktionale Filme wie für Dokumentarfilme. Technisch werden die verschiedenen Einstellungsgrößen in Abschnitt 11.1.4 erklärt. Wenn Ihnen die Begriffe Nahe, Totale und Halbtotale noch nicht vertraut sind, dann schauen Sie bitte dort kurz nach.

Für die Planung eines Films ist es wichtig, vorab essenzielle Einstellungen zu identifizieren. Abbildung 3.9 bis Abbildung 3.12 zeigen Beispiele für die entscheidenden Totalen und Nahen in einem Film über einen Hundebergführer.

▲ **Abbildung 3.9**
Totale 1: Stellt den Handlungsraum vor. Schafft Überblick, indem sie die »Bühne« einer Szene etabliert. Die Totale führt ins Geschehen.

▲ **Abbildung 3.10**
Totale 2: Stellt Personen und Protagonisten vor, die die Handlung tragen.

▲ **Abbildung 3.11**
Nahe 1: Sorgt für Anteilnahme und erlaubt das »Mitleiden« mit den Protagonisten.

▲ **Abbildung 3.12**
Nahe 2: Erlaubt detaillierte Einblicke in das Geschehen.

Ohne die Totale des Ettaler Manndls, eines bekannten Felszackens in den Ammergauer Alpen, würden wir die Dramatik der

Szene kaum verstehen. Denn hier will unser Bergsteiger nicht allein hinauf, sondern mit seinem Hund. Die zweite Totale stellt unsere beiden Protagonisten vor. Die Nahen hingegen lassen uns am Kampf am Fels intensiv teilhaben. Wenn wir diese Einstellungen realisieren wollen, müssen wir die Kamera stets in die entsprechende Position bringen, also manchmal vorausklettern, manchmal hinterher. Und wir müssen auf den gegenüberliegenden Berg klettern, um überhaupt die erste Totale aufnehmen zu können. Spätestens jetzt wissen wir, dass wir wahrscheinlich ein oder zwei Drehtage brauchen.

Zwischen der Nahen und der Totalen liegt die Halbtotale, die ich synonym für die Halbnahe verwende.

Abbildung 3.13 ▸
Die Halbtotale sorgt für Zusammenhalt.

Im Beispielfilm sorgt die Halbtotale, bei der sich Bergsteiger und Hund vertrauensvoll anschauen und gleichzeitig das Ambiente der steilen Felswand spürbar wird, für die notwendige Bewertung des Geschehens. Die Nahe wirkt oft dramatischer als das eigentliche Geschehen. Eine Totale sorgt für zu viel Distanz. Die Halbtotale ist die Perspektive der Kritiker.

3.2.4 Vorsicht, Ton!

Ein Film besteht aus Bildern und Tönen. Oft laufen beide parallel, manchmal auch auseinander. Immer aber sollte Ihr Film auch Geräusche mitliefern, und wenn es nur ein seltsames Rauschen ist. Machen Sie selbst das Experiment, und schalten Sie bei Ihrem TV-Gerät einfach einmal den Ton weg. Wie lange schaffen Sie es, trotzdem aufs Bild zu starren? Ich mutmaße, nach spätestens 30 Sekunden schweift Ihr Blick zum ersten Mal ab, nach einer Minute ist das Fernsehen für Sie erledigt. Film ohne Ton ist wie Windbeutel ohne Sahne. Es geht, aber besser wäre mit, und ohne würde ein ordentlicher Konditor es nicht wagen, sie anzubieten.

Ein Film lebt von Geräuschen, Tönen und Musik. Ein Fluss ohne Rauschen, ein Schuss ohne Knall, ein Topf ohne Brodeln sind nur halbe Sachen. Doch es gibt auch Sequenzen, die sind ohne Ton noch deutlich weniger, z. B. Interviews oder kurze O-Töne. Wenn Menschen den Mund aufmachen, aber es kommt nichts heraus, dann denken wir im besten Fall an Stummfilm, meist aber an einen technischen Fehler und greifen zur Fernbedienung.

▲ **Abbildung 3.14**
Hund und Herrchen im Interview

Der Rhythmus im Film
Jeder Film entwickelt seinen eigenen Rhythmus. Er ist nämlich nicht nur eine Abfolge von Bildern, sondern auch von Tönen. Gerade Dokumentarfilme leben auch von starken Höreindrücken. Dazu gehören natürlich gute Atmos, aber vor allem auch O-Töne (Interviews), in denen Menschen lebendig erzählen, was es im Bild zu sehen gibt. Planen Sie solche O-Töne ein, und überlegen Sie sich bereits vorab, wer zu bestimmten Szenen etwas erzählen könnte. Im Beispiel mit dem Hundeführer wollen wir natürlich aus erster Hand erfahren, wie er seinem Hund das Klettern beibrachte. Solche Interviews sollten ebenso wie Musik nicht vereinzelt in einen Film eingestreut werden, sondern sich als Stilelement rhythmisch wiederholen.

Planen Sie im Treatment wichtige Töne mit ein. Denn bei der Aufnahme, insbesondere wenn Sie als VJ allein arbeiten, verliert der Ton schnell die eigentlich benötigte Aufmerksamkeit. Bei Nahen passt der Ton oft nicht. Das Kratzen der Hundepfoten auf dem Fels will ich hören. Schwierig, wenn gerade ein Flugzeug den Berggipfel überfliegt. Oder Sie filmen einen Menschen beim Gehen. Statt der Schritte auf dem Pflaster hören Sie jedoch nur den Lärm der vorbeifahrenden Autos.

3.3 Dramaturgie

Filme leben von ihrer Dramaturgie. Wie Bücher haben sie einen Anfang und ein Ende, dazwischen hoffentlich möglichst viele Höhepunkte. Filme leben von der Spannung, von Humor und Gefühl. Fehlen diese Zutaten, sind sie in der Regel langweilig. Im Gegensatz zu Büchern können wir bei Filmen nicht einfach zurückblättern, wenn wir etwas nicht verstanden haben. Die Reihenfolge der Szenen darf also nicht verwirren. Und schließlich: Wir wollen nur das Entscheidende gezeigt bekommen. Die langweiligen Szenen dürfen Sie getrost weglassen.

3.3.1 Bitte würzen – Spannung, Humor und Gefühl

Kurz vor Fertigstellung dieses Buches wurde ich gebeten, einen Film umzuschneiden, den eine hoch motivierte, rüstige Hobbyfilmerin an etwa 40 über das Jahr verteilten Drehtagen in einem Kindertheater gedreht und mit mindestens genauso viel Aufwand schließlich zu einem 45 Minuten langen Werk zusammengeschnitten hatte. Das Problem: Niemand fand den Film gut, im Gegenteil. Alle fanden ihn langweilig, fade und völlig verworren. Statt 45 Minuten wünschten sich alle eine 5-Minuten-Version mit den vorhandenen, zum Teil wirklich guten Szenen. Doch keiner traute sich, der ehrenamtlichen Filmenthusiastin reinen Wein einzuschenken. Ich setzte mich einen Nachmittag lang mit der Dame zusammen, und nach einigem vorsichtigen Herantasten stellte sich heraus, dass sie die Kritik in vielen Punkten nicht nur teilte, sondern ähnlich unglücklich über ihr Werk war. Denn der Leiter des Theaters hatte den Film zu seinem persönlichen Propagandafilm umfunktioniert, wollte detailreich den pädagogisch wertvollen Umgang mit Kindern zeigen. Und damit schadete er dem eigentlichen Anliegen. Denn das leistet ein Buch wesentlich besser.

Vorsicht vor Armut
Bei Reisen durch Entwicklungsländer drängen sich häufig Armutsmotive auf. Bettelnde Kinder, Menschen auf Müllkippen oder in abgelegenen Dörfern. Wenn Sie die Zustimmung der Betroffenen haben, ist rechtlich gegen eine Aufnahme nichts einzuwenden. Trotzdem sollten Sie sich im Klaren darüber sein, wie Ihre Zuschauer auf die Bilder reagieren. Wenn sich Ihr Film ehrlich mit den sozialen Problemen Ihres Reiselandes beschäftigt, dann spricht nichts dagegen. Als buntes Einsprengsel zwischen Aufnahmen touristischer Sehenswürdigkeiten eignen sich solche Motive dagegen nicht. Denn sie wecken beim Zuschauer Emotionen, die nicht angemessen aufgelöst werden können.

Filme leben von Bildern und den Emotionen, die sie transportieren. Wir leiden mit Kate Winslet, wenn Leonardo di Caprio in den eisigen Fluten des Nordmeers untergeht. Diese Szene würde kaum gewinnen, wenn wir darüber einen Kommentartext legen, der über die Gefährlichkeit von Eisbergen aufklärt und die physiologischen Vorgänge der Hypothermie doziert. Filme sind keine bebilderten Hörbücher, sondern ein eigenständiges Medium mit eigenen Gestaltungskriterien. Und: Film beeinflusst viel direkter unsere Gefühle, die Vermittlung kognitiver Inhalte ist dagegen meistens zum Scheitern verurteilt.

Abbildung 3.15 ▸
Emotionen pur

Wer also den Plan hegt, einen Film zu drehen, sollte sich immer auch überlegen, wie er die Anteilnahme seiner Zuschauer weckt. Die Zutaten, um dieses Ziel zu erreichen, heißen Humor, Spannung und Gefühl. Beim Hochzeitsfilm wollen wir nichts über den katholischen Trauritus erfahren, sondern am Glück des jungen Paares teilhaben und vielleicht mit einem Augenzwinkern jene Situationen nacherleben, die Hochzeitspaare nun einmal so erleben können. Die Ringe sind verschwunden, der Brautkuss wirkt etwas schüchtern (klar, vor den vielen neugierigen Kameras der Verwandten und Bekannten), der Brautstrauß landet im Brunnen oder, oder, oder. Davon lebt ein Film. Und nicht nur im Kleinen, sondern auch im Großen. Es ist wesentlich spannender, einer Doku zu folgen, die zeigt, wie ein Archäologe das Grab eines ägyptischen Pharaos öffnet, als einem kulturbeflissenen Streifen über die Hochkultur am Nil zwischen 1745 und 1689 v. Chr.

3.3.2 Chronologie vs. Diskontinuität

Der Film über Venedig erzählt den Tagesablauf in einer denkbaren logischen Form. Der Film erzählt die Geschichte also chronologisch, vom Anfang bis zum Ende. Damit folgt er dem Erzählmuster der meisten Märchen. Doch das ist längst nicht zwingend notwendig. Auch »Hänsel und Gretel« ließe sich »andersherum« erzählen. Zum Beispiel sitzen die Kinder nun im Rentenalter auf der Bank vor der Hütte ihrer längst verstorbenen Eltern und erinnern sich an die Ereignisse im Hexenhaus. Der Film wird in Rückblenden erzählt. Aus den einzelnen Fragmenten erschließt sich am Ende das ganze schaurige Geschehen. Auch beim Hochzeitsfilm könnte man z. B. eine Umfrage unter den Gästen machen mit der Bitte, ihr schönstes Erlebnis vom Tag zu schildern. Jeder O-Ton leitet dann mit einer Blende ins jeweilige Geschehen über.

Chronologisch erzählte Geschichten bedienen in besonderem Maße unser Verlangen nach einfachen, intuitiv verständlichen Informationen. Rückblenden, Traumsequenzen, Sprünge in Zeit und Ort machen einen Film kompliziert. Allerdings: Deshalb sollte man vor solchen Techniken nicht zurückschrecken. Machen Sie sich nur bewusst, welche Probleme sie nach sich ziehen. Der Film über Patrick beginnt im Kongo, blendet dann erst zurück in die Vergangenheit nach Deutschland und erzählt, wie Patrick eigentlich in den Kongo kam, um dann schließlich chronologisch die Erlebnisse zu schildern. Das klingt kompliziert.

Wenn wir eine Geschichte chronologisch erzählen, muss der Zuschauer uns den Ablauf glauben, er muss aber nicht zwangsläufig so stattgefunden haben. Der Ablauf der einzelnen Szenen muss nur logisch erscheinen. Wer häufig zwischen verschiedenen

Einfache Struktur
Versuchen Sie, komplizierte Sprünge in einem Film zu vermeiden. Der Zuschauer glaubt immer, dass alles, was er sieht, nacheinander stattgefunden hat. Lassen Sie ihn in seinem Glauben. Für Ihren Film über Venedig ist es gleichgültig, ob Sie erst am Markusplatz und dann an der Seufzerbrücke waren oder umgekehrt. Beim Hochzeitsfilm sieht das schon etwas anders aus: Da sollte auf jeden Fall die Trauung vor der Feier stattfinden. In welcher Reihenfolge die Freunde und Verwandten des Ehepaars zur Abendgestaltung beitrugen, ist dann schon wieder zweitrangig.

Im Beispielmaterial zum Buch finden Sie den Film »Patrick_im_Kongo.mpg« im Ordner FILME.

Orten und Zeiten hin und her springt, stiftet beim Zuschauer Verwirrung. Der reagiert auch auf scheinbar nebensächliche Feinheiten. Beispiel: In der Montage verschiedener körperlicher Arbeiten, die Patrick in Kamituga erledigt hat, findet sich keine Nachtszene, obwohl es die auch gibt. Doch sobald es dunkel wird im Film, geht für den Zuschauer ein Tag zu Ende. Alles, was danach kommt und wieder bei Tageslicht spielt, findet also zwangsläufig an einem anderen Tag statt. Diese Eigenheit der menschlichen Wahrnehmung kann man gut dazu benutzen, um ein Kapitel abzuschließen. Nachdem Patrick angekommen ist, kochen die Männer zusammen. Das Licht fällt aus, alles sitzt im Dunkeln. Die Geschichte beendet Patricks ersten Tag im Kongo.

Abbildung 3.16 ▸
Abendstimmung sorgt für Struktur.

Tatsächlich hat der Stromausfall nicht am Tag der Ankunft, sondern etwas später stattgefunden. Ein dramaturgischer Kniff, der beim Zuschauer Erwartungen weckt. Wie ist das Leben im Kongo denn nun? Die darauffolgende Szene mit einem Zusammenschnitt wichtiger Informationen über die Situation in Kamituga gibt Auskunft.

Szenen sind also immer mehr als einfach nur in sich abgeschlossene Erzähleinheiten. Sie sind Bestandteil des übergeordneten Erzählstrangs und treiben die Geschichte voran.

3.3.3 Weniger ist mehr – wichtig statt umfassend

Schneiden ist die Kunst des gekonnten Weglassens. Das Leben ist in aller Regel ziemlich langweilig. Wer einmal einen Tag an der Seite eines Polizeibeamten gedreht hat, weiß, dass Routine seinen Alltag bestimmt. Überfälle, Schusswechsel, Verhaftungen und Verfolgungen sind die Ausnahme. Spannend wird es erst, wenn man die besten Szenen hintereinander schneidet. Dabei kommt es zwangsläufig zu Verfälschungen. Ein gutes Beispiel sind Berichte aus Krisenherden.

Selten steht eine Kamera zur richtigen Zeit am richtigen Ort, dokumentiert also, wenn eine Bombe hochgeht, ein Attentat verübt wird, ein Heckenschütze in einer Stadt seine Opfer erschießt.

◂ **Abbildung 3.17**
Kurdischer Peshmerga im Nordirak

Nachrichtensendungen sammeln das verfügbare Material und schneiden es schließlich hintereinander. Und schon entsteht der Eindruck, im Krisengebiet kracht und knallt es permanent. Doch oft und viel tragischer kommt der Tod aus dem Hinterhalt, entlädt sich die Gewalt in einem kurzen Gefecht. Die Nachrichtenredakteure lassen die Ruhepausen einfach weg. Das Weglassen kann eine Geschichte also verfälschen – für strenge Dokumentarfilmer ein Gräuel. Aber eine Live-Cam aus einem Krisengebiet ist auch nicht die Lösung. Die Bilder wären wahrscheinlich genauso langweilig wie die der Überwachungskamera in einer Bank. Nur die Szene, in der die Einbrecher kommen und mit gefüllten Säcken aus dem Schalterraum fliehen, schafft es in die Abendnachrichten. Zu Recht, denn das ist schließlich die Geschichte. In der Regel reduzieren sich die meisten Geschichten auf einige wesentliche Ereignisse.

Im Film über Patrick ist Material aus drei Monaten, davon zwei Wochen im Kongo, auf etwa 20 Minuten Länge zusammengeschnitten worden. Der Film konzentriert sich auf einige wesentliche Aspekte des Themas. Die Ausschnitte sollen zeigen, mit welchem Enthusiasmus Patrick in den Kongo fährt, seine großen und kleinen Abenteuer, wie die Menschen auf ihn reagieren und wie ihn die neuen Erfahrungen prägen. Aufgenommen habe ich viel mehr. Zum Beispiel die Ankunft am Flughafen im benachbarten Burundi. Die wäre aber zu kompliziert, wir wollten ja nicht nach Burundi, und außerdem ist dort nichts passiert. Am ersten Abend übernachteten wir am Tanganjikasee in einem Traveller-Club am

Strand mit gutem Essen. Die Bilder sind bunt, im Hintergrund sieht man sogar die kongolesische Küste. Die Szene ist rausgefallen, denn Patrick hat dort nichts anderes gesagt als vorher in Deutschland auch. Auch rausgefallen ist eine Szene eines medizinischen Außenpostens des Krankenhauses, der einige Monate zuvor überfallen wurde. Aber das sieht man nicht, alle Spuren sind längst beseitigt, und zum Glück ist nichts Ernsthaftes passiert.

Viele Szenen schaffen es am Ende deshalb nicht in einen Film, weil sie einfach nicht so aussagekräftig sind wie andere. Sie wegzulassen ist die Pflicht des Autors und eine Herausforderung beim Schreiben des Schnittplans. Denn als Autor müssen Sie sich vorab überlegen, ob der Zuschauer Ihren Sprung von einem Ort zum nächsten klaglos nachvollzieht oder verwirrt zur Fernbedienung greift. Diese Übergänge zu schaffen ist eine wesentliche Kunst des filmischen Erzählens.

Kapitel 4

Be prepared

In diesem Kapitel geht es um die vielen kleinen Dinge, die zum Filmemachen gehören, obwohl sie nichts mit Kameras, Computern oder Bildgestaltung zu tun haben. Es geht um Organisation, um Geld und die rechtlichen Rahmenbedingungen, die zu beachten sind, wie z. B. die Urheberrechte von Mitwirkenden, die Persönlichkeitsschutzrechte von gefilmten Personen und das leidige Thema Musik.

4.1 Drehvorbereitungen

Das Schreiben eines Drehbuches bzw. Treatments hat viele Vorteile, u.a. auch jenen, dass man sich mit den vielen Unwägbarkeiten beschäftigen muss, die einen während der Dreharbeiten überraschen können. Dies gilt für Spielfilme genauso wie für Dokumentarfilme. Wer eine Doku über seinen Venedig-Urlaub plant, dem kann man nur raten, vorab einen Blick in einen Stadtführer zu werfen. Dort erfährt man u.a., dass Kameras in der Markuskirche verboten sind. Kein Problem fürs Handy oder eine kleine Consumer-Cam in der Manteltasche, aber wer mit seiner komplett aufgeriggten Systemkamera anrückt, wird den Pförtner kaum passieren. Ohne Drehgenehmigung, die es selbstverständlich gar nicht oder nur gegen zum Teil erhebliche Gebühren und in keinem Fall am gleichen Tag gibt, sind viele berühmte Monumente heute kaum mehr auf Film zu bannen, zumindest nicht mit halbwegs professioneller Ausrüstung.

Ein Blick auf die Website der Stadtverwaltung schärft vielleicht auch das Bewusstsein für andere organisatorische Schwierigkeiten wie etwa die Öffnungszeiten der Markuskirche. Selbstverständlich sind nicht alle Unwägbarkeiten im Vorfeld abzuklären, und natürlich sollte man für Überraschungen spontan Lösungen entwickeln. Aber eine gute Vorbereitung sehen Sie im Film.

4.1.1 Vor Ort – Location

Beim Spielfilm werden für die Auswahl der richtigen Drehorte eigene Leute beschäftigt. Diese zeichnen sich weniger durch ein überragendes geografisches Gedächtnis aus als vielmehr durch eine gut gefüllte Datenbank, in der sie die Adressen von Wohnungs- und Hausinhabern sammeln, die bereit sind, ihr Heim gegen Entgelt für Dreharbeiten zur Verfügung zu stellen. Und die sich, sollten sie in ihrer Datenbank nicht fündig werden, auf den Weg machen, um eine passende Location zu finden. Das gilt natürlich nicht nur für Häuser, sondern auch für Außendrehplätze wie Seen, Flüsse, romantische Bootsfahrten, einsame Forsthäuser oder gruselige Industrieruinen. Diesen Aufwand werden Sie wahrscheinlich nicht treiben wollen. Schließlich besuchen Sie Venedig, weil Sie die Stadt kennenlernen, und nicht, weil Sie einen Film drehen wollen. Doch wo ist eigentlich der beste Standpunkt, um den ganzen Markusplatz inklusive Campanile und Markuskirche aufzunehmen? Und brauche ich dafür schon ein Weitwinkelobjektiv? Wenn Sie sich mit solchen Überlegungen plagen, dann sind Sie bereits mitten in der Location-Suche. Und zum Glück gibt es Antworten auf die meisten Fragen. Viele findet man in den Kartendiensten der einschlägigen Internetdienste oder bei *openstreetmap.org*.

Der schiefe Turm
Er steht nicht nur in Pisa, sondern fast überall. Ein Beispiel: Wenn Sie mit einer normalen Brennweite auf dem Markusplatz versuchen, den Campanile in Szene zu setzen, dann entsteht häufig ein Bild wie dieses.

▲ **Abbildung 4.1**
Campanile in schief

Die Kamera wird verdreht, um den ganzen Turm ins Bild zu bekommen. Leider verdrehen nun auch viele Ihrer Zuschauer unwillkürlich den Kopf, schließlich wissen sie ja, dass außer in Pisa Türme normalerweise halbwegs gerade stehen. Sie müssen sich also einen Standort suchen, von dem aus Sie den ganzen Turm in den Kasten kriegen. Oder: Sie bewegen die Kamera. Beginnen Sie gerade, und schwenken Sie dann nach oben, während Sie gleichzeitig die Kamera drehen. Das will allerdings gelernt sein.

Vorbesichtigung | Wenn irgend möglich, orientieren Sie sich vor Ort erst einmal ohne Kamera. Schlendern Sie einen Tag entspannt durch die venezianische Altstadt. Verschaffen Sie sich einen Überblick. Sie können diese Vorbesichtigung bereits ein Stück weit von zu Hause erledigen, wenn Sie sich im Stadtführer oder im Internet Bilder von Venedig anschauen.

Überlegen Sie sich einfach, von welchem Standort der Kollege möglicherweise diese oder jene Einstellung, die Ihnen gut gefällt, realisiert hat. Die »Skyline« von Dogenpalast und Campanile können Sie z. B. von einem Boot aus filmen oder von den gegenüberliegenden Inseln La Giudecca und San Giorgio Maggiore. Filmen Sie vom Boot aus, wird sich wahrscheinlich das Schwanken des Bootes bemerkbar machen, was gegen den Einsatz eines Teleobjektivs spricht. Drehen Sie von den Inseln, sind ein Tele und damit auch ein Stativ zur Stabilisierung unverzichtbar. Doch damit nicht genug: Wann steht die Sonne über dem Dogenpalast, sodass das Wasser im Licht attraktiv glitzert und sich die Überfahrt nach La Giudecca auch lohnt? Wann taucht eine niedrig stehende Sonne den Markusplatz in warmes Licht? Bei einer Vorbesichtigung finden Sie vielleicht auch jene Brücke, die besonders stimmungsvolle Bilder mit vorbeiziehenden Gondolieri ermöglicht. Und vielleicht können Sie ja auch noch Freundschaft mit einem Restaurantbetreiber schließen, der Ihnen am Abend beim Besuch mit der Familie oder den Teammitgliedern einen »Schuss« in seine Kochtöpfe erlaubt.

▲ **Abbildung 4.2**
Attraktive Standorte für Filmaufnahmen in Venedig könnten z. B. sein: die »Skyline« Markusplatz vom »Fondamenta Salute« oder ...

▲ **Abbildung 4.3**
... eine subjektive Aufnahme der Kanäle und einer Gondelfahrt oder ...

▲ **Abbildung 4.4**
... der Markusplatz von Wasser aus (aus einem Vaporetto) oder ...

▲ **Abbildung 4.5**
... der Canal Grande und die Rialtobrücke von Calle Riva Carbon.

Virtuelle Vorbesichtigung
Wer keine Zeit hat, an einem Drehort vorbeizuschauen, muss sich auf böse Überraschungen einstellen. Ich bekam bei meinen Versuchen, mit KI ein Drehbuch über die Wasserwacht zu erstellen, die interessante Mitteilung, dass am Eibsee auch gesegelt werde. Ich konfrontierte die KI damit, dass der Eibsee definitiv kein Segelrevier ist, und sie räumte schnell ein, dass es sich um einen »blinden Fleck« handele, den ich da gefunden hätte. Die KI und ich waren uns über den Grund für den Fehler einig: Die Suchmaschinen fassen alle Bootsverleihe unter »Bootsverleihe für Ruder-, Tret-, Segel- und Motorboote« zusammen. Gibt es also am See einen Bootsverleih, behauptet die KI fälschlicherweise, man könne dort auch segeln. Wer daraufhin bereits von spektakulären Wendemanövern unterhalb der Zugspitze träumt, wird vor Ort eine böse Überraschung erleben. Deshalb gilt: essenzielle Eigenschaften einer Location immer mehrfach überprüfen oder vor Ort recherchieren. Vorab aber kann eine KI gute Dienste bei der Auswahl des richtigen Drehorts leisten.

In Ihrem Kopf nimmt langsam ein Drehplan Gestalt an, der es Ihnen nebenbei auch noch ermöglicht, als Fremdenführer zu glänzen. Denn Sie sind nun stets zur richtigen Zeit am richtigen Ort.

Filme an schwierigen Orten | Wenn Sie mit der Kamera Ihre Umwelt erforschen, kommen Sie schnell an Orte, an denen Sie normalerweise nichts zu suchen haben. In Venedig habe ich z. B. öfter in Küchen sehr gehobener Restaurants gedreht, im Kongo auch im Operationssaal des Krankenhauses von Kamituga.

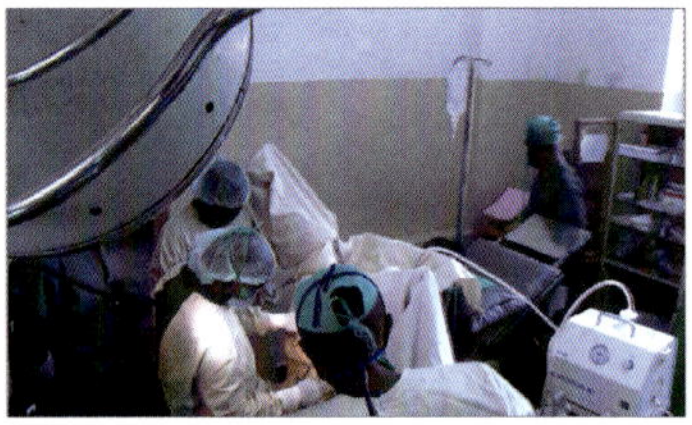

Abbildung 4.6 ▸
Links: Küche eines Restaurants, rechts: Operationssaal in Kamituga

Wir sind nicht allein
Ob es weiteres Leben in unserer Galaxie gibt, weiß ich nicht, aber es gibt fast überall auf diesem Planeten Fotografen und Videofilmer. Vor allem an den touristischen Hotspots dieser Welt – wie Venedig, Paris oder auch vor isländischen Wasserfällen. Schlimmer noch als unendlich viele Personen, die im Bild stehen, sind unendlich viele Fotografen, die die besten Standorte besetzen oder sich im Motiv breitmachen. Denn nichts zerstört den Anblick eines Naturdenkmals nachhaltiger als der Rücken eines vor einem kauernden Motivjägers. Wichtig ist: Verhalten Sie sich selbst kollegial, dann können Sie auch von Anderen Kollegialität einfordern. Verhelfen Sie anderen dazu, in Ruhe ihre Aufnahme zu machen, dann bekommen Sie auch leichter selbst ein gutes Foto. Fotografen oder auch andere Personen aus dem Bild verjagen zu wollen, ist nicht nur schlechter Stil, sondern meist auch erfolglos.

▴ Abbildung 4.7
Ganz schön voll ist es vor diesem isländischen Wasserfall und dem berühmten Fotomotiv Kirkjufell.

An solchen Locations ist man meistens nicht auf Kameras vorbereitet. Alles hat seine eigenen, festgelegten Abläufe. Gerade in Großküchen entsteht da schnell der Eindruck, hier herrschen Sodom und Gomorrha. Achten Sie bei der Wahl Ihrer Einstellungen darauf, dass Sie nicht unbewusst eine andere Geschichte produzieren als beabsichtigt. Denn der Blick mit der Kamera in den Kochtopf kann einem schnell den Appetit verleiden. Im Operationsaal sollten Sie z. B. darauf achten, den Patienten nicht unbeabsichtigt bloßzustellen.

Internetrecherche | In den letzten fünf Ausgaben dieses Buchs stand an dieser Stelle eine einfache Empfehlung: »Googeln Sie!« Man könnte meinen, die Suchmaschine wäre nur für Kameraleute und Regisseure entwickelt worden. Alle wichtigen Infos gibt es hier aus einer Hand: Fotos und sogar 3D-Ansichten wichtiger Architekturdenkmäler, Straßenkarten und Landkarten mit Kompassorientierung.

▲ Abbildung 4.8
Informativ und hilfreich: Google Maps

Google Earth und Street View
Die beiden Tools vom Suchmulti Google haben wahrscheinlich etliche hundert Menschen arbeitslos gemacht, die früher damit beschäftigt waren, Drehorte zu finden und zu erkunden. Sie sind sehr hilfreich, wenn man sich vorab einen Eindruck vom Drehort verschaffen möchte.

Bei bekannten Locations wie Venedig bietet Street View auch interaktive 3D-Ansichten, die es einem erlauben, sogar einen individuellen Kamerastandort virtuell zu erkunden.

▲ Abbildung 4.9
Google Earth

Wenn Sie wollen, können Sie mithilfe von Google Earth auch noch eine virtuelle Vorbesichtigung machen. Das gilt nicht nur für Städte, sondern auch für Naturregionen. Bei Google finden Sie die Antwort auf die Frage, wann der beste Zeitpunkt für stimmungsvolle Aufnahmen vom Dogenpalast sein dürfte. Meine Empfehlung: der frühe Morgen. Ein anderes Beispiel: unsere bereits erwähnte Panoramaaufnahme des Wettersteingebirges mit dem geplanten Zoom auf die Zugspitze. Den Standort für eine optimale Panoramaaufnahme finden Sie im Internet, z. B. den Riegsee am frühen Morgen, wenn rotes Licht das Massiv interessant ausleuchtet, oder von der Maximilianshöhe in Garmisch-Partenkirchen am Nachmittag.

Location-Dienste
Google bietet viel, aber nicht alles. Wer bei seiner Suche nach schönen Locations lieber auf die Erfahrung anderer vertraut, der ist bei Diensten wie *ShotHotspot* oder *22places* gut aufgehoben. Bei ShotHotspot.com kann man auch eigene Locations dem Netzwerk zur Verfügung stellen. Aus meiner Sicht ist ShotHotspots noch am ehesten ein Angebot, um gute Standorte zu finden. 22places oder Apps wie Locationscout sind eher subjektive Reiseempfehlungen. Auch eine Fotocommunity wie *Instagram* oder *flickr* stellt Informationen über Locations zur Verfügung oder bietet zumindest entsprechende Suchoptionen an.

Ebenfalls im Internet gut zu erledigen ist die Abschätzung von zeitaufwändigen Ortswechseln. Vor Kurzem bin ich frohgemut mit 30 kg Kameraausrüstung zu einer kleinen Bergtour gestartet. Nach nur einer Stunde Aufstieg musste ich feststellen, dass mein Körper derartige Strapazen bei 30 Grad Hitze ablehnt. Ich kehrte unverrichteter Dinge und übel gelaunt um, vor allem aber ohne Bilder. Kameraleute leisten in vielen Bereichen körperliche Schwerstarbeit und sind deshalb geradezu darauf dressiert, im Vorfeld nach Fahrtwegen, Aufzügen, Gondeln und anderen Transportmitteln zu suchen, die ihnen das Leben einfacher machen. Und trotz der eben getätigten Schleichwerbung Google gilt die Empfehlung nicht mehr uneingeschränkt. Denn die KI liefert oft präzisere und vor allem kontextbezogene Ergebnisse, vorausgesetzt, die Fragen sind auch entsprechend. Trotzdem möchte ich derzeit die klassischen Suchergebnisse nicht missen, denn unter vielen Links findet man interessante Querverbindungen oder auch Kontakte zu spannenden Ansprechpartnern.

Immer der Sonne nach
Der Sonnenstand beeinflusst die Qualität einer Aufnahme ganz wesentlich. Gegen- oder Streiflicht sind besser als Auflicht, Morgenstunde und Blaue Stunde am Abend sind besser als pralle Mittagssonne. Doch wann steht die Sonne wo? Auch auf diese Frage gibt es längst eine Antwort. Mit Programmen wie *Sun-Surveyor* für Smartphones und Pads können Sie sich überall den exakten Sonnenverlauf zu einem bestimmten Datum und einer bestimmten Uhrzeit anzeigen lassen. Durch die Verknüpfung mit Street View können Sie so neben dem optimalen Kamerastandort auch die optimale Tageszeit recherchieren und sind damit in der Lage, den perfekten Drehplan zu erstellen. Die App präsentiert in unterschiedlichen Einstellungen den Sonnenverlauf. Auf Wunsch und eine Kamera vorausgesetzt, zeigt sie sogar im Kamerabild an, wann die Sonne richtig steht. Sehr empfehlenswert.

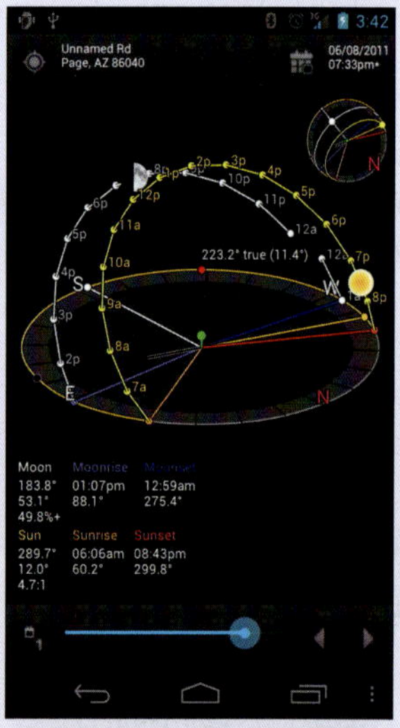

▲ **Abbildung 4.10**
Die App Sun Surveyor informiert über den Sonnenstand.

Der passende Ort zur Person | Auch Dokumentationen leben davon, dass sie an spannenden, optisch interessanten und zum Thema passenden Drehorten spielen. Ein Interview mit dem Restaurantbesitzer ist lustiger, wenn man im Hintergrund zufriedene Gäste sieht. Ein Interview mit der Fängerin des Brautstraußes auf einer Hochzeit wirkt lebendiger, wenn sie ihn gerade gefangen hat. Die Pfarrerin befragt man besser vor dem Traualtar als irgendwo in einem Hinterzimmer. Drehorte sind immer auch Motive, und je besser sie zu einem Thema passen, desto mehr sollte man darauf drängen, dort auch unter allen Umständen zu drehen. Denn sie tragen wesentlich zur Atmosphäre der Dokumentation bei.

4.1.2 Zum Gespräch bitte: Casting

Wenn Sie einen Helden für Ihren Film auserkoren haben, dann müssen Sie die Rolle natürlich besetzen. Im Dokumentarfilm sind Autor und Held häufig identisch. Michael Moore hat diese Kombination zu seinem Markenzeichen gemacht. Bei Spielfilmen ist klar, dass die Auswahl der Schauspieler maßgeblich zum Erfolg beitragen wird. Dabei ist nicht nur das »Starpotenzial« eines Darstellers wichtig, entscheidend ist auch, ob er die Rolle glaubwürdig ausfüllen kann.

In Dokumentarfilmen spielen in aller Regel normale Menschen mit. Beim Hochzeitsfilm steht das Paar im Mittelpunkt. Was aber, wenn die Braut schüchtern ist und eigentlich nicht gefilmt werden möchte? Oder wenn Sie bei der Besteigung der Zugspitze zwar einen hervorragenden Bergführer an Ihrer Seite haben, der Mann aber kein Wort zu viel spricht? Auch wenn Ihre Filmidee noch so brillant ist, wenn die Mitwirkenden nicht mitspielen, sollten Sie die Idee noch einmal kritisch überdenken. Zwar können Sie das Brautpaar nicht austauschen, aber Sie können es vorher kennenlernen und Vertrauen aufbauen. Und Sie können versuchen, mit ihm einige Bildideen abzusprechen, die für den Film geplant sind. Lassen sie sich realisieren, umso besser, spüren Sie Widerstände, dann entwickeln Sie Alternativen mit den Darstellern.

In Szene setzen
Achten Sie darauf, dass Ihre Protagonisten halbwegs ordentliches Licht bekommen und der Hintergrund zur Szene passt. Vermeiden Sie, dass Ihr Interviewpartner direkt in die Sonne blicken muss. Der Hintergrund sollte belebt sein, aber nicht vom Interviewten ablenken, etwa wenn ständig jemand aufsteht und geht oder kommt. Für Personen eignen sich vor allem dunklere Hintergründe.

▲ **Abbildung 4.11**
Interview mit Hintergrund

◂ **Abbildung 4.12**
Mitten im Geschehen: Kamera und Kameramann beeinflussen die Szene.

In besonders schwierigen Fällen ist auch Ihre Begabung als Unterhalter gefordert. Sie müssen auf Leute spontan zugehen, sie in

> **Der Point of View (POV)**
> Filmtheoretiker streiten seit Jahrzehnten darüber, wie subjektiv Filme sind und sein dürfen. Die Diskussion entzündet sich vor allem an sogenannten POV-Einstellungen. Dies sind Szenen, in denen die Kamera in die Figur eines Protagonisten schlüpft oder sogar der ganze Film aus den Augen des Erzählers gedreht wird. Ästhetisch wirkt diese subjektive Kamera oft sehr dramatisch und wird deshalb auch häufig verwendet, um Spannung zu erzeugen. Machen Sie sich vor Drehbeginn Gedanken darüber, wie subjektiv Ihr Film werden soll, und setzen Sie dies dann konsequent mit entsprechenden Einstellungen um. Etwas ermüdend finde ich den ständigen Wechsel zwischen einer subjektiven Einstellung und dem Moderator/Influencer. Dabei entwickelt weder die subjektive Kamera ihre Magie noch kommt man dem Moderator wirklich nahe. Stattdessen ist es die lauteste Art, »Ich« zu sagen.

Gespräche verwickeln, versuchen, sie vor Ort innerhalb kurzer Zeit zum Mitmachen zu animieren. Das ist nicht unbedingt jedermanns Sache und will gelernt sein. Praktikanten in Sendeanstalten werden deshalb zu Beginn ihrer Karriere oft zum Aufnehmen von Umfragen in Fußgängerzonen entsandt. Da zeigt sich, wer einen Draht zu anderen Menschen findet und wer nicht. Und man lernt auch, charmant unhöflich zu sein.

Wer brav jeden Passanten fragt, ob er ihn interviewen darf, erntet fast immer ein ablehnendes Nein. Wer dagegen gleich mit der Frage zum Thema loslegt, bekommt zumindest schon einmal von allen Neugierigen eine Antwort. Brillant sind alle, die sich eine kleine Aktion überlegen, um den Einstieg ins Gespräch zu finden. Beispiel: Sie wollen die Hochzeitsgäste interviewen. Bitten Sie sie doch spontan darum, dem Paar via Kamera etwas zu wünschen. Und wenn das Eis erst einmal gebrochen ist, dann kann man noch ein paar andere Fragen nachschieben. Mitwirkende für Filmarbeiten zu finden heißt häufig, Fingerspitzengefühl und psychologisches Geschick zu beweisen. Und es bedeutet, sich auf seine Darsteller einzulassen. Denn im Idealfall entstehen in deren Köpfen bessere Ideen als die, die Sie sich ausgedacht haben.

4.2 Die Kunst der Beschränkung: das Budget

Jeder Film kostet Geld, meistens zu viel Geld. Für Profis wie Amateure ist Filmemachen eine lange Leidensgeschichte des Verzichts. Nur selten kann man aus dem Vollen schöpfen, und selbst die teuersten Hollywood-Projekte stoßen im Laufe einer Produktion an Grenzen, die das Budget steckt. Wer erst einmal die Kunst der Beschränkung erlernt hat, kann trotzdem ordentliche Filme mit fast jedem Budget realisieren. Geld muss eben durch Kreativität und Erfindungsreichtum ersetzt werden. Das eigentlich Unfaire am Filmemachen ist nicht unbedingt die stete Anwesenheit des Mangels, sondern vielmehr, dass niemand Verständnis dafür aufbringt. Es bringt Ihnen wenig, wenn Sie die Zuschauer vor der Präsentation Ihres Werkes in einem kurzen Trailer darauf hinweisen, dass viele wünschenswerte Einstellungen allein deshalb nicht im Film enthalten sind, weil sich kein Sponsor für den dringend benötigten Hubschrauber gefunden hat. Ist der Film langweilig, dann steht das Publikum trotzdem auf und verlässt das Kino. So ist das nun einmal.

Weil also Filmemachen immer an finanzielle Grenzen stößt, neigen Filmemacher dazu, diese ständig zu überschreiten. Der italienische Filmproduzent Dino de Laurentiis ging während seiner Karriere, in der er immerhin so erfolgreiche Streifen wie »La Strada«, »Blue Velvet« oder »U 571« realisiert hat, gleich zweimal pleite. Was ihn freilich nie davon abgehalten hat, bis ins hohe Alter weiterhin Filme zu produzieren. Wer ein vergleichbares Schicksal vermeiden möchte, sollte sich eine goldene Grundregel zu Herzen nehmen: Niemals das Budget überschreiten! Das gilt gerade auch für Amateure.

Wer sein Jahresbudget in den Erwerb der neuen Traumkamera gesteckt hat, der muss sich bei den ersten Einsätzen eben einschränken. Bei TV-Sendern und in Produktionsfirmen achten erfahrene Produzenten und Controller darauf, dass das geplante Limit nicht überschritten wird. Im Privatleben empfehle ich, dass Ehepartner und Eltern diesen Job übernehmen. Wer einen Film aus der eigenen Tasche finanziert, wird am eigenen Leib schnell spüren, wenn das Ende erreicht ist. Im Filmgeschäft ist es leider üblich, anderer Leute Geld zu verbraten. Hollywood finanziert seine teuren Produktionen regelmäßig mit Kapital aus dem Ausland, wo findige Geldeintreiber mit dem Glamour der Stars den Anlegern das Ersparte aus der Tasche ziehen. Selbstverständlich kann man mit Filmen viel Geld verdienen, doch der Untergang vieler deutscher Filmfirmen, die Anfang des Jahrtausends an der Frankfurter Börse Geld einsammelten, um es in Hollywood zu investieren, spricht Bände.

Netzwerk aufbauen
Wenn Sie einen Kran, Hubschrauber, eine Flugdrohne, eine besondere Kamera oder einen Dolly brauchen: Dann kaufen Sie ihn nicht, sondern leihen Sie sich die teure Zusatzausrüstung.

Viele Produktionsfirmen verleihen ihr Equipment. Stellen Sie einen Kontakt her, Ihr Projekt vor, und bitten Sie um Unterstützung. Vielleicht können auch Sie mit etwas aushelfen, und sei es Arbeitskraft. In allen deutschen Großstädten finden Sie auch professionelle Verleihfirmen.

▲ **Abbildung 4.13**
Dolly von ABC

◂ **Abbildung 4.14**
Professioneller Filmdreh mit Steadycam – so viel Geld steht nicht jedem zur Verfügung.

4.2.1 Crowdfunding

In den letzten Jahren hat sich dank des Internets eine neue Möglichkeit der Finanzierung kleinerer Filmprojekte etabliert. *Crowdfunding* heißt das Zauberwort. Wer auf einer der einschlägigen

Plattformen (*www.indiegogo.com*, *www.kickstarter.com*, *www.startnext.de*, *crowdify.net*) sein Projekt ordentlich vorstellt, hat die Chance, dass begeisterte Privatleute ihn nach ihren Möglichkeiten unterstützen. Durchschnittlich können die Werber mit etwa 3.000 € für ihr Projekt rechnen, in Einzelfällen werden auch höhere Summen erreicht. Großprojekte mit mehreren 100.000 € sind sicher eher die Ausnahme. Aber: Der Kölner Firma brainpoolTV gelang es, 1 Million Euro für den Spielfilm »Stromberg – Der Film« einzusammeln. Der langfristige Erfolg dieser Graswurzelfinanzierung wird davon abhängen, ob regelmäßig gute Ergebnisse erzielt werden. Allerdings wird dieser Erfolg wohl nicht ausschließlich in barer Münze, sondern auch am Thema oder in Filmpreisen gemessen werden.

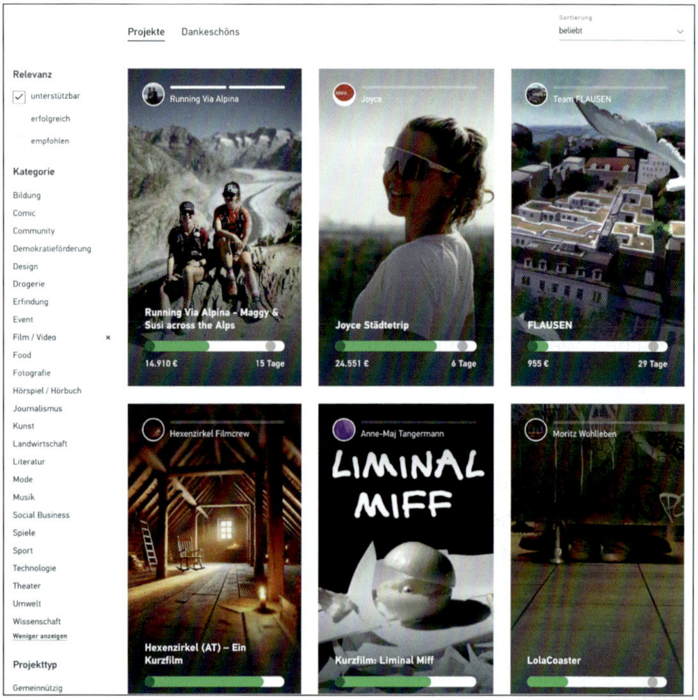

Abbildung 4.15 ▸
Seite mit Filmprojekten auf Kickstarter

Die ersten Crowdfunding-Plattformen haben ihre Pforten bereits wieder geschlossen. Und obwohl Filme bei Anbietern wie *kickstarter* noch eine große Rolle spielen, spürt man, dass in dem Thema mehr steckt. Experten sprechen bereits von *Crowdinvesting*, bei dem auch Unternehmen Kapital bei Privatleuten einsammeln. Das bedeutet für Filmemacher: Die Konkurrenz steigt, und längst nicht jeder Film wird von einer begeisterten Fangemeinde finanziert. Wenn Sie mit Ihrem Projekt Erfolg haben wollen, dann sollten Sie mit seriösen Unterlagen um die Finanzierung werben, also z.B. einem ordentlichen Treatment (siehe Abschnitt 3.1.4, »Treatment«) und einer nachvollziehbaren Kalkulation, vor allem aber einem schicken Trailer, der zeigt, dass Sie Filme machen können. Wenn Sie mit dem Gedanken spielen, Ihr nächstes Filmprojekt über Crowdfunding zu finanzieren, dann empfehle ich einen Blick auf die Seite der AG DOK, die einen zwar bereits etwas älteren, aber immer noch richtigen Überblick über die Szene und die unterschiedlichen Arten von Crowdfunding gibt (*https://agdok.de/de_DE/crowdfunding-uebersicht*).

4.3 Den Zuschauer immer vor Augen – das Format

In meinem Archiv ruhen viele, viele Aufnahmen, die nie das Licht eines Projektors oder wenigstens den Leuchtstrahl eines Röhrenfernsehers erblickt haben. Der einfache Grund: Es hat sich niemand für die Geschichten interessiert, abgesehen von mir natürlich. Deutlich kleiner, aber eigentlich noch trauriger ist eine Abteilung mit Aufnahmen, für die es durchaus Interesse gegeben hat, die aber aus irgendeinem Grund einen formalen Mangel aufwiesen, der leider nicht zu beheben war. So sitze ich seit 10 Jahren auf einer spannenden Reportage über einen der letzten Menschen weltweit, der in der Lage ist, alte Flugzeugmotoren zu reparieren. In seiner Werkstatt sammelt er Schrauben, Dichtungen, Vergaser, Zünder für so gut wie jeden Motor, der in den letzten 80 Jahren Flugzeuge vorangetrieben hat. Doch sowohl die Motoren als auch das Wissen um ihre Konstruktion sterben langsam aus. Ein spannender Film. Doch leider habe ich ihn noch mit einer alten Kamera im Format 4:3 gedreht.

◂ **Abbildung 4.16**
Da bleibt viel schwarz: ein Film im falschen Format 4:3.

Als er endlich so weit fertig war, dass man ihn Fernsehsendern anbieten konnte, war das Format 16:9 Standard und eigentlich auch HD gefordert. Das Ergebnis: 20 Drehtage und zehn Schnitttage quasi umsonst.

Wer heute einen Film herstellt, sollte sich von Anfang an überlegen, für welches Publikum er produziert und wie er dieses Publikum erreicht. Gut, wenn man alles in UHD/4K (siehe auch Abschnitt 5.2.3, »Auflösung – von SD zu HD«) produzieren kann. Aber das hat oft auch höhere Investitionen in Schnitttechnik und die Nachbearbeitung zur Folge. Und 1080/50p sind eben auch schon ein akzeptables Filmformat. Manchmal ist weniger dann doch mehr.

4.4 Nicht den Anschluss verlieren – Kontinuität

Zuschauer leben in der Gegenwart
Eines der Geheimnisse des Films ist, dass er Zuschauer in die Handlung hineinzieht und sie der Illusion erliegen, die Handlung würde gerade geschehen. Selbst Historienschinken wie »Troja« gelingt das innerhalb kurzer Zeit. Für Filmzuschauer spielt ein Film immer in der Gegenwart. Das hat den großen Vorteil, dass wir in der Zeit auch springen können, d.h. selbst lange Zeiträume auf wenige Minuten komprimieren können. Allerdings: Machen Sie sich die Zeitsprünge in Ihrem Film vorab bewusst. Drehen Sie Schnittbilder, mit denen Sie den Zuschauer mit auf Ihre Zeitreise nehmen können.

Kontinuität (engl. *Continuity*) ist eines der großen Schlagworte Hollywoods. Es schwebt als Thema über der gesamten Filmproduktion. Im Detail gehe ich in Abschnitt 12.1, »Continuity – was man auf jeden Fall von Hollywood lernen sollte« über Anschlussfehler noch einmal auf die Continuity ein. In den 1940er- und 50er-Jahren wurde die Continuity sozusagen zum wesentlichen Qualitätsmerkmal des klassischen Filmhandwerks erkoren. Verstanden wird unter dem Schlagwort der störungsfreie Fluss eines Films, der den Zuschauer an möglichst keiner Stelle aus der Erzählung reißt.

In Deutschland wird Continuity oft mit dem »richtigen Anschluss« einer Szene an die vorausgehende gleichgesetzt, was schon einmal darauf hinweist, dass vor allem an Schnitten Gefahr droht, die Kontinuität zu durchbrechen. Doch ein perfekter Schnitt reicht nicht aus. Es geht auch um einheitliche Farbe, gleichbleibende Einstellungsgrößen, das wiedererkennbare Spiel mit der Schärfentiefe. Manchmal wird Kontinuität deshalb auch mit Logik verwechselt. Unlogisch ist es, wenn ein Darsteller ein Hochhaus betritt und nach dem nächsten Schnitt aus dem Aufzug im 35. Stockwerk spaziert. Doch es besteht Einigkeit darüber, dass jeder Zuschauer so einen Sprung klaglos akzeptieren würde, da er ja weiß, dass in einem Hochhaus Aufzüge die Menschen transportieren. Die Anforderungen an die Kontinuität erfüllen also alle Schnitte, die ein durchschnittlicher Zuschauer als stimmig wahrnimmt.

In meinem Film über den Ort Hofheim zeige ich innerhalb von 80 Minuten, wie die alten Glocken des Dorfes abgenommen ❷ werden, der komplette Glockenstuhl demontiert ❶ und wieder eingebaut ❹ wird, neue Glocken gegossen ❸ und geweiht ❺ und schließlich wieder in den Turm gebracht werden und zum ersten Mal ❻ läuten. Logisch ist das nicht, denn schließlich hat das alles fast ein Jahr gedauert.

▼ **Abbildung 4.17**
Kontinuität wahren: die sechs Etappen auf dem Weg zur neuen Glocke

Streng genommen wahrt dieser Film nicht die Kontinuität. Trotzdem hat sich kein Zuschauer bisher beschwert. Denn der Zuschauer toleriert Sprünge in der Zeit, wenn sie plausibel sind. In meinem Film habe ich die Szenen nicht hintereinander geschnitten, sondern zwischen den einzelnen Etappen immer andere Geschichten eingeflochten. Es ist eine der Grunderfahrungen von Filmemachern, dass die Zeit im Film nicht real verläuft. Im Film läuft das Leben in der Regel schneller.

4.4.1 Verstöße gegen die Kontinuität vermeiden

Die Kontinuität eines Films zu durchbrechen kommt heute nicht mehr dem Schlachten einer heiligen Kuh gleich. Trotzdem sollte man darauf achten, innerhalb eines Films und noch mehr innerhalb von Szenen die Kontinuität einzuhalten. In der Praxis ist dies insbesondere im Dokumentarfilm nicht immer einfach. Während etwa im Spielfilm eine Szene häufig gleich mit mehreren Kameras gedreht wird, muss beim Dokumentarfilm eine Szene öfter wiederholt werden, um die notwendigen Schnittbilder zu produzieren.

In Dokumentarfilmen werden häufig sogenannte Experten-O-Töne an gänzlich anderen Orten aufgenommen als die Handlung. Beispiel: Ein Arzt steht im OP, das Interview, in dem er seine Arbeit erklärt, findet jedoch im Büro hinter dem Schreibtisch statt. Schöner wäre es, wenn auch das Interview im OP gedreht werden könnte, doch oft verhindern Krankenhausabläufe, dass man den Operateur auch noch vor Ort interviewen kann. Oder aber ein Fachmann erklärt gleich mehrere Sachverhalte, kann jedoch aus Termingründen nicht an jedem Drehort dabei sein. Auch Licht und Wetter können einen Strich durch die Rechnung machen. Da dreht man die Hochzeit in der Kirche bei Tageslicht, die nächste Einstellung spielt aber erst am Abend bei der Feier. Oder: Ein Sportereignis im Freien, etwa ein Formel-1-Rennen, findet bei Regen statt. Bis man den siegreichen Fahrer aber zum Interview vor die Linse bekommt, scheint wieder die Sonne. Gerade im Dokumentarfilm sind »Sprünge« leider an der Tagesordnung. Zum Glück gibt es die Blende, die einem hilft, den Mangel an Kontinuität etwas zu verdecken (siehe auch Abschnitt 18.2, »Schnitt und Blenden«). Doch das Vertrauen auf die »Rettung im Schnitt« sollte uns nicht davon abhalten, bei der Aufnahme so sorgfältig wie möglich zu arbeiten, um die Zuschauer nicht unnötig aus ihrem Filmgenuss zu reißen.

Die in den folgenden Abschnitten genannten Aspekte sollten Sie deshalb bei der Planung Ihrer Dreharbeiten beachten.

Zeit | Der Zuschauer liebt es, wenn er das Gefühl hat, aktiv das Geschehen zu verfolgen. Beispiel: Er folgt einem Moderator auf seinem Streifzug durch eine Stadt. Deshalb muss der Film nicht 24 Stunden dauern, sondern geschickt so gedreht und geschnitten werden, dass er am Ende das Gefühl hat, mit dem Moderator einen Tag verbracht zu haben. Das TV-Format »24 Stunden« setzt sich genau dies zum Ziel. Dabei werden die Geschehnisse eines Tages auf eine Stunde Sendezeit verkürzt. Allerdings: Das heißt längst nicht, dass auch alle Szenen an einem Tag produziert wurden. Häufig werden die Ereignisse zu einer fiktiven »Story« verdichtet, d. h., es hat sich zwar nicht so zugetragen, aber es hätte so passieren können. Ihren wesentlichen und fragwürdigen Reiz ziehen vor allem Doku-Soaps aus diesem Prinzip, die dank inszenierter Realität, sogenannter »Scripted Reality«, den Eindruck erwecken, der Zuschauer würde Zeuge aktueller Ereignisse in Krankenhäusern, Polizeistationen oder Tierparks.

Ort | Wenn der Moderator eben noch in der Wüste stand und den Unterschied zwischen Dromedar und Kamel erklärte, in der nächsten Einstellung aber auf einem Reiterhof im Kreis Warendorf die Vorzüge von Pferden als Reittier erklärt, dann verwirrt das den Zuschauer. Lösung: Der Mann reitet in der Wüste aus dem Bild, am schönsten in einen spektakulären Sonnenuntergang, Blende, Sonnenaufgang in Westfalen, der Moderator reitet wieder ins Bild. Am besten bewegt er sich auch noch in die gleiche Richtung. Die meisten Zuschauer werden überzeugt sein, dass er über Nacht nach Hause geflogen ist. Ortswechsel lassen sich am einfachsten kaschieren, indem man den Protagonisten aus dem Bild gehen lässt oder die Kamera auf eine neutrale Einstellung schwenkt. In Fernsehserien gibt es häufig immer den gleichen Zwischenschnitt, der visualisiert, dass Zeit vergangen ist. Typisches Beispiel ist die kurze Flugszene über den Strand in der Serie »Two and a half men«.

Stimmung | Die vorherrschende Stimmung am Set wird maßgeblich auch durch Licht und Farbe definiert. Klassischer Fehler: Ein Darsteller geht bei Tageslicht durch eine Straße und betritt dann ein Geschäft, in dem Kunstlicht vorherrscht. Der Kameramann vergisst, einen neuen Weißabgleich zu machen, oder die Automatik versagt, Ergebnis: ein deutlicher Farbsprung. Auch wenn die Szene richtig inszeniert wurde, merkt der Zuschauer den Fehler. Oder: Sie nehmen eine lange Szene auf, die Sie später durch Schnittbilder kürzen wollen, z. B. das Öffnen der Weihnachtsgeschenke unterm Weihnachtsbaum. Die ganze Szene kann sich je nach Anzahl der Beschenkten, deren Geduld und der Menge an Geschenken über Stunden hinziehen. Wahrscheinlich sind die Kerzen am Baum in dieser Zeit abgebrannt, neue Kerzen stehen nicht mehr zur Verfügung. Dann ändert sich die Lichtstimmung, und möglicherweise lassen sich einige Szenen nicht ohne einen neutralen Zwischenschnitt kombinieren.

Anschlussfehler | Um beim letzten Beispiel zu bleiben: Sie haben noch frische Kerzen für den Baum, aber dummerweise nur in einer anderen Farbe. Statt rot sind sie nun silbern. Die Aufnahmen mit roten und silbernen Kerzen können Sie nicht so ohne Weiteres zusammenschneiden, wollen Sie Ihre Zuschauer nicht verwirren. Möglichkeit: Zeigen Sie einfach in einer kurzen Szene, wie die neuen Kerzen aufgesteckt und angezündet werden.

4.4.2 Schnittbilder

Continuity-Fehler lassen sich minimieren, wenn Sie daran denken, Schnittbilder zu drehen. Diese Jagd nach kleinen Bilderschnipseln sollte Ihnen in Fleisch und Blut übergehen. Sie werden es sich selbst danken, wenn Sie später am PC beim Schneiden sitzen und viel sogenanntes »Fleisch« zur Verfügung haben. Achten Sie vor allem auf die Produktion »neutraler« oder »sicherer« Zwischenschnitte. Dies sind Schnittbilder, die sich möglichst universell in eine Szene einbauen lassen, ohne den Erzählfluss zu unterbrechen.

Achtung: Klappe!
Sie ist zum Markenzeichen für das Filmhandwerk schlechthin geworden: die Filmklappe. In Zeiten als Bild und Ton noch getrennt aufgezeichnet wurden, war sie ein unerlässliches Hilfsmittel, um im Schnitt wieder Synchronität herzustellen, das heißt die Tonspur exakt so anzulegen, dass sie auf das Bild passte. Der Cutter suchte einfach jene Stelle im Film, bei der sich die Klappe gerade schloss und auf der Tonspur den dazugehörigen Knall. In der heutigen Standardproduktion laufen Bild und Ton synchron. Deshalb braucht man heute keine Klappe mehr. Außer man zeichnet den Ton mit einem eigenen Aufnahmegerät auf.

Abbildung 4.18 ▸
Aufstellen eines Maibaums in einer Filmminute. Rechts sind die passenden Zwischenschnitte zu sehen.

Im Beispiel Maibaum wollen wir erzählen, wie ein Maibaum auf traditionelle Art und Weise mit Stangen aufgestellt wird. Das Ganze dauert etwa drei Stunden. Mithilfe entsprechender Zwischenschnitte, etwa von Musikern, die während des Aufstellens spielen, Zuschauern und einigen Nahen können wir die Szene auf eine Minute kürzen. Ohne Beschwerden aus dem Publikum. Suchen Sie solche Zwischenschnitte. Am schönsten sind Nahen, die zeigen, wie der Maibaum aufgestellt wird, also die Männer beim Hantieren mit den Stangen und beim Versetzen der Böcke.

Der neutrale Zwischenschnitt | Ein Beispiel: Bei einer Sportveranstaltung wollen Sie nur die wichtigsten Szenen zusammenschneiden. Der typische Zwischenschnitt ist das Publikum, etwa wenn es begeistert klatscht oder enttäuscht reagiert. Manchmal reichen einfach die Augen eines Zuschauers, die dem Tennisball folgen. Mit solchen Schnitten aus dem Zuschauerbereich lassen sich auch Hochzeitszeremonien, Theatervorstellungen oder Bundestagsreden kürzen.

Dramaturgische Zwischenschnitte | Schwieriger wird es bei Szenen, bei denen sich neutrale Zwischenschnitte nicht unbedingt anbieten. In einer OP-Szene kann man die Augen einer OP-Schwester verwenden, aber welche Zwischenschnitte bieten sich bei der Langzeitbeobachtung eines Wolfsrudels an? Hier gibt es viele dramaturgische Kniffe. Die Veränderung der Vegetation kann z. B. helfen, einen Wechsel der Jahreszeiten zu erklären, also das Aufgehen der Blüten für den Frühling, ein Verfärben der Blätter für den Herbst, das Fallen der Blätter für den nahenden Winter. Oder man führt eine weitere Erzählebene ein. Beliebt ist beispielsweise, den Autor selbst mit seinen vielen Bemühungen, die wichtigen Szenen in den Kasten zu bekommen, zum Gegenstand des Films zu machen. Ist der Filmemacher erst einmal Teil der Story, so kann man ihn immer wieder verwenden, um von einem Thema zum nächsten, von einer Szene zur nächsten zu kommen.

Zwischenschnitte in Interviews | Die ultimative Herausforderung für das Finden von Zwischenschnitten stellen meistens Interviews dar. Man würde den Redefluss gerne etwas kürzen, weiß aber nicht, wie man von einem Bild zum nächsten kommen soll. Einfach die überflüssigen Teile wegzuschneiden, führt dazu, dass der Kopf des Interviewpartners »springt«, d. h. ruckartig und unnatürlich von einem Frame zum nächsten die Position ändert.

Viele Cutter haben hier schon die unterschiedlichsten Lösungen entwickelt, z. B. einen Weißblitz als Zwischenschnitt, eine kurze Abblende, einen »Morph« von einem Bild zum nächsten oder, oder, oder. Verzweifelte Autoren nehmen häufig Nahen der Augen, der Hände oder des Mundes auf oder simulieren eine zweite Kamera, indem sie den Interviewpartner von hinten zeigen. In anderen Fällen wird der Fragesteller plötzlich Teil der Szene, obwohl er eigentlich keine Rolle spielt.

Wenn Sie dafür sensibel sind, werden Sie schnell Wege finden, einem Bruch der Continuity zu entgehen.

4.5 Recht

Alle Bereiche des modernen Lebens sind heute mehr oder weniger rechtlich geregelt. Das gilt natürlich auch für die Herstellung von Filmen. Zwei Problemkreise sind dafür von besonderer Bedeutung. Dies sind einmal die sogenannten *Urheberrechte*, die Sie selbst, möglicherweise aber auch andere an Ihrem Film erwerben. Und es sind die *Schutzrechte Dritter*, die Sie unbedingt beachten sollten und die nicht nur für Personen, sondern auch für Gebäude gelten können. Dieses Kapitel steht so weit vorne und nicht irgendwo am Ende des Buches, weil es sinnvoll ist, sich vor Beginn der Dreharbeiten über einige Probleme Gedanken zu machen. Um zu beurteilen, ob Sie bei der Realisierung Ihres Filmprojekts möglicherweise juristische Fallgruben umschiffen müssen oder diesen Abschnitt doch einfach überschlagen können, sollten Sie sich folgende Gedanken machen.

4.5.1 Fragen, die Sie sich stellen sollten

Mit wachsender Publikumszahl steigt das Risiko, dass Sie Urheberrechte Dritter verletzen. Die Filmvorführung im privaten Kreis ist in der Regel kein Problem. Doch bei der Vorführung im kirchlichen Gemeindehaus können z. B. bereits Abgaben für die Aufführungsrechte verwendeter Musiktitel fällig werden. Stellen Sie ein Video bei YouTube ein, dann wächst die Wahrscheinlichkeit, dass sich irgendjemand meldet, dessen Rechte Sie nachhaltig verletzt haben. Personen, die Sie filmen und die erkennbar sind, müssen ihre Zustimmung zur Veröffentlichung geben. Und heute reicht das Internet bis in den hintersten Winkel der Welt. Je größer also das Publikum, desto mehr Gedanken sollten Sie sich über eventuelle Rechte anderer machen. Im Zuge der DSGVO ist auch die Verantwortung für den Umgang mit Bildmaterial weiter in Richtung Kameramann gerückt. Man kann sich als Produzent nicht mehr hinter dem Nutzer eines Films verstecken, sondern muss bereits bei der Herstellung viele Vorschriften beachten.

Wie kommerziell ist meine Produktion? | Sobald Geld fließt, wachsen die Begehrlichkeiten Dritter, die an der Produktion mitgewirkt haben. Ein Freund hat Ihren Film geschnitten und als Schauspieler mitgewirkt. Natürlich alles kostenlos. Nun stellt sich Ihr gemeinsames Werk als Knaller auf YouTube mit Millionen Klicks heraus. Wenn Sie die Rechtefrage bislang nicht geklärt haben, können Sie sicher sein, dass spätestens jetzt Forderungen auf Sie zukommen. Und sei es nur, dass Ihr Freund plötzlich auf der Namensnennung im Abspann besteht. Oder: Sie liefern regelmäßig an Onlinekataloge wie *istockphoto.com* Bild- und Videomaterial. Ohne eine Einwilligungserklärung der in Ihrem Filmmaterial gezeigten Personen wird es Ihnen schwerfallen, das Material loszuwerden. Sie können natürlich behaupten, die Einwilligung läge vor. Im Zweifelsfall wird diese Mogelei aber teuer.

Wie viele Leute sind an der Herstellung des Films beteiligt? | Jeder Filmhochschüler kennt dieses Problem. Man hat kein Geld, braucht aber teure Ausrüstung, Schauspieler und Komparsen, Kameraleute, Beleuchter und Bühnenarbeiter, die am besten kostenlos arbeiten. Den Film sehen wahrscheinlich nur die Mitschüler, eine kleine Jury, die das Werk bewertet und kritisiert, alle Mitwirkenden und Angehörigen bei einer Vorführung in einem angemieteten Kino mit anschließender Danke-Party. Und trotzdem kann es sein, dass der Abend getrübt wird, weil plötzlich der Kameraverleih mitteilt, dass an einer ausgeliehenen Kamera ein erheblicher Schaden festgestellt wurde. Oder ein Brenner im Wert von 800€ leider gerade bei Ihren Dreharbeiten den Geist aufgegeben hat. Und dann war da noch der Anruf der Berufsgenossenschaft, die gerne wissen wollte, wie Ihr Beleuchter so mir nichts, dir nichts die Treppe runterfallen konnte. Schließlich kommt der bereits erwähnte Freund und verbietet Ihnen, den Streifen überhaupt vorzuführen, weil Sie ihn absprachewidrig jetzt doch nicht im Abspann genannt haben. Faustregel: Je mehr Leute bei der Produktion mitwirken, desto mehr Gedanken sollten Sie sich über juristische Fragen machen.

4.5.2 Urheberrechte

Um überhaupt Urheberrechte erwerben zu können, muss immer ein Werk vorliegen. Ihr tief gehegter Wunsch und sorgsam gehütetes Geheimnis, einmal einen Film zu drehen, ist kein Werk und damit nicht schutzfähig. Auch wenn Sie Ihre Idee auf ein Blatt Papier schreiben, etwa »Ich drehe einen Film über das Leben der Feldmaus«, können Sie später daraus keine Urheberrechte ableiten und einem anderen Filmemacher, der sein Werk über die Feldmaus fertiggestellt hat, das Leben schwer machen. Schutzfähig sind nur Werke, die eine gewisse sogenannte Schöpfungshöhe erreichen. Diese wird in der Regel immer dann unterstellt, wenn individuelle Ideen mit einer geistigen Reife in einem Werk erkennbar werden. Das erste urheberrechtlich schutzfähige Werk bei einer Filmproduktion ist deshalb in aller Regel das Drehbuch. Hier handelt es sich um eine ausgefeilte Beschreibung der filmischen Umsetzung eines Stoffes. Wenn dabei ein Roman oder Theaterstück als Vorlage diente, so erwirbt der Drehbuchautor dennoch für seine Adaption des vorliegenden Stoffes Urheberrechtsansprüche. Doch auch Filme, die nicht auf einem detaillierten Drehbuch fußen, genießen Urheberschutz. Allerdings müssen Sie dann erst diesen Film fertigstellen, um ein schutzfähiges Werk in den Händen zu halten. In der EU genießen Urheber 70 Jahre lang den Schutz ihrer Rechte. Das heißt: In dieser Zeit entscheiden sie, wie sie ihre Werke nutzen. Ohne die Zustimmung des Urhebers darf das Werk nicht genutzt werden, also z. B. auch nicht in nicht-kommerziellen Projekten. Grundsätzlich darf man damit

Im Zweifel: Experten fragen
Wenn Sie Zweifel haben, ob Ihr Film möglicherweise die Persönlichkeitsschutzrechte oder Urheberschutzrechte Dritter verletzt, sollten Sie immer einen Experten aufsuchen. Diese sind allerdings spärlich gesät und deshalb auch ziemlich teuer. Wenn die Investition für einen Experten erkennbar nicht lohnt, dann gehen Sie lieber auf Nummer sicher und verzichten z. B. auf die Verwendung eines Musikstücks oder eine Szene mit fragwürdigem Inhalt.

Künstliche Intelligenz und Urheberrechte
Der Siegeszug der KI stellt auch das Urheberrecht vor gewaltige Herausforderungen, denn das Thema ist sehr komplex. Es geht weniger um mögliche Urheberrechte der Softwarefirmen – nach geltendem deutschen Recht kann eine Software nicht Urheber sein –, sondern vor allem um Urheberrechte von Personen, mit deren Werken die KI trainiert wurde. Sieht ein Bild einem bestehenden Werk, auf dem Urheberrechte liegen, sehr ähnlich, dann kann der Urheber des Ursprungsbildes möglicherweise auch Urheberrechte an dem von der KI generierten Bild geltend machen. Einige Produktionsfirmen schließen die Verwendung von generativer KI in ihren Verträgen deshalb kategorisch aus.

Mitwirkung bei Filmwerken
§ 88 des UrHG sagt klar, dass jeder, der an der Herstellung eines Filmes mitwirkt, alle Nutzungsrechte automatisch dem Filmhersteller einräumt. Das betrifft aber nur die Nutzungsrechte, die Urheberrechte bleiben davon unberührt.

auch die Werke Dritte nicht ohne Zustimmung nutzen oder z. B. in sozialen Netzwerken hochladen.

Mit der Zulassung sogenannter »Upload-Filter« können große Internetplattformen wie Facebook oder YouTube nun Werke mit fehlenden oder zweifelhaften Urheberrechten von der Veröffentlichung ausschließen. Das geschieht z. B. mittlerweile häufig, wenn Filme mit bekannten Musiktiteln unterlegt wurden. Hier müssen entsprechende Rechte vor der Veröffentlichung nachgewiesen werden. Die Verwendung von Werken Dritter ist also schwieriger geworden.

Im Mai 2021 verabschiedete der Bundestag ein weitreichendes und umfassendes Gesetz zur Reform des Urheberrechtes. Damit wird die Nutzung von urheberrechtlich geschützten Werken noch schwieriger, auch im nicht-kommerziellen Bereich. So darf der Anteil an eingeschnittenem, fremdem Filmmaterial nur noch weniger als 50 % betragen. Explizit erlaubt ist noch die Verwendung als Zitat, für Karikaturen oder Parodien, aber auch dort nicht zwangsläufig unentgeltlich. Gegen die EU-weite Urheberrechtsreform sind mehrere Klagen anhängig, wie sich die Rechtslage in den kommenden Jahren entwickeln wird, ist daher wahrscheinlich auch das Ergebnis der Rechtsprechung.

Miturheber | Nach § 2 des Urheberschutzgesetzes genießen »Filmwerke, einschließlich der Werke, die ähnlich wie Filmwerke geschaffen werden«, einen besonderen Schutz. Sind Sie allein der Urheber eines Werkes, so können Sie sich freuen. Sie sind Schöpfer Ihres Werkes und können darüber nach Gutdünken verfügen. Waren andere Urheber an der Entstehung des Films beteiligt, dann sind alle Miturheber, vorausgesetzt, die Arbeit jedes Einzelnen gilt als schöpferisch, d. h., der jeweilige Miturheber hat aus seiner Persönlichkeit heraus einen eigenen kreativen Anteil am Entstehen des Werkes. Diese *Miturheberschaft* wird bei Filmen in der Regel immer dem Drehbuchautor und dem Regisseur zugestanden. Kameramann und Cutter müssen im Zweifelsfall ihre Miturheberschaft belegen, also nachweisen, dass sie nicht allein als Erfüllungsgehilfen des Regisseurs gearbeitet, sondern eigenständig über die Bildgestaltung oder die Auswahl der Szenen entschieden haben. Letztlich gilt dies auch für FX-Experten, Designer, Maskenbildner oder Bühnenbauer, denen es im Zweifelsfall aber nur schwerer gelingen wird, ihren schützenswerten Anteil an einem Werk zu belegen.

Noch ein Beispiel, um die unscharfe Grenzlinie so klar wie möglich zu ziehen: Wenn jemand, der an einem Film mitarbeitet, einzig und allein den Regeln seines Handwerks folgt, etwa als Maskenbildner, dann erwirbt er in aller Regel keine Urheberrechte. Wenn der gleiche Maskenbildner jedoch eigenständig das Aussehen von Horrorfiguren oder außerirdischen Lebewesen entwirft, dann wird er zumindest zum Miturheber. Entscheidend ist, dass ein Werk vorliegt (im Fall des Maskenbildners also die fertigen Masken im Film oder zumindest Zeichnungen dazu) und die Ideen eigenständig sind, also kein Dritter Anweisungen gegeben hat, die der Maskenbildner nur umgesetzt hat.

Und was ist mit Darstellern? | Keine Urheber im eigentlichen Sinne sind Darsteller und Schauspieler. Sie genießen jedoch als »ausübende Künstler« weitgehende Schutzrechte nach dem Urheberschutzgesetz. Unter anderem können sie auch über die Verbreitung mitentscheiden und haben einen Anspruch auf namentliche Nennung im Werk. Ähnliche Leistungsschutzrechte genießen z. B. auch die Musiker, die die Filmmusik eingespielt haben, oder der Produzent, der den Film hergestellt hat.

Urheberrechte Musik | Im Alltag eines Filmemachers wird die Diskussion um Urheberrechte immer dann spannend, wenn es um die Verwendung von *Musik* geht. Musikstücke genießen eigentlich immer Urheberschutz. Wenn Sie diese mit Ihrem Film zu einem Werk verbinden wollen, müssen Sie dazu die Zustimmung des Komponisten und im Zweifelsfall noch des Interpreten und der Musiker einholen. Das gilt vor allem dann, wenn Sie auf fertige Musikstücke zugreifen. Hier müssen Sie vor der Verwendung in Ihrem Film alle möglichen Urheber um Genehmigung bitten. Diese Zustimmung bekommen Sie auch nicht von der gefürchteten GEMA, sondern nur vom Urheber selbst. Sie muss schriftlich vorliegen, ein stillschweigendes Einverständnis reicht nicht. Etwa indem Sie den Komponisten zum Miturheber erklären und ihn freiwillig an allen Einnahmen, die Sie im Familienkreis erzielen, nachträglich beteiligen.

Sie verstoßen also immer gegen geltendes Recht, wenn Sie das Werk eines anderen ohne Einwilligung benutzen. Das gilt z. B. auch für Fotografien, die Sie zur besseren Illustration Ihrer Venedig-Reise schnell aus dem Internet herunterladen. Die Verwendung dieser Bilder ist meistens nur zulässig, wenn sie unter einer *Common License* stehen oder wenn Sie eine ausdrückliche schriftliche Genehmigung in den Händen halten. Sie müssen im Zweifelsfall den Beweis erbringen.

Noch eine Anmerkung: Wenn Sie ein urheberrechtlich schützbares Werk erstellen, dann müssen Sie sich auch um den Schutz kümmern. Wichtig ist das vor allem bei Drehbüchern. Denn auch

Common Licenses
Im Internet finden Sie immer wieder den Hinweis auf sogenannte Common Licenses, die die Nutzung von Inhalten und Bildern erlauben. Seien Sie jedoch vorsichtig. Oft ist die Nutzung an Auflagen gebunden, also z. B. die kommerzielle Verwendung ausgeschlossen. Oder Sie dürfen die Bilder nicht bearbeiten und verändern. In jedem Fall muss der Urheber genannt werden. Nur in seltenen Fällen verzichten Urheber auf alle ihre Rechte. Auch wenn Sie Ihre eigenen Werke hochladen, werden sie möglicherweise von anderen weiterverwendet. Sie sollten deshalb immer klar angeben, unter welcher Lizenz Ihre Inhalte stehen.

wenn es nicht die Regel ist, eine gute Idee wird gerne geklaut. Um nachweisen zu können, dass eigentlich Sie der Urheber sind, hinterlegen Sie Ihr Werk bei einem Notar oder Freund, und dokumentieren Sie den Zeitpunkt.

4.5.3 Nutzungsrechte

Mit der Urheberschaft verbunden sind Nutzungs- und Verwertungsrechte. Im Gegensatz zu den Urheberrechten kann man diese an Dritte abtreten. Das heißt konkret, Drehbuchautor und Regisseur treten ihre Nutzungs- und Verwertungsrechte komplett an den Filmproduzenten ab. Auch die ausübenden Künstler wie Schauspieler und Musiker können ihre Nutzungs- und Verwertungsrechte, die sie aus den Leistungsschutzrechten ableiten, abtreten. In diesem Fall kommt ein Vertrag zustande, und die beteiligten Urheber und Künstler bekommen im Gegenzug Geld. Schwierig wird es, wenn kein Geld fließt. Ein praktisches Beispiel: Sie überreden Ihre Nachbarin dazu, in einem Film mitzuwirken, den Sie anschließend auf YouTube einstellen. Warum auch immer, der Film wird der Knaller. Sie treten in allen Talkshows auf und werden berühmt. Sie bekommen einen Werbevertrag, und der Filmausschnitt mit Ihrer Nachbarin läuft permanent auf allen Sendern. Ihre Nachbarin will nun auch ein Stück vom Kuchen. Sie aber haben – ganz Filmproduzent – ihr vorab bereits eine Abtretung aller Rechte für lau abgeschwätzt. In diesem Fall müssen Sie damit rechnen, dass Ihre Abtretungserklärung für unzulässig erklärt wird. Denn sie wäre unbillig. Zwar dürfen Sie den Film weiter vorführen, aber Sie müssen der Nachbarin ein angemessenes Entgelt zahlen.

Das Urheberrecht zielt darauf ab, geistiges Eigentum zu schützen. Behandeln Sie es deshalb immer mit dem nötigen Respekt. In den USA geht dieses Recht übrigens viel weiter als bei uns. Dort sind Sie Urheber häufig schon dann, wenn Sie ein Werk hervorgebracht haben. In Deutschland genießt z. B. ein Passbild nur Leistungsschutzrechte als Lichtbild, ein Foto von Andreas Gurski gilt dagegen als Lichtbildwerk. In den USA wird hier kein Unterschied gemacht. Wer den Aufwand zur Herstellung des Werkes betrieben hat, besitzt die Urheberrechte. Allerdings muss das Werk mit einem Copyright-Vermerk entsprechend gekennzeichnet sein. Und der sieht wie folgt aus: *Copyright, © 2025* (Jahr, in dem das Werk zum ersten Mal veröffentlicht wurde). Nicht vergessen, wenn Sie mit Ihrer Produktion Hollywood vor den eigenen Toren Konkurrenz machen wollen!

Rechtsunsicherheit dank DSGVO

Der 25. Mai 2018 war für die Menschheit, vor allem aber für Fotografen und Filmemacher ein Schicksalstag. Denn völlig überraschend – diesen Eindruck zumindest machten die aufgeregten Ratschläge, die plötzlich die Diskussionen in Internetforen beherrschten – trat auch in Deutschland die europäische Datenschutzgrundverordnung (DSGVO) in Kraft. Und plötzlich sollte alles verboten sein, was bisher doch erlaubt schien. Das Fotografieren einer Person galt schon als gesetzeswidrig, geschweige denn die Speicherung eines Bildes mit dem Konterfei eines Dritten auf dem eigenen Notebook.

Tatsache ist: Die DSGVO stellt möglicherweise einige bisher ausgeübte Praktiken auf den Prüfstand. Tatsache ist aber auch: Wirkliche Rechtssicherheit besteht bislang nicht. Denn die DSGVO setzt keineswegs bislang geltendes Recht in Deutschland einfach außer Kraft, vielmehr müssen erst Gerichte entscheiden, ob grundsätzlich zulässige Abweichungen von den strengen Regeln der DSGVO, etwa durch das Gesetz betreffend das Urheberrecht an Werken der bildenden Künste und Photographie (KUG), wie bisher gelten. So jedenfalls hat es das OLG Köln in mehreren Urteilen zumindest für journalistische Aufnahmen entschieden. Es ist deshalb eher übertrieben, angesichts der DSGVO vom »Ende der Fotografie« zu sprechen. Völlig klar ist aber auch, dass die Rechtslage für Fotografen und Kameraleute nicht einfacher geworden ist.

Unstrittig sind Fotos personenbezogene Daten im Sinne der DSGVO und unterliegen damit einem besonderen Schutz. Und das heißt: Ohne Einwilligung dürfen Fotos nicht aufgenommen, gespeichert und auf keinen Fall veröffentlicht werden. Außer man ist Journalist oder Künstler oder beschafft schriftliche Einwilligungen von allen abgebildeten Personen. Denn der Nachweis, dass jemand einer Aufnahme zugestimmt hat, obliegt nun dem Fotografen. Was künftig auf keinen Fall mehr geht, ist die Anfertigung einer Aufnahme, ohne die Betroffenen darüber zu informieren. Ausnahmen gibt es allerdings auch hier, etwa wenn es bei Massenaufnahmen unzumutbar ist, jede einzelne Person zu informieren.

Noch eine kleine, aber entscheidende Änderung: während bisher vor allem die Nutzung – also Veröffentlichung – problematisch war, ist es jetzt bereits die Aufnahme. Das heißt: Schon vor dem ersten Drücken des Auslösers sollte sich der Kameramann Gedanken darüber gemacht haben, wie er die Bilder nutzen möchte. Auch in Zeiten der DSGVO gilt übrigens wohl das sogenannte Haushaltsprivileg weiter, das es Privatleuten erlaubt, ihre Verwandten aufzunehmen. Auch die Dokumentation von Veranstaltungen ist wohl weiterhin möglich, da auch nach der DSGVO die Grundlage für die Anfertigung eines Fotos auch ein berechtigtes Interesse sein kann. Und dazu gehört auch das Interesse des Veranstalters, über seine Veranstaltung zu berichten. Fazit: Vieles bleibt wohl so, wie es ist, nur sind die Spielräume noch enger gefasst. Und: An die Speicherung von Daten werden künftig höhere Anforderungen gestellt.

4.5.4 Schutzrechte von Personen

Mindestens ebenso wichtig wie das Urheberrecht ist die Beachtung von Persönlichkeitsschutzrechten. Als Urheber stellen Sie ein Werk her, das schließt jedoch nicht automatisch das Recht ein, dieses auch zu veröffentlichen. Denn jede Person besitzt auch das Recht am eigenen Bild. Fotos, Audio- und Videoaufnahmen dürfen nur mit ausdrücklicher Genehmigung des Dargestellten verbreitet werden. Verstöße gegen dieses Recht können mit Geld- oder auch Freiheitsstrafe von bis zu zwei Jahren belegt werden. Die DSGVO, die im Moment quasi parallel zu nationalen Vorschriften maßgeblich im KUG (Kunsturheberrechtsgesetz) besteht, hat hier Strafen und Strafmaß noch einmal deutlich nach oben geschraubt. Und: Klar ist mittlerweile, dass der Kameramann/Filmproduzent im Streitfalle nachweisen muss, dass die Aufnahme legal angefertigt wurde. Allerdings kennt auch die strenge DSGVO Ausnahmen

Vorsicht, Kiss-Cam
In den USA eine beliebte Unterhaltungsform bei Sportveranstaltungen ist die sogenannte Kiss-Cam, die während Spielunterbrechungen oder in Pausen Paare auf einer großen Leinwand abbildet, die dann vom Publikum aufgefordert werden, sich zu küssen. So eine Kiss-Cam wurde unlängst dem CEO eines Internetkonzerns zum Verhängnis, nachdem er auf einem Popkonzert seine Personalchefin geküsst hatte, nicht aber seine Frau. Große Frage: Kann er nun den Veranstalter verklagen? So, wie es aussieht, eher nicht, denn die Band Coldplay hatte sich mit den Tickets auch die Nutzungsrechte an Aufnahmen, die während des Konzerts entstanden, zusichern lassen. Aber: In Deutschland wäre eine derartige Regelung wahrscheinlich unzulässig, da sie die Besucher einseitig benachteiligt. Und auch die Verbreitung in sozialen Netzwerken durch andere Besucher wäre verboten.

von der Regel, z. B. für Künstler oder Journalisten. Die Streetfotografie wurde vom Bundesverfassungsgericht unlängst auch als Kunstform anerkannt. Das bedeutet jedoch nun nicht, dass man munter drauflos filmen darf, indem man seine Werke zur Kunst oder Presse erhebt, sondern im Zweifelsfalle immer zwischen den Schutzrechten der gefilmten Person und dem Recht auf Berichterstattung oder der Kunstfreiheit abgewogen werden muss. Und diese Abwägung findet im Streitfalle vor Gericht statt. Das heißt, man sollte dann sowohl gute Argumente parat haben als auch das nötige Geld und die Zeit, um einen Prozess erfolgreich durchzustehen. Deshalb sollten Sie sich zur Grundlage Ihrer Arbeit machen, dass es heute keinen geschützten Bereich gibt, der es Ihnen erlauben würde, irgendjemanden irgendwo irgendwie einfach abzubilden. Ein paar Beispiele:

Sie drehen einen Film über Venedig. Auf dem Markusplatz lässt sich ein Familienvater unter dem Beifall seiner Kinder von Tauben anfliegen, die er extra anfüttert (was auch verboten ist). Ein typisches Bild für den Markusplatz: ein Mann, auf dessen Kopf und Armen Tauben hocken, umgeben von kreischenden Kindern, die offensichtlich die seinen sind. Und eine typische Einstellung für den Markusplatz, die Sie selbstverständlich aufnehmen und in Ihr Werk einschneiden. Bei der Vorführung im Gemeindehaus erkennt nun eine Dame den Mann als ihren eigenen, nur nicht die Kinder. Der Mann wird Sie, wenn er die Scheidung hinter sich hat, mit Sicherheit verklagen und aller Voraussicht nach Recht bekommen. Entscheidend ist die Frage, ob jemand als Einzelperson erkennbar herausgehoben wurde und ob die Darstellung dem privaten Bereich zuzuordnen ist oder nicht. Beispiel: Einkaufen ist eine private Angelegenheit, deshalb darf eine Person nicht einfach mitsamt ihren Einkaufstüten gefilmt werden, selbst wenn sie auf Schnäppchenjagd durch eine öffentliche Fußgängerzone streift.

Da Fotografen und Kameraleute auf dem Markusplatz gang und gäbe sind, musste der Mann sehr wohl damit rechnen, gefilmt zu werden, nicht aber, dass er mit seiner kompletten Familie eine kleine Rolle im Film bekommt. Auch Aufzüge und Gruppen von Menschen, z. B. bei einer Sportveranstaltung, darf man filmen, nicht unbedingt aber einzelne Zuschauer, die etwa klatschen, als Zwischenschnitt verwenden. Und wie steht es um die Sportler? Stand heute dürfen Athleten auf Wettkämpfen in aller Regel gefilmt werden, nicht unbedingt jedoch in Umkleideräumen oder in erkennbar privaten Situationen. Auch Prominente müssen sich heute nicht mehr ohne Weiteres ablichten lassen. Lange Zeit hat das Bundesverfassungsgericht die Auffassung vertreten, Personen der Zeitgeschichte müssten die Verfolgung durch Paparazzi weitgehend erdulden. Bereits 2004 hat der Bundesgerichtshof auf Druck des Europäischen Gerichtshofs für Menschenrechte aber entschieden, dass auch Prominente kein fotografisches Freiwild sind, sondern immer zwischen dem Persönlichkeitsrecht der gefilmten Person und dem öffentlichen Interesse abgewogen werden muss.

Die Beurteilung, ob eine Aufnahme zulässig war oder nicht, hängt immer stark vom Einzelfall ab. Dazu gehört z. B. auch, ob ein Veranstalter die Teilnehmer darüber informiert, dass gefilmt wird, und die Bilder möglicherweise auch genutzt werden. Und auch die Art der Nutzung ist entscheidend. Mag die Aufnahme vom Markusplatz mit dem Vögel fütternden Mann noch als Schnittbild in einer Reisedoku zulässig sein, das gleiche Bild in einem Werbespot für Vogelfutter ist ohne Einwilligung mit Sicherheit unzulässig. Außer es handelt sich um einen Prominenten. Dann ist er eine Person der Zeitgeschichte und die Aufnahme möglicherweise, aber nicht zwangsläufig legal. Auch hier wird im Zweifelsfall zwischen dem Persönlichkeitsrecht und dem Informationsrecht abgewogen werden.

Versteckte Aufnahmen | Zum Leidwesen vieler investigativ tätiger Journalisten gibt es heute auch keine nachträgliche presserechtliche Rechtfertigung mehr, etwa wenn Sie Unternehmen mit versteckter Kamera betrügerischer Machenschaften überführen. Diese Aufnahmen müssen im Nachhinein immer verfremdet werden. Tonaufnahmen dürfen gar nicht erst angefertigt werden.

Allerdings: Wie funktioniert das eigentlich bei Umfragen, bei denen nervige Reporter Passanten mit überflüssigen Fragen quälen? Nötigen sie ihren Opfern zusätzlich auch noch die Unterschrift unter eine Mitwirkungserklärung ab? Nein. Für diesen Fall unterstellt die Rechtsprechung, dass sie am Film mitwirken wollten. Wenn der Sender freilich zeigt, wie ein Fußgänger unter heftigem Kopfschütteln am Reporter vorbeieilt, dann darf diese Aufnahme nicht gezeigt werden. Hier liegt kein stillschweigendes Einverständnis des Fußgängers vor, ihn beim Verweigern des Einverständnisses zu filmen.

Persönlichkeitsschutz in Zeiten von YouTube und Co. | Der Persönlichkeitsschutz geht heute sehr weit. Und auch wenn man sich hin und wieder in seiner Freiheit arg eingeschränkt fühlen mag, vergessen Sie nie, wir leben im Zeitalter des Internets und der automatischen Bilderkennung: eben noch im Film auf YouTube, schon bei allen Freunden als neues Facebook-Motiv. Diese Zukunft muss auch einem freiheitsliebenden Filmemacher ein Gräuel sein. Vor allem dann, wenn die Aufnahmen für die abgebildeten

Gadgets
Versteckte Aufnahmen lassen sich heute vermeintlich leicht realisieren. Kugelschreiber, Schlüsselanhänger oder Armbanduhren mit Spionkameras gibt es in spezialisierten Spyshops oder bei Amazon für wenig Geld zu kaufen. Auch die Qualität ist oft gar nicht schlecht. Allerdings: Das Anfertigen solcher Aufnahmen ist grundsätzlich unzulässig. Auch Journalisten können heute nicht mehr einfach losziehen und alles filmen. Tonaufnahmen sind noch schwieriger. Sollten Sie erwischt werden, machen Sie sich also auf Probleme gefasst. Und: Mit der Neufassung des Telekommunikationsgesetzes 2012 ist der Besitz von sogenannten Spionkameras strafbar. Allerdings fallen unter das Verbot des § 90 TKG nur Sendeanlagen, also z. B. Kameras, die Bilder gleichzeitig auch über WLAN versenden. Die Bundesnetzagentur als Aufsichtsbehörde geht seit 2016 gegen Anbieter, Hersteller und Nutzer solcher Kameras verstärkt vor.

Personen belastend sind. In solchen Fällen gibt es für eine nicht autorisierte Ausstrahlung keine Entschuldigung.

Teuer wird es, wenn Sie Ihre Aufnahmen kommerziell verwerten, z. B. auch über eines der Internetportale, die Bilder und Videos vermarkten. Da gelingt Ihnen während Ihrer Studienreise durch Persien die wunderschöne Aufnahme eines iranischen Mädchens, das in einer Diskothek die Burka ablegt, um in Jeans zu tanzen. Sie verkaufen das Bild an eine Bildagentur, die es wiederum als Teil der Werbekampagne zum neuen Damenduft »Freedom« an eine Kosmetikfirma verkauft. Leider wird »Freedom« auch im Iran vermarktet, die Werbekampagne zieht einen Skandal nach sich. Das abgelichtete Mädchen zeigt Reue und verklagt Sie und den Konzern mit tatkräftiger Unterstützung der iranischen Religionswächter. Auch diesen Prozess verlieren Sie wahrscheinlich: Wenn Sie nicht ein Papier in der Hand halten, das belegt, dass Sie die Frau über die Verwendung der Bilder richtig aufgeklärt haben, dann droht eine juristische Niederlage, die auch noch Schadensersatzforderungen nach sich ziehen kann. Sie sollten sich also immer darum bemühen, von Ihren menschlichen Fotomotiven ein sogenanntes Model-Release zu erhalten.

Keine Gnade

Ihr Image ist ziemlich schlecht – Kameraleute und Fotografen, die sich auf Aufnahmen von Unfallorten spezialisiert haben. Doch wer selbst einmal Zeuge eines Unfalls wurde, weiß, dass auch Amateure gerne zum Handy greifen, um das dramatische Geschehen einzufangen.

Dabei verletzen sie die Schutzrechte der betroffenen Personen. Da sie die Rechte schlecht vor Ort einholen können und hinterher in der Regel auch nicht, sollten die Personen nicht so aufgenommen werden, dass sie später identifiziert werden können. Bei Totalen gilt, dass für einen unvoreingenommenen Betrachter keine Einzelpersonen in der Gruppe erkennbar sein dürfen. In den Nahaufnahmen sollten die Gesichter verdeckt sein oder nachträglich durch elektronische Verfremdung unkenntlich gemacht werden. Geht das nicht, verzichten Sie auf die Szene. Und: Fotos von Unfallopfern, sogenannte Gafferbilder, sind gesetzlich verboten und stehen unter Strafe (§ 201a StGB). Das gilt seit 2020 auch für Aufnahmen von Verstorbenen.

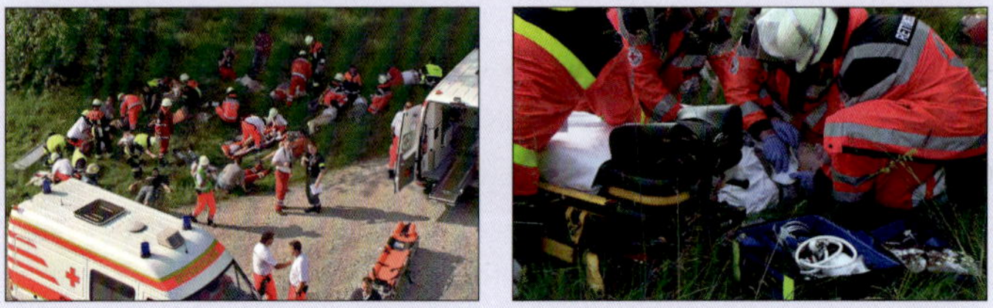

▲ **Abbildung 4.19**
Nahe und Totale bei Rettungsaktion

4.5.5 Model-Release

Wichtig ist: Durch einen Vertrag zwischen Filmer und Model können Rechte weitgehend übertragen und genutzt werden. Eine schriftliche Vereinbarung macht dem Fotografen den Nachweis, dass er sorgfältig gearbeitet hat, leichter. Aber letztlich sind auch mündliche Vereinbarungen oder sogenanntes konkludentes Handeln oft ausreichend. Beispiel: Bei einer Straßenumfrage bleibt ein Passant stehen und beantwortet Fragen direkt in die laufende Kamera. Hier ist ein Model-Release nicht notwendig, solange die Umfrage thematisch nicht verfälscht wird und nur für journalistische Zwecke genutzt wird. Über ein juristisch einwandfreies Model-Release haben sich schon viele Anwälte und Richter Gedanken gemacht. Im Internet finden Sie diverse Vorlagen zum Download, etwa bei den einschlägigen Rechtevermarktern wie *Shutterstock* oder *Fotolia*. Aber: Auch wer sich an diesen Vorlagen orientiert, kann nicht immer hundertprozentig sicher sein, dass das Release am Ende auch Bestand hat. Folgende Informationen sollten enthalten sein:

- Name und vollständige Anschrift des Mitwirkenden (Model)
- Name und vollständige Anschrift des Nutzers (Produzent)
- Name des Urhebers (Fotograf, Kameramann etc.)
- möglichst genaue Beschreibung der Nutzung (z. B. Filmaufnahmen zur Verwendung im Film »Arbeitstitel«, Art des Films, geplante Präsentation)
- Art und Umfang der Rechteabtretung (zeitlich und räumlich unbegrenzt, Nutzungsarten etc.)
- Höhe einer möglichen Vergütung
- Datum und Art der Mitwirkung (als Komparse, Darsteller)
- Beschreibung des Motivs (Person raucht, Rolle etc.)
- Widerrufserklärung und ggfs. Verzicht auf Widerrufsrecht

Ärgerlicherweise werden Model-Releases, die diese Vorgaben erfüllen, so lang, dass die Mitwirkenden stutzig werden und anfangen, darüber nachzudenken, was sie da eigentlich unterschreiben sollen. Auch Großverlage verlassen sich deshalb oft auf kürzere und weniger umfangreiche Erklärungen. Auch hier gilt die Regel: Je kommerzieller das Projekt, desto professioneller das Model-Release. Auf keinen Fall sollten Sie versuchen, Ihre Darsteller über den Tisch zu ziehen. Beispiel: Sie erstellen Erotikaufnahmen für den privaten Gebrauch und verkaufen diese anschließend oder stellen sie online. Da ist Ärger zu Recht vorprogrammiert und auch höchstrichterlich entschieden. Arbeiten Sie im Zweifelsfall mit professionellen Models, die Sie z. B. über Künstlerdienste buchen können oder in Modelagenturen finden.

Model-Release

Die laufende Rechtsprechung zum Thema Model-Release ändert sich permanent.

Vordrucke und Formulierungen finden Sie z. B. bei:

- *http://www.panthermedia.net/pages/cms/cmstool/downloads/PM_modelrelease_de.pdf*
- *https://contributors.gettyimages.com/img/articles/downloads/a8fec5bd-0b43-4d25-a6d3-ade34a355e48.pdf*

Gerade die Model-Releases, die von Fotografen und Bildagenturen verwendet werden, sind oft lang und unübersichtlich. Im Zweifelsfalle streichen Sie aus den vielen verfügbaren Vorlagen überflüssige Passagen. Das erhöht die Verständlichkeit und die Rechtssicherheit.

4.5.6 Schutzrechte von Gebäuden und Kunstwerken

Venedig also im Zweifel ohne Venezianer, Paris ohne Pariser? Es kommt noch schlimmer. Wenn es nach dem jeweils geltenden nationalen Recht Italiens, Frankreichs und vieler anderer Länder geht, dann müssen Sie nicht nur auf das heimliche Ablichten der Einwohner verzichten, sondern auch auf Markuskirche, Dogenpalast, Eiffelturm oder Arc de Triomphe. Denn nicht nur Personen genießen ein Recht am eigenen Bild, auch Gebäude stehen unter besonderem Schutz. Nachvollziehen kann man das vielleicht noch, wenn es um die privaten vier Wände geht, aber Kulturdenkmäler? Juristisch ist die Sache eindeutig: Ohne ausdrückliche Genehmigung geht gar nichts. Und die lassen sich die zuständigen Behörden teuer bezahlen, wenn sie sie überhaupt herausrücken.

In London wurde ein Kameramann von mir einmal von einem Bobby mit gezogenem Schlagstock verfolgt, weil er versuchte, den Buckingham Palace zu filmen. Auf dem Arc de Triomphe wurde er sogar kurzzeitig verhaftet. Das Problem: unsere gut erkennbare professionelle Kameraausrüstung. Wir drehten danach mit einem einfachen Camcorder auf MiniDV weiter und hatten keine Probleme. Zwar hat man uns nicht gerade freundlich angelächelt, aber selbstverständlich konnten wir mit den Wachmännern vor dem Buckingham Palace unsere einschlägigen Touristenscherze treiben. Pflichtbewusst haben sie keine Miene verzogen und auch nicht den Schlagstock gezückt.

Aufnahmen von Touristen werden meistens toleriert, sogar wenn Hinweisschilder das Filmen und Fotografieren ausdrücklich untersagen. So schnell wird niemand verhaftet oder seine Ausrüstung konfisziert, und die Hinweisschilder richten sich an die professionellen Kollegen. Dummerweise sind die Regelungen jedoch von Land zu Land verschieden und zum Teil sehr undurchsichtig. Auch dafür ein Beispiel: Den Eiffelturm dürfen Sie z. B. tagsüber ablichten, nachts jedoch nicht. Die Beleuchtung des Turms gilt als Kunstwerk und genießt deshalb besonderen Schutz.

Den Eiffelturm dürfen Sie nur deshalb ablichten, weil hier die Urheberrechte seines Erbauers Gustave Eiffel bereits verfallen sind. Nicht aber nachts, denn dann verletzen Sie die Urheberrechte des Lichtgestalters, der die Beleuchtung des Eiffelturms verantwortet. Kunstwerke sind 70 Jahre lang geschützt, danach erlöschen alle Schutzrechte. Doch auch hier sind die Grenzen nicht immer leicht zu ziehen. Der Reichstag darf völlig legal fotografiert werden.

Aber nur von außen. Und nur, wenn nicht gerade Christo und Jean-Claude das deutsche Parlament verhüllen. Und Norman Fosters 1999 fertiggestellte Kuppel genießt natürlich wieder den

Panoramafreiheit
2015 hat die EU-Abgeordnete Julia Reda einen umstrittenen Bericht zum Urheberrecht vorgelegt, indem sie zunächst eine europäische Harmonisierung der Panoramafreiheit forderte. Diese Absicht teilen andere Abgeordnete nicht und haben den Bericht vor der Veröffentlichung entsprechend geändert. Sie forderten eine grundsätzliche Pflicht zur Einwilligung des Urhebers in eine Aufnahme, vor allem wenn diese kommerziell genutzt wird. Auch 2019 scheiterte ein erneuter Anlauf zur Einführung einer EU-weiten Panoramafreiheit. Länder wie Frankreich oder Italien kennen das Recht auf freie Aufnahme im öffentlichen Raum bis heute nicht, Belgien hat zwischenzeitlich immerhin auch eine Panoramafreiheit eingeführt. Damit bleibt auch das Selfie aus dem Urlaub – je nach Urlaubsort – davon bedroht, abgemahnt zu werden bzw. mit Schadensersatzforderungen belegt zu werden. Auch Facebook ist kommerziell und wird Eigentümer aller Nutzungsrechte an eingestellten Bildern. Fazit also: Es empfiehlt sich gerade bei Produktionen mit kommerzieller Nutzung, einen Blick auf die aktuelle Rechtsprechung und Gesetzeslage zu werfen. Einen guten Überblick gibt die Seite *https://irights.info*.

Schutz des Urheberrechts, allerdings nur bei Innenaufnahmen. Trotzdem gibt es immer wieder Missverständnisse. Denn Sicherheitsbeamte sind dummer- und fälschlicherweise oft der Auffassung, der Reichstag dürfe als Sitz des Bundestages aus Sicherheitsgründen grundsätzlich gar nicht fotografiert werden. Ganz sicher ist man bei diesem Thema also nie.

© iStockphoto, majana

▲ Abbildung 4.20
Eine Aufnahme des Eiffelturms bei Tag, wie sie hier zu sehen ist, ist erlaubt. Eine Aufnahme bei Nacht ist jedoch verboten.

© Shutterstock, Abel Tumik

▲ Abbildung 4.21
Eine Aufnahme vom Reichstag

In Deutschland gilt die sogenannte *Panoramafreiheit*, die das Ablichten von öffentlichen Gebäuden erlaubt. In Frankreich und Italien gibt es, wie in den meisten anderen Ländern, keine entsprechende Regelung. In Großbritannien darf man sogar im Inneren von öffentlichen Gebäuden filmen. Das gilt aber nicht für den Buckingham Palace. Der ist im Besitz der Königsfamilie und daher privat.

4.5.7 Drehen im öffentlichen Raum

Prinzipiell darf man weder in Deutschland noch in anderen Ländern einfach sein Stativ aufbauen. Häufig verlangen die Kommunen gerade bei größeren Dreharbeiten Gebühren, und es wird eine Genehmigung verlangt. Und bis man die in den Händen hält, kann ein echter Behördenmarathon notwendig werden. Die Polizei muss die Zustimmung geben oder gegebenenfalls Straßen und Bürgersteige absperren, die Stadtverwaltung muss eventuellen Schaden für Grünflächen abschätzen und, und, und.

Ein Stativ und eine Kamera sind also das Maximum für Privatfilmer, zumindest an öffentlichen Plätzen. In Gebäuden wird selbst das problematisch, z. B. in Bahnhöfen oder Flughäfen. Hier erwarten die Betreiber immer, dass sie vorher gefragt werden und ihre Genehmigung erteilen. Viele Produktionsfirmen kürzen den

Behördenmarathon ab, indem sie schnell und präzise ihre Einstellungen abdrehen, auch ohne Genehmigung. Heraneilende Ordnungskräfte werden durch einen rhetorisch geschulten und mit vielen wichtigen Ausweisen präparierten Menschen abgefangen und so lange aufgehalten, bis die Szene hoffentlich im Kasten ist.

Achtung, Militär! | Mit richtigem Ärger kann man fast überall auf der Welt rechnen, wenn es um militärische Einrichtungen oder die nationale Sicherheit geht. Touristen, die arglos eine Kaserne in der Türkei filmen, sehen sich dann schon einmal schnell von Militärpolizei umringt, die die Herausgabe der Speicherkarte verlangt. Wer lange diskutiert, kann auch verhaftet werden, und glaubt man, öfter das Wort »Casus« aus den Gesprächen herauszuhören, sollte man für gute Laune sorgen oder das Konsulat informieren. Ein Spion sitzt in der Türkei recht lange ein.

Abbildung 4.22 ▸
Verlassene irakische Armeefahrzeuge

Ähnlich rücksichtsvoll sollten Sie mit allen anderen uniformierten Kräften im Ausland umgehen. Auch Polizeibeamte lassen sich nicht gerne fotografieren, von Bobbys im englischen Straßenverkehr vielleicht einmal abgesehen. Sollten Sie Ärger bekommen, dann erklären Sie sich nicht zum Journalisten. Journalisten genießen generell keinen besonderen Schutz, nicht akkreditierte Journalisten aus dem Ausland gar keinen. Im Gegenteil: Sie halten sich ohne spezielles Visum unberechtigt im Land auf. Eine Strafe ist Ihnen sicher. Wenn Sie eine Demonstration filmen oder sogar Zeuge von Unruhen werden, machen Sie sich immer klar: So verdienstvoll Ihr Handeln auch sein mag, das Risiko tragen Sie zunächst ganz allein.

Auch in Deutschland stellt § 109 des Strafgesetzbuches Filmaufnahmen, die militärische Anlagen oder Personal zeigen, als »sicherheitsgefährdendes Abbilden« unter Strafe. Bei einer Militärparade dürfen Sie auf wenig Gegenwehr der abgelichteten Panzer hoffen, bei Konvois, Übungen, Kasernen oder militärischen Forschungseinrichtungen geben Sie Ihre Kamera dagegen am besten gleich am Eingang ab, nur um erst gar keinen Verdacht aufkommen zu lassen. Vergleichbares gilt übrigens auch für viele Industrieunternehmen.

4.5.8 Versicherungen

»Dreimal ein Filmteam im Haus ist so gut wie einmal abgebrannt« lautet ein gängiger Spruch von Filmleuten. Und obwohl ich kaum Berufsgruppen kenne, die bei der Arbeit vorsichtiger zu Werke gehen als Filmleute, lässt sich ein Unfall leider nicht immer verhindern. Da hinterlassen die Reifen des schweren Dollys eben doch Spuren im Linoleum, schwärzt ein etwas zu nah unter der Decke positionierter Halogenstrahler die Holzverkleidung oder schlägt das umfallende Kamerastativ eine Macke ins edle Parkett.

Spätestens mit dem Kauf Ihrer Kamera sollten Sie – wenn Sie dies nicht schon längst getan haben – eine private Haftpflichtversicherung abschließen. Solange Ihr Hobby Hobby bleibt, wird sie Schäden, die in Zusammenhang mit Ihren Filmaktivitäten entstehen, zähneknirschend begleichen. Doch Versicherungsgesellschaften sind bekanntermaßen erfinderisch, wenn es darum geht, sich einer Zahlungsverpflichtung zu entziehen. Und spätestens wenn Ihr Scheinwerfer die Motorhaube eines neuen Q8 zerbeult, wird der Sachbearbeiter hellhörig werden und nachfragen. Sollte die Versicherung den Eindruck gewinnen, dass Ihre Tätigkeit beruflicher Natur ist, dann bleibt der Schaden an Ihnen hängen. Auch Künstler müssen für ihre Tätigkeit eine Berufshaftpflicht abschließen, selbst wenn sie mit ihren Werken kein Geld verdienen.

4.5.9 Die deutsche Verwertungsgesellschaft GEMA

Wenn Sie bisher das Stichwort GEMA vermisst haben, dann werden Sie jetzt bedient. Die GEMA ist ein international tätiger Konzern, der die Verwertungsrechte von Musikern wahrnimmt. Da Urheberrechte nicht übertragbar sind, muss ein Musiker oder Komponist persönlich zustimmen, ob Sie sein Werk, einen Musiktitel, mit Ihrem Werk, dem Film, verbinden dürfen. Erst wenn diese Genehmigung vorliegt, dürfen Sie Ihren Film auch aufführen. Und dann kassiert die GEMA mit. Wie viel und vor allem wie sie die Gebühren errechnet, ist bis heute eine der größten Herausforderungen der Filmproduktion. Spätestens wenn Ihr Projekt kommerziell wird, Sie also Blu-rays brennen, es im Kino oder auf Veranstaltungen präsentieren, sollten Sie einige Gedanken an die

Musikvideos
Auch für Musikvideos brauchen Sie die Einwilligung der Rechteinhaber. Ganz klar verboten, auch wenn oft dagegen verstoßen wird, ist das ungenehmigte Mitfilmen von Konzerten und sei es nur mit dem Handy. Liegt die Erlaubnis der Band oder des Künstlers vor, dann bleibt nur die Frage zu klären, ob möglicherweise Songs anderer Urheber gecovert werden. Das einfache Covern und die Veröffentlichung des Videos bei YouTube ist durch den Vertrag zwischen dem Videoportal und der GEMA gedeckt, also erlaubt. Wer dagegen einen Song verändert, etwa durch einen Remix, muss sich auf Ärger gefasst machen. Ohne Einwilligung des Rechteinhabers, in aller Regel also des Komponisten, geht hier nichts.

GEMA verschwenden und auf der Website der Verwertungsgesellschaft entsprechende Recherchen anstellen (*www.gema.de*).

Problematisch ist es nach wie vor, Filme mit Musik auf YouTube hochzuladen. Auch wenn die GEMA und YouTube bereits 2016 eine Vereinbarung über Nutzungsentgelte abgeschlossen haben, bedeutet das nicht, dass man jede beliebige Musik verwenden darf. Die Plattform überprüft weiterhin automatisch, ob in hochgeladenen Videos Musik enthalten ist, die von Rechteinhabern beansprucht oder lizenziert ist. Dazu setzt YouTube sein System Content ID ein. Wer Musik ohne Erlaubnis nutzt, riskiert, dass das Video gesperrt, stummgeschaltet oder monetarisiert wird – die Einnahmen fließen dann an die Rechteinhaber. Frei ist die Nutzung nur mit lizenzfreier Musik, Creative-Commons-Titeln oder Material aus YouTubes eigener Audio Library bzw. vergleichbaren Anbietern.

Abbildung 4.23 ▸
Videomitschnitt von einem Konzert

Wenn Sie unter die ersten Schwimmversuche Ihres Kindes die Titelmelodie vom »Weißen Hai« legen, dann droht Gefahr, sofern Ihnen der Komponist John Williams nicht explizit die Erlaubnis dazu gegeben hat. Ihn anzumailen macht wenig Sinn. Er wird Ihnen nicht antworten. Wahrscheinlich wird er Sie auch nicht verklagen. Aber sicher fühlen dürfen Sie sich nicht.

Noch schwieriger wird es, wenn Sie dieses Werk dann auch noch aufführen. Dazu benötigen Sie die entsprechenden Verwertungsrechte, die Sie – wenn es um Musik geht – von der GEMA erwerben. Wer einmal mit der GEMA zu tun hatte, weiß, dass es sich um vermintes Gelände handelt. Denn eine einfache Beratung, die einem schnell und übersichtlich erklärt, welches Formular man auszufüllen hat und wie viel Geld man wohin überweisen soll, gibt es nicht. Deshalb folgende Tipps:

- Wenn Sie den Film für einen Dritten produzieren, also z. B. eine Band oder ein Unternehmen, legen Sie immer schriftlich fest, dass die Einholung der Verwertungsrechte Sache des Auftraggebers ist. Er haftet für die korrekte Abrechnung gegenüber der GEMA. Anders ist dies auch gar nicht möglich, denn nur Ihr Kunde weiß, wann er wo wie viele Kopien Ihres Films anfertigen und verkaufen oder verschenken will.

- Wenn Sie Ihren Film öffentlich aufführen wollen, fragen Sie den Veranstalter, ob er oder seine Institution eine pauschale Vereinbarung mit der GEMA hat. Volkshochschulen oder Pfarrgemeinden führen für die vielen Veranstaltungen in ihren Räumen oft pauschal GEMA-Gebühren ab.
- Wenn Sie den Film schneiden, erstellen Sie eine sogenannte Musikliste für alle Fälle. Die Liste enthält normalerweise folgende, in Tabelle 4.1 aufgeführte Angaben.

Lfd. Nr.	Titel	Interpret	Komponist	Tonträger	LC-Nr.	Länge
1	Let it be	Beatles	McCartney/ Lennon		1234	32"

▲ **Tabelle 4.1**
Angaben für Musikmeldung

Einen Vordruck zum Download finden Sie auf der Website der GEMA. Stellen Sie sich nicht dumm. Sollte die GEMA auf Ihr Werk stoßen, was irgendwann wahrscheinlich passiert, können Sie sich nicht mit Unwissenheit herausreden. Es gibt keinen gutgläubigen Erwerb von Musikrechten nach dem Motto »Ich habe doch extra die CD gekauft und den Song nicht illegal aus dem Internet kopiert«. Der Erwerb einer CD gestattet Ihnen nicht, diese zu vervielfältigen oder auszugsweise zu nutzen.

In einem Punkt kann ich Sie allerdings beruhigen. Es geht wie so oft im Leben nur ums Geld. Die GEMA hat, von wenigen Ausnahmen abgesehen, kein Interesse daran, Ihnen das Leben z. B. durch Strafanzeigen unnötig schwer zu machen, Mit Ausnahme eines völlig undurchsichtigen Formularwaldes, den sie für Sie bereithält. Sie will, dass Sie z. B. bei öffentlichen Vorführungen einfach nur dem Musiker jenen schmalen Tribut entrichten, den es nun einmal kostet. Zudem ist die GEMA nicht nachtragend. Gebühren können auch später bezahlt werden. Die Strafe beim Erwischen ist aber in der Regel +100 Prozent – also die doppelte Portion.

Vorsicht bei Aufnahmen von Musikern | Die GEMA droht Ihnen auch dort, wo Sie es eventuell gar nicht vermuten – z. B. wenn Sie eine Musikkapelle im öffentlichen Raum filmen und die Musik als O-Ton verwenden.

Bilder anderer Urheber nutzen
Wenn einem eine Aufnahme für die eigene Reportage fehlt, bietet es sich an, möglicherweise den Filmschnipsel eines anderen einzuschneiden. Kein Problem, wenn man diesen Filmschnipsel in einer Bildagentur mit den entsprechenden Rechten erwirbt oder mit dem Urheber eine entsprechende Nutzungsvereinbarung schließt. Schwierig wird es, wenn Sie ungefragt fremde Filmsequenzen verwenden und sich dabei auf das Recht zur freien Bildbenutzung berufen Denn den früheren § 24 UrhG gibt es seit der Reform des Urheberrechts nicht mehr. Bis auf sogenannte Bagatellnutzungen können Sie ohne Zustimmung des Urhebers mit den Werken Dritter gar nichts mehr anfangen. Wenn überhaupt, dann nur noch zum Zweck der Parodie oder Karikatur oder wenn es sich um ein Pastiches, also die Nachahmung eines berühmten Werkes, handelt.

Abbildung 4.24 ▸
Auch GEMA-pflichtig: Videoaufnahmen von öffentlichen Aufführungen

Auch dann verlangt sie im Falle eines Falles ihren Obolus. Das Problem: Häufig wissen Sie in solchen Fällen nicht einmal, welches Stück gespielt wurde. Es hilft Ihnen auch nichts, wenn die Kapelle Ihnen schriftlich gibt, dass Sie die Aufnahme verwenden dürfen. Denn Urheber ist der Komponist des Werkes, und den müssen Sie fragen. Schlimmer noch: Selbst wenn der Komponist auf sein Honorar verzichtet, haben Sie keine Sicherheit. Ist er nämlich – was meistens der Fall ist – Mitglied in der GEMA oder einer anderen Schutzvereinigung, dann kann er gar nicht verzichten, denn seine Rechte nimmt ausschließlich die Verwertungsgesellschaft wahr.

GEMA-freie Musik | Wenn Sie solchen Ärger von vornherein ausschließen wollen, dann können Sie *GEMA-freie Musik* nutzen. Allerdings: Kostenlos gibt es die auch nicht. Stattdessen müssen Sie vorab den einzelnen Titel oder die Nutzungsrechte an einer kompletten Library erwerben, was leicht wieder mehrere Hundert Euro kosten kann. Und: GEMA-freie Musik erinnert leider oft an Kaufhausmusik. Wenn Sie sich für GEMA-freie Musik entscheiden, dann achten Sie darauf, dass Sie ein sogenanntes Freigabedokument erhalten, mit dem Sie belegen können, dass Sie nicht GEMA-pflichtige Musik verwendet haben. Lange galt die sogenannte GEMA-Vermutung nach § 13c des Urheberrechtswahrnehmungsgesetzes. Danach musste nicht die GEMA Ihnen nachweisen, dass Sie das Werk eines von ihr vertretenen Künstlers verwenden, sondern Sie müssen nachweisen, dies nicht getan zu haben. Seit dem 1. Juni 2016 gilt das neue Verwertungsgesellschaftengesetz (VGG), das für Konkurrenz sorgt und das Monopol der GEMA bricht. Die GEMA-Vermutungsregelung dürfte also der Vergangenheit angehören. Dennoch stehen Sie in der Pflicht, im Zweifelsfalle die Nutzungsrechte nachzuweisen.

Wirklich freie Musik
YouTube bietet mittlerweile urheberrechtefreie Musik für Filmschaffende zum Download an. Wer also auf der Videoplattform sein Werk unproblematisch veröffentlichen möchte, ist dort gut aufgehoben. Vorausgesetzt, er findet ein zu seinem Film passendes Werk. Einige Internetportale bieten heute tatsächlich freie Musik zum Download an, etwa *ccmixter.org* oder *freemusicarchive.org*. Allerdings ist auch dort nicht immer alles kostenfrei, bei einigen Titeln haben Sie jedoch die Möglichkeit, online mit einigen Mausklicks eine Lizenz für günstiges Geld zu erwerben. Lesen Sie vor jedem Download die aktuellen Lizenzierungsbedingungen durch, und prüfen Sie, ob das auf Ihr Projekt auch zutrifft. Speichern Sie die AGB oder die Lizenzvereinbarung auf Ihren Computer. Und wenn alles klappt, dann vergessen Sie Ihre Spende nicht, vor allem wenn der Film ein weltweiter Kassenschlager wird.

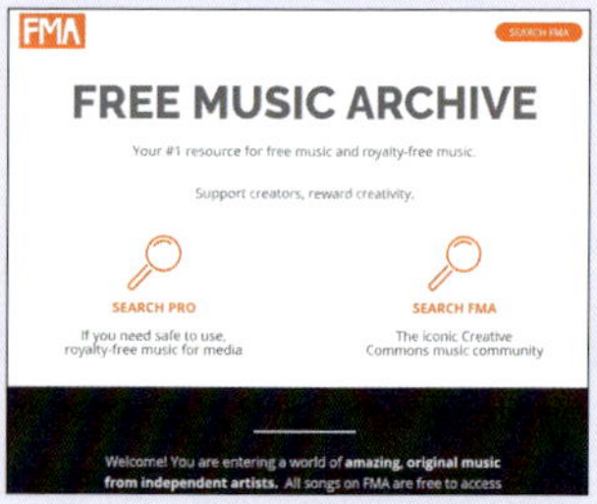

▲ **Abbildung 4.25**
Die Website *freemusicarchive.org*

Fair Use und Creative Commons | YouTube und andere Portalbetreiber verweisen in ihren Informationen zur Rechtslage auf den in den USA verwendeten Rechtsbegriff des *Fair Use*. Dieser erlaubt die Nutzung von urheberrechtlich geschütztem Material unter gewissen Voraussetzungen, z. B. dass das eigene Werk keine kommerziellen Ziele verfolgt oder der Inhaber der Urheberrechte selbst von dem Werk profitiert. Aber was tatsächlich fair ist oder nicht, darüber entscheiden auch in den USA immer noch Gerichte. Und in Deutschland gibt es keine vergleichbare Rechtsprechung. Wer also seiner Freundin das romantische Video zu den Klängen von Elton Johns Schmusehit »Can you feel the love tonight« ins Netz stellt, muss immer befürchten, Ärger zu bekommen, auch wenn er der festen Überzeugung ist, Elton John profitiere doch letztlich davon, wenn man seinen Song populär macht. Gerade YouTube-Nutzer stellen jedoch immer wieder fest, dass ihr Video trotz unzulässigerweise genutzter Musik nicht gesperrt oder gelöscht wird. Tatsächlich gibt es Produzenten, die auch in Deutschland die illegale Nutzung tolerieren – wenn sie denn dazu beiträgt, ihr Werk populär zu machen. Aber: Rechtssicherheit sieht anders aus, und deshalb sollte man auf die nicht lizenzierte Nutzung von Musik grundsätzlich verzichten. Eine wachsende Anzahl von Urhebern veröffentlichen ihre Werke unter einer sogenannten Creative-Commons-License. Selbst ARD und ZDF machen mit und stellen z. B. kurze Erklärfilme zu aktuellen Themen unter diese Lizenz. In der Regel kann ein so gekennzeichnetes Werk kostenfrei genutzt werden, solange der Urheber angemessen und namentlich genannt wird, auf die Lizenz verwiesen wird und auch das neu entstandene Werk unter der gleichen Lizenz zugänglich gemacht wird. Das ist gerade bei Filmausschnitten nicht immer einfach und Sie sollten sich die Nutzungsbedingungen immer im Details anschauen. Welche Möglichkeiten die CC-Lizenzen bieten, lesen Sie am besten auf der deutschsprachigen Seite der Creative Commons-Organisation nach (*https://de.creativecommons.net/start*).

Schranken des Urheberrechts
Das deutsche Urheberrecht kennt kein »Fair Use«, aber sogenannte Schranken des Urheberrechtes, jenseits derer Werke auch ohne Zustimmung des Urhebers genutzt werden können. Das gilt z. B. für Schulen und Wissenschaft, bei Karikaturen oder Parodien oder für eine rein private Nutzung. Im Zweifelsfalle entscheiden Gerichte, auf welcher Seite des Gesetzes man sich gerade bewegt.

4.5.10 Drehen mit Kindern und Jugendlichen

Wer meint, die Vorschriften des Urheberrechts und der GEMA seien schon kompliziert genug, sollte auf keinen Fall mit Kindern und Jugendlichen drehen. Denn Filmemachen gilt – zu Recht – als Arbeit. Und deshalb bestehen für das Filmen mit Kindern strenge Regeln. Eindeutig nicht davon betroffen ist der Urlaubsfilm fürs Heimkino. Doch bereits die Aufnahme badender Kinder für einen kurzen Werbefilm auf der Website der Heimatgemeinde, den man zwar garantiert kostenlos herstellt, der aber eben kommerziellen Zwecken dient (Tourismus), kann problematisch werden. Kinder unter 14 Jahren dürfen an Filmaufnahmen nur mitwirken, wenn die Darstellung ihrem natürlichen Verhalten entspricht. Eisessen ist also ganz in Ordnung.

▲ **Abbildung 4.26**
Bei Filmaufnahmen von Kindern gelten strenge Regeln.

Aufnahmen in der Schule
Auch Aufnahmen in der Schule sind streng reglementiert. Diese sind nur möglich, wenn die Erziehungsberechtigten aller Kinder schriftlich zugestimmt haben.

Die Aufnahmen dürfen in der Regel nicht länger als zwei Stunden dauern, Eltern und Jugendamt sowie gegebenenfalls die Schule oder der Kindergarten müssen schriftlich die Zustimmung erteilen. Am Set muss für eine Betreuung der Kinder gesorgt werden. Eine Menge Arbeit und Behördengänge, die man sicherlich nur auf sich nehmen muss, wenn man in die Nähe einer kommerziellen Produktion kommt. Dann aber sollte man sich gegebenenfalls beim Jugendamt erkundigen.

4.5.11 Drehen in Naturschutzgebieten

Für Naturschutzgebiete gelten eigene Regeln. Das Recht, ein Naturschutzgebiet zu betreten, beinhaltet nicht automatisch auch das Recht, dort zu fotografieren oder zu filmen. § 20 des Bundesnaturschutzgesetzes untersagt explizit die Störung von Wildtieren durch Film- und Fotoaufnahmen. Wer trotzdem in Naturschutzgebieten filmen möchte, sollte sich deshalb unbedingt mit der unteren Naturschutzbehörde in Verbindung setzen. Problematisch ist auch, dass nicht jedes Schutzgebiet einfach zu erkennen ist. In meiner Nachbargemeinde lebt z. B. eine streng geschützte Fledermauskolonie im Kirchturm. Als wir diesen mit einer Kameradrohne in Szene setzen wollten, mussten wir zunächst die entsprechende Genehmigung einholen und bestimmte Auflagen einhalten.

4.6 Künstliche Intelligenz in der Bildproduktion

Das Thema KI zieht sich wie ein roter Faden durch dieses Buch, denn künstliche Intelligenz wird die Filmproduktion in den nächsten Jahren maßgeblich beeinflussen. In Kameras sorgt sie für bessere Bilder, in Schnittsystemen für neue Effekte, automatische Transkription von gesprochenem Text, lippensynchrone Übersetzungen oder Korrektur von Bildfehlern, bei der Erstellung von Drehbüchern hilft die generative KI ebenso wie bei beim Schreiben des Kommentartextes.

Am spektakulärsten freilich ist die Schaffung von Filmmaterial allein durch die Eingabe von Textbefehlen, den *Prompts*. Was bei Fotos schon gut funktioniert, klappt nun auch bei Videos, vielleicht noch nicht perfekt, aber Grenzen sind für die KI derzeit kaum erkennbar. Schon produzieren Buchverlage Illustrationen mithilfe von KI, KI-generierte Bilder und Videos fluten Libraries wie stock.adobe.com. Etwa 20€ kostet z.B. eine Full-HD-Videosequenz eines Feuerwehreinsatzes bei Adobe im Moment. Dafür rückt keine Feuerwehr und kein Kamerateam aus. Mit vier Einstellungen können Sie sich so einen spannenden Film mit bis zu 40 Sekunden Länge zusammenkaufen. oder Sie wenden selbst eine generative KI an und versuchen Ihr Glück als KI-Artist.

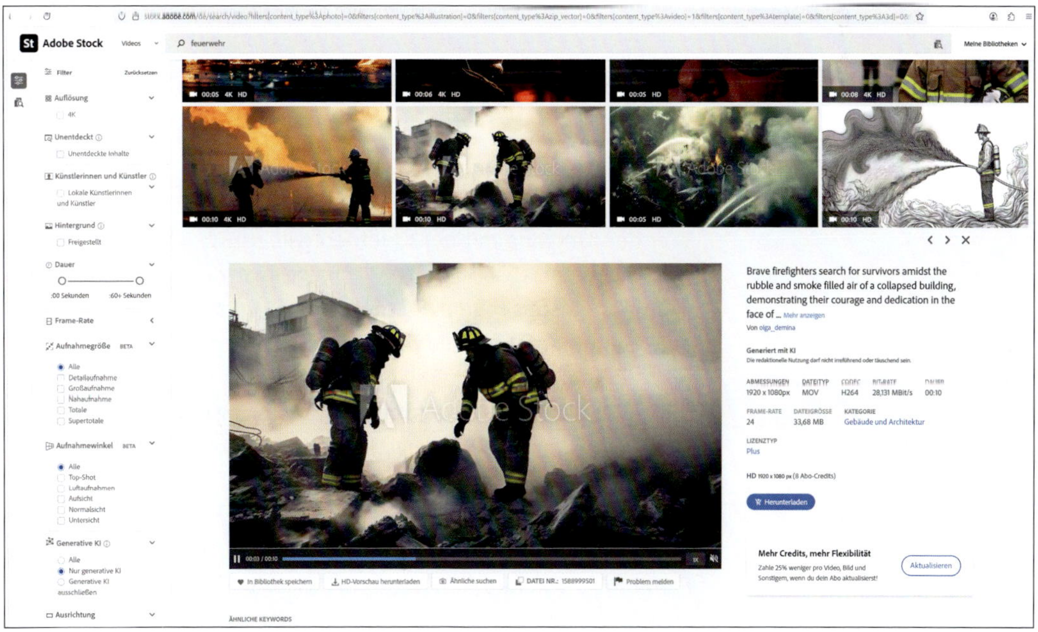

▲ **Abbildung 4.27**
Mit KI generierte Feuerwehrszenen in der Adobe Stock Library

Noch nicht perfekt
Viele Anbieter tummeln sich bereits auf dem neu entstehenden Markt der generativen KI; zu den bekanntesten zählen Midjourney, Adobe Firefly, Runway, KlingAI und natürlich Sora von OpenAI. Die Fortschritte, die die KI-Videogeneratoren machen, sind atemberaubend. Man hat das Gefühl, dass es im Monatsrhythmus Quantensprünge gibt, die Szenen immer realistischer und flüssiger, die Fehler dafür immer weniger werden. Aber: Noch sind Sora und Kollegen nicht perfekt. Es ruckelt, Pferde haben fünf Beine, Bewegungen sind oft sehr statisch, statt Videos generieren einige Tools eher Anime. Und: Nicht immer lassen sich Videos in höchster Auflösung mit vielen Bildern generieren, oft vermisse ich Einstellungen zum Anpassen des Seitenverhältnisses oder etwa der Framerate. Und: Manche Generatoren beschränken die Länge eines Videos auf wenige Sekunden.

Doch die generative KI kann mehr als Videos nach der Eingabe von einem oder mehreren Wörtern erstellen. Bestehende Videos können verlängert werden, die KI errechnet ein Video aus dem ersten und letzten Frame, mischt zwei Bilder zu einem Video oder macht aus HD Full HD. Am Ende kann man sich sein Video je nach Anbieter in einer mehr oder weniger hohen Auflösung herunterladen und weiterverwenden. Und obwohl Pessimisten bereits prognostizieren, dass der Kammermann gerade aufs Abstellgleis geschoben wird, so ganz mag ich es nicht glauben. Zunächst einmal aber: Wie funktioniert das Ganze eigentlich?

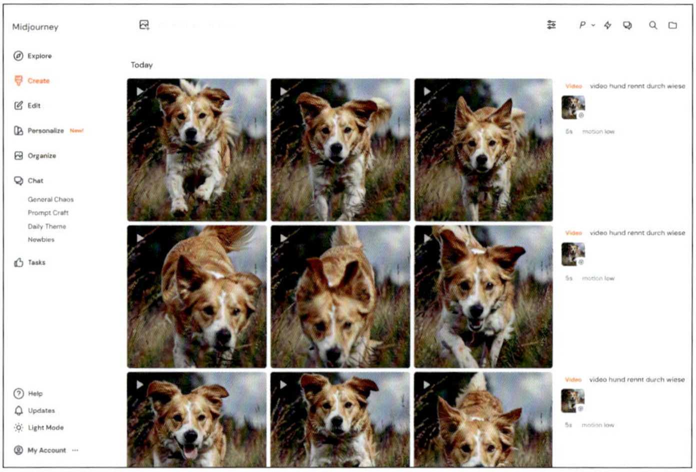

▲ **Abbildung 4.28**
Verschiedene Versionen einer Sequenz eines laufenden Hundes von Midjourney

4.6.1 Den Umgang mit der KI lernen

Wer den Umgang mit der KI lernen will, muss sich darauf einstellen, mit seiner KI stetig mitzuwachsen. Trotzdem gibt es natürlich Hilfe für Einsteiger und Fortgeschrittene. In Midjourney gibt es eine Dokumentation, die die wesentliche Bedienung erklärt. Profiwissen und Unterstützung finden Sie in den Chats, in denen sich eine Menge Interessierte tummeln und auch solche, die gerne bei der Perfektionierung der eigenen Prompts helfen.

4.6.2 Videos prompten

Im Mittelpunkt der meisten KI-Generatoren steht das sogenannte *Prompting*, also das Finden der richtigen Eingabeaufforderungen. Durch Eingabe von Textbeschreibungen machen Sie der KI Vorgaben für die Erstellung eines Videos. Wie diese Prompts optimal formuliert werden, um das gewünschte Ergebnis zu erhalten, ist allerdings die Kunst dabei. Bildungseinrichtungen bieten mittlerweile Kurse für das richtige Prompting an. Und natürlich können Sie auch eine KI wie ChatGPT oder Gemini dazu verwenden, Prompts zu entwickeln. Das geht so weit, dass man die eine KI bittet, die richtigen Prompts für eine andere KI zu liefern. Tatsächlich ist im Moment vieles Trial and Error, bzw. es ist ein spielerischer Umgang mit der KI gefordert. Und: Neben Prompts können Sie natürlich auch reale Bildvorgaben verwenden, die tatsächlich als Ausgangsbasis dienen oder als Stilreferenz. Grundlegend geben die Experten derzeit folgende Empfehlungen:

- Geben Sie ein klares Hauptmotiv an.
- Verwenden Sie Fachsprache, also z. B. Begriffe wie »Hintergrund«, »Vordergrund«, »Bokeh« oder »Depth of Field«. Verwenden Sie aussagekräftige Adjektive zur Beschreibung des Bildes (»dramatisch«, »kontrastreich« etc.).
- Beschreiben Sie die Szene möglichst konkret, z. B. mit Verweisen zu realen Orten.
- Machen Sie Angaben zum Bildstil, also z. B. »fotorealistisch« oder »Ölmalerei«.
- Geben Sie das gewünschte Seitenverhältnis vor.
- Konkretisieren Sie wichtige Details wie Ausrüstung oder Ausleuchtung des Himmels (Wolken, sonnig, Sturm etc.)
- Verwenden Sie keine Verneinungen wie »nicht sonnig«. Verwenden Sie stattdessen lieber »wolkig« oder »wolkenverhangen«.

Ständig im Wandel
Genauso wie die KI selbst im Moment ständig weiterentwickelt wird, ändern sich auch die Werkzeuge, mit deren Hilfe man die KI benutzen kann. Es kommen neue Features und Bedienelemente hinzu, die Fähigkeiten werden erweitert und verändert. Der permanente Wandel ist so etwas wie ein Markenzeichen der KI, denn schließlich handelt es sich um selbstlernende Systeme, die immer weiter mit Daten gefüttert werden und dementsprechend schon am nächsten Tag ein anderes Ergebnis hervorbringen als am Vortag. Das heißt aber auch: Was heute noch gilt, ist morgen vielleicht schon überholt.

Hier ein kleines Beispiel, bei dem ich in Midjourney zunächst ein Bild generiere, das als Ausgangsbild dienen soll. Die Szene: Die Wasserwacht rettet einen Menschen vor dem Ertrinken.

Der erste Prompt, den ich versuche, ist: »Rettung eines Menschen vor dem Ertrinken«.

◂ **Abbildung 4.29**
Erster Versuch zur Erstellung einer Szene mit wenig konkreten Vorgaben. Midjourney erstellt Bilder in verschiedenen Bildstilen.

Der zweite Prompt lautet: »Fotorealistisches Bild der Rettung eines Menschen vor dem Ertrinken. Die Retter sind Einsatzkräfte der Wasserwacht.«

Abbildung 4.30 ▸
Versuch mit konkreter Angabe zum Bildstil (= »fotorealistisch«) und zu den Rettungskräften. Die Rettungskräfte schwimmen allerdings nicht, und die Ausrüstung hat nichts mit der Originalausrüstung zu tun.

Nun optimiere ich den Prompt mithilfe von ChatGPT: Photorealistic image of a dramatic water rescue scene on Lake Staffelsee, Germany. Lifeguards from the Wasserwacht (German water rescue service) are rescuing a drowning person from the lake. In the background, a Wasserwacht rescue boat is clearly visible. The lifeguards are wearing red Personal Protective Equipment, using rescue equipment like buoys or lifebelts. Overcast sky, natural lighting, detailed water reflections, realistic human expressions, cinematic composition --ar 16:9 --v 6 --style raw

Abbildung 4.31 ▸
Nun passt auch der See; das Boot hat aber mit dem real existierenden Boot nichts zu tun. Die Rettungskräfte schwimmen nun, allerdings ist das Opfer nicht mehr zu sehen. Die Angaben »16:9« und »cinematic composition« erzeugen ein Filmbild. Dies könnte in einem nächsten Schritt in einem Video animiert werden. Allerdings müsste das Opfer wieder in die Szene eingebaut werden.

Ich habe eine weitere Variante ausprobiert: Statt der KI alles zu überlassen – also das richtige Boot mit dem richtigen Personal in der richtigen Umgebung bei der richtigen Tätigkeit zu zeigen –, habe ich Boot, Personal und Umgebung vorgegeben. Die KI sollte jetzt daraus eine Szene entwickeln.

◂ **Abbildung 4.32**
Ausgangsbild ist ein Rettungsboot mit sechs Personen an Bord, die sich aber zum Teil gegenseitig verdecken.

Midjourney sollte daraus nun eine Szene rendern, bei der Rettungsschwimmer zum Einsatz ins Wasser springen. Das Ergebnis mutet etwas skurril an, ist aber nicht dazu gedacht, sich über die mangelnden Fähigkeiten von KI lustig zu machen, sondern soll ein paar Probleme aufzeigen, die KI noch hat.

▴ **Abbildung 4.33**
Midjourney animiert in vier Varianten eine unterschiedliche Anzahl an Rettern, die ins Wasser springen. Die Sprünge sind nicht nur untypisch, sondern auch unmöglich. Aus dem Sitzen springen die Einsatzkräfte ca. zwei Meter hoch in die Luft und ca. fünf Meter weit – Weltrekord! Der Wasserretter links wird beim Sprung auch noch geklont.

Bestehende Probleme
Eines der Probleme ist das Generieren überflüssiger Bestandteile, also das Hinzurechnen eines fünften Pferdebeins oder in meinem Beispiel das Klonen eines Menschen. Tatsächlich hat die KI im Moment keine Vorstellung davon, was ein Pferd oder ein Rettungsschwimmer ist. Sie erzeugt vielmehr aus den Bildern und Sequenzen, mit denen sie trainiert wurde, mögliche Szenen. Die Entwickler versuchen, solche Fehler und somit unerwünschte Ergebnisse zu vermeiden. Dazu gehört zum Beispiel auch, dass Gesichter real existierenden Menschen ähneln. Um Verletzungen des Urheberrechts- und Persönlichkeitsrechts zu vermeiden, werden Gesichter verzerrt oder unscharf dargestellt. Mit der Erstellung von Varianten wollen die Anbieter von KI-Software die Kunden mit neuen, ungewöhnlichen Kreationen überraschen. Auch das kann zu falschen oder unrealistischen Ergebnissen führen.

Szene aus Start- und Endframe errechnen

Das Errechnen einer Szene aus Start- und Endframe ist tatsächlich eine schöne Anwendung von KI, gerade wenn man vergessen hat, z. B. Schnittbilder aufzunehmen. Ich habe einmal einen Versuch mit einem – wie ich finde – einfachen Beispiel gestartet. Ich habe Midjourney mit einem Anfangs- und Endbild gefüttert.

▲ Abbildung 4.34
Startbild und Endbild, bei dem das Kameraboot das Einsatzboot überholt hat.

Tatsächlich hatte ich die Bilder als Frames aus einem bestehenden Videoclip exportiert. Man ist ja neugierig, ob und wie gut die KI den Kameramann kopieren kann. Die Aufgabe: eine Videosequenz aus den beiden Bildern zu erstellen. Die Szene ist ein einfacher Überholvorgang eines Einsatzbootes der Wasserwacht, das über den Chiemsee fährt. Gefilmt wird von einem Begleitboot aus. Das Ergebnis war gar nicht so schlecht.

Abbildung 4.35 ▸
So sieht ein von der KI-generiertes Zwischenbild aus.

Zunächst einmal: Die Auflösung ist mit 1.936 × 1.080 px etwas ungewöhnlich und liegt klar unter dem Ausgangsformat von 4 K. Ein paar Dinge hat die KI ordentlich hinbekommen: Der Farbwechsel im Wasser findet unmerklich statt. Das Spritzwasser ist nicht ganz perfekt, aber es spritzt an vielen Stellen sehr ansehnlich. Die Spiegelungen im Wasser wirken sehr natürlich. Der Hintergrund geht nahtlos ineinander über, allerdings gibt es ein paar Artefakte. Das größte Problem hat die KI mit den Schriften auf dem Boot: Der Bootsname »Stefanie« bleibt gut lesbar, alles andere verschwimmt, und die Buchstaben sind nicht mehr lesbar, geschweige denn, dass sie einen Sinn ergeben. Die Rechtschreibschwäche ist ein bekanntes Problem bei den meisten KI-Generatoren und liegt an ihrer typischen Arbeitsweise: Die Schrift wird als solche gar nicht erkannt, deshalb schreibt Midjourney auch keinen verständlichen Text. Aber in einem Video mit 5 s Länge, noch dazu bei schneller Fahrt, fällt der Fehler kaum auf, ebenso wenig wie die ziemlich unscharfen Gesichter. Sie ähneln den Originalen, sind aber sehr weichgezeichnet.

Was mir tatsächlich gut gefällt: Das KI-Tools lassen das Schlauchboot sehr realitätsnah über die Wellen hüpfen, und bei den vier gerenderten Alternativen bietet die KI unterschiedliche Geschwindigkeiten an. In einer Einstellung wird der Überholvorgang sogar dynamisch beschleunigt und wieder abgebremst. Würden mir ein paar Sekunden Fleisch von der Bootsfahrt fehlen, wäre ich versucht, das KI-Video einzuschneiden. Und: Die virtuelle Überholsequenz wackelt deutlich weniger als das Original, das ja ebenfalls von einem Boot aufgenommen wurde. Die Fahrt wurde also auch noch stabilisiert.

Fazit: Die KI kann schon eine ganze Menge, und wenn der Fortschritt so weitergeht wie bisher, dann wird sie in wenigen Jahren sehr, sehr gut sein. Bis dahin heißt es auch für KI-Artists: üben, üben, üben, um durch optimalere Prompts bessere Ergebnisse zu erzielen.

Lippensynchrones Video und automatische Übersetzung
Die Audio- und Übersetzungsmöglichkeiten sind eine der Möglichkeiten der KI, die insbesondere deren Kritiker auf den Plan ruft. Denn wenn man einem Porträtfoto das Sprechen mithilfe eines einfachen Tools beibringen kann, das dann auch noch die Originalstimme kopiert, dann sind Manipulationen natürlich Tür und Tor geöffnet. Adobe hat angekündigt, entsprechende Funktionen zum Dubbing – also der lippensynchronen Übersetzung eines Videos – in Premiere Pro zu integrieren. Im Moment gibt es einen Vorabgeschmack in dem hauseigenen Tool Adobe Firefly. Firefly können derzeit auch Nutzer der Creative Cloud ausprobieren. Ansonsten bittet Adobe für die Nutzung des KI-Programmes extra zur Kasse. Ein ähnliches Tool bietet zum Beispiel KlingAI, das man ebenfalls kostenlos ausprobieren kann.

4.6.3 KI in der Produktion

Neben den Programmen, die neue Bilder und Videos generieren, hält die KI immer weiteren Einzug in die normale Produktionsumgebung. Adobe bietet für Premiere Pro die Funktion Generatives Erweitern an, mit der per KI fehlendes Blendfleisch zu einem Clip hinzugefügt werden kann.

Das automatische Erstellen von Untertiteln, also die Umwandlung von Sprache in Text, funktioniert bereits. Und da die Verwendung von ASR (automatische Spracherkennung) eher unspektakulär ist, fällt vielen Nutzern gar nicht mehr auf, dass sie mit Speech-to-Text tatsächlich eine durch KI getriebene Technologie benutzen, wie sie etwa auch bei Chatbots verwendet wird. In der Audiobearbeitung haben sich KI-Tools, mit denen sich etwa die Sprache verbessern oder vom Hintergrund trennen lässt, bereits seit Längerem etabliert. Ihre Verwendung ist zur Selbstverständlichkeit geworden.

Auch Blackmagic hat in seine neueste Version von DaVinci Resolve eine Menge KI gepackt, die unter anderem das Anpassen eines Musikclips an eine vorgegebene Länge erlaubt oder das Anpassen der Tonqualität von verschiedenen Aufnahmen desselben Sprechers. Nützlich, wenn zum Beispiel eine Aufnahme in einer Kirche entstand, die andere unter freiem Himmel, aber beide zusammengeschnitten werden sollen. Ein AI-Depth-Map-Tool erlaubt das Erstellen von Masken, mit denen sich nachträglich Vorder- und Hintergrund trennen lassen und damit die Schärfentiefe im Bild verändert werden kann.

Abbildung 4.36 ▼
In Premiere Pro automatisch erstelltes Audiotranskript, das als Untertitel eingeblendet wird

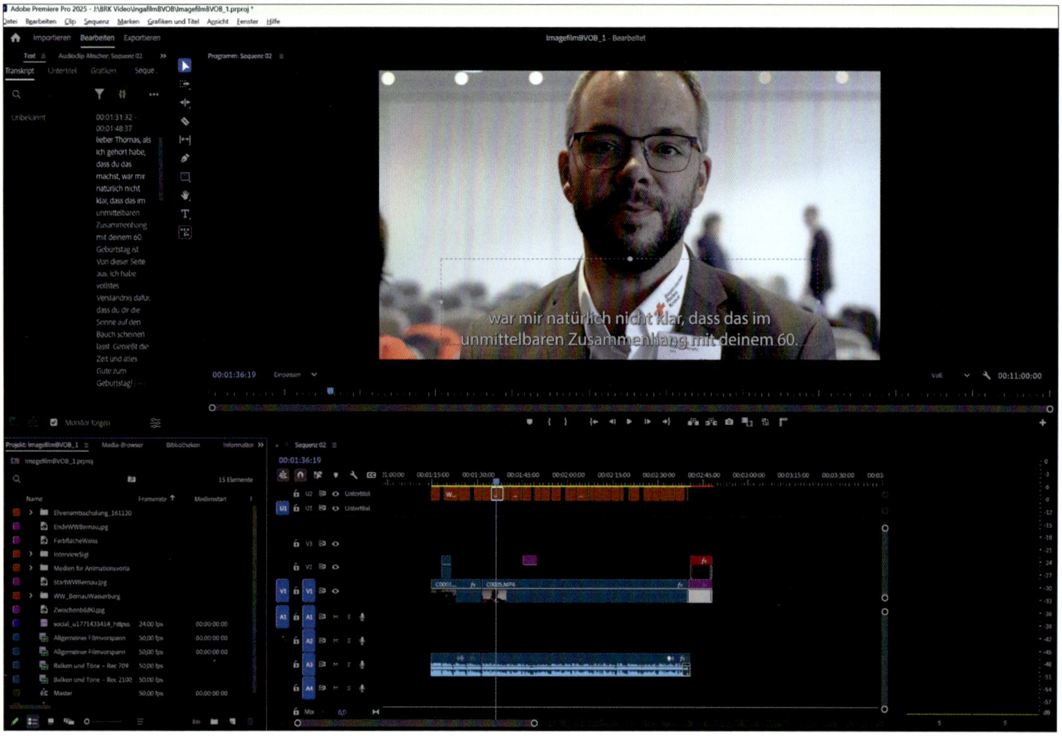

4.6.4 Die Grenzen der KI

2025 feierte die Dokumentation »Born to Fake« über den als Stern-TV-Fälscher in die deutsche Mediengeschichte eingegangenen Kameramann und TV-Produzenten Michael Born Premiere. Der Film setzt dem Fälscher ein Denkmal, der Berichte drehte über Drogensüchtige, die an Kröten lecken, um high zu werden, über den Ku Klux Klan in der Eifel oder über indische Kinderarbeiter, die für Ikea schuften. Sie waren alle schlicht und zum Teil auch schlecht erfunden, trotzdem fanden sie ihre prominenten Abnehmer. Heute wirft der Film völlig zu Recht die Frage auf: Wo beginnt der Fake? Und die Antwort ist sicherlich nicht einfach, denn Scripted Reality und Reenactment haben die Grenze zwischen Wirklichkeit und Fiktion aufgehoben. Die grundsätzliche Neigung des Menschen, seinen eigenen Augen zu trauen, schafft ein Einfallstor für Manipulationen jeglicher Art. Mithilfe von KI würde sich Michael Born heute noch deutlich leichter tun, seinen Ideen und Visionen Ausdruck zu verleihen. Dass sogenannte Deep Fakes, also mit KI erstellte Desinformationen, in den Bereich des Strafrechts fallen und zu einer echten Gefahr für Demokratie und Staat werden können, ist hinreichend bekannt.

Die Frage ist: Was ist erlaubt und was nicht? Dabei ist die Verwendung etwa von sogenannten Face-Swap-Apps, die massenhaft im Internet angeboten werden und mit deren Hilfe sich etwa das Foto eines missliebigen Ex-Partners in ein Pornovideo einkopieren lässt, nur die offensichtlich illegale Spitze des Eisberges. Ein lippensynchrones Video, in dem ein Politiker den Nuklearangriff auf einen anderen Staat verkündet, ist sicherlich nicht erlaubt. Aber ist deshalb ein sehr ähnlich erstelltes Video mit der Simultanübersetzung eines Redners auch verboten? Der Schlüssel zur Beurteilung dieser Kernfragen für Journalismus und Medienproduktion liegt nicht in der Frage, ob KI gut oder schlecht ist. Er liegt vielmehr in der Frage, ob die erstellten Inhalte einen Bezug zur Realität haben, die journalistischen, wissenschaftlichen oder historischen Kriterien standhalten. Gerade bei Geschichtsfragen wird gerne und viel gefälscht. Die französische Königin Marie Antoinette sagte nie, dass die Menschen doch Kuchen essen sollen, wenn sie kein Brot haben. Und trotzdem wird ihr dieser Satz in vielen Filmen in den Mund gelegt.

Grundsätzlich unterscheidet eine Reinszenierung mit Schauspielern in historischen Gewändern nichts von einer Reinszenierung am Computer. Je näher die Ereignisse an die Gegenwart heranrücken, umso größere Vorsicht ist aber geboten. Wer in einem investigativ aufgemachten Beitrag alle kritischen Szenen durch eine KI nachmodellieren lässt, muss nach meiner Ansicht klar und deutlich darauf hinweisen, dass es sich eben nur um nachgestellte Szenen handelt. Und er sollte im Tresor des ausstrahlenden Senders z. B. die Originalaufnahmen hinterlegen, die den Bezug zur Wirklichkeit belegen.

Die KI, ihr Nutzen und die Probleme ihrer Anwendung werden uns noch lange beschäftigen. Im Europa versucht die Anfang 2025 in Kraft getretene KI-Verordnung, schweren Missbrauch zu vermeiden bzw. immerhin zu sanktionieren, indem sie nicht nur die eigentlichen Täter, sondern auch die Anbieter in die Haftung nimmt. Doch wie schwer es ist, Deep Fakes und unzulässige Manipulationen zu verhindern, zeigt der von xAI im Sommer 2025 vorgestellte Spicy-Modus, mit dessen Hilfe sich unproblematisch freizügige Nacktaufnahmen von Taylor Swift generieren ließen. Eine Stellungnahme von Elon Musks Unternehmen xAI steht noch aus.

Ein Echtheitszertifikat für Inhalte

2021 starteten mehrere internationale Unternehmen – darunter Softwareunternehmen wie Microsoft und Google, KI-Anbieter wie OpenAI und Adobe, Kamerahersteller wie Sony und Betreiber von sozialen Netzwerken wie Meta – die »Coalition for Content Provenance and Authenticity« (C2PA). Ziel: ein technisches Verfahren zu entwickeln, das die Herkunft und Authentizität von Inhalten, allen vorweg Bildern und Videos, zuverlässig dokumentiert. Die Initiative hat eine ganze Reihe illustrer Unterstützer. Bereits bekannte Verfahren wie die Speicherung von Metadaten im sogenannten Exif-Format oder IPTC-Format werden mithilfe kryptographischer Methoden um verschlüsselte Metadaten ergänzt. Die Idee ist gut, an der Umsetzung hapert es allerdings noch. Bislang sind nur 13 Kameras mit einer C2PA-Signatur ausgestattet. Obwohl Adobe C2PA seit Beginn an unterstützt, sind in den Produkten wie Photoshop oder Premiere Pro die Informationen nicht standardmäßig verfügbar. In Adobe kann man den Import und den Export sogenannter Content Credentials aktivieren, aber in Premiere Pro ist es mir nicht gelungen, diese Metadaten sichtbar zu machen.

Auf der gemeinsamen Seite *contentcredential.org* erklären maßgebliche Unterstützer von C2PA wie Adobe, Nikon oder Microsoft, wie die Daten sichtbar werden sollen; tatsächlich benötigt man dazu aber spezielle Erweiterungen z. B. für den Browser. Immerhin: Für den Marktführer Chrome gibt es entsprechende Erweiterungen z. B. von Adobe oder auch Open-Source-Tools.

Das Problem immerhin ist sowohl in der Industrie als auch bei den Nutzern wie Sendeanstalten und Zeitungsverlagen erkannt. Allerdings bleiben noch ein paar grundlegende Probleme. Denn noch kann man die Verwendung von KI im Workflow der Contentproduktion nicht immer eindeutig nachverfolgen. Setzt eine Kamera (und dazu zählen auch die vielen Smartphone-Kameras) z. B. schon bei der Aufnahme KI ein, dann könnte das gespeicherte Bild trotzdem als KI-frei signiert werden. Der tatsächliche Realitätsbezug kann zumindest heute nicht zweifelsfrei dokumentiert werden, sondern lediglich, dass die bei der Erstellung und Bearbeitung von Medien beteiligten Unternehmen sich verpflichten, die Vorgaben der C2PA-Initiative einzuhalten. Aber das it immerhin ein erster wichtiger Schritt, der gegangen wird, um Deep Fakes sicher und frühzeitig zu erkennen.

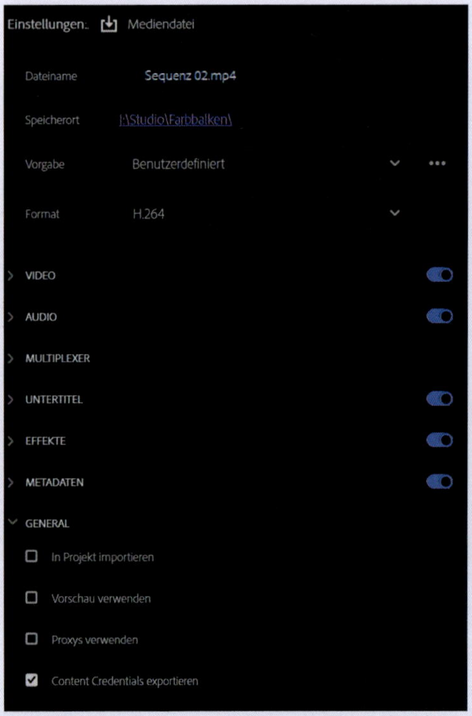

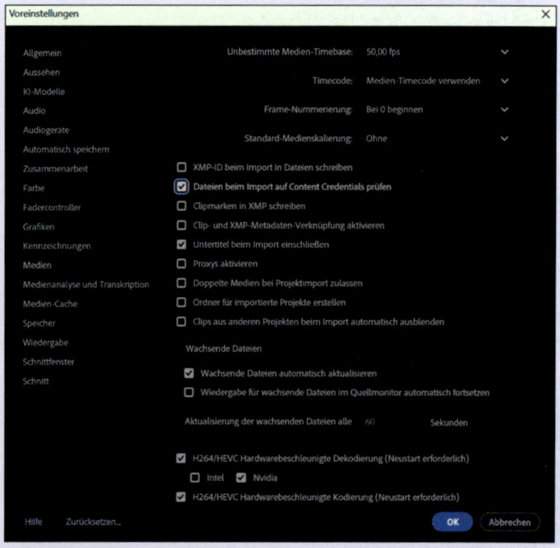

◂▴ **Abbildung 4.37**
Import und Export von Content Credentials in Premiere Pro

TEIL II
Aufnahme

Kapitel 5
Das digitale Bild

Dieses Buch trägt den Titel »Digital filmen«, denn es geht um die Herstellung und Verarbeitung digitaler Bilder. In diesem Kapitel erfahren Sie, was digitale Bilder eigentlich sind. Es vermittelt Ihnen das notwendige Grundwissen über Farbräume, Auflösung, Codecs, HDR-Video, Komprimierung und Container – Begriffe, die Ihnen bei der Produktion und Verarbeitung digitaler Bilder ständig begegnen.

5.1 Das Rohmaterial zum Film

Qualitativ war der digitale Film dem digitalen Foto lange unterlegen. Zu klein, wenig brillante Farben, zu geringe Dynamik. In den letzten drei Jahren hat sich, fast sogar etwas unbemerkt, aber vieles getan.

Mit UHD, dem neuen Standard für das digitale Video wurde das Filmbild nicht nur größer, sondern vor allem auch dynamischer. Dank High-Dynamic-Range-Video (HDR-Video) stellen moderne Fernseher einen Kontrastumfang von 12 Blenden dar statt wie bisher gerade einmal 6 Blenden. Allerdings verändert sich damit auch die Produktion. Statt hochkomprimierter Bilder halten unkomprimierte RAW-Dateien Einzug in die digitale Filmproduktion oder zumindest Videodaten, deren Kontrastumfang durch Korrektur mit Hilfe einer Gammakurve erheblich gesteigert werden kann. Solche »LOG-Formate«, wie sie beinahe jeder Kamerahersteller mittlerweile anbietet, schöpfen den hohen Dynamikumfang moderner Sensoren optimal aus.

Derzeit sieht es so aus, dass mit der Einführung von 8K-Video in den kommenden Jahren das digitale Filmbild mit der Fotografie gleichziehen kann. Die Auflösung eines Einzelbildes beträgt dann immerhin schon etwa 35 Megapixel, in Kontrast und Farbumfang zieht es ebenfalls annähernd gleich – vor allem, wenn mit

Einführung von UHD-2 der viel größere Farbraum BT.2020 zum Videostandard wird. Allerdings: Die schöne neue Welt der bunten Bewegtbilder erfordert an allen Ecken und Enden Investitionen in die Ausrüstung. Kameras und Objektive müssen die neuen Standards unterstützen bzw. umsetzen, Monitore die Farbpracht auch anzeigen und Schnittsysteme eine performante Bearbeitung der oft gigantischen Datenmengen ermöglichen. Aber auch wenn das Geld und etwas mehr technischen Aufwand bedeutet, längst bestimmen die hochaufgelösten UHD-Bilder die Showrooms in den Elektromärkten genauso wie die Produktionen von Netflix. An ihnen vorbei kommt man deshalb kaum.

Die Herstellung von Filmmaterial, das sogenannte *Shooting* oder Drehen, wird am ehesten mit der Produktion eines Films verbunden, obwohl die Aufnahme nur einen Teil der Arbeitszeit und der Kosten verursacht. Gleichzeitig macht diese Aufgabe aber in der Regel am meisten Spaß, vor allem, wenn man die Möglichkeit hat, im Team zu arbeiten. Wenn Sie das erste Kapitel aufmerksam gelesen haben, wissen Sie, dass einer erfolgreichen Produktion viele Überlegungen vorausgehen, bevor die erste Filmkassette eingelegt wird oder Strom durch den Sensor fließt.

Gute Kameraleute sind pragmatische Menschen, die sich auf die Lösung konkreter Probleme konzentrieren. Sie denken in Einstellungen, legen Wert auf Details. Dabei achten sie auf perfekte Anschlüsse, auf technisch saubere Arbeit, auf Farbe, Kadrierung und Schärfe. Wenn der Film einen bestimmten Look haben soll, z. B. dominante Farben, künstlerisch mit definierter Schärfentiefe arbeitet oder Sie ein Konzept für Kamerabewegungen entwickeln, dann werden Sie versuchen, diese Ideen zur Bildgestaltung in konkrete Aufnahmen umzusetzen, und zwar Szene für Szene, Clip für Clip.

Vom Standbild zum Bewegtbild
In den letzten Jahren setzen immer mehr Filmemacher auch Fotos ein, die sie nachträglich mit Schwenks und Zooms animieren. Im Schnitt können sie dann die hohe Auflösung der Fotokameras nutzen. Trotzdem wird kein Bewegtbild aus der Aufnahme, sondern nur ein animiertes Foto. Wolken ziehen nicht, Wellen kräuseln sich nicht, ja nicht einmal das Bildrauschen ist bewegt.

5.1.1 Fotograf oder Kameramann

Seit dem Siegeszug der digitalen Spiegelreflexkameras (DSLRs) könnte man meinen, ein Kameramann ist das Gleiche wie ein Fotograf. Diese Ansicht ist falsch, auch wenn beide ein sehr ähnliches Werkzeug benutzen. Das sind die wichtigsten Unterschiede:

- **Bewegtes Bild vs. Standbild**: Film besteht aus bewegten Bildern, in Europa sind es je nach Standard 25, 50 oder 100 Bilder pro Sekunde. Fotografen erzeugen dagegen immer Standbilder, selbst wenn sie einmal, etwa bei Sportaufnahmen, zehn Serienbilder in Folge aufnehmen.
- **Bewegte Kamera vs. fixierte Kamera**: Selbstverständlich schießt auch ein Fotograf seine Bilder gelegentlich aus der Hand, aber am Ende findet er in 99 % aller Fälle einen festen

Standpunkt. Nur selten geht es in der Fotografie um die Darstellung von Bewegungen, Geschwindigkeit und Kamerabewegung. Die Filmkamera will dagegen bewegt werden. Das heißt nicht, dass Kameraleute auf ein Stativ prinzipiell verzichten, aber die bewegte Kamera ist so etwas wie die hohe Schule.

◂ **Abbildung 5.1**
Bewegte Handkamera

- **Fester Rahmen vs. nachträglicher Zuschnitt**: Film bewegt sich in einem festen Format, in der Regel mit einem Seitenverhältnis von 16:9 (Breite zu Höhe). Das Bild wird fast immer so verarbeitet, wie es aus der Kamera kommt. Nur wenn etwas danebengegangen ist, kann der Cutter versuchen, durch ein nachträgliches Vergrößern von Bildausschnitten etwas zu retten. Fotografen sind es dagegen gewohnt, dass das Bild aus der Kamera in Größe und Form noch zugeschnitten wird. Dabei entstehen häufig auch ganz ungewöhnliche Formate. Fotografen arbeiten zudem nicht nur mit Querformaten, sondern auch mit Hochformaten – im Film eher ein No-Go, da der Zuschauer entweder den Kopf auf die Seite legen oder den Fernseher hochkant stellen müsste, um den Film zu sehen. Allerdings hat Instagram mittlerweile ein eigenes Hochformat für Smartphone-Video eingeführt.
- **Komprimierung vs. RAW**: Bis auf wenige High-End-Kameras arbeiten Kameraleute mit komprimierten Bildern. Das heißt, wenn der Film die Kamera verlässt, sind viele gestalterische Entscheidungen bereits endgültig getroffen, der Weißabgleich und damit die grundlegende Farbstimmung des Bildes, die Belichtung und ein Stück weit auch die Schärfe. Für Fotografen beginnt in der Regel erst mit dem Öffnen des Bildes in Photoshop oder Lightroom die Arbeit am Bild. Solche Workflows

Das RAW-Format
Das sogenannte Rohdatenformat (engl. *raw* = roh) stellt ein pixelgenaues Abbild der Sensordaten zur Verfügung. Deshalb beanspruchen RAW-Daten auch viel Platz auf dem Speicherchip und sind schwerer zu verarbeiten. RAW-Dateien sind im eigentlichen Sinne keine Bilder, sondern nur Messergebnisse. Zu Bildern werden sie, wenn die Messergebnisse entsprechend interpretiert werden. In der Fotografie wandelt man RAW-Daten deshalb häufig in das unkomprimierte Bildformat TIF um. Film-Rohdaten, wie sie etwa eine RED- oder ARRI-Kamera zur Verfügung stellen können, werden von Adobe Premiere Pro mittlerweile nativ unterstützt, ebenso wie die meisten RAW-Formate anderer Hersteller und das eigene CinemaDNG-Format.

spielen auch im Videobereich eine wachsende Rolle. Blackmagic verwendet CinemaDNG als RAW-Format, die neue Canon R6 zeichnet 8K in 12-Bit-RAW auf. Standard ist mittlerweile die Arbeit in sogenannten LOG-Formaten, die einen erweiterten Farbraum nutzen. Material in diesem Format muss immer nachträglich farbkorrigiert werden.

Selbstverständlich haben Fotografie und Film auch vieles gemeinsam. Wer sich mit der Bildgestaltung in der Fotografie beschäftigt, kann auch viel für seine Filmprojekte lernen. Aber die beiden Kunstformen sind so etwas wie zweieiige Zwillinge. Sie sind etwa zur gleichen Zeit auf die Welt gekommen, haben gleiche Eltern (wobei es deutlich mehr als zwei waren), aber sie sehen ganz unterschiedlich aus und gehen getrennte Wege.

Sich für einen Weg zu entscheiden, ist technisch sehr einfach. Sie drehen den Wahlschalter an Ihrem digitalen Fotoapparat einfach auf das kleine Kamerasymbol, und schon wird aus dem Fotoapparat eine Filmkamera. Gestalterisch machen Sie damit jedoch einen großen Schritt: Denn Ihre Kamera ändert nun vollständig den Aufnahmemodus. Statt der vielen Millionen Megapixel, die ein Fotosensor aufzeichnet, werden selbst im Full-HD-Format daraus gerade einmal 2 Millionen Pixel. Statt RAW oder JPEG werden nun Videos, z. B. im Filmcodec AVCHD, erstellt. Kurzum: Es entsteht ein völlig anderes, digitales Bild.

5.2 Eigenschaften und Technik

2K, 4K, 8K – die Bildbreite
Die Abkürzungen stehen in der Filmwelt für die Breite in Pixeln der verschiedenen HD-Formate. Das k steht für Kilo, also die Zahl 1.000.

Name	Format	Breite
2K	Full HD, Digital Cinema	1.920 px 2.048 px
4K	UHD-1	4.096 px
8K	UHD-2	7.680 px

Am Ende einer Filmproduktion geht es immer darum, ein analoges Bild zu erzeugen. Denn nur die kann das menschliche Auge verarbeiten. Wenn ein Bild über den Bildschirm flimmert, dann entsteht wieder ein analoges Bild, das die Netzhaut reizt. Bis in die Mitte der 1990er Jahre wurden Bilder auch technisch analog aufgezeichnet. Dann kam die digitale Revolution, und die Bilder wurden computerlesbar. Ein digitales Bild wird in binärem Code gespeichert. Vorteil: Man kann es ohne Verlust kopieren, und die Datenmenge kann gegenüber dem analogen Vorbild deutlich reduziert werden, ohne dass das Auge am Ende den Informationsverlust bemerkt.

5.2.1 Normen und Standards

Leider herrscht in der Videowelt ein reges Durcheinander an Bezeichnungen und Formaten. PAL (= *Phase Alternative Line*) ist die Abkürzung für ein Farbmodulationssystem, das in (West-)Europa zur Übertragung von Farbbildern nach dem CCIR-Standard verwendet wird bzw. in vielen Ländern verwendet wurde. Die Tatsache, dass in Schnittsystemen PAL oft mit einem Bildformat in der Größe von 720×576px und 50 Halbbildern pro Sekunde aufgeführt wird, führt hier eher zu Verwirrung denn zu Klarheit. Besser ist es deshalb, im Fernsehbereich von SD, HD und UHD zu sprechen sowie von einigen Formaten, die speziell für das Kino entwickelt wurden.

Davon zu unterscheiden sind verschiedene Aufzeichnungs- und Übertragungsstandards wie DV, DVCPro oder MPEG. Zwar wurde der DV-Codec meist zur Codierung von SD-Bildern verwendet, aber DV und SD sind deshalb nicht das Gleiche. Auch wenn SD und PAL hier noch erwähnt werden, Omas TV-Format ist tot und spielt in der Praxis keine Rolle mehr. Wer heute Video produzieren will, und sei es nur fürs eigene Heimkino, der sollte möglichst versuchen, im Standard Full HD mit 50 Bildern pro Sekunde zu drehen und zu schneiden.

Aspect-Ratio (Seitenverhältnis)
Zu SD-Zeiten war das klassische Seitenverhältnis eines Fernsehbildes 4:3. Später wurde dann 16:9 daraus, was im HD-Zeitalter beibehalten wurde. So weit, so einfach. Allerdings arbeitet SD nicht mit quadratischen Pixeln, sondern verwendet rechteckige Pixel. Das hat die skurrile Folge, dass ein SD-Bild immer die gleiche Anzahl an Pixeln hat, nämlich in der Regel 720×576. Nur werden einmal rechteckige Pixel mit einem Seitenverhältnis von 1,46:1 (= 16:9) und einmal von 1,09:1 (= 4:3) verwendet. Das Pixel-Seitenverhältnis (PAR) gilt es besonders beim Export eines HD-Films für eine DVD zu berücksichtigen. Mehr dazu später in Kapitel 23.

5.2.2 Fernsehstandards

Für das Fernsehen heißen die heute gebräuchlichen Standards Full HD und UHD-1 (4K). Das nächste, noch einmal deutlich größere Format UHD-2 (8K) zeichnet sich am Horizont bereits ab. Beim Neuverkauf von Fernsehern liegen UHD-Modelle mittlerweile vor Full-HD-Geräten, und in Japan hat der erste Fernsehsender einen 8K-Kanal gestartet. Aber: Den Standard setzen die neuen Anbieter wie Netflix oder Amazon Prime, die mit hochwertigen Produktionen das Qualitätsniveau festlegen. Und sie setzen bereits klar auf 8K in der Produktion, auch wenn zumindest im Home-Bereich die Vorteile von 8K kaum darstellbar sind. Selbst bei Riesenmonitoren mit 1,5m Bilddiagonale muss man schon unnatürlich nah an den Bildschirm treten, um die feineren Details zu entdecken. Aber: Teure Produktionen werden auf unterschiedlichsten Plattformen gezeigt, also im Kino, am TV-Gerät, auf Tablet oder Smartphone. Und da geht der vorausschauende Produzent lieber auf Nummer sicher und entscheidet sich gleich für die höchstmögliche, verfügbare Auflösung. Allerdings: 8K erhöht das Budget in allen Belangen wieder deutlich, da im Moment nur Spitzenkameras und Spitzenobjektive überhaupt die Auflösung bieten.

URSA von Blackmagic
Blackmagic Design hat mit der URSA Mini Pro 12k nun eine Standardkamera mit einem 12k-Sensor auf den Markt gebracht. Andere Hersteller lassen mit Konkurrenzprodukten auf sich warten. Vielleicht weil die Kamera dem Markt deutlich voraus ist.

Tabelle 5.1 gibt Auskunft über die wichtigsten technischen Eigenschaften der verschiedenen Videoformate. Die Kinoformate wurden mit berücksichtigt, da diese in der digitalen Filmproduktion eine Rolle spielen.

	SD	HD (2K)	Digital Cinema (2K)	UHD (4K/8K)
Auflösung	786 × 576 px 720 × 576 px	1.280 × 720 px (HD) 1.920 × 1.080 px (Full HD)	1.920 × 1.080 px 2.048 × 1.080 px	4.096 × 2.160 px 7.680 × 4.320 px
Aspect-Ratio	4:3	16:9	16:9, 2:1	16:9
Bildrate	Halbbilder 50i (25i)	Vollbilder 25p 50i 30p 50p 60p 100p 120p	24p 25p 48p 50p	50p 60p 100p 120p
Farbabtastung	4:2:0 4:1:1 4:2:2	4:2:0 4:2:2	4:2:2 4:4:4	4:2:2 4:4:4
Bitrate (Aufzeichnung)	25 oder 50 Mbit/s	25, 35, 50 Mbit/s	bis 240 Mbit/s	60–240 Mbit/s

▲ **Tabelle 5.1**
Übersicht über die technischen Eigenschaften der wichtigsten Bildformate. Bei UHD sind zwar hohe Bildraten von 50/60 oder 100/120 Bildern/Sekunde im Standard vorgesehen, vielfach aber noch nicht realisiert.

Im Unterschied zu Streaming- und Broadcast-Diensten, die auf komprimierte Formate setzen, werden zumindest bei der Produktion von Kinofilmen sehr häufig unkomprimierte Videonormen eingesetzt, die deutlich höhere Datenraten bis in den Gbit-Bereich hinein benötigen.

Anamorphotische Verfahren
Das 16:9-Fernsehen im SD-Zeitalter verwendete ebenso wie das Kino anamorphotische Formate. Das heißt, das Bild wird bei der Ausstrahlung in die Breite gezerrt. Das bekannteste anamorphotische Verfahren ist *Cinemascope*, bei dem bereits bei der Herstellung Spezialobjektive verwendet werden, die das Bild stauchen. Bei der Wiedergabe verwendet der Projektor ebenfalls ein entsprechendes Objektiv, das das Bild wieder entzerrt.

5.2.3 Auflösung – von SD zu HD

Die Abkürzung SD steht für Standard Definition, HD für High Definition. Hinter den beiden Kürzeln verstecken sich technische Standards, deren Beschreibungen ganze Bücher füllen. Hier nur das Wesentliche: Unter SD werden all jene Videoformate zusammengefasst, die bis Ende des 20. Jahrhunderts das Fernsehen dominierten. Dazu gehören Standards wie PAL, SECAM oder NTSC. In den 1980er Jahren wurde die analoge Bildspeicherung durch digitale Verfahren ersetzt, die letzten analogen TV-Sender wurden in Deutschland erst 2012 abgeschaltet. Heute betrachten wir die Welt in HD, zumindest flimmert in den meisten Haushalten das Bild über einen Full-HD- oder bereits UHD-tauglichen Fernseher.

5.2.4 Aspect-Ratio (Seitenverhältnis)

Das Problem der verschiedenen in Fernsehen und Kino gebräuchlichen Seitenverhältnisse fordert auch Profis immer wieder heraus. Denn streng genommen ergibt sich das endgültige Seitenverhältnis eines Bildes erst bei der Wiedergabe. Ausschlaggebend ist also immer das Seitenverhältnis des Displays.

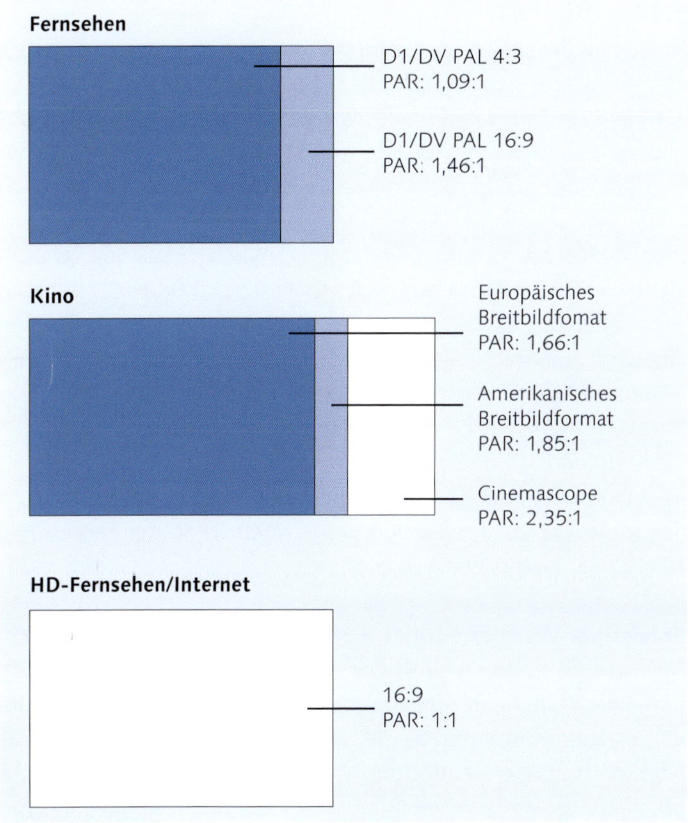

▲ **Abbildung 5.2**
Seitenverhältnisse

In den Anfangstagen des Fernsehens war die Sache leicht. Der klassische Röhrenfernseher hatte ein Seitenverhältnis von 4:3, ein Format, das weit entfernt vom schon lange gebräuchlichen, breiten Kinobild war. Der Grund war technischer Natur: Eine Kathodenstrahlröhre erzeugt ein rundes Bild, das sich natürlich am einfachsten in ein quadratisches oder wenigstens annähernd quadratisches Format einschreiben lässt. Erst mit der Einführung der Flachbildschirme in den 1990er Jahren begann der Siegeszug des breiten Bildes. In der Übergangsphase mussten die Bilder natürlich an allen Geräten darstellbar sein, deshalb behielt man für

Die Videoproduktion der Gegenwart – UHD-1 (4K)
Die Skeptiker haben sich inzwischen endgültig vom Markt überzeugen lassen. UHD oder 4K ist längst der Film- und Streamingstandard der Gegenwart. Nur die klassischen Fernsehsender hängen etwas hinterher: Während viele Haushalte längst UHD-Geräte besitzen, produzieren die meisten deutschen Sender nach wie vor überwiegend in HD – manche private Anbieter sogar weiterhin nur in 720p. Einzelne Sportereignisse oder Shows sind jedoch bereits in 4K/UHD verfügbar, auch die großen Events wie Fußball-EM und -WM werden zunehmend in UHD/HDR produziert.Im Internet hingegen ist UHD mit HDR längst Standard. Streamingdienste wie Netflix, Disney+, Prime Video oder YouTube setzen durchgehend auf UHD, oft kombiniert mit HDR10, HLG oder Dolby Vision sowie immersivem Sound (Dolby Atmos). Auch auf der Produktionsseite ist UHD längst kein Luxus mehr: System- und sogar Einsteigerkameras beherrschen 4K inzwischen durchweg, und Schnittsysteme sind auf Codecs wie HEVC (H.265) oder AV1 vorbereitet. Die Bildschärfe liegt deutlich über der von Full HD, und mit HDR-Formaten ist der Dynamikumfang und die Farbwiedergabe noch einmal erheblich erweitert worden.

beide Formate die Auflösung von 720 × 576 px bei, verwendete jedoch beim 16:9-Format breitere Pixel. Diese rechteckigen Pixel stellten jedoch nur Fernseher dar, Computermonitore setzten von Anfang an auf quadratische Pixel. Mit der Konvergenz von Fernsehen und Computer wurde die Welt einfach. Nun sind quadratische Pixel die Regel.

5.2.5 Bildrate

Auch bei der Frage der Bildrate hat sich mit dem Siegeszug von HD vieles getan. Statt der ursprünglich 25 Bilder des SD-Standards, noch dazu im *Zeilensprungverfahren*, also mit Halbbildern aufgezeichnet, bietet HD 50 und mehr Vollbilder pro Sekunde. Bei der Einführung von HD stritten sich die Experten noch, was besser ist: Mehr Bilder pro Sekunde oder eine höhere Auflösung. Dahinter verbirgt sich auch der Grund, warum HD (= 1.280 × 720 px) und Full HD (1.920 × 1.080 px) bis heute nebeneinander existieren und deutsche Fernsehsender noch im kleineren HD-Format senden. Der Standard ist aber heute zweifelsohne Full HD mit 50 Vollbildern, häufig auch als 1080/50p abgekürzt. Wer noch eine ältere Kamera sein Eigen nennt, die nur 720/50p und 1080/25p unterstützt, dem empfehle ich, lieber 50 Vollbilder zu wählen statt der höheren Auflösung. Ansonsten geht der Trend klar zur Produktion in 4K, auch wenn der Film in Full HD gezeigt wird (siehe Kasten).

Halbbilder und Vollbilder
25 Bilder pro Sekunde ergeben leider nicht immer ein flüssiges Bild. Um diesem Mangel abzuhelfen, teilten die Pioniere des Fernsehens das Bild auf zwei Halbbilder auf. Jedes Halbbild verwendet nur die Hälfte der verfügbaren 576 Linien, ein Halbbild die geraden Zeilen, eines die ungeraden. Vorteil: Bewegungen werden flüssiger. Nachteil: Die Bilder sind deutlich weniger scharf als Vollbilder. Spielt man ein Video mit Halbbildern auf einem Computermonitor ab, der keine Halbbilder darstellen kann, erscheint ein kammähnliches Muster, vor allem bei schnellen Bewegungen. Deshalb werden Halbbilder zu Vollbildern zusammengerechnet. Dieses Verfahren nennt man *De-Interlacing*. Im HD-Zeitalter gibt es eigentlich nur noch Vollbilder, trotzdem gibt es auch die Möglichkeit, z. B. Full HD mit 50 Halbbildern aufzuzeichnen. Dieses Format wird als 50i (i = *interlaced*) abgekürzt. Vollbildformate werden mit einem kleinen p dargestellt (p = *progressive*).

Praxistipp: Welches Format wofür? | Früher war Video einfach: Man drehte in einem bestimmten Format, schnitt die Beiträge und lieferte sie beim Auftraggeber im gleichen Format ab. Heute ist es leider komplizierter: Gedreht wird wenn möglich mit der höchstverfügbaren Auflösung, mindestens aber mit 50 Bildern pro Sekunde. Vorteil: Wer in 4K dreht, aber in 2K schneidet, kann z. B. das Bild nachträglich leichter stabilisieren oder die Kadrierung korrigieren. Hier hat es sogar einfacher, wer als VJ unterwegs ist. Denn wer weiß, wie er seine Bilder im Schnitt, etwa durch nachträgliche Zooms, noch verbessern kann, achtet bereits bei der Aufnahme auf entsprechende Einstellungen. Interviews lassen sich so mit einem einfachen Trick perfekt positionieren. Ein enger Beschnitt eines Interviews ist modern, führt aber zum Problem, dass der Sprecher schnell aus dem Bild wandert, wenn er sich nur etwas bewegt. Wer dagegen mit einem deutlich größeren Bild dreht, kann nachträglich den Beschnitt festlegen und den Ausschnitt so anpassen, dass er sich mit dem Kopf bewegt. Das sieht dann aus, als hätte der Kameramann auch die kleinste Bewegung quasi vorausgeahnt. Nachteil: Der Verbraucher gewöhnt sich an das hohe Produktionsniveau. Mit verwackelten Bildern, die schlecht kadriert sind, braucht man sich heute kaum mehr blicken zu lassen. Diese Vorzüge der Arbeit in einer höheren Auflösung sollte man jedoch nicht mit einer niedrigen Bildrate bezahlen. 25 Bilder pro Sekunde sind zu wenig und allenfalls für sehr statische Aufnahmen geeignet. Zwar lässt sich durch nachträgliches Frameblending das unangenehme Ruckeln etwas mildern, aber schön ist etwas anderes. Auch der Mix von vielen verschiedenen Auflösungen und Bildraten erhöht den Aufwand im Schnitt.

Häufige Fragen in Internetforen verursachen die verwirrend vielen Bildraten mit 24p, 50p, 60p, 100p oder sogar 120p. Diese sind letztlich den verschiedenen Netzfrequenzen in Europa (50 Hz) und den USA (60 Hz) geschuldet. 50p und 100p sind also eher im europäischen Markt üblich, 60 und 120p in den USA. Trotzdem kann man auch in Deutschland die höhere US-Bildrate nutzen, da die meisten TV-Geräte und Grafikkarten schon seit geraumer Zeit alle Frequenzen unterstützen. Zudem liefern die US-Bildraten etwa 20% mehr Bilder pro Sekunde im Vergleich zu den in Europa gebräuchlichen Bildraten. Dies macht sich bei Slow-Motion-Aufnahmen positiv bemerkbar. Allerdings berichten Nutzer immer wieder von Problemen, wenn Kunstlichtlampen das Set beleuchten. Die abweichende Taktung zwischen Stromnetz und Bildrate kann zu dunklen, wandernden Balken im Bild führen. Hochwertige Kameras können diesen Effekt durch einen Shutter ausgleichen. Steht er nicht zur Verfügung, empfiehlt sich die Umstellung auf eine dem jeweiligen Stromnetz angepasste Bildrate. Wichtig: Achten Sie darauf, dass möglichst alle Aufnahmen mit der gleichen Bildrate oder ihrem Vielfachen gedreht werden, also in 50p und 100p oder 30p, 60p und 120p. Denn im Schnitt müssen Sie sich für eine Bildrate entscheiden, und die Mischung von 50p- und 60p-Material ist nicht immer unproblematisch.

Das Kino ist bis heute den üblichen 24 Bildern/Sekunde (24p) treu geblieben. Zwar gibt es auch hier Formate mit 48 oder 60 Bildern. Videoformate werden von Filmfans oft kritisch beurteilt. Vielen erscheint das Bild als »zu flach« oder nicht »kino-like«. Großbildformate wie IMAX setzen dagegen seit Jahrzehnten auf 48p. Die Mischung von 24p- und 25p- oder 50p-Material ist noch fehleranfälliger als die Mischung von 50p- und 60p-Material.

5.2.6 Farbräume, Farbtiefe und Farbabtastung

Alle Bilder werden durch einen Farbraum begrenzt. Nur die innerhalb dieses Farbraums verfügbaren Farben können im Bild auch tatsächlich dargestellt werden. Die bekanntesten Farbräume sind

CMYK, der für Drucker verbindlich ist, Lab und RGB. Der RGB-Farbraum ist maßgeblich für Monitore, Fernseher und Beamer. Zu Zeiten des alten PAL (SD) herrschte der Komponentenfarbraum vor, abgekürzt YUV. Sein Vorteil: Er enthielt ein komplettes Schwarzweißsignal und konnte deshalb auch auf alten Fernsehern dargestellt werden. Im Zeitalter von HD ist das Fernsehen ganz auf RGB eingestellt. Der HD-Farbraum hört auf den Namen CIE 1931 und ist Teil der HD-Spezifikationen Rec. 709 (BT.709). Auch wenn die ganzen Standards und ihre vielen Kürzel sehr verwirrend sind, ist wichtig, zu verstehen, dass es einen spezifischen Farbraum für HD-Bilder gibt. Und so, wie in Abbildung 5.3 dargestellt, sieht er aus.

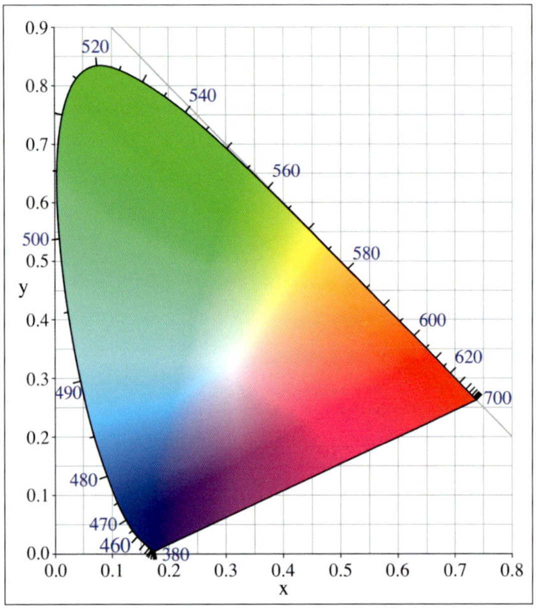

Abbildung 5.3 ▸
HD-Farbraum, Quelle: PAR

Der HD-Farbraum wird oft auch als sRGB bezeichnet, was möglicherweise Fotografen auf den Plan ruft, die ihre DSLR immer von sRGB auf Adobe RGB umstellen. Im normalen Filmmodus zeichnet die Kamera immer in sRGB auf, egal wie der Schalter steht. Mit der Einführung von UHD ändert sich erstmals seit langer Zeit wieder in Sachen Farbraum etwas. Die Rec.2020 (BT.2020) der ITU sieht künftig einen deutlich erweiterten Farbraum vor, der dann bis zu 1 Milliarde Farben darstellen kann. Allerdings ist die Einführung erst mit Monitoren und Kameras zu erwarten, die UHD-2 (8K) unterstützen. Auf dem Weg dorthin verwenden viele Kameras und Monitore zwischenzeitlich DCI-P3 als Farbraum. Dieser deutlich größere Farbraum benötigt höhere Bitraten für die sogenannte Quantisierung. Aber: Es gibt die ersten TV-Geräte zum Beispiel für den Heimkinobereich, die auch Rec.2020 darstellen können. Die neue, oft gepriesene Farbwunderwelt kommt also langsam, aber sie kommt. 10Bit- oder 12Bit-Produktionen gehören heute bereits zum Standard.

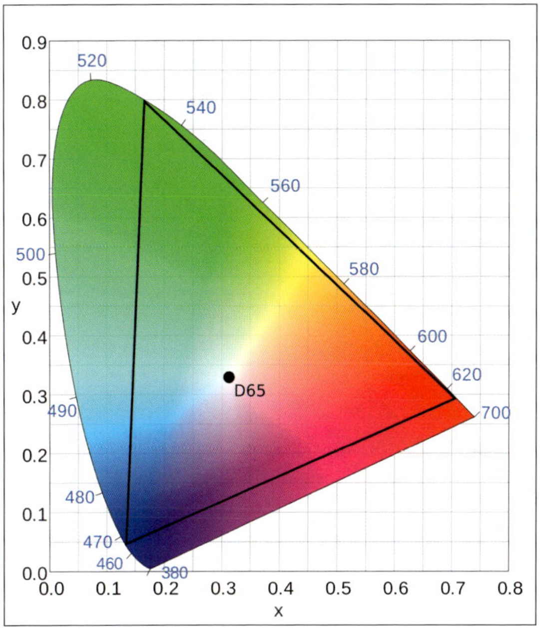

◂ **Abbildung 5.4**
Der neue, größere UHD-2-Farbraum der Zukunft nach dem ITU-Standard BT.2020

RGB-Farbmischung
Die Farbmischung entsteht aus den drei Grundfarben. Bei einer 8-Bit-Codierung pro Farbe stehen 256 verschiedene Farbwerte zur Verfügung. Aus der Mischung ergeben sich theoretisch 16,78 Mio. verschiedene Farbwerte (= 256 × 256 × 256). Bildschirme, die diese Anzahl von Farben wiedergeben können, werden auch als TrueColor bezeichnet.

Weiß entsteht im RGB-Farbraum aus der Mischung aller drei Primärfarben. Grauwerte enthalten zu jeweils gleichem Anteil Rot, Grün und Blau. Schwarz enthält keine Farbe. Die Bezeichnungen Cyan und Magenta kommen aus dem CMYK-Farbraum. Dort stellen sie Grundfarben dar.

Für die Praxis ist es wichtig, zu verstehen, wie ein RGB-Bild aufgebaut wird. Farben entstehen aus der Mischung der drei Primärfarben Rot (R), Grün (G) und Blau (B). Bei der sogenannten additiven Farbmischung entstehen auch Schwarz und Weiß sowie alle Grautöne aus den drei Grundfarben.

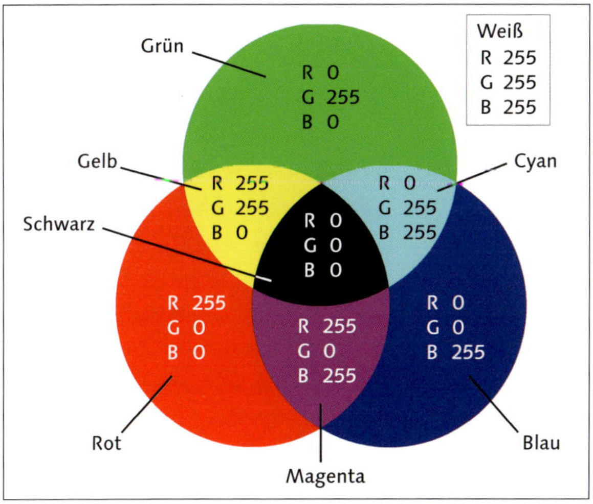

◂ **Abbildung 5.5**
RGB-Farbmischung mit den drei Primärfarben Rot, Grün und Blau sowie den drei Sekundärfarben Gelb, Magenta und Cyan sowie Schwarz und Weiß. Die Zahlen neben den Anfangsbuchstaben der Farben geben den jeweiligen Farbanteil wieder.

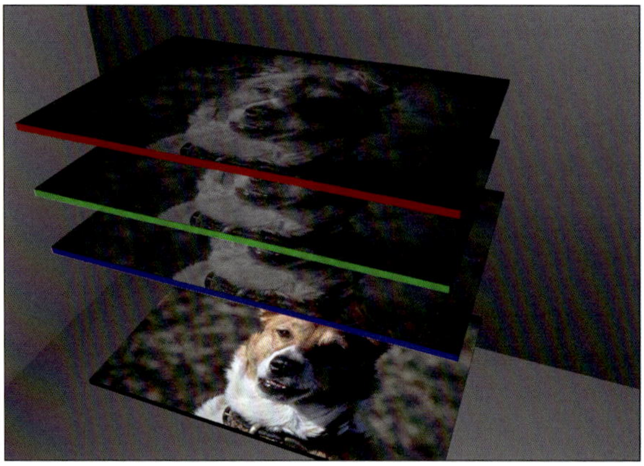

Abbildung 5.6 ▶
Farbbild aus den drei Farbkanälen Rot, Grün und Blau. Jeder Farbkanal enthält 256 Farbabstufungen.

High-Dynamic-Range-(HDR-)Video
Mit UHD gibt es erstmals auch einen höheren Dynamikumfang bei Filmaufnahmen. Bekannt sind der Name und die Technik bereits in der Fotografie, wo sich die HDR-Aufnahmen zu einem beliebten Zweig entwickelt haben. In der Fotografie werden meistens mehrere, unterschiedlich belichtete Aufnahmen des gleichen Motivs zu einem Bild zusammengerechnet. Im Filmbereich gibt es entsprechende Techniken auch, durchgesetzt aber haben sich Kameras mit einem entsprechend großen Dynamikumfang von bis zu 17 Blenden (gegenüber 6 Blenden im Standard-Video). So bieten sowohl die Canon C700 als auch die Blackmagic Ursa 4.6 ca. 15 Blenden Dynamikumfang. Viele Geräte, die HDR unterstützen, etwa Fernseher oder Blu-ray-Player, unterstützen HDR10 bzw. HDR10+, einen Standard der großen Unterhaltungselektronikhersteller. Mit diesen Standards konkurriert der Video- und Audiopionier Dolby, der mit Dolby Vision ein eigenes, allerdings kostenpflichtiges HDR-Video-Format anbietet. Technisch ist Dolby Vision das fortschrittlichere System, wird aber bisher nur von wenigen Anbietern unterstützt.

Wer sich mit digitalen Bildern, insbesondere Videobildern beschäftigt, stößt irgendwann auch auf das Thema »Farbabtastung«. Eines der großen Probleme der Fernsehtechnologie ist die Übertragung der Signale, die bis heute einen technischen Flaschenhals darstellt. Die Übertragung eines unkomprimierten Signals erfordert einfach zu viel Bandbreite. Schon immer hat man deshalb versucht, die Bandbreite zu minimieren, und sich frühzeitig eine Eigenheit des menschlichen Auges zu Nutze gemacht, das nämlich Helligkeitskontraste besser auflöst als Farbkontraste. Also hat man für die Helligkeit (Luminanz) die volle Datenbreite zur Verfügung gestellt, die Farbinformationen jedoch reduziert. Ein voll aufgelöstes Signal hat eine Farbabtastung von 4:4:4, ein bereits komprimiertes Signal eine sogenannte Farbunterabtastung von 4:2:2 oder 4:2:0, manchmal auch 4:1:1. Für Filmmaterial, das in der Post-Production aufwändig gegradet werden soll, empfiehlt sich eine möglichst hohe Farbabtastung, also 4:4:4. Für Chroma-Key-Effekte muss mindestens Material mit einer Abtastrate von 4:2:2 vorliegen.

5.2.7 Aufnahmestandards

Die Beschreibung der Fernsehstandards reicht für den Alltag, wenn wir über Formate sprechen, also über Bildgröße, Bildrate, Auflösung und Farbe. Doch das Leben eines Fernsehschaffenden ist komplizierter. Denn Ihre Kamera ziert neben dem Full-HD-Logo eventuell auch noch der Schriftzug AVCHD oder MPEG-2. Oder etwa XDCam. Dahinter verbergen sich die Codecs, mit denen die Kamerahersteller den digitalen Datenstrom erzeugen, der am Ende als Video abspielbar ist. Die vielen verschiedenen Codecs, die nach wie vor miteinander konkurrieren, sind das Ergebnis der Konkurrenz zwischen den Herstellern von Videohardware, allen voran den Kameraherstellern. Was nun genau der Unterschied zwischen P2, XAVC, XDCam, AVCHD oder MPEG-4 ist, bleibt einem Anwender oft verschlossen. Wichtig ist, dass Sie einen Weg durch den Dschungel finden. Die wichtigste Stütze dabei ist es, den Unterschied zwischen Container und Codec zu kennen. Typische Containerformate sind MOV (Quicktime), AVI oder MXF. Containerformate werden benutzt, um Videodaten zu speichern, also eine Datei auf den Speicherchip zu schreiben. Der Container enthält den eigentlichen Videostream, der mit Hilfe eines Codecs digitalisiert wurde. Typische Codecs sind FFmpeg, DivX, Quicktime H.264, Apple ProRes, Panasonic AVC-Intra oder Avid DNxHD. Sie sind meist firmenspezifische Implementierungen von Standards wie H.264 oder H.265. Schlauerweise kann ein Container verschiedene Codecs aufnehmen. Der Container wird als sogenannter Wrapper genutzt. Viele Firmen verwenden den Containernamen zur Kennzeichnung ihres Videoformates. Ärgerlicher Nebeneffekt: Obwohl etwa ein Schnittsystem das Containerformat klaglos akzeptiert, kann es ein Video nicht abspielen, weil es den verwendeten Codec nicht unterstützt. So mussten Apple-Nutzer lange Jahre den MPEG-2-Codec, der auch zur Codierung von Quicktime-Videos verwendet wurde, separat kaufen, auch wenn Quicktime das Apple-eigene Video-Containerformat ist.

Codecs
Das Wort steht stellvertretend für den Algorithmus, den eine Kamera oder ein Schnittsystem verwendet, wenn analoge Bilder in digitale Datenströme umgesetzt (engl. *coding*) werden. Jede Kamera hat neben einem oder mehreren Sensoren, die zunächst den Lichteinfall messen, einen oder mehrere Logikchips, die das Messergebnis des Sensors nach mathematischen Regeln verrechnen und auf der Speicherkarte als digitalen Datenstrom wegschreiben. Diesen Vorgang nennt man *Transcodierung*. Vorteil der Codecs: Mit einem entsprechenden Decoder kann man das Bild wieder abspielen, und bei der Codierung kann man das Bild komprimieren, um Platz auf der Speicherkarte zu sparen.

H.265/HEVC | HEVC steht für High Efficiency Video Coding. Ziel ist eine deutliche Datenkomprimierung gegenüber dem älteren H.264-Codec (siehe unten) bei gleichbleibend hoher Bildqualität. Diese Datenreduktion ist vor allem zur Übertragung von UHD-Videos notwendig und stellt etwas wie den Goldstandard der künftigen Videowelt dar. Zumindest wenn es nach den Entwicklern des UHD-Videostandards geht, der MPEG-Group und der ITU.

Allerdings: Viele Unternehmen halten Patente, die in die Entwicklung von HEVC eingeflossen sind, und wollen sich diese nunmehr deutlich besser bezahlen lassen als in der Vergangenheit. Lange Zeit ließen viele Hersteller deshalb die Finger vom besseren, aber teuren H.265. Vor allem Unternehmen, die im Internet UHD-Inhalte anbieten, wie Amazon, Netflix oder Google, haben sich zur Alliance for Open Media zusammengeschlossen. Ziel ist es, den offenen, lizenzkostenfreien Videostandard mit dem Codec AV1 zu vermarkten. Seit Ende 2018 bietet Microsoft einen AV1 Software Decoder zum Download an. Heute unterstützen eine ganze Reihe von Kameras und Smartphones H.265. Die wegen ihrer Lizenzpolitik stark in die Kritik geratene MPEG-Group hat zusammen mit ihren Partnern für 2020 schon einmal die Entwicklung eines weiteren, noch leistungsfähigeren Standards unter dem Namen Versatile Video Coding (VVC) angekündigt. Im Juli 2020 meldete das Fraunhofer Heinrich-Hertz-Institut Vollzug.

MPEG
MPEG ist die Abkürzung für *Moving Picture Experts Group*. Das Gremium von mittlerweile über 300 Experten aus Organisationen, Behörden und der Industrie arbeitet kontinuierlich an der Entwicklung von Standards und Technologien für die digitale Videocodierung. Für die Filmproduktion sind im Moment vor allem die beiden auch als ISO/IEC-Standards anerkannten MPEG-Formate MPEG-2 und MPEG-4 relevant. Zusammen mit der iTU-T entwickelte die MPEG Group auch den aktuellen Standard H.265/HVC, der aber kostenpflichtig ist und deshalb nur zögerlich von den Unternehmen in Produkte integriert wird.

VVC wird es irgendwann auf unsere Geräte als H.266 schaffen und verspricht dann noch einmal eine deutliche Datenreduktion gegenüber H.265. Möglicherweise wird es also noch einige neue Codecs geben, die heute noch nicht auf dem Plan der Industrie und der Produzenten stehen, andererseits gibt es noch keine wirklich erkennbaren Pläne für ein 16k-Video, sodass man mit HEVC oder AV1 für lange Zeit auf einem sicheren Gleis sein sollte.

H.264/MPEG-4 AVC (AVCHD) | Mitte der 1990er Jahre wurde das digitale Bild erstmals hochauflösend. Doch obwohl HDV das DV noch im Namen trägt, setzte es bereits auf MPEG-2 als grundlegenden Codieralgorithmus. HDV war aber nur eine kurze Existenz beschert. Aufgrund der niedrigen Codierungsrate und der Farbunterabtastung schaffte der Standard nie den Sprung ins Profilager. Zudem wollte man die störanfälligen und teuren Kassetten als Datenträger ersetzen. Man suchte also nach leistungsfähigeren Codecs, die bessere Qualität versprachen, ohne die Datenraten allzu sehr zu steigern. Die Lösung lautete AVCHD oder besser H.264/MPEG-4AVC. Hinter der Bezeichnung verbirgt sich die inhaltsgleiche Festschreibung einer Norm für einen Standard zur Komprimierung digitaler Videos durch zwei Gremien, nämlich die Internationale Fernmeldeunion (ITU) und das Standardisierungsgremium ISO, der die MPEG-Group zuarbeitet. AVC steht für *Advanced Video Coding*; unter diesem Titel wurde MPEG-4 Teil 10 entwickelt, und der Name wurde mit dem verkaufsträchtigen Kürzel HD werbewirksam zu AVCHD verschmolzen. HDV hat den Angriff von H.264 und AVCHD nicht überlebt und ist quasi ausgestorben. Und auch wenn das Ende von H.264 in Sicht ist: Noch ist es das Arbeitspferd im Videoschnitt. Denn H.265 ist zwar leistungsfähiger, stellt aber ältere Computer und ihre Grafikkarten oft vor große Herausforderungen. Videos in 4K ruckeln oder lassen sich nicht abspielen.

Nicht alles ist AVCHD, wo H.264 als Codieralgorithmus drinsteckt. Auch viele DSLRs verwenden H.264 als Algorithmus, aber z. B. Apples Quicktime als sogenanntes Containerformat. Auf der Speicherkarte landet also ein Video mit der Endung »*.mov«, während in AVCHD-Kameras in der Regel ein »*.mts«- oder ».m4s«-File erzeugt wird. Weil AVCHD auf eine Datenrate von 30 Mbit/s für die Aufzeichnung von Full-HD-Videos beschränkt ist, man aber höhere Bitraten verwenden wollte, wurde ein neues Containerformat namens MP4 entwickelt, für das MPEG verantwortlich zeichnet. In MP4 stehen nun auch Datenraten über 30 Mbit/s zur Verfügung. In vielen Kameras kann man deshalb zwischen AVCHD und MP4 auswählen. Auch MPEG-2 ist noch nicht tot und wird nach wie vor in einigen Profi-Cams zur Codierung von HD-Videos eingesetzt. Sony setzt bei seiner EX-Linie (XDCam-Ex) auf dieses Format. Dummerweise verwenden sie dafür die Endung »*.mp4«, obwohl MPEG-2 drinsteckt.

5.2.8 Kompressionsverfahren – von MPEG-2 zu MPEG-4 und HEVC

Ein Full-HD-Bild besteht aus 1920 × 1080 Pixeln. Das macht in der Summe 2.073.600 Pixel, also etwas über 2 Megapixel. Schon jetzt wird klar, dass HDTV immer noch weit von den 16, 24 oder 50 Megapixeln entfernt ist, die heute in der digitalen Fotografie üblich sind. Pro Pixel werden drei Farbwerte benutzt, die mit jeweils 8 Bit codiert werden, d. h., für die Beschreibung eines Pixels benötigen wir also 3 × 8 Bit = 24 Bit.

Eine weitere Rechenaufgabe: 2.073.600 Pixel × 24 Bit = 49.766.400 Bit. Das entspricht 6,22 MB für ein Bild. Bei 50 Bildern pro Sekunde benötigt also 1 Sekunde HD Filmmaterial theoretisch einen Speicherbedarf von 311 MB. In der Praxis ist es jedoch weitaus weniger. HD-Kameras schreiben heute Daten mit 25, 50 oder 100 Mbit/s weg, also einem Bruchteil der errechneten Datenrate. Der Grund: Digitaler Film reduziert die Datenmenge, indem er die Bilddaten komprimiert und die Dateigröße damit erheblich reduziert. Im folgenden Hinweiskasten erfahren Sie etwas darüber, wie digitale Videoströme komprimiert werden.

So werden Bilder komprimiert

Selbstverständlich haben sich die Ingenieure für die Verfahren zur Bildkomprimierung ebenfalls wieder viele Abkürzungen einfallen lassen. Sie heißen DCT oder DCPM. Wie sie im Detail funktionieren, ist etwas für Mathematiker und Ingenieure, für Anwender kommt es darauf an, die wesentlichen Schritte der Datenreduktion zu verstehen.

Bei der Videokomprimierung werden Bildinformationen in Blöcken von 4 × 4, 8 × 8 oder 16 × 16 Pixeln zusammengefasst. In einzelnen Bildern und zwischen aufeinanderfolgenden Bildern werden dann sich wiederholende Daten identifiziert. Nun kann man die Datenmenge reduzieren, indem sich wiederholende Informationen weggelassen werden. Dies funktioniert nicht nur in einem Bild, sondern auch über die Grenze eines einzelnen Frames hinweg. Der MPEG-2-Standard sieht vor, dass nur jedes zwölfte Bild tatsächlich vollständig gespeichert wird. Alle anderen Bilder dazwischen speichern mehr oder weniger nur die Veränderungen, nicht aber das komplette Bild. Deshalb entstehen gerade bei Bewegungen und Blenden die gefürchteten Artefakte, also Bildfehler, die auf große Komprimierung zurückzuführen sind.

Wie herausfordernd solche Komprimierungskünste der Codecs sind, sehen Sie in Abbildung 5.7. Links oben in der Detailansicht sehen Sie die vergrößerte Original-Pixelstruktur des Gesichtes, darunter vereinfacht dargestellt das Blocking des Rasters. Die Unschärfe durch das Blocking ist gut erkennbar.

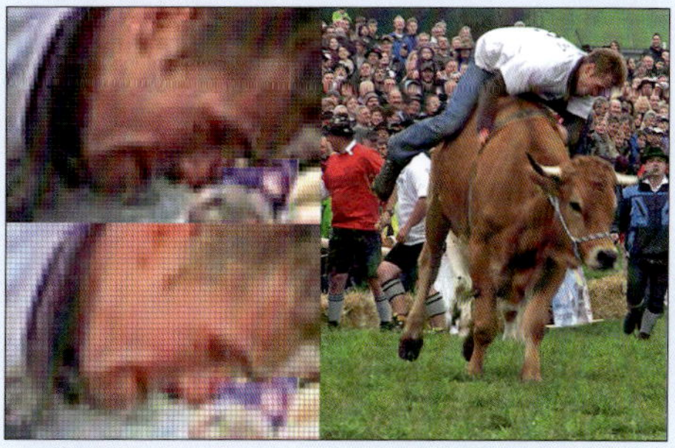

▲ **Abbildung 5.7**
Eine stark bewegte Szene auf einem Ochsenrennen

Better-Portable-Graphics-(BPG-)Fotos aus Video
Der Franzose Fabrice Bellard hat mit dem von ihm entwickelten Standard BPG eine Alternative zum altehrwürdigen JPG-Format geschaffen. Es verwendet zur Codierung auch von Stills den H.264/HEVC-Codec. Damit unterstützt BPG auch den wesentlich größeren Farbraum BT.2020 statt nur sRGB wie JPG. BPG ist noch dazu Open Source und könnte also von vielen Firmen verwendet werden.

Noch sind digitale Videobilder ein Ergebnis von Berechnungsverfahren, also von Algorithmen, die das Ziel haben, eine höchstmögliche Bildqualität bei größtmöglicher Datenreduktion zu erreichen.

Kompressionsartefakte | Die Berechnungsverfahren (Codecs) arbeiten also nicht verlustfrei, d. h., bei der Umwandlung digitaler Bilder zurück in analoge Bildsignale treten mehr oder weniger sichtbare Bildfehler auf, sogenannte *Kompressionsartefakte*. Sie entstehen vor allem, wenn feine Strukturen in Bewegung geraten. Dann stoßen auch leistungsfähige Algorithmen immer wieder an ihre Grenzen. Besonders bekannt ist das sogenannte *Blocking*. Dabei wird die Blockstruktur des Kompressionsalgorithmus erkennbar, der in der Regel das Bild in 8 × 8 Pixel große Blöcke aufteilt. Vor allem bei niedrigen Datenraten wird dieser Effekt sichtbar.

Vergleichen Sie ein UHD-Video, das mit H.265 komprimiert wurde, mit dem gleichen Video, codiert mit H.264, und Sie werden sofort sowohl die Komprimierungsfehler als auch den schlechteren Bildeindruck erkennen. Die richtige Komprimierung eines Bildes entscheidet also maßgeblich über die visuelle Qualität. Deshalb lohnt es sich, genau hinzuschauen.

5.2.9 RAW-Video

Fotografen sind das Arbeiten mit den sogenannten Rohdaten des Kamerasensors schon lange gewohnt. Die Entwicklung ihrer Bilder in Lightroom, Luminar oder anderen RAW-Konvertern gehört zum Fotografenalltag. Im Videobereich halten die RAW-Daten dagegen erst langsam Einzug. Gleichwohl: Langfristig überwiegen die kreativen Möglichkeiten, sodass mit der stetig steigenden Leistung von Grafikkarten, Speichermedien und Kabeln auch die Bearbeitung der RAW-Daten immer einfacher wird. Noch stellen Sie allerdings eine echte Herausforderung an die Hardware dar, und zwar von der Aufnahme bis hin zur Archivierung. Allerdings ist RAW nicht nur teuren Kamerasystemen wie Arri oder RED vorbehalten. Blackmagic zeigt mit seinen Kameras und dem eigens entwickelten Blackmagic RAW, wie leistungsfähig die Rohdaten sind.

Was sind Presets?
Presets sind eine Bündelung vorkonfigurierter Kamera-Einstellungen, die passend zu einer Situation abgerufen werden können. Mit Presets können beispielsweise Belichtung, Kontrast, Lichter und Tiefen, Schärfe, Farbsättigung und Gradationskurven voreingestellt werden.

5.3 Presets

Bei den Presets scheidet sich der Profi vom Amateur. Deshalb ist dieser Abschnitt auch etwas für ambitionierte Amateure, die das Maximum aus ihrer Kamera herausholen wollen.

Auch wenn viele Consumer-Cams alle möglichen Einstellungen erlauben – wer sich mit dem Menü eines professionellen Camcorders auskennt, der hat mehr als ein paar Stunden mit der Kamera und dem dazugehörigen Handbuch verbracht. *Presets erlauben es, lieb gewordene Voreinstellungen in der Kamera abzuspeichern.* In den Tiefen des Menüs einer Profikamera warten viele Einstellungen, die helfen, das Aufnahmeverhalten der Kamera entscheidend zu beeinflussen und zu verbessern. Zum Beispiel kann das sogenannte Gamma korrigiert werden, die Farbsättigung verändert oder eine sensortypische Farbverfälschung beseitigt werden. Bilder können geschärft, Kontraste angehoben oder abgesenkt werden. Die Vielfalt der Möglichkeiten übersteigt nicht nur den Rahmen, sondern auch den Sinn dieses Buches. Wer jedoch immer wieder bei seinen Aufnahmen den gleichen störenden Fehler findet, der sollte sich mit den Presets eingehender beschäftigen.

Mehr Dynamik im Bild

Neben größeren Bildern und mehr Vollbildern wurde in den letzten Jahren vor allem der Dynamikumfang von Videobildern dank HDR-Video erweitert. Allerdings kann man diesen längst nicht immer nutzen, außer man arbeitet mit sogenannten RAW-Dateien. Viele Kamerahersteller bieten als Kompromiss deshalb die Arbeit mit sogenannten Gammakurven an. Je nach Hersteller heißen sie dann S-Log (Sony), C-Log (Canon), LogC (Arri), V-Log (Panasonic) oder auch D-Log (DJI). Der Trick ist gar nicht so neu. Bei der Aufnahme wird mit dem Bild eine Gammakurve gespeichert, die die Verteilung von Helligkeit und Farbe neu zuordnet. Im Ergebnis stehen wesentlich kontrastreichere Aufnahmen mit brillanteren Farben zur Verfügung. Das Problem: Bei der Aufnahme muss man sich mit einem flauen, entsättigten Bild zufriedengeben, außer man verwendet bei der Produktion einen Monitor, der in der Lage ist, die Korrekturen mit Hilfe der Gammakurve anzuzeigen. Zudem muss man bei der Aufnahme das Bild auch schon einmal überbelichten, was gerade älteren Kameraleuten schwerfällt. Im Schnitt muss man die Bilder entsprechend korrigieren, was jedoch dank einer guten Unterstützung durch die führenden Schnittsysteme kein echtes Problem darstellt.

Presets oder Editing? | Bevor Sie loslegen, müssen Sie eine Entscheidung treffen: Sollen Ihre Bilder möglichst optimal aus der Kamera kommen, oder wollen Sie Bilder geliefert bekommen, die Sie möglichst optimal im Schnitt weiterverarbeiten können? Oder kurz: Investieren Sie die Zeit für Farbkorrektur in das Editing, oder soll Ihr Material möglichst schnell verarbeitet und veröffentlicht werden? Je nachdem, wie Sie sich entscheiden, sollten Sie Ihre Presets ändern, z. B. indem Sie den Kontrast anheben oder absenken. Die semiprofessionellen Kameras erlauben Ihnen,

Welche Voreinstellungen für meine Kamera?

Vielfach finden Sie im Internet Hilfe von anderen Kameraleuten, die mit dem gleichen Kameramodell arbeiten. Oft bieten Kollegen auch gleich ihre Settings und sogenannten Styles zum Download an. Wer sich über das Internet in das Thema Presets einarbeitet, stößt aber auch auf eine uneinige, zuweilen sehr eitle Gemeinde, die viel Zeit darauf verwendet, sich über die angeblich »optimalen« Einstellungen für jede Kamera zu streiten. Einen wesentlichen Vorteil hat dies auf jeden Fall. Wer seine Englischkenntnisse aufbessern möchte, erweitert so intuitiv seinen Wortschatz. Wem es aber vor allem um bessere Bilder geht, der sollte stattdessen lieber die Zeit nutzen und seine Kamera mit verschiedenen Einstellungen testen. Und das ist das A und O: Auch wenn Sie einem Guru vertrauen, kontrollieren Sie immer, wie sich die veränderten Presets auf Ihre Bilder auswirken.

Gammakurven
Wer sich an die Kurvendiskussion in seiner Schulzeit mit Schrecken erinnert, der wird auch an der Kurvendiskussion im Internet zu diversen Kameratypen kaum Spaß finden. Wenn Sie aber neugierig sind oder Ihnen der Look Ihrer Bilder nicht gefällt, dann können Sie in der Kamera an diversen Einstellungen wie Farbe, Sättigung, Schärfe oder Kontrast herumspielen. Dabei sollten Sie jedoch die Möglichkeiten der nachträglichen Farbkorrektur im Schnitt berücksichtigen (siehe Abschnitt 21.2.3). Tipp: Verzichten Sie auf Kontrastanhebungen und das Ausschöpfen des Dynamikumfangs bei der Aufzeichnung zugunsten von Details, die Sie im Bild erhalten. Allerdings müssen Sie dann im Schnitt die notwendigen Korrekturen vornehmen, um das Optimum aus einer Aufnahme herauszuholen.

Wenn Sie fertige Styles aus dem Netz herunterladen und auf die Kamera per USB übertragen, dann achten Sie darauf, dass die Kamera ausreichend Strom zur Verfügung hat. Canon bietet ein eigenes Utility, um Styles zu entwickeln und auf die Kamera zu übertragen. Wirklich sinnvoll wird das Ganze freilich nur, wenn Sie die neuen Settings dann auch ausprobieren und an einem möglichst kalibrierten Monitor überprüfen.

diese Settings auch zu speichern, sodass Sie je nach Einsatzzweck auch umschalten können. Verwendet die Kamera einen hochkomprimierenden Codec, also z. B. AVCHD mit 25 Mbit/s, dann versuche ich das Optimum aus dem Bild bereits in der Kamera herauszuholen, weil nachträgliche Korrekturen nur eingeschränkt möglich sind. Auch viele DSLRs setzen auf solche Codecs. Abhilfe bringt hier die Verwendung eines RAW-Formates, das aber den Workflow erheblich erschwert.

5.4 Filmen in der dritten Dimension

Dreidimensionales Fernsehen oder Kino ist so etwas wie der lang gehegte Traum vieler Visionäre, Technikenthusiasten und ambitionierter Produzenten. Alle 10 Jahre wird 3D zum Megatrend der Zukunft erklärt, und jeder Kinozuschauer, der nicht bereits eine Rot-Grün-Brille oder besser eine Brille mit elektronischem Shutter sein Eigen nennt, wird von den 3D-begeisterten Durchblickern als Novize im Kreis der Meister etwas abschätzig begrüßt. Wer damit nur schwer zurechtkommt, der kann um Aufnahme in die illustre Gesellschaft der 3D-Anhänger ersuchen. Nach dem Besuch von »Avatar 3D« sollte man von dem schockierenden räumlichen Eindruck schwärmen und schwören, künftig keinen 2D-Film mehr anzuschauen, oder als Zeichen des stummen Protests gegen altbackene Regisseure zumindest seine gerade erworbene Rot-Grün-Brille aufsetzen. Allerdings: In den letzten Jahren ist es still geworden um 3D. Selbst Hollywood produziert längst nicht mehr in 3D, und einstige Pioniere wie Netflix haben das 3D-Streaming zwischenzeitlich sogar eingestellt. Tot ist 3D trotzdem nicht. Aber im Moment führt es eher ein Schattendasein, aber vielleicht verpasst die 3. Folge von »Avatar« dem Thema einen neuen Kick.

3D-Kino ist fast so alt wie das Kino selbst. Schon die Gebrüder Lumière experimentierten Ende des 19. Jahrhunderts mit entsprechenden Technologien. Und seitdem versuchten es viele Nachfolger immer wieder. Das Breitwandformat Cinemascope wurde bei der Markteinführung fälschlicherweise als 3D-Format beworben, um Kinobesucher anzulocken. Dabei betonte man schon damals, dass 3D nun ohne Brille zu bewundern sei, offensichtlich ein wichtiges Argument, denn bis heute sind die Brillen trotz vieler Bemühungen der Hersteller eher notwendiges Übel als erwünschtes Accessoire.

3D also als Marketinggag zu verunglimpfen und als vorübergehende Zeiterscheinung zu disqualifizieren, ist einfach.

© Panono

▲ **Abbildung 5.8**
360-Grad-Kamera von Panono

360 Grad: Augmented Reality
Nach dem Trend ist vor dem Trend. Und nachdem 3D hinter den Erwartungen zurückgeblieben ist, stürzen sich die Hersteller nun auf Augmented Reality. Allerdings fehlt es bisher noch an wirklich neuen Produkten. Ganz vorne rangieren derzeit Kameras, die 360-Grad-Aufnahmen produzieren, und Videobrillen, die auch ein Eintauchen in 3D-Welten erlauben. Geplant ist freilich mehr, und für Technikexperten ist Augmented Reality »the next big thing« mit einem weltweiten Milliardenmarkt. Verstanden wird unter dem Schlagwort die Verknüpfung von Bildern mit zusätzlichen Daten, also etwa die Projektion von Positionsdaten auf die Frontscheibe eines Autos. Die Einblendung von virtueller Bandenwerbung bei Fußballspielen ist ebenfalls eine – wenn auch noch bescheidene – Anwendung der Technik. Aber auch hier hat sich viel getan. Gerade im Schnitt legen alle Programme viel Wert auf ein komfortables Arbeiten mit 360-Grad-Material.

Obwohl ich viele unterschiedliche Prognosen über die weitere Zukunft von 3D kenne, hat sich bislang übrigens noch niemand ernsthaft mit der Vorhersage aus dem Fenster gewagt, dass dem 2D-Film in naher Zukunft das Ende droht.

Einsteigertipp: Standards vertrauen
Im Durcheinander von Codecs, Containern und Formaten kann man leicht den Überblick verlieren. Vor allem dann, wenn man am Ende seinen Film auch noch für unterschiedliche Anwendungsgebiete wie TV, Video-Streaming oder Blu-ray aufbereiten muss. Es hilft auch kein Wehklagen über die leidige Industrie, die sich seit 30 Jahren nicht auf möglichst offene Standards einigen kann. Stattdessen empfehle ich Ihnen, sich zunächst für die Kamera Ihres Herzens zu entscheiden. Denn unabhängig von Preis und Funktion ist eine Kamera ein Arbeitsgerät, das man gerne tagtäglich in die Hand nehmen sollte. Bei einer Neuanschaffung sollte die Kamera mindestens Full HD mit 50 Vollbildern pro Sekunde (1080/50p) unterstützen, besser wäre UHD mit 50 Vollbildern. Wenn Sie sich in Themen wie Schnitt, Farbkorrektur und Bildbearbeitung erst einarbeiten müssen, dann fangen Sie zunächst mit einfacheren Produktionen und Standard-Codecs wie H.264 an. Trotzdem sollten Sie bereits jetzt einplanen, in absehbarer Zukunft auch mit den LOG-Formaten Ihrer Kamera oder gar RAW-Video zu experimentieren. Denn den hoch aufgelösten Bildern mit großem Dynamikumfang und großem Farbspektrum gehört die Zukunft. Vor allem, wenn Sie als Fotograf Ihren Kunden auch Video anbieten möchten, sollten Sie auf UHD und HDR-Video setzen, weil diese Bilder an die Qualität Ihrer Fotos heranreichen.

Kapitel 6
Die richtige Kamera

Professionelle Filmproduktionen zeichnen sich unter anderem dadurch aus, dass sie für die jeweilige Aufgabe das optimale Kamerasystem einsetzen oder gar verschiedene Systeme bewusst mischen. Die Wahl der richtigen Kamera will sorgfältig überlegt sein. In diesem Kapitel finden Sie alles über derzeit verfügbare Kamerasysteme und ihre Vor- und Nachteile.

6.1 Die Zukunft steht vor der Tür

Seit 30 Jahren verspricht die Industrie, dass Film- und Fotografie technisch zu einer Welt zusammenwachsen. Lange Zeit ist sie den Beweis schuldig geblieben. Doch nun zeichnet sich ab, dass es Wirklichkeit wird. Wer etwa die technischen Daten einer Sony Alpha 7S Mark III und der Sony FX6 vergleicht, merkt schnell: Da steckt die gleiche Technik drin, auch wenn die Kameras äußerlich ganz unterschiedlich aussehen. Panasonic und Sony stellen in ihren Fotokameras wie Lumix S1 und S5 oder Alpha 1 und 7 die gleichen LOG-Formate zur Verfügung wie in den Profi-Filmkameras VariCam und Venice. Bajonett, Sensor, Codecs und Menüs, das alles hat sich in den letzten Jahren stark angenähert.

Was geblieben ist: die Unterschiede bei der Bedienung. Ohne ND-Filter ist Filmen bei allen Lichtverhältnissen nicht denkbar. Da sind im Strahlengang eingebaute Filter praktischer als eine Matte-Box mit Einsteckfilter. Guter Ton benötigt einen Vorverstärker mit professionellen XLR-Eingängen und einfach zu bedienenden Knöpfen zum Aussteuern des Signals. Und nicht zu vergessen: Ein einfacher Griff macht die Führung einer Kamera aus der Hand sehr viel leichter und angenehmer. Das sind die Gründe, warum ich bis heute ein Fan von kompakten Filmkameras oder Camcordern bin – sie sind nun einmal praktisch. Aber:

Auch ich habe mir zur FX6 eine Alpha 7S III zugelegt und sie dauerhaft auf einem Gimbal montiert. Und diese Kombination kommt in Verbindung mit einem Easyrig weit häufiger zum Einsatz als ursprünglich gedacht.

Abbildung 6.1 ▸
Der Autor mit einer Sony Alpha 7S III im Rig

Dieses Setup – leichte Kamera und Gimbal – halte ich für die meisten Einsatzzwecke insbesondere im Dokumentarfilm für geradezu unschlagbar. Deshalb glaube ich tatsächlich, dass die Zukunft, die uns so lange versprochen wurde, nun begonnen hat.

Einmal Porsche fahren – RED und Alexa
Der deutsche Hersteller ARRI und das amerikanische Unternehmen RED konkurrieren um den Preis für die beste Kamera. Ihre Boliden wie die RED Ranger mit Monstro-Sensor oder die Alexa LF zählen zum Feinsten, was die Kamerawelt zu bieten hat, und sind dementsprechend teuer. Wer keine 45.000 € und mehr übrig hat, aber einmal mit einer High-End-Kamera drehen will, der kann sie je nach Ausstattung für ca. 750 bis 2.500 € am Tag mieten. Ohne Zubehör natürlich. Allerdings sollten Sie vorab intensiv das Handbuch studieren, damit sich der Drehtag auch lohnt.

6.2 So funktioniert eine Videokamera

Bei einer Filmkamera wird Licht durch ein Objektiv gebündelt, sodass auf einer Abbildungsfläche ein Bild erzeugt wird. Früher wurde ein Filmstreifen belichtet, heute entsteht das Bild auf einem Sensor. Eine moderne Filmkamera ist in der Lage, 100 und mehr Aufnahmen pro Sekunde anzufertigen, Spezialkameras können auch mehrere Tausend Bilder pro Sekunde aufzeichnen.

Die Bezeichnung »Video« stand früher für die ersten Kameras, die Bilder elektronisch mithilfe eines Sensors erzeugten und auf einem elektromagnetischen Band speicherten. Heute steht die Bezeichnung »Video« ganz allgemein für »digitaler Film«. Noch immer streiten Anhänger analoger und digitaler Technik darüber, ob nun der klassische (chemische) Film oder Sensoren die höhere Auflösung haben, in Theorie und Praxis ist der Streit längst zugunsten der elektronischen Technik entschieden.

Elektronische Aufzeichnungsverfahren erreichen heute technische und ästhetische Qualitäten, die den Film übertreffen und gleichzeitig eine höhere Kontrolle über die Produktion erlauben.

Diese Technologien stehen auch Amateuren zur Verfügung, weil elektronische Bauteile billiger und Codecs immer besser werden. Trotzdem gibt es nach oben hin kaum eine Preisgrenze für Kamerasysteme. Wer ins Filmgeschäft einsteigen möchte, findet heute für vergleichsweise wenig Geld bereits professionelle Lösungen. Und vergessen Sie nicht: Auch wenn Sie gerne stolzer Besitzer einer RED oder ARRI Alexa wären, man kann solche Geräte preisgünstig leihen.

6.3 Profi- oder Amateurkamera?

Professionelle Videokameras haben den enormen Vorteil, dass sie für die wichtigsten Funktionen immer manuelle Bedienelemente zur Verfügung stellen. Kameraleute können deshalb auch ohne Automatiken in sehr kurzer Zeit scharf stellen, Weißabgleich und Belichtung kontrollieren und bei Problemen die notwendigen Korrekturen vornehmen. Bei Amateurkameras müssen Sie sich dagegen häufig durch das Menü auf dem Display arbeiten.

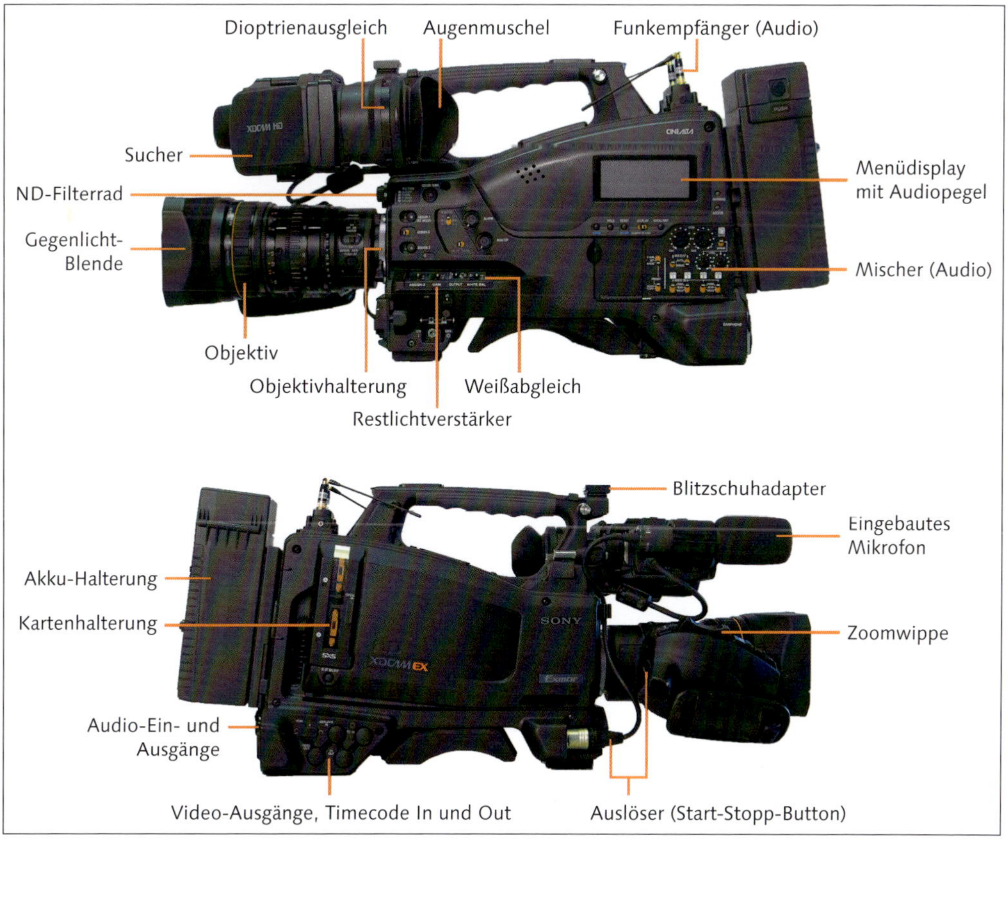

▼ **Abbildung 6.2**
Aufbau und die wichtigsten Elemente einer professionellen Videokamera

Mit den Profis leiden
Kameraleute mit Schulterkameras werden mittlerweile wegen ihrer augenscheinlich schweren Arbeitsgeräte oft bedauert. Trotzdem verkaufen die Hersteller weiterhin solche Geräte. Der Grund: Große Geräte sind nicht nur leichter zu bedienen, sie sorgen auch für zusätzliche Stabilität und Ruhe bei der Aufnahme. Fazit: Die kleinste Kamera ist zwar leicht, aber deshalb nicht die beste.

Der wesentliche Vorteil professioneller Kameras ist ihr durchdachtes Handling, dank dem ein geübter Kameramann ebenso schnell scharf stellt wie der Autofokus. Zudem gibt es unendlich viel Zubehör, mit dessen Hilfe sich auch komplizierte Aufgabenstellungen lösen lassen. Immer seltener dagegen spricht für die professionellen Geräte ihre technische Leistungsfähigkeit. Natürlich sind Profiobjektive und Profimikrofone oft besser als ihre Brüder aus dem Amateurlager, aber bei den technischen Grundeigenschaften gibt es bei den preiswerteren Kameras manchmal sogar mehr Leistung als bei den Profis. Seit einigen Jahren zeigen vor allem die Hersteller von Smartphones mit immer höheren Auflösungen, was technisch machbar ist. Eine 4 K-Videoauflösung gehört selbst für preiswerte Handys heute zum guten Bild. Man mag über den Sinn der Jagd nach Megapixeln streiten, Fakt ist, dass der Consumer-Markt die Profis gehörig unter Druck setzt. Sie sollten sich allerdings nicht von hohen Auflösungswerten wie 12 oder 36 Mio. Pixeln blenden lassen: Ein leistungsfähiger Sensor hilft nichts, wenn die Optik davor gerade einmal Full HD auflöst.

6.4 Kameratypen

In den letzten Jahren hat die Industrie eine ganze Reihe völlig neuer Kameramodelle auf den Markt geworfen. Grund sind zwei wesentliche Entwicklungen: Zum einen sind das neue leistungsfähige *Codecs*, die mit HEVC oder H.265 bezeichnet werden und die bei deutlich niedrigeren Datenraten sehr hohe Bildqualitäten erlauben. Zum anderen ist es der bereits mehrfach angesprochene Einsatz von großen Aufnahmesensoren im Kleinbild- oder APS-C-Format, der die ästhetische Leistungsfähigkeit von Videokameras in neue Dimensionen katapultiert hat. Auch wenn man manchmal den Eindruck haben kann, es entstünden komplett neue Kamerakonzeptionen, so lassen sich doch aus meiner Sicht drei wesentliche Typen von Kameras unterscheiden:

- **Smartphones**: Sie ersetzen zunehmend die früher im Amateureinsatz beliebten kleinen kompakten Camcorder, die vor allem für den schnellen Einsatz unterwegs gedacht sind. Camcorder können eine Menge, aber ihr Absatz ist in den letzten Jahren enorm eingebrochen. Sie werden nun durch Smartphones ersetzt, die immer besser werden und die auch das Interesse im Profilager wecken. Blackmagic verleiht mit seiner Camera-App iPhones und Android-Smartphones Flügel.
- **Spiegellose Systemkameras** (DSLM) mit großen Sensoren und einem Bedienungskonzept, das deutlich an die Fotografie an-

gelehnt ist. Systemkameras werden uns also erhalten bleiben, nur der Spiegel verschwindet. Mittlerweile sind alle Hersteller auf spiegellose Systeme eingeschwenkt.

- **Semiprofessionelle und professionelle Kameras**, die eine optimale manuelle Handhabung und maximale Qualität ermöglichen.

Wer über die Anschaffung einer neuen Kamera nachdenkt, sollte sich eventuell auch den Markt vor Augen halten. 2016 gingen noch knapp 3 Millionen Digitalkameras über die Ladentheke. 2023 waren es nur noch unter 1 Million Stück. Die großen Verlierer sind Kompaktkameras und digitale Spiegelreflexkameras. Die Gewinner sind spiegellose Systemkameras, vor allem im preislich gehobenen Segment.

In Tabelle 6.1 finden Sie eine Übersicht über die Kameratypen und deren jeweilige Vor- und Nachteile.

▼ **Tabelle 6.1**
Kameratypen in der Übersicht.

	Smartphone	**Systemkameras**	**Semiprofessionelle Kamera**
Chipgröße	1/1, 1/2" bis 1/4"	APS-C, Four Thirds, Vollformat und größer	1/3", bis 1", Vollformat und größer
Optischer Zoom	3-fach bis 8-fach (In der Regel verwenden Smartphones mehrere Optiken, zwischen denen man umschalten kann. Sie sind also eigentlich keine Zoomobjektive.)	objektivabhängig (Fotoobjektive, Zoomobjektive und Festbrennweiten)	12-fach, 16-fach, 19-fach, 20-fach oder Festbrennweiten
Wechseloptik	meist drei oder mehr Kameras mit unterschiedlichen Optiken und Sensoren. Aufsatzlinsen verfügbar.	ja, wachsende Zahl von guten Objektiven; moderne Bajonette mit geringerem Auflagemaß	systemabhängig; fest verbaute Objektive bei preiswerteren Camcordern, Wechselobjektive bei Camcordern und Cinema-Kameras
Audio	ja (Stereomikrofone, 5.1 Dolby Surround)	ja	ja (professionelle Anschlüsse für externes Mikro)
Aufzeichnungsformat	H.264, H.265, 2 K, 4 K, 8 K (hochkomprimierte Codecs, die die Nachbearbeitung im Videoschnitt erschweren können)	H.264, H.265, 2 K, 4 K, 8 K, 8 Bit und 10 Bit	H.264, H.265, XDCAM, CinemaDNG, ProRes, Redcode, Blackmagic RAW
Ausgänge	USB	USB, HDMI, SDI	IEEE 1394, USB, HDMI, SDI, YUV

	Smartphone	Systemkameras	Semiprofessionelle Kamera
Monitor	5 bis 7,6"	3"	3"
Handhabung	einfach, viele Automatikfunktionen, manuelle Bedienung schwierig, meist nur mit Foto-Apps; Live-View	Automatikfunktionen, manueller und automatischer Betrieb möglich, Live-View	manueller und automatischer Betrieb optimal möglich, Live-View
Preis	150 bis 1.500 €	1.500 bis 15.000 €	2.500 bis 50.000 € (inkl. Optik, Akkus, Speicherkarten)
Vorteile	schnell einsatzbereit, einfache Handhabung, sehr flexibel, hohe Auflösung, vergleichsweise preiswert	Preiswerter Einstieg möglich, hohe Bildqualität, hohe Flexibilität, Live-View erlaubt optimale Bildkontrolle.	professionelle Handhabung, hohe Bildqualität, im Profisegment verbreitete Mounts wie PL, B4 verfügbar
Nachteile	schlechte manuelle Handhabung, keine Wechseloptiken, proprietäre Codecs, eingeschränkte Bildnachbearbeitung; Kameraqualität sehr unterschiedlich	manchmal noch nicht ganz ausgereift, niedrige Auflösung der Displays für Live-View, Beschränkungen bei Handhabung	Hoher Preis. Früher weit verbreitete Systeme wie etwa XDCAM oder P2 werden eingestellt, oder das Angebot wird ausgedünnt. Bei preiswerteren Produkten keine Wechselobjektive
Beispiele	Samsung Galaxy S25, Xiaomi 15 Ultra, OPPO Find X9 Pro, Apple iPhone 17 Pro, Huawei Pura 80 Ultra, Google Pixel 10 Pro XL	Sony Alpha 7S Mark III, Sony FX3, FX6 und FX9, Panasonic Lumix DC GH7, S1II und S5IIX, Canon EOS R5 Mark II und R6, Canon EOS C400, C300 Mark III, C500 Mark II, Nikon Z6 und Z7, Fujifilm XT5, Blackmagic URSA, Blackmagic Pyxis	Sony PXW-Z190, PXW-Z280, HXR-NX200, Sony PXW-X320; Canon XF100, Panasonic HC-X2000, Panasonic AJ-PX800G, ARRI Alexa, Red Epic, Sony Venice, Panasonic VariCam

▲ **Tabelle 6.1**
Kameratypen in der Übersicht. (Forts.)
Anmerkung: Bei den Sensorgrößen, insbesondere bei Smartphones, sind die traditionellen Angaben in Zoll leider irreführend. Tatsächlich sind die Sensoren häufig kleiner als angegeben.

Auch wenn Smartphones in dieser Tabelle noch etwas wie ein Fremdkörper wirken, tatsächlich haben sie die klassischen Camcorder längst abgelöst. Instagram hat sich mit seinem 9:16-Bildformat auf die vertikale Ausrichtung von Smartphones eingestellt.

Allerdings sind auch Querformate wieder verstärkt im Kommen. Viel mehr Videos auf YouTube und in den sozialen Netzwerken werden mit Smartphones gedreht als mit Camcordern. Der Film »I Play with the Phrase Each Other« wurde bereits 2013 von Regisseur Jay Alvarez komplett auf einem Smartphone gedreht.

Die Grenzen zwischen den verschiedenen Kameratypen sind fließend und nicht immer scharf zu ziehen. Ein Trend wird aber deutlich: Die Displays werden größer und zunehmend hochauflösender, sodass selbst die Schärfe von UHD-Bildern bei guten Kameras ausreichend beurteilt werden kann.

Unternehmen wie Panasonic zielen mit ihren Spitzenmodellen im Systemkamera-Bereich von Anfang an auf Videofilmer. Die Panasonic Lumix DC-S1 und S5 erinnern immer noch stark an einen Fotoapparat, haben aber mit der Unterstützung von 4K und sogar 8K sowie zahlreichen professionellen Videofeatures deutlich den professionellen Anwender im Visier. Sony deckt von der Einstiegskamera wie einer Alpha 6400 bis zum High-End-Cinema-Rekorder das ganze Sortiment ab und setzt dabei auf den eigenen E-Mount bzw. bei den Spitzenmodellen auf den ARRI-PL-Mount.

Foto: © Panasonic

▲ **Abbildung 6.3**
Panasonic GH 5s

Foto: © Canon

▲ **Abbildung 6.4**
Sony NEX-FS700R

Foto: © Canon

▲ **Abbildung 6.5**
Canon EOS C200

Hoch, quer oder quadratisch?
Kino und Fernsehen haben unsere Sehgewohnheiten über Generationen geprägt. Und damit ist das Querformat zunächst einmal das bevorzugte und für Bewegtbild optimale Format. Bis Instagram konsequent das Hochformat durchsetzte, denn die meisten Menschen halten ihr Smartphone nun einmal hochkant, auch beim Filmen. Allerdings ist in den letzten Jahren ein Comeback des Querformates festzustellen. Bei Live-Feeds setzt auch Instagram auf breite Bilder. YouTube präferiert ohnehin das klassische Querformat. TikTok bevorzugt auch das Hochformat, ist aber bei Landschaftsaufnahmen durchaus auch für breite Bilder zu haben. Und: Der Aufnahmewinkel führt häufig zu eng wirkenden Aufnahmen. Wir sehen nun einmal mehr in die Breite als in die Höhe. Der Kompromiss lautet: quadratische Bilder. Instagram mag quadratische Bilder; TikTok unterstützt sie, empfiehlt sie aber nicht. Quadratische Bilder gelten im Moment als so etwas wie die Allroundlösung für Social Media. Ich persönlich bleibe beim Querformat in allen Lebenslagen.

6.4.1 Consumer-Camcorder

Auch wenn sie vom Aussterben bedroht sind, schlecht sind sie nicht, und deshalb widme ich diesem mittlerweile kleinen Marktsegment noch einen kurzen Abschnitt. Unter Consumer-Camcordern verstehe ich alle jene Kameras im Preissegment bis zu etwa 1.500€, die sich in Funktionalität und Leistungsumfang an professionellen Kameras orientieren, nur sind Bildqualität, Bedie-

▲ **Abbildung 6.6**
Optimal für die schnelle, bewegte Handkamera: ein kleiner Camcorder

Die Grenzen der Handkamera
In der Regel drehen Kameraleute mit einer festen Belichtungszeit von 1/100 s. Nach der Faustformel, nach der die Brennweite den Kehrwert der Belichtungszeit in mm nicht überschreiten sollte, können Sie ohne Stativ nur mit einem leichten Tele drehen. Andernfalls verwackelt die Aufnahme. Dank Bildstabilisatoren haben Sie hier heute deutlichen Spielraum, aber einen 20-fach-Zoom sollten Sie trotzdem nicht ausreizen.

Auflösung
Bei einer aktuellen Recherche habe ich nur 4 K-Modelle gefunden oder extrem preiswerte Modelle, die mit 8 K werben, aber über die technisch nichts weiter zu erfahren war. Dass die großen Hersteller wie Canon, Panasonic, Sony oder JVC keine Geräte mit höheren Auflösungen mehr anbieten, ist auch ein Hinweis darauf, dass das Ende der Camcorder wohl naht. In der Regel zeichnen die Kameras in AVCHD oder HEVC oder in einem proprietären Format des Herstellers auf.

nungskonzept und Verarbeitungsqualität meist schlechter. Zudem tragen sie den Anforderungen von Hobbyfilmern, die ihre Kamera gerne überallhin mitnehmen, im Hinblick auf Größe, Gewicht und einfache Handhabung Rechnung. Das Angebot wird jedoch immer dünner. Ein Spitzenmodell wie z. B. der Panasonic HC-X 2000 bieten neben 4 K einen 24-fachen optischen Zoom oder wie Canons Legria HF G70 einen 20-fachen Zoom, Livestreaming und einen Autofokus mit Gesichtserkennung.

Auch die kleinen Camcorder speichern Video digital in 4k und verfügen oft über erstaunlich leistungsfähige Optiken.

- **Optischer Zoom**: Viele Hersteller werben mit einem 400-fachen Digitalzoom und suggerieren damit enorme Leistungsfähigkeit. Doch ein digitaler Zoom ist unsinnig, denn dadurch wird das Bild einfach nur digital und mit Qualitätsverlust vergrößert. Das bietet jede Schnittsoftware kostenlos und in der Regel genauso gut. Entscheidend ist der »echte« Zoomfaktor der Optik. Er sollte mindestens 10-fach oder höher sein.
- **Bildstabilisator**: Auch kleine Camcorder lassen sich auf einem Stativ befestigen. Doch ihr größter Vorteil liegt vor allem darin, dass sie in der Jackentasche mitgenommen werden können und schnell jederzeit einsatzbereit sind. Camcorder werden also vor allem aus der Hand gehalten. Mit einem guten Bildstabilisator hält sich das Wackeln in Grenzen. Auch der Bildstabilisator sollte optisch/mechanisch funktionieren und nicht über Bildberechnungen, die zulasten der Qualität gehen. Bei preiswerteren Camcordern ist jedoch der elektronische Bildstabilisator die Regel.
- **Codecs**: Die Gegenwart gehört H.264 und natürlich RAW-Video, die Zukunft H.265 und möglicherweise Nachfolgern wie VVC oder AV1. Aber H.264 und H.265 werden auf lange Zeit noch die Arbeitstiere unter den Codecs bleiben.

6.4.2 DSLR

Die klassischen Spiegelreflexkameras sind akut vom Aussterben bedroht, auch wenn sie für den Einzug der Videowelt in die Fotografie maßgeblich verantwortlich sind. Tatsächlich bieten einige Hersteller wie Canon noch preiswerte Modelle an. Aber Filmer sollten hier auf keinen Fall zugreifen, denn tatsächlich ist der Spiegel das größte Hindernis beim Filmen, weil er für Videoaufnahmen dauerhaft weggeklappt werden muss. Und damit ist leider auch der größte Vorteil dieser Kameras dahin, das superscharfe Bild im optischen Sucher. Ein Filmer wird sich deshalb in der Regel leichten Herzens von der Spiegelreflexkamera trennen, weniger leicht wird ihm möglicherweise der Abschied von seinen vielen hochwertigen Objektiven fallen. Zum Glück gibt es von allen Kameraherstellern gute Adapter vom alten Bajonett auf den neuen spiegellosen Verschluss, also bei Canon z. B. von EF auf RF oder bei Nikon von F auf Z.

Foto: © Canon

▲ **Abbildung 6.7**
Ein Pionier unter den DSLR-Kameras mit Filmeigenschaften – die Canon 7D mit APS-C-Sensor

6.4.3 Smartphones

Unbestreitbar sind Smartphones kleine technische Wunderwerke, die unsere visuelle Welt zunehmend prägen. Werbung, Beiträge, Nachrichten, Spielfilme – alles soll möglichst auch auf dem Handy-Display gut aussehen. Hochkantvideos – vor 30 Jahren noch ein Handwerksfehler – sind heute Alltag in der Tagesschau und in den sozialen Netzwerken. Ein Leben ohne Smartphone-Kamera ist für ein Heer von Influencern und solchen, die es werden wollen, nicht denkbar.

Bildschirmgröße und Kameraqualität sind beim Kauf eines Handys meistens wichtiger als die Sprachqualität. Oder haben Sie beim Smartphone-Kauf schon einmal einen Testanruf gemacht? Nicht Big Brother beobachtet uns, sondern Abermillionen kleiner Aufnahmegeräte, die überall und jederzeit angeschaltet sind und uns in Sekundenschnelle ins Visier nehmen können. Okay, dank einer stetig wachsenden Zahl hochauflösender Überwachungskameras hat auch Big Brother einen guten Blick auf uns.

Warum also noch eine Videokamera mitschleppen, wenn die Smartphones so eine gute Qualität haben? Tatsächlich tun sich die Smartphone-Hersteller trotz enormer Qualitätsanstrengungen noch schwer, denn hohe Bildqualität heißt immer auch hohe Datenrate. Doch für entsprechend große Files ist auf den kleinen Speicherkarten wenig Platz. Noch dazu, wenn diese nicht getauscht werden können. Deshalb setzen die Hersteller auf hohe Kompressionsraten. Das macht zwar noch kein schlechtes Video, bringt aber auch keine Spitzenqualität zustande. Mittlerweile können auch teure Smartphones auf externe Datenträger und dann z. B. auch in Apple ProRes aufzeichnen. Allerdings verlieren sie damit auch viel von ihrem Charme als immer verfügbare Allzweckwaffe. Etwas seltsam wird es, wenn das Handy automatisch die Bildrate heruntersetzt, etwa bei schlechten Lichtbedingungen. Auch wenn viele Hersteller mit hohen Auflösungen von bis zu 8 K werben, oft gibt es dann nur noch wenige Bilder pro Sekunde. Auch beim Smartphone sollten es besser 50 Bilder pro Sekunde sein, vor allem, wenn das Material Eingang in einen Film finden soll.

Ein weiteres Manko haben alle Smartphones: Die verbauten Kamerasensoren sind im Vergleich sehr, sehr klein. Deshalb sind die Bilder durchgehend so scharf, dass sich die großen Herstel-

Technische Daten
Die technischen Daten zum Beispiel eines Apple iPhone 16 Pro sind beeindruckend: 4 K-Video mit 120 Bildern pro Sekunde mit hohem Dynamikumfang, schnellem und exaktem Autofokus, beeindruckenden Low-Light-Fähigkeiten und Bildstabilisierung. Dazu kommt ein Live-View auf einem 6,3" oder sogar 6,9"-OLED-Display mit hoher Auflösung und großem Farbraum. Die Bilder werden sogar mit 10 Bit digitalisiert. Und damit steht das iPhone nicht allein, Konkurrenten wie das Huawei P40 Pro schneiden in einschlägigen Tests sogar noch besser ab.

ler viele Gedanken machen, wie sie dank künstlicher Intelligenz vielleicht so etwas wie ein Bokeh erzeugen können. Auf einem vergleichsweise kleinen Display sieht das oft schon sehr überzeugend aus, auf einer großen Leinwand dagegen nicht. Aber: Die Richtung stimmt, und damit werden die Smartphones auch ästhetisch immer besser – vorausgesetzt, man diskutiert nicht über Bildmanipulation und ihre Grenzen. Viele andere Nachteile kleiner Sensoren, wie zum Beispiel hohes Bildrauschen, haben die Programmierer dagegen erstaunlich gut im Griff. Noch größeres Augenmerk richten sie gerade auf die Frage, wie auch ein Smartphone zur Zoomkamera werden kann. Wobei es natürlich um einen optischen Zoom geht, also um veränderbare Brennweiten und nicht um digitale Bildvergrößerung. Bis zu vier verschiedene Linsen verbauen die Hersteller deshalb mittlerweile. Einige tricksen jedoch auch einfach mit der Sensorgröße und setzen noch kleinere Chips ein, die dann dank hohem Cropfaktor Teleeigenschaften vorgaukeln, die nicht vorhanden sind. Fazit: Smartphones können schon viel und sicherlich in Zukunft noch viel mehr. Aber bis zur vollwertigen Videokamera ist es noch ein weiter Weg, der vielleicht auch nie zu Ende gegangen werden wird.

6.4.4 Actioncams

Sie sind die Gewinner in einem insgesamt schrumpfenden Markt. In gewisser Weise sind Actioncams die Nachfolger der Consumer-Camcorder. Sie sind leicht und klein, passen in jede Hosentasche und bieten trotzdem viel Film für vertretbare Kosten. Tatsächlich haben GoPro und Co. im Consumer-Bereich ihr zu Hause. Was aber viele Filmer nicht davon abhält, die Kameras auch für ihre Zwecke einzusetzen. Mit Themen wie immersives Video bzw. 360°-Video haben Actioncams sich zudem ein festes Standbein bei der Videoproduktion erobert. Deshalb habe ich Ihnen bereits seit der letzten Ausgabe ein eigenes Kapitel gewidmet.

6.4.5 Spiegellose Systemkameras

Sie haben das Erbe der Spiegelreflexkameras angetreten und bieten die Technik, die Film und Fotografie auf professionellem Niveau in einem System vereint. Das heißt: ein Sensor, ein Objektivanschluss (Bajonett), ein Menü. Manchmal wird die Kamera eher wie eine klassische Fotokamera aussehen, manchmal mehr wie eine Filmkamera – die Technik wird stets die gleiche sein. Damit einher geht auch die zunehmende Vereinheitlichung der Berufsbilder Fotografin und Kameramann, auch wenn es immer Spezialisten in ihrem Metier geben wird, die sich ausschließlich für eine Seite entscheiden und dort ihren Lebensunterhalt ver-

Vorsicht
Allerdings: Noch braucht es einiges an Zubehör, um die Systemkameras zu vollwertigen Filmkameras aufzurüsten.

dienen. Aber immer mehr Fotografen werden auch Videos drehen, und immer mehr Kameraleute setzen auch Systemkameras beim Filmen ein. Ich persönlich rechne nicht nur die Kameras im klassischen Fotodesign zu den Systemkameras, sondern auch ihre oft in vielen Punkten identischen Schwestern aus dem Filmkameralager. Beispiel: Die Sony Alpha 7S III und die FX3. Tatsächlich geht die Entwicklung in diesem Produktbereich für Film- und Fotokameras gleichermaßen voran, zum Beispiel die Entwicklung von Sensoren (und Kameras), die in der Lage sind, ein Bild auf einmal und nicht mehr zeilenweise auszulesen. Der Global Shutter eliminiert den sogenannten *Jello-* oder *Rolling-Shutter-Effekt*, bei dem sich schnell bewegende Motivteile wie z. B. Rotorblätter eines Hubschraubers verkrümmt abgebildet werden. Und: Auch die Formate ändern sich, wie z. B. der Erfolg der Mittelformatkamera Fujifilm GFX100S im Videobereich belegt. Nun soll die Kamera als GFX Eterna als explizite Filmkamera den Platzhirschen Marktanteile streitig machen.

Zubehör für Systemkameras | Eine Flut von Drittherstellern stürzt sich auf den wachsenden Markt mit Kamerazubehör. Sie bieten inzwischen alles an, was der Kameraleute Herz begehrt: manuelle Zooms, ansteckbare XLR-Audioeingänge, Firmware-Hacks, um die automatische Tonaussteuerung zu überlisten, Gimbals und Steadycams oder Henkel zum besseren Abtransport der Kamera.

Neue Bilderwelten
Dank neuer Objektive und zusätzlicher Stabilisierungshardware können Sie auch mit einer kleinen Ausrüstung ganz neue Bilderwelten erschließen. Beispiel: das Laowa-Periprobe-Makro in Verbindung mit einem Motorschlitten. So lassen sich vergleichsweise unaufwändig ruhige Fahren durch aufregende Makro-Landschaften produzieren. Im Internet finden sich entsprechende Beispiele wie Videos aus einem Bienenstock oder Fahrten zwischen den Figuren eines Schachspiels.

◂ **Abbildung 6.8**
Sony Alpha 7S Mark III im Rig mit Kompendium, Monitor und Videozoom-Optik

Unerlässlich ist aus meiner Sicht ein externer Monitor, der über HDMI angeschlossen werden kann und eine adäquate Bildkontrolle erlaubt. Sofern eine vernünftige App des Herstellers verfügbar ist, können Sie auch ein hochauflösendes Smartphone als Display nutzen. Auch ein Rig zur manuellen Bedienung von

Schärfe und Blende empfehle ich unbedingt, auch wenn es mit etwa 1.000 € zusätzlich zu Buche schlägt.

Die neue Objektivwelt

Tatsächlich haben die Objektivhersteller die Filmer lange Zeit im Regen stehen lassen. Entweder gab es zum Filmen Fotoobjektive mit den beschriebenen Problemen oder Profi-Filmobjektive mit einem PL-Mount oder anderen professionellen Bajonettanschlüssen für Videokameras. Nun bieten gleich mehrere Hersteller ganze Familien sogenannter *Cine-Objektive* an: Zeiss mit seinen Nano Primes, Samyang mit seiner XEEN-Serie für PL- und Canon-EF-Mount oder Sigma mit den Cine-Objektiven für EF- und Sonys E-Mount. Hinzu kommen eine ganze Reihe neuer Anbieter wie DZOFILM, Venus Optics oder Irix, die sich in den letzten Jahren gerade auch auf Cine-Objektive spezialisiert haben.

Bei den Optiken handelt es sich meist um Festbrennweiten, aber es gibt auch Zooms. Sie verfügen über einen eigenen Blendenring am Objektiv und bieten Zahnkränze für das Arbeiten mit manuellen Schärfezügen (Follow-Fokus). Zudem sind die Objektive in vielen Fällen auch 8K-tauglich, das heißt, sie unterstützen die hohe Auflösung des nächsten, kommenden Fernsehformates. Zu guter Letzt: Die Objektive kosten zwar immer noch ordentlich Geld, aber mit Preisen zwischen 1.500 und 5.000 € je nach Bauart und Hersteller sind die neuen Objektive erschwinglicher geworden.

▲ **Abbildung 6.9**
Das Weitwinkelzoom Sigma Cine 18–35 mm

Viele Standard-Fotoobjektive sind nicht von Haus aus zum Filmen geeignet. Zwar setzen auch im Film Prime-Objektive mit fester Brennweite den qualitativen Standard, aber die Arbeitspferde sind *parfokale* Zoomobjektive. Das heißt: Sie verlieren bei der Veränderung der Brennweite nicht den Fokus. Das erlaubt die für Kameramänner typische Art des Scharfstellens: ganz nah ans Motiv zoomen, fokussieren und dann wieder bis zum gewünschten Bildausschnitt aufziehen. Zoomobjektive, die das bei hoher Abbildungsleistung und Lichtstärke bieten, kosten oft fünfstellige Summen, die Filmproduktionen ohne Wimpernzucken investieren.

Viele Fotoobjektive bieten nicht die fürs Filmen so dringend benötigten manuellen Einstellmöglichkeiten für Blende, Schärfe und Zoom. Vor allem bei billigeren Fotoobjektiven wird hier zugunsten der Automatikfunktionen gespart. In der Fotowelt sind Objektive mit einer durchgehenden Blende von *f*/2,8 oder größer ein Traum und Merkmal hoher Qualität. Trotzdem verzichten viele zugunsten ihres Geldbeutels auf die guten Objektive. Da liegt bei langer Brennweite die Anfangsblende schnell bei *f*/6,5, und damit verliert die Systemkamera einen Teil ihres großen Vorteils, nämlich der kreativen Möglichkeit, mit einer definierten

Schärfentiefe zu spielen – für das Filmen ist eine hohe Lichtstärke eigentlich Voraussetzung. Viele Fotoobjektive kommen ohne Blendenring und eingravierter Entfernungsskala aus. Doch gerade das stufenlose Verstellen der Blende ist Teil des Basishandwerks eines geübten Kameramanns.

Die gute Nachricht: Zunehmend bringen die Hersteller wieder Objektive auf den Markt, die über eine Declicking-Funktion verfügen und sich einfach vom Fotoobjektiv mit Blendenstufen in Drittelschritten zum Filmobjektiv ohne Stufen umstellen lassen. Ohne Entfernungsskala ist ein Nachziehen der Schärfe noch schwieriger, und der ständig nachjustierende Autofokus stört beim Fotografieren kaum, im Film ist er tödlich. Zwar lässt er sich leicht abstellen, nur kämpft man dann mit den oft sehr kleinen Displays und Problemen beim manuellen Fokussieren.

Das große Plus der Systemkameras gegenüber Smartphones und den meisten Camcordern ist der große Sensor und die damit verbundene Möglichkeit einer definierten Schärfentiefe. Die ästhetischen Möglichkeiten sind bestechend. Doch sie sind nicht alles. Filmen lebt von der Bewegung der Kamera. Und da haben die Systemkameras noch Schwächen, gerade wenn Sie aus der Hand filmen möchten. Viele mit »Fotoapparaten« aufgenommene Videos wirken schnell statisch und etwas künstlich, auch wenn die Bildqualität besticht. Aber: In Verbindung mit einem Gimbal werden sie zu einem wahrhaft fliegenden Auge.

APS-C oder Kleinformat
Bei Porträts wirkt es eher seltsam, wenn die Pupillen scharf sind, die Nasenspitze jedoch bereits unscharf. DSLR-Filmer, die sich für einen großen Sensor im Kleinbildformat entscheiden, kennen das Problem. Die Schärfe ist nur schwer zu beurteilen. Es gibt deshalb durchaus Profis, die eine Panasonic Lumix GH5 mit einem kleineren Sensor im MFT-Format der S1 mit vollem 35-mm-Kleinbildsensor vorziehen.

Zum Nachlesen
Zur definierten Schärfentiefe siehe auch Abschnitt 10.4, »Schärfe«.

▲ **Abbildung 6.10**
Die Vollformatkamera Panasonic Lumix S1

◄ **Abbildung 6.11**
Bewegtes Interview im Laufen, aufgenommen mit Systemkamera auf einem Gimbal

Achten Sie beim Kauf Ihrer neuen Videokamera auf jeden Fall darauf, welche Codecs die Kamera verwendet. Je höher die Bitrate und je geringer das Farbsampling, desto besser. Für Videoaufnahmen geeignete Kameras bieten viele Zusatzfunktionen für Filmer, zum Beispiel ein einblendbares Zebra oder die Anzeige der Audiopegel. Aufgrund des unterschiedlichen Handlings bieten sie häufig auch zwei verschiedene Menüs mit ganz anderen Einstellmöglichkeiten. Blättern Sie durch das Filmmenü, und prüfen Sie, ob wichtige Funktionen vorhanden sind, etwa die Möglichkeit, alle Automatiken abzustellen, und ob moderne Formate wie 4K/UHD unterstützt werden. Hat der Hersteller auch Filmer als Kunden im Auge, so wird er hochauflösende Codecs mit 10-Bit-Unterstützung einsetzen und LOG-Verfahren für die Aufnahme von kontrastreichen Filmen anbieten. Prüfen Sie, ob der HDMI-Ausgang auf HDMI-Clean umgestellt werden kann, sodass keine Menüfunktionen eingeblendet werden. Audiopegel sollten im Display angezeigt werden, ebenso wie die typische Überbelichtungswarnung für Filmer, das sogenannte *Zebra*.

6.4.6 Semiprofessionelle Videokameras

Ihre Kategorisierung als »semiprofessionell« verdanken diese häufig auch als »Henkelkameras« bezeichneten kompakten Allroundgenies dem Bedürfnis vieler Kameraleute, sich von der billigen Konkurrenz zu distanzieren. Es macht ja auch nur Spaß, Ferrari zu fahren, wenn man ab und zu einem Panda oder Polo die Auspuffrohre zeigen kann. Die ersten Exemplare dieses Typs waren die berühmte Canon XL1 oder die Sony VXF 1000, mit denen die ersten Videojournalisten in den Sendeanstalten ausgerüstet wurden. Sie nahmen die Bilder zwar im verpönten DV-Format auf MiniDV-Kassetten auf, und doch konnte es für die Profis mit ihren Betacam-Videorekordern im Gegenwert eines Mittelklassewagens kaum schlimmer kommen. Denn die XL1 zeichnete anstandslos vollformatiges Fernsehen im PAL-Format auf, verfügte über eine ordentliche Optik, die man auch noch wechseln konnte, über professionelle Audioeingänge und eine Menge Features, wie man sie bis dato nur von den Platzhirschen in den Sendeanstalten kannte. Vor allem Industriefilmer stürzten sich auf die preiswerte Alternative, die es für ein paar Tausend Euro zu kaufen gab, im Gegensatz zu den 50.000 bis 100.000€ teuren Kameraboliden. Die Gerätepools der Sendeanstalten eroberten sie schnell als Allzweckwaffe für experimentierfreudige Volontäre und Dreharbeiten unter erschwerten Bedingungen.

▲ **Abbildung 6.12**
Canon XF200

Mit der Einführung von HD und kartenbasierten Speichersystemen schafften die kleinen Kompakten endgültig den Sprung ins

Profilager. Sony führte vor 10 Jahren die PMW-EX1 mit SxS-Karten ein, noch in der Überzeugung, damit eher das semiprofessionelle Lager anzusprechen – hielt man doch für die Stammkundschaft aus den Sendeanstalten das auf Blu-ray-Discs basierende System XDCAM bereit. Doch die EX1 wurde ein echter Knüller, und binnen weniger Jahre stellte Sony mit der PMW-EX3 und ihren großen Brüdern PMW-320, PMW-350 und PMW-500 eine komplette Gerätelinie auf die Beine, die alle Wünsche der Profis erfüllt.

Dokumentarfilme
Kameras wie die Canon C-Serie oder Sony FX-Serie sind neben spiegellosen Kameras die Arbeitstiere für anspruchsvolle Dokumentarfilmer. Wer höher hinaus will, entscheidet sich für eine Cine-Kamera wie etwa die neue Fujifilm Eterna 55.

Merkmale einer semiprofessionellen Kamera | Maßgebliche Merkmale einer semiprofessionellen Kamera sind:

- großer Sucher mit hoher Auflösung
- Anschluss für Wechselobjektive
- Profianschlüsse für externen Ton (XLR)
- Filmobjektive mit Zoomwippe und manueller Blende
- optische ND-Filter

In einigen semiprofessionellen Kameras arbeiten statt eines Sensors gleich drei – für jede Grundfarbe (Rot, Grün, Blau) ein eigener Chip. Mit dieser Farbtrennung erreichen die Profikameras eine höhere Auflösung und vor allem bessere Farbwiedergabe. So wie sich die Technik entwickelt, gehört die Zukunft aber wohl den 1-Chip-Kameras.

Das in diesem Umfeld häufig anzutreffende Henkelprinzip wurde mit der Einführung der RED One geadelt. Plötzlich erkannte auch die Spielfilmfraktion, dass eine Kamera heutzutage wesentlich häufiger in der Hand gehalten als auf der Schulter getragen wird. Und Geräte wie die Panasonic HPX250 oder die Canon XF705 bieten mit UHD-Auflösung, 4:2:2-Farbabtastung (zur Farbabtastung siehe Abschnitt 5.2.6) und 10-Bit-Aufzeichnung die gleichen leistungsfähigen und hochwertigen Bildformate wie ihre »großen« Brüder.

Bedienung
Auch in puncto Bedienung bieten die kompakten Henkelkameras alles, was das Herz eines Profis in der Regel begehrt. Zwar werden sie einem nicht direkt hinterhergeworfen, doch die Kameras sind mit 2.000 bis 7.000 € für den Body inklusive eines Standard-Zoomobjektivs auch für ambitionierte Amateure noch halbwegs erschwinglich.

Größter Nachteil dieser Geräteklasse ist die Sensorgröße. Verwendet werden in der Regel vergleichsweise kleine Sensoren mit 1/3" bis 1" Größe. Da Chipgröße immer auch ein »Mehr« an definierter Schärfentiefe bedeutet, können die Camcorder meist in puncto Bildgestaltung nicht mit den Vollformat- oder APS-C-Kameras konkurrieren. Das wollen sie jedoch auch gar nicht. Sie sind das Handwerkszeug für Nachrichtenjournalisten und Einsätze, bei denen es darauf ankommt, schnell und zuverlässig scharfe Bilder zu produzieren. Sie sind damit das Profipendant zum Smartphone.

6.4.7 High-End-Kameras

Sie heißen Alexa, Venice, VariCam oder V-Raptor und sind das Feinste, was es im digitalen Filmgeschäft als Aufnahmegerät zu kaufen gibt. Mit ihnen werden in der Regel Spielfilme und anspruchsvolle Dokumentationen gedreht, und sie kosten einen Haufen Geld. Bis zu 100.000€ kann man nur für einen Body so eines Kameraboliden ausgeben. Für sein Geld bekommt man dann auch viel Technik, doch zwangsläufig bieten ARRI, Sony, Panasonic oder RED nicht immer alles oder einfach das Beste. Niemand fordert die Platzhirsche mehr heraus als Blackmagic. Die Australier machen sich geradezu einen Spaß daraus, die etablierten High-End-Hersteller mit Innovationen herauszufordern, zuletzt mit einer Kamera mit 12 K-Auflösung – und das zu einem mit 7.500€ deutlich günstigeren Preis.

Ob die URSA Mini Pro 12 K nun wirklich die fortschrittlichste Kamera der Welt ist, sei dahingestellt, Fakt ist, dass teuer allein nicht gleich maximale Funktion bedeutet. Auch Sony hat dies verstanden und bietet mit der Burano sowie den Modellen der FX-Serie eine fein abgestufte Modellpalette an. Professionell sind sie alle, aber sie haben jeweils andere Nutzer und Anwendungen im Fokus. Und das ist dann auch der Schlüssel zum Verständnis. Es geht immer darum, welche Aufnahmen für welchen Verwendungszweck in einer Produktion gefordert sind. Wer das beherzigt, findet auch immer die passende Kamera, vom Smartphone bis zur High-End-Kamera. Und was man sich nicht leisten kann, das kann man sich bestimmt leihen.

6.4.8 Fazit: Welcher Kameratyp darf es nun sein?

Für welchen Kameratyp Sie sich entscheiden, ist letztlich Sache des verfügbaren Budgets und Ihrer persönlichen Vorliebe. Wichtig ist: Mit den meisten aktuellen Kameras und vielen Smartphones lassen sich gute und sogar sendertaugliche Bilder herstellen, auch wenn die Profis dies nur ungern zugeben. Allerdings ist zu bedenken: Je professioneller Sie arbeiten wollen, desto mehr Geld sollten Sie in Ihre Kamera investieren.

Semiprofessionelle oder Systemkamera?
Ambitionierte Amateure und Profis werden die Vorzüge der semiprofessionellen Kameras und der Systemkameras gleichermaßen zu schätzen wissen und wahrscheinlich am liebsten beide Exemplare in ihren Schrank legen.

Drehen Sie nur für die Familie oder einen kleinen Freundeskreis und betreiben Sie die Filmerei als reines Hobby, dann reicht ein Camcorder sicherlich aus. Consumer-Cams sind ideal auch für ambitionierte Filmer und unverzichtbar bei Dreharbeiten unter erschwerten Bedingungen, also vor allem dann, wenn Kameras in extremen Situationen benötigt werden, etwa bei Stuntaufnahmen oder in abgelegenen Regionen mit klimatisch extremen Bedingungen. Wollen Sie aber – zum Beispiel für Ihre Website oder für berufliche Zwecke – regelmäßig Videos produzieren, dann sollten Sie unbedingt über die Anschaffung eines semiprofessionellen Camcorders oder einer Systemkamera nachdenken.

Der große Pluspunkt eines semiprofessionellen Camcorders liegt im Handling, in der Robustheit und im unkomplizierten Einsatz. Wer dagegen besonderen Wert auf eine herausragende Ästhetik legt und auch noch gerne fotografiert, ist mit einer Systemkamera bestens bedient. Und wer mehr Wert aufs Filmen legt, sollte sich ein Modell aus der Videoschiene seines bevorzugten Herstellers aussuchen. Woran Sie unbedingt denken sollten: Testen Sie Ihre Kamera, wenn möglich, vor dem Kauf. Ein seriöser Fachhändler wird Ihnen entsprechende Leihgeräte zur Verfügung stellen. Fairerweise sollten Sie dann auch bei ihm einkaufen.

6.5 Ausstattungsmerkmale

Egal, ob Sie nun mit einer Profikamera, einer SLM oder Ihrem Handy filmen: Im Kern verfügen alle Kameras über die gleichen Bauteile und Bedienelemente. Beim Kauf und Einsatz sollten Sie deren wichtigste Eigenschaften kennen, um das jeweilige Gerät optimal einsetzen zu können.

6.5.1 Sensor

Er ersetzt im digitalen Filmzeitalter den chemischen Film. Es gibt verschiedene Sensortypen und -größen. In Fachkreisen streiten sich Experten gerne über die Vor- und Nachteile von CMOS- oder CCD-Chips, über IT, FIT und andere technische Eigenschaften. Technisch Interessierte finden im Glossar, was sich hinter den verschiedenen Abkürzungen verbirgt. Letztlich erzielen die meisten modernen Sensoren hervorragende Bildergebnisse, sodass anstelle der technischen Beurteilung besser eine Beurteilung des optischen Ergebnisses treten sollte. Zudem benötigt eine gute Filmidee nicht zwangsläufig eine teure High-End-Kamera. Wichtig beim Kauf ist jedoch, auf die Sensorgröße zu achten, da sie auch wesentlich den Schärfentiefebereich einer Kamera festlegt. Dabei gilt: Je kleiner der Sensor, desto geringer sind die Möglichkeiten, mit einer definierten Schärfentiefe zu arbeiten.

Der Grund dafür: Das gesamte Bild wird scharf, eine Trennung von Vorder- und Hintergrund durch geschickte Wahl der Schärfentiefe ist kaum mehr möglich. Oft eingesetzt wird diese Technik zum Beispiel bei Interviews. Der Interviewte ist scharf, der Hintergrund unscharf. Oder: Das bildwichtige Motiv ist scharf, der erklärende Hintergrund unscharf.

Sensorgrößen im Vergleich

Viele Kamerahersteller werben heute allein mit der Anzahl der Pixel auf dem verwendeten Sensor. Doch für die kreative Videografie ist die Sensorgröße mindestens ebenso entscheidend, da sie das Schärfentiefeverhalten der Kamera festlegt. Dabei gilt: Je kleiner der Sensor, desto weniger Spielraum haben Sie.

In Abbildung 6.13 sehen Sie vier wichtige Sensortypen im Vergleich. Der Kleinbildsensor, der häufig in Systemkameras verbaut wird, bietet die meiste Kreativität in Sachen Schärfentiefe. APS-C ist ein typisches Format für semiprofessionelle oder Amateur-Fotokameras. Der 2/3"-Sensor war der Standardchip in Profi-Videokameras, und der 1/3"-Sensor findet sich in vielen Consumer-Cams. Smartphone-Sensoren sind noch einmal um ein Vielfaches kleiner. Im Moment liegen die Topmodelle bei 1/1,8".

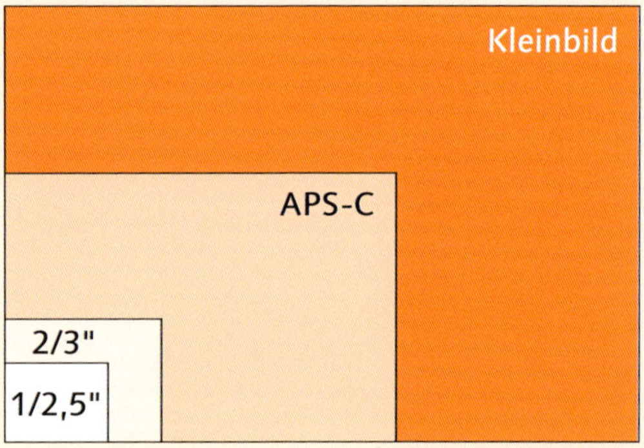

▲ **Abbildung 6.13**
Die vier wichtigsten Sensortypen

Abbildung 6.14 ▶
Schärfentiefe als Gestaltungsmerkmal

Von den für dieses Buch relevanten Kameratypen sind die Systemkameras in puncto Schärfentiefe die mit Abstand besten Kameras, und das dank ihrer großen Sensoren. Sie bieten damit einen gestalterischen Vorteil, der wesentlich auch ihren Siegeszug im Filmgeschäft erklärt. Doch damit ist die Frage nach dem richtigen Sensor nicht endgültig beantwortet. In Videokameras und DSLRs werden zwei verschiedene Sensortypen verbaut, CCDs und CMOS-Chips. Bauartbedingt bringen sie Vor- und Nachteile mit sich:

- **CMOS-Chips** weisen bei schnelleren Schwenks oder sich schnell bewegenden Bildanteilen wie vorbeifahrenden Autos den sogenannten *Rolling-Shutter-Effekt* auf. Der sich bewegende Bildteil wird verzerrt dargestellt. Besonders vertikale Linien sehen dann beispielsweise so aus, als würden sie umkippen. Das kann so weit führen, dass das Bild gänzlich unbrauchbar wird. Weil CMOS-Chips preiswerter sind als CCDs, werden sie von vielen Kameraherstellern heute bevorzugt verbaut. In Verbindung mit der *Active-Pixel-Technologie* beherrschen CMOS-Sensoren den Markt mittlerweile von High-End-Kameras bis hin zu Smartphones. Dementsprechend viel Mühe geben sich die Anbieter, die bauartbedingten Nachteile durch entsprechende Software zu kompensieren.

- **CCD-Chips** hingegen haben Probleme mit Spitzlichtern. Scheint die Sonne direkt ins Objektiv oder reflektiert ein Fenster Sonnenlicht, tritt der sogenannte *Blooming-Effekt* auf. Das Bild wird von einem breiten weißen Streifen geteilt. Bei Kunstlicht entstehen seltsam wandernde violette Streifen. Dafür haben Sie jedoch kein Problem mit dem *Rolling-Shutter-Effekt* und sind tendenziell auch lichtempfindlicher. Einige Kameraleute schwören deshalb bis heute auf CCD-Systeme und lehnen moderne CMOS-Kameras ab. Ohne detaillierte Prüfung der Kamera ist dies sicher unberechtigt.

Mittelformat im Film
Fujifilm hat mit der Eterna 55 nun erstmals eine Mittelformatkamera für den Cinebereich vorgestellt. Sie bietet die 1,7-fache Fläche eines klassischen Kleinbildsensors. Ob sich der größere Sensor auszahlt und andere Anbieter nachziehen, bleibt abzuwarten.

Moderne Kameras – auch Vollformatkameras – rauschen heute deutlich weniger als früher. Wer vor 20 Jahren bei einem Nachtdreh ohne Licht unterwegs war, schaltete meistens eine Lichtverstärkung (*gain*) zu und versuchte damit, eine ausreichende Helligkeit herzustellen. Die zusätzlichen dB bezahlte man dann oft teuer mit Bildrauschen, für das Video immer schon besonders anfällig war. Doch mit dem gestiegenen Kontrastumfang (Dynamikbereich) der Sensoren wurde das Problem zunehmend weniger brisant. Viele Kameras bieten heute einen Dual-ISO-Mode an, d. h., es gibt zwei Lichtempfindlichkeitsstufen, die beide annähernd den maximalen Kontrastumfang weitgehend ohne Rauschen bieten. Der untere ISO-Basiswert ist natürlich die optimale Einstellung, der höhere Wert liegt aber meist kaum schlechter. Die Unterschiede sind enorm. Bei der Sony FX6 liegt der untere Basiswert z. B. bei ISO 320, der obere bei 5.000. Dreht man im S-Log-Modus, steigen die Werte auf 800 und 12.800. Tatsächlich ist die Aufnahme beim höheren Basiswert besser, als wenn man den klassischen Gain-Schalter umlegt.

Rechnen mit Objektiven – der Cropfaktor
Je kleiner ein Sensor ist, desto kleiner ist auch der Bildwinkel des Objektivs. Die Abbildungsfläche wird beschnitten. In der Praxis hat das den Nebeneffekt, dass der engere Bildausschnitt für den Betrachter des Bildes eine Vergrößerung darstellt. Dies ist vor allem bei DSLRs wichtig, denn häufig verfügen sie über einen APS-C-Chip, der nur ca. 40 % der Aufnahmefläche eines Kleinbildformats bietet. Der Cropfaktor liegt bei 1,6. Das heißt, ein Normalobjektiv mit 50 mm Brennweite verhält sich an einer Kamera mit APS-C-Chip wie ein Objektiv mit 80 mm Brennweite, also ein leichtes Tele.

6.5.2 Objektive

Die Welt der Objektive ist ähnlich kompliziert wie die der Kameras, auf denen sie montiert werden. Zunächst einmal: Systemkameras heißen vor allem deshalb so, weil sie dem Kunden ein System aus Kamerabody und Objektiven an die Hand geben. Wer sich für die Kamera eines Herstellers entscheidet, trifft damit auch

Analoger Zoom beim digitalen Filmen
Viele Kamerahersteller bewerben ihre Produkte mit sagenhaften Zoomeigenschaften der Optik, wie zum Beispiel einer 400-fachen Vergrößerung. Dahinter verbirgt sich fast immer ein sogenannter *digitaler Zoom*, der das Bild nicht wirklich vergrößert, sondern nur einen Bildausschnitt herausrechnet. Dabei leidet die Bildqualität erheblich. Bei Kameras zählt nur der optische Zoom. Gute Optiken bieten hier eine 12-, 16- oder sogar 20-fache Vergrößerung an. Digital zoomen kann man später immer noch im Schnitt.

Superzooms
Zoomobjektive für Filmkameras sind meistens sogenannte *Superzooms*, die über einen großen Brennweitenbereich verfügen, zum Beispiel zwischen 25 mm und 400 mm (Fujinon HA16 × 6.3BERM) oder wie im Beispiel des fest verbauten Canon-Objektivs in der LEGRIA HF G30 bis über 500 mm. Fotoenthusiasten sprechen da gerne von »Suppenzooms«, um die Abbildungsleistung der Objektive zu diskreditieren. Allerdings: Die Zoomoptiken der Spezialisten wie Canon oder Fujinon kosten schnell ein Vielfaches der normalen Objektive, liefern aber auch entsprechende Leistung.

Foto: © Canon

▲ **Abbildung 6.15**
Canon HJ18ex7.6B mit 18-fach-Zoom (7,6–137 mm für 2/3")

immer eine Vorauswahl für die Objektive, die er künftig verwendet. Denn der Verschluss (Bajonett) legt erst einmal fest, welche Linsen überhaupt an die Kamera geschraubt werden können und welche nur mithilfe eines Adapters. Und selbstverständlich hat jeder Hersteller zunächst einmal seine eigenen Objektive im Kopf, auch wenn Dritthersteller preiswertere oder bessere Optiken im Angebot haben.

Der richtige Mount
Jede Kamera verfügt über einen Objektivanschluss (engl. *mount*). In der Videowelt gibt es zwei weit verbreitete Anschlussarten für Wechselobjektive, den sogenannten PL-Mount und den B4-Mount. Wer auf professionelle Filmoptiken zugreifen möchte, muss sich für einen der beiden entscheiden. Der PL-Mount wird vor allem für Filmobjektive genutzt, also sogenannte *Festbrennweiten*, während der B4-Mount aus dem Broadcast-Bereich kommt. An ihm finden vor allem Zoomobjektive Platz. Optikhersteller wie Walimex bieten ihre Festbrennweiten auch für diesen Anschlusstyp an. Die neuen Cine-Objektive mit den diversen Bajonettverschlüssen aus der Fotowelt habe ich bereits vorgestellt. Mit den Systemkameras kommen neue Anschlussarten hinzu, etwa Sonys E-Mount für die NEX- und Alpha-Serie oder der neue L-Mount, den mehrere Hersteller ins Leben gerufen haben. Um bei diesem Durcheinander den Überblick zu behalten, sollten Sie beim Neukauf Ihrer Kamera immer auch die verfügbaren Optiken und deren Preise im Auge behalten.

Das Bajonett (Mount) | Welche Optik an Ihre Kamera passt, darüber entscheidet das Bajonett, also der meistens vom Kamerahersteller vorgegebene Anschluss für Objektive. An Profi-Filmkameras dominiert der von ARRI entwickelte PL-Mount. Viele Dritthersteller wie Fujinon, Angenieux, Cooke oder Zeiss bieten ihre Cine-Objektive mit diesem Verschluss an, der seit den 80er Jahren existiert. Bei den semiprofessionellen Kameras gibt es auch Exemplare mit PL-Mount, aber hier herrschen eher die herstellereigenen Verschlusstypen.

Wer die professionellen Optiken an seiner Kamera nutzen möchte, dem bieten Spezialfirmen Umbauten auf den PL-Mount an, was allerdings nicht ganz preiswert ist und dank der neuen Cine-Objektive für die meisten gängigen Verschlussarten der Systemkameras wohl auch zunehmend überflüssig.

Schwere Objektive überfordern die Konstruktion der meisten Systemkameras allerdings, vor allem wenn noch ein Kompendium mit Flags vor der Optik montiert wird. Deshalb verwenden die meisten Profis spezielle Rigs für den Filmeinsatz. Für Ihre Systemkameras und ihre neuen Bajonettanschlüsse (Sony E-Mount, Nikon Z-Mount, Canon R-Mount, Panasonic L-Mount) bieten die

Hersteller in wachsendem Maße wieder Objektive, die für den Filmeinsatz optimiert sind, zum Beispiel dank eines manuellen Blendenrings. Von Drittherstellern wie Zeiss, Cooke oder Sigma gibt es spezielle Cine-Objektive.

▲ **Abbildung 6.16**
Manueller Blendenring an einem professionellen Filmobjektiv

Objektivwechsel
Wenn Sie mit einer Kamera mit einem Objektivanschluss für Wechselobjektive arbeiten, dann nutzen Sie diesen Vorteil auch. Seien Sie sich jedoch darüber im Klaren, dass jedes Wechseln der Optik auch Gefahr für den Sensor bedeutet, da dieser dann häufig ungeschützt frei liegt.

Foto: © Canon

▲ **Abbildung 6.17**
Canon 6D ohne Objektiv mit hochgeklapptem Spiegel

Wechseln Sie ein Objektiv nur, wenn die Umstände es halbwegs erlauben. Es sollte möglichst staubfrei und trocken sein. Wenn Sie bei einem Dreh bereits absehen können, dass Sie schnell arbeiten müssen und viele Einstellungen realisieren wollen, dann arbeiten Sie besser mit einem Zoomobjektiv.

6.5.3 Bedienkonzept

Smartphones, Systemkameras und Camcorder unterscheiden sich deutlich in ihrem Bedienungskonzept. An professionellen Kameras werden Sie für alle wichtigen Funktionen Schalter, Knöpfe oder Einstellringe finden. Nur die Grundeinstellungen und ein paar selten benötigte Feinheiten legen Sie im Menü fest. Bei Smartphones regieren im Regelfall die Automatiken. Mit einem Fingertipp auf das Motiv stellen Sie auf dem Display scharf, den Rest inklusive der Belichtung übernimmt die Software.

◀ **Abbildung 6.18**
Menüführung im Display eines Camcorders

Bei Systemkameras, zumal wenn sie für den Fotoeinsatz optimiert sind, muss der Benutzer oft die weit verzweigten Menüstrukturen seiner Kamera im Kopf haben, wenn er etwas ändern will. Und nicht immer reagiert ein Display so feinfühlig wie ein Einstellring. Trotzdem – vieles ist in den letzten Jahren bereits deutlich besser geworden. Die Schärfe kann man am Objektiv einstellen, die Blende an einem separaten Einstellrad. Audiopegel und Belichtungswarnung können bei Videoaufnahme standardmäßig im Display eingeblendet werden.

Für alles andere stehen programmierbare Tasten oder eben auch ein Menü auf dem Display zur Verfügung.

Die Kunst der manuellen Kamerabedienung
Für viele Einsteiger, die jedoch ihr Hobby ernst nehmen, stellt die manuelle Kontrolle ihres Werkzeugs die größte Herausforderung dar. Viel zu sehr haben sie sich an die Automatiken gewöhnt, die ihnen die Einstellung von Blende, Schärfe oder Weißabgleich abnehmen. Und weil es schnell langweilig wird, wenn man nichts mehr einzustellen hat, nutzen sie die gewonnene Zeit zum intensiven Schwenken und Zoomen. So misslingt die Aufnahme leider viel zu oft. Besser: Kontrollieren Sie Blende und Schärfe manuell, auch wenn es am Anfang schwerfällt. Ihre filmischen Ergebnisse werden Sie schnell überzeugen.

Automatische vs. manuelle Bedienung | Ein Autofokus und eine automatische Blendenwahl sind zweifellos praktisch, vor allem wenn es hektisch wird und schnell gehen muss. Aber Sie nehmen damit fast immer auch irreversible Bildschwächen in Kauf, denn der Autofokus weiß leider nicht, welcher Bildteil nun sinnvollerweise scharf sein soll. Wenn Sie also im Automatikbetrieb drehen, wird der Fokus immer wieder ansprechen und neu fokussieren, das heißt, Sie sehen häufiger störende, weil unmotivierte Schärfeverlagerungen, die noch dazu möglicherweise vom Sinnvollen ins Sinnlose verlaufen. Gerade wer auf eine bewegte Kamera setzt, ruiniert so mehr, als er durch den automatischen Schärfeknecht gewinnt. Deshalb sollte Ihre Kamera immer auch manuell bedienbar sein, das heißt, Sie können Schärfe und Blende von Hand einstellen.

Hier liegt das große Plus der semiprofessionellen Kameras, weniger weil sie auf technische Features wie Autofokus oder Autoiris verzichten, sondern weil sie die schnelle und exakte Einstellung von Schärfe und Blende auch manuell erlauben.

Abbildung 6.19 ▸
Alles im Griff: eine Sony Alpha 7 II mit Sony-Filmoptik

In vielen Internetforen wird immer wieder beklagt, dass DSLRs wie die Canon 7D im Filmbetrieb keinen permanenten Autofokus anbieten und deshalb zum Beispiel vorbeifahrende Autos nicht gedreht werden können, weil man ja von Hand die Schärfe »nachziehen« muss. Aber so ist das bei den Profis, und so wird es wohl auch bleiben, auch wenn mittlerweile viele Kameras eine automatische Schärfenachführung anbieten. Selbstverständlich gehört zu einer gekonnten Schärfeverlagerung Übung, aber sie wird immer besser aussehen als das, was heute auch der beste Autofokus zu leisten imstande ist. Aber: Die Hersteller werden immer besser. So setzen die meisten mittlerweile auf eine Kombination von Phasen- und Kontrastautofokus und erreichen nicht nur eine schnelle, sondern oft auch sehr harmonische und vor allem richtige Nachführung der Schärfe. Plötzlich ins Bild kommende Objekte wie zum Beispiel ein Ball können so blitzartig fokussiert werden oder – auch das ist möglich – eben nicht, weil die Kamera stur am Ursprungsmotiv festhält. Auch das lästige »Pumpen« – das ständige Vor- und Zurückfahren der Optik auf der Suche nach dem optimalen Fokus – entfällt zunehmend. Das ist gut für Filmer, und deshalb wird der Autofokus auch bei ihnen immer beliebter.

Auch das Nachführen der Blende (siehe Kapitel 10, »Das Handwerk des Filmens«) will gelernt sein, sieht am Ende aber ebenfalls besser aus als das ruckartige Auf- und Abblenden einer wild gewordenen Automatik, die auf sich bewegende Lichter und andere Helligkeitsveränderungen im Bild reagiert.

Trotzdem sind beide Automatikfunktionen, vor allem im HD-Zeitalter, sehr sinnvoll. Ein Druck auf den Autofokus-Button erlaubt es beispielsweise, seine eigene Schärfeeinstellung noch einmal zu kontrollieren. Und bei sehr kontrastreichen Bildern macht die Automatikblende oftmals sinnvolle Vorschläge, die einem die eigene Entscheidung erleichtern oder sie verifizieren. Viele Kameraleute nutzen deshalb die Automatikfunktionen gerne als eine Art »Berater«, um mögliche Probleme abschätzen zu können, und drehen dann im manuellen Betrieb weiter.

Ein Muss für Filmemacher – ein Einstellrad
Achten Sie darauf, dass Ihre Kamera wenigstens ein Einstellrad anbietet, mit dem Sie wichtige Funktionen wie Blende oder auch Gain und Belichtungszeit feinfühlig verändern können. Häufig können Sie über Funktionstasten dem Einstellrad unterschiedliche Funktionen zuweisen.

▲ **Abbildung 6.20**
Einstellrad

Tipp: Entfernungsanzeige im Display
Zum schnellen Scharfstellen ist es äußerst hilfreich, wenn auf dem Objektiv eine Entfernungsskala eingraviert ist. Noch besser: Im Display wird die Entfernung zum gerade fokussierten Motiv in Metern angezeigt.

6.5.4 Monitor (Viewfinder)

Um eine Aufnahme vorab beurteilen zu können, vertraut die klassische Spiegelreflexkamera auf ihren Sucher. Leider ist der beim Filmen mehr als unpraktisch, sodass sich moderne LCDs oder OLED-Displays zur Kontrolle des Bildes eingebürgert haben. Doch die Standarddisplays, die vor allem an etwas älteren Kameras montiert sind, erreichen leider selten die gängigen HD-Auflösungen, die immerhin 1 oder sogar 2 Megapixeln entsprechen.

Die Auflösung zum Beispiel des Monitors einer Canon EOS R6 erreicht 1,62 Mio. Bildpunkte, der Sucher dagegen 3,69 Mio. Der Sucher der Sony Alpha 7S III wartet mit fast 9,5 Mio. Bildpunkten auf, nur leider eben der Sucher, der gerade bei Aufnahmen aus der Hand nur schwer im Blick zu halten ist. Alle Hersteller arbeiten – nicht zuletzt auch angetrieben von der Smartphone-Industrie – an OLED-Displays mit noch höherem Kontrast und höherer Auflösung (siehe Abschnitt 9.1, »Filmen mit dem Smartphone«).

Abbildung 6.21 ▸
LCD für Bild- und Menükontrolle

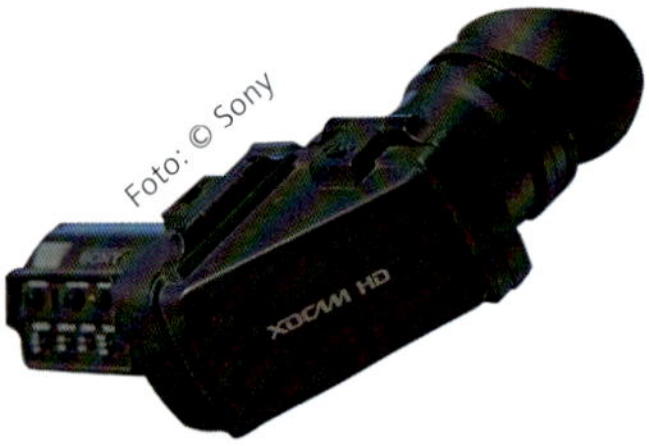

▴ **Abbildung 6.22**
Professioneller Viewfinder von Sony

Die Beurteilung der Schärfe ist im HD-Zeitalter zum Problem geworden, dem viele Hersteller wiederum mit elektronischen Tricks und Automatiken beizukommen versuchen. Beliebt ist das sogenannte *Peaking*, bei dem die jeweils scharfen Bildteile farbig hervorgehoben werden. Oder das Bild wird automatisch beim Drehen am Fokusring vergrößert.

Auch beliebt sind Fokussierhilfen, bei denen man den Bildbereich, der scharf gestellt werden soll, auf dem Display antippt. Ich gebe zu, dass ich hier eher altmodisch bin und trotz nachlassender Sehkraft lieber auf meine Augen vertraue. Und dazu brauche ich einen geeigneten Viewfinder, der nicht nur eine entsprechende Auflösung bietet, sondern auch noch störendes Sonnenlicht abschirmt. Wer allerdings mit einem Display mit 400.000 Pixeln auskommen muss wie bei einigen Camcordern, für den ist jede Aufnahme wie ein Blindflug. Der Monitor ist das wichtigste Hilfsmittel beim Drehen. Versuchen Sie deshalb, möglichst schnell das Verhalten Ihres Kameramonitors kennenzulernen. Schneidet er zum Beispiel Bildanteile ab, zeigt also nicht 100 % des aufgenommenen Bildes, oder hat er eine verfälschte Farbwiedergabe?

Display mit Rundumansicht
Für Videokameras ist ein möglichst bewegliches Display, das sich am besten vertikal und horizontal drehen lässt, unerlässlich. Ein fester Monitor in der Kamerarückwand, wie er in vielen DSLRs noch üblich ist, hilft beim Filmen ebenso wenig wie der klassische Prismensucher einer Fotokamera.

Einige Eigenheiten wie Farbstiche können Sie nachjustieren, an andere sollten Sie sich möglichst schnell gewöhnen. Viele Kameras erlauben über eine Funktionstaste auch eine größere Darstellung des Bildes, damit lässt sich die Schärfe deutlich besser justieren. Stellen Sie fest, dass das Display überfordert ist, so hat Ihre Kamera hoffentlich einen HDMI-Anschluss, über den Sie einen externen Monitor anschließen können. Mehr dazu finden Sie in Kapitel 7, »Zubehör«.

6.5.5 Speicher

Auch hier brennt ein wilder Systemstreit, der allerdings dem Amateur egal sein kann, Hauptsache, sein Speicher arbeitet zuverlässig. Zurzeit konkurrieren vor allem Kartenspeicher wie SD, SDHC und CompactFlash um die Gunst der Kunden.

Das Ende vom Band
Noch werden sie auf eBay oder bei Amazon angeboten: Kameras, die auf Videobändern aufzeichnen. Wenn Sie gerade über die Anschaffung einer neuen Kamera nachdenken, sollten Sie nicht zu den zum Teil sehr verlockenden Angeboten greifen, denn das Band stirbt aus. Gängige Notebooks verfügen heute nicht mehr über den notwendigen IEEE1394-Bus (FireWire/iLink), um das Material überhaupt noch überspielen zu können.

▲ **Abbildung 6.23**
Verschiedene Speichermedien

Einige Systeme versuchen, mit eingebauten Festplattenspeichern zu punkten. Stand heute gilt: Es ist klar, dass sie das Aufzeichnungsmedium der Wahl sind, sind sie doch ähnlich flexibel zu handhaben wie früher Kassetten: einfach einlegen, filmen, wechseln. Und der Freude am Filmen setzt eigentlich nur die Verfügbarkeit von weiteren Speicherkarten Grenzen. Ist eine Festplatte dagegen voll, will sie erst einmal geleert werden, bevor sie wieder aufnahmebereit ist. Im Gegensatz zu Festplatten sind Speicherkarten wenig anfällig für Erschütterungen und extreme Temperaturen. Wichtig ist: Egal, ob CompactFlash oder SD, die Karten sollten einen hohen *Datendurchsatz* garantieren. Benötigt werden theoretisch zwischen 25 und 50 MB/s für die meisten MPEG-

Neue Standards
Für die nächsten Jahre steht eine neue Generation von Speicherkarten vor der Tür, die Daten noch schneller wegschreiben. Sie ist notwendig, um auch Raw-Codecs im UHD-Format zu ermöglichen. Leider kämpfen hier wieder diverse Hersteller um den Standard der Zukunft: Bereit zum schnellen Speichern sind CFast 2.0 und XQD. Allerdings: Beide Standards sind nun im neuen CFexpress aufgegangen, der eine Schreib-Lese-Geschwindigkeit von mehrere GB/s erlaubt. Hier gibt es drei Subtypen: A, B und C. Panasonic setzt zum Beispiel auf CFexpress Type B, Sony auf Type A.

▲ **Abbildung 6.24**
CompactFlash-Karte

4-basierten Kameras. In der Praxis sollten die Karten aber mehr können. Im Profibereich hat sich mittlerweile für hohe Datenraten mit mehreren Hundert mBit/s CFexpress als Standard durchgesetzt.

Maximaler Datendurchsatz in MB/s	x-fache CD-ROM-Laufwerks-geschwindigkeit
10 MB/s	66×
20 MB/s	133×
30 MB/s	200×
40 MB/s	266×
Bis hin zu 300 MB/s	2.000×

▲ **Tabelle 6.2**
Geschwindigkeiten von CompactFlash-Karten

▲ **Abbildung 6.25**
SDHC-Karte

SD-Karten werden in Klassen eingeteilt, die auf dem Label aufgedruckt sind.

Maximaler Datendurchsatz in MB/s	SDHC-Klasse
4 MB/s	Class 4
6 MB/s	Class 6
10 MB/s	Class 10
30 MB/s	V30 Class 30
60 MB/s	V60 Class 60
90 MB/s	V90 Class 90

▲ **Tabelle 6.3**
Geschwindigkeitsklassen von SD-Karten

Auch wenn H.265 höhere Datenkomprimierung verspricht – Filme, die in 4K mit 10 Bit und hoher Framerate aufgenommen werden, brauchen eine Menge Speicherplatz und hohen Datendurchsatz. Einige Codecs stehen deshalb nur zur Verfügung, wenn in der Kamera entsprechend leistungsfähige Speicherkarten stecken.

Panasonic und Sony bieten für ihre semiprofessionellen Geräte auch noch eigene Speichermedien unter dem Namen P2 (Panasonic) und SxS/SxS Pro und XQD von Sony an. Dahinter verbergen sich jedoch SD- oder CF-Karten zu einem deutlich höheren

Preis. Es gibt Adapterkarten, die es erlauben, in die Slots für die jeweiligen Speichersysteme auch preiswertere SD- oder CF-Karten einzustecken. Dabei ist jedoch besonders auf die Geschwindigkeit zu achten.

◂ **Abbildung 6.26**
Zwei Kartenslots vom Typ CFexpress Type A in der Sony Alpha 7S Mark III

Filemanagement | Leider liegt auch auf den Speicherkarten der Fluch der modernen Technik. Filme sind jetzt permanent vom Untergang bedroht – bis zu dem Zeitpunkt, an dem der Film zum ersten Mal auf einen »halbwegs« sicheren Datenträger ausgespielt wird. Schon viele Aufnahmen wurden in der Hektik eines Produktionsalltags aus Versehen gelöscht oder auf eine vermeintlich sichere USB-Festplatte überspielt, die später wie vom Erdboden verschluckt unauffindbar blieb. Um derartige Unfälle zu vermeiden, nützt es nichts, sich unendlich viele Karten anzuschaffen. Besser ist ein halbwegs professionelles Filemanagement. Und das sieht so aus: Überspielen Sie nach dem Dreh alle Aufnahmen auf ein RAID-System (siehe Abschnitt 15.2.4, »Speichersysteme«). Kopieren Sie die Clips immer in einen eindeutig bezeichneten Ordner. Speicherkarten, deren Inhalt noch nicht überspielt wurde, werden markiert und mit Schreibschutz versehen, Speicherkarten, die wiederverwendet werden können, möglichst in der Kamera neu formatiert.

6.5.6 Verarbeitung

Dies ist ein wichtiges Thema für alle, die unter etwas raueren Bedingungen drehen wollen, also zum Beispiel auch bei Regen, in den Bergen, beim Skifahren etc. Camcorder und Smartphones sind leider meistens aus Plastik gefertigt; das ist zwar schön leicht, verkratzt aber schnell und ist auch nicht sehr robust.

Systemkameras kommen häufig in professionellen Magnesiumausführungen daher und sind extra gegen Spritzwasser und ähnliche Wettereinflüsse durch Gummidichtungen geschützt. Auch die semiprofessionellen Kameras sind durchaus belastbar, vertragen allerdings in der Regel keine Nässe. Ganz wichtig: Die Systemkameras können ihre Vorzüge erst dann richtig ausspielen, wenn man auf die vielen Wechselobjektive zugreift. Mit dem Objektivwechsel verstärkt sich aber leider auch das Problem der Verschmutzung des Bildsensors. Deshalb sollten Sie unbedingt auf einen leistungsfähigen Reinigungsmechanismus achten.

Für fast jede Kamera bietet der Handel Zubehör zum besseren Schutz der Kamera an, etwa Regenhauben oder auch Unterwassergehäuse.

Höhere Auflösung für Systemkameras

Die Standardcodecs vieler Systemkameras und vor allem von Smartphones komprimieren Video leider sehr hoch – ein Problem später in der Farbkorrektur oder bei aufwändigen Key-Effekten. Abhilfe schafft ein externes Aufzeichnungsgerät, das das unkomprimierte Bild über den HDMI-Ausgang abgreift und in einem hochwertigen Codec mit 4:2:2-Farbabtastung aufzeichnet. Entsprechende Geräte gibt es ab ca. 350 € im Fachhandel.

▲ **Abbildung 6.28**
Atomos Ninja Blade

Wichtig: Der HDMI-Ausgang muss sich auf HDMI-Clean einstellen lassen, um wirklich nur das Bild und nicht zusätzlich Kamerainformationen auszuspielen.

Donnerkeil statt USB und HDMI

Intel und Apple haben zusammen für den Anschluss von Peripheriegeräten den Thunderbolt-Standard entwickelt, eine Mischung aus DisplayPort und PCI-Express. Verwendet werden kann er für alle möglichen Geräte, zum Beispiel externe Festplatten oder auch Bildschirme. Thunderbolt unterstützt hohe Datenraten und soll damit optimal für das Streaming von 4K-Video oder auch Bildschirmsignalen geeignet sein. Apple setzt bei seinen Computern wie dem MacBook voll auf Thunderbolt. Blackmagic unterstützt Thunderbolt, andere Kamerahersteller halten sich trotz Ankündigungen zurück.

THUNDERBOLT™

◂ **Abbildung 6.27**
Thunderbolt-Logo

6.5.7 Ein- und Ausgänge

Ein- und Ausgänge sind für Profis von allergrößter Wichtigkeit. Der Wert einer Kamera misst sich auch maßgeblich daran, welche und wie viele Anschlüsse sie zur Verfügung stellt.

Dazu ein kleines Beispiel: Die semiprofessionellen Kameras zeichnen durch den Codec ein komprimiertes Signal auf. Der Sensor selbst liefert häufig jedoch ein deutlich weniger komprimiertes, höherwertiges Signal. Dieses Signal stellen einige Kameras am separaten HD-SDI- oder HDMI-Ausgang zur Verfügung. Schließt man dort einen externen Rekorder für etwa 800 € an, der die Signale aufzeichnet, wird damit aus der semiprofessionellen Kamera ein hochwertiger Profi-Camcorder.

		Einsteiger	Semiprofessionell	Profi
Eingänge	HDMI	–	–	X
	SDI	–	–	X
	USB	X	X	X
	XLR	–	–	X
	Audio-Klinke	X	X	–
Ausgänge	HDMI	X	X	X
	SDI	–	–	X
	USB	X	X	X
	XLR	–	–	X
	Audio-Klinke	X	X	–
	Cinch	X	–	–
	S-VHS	X	X	–

◂ **Tabelle 6.4**
Übersicht über Anschlüsse an verschiedenen Kameratypen

Bei Camcordern und den Systemkameras findet man stattdessen oft nur eine Möglichkeit, das aufgezeichnete Signal abzuspielen. Eine seltsame Karriere hat dabei der HDMI-Anschluss erlebt, der ursprünglich allein für die Consumer-Welt entwickelt wurde. Weil auch über ihn hochwertige digitale Signale ausgespielt werden können, wird der HDMI-Anschluss für solche Zwecke häufig »missbraucht«. Dies hat dazu geführt, dass auch viele Profimodelle mittlerweile über einen HDMI-Anschluss verfügen, um etwa einen externen Monitor anzuschließen. Allerdings muss man überprüfen, was für ein Signal der jeweilige Hersteller tatsächlich über das HDMI-Kabel schickt. HDMI und SDI übertragen Embedded Audio, also auch ein eingebettetes Tonsignal. Bei älteren Kamera mit Cinch- bzw. S-VHS-Anschlüssen werden Bild und Ton getrennt übertragen. Über den USB-Anschluss wird – sofern er nicht nur für den Transfer von Dateien ausgelegt ist – auch ein HDMI-Signal übertragen.

Leider sehr sparsam sind viele Hersteller mit Videoeingängen, die aus einem Camcorder einen Videorekorder machen.

Ebenfalls den Profimodellen vorbehalten sind die störungsarmen XLR-Anschlüsse für externe Mikros. Auch davon möchte der Profi am liebsten zwei haben. Systemkamera-Nutzer müssen sich mit einer Klinkenbuchse zufriedengeben oder separates Tonzubehör kaufen.

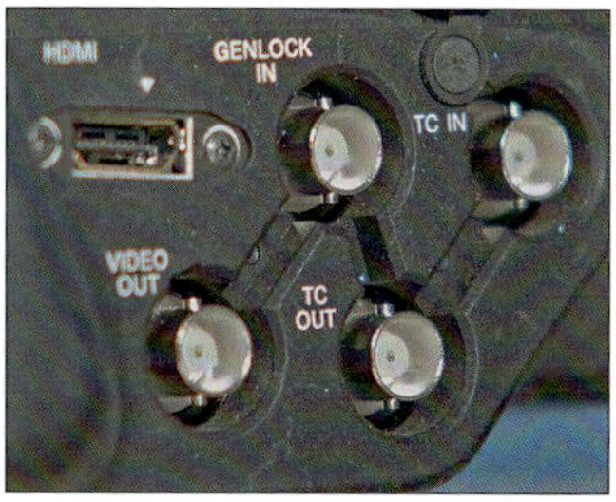

▴ **Abbildung 6.29**
Anschlüsse an einer Profikamera

Wer Livebilder produzieren will, braucht einen hochwertigen digitalen Signalausgang wie SDI oder HDMI. Dabei galt SDI lange als Goldstandard. In Zeiten des Internets gibt es nun zwei Alternativen, NDI und 2110 IP, für die Ausspielung von Livesignalen. Mehr darüber lesen Sie in Kapitel 23 über Liveproduktionen.

6.5.8 Audio

Zu einem guten Film gehört immer ordentlicher Ton. Viele Kameras sind hier allerdings spärlich ausgestattet. Es fehlen oft professionelle Audioanschlüsse, und die Kontrolle des Tons ist schwierig. Vorbildhaft sind hier wieder die semiprofessionellen Kameras, die ihren Anwendern viele Knöpfe und Schalter spendieren, mit denen sich der Ton schon bei der Aufnahme auspegeln, mit Filtern versehen und verschiedenen Tonspuren zuweisen lässt.

Blick ins Menü
Um später besser zu hören, hilft oft ein Blick ins Menü Ihrer Kamera. Suchen Sie dort nach Einstellungen, mit denen sich ein Trittschallfilter (Hoch-Pass-Filter) aktivieren lässt, der dumpfe Störgeräusche ausfiltert, wie sie zum Beispiel beim Reiben am Kameragehäuse unweigerlich entstehen. Häufig verbergen sich die Filter hinter klangvollen Akustikprogrammen im Kameramenü. Probieren Sie sie in Ruhe aus.

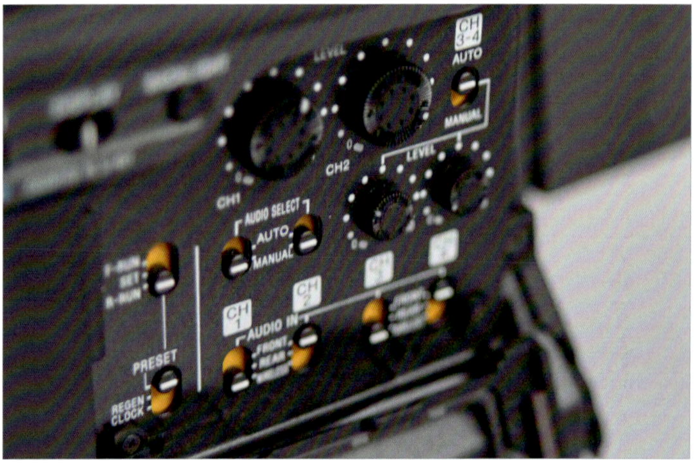

Abbildung 6.30 ▸
Professionelles Audiobedienpanel

So können das Kameramikro und auch externe Mikros manuell kontrolliert werden. Schon baubedingt können die kleinen Camcorder nicht mit einem ähnlichen Komfort aufwarten. Dafür bieten sie häufig die Möglichkeit an, Töne im vermeintlich besseren 5.1.-Surround-Format aufzuzeichnen. Bisher hat mich jedoch keine Kamera mit diesem Feature überzeugen können. Die eingebauten Mikrofone sind für die Aufnahme eines hochwertigen, natürlich klingenden Tons selten zu gebrauchen. Achten Sie deshalb lieber auf den Eingang für ein ordentliches Aufsteckmikro oder zumindest einen Blitzschuhadapter, an dem sich später ein hochwertiges Mikrofon anbringen lässt. Wünschenswert wäre es, wenn zumindest über das Menü einige Steuerfunktionen verfügbar wären, zum Beispiel das manuelle Pegeln der Mikrofone. Über die professionellen XLR-Audioanschlüsse besteht auch die Möglichkeit, Mikros mit *Phantomspeisung* zu betreiben.

Phantomspeisung
Ohne Strom ist im digitalen Zeitalter nichts los. Das hat zur Folge, dass Kameraleute fast immer einen Sack an Batterien und Akkus mit sich herumschleppen. Zumindest die Batterie für das externe Mikro können Sie sich sparen, wenn Ihre Kamera über einen symmetrischen Audioeingang mit Phantomspeisung verfügt. Dann liefert nämlich die Kamera den benötigten Saft für das Mikrofon, vorausgesetzt, es kann damit umgehen.

6.5.9 Akkus

Akkus gehören zur Basisausstattung jeder Kamera. Aber alle Hersteller spendieren im Standardkit nur einen – noch dazu relativ bescheidenen – kleinen Akku mit wenig Laufzeit. Ich kenne niemanden, der allein mit dem Originalakku seiner Kamera glücklich wird. Es empfiehlt sich, stattdessen beim Kauf der Kamera gleich ein oder mehrere Ersatzakkus anzuschaffen. Denn nichts ist ärgerlicher, als ohne Strom auf dem Gipfel des Mount Everest zu stehen.

Viele Dritthersteller bieten Ersatzakkus zu einem Bruchteil des Preises für das Original an. Greifen Sie jedoch nicht übereilt zum Billigangebot, sondern vergleichen Sie vorher die Leistungsdaten. Achten Sie insbesondere auf die angegebene Ladungsmenge, die in Milliamperestunden (mAh) angegeben wird. Billige Akkus kosten oft nur ein Fünftel, bringen aber auch entsprechend weniger Leistung. Lassen Sie die Finger von Akkus, die erkennbar schlecht verarbeitet sind. Es bringt Ihnen nichts, wenn eine Batterie wenig kostet, aber dann nicht funktioniert oder sogar Schaden an Gerät verursacht. Dies ist jedoch kein genereller Rat, die Finger von Drittanbietern zu lassen; seien Sie nur vorsichtig, und vergleichen Sie das Angebot gründlich. Leider gehen die Hersteller vermehrt dazu über, ihre Akkus mit Chips auszustatten. Beim Einsatz eines Fremdakkus wird dieser dann von der Kamera nicht akzeptiert. Aber auch diese Hürde nehmen einige Drittanbieter, allerdings nicht immer problemlos. Eine Lektüre der verfügbaren Bewertungen hilft hier hoffentlich weiter.

Heute werden fast ausschließlich Lithium-Ionen-Akkus verkauft. Sie haben den großen Vorteil, dass sie keinen Memory-Effekt kennen, das heißt, nicht unbedingt erst komplett entladen werden müssen, bevor man sie wieder neu lädt. Aber Lithium-Ionen-Akkus lassen sich nicht beliebig oft laden. Wer also zu früh lädt, verspielt Lebenszeit seines Stromspenders. Und: Wenn Sie länger die Akkus nicht benötigen, laden Sie sie nicht komplett auf. Ordentliche Ladegeräte bieten eine entsprechende »Storage«-Ladung als Option an. Wenn Sie viel Strom benötigen, dann können Sie auch wahre Powerriegel etwa mit einem V-Mount einsetzen. Beachten Sie, dass Fluglinien aufgrund internationaler Vorschriften den Transport von Akkus mit mehr als 100 Wh verweigern und auch bei der Anzahl der Akkus mittlerweile Vorschriften machen. Hilfreich ist, wenn Sie Ihre Akkus in entsprechenden Hüllen brandsicher verpacken und ein Mindestmaß an Sorgfalt walten lassen, indem Sie zum Beispiel die Kontakte abdecken.

Angaben auf einem Akku

Kapazität:

- mAh (Milliamperestunde)
- Energie: Wh (Wattstunden)
- Spannung: V (Volt)

▲ **Abbildung 6.31**
Akku

Kapitel 7
Zubehör

Zwar ist die Kamera das wichtigste Handwerkszeug des Kameramanns, aber längst nicht das einzige. Was wünschenswert, notwendig oder auch überflüssig ist, erfahren Sie in diesem Kapitel über Zubehör, also alles über zusätzliche Licht- und Tonausrüstung oder Filter und Kompendium.

Wer einmal einer professionellen Filmcrew beim Entladen eines 7,5-Tonners zugesehen hat, weiß, dass die Kamera das »kleinste Problem« ist, zumindest wenn es ums Tragen geht. An Filmsets werden häufig wahre Materialschlachten ausgetragen, mit Armeen von Stativen, Leuchten, Schienen, Dollys, Kränen, Jib-Arms und vielem mehr. Man muss leider zugeben: Das Renommee einer Produktion lässt sich an vielen Dingen messen, unter anderem auch an der Anzahl der LKWs am Set.

◂ **Abbildung 7.1**
Filmset mit Dolly und Schienen

Doch vom technischen Aufwand, der bei professionellen Filmproduktionen betrieben wird, sollte man sich als Anfänger weder anstecken noch abschrecken lassen. Fast jeder berühmte *Regisseur* hat einmal klein angefangen und sich bei Freunden und Bekannten, die er als Schauspieler und Komparsen, Tonleute und Assistenten verpflichtet hat, zusätzlich auch noch Ausrüstung und häufig auch Geld geliehen. Wer aus dem Vollen schöpfen kann, der hat keine Probleme. Was sollte man sich aber zulegen, wenn man weder das Geld hat, alles zu kaufen, noch die Mannschaft, alles an den Drehort zu transportieren? Auf den folgenden Seiten versuche ich deshalb, einen vernünftigen Kompromiss zwischen dem Sinnvollen und dem Wünschenswerten zu entwickeln. Und: Auch beim Zubehör hat sich in den letzten Jahren preislich viel getan. Nur zwei Beispiele: So gibt es etwa externe Audiomischer mit XLR-Eingängen bereits für unter 200€ oder filmtaugliche LED-Lampen ab 250€ (ohne Akkus).

7.1 Licht

Fotografie heißt übersetzt »Malen mit Licht«. Was liegt da näher, als zu vermuten, dass für jede Art der fotografischen Aufnahme, und dazu zählt auch das Filmen, letztlich eine Menge Licht notwendig ist? Nicht umsonst fotografieren Profis in Studios mit Blitzlicht und schleppen Beleuchter ganze Batterien von Leuchten ans Filmset. Dafür gibt es drei gute Gründe:

▲ **Abbildung 7.2**
Ohne Licht geht nichts: Hell-Dunkel-Kontrast zwischen innen und außen ohne Licht.

- **Es ist zu dunkel**: Vor allem in Zeiten wenig lichtstarker Videosensoren war dies ein entscheidender Grund. Ohne ein gewisses Grundlicht ging gar nichts. Doch mittlerweile schaffen es gerade auch kleine Videokameras, die Nacht zum Tag zu machen. Dieser Grund gilt also heute nur noch eingeschränkt.
- **Es ist zu kontrastreich**: In der Natur gibt es zwischen dem hellsten und dem dunkelsten Punkt etwa eine Million Abstufungen. Technisch betrachtet heißt dies, der Dynamikumfang liegt im Bereich von 1:1.000.000. Das menschliche Auge ist in der Lage, davon etwa 10.000 Abstufungen zwischen dem hellsten (Weiß) und dem dunkelsten Wert (Schwarz) aufzulösen. Kamerasensoren bringen es dagegen nur auf etwa 2.000, im besten Fall heute auf etwas über 5.000 Abstufungen. Das heißt, physikalisch ist das Bild einer Filmkamera nicht in der Lage, mit dem Auge zu konkurrieren, geschweige denn, die Natur wirklich Punkt für Punkt realitätsgetreu abzubilden.

  Während unser Gehirn jedoch normalerweise kein »zu hell« oder »zu dunkel« kennt, reagieren Videokameras anders. Zu helle Bildanteile werden überbelichtet, dunkle unterbelichtet. Hässliches Beispiel für diese Eigenschaft digitaler Sensoren ist der sogenannte »Videohimmel«, ein farbloser weißer Himmel, wie er in der Natur nie vorkommt. Doch das Problem der mangelnden Kontrastauflösung kommt auch an anderer Stelle zum Tragen, z. B. bei Filmaufnahmen in Innenräumen mit großen Fenstern, etwa Klassenräumen. Wählt man die Blende so, dass auch der Schulhof noch zu erkennen ist, liegen das Klassenzimmer und damit die Gesichter der Schüler meistens im Halbdunkel. Wählt man dagegen eine Blende, bei der auch die Schüler an der Wand ordentlich belichtet sind, überstrahlen die Fenster und wahrscheinlich auch die Gesichter der Schüler, die unmittelbar vor ihnen ihren Platz haben. Ohne zusätzliches Licht, das den Kontrast mildert, ist das eine unlösbare Aufgabe. Eine Alternative wäre, die Rollos herunterzulassen, was jedoch die Stimmung deutlich verändert.

- **Es ist hässlich**: Dieser Grund ergibt sich nahtlos aus dem zweiten. Mit Aufnahmen von überstrahlenden Fenstern oder Schülern im Halbdunkel gewinnt man keine Filmpreise. Doch auch in vielen anderen Situationen sorgt Licht erst für die richtige Stimmung. Porträts erhalten Tiefe, Konturen werden sichtbar, Farben beginnen zu leuchten. Tatsächlich lassen sich nur mit Filmleuchten viele Motive ins richtige Licht setzen, nur so werden Stimmungen, Materialien und Besonderheiten sichtbar.

Bei den ersten beiden Punkten sorgen manchmal auch bessere Kameras mit leistungsfähigeren Sensoren für Abhilfe. Gegen die fehlende Ästhetik hilft dagegen ausschließlich Licht.

◂ **Abbildung 7.3**
Kleines Lichtset für Interview

7.1.1 Das richtige Licht

Es wäre schön, wenn man Licht am besten unbegrenzt zur Verfügung hätte. Leider ist es in der Regel nicht mit dem Anschalten einer Neonröhre getan. Gerade wer mit der Sonne kämpft, kann in der Regel nicht genug Licht aufbauen, weshalb Profis gerne den umgekehrten Weg gehen und z. B. bei Aufnahmen in sonnendurchfluteten Glaspalästen die Scheiben mit sogenannter ND-Folie abkleben lassen (siehe auch Abschnitt 7.6.1, »ND-, Verlaufs- und Polfilter«). Abkleben »lassen« wohlgemerkt, denn freiwillig reißt sich um diese Plackerei kein vernünftiger Mensch.

Wer es dagegen mit Lampen versuchen will, der greift gleich zu Leuchten mit 2,5 kW Leistung und mehr. Der stärkste ARRI-Scheinwerfer bringt es zurzeit auf satte 18 kW, muss allerdings mit einem Generatorwagen betrieben werden, außer Sie haben zufällig einen Starkstromanschluss zur Verfügung. Deshalb gilt für die meisten Filmproduktionen: Entweder leiht man sich das benötigte Licht oder ändert das Drehbuch so ab, dass man schwierige Lichtsituationen umgehen kann. Oder man plant den Dreh so, dass bei einem bewölkten Himmel gedreht werden kann und nicht in der gleißenden Sonne.

Available Light vs. Licht
Das Filmen mit dem vor Ort verfügbaren Licht ist dank immer besserer Kameratechnik heute eine interessante Methode, die tolle Ergebnisse ermöglichen kann – aber nicht immer und in jedem Fall. Available-Light-Aufnahmen können Stimmung erzeugen, aber ein Interviewpartner wird sich im rotstichigen Halblicht kaum wohlfühlen. Gerade der Blick auf Details erfordert eine gute Ausleuchtung, weil das Umgebungslicht nicht ausreicht. Nur die Deckenlampe anzuschalten reicht also in der Regel nicht aus, um ein Motiv wirklich schön auszuleuchten.

▲ **Abbildung 7.4**
Der Markusplatz bei Nacht

Abbildung 7.5 ▸
Aufbau einer Filmleuchte (hier ein Standard-Kunstlichtscheinwerfer 800 W von ARRI): ❶ Tor, ❺ Diffusor, ❷ Splitterschutz, ❸ Brenner und ❹ Stativ

Mit Lichtproblemen kämpfen auch Dokumentarfilmer. Ein Interview oder eine Werkstatt wollen ordentlich ausgeleuchtet werden. Zwar ist im Dokumentarfilm der Aufwand nicht so hoch wie im Spielfilm, aber ganz ohne Licht geht's in der Regel nicht.

Es gibt so etwas wie das Standardlichtset des selbstständigen Kameramanns. Dies ist meistens Reportagelicht oder Kopflicht. Dazu gehören eine Aufstecklampe, die direkt an der Kamera befestigt wird, und ein »kleiner Lichtkoffer« mit drei kleineren Scheinwerfern mit einer Leistung je nach Typ von 300 bis 800 W (Halogen) oder 150 bis 300 W bei LED-Leuchten.

Um die meisten Lichtsituationen in geschlossenen Räumen in den Griff zu bekommen, hat fast jedes professionelle Kamerateam diesen Lichtkoffer und Stative dabei. Früher handelte es sich in der Regel um Kunstlichtlampen mit Halogenbrennern, gehobene Produktionen setzten auf Tageslichtscheinwerfer mit Halogen-Metalldampflampen (HMI). Der Siegeszug der LEDs hat dieser klassischen Aufteilung ein Stück weit den Boden entzogen. Denn oft sind LED-Lampen bicolorfähig, d. h., sie können sowohl wärmeres Kunstlicht als auch das kühlere Tageslicht erzeugen. Und leistungsmäßig sind die LEDs auch in den Regionen der Filmstrahler angekommen, zumindest wenn es eine Standardlichtausstattung betrifft. Dafür kosten die ordentlichen Geräte allerdings auch das Gleiche wie die einstigen Strahler oder liegen nur geringfügig darunter. Wichtig ist bei der Anschaffung von LED-Lampen, auf eine möglichst korrekte Farbwiedergabe zu achten. Gerade billige Scheinwerfer sind meistens nicht farbecht, d. h., sie geben nur ein reduziertes Spektrum des normalen Lichts wieder. Problem: Das Auge sieht Weiß, aber tatsächlich fehlen ganze Bereiche des »normalen« Lichts und machen sich im Film mit deutlichen Farbstichen bemerkbar. Das Problem lässt sich relativ einfach lösen, wenn man beim Kauf auf den sogenannten Farbwiedergabeindex, engl. Colour Rendering Index (CRI) achtet.

Lampen auf Stativen
Lampen werden in der Regel möglichst hoch montiert, also in Räumen knapp unter der Decke. Der Lichteinfall ähnelt damit eher dem Tageslicht bzw. einer üblichen Deckenlampe und der Schattenfall damit unseren Sehgewohnheiten. Lampen müssen deshalb auf Stativen montiert werden. Achten Sie auf ausreichende Standfestigkeit, nicht nur um die teuren Leuchten zu schützen, sondern auch Mitarbeiter vor Unfällen. Sichern Sie die Stative durch Gewichte, z. B. Sandsäcke.

7.1.2 Farbtemperatur

Früher war dies die entscheidende Frage schlechthin bei der Anschaffung von Filmleuchten. Tatsächlich gehört sie heute eher der Vergangenheit an, da durch den Siegeszug der LED-Leuchten veränderbare Farbtemperaturen kein Problem mehr darstellen.

- **Kunstlicht (Tungsten)**: Diese Schweinwerfer geben ein Licht mit einer Farbtemperatur von 3.200 Kelvin ab, also ein warmes rötliches Licht, ähnlich dem von Glühbirnen.
- **Tageslicht**: Tageslichtscheinwerfer geben Licht mit einer Farbtemperatur von 5.600 Kelvin ab und sind in nahezu allen Stärken erhältlich.
- **Bi-Color-Scheinwerfer**: Seitdem es LEDs gibt, besteht auch die Möglichkeit, auf Knopfdruck zwischen Tageslicht und Kunstlicht umzuschalten. LED-Leuchten erzeugen weißes Licht durch die Mischung von rotem, gelbem und blauem Licht sowie zusätzlich weißem Licht. Zu Beginn des LED-Zeitalters waren blitzeblaue Bilder Alltag. Die Farbwiedergabe der ersten Leuchtdioden war einfach zu schlecht. Mittlerweile haben die

▲ **Abbildung 7.6**
Reportagelicht

▲ **Abbildung 7.7**
Lichtstarke Bi-Color-Flächenleuchte mit Streuscheibe für weiches Porträtlicht

Beleuchters Liebling – die Kino Flo
Der Name war so gut, dass er einer ganzen Leuchtenfamilie den Namen gab: Flächenleuchten mit Leuchtstoffröhren oder kurz *Kino Flos*. Sie sind berühmt für ihr weiches, flächiges Licht, das spezielle Leuchtstoffröhren abgeben. Und: Im Moment erleben die Leuchten ein kleines Revival.

Leider sind die Profileuchten sehr teuer, Bastler bauen sich deshalb gerne ihre Sparversion mit Materialien aus dem Baumarkt. Funktioniert auch, wenn man auf ein Vorschaltgerät achtet und Leuchtröhren verwendet, die Licht mit einer definierten Farbtemperatur abstrahlen. Seit einiger Zeit werden Leuchtstoffröhren mit Phosphor populär.

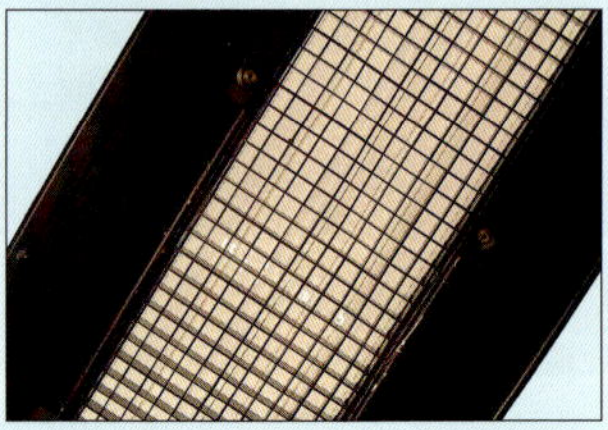

▲ **Abbildung 7.8**
Flächenleuchte mit Leuchtstoffröhren von Bron Kobold

Hersteller viel gelernt und bieten auch LED-Leuchten mit guter oder sehr guter Farbwiedergabe an. Angegeben wird die Farbtreue mithilfe des etwas veralteten Farbwiedergabeindex *CRI* (Colour Rendering Index). Die Europäische Rundfunkunion (EBU) empfiehlt stattdessen den *TLCI-Wert* (Television Lighting Consistency Index). Für Leuchten mit guter Farbwiedergabe wird ein CRI-Wert von über 95 oder ein TLCI-Wert zwischen 85 und 100 empfohlen. Für beide gilt: Je näher bei 100, umso besser. Normalerweise werden in einer LED-Leuchte drei LEDs mit den Farben Rot, Grün und Blau kombiniert. Weißes Licht wird durch Farbmischung erzeugt. Zusätzlich verbessert werden kann die Farbwiedergabe durch die Verwendung von weißen LEDs. Entsprechende Scheinwerfer tragen meist die Bezeichnung »RGBW« oder »RGBWW«.

Scheinwerfertypen | Die Wahl der Farbtemperatur ist erst der Einstieg ins Beleuchtergeschäft, denn neben der Wahl des Leuchtmittels gilt es, sich für einen passenden Scheinwerfertyp zu entscheiden. Hier gibt es PAR- und Fresnel-Scheinwerfer sowie Flächenleuchten. Als Leuchtmittel können wahlweise Halogenlampen, Neonröhren, Halogen-Metalldampflampen oder LEDs verwendet werden. Gerade beim Umgang mit Halogenlampen und HMIs muss der Anfänger sehr vorsichtig sein. Die Leuchtmittel werden sehr schnell sehr heiß, weshalb sie auch Brenner genannt werden. Halogen- und Halogen-Metalldampflampen sollten deshalb nicht zu nah an brennbaren Materialien (z. B. unter einer Holzdecke) positioniert werden. Außerdem ist es hier Pflicht, die Lampenstative mit einem Sandsack zu sichern. Wer in eigenes Licht investieren möchte, dem empfehle ich moderne LED-Lampen.

Praxistipp LED-Lampen
LED-Lampen bieten viele Vorzüge auf einmal. Die Farbtemperatur lässt sich bei besseren Modellen flexibel umstellen, sie sind leicht und langlebig, dimmbar und kosten weniger als klassisches Filmlicht. Zudem benötigen LED-Dioden sehr wenig Energie, so hält mit einem LED-Kopflicht der Akku deutlich länger. Ordentliche Flächenleuchten gibt es für wenige Hundert Euro und fokussierbare Scheinwerfer ebenfalls. Ein komplettes Set mit drei lichtstarken Leuchten und Zubehör kommt derzeit auf etwa 2.000 €, einzelne ordentliche Lampen für ein kleines Set gibt es aber schon ab ca. 400 €. Und man kann die Lampen ja auch nach und nach kaufen. Lange galten LED-Leuchten als vergleichsweise lichtschwach. Auch das ist Geschichte. Leuchten mit mehreren Tausend Watt sind heute verfügbar, kosten aber auch stolze Preise. Aber: Ein nicht zu unterschätzender Vorteil von modernen LED-Lampen ist, dass sie oft mit einem oder zwei Akkus auch über ein bis

zwei Stunden hinweg betrieben werden können. Entsprechend leistungsfähige Akkus kosten allerdings auch ordentlich Geld, und man sollte auch in ein Ladegerät investieren, das schnell für frischen Saft sorgt. Für etwas Verwirrung sorgt die für LED-Lampen typische Angabe des Lichtstroms in Lumen, während klassische Leuchtenhersteller wie ARRI die aussagekräftigere Beleuchtungsstärke in der Einheit Lux angeben. Die Beleuchtungsstärke gibt Aufschluss darüber, wie viel Licht in welcher Entfernung tatsächlich auf dem Motiv ankommt. Im Internet finden Sie entsprechende Umrechnungstabellen, die aber voraussetzen, dass Sie den Abstrahlungswinkel Ihrer LED-Leuchte kennen.

Im Laufe des Siegeszuges der LED-Leuchten sind Flächenscheinwerfer sehr populär geworden. Darüber sollten klassische Strahler nicht vergessen werden, denn sie sind oft preiswerter und liefern, wenn auch gebündelter, mehr Licht bei gleicher Leistung des Leuchtmittels.

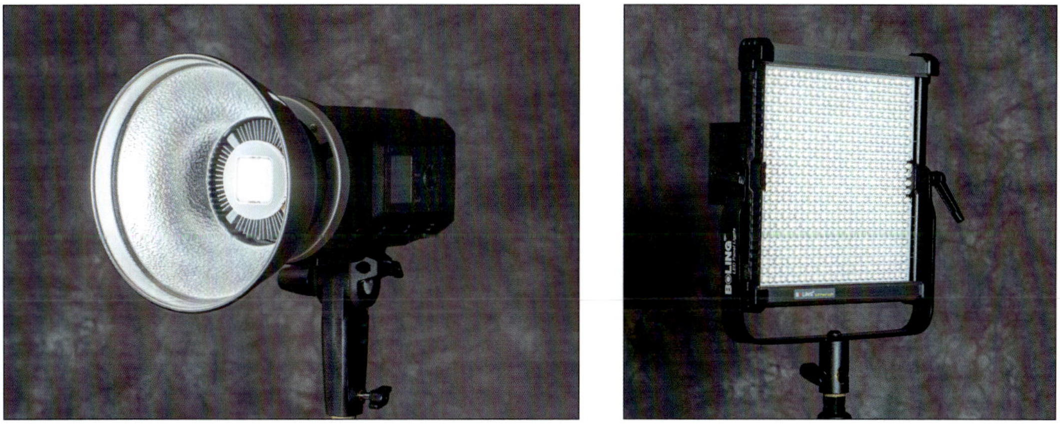

▲ **Abbildung 7.9**
Preiswerte LED-Flächenleuchte und LED-Strahler

7.1.3 Lichtzubehör

Wer glaubt, damit wäre alles über Lichttechnik gesagt, der irrt. Scheinwerfer sind so etwas wie der Treibstoff des Beleuchtergeschäfts. Nun will das Licht noch »geformt« werden. Darunter verstehen Fotografen und Kameraleute die Festlegung der Lichtcharakteristik – im Kern, ob Licht harte oder weiche Kanten erzeugt. Um eine entsprechende Wirkung zu erzeugen, setzen Beleuchter diverse Hilfsmittel ein, im einfachsten Fall »Butterbrotpapier«, im Normalfall spezielle *Lichtformer* wie Softboxen oder Reflektoren. Der Umgang mit diesem Zubehör würde den Rahmen dieses Buches sprengen. Wie Sie ein einfaches Set ausleuchten, erkläre ich in Abschnitt 10.6, »Die richtige Beleuchtung«. Weil Lichtformer wie Softboxen oder Streuscheiben immer auch Licht schlucken, sind sie bei den etwas leistungsschwachen LEDs anfangs aus der Mode gekommen. Jetzt aber, wo auch helle LED-Leuchten zur Verfügung stehen, werden sie wieder beliebter.

Der Mensch für den Ton – der Tonassistent
Filmen ist Teamwork. Sobald Sie etwas anspruchsvoller werden und zu guten Bildern auch guten Ton produzieren wollen, brauchen Sie Hilfe. Die Hilfe ist im einfachsten Fall jemand, der zumindest das Richtmikrofon immer in die richtige Richtung hält, während Sie sich um das Motiv bewegen. Oder der kontrolliert, dass auch wirklich Ton aufgezeichnet wird. Vermeiden Sie beim Dreh, alles allein zu machen, also gleichzeitig als Reporter Fragen zu stellen, als Kameramann zu filmen und als Tonassistent den Ton zu kontrollieren. Am Ende machen Sie womöglich nichts richtig, weil nichts Ihre volle Aufmerksamkeit erhält.

7.2 Ton

Auch beim Ton hat sich in den letzten Jahren viel getan. Neben neuen Anbietern, die mit preiswerteren Produkten den Markt aufmischen, gibt es vor allem auch viele neue Technologien. Um das ganze professionelle Tonequipment sinnvoll einsetzen zu können, bräuchten Sie eigentlich einen Assistenten, der sich während der Dreharbeiten nur um den guten Ton kümmert.

▲ **Abbildung 7.10**
Tonassistent mit Tonangel

Arbeiten ohne Tonassistenten
Wenn Sie keinen willigen (oder billigen) Assistenten finden, dann sollten Sie trotzdem nicht auf den Einsatz eines Richtmikrofons verzichten, das Sie z. B. am Blitzschuhadapter Ihrer Kamera montieren. Denn die meisten eingebauten Mikrofone nehmen nur einen wirklich lausigen Ton auf und zudem alle Geräusche aus der Umgebung.

▲ **Abbildung 7.11**
Richtmikro auf Kamera

Die im Folgenden aufgeführten Utensilien sollten Sie sich unbedingt zulegen oder zumindest über ihre Anschaffung nachdenken.

7.2.1 Externes Richtmikrofon

Ein Mikrofon mit Richtcharakteristik ist das Handwerkszeug der Wahl, gerade bei Interviews oder Umfragen. Früher kosteten entsprechende Mikros noch 1.000 € und mehr, heute bieten z. B. Sennheiser mit dem MKE 600 oder Røde mit dem NTG4 eine gute Qualität zum akzeptablen Preis (zwischen 200 und 350 €).

Diese Profimikros verwenden im Regelfall XLR-Anschlüsse, über die zumindest heute nur die semiprofessionellen Camcorder standardmäßig verfügen – nach wie vor ein Manko vieler Systemkameras, die stattdessen nur eine kleine Klinke anbieten. Vorteil des professionellen XLR-Steckers und des zugehörigen Kabels ist, dass Sie damit auch große Entfernungen (bis zu 100 m) überbrücken können.

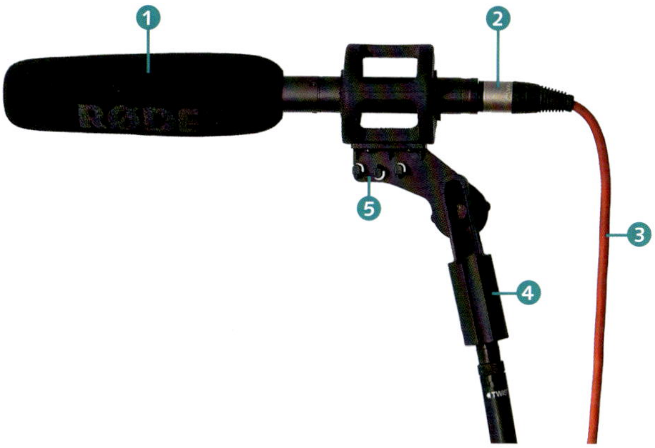

◂ **Abbildung 7.12**
Richtmikrofon, befestigt an Tonangel. Folgende Bestandteile sind zu sehen: ❶ Windschutz, ❷ XLR-Anschluss, ❸ Kabel, ❹ Tonangel (ausziehbar), ❺ Aufhängung.

XLR-Kabel sind weniger anfällig für Störungen. Viele Kamerahersteller bieten Aufsteckadapter mit XLR-Eingängen und auch Mikrofone unter dem eigenen Markennamen an. Meistens lassen sie sich das Zubehör teuer bezahlen. Mehr Leistung für oft weniger Geld bekommen Sie bei den Spezialisten. Darauf sollten Sie beim Mikrofonkauf achten:

- **Phantomspeisung**: Eigentlich sind alle Richtmikrofone Kondensatormikrofone. Sie brauchen Strom, um zu funktionieren. Den erhalten sie in der Regel über eine sogenannte *Phantomspeisung* direkt von der Kamera oder einem angeschlossenen Vorverstärker. Steht keine Phantomspeisung zur Verfügung, dann benötigen Sie eine Batterie zum Betrieb des Mikrofons.
- **Eigenrauschen**: Jedes Kondensatormikrofon rauscht. Die Hersteller geben einen entsprechenden Messwert, den Ersatzgeräuschpegel (engl. *equivalent noise*), in dB(A) an. Alles unter 20 dB(A) ist brauchbar, alles unter 15 dB(A) gilt als rauscharm.
- **Empfindlichkeit**: Jedes Mikrofon wandelt den Schalldruck in ein elektrisches Signal um. Die Empfindlichkeit (Sensitivity) gibt Auskunft darüber, wie hoch die Ausgangsspannung des Mikrofons ist. Sie wird in mV/Pa (Volt/Pascal) angegeben. Je höher der Ausgangspegel, desto weniger muss das Signal anschließend verstärkt werden, was wiederum auch das Rauschen erhöht.

Es gibt eine Reihe von technischen Spezifikationen für Mikrofone, über deren Nutzwert für den Alltag Experten gerne lange und ausführlich streiten. Dazu gehören auch aufwändige Diagramme über die Richtwirkung eines Mikrofons oder den Frequenzgang. Für Anwender sind viele dieser Daten eher verwirrend.

Probieren Sie Ihr Mikro aus, und achten Sie neben der Klangqualität vor allem auch auf die Übertragung von Körperschall, der eine Aufnahme schnell und gründlich ruinieren kann.

Richtmikrofone verdanken ihren Namen der Eigenschaft, bevorzugt Schall aus einer Richtung aufzunehmen. Sie bestehen in der Regel aus einem Interferenzstrahlrohr, sind also ziemlich lang und haben eine Supernieren- oder Keulencharakteristik. In der Praxis kann man mit ihnen beispielsweise die Sprache eines Interviewpartners sauber von den Hintergrundgeräuschen, etwa denen fahrender Autos, trennen. Um näher an die Tonquelle heranzukommen, sollten Sie, wenn möglich, eine *Tonangel* verwenden. An der Angel wird das Mikrofon in einer eigenen Aufhängung montiert, die Schwingungen abfedert und vor allem die Übertragung von Körperschall durch die Tonangel verhindert.

7.2.2 Funkmikros

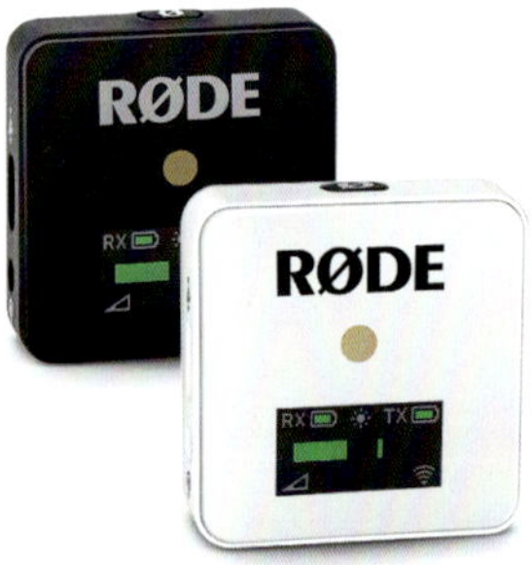

▲ **Abbildung 7.13**
Drahtloser Sender für Funkmikro von Røde

Sennheiser, Sony und andere Hersteller bieten für etwa 500 € komplette Sets mit einem Ansteckmikro, einem Funkhandmikro jeweils mit einem Sender und Empfänger an. Die Profis zahlen dafür deutlich mehr, weil ihre Funkstrecken nach dem Diversity-Verfahren aufgebaut werden. Das heißt, es wird auf zwei verschiedenen Strecken gefunkt, um Tonstörungen durch Funkaussetzer und Überlagerungen zu verhindern. Doch die Praxis hat gezeigt, dass die einfachen Sets fast ebenso gute Dienste leisten, weshalb auch Profis zunehmend auf die billigeren Alternativen setzen. Neben den gerade für Veranstaltungstechnik und Kamerateams reservierten Funkstrecken werden zunehmend auch Funksysteme auf Bluetooth- oder WLAN-Basis populär.

Sehr populär sind heute Ansteckmikrofone mit einer Funkstrecke. Zu Recht. Denn während die Funkstrecken anfangs stark rauschten und deshalb dem Richtmikrofon mit Kabel unterlegen waren, haben wir das Rauschen heute weitgehend im Griff. Die sogenannten *Lavalier-Mikrofone* können an jeder Bluse oder jedem Revers einfach befestigt werden. Zwar haben sie keine Richtcharakteristik, sind jedoch so nah am Mund, dass sie die Sprache im Regelfall zuverlässig und gut von Umgebungsgeräuschen getrennt aufnehmen.

Nicht ganz so problemlos ist allerdings der Betrieb von Funkstrecken. Lange Zeit hat es die Bundesnetzagentur hier Kameraleuten schwer gemacht. Nur wenige Frequenzbereiche durften überhaupt genutzt werden, oft nur nach Voranmeldung und Bezahlung von Gebühren. In der Konsequenz funkten viele Kameraleute einfach illegal, mit dem Risiko, angrenzende Frequenzbereiche zum Beispiel des Mobilfunks zu stören. Die zuständige Bundesnetzagentur hat 2020 nun immerhin die Frequenzbereiche im UHF-Band zwischen 470–608 MHz und 614–694 MHz für die Nutzung drahtloser Mikrofone zugelassen. Die entsprechende

Allgemeinzuteilung gilt bis zum 31.12.2031. Weil es in der Vergangenheit hier immer wieder zu Änderungen kam, bieten Hersteller wie Sennheiser und Røde vor allem für Einsteiger nun Sender und Empfänger an, die das 2,4-GHz-Frequenzband nutzen, das zum Beispiel auch von WLANs genutzt wird. Vorteil der Geräte: Sie sind schnell und einfach einsetzbar und übernehmen weitgehend eigenständig das Management der Funkverbindung. Im Praxistest habe ich bei einem System allerdings schon nach etwa 10 Meter Distanz zum Sender erste Funkaussetzer festgestellt.

Wer auf anderen Frequenzen funkt, läuft Gefahr, andere Funkverbindungen zu stören, und muss mit Bußgeld oder sogar einem Strafverfahren rechnen. Im Ausland ist die Situation noch schwieriger. Die Hersteller halten entsprechende Informationen parat. Sennheiser informiert beispielsweise auf *www.sennheiser.de/ddready* ausführlich über die neue Frequenzsituation.

Früher wurden, wenn irgend möglich, keine Funkmikros eingesetzt, obwohl sie besonders einfach zu handhaben sind und deshalb vor allem dem allein arbeitenden Videojournalisten viele Vorzüge bieten. Der einzige Nachteil ist, dass Funkmikros – und leider auch die besten – rauschen, allerdings in der Regel nur auf einem eng begrenzten Frequenzbereich, der sich in modernen Schnittsystemen mit dem entsprechenden Rauschfilter sicher und fast unmerklich entfernen lässt.

Störanfälligkeit durch LTE und DVB-T
Auf einem schmalen Band zwischen 823 und 832 MHz, der sogenannten LTE-Mittenlücke, besteht ebenfalls prinzipiell die Möglichkeit, Funkanlagen zu betreiben, und einige Hersteller bieten entsprechende Geräte an. Allerdings kann man auf diesen Frequenzen nicht europaweit funken, und es kann zu Störungen mit LTE-Anlagen kommen.

7.2.3 Tonzubehör

Gute Mikros allein sorgen noch nicht für den perfekten Ton. Ein ordentliches Mikrofon will noch in die richtige Position gebracht und vor Windgeräuschen geschützt werden. Auch dafür hat die Industrie viele bewährte Helfer entwickelt, die zur Standardausrüstung eines Tonassistenten gehören:

Windschutz | Unerlässliches Utensil für jedes Mikro, inklusive des Kameramikros, das Sie benutzen. Schon leichter Wind macht sich auf jedem Mikro äußerst unangenehm bemerkbar. Ein Standardwindschutz kostet zwischen 10 und 20€, und es gibt ihn auch mit Senderlogo als Aufdruck. Für Richtmikrofone gibt es darüber hinaus »Hund«, »Katze« oder »Fell« genannte langfellige Windschlucker, die auch bei Orkanstärke noch halbwegs verständlichen Ton zulassen.

▲ **Abbildung 7.14**
Professioneller Windschutz über Richtmikrofon

Tonangel | Wenn Sie irgendjemanden dauerhaft verpflichten konnten, Ihnen als Tonassistent zur Seite zu stehen, dann können Sie auch den nächsten Schritt in Richtung professioneller Tonaufnahme gehen und eine Tonangel anschaffen. An der Spitze dieser

Teleskopstangen können Sie eine Aufhängung befestigen, in der Ihr Richtmikrofon vor allem gegen Körperschall geschützt ruht. Ein geübter Tonassistent findet immer eine Position, in der er das Mikro nah an die Schallquelle bringt, aber zugleich aus dem Bild heraushält. Eine gute Tonangel ist leicht (Karbonfaser), stabil und lässt sich unproblematisch aus- und einfahren. Der Preis liegt zwischen 200 und 500€ für gute Produkte und richtet sich in der Regel nach dem Material und vor allem der maximal ausziehbaren Länge.

Mischer | Er ist das Allerheiligste eines Tonassistenten. Die kleinen portablen Field-Mixer stehen ihren großen Studiokollegen in puncto Qualität in nichts nach. Meistens verfügen sie über zwei bis vier Eingänge. Mit ihnen kann man mehrere Mikros betreiben und – das ist das Wichtigste – kontrollieren. Der Mischer erlaubt es, über einen Kopfhörer nicht nur den Mikrofonton, sondern über eine entsprechende Schleife auch den aufgenommenen Ton auf der Kamera zu kontrollieren (*Tape Return*), denn auf den kommt es schließlich an. Und der Ton kann nicht nur per Kopfhörer, sondern auch aufs Dezibel genau über eine entsprechende analoge oder digitale Anzeige, das Levelmeter, kontrolliert werden.

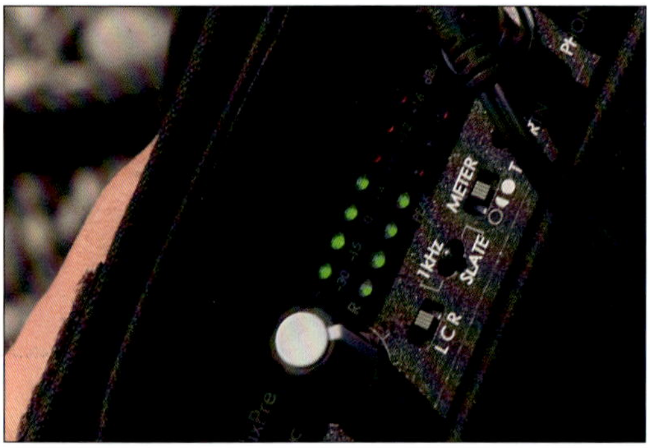

▲ **Abbildung 7.15**
Tonmischer mit LED-Kontrolle der Aussteuerung

▲ **Abbildung 7.16**
Audiomischer mit vielen Funktionen von Tascam, der sich unter jede Systemkamera montieren lässt

Schließlich stellt der Mischer in der Regel noch einen *Limiter* zur Verfügung, der ein Übersteuern des Signals, sogenanntes *Peaking*, verhindert. Allerdings schlägt ein Mischer, zumal ein Stereomischer, gleich wieder richtig zu Buche, und seine Anschaffung ist wirklich nur sinnvoll, wenn sich ein Dritter um den Ton kümmert. Lange Zeit ließen die Hersteller von DSLRs insbesondere einen Audiopegel im Display ihrer Kamera vermissen. Manchmal – wie etwa bei der Canon 5D Mark III – ist er immer noch ziemlich gut im Menü versteckt. Ohne Audiopegel ist der Ton bei der Aufnahme allerdings kaum zu kontrollieren. Deshalb sollten alle Nutzer einer Kamera ohne Pegel unbedingt über die Anschaffung eines Mischers nachdenken.

Hersteller wie Azden, Saramonic oder Beachtec bieten Adapter oder gleich ganze Audiomischer an, die sich unter einer DSLR befestigen lassen und den Anschluss professioneller Mikrofone erlauben. Sie bieten XLR-Eingänge, zum Teil mit zuschaltbarer Phantomspeisung, mit integriertem Limiter und Pegelanzeige. Und das für unter 200€.

Professionelle Audioeingänge: XLR

Wer mit der Anschaffung einer semiprofessionellen Kamera wie der Canon EOS C300 liebäugelt, der bekommt hier gleich einen weiteren Grund für ihren Kauf mitgeliefert: Diese Kameras bieten in der Regel zwei professionelle XLR-Eingänge für den Anschluss Ihres Richtmikrofons und eine Reihe von Kontrollfunktionen für das sogenannte Pegeln des Tons und der Filter. Aber Sie können auch eine Systemkamera einfach und gut aufrüsten. Beispiel: Der Tascam DR-60D mit vier Eingängen (zwei davon XLR), ordentlichen Vorverstärkern, Pegel, Limiter und zusätzlicher Recordingmöglichkeit.

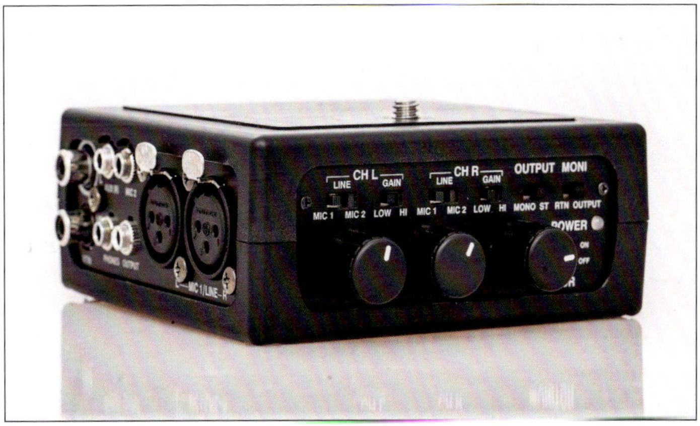

◀ **Abbildung 7.17**
Azden Audiomischer für DSLRs

Wenn Sie sich einen Mischer oder Mikrofonadapter kaufen, dann achten Sie auf ordentliche Mikrofonvorverstärker. Denn die entscheiden nicht nur darüber, dass die Leistung stimmt, sondern auch, ob es deutlich mehr oder weniger rauscht.

Kopfhörer | Sie sind ein unbedingtes Muss, egal, welche Kamera, egal, welches zusätzliche Audioequipment Sie verwenden. Wenn Sie ein Interview aufzeichnen, Musik oder Veranstaltungen filmen, ist ein ordentlicher Ton in diesen und fast allen anderen Fällen wichtig. Doch was ist, wenn die Batterie im Richtmikrofon den Geist aufgibt oder das Kabel gebrochen ist, was, wenn doch eine andere Funkstrecke einstrahlt oder der Wind so heftig bläst, dass alles andere untergeht? So gut Sie Ihre Kamera auch kennen, so gewissenhaft Sie glauben, alles kontrolliert zu haben, am Ende zählt nur, was auf dem Band bzw. dem Speicherchip ist. Das Bild kontrollieren Sie ja auch permanent über den Monitor (zumindest sollten Sie das tun), es gibt also keinen Grund, den Ton dem Zufall zu überlassen.

▲ **Abbildung 7.18**
Immer dabei: Kopfhörer

Und glauben Sie mir: Schon viele leichtfertige Tonassistenten haben im Schneideraum eine böse Überraschung erlebt, als sie erkennen mussten, dass der so wunderbar von Hand gepegelte und geangelte Ton einfach nicht aufgenommen wurde. Ein kurzer Blick auf die Kamera bringt Gewissheit. Im Audioeingang 2 steckt zwar das Mikro, aber an der Kamera sind alle Schalter auf das eingebaute Kameramikro gestellt. Solche und viele ähnliche Fehler können Sie vermeiden, wenn Sie einfach einen Kopfhörer in den entsprechenden Ausgang der Kamera einstecken und aufsetzen.

An jeder Kamera befindet sich ein Miniklinken-Ausgang, er muss nur verwendet werden. Über die Qualität des Kopfhörers könnte man an dieser Stelle auch einiges sagen. Ich bin zufrieden, wenn Sie sich angewöhnen, überhaupt einen zu benutzen. Und wenn Sie doch eine Empfehlung haben wollen: Offene und halboffene Kopfhörer sind etwas angenehmer zu tragen, geschlossene Schalen schirmen dafür die Umgebungsgeräusche besser ab und ermöglichen so eine bessere Kontrolle.

7.2.4 Tonaufnahmen manuell ansteuern

Wichtig bei der Tonaufnahme ist, dass Sie das Mikrofon, gleich ob Kameramikro oder externes Mikro, manuell aussteuern. Gerade die DSLRs boten am Anfang nur eine automatische Aussteuerung an. Diese ist jedoch für einen guten Filmton völlig unbrauchbar. Die Audioautomatik hat die unangenehme Eigenschaft, die Empfindlichkeit hochzuziehen, wenn es vergleichsweise leise ist, ganz nach dem Motto »Es kann ja gar nicht sein, dass hier nichts zu hören ist«. Damit wird meistens aber nur, und das ziemlich unangenehm, das Grundrauschen verstärkt. Beispielsweise legt ein Interviewpartner eine Denkpause ein. Die Automatik würde schon nach kurzer Zeit hörbar nachpegeln. Statt Stille wäre nun Rauschen zu hören.

Die hohe Schule – Hinterbandkontrolle
Profis kontrollieren nicht nur, ob der Ton vor der Aufnahme exakt eingepegelt wurde, sondern auch den Ton, der tatsächlich aufgezeichnet wurde. Denn wenn Sie mit mehreren Mikros und Spuren arbeiten, steigt das Risiko, dass am Ende wegen der Fehlstellung eines kleinen Schalters überhaupt nichts aufgezeichnet wird. Diese *Hinterbandkontrolle* genannte Möglichkeit, den aufgezeichneten Ton live zu kontrollieren, ist ein professionelles Ausstattungsmerkmal Ihrer Kamera. Wenn sie darüber verfügt, sollten Sie die Option unbedingt nutzen.

Um die richtige Pegeleinstellung zu finden, müssen Sie ein bisschen »in die Szene hineinhören«. Welche Geräusche sind zu hören, welche sind erwünscht und welche eher nicht? Interviewpartner lassen Sie am besten ein paar Sätze zur Probe sprechen, um die natürliche Lautstärke der Stimme zu hören. Kontrollieren Sie die Lautstärke über den Pegel. Er sollte wirklich nur in der Spitze an die Grenze bei 0 dB heranreichen. Wird übersteuerter Ton digital aufgezeichnet, klingt er schnell angekratzt oder ist völlig unverständlich.

Wenn möglich, kontrollieren Sie den Ton mithilfe eines Kopfhörers und nicht über den eingebauten Lautsprecher (sofern vorhanden). Hier besteht das Risiko einer Rückkoppelung, die sich durch unangenehmes Pfeifen bemerkbar macht.

Vorsicht, Störgeräusche!
Wenn Sie Richtmikrofone (aber auch jedes andere Mikro) mit der Hand halten, achten Sie darauf, nicht nervös auf den Korpus zu klopfen oder das Mikro in der Hand zu drehen. Jede Bewegung verursacht sogenannten *Körperschall*, der sich durch dumpfe Schläge bemerkbar macht. Wenn Sie ein Kabel verwenden, dann machen Sie vor dem Mikro eine Schlaufe. So verhindern Sie, dass der Stecker Zug bekommt und damit leider auch die empfindlichen Lötstellen im Inneren, was sich dann in der Aufnahme durch Knackser bemerkbar macht. Wenn Sie an den Kauf eines Richtmikrofons denken, achten Sie darauf, dass es möglichst über einen sogenannten *Trittschallfilter* verfügt, der besonders tiefe Störgeräusche (in der Regel unter 80 Hz) beseitigt. Testen Sie, ob das eingebaute Kameramikro sogenannten Körperschall überträgt. Jede Handbewegung ist dann als Schaben, Kratzen oder dumpfer Schlag deutlich hörbar. Auch in diesen Fällen sollten Sie zusätzlich ein externes Mikro anschließen. Häufig gibt es dafür auch separate Halterungen, etwa zum Aufstecken auf den Blitzschuh, die zusätzlich gegen Körperschall gedämpft sind. Richtmikros sind in der Regel mono. Doch lassen Sie sich davon nicht irritieren. Der Stereoton des Kameramikros klingt in den seltensten Fällen besser.

7.3 Stativ

Kameraleute nehmen eine tragende Rolle im Filmbusiness ein. Und im Fall des Stativs ist diese Rolle wörtlich zu nehmen. Auf ihr Stativ verzichten Kameraleute zuallerletzt, auch wenn ein ordentliches Profiteil gut und gerne 10 kg wiegen kann. Im Amateurbereich ist es leider anders. Von allen Zubehörteilen scheinen Stative den schlechtesten Ruf zu besitzen. Viele Amateure verzichten gleich ganz auf ein Stativ oder begnügen sich mit einem günstigen Alu-Klappstativ aus dem Baumarkt. Besitzer eines modernen Camcorders vertrauen lieber auf ihren optischen Bildstabilisator und ihre von Haus aus ruhige Hand. Keine Frage: Die modernen Stabilisierungshilfen bringen eine Menge. Doch genauso wenig, wie Federn und Schwingungsdämpfer (Stoßdämpfer) ein Auto auf holprigem Untergrund wie auf Schienen dahingleiten lassen, gelingt es den Entwackelungshilfen, einem Bild wirklich jene statische Ruhe zu verleihen, die eine Aufnahme vom Stativ auszeichnet.

Die Grenzen der Freihandfilmerei
Für die Fotografie gilt die Faustformel, dass die Belichtungszeit mindestens den Kehrwert der doppelten Brennweite haben sollte, um eine verwackelungsfreie Aufnahme aus der Hand zu garantieren: Beispiel: *Brennweite = 50 mm, Belichtungszeit = 1/50 × 2 = 1/100 s*
Fürs Filmen mit seinen 50 Bildern pro Sekunde (ohne Verwendung eines Shutters) heißt das im Umkehrschluss: Bei Verwendung eines Teles wird es schwer.

◂ **Abbildung 7.19**
Ein ruhiges Motiv verlangt eine ruhige Aufnahme vom Stativ.

Das Stativ in der Kamera – optische Bildstabilisatoren
Vor allem kleine Camcorder bieten heute fast immer irgendeine Art der elektronischen Bildstabilisierung, um das Verwackeln der Aufnahme zu reduzieren oder ganz zu verhindern. Die Ergebnisse sind durchaus gut, es gibt also keinen Grund, darauf zu verzichten. Allerdings sind sie bei Aufnahmen mit langer Brennweite nicht wirklich hilfreich, da hier das Bild zu sehr wackelt. Seien Sie vorsichtig bei der Verwendung von elektronischen Bildstabilisierungshilfen. Diese gehen oft zulasten der Bildqualität.

Auch wenn dynamische, bewegte Aufnahmen einen hohen Reiz haben, viele ästhetische Überlegungen sprechen für den Einsatz eines klassischen Stativs. Vergessen Sie nie, dass der Kameramann bei der bewegten Kameraführung im besten Fall eine kaum merkliche, häufiger leider eine spürbare Rolle im Film übernimmt. Dem Zuschauer wird durch jeden kleinen Ruckler klar, dass da zwischen ihm und dem gefilmten Objekt noch irgendetwas anderes steht, nämlich ein offensichtlich unruhiger Kameramann. Mag bei einem heranstürmenden Löwenrudel die Aufregung noch verständlich sein, angesichts einer in Alufolie gedämpften Forelle wird der Zuschauer die Aufregung kaum verstehen, die durch die unruhige Kamerabewegung entsteht. Auch die leicht vor sich hin zitternde Landschaft entfaltet nicht jene Suggestivkraft, die Bildern mit einem ruhenden Horizont eigen ist. Fazit: Ein Stativ ist kein überflüssiger Ballast, sondern ein notwendiges Werkzeug, und dabei leider weder ein billiges noch ein leichtes.

Zwar gibt es bereits preiswerte Stative für unter 100€, und diese sind immerhin besser, als ganz darauf zu verzichten, aber um ein wirklich sauberes Bild zu produzieren, müssen Sie etwa 500€ und mehr anlegen, im Profibereich kostet ein Stativ mehrere Tausend Euro.

Abbildung 7.20 ▶
Ein Stativ will getragen werden.

Es erscheint auf den ersten Blick unsinnig, sich einen 350g leichten Camcorder zuzulegen, den man wirklich überallhin mitnehmen kann, um sich dann mit einem 1,5kg schweren Stativ zu belasten. Doch genau das ist es nicht. Im Unterschied zur Fotokamera will eine Filmkamera immer bedient werden. Selten wird eine Kamera einfach montiert, eingeschaltet und dann – z.B. per Fernauslöser – gestartet. In der Regel will der Kameramann schwenken oder zoomen, um später im Schnitt Einstellungsalternativen zu haben.

Aber schon die kleinste Berührung der Zoomwippe überträgt sich auf das Kameragehäuse. Ruht dieses auf einem entsprechend schweren Stativ, bleibt die Erschütterung unbemerkt. Auf einem leichten Alustativ dagegen macht sie sich erst wirklich bemerkbar. Ruhige Schwenks und Zooms sind in dem Fall ausgeschlossen. Auch für die beliebten Zeitrafferaufnahmen, z. B. von vorbeiziehenden Wolken, sich öffnenden Blüten oder vom hektischen Stadtleben, ist ein Stativ unerlässlich. Hier muss die Kamera oft minutenlang geradezu »einzementiert« werden, um den gewünschten Effekt zu erzielen.

Und schließlich sind DSLRs mit großem Tele oder die semiprofessionellen Kameras nicht gerade Leichtgewichte. Bereits ein kleiner Stoß kann dafür sorgen, dass das kopflastige System aus schwerer Kamera und leichtem Stativ umkippt. Und dann droht der teuren Kamera erheblicher Schaden.

7.3.1 Stativkopf

Für Kameraschwenks sind sogenannte *Schwenkköpfe* unerlässlich. Diese Kugelköpfe mit einem Schwenkarm erlauben die einfache Verstellung in allen Ebenen. Hier unterscheiden die Experten zwei Arten: den Friktionskopf und den Fluidkopf. Das Geheimnis: Damit ein Schwenk ruhig aussieht, muss der Kopf gedämpft werden. Dies geschieht beim Fluidkopf durch eine zähe Flüssigkeit, die bei der Bewegung durch Kammern gepresst wird, beim Friktionskopf durch eingefettete Metallscheiben. Für Fotografen ist diese Art der Dämpfung überflüssig, da sie die Kamera während der Aufnahme in der Regel nicht bewegen. Deshalb taugen die billigeren Schwenkköpfe, die der Fotofachhandel bereithält, nicht für Filmaufnahmen.

◂ **Abbildung 7.22**
Stativkopf von Manfrotto

Mit einem guten Schwenkkopf lassen sich fahrende Autos, gehende Personen oder Tiere leicht verfolgen. Diese Stativköpfe

Stativplatte
Zwischen Kamera und Stativ sorgt immer eine Stativplatte für den richtigen Halt.

Sie ist dafür verantwortlich, dass Ihre Kamera nicht einfach vom Stativ fällt, sondern sicher und stabil auf dem Stativ sitzt. Deshalb sollte eine Stativplatte immer aus hochwertigem Metall gefertigt sein. Zum Arretieren sollten zwei Fixpunkte, z. B. eine Schraube und ein Zapfen oder zwei Schrauben zur Verfügung stehen. Natürlich muss dann auch Ihre Kamera über die entsprechenden Bohrungen verfügen. Moderne Stative bieten Stativplatten mit Schnellwechselrahmen an, d. h., Sie können die Kamera schnell einklicken und über einen Hebelmechanismus ebenso schnell lösen.

▴ **Abbildung 7.21**
Professionelle Stativplatte auf Stativ von Vinten

sind in der Regel auch teuer. Ein professionelles Stativ kostet leicht 3.000 bis 5.000 €. Bei den semiprofessionellen Ausführungen muss man für ein ordentliches Dreibeinstativ mit einem Kugelkopf mit etwa 700 bis 1.500 € rechnen. Und das zeichnet ein ordentliches Stativ neben Standfestigkeit und einem guten Stativkopf aus:

- **Höhe**: Sparen Sie nicht am falschen Fleck, indem Sie ein Stativ kaufen, das Sie kaum auf Augenhöhe ausziehen können. 1,80 m sollten schon möglich sein, damit Sie einen groß gewachsenen Interviewpartner nicht aus der unvorteilhaften Froschperspektive ablichten müssen.
- **Wasserwaage oder Libelle**: Ein unverzichtbares Hilfsmittel, um die Kamera richtig zu justieren. Die Libelle ist dabei die einfachste Möglichkeit. Eine Luftblase zeigt an, wenn der Stativkopf horizontal richtig ausgerichtet wurde. In der Regel ist die Libelle oder Wasserwaage in den Stativkopf eingelassen.

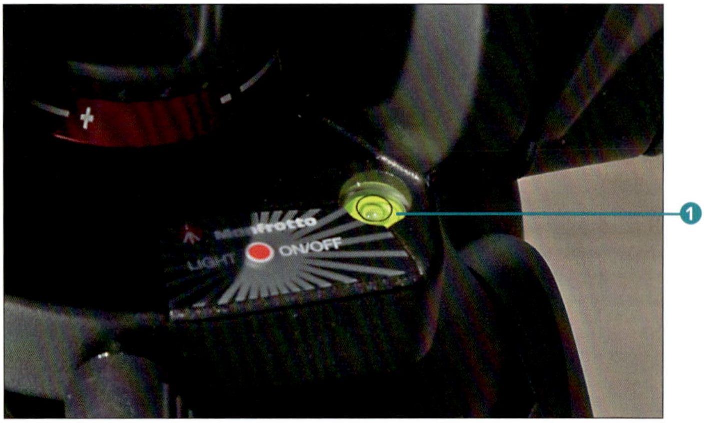

Abbildung 7.23 ▸
Eine Wasserwaage (1), auch Libelle genannt

- **Spinne**: Eine Stativspinne sorgt für zusätzliche Stabilität und verhindert das Wegrutschen der Beine. Achten Sie darauf, dass die Spinne verstellbar ist und möglichst breit ausgezogen werden kann.
- **Mittelsäule**: Kein Muss, aber wünschenswert: eine verstellbare Mittelsäule, die kleine und feine Höhenverstellungen ohne das mühsame Aus- oder Einziehen der Stativbeine erlaubt. Wichtig: Fahren Sie die Mittelsäule wenn möglich nicht ganz aus, da dies den Schwerpunkt des Gesamtsystems nach oben verlegt mit entsprechenden Konsequenzen für die Stabilität.

Friktion
Videoköpfe sind immer für bestimmte Gewichtsklassen konstruiert. Suchen Sie also einen Kopf aus, der zu Ihrer Kamera inkl. Zubehör und schweren Objektiven passt. Sie müssen das Stativ mit den Friktionsschrauben auf das Gesamtgewicht anpassen. Achten Sie darauf, dass die Kamera ruhig läuft, also die Friktion nicht so stark eingestellt ist, dass ein Schwenk ruckelt, und nicht so leicht, dass die Kamera ruckartig abbremst.

7.3.2 Alternativen

Ein Stativ gehört zu einer guten Basisausstattung. Doch wenn die Anschaffung der Kamera bereits Ihr Budget für dieses Jahr aufgezehrt hat, dann gibt es auch Alternativen. Ein für viele Gelegenheiten unkomplizierter und bei Fotografen beliebter Stativersatz ist der sogenannte *Bohnensack*. Dieser tatsächlich mit Bohnen (oft aber auch mit synthetischen Kügelchen) gefüllte Sack erlaubt es, eine Kamera auf fast jedem Untergrund zu arretieren. Zwar sind damit keine Schwenks möglich, aber halbwegs ruhige Aufnahmen aus fast jeder Perspektive.

© Rice Q

▲ **Abbildung 7.24**
Bohnensack

Auch die bei Sportfotografen beliebten *Einbeinstative* können wertvolle Dienste leisten. Sie stabilisieren die Kamera und bieten den Vorteil, dass man mit ihnen auch »hoch« hinauskommt. Achtung: Prüfen Sie, ob die Stativplatte wirklich fest sitzt, bevor Sie Ihre wertvolle Kamera an einem Einbeinstativ über den mit Wasser gefüllten Burggraben halten!

7.4 Schwebesysteme (Steadycam und Gimbal)

Dieser Absatz mag Ihnen etwas seltsam vorkommen, wenn Sie sich den vorherigen gut eingeprägt haben. Eine ruhige Aufnahme vom Stativ ist so etwas wie die Basis des Filmhandwerks, aber die bewegte Kamera ist natürlich dynamischer und gilt deshalb als die hohe Schule. Das Problem ist, dass auch erfahrene und geübte Handkameraleute nicht verhindern können, dass der Film eine unruhige Handschrift bekommt. Wenn es zur Story passt, kein Problem. Schwierig wird es, wenn eigentlich ruhigere, kontrollierte Aufnahmen gefragt sind. Ein wackeliges Interview kann ziemlich nervig werden, wackelige Aufnahmen von Landschaften oder Architektur ebenso.

7.4.1 Steadycam

Der Klassiker ist die sogenannte *Steadycam*. Sie wurde in den 1970er Jahren von dem amerikanischen Kameramann Garrett Brown entwickelt und durch ihren Einsatz im Film »Rocky« berühmt. Heute ist sie aus kaum einer Spielfilmproduktion mehr wegzudenken. Allerdings will der Umgang mit den Schwebesystemen gelernt sein, die ein fast ruckelfreies und dynamisches Führen der Kamera erlauben.

Bei den Profisystemen trägt der Kameramann eine Weste, an der die Kamera über ein kardanisches System befestigt wird. Der Arm, auf dem die Kamera befestigt wird, ist über Federn so montiert, dass sich die Erschütterungen der menschlichen Bewegung kaum noch übertragen. Die Kamera wird über Gegengewichte stabilisiert, sodass auch kleine Erschütterungen weitgehend kompensiert werden, wie sie vor allem für Handkamera-Aufnahmen typisch sind. Da kein direkter Kontakt zwischen der Hand des Kameramanns und der Kamera besteht, was unweigerlich zum Zittern des Bildes führen würde, werden alle wichtigen Funktionen wie Schärfe, Zoom und Blende über Fernbedienungen gesteuert.

© ABC Products

Abbildung 7.25 ▸
Stabilisierungssystem von ABC

Easyrig
Die schwedische Firma Easyrig des Kameramannes Johan Hellsten produziert seit 20 Jahren ein Haltesystem, das ursprünglich nur das Ziel hatte, das Gewicht schwerer Schulterkameras besser zu verteilen. Dazu hängte Hellsten die Kamera an eine Art Galgen. Seither hat er das System ständig verbessert und für unterschiedliche Kameratypen angepasst. Gleichzeitig sorgt das Easyrig für zusätzliche Bildstabilisierung. Andere Firmen bieten vergleichbare Systeme an.

▴ **Abbildung 7.26**
Kameramänner mit Easyrig

Die Preise für Steadycam-Systeme sind in den letzten Jahren deutlich gesunken. Ein Grund ist, dass die Kameras an Gewicht verloren haben, sodass der Aufwand bei der Konstruktion minimiert werden konnte. Ein ordentliches System für leichtere Camcorder, etwa von ARRI, Steadicam (Tiffen) oder Glidecam, kostet jedoch immer noch ab ca. 2.000€. Alternativen wie etwa von der indischen Firma Proaim gibt es auch schon für weniger als 1.000€.

Wer preisgünstigere Lösungen sucht, der kann mit abgespeckten Versionen einer vollen Steadycam-Ausrüstung experimentieren. Die sogenannten *Steadysticks* werden frei in der Hand getragen und sind deshalb natürlich ermüdender und nicht so weit stabilisiert wie die großen Vorbilder. Darüber hinaus bieten Bastler immer wieder Eigenentwicklungen an, die jedoch meist schnell wieder vom Markt verschwinden.

Der Umgang mit Schwebesystemen muss geübt werden, egal, ob Weste oder Stick. Denn das Geheimnis liegt im souveränen Handling des kompletten Systems. Der große Vorteil von Schwebesystemen liegt darin, dass Sie auch komplizierte Bewegungen im Raum ausführen können. Sie können laufende Menschen verfolgen, abrupt um die Ecke gehen oder nach oben und unten schauen. Dadurch eignet sich ein Schwebesystem vor allem dazu, menschlichen Bewegungen zu folgen. Während einer komplexen

Bewegung muss jedoch alles stimmen. Der Abstand zum Objekt sollte möglichst gleich bleiben, weil sonst Schärfeprobleme auftreten können.

© danproductions/steadicam

▲ **Abbildung 7.27**
Steadycam mit Gimbal

Ruhig, ruhiger, Gimby!
Nichts ist so gut, dass es nicht noch verbessert werden könnte. Und deshalb setzen einige Kameraleute mittlerweile auf die Kombination eines Gimbals mit einer Steadycam oder zumindest einem Easyrig. Vorteile: Die Aufnahmen werden noch einmal ruhiger. Vor allem schwingende Bewegungen wie das Auf und Ab, das durch Gehen verursacht wird, stört anspruchsvolle Cineasten. Deshalb gibt es für Easyrigs eigene Aufhängungen für Gimbals, aber auch für die klassische Steadycam. Ich persönlich bezweifle, ob diese Kombination – von mir Gimby getauft – die doch erheblichen Mehrkosten wert ist. Wer beides besitzt, wird es sicherlich ausprobieren. Ich favorisiere eher ein Gimbal in Verbindung mit gleitenden Untersätzen wie etwa Rollstühlen oder Segways. Um Schwankungen möglichst zu minimieren, sollten Sie mit jedem System ausführlich üben.

7.4.2 Gimbals

In den letzten Jahren haben sich sogenannte Gimbals als elektronische Stabilisierungshilfen im Markt durchgesetzt. Ursprünglich stammen sie aus der Drohnenindustrie und dienen auch dort dazu, vibrations- und erschütterungsfreie Aufnahmen herzustellen. Was in der Luft funktioniert, sollte doch auch am Boden gute Dienste tun, dachten sich Unternehmen wie DJI und entwickelten Lösungen für die erdgebundene, schwebende Kamera. Mit durchschlagendem kommerziellen und visuellen Erfolg. Denn

Von Kränen, Schienen und Dollys
Für die Aufnahme schöner Bewegungen tun Kameraleute fast alles. Unter anderem verlegen sie meterweise Schienen, auf denen schwere Fahrzeuge hin- und hergleiten können, auf denen dann meterhohe Kräne mit langen Auslegern montiert werden. Und am Ende nimmt der Kameramann entspannt Platz und filmt die Szene. Denn aufbauen müssen das alles natürlich andere.

© Fa. Panther

▲ **Abbildung 7.28**
Kamerakran mit Kameramann

Solche aufwändigen Fahrten sind das Salz in der Suppe von Spielfilmen und teuren Dokus. Wenn Sie ein kleines, aber enthusiastisches Team um sich herum haben, dann überlegen Sie, mit welchen einfachen Hilfsmitteln Sie die Kamera ruhig bewegen können. Tipp: Bürostühle rollen auf glattem Untergrund ganz hervorragend.

▲ **Abbildung 7.29**
Kameramann mit DJI Ronin M

die Gimbals erlauben es tatsächlich, eine Kamera weitgehend erschütterungsfrei zu führen und zu steuern, sodass aufwändige Kamerafahrten plötzlich zum Portfolio jedes Kameramanns werden. Musste man bei den ersten Modellen noch mit technischen Unzulänglichkeiten kämpfen, so unterstützen die aktuellen Versionen von DJIs Ronin oder Zhiyuns Crane auch das ferngesteuerte Fokussieren.

Die Größe (und damit meist auch der Preis) Ihres Gimbals richtet sich nach dem Gewicht der Kamera samt Zubehör, das montiert werden soll. Die Einsteigerklasse stellen die Einhandgimbals mit einer maximalen Payload von knapp 4,5 kg dar. Das reicht für die meisten Systemkameras wie die Sony Alpha 7S, Panasonic GH7, Nikon Z7 inkl. eines Standardobjektivs, aber auch schwerere DSLRs wie die Canon 5D. Ein 3 kg schweres Tele gehört allerdings nicht zur geeigneten Ausrüstung. Die Einhandstative haben zudem den Vorteil, dass sie auch für ungeübte sehr einfach zu führen sind. Wer Wert auf höchste Flexibilität legt und nur rasante Bewegungen plant, ist mit diesen Gimbals bestens bedient. Ich selbst bevorzuge allerdings die Zweihandgimbals bzw. eine Ringlösung. Am Querholm bzw. Ring lassen sich ein großer Monitor, ein Mikro mit Mischer und vielleicht noch eine Aufstecklampe befestigen, ohne dass sie die Motoren belasten. Nur kräftige Arme sind gefragt, um das Gimbal schlussendlich auch zu tragen. Ein externer Monitor ist aus meiner Sicht unerlässlich, wenn man wenigstens halbwegs Kontrolle über das Bild haben möchte. Die Führung mit beiden Armen sollten Sie üben. In den Ring der Firma Tilta speziell für Gimbals von DJI lassen sich Remote-Steuerungen zum Neigen und Schwenken sowie Zoomen integrieren. Eine Akkuplatte sorgt für ausreichend Strom für das gesamte Rig. Tipps zum Umgang mit Gimbals und zur Kalibrierung lesen Sie in Abschnitt 8.3.

7.5 Rigs und Cages

Wer öfters mit einer DSLR oder Systemkameras filmt, wird über kurz oder lang über die Anschaffung eines sogenannten Cages als Basis eines Kamerarigs nachdenken. Ich hoffe etwas länger, denn die Entscheidung für das richtige Rig ist schwieriger als die Entscheidung für die Kamera.

Rigs ähneln sehr einem Baukastenprinzip. Im Kern bestehen sie aus einem Cage genannten Metallgehäuse für die Kamera, das auf die jeweilige Kamera angepasst wurde, sodass Kartenslots, Stecker und Batteriefach ebenso zugänglich bleiben wie alle

Bedienelemente. Mit einer Bodenplatte können am Käfig zwei Stangen mit 15 oder 19 mm Durchmesser aus Leichtmetall oder Carbon befestigt werden, auf die sich dann weiteres Zubehör wie etwa ein Follow-Fokus, eine Matte-Box oder eine externe Stromversorgung aufstecken lassen. Am Cage selbst finden sich zahlreiche Gewindebohrungen, an denen man zusätzlich Ausrüstung montieren kann.

Wenn man sich nicht für ein komplettes, fertig montiertes System eines Herstellers für seine Kamera entscheiden kann, dann beginnt eine manchmal etwas unerfreuliche Bastelarbeit. Denn dann muss überprüft werden, ob alle Klemmen auch so angebracht sind, dass sie sich am Ende nicht gegenseitig behindern. Die Anbieter wie Fotga, Tilta, LanParte oder Smallrig kommen aus China, Zacuto oder Woodden Camera aus den USA. Qualitativ haben die Hersteller aus Fernost in meinen Augen enorm zugelegt. Die Gewinde sind sauber geschnitten, statt Plastik kommt Metall zum Einsatz, wenn es die Stabilität erfordert. Trotzdem gibt es nach wie vor noch ulkig anmutende Eigenheiten. So habe ich selbst schon die Schienen einer V-Mount-Halterung an einem Spannungswandler nachfeilen lassen, damit sich Standard-V-Mount-Akkus am Ende auch aufstecken ließen. Ein Hersteller hat die 15-mm-Halterung seines Follow-Fokus so großzügig bemessen, dass er sich ohne Moosgummi als Einlage niemals festziehen ließ. Trotzdem gibt es keinen Grund mehr, das Ableben deutscher Feinmechanikfirmen an dieser Stelle zu bedauern, obwohl sie einst in diesem Marktsegment führend waren. Zudem sind die Hersteller sehr innovativ und lassen sich immer neue Lösungen einfallen, wie man Mikrofone oder Monitore noch einfacher montieren kann, wie man Kabel schützen oder Höhen anpassbar machen kann. Und das Ganze zu Preisen, die die Anschaffung eines Moosgummis zur Nebensache werden lassen. Trotzdem: Wer kein Bastlerblut in seinen Adern fließen hat, sollte auf eine abgestimmte Fertiglösung setzen.

7.6 Filter und Matte-Box

Die meisten Fotografen sehnen sich nach Objektiven, die ihnen alle fotografischen Wünsche erfüllen. Deshalb stehen sie immer ganz oben auf der Wunschliste. Doch gerade für den Filmkameramann sind Filter, zumindest ND-Filter und die dazugehörige Matte-Box, fast genauso wichtig. Übrigens: Bei deutschen Kameraleuten war lange die Bezeichnung »Kompendium« für die »Matte-Box« üblich, doch in den letzten Jahren hat sich der englische Begriff durchgesetzt.

▲ **Abbildung 7.30**
Matte-Box mit 4×4-Filterhalter und ND-Filter

7.6.1 ND-, Verlaufs- und Polfilter

Wer ein großes Fotogeschäft oder die einschlägigen Elektronikmärkte auf der Suche nach Neuheiten durchstreift, der bleibt fast immer auch vor einer Regalwand voller Filter hängen. Fast könnte man sagen: leider. Denn 95 % der angebotenen Filter sind schlicht überflüssig. Zu den wenigen empfehlenswerten gehören die folgenden:

▲ **Abbildung 7.31**
ND-Filter im Filterhalter

- **ND-Filter**: Die auch Graufilter genannten Filter vermindern den Lichteinfall ins Objektiv. Sie erlauben es so, mit möglichst offener Blende zu drehen. Aufgrund der mangelnden Schärfentiefe auch professioneller Video-Camcorder gegenüber Filmkameras neigen Kameraleute immer dazu, Blenden mit möglichst niedriger Blendenzahl zu wählen. Der Grund dafür: Mit der geringen Schärfentiefe können Sie Hintergründe unscharf abbilden und so das »scharfe« Motiv hervorheben. Doch was ist, wenn die Lichtverhältnisse eine offene Blende einfach nicht zulassen? In diesen Fällen helfen die ND-Filter weiter.
- **ND-Verlaufsfilter**: Die Verlaufsfilter reduzieren den Lichteinfall nur in einem Teil des Bildes. Der Übergang ist fast unmerklich. Sie erlauben es, hohe Kontraste in einem Bild etwas oder deutlich zu reduzieren. Klassisches Beispiel ist ein Sonnenuntergang am Meer. Sonne und Reflexe im Wasser sind deutlich heller als der Rest des Wassers und der Strand. Entweder ist die Sonne also zu hell, oder das Wasser und der Strand sind zu dunkel. Ein Verlaufsfilter korrigiert dieses Missverhältnis um ein bis zwei Blendenstufen.
- **Polfilter**: Mit ihm können störende Spiegelungen aus Fensterscheiben oder von Wasseroberflächen entfernt werden. Bei modernen Digitalkameras sollten jedoch nur zirkulare Filter eingesetzt werden. Testen Sie Ihren neuen Polfilter unbedingt vor dem ersten wichtigen Einsatz. Einige Filter erzeugen gerade bei Kamerabewegungen unschöne Muster.

Schrauben oder Stecken?
Die meisten Filter werden als Schraubfilter angeboten, Profis verwenden stattdessen in der Regel Einsteckfilter mit den dazugehörigen Filterhaltern. Vorteil ist, dass sich so mehrere Filter kombinieren lassen. Bei Verlaufsfiltern kann man die Position besser kontrollieren. Und: Sie können ein und denselben Filtersatz für unterschiedliche Objektive verwenden. Bei Schraubfiltern benötigen Sie dagegen für jeden Objektivdurchmesser einen passenden Filter.

Hochwertige ND- und Verlaufsfilter kosten einiges. Für einen kompletten Satz mit jeweils drei Filtern in unterschiedlichen Stärken können schnell einige Hundert Euro über die Ladentheke wandern. Eine preiswerte Alternative stellen sogenannte *Fader* dar. Sie sind eine Kombination aus zwei Polfiltern, die sich stufenlos gegeneinander verschieben lassen. Der Effekt entspricht dem eines Graufilters. Die Fader gibt es mit Schraubgewinde.

Alle anderen Filter, vor allem aber die vielfach angebotenen Effektfilter, sind – zumindest nach meiner Überzeugung – schlicht überflüssig. Sie sorgen nur für Bildveränderungen, die sich besser im Schnitt erledigen lassen.

▲ **Abbildung 7.32**
Fader mit unterschiedlicher Verdunkelung

7.6.2 Matte-Box (Kompendium) und Tulpe

Ein fast unverzichtbares Hilfsmittel ist ein Kompendium (Matte-Box). Diese Gegenlichtblende vermeidet störende Einstrahlungen, die eine Lichtquelle erzeugt, die direkt ins Objektiv leuchtet.

◂ **Abbildung 7.33**
»Lens Flares« in Gegenlichtsituation

Irgendeine Lampe, ein Scheinwerfer, eine Kerze, Neonreklame, die Sonne oder eine Glühbirne ist immer im Weg. Diese Einstrahlungen können attraktiv wirken, doch wenn sie am Ende störend über einem Gesicht liegen, kann man sie kaum entfernen. Umgekehrt bietet die Effektlibrary fast immer *Newtonsche Ringe* an, d.h., man kann die Linsenflecken nachträglich einbauen. Besser ist es also, Einstrahlungen zu vermeiden. Film- und Fotoobjektive werden in der Regel nur mit einer einfachen *Tulpe* ausgeliefert. Eine Tulpe sieht ähnlich wie ein Kompendium aus, ist aber deutlich kleiner und schirmt deshalb auch weniger Einstrahlungen ab.

▲ **Abbildung 7.34**
Tulpe

▲ **Abbildung 7.35**
Kompendium bei Gegenlichtaufnahme

Objektiv reinigen
Flecken auf dem Objektiv werden gerade bei Gegenlicht sehr gut sichtbar. Schlimmer noch. Bei einer bewegten Kamera sind sie im Film auch noch sehr viel störender und schlechter zu beseitigen als bei einem Foto. Deshalb gehört eine Kontrolle und gegebenenfalls Reinigung des Objektivs vor Beginn der Dreharbeiten zum unbedingten Muss, besonders, wenn es regnet und Wassertropfen auf die Frontlinse fallen. Verwenden Sie zur Reinigung ein herkömmliches Brillenputztuch oder ein fusselfreies Mikrofasertuch aus dem Fachhandel. Zum Schutz der Frontlinse empfehle ich, jedem Objektiv einen passenden Schutzfilter zu spendieren.

▲ **Abbildung 7.36**
Verschmutzte Optik

Ein Kompendium bietet noch einige Zusatzvorteile, z. B. einen integrierten Filterhalter und die Möglichkeit, sogenannte *Flags* vorzusetzen, um noch wirkungsvoller Lichtreflexe vermeiden zu können. Sehr praktisch ist eine Matte-Box, die sich einfach zur Seite wegklappen lässt. Objektive können so schnell und ohne Demontage gewechselt werden.

7.7 Objektive, Vorsätze und Verdoppler

Objektive sind so etwas wie das Salz in der Suppe und das Loch im Geldbeutel eines selbstständigen Kameramanns. Professionelle Filmoptiken kosten in der Regel mehrere Tausend Euro, und es werden auch fünfstellige Beträge erreicht. Doch auch beim Filmemachen kommen Wechselobjektive zum Einsatz, in der Regel meist ein Standardzoom (16-fach oder besser) und ein Weitwinkelzoom. Für die semiprofessionellen Kameras bieten die Hersteller oft zwei Optiken an, die eigens für den Body konstruiert wurden.

Abbildung 7.37 ►
Systemkamera mit Filmzoom und Fluidzoom

Darüber hinaus können über spezielle Adapter auch alle möglichen anderen Optiken wie Festbrennweiten montiert werden. Auch für Systemkameras wächst das Angebot an speziellen Film-Zoomoptiken, die parfokal sind und bei denen Fokus, Blende und Brennweite verstellt werden können.

Doch wer die klassischen Filmoptiken nutzen möchte, der muss den Anschluss an die Kamera ändern, zum Beispiel mit einem Adapter auf den PL-Mount. Doch dieser Weg ist wenig vielversprechend. Denn neben den unterschiedlichen Formaten entscheidet z. B. auch das Auflagemaß, ob ansprechende Bilder auf dem Sensor entstehen. Im Moment sollte jeder also in seinem System bleiben und die Optiken nutzen, die für seine Geräteklasse zur Verfügung stehen. Wem dabei das Geld ausgeht, der kann zumindest ein wenig tricksen.

Mit entsprechenden Vorsätzen und Adaptern kann der Zoombereich zum Teil erheblich ausgeweitet oder aus einem Normalobjektiv ein Weitwinkel gemacht werden.

Jede Optik hat eine bestimmte Charakteristik. Maßstab für die Unterteilung ist der Vergleich mit dem menschlichen Blickwinkel. Der liegt in etwa zwischen 45° und 55°. Objektive mit höherem Bildwinkel werden als Weitwinkel bezeichnet, Objektive mit kleinerem Bildwinkel als Teleobjektive.

▼ Abbildung 7.38
Brennweiten und ihr Bildwinkel

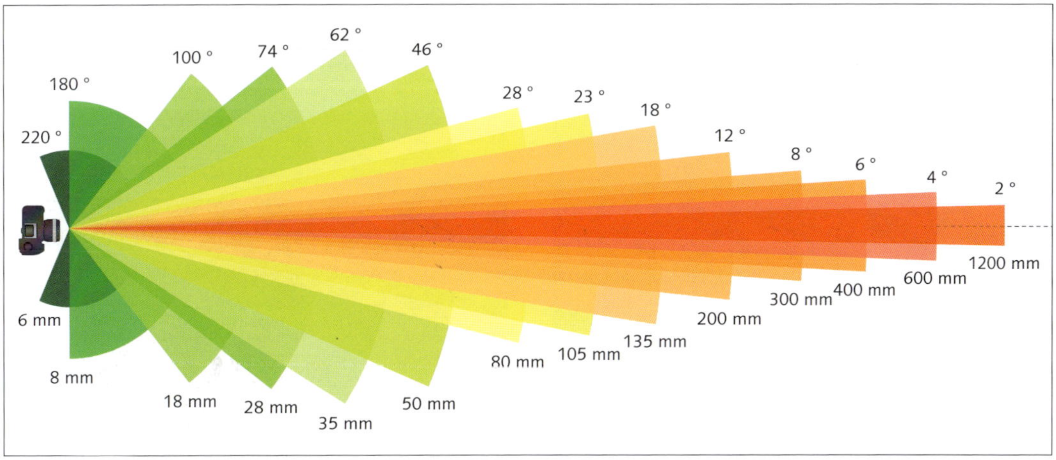

7.7.1 Weitwinkel

Weitwinkelobjektive haben zunächst einmal den großen Vorteil, dass sie mehr Bild zeigen. Sie sind deshalb besonders geeignet für Landschaftsaufnahmen. Für den Einsatz als Filmlinse, insbesondere Reportagelinse, prädestiniert sie ihre große Schärfentiefe. Wer viel aus der Hand filmt, ist mit einem Weitwinkel gut bedient. Allerdings muss man das Plus bei der Schärfentiefe bezahlen. Künstlerische Filmgestaltung mit feinen Schärfeverläufen ist nicht Sache eines Weitwinkelobjektivs. Hinzu kommt, dass Weitwinkel gerade Linien deutlich sichtbar krümmen. Es entstehen schneller sogenannte stürzende Linien im Bild bzw. richtige Verzerrungen. Bei Porträts kann sich dies besonders negativ auswirken, z. B. durch übergroß wirkende Nasen.

Ungewöhnliche Blickwinkel mit sehr großem Bildwinkel (z. B. 180° wie bei einem Fisheye) sind im Film ungebräuchlich.

7.7.2 Normalbrennweiten

Sie entsprechen in etwa dem menschlichen Blickwinkel. Abbildungen mit Normalbrennweite werden deshalb häufig als sehr natürlich wahrgenommen. Im Kleinbildbereich gilt daher das 55-mm-Objektiv als die Standardoptik schlechthin.

7.7.3 Teleobjektiv

Ein Teleobjektiv hat einen sehr kleinen Bildwinkel, dafür holt es auch weit entfernte Gegenstände nah heran. Im Filmalltag sind auch extreme Teleobjektive eher unüblich. Ein ordentliches Teleobjektiv hilft, das Motiv sauber einzurichten. Merkmal der großen Brennweiten ist der kleinere Schärfentiefebereich. Teleobjektive lassen Vorder- und Hintergrund miteinander »verschmelzen«, z. B. die Münchner Frauenkirche vor dem Panorama der Alpenkette. In Wirklichkeit liegen fast 100 km zwischen beiden. Bei guter Sicht lassen sie sich mithilfe eines Teleobjektivs zusammenzaubern.

◂▴ **Abbildung 7.39**
Die drei vorgestellten Objektivtypen im Vergleich: Links oben eine Teleaufnahme, rechts daneben eine Aufnahme mit Normalbrennweite und unten eine Weitwinkelaufnahme

Ein leichtes Teleobjektiv mit ca. 85 mm Brennweite gilt als ideales Porträt-Tele, da es menschlichen Gesichtern schmeichelt, während ein Weitwinkel Personen verzerrt.

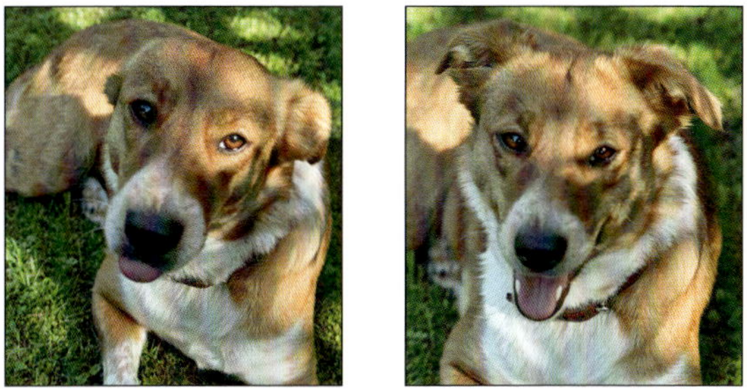

▲ **Abbildung 7.40**
Hundeporträt: Die obere Aufnahme mit Weitwinkel verzerrt die Hundeschnauze und zieht sie in die Länge.

7.7.4 Filmoptiken

Die meisten Filmoptiken sind Zoomobjektive. Eine Standardoptik reicht vom leichten Weitwinkel bis zum ordentlichen Tele, nur bei den Camcordern dominieren die Superzooms. Bei Spielfilmproduktionen kommen häufig sogenannte *Festbrennweiten* zum Einsatz.

Gerade im Dokumentarfilmbereich gehören leistungsfähige Zooms zur Standardausrüstung. Wichtigster Grund: Ein Filmbild wird bei der Aufnahme bereits abschließend kadriert und auch im Nachhinein nur in Ausnahmefällen beschnitten. Das Bild kommt also so auf den Monitor, wie es der Kameramann einrichtet. Deshalb muss alles perfekt sitzen. Eine schwierige Aufgabe, wenn der Raum begrenzt ist oder die Entfernung zum Motiv kaum verändert werden kann. Hier helfen Zoomobjektive. Ganz wichtig dabei: Beim Zoomen darf die Optik den Fokuspunkt nicht verlieren, eine unangenehme Eigenschaft vieler, vor allem preiswerter Fotooptiken. Seit einigen Jahren bieten nun mehrere Hersteller wie Sigma, Samyang oder Zeiss Filmzooms für diverse Kameraanschlüsse an.

Je nach Hersteller gibt es die Objektive ab etwa 2.000 € (aber auch für deutlich mehr). Diese Preisentwicklung wird in meinen Augen das Filmen fast ebenso stark beeinflussen wie die Entwicklung filmfähiger Fotokameras. Denn nun gibt es zu den tollen Sensoren auch leistungsfähige Objektive.

Gerade im Consumer-Bereich gibt es einige preiswerte Alternativen zur Anschaffung einer zweiten Optik. Aus einem Standardobjektiv kann mithilfe eines Vorsatzes ein Weitwinkel werden. Allerdings sollte man die Vorsätze gründlich testen. Billige Exemplare erzeugen oft seltsame Strukturen im Bild, die nicht zu korrigieren sind. Vorsätze sind auch häufig nicht durchzoom-

Wechselobjektive für Einsteiger
In der Fotografie gilt für Einsteiger die Empfehlung, sich zwei hochwertige Zoomobjektive mit hoher Lichtstärke zuzulegen, die den Brennweitenbereich von 24 bis 200 mm abdecken. Also etwa ein 24–70-mm-Objektiv und ein 70–200-mm-Tele, jeweils mit $f/2{,}8$ Anfangsblende. Wenn Sie mit einer DSLR arbeiten, können Sie dabei bleiben. Arbeiten Sie dagegen mit Videoobjektiven von Fujinon oder Canon, dann empfehle ich Ihnen eine Standardoptik mit möglichst 16-fachem Zoom und ein Weitwinkel. Für die bewegte Kamera ist ein Weitwinkel ein wahrer Segen. Warum, erkläre ich Ihnen in Abschnitt 11.4, »Die bewegte Kamera«.

Auflösung
8K ist die Filmauflösungen der Zukunft. 8K liegt dabei mit 35,4 Megapixeln pro Einzelbild bereits über der Auflösung gängiger Fotoapparate. Das heißt: Mit der Einführung von 8K-Sensoren werden viele Objektive den hohen Anforderungen nicht mehr gerecht. Davon sind nicht allein preiswerte Linsen betroffen. Bildfehler von Kameraobjektiven, deren Auflösung nicht für 8K reicht, würden von einem 8K-Sensor besonders deutlich hervorgehoben. Wer also an die Anschaffung einer 8K-Kamera denkt, sollte das jetzt schon beim Kauf eines neuen Objektivs berücksichtigen. Das gilt natürlich auch für 4K-Kameras. Auch hierfür bietet längst nicht jedes Objektiv die notwendige Auflösung.

bar, d. h., in maximaler Weitwinkeleinstellung kommen schwarze Ecken ins Bild.

Abbildung 7.41 ▸
Filmoptiken von Zeiss

Das Televerhalten einer Optik lässt sich ebenfalls steigern, und zwar mithilfe eines Konverters. Für Systemkameras gibt es Zwischenstücke, die die Brennweite eines Objektivs glatt verdoppeln. Nachteil: Die zusätzliche Brennweite müssen Sie mit Lichtleistung bezahlen.

Ohne Ramping
Fotozoomobjektive, die keine durchgängige Anfangsblende aufweisen (Ramping), sondern mit längerer Brennweite nur kleinere Anfangsblenden zur Verfügung stellen, sind doppelt ungeeignet zum Filmen. Zum einen lässt sich der Zoom oft nicht flüssig bedienen, zum anderen sorgt die sich schließende Blende für eine erkennbare Abdunkelung im Bild.

Sehr populär sind in den vergangenen Jahren Festbrennweiten geworden, die als sogenannte Cine-Objektive vermarktet werden. Tatsächlich gab es sie schon immer, aber nun hat fast jeder Hersteller, der etwas auf sich hält, ein Set entsprechender Objektive im Angebot. Wesentliches Merkmal der Objektive ist, dass sie über den gleichen Filterdurchmesser verfügen und – zumindest im Bestfall – auch einen einheitlichen Transmissionsindex aufweisen. Der Transmissionsgrad gibt an, wie viel Licht beim Passieren eines Objektivs verloren geht. Auf Prime-Objektiven wird deshalb meist der sogenannte T-Stop z. B. als »T1.5« angegeben. Der T-Stop ist immer etwas höher als der F-Stop, also die Größe der Blendenöffnung eines Objektivs, die meist in der Form »f/2,8« z. B. für die Anfangsblende eines Objektivs angegeben wird. Eine Optik mit T1.5 ist also sehr lichtstark. Prime-Objektive von Zeiss, Cooke oder ARRI können ein kleines Vermögen kosten. Samyang, DZOFILM oder Sigma halten vergleichsweise preiswerte Alternativen bereit. Auch von Zeiss gibt es mit der Loxia-Serie preisgünstige vollmechanische Videoobjektive, allerdings mit unterschiedlichen Anfangsblenden.

7.8 Taschen, Koffer und Rucksäcke

Wer seine Kamera liebt, der spendiert ihr ein passendes Zuhause. Und das will mit fast so viel Sorgfalt ausgesucht werden wie die Kamera selbst, vor allem, wenn das gute Stück auch mit auf Reisen gehen soll. Solange man beim Fliegen seine Ausrüstung mit in die Kabine nehmen kann, kann man auf Hartschalenkoffer verzichten. Wer jedoch Kamera oder Zubehör aufgeben will oder muss, sollte es unbedingt auch in Cases verstauen, die die unsanfte Behandlung an Flughäfen schadlos überstehen.

7.8.1 Softbag

Sie gibt es vor allem für die semiprofessionellen Geräte von Herstellern wie Porta Brace oder Camrade: fast auf den Body geschneiderte Softbags, die jedoch so versteift sind, dass der empfindlichen Elektronik im Inneren auch bei ruppiger Behandlung nichts zustößt. Wichtig ist, dass vor allem der meist etwas abstehende Sucher Platz in einer stabilen Aussparung findet. Die Reißverschlüsse sollten möglichst spritzwasserfest verarbeitet sein. Für die Systemkamera gibt es bequeme Fotorucksäcke, die allen Anforderungen genügen. Einziger Nachteil: Sperriges Zubehör wie Kompendium, manuelle Zooms, Monitor etc. finden nicht immer ganz Platz.

7.8.2 Hartschalenkoffer

Hier bieten diverse Hersteller verschiedenste Systeme an. Am bekanntesten sind sicherlich die sogenannten Peli-Cases von der gleichnamigen Firma. Die schwarzen, äußerst stabilen und meist wasserdichten Koffer lassen keinen Wunsch offen. Allerdings sind sie sehr teuer und relativ schwer, was sich beim Übergepäck noch einmal bemerkbar macht. Preiswertere Anbieter haben leichtere und trotzdem stabile Koffer im Sortiment. Für den Flieger sind leichte Alukisten empfehlenswert, z. B. von Zarges. Ein Besuch im Fachhandel hilft hier enorm weiter. Allerdings sollte man einen großen Bogen um billige Baumarktangebote machen. Die Aluminiumhülle kann mit einem Schraubenzieher durchstoßen werden, die Koffer sind oft nur mit Pappe ausgesteift und bieten keinen Schutz vor Druck. Auch beim Innenleben gibt es Unterschiede. Angepriesen werden häufig Schaumstoffelemente, die so »ausgehöhlt« werden können, dass Kamera, Objektive oder Zubehör jeweils ihren ganz eigenen Platz finden. Am Anfang sieht auch alles gut aus, doch nach und nach löst sich das Innenleben auf, und am Ende bleibt nur ein mehr oder weniger stabiles Gerüst übrig. Ich ziehe deshalb die klassischen Trennwandsysteme vor. Die sind zwar manchmal etwas unpraktisch, aber dafür flexibel und dauerhaft stabil.

Man sollte nicht nur an die passende Verpackung für die Kamera und die Objektive denken. Auch ein Stativ will ordentlich verpackt sein. In Ermangelung entsprechender Barreserven trug ich einmal auf einer Weltreise mein Stativ in einem zurechtgesäg-

Das Innenleben eines Koffers
Die Industrie bietet diverse Systeme an, mit denen man seinen Hartschalenkoffer in Fächer unterteilen kann. Nur dann liegen die teuren Objektive, Filter oder die Tonausrüstung auch wirklich sicher.

Besonders schick sehen immer Schaumstoffeinlagen aus, in die man passende Löcher pulen kann. Nachteil: Die aus einzelnen Würfeln aufgebauten Schaumstoffteile lösen sich schnell in ihre Einzelteile auf, und damit geht der Sinn verloren. Ich ziehe deshalb immer noch die etwas steifen, aber robusten Trennwände mit Klettverschluss vor.

▲ **Abbildung 7.42**
Tonkoffer

Fluidköpfe auch in Hartschalenkoffer
Weil die Fluidköpfe ebenfalls sehr sensibel sind, empfehle ich unbedingt ein passendes Hartschalencase, vor allem, wenn das Stativ in den Gepäckraum des Fliegers muss.

ten Regenwasserrohr um den halben Globus. Dies war allerdings nur in Zeiten möglich, als Fluggesellschaften gegenüber Kameraleuten noch sehr kulant waren. Heute würden die Gebühren für Übergepäck die Anschaffung eines passenden leichten Aluminiumkoffers allemal rentabel machen.

Einsteigertipp: Nur kaufen, was man auch nutzt

Das sogenannte Gear-Acquisition-Syndrom (GAS), auf Deutsch die zwanghafte Lust, Ausrüstung zu kaufen, hat schon so manchen Kameramann ruiniert. Machen Sie es sich deshalb zum Grundsatz, nur die Ausrüstungsgegenstände auch wirklich zu kaufen, für die Sie mindestens einen Einsatzzweck vor Augen haben. So schön es ist, 20 Objektive sein Eigen zu nennen, eine Wertanlage ist altes Glas nicht. Nur Leica-Kameras und andere exklusive Exoten schaffen es, Sammlerstücke zu werden. Fällt Ihnen partout nicht ein, was Sie mit einem Zubehörteil eigentlich anfangen wollen, dann lassen Sie die Finger davon. Bevor Sie kaufen, überlegen Sie sich, ob der Einsatz einmalig ist oder sich wiederholt. Nur wenn Ihnen mindestens auch ein zweiter Dreh einfällt, gehen sie in den entsprechenden Laden oder bestellen Sie im Internet. Sonst leihen Sie sich das Gerät. Testen Sie das Gerät ausgiebig, und geben Sie es zurück, wenn es Ihren Anforderungen nicht genügt und deshalb eine Schattenexistenz im Regal zu führen droht. Man nennt so etwas auch »totes Kapital«. Wenn Sie all diese Hürden überwunden haben, die Sie vor dem nahen Ruin bewahren sollen, dann kaufen Sie. Denn die eigene Ausrüstung schafft auch Freiheit und Spielräume für kreative Experimente. Und nun lassen Sie uns Geld ausgeben: Meine Ausrüstungsliste für Einsteiger sieht wie folgt aus:

- Kamera
- passendes Stativ mit Schwenkkopf, der für das Gewicht der Kamera ausgelegt ist
- Objektive nach Bedarf, darunter ein Standardzoom möglichst als Cine-Objektiv mit manuellem Blendenring (bei festverbautem Objektiv Zoom mit hohem Zoomfaktor (16 oder größer))
- Audiomischer (extern oder intern) und externes Richtmikrofon
- Ansteckmikrofon mit Funk oder Kabel (XLR)
- 5-Zoll-Monitor, besser 7 Zoll mit HDMI-Kabel
- mindestens 2 schnelle Speicherkarten, mindestens 100 MB/s Datendurchsatz
- dimmbare Aufstecklampe mit änderbarer Farbtemperatur und hoher Farbwiedergabetreue (vor allem bei LEDs) und mindestens 750 bis 1.000 Lux (auf 1 m)
- ND-Filter (Neutraldichte-Filter 0,3, 0,6, 0,9 und 1,2 zur Korrektur von einer, zwei, drei oder vier Blendenstufen)
- geeignete Tasche/Rucksack für komplette Ausrüstung

Nichts liegt näher, als seine Schätze durch ein geeignetes Schloss zu sichern. Man sollte jedoch nie vergessen, dass jeder Zoll, jede Fluglinie und natürlich alle Sicherheitsbehörden gerade an Flughäfen das Recht haben, Koffer zu prüfen, und davon auch weidlich Gebrauch machen. Wer es den Beamten ungebührlich schwer macht, muss darauf gefasst sein, das Schloss in Einzelteilen zurückzubekommen oder sogar ein Loch im Koffer zu finden. Eingebürgert haben sich sogenannte TSA-Schlösser. Entwickelt wurden sie von der amerikanischen Transportation Security Administration (TSA). Die Sicherheitsbehörden an den US-Flughäfen können jedes TSA-Schloss mit einem Generalschlüssel öffnen. Besonders sicher sind sie zwar nicht, aber sie halten einen Dieb, der nur mal schnell den Koffer aufmachen will, wenigstens etwas vom Zugriff ab.

Kapitel 8
Filmen mit der Systemkamera

Video wird auch für Fotografen immer wichtiger. Dabei vertrauen sie am liebsten auf ihr gewohntes Handwerkszeug. Aber: Das Filmen mit einem Fotoapparat erfordert ein Umdenken.

Es geschah eher beiläufig, dass Canon die EOS 5D Mark II im Jahr 2008 mit der Fähigkeit ausstattete, auch Videos aufzuzeichnen. Denn eigentlich ging es dem Unternehmen eher darum, den Live-View seiner Topkamera zu verbessern. Und weil die 5D schon einmal kontinuierlich den Sensor auslesen konnte, speicherte man halt das Signal auch noch auf der Speicherkarte. Der Erfolg war umwerfend. In kurzer Zeit zogen Kameraleute statt mit 20 kg schweren Schulterkameras nun mit einer leichten Spiegelreflex los, um ganz neue, für die Videowelt ungewohnte Aufnahmen im Kinostil zu produzieren. Fast schon hysterisch bestanden Produktionsfirmen darauf, dass alles im neuen Look der Vollformatsensoren gedreht werden müsse, auch wenn die schnell wachsende Zahl der videotauglichen Fotokameras am Anfang nicht viel mehr konnte, als eben Bewegtbild aufzuzeichnen. Schon zum Einpegeln des Tones benötigte man den Firmware-Hack von Magic Lantern.

Um im Berufsalltag halbwegs effizient arbeiten zu können, mussten die 5D und Kollegen in einen Käfig gesperrt und mindestens mit einem zusätzlichen Monitor und Mikro ausgestattet werden. Zu umständlich, fanden nach dem Abflauen der ersten Euphorie viele Kameraleute und bestanden stattdessen auf ihren vertrauten Arbeitsgeräten. Doch die Katze war einmal aus dem Sack, und auch im Filmgeschäft begann der Siegeszug der Single-Sensor-Kameras, also der Geräte, die mit nur einem Bildsensor hochauflösendes Video und natürlich Fotos produzieren konnten.

Abbildung 8.1 ▸
Die perfekte Actioncam: die Verbindung aus Fotokamera und Gimbal

Das Ende der Lindenstraße
Als im Dezember 1985 die erste Folge der Lindenstraße über die Mattscheibe flimmerte, sahen viele Kameraleute und Regisseure den Untergang des Kinos voraus. Der flache Videolook – so schimpften Kinoenthusiasten – zerstöre die Filmästhetik. Der (angeblich) billigeren Produktionsweise werde der Film geopfert. Die Lindenstraße hat 35 Jahre durchgehalten. 2020 wurde die letzte Folge ausgestrahlt und die Ersten beginnen bereits der »eigenen« Ästhetik des Videos nachzutrauern. Das flache Lindenstraßen-Bild findet plötzlich Freunde. Tatsächlich aber repräsentiert die Vorabendserie wie keine zweite das Videozeitalter. Bilder mit großer Schärfentiefe dank kleiner Sensoren. Dabei ist die Sendung den weiten Weg von PAL ins HD-Zeitalter mitgegangen. Seit 2011 wurde bereits in Full HD gedreht, als die ARD eigentlich noch im kleineren ARD-Standard sendete. Mit gravierenden Folgen: So musste das Plastikobst im Gemüseladen »Alimentari« gegen hochauflösende Äpfel und Birnen ausgetauscht werden, die Schweißnaht der Kunststoffdoubles war dank moderner Kameratechnik erkennbar. Auch die Lindenstraße ist wie die Technik also den Weg vom Video- zum Kinolook gegangen.

Heute, gerade einmal knapp 20 Jahre später, spielen die Spiegelreflexkameras keine große Rolle mehr. Stattdessen dominieren spiegellose Kameras das Geschäft. Der große Vorteil: Mit einer Panasonic S1, Alpha 7S Mark III oder Canon R6 lassen sich sowohl Fotos schießen wie auch Filme drehen, und das mit hoher Auflösung und hoher Qualität. VJs können heute mit Systemkameras und Gimbals matschigen und statischen Bildern den Kampf ansagen. Die beiden Dauerkonkurrenten Sony und Panasonic bieten mit ihren s-Modellen (s steht für Sensitivity) Varianten speziell für die Videoaufnahme an. Sie zeichnen sich durch große Low-Light-Fähigkeiten aus und entsprechend rauscharme Bilder. Denn Bildrauschen ist bei der Ausgabe auf Monitoren ein viel größeres Problem als etwa beim Druck von Fotos. Beide Kameras verfügen auch über einen stabilisierten Sensor. In Verbindung mit ebenfalls stabilisierten Objektiven garantiert dies das ruhigste Bild.

8.1 So wird aus der Fotokamera eine Filmkamera

Wenn Sie mit der DSLM viel filmen wollen, dann spendieren Sie ihr doch auch die passende Ausrüstung. Unbedingt empfehlenswert sind:

- Monitor
- Audiomischer und externes Richtmikrofon
- Cine-Objektiv

- Cage und Rig mit Matte-Box und Filterhalter
- Follow-Fokus

◀ **Abbildung 8.2**
Fotokamera im Rig

1. Matte-Box
2. Filterhalter
3. Objektiv
4. Stativ
5. Basisplatte
6. Cage mit Kamera
7. Audiomischer
8. HDMI -Kabel
9. Spannungswandler
10. Akku
11. Monitor
12. XLR-Kabel
13. Richtmikrofon

Mehr dazu lesen Sie in Kapitel 7; hier will ich Ihnen erklären, wie Sie aus alledem möglichst einfach eine stabile Filmkamera zusammenbauen. Dazu gehört, dass die Montage des Rigs nicht lange Zeit in Anspruch nehmen sollte und alle Komponenten auch wirklich ihren Zweck erfüllen. Auf das Folgende sollten Sie also achten.

8.1.1 Matte-Box

Die Matte-Box schirmt Gegenlicht bestmöglich ab. Der Einsatz empfiehlt sich vor allem, wenn Sie mit Festbrennweiten arbeiten. Dann sollte das Vorderteil einfach wegzuklappen sein, um schnell ans Objektiv zu kommen, ohne das Rig demontieren zu müssen. Bei Zoomobjektiven nehme ich auch gerne die mitgelieferte Tulpe, da sie so gestaltet ist, dass sie über den ganzen Brennweitenbereich hinweg keinen Schatten ins Bild zaubert. Bei Fotooptiken, die nicht innenfokussiert sind, verändert sich die

Baulänge mit der Veränderung der Brennweite. Das führt beim Einsatz von Matte-Boxen zu Problemen.

Abbildung 8.3 ▶
Monitor und Videorekorder in einem. Der Videoassist von Blackmagic. Das Gerät bietet viele Zusatzinformationen wie Belichtungswarnung oder Fokus-Peaking.

8.1.2 Monitor

Keine Fotokamera verfügt über ein 5 Zoll großes Display, geschweige denn ein größeres Display, noch dazu mit einer Auflösung von 4K oder mehr. Die kleineren Kameradisplays sind kaum geeignet, um zuverlässig die Schärfe zu beurteilen. Schon die Kontrolle des Bildausschnitts – die beim Filmen von überragender Wichtigkeit ist – wird schwierig. Beim Fotografieren steht der Sucher im Mittelpunkt, und da bieten die modernen elektronischen Sucher mit knapp 10 Millionen Bildpunkten enorme Auflösungen, nur leider hilft der beim Filmen nur wenig . Die Lösung ist deshalb ein externer Monitor, möglichst mit 7 Zoll oder mehr. Preiswertere Modelle zeigen gerade einmal das Bild an, hochwertigere und für die Videoausgabe optimierte Monitore bieten nützliche Zusatzfunktionen wie ein Zebra (Belichtungswarnung), Fokus-Peaking, Falschfarben-Darstellung, Timecode oder Gitternetzlinien. Will man diese nutzen, sollte man im Kameramenü den HDMI-Ausgang auf HDMI-Clean stellen, um keine störenden Anzeigen im Bild anzuzeigen.

Die Videorekorder von Atomos oder Blackmagic vereinen Monitor und Aufzeichnung in einem Gerät und bieten je nach Modell ebenfalls zahlreiche, videospezifische Zusatzfunktionen. Angeschlossen werden die Videomonitore über HDMI. Verwenden Sie die eigens für diesen Zweck entwickelten, flexiblen, sehr dünnen Anschlusskabel, die meistens auch so bezeichnet werden. Das Problem dieser Kabel sind die Stecker, die leider sehr zugempfindlich sind. Kameraleute haben an den Kabeln aber auch schon die Buchse aus der Kamera herausgezogen, weil sie irgendwo hängen geblieben sind. Sichern Sie deshalb die Stecker immer mit entsprechenden Kabelklemmen, die für Zugentlastung sorgen.

Wenn Geld keine Rolle spielt, dann können Sie statt eines Monitors auch einen hochauflösenden elektronischen Sucher verwenden, so wie ihn viele Broadcast-Kameras bereits serienmäßig mitliefern. Zum Nachrüsten kosten sie allerdings je nach Modell zwischen 1.500 und 5.000€. Im Unterschied zum eingebauten Sucher kann man diese auch beim Filmen gut verwenden. Die eingebauten Sucher sind zwar meist sehr hochwertig, bieten aber wegen des Guckkastenprinzips kaum Einblicke.

▲ **Abbildung 8.4**
Follow-Fokus mit Hebel, Griffrad und verstellbaren Stoppern zum Fixieren eines Anschlags für den Anfang und das Ende einer Schärfenverlagerung.

8.1.3 Follow-Fokus

Mit dem manuellen Ziehen der Schärfe haben Sie die größte Kontrolle über den Fokus. Allerdings funktioniert dies nur dann ruckelfrei, wenn Sie einen entsprechenden Follow-Fokus verwenden, dessen Mechanik auch noch so konstruiert ist, dass er eine halbwegs vernünftige Übersetzung bietet. Das heißt: Die Schärfe lässt sich zügig und exakt und damit punktgenau einstellen. Die Montage eines Follow-Fokus will etwas geübt sein. Cine-Objektive verfügen bereits über einen passenden Zahnkranz am Schärfering, Fotoobjektive müssen mit Hilfe eines Plastik-Zahnkranzes erst aufgerüstet werden. Leider ist dies immer mit etwas Fummelei verbunden. Achten Sie darauf, dass Sie einen Zahnkranz und Follow-Fokus verwenden, die auch zusammenpassen. In der Regel haben die Zähne eine Größe von mod 0,8. Leider gibt es in der Videowelt auch eigensinnige Hersteller, die eine andere Zahngröße verwenden. Erwischt man den falschen Zahnkranz, ruiniert man diesen zuverlässig innerhalb kurzer Zeit.

Eine Lanze für den Autofokus
Nein, ich bin kein Freund des Autofokus. Aber ich bin lernfähig. Und wer sich die immer weiter verbesserte Autofokustechnologie einer Sony Alpha 7 III oder Nikon Z7 anschaut, muss gestehen: Sie kann nicht alles, aber sehr, sehr vieles. Vor allem hat ein moderner Autofokus viele Vorteile, wenn man mit einem kleinen Display vorliebnehmen muss und kaum den Schärfering am Objektiv findet. Der für Fotoaufnahmen schon spektakuläre Augen-Autofokus einer Sony Alpha 7R III und Alpha 9 soll dank Firmware-Update künftig auch im Videomodus zur Verfügung stehen. Andere Hersteller arbeiten dank künstlicher Intelligenz an ähnlich smarten Systemen. Gleichzeitig haben die meisten viel Aufwand betrieben, damit das hässliche »Pumpen« des Autofokus der Vergangenheit angehört. Schärfeverlagerungen sind in der Regel sehr weich, und ihre Dauer lässt sich oft sogar im Menü noch exakt festlegen. Fazit: Wenn Sie den Autofokus Ihrer Kamera bislang im Videomodus links liegen gelassen haben, dann investieren Sie doch einmal einen Nachmittag, um Ihren neuen Freund kennenzulernen, und testen Sie ihn auf Herz und Nieren. Danach werden Sie ihn wahrscheinlich wie ich öfters besuchen, d.h. einschalten.

8.1.4 Fluid-Zoom

Ein Fluid-Zoom ist der Follow-Fokus für den Zoom-Einstellring, mit dem die Brennweite verändert werden kann. Es ist ein Hebel mit wenigen Zahnrädern, der Zooms flüssig und ruhig werden lässt.

8.1.5 Rig

Planen Sie Ihr Rig so groß wie nötig, aber auch nicht unbedingt größer. Für heutige Kameras reichen eigentlich immer die etwas dünneren 15-mm-Stangen. Die Länge sollten Sie so auswählen, dass alle Komponenten gut montiert werden können, ohne dass unnötig Stangen überstehen. 30 cm sollten für den Einstieg reichen. Der Zusammenbau eines Rigs ist immer eine kleine Geduldsprobe. Jeder Kameramann, der sich selbst an seinem Rig versucht hat, kann Ihnen wahre Horrorgeschichten darüber erzählen. Lassen Sie sich nicht davon abhalten, Ihre eigenen Erfahrungen zu sammeln, denn wenn das Rig erst einmal steht, geht das Filmen viel leichter von der Hand. Kombinieren Sie Komponenten verschiedener Hersteller, dann probieren Sie immer aus, ob sie auch miteinander verwendet werden können.

▲ **Abbildung 8.5**
Blockadepolitik: Die Höhenverstellung der Matte-Box blockiert das Stativ, und auch der blaue Handle der Klemme lässt sich so nicht mehr festklemmen.

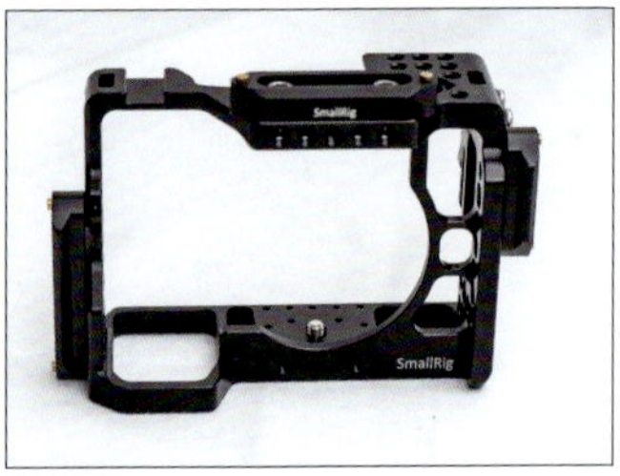

▲ **Abbildung 8.6**
Ein Cage für die Sony Alpha 7R III

Manchmal stehen sich einfach zwei Klemmen so im Weg, dass zumindest eine nicht mehr festgezogen werden kann, oder die Halterung des Monitors kollidiert mit einem anderen Bauteil. Der Grundstein ist in der Regel ein sogenannter Cage, ein Aluminium-Gehäuse, das möglichst optimal auf Ihre Kamera abgestimmt ist. Das heißt: Auch wenn die Kamera im Käfig weggesperrt ist, sind Akkufach und Anschlüsse ebenso zugänglich wie alle Bedienelemente. Halbwegs sicher sind Sie da nur bei dem Cage, der für Ihr Modell konstruiert wurde, schon der Cage für das Modell der Vorgängerserie passt wahrscheinlich nicht, weil beim Generationenwechsel der Body etwa breiter, der Griff etwas wulstiger ausgefallen ist oder der Hersteller einfach ein neues Bedienelement hinzugefügt hat. Es gibt auch verstellbare Käfige, die grob auf Ihre Kamera angepasst werden können, die aber bereits vom Start weg weniger Stabilität bieten.

Bei der Montage beginnen Sie bei der Basisplatte und der Stativplatte. Die Basisplatte ist die Halterung für den Käfig, die Stativplatte dient zur Fixierung auf einem Stativ. Verwenden Sie als Stativplatte unbedingt eine Schnellwechselplatte, dank der Sie das komplette Rig mit einem Handgriff vom Stativ abnehmen können.

Im Fotokameraumfeld sind Arca-Platten weit verbreitet, deshalb empfiehlt sich auch für Stativ- und Basisplatte ein Arca-kompatibles Modell. Probieren Sie, sofort nachdem der Postbote das Paket geliefert hat, die Platte mit Ihren verfügbaren Arca-Platten aus. Denn auch wenn der Hersteller behauptet, seine Schnellwechselplatte wäre für Arca-Platten geeignet, ist das deshalb keinesfalls sicher.

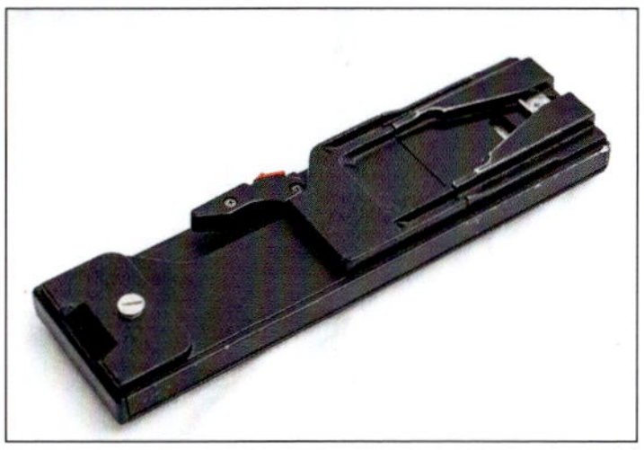

◂ **Abbildung 8.7**
Professionelle Schnellwechselplatte für Camcorder von Sony. Diese Platten sind zwar praktisch, aber für DSLRs/DSLMs ungeeignet.

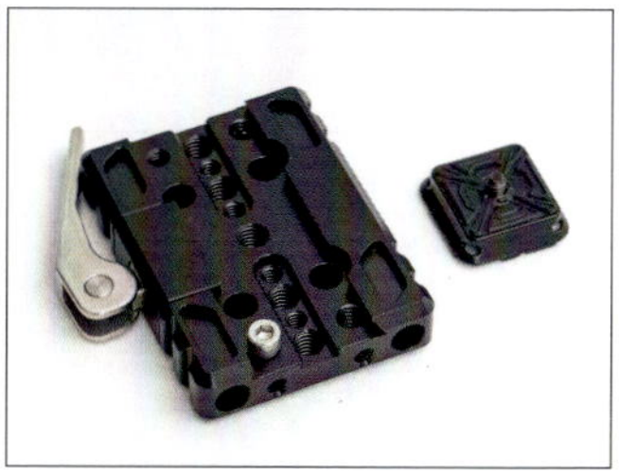

▴ **Abbildung 8.8**
Schnellwechselplatte mit Verschlusshebel für Arca-Platten

Auch bei der Basisplatte werden Sie wahrscheinlich auf eine Arca-kompatible Klemmplatte zurückgreifen. Es gibt sie in ganz einfachen Ausführungen oder in der Höhe und manchmal sogar in der Horizontalachse verstellbar.

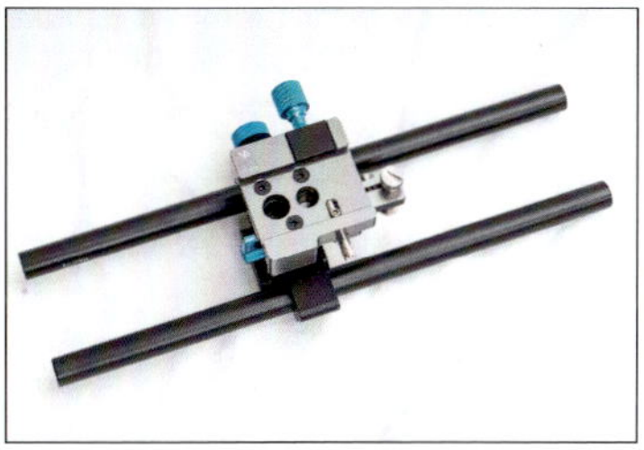

◂ **Abbildung 8.9**
Höhenverstellbare, Arca-kompatible Klemmplatte als Basis für ein Rig

Drehen Sie oft Festbrennweiten und müssen entsprechend häufiger das Objektiv wechseln, dann achten Sie darauf, dass das Kameragehäuse höhenverstellbar auf dem Rig montiert wird. Denn mit jedem Objektiv ändert sich möglicherweise auch der Objektivdurchmesser. Das kann zu Problemen führen, wenn der Mittelpunkt des Bajonetts nicht exakt auf einer Achse mit der Matte-Box liegt. Ist die Basisplatte nicht in der Horizontalachse verschiebbar, dann muss sie in der Mitte unter der Kamera montiert werden.

Wenn Ihr Rig in den Basiskomponenten erst einmal steht, dann wollen Sie es wahrscheinlich auch an Ihre Gewohnheiten anpassen, z. B. mit einem möglichst flexiblen Schwenkarm für den Monitor, einem Mischer und Richtmikrofon, einer Aufstecklampe, ein oder zwei Griffen. Spätestens jetzt werden Sie wahrscheinlich auf Komponenten auch anderer Hersteller zurückgreifen. Die zurzeit aktivsten Unternehmen auf diesem Gebiet sind die chinesische Firma Smallrig und der US-Hersteller Woodden Camera. Smallrig entwickelt Zubehör am laufenden Band und berücksichtigt dabei auch die Vorschläge seiner Kunden ein. Dementsprechend gibt es viele praktische kleine Gadgets. Besonders überzeugend sind in meinen Augen dabei die sogenannten Nato-Rails.

Stabilität vor Flexibilität
Es gibt Rods (engl. für Stange), die sich verlängern lassen, z. B. durch ein Schraubgewinde. Ich traue den erweiterbaren Stangen nicht und bevorzuge solche mit der passenden Länge. Im Zweifelsfall kaufe ich lieber ein längeres Paar mit den nötigen zusätzlichen Zentimetern. Dazu gehört auch meine Vorliebe für Aluminium. Stahlstangen, wie es sie für die Schwergewichte von RED und ARRI gibt, braucht eine vergleichsweise kleine Kamera nicht, Carbon ist zwar noch etwas leichter, aber gefühlt vielleicht schon zu leicht. Ich baue mein Rig auch immer gleich auf, lasse also selten Komponenten weg – einfach weil dann alles garantiert dort sitzt, wo ich es erwarte, selbst wenn ich es voraussichtlich gar nicht benötige. Nichts finde ich jedoch ärgerlicher, als mitten im Dreh plötzlich wieder am Rig herumzubasteln.

Die Schienen können am Cage befestigt werden und sind dann die Basis für alles mögliche Zubehör, das mit einer einfachen, aber sehr fest sitzenden Klemme sekundenschnell fixiert und gelöst werden kann. Die Schienen kommen ursprünglich von RED und werden auch von anderen Herstellern wie Woodden Camera angeboten. Achten Sie beim Zubehör darauf, dass es möglichst auch anschraubbar ist und nicht jedes Teil auf dem Blitzschuh der Kamera montiert werden will. Zwar können Sie auch Arme und Klemmen mit einem zusätzlichen Blitzschuhadapter montieren, diese wackeln aber besonders gerne, und ich halte sie für Sollbruchstellen.

▲ **Abbildung 8.10**
Nato-Rail

Halten Sie Ihr Rig möglichst klein und gut bedienbar. Es bringt Ihnen nichts, wenn Sie alles montieren, was der Fachhandel anbietet, am Ende das Monster aber kaum vom Tisch heben können. Probieren Sie in Ruhe und unter realen Bedingungen jede Klemme, jede Komponente aus. Es ist frustrierend, wenn der Gelenkarm das Gewicht Ihres Monitors nicht tragen kann und ständig zur Seite sinkt. Noch frustrierender ist es, wenn sich die Klemme des Arms löst und samt Monitor den Weg in die Schlucht sucht, über der Sie gerade nur durch ein Seil gesichert schweben.

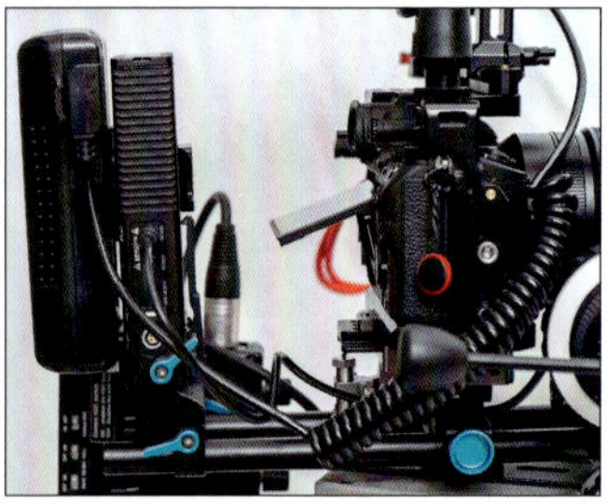

▲ **Abbildung 8.11**
Spannungswandler mit aufgesetztem V-Mount-Akku

Zum Schluss sollten Sie sich noch etwas Gedanken über Strom machen. Kameraakkus sind nicht die Stärksten und eher für den Fotobetrieb als für Videodaueraufnahme ausgelegt. Auch der Monitor zieht ordentlich Strom, meist aus zwei Akkus auf der Rückseite, die die ohnehin dank Matte-Box kopflastige Kamera noch mehr nach vorne kippen lassen. Gott sei Dank gibt es auch dafür Lösungen.

▲ **Abbildung 8.12**
So sind Display und Bedienknöpfe noch gut erreichbar.

Zum Beispiel einen Spannungswandler mit V-Mount. Am Batteriemount können Sie die echten Powerriegel mit 150 Wh Energie anbringen. An den Anschlüssen für 5V, 8V oder 12V können Sie die diversen Geräte anschließen. Ich empfehle Ihnen, auf jeden Fall an eine externe Stromversorgung zu denken, schon allein deshalb, weil üblicherweise der Zugang zum Akkufach in einem Rig als Erstes verbaut wird. Und ein einfacher Kameraakku hält im Filmmodus nicht lange durch. Traditionell befindet sich der Rig-Akku am hinteren Ende. Wenn Sie einen Spannungswandler verwenden, versperren Sie damit möglicherweise den Blick auf den Monitor. Kein Problem, wenn Sie einen externen Monitor verwenden. Ein großes Problem, wenn Sie den HDMI-Ausgang bereits auf HDMI-Clean umgeschaltet haben und noch dringend ins Menü der Kamera müssen, um einige Einstellungen zu ändern. Wenn der einzige Weg zum Menü über das eingebaute Display führt, dann halten Sie ausreichend Abstand mit weiteren Zubehörteilen, sodass sich das Display noch ausklappen und bedienen lässt.

Eine Schulterstütze mag ich persönlich nicht. Mir ist ein stabiler Henkel am liebsten. Wenn Sie mit dem Rig Ihrer Träume so weit zufrieden sind, dann probieren Sie es aus, und zwar nicht, indem Sie die Kamera einschalten, sondern es in die Hand nehmen und probeweise wie eine Handkamera führen. Eliminieren Sie alle Schwachstellen, also nicht fest angezogene Klemmen, nicht beißende Schrauben.

◄ **Abbildung 8.13**
Kabelklemme zur Sicherung eines Micro-HDMI-Steckers

Versuchen Sie, alle Kabel, die irgendwo abstehen, durch Binder oder Klemmen so zu führen, dass Sie nirgendwo hängen bleiben können. Kaufen Sie gegebenenfalls Kabel in einer passenden Länge, also weder so kurz, dass die Stecker bereits unter Zug stehen, noch so lang, dass Sie das Kabel wickeln müssen. Sichern Sie Kabelstecker und Buchsen mit Klemmen, die ein Herausreißen verhindern. Verlegen Sie die Kabel nicht so, dass sie unter Zug stehen. Sonst ist garantiert, dass der Stecker nicht lange durchhält. Wenn alles passt, schauen Sie sich Ihr Rig noch einmal genau an, und suchen Sie nach dem besten Weg, wie Sie es künftig in wenigen Minuten montieren und demontieren können. Mein Rig lasse ich fertig montiert in einer Alubox stehen und habe die Rods so lang gewählt, dass ich ausreichend Platz habe, um die verschiedenen Komponenten so weit verschieben zu können, dass ich einfach den Käfig mit Kamera auf die Basisplatte setzen kann und durch die Matte-Box das Objektiv ins Bajonett schiebe. Anschließend justiere ich den Follow-Fokus noch, setze den Monitor auf und schließe alle Kabel an. Fertig.

Ferngesteuert
Nicht umsonst legen professionelle Kameraleute Wert auf eine einfache Steuerung möglichst aller wesentlichen Funktionen ihrer Kamera. Bei größeren Produktionen überlassen sie etwa das Ziehen der Schärfe ganz einem Assistenten und konzentrieren sich selbst auf die Kadrierung des Bildes. Am besten funktioniert die Zusammenarbeit mit dem Schärfeknecht, wenn dieser losgelöst von der Kamera arbeiten kann. Mittlerweile gibt es entsprechende Angebote auch zu einem vernünftigen Preis.

© tilta

▲ **Abbildung 8.14**
Funkschärfe Nucleus Nano von tilta

Richtig Sinn macht das Ganze aber erst mit einer Funkausspielung des Bildes auf einen separaten Studiomonitor. Die Funkstrecke für die Übertragung von HD-Bildern schlägt allerdings noch einmal richtig zu Buche. DJI bietet mit seinem DJI Focus Pro eine vergleichsweise günstige Lösung, die zudem jede Kamera mit einem LiDAR-Entfernungsmesser ausstattet. Dieser funktioniert nicht nur bei schlechten Lichtverhältnissen besser als der eingebaute Autofokus, sondern verwandelt manuelle Objektive in hochpräzise Autofokussysteme.

8.2 Das richtige Objektiv

Auch hier scheiden sich die Geister. An meiner Broadcast-Videokamera drehe ich ausschließlich mit zwei Zoomobjektiven: ein Standardzoom und ein Weitwinkel. Zooms deshalb, weil ich

▲ **Abbildung 8.15**
Cine-Objektiv von Sigma

die Kamera bevorzugt für Standardaufgaben bei Reportagen einsetze. Also z. B. bei Interviews, bei der Produktion von Zwischenschnitten und einfachen Szenen, bei denen es vor allem auf die spontane Mitwirkung fremder Menschen ankommt. Beim Filmen mit meiner DSLM lege ich dagegen höchsten Wert auf die Ästhetik. Deshalb bevorzuge ich an ihr Festbrennweiten. Optimal sind natürlich Cine-Objektive mit passenden Zahnkränzen für Schärfe und Blende. Aber natürlich kann man auch mit seinen Fotoobjektiven drehen. Bieten diese einen manuellen Blendenring, was in den letzten Jahren erfreulicherweise wieder öfters der Fall ist, dann sollte dieser declickbar sein. Das heißt, die Blende lässt sich stufenlos verstellen, so wie es für Videos nun einmal Voraussetzung ist, wenn man den Zuschauer nicht mit Helligkeitssprüngen aus seiner Illusion reißen will. Es geht aber auch anders. Muss die Blende wegen einer sich ändernden Lichtsituation angepasst werden, kann man dies auch über das für Fotokameras typische Einstellrädchen erledigen. Nur sollte man nicht vergessen, dann ein entsprechendes Schnittbild mitzudrehen.

Kameraleute kadrieren ihr Bild in der Regel immer, indem sie mit einer Fernsteuerung am Schwenkarm den Bildausschnitt festlegen. Praktischerweise liegt gleich neben der Zoomwippe ein Knopf zum Ein- und Ausschalten der Kamera. Voraussetzung für diese angenehme Bedienung aller wichtigen Funktionen mit einer Hand (Schwenken, Zoomen, Schärfe und Start/Stopp) ist natürlich ein remote-fähiges Zoomobjektiv. Und das findet man im Systemkameralager eher selten. Canon bietet Cine-Servo-Objektive auch für den alten EF- und den neuen RF-Mount, bei Sony, Fujifilm und Panasonic gibt es entsprechende Power-Zooms. Digipin 13 bietet eine LANC-fähige Remote-Steuerung für Blende, Zoom, Fokus und Belichtungszeit. Dummerweise unterstützen gerade DSLRs und DSLMs meist nicht die LANC-Schnittstelle, sondern verwenden eigene Remote Controller mit proprietären Anschlüssen und Protokollen. Findige Bastler haben jedoch etwa für die Sony Alpha 7S II herausgefunden, dass man mit einem speziellen Kabel der Firma MOVCAM auch mit LANC-Controllern den Multi-Anschluss der Sony nutzen und damit zumindest bequem die Aufnahme starten und beenden kann. Entsprechende Power-Zooms vorausgesetzt, lässt sich so auch der Zoom betätigen. Die Entwickler von Gimbals wie DJI und Zhiyun haben das Problem übrigens erkannt und liefern mittlerweile einen ganzen Satz von Kabeln zur Fernsteuerung der diversen Kameras aus. Leider gehe ich davon aus, dass das Problem in naher Zukunft nicht gelöst wird, konnten sich doch die führenden Hersteller auch nie auf ein gemeinsames Protokoll wie LANC einigen.

Fernbedienung per App
Viele moderne Kameras lassen sich vom Smartphone aus per App fernbedienen – ein echter Fortschritt. Im Regelfall wird Bluetooth benutzt, um einen Erstkontakt herzustellen. Canon empfiehlt dies, Sony möchte lieber WLAN einsetzen. Die jeweiligen Apps finden Sie meistens in den einschlägigen App-Stores oder auf den Support-Seiten des Herstellers.

8.3 Kamera und Gimbal

▲ **Abbildung 8.16**
Zweihandgimbal DJI Ronin M mit Sony Alpha 7 III

Mit dem Siegeszug von Gimbals wird sich in meinen Augen in den nächsten Jahren die Schnittfolge entscheidend verändern. Anfang der 90er Jahre wurden Videoclips mit extrem vielen kurzen Schnitten populär. Getrieben von 150 Beats pro Minute der damals aktuellen Techno-Hits prägten Bildmontagen mit der Dauer von wenigen Frames die Werbefilmchen der Musikindustrie.

Der rasante Schnitt färbte auch auf das klassische Fernsehen ab. Statt möglichst ohne Schnitt auszukommen, waren plötzlich möglichst viele, kurze Schnitte angesagt. Akribisch notierten Kommunikationswissenschaftler, dass in 123 Filmbeiträgen in »heute« knapp 1.100 Einstellungen verwendet wurden, also im Schnitt neun Einstellungen pro Beitrag. Doch ein Stück weit war diese Beschleunigung auch dem neuen Werkzeug des non-linearen Schnitts geschuldet. Die framegenaue Montage war kein Problem mehr, und Filmschnitt war vor allem keine Angelegenheit weniger Eingeweihter mehr, die Zugang zu den Schnitttischen hatten, sondern etwas, was man am heimischen Computer erledigen konnte. Mit Wonne stürzten sich junge Cutter auf die Tastaturen und zeigten den verstaubten Altvorderen, was dank schneller Schnitte möglich war und auch gut aussah. Nun sind Bewegungen und hochauflösende Bilder der neueste Trend. Das ZDF lässt uns mit Begeisterung über Deutschland und Russland fliegen. Schnitte gibt's zwar auch da, aber gerne folgt man per Drohne dem Lauf des Rheins oder badenden Eisbären an der Küste vor der im Polarmeer liegenden Insel Wrangel.

Eine Statistik, die die Trendumkehr zu längeren Einstellungen untermauert, ist mir nicht bekannt, aber das Technozeitalter ist in meinen Augen zu Ende. Das beobachtende Auge ist wieder gefragt und damit die Notwendigkeit, auch während einer Aufnahme korrigierend einzugreifen. Das heißt: Die Kamera muss nicht alleine auf einem Gimbal montiert werden, sondern Fokus und Blende müssen auch noch gesteuert werden. Das widerspricht in gewisser Hinsicht dem Grundprinzip eines Gimbals. Denn ein Anfassen der Kamera während der Aufnahme ist eigentlich nicht vorgesehen. Schärfe, Blende, aber auch Start/Stopp-Button sollten möglichst ferngesteuert betätigt werden. Die Gimbalhersteller versuchen deshalb, möglichst für alle gängigen Kameras entsprechende Fernsteuerungen zu realisieren. Bevor Sie sich für ein Modell entscheiden, prüfen Sie, ob Gimbal und Kamera auch gut zusammenarbeiten.

8.3.1 Gimbal kalibrieren und ausbalancieren

Damit die Kamera überhaupt ruhig auf dem Gimbal geführt werden kann, müssen beide aufeinander abgestimmt werden. Das Prinzip ist einfach zu verstehen. Die Kamera muss so justiert werden, dass sie auch bei ausgeschaltetem Gimbal in allen drei Achsen frei schwebt, also weder nach vorne oder zur Seite kippt noch sich um eine Achse dreht. Fast alle Hersteller bewerben ihre Produkte mit einer einfachen und schnellen Kalibrierung, was mittlerweile auch halbwegs stimmt. Mit etwas Routine sollte ein ordentliches Gimbal in fünf bis zehn Minuten einsatzbereit sein. Trotzdem gilt es, vor allem am Anfang einiges zu bedenken. Leider sind die Bedienungsanleitungen für Einsteiger in der Regel nicht besonders einfach zu verstehen. Wichtig ist es, zunächst den Unterschied zwischen der Kalibrierung des Gimbals und dem Ausbalancieren mit montierter Kamera zu verstehen. Bitte halten Sie sich immer vor Augen:

- Beim Kalibrieren werden alle Achsen ausgerichtet.
- Lens Support verwenden!
- Markierungen für verschiedene Konfigurationen anbringen (verschiedene Optiken).

Payload
Weil Englisch im Filmgewerbe dominiert, haben Gimbals keine Nutzlast, sondern nur eine Payload. Die Profigimbals haben eine maximale Zuladung von 15 bis 20 kg und etwas darüber. Genug für eine RED EPIC, ARRI Alexa oder Sony F55. So viel braucht eine Fotokamera nicht. Hier reichen 3,5 bis 4,5 kg, allerdings sollte man dann auch Gewicht sparen. Denn mit etwas Zubehör ist schnell die zulässige Grenze erreicht – mit dem Risiko, dass die Motoren im Dauerbetrieb schneller heiß laufen oder der Akku zusammenbricht. Allerdings: Die Gimbals sind so konstruiert – und das bestätigen die Praxiserfahrungen vieler User in den letzten Jahren –, dass sie mit einem Gewicht im oberen Drittel ihres zulässigen Payloads besser zurechtkommen als mit Untergewicht.

Der Vorteil der Fotokameras liegt in ihrem vergleichsweise geringen Gewicht. Dies erlaubt den Einsatz von kleineren Gimbals mit geringerem Payload. Kleine und leichte Gimbals haben den Vorteil, dass der Kameramann entlastet wird. 2,5 kg für das Gimbal und 3 kg für Kamera samt Zubehör machen 5,5 kg, die bewegt werden wollen – zum Teil an ausgestreckten Armen. Dabei stehen die kleineren Rigs in der Funktionalität ihren großen Brüdern kaum nach, sie sind einfach leichter und flexibler und – netter Nebeneffekt – auch deutlich preiswerter. Diesen Vorteil sollte man sich zunutze machen, indem man konsequent sein Gimbal einsetzt. Nachdem ich anfangs versucht habe, meine Kamera samt Käfig auf dem Gimbal zu montieren, um im Bedarfsfalle noch weitere Ausrüstung montieren zu können, kommt heute nur noch die Kamera auf die Montageplatte des Gimbals. Zubehör befestige ich auf dem Querholm meines Zweihandgimbals oder verzichte einfach darauf. An meinem Einhandgimbal findet allenfalls noch ein Monitor Platz, der mich aber trotz besserer Kontrolle gerade bei komplizierten Bewegungen eher stört. Da die Hersteller bei ihren Einhandgimbals nicht unbedingt an diese Möglichkeit gedacht haben, gibt es mittlerweile eine Menge Zubehör, mit dem man weiteres Zubehör anbringen kann. Unter anderem auch Querholme, die aus einem Einhandgimbal wieder ein Zweihandgimbal machen.

◀ **Abbildung 8.17**
Einhandgimbal Zhiyun Crane 2 mit Panasonic GH5 und Panasonic-Audiomischer

Bei einem Zweihandgimbal gibt es keine Ausrede, warum man auf Monitor und guten Ton verzichtet. Auch eine Aufstecklampe findet in der Regel noch ein Plätzchen. Praktisch ist es, wenn das Gimbal einen passenden Stromanschluss bietet, sodass sich die Zusatzausrüstung über den größeren Gimbalakku versorgen lässt und man dafür zusätzliches Akkugewicht sparen kann. Vorsicht: Manchmal sind die Anschlüsse zwar vorhanden, erfüllen aber nicht ihren Zweck. Typisch sind Aufstecklampen, deren Anschaltspitze – also der Stromverbrauch beim Einschalten – den Anschluss überfordert. Die Leuchte bleibt dann dunkel, obwohl die Ausgangsleistung laut Spezifikation eigentlich ausreichen müsste. Bei einem Zweihandgimbal sollten Sie unbedingt noch Geld in eine Remote Control investieren, die sich flexibel montieren lässt und Ihnen die Steuerung der Kamera möglichst einfach macht.

▲ **Abbildung 8.18**
Remote Control von DJI

Wenn Gimbal und Kamera verheiratet sind, dann üben Sie. Machen Sie sich mit Ihrem System vertraut. Prüfen Sie, ob die Kamera wirklich den verfügbaren Radius um alle Achsen ausschöpfen kann, verfolgen Sie die Motorendaten auf der mitgelieferten App, um zu erkennen, ob Ihr System möglicherweise noch besser ausbalanciert werden kann. Vor allem aber üben Sie Kamerafahrten. Selbstverständlich kann man die Kamera einfach immer fahren lassen. Wirklich schöne Fahrten haben aber einen Anfang und ein Ende, d.h. ein ordentlich kalibriertes Anfangs- und Schlussbild. Beim Einsatz von Gimbals heißt dies nicht nur, das Gimbal zu bewegen, sondern auch die Kamera neu auszurichten, etwa durch einen kleinen Schwenk. Das funktioniert nur über die elektronische Steuerung, da die Hauptaufgabe des Stabilisators ja gerade darin besteht, den Horizont nicht zu verändern. Bei komplizierten Kombinationen von Gimbal- und Kamerabewegungen kann es Sinn machen, die Steuerung der Kamera einem Assistenten zu übertragen. Allerdings müssen Sie

Always safe
So einfach, wie die Hersteller die Bedienung ihrer Systeme anpreisen, ist es leider nicht. Wer 5 kg tragen muss, dabei Schärfe und Bewegungen auf einem kleinen Monitor kontrollieren und noch aufpassen muss, dass er weder über Kabel noch Türschwellen stolpert oder einen Abhang hinabstürzt, gerät schnell ins Schwitzen. Versuchen Sie deshalb nicht, zu zaubern – hoffen Sie nicht, dass irgendeine Aufnahme schon halbwegs passen wird, sondern legen Sie sich ein Minimalprogramm zu, von dem Sie wissen, dass es immer funktioniert. Um Schärfeprobleme zu vermeiden, halten Sie möglichst immer den gleichen Abstand zum Motiv ein. Die Schärfe nehmen Sie damit bereits aus der Gleichung heraus. Machen Sie Kamerabewegungen erst dann, wenn die Handhabung der Remote Control hundertprozentig sitzt und Sie intuitiv wissen, wie Sie einen Schwenk sauber zu Ende bringen. Verzichten Sie, bis Sie diese Reife erreicht haben, einfach auf Schwenks. Sorgen Sie mit der passenden Ausleuchtung für gleichbleibende Lichtverhältnisse, oder planen Sie Unter- und Überbelichtungen in Ihre Fahrt ein. Verzichten Sie jedoch auf eine Automatikblende.

ihm dann auch irgendwie einen Blick auf einen Kontrollmonitor ermöglichen. Moderne Gimbals bieten verschiedene Betriebsmodi an, bei denen die Kamera auf dem Gimbal sitzt (Upright) oder unter (Underslung) bzw. vor (Flashlight) dem Gimbal hängt. (aber Vorsicht, Die Begriffe werden nicht von allen Herstellern gleichermaßen verwendet).

8.3.2 Probleme mit dem Gimbal

Innerhalb von nur wenigen Jahren haben die Hersteller filmreife Gimbals konstruiert. Kinderkrankheiten wie fehlende Bedienungselemente etwa für die Kamerasteuerung haben sie sehr schnell in den Griff bekommen. Dennoch hat die Technik hin und wieder ihre Macken. Hier ein paar Tipps, was im Falle eines Falles zu tun ist:

- Motoren sind heiß, das Gimbal arbeitet nicht mehr: Bei Überlastung schalten die meisten Gimbals die Motoren schlicht ab, um ein Durchbrennen zu verhindern. Dann ist erst einmal eine Drehpause angesagt, bis sich das Gimbal wieder einschalten lässt. Ursache ist in der Regel zu viel Gewicht oder ein schlechtes Balancing. Kontrollieren Sie die Motorenwerte in der zum Gimbal gehörenden App, und balancieren Sie das Gimbal noch einmal aus.
- Gimbal ruckelt und vibriert. Die gute Nachricht: Im Regelfall ist das Gimbal nicht kaputt, sondern ist nur etwas verwirrt bzw. benötigt ein paar Änderungen in der dazugehörigen App. Das kann die Auswahl des passenden Kameratyps in der App sein und damit die Anpassung des Gewichts, oder es sind die Einstellungen von Parametern wie »Stiffness«, die nicht passen. Da solche Störungen unweigerlich früher oder später auftreten, sollte man sich unbedingt mit den Basisfunktionen seines Gimbals vertraut machen und entweder das Handbuch studieren oder die vielen YouTube-Tutorials für die diversen Modelle anschauen.

Je nach Hersteller und Modell treten übrigens ganz andere Probleme auf. So sind die Apps zwar hilfreich und vermitteln das Gefühl, man hätte sein Gimbal komplett im Griff. Leider hapert es aber manchmal schon an der Kommunikation, etwa weil keine Parameteränderungen an das Gimbal übertragen werden. Der Schlüssel zum Erfolg ist also wie üblich die Praxis mit dem eigenen Gimbal, um mögliche Macken zu erkennen und Work-arounds zu entwickeln. Und es wird immer besser: Jede neue Generation hat auch deutliche Verbesserungen im Handling gebracht, sodass zum Beispiel das früher nervige Kalibrieren heute weitgehend automatisch abläuft.

8.4 Das Kameramenü

Egal ob man nun mit einer Systemkamera oder einem Camcorder dreht, ein Blick ins Menü ist auch im Filmmodus unumgänglich. Der Unterschied zwischen Fotokameras auf der einen und Videokameras auf der anderen Seite liegt darin, dass für den Betrieb als Video- oder Fotokamera unterschiedliche Einstellungen verfügbar sind. Für Fotografen heißt dies, sie müssen sich an andere, für sie bislang ungewohnte Einstellungen heranwagen. Im Folgenden beschreibe ich die Parameter, nach denen Sie suchen sollten.

Sichtbare Dynamik und Farbe: HLG
Neben ihren spezifischen LOG-Modi unterstützen viele Kamerahersteller nun Hybrid Log Gamma (HLG). Auch mit diesem Verfahren lassen sich Farbe und Kontrastumfang erheblich steigern, und es entstehen HDR-Bilder. Vorteil: Moderne Fernseher können ebenfalls HLG und machen die schönen, neuen Bilder damit sofort sichtbar. Die HLG-Fähigkeit stellen viele Hersteller auch als kostenloses Firmware-Update zur Verfügung.

◂ **Abbildung 8.19**
Unverzichtbar: das Studium des Handbuchs zur Kamera

Codec und Gammakurve | Ihre Kamera muss wissen, in welchem Format Sie Ihr Projekt drehen möchten. Wahrscheinlich haben Sie ein Lieblingsformat, wahrscheinlich die qualitativ hochwertigste Auflösung, die Ihr Modell bietet. Also größtes Bild, maximale Framerate, höchste Farbabtastung, größte Datenrate zum Codieren – zurzeit also z. B. 6K mit 120 Bildern/s in 4:2:2-Unterabtastung mit 500 Mbit/s.

Wenn Sie sich schon mit der Frage des richtigen Codecs herumschlagen, dann können Sie sich auch gleich mit der Frage beschäftigen, ob Sie möglicherweise eine Gammakorrektur verwenden möchten oder nicht. Die Auswahl eines entsprechenden Profils ist jedoch meist tief im Menü versteckt. Die Hersteller preisen die entsprechenden Korrekturen als sogenannte *LOG-Formate* an. Vorangestellt wird oft der Anfangsbuchstabe des Unternehmens, also S-Log für Kameras von Sony, C-Log für Canon oder N-Log für Nikon. Vorteil einer Aufnahme mit Gammakorrektur sind der wesentlich größere Farbraum (BT.2020) und der große

Kontrastumfang der modernen Systemkameras von 15 Blendenstufen und mehr. Kurz: Es entsteht eine HDR-Videoaufnahme. Nachteil ist, dass das Bild auf dem eingebauten Display sehr flau und farblos aussieht, da die Standardmonitore nicht in der Lage sind, das Bild anzuzeigen. Allerdings: Auch das Display kann so umgestellt werden, dass es zumindest wieder ein ähnliches Bild wiedergibt. Externe Displays erlauben die Installation von sogenannten *Lookup-Tabellen* (LUT) der Kamerahersteller und damit eine entsprechende Korrektur.

Ähnliche Herausforderungen erwarten Sie übrigens auch noch einmal in der Nachbearbeitung, wo Sie ohne Farbkorrektur aus dem Rohmaterial im LOG-Format keine anständigen Bilder hervorzaubern können. Mit der Umstellung der Kamera auf ein LOG-Profil wird in der Regel auch die ISO nach oben gesetzt. Bei Sonnenschein ist ein Dreh ohne ND-Filter dann kaum möglich. Gleichzeitig schöpfen die meisten LOG-Modi ihre Vorteile nur dann aus, wenn man »überbelichtet«. Beim Drehen ohne einen Monitor, der das richtige Bild anzeigt, erfordert das etwas Gewöhnung an die Falschbelichtung.

Drehen mit offener Blende
Bei offener Blende steht Ihnen wenig Schärfentiefe zur Verfügung – ein Merkmal für den sogenannten Kinolook, denn so lässt sich ein Motiv gut freistellen und der Blick des Zuschauers konzentrieren. Allerdings sollte die Schärfe natürlich richtig sitzen, also bei einem Porträt z. B. auf den Augen. Wenn Sie nur mit dem Kameradisplay die Schärfe kontrollieren, dann würde ich bei einem Dreh mit offener Blende mittlerweile den Autofokus vorziehen, zumal wenn auch im Videomodus eine Gesichtserkennung unterstützend eingreifen kann.

Displayanzeige | Ein klassisches Filmdisplay ist etwas anders aufgebaut als ein Fotodisplay. Die Belichtungswarnung (Zebra) soll angezeigt werden, ebenso etwa Gitternetzlinien oder Tonpegel. Will man gleichzeitig das Video auf einem externen Rekorder aufzeichnen, muss der HDMI-Ausgang auf HDMI-Clean umgestellt werden, sodass nur das Bild ohne Zusatzinformationen ausgegeben wird. Konfigurieren Sie einmal den Aufbau Ihres Videodisplays, und testen Sie die Einstellungen. Da man diese in der Regel nicht ständig ändert, vergisst man leider auch schnell, wo im Menü sich welche Konfiguration wiederfindet. Wichtig ist es deshalb, sich die Umstellung des HDMI-Ausgangs einzuprägen, da Sie bei Verwendung eines Kontrollmonitors die Zusatzinformationen einblenden, bei Verwendung eines Rekorders aber ausblenden müssen.

Autofokus | Sie haben zwei Möglichkeiten. Sie stellen wie bisher den Autofokus einfach ab und verwenden einen Follow-Fokus, oder Sie prüfen den automatischen Schärfeknecht Ihrer Kamera auf Herz und Nieren. In aller Regel werden Sie bei Videoaufnahmen den sogenannten Nachführ-Autofokus verwenden. Kontrollieren Sie, ob er ein sich bewegendes Motiv zuverlässig im Fokusfeld behält, ohne dabei zu pumpen und wenn möglich auch geräuschlos. Brummen die Stellmotoren Ihres Objektivs wahrnehmbar, dann verwenden Sie auf jeden Fall ein externes Mikrofon, das möglichst von der Kamera entkoppelt wird. Geht die Schärfenverlagerung sehr zügig vonstatten, können Sie im Menü möglicherweise einstellen, dass sie etwas sanfter verläuft, etwa indem die Stellmotoren des Objektivs sich langsamer und harmonischer auf die neue Situation einstellen. Umgekehrt kann es gerade bei actionreichen Szenen notwendig sein, dass Ihr Autofokus schneller reagiert, etwa wenn ein neues Motiv im Bild auftaucht. Suchen Sie deshalb im Menü Ihrer Kamera nach Einstellungen, mit denen sich die Geschwindigkeit des Autofokus und die Ansprechzeit verstellen lässt. Findet man diese und passt sie entsprechend der Aufnahmesituation an, sieht das Video trotz Autofokus wie vom Profi gedreht aus.

Eine andere Möglichkeit des Fokussierens bieten moderne Touchscreens. Erfahrene Kameramänner befällt vielleicht leichtes Gruseln bei der Vorstellung, ihr Bild mit einem Fingertipp aufs Display scharf zu stellen. Tatsächlich funktioniert dies dank Hunderter Fokusfelder in modernen Kameras erstaunlich gut. Schärfeverlagerungen von einem Motiv im Vordergrund auf ein Motiv im Hintergrund werden so zum Kinderspiel, das auch Smartphones nahezu perfekt beherrschen.

Möglicherweise stehen Ihnen andere Autofokus-Funktionen, wie Sie sie vom Fotobetrieb Ihrer Kamera kennen, im Videomodus nicht zur Verfügung, z. B. ein Augenautofokus.

Kapitel 9

Kameras in Action: Smartphone, Actioncams und Drohnen

Seitdem die Kameratechnik im Ernstfall sogar in einen Kugelschreiber passt, werden immer mehr Geräte filmtauglich. Doch nicht alles taugt für gute Filme. Drei Entwicklungen haben in den letzten Jahren auch in die professionelle Produktion Einzug gehalten: Smartphones, Actioncams und Drohnen.

In gewisser Weise ist die Filmbranche bewegungssüchtig. Wann immer Kameraleute eine Möglichkeit sehen, ihr wichtigstes Arbeitsgerät in Bewegung setzen zu können, ergreifen sie die Chance. (Außer vielleicht, sie müssen sich dazu selbst bewegen.) Kameras wurden schon an Fallschirmen montiert, an Bungee-Springern, an Mountainbikes oder an Skiern. Hauptsache, es entstehen rasante Bilder und das gute Stück hat eine halbwegs erfolgversprechende Aussicht, das Experiment zu überstehen. Mit der Entwicklung hochauflösender Kamerasensoren für Smartphones, stabilen und wasserdichten Actioncams und Flugdrohnen, die UHD-Kameras zu einem erschwinglichen Preis problemlos transportieren können, haben sich die Einsatzmöglichkeiten für bewegte Kameras erheblich erweitert, und das Risiko eines Verlusts hat sich deutlich verringert.

◄ **Abbildung 9.1**
Drohne im Kameraflug

Beim Handy mag der ein oder andere vielleicht eher an Selfies denken. Tatsächlich aber eignen sich die modernen Smartphones auch und vor allem für eine bewegte Kameraführung.

9.1 Filmen mit dem Smartphone

Es ist tatsächlich die Smartphone-Industrie, die seit Jahren die Kamerahersteller in puncto Technik vor sich hertreibt. Die Spitzenmodelle der führenden Hersteller wie Apple, Samsung, LG, Google oder Huawei unterstützen alle UHD-2 (8K) und nebenbei meist noch Full HD mit der zweiten Kamera. Smartphones halten in der Regel Spritzwasser aus, einige können sogar tauchen. Auch stellen die Displays hohe Auflösungen dar, sodass mittlerweile das Handy zu einem veritablen Ausgabegerät für Videos geworden ist.

Abbildung 9.2 ▸
Filmen mit dem Smartphone

Blackmagic im Smartphone
Für echten Aufruhr in der Branche sorgte Blackmagic Design mit seiner kostenlosen App, die das iPhone in eine – so schwärmen Apple und Blackmagic – professionelle Kamera verwandelt. Die App liefert zumindest einmal einige wichtige Features wie die manuelle Kontrolle über Framerate, Verschlusswinkel, Weißabgleich oder Lichtempfindlichkeit. Dazu gibt es Histogramm und Audiopegel im Display, ein Zebra für die Helligkeitskontrolle und einen Focus Assist für scharfe Bilder. Selbst LUTs werden unterstützt. Und natürlich gibt es eine Menge Softwarefunktionen wie Bildstabilisierung und eine Smartphone-übliche Touchsteuerung. Mittlerweile gibt es die App auch für Spitzen-Smartphones mit Android als Betriebssystem.

Hochwertige OLED-Display machen Smartphones zum brauchbaren Monitorersatz für Drohnen, aber auch Kameras. Und dass das Smartphone-Betriebssystem Android ebenso wie das Konkurrenzprodukt von Apple auch zur Kamera taugen, ist längst bewiesen. Apple hat Presseberichten zufolge 2025 einen Sensor mit einem fast sagenhaften Dynamikumfang von 20 Blenden zum Patent angemeldet. Folgt man *dxomark.com*, dann besitzt das Oppo Find X8 Ultra die derzeit beste Kamera – oder vielmehr vier davon; Konkurrent Huawei hat dagegen abgerüstet und bietet bei seinem Spitzenmodell, dem Pura 70 Ultra, nurmehr drei statt vier Kameras. Die Hauptkamera liefert eine Auflösung von satten 50 MP.

Auch bei den Teleobjektiven, aufgrund der flachen Bauweise von Smartphones eine technische Herausforderung, ist einige passiert. Mittlerweile gibt es auch dort größere Sensoren mit mehr Auflösung und immerhin einen 5-fachen optischen Vergrößerungsfaktor. Das ist nichts gegen die 20-fache Vergrößerung, die mit Zoomoptiken für Digitalkameras ohne Probleme möglich ist, aber es geht sichtbar voran. 4K-Videos beherrschen die Topmodelle heute auch mit 120 Bildern pro Sekunde, und natürlich sind Videos mit erweitertem Dynamikumfang (HDR10+) möglich.

Kurz: Das Smartphone kann sicherlich nicht alles, aber es kann vieles immer besser. Und es passt nun einmal in eine Hosentasche oder auf ein kleines Gimbal und ist damit auf dem Weg zur perfekten Reportagekamera. Influencer, die für Social-Media-Kanäle Videos produzieren, haben dies schon lange herausgefunden und richten am liebsten Smartphones auf sich selbst, aber die ultraleichte Kombi aus Telefon und Stabilisierungshilfe hält auch mehr und mehr Einzug in Filmproduktionen und Dokumentationen. Hersteller wie Tilta bieten bereits eine Reihe von professionellem Zubehör wie Cage und einem Handle, das neben einem zusätzlichen Akku auch eine manuelle Kontrolle über Zoom und Fokus erlaubt.

◂ **Abbildung 9.3**
Smartphone auf Gimbal

Kein Wunder also, dass selbst große Unternehmen Smartphones für professionelle Videoproduktionen einsetzen. Weniger um Geld zu sparen, denn Kameramann, Dolly, Licht und all das übrige Zubehör, das Profis gerne einsetzen, kostet mehr als die Ersparnis für die Kamera. Vielmehr geht es darum, einen authentischen Smartphone-Look aufs Display zu zaubern. Gleichzeitig entsteht damit eine neue Industrie. Mittlerweile gibt es zahlreiche Apps,

HDR10 und Dolby Vision
Auch Smartphones können ihren Dynamikumfang durch Nutzung von High Dynamic Range-Technologien für Video erweitern. Welche Technik Ihr Smartphone unterstützt, verrät Ihnen eine einfache App wie der Screen HDR Checker. Denn wenn Sie HDR aufnehmen möchten, sollten sie auch HDR sehen können. Die meisten Smartphones setzen für das Kodieren von Bildern auf Codecs wie H.264 oder H.265 (HEVC). H.265 erlaubt die Aufzeichnung von High-Dynamic-Range-Bildern, die sowohl mit HDR10 oder Dolby Vision aufgezeichnet werden.

▲ **Abbildung 9.4**
Screenshot der App Screen HDR Checker.

die nicht nur eine manuelle Steuerung der Smartphone-Kamera erlauben, sondern auch den Schnitt von Filmen und den Austausch mit professionellen Schnittprogrammen.

Viele Smartphone-Hersteller bieten inzwischen auch eine Art optischen Zoom an, indem sie mehrere Kameras verbauen. Hinzu kommen optische Bildstabilisierung und ein wachsender Dynamikumfang. Wegen der immer noch vergleichsweise kleinen Sensoren müssen viele Smartphones mit einem Dynamikumfang von 9 bis 10 Blenden auskommen. Auch das Rauschverhalten und die Low-Light-Qualitäten haben sich deutlich verbessert. Trotzdem ist selbst bei Spitzenmodellen störendes Rauschen oder ein wenig akkurates Rendering von Details sichtbar. Dafür vollbringen sie bei Zeitlupen mit 120, 240 oder sogar 960 Frames/s oft wahre Wunder.

Ein echtes Manko sind noch die hochkomprimierenden Codecs, die die Hersteller einsetzen, um Platz auf den Speicherkarten zu sparen. Aber: Auch 10-Bit Farbtiefe sind heute möglich.

Fazit: Ich würde für eine Spielfilmproduktion nicht unbedingt auf ein Smartphone setzen, aber als Immer-dabei-Kamera sind sie eine echte Alternative, vor allem in Situationen, in denen man mit wenig Aufwand für viel Bewegung sorgen möchte. Denn darin liegt die Stärke der Smartphones: Sie sind flexibel, leicht und einfach zu bedienen. Ein Smartphone – noch dazu, wenn es über einen optischen Bildstabilisator verfügt – ruhig an einem Selfie-Stick über Abhänge blicken zu lassen, ist ungleich einfacher, als es mit einer 15 kg schweren RED samt Akku und Zubehör ist.

9.1.1 Smarte Aufnahmetechnik

An sich unterscheidet sich das Filmen mit dem Handy nicht vom Filmen mit Camcordern oder DSLRs. Nur: Weil wir mit dem Smartphone auch telefonieren, halten viele Anwender es beim Drehen falsch, sprich vertikal.

Abbildung 9.5 ▸
Für Instagram erlaubt, für Spielfilme verboten. Vertikale Haltung des Smartphones

◂ **Abbildung 9.6**
Die Filmwelt ist 16:9 oder 2:1, auf jeden Fall horizontal

Oder besser gesagt: Es war falsch. Denn heute sind die Hochkantvideos etwa bei Instagram sehr populär. Aber: Auch wenn künftig Videos nur für das Smartphone produziert werden sollten, das menschliche Gesichtsfeld ist eher horizontal geprägt. Dabei streiten sich die Experten, ob es nun eher einem Seitenverhältnis von 2:1, 16:9 oder doch nur 4:3 entspricht. Tatsache bleibt, dass wir es gewohnt sind, Videos in einem Breitformat anzuschauen. Und das heißt: Nehmen wir einen Clip im Hochformat auf, müssen wir das Handy oder gleich einen ganzen Fernseher entweder drehen oder den Kopf zur Seite legen. Beides macht wenig Sinn, deshalb sollte man sich bemühen, immer horizontal zu filmen.

Eine Mischung von vertikalen und horizontalen Bildformaten erfordert viel Anpassungsarbeit im Schnitt und geht fast immer mit Verlusten bei der Bildqualität einher. Natürlich kann man mit seinem Handy auch statisch filmen, also eine ruhige Aufnahme vom Stativ machen. Aber damit spielt man nicht die Stärke von Smartphones aus, nämlich – wie der Name Mobilfunk schon sagt – ihre große Beweglichkeit. Mit einem Smartphone gelingen schnell und einfach überzeugende Aufnahmen auch aus schwierigen Aufnahmepositionen.

◂ **Abbildung 9.8**
Aufnahme aus der Froschperspektive beim Skifahren

Das Smartphone als Audiorekorder nutzen

Viele DSLRs unterstützen die Audioaufnahme nur unzureichend. Gut, wenn dann mit dem Smartphone ein zusätzliches Aufnahmegerät zur Hand ist. Denn: Vielen Kameras fehlen Tools zur Kontrolle des Tons und zur Vermeidung von Verzerrungen. Apps wie RecForge 2 Pro (für Android) schaffen hier Abhilfe, indem sie die Audiosignale steuern lassen und bei der Aufnahme einen Waveform-Monitor anbieten. Die oft etwas lausige Qualität der eingebauten Mikrofone oder auch des externen Headsets lässt sich durch den Anschluss eines Richtmikrofons verbessern. Aber: Dazu benötigen Sie in der Regel einen Adapter. Denn Mikrofone verwenden meist eine 3-poligen Klinkenstecker, Smartphones einen 4-poligen. Dummerweise passen beide in den 3,5-mm-Mikrofon-Eingang der meisten Smartphones, aber die dreipoligen Stecker und damit das Mikrofon funktionieren in der Regel nicht, weil sie falsch belegt sind.

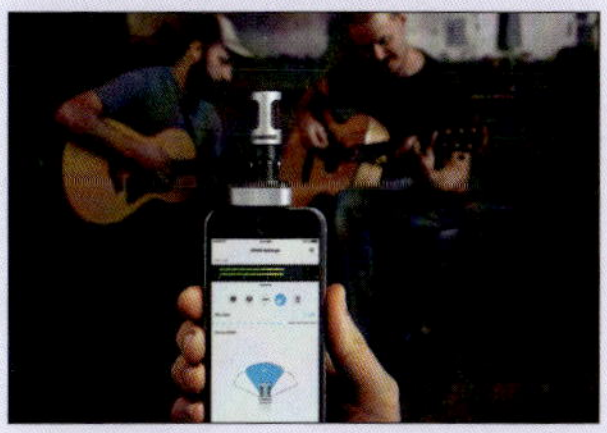

▴ **Abbildung 9.7**
Aufsteckmikro MV88 von Shure für das iPhone

Diesen Vorteil nutzt die Industrie mittlerweile, indem sie eine ganze Reihe von Stabilisierungshilfen für Smartphones entwickelt. Die Technik stammt nicht selten aus der Drohnenindustrie. Mit einem elektronisch gesteuerten Gimbal lassen sich bewegte Aufnahmen produzieren, die in puncto Ruhe an Steadycam-Aufnahmen und Fahrten mit dem Dolly heranreichen.

Abbildung 9.9 ▸
Smartphone auf Gimbal DJI Osmo im Einsatz bei Videoshooting mit Breakdancer

© DJI

Etwas ärgerlich bei Apple und leider auch den neuen Samsung-High-End-Geräten ist die Limitierung bei den Speicherkarten. Das Smartphone muss mit einer Speicherkarte gekauft werden, die nicht gewechselt werden kann. Gleiches gilt für den Akku. Wer also mit dem dem aktuellen Galaxy-Handy oder dem iPhone unterwegs ist, hat wirklich nur eine Ausrüstung für eine begrenzte Produktionszeit oder nimmt sich die Zeit zum Überspielen und nimmt Powerbanks für ausreichend Strom am Set mit.

Bei der Bedienung der Smartphone-Kameras hat sich in den letzten Jahren viel getan. Die meisten Hersteller bieten einfache Apps an, mit denen sich ordentliche Aufnahmen produzieren lassen. Aber: Wer wirklich gute Bilder produzieren möchte, sollte auf eine App wie FiLMiC Pro zugreifen, die abhängig vom Smartphone viele Features zur Verfügung stellt.

Footage mit dem Handy produzieren
Viele Handy-Filmer haben gar kein Interesse daran, einen ganzen Film mit dem Handy zu drehen (obwohl ich auch solche Leute aus meinen Kursen kenne). Sie beschränken sich auf kurze Clips von gerade spannenden oder interessanten Situationen. Mit diesem sogenannten *Footage* kann man jedoch durchaus berühmt werden oder sogar Geld verdienen. Einige Stock-Agenturen nehmen es gerne und Videokünstler kreieren aus im Netz gefundenem Material ihre eigenen Filme.

9.1.2 Kamera-Apps fürs Smartphone

FiLMiC Pro wurde ursprünglich nur für das iPhone entwickelt, es gibt die App aber seit einiger Zeit auch für Android. Weil Android auf ganz unterschiedlichen Geräten läuft, funktionieren nicht alle Smartphones mit der App gleichermaßen. FiLMiC Pro bietet deshalb auch eine kleine, kostenlose App an (FiLMiC Pro Evaluator), die prüft, welche Features das eigene Handy unterstützt.

▲ **Abbildung 9.10**
FiLMiC Pro auf dem Smartphone

> **Und immer wieder Effekte**
> Neben Apps wie FiLMiC Pro oder der Blackmagic Camera App tummeln sich bei Google Play oder im Apple Store leider haufenweise Apps, die nichts anderes machen, als Ihr Video zu verfremden. Wenn Ihr Video gleich auf YouTube veröffentlicht werden soll, dann mag das schick sein. Wenn Sie einen richtigen Film drehen, dann verlegen Sie dieses Tuning an Ihren Aufnahmen bitte in den Schnitt. Allerdings zeigt der Erfolg von Snapchat, dass die Lust am Verfremden, und sei es mit den immer gleichen Filtern, wohl tief im Menschen steckt.

Wer jedoch stolzer Besitzer eines iPhones, iPads oder eines modernen Android-Smartphones ist, dem installiert das Unternehmen für 14,99 bzw. 16,99 € quasi eine Filmkamera auf das Handy. Mit tollen Features: Blende, Lichtempfindlichkeit (ISO) oder Fokus lassen sich manuell einstellen und vor allem arretieren, d.h., die Kamera arbeitet ohne Automatik. Der Fokus lässt sich durch einen einfachen Fingertipp im Bild justieren. Selbstverständlich wird der Audiopegel während der Aufnahme angezeigt und unterstützt die App Slow und Fast Motion. Auch unter dem Smartphone-Deckel steckt mit 4K/60p-Videos einiges, vorausgesetzt natürlich, Handy und Speicherkarte lassen dies zu. Eine mit FiLMiC Pro gepimpte Kamera unterstützt 10-Bit-SDR und LogV3. Und: Filmic bietet auch eine Remote-Lösung für diverse Gimbals von DJI, Jhiyun und Freefly.

Etwas in Verruf geraten ist die App durch eine undurchsichtige Preispolitik, denn wer früher die Pro-Version gekauft hat, muss nun trotzdem ein Abo abschließen. Und das kostet immerhin 50 € im Jahr. Es ist nicht sofort erkennbar, welche Features nun nicht genutzt werden können.

Gleichzeitig hat Blackmagic mit seiner kostenlosen Camera-App für Android und iOS den Markt erheblich aufgemischt. Wer kein Geld ausgeben möchte, dem empfehle ich auf jeden Fall, die App von Blackmagic auszuprobieren. Kompatible Smartphones gehören allerdings in die Rubrik teure Spitzenklasse.

▲ **Abbildung 9.11**
Screenshot von Blackmagics Camera-App zur manuellen Kontrolle von Smartphone-Kameras

9.1.3 Die eigene Kamera fernsteuern

Es gibt Menschen, die können sich eine Bedienung ihrer Digitalkamera über die dafür vorgesehenen Knöpfe und Schalter nicht mehr vorstellen. Zu sehr haben sie sich an das Smartphone als zentrales Steuergerät gewöhnt. Bereits die GoPro 2 konnte mit einem WLAN-Modul Smartphone-fähig gemacht werden. Und da GoPro bekanntermaßen bei Display und Knöpfen sehr sparsam ist, wurde die App ein echter Renner. Alle großen Hersteller bieten heute entsprechende Apps für ihre Kameras, die allerdings von sehr unterschiedlicher Qualität sind.

Je nach Kamera und Smartphone wird die Verbindung zwischen den beiden Geräten über WLAN, Bluetooth oder NFC (Near Field Communication) hergestellt. Gerade für Kameras mit einem eher kleineren Display stellt das Handy eine ideale Erweiterung für einen komfortablen Live-View dar.

9.1.4 Schneiden auf dem Smartphone

Es ist tatsächlich möglich. Mithilfe von Apps wie Premiere Rush, Final Cut Pro oder ActionDirector und PowerDirector lassen sich Videos am Smartphone sogar bearbeiten. Das heißt: Oft kann man die Bilder korrigieren, in einer Timeline montieren und bearbeiten. Ob das Spaß macht, lasse ich einmal dahingestellt sein. Wirklich gut finde ich, wenn Programme wie Premiere Rush mir die Handyaufnahmen über die Adobe Cloud gleich in Premiere Pro zur Verfügung stellen. Dies setzt natürlich ein entsprechendes Abo der Creative Cloud voraus. Vergleichbare Apps gibt es auch von MAGIX, und auch Final Cut hat längst den Weg zum mobilen Schnitt beschritten.

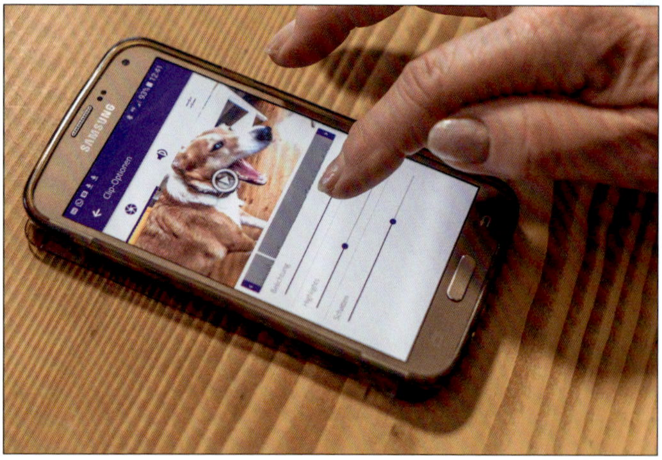

Abbildung 9.12 ▶
Premiere-Clip für das Smartphone

9.1.5 Virtual Reality mit dem Smartphone

Die hohen Displayauflösungen moderner Smartphones bringen frischen Wind in die VR-Welt. Denn mit 4K oder – wie von Samsung bereits angekündigt – 8K und 11K erreichen die VR-Brillen endlich eine Auflösung, die den Betrachter tief ins virtuelle Geschehen eintauchen lässt.

Erst war es der Mega-Hype, dann wurde es ruhig ums Thema, nun ist es fast schon etabliert: VR- oder immersives Video sind in vielfacher Hinsicht in der Medienwelt angekommen. Als rasante Actionaufnahmen, die sich im Schnitt zu noch rasanteren Szenen animieren lassen, als Grundlage für 360°-Welten, in die Zuschauer mit entsprechenden Brillen eintauchen können: Apple hat mit der Markteinführung seiner neuen Vision-Pro-Brille gerade die Maßstäbe neu definiert, denn die Brille ist zugleich eine vollwertige stereoskopische Kamera mit LiDAR-Scanner und sechs Mikrofonen für den passenden Surround-Sound. Unternehmen wie Samsung, HTC, Meta oder DJI bieten seit geraumer Zeit VR-Brillen mit unterschiedlichen technischen Konzepten an.

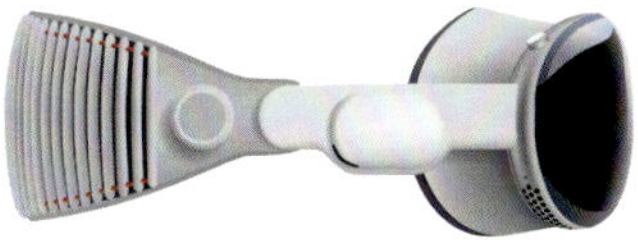

▲ **Abbildung 9.13**
Apples neu Vision Pro Brille für VR

▲ **Abbildung 9.14**
Stereoskopische URSA von Blackmagic für immersives Video

9.2 Actioncams

Actioncams sind eine eigene Kategorie von Kameras, die jahrelang das Geschäft beherrschten. Schließlich sind Aufnahmen unter Wasser oder von der rasenden Skiabfahrt spannender als Landschaftsaufnahmen und helfen, das digitale Image auf YouTube oder Facebook zu pflegen.

© Divevolk

◂ **Abbildung 9.15**
Smartphone in Unterwassergehäuse von Divevolk

Wasserdichte Smartphones
Auch in die Region der Actioncams dringen die Smartphones ein. Verfügt ein Handy über eine IP-68-Zertifizierung, dann ist es vom Prinzip her staubdicht und kann dauerhaft unter Wasser tauchen. Allerdings: Wie lange und bis in welche Tiefe, das muss der Hersteller festlegen. Der chinesische Hersteller Divevolk entwickelt Unterwassergehäuse für diverse Smartphones, die – ganz Handystyle – über den Touch-Screen bedient werden können. Die maximale Tauchtiefe wird vom Hersteller mit 80 m angegeben.

Den Trend rief sicherlich der langjährige Marktführer GoPro ins Leben. Das kalifornische Unternehmen entstand im letzten Jahrzehnt, weil Gründer Mark Woodman unbedingt gute Aufnahmen vom Surfen produzieren wollte. Er entwickelte eine kleine Digitalkamera in einem stabilen Unterwassergehäuse, die sowohl fotografieren als auch filmen konnte, und das in guter Qualität. Obwohl GoPro eigentlich kein Elektronikkonzern ist, konnte es in Sachen Bildqualität stets mit den Großen mithalten. GoPro verzichtete lange auf ein Display und setzte früh auf eine App zur Steuerung der Kamera und zur Darstellung der Aufnahme. Allerdings ist die Technik unter Wasser nicht einsetzbar. Heute gibt es nun ein 2-Zoll-Touch-Display. Andere Hersteller wie etwa Olympus sind hier weiter und bieten ihre Kameras mittlerweile sogar mit ausklappbarem Bildschirm an. In den letzten Jahren haben die Smartphones allerdings stark am Markt der Actioncams geknabbert.

Actioncams und Sicherheit
2014 erklärten Unfallspezialisten, dass die schweren Folgen von Michael Schumachers Unfall möglicherweise auch auf eine am Helm befestigte Actioncam zurückzuführen seien. Die Kamera wirke wie ein Hebel und könne deshalb den Druck auf Helm und Schädel enorm erhöhen. Die schweizerische Beratungsstelle für Unfallverhütung BfU warnt deshalb vor dem Tragen von Actioncams beim Skifahren. Eine Warnung, an die sich kaum jemand hält und die wohl auch übertrieben ist. Zumindest im Fall Schumacher scheint die Kamera unschuldig zu sein. Dennoch sollte man darauf achten, dass die Actioncam so befestigt wird, dass sie kein Unfallrisiko darstellt, etwa indem sie sich unter der Fahrt losreißt. Viele Motorradfahrer tragen heute Actioncams als sogenannte Dashcams, um im Zweifelsfalle einen Unfallhergang dokumentieren zu können. Dies ist nach höchstrichterlicher Rechtsprechung illegal, da es die Persönlichkeitsrechte Dritter verletzt. Trotzdem schauen sich Richter bei Verkehrsunfällen das eigentlich unzulässige Beweismaterial aus der Actioncam immer wieder an.

▲ **Abbildung 9.16**
Insta360 X5 Actioncam montiert auf Selfie-Stick am Stock eines Skifahrers

Eine ordentliche Actioncam bietet heute mindestens Full HD, meist aber bereits UHD (4K) als Auflösung an. Entscheidend ist bei Action-Aufnahmen natürlich die Anzahl der Bilder. Denn nur wenn ausreichend Bilder pro Sekunde aufgezeichnet werden, läuft das Video auch ruckelfrei. Bei 4K ist für viele Kameras bei 30 Bildern pro Sekunde Schluss, zu wenig z. B. für eine flüssige Slow-Motion-Aufnahme. Ich würde deshalb eine Aufnahme in Full HD, aber dafür mit 120 Bildern pro Sekunde vorziehen, vor allem, wenn es darum geht, rasante Fahrten in Szene zu setzen.

Mittlerweile verfügen gute Actioncams über einen Bildstabilisator. Der ist nicht nur für ruhige Fahrten notwendig, sondern vor allem, um Vibrationen auszugleichen, etwa wenn die Kamera am Auto befestigt wird. Besser ist es, die Actioncam am Körper zu tragen.

Ein schwieriges Thema ist nach wie vor die Actioncam und der gute Ton. Verpackt in ein stabiles Unterwassergehäuse haben selbst gute Mikros kaum eine Chance. In Actioncams werden aber in der Regel nur kleine Kondensatormikrofone verbaut, deren schwaches Signal verstärkt werden muss. Diese Verstärkung hebt das Grundrauschen an und sorgt deshalb von Haus aus für eher unbrauchbare Audioaufnahmen. Hersteller wie GoPro bieten für ihre Gehäuse auch Rückteile mit Schallschlitzen an, die einen besseren Ton trotz Schutzgehäuse ermöglichen sollen. Aber auch diese Lösung ist eher ein Notbehelf. Optimal wäre natürlich die Verwendung eines externen Mikros mit zusätzlichem Windschutz. Allerdings schränkt dies die Einsatzmöglichkeiten wieder ein. Deshalb mein Tipp: Konzentrieren Sie sich ganz auf gute, dynamische Bilder, und zeichnen Sie den Ton am besten separat, z. B. mit einem Smartphone mit externem Mikro auf.

9.2.1 Der Rundumblick – immersives Video

Das Leben geht manchmal seltsame Wege. Nun haben Blackmagic und Apple zueinandergefunden, um das Thema »immersives Video« voranzubringen. Apple steuert sein AppleTV und die consumer-taugliche Abspielplattform bei, ergänzt durch die sündhaft teure VR-Brille Vision Pro; von Blackmagic kommen eine passende Kinokamera und die Verarbeitung des Materials in DaVinci Resolve. Und das, obwohl Apple mit Final Cut eigentlich Konkurrent ist. Wie sich Vision Pro entwickelt, wird der Markt zeigen; längst ist VR bzw. das Thema 360°-Video bei Verbrauchern und Filmproduzenten angekommen. Geblieben ist bis heute, dass VR-Material in der Regel etwas sperrig ist, d. h. eigene Codecs verwendet bzw. in Schnittprogrammen erst einmal richtig erkannt und verarbeitet werden müssen. So unterstützte Premiere Pro das 360°-Material von Marktführer Insta360 früher dank eines Plug-ins, heute muss es aus der Insta360-Studio-App erst exportiert werden.

Während 360°-Videos anfangs im Mittelpunkt der Entwicklung standen, setzt sich in der Produktion zunehmend das 180°-Format durch. Vorteil: Die Verzerrungen, die dem Rundumblick geschuldet sind, treten bei Weitem nicht so in den Vordergrund. Canon bietet seit einigen Jahren ein Dual-Fisheye-Objektiv an, das es erlaubt, stereoskopische Aufnahmen mit einer Systemkamera aufzuzeichnen.

Pünktlich zur Neuauflage von »Digital Filmen« präsentierte DJI mit der Osmo360 nun ebenfalls eine 360°-Kamera mit nativem 8K-Video.

Auch wenn das Angebot an Kameras noch sehr übersichtlich ist, nach der zwischenzeitlichen Flaute ist deutlich Bewegung in das Thema gekommen, und eine Beschäftigung mit der Technik lohnt sich für actiongeladene Dokumentarfilme auf jeden Fall.

▲ **Abbildung 9.17**
Canon RF 3,9 mm /f3.5 Dual Fisheye

▲ **Abbildung 9.18**
Osmo 360 von DJI

9.3 Filmen aus der Luft: Drohnen

Luftaufnahmen waren lange Zeit ein fast unerschwingliches Zuckerl, das nur finanziell gut ausgestatteten Produktionen oder Spielfilmen zur Verfügung stand. Und auch dort wurde oft geknausert, schließlich schlug eine Flugstunde im Film-Helikopter schnell mit 3.500€ und mehr zu Buche.

Abbildung 9.19 ▸
Aufnahme einer Flugdrohne über dem Staffelsee – im Hintergrund die Alpen bei Garmisch-Partenkirchen, im Vordergrund die Kirche St. Simpert auf der Insel Wörth

Neben dem Fluggerät und dem Piloten sorgte teure Stabilisierungstechnik, die insbesondere auch die Schwingungen der Rotoren ausgleichen konnte, für zusätzliche Kosten. Hinzu kam, dass ein Helikopter nicht überall starten und landen konnte, geschweige denn im Tiefflug ohne aufwändige Genehmigung einfach über Städte oder Dörfer hinwegrasen durfte. Hier haben die seit einigen Jahren verfügbaren Flugdrohnen oder Multikopter viel dazu beigetragen, dass Luftaufnahmen heute fast Alltag sind.

Abbildung 9.20 ▸
Aufnahme eines Kirchturms in Seehausen – nur mit Genehmigung der Naturschutzbehörde erlaubt, denn in dem Kirchturm wohnen seltene Fledermäuse

◂ **Abbildung 9.21**
In der Aufnahme erkennt man die kleine Drohne ❶ als Punkt am Himmel.

Doch wo Licht ist, ist auch Schatten: Am deutschen Himmel wird es eng, und es häufen sich die Vorfälle mit gefährlichen Begegnungen zwischen Verkehrsflugzeugen und Drohnen oder Abstürzen über bewohnten Gebieten. Tagelang legten Drohnenpiloten den Flugverkehr am Londoner Airport Gatwick lahm. Die Europäische Union hat deshalb den Betrieb von Drohnen nun stark reglementiert. So ist ohne besondere Lizenz nur noch der Flug in Sichtweite bis maximal in einer Höhe von 100 m erlaubt. Drohnen müssen gekennzeichnet werden, und es besteht Versicherungspflicht. Nur Drohnen, die ein Startgewicht von unter 250 g haben, dürfen noch ohne Kennzeichnung in die Luft gehen. Ab einem Startgewicht von 250 g muss ein Kenntnisnachweis erfolgen. Die Prüfung zum UAS-Fernpiloten (UAS = Unmanned Aicraft System) kann online beim Luftfahrt-Bundesamt absolviert werden. Die Prüfung kostet 25 € und kann beliebig oft wiederholt werden. Wer mit seinem UAS in die Klasse C2 fällt und mit seinem bis zu 4 kg schweren Gerät auch kommerzielle Aufnahmen in Menschennähe herstellen möchte, benötigt den großen Drohnenführerschein, den man nur in einem zertifizierten Testcenter ablegen kann:

- **Kleiner Drohnenführerschein:** Der EU-Kompetenznachweis A1/A3 – auch *kleiner Drohnenführerschein* genannt – kann nur online beim Luftfahrtbundesamt gegen eine Gebühr von 25,00 € erworben werden. Nach der Anmeldung erhalten Sie Zugang zu einem Onlinetraining. Haben Sie das Training absolviert, können Sie Ihr Know-how in 20 Fragen unter Beweis stellen.
- **Großer Drohnenführerschein:** Haben Sie den Test zum kleinen Drohnenführerschein erfolgreich bestanden, dann können Sie sich an den Erwerb des EU-Fernpiloten-Zeugnisses A2 wagen. Dieses kann nur bei externen, zertifizierten Prüfstellen erworben werden. Meist handelt es sich dabei um Flugschulen; die

Übersicht
Eine aktuelle Übersicht über die Anforderungen finden Sie auf der Seite des Luftfahrtbundesamtes unter *https://www.lba.de/DE/Drohnen/Fernpiloten/Anforderungen_Fernpiloten_node.html*.

Kosten belaufen sich auf 70 bis 700€. Die großen Preisunterschiede sind nicht ganz erklärlich. Auf der Seite *drohnen.de* finden Sie einen Überblick über die zertifizierten Prüfstellen und Ausbilder. Nach bestandener Prüfung – die oft online, bei einigen Anbietern auch in Präsenz abgelegt werden kann – müssen Sie beim Luftfahrtbundesamt den Drohnenführerschein beantragen.

In den letzten Jahren haben viele Drohnenflieger versucht, aus ihrem Hobby einen Beruf, zumindest aber ein gewerbliches Standbein zu machen. Drohnenflieger bieten ihre Dienste mittlerweile Immobilienmaklern, Unternehmen oder Privatpersonen an, die ihre Solaranlage inspizieren wollen. Zum Teil zu ruinösen Preisen, die die Anschaffung einer guten Drohne mit einer guten Kamera kaum mehr rechtfertigen. Ins »High-End«-Geschäft mit professioneller Film- und Fotoproduktion schaffen es nur die wenigsten. Stattdessen kenne ich immer mehr engagierte Drohnenpiloten, die ihren Ausflug in die »professionelle« Fliegerei teuer bezahlt haben. Hauptursache des Scheiterns: Entweder handelte es sich um flugunkundige Kameraleute oder kameraunkundige Modellflieger. Der wichtigste Schritt zum Erfolg: Kamera- und Flugerfahrung zusammenbringen. Worauf es beim erfolgreichen Filmen aus der Luft ankommt, können Sie auf den folgenden Seiten lesen.

Abbildung 9.22 ▸
Erfolgsgespann: Vorne ein junger, aber erfahrener Pilot, der die Drohne steuert, im Hintergrund der Kameramann, der die Aufnahme kontrolliert und die Kamera steuert. In diesem Fall handelt es sich um Vater und Sohn der Firma Overflying-media. Vater Bernhard Schmid ist kamerabegeisterter Berufspilot, Sohn Benedikt technikbegeisterter Modellflieger mit Faible fürs Fliegen und Filmeschneiden.

9.3.1 Die Technik

Wenn es um die Technik in diesem Abschnitt geht, dann weniger um Empfehlungen für den richtigen Multikopter, sondern um das Gesamtsystem einer »fliegenden Kamera«. Denn dazu braucht es deutlich mehr als nur eine flugtaugliche Drohne.

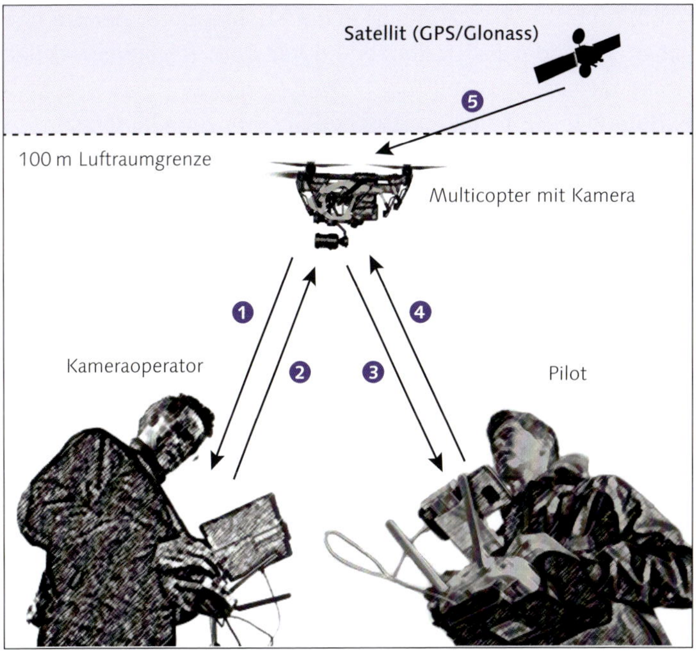

▲ **Abbildung 9.23**
Eine fliegende Kamera: Für Filmaufnahmen sollte die Kamera getrennt vom Piloten gesteuert werden. Der Kameraoperator kontrolliert Blende und Fokus sowie die Position der Kamera. Die notwendigen Steuerungsdaten überträgt er über seine Funksteuerung ❷, die gleichzeitig als Ausfallsicherung für den Piloten dient. Das Luftbild wird live ❶ zum Operator und zu einem möglicherweise separaten Monitor für den Regisseur übertragen. Der Pilot steuert ❹ den Multikopter und gestaltet damit maßgeblich auch die Aufnahme. Er erhält ❸ vom Multikopter Positions- und Funktionsdaten (Akkuladestand, Höhe, Entfernung, Flugrichtung etc.). Der Multikopter erhält seine Positionsdaten von den verfügbaren Navigationssatelliten.

Multikopter | Die Goldgräberzeit im Drohnengeschäft ist vorbei. Sowohl bei den Nutzern als auch bei den Herstellern ist Ruhe eingekehrt. Während früher an jeder Ecke furchtlose Drohnenpiloten die Menschen in Aufregung versetzten, ist die Hobbyfliegerei heute weitgehend ausgestorben; von Ausnahmen abgesehen – meist abenteuerlustige Technikfreaks, die sich oft nicht um Auflagen kümmern. Die Erfolgsgeschichte vor allem von DJI hat den Markt deutlich bereinigt, sodass heute filmtaugliche Lösungen wie die DJI Mavic bereits für unter 1.000€ zu haben sind. Die heute verbreitetste Bauart von Koptern sind Quadrokopter mit vier separaten Motoren. Nachteil: Fällt einer der Motoren aus, stürzt der Kopter wie ein Stein vom Himmel. Profis bevorzugen deshalb Hexakopter (sechs Motoren) oder Octokopter (acht Mo-

DJI – der chinesische Kopterspezialist
Wie üblich in einem jungen Markt ist dieser fast unüberschaubar – auch wenn mit der chinesischen Firma DJI auf den ersten Blick ein Unternehmen den Markt zu beherrschen scheint. Wie rasant sich dieser entwickelt, kann man an dem Unternehmen bestens erkennen. 2006 wurde es als kleines Unternehmen gegründet, das einfache Kopter (Phantom 1) für den Consumer-Markt produzierte. Heute ist das Unternehmen der Marktführer, der Hobbyflieger und Profis gleichermaßen mit Komplettsystemen versorgt. Anfang 2017 übernahm der erfolgsverwöhnte Konzern Anteile am schwedischen Kamerahersteller Hasselblad und sicherte sich damit den Zugriff auf moderne Kameratechnik. Problem: Die chinesische Regierung hat theoretisch Zugriff auf alle Bilder, die mit DJI-Drohnen aufgenommen werden. Und auch wenn die Kopter des Herstellers nur für den zivilen Bereich gedacht sind, setzen z. B. in der Ukraine russische und ukrainische Truppen auf die Fernaufklärung mit DJI-Mavic-Drohnen.

Redundanz als Prinzip
Auch wenn Sie als Pilot nicht in Ihrem Fluggerät sitzen, das Fliegen mit Multikoptern ist nicht ungefährlich. Der Ausfall des einzigen Akkus sorgt zuverlässig für Absturz und Totalverlust nicht nur der Drohne, sondern auch einer Kamera. Der Ausfall eines Motors eines Quadrokopters hat vergleichbare Folgen. Der Abbruch des Funkempfangs lässt die Drohne möglicherweise zuverlässig im nächsten Baum landen. Ingenieure und Techniker verwenden deshalb viel Energie darauf, ihre Kopter möglichst redundant auszulegen. Also zwei unabhängige Akkus, sechs oder acht Motoren statt vier, zwei Steuerungen statt einer. Profis schaffen sich gleich die ganze Ausrüstung doppelt an, um im Zweifelsfalle bei technischen Problemen mit einem Ersatzsystem an den Start gehen zu können – bei teuren Filmproduktionen auf jeden Fall empfehlenswert. Und auch wenn die Technik immer besser und stabiler wird: Redundanz ist nach wie vor beim Kopterflug ein sinnvolles Prinzip.

toren) – vor allem, wenn eine teure Kamera unter der Drohne hängt. In jedem Fall sollte Ihr Kopter über folgende wichtige Funktionen verfügen:

- Return-to-Home (automatische Rückkehr zum Startplatz)
- Hinderniserkennung (Drohne erkennt Hindernisse und hält automatisch Abstand)
- Waypoint-Navigation (Abfliegen einer vorprogrammierten Route)

Allerdings: Der viele technische Schnickschnack macht Aufnahmen nicht immer leichter. So wurden dynamische Flugaufnahmen schon durch eine sture Hinderniserkennung zunichtegemacht, die zuverlässig eine Annäherung ans Motiv verhinderte. Auch hier gilt wie so oft beim Filmen: Der Profi steuert sein Gerät am besten selbst.

Fernsteuerung (Flug) | Dass die Fernsteuerung zu einem funktionierenden Kopter gehört, ist eigentlich selbstverständlich. Gleichwohl gibt es auch hier viele Unterschiede, und Modellflugneulinge haben in aller Regel erst einmal Schwierigkeiten, sich zurechtzufinden.

Eine gute Fernbedienung sollte auf jeden Fall die heute übliche 2,4-GHz-Frequenz nutzen. Ältere Steuerungen auf der 35-MHz-Frequenz werden von eingefleischten Modellfliegern wegen der angeblich höheren Reichweite noch verteidigt. Auch auf dem 2,4-GHz-Band kommt man theoretisch bis zu 2 km weit. Praktisch kann allerdings aus 2 km wegen vieler Störungseinflüsse schnell auch deutlich weniger werden, z. B. durch eine Änderung der Antennenausrichtung, den Einsatz weiterer Funkstrecken etwa für das Videosignal oder andere Flieger in der Nähe. Deshalb sollten möglichst mehrere Antennen für einen guten Signalempfang sorgen. Das zweite wichtige Qualitätsmerkmal für die Fernsteuerung ist die Anzahl der Kanäle. Dabei gilt: Je mehr Kanäle, desto mehr Funktion. Vier Kanäle werden allein für die Motoren benötigt. Wer also noch Flugmodi auswählen möchte, Telemetriedaten auslesen und vielleicht seine Kamera steuern möchte, benötigt mehr Kanäle. Dritter Punkt, auf den Sie beim Kauf achten sollten: Ein gut lesbares Display, auf dem Sie die Telemetriedaten, den Akkuladestand oder gegebenenfalls auch das Videobild gut erkennen können.

▲ **Abbildung 9.24**
Fernsteuerung von DJI für die Mavic-Serie

Gimbal | Das Gimbal ist die Aufhängung für die Kamera unter dem Kopter. Es gleicht möglichst alle ruckartigen Bewegungen des Kopters aus, also etwa Schwankungen durch Windstöße.

Hochwertigen Gimbals gelingt das so perfekt, dass wirklich ruckelfreie Bilder produziert werden können. Und die Technik ist so gut, dass sie mittlerweile auch für Stabilisierungshilfen am Boden für ruhige Handkamerafahrten genutzt wird. Im Gegensatz zu klassischen, kardanischen Aufhängungen werden die Gimbals durch Elektromotoren gesteuert, die in Echtzeit auf Erschütterungen und Schwingungen reagieren. Zusätzlich können über die Motoren Kamerabewegungen gesteuert werden, also klassische Tilts und Shifts. Für überzeugende Flugaufnahmen ist ein gutes Gimbal das A und O.

Anbieter von Turn-Key-Lösungen, häufig auch als Ready-to-fly-Lösungen bezeichnet, liefern ihre Kopter gleich mit einem passenden Gimbal aus, oft sogar gleich mit einer passenden Kamera. Denn das ist die eigentliche Hürde der Technik: Die Kamera muss optimal auf das Gimbal abgestimmt werden, um wirklich ruckelfrei zu funktionieren. Bereits eine kleine Schwerpunktverlagerung sorgt für Unruhe. Das ist der Grund, warum Hersteller wie DJI zusammen mit Partnern heute nicht mehr nur Drohnen herstellen, sondern auch in die Produktion von Gimbals und Kameras eingestiegen sind.

Pilot an Bord (FPV)
Kopter können mit verschiedenen Systemen gesteuert werden. Aufsehen erregen immer noch die 3D-Brillen für den sogenannten FPV-Flug (First Person View/Sicht aus der Ich-Perspektive). Dabei nimmt der Pilot virtuell im Kopter Platz und kann sein Fluggerät wie ein echter Pilot steuern. Allerdings ist dieser Flugmodus etwas gewöhnungsbedürftig. Viel interessanter ist die Technik, die dahintersteckt. Denn zu einem FPV-Flug gehören immer auch eine entsprechende Kamera, eine Funkstrecke zum Ausspielen des Videosignals, ein Empfänger und ein geeigneter Bildschirm, der nicht nur schnell genug das Bild aufbaut, sondern auch gegen Sonneneinstrahlung möglichst unempfindlich ist. Kurz: FPV-taugliche Drohnen sind auch kamerataugliche Drohnen. Für den FPV-Flug gelten nun strenge Regelungen, etwa dass eine Höhe von 30 m nicht überschritten werden darf oder ein zweiter Pilot die Drohne ohne Brille beobachten muss.

Kameras | Die Bereitschaft von Drohnenbauern, auch in die Kameraentwicklung einzusteigen, ist der notwendigen Abstimmung zwischen Kamera und Gimbal geschuldet. Mit einer eigenen Kamera unter den Rotoren weiß man schließlich, was man hat. Allerdings entwickeln die Luftspezialisten längst nicht alles selbst. Als Herzstück kommen die Sensoren der üblichen Verdächtigen wie Sony zum Zuge. DJI bietet seine Drohnen mit der eigenen Zenmuse-Kamera, einer Hasselblad oder optimiert für Kameralieferanten wie Panasonic oder Olympus an. Ergebnis: Nun gibt es auch DJI-Drohnen mit Wechselobjektiven und zugehörigen Tarierringen, damit das Gimbal ruhige Bilder liefert.

Grundsätzlich fliegt aber mit der passenden Ausrüstung fast alles. Eine RED Epic geht ebenso in die Luft wie eine Panasonic Lumix GH7 oder eine Canon EOS R6. Je nach Gewicht wird allerdings bereits eine größere Drohne notwendig, die möglicherweise dann auch die 5 kg zulässiges Gesamtgewicht für einen genehmigungsfreien Start überschreitet. Die notwendigen Gimbals bauen Spezialisten, wie etwa der amerikanische Pionier Freefly Systems, der Erfinder der 3-Achsen-Stabilisierungssysteme.

Wer all diese Spezialausrüstung zum Fliegen bringen will, sollte aber bereit sein, entsprechendes technisches Know-how aufzubauen. Von Ready-to-fly kann bei diesen Systemen nicht mehr die Rede sein. Einsteigern und allen, deren Herz mehr am

Video aus der Luft
Die Fernsteuerung von Drohnen und die Übertragung der Videosignale – noch dazu in hoher Qualität – waren zwei der großen Herausforderungen in der Entwicklung von Kameradrohnen. Die FPV-Drohnen haben hier für einen enormen Entwicklungsschub gesorgt, da diese ultraschnellen Fluggeräte vor allem gerne für Rennen benutzt werden. Das heißt aber auch, dass Kamerasignal und Steuersignale in möglichst hoher Qualität möglichst weit übertragen werden müssen. DJI hat mit seiner OcuSync getauften Technik Maßstäbe gesetzt und erreicht mit seiner aktuellen Version von OcuSync4+ Reichweiten von bis zu 20 km.

Versicherung
Eine Luftfahrzeughaftpflichtversicherung ist nach § 43 (2) des Luftverkehrsgesetzes (LuftVG) zwingend vorgeschrieben. Wer ohne eine Versicherung startet, handelt nicht nur grob fahrlässig, sondern auch gesetzeswidrig. Verschiedene Versicherungen bieten Policen für die private Nutzung ab ca. 80 € an, bei denen Kameraaufnahmen jedoch ausgeschlossen sind. Versicherungen für die gewerbliche Drohnenfliegerei kosten zwischen ca. 135 und 215 € und sind national, europaweit oder weltweit gültig. Die Policen können mit unterschiedlichen Deckungssummen abgeschlossen werden. Wer gewerblich fliegt und regelmäßig für Dritte Aufnahmen produziert, sollte sich hier unbedingt intensiv mit den Versicherungsbedingungen auseinandersetzen.

Filmen als am Fliegen hängt, empfehle ich deshalb, sich eher für eine der Komplettlösungen zu entscheiden. Wer die erst einmal im Griff hat und in allen Fluglagen beherrscht, für den ist der Einstieg in die High-End-Klasse am Ende ein kleiner Schritt mit überschaubarem Risiko. Etwas anders sieht die Situation für all jene Piloten aus, die sich für Spezialanwendungen interessieren, z. B. Wärmebildaufnahmen mit Infrarotkameras. Die gibt's zwar mittlerweile auch von den Großen, doch in diesem Segment tummeln sich auch noch Hersteller wie FLIR, die lange den Flugmarkt dominiert haben.

Akkus | Ist Filmen oft schon eine stromfressende Angelegenheit, so ist eine ausreichende Energieversorgung bei fliegenden Kameras existenziell. Während die Technik in den letzten Jahren rasante Entwicklungssprünge gemacht hat, geht es bei den Akkus nur langsam voran. Flugzeiten von 30 Minuten sind heute das Maximum. Wenn viele Rotoren, Kameras und Funkstrecken Strom benötigen, dann wird es oft auch kürzer. Hinzu kommt, dass Modellflugzeuge die Lithium-Polymer-Akkus, liebevoll LiPos abgekürzt, an ihre Leistungsgrenzen bringen. Schon häufiger sind Kopter allein deshalb abgestürzt, weil der Akku unterm Flug den Dienst versagte und der Pilot ganz auf die Spannungsanzeige vertraute. Die Lebenszeit und Leistung der Akkus kann man deutlich verbessern, wenn man sie pflegt. Das Schlagwort dazu heißt Batteriemanagement. Etwas, was zu Zeiten älterer NiCa-Akkus jedem Kameramann in Fleisch und Blut übergegangen war, aber mit dem Siegeszug der Lithium-Ionen-Akkus, zu denen auch die LiPos gehören, als überwunden galt. Folgende Tipps sollten Sie beachten:

- Kaufen Sie Akkus mit einem professionellen Ladegerät, das die Akkus richtig lädt und vor allem eine Überladung verhindert. Gute Geräte verfügen über einen entsprechenden Balancer.
- Wenn Sie länger nicht fliegen, laden Sie die Akkus für die Lagerung. Auf den Ladegeräten finden Sie dazu meistens die Wahlmöglichkeit »Storage«, bei der der Akku nicht maximal geladen wird. Lagern Sie den Akku an einem normal temperierten Ort.
- Vermeiden Sie eine Überhitzung oder auch Unterkühlung des Akkus, indem Sie ihn etwa im Winter nicht bei Minusgraden im Auto liegen lassen oder im Sommer unter der Windschutzscheibe. Lassen Sie nach dem Flug den Akku abkühlen, bevor Sie ihn erneut laden.

Da sich in den letzten Jahren die Meldungen häufen, nach denen explodierende bzw. brennende LiPo-Zellen Brände verursacht haben, empfehlen Versicherungen und Experten, Akkus nicht unbeaufsichtigt, z. B. über Nacht, zu laden. Zudem sollen sie in feuerfesten Behältern gelagert werden.

9.3.2 Luftfahrtrecht

Der kommerzielle Erfolg der Drohnenfliegerei hat die Modellflugbranche entzweit. Auf der einen Seite stehen die klassischen Modellflieger, die ihrem Hobby nachgehen und Loopings über ausgewiesenen Flugplätzen drehen, auf der anderen Seite zunehmend kommerziell auftretende Kopterflieger, die am liebsten ihre Bahnen über interessanten Motiven ziehen. Und über alldem steht der Gesetzgeber, der alarmiert durch Unfälle und Meldungen über Beinahe-Zusammenstöße zwischen Berufsfliegern und Kopterfliegern nach neuen Regelungen sucht. Seit dem 31.12.2020 gilt in Deutschland die EU-Drohnenverordnung. Nach vielen Details und Ausnahmeregelungen, die für Verwirrung sorgten, gilt nun Folgendes. Fliegen darf grundsätzlich, wer

- eine Drohnenversicherung abgeschlossen hat,
- mindestens 16 Jahre alt ist,
- maximal 120 m über dem Boden aufsteigt,
- eine Drohne steuert, die höchstens 25 kg Startgewicht hat,
- ständig Sichtkontakt zur Drohne hält,
- nicht über Menschenansammlungen fliegt,
- seine (Kamera-)Drohne mit einer elektronischen Identifizierungsnummer (EID) ausgestattet hat.

◂ **Abbildung 9.25** Genehmigungspflichtig: ein Nachtflug innerorts mit einer Drohne

Erlaubnis | Für welche Drohne und Einsatzart Sie welchen Führerschein benötigen, ist nicht ganz einfach zu bestimmen. Grundsätzlich gilt: Modellflieger unterliegen im Rahmen ihres Luftsports anderen Regelungen als private Drohnenflieger. Wesentliche Kriterien sind die Kategorie, in der Sie fliegen möchten. Meist handelt es sich um Einsätze in der sogenannten *offenen Kategorie* A1 bis A3. In dieser Kategorie operieren meistens auch Kameradrohnen. Seit 2024 werden Drohnen in sogenannte *Risikoklassen* von C0 bis C4 eingeteilt. C0 (bis 250g) und C1 (bis 900g) sind ohne große Anforderungen zu fliegen. Die DJI Mavic 4 gehört aber bereits in die Risikoklasse C2. Drohnen wie das Vorgängermodell Mavic 2, wenn es vor 2024 gekauft wurde, werden nicht nachträglich in eine Risikoklasse eingestuft und dürfen nur in der Kategorie A3, allerdings ohne Führerschein betrieben werden.

	A1 Drohnen bis zur Risikoklasse C1 (unter 900 g)	**A2 Drohnen mit Risikoklasse C2**	**A3 Drohnen mit Risikoklasse C3**
Personen überfliegen	Soll vermieden werden	nein; Abstand 30 m, in Einzelfällen bis 5 m	nein; Fliegen außerhalb städtischer Gebiete
Menschenansammlungen	nein	nein	nein
Sichtkontakt	immer	immer	immer
maximale Höhe	120 m	120 m	120 m
Führerschein	Kl; Drohnenführerschein (A1/A3)	A1/A3 und darauf aufbauend A2 (großer Drohnenführerschein)	Kl; Drohnenführerschein (A1/A3)
Registrierung	obligatorisch	obligatorisch	obligatorisch

Tatsächlich ist es schwierig, den Überblick zu behalten. Es gibt immer wieder Neuerungen wie zum Beispiel die Einführung der Risikoklassen, und auch die Hersteller reagieren auf die sich ändernden Anforderungen mit entsprechenden Drohnen. So fliegt die Mavic Air 3 mit 720g in der Risikoklasse C1, die Mavic Mini 4 mit 249g in der Freizeitspaßklasse C0. Beide Drohnen sind aber mit Kameras ausgerüstet, der kleine Drohnenführerschein ist deshalb obligatorisch. Es lohnt sich, regelmäßig einen Blick auf die Seiten des Luftfahrtbundesamtes für Drohnenpiloten zu werfen und auf die Seiten der Verbände.

Verbände
Auch die Kopterszene hat sich organisiert. So werden national und international eine Reihe von Verbänden gegründet, die die Interessen der gewerblichen Flieger vertreten wollen und etwa künftig auch die Ausbildung organisieren könnten. Im Moment beraten sie Flieger bei Problemen und Fragen zu Recht und Technik.
Adresse:
Bundesverband Copter Piloten e.V. (BVCP)
Startplatz – Im Mediapark 5
50670 Köln
Internet: bvcp.de
E-Mail: info@bvcp.de

Der Blick von oben
Nicht umsonst verlangen die Luftfahrtbehörden bei der Erteilung einer Allgemeinerlaubnis auch eine Unterschrift unter eine Datenschutzbelehrung. Denn selbstverständlich müssen auch Drohnenflieger die Rechte am eigenen Bild oder Beschränkungen der Panoramafreiheit beachten. Dazu gehört insbesondere auch, dass eine Luftaufnahme nicht deshalb zulässig ist, weil man sie machen kann. Beispiel: Wer Privatgrundstücke aus der Luft filmt, obwohl diese durch Hecken geschützt sind, muss mit Ärger rechnen, wenn er die Bilder veröffentlicht. Und: Wer einen Sensor an seiner Drohne führt – und dazu gehören auch Kameras –, benötigt immer einen Drohnenführerschein mindestens der Kategorie A1/A3.

9.3.3 Die fliegende Kamera

Luftaufnahmen erfordern nicht nur Technik und Beachtung rechtlicher Rahmenbedingungen, sondern am Ende des Tages auch noch fliegerische Fähigkeiten. Gute Luftaufnahmen entstehen nicht, indem man mit einer Kamera in die Luft geht. Ein einfacher Schwenk aus der Luft lockt heute (leider) niemanden mehr hinter dem Ofen hervor. Filme aus der Luft werden geflogen, d.h., maßgeblich sorgt der Pilot durch die Drohnenbewegung für rasante Aufnahmen. Und das will natürlich gelernt sein. Es ist ein Unterschied, ob man mit einer Drohne stabil 50 m über dem Motiv schwebt oder mit 80 km/h in 2 m Höhe über eine offene Wasserfläche rast. Ähnliches gilt für das Fliegen in geschlossenen Hallen oder für spektakuläre Verfolgungsaufnahmen von Autos oder Sportlern. Wenn Sie also als Kameramann auch Luftaufnahmen produzieren wollen, dann müssen Sie zuerst einmal fliegen lernen. Viele Hersteller werben damit, dass man auch als Anfänger innerhalb einer Stunde seine Drohne zum Fliegen bekommt. Das mag im Einzelfall stimmen, aber mehr als starten und landen und vielleicht eine kleine Runde drehen kann man in dieser kurzen Zeit nicht. Entfernt sich die Drohne nur 100 oder 200 m, wird sie mit bloßem Auge schon schwer erkennbar. Wer dann nicht sicher navigieren kann, dem bleibt nur der Modus »Return-to-Home«, um Kamera und Fluggerät wenigstens wieder sicher zurückzubringen. Drohnenfliegen setzt Erfahrung voraus, und die holt man sich durch Üben und damit auch durch die ein oder andere leidvolle Erfahrung (verbunden mit einem Reparaturauftrag) oder durch gezieltes Lernen. Leider sind viele Modellflugvereine auf die gewerblichen Drohnenflieger nicht allzu gut zu sprechen. Trotzdem macht es durchaus Sinn, dort nach erfahrenen Piloten zu suchen, die einem wichtige Hilfestellungen beim Fliegen und beim Umgang mit der Technik geben.

◂ **Abbildung 9.26**
Tiefflug über Wasser

Wenn Sie ein sicherer Pilot sind, dann kommt es auf den Kameramann in Ihnen an. Viele Einsteiger fliegen mit Weitwinkeloptiken, denn schließlich kommt es auf die Rundumsicht an. Aber: Das Motiv verliert man dabei oft aus dem Auge, und die große Schärfentiefe entspricht gerade bei Filmproduktionen nicht unbedingt dem gewünschten Look. Der Einsatz eines Normalobjektivs oder eines leichten Teles ist deshalb oft sinnvoll, setzt aber natürlich voraus, dass man das Gimbal entsprechend tarieren kann und das Motiv nicht aus dem Blick verliert. Software-Tools erlauben, dass die Kamera ein Stück weit die Steuerung übernimmt und die Drohne immer auf das Motiv ausrichtet. Allerdings sollte man mit diesen technischen Features des jeweiligen Drohnenherstellers vertraut sein, um rechtzeitig entscheiden zu können, wann man wieder selbst die Steuerung übernimmt.

Kapitel 10

Das Handwerk des Filmens

Haben Sie sich für eine Kamera entschieden, dann gilt es, sie kennenzulernen. In diesem Kapitel erfahren Sie, wie der korrekte Weißabgleich funktioniert, wie Sie Belichtung und Schärfe kontrollieren können, und beschäftigen sich mit anderen Basics des Filmens.

Wenn Sie dieses Kapitel lesen, legen Sie am besten das Handbuch Ihrer Kamera und die Kamera neben sich. Suchen Sie im Handbuch die entsprechenden Stellen zu den einzelnen Abschnitten, also z. B. über Weißabgleich, Blende, Belichtungswarnung oder Autofokus. Und probieren Sie gleich aus, wie was funktioniert und wie Sie das gewünschte Ergebnis erzielen. So profitieren Sie von diesem Kapitel am meisten.

Weiß ist grau
Technisch macht die Kamera keinen Weißabgleich, sondern einen Abgleich auf Neutralgrau. Der automatische Weißabgleich sucht sich dazu im Regelfall die hellsten Flächen im Bild aus und unterstellt, sie wären weiß – besser farblich neutral –, und passt die Farbe im Bild entsprechend an. Ein Abgleich auf eine Graukarte funktioniert ebenso, zeigt aber bessere Ergebnisse. Graukarten werden mit Metamerie-freien Farben hergestellt, die auch unter verschiedenen Lichtverhältnissen farbneutral bleiben.

10.1 Von der Fotokamera zur Filmkamera

Der größte Unterschied zwischen Video- und Spiegelreflexkameras (DSLR) ist der Spiegel. Denn er steht einer kontinuierlichen Belichtung des Sensors nun einmal im Weg. Nur wenn er weggeklappt wird, ist der für die Bildkontrolle unverzichtbare Live-View möglich. Den spiegellosen Kameras liegt Video hingegen in den Leiterbahnen. Und bei der Entwicklung des E-Mounts hatte Sony von Anfang an Video- und Fotokameras im Blickfeld. Sicher ist, dass die von Haus aus guten Videoeigenschaften der spiegellosen Kameras auch maßgeblich zu deren Erfolg beigetragen haben.

Äußerlich liegen zwischen Videokameras und Fotokameras immer noch Welten. Eine Sony Alpha 9 oder die Sony FX6 machen schon mit ihrem Gehäuse deutlich, für welchen Einsatzzweck sie gedacht sind. Obwohl die Alpha 9 mit ihrem Global Shutter geradezu prädestiniert für Videoaufnahmen ist, ist sie in erster Linie eine Fotokamera. Bei ihr oder der Panasonic Lumix S1 entscheidet nur noch die Einstellung am Modusrad, ob sich die Kamera in einen Videoboliden oder eine High-End-Fotokamera verwandelt. Im Filmmodus steht plötzlich eine verwirrende Zahl von Dateitypen, Videoformaten und Bildstilen zur Verfügung. Wem das nicht genug ist, der kann noch mit der Bildrate spielen und die Videonorm verändern. Diese Vielfalt überfordert schnell den Fotografen, der sich bisher mit einem JPEG begnügt hat oder sich auf das herstellereigene RAW-Format verlässt. In der Filmwelt hingegen gibt es offensichtlich Formate ohne Ende. Nicht ohne Grund, denn neben Kameraherstellern sitzen hier viele weitere Marktteilnehmer mit am Tisch, die ebenfalls ihre eigenen Vorstellungen von digitalem Video haben – Anbieter von Schnittsoftware, Internetdienstleister und Streamingdienste, Rundfunkanstalten zum Beispiel. Das sollten Sie wissen, wenn Sie im Menü Ihrer Kamera um das richtige Aufnahmeformat kämpfen.

- **Dateiformat**: Das Dateiformat legt fest, in welchem sogenannten *Containerformat* eine Datei auf der Speicherkarte abgelegt wird. Typische Containerformate sehen Sie in Tabelle 10.1.

Containerformat	Dateiendung	Empfohlener Einsatzzweck
QuickTime	**.mov*	Von Apple entwickeltes Format mit langer Historie; wird auch von allen Schnittsystemen unterstützt.
MPEG	**.mp4*	auf QuickTime basierendes Containerformat der MPEG Group
Material Exchange Format	**mxf*	Format, das vor allem in Rundfunkanstalten genutzt wird

Tabelle 10.1 ▸
Containerformate

Es gibt darüber hinaus zahllose weitere Containerformate, die in unterschiedlichen Umgebungen eine Rolle spielen, zum Beispiel **.avi*, **.divx*, **.vob*, **.webm*.

- **Aufnahmequalität**: Unter diesem Stichwort wird bei den meisten Kameras der sogenannte *Codec* festgelegt. Codecs sind die Arbeitstiere, die den digitalen Datenstrom in ein abspielfähiges Bildformat übertragen. Auch hier gibt es ein beinahe unüberschaubares Angebot. Allerdings haben sich in den letzten Jahren zwei Formate durchgesetzt: Dies sind die Standards H.265 (HEVC) und H.264 (AVC). Mit dem Codec werden alle wichtigen Parameter wie Bildgröße oder Farbsampling festgelegt. Er entscheidet über die Bildkomprimierung und damit über Qualität und Größe der aufgezeichneten Videofiles.

- H.264 ist der ältere Codec und wird empfohlen, wenn es darum geht, Full-HD-Video aufzuzeichnen oder Videos, die leicht und möglichst überall abspielbar sind.
- H.265 ist dagegen der Experte für qualitativ hochwertige Videos mit hoher Bitrate und Farbtiefe.

H.264	H.265
1.920 × 1.080 (Full HD), 8 Bit, 4:2:0, 28 Mbit/s	4.096 × 2.160 (UHD oder 4K), 10 Bit, 4:2:2, 200 Mbit/s und höher

◂ **Tabelle 10.2**
Unterschiede H.264 und H.265

H.264 und H.265 sind Videostandards, die mittlerweile von vielen Unternehmen unterstützt werden. Trotzdem setzt zum Beispiel Sony mit XAVC auf eigene Entwicklungen und kämpfen im Internet zahlreiche weitere Komprimierungsverfahren wie etwa AV1 um Marktanteile. Für den Videoschnitt noch wichtig: Die Schnitt-Performance können Sie deutlich verbessern, wenn Sie einen sogenannten All-Intra-Codec mit voll aufgelösten Einzelbildern verwenden. Viele Codecs unterstützen dagegen die sogenannte Long-GOP-Komprimierung, die jedoch höhere Anforderungen an die Rechenpower des Schnittsystems stellt.

- **Bildstile**: Hinter den Bildstilen verbergen sich von den Herstellern entwickelte Vorgaben zu Helligkeit, Kontrastumfang und Farbigkeit eines Bildes. Deshalb finden sich hier auch oft etwas belächelte Einstellungen wie »Dynamisch« oder »Kreativ«. Tatsächlich können die Bildstile viel mehr. Fast immer enthalten sie auch die Einstellungen für die sogenannten LOG-Formate und die Möglichkeit, besonders kontrastreiche Bilder mit einem Dynamikumfang von 15 Blenden und mehr aufzuzeichnen. Denn halbwegs moderne Kamers unterstützen bereits den neuen, erweiterten Farbraum BT.2020 oder den Vorläufer DCI-P3. Wer etwa den Bildstil »HLG« verwendet, kann plötzlich auch HDR für Video.
- **Bildrate**: In jedem (Video-)Kameramenü findet sich traditionell eine Option zur Auswahl der Videonorm. Entweder dreht man in PAL oder NTSC. Früher war das entscheidend, denn Bilder, die in der US-Norm NTSC aufgenommen wurden, waren für das europäische Farbfernsehen PAL erst einmal verloren.

Heute ist die Einstellung nicht mehr so entscheidend, mit ihr wird nur noch festgelegt, wie viele Bilder pro Sekunde aufgenommen werden.

- PAL: 25; 50; 100; 200
- NTSC: 29,94 (30); 59,94 (60); 120; 240. Unter NTSC finden sich meist auch die klassischen Film-Bildraten mit 24 und 48 Bildern/Sekunde.

Welche Einstellungen sollten Sie nun in der Praxis wählen? Hier meine Tipps:

- Wenn Sie einen modernen leistungsfähigen Schnittrechner haben, dann probieren Sie H.265 mit hohen Kodierraten in 10 Bit und 4:2:2-Farbsampling aus. Wenn Sie das Material in Ihrem Schnittsystem problemlos verarbeiten können, dann sollte Sie nichts aufhalten, diesen Codec zu verwenden. Gibt es Probleme und fehlt das Kleingeld für einen leistungsstarken neuen Rechner (Mehrkern-Prozessor mit Taktrate ab 3,2 GHz, 64 GB RAM, Grafikkarte mit 4 GB VRAM oder mehr), dann bleiben Sie bei H.264 und bei 8 Bit, gegebenenfalls auch bei Full_HD anstelle von 4K. Auf jeden Fall sollten Sie den Empfehlungen im Kamerahandbuch in diesem Punkt Ihre Aufmerksamkeit schenken. Nutzen Sie einen All-Intra-Codec, wenn verfügbar.
- Verwenden Sie, wenn möglich, eine Farbunterabtastung von 4:2:2. Diese Bilder lassen sich nachträglich sehr gut komprimieren.
- Drehen Sie möglichst immer mit 50 Bildern pro Sekunde. 25 Bilder ruckeln sichtbar. Lieber ein kleineres Bildformat (2K statt 4K) als wenige Bilder pro Sekunde.
- Probieren Sie die neuen Bildstile wie zum Beispiel »HLG« oder »LOG« aus. Sobald Sie den Bildstil gewählt haben, verändert sich das Bild im Sucher. Es wird oft flau und farblos. Korrigieren Sie dies durch eine entsprechende Konfiguration der Anzeige mithilfe der dazugehörigen Lookup-Tabelle (LUT), die das Bild für Sucher und Display wieder auf Standard sRGB wandelt.

Abbildung 10.1 ▶
In einem LOG-Format aufgezeichnetes Bild; links im Original, rechts mit der passenden LUT korrigiert

Die extreme Beschleunigung und Verlangsamung der Bildrate gehört zu den ältesten und beliebtesten und gleichzeitig immer noch faszinierenden Videoeffekten – wenn sich etwa eine Blume im Eiltempo öffnet und schließt oder die Bewegungsabläufe der rennenden Schlittenhunde erkennbar werden. Die technischen Fähigkeiten moderner Kameras, zumal wenn sie auf Video spezialisiert sind, machen das Spiel mit der Zeit zum Kinderspiel. Systemkameras nehmen klaglos und automatisch viele Hundert Einzelbilder auf und speichern sie im RAW-Format auf der Karte, ohne dass der Akku streikt. Wer lieber gleich Video aufzeichnet, der sollte eine Kamera nutzen, die eine S&Q-Funktion bietet. Damit schreibt die Kamera entweder besonders viele Bilder pro Sekunde in einen Videostream oder kodiert viele Einzelbilder, die mit Zeitversatz aufgenommen werden.

10.2 Weißabgleich

Vielleicht kennen Sie die Szene: Ein Kameramann filmt mitten in einer belebten Fußgängerzone ein weißes DIN-A4-Blatt. Er macht einen *manuellen Weißabgleich*, d.h., er misst die im Moment herrschende Farbtemperatur des Lichts und gleicht so seine Kamera darauf ab. Viele Amateure verzichten auf diese sinnvolle Kalibrierung ihrer Kamera und vertrauen auf den *automatischen Weißabgleich*. Der liegt leider ab und zu noch daneben. Denn der Sensor ist zwar im Gegensatz zum menschlichen Auge unbestechlich, weiß aber nicht, wie die Farben zu einer bestimmten Tageszeit »richtig« aussehen. Denn erst unser Gehirn sorgt für eine konstante Farbwahrnehmung, während sich in der Realität die Farben aller Gegenstände um uns herum im Tagesverlauf ändern.

Bei Camcordern und DSLRs/Systemkameras können Sie im Menü oder einem eigenen Einstellrad zwischen Voreinstellungen für verschiedene Belichtungssituationen auswählen, z. B. »Sonne«, »Wolken« »Glühbirne« oder »Nacht«. Diese Presets funktionieren sehr schnell und sind deshalb ungemein praktisch. Aber: Gerade bei Mischlicht kann es schwierig werden, denn dann muss man sich entscheiden und nimmt damit auch Farbstiche in Kauf. Und: Viele Fotografen haben sich daran gewöhnt, im sogenannten RAW-Format zu fotografieren und nachträglich die Farbe zu korrigieren. Das funktioniert bei komprimiertem Filmmaterial längst nicht so einfach und problemlos, auch wenn in der Nachbearbeitung eine Farbkorrektur möglich ist.

Mischlicht vermeiden
Wenn sich zwei oder mehr Lichtquellen mit unterschiedlicher Farbtemperatur mischen, wird es kompliziert. Tagsüber kommt eine Glühbirne kaum gegen die Sonne an. Dämmert es aber bereits oder richten Sie Ihren 800-Watt-Halogenstrahler direkt auf das Motiv, dann entstehen schnell seltsame bunte Einstrahler im Bild, z. B. ein rot glühendes Gesicht in ansonsten normalfarbiger Umgebung. Versuchen Sie in solchen Situationen, beim manuellen Weißabgleich Ihr Referenzweiß so zu halten, dass sowohl Tageslicht als auch Kunstlicht auf die Fläche fallen. Kontrollieren Sie das Ergebnis immer am hoffentlich korrekt eingestellten Sucher.

So sieht das Gehirn Farbe
Das menschliche Gehirn mag keine ständigen Farbwechsel. Es zieht Kontinuität vor, d. h., es unterstellt, dass Bäume den ganzen Tag über das gleiche Grün haben, das eigene Auto stets die gleiche Farbe behält genauso wie der Lieblingspullover. Vor allem modebewusste Menschen hassen diesen Effekt, wenn sich die gerade gekaufte Klamotte, die im Laden noch so schön rot war, im Tageslicht als violett entpuppt. Ursächlich sind die Farbtemperaturunterschiede zwischen Kunst- und Tageslicht. Doch auch das Sonnenlicht sorgt für ganz unterschiedliche Farbstimmungen. Es ändert während des Tages mehrfach das Farbspektrum und damit auch die Farben von vertrauten Gegenständen. Mal erscheint das Licht eher rötlich, z. B. bei Sonnenuntergang, mal eher bläulich, z. B. im Schatten. Unser Gehirn »rechnet« solche Unterschiede einfach heraus, es legt Wert auf einen »normalen« Eindruck und weiß, dass unser Auto blau oder rot ist und seine Farbe nicht wechselt wie ein Chamäleon. Diese Fähigkeit des Gehirns zum permanenten Weißabgleich nennt man auch *chromatische Adaption*. Um das Farbenschauspiel eines Sonnenuntergangs bringt es uns nicht, aber bei Lack und Kleidungsfarben besteht es auf Konstanz. Nur wenn wir bewusst sehen, erkennen wir die Verschiebungen im Farbspektrum. Film- und Fotokameras sind dagegen »dumm«. Wenn Sie nicht wissen, welche Lichtfarbe vorherrscht, dann gibt es unvermeidlich unschöne Farbverfälschungen. Früher trafen die Kameraleute durch die Auswahl des richtigen Filmmaterials (Kunst- oder Tageslichtfilm) die Entscheidung für die Kamera. Im digitalen Zeitalter übernehmen Logikchips diese Funktion. Denen muss man jedoch erst klarmachen, welche Farbtemperatur vorherrscht. Dazu dient der Weißabgleich. Mit seiner Hilfe sagt man der Kamera, ob im Moment eher rötliches oder bläuliches Licht das Motiv erhellt. Mit dem Weißabgleich werden Farbverfälschungen so korrigiert, dass ein neutraler Eindruck entsteht, also ein weißes DIN-A4-Blatt tatsächlich reinweiß erscheint.

10.2.1 Farbtemperatur

Die Farbtemperatur wird in Kelvin (K) gemessen. International wird die Einheit Kelvin zur Angabe von Temperaturen verwendet, wobei der absolute Nullpunkt (–273° Celsius) mit 0 K angegeben wird. Die Farbtemperaturskala wurde ermittelt, indem man einen Eisenblock immer weiter erhitzte und die dabei abgestrahlte Farbe mit der Temperatur des glühenden Metalls in Verbindung setzte.

Früher wurde die Einheit in °K angegeben, heute ist nur noch K üblich. Tabelle 10.3 beschreibt typische Lichtsituationen und den optimalen Umgang mit ihnen. Dabei gilt die Faustregel: Das Bild sollte stets »neutral« erscheinen, alle Farben werden also möglichst natürlich wiedergegeben, außer die Lichtsituation und die von ihr hervorgerufene *Farbstimmung* sind für die Bildgestaltung wichtig.

▲ **Abbildung 10.2**
Farbtemperaturskala

Lichtsituation	Farbstimmung	Empfehlung für Weißabgleich	Kelvin
Kerze	sehr rötlich, warm	Preset Kunstlicht	1.500 K
herkömmliche Glühlampe	rötlich, warm	Preset Kunstlicht	2.600–3.000 K
Halogenlampe	rötlich, warm	Preset Kunstlicht	2.800 K
Halogen-Kunstlicht (Filmscheinwerfer)	rötlich bis neutral	Preset Kunstlicht oder Weißabgleich	3.200 K
Morgenrot, Abendrot	rötlich, warm	Preset Tageslicht	3.400 K
Leuchtstoffröhre (Neon)	grünlich	manueller Weißabgleich	4.000 K
Tageslicht/Sonnenschein	neutral	AWB, manueller Weißabgleich, Preset Tageslicht	5.000–6.000 K
Wolken, Nebel	neutral bis bläulich	Preset Tageslicht oder Weißabgleich	6.500–8.500 K
blaue Stunde, Himmel gegenüber Sonne nach Sonnenauf- oder -untergang	bläulich, kühl	Preset Tageslicht	über 8.500 K

▲ **Tabelle 10.3**
Lichtsituationen und Farbtemperatur

Die Tabelle stellt nur eine grobe Empfehlung dar. Sie unterstellt z. B., dass wir bei Aufnahmen im Kerzenlicht gerne auch die intensive Rotfärbung des Kerzenscheins sehen möchten. Bei einem manuellen Weißabgleich würde dieser Eindruck neutralisiert, deshalb empfehle ich die Wahl eines Presets auf Kunstlicht, das bei 3.200 Kelvin liegt. Das deutlich rötere Kerzenlicht erscheint also auch kräftig rot. Es kann jedoch im Einzelfall durchaus möglich sein, dass mit der Vorwahl »Glühbirne« im Farbtemperaturmenü ein besseres Ergebnis erzielt wird. Probieren Sie es aus.

Mischlicht kreativ nutzen
Sie können eine Mischlichtsituation auch für kreative Zwecke nutzen: Das blaue Tageslicht taucht den hellen Designerraum in ein kühles Licht, während eine Kunstlichtlampe den Designer im Interview ausleuchtet. Sein Gesicht erscheint jedoch neutral bis leicht warm, wenn Sie auf Kunstlicht abgleichen.

Nebel erscheint auf Fotos oft unangenehm bläulich, deshalb wähle ich hier lieber einen manuellen Weißabgleich. Wollen Sie die Blaustimmung erhalten, drehen Sie besser mit einem Preset für Tageslicht (5.600 K). Nebel liegt bei ca. 8.000 K und erscheint dann immer noch mit blauer Färbung.

Im folgenden Beispiel sehen Sie, was passiert, wenn der Weißabgleich nicht stimmt.

Abbildung 10.3 ▸ Falscher (links) und richtiger (rechts) Weißabgleich

Geübter Blick auf den Monitor
Achten Sie auf die Farbstimmung in Ihrem Bild, und versuchen Sie, störende Farbstiche im Bild zu erkennen. Findet der AWB kein Weiß oder Neutralgrau im Bild, dann tut er sich schwer. Er sucht sich dann eine Fläche aus und gleicht auf sie ab oder unterstellt, alle Farben wären im Bild enthalten. Was nicht unbedingt der Fall sein muss. Die Folge sind manchmal nur Farbstiche, die aber trotzdem sehr störend sein können. Bei Profiaufnahmen führt an einem manuellen Weißabgleich deshalb kein Weg vorbei, vor allem bei Porträts, bei denen es auf möglichst natürliche Hauttöne ankommt.

Beim linken Bild wurde auf Kunstlicht, also ca. 3.200 Grad Kelvin, abgeglichen. Das Haus, das noch Tageslicht erhält, erscheint blaustichig. Beim rechten Bild wurde auf Tageslicht abgeglichen. Die Hauswand ist nun weiß, die von alten Glühbirnen erhellten Fenster leuchten dagegen orange. Wenn man ganz korrekt wäre, dann ist kein Weißabgleich wirklich richtig, das rechte Bild akzeptieren wir nur als »realistischer«, weil das warme Rot im Haus angenehmer erscheint. Mit modernen Energiesparlampen wird das Problem vielfältiger, weil es diese meist in verschiedenen Färbungen (warm, kalt oder neutral) zu kaufen gibt.

10.2.2 Der automatische Weißabgleich (Automatic White Balance AWB)

Beim automatischen Weißabgleich schätzt ein intelligenter Rechenchip die momentan herrschenden Lichtverhältnisse. Er macht es sich dabei relativ einfach. Er sucht im Bild die hellste Fläche und unterstellt, dass diese weiß sei. Dies gelingt in der Regel ganz gut, aber nicht immer und leider auch nicht oft genug. Gerade in *Mischlichtsituationen*, also Tageslicht in Verbindung mit einigen Kunstlichtquellen (Glühbirnen, Leuchtstoffröhren, Reklametafeln etc.), geht ein automatischer Weißabgleich schnell daneben. Schwierig sind auch Situationen mit extremen Farbtemperaturen, wie z. B. in der Dämmerung. Aber die meisten AWBs, die ich in diversen Kameras in den letzten Jahren getestet habe, liegen in über 90 % der Fälle ganz gut. Ein Grund also, auf sie zu vertrauen, wenn dieses Vertrauen nicht nachlässig machen würde. Wer nie einen manuellen Weißabgleich gemacht hat, ist gerade bei den Systemkameras schnell überfordert. Denn dort ist der manuelle

Weißabgleich mithilfe einer Graukarte oft tief im Menü versteckt. Ich drehe gerne mit Presets und mache in Zweifelsfällen einen manuellen Weißabgleich. Ein Nachteil einiger AWBs ist auch, dass sie manchmal während des Filmens »nachdenklich« werden und anfangen, ihre Meinung zu ändern. Die unmotivierte Farbänderung wird dann im Bild als abrupter Farbsprung sichtbar.

10.2.3 Der manuelle Weißabgleich

Beim Weißabgleich fokussieren Sie auf eine weiße Fläche. Sie sollte den ganzen Sucher ausfüllen, bevor Sie den Knopf für den Weißabgleich drücken. Das Weiß darf nicht überbelichtet sein. Nach wenigen Sekunden sehen Sie, wie sich die Farbstimmung ändert, häufig gibt Ihnen die Kamera auch noch einen Messwert in Kelvin (K) an.

▲ **Abbildung 10.4**
Manueller Weißabgleich auf weißes Blatt Papier

Als weiße Fläche kann natürlich nicht nur ein Blatt Papier dienen, sondern auch eine weiße Wand, der weiße Arztkittel oder ein weißes Auto. Nur leider stimmt dieser Weißabgleich nicht immer oder bringt nur ein ungefähres Ergebnis (siehe auch Kasten »Wahres Weiß«). Versuchen Sie deshalb, ein Gefühl dafür zu entwickeln, welche Farbtemperatur der jeweiligen Lichtsituation oder Tageszeit angemessen ist. Erfahrung kann Sie hier vor unliebsamen Überraschungen schützen.

Bewährte Hilfsmittel sind auch Arztkittel, Schnee, Hemden oder Taschentücher. Egal, was Sie verwenden, machen Sie sich immer bewusst, dass der Weißabgleich auf solche nicht normierten weißen Flächen kein exaktes Ergebnis hervorbringt. Kontrol-

Wahres Weiß

Dass ein Weißabgleich nicht mit einer farbigen Hauswand funktioniert, werden Sie schnell feststellen. Leider auch nicht mit jedem Weiß. Puristen können lange Vorträge halten, dass ein Weißabgleich nur auf ein genormtes Weiß bzw. Grau gemacht werden darf. Theoretisch haben die Verfechter der reinen Lehre recht. In der Praxis steht der nächste Kopierer allerdings näher als der Profi-Kamerashop. Deshalb hat sich weißes Kopierpapier als heimliche Standardreferenz für den manuellen Weißabgleich durchgesetzt. Aber diese Papiere enthalten in der Regel optische Aufheller, die den Blauanteil erhöhen. Das heißt, die Kamera korrigiert fälschlicherweise den zu hohen Blauanteil, das Bild wird stattdessen leicht gelbstichig. In der Regel fällt die Verfälschung jedoch nicht stark auf oder lässt sich mit einer einfachen Farbkorrektur beseitigen.

▲ **Abbildung 10.5**
Professionelle Graukarte

© Kaiser Fototechnik

▲ **Abbildung 10.6**
Vivicap-Vorsatz für einen Weißabgleich an DSLR-Kameras von Kaiser Fototechnik

lieren Sie deshalb immer den Monitor, und wiederholen Sie den Abgleich im Zweifelsfall mit einer anderen Referenz. Wenn Sie zu häufig mit einem schlechten Abgleich vom Dreh zurückkommen, dann besorgen Sie sich im Fotofachhandel eine normierte weiße Fläche oder eine sogenannte *Graukarte*, und packen Sie sie in die Kameratasche. Die Karte mit neutralem Grau eignet sich ebenso wie eine weiße Fläche für den Farbabgleich. Vorteil: Professionelle Graukarten werden mit metameriefreien Farben gedruckt, d. h., sie sind farbneutral und damit von der Farbtemperatur der Lichtquelle unabhängig.

Bei Spiegelreflexkameras funktioniert der manuelle Weißabgleich nicht so einfach. Allerdings liefert die Zubehörindustrie eine Reihe von speziellen Vorsatzlinsen, die aufs Objektiv aufgeschraubt werden können und für einen ordentlichen Weißabgleich sorgen. Statt solcher Vorsätze empfehlen mutige Fotografen auch Tempotaschentücher. In die mit Vehemenz geführten Diskussionen will ich mich nicht einmischen. Einen Versuch ist es immer wert, gerade wenn nichts anderes zur Hand ist.

Wenn Sie mit manuellem Weißabgleich arbeiten, achten Sie darauf, den Abgleich neu zu machen, sobald sich die Lichtsituation verändert. Bei Sonnenunter- oder -aufgang ist die Farbtemperatur kaum zu kontrollieren. Hier empfehle ich ein Preset auf Tageslicht, also etwa 5.600 K. Gerade beim Wechsel von Außenaufnahmen zu Innenaufnahmen verändert sich die Farbtemperatur des Umgebungslichts drastisch.

Schwarzabgleich
Er ist relativ selten, aber manchmal empfiehlt es sich, dafür zu sorgen, dass auch die Schwarzwerte wirklich farbneutral sind. Profikameras bieten für solche Gelegenheiten auch einen Schwarzabgleich, bei dem die Blende komplett geschlossen wird, um alle Farbkanäle so einzumessen, dass die Summe Schwarz ergibt. Bei Consumer-Cams und DSLRs steht das Feature in aller Regel nicht zur Verfügung.

▲ **Abbildung 10.7**
Manueller Weiß- und Schwarzabgleich an Profikamera

Die Logikchips in den Kameras werden immer zuverlässiger und damit erfüllt der automatische Weißabgleich immer häufiger seinen Zweck. Zunehmend bieten Kameras auch die Aufnahme im sogenannten *RAW-Format* an und damit die nachträgliche Korrektur. Aber: Die Nachbearbeitung stellt noch hohe Herausforderungen an die Rechenleistung des Schnittsystems und an das Farbmanagement. Deshalb sollten Sie unbedingt mit einem möglichst korrekten Farbabgleich drehen. Solange Ihr Video in kodierter Form, also heute in der Regel als H.264- oder H.265-kompatibler Datenstrom, abgelegt wird, sollten Sie sich bereits bei der Aufnahme um einen exakten Weißabgleich kümmern. Denn die Korrektur eines komprimierten Bildes mit falschem Weißabgleich ist nur eingeschränkt und mit hohem Aufwand möglich (siehe Kapitel 21, »Der Feinschliff«).

10.2.4 Der definierte Weißabgleich (Preset)

Erfahrene Kameraleute drehen häufig nur mit den sogenannten *Presets*. Sie entscheiden damit selbst, welches Licht vorherrscht, und sagen der Kamera somit eindeutig, dass sie z. B. auf Kunstlicht (3.200 K) oder Tageslicht (5.600 K) abgleichen soll. Der Vorteil dieser Methode besteht darin, dass auch besonders farbige Stimmungen erhalten bleiben. Machen Sie bei einem intensiven Morgen- oder Abendrot einen Weißabgleich, so wird die Rotfärbung neutralisiert. Das Preset zeigt dagegen die wirkliche Stimmung.

▲ **Abbildung 10.8**
Preset (links) vs. manuellen Weißabgleich (rechts)

Bei der linken Aufnahme wurde mit einem Preset auf Tageslicht abgeglichen, bei der rechten Aufnahme manuell. Während links auch die Berge und der Himmel vom Morgenrot erleuchtet werden, ist rechts davon kaum etwas zu erahnen. Das Bild erinnert eher an eine Mittagsstimmung, erscheint »neutraler«. In Tabelle 10.3 in Abschnitt 10.2.1 finden Sie meine Empfehlungen, wann ich lieber mit einem Preset drehe und wann mit manuellem Weißabgleich bzw. wann ich auf den automatischen Abgleich vertraue. Wichtig beim Drehen mit Presets: Um das Ergebnis beurteilen zu können, sollte Ihr Kameramonitor wenigstens halbwegs die korrekte Farbe anzeigen.

10.2.5 Schwierige Farbstimmungen

Die Aufnahme eines tanzenden Brautpaares (siehe Abbildung 10.9) zeigt, wie schwierig es mit dem Licht werden kann. LED-Lampen tauchen den Saal in ein magenta-violettes Licht. Gäste fotografieren den Brauttanz mit Blitzlicht, im Bild erkennbar am helleren oberen Streifen, während die unteren Linien für den Blitz zu spät geschrieben wurden. Im Blitzlicht überstrahlt das weiße Brautkleid, dafür werden ansatzweise die richtigen Farben erkennbar. Bei solchen Lichtverhältnissen entscheiden Sie sich am besten für das Preset, das Ihnen am interessantesten erscheint. Lassen Sie die Farben sprechen, und vergessen Sie den Kampf um authentische Hauttöne, den Sie in diesem Farbgewitter ohnehin verlieren.

CMOS-Sensoren und Blitzlicht
Ein CMOS-Sensor, der in der Kamera verbaut ist, liest das Bild zeilenweise aus. Der Blitz erhellt den Raum kürzer, als das Auslesen des Bildes dauert – deshalb die Zweiteilung. Im laufenden Film ist dies unproblematisch, da der Blitz hier tatsächlich wie ein Blitz wahrgenommen wird. Im Standbild sieht es dagegen sehr seltsam aus.

▲ **Abbildung 10.9**
Farbhölle Hochzeit

In der Literatur über digitale Fotografie finden Sie über den Umgang mit schwierigen Lichtsituationen lange Ausführungen, z. B. über blauen Schnee und bläuliche Schatten in Schneeaufnahmen. Dies ist fast immer eine Aufgabe für die anschließende Farbkorrektur. Denn blauer Schnee in weißen bzw. hellen Bildteilen ist Folge eines falschen Weißabgleichs. Der Schatten dagegen wird vom Himmel aufgehellt, ist also tatsächlich bläulich. Allerdings mag unser Gehirn den Blaustich nicht, weshalb wir Schnee und den Schatten in der Regel neutral (weiß und grau) wahrnehmen.

Abbildung 10.10 ▶
Kirche im Schnee. Gut erkennbar sind die blauen Schatten im Schnee auf dem Kirchendach. Der Schnee rechts vorne im Vordergrund, der im Tageslicht liegt, erscheint dagegen weiß.

Bevor Sie jedoch Ihr Bild mit einer übertriebenen Farbkorrektur womöglich zerstören, werfen Sie noch einmal einen Blick ins Internet auf der Suche nach blaustichigen Schneebildern. Sie werden überrascht sein.

Kurz nach Sonnenuntergang oder vor Sonnenaufgang strahlt der Himmel im Norden in einem intensiven Blau, die sogenannte *blaue Stunde* bricht an. Solche »extremen« Lichtsituationen erfordern einen gefühlvollen Umgang mit dem Weißabgleich bis hin zu Experimenten. Der Weißabgleich, der den Himmel neutral erscheinen ließe, läge bei ca. 10.000 K. Auch Nebel oder Dunst führen zu einem blaueren Licht als die Mittagssonne. Umgekehrt ist die normale Glühbirne eher röter als eine Halogenlampe. Und eine Kerze leuchtet mit warmen 1.500 K. Ein automatischer Weißabgleich filtert Ihnen diese Lichtstimmungen möglicherweise weg. Statt des warmen Tons der Kerze haben Sie dann plötzlich einen eher neutralen Bildeindruck, oder die blaue Stunde verliert ihre einzigartige Farbstimmung. Anstatt neutral abzugleichen, ist es also sinnvoller, ein Preset zu wählen oder sogar einen bewusst falschen Abgleich. Neonreklamen leuchten z. B. wesentlich eindrucksvoller, wenn Sie auf Tageslicht abgleichen.

Vorsicht vor Energiesparlampenlicht!
Ärger mit Energiesparlampen: Die EU sorgt für schlechte Bilder. So zumindest schimpfte ein Fachmagazin über die Einführung von Energiesparlampen. Diese haben nämlich einen hässlichen Nebeneffekt: Weil unser Gehirn sich so gerne selbst betrügt und die Welt stets in die richtigen Farben taucht, akzeptiert es das Licht von Energiesparlampen als vollwertiges Weiß. Tatsächlich handelt es sich aber um eine Art »Sparweiß«, das aus wenigen Farben zusammengemischt wird.

Analysiert man das Licht einer Energiesparlampe mithilfe eines Spektrometers, stellt sich schnell heraus, dass ganze Wellenbereiche fehlen, vor allem Rottöne. Auf digitalen Sensoren kann sich dieser Mangel mit deutlichen Farbeinstrahlungen bemerkbar machen, die sich auch durch einen Weißabgleich nicht entfernen lassen. Rottöne erscheinen häufig bräunlich, Gelbtöne grünlich verfälscht. Besonders unangenehm sieht das bei Hauttönen aus, die schnell einen Grünstich bekommen und dann richtig hässlich werden. Die einzige Möglichkeit ist dann, die Lampe auszuschalten oder das Leuchtmittel auszutauschen.

Goldene und blaue Stunde
Während der blauen Stunde strahlt der Himmel dank hoher Kelvin-Werte zwischen 8.000 und 12.000 K wirklich sattblau, Glühbirnen und Neonlampen scheinen dagegen rot oder türkis.

Das sorgt dafür, dass Bilder, die zur blauen Stunde aufgenommen werden, nicht nur sehr farbig sein können, sondern zudem auch in feinen Details noch Zeichnung zeigen. Wer die poppigen Bilder mag, muss entweder früh aufstehen, denn morgens tritt die blaue Stunde nur vor Sonnenaufgang auf, oder abends lange warten. Denn erst nach Sonnenuntergang wird der Himmel wirklich blau. Davor herrscht die goldene Stunde, in der die Sonne Landschaft und Motiv in warme Farben taucht.

▲ **Abbildung 10.11**
Blaue Stunde in Murnau

10.2.6 Den Weißabgleich kontrollieren

Grundsätzlich können Sie den Farbabgleich über einen LCD-Monitor halbwegs gut kontrollieren. Vergessen Sie jedoch nicht: Der Monitor gibt Farben nicht unbedingt richtig wieder. Und das Umgebungslicht beeinflusst natürlich auch den Monitor und sorgt so für zusätzliche Farbverfälschungen. Wenn Sie feststellen, dass Ihre Bilder auf dem Schnittmonitor deutlich anders aussehen, als Sie es eigentlich in Erinnerung haben, dann vergleichen Sie Kamera- und Computermonitor einmal miteinander, und kalibrieren Sie beide Monitore (siehe Abschnitt 21.1.7, »Monitor kalibrieren«), wenn möglich.

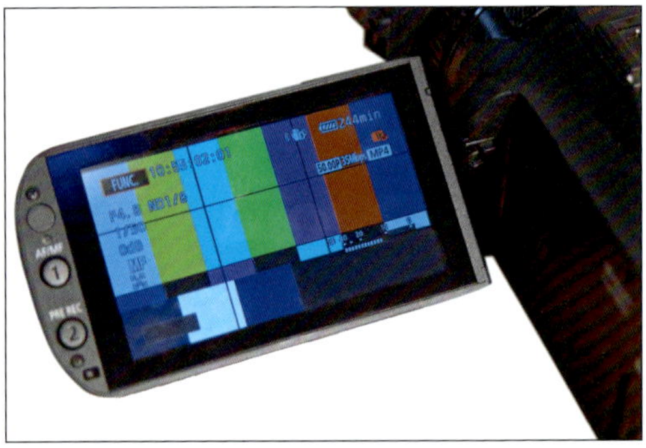

Abbildung 10.12 ▸
Aufzeichnung eines Farbbalkens auf einem HD-Camcorder

Hilfreich ist dazu ein Farbbalken, den semiprofessionelle Kameras automatisch ausgeben und den Sie zusätzlich aufzeichnen. Im Schnitt können Sie dann anhand des aufgezeichneten normierten Farbbalkens mithilfe des *Vektorskops* kontrollieren, ob die Kamera richtig justiert ist, bzw. Abweichungen korrigieren (siehe Abschnitt 21.1.7, »Monitor kalibrieren«). Diesen Farbbalken finden Sie zunehmend auch in Systemkameras, wie etwa der Panasonic Lumix S5, die gezielt auch Videofilmer ansprechen.

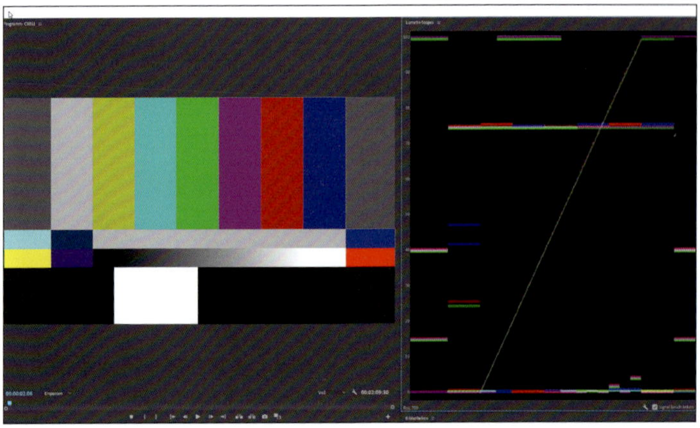

Abbildung 10.13 ▸
Nachträgliche Kalibrierung anhand eines Farbbalkens in Adobe Premiere Pro

Der Pegelton
Wenn Ihre Kamera einen Farbbalken ausgibt, dann sicher auch einen sogenannten *Pegelton*. Dieses ebenfalls normierte Signal mit der Frequenz von 1 kHz wird mit einem Schalldruckpegel von 0 dB oder mit sogenanntem Headroom von –9 dB aufgezeichnet. Mithilfe des Pegeltons können Sie die korrekte Lautstärke einer Aufnahme festlegen. Wenn Sie den Pegelton kennenlernen möchten, unter der URL *www.pegelton.de* können Sie Probe hören.

Nicht praktikabel ist ein Tipp, den ich in einem Buch zum Thema Filmen mit der DSLR gefunden habe und der aus der Fotowelt stammt. Fotografen positionieren im Bild bei einer Testaufnahme gerne eine sogenannte *Graukarte*, um nachträglich in der Farbkorrektur das Bild ähnlich anzugleichen, wie dies mit RAW-Daten z. B. im Programm Adobe Lightroom möglich ist. Die meisten Leser dürften aber mit einem Codec wie H.265 oder H.264 arbeiten und mit einem geringen Farbsampling von 4:2:0 oder 4:1:1. Das deutlich reduzierte Farbsignal eignet sich nur eingeschränkt für eine spätere Farbkorrektur, kaum jedoch, um einen »falschen« Weißabgleich nachträglich mit nur einem Klick der Pipette auf das Feld der Graukarte »hinzudrehen«. Die Graukarte schadet zwar nicht, aber mit ihrer Hilfe kann man eher den Feinschliff erleichtern.

10.3 Belichtung

Seit dem Siegeszug der Fotokameras in der Filmwelt ist das Thema Belichtung schwieriger geworden. In der klassischen Welt der Videokameras wurde die Belichtung des Bildes ausschließlich über die Veränderung der Blende reguliert. Eine Veränderung der Belichtungszeit stand gar nicht zur Verfügung. An Fotoapparaten ist eine Änderung der Belichtungszeit hingegen gang und gäbe – leider.

Das Drehen am Knopf zum Verstellen der Belichtungszeit führt schnell zu Artefakten wie *Moiré*, die das Bild unbrauchbar machen. Erscheint also ein Bild unterbelichtet, so bleibt dem Kameramann nur die Möglichkeit, die Blende zu öffnen, also eine kleinere Blendenzahl zu wählen. Eine Verlängerung der Belichtungsdauer, etwa von 1/100 s auf 1/10 s, steht dagegen nicht zur Verfügung. Auch umgekehrt kann bei drohender Überbelichtung nur die Blende so weit wie möglich geschlossen werden. Eine Verkürzung der Belichtungszeit auf Werte wie 1/500 s oder noch kürzer ist nur bei Sport- und Actionaufnahmen ratsam und sorgt in diesen Fällen zwar für schärfere Bilder, aber auch für störende Artefakte. Droht Überbelichtung, empfiehlt sich eine Verringerung des Lichteinfalls durch einen ND-Filter.

Mit dem Anbruch des 4K-Zeitalters halten auch hochdynamische Bilder Einzug in die Filmwelt. Viele Kameras stellen LOG-Formate mit Gammakorrektur und HLG-Aufnahme für sehr kontrastreiche Bilder zur Verfügung. Das Problem: Auf den Standarddisplays sehen die Bilder meist matschig aus. Die Farben können nicht richtig beurteilt werden. Wenn Sie diese Bildformate nutzen, dann verwenden Sie auch in den Einstellungen für die Wiedergabe auf dem Display das dazugehörige Wiedergabeformat, um eine halbwegs realistische Wiedergabe bei der Aufnahme zu erreichen.

Blende und Belichtungszeit
Die Blende ist in der Regel ein Verschluss aus mehreren Lamellen in einem Objektiv, der den Lichteinfall auf den Sensor regelt. Die Blende wird mit einer Blendenzahl von *f*/1,8 bis *f*/22 angegeben. Je kleiner die Blendenzahl, desto offener die Blende, also desto mehr Licht fällt auf den Sensor. Die Belichtungszeit gibt dagegen die Dauer in Sekunden an, in der der Sensor Licht erhält, also die Blende geöffnet ist. In der Fotografie kann die Belichtungszeit zwischen mehreren Stunden und Bruchteilen von Sekunden liegen. Im Film ist sie dagegen durch die Bildrate im Wesentlichen vorgegeben.

Moiré
Zu den bekanntesten Bildfehlern der Fernsehwelt zählt der Moiré-Effekt. Dieser Effekt führt in bewegten Bildern oft zu einem Flimmern, insbesondere in feinen Strukturen. Moiré tritt überall da auf, wo feine Muster oder Raster in einem gegeneinander verschobenen Winkel übereinanderliegen und sich gegenseitig beeinflussen.

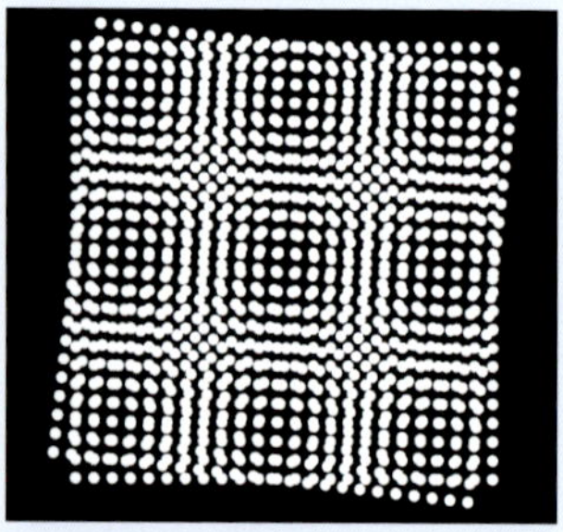

▲ **Abbildung 10.14**
Der Moiré-Effekt

Die richtige Belichtungszeit
Die Framerate von Videos ist durch die Auswahl des Codecs festgelegt. In der Regel liegt sie heute bei 50 oder 60 Bildern pro Sekunde, in den nächsten Jahren wahrscheinlich bei 100 oder 120 fps. Die sogenannte *180°-Shutter-Regel* besagt, dass die optimale Belichtungszeit nach folgender Formel berechnet wird:

Belichtungszeit = 1 : Framerate × 2

Beispiel für eine Aufnahme mit 50 fps:

Belichtungszeit = 1 : 50 × 2 = 1:100

Die optimale Belichtungszeit liegt also bei 1/100 s. Die Belichtungszeit entspricht damit der halben Dauer eines Frames. Wählen Sie eine kürzere Belichtungszeit, also 1/250 s oder 1/500 s, dann werden die Bilder zwar schärfer, aber es entsteht auch schnell der unerwünschte Moiré-Effekt. Sie könnten also mit einer kürzeren Belichtungszeit zwar abblenden, jedoch nur mit dem hohen Risiko, Ihr Bild zu verunstalten. Die Änderung der Belichtung ist deshalb keine Alternative zur Wahl der richtigen Blende. Bei einer zu langen Belichtungszeit wird das Bild bei Bewegungen der Kamera oder des Motivs unscharf.

Der größte Horror von Kameraprofis sind überbelichtete Videobilder. Erfahrungsgemäß finden sich später beim Schnitt in dunklen Bildanteilen immer noch brauchbare Strukturen. Zu helle Bildanteile sind jedoch in der Regel unrettbar verloren, d. h., sie bleiben hässlich weiß.

▲ **Abbildung 10.15**
Beispiel eines farblosen, fahlen Videohimmels

Schneller Shutter
Fotografen sind gewohnt, die Belichtung über die Belichtungszeit zu kontrollieren. Immer wieder erlebe ich in meinen Kursen, dass die Kamera bei hellem Tageslicht plötzlich eine Verschlusszeit von 1/1000 s anzeigt. Auf Camcordern muss man dazu bewusst die Funktion SHUTTER anwählen und weiß dann, dass es Bildfehler geben kann. Bei DSLRs und DSLMs entspricht es dagegen der Routine des Fotografen. Gewöhnen Sie sich den geübten Griff ans Belichtungsrädchen ab.

Den häufigsten Tod durch Überbelichtung stirbt der Himmel, der zum farblosen, fahlen *Videohimmel* mutiert, statt in sattem Blau mit weißen Wölkchen zu erstrahlen. Kameraleute unterbelichten deshalb ihre Bilder lieber, anstatt sie überzubelichten. Wegen der kleinen Sensoren der klassischen Videokameras versuchen Profis andererseits, durch eine möglichst offene Blende die Schärfentiefe zu minimieren, um möglichst nur das Motiv scharf zu stellen, Vorder- und Hintergrund dagegen unscharf erscheinen zu lassen.

Auf die Bedeutung der Blende für die Manipulation der Schärfentiefe gehe ich in Abschnitt 10.4, »Schärfe«, detailliert ein. Allerdings ist dieses Thema so wichtig für eine gute Bildgestaltung, dass es hier nicht unerwähnt bleiben sollte. Zunächst aber wollen wir uns um die richtige Belichtung kümmern.

Offene Blende für definierte Schärfentiefe
Die goldene Grundregel der Kameraarbeit in Sachen Blende könnte also lauten: Blende möglichst offen und dann ein bisschen »kneifen«, d. h., so weit schließen, dass gerade keine überbelichteten Bildanteile mehr vorhanden sind. Diese Regel kann man auch heute noch beherzigen, vor allem wenn man mit Kameras mit kleinen Sensoren unterwegs ist. Mit der absehbar wachsenden Chipgröße wird sie nicht mehr ganz so stur angewendet werden. Und für DSLR-Besitzer gilt in vielen Situationen bereits eher das Gegenteil: Blende schließen für mehr Schärfentiefe.

10.3.1 Manuelle Blende vs. Blendenautomatik

Während man den automatischen Weißabgleich durchaus einsetzen kann, sollte man auf die automatische Blendenadaption ganz verzichten. Dafür sprechen vor allem drei Gründe:

1. Die automatischen Blendenveränderungen sind schlicht hässlich. Sie sollten, wenn irgend möglich, vermieden werden.
2. Ändert sich eine Lichtsituation, z. B. weil Sie aus der Hand drehen und die Kamera intensiv bewegen oder weil Wolken für ständige Helligkeitswechsel sorgen, so springt die Blendenautomatik permanent an und sorgt für ein störendes Flackern im Bild.
3. Künstlerische Belichtungsvarianten wie Low-Key- oder High-Key-Aufnahmen sind mit Blendenautomatik kaum zu realisieren.

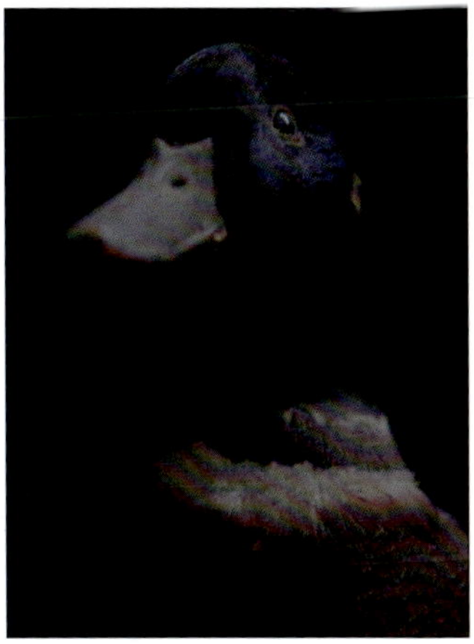

▲ **Abbildung 10.16**
Künstlerische High-Key-Aufnahme, links, und eine Low-Key-Aufnahme, rechts

Auch das absichtsvolle Über- bzw. Unterbelichten weniger bildwichtiger Teile ist oft schwierig. Die Automatik mit ihrem Streben nach Mittelmaß und ihrer Abneigung gegen Extreme würde solche Versuche unterbinden. Allerdings ist bei manchen Kameras,

High-Key und Low-Key
Kameraleute und Fotografen machen ungern normierte Aufnahmen. Auch wenn bis hierher viel von Normbereichen die Rede war, manchmal muss man auch die Grenzen sprengen oder zumindest an die Grenzen gehen. Dazu gehören sogenannte Low-Key- und High-Key-Aufnahmen. In einem Low-Key-Bild überwiegen die Schatten (Tiefen), große Bildbereiche können auch völlig schwarz sein. Im High-Key-Bild hingegen überwiegen die Lichter bis hin zu vollem Weiß.

insbesondere den Consumer-Cams, eine manuelle Kontrolle der Blende so schwierig, dass es mehr Sinn macht, mit der Automatik und ihren Einschränkungen zu leben. Immer wenn die Blende nicht über einen Blendenring am Objektiv reguliert werden kann, sind besondere feinmotorische Fähigkeiten gefordert. Zu den Herausforderungen gehören Miniaturrädchen, mit denen man die Blende zwar theoretisch verstellen kann, dabei aber ähnliche Blendensprünge verursacht wie die Automatik. Für gänzlich unpraktisch halte ich auch alle elektronischen Varianten, die z. B. eine Blendenänderung über das Display erfordern. Hier heißt es üben oder sich notgedrungen mit der Automatik arrangieren. Auch auf Smartphones gehört das manuelle Nachführen der Blende zu den eher schwierigen bis unmöglichen Übungen. Ihr ganzes Streben sollte sein, ohne Blendenautomatik auszukommen.

Drehen mit der Blendenautomatik | Leider verhalten sich nicht alle Blendenautomatiken gleich. Einige reagieren auf Lichtveränderungen extrem schnell, andere sehr gemächlich. Einige Kameras verstellen die Blende sehr weich und harmonisch, und das Verhalten der Automatik erinnert fast schon an einen geübten Kameramann, der von Hand den Blendenring verstellt. Andere ändern die Blende ruckartig, und die Automatik arbeitet deutlich sichtbar und damit unangenehm. Als Erstes sollten Sie also Ihre Kamera kennenlernen und selbst beurteilen, wie die Automatik reagiert und ob Ihnen das Ergebnis gefällt. Finden Sie es akzeptabel, dann brauchen Sie beim Drehen nicht mehr allzu viele Gedanken auf das Thema zu verschwenden. Finden Sie die Automatik dagegen hässlich, versuchen Sie, sie so weit wie möglich auszutricksen. Das heißt, entweder vermeiden Sie alle überflüssigen Lichtveränderungen, schwenken die Kamera also nicht plötzlich von dunklen auf helle Motive, oder Sie sorgen dafür, dass die Änderung möglichst zügig und konsequent erfolgt. Einen einmaligen Blendensprung akzeptiert der Betrachter eher als ein ständiges ruckartiges Nachziehen der Blende. Die Frames, auf denen die Veränderung der Blende sichtbar wird, würde ich – wenn irgend möglich – später im Schnitt entfernen.

Wenn Sie über ein Objektiv mit Blendenring an Ihrer Kamera verfügen, dann sollte Sie nichts davon abhalten, die Automatik abzuschalten. Und am besten vergessen Sie gleich, wie Sie sie wieder aktivieren können. Um jedoch die richtige Belichtung einzustellen, müssen Sie die *Helligkeitsverteilung* im Bild richtig beurteilen. Das klassische Instrument der Videografen zur Beurteilung der Helligkeit ist der sogenannte *Waveform-Monitor*, den Sie ins Bild einblenden können. Da Video immer wichtiger wird,

Declicking
Wegen der wachsenden Bedeutung des Filmens statten viele Hersteller von Fotoobjektiven diese auch wieder mit einem manuellen Blendenring aus. Schön ist, wenn dieser stufenlos verstellt werden kann. Im Fotobetrieb können die Blenden wie gewohnt in 1/3-Schritten geändert werden; verfügt die Optik über »Declicking«, können die typischen Schritte auch ausgeschaltet werden.

statten auch Hersteller von Fotoobjektiven manche Objektive mit einer sogenannten Declicking-Funktion aus. Der Blendenring lässt sich damit wahlweise stufenlos oder in den für die Fotografie typischen Blendenschritten verstellen.

10.3.2 Das Zebra

Das *Zebra* ist eine elektronische Hilfestellung. Je nach Voreinstellung markiert es Bildbereiche ab einem bestimmten Helligkeitswert mit einem Streifenmuster. Von diesen Streifen stammt auch der Name: Zebra. Nach wie vor ist es vor allem bei Reportagedrehs die einfachste und damit beste Warnung vor Falschbelichtung.

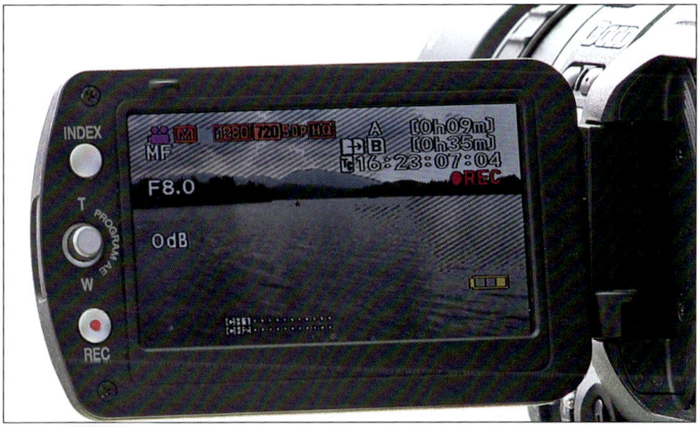

◂ **Abbildung 10.17**
Belichtungswarnung Zebra auf dem Display eines Camcorders. Hier warnt das Zebra (100 %) vor dem überbelichteten Himmel.

Das Zebra lässt sich zur Warnung vor Überbelichtung und vor Unterbelichtung einsetzen. Manche Kameras bieten auch die Kombination mehrerer Zebras an. Allerdings sieht man dann vor lauter Streifen schnell das Bild nicht mehr. Deshalb empfehle ich, das Zebra vor allem als Warnung vor Überbelichtung einzusetzen, bei Consumer-Cams heißt das Zebra deshalb oft *Beli-Warnung*.

- **Zebra bei 100 %**: Diese Einstellung ist die klassische Beli-Warnung. Wer dieses Zebra wählt, will wissen, wann ein Bildteil überbelichtet ist, um die Blende entsprechend zu korrigieren, also zu schließen. Profikameras erlauben auch höhere Werte, etwa von 103 %. Wenn Sie feststellen, dass Sie in der Regel leicht unterbelichtete Bilder produzieren, dann sollten Sie es mit einem höheren Wert versuchen.
- **Zebra bei 70 %**: Diese Art von Zebra gibt einen Hinweis auf die richtige Belichtung bildwichtiger Teile, besonders ob ein Gesicht ausreichend hell ist. Hauttöne sollten in diesem Helligkeitsbereich liegen. Hier wird die Blende so gewählt, dass das Zebra im Gesicht erscheint, unabhängig davon, ob andere Bildanteile dann über- oder unterbelichtet sind.

Ich drehe in der Regel nur mit dem Zebra als Belichtungswarnung bei 100 %. Die Beurteilung der richtigen Belichtung bildwichtiger Teile überlasse ich meinem Auge und meinem Gefühl. Viele Profis verwenden jedoch gerade das 70 %-Zebra oder auch eine Kombination beider Muster, sofern die Kamera das Einblenden von zwei Zebras erlaubt.

Da komprimierte Videobilder auf Überbelichtung empfindlich reagieren, neige ich nach wie vor dazu, eher unterzubelichten, und verlasse mich damit insgeheim auf die Bildkorrektur in meinem Schnittsystem. Nach wie vor filme ich immer noch mit möglichst offener Blende. Doch das Drehen mit offener Blende ist bei Kameras mit Vollformatsensor, also gerade DSLRs und DSLMs, nicht mehr ganz so entscheidend. Eine Canon EOS R5 oder Sony Alpha 7S III liefern dann manchmal schon »zu wenig« Schärfentiefe. Je nach Lichtsituation, Optik und Entfernung zum Objekt passiert es, dass ein Motiv nicht mehr durchgehend scharf abgebildet wird. Störend ist dies z. B. bei Gesichtern, wenn die Nasenspitze schon nicht mehr ganz scharf ist. Kleinere Blenden sind in solchen Fällen willkommen. Auf den kleinen Displays von Systemkameras oder Camcordern sind diese kleinen Unschärfen allerdings leider kaum sichtbar. Der Bildsucher bietet eine höhere Auflösung, ist aber beim Filmen eher unpraktisch.

10.3.3 Histogramm und Waveform-Monitor

Das Messinstrument zur Beurteilung der Helligkeit in Videobildern ist der sogenannte *Waveform-Monitor*. Um es gleich vorwegzunehmen: Der Waveform-Monitor ist das bessere Messinstrument. Denn er zeigt nicht nur an, ob es über- oder unterbelichtete Bereiche in einer Aufnahme gibt, sondern auch, wo sie sich befinden. Er stellt also mehr Informationen zur Verfügung.

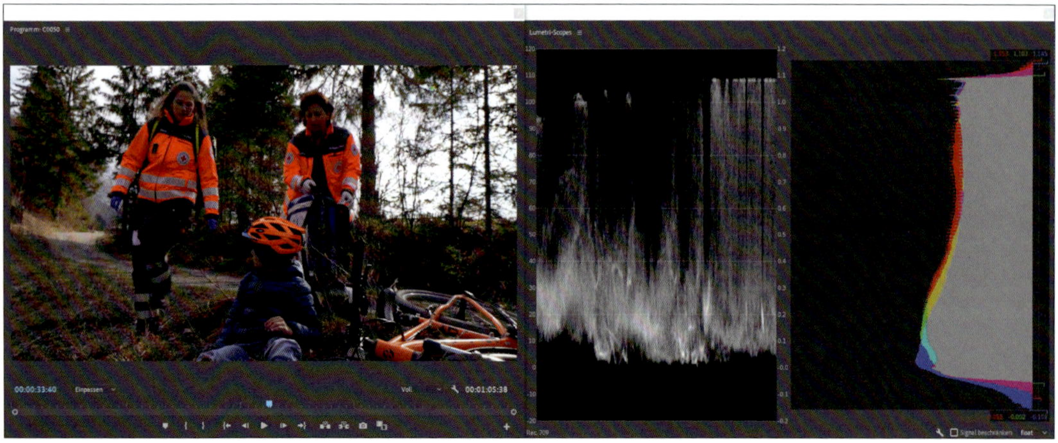

Abbildung 10.18 ▼
Gegenüberstellung Waveform und Histogramm in Adobe Premiere Pro. Im Waveform-Monitor ist der überbelichtete Himmel rechts im Bild gut zu erkennen; im Histogramm deutet nur die kleine Spitze rechts an, dass es eine überbelichtete Stelle im Bild gibt.

Aber gerade deswegen ist er auch schwieriger zu erfassen. Zudem sind viele Kameraleute mittlerweile eher an den Umgang mit dem Histogramm gewöhnt. Deshalb beschränke ich mich hier auf die Arbeit mit dem Histogramm. Den Waveform-Monitor werde ich im Abschnitt 21.1, »Bildkorrektur« noch einmal ausführlich erklären.

In den letzten Jahren haben clevere Ingenieure immer mehr Werkzeuge entwickelt, die die technische Beurteilung eines Bildes erleichtern. Die in der Fotografie schon lange üblichen *Histogramme* halten nun auch bei Filmkameras Einzug. Mit ihrer Hilfe lässt sich die Helligkeitsverteilung in einem Bild schnell und zuverlässig feststellen. Doch in der Praxis sind sie bei Weitem nicht so nützlich wie in der Fotografie. Zum einen beanspruchen die kleinen Inserts zusätzlichen wertvollen Platz im ohnehin kleinen Sucher. Zum anderen ist gerade bei Bewegungen ja nicht eine einzelne Einstellung maßgebend, sondern es sollte durchgehend ordentlich belichtet werden. Anhand der kleinteiligen Histogramme funktioniert die durchgehende Belichtungskontrolle aber nur selten, vor allem weil der Blick beim Filmen nicht ausschließlich dem Sucher gelten soll, sondern auch dem Geschehen rundum. Erfahrung und auch ein bisschen Mut sind gefragt. Das Histogramm kann trotzdem hilfreiche Hinweise geben. Und damit es in den sowieso schon mit Informationen überfrachteten Sucherbildern nicht untergeht, sollte man es im Bedarfsfall vor der eigentlichen Aufnahme formatfüllend im Sucher einblenden und in Ruhe analysieren.

Wenn es hell wird
Bei sehr hellen Bildern, wie z. B. dieser Schneeaufnahme, wird die Beurteilung des Bildes schnell schwierig. Das Zebra markiert große Flächen als überbelichtet und ist deshalb möglicherweise zu grob. Hier kann das Histogramm weiterhelfen, indem man die Blende so weit öffnet, dass kein schmaler Strich am linken Ende auftaucht.

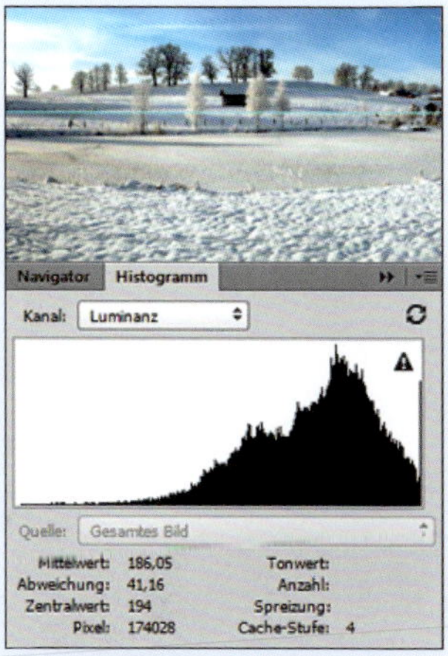

▲ **Abbildung 10.19**
Histogramm einer Aufnahme im Schnee aus Photoshop

◄ **Abbildung 10.20**
Sucherbild mit Histogramm einer Sony EX3

Das Histogramm gibt die Helligkeitsverteilung des Bildes wieder. Ganz rechts ist der maximale Weißwert, ganz links der maximale Schwarzwert erreicht. So finden Sie das Histogramm auch in Adobe Photoshop wieder. Manche Programmierer machen sich jedoch einen Spaß daraus, das Histogramm umzukehren, dann ist rechts dunkel und links hell.

Nach rechts belichten (ETTR)
Diese Empfehlung aus der Fotografie kann eingeschränkt auch auf Filmaufnahmen angewendet werden. Ziel ist es, möglichst den ganzen Dynamikumfang eines Sensors auszunutzen und möglichst bis an die Beschneidungsgrenze der Lichter heranzugehen. Vorteil dieser Arbeitsweise: Man erhält das Maximum an Zeichnung in den Schatten. Aber: Die Empfehlung widerspricht der gängigen Praxis, lieber die Blende etwas zu kneifen, also tendenziell unterzubelichten, um »ausgefressene« Weißanteile zu vermeiden. Die endgültige Antwort können nur Sie sich geben, indem Sie Ihre Kamera gut kennenlernen. Korrigieren Sie gerade anfangs intensiv Ihre Bilder, um herauszufinden, wie viel Unter- und Überbelichtung der Sensor verträgt. Und entscheiden Sie dann, ob Sie lieber kneifen oder nach rechts belichten.

Idealerweise erstreckt sich die Hügellinie über die ganze Breite des Histogramms. Deutliche Spitzen am rechten Rand deuten auf ungewöhnlich helle Bildanteile hin. In Abbildung 10.19 sorgt der Schnee für überdurchschnittlich hohe Anteile im sehr hellen Bereich.

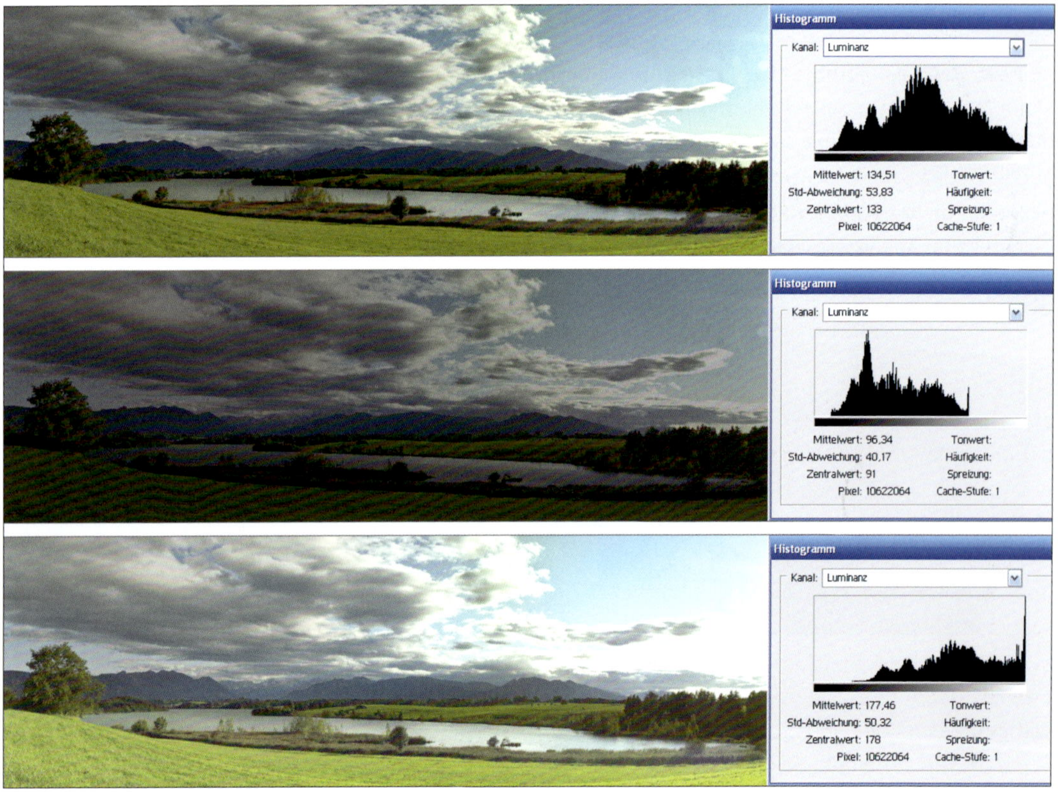

▲ **Abbildung 10.21**
Von oben nach unten: Bilddatei normal, zu dunkel und zu hell belichtet mit dem jeweils dazugehörigen Histogramm

Technisch enthalten unterbelichtete und überbelichtete Bildanteile keine weiteren Informationen mehr, d.h., sie erreichen jeweils den Maximalwert für Weiß (RGB 255, 255, 255) oder Schwarz (RGB 0, 0, 0). Auch eine nachträgliche Bildkorrektur würde an diesen Stellen keine verborgenen Strukturen mehr hervorzaubern. Wer den Tiefen/Lichter-Regler in Photoshop oder Lightroom lieben gelernt hat, weiß, welche ungeahnten und verborgenen Details man aus einem Foto mit seiner Hilfe oft noch herausholen kann. Doch im Videobereich mit seinen hochkomprimierenden Codecs sind solche Wunder nur eingeschränkt möglich.

Belichtung mit anschließender Gammakorrektur
Wer für die Aufnahme ein LOG-Format verwendet, muss sich etwas umstellen und die richtige Belichtung neu lernen. Im Moment zeigen die meisten Monitore das Bild nur flau und ohne Farben an. Auch ein technisch richtig belichtetes Bild ist meistens unterbelichtet, da es die nachträgliche Gammakorrektur nicht berücksichtigt. Tatsächlich müssen Sie überbelichten, um den erhöhten Dynamikumfang des Sensors auch wirklich ausschöpfen zu können.

Erfahrene Fotografen analysieren ihre Bilder mithilfe des Histogramms bis ins Detail. Für unsere Zwecke reicht es, das Histogramm auf vier Probleme hin zu untersuchen:

- **Tal auf der linken Seite**: Es werden keine absoluten Schwarzwerte erreicht. Das Bild wirkt möglicherweise flach, es fehlen Kontraste. Möglicherweise ist das Bild überbelichtet.
- **Tal auf der rechten Seite**: Das Bild ist möglicherweise unterbelichtet. Nirgendwo wird der absolute Weißwert erreicht. Das Bild wirkt düster, es fehlen lebendige Spitzen.
- **Berg auf der linken Seite**: Das Bild ist wahrscheinlich unterbelichtet. Die Schwarzwerte »türmen« sich auf. Weiß wirkt hellgrau. Möglicherweise entsteht auf der gegenüberliegenden Seite ein Loch, d.h., die Blende ist zu klein.
- **Berg auf der rechten Seite**: Das Bild ist wahrscheinlich überbelichtet. Die Weißwerte »türmen« sich auf, auf der rechten Seite entsteht vielleicht ein Loch. Schwarz wirkt dunkelgrau. In diesem Fall sollte die Blende geschlossen werden.

▲ **Abbildung 10.22**
Im Beispiel liegen die Helligkeitswerte alle um die 70%. Dort sollten alle bildwichtigen Anteile, also das Motiv, im Regelfall liegen. Hier hat der Hintergrund die gleiche Helligkeit wie das Motiv, die Schwertlilien, deshalb die Häufung bei 70%.

Die Balken des Histogramms sind Mengenangaben. Sie geben also wieder, ob ein Helligkeitswert öfter oder seltener im Bild enthalten ist. Ein Berg bedeutet, dass er besonders häufig vorkommt, ein Loch dagegen, dass es ihn so gut wie gar nicht gibt. Berge, die sich am linken oder rechten Ende befinden, deuten darauf hin, dass das Bild wahrscheinlich falsch belichtet wurde, außer natürlich bei einer Low-Key- oder High-Key-Aufnahme. Zeigt Ihr Programm ständig Löcher auf einer Seite, dann kontrollieren Sie die Voreinstellungen Ihrer Kamera. Vielleicht haben Sie im Menü den *Gamma-* oder *Pedestalwert* ungünstig verändert, oder die werkseitigen Einstellungen taugen nichts.

Mit etwas Übung kann man noch wesentlich mehr Informationen aus einem Histogramm herauslesen, z.B. ob ein Gesicht richtig ausgeleuchtet ist. Im besten Fall liegen die Helligkeitswerte für den normal belichteten Hautbereich eines Porträts bei etwa

70%, also zwischen der Mitte des Histogramms und dem linken Maximalwert. Dort sollte erwartungsgemäß auch der höchste Berg zu finden sein. Haben Sie Ihr Motiv auf alle lichttechnischen Probleme hin untersucht, dann schalten Sie das Histogramm am besten aus und konzentrieren sich ganz auf das Sucherbild.

10.3.4 ND-Filter verwenden

Da man die drohende Überbelichtung nicht durch eine kürzere Belichtungszeit kompensieren kann, braucht man ein anderes Hilfsmittel: zuschaltbare *ND-Filter*. Die Graufilter lassen sich an Profikameras durch ein Filterrad in verschiedenen Stärken in den Strahlengang schieben und sorgen damit für zusätzlichen Spielraum bei der Blende. Zumindest die semiprofessionellen Kameras bieten auch ein Filterrad mit einem oder mehreren Graufiltern an. Einige hochwertige Camcorder verwenden elektronische Filter. So kann gerade bei Tageslicht trotzdem mit einer halbwegs offenen Blende gedreht werden. Reichen die eingebauten ND-Filter nicht aus oder steht dieses Feature wie bei den meisten DSLRs erst gar nicht zur Verfügung, dann heißt es, den Filterhalter zu montieren und die Vorsatzfilter zu verwenden oder eben auf Schärfentiefe zu verzichten.

Definierte Schärfentiefe erzeugen
ND-Filter helfen, mit offener Blende zu drehen. Gerade bei Kameras mit kleineren Sensoren hilft dies, den Schärfentiefebereich zu minimieren, denn je offener die Blende, desto weniger Schärfentiefe haben Sie zur Verfügung. Umgekehrt können Sie diesen kleinen Schärfentiefenbereich nutzen, um das Motiv scharf aus einem unscharfen Hintergrund herauszulösen. Da die Schärfentiefe zunimmt, je kleiner der Sensor wird, müssen Sie also gerade bei Kameras mit kleinen Sensoren mit möglichst offener Blende drehen. Da das Bild so schnell überbelichtet wird, sollte die einfallende Helligkeit durch ND-Filter minimiert werden.

▲ **Abbildung 10.23**
Set und Kamerabild mit unscharfem Hintergrund

▲ **Abbildung 10.24**
Einstecken eines Glasfilters in den Filterhalter einer Matte-Box

Der Filterhalter ist in aller Regel in die Matte-Box integriert. Der Umgang mit Filterhalter und Kompendium ist nicht ganz einfach, deshalb sollte man die Montage häufiger üben, damit man die Filter schnell einsetzen kann. Das perfekte Bild ist der Dank für die Mühe.

10.3.5 Schwierige Lichtsituationen

Anfänger machen häufig den Fehler, aus Angst vor Überbelichtungen die Blende zu sehr zu »kneifen«. Beispiel ist das berühmte Fenster im Hintergrund, durch das die Sonne scheint. Wenn es kein Rollo gibt, keine andere Kameraposition, in der man das hässliche Fenster heraushalten kann, und auch nicht genügend Licht, um gegen die Sonne anzuleuchten (was in der Regel immer ein hoffnungsloses Unterfangen ist), dann bleibt nur die Wahl, das Fenster konsequent »überstrahlen« zu lassen.

▲ **Abbildung 10.25**
Szene mit Busfahrer: Hier »überstrahlt« das Fenster konsequent.

Wer hier bei dieser Aufnahme eines Busfahrers so weit abblendet, dass im Fenster noch Zeichnung erscheint, also z. B. die Straße, versetzt den Innenraum ins Halbdunkel. Wird so ein Bild nachträglich korrigiert, also im Schnitt wieder angehoben, dann rauscht es in den unterbelichteten Bildanteilen in der Regel gewaltig.

Unterbelichtung
Immer wieder passiert es, dass ein Bild unterbelichtet ist. Entweder weil man die Blende zu sehr geschlossen hat oder weil die Lichtverhältnisse einfach nicht mehr hergaben. Zumindest in diesen Fällen kann man sein Glück durch Zuschalten eines *Restlichtverstärkers* versuchen. Bei Camcordern und den semiprofessionellen Kameras ist dies ein eigener Schalter mit der Aufschrift »Gain« oder ein entsprechender Eintrag im Menü. Die Leistung wird in der Regel in Dreierschritten angehoben, also um 6, 9, 12 oder sogar 18 und mehr dB. Bei DSLRs kann man die ISO-Zahl erhöhen und damit ebenfalls die Lichtempfindlichkeit steigern. Egal, ob Gain oder ISO, in beiden Fällen wird einfach nur mehr Strom durch den Sensor geschickt, und damit steigt die Gefahr eines unangenehmen Bildrauschens. Prüfen Sie deshalb, wie viel Verstärkung Ihre Kamera verträgt.

◂ **Abbildung 10.26**
Überbelichtetes Fenster, unterbelichteter Raum

In Abschnitt 21.2, »Bildkorrekturen durchführen«, erfahren Sie übrigens, wie man Bilder wie dieses »retten« kann.

Man kann dieses Problem heute weitgehend durch HDR-Aufnahmen lösen oder zumindest minimieren. Allerdings müssen Sie dann auch Ihre Kamera in einem HDR-Modus betreiben und die Bilder anschließend farbkorrigieren. Besonders einfach wird dabei künftig die Verwendung des HLG-Modus sein, der Ihnen das Bild schon bei der Aufnahme richtig mit allen Farben und dynamisch anzeigt und gleichzeitig den größeren Dynamikumfang und den erweiterten Farbraum ausschöpft.

▲ **Abbildung 10.27**
Sonnenuntergang am See

Das linke Beispiel in Abbildung 10.27 erscheint viel zu hell, obwohl die Rasenfläche im Vordergrund eigentlich richtig belichtet wäre. Vor allem der Himmel ist komplett verschwunden. Das rechte Bild erscheint möglicherweise besonders attraktiv wegen der rötlichen Spiegelung im Wasser. Doch die Berge im Hintergrund sind bereits zu einem Schattenriss verschmolzen. Die Wolken wirken bereits sehr düster. Das mittlere Bild stellt einen Kompromiss dar. Einige Spitzen, z. B. der Reflexionen auf dem Wasser, reißen noch aus, Vordergrund und Berge im Hintergrund haben jedoch noch Zeichnung. Aber der Farbkontrast wirkt nicht so dramatisch wie im rechten Bild.

Problem Gegenlicht

Gerade Gegenlichtaufnahmen sorgen mit ihrem hohen Kontrastunterschied für häufige Probleme. Hier gilt es, sehr genau abzuwägen. Einige Beispiele:

In Abbildung 10.28 scheint die Sonne direkt über der Kirche. Ich habe die Blende deutlich geschlossen, sodass die Sonne mit ihrem durch die Blende erzeugten Strahlenmuster erkennbar wird. Würde man weiter aufblenden, erschiene der Himmel überstrahlt. Die Kirche wird vor allem in ihrer Silhouette sichtbar. Umgekehrt muss man ab und zu eine teilweise Überbelichtung akzeptieren, etwa bei dieser Aufnahme vom Glockengießen (Abbildung 10.29).

Würde man hier so weit abblenden, dass das Feuer im Schmelzofen nicht mehr überbelichtet ist, wäre die Aufnahme hoffnungslos unterbelichtet. Das Gleiche gilt z. B. auch für Gegenlichtaufnahmen von Wasser. Das schöne Glitzern erhält man nur, wenn man ein bisschen überbelichtet.

▲ **Abbildung 10.28**
Kirche im Gegenlicht

▲ **Abbildung 10.29**
Schmelzofen

10.3.6 Korrektur von Blendenunterschieden

In seltenen Fällen kann es notwendig sein, die Blende während der laufenden Aufnahme nachzustellen, z. B. wenn sich eine Wolke vor die Sonne schiebt und der eben noch hell angestrahlte Interviewpartner plötzlich im Schatten verschwindet.

Ändern sich während einer Aufnahme die Lichtverhältnisse, so sollte man die Blende harmonisch nachziehen, d. h. je nach Notwendigkeit öffnen oder schließen. Stellen Sie sich dabei keinen zu großen Herausforderungen, also z. B. die Blende mehrfach zu korrigieren, während Sie aus der Hand drehen. Eine typische Situation für eine Blendenkorrektur ist der Gang von außen in einen dunklen Hausflur. Will man den Gang in einem Stück drehen, muss die Blende meistens gleich um mehrere Blendenstufen verändert werden. Stellen Sie zunächst die optimale Blende für die Außenaufnahme (Anfang) fest, danach die Blende für die Innenaufnahme (Ende). Beim Gang verdrehen Sie den Blendenring konsequent mit einer flüssigen Bewegung von der Anfangsstellung in die Endstellung, sobald Sie durch die Tür gehen. So ein Blendenwechsel will geübt sein. Wenn Sie ihn vier-, fünfmal aufgenommen haben, sieht die Bewegung in der Regel sehr harmonisch aus. Hier kurze Beispiele für eine Blendenkorrektur:

Spitzlichter
Was bei Aufnahmen von Wasseroberflächen erst richtig interessant wirkt, nämlich überstrahlende Spitzlichter, kann in anderen Fällen tödlich sein. Der linke Rand des Kelchs dieser Orchidee erscheint »ausgefressen«, also überbelichtet. In diesem Fall wäre es besser gewesen, so weit abzublenden, dass kein Spitzlicht überstrahlt. Noch besser: die Aufnahme bei flacherem Sonnenstand versuchen oder einen Durchlichtschirm aufstellen, der das Licht streut und dadurch weicher macht.

▲ **Abbildung 10.30**
Frauenschuh

▲ **Abbildung 10.31**
Aufblenden: Die Blende wurde so gewählt, dass der Hintergrund nicht überstrahlt. Doch das Eis, um das es geht, ist unterbelichtet (linke Abbildung). Die größere Blende lässt den Hintergrund automatisch überstrahlen (rechte Abbildung).

▲ **Abbildung 10.32**
Abblenden: Die Kundin im Vordergrund erscheint überbelichtet (linke Abbildung). Die Eisdiele verschwindet bereits im Halbdunkel. Trotzdem blende ich ab, sodass die Kundin nicht überstrahlt (rechte Abbildung).

Blendenautomatik vs. Manuelle Blende
An dieser Stelle sei es noch einmal explizit gesagt: Die Blendenautomatik ist für die Gestaltung guter Filmbilder ungeeignet. Weder weiß die Kamera, welche Schärfentiefe für das Motiv geeignet und gewünscht ist, noch ist ihre panische Angst vor Über- und Unterbelichtung hilfreich. Das reale Leben ist kontrastreicher, als Sensoren das sehen können, und dies wird auch noch einige Zeit so bleiben, auch wenn die ersten Kameras mit 15 Blenden Dynamikumfang werben. HDR-Video, das mit UHD-2 (8K) kommen soll, beginnt bei etwa 18 Blenden. Schlussfolgerung für Kameraleute ist: Die richtige Belichtung ist oft ein Kompromiss, der eine geschulte Wahrnehmung voraussetzt. Deshalb: Schalten Sie die Blendenautomatik gleich nach dem Auspacken Ihrer neuen Kamera ein für alle Mal aus.

▲ **Abbildung 10.33**
Lichtsprünge: Wenn innen und außen gedreht werden muss, kommt es meistens zu Blendenproblemen.

Auf keinen Fall sollte man selbst zu einer Art Blendenautomatik mutieren und ständig am Blendenring drehen, nur weil es im Sucher etwas heller oder dunkler geworden ist. Gerade kleine Veränderungen am Blendenring machen sich als unschöne Sprünge bemerkbar. Im realen Kameramannleben ändert sich eine Belichtungssituation oft schnell, z. B. wenn sich eine Wolke vor die Sonne schiebt. Am besten startet man dann die Aufnahme neu oder wartet, bis die Wolke vorbeigezogen ist. Würde es notwendig, während einer Aufnahme die Blende häufiger nachzujustieren, dann ist es wahrscheinlich besser, die Szene anders zu drehen, z. B. auf eine Bewegung zu verzichten oder die Außenaufnahme auf einen Tag mit konstanteren Lichtverhältnissen zu verschieben.

▲ **Abbildung 10.34**
Kontrastprobleme: Beispiel Sonnenuntergang

Ein häufiges Problem sind auch zu kontrastreiche Motive, z. B. ein Sonnenuntergang. Selbst die bereits am Horizont versinkende Sonne ist in der Regel noch so hell, dass die Blende kaum ausreichend geschlossen werden kann. Im Gegenzug wird der Vordergrund zu dunkel. Rettung bringen in solchen Situationen wieder ND-Filter, diesmal mit einem Grauverlauf. Den Verlauf können Sie so vor der Optik justieren, dass die Sonne deutlich verschattet wird, die Wasseroberfläche jedoch genügend Blende und somit Zeichnung erhält. Der die Auflösungsfähigkeiten der Kamera übersteigende *Kontrast* kann so deutlich minimiert werden.

Die Blende regelt nicht nur die Belichtung, sondern ist auch ein maßgebliches Werkzeug zur Gestaltung der Schärfentiefe. Da eine selektive Schärfentiefe gerade im Film oft bevorzugt wird, drehen viele Kameraleute mit klassischen Videokameras mit 1/2- oder 2/3-Zoll-Sensoren bevorzugt mit offener Blende. Bei den modernen großen Sensoren im APS-C- oder Kleinbild-Format ist dies nicht mehr unbedingt nötig oder sogar kontraproduktiv, da der Schärfebereich auf einen zu kleinen Bereich schrumpft.

Die Zukunft heißt RAW und invariante Prozessoren
Noch ist es nicht soweit, aber am Horizont zeigt sich bereits ab, wohin die Reise auch im Videobereich gehen könnte, um noch dynamischere und farbigere Bilder zu produzieren. Aufnahmen mit anschließender Korrektur der Gammakurve und Überbelichtung sind eine Übergangsphase hin zu High Dynamic Range Video (HDR Video). Am Ende steht UHD II oder 8K, der digitale Standard mit deutlich erweitertem Farbraum (BT.2020). Gleichzeitig können moderne Sensoren den größeren Dynamikumfang und Farbumfang auch wirklich nutzen. Das auf Monitoren besonders unangenehme Bildrauschen wird dagegen zunehmend der Vergangenheit angehören, außer die Aufnahme ist extrem unterbelichtet. In der Fotografie können wir diese Errungenschaften heute schon nutzen. Sogenannte invariante Prozessoren sammeln deutlich mehr Photonen ein als frühere Generationen. Sie erlauben auch eine nachträgliche Korrektur der Belichtung (Helligkeit) um mehrere Blendenstufen, ohne signifikantes Rauschen zu erzeugen. Hohe Gain- oder ISO-Werte sind auch bereits bei heutigen Videokameras möglich, die üblicherweise 2 Gain-Stufen mit minimalem Rauschen anbieten. Bei einer Speicherung der Sensor-Rohdaten (RAW) können wir dank Farbkorrektur bequem in der Nachbearbeitung das Maximum aus den Bildern herausholen.

Das Dilemma des Kameramanns
Kameraleute haben es nicht einfach. Die Belichtungszeit ist durch die Framerate vorgegeben und liegt bei 1/50 s oder 1/100 s. Die ISO oder Gain sollten möglichst niedrig gewählt werden, weil sie sonst das Rauschen anheben. Und nun soll man mit der Blende auch noch die Schärfentiefe kontrollieren anstatt die Belichtung! Wie soll man derart eingeschränkt noch richtig belichten? Aus diesem Dilemma führen nur zwei Wege: Die Verwendung von zusätzlichem Licht und von ND-Filtern. Available Light ist auch im Film in wachsendem Maße dank lichtstarker Sensoren und Objektive machbar, aber nicht ganz so einfach wie in der Fotografie.

10.4 Schärfe

Als Aufnahmeformate wie 35 mm die Filmwelt beherrschten, war es üblich, dass jedem Kameramann ein Assistent zur Seite stand, dessen Aufgabe es war, scharf zu stellen. Er kontrollierte mit einem Maßband exakt den Abstand zwischen Film und Motiv und stellte danach die Schärfe am Objektiv ein. Musste während der Aufnahme die Schärfe verlagert werden, machte er sich zwei Markierungen und verstellte das Objektiv mit einer harmonischen, ruhigen Drehbewegung am Schärfenring. Mit dem Siegeszug von Video wurden die Schärfeknechte arbeitslos bzw. zu Kameraassistenten degradiert, die sich von nun an vor allem um den Ton und das Gepäck zu kümmern hatten. Denn die kleinen Videosensoren boten eine so große Schärfentiefe und die Sucher eine so hohe Auflösung, dass der Kameramann mit einem Blick die Schärfe sicher beurteilen und entsprechend justieren konnte.

Im HD-Zeitalter kommt die Schärfenproblematik zurück, zum einen wegen der fehlenden Auflösung der Monitore, zum anderen wegen des Größenwachstums der Sensoren und des damit einhergehenden Verlusts von Schärfentiefe.

Scharf oder unscharf?
Techniker behaupten, dass sie die Schärfe eines Bildes anhand technischer Kriterien beurteilen können. Ein wesentliches Hilfsmittel zur Beurteilung der Schärfe ist dabei der sogenannte *Zerstreuungskreis*, der angibt, wie groß ein Punkt (der ja theoretisch unendlich klein ist) auf einem Bild abgebildet werden darf, damit er für einen Betrachter noch scharf erscheint. Der Durchmesser des Zerstreuungskreises ist dabei abhängig von der Diagonalen des Sensors. Er sollte 1/5000 des Sensors betragen, also bei einem Kleinbildformat mit 80,6 mm Bilddurchmesser 0,03 mm nicht überschreiten.

Schärfentiefe
Der Begriff ist schon mehrfach aufgetaucht, nun wird es Zeit ihn zu erklären. Die *Schärfentiefe* ist das Maß für den in einem Bild scharf abgebildeten Bereich. In der Regel liegt die Schärfe also auf dem Motiv, bei Verwendung eines Weitwinkels oft auch im ganzen Bild. Die Schärfentiefe hilft, das Motiv scharf aus dem Hintergrund herauszulösen und damit den Blick des Zuschauers zu konzentrieren. Kameraprofis arbeiten deshalb häufig nicht mit viel oder wenig Schärfentiefe, sondern der exakt für die Aufnahme bestimmten Schärfentiefe. Die Schärfentiefe wird zwar von verschiedenen Faktoren beeinflusst, maßgeblich aber über die Wahl der passenden Blende kontrolliert.

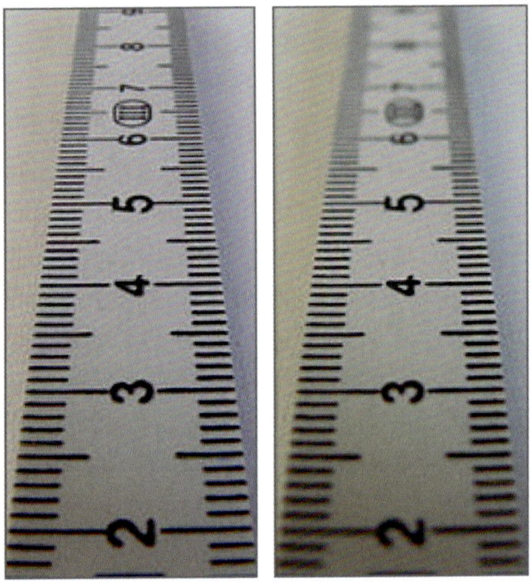

Abbildung 10.35 ▸
Beispiel für durchgehende Schärfe vs. definierte Schärfentiefe

Schärfe kennt keine Kompromisse
Versuchen Sie, Ihr Motiv immer maximal scharf zu stellen. Ein HD-Fernseher bringt auch kleine Unschärfen an den Tag. Und der berühmte Unscharf-maskieren-Filter bringt in der Postproduktion nur etwas Linderung, zaubern kann er auch nicht. Auch wenn es hektisch wird, müssen Sie die Schärfe im Bild sicherstellen, auch wenn es wertvolle Sekunden kostet.

▲ Abbildung 10.36
Aufnahme mit deutlicher Trennung des Motivs (Blüte rechts) vom Hintergrund durch Schärfe

10.4.1 Schärfentiefe und Bewegungsunschärfe

Die Schärfe in einem Bild ist ein wesentliches Kriterium für seine Verwendbarkeit. Unscharfe Bilder akzeptiert der durchschnittliche Zuschauer in der Regel nicht, d.h., wir müssen diese entweder im Schnitt soweit möglich nachschärfen oder aussortieren. Das heißt aber nicht, dass eine Aufnahme durchgehend scharf sein muss, nur wesentliche Teile des Motivs sollten scharf sein.

Bei Aufnahmen etwa von Pflanzen oder Porträts machen sich Kameraleute diese Technik zunutze, um ein Motiv vom Hintergrund »abzulösen«. Diese Technik wird oft auch als *Freistellen* bezeichnet.

Bei der folgenden Aufnahme von einem Ochsenrennen unterstreicht der unscharfe Ochse links vorne die Dynamik des Geschehens. Die *Bewegungsunschärfe* entsteht, weil der Ochse und sein Reiter nah am Objektiv vorbeilaufen und sich deshalb für eine Bildrate von 50 Bildern pro Sekunde zu schnell bewegen. Das heißt: Innerhalb 1/50 s läuft der Ochse so weit, dass keine scharfe Aufnahme möglich ist.

◂ **Abbildung 10.37**
Ochsenrennen mit Bewegungsunschärfe

Die Ochsen und ihre Reiter im Hintergrund sind jedoch scharf, sodass der Betrachter das Bild in Gänze akzeptiert und die Bewegungsunschärfe als solche richtig interpretiert. Für Filmemacher heißt die Herausforderung also: Produziere grundsätzlich scharfe Aufnahmen und lenke die Betrachtung des Zuschauers durch bewusste Wahl der Schärfentiefe auf das Motiv, um die Bildaussage zu unterstreichen. Gerade Dokumentarfilmer können dieses Ideal nicht immer umsetzen, z.B. weil sich das Geschehen so rasant entwickelt, dass sie auf das elegante Spiel mit der Schärfentiefe verzichten und sich bemühen, wenigstens ein scharfes Bild zu produzieren. Ich persönlich neige dazu, im Zweifelsfall lieber ein scharfes Bild abzuliefern. Denn meine Erfahrung ist, dass Betrachter unscharfe Aufnahmen intuitiv ablehnen. Deshalb widme ich mich zunächst der Herausforderung, grundsätzlich scharfe Aufnahmen herzustellen, was gar nicht so einfach ist.

Warten auf das Lichtfeld
Die Zukunft wurde erst einmal abgesagt. Das einstige Pionierunternehmen Lytro, das die erste kommerzielle Lichtfeldkamera vermarkten wollte, wurde geschlossen. Der Traum von der nachträglich korrigierbaren Schärfe scheint also erst einmal ausgeträumt, gleichwohl: andere Ingenieure arbeiten an der Verbesserung der Technik. Bis dahin müssen wir uns weiterhin wohl selbst um eine optimale Schärfe bei den Aufnahmen bemühen. Im Moment sind es wie so oft in den letzten Jahren die Hersteller von Smartphones, die diese neuen Techniken ausprobieren. In wachsendem Maße setzen sie dabei aber auf Software. So kann der Schärfebereich bei Apple in der Fotoapp auch noch nach der Aufnahme verändert werden.

10.4.2 Der Autofokus

Der einfachste und von vielen Amateuren beschrittene Weg ist es, sich auf den Autofokus zu verlassen. Allerdings steht er z.B. nicht bei allen DSLRs während der Aufnahme zur Verfügung. Und für meinen Geschmack sieht die automatische Schärfenjustierung oft sehr unschön aus, sodass ich das manuelle Fokussieren trotz der vielen sehr ausgefeilten Autofokus-Technologien bevorzuge.

Während der Autofokus sich in seinen Anfangstagen das Motiv sozusagen selbst suchte und scharf stellte, was er für richtig hielt, bieten moderne Kameras eine ausgefeilte Technik. Hier die wesentlichen Arten:

- **Autofokus mittels Phasenverschiebung**: Der schnelle Phasen-Autofokus war lange der Standard bei DSLRs. Dabei analysiert ein Logikchip die Informationen aus versetzt angeordneten Sensoren. Mithilfe von Motoren in der Optik wird das Linsen-

LiDAR
Eine echte Hilfe beim Fokussieren stellt die LiDAR-Technologie dar, die es erlaubt, auch bei extrem schlechten Lichtverhältnissen, bei denen der klassische Autofokus an seine Grenzen kommt, zuverlässig scharf zu stellen.

system so eingestellt, dass die Bilder deckungsgleich sind, die Aufnahme ist scharf.

- **Kontrast-Autofokus**: Weil der Phasen-Autofokus bei hochgeklapptem Spiegel nicht zur Verfügung steht, mussten sich die Hersteller neue Wege einfallen lassen. Ergebnis war der Kontrast-Autofokus. Er analysiert das Bild auf möglichst hohen Kontrast, da Kontrast immer auch ein klarer Hinweis auf Schärfe ist.
- **Automatische Schärfenachführung**: Weil mit Videokameras ja vor allem bewegte Objekte aufgenommen werden sollen, hilft ein einmaliges Fokussieren wenig. Mithilfe von Logikchips sind moderne Kameras in der Lage, die Position eines sich bewegenden Objekts vorherzusagen und dementsprechend den Fokus nachzuführen.

Sowohl der Phasen-Autofokus als auch der Kontrast-Autofokus neigen unter gewissen Umständen zum sogenannten *Pumpen*, d. h., die Kamera ist nicht in der Lage, auf Anhieb den richtigen Fokus zu finden, und muss die Linsen mehrfach neu justieren. Dies macht sich im Video unangenehm bemerkbar, weshalb lange Zeit von der Verwendung von Autofokus-Systemen beim Filmen abgeraten wurde. Mittlerweile sollte man hier etwas kulanter sein, denn die Entwickler verbessern die automatischen Schärfeknechte kontinuierlich.

10.4.3 Arbeiten mit dem Autofokus

Es gibt mittlerweile diverse Spielarten für Autofokus-Systeme. Aus meiner Sicht als sehr praxistauglich empfinde ich Systeme, die automatisch scharf stellen, jedoch beim kleinsten Eingriff des Kameramannes, etwa durch Drehen am Fokusring, die manuelle Einstellung übernehmen und nicht wieder korrigieren.

Der bei Camcordern beliebte Kontrast-Autofokus erlaubt es, die Umrisse des jeweils gerade scharf gestellten Bildelements farblich hervorzuheben. Dieses *Fokus-Peaking* genannte Verfahren hat sich durchgesetzt. In Verbindung mit interaktiven Displays kann man bei modernen Kameras nun das Objekt antippen und es automatisch von der Kamera scharf stellen lassen. Dank dieser Technik kann man nun auch sehr viel schneller sicherstellen, dass der Autofokus wirklich das Motiv ins Visier nimmt.

Wichtig: Das Ansprechverhalten und die Geschwindigkeit, in der nachfokussiert wird, lässt sich meist verändert. Beispielsweise fokussieren Sie bei einem Volleyball-Spiel den Blockspieler. Plötzlich kommt der Ball ins Kamerablickfeld. Bei einer langsamen Ansprechzeit bleibt der Fokus auf dem Spieler, bei einer kurzen

Ansprechzeit wechselt er auf den Ball. Je nachdem, wie weich die Schärfeverlagerung sein soll, wählen Sie eine höhere oder eine kleinere Geschwindigkeit.

10.4.4 Manuell scharf stellen

Wer von Hand scharf stellen will, dem sollte eine typische Kameraroutine in Fleisch und Blut übergehen: immer maximal an das Motiv heranzoomen, scharf stellen und dann wieder weitwinkliger werden. Versuchen Sie es einmal andersherum, und fokussieren Sie erst in der Totalen (maximale Weitwinkelstellung des Objektivs), dann zoomen Sie auf das Objekt (maximale Teleeinstellung). Sie werden feststellen, dass Sie mit der Schärfe so gut wie nie richtig liegen. Möglicherweise erscheint Ihnen die Totale jedoch trotzdem scharf, und Sie belassen es bei der unsauberen Methode. Im Schnitt werden Sie schnell erkennen, dass Sie allzu oft ein Opfer der zu niedrigen Auflösung Ihres Kameradisplays werden. Das falsch fokussierte Bild zeichnet sich zumindest durch eine leichte Unschärfe aus. Selbstkritisch betrachtet, ist es damit unbrauchbar, und die ganze Arbeit war umsonst. Die Schärfe sollte nicht irgendwo liegen, sondern genau dort, wo sie hingehört, bei Gesichtern und Tierporträts z. B. in den Augen.

▲ **Abbildung 10.42**
Scharf stellen

Wenn Sie sich angewöhnen, immer nach der im Kasten vorgestellten Methode scharf zu stellen, dann können Sie auch gerne den Autofokus – soweit verfügbar – als hilfreichen Diener einsetzen, indem Sie in der maximalen Teleeinstellung kurz auf die Autofokus-Taste drücken, die Kamera scharf stellen lassen und dann – vorausgesetzt, das Ergebnis passt – wieder aufziehen.

Manuell scharf stellen in vier Schritten

1. Kamera aufbauen und Bild kadrieren

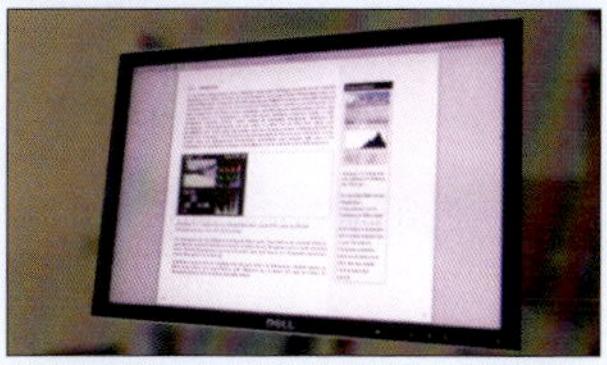

▲ **Abbildung 10.38**
Halbtotale von Monitor ohne Fokusbestimmung

2. In maximale Teleeinstellung auf Motiv zoomen

▲ **Abbildung 10.39**
Nahe, komplett unscharf

3. Scharf stellen

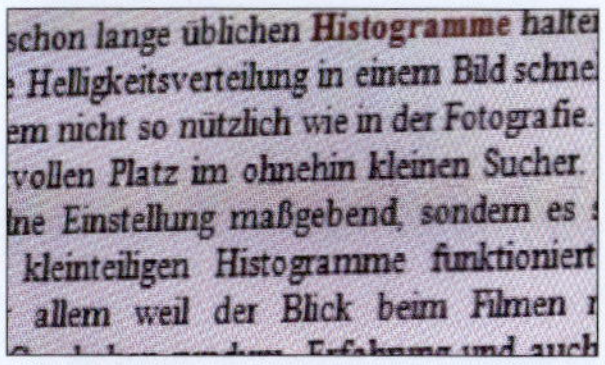
schon lange üblichen Histogramme halte
Helligkeitsverteilung in einem Bild schne
em nicht so nützlich wie in der Fotografie.
vollen Platz im ohnehin kleinen Sucher.
ne Einstellung maßgebend, sondern es
kleinteiligen Histogramme funktioniert
allem weil der Blick beim Filmen

▲ **Abbildung 10.40**
In Nahe scharf stellen

4. Aufziehen in Einstellung

▲ **Abbildung 10.41**
Das manuell scharf gestellte Ergebnis

Externen Monitor anschließen
Kamera und Monitor verbindet meistens ein HDMI-Kabel. Und das führt leider immer wieder dazu, dass der Monitor einfach schwarz bleibt, das Bild seltsam skaliert oder das Menü der Kamera eingeblendet wird. Wenn Ihr Monitor nicht so tut, wie er soll, dann hilft nur ein Blick ins Handbuch oder das allwissende Internet. Denn nicht immer liefert eine Kamera am HDMI-Ausgang auch das vollformatige Full-HD-Bild an.

Manchmal schaltet die Kamera auch um, sobald die Aufnahme gestartet wird. Achten Sie beim Kauf darauf, dass Ihre Kamera einen »cleanen« HDMI-Output liefert, also nur das Bild ohne Display-Inserts. Das ist vor allem wichtig, wenn Sie das Signal mit einem externen Aufzeichnungsgerät abgreifen wollen.

▲ **Abbildung 10.43**
Kamera mit externem Monitor und Clean-HDMI-Output

Achtung: Die Kamera darf natürlich nicht nachfokussieren! Und das Ganze funktioniert nur mit parfokalen Zoomobjektiven, die den Fokus mit einer Änderung der Brennweite nicht verlieren. Fotozooms sind häufig nicht parfokal, Videozooms dagegen immer. Vor allem im HD-Zeitalter ist der automatische Schärfeknecht eine sinnvolle Unterstützung, wenn es darum geht, die Schärfe exakt zu bestimmen. Denn die mangelnde Auflösung der Displays, gerade an preiswerteren Camcordern, aber auch vielen Systemkameras, macht das manuelle Scharfstellen oft zu einem Blindflug. Deshalb empfehle ich nach wie vor einen großen externen Monitor, der über HDMI an die Kamera angeschlossen werden kann. Zwar machen die jüngsten Entwicklungen bei den Handyherstellern Hoffnung, aber noch sind die hochauflösenden und großen OLED-Displays an Kameras eher eine Seltenheit.

Wenn Sie mit Camcordern mit kleinen Sensoren unter 1/3" arbeiten, wird meistens nicht nur das Motiv, sondern auch der Rest des Bildes scharf sein. Wenn Sie dagegen mit einem Vollformatsensor zu Werke gehen, stellen Sie vielleicht fest, dass ein Porträt nicht durchgehend scharf ist, also z. B. die Nasenspitze knackig scharf ist, aber die Ohren nicht. Dies ist ein Problem der zu geringen Schärfentiefe, das wir aber durch ein Schließen der Blende möglicherweise beheben können.

▲ **Abbildung 10.44**
Ausschnitt aus einem Porträt mit Schärfeverlauf: Die Haare hinter dem linken Ohr sind unscharf. Die Unschärfe erhöht den plastischen Eindruck. Die Blende war mit *f*/2,8 maximal geöffnet, der Schärfentiefebereich lag bei etwa 8 cm.

Im Falle einer Kamera mit kleinem Sensor würden wir uns oft weniger Schärfentiefe wünschen, etwa um ein Motiv vom Hintergrund abzulösen.

Die Blende ist damit eines der wesentlichen gestalterischen Mittel künstlerischer Kameraarbeit. Für Kameras mit kleinen

Sensoren heißt dies: Wählen Sie immer eine möglichst offene Blende, wenn Sie wenigstens im begrenzten Umfang mit einer definierten Schärfentiefe arbeiten wollen. Wenn die Lichtsituation eine offene Blende nicht erlaubt, weil das Bild überbelichtet würde, dann setzen Sie – soweit vorhanden – einen der eingebauten optischen ND-Filter ein, die offenere Blenden erlauben. Sollten die nicht verfügbar sein, verwenden Sie ND-Vorsatzfilter oder einen Fader.

Das Filmen mit Systemkameras und den meist größeren Sensoren verlangt mehr Handwerkskunst. Um das Problem der manchmal zu geringen Schärfentiefe zu beheben, hilft es, abzublenden. Denn je kleiner die Blende, desto größer die Schärfentiefe. Für Anfänger oft schwer zu verstehen: Abblenden heißt, dass die Blendenzahl größer wird, also z. B. statt Blende $f/2{,}8$ eine Blende $f/8$ oder $f/16$ gewählt wird. Falls das Umgebungslicht kein Schließen der Blende erlaubt, weil Unterbelichtung droht, hilft das Aufstellen von Licht, gegebenenfalls auch ein Anheben der Lichtempfindlichkeit des Sensors. Achten Sie dabei auf Bildrauschen, das durch die Erhöhung der Lichtempfindlichkeit in dunklen Bildbereichen verstärkt wird. Die Erhöhung der Lichtempfindlichkeit funktioniert bei Systemkameras meist durch die Erhöhung der ISO-Zahl. Viele Camcorder stellen dagegen sogenannte *Restlichtverstärker* zur Verfügung. In beiden Fällen wird mehr Strom durch den Sensor gejagt und damit immer auch das Rauschen erhöht. Versuchen Sie, durch Ausprobieren herauszufinden, wie weit Sie die Lichtempfindlichkeit erhöhen können, ohne dass das Ergebnis unbrauchbar wird.

Schließen Sie die Blende nicht zu sehr. Je kleiner die Blende, desto höher wird die Wahrscheinlichkeit, dass ein Abbildungsfehler im Bild auftritt, die sogenannte *Beugungsunschärfe*. Gerade Kameras mit kleinen Sensoren reagieren empfindlich auf kleine Blendenöffnungen von $f/16$ und weniger. Als Faustregel gilt: Verwenden Sie höchstens die drittletzte Blende, die Ihr Objektiv zur Verfügung stellt, wenn Sie ein Maximum an Schärfentiefe erreichen wollen. Wie Sie mithilfe der Blende und der Brennweite eine definierte Schärfentiefe erzeugen können, erfahren Sie in Abschnitt 11.2, »Die definierte Schärfentiefe«.

10.5 Drehen vom Stativ

Es ist schwer nachzuvollziehen: Da empfehle ich den Einsatz von Stativen mit schwenkbaren Fluidkugelköpfen (siehe dazu Abschnitt 7.3.1, »Stativkopf«) und kritisiere bei Systemkameras zunächst einmal die fehlende Bedienerfreundlichkeit beim Einsatz

Im Beispielmaterial zum Buch finden Sie unter FILME • LEHRFILME passend zum Thema Zoom und Schwenks den Lehrfilm »Zoom-Schwenk.flv«.

des Zooms. Und dann folgt die Bitte, auf Zooms und Schwenks doch möglichst zu verzichten. Aber so ist es: Viele Amateurfilme leiden nicht unter der preiswerteren Technik, die bei ihrer Produktion zum Einsatz kam, sondern unter der ermüdenden und völlig verwirrenden Aneinanderreihung von Schwenks und Zooms. Deshalb der ernst gemeinte Rat: Zoomwippe und Schwenkarm sind zuallererst dafür da, die Kamera schnell und zuverlässig in die Position zu bringen, in der eine ruhende Aufnahme möglich ist. Das heißt, sehen Sie in Ihrer Filmkamera immer auch eine Fotokamera, die eingestellt wird und dann eine Aufnahme macht. Kugelkopf und Zoom sind nur die Hilfsmittel, um die exakte Kadrierung des Bildes zu ermöglichen.

Kadrierung
Die Kunst der richtigen Bildgestaltung: Die Kadrierung legt den endgültigen Bildausschnitt fest.

Wenn Sie einen Spielfilm kritisch daraufhin anschauen, wie viele Zooms und Schwenks in ihm enthalten sind, dann werden Sie feststellen, dass Sie kaum einmal einen Schwenk sehen werden und eigentlich nie einen Zoom. Nur wenn der Regisseur einen Amateurfilmer im Spielfilm darstellen will, dann blendet man den unvermeidlichen roten REC-Button ein und lässt die Zoomwippe tanzen. Und jedem Zuschauer ist sofort klar: Das ist der Typ mit der Handycam, der gerade über den Platz läuft und womöglich gleich sein Leben verliert, weil ihm ein Alien oder Zombie den Kopf abbeißt – vielleicht zur Strafe für ausdauerndes Zoomen?

Hintergrund: Keine Schwenks, keine Zooms

Gegen Zooms und Schwenks spricht, dass sie keine natürliche Bewegung der Augen simulieren. Aber sie ahmen etwas anderes nach, unsere Wahrnehmung. Und die findet im Gehirn statt. Unsere Augen produzieren nur ein elektrisches Muster. Erst unser visuelles Zentrum im Gehirn ordnet dieses zu einem Bild. Und dort existiert so etwas wie eine *virtuelle Zoomwippe*. Im Gehirn werden sinnvolle Bilder erzeugt, d. h., Wichtiges »sehen« wir, Unwichtiges wird ausgeblendet. Wenn wir uns mit jemandem unterhalten, so nehmen wir in der Regel nur sein Gesicht wahr, konzentrieren uns auf Augen und Mund des Gegenübers. Den Hintergrund blendet unser Gehirn aus, obwohl die Augen permanent vollaufgelöste Panoramabilder nach oben funken. Allerdings sind diese nur in einem kleinen Bereich scharf. Macht unser Gesprächspartner eine Geste, dann fokussieren wir blitzschnell die Hände. Als *peripheres Sehen* bezeichnen Experten diese Art der menschlichen Wahrnehmung.

Es geht also nicht darum, einer menschlichen Bewegung zu folgen, sondern menschliche Wahrnehmung nachzuahmen. Deshalb einige Beispiele, in denen ein Schwenk oder ein Zoom sinnvoll sein kann: Sie drehen einen Film über die Besteigung eines Berges und machen sich die Mühe, aus einiger Entfernung erst einmal das Panorama zu zeigen, also mehrere Gipfel nebeneinander. Mit einem Zoom auf das Ziel Ihrer bergsteigerischen Träume nehmen Sie den Zuschauer mit auf die Reise. Er weiß nun, dass Sie sich den höchsten Gipfel in der Umgebung ausgesucht haben, ahnt, welche Mühen möglicherweise auf den Kameramann warten, kann intuitiv nachvollziehen, wie er selbst die Aufgabe angehen oder ob er von dem Projekt gleich Abstand nehmen würde. Anderes Beispiel: Sie sind auf einer Whale-Watching-Fahrt, und seit Tagen taucht keine Fluke vor Ihrem Objektiv auf. Stattdessen stehen Sie auf einer Klippe und beobachten stundenlang das weite Meer, halten Ausschau nach dem verräterischen Blas wie Kapitän Ahab auf der Suche nach Moby Dick. Ein Schwenk simuliert das nervenaufreibende Absuchen der Wellen.

10.5.1 Einrichten der Kamera auf dem Stativ

Ein Stativ ist nicht nur schwer, in der Regel ist es auch reichlich unpraktisch. Deshalb schleppen viele Amateure es zwar pflichtschuldig mit, im entscheidenden Augenblick aber liegt es auf dem Boden und wird nicht benutzt. Schade drum. Der Grund liegt oft in der Mühe, die die Arbeit mit einem Stativ macht. Erst muss die richtige Höhe eingestellt, der Kamerakopf an der Libelle ausgerichtet und dann die Kamera aufgesetzt werden. Ist das Stativ doch zu hoch oder zu niedrig, müssen die Beine entsprechend verändert werden, der Stativkopf muss erneut ausgerichtet werden und so weiter. Doch die Arbeit lohnt sich.

Richten Sie den Stativkopf immer mithilfe der Libelle ein. Dazu muss sich die Luftblase der Libelle exakt im mittleren Kreis befinden. Nur dann ist der Horizont gerade ausgerichtet. Ein schiefer Horizont macht sich schnell unangenehm bemerkbar. Und: Anders als in der Fotografie können Sie Ihr Bild im Schnitt nicht beliebig nachjustieren, außer Sie drehen Ihren Film in einem deutlichen größeren Format, als das, in dem er später ausgestrahlt wird, Sie verwenden also beispielsweise 4K beim Drehen und spielen den Film dann in 2K aus.

Wenn Sie regelmäßig mit dem Stativ arbeiten, gehen Ihnen die Bewegungen in Fleisch und Blut über, und Sie haben die Kamera schnell am Start – so schnell, dass der mögliche Zeitverlust gegenüber dem spontanen Drehen aus der Hand nicht weiter ins Gewicht fällt. Anfänger haben leider immer wieder das Gefühl, dass sie ihr Motiv, oft ja Personen, auf keinen Fall warten lassen dürfen. Natürlich sollte man Interviewpartner nicht unnötig unbeschäftigt am Set herumstehen lassen, aber die Zeit bis zur fertigen Montage des Stativs steht eigentlich immer zur Verfügung. Und was Sie noch tun können: Unterhalten Sie sich während des Aufbaus mit Ihrem Gegenüber, und erklären Sie ihm, was Sie für die Aufnahme mit ihm planen. Das baut auch unbegründete Ängste ab.

Professionelle Stative verfügen über Montageplatten, die auch schwere Schulterkameras schnell und sicher justieren. Viele semiprofessionelle Stative verwenden Adapterplatten, die im besten Fall für eine Consumer-Cam ausreichen. Bei schweren DSLRs mit großen Brennweiten (Tele) wird das System instabil und wackelig, genauso bei schweren semiprofessionellen Geräten. Sollte Ihr Stativ nur über ein etwas schwächelndes Adaptersystem (Schnellmontageplatte) verfügen, dann achten Sie sorgfältig darauf, dass die Platte wirklich richtig einrastet und die Schraube garantiert sicher im Gewinde eingedreht ist. Leider sind schon viel zu viele Kameras aus sicher geglaubter Stativhöhe unsanft auf dem Boden

Stativkopf
Mindestens so wichtig wie das Stativ ist der dazugehörende Stativkopf. Videoköpfe unterscheiden sich hier von Fotoköpfen. In der Regel können sie horizontal und vertikal gleichzeitig verschwenkt werden (2-Wege-Neiger) und lassen sich mit einem Handgriff feststellen. Videoköpfe sind deshalb häufig Kugeln, die in einer Halbschale rotieren können. Wichtig: Achten Sie darauf, dass Sie den Kopf an das Gewicht Ihrer Kamera durch Verstellen der sogenannten *Friktion* anpassen können.

▲ **Abbildung 10.45**
Libelle zum Ausrichten des Stativs

▲ **Abbildung 10.46**
Schwenkkopf mit robuster Adapterplatte von Manfrotto

gelandet. In der Regel überlebt die Elektronik einen derartigen Sturz nicht. Abhilfe schafft hier nur die Verwendung eines Rigs.

10.5.2 Der Zoom

Der Zoom ist eine technische Möglichkeit verstellbarer optischer Systeme, die das menschliche Auge nicht hat. Wir können unsere Linse nicht so wölben, dass sie plötzlich zum Teleobjektiv oder Weitwinkel wird. Das menschliche Auge produziert – irgendwie langweilig – immer das gleiche Bild.

Wenn man erst einmal den Umgang mit der Zoomwippe ziemlich gut beherrscht, kann man sich auf ein Einsatzgebiet einlassen, das sogar im Spielfilm Einzug gehalten hat (schließlich sind ja doch alle Kameraleute irgendwo verspielt). Gerade in intensiven Dialogen können Sie feststellen, dass der Kameramann mit einem fast unmerklichen Zoom immer weiter auf die Gesprächspartner »verdichtet«, also auf die Gesichter zoomt. Der eigentliche Zoom ist kaum sichtbar, aber intuitiv fokussiert auch der Zuschauer auf die Gesprächsteilnehmer. Dieses Gespräch spitzt sich immer weiter auf seinen dramatischen Höhepunkt zu.

Der Reißzoom
Es gibt eine besonders zügige Variante des Zooms, den sogenannten Reißzoom. Früher war er einmal ein beliebtes Gestaltungsmittel, an dem zumindest ich mich sattgesehen habe. Er funktioniert eigentlich nur mit manuell verstellbaren Zooms, bei denen die Brennweite mit einer kurzen Bewegung verändert werden kann, sodass eine blitzschnelle Vergrößerung im Film entsteht. Anschließend lässt man die Aufnahme am besten in Zeitlupe laufen. Die Bildmitte bleibt dabei scharf, während das Bild zu den Rändern hin zunehmend unscharf wird. Eine Art »Tunnelblick« entsteht.

Interpretieren Sie diese Empfehlung jedoch nicht als Aufforderung, nun permanent zu zoomen. Dieser Zoom verläuft wirklich unmerklich, d.h., der Kameramann verändert zu keiner Zeit spürbar die Geschwindigkeit. Deshalb sind solche Feinheiten nur in ruhigen, stressfreien Aufnahmesituationen und vom Stativ möglich (siehe auch Kasten »Hintergrund: Keine Schwenks, keine Zooms« zu Beginn des Abschnitts 10.5).

10.5.3 Der Schwenk

Der Schwenk simuliert, wie ein Beobachter seinen Kopf dreht, ahmt also eine natürliche Bewegung des Kopfes nach. Aber drehen Sie doch einmal den Kopf von rechts nach links, wie Sie dies bei einem Schwenk üblicherweise machen. Sie merken, dass Sie im Alltag Ihren Kopf nie so bewegen. Entweder drehen Sie den Kopf wesentlich schneller oder fast unmerklich langsam. Zudem blicken die Augen viel schneller nach rechts oder links, als dies die Halswirbel eines gealterten Kameramanns erlauben. Das langsame Schwenken entspricht also keiner natürlichen Bewegung.

Für einen Schwenk gibt es dennoch sinnvolle Einsatzmöglichkeiten: Sie verfolgen ein sich bewegendes Objekt, z.B. ein vorbeifahrendes Auto. Das Auto wird scharf abgebildet, der Hintergrund verwischt hingegen dramatisch schön, und die Bewegungsunschärfe unterstreicht die Dynamik des Bildes. Steven Spielberg würde natürlich mit einem oder sogar mehreren Kamerafahrzeugen das Auto begleiten oder noch einen Hubschrauber für Luftaufnahmen einsetzen. Doch finanziell weniger unterfütterte Filmproduzenten können sich auch mit einem Schwenk behelfen. Der ist weniger spektakulär, aber in diesem Fall durchaus zulässig. Auch im Kleinen können Schwenks sinnvoll sein, z. B. wenn Sie verdeutlichen wollen, dass sich zwei Teile ergänzen. Ameisen und Blattläuse etwa leben in einer engen Symbiose. Die Ameisen schützen die Läuse vor Fressfeinden und erhalten als Dankeschön deren zuckerhaltiges Sekret. Wie kann man die Geschichte erzählen? Zum Beispiel mithilfe eines Schwenks von der blattlausbefallenen Pflanze auf den nahe gelegenen Ameisenhügel. Abstrakt zusammengefasst: Immer wenn gedankliche Inhalte einer visuellen Umsetzung bedürfen, können Zooms und Schwenks hilfreich und sinnvoll sein. Der Schwenk hat noch einen anderen Vorteil: Er erlaubt es uns, Motive, die zu groß für eine Aufnahme sind, trotzdem in ihrer ganzen Pracht zu zeigen. Der Fotograf greift in solchen Fällen zum Panoramakopf, der Kameramann zum Schwenkarm.

▼ Abbildung 10.47
Panoramabild, umgesetzt in einem Schwenk

Wichtig ist, dass Sie darauf achten, dass der Schwenk möglichst mit einem stehenden Bild beginnt und endet, dem sogenannten *Stand*. Auch der dazwischen liegende Inhalt sollte bildlich interessant sein. Wird der Schwenk zu schnell ausgeführt, verwischen die Bilder. Andererseits kann ein Schwenk über eine weite Strecke auch schnell langweilig werden.

Zooms und Schwenks sollten allerdings die Ausnahme sein und nicht die Regel. Gerade weil sie gedankliche Zusammenhänge schaffen, müssen sie mit Bedacht eingesetzt werden, sonst wirken sie schnell nervig oder sogar unfreiwillig komisch. Wenn Sie gerade von Ihrem Bergpanorama auf jenen Gipfel verdichtet haben, den es zu erklettern gilt, dann sollten Sie in der nächsten

Einstellung nicht wieder vom Gipfel wegzoomen. Dies sähe so aus, als ob Sie schon vor dem Aufstieg aufgegeben hätten. Und wenn Sie einem vorbeifahrenden Fahrzeug mit einem Schwenk gefolgt sind, dann sollten Sie nicht als Nächstes zurückschwenken, denn jedem Beobachter drängt sich dann der Eindruck auf, dass wohl irgendwo jemand oder etwas zurückgeblieben ist.

10.5.4 Technik bei Zooms und Schwenks

Damit wären wir beim letzten Punkt zum Thema »Schwenk und Zoom« angelangt – der richtigen Technik. Auch hierzu gibt es ein paar beachtenswerte Grundregeln, von denen es im Einzelfall auch Ausnahmen geben mag:

- **Gleichmäßige Bewegung**: Schwenks und Zooms sollten immer ruckelfrei sein. Wenn Ihr Kugelkopf keine Dämpfung hat, dann verzichten Sie lieber auf den Schwenk. Und wenn Sie sich zu Ihrer Systemkamera noch kein Fluidzoom leisten wollten, dann versuchen Sie lieber nicht, von Hand das Fotoobjektiv zu bedienen. Üben Sie das ruhige Schwenken und Zoomen. Perfekt sind Sie, wenn Sie einen Schwenk ruhig durchziehen können und zum Ende hin fast unmerklich zum Stehen kommen. Vergleichbares gilt für Zooms.
- **Anfang und Ende**: Zoom und Schwenk stellen eine gedankliche Verbindung dar. Sie sollten immer einen Anfang und ein Ende haben, sodass die beiden Motive, die miteinander in Beziehung gesetzt werden, auch für den Betrachter erkennbar werden. Technisch hervorragend ist es, wenn es Ihnen gelingt, Schwenk und Zoom langsam zu beginnen und quasi unmerklich, also ohne abrupten Ruck, zu beenden. Hier macht Übung den Meister. Drehen Sie einen Stand am Anfang und Ende mit, auch wenn Sie aus ästhetischen Gründen später beim Schneiden »bewusst« in die Bewegung schneiden. Wegschneiden geht immer.
- **Auf Schärfe achten**: Gerade beim Zoom ist es mehr als peinlich, wenn die Fahrt in einer Unschärfe endet: deshalb erst auf das Objekt der Begierde zufahren, scharf stellen, aufziehen und dann erst die Aufnahme starten. Auch bei einem Schwenk kann es sein, dass sich die Schärfe verlagert. In einigen Fällen müssen Sie die Schärfe sogar »mitziehen«, also während des Schwenks verändern. Dies erfordert einige Übung. Planen Sie also im Zweifelsfall den Schwenk lieber so, dass er durchgehend scharf bleibt.
- **Auf die Geschwindigkeit achten**: In einem guten Buch über Schnitttechniken warnt der Autor vor Schwenks und Zooms. Wenn sie sich denn nicht vermeiden ließen, dann sollten sie

Alles unter Kontrolle
Schwenks und Zooms sollten Sie vorrangig vom Stativ aus drehen, nicht aus der Hand. Denn zusätzliche Erschütterungen zur Kamerabewegung machen den Zuschauer schnell nervös. Um zusätzliche Erschütterungen zu vermeiden, sollten Sie auch immer eine Fernbedienung verwenden, da das Drücken der Zoomwippe selbst in der Regel schon spürbar ist. Gute Fernbedienungen haben zudem den Vorteil, dass sie ein langsames Ein- und Auszoomen erlauben, also eine dynamische Steuerung der Zoomgeschwindigkeit.

▲ **Abbildung 10.48**
Remote Control

nach seiner Meinung wenigstens langsam sein. Dieses »langsam« hat er allerdings nicht genauer beschrieben. Ich kenne eine Reihe von Schwenks, die derart langsam sind, dass der Zuschauer während des Schwenks einschläft. Schwenks und Zooms sollten spannend sein. Wenn Sie aus dem Panorama einer Bergkette auf einen Gipfel verdichten, dann hat der Zuschauer wahrscheinlich nach wenigen Sekunden verstanden, wohin der Kameramann zielt. Wenn der Zoom jetzt noch 10 Sekunden dauert, dann ermüdet er unnötig. Wenn sich beim Schwenk jedoch ständig neue Eindrücke entwickeln, dann darf es auch schon einmal etwas mehr sein. Meine persönliche Obergrenze für Schwenks und Zooms liegt bei 10 bis 15 Sekunden, je nach Motiv. Ob dies nun langsam genug ist, kann ich nicht beurteilen. Mir reicht es. Zu schnell sind Schwenks und Zooms, wenn in den Bildern deutliche, nicht erwünschte Bewegungsunschärfen auftreten – außer die grafischen Effekte dieser Reißzooms oder Reißschwenks sollen die Dynamik unterstreichen.

10.5.5 Der kombinierte Schwenkzoom

Bleibt noch eine Kleinigkeit: die Kombination aus Zoom und Schwenk. Nach den vielen mahnenden Worten der Experten, doch die Finger von Zoom und Schwenk zu lassen, sollte man eine derartige Hässlichkeit, beides zu kombinieren, doch erst gar nicht in Erwägung ziehen. Ich hingegen finde diese Variante oft besser als einen reinen Zoom oder Schwenk, vorausgesetzt, das Motiv gibt es her. Verfolgen Sie ein Auto mit einem Schwenk, so kann es durchaus sinnvoll sein, die Einstellung etwas aufzuziehen, damit das Fahrzeug nicht aus der Schärfe herausfährt und sich gleichzeitig der Blick in die Landschaft öffnet. Das reine Abschwenken einer Bergkette wirkt weniger dynamisch, als wenn Sie gleichzeitig noch verdichten und beim letzten Gipfel stehen bleiben.

Tipp: Zoomen Sie richtig. Die Handhabung der Zoomwippe ist oft gewöhnungsbedürftig. Dabei gilt, je kleiner die Kamera, desto kleiner fallen leider auch die Bedienelemente aus. Das heißt beim Kauf: Eine große, leicht zu bedienende Wippe ist durchaus ein Argument für eine Kamera. Trotzdem müssen sich gerade Besitzer von Camcordern mit sehr kleinen Wippen oder sogar elektronischen Zooms über das Display begnügen.

Verfügt Ihr Camcorder über einen eigenen Remote-Anschluss (siehe Abbildung 10.51) (z.B. LANC-Buchse), dann investieren Sie unbedingt ca. 100€ in eine Fernbedienung, die Sie am Schwenkarm befestigen. Das erleichtert die Arbeit enorm. Fehlt ein entsprechender Anschluss, dann bleibt nur, sich an die vor-

Die Kunst des Verdichtens
Eine beliebte Technik bei Kameraleuten ist es, durch einen eleganten Zoom, möglichst noch in Verbindung mit einer Drehbewegung der Kamera, auf das Motiv zu verdichten. Beispiel: die Overshoulder-Aufnahme von einem Schreiner an einer Fräse.

▲ **Abbildung 10.49**
Totale der Overshoulder-Aufnahme

Nun wollen wir in einer Einstellung zeigen, was der Schreiner eigentlich tut, nämlich ein Loch in ein Stuhlbein fräsen. Wir verdichten langsam und drehen dabei die Kamera so, dass die Aufnahme verständlich bleibt. Vorteil: Wir müssen nicht schneiden, sondern können in einer Einstellung die Geschichte erzählen.

▲ **Abbildung 10.50**
Nahe der Overshoulder-Aufnahme

▲ **Abbildung 10.51**
Remote Control via LANC für Canon- und Sony-Objektive von Manfrotto

handene Wippe zu gewöhnen. Ich ziehe dabei Camcorder vor, bei denen die Wippe oben angebracht ist. Damit lässt sie sich einfacher greifen und bedienen. Statt einer Wippe findet man bei einigen Camcordern auch Schieberegler. Da es bei einem Zoom auf das sanfte Ende einer Zufahrt ankommt, markiere ich mit dem Daumen der linken Hand gerne den Stopppunkt. Sobald die Wippe gegen den Daumen drückt, höre ich auf.

Bei vielen Kameras können Sie die Geschwindigkeit der Wippe regulieren. Optimal sind Wippen, die so fein reagieren, dass die Geschwindigkeit auf den Druck des Kameradaumens reagiert, man also die Geschwindigkeit variieren kann. Digitale Zooms bieten leider nur eine Art Stop-and-go-Bewegung an. Ich bevorzuge »zügige« Zooms, bei denen jedoch keine Bewegungsunschärfe im Bild entsteht. Eine optimale und sehr feine Steuerung der Schärfe ermöglicht ein Follow Fokus. Dies ist kein Kompromiss, sondern in meinen Augen das Optimum, nur noch zu übertreffen durch einen funkgesteuerten Follow Fokus, den ein Schärfeassistent bedient.

10.6 Die richtige Beleuchtung

Das Setzen des Lichts ist wahrscheinlich die anspruchsvollste Tätigkeit beim Filmen und am Ende ebenso wichtig wie die Wahl von Blende und Schärfe. Lichtsetzen ist ein Handwerk, das wie vieles beim Film nur durch Praxis erlernt werden kann. Zwar gibt es seit 1998 die Ausbildung zum Veranstaltungstechniker, aber wirklich Licht zu setzen steht dort nur am Rande auf dem Ausbildungsplan. Der Aufbau des Lichts findet in Abstimmung zwischen Kameramann und Beleuchter statt, wobei ein Oberbeleuchter (engl. *gaffer*) dem Kameramann häufig an Erfahrung um einiges voraus ist. In der Praxis übernimmt gerade bei kleineren Produktionen der Kameramann die Verantwortung fürs Licht, und wenn er Glück hat, muss er die Scheinwerfer nicht selbst montieren, sondern darf auf die Erledigung durch einen *Best Boy Light* hoffen. Wenn alle Stricke reißen, bleibt noch der Assistent, der sowieso alles erledigen muss, was der Kameramann ihm aufträgt.

Wer allein unterwegs ist, hat kaum eine Chance, wirklich Licht zu setzen. Selbst wenn Sie die Plackerei nicht scheuen, irgendwann sind die Kapazitäten auch des engagiertesten VJs erschöpft. Aber deshalb sollte man das Licht nicht außer Acht lassen. Denn von irgendwo kommt immer ein Lichtlein her, in aller Regel die Sonne, das sich für die Aufnahme nutzen lässt. Wer also über kein zusätzliches Filmlicht verfügt, der sollte versuchen, mit dem verfügbaren Licht, engl. *Available Light*, das Beste aus einem Motiv herauszuholen. Übrigens: Direktes Sonnenlicht tut meist weder dem Motiv noch dem Bild gut. Suchen Sie z. B. bei Interviews nach Positionen, die kein direktes Sonnenlicht erhalten, sondern bei denen das Licht – etwa über eine weiße Hauswand – reflektiert und damit gebrochen wird.

10.6.1 Das kleine Einmaleins des Filmlichts

Früher war es bei Videokameras schon im Dämmerlicht schnell zappenduster. Deshalb musste Licht schon aus purer Notwendigkeit aufgestellt werden, um das Motiv überhaupt halbwegs ordentlich ablichten zu können. Moderne Sensoren beweisen heute erstaunliche Lichtfähigkeiten, sodass es nur noch in den seltensten Fällen darum geht, »hell« zu machen. Stattdessen dreht sich alles um Stimmung und um die Linderung eines nach wie vor bestehenden Mangels an Videosensoren gegenüber dem menschlichen Auge. Viele Kameras verfügen nur über etwa die halbe Kontrastauflösung. Das bedeutet: Dunkle Bildstellen wirken schnell unterbelichtet, »saufen ab«, helle Bildanteile werden dagegen überbelichtet, sie »überstrahlen«. Künstliches Licht kann helfen, diese hohen Kontrastunterschiede bzw. den großen Blendenumfang eines Motivs so weit zu reduzieren, dass ein natürlicher Eindruck entsteht. Bei neueren Kameras können Sie HDR-Video ausprobieren, das den Dynamikumfang des Videos noch einmal deutlich erhöhen kann. Die entsprechenden HLG-Modi, die auch von modernen Fernsehern unterstützt werden, sind jedoch ebenso wie die LOG-Verfahren gewöhnungsbedürftig und erfordern im Schnitt große Aufmerksamkeit.

Für Kameraleute ist die Richtung, aus der das Licht kommt, entscheidend. Licht, das von hinten auf das Motiv scheint, heißt *Auflicht*, Licht von der Seite *Streiflicht*, Licht von vorne *Gegenlicht*. Es spielt keine Rolle, ob es sich bei der Lichtquelle um Tages- oder Kunstlicht handelt. Dies ändert zwar die Charakteristik des Lichts, nicht jedoch die grundsätzliche Wirkung auf den beleuchteten Körper. Wenn Sie sich für die richtige Aufnahmeposition entscheiden, überlegen Sie immer, wie das vorhandene Licht auf das Motiv aus dieser Perspektive wirken wird.

Man sollte sich der spezifischen Wirkung der verschiedenen Lichtsituationen bewusst werden, um möglichst schnell den bestmöglichen Standort für eine Aufnahme zu finden. Die folgende Tabelle 10.4 gibt Ihnen einen kurzen Überblick über die verschiedenen Wirkungen. In Kapitel 13, »Workshop Filmen«, stelle ich typische Aufnahmesituationen unter Berücksichtigung des Lichts vor.

	Auflicht	Streiflicht	Gegenlicht
Position der Lichtquelle	Hinter Kamera, parallel zur Optik; Licht fällt frontal auf Motiv.	von der Seite	vor der Optik
Auswirkung auf Farbe	satte, leuchtende Farben	reduzierte Farbwirkung	Farbverfälschungen, transparente Materialien leuchten.
Auswirkung auf Strukturen	Lässt Strukturen verschwinden, wenig Kontraste.	Hebt Strukturen hervor, große Kontraste.	Feine Strukturen werden besonders gut sichtbar, hohe Kontraste.
Tiefenwirkung	reduzierte Tiefenwirkung	optimale Tiefenwirkung	Führt zu grafischen Bildern.
Vorteil	kräftige Farbwirkung	Tiefenwirkung mit Strukturen und Kontrasten	Schafft Raum für Illusionen.
Nachteil	flache Bilder ohne Tiefenwirkung	Ändert die Farbe von Konturen.	Gefahr störender Einstrahler, schwierige Belichtung

▲ **Tabelle 10.4**
Übersicht über das Licht und seine Wirkung

Im praktischen Alltag ist das Ausleuchten eines Interviews eine klassische Aufgabe. Dabei lassen sich die Wirkungen der drei Grundlichtarten gut erklären. Hier ein Beispiel, bei dem ein virtueller »David« freundlicherweise Modell stand. Folgendes ist dabei gut zu erkennen:

1. Wenn nur das Hauptlicht verwendet wird, »saufen« die Schatten ab.
2. Wird nur das Fülllicht vorne verwendet, entsteht ein flacher Bildeindruck.
3. Wird nur die Spitze eingesetzt, sind bloß die Konturen, der Schattenriss, eine kleine Kante auf der Nase, die rechte Schulter und die rechte Wange von David zu sehen.
4. Werden Hauptlicht und Spitze zusammen eingesetzt, entstehen Schatten auf der linken Seite und eine Lichtkante auf der rechten Schulter.
5. Der Einsatz von Hauptlicht zusammen mit Fülllicht hellt die Schatten auf, und der plastische Eindruck bleibt erhalten.
6. Die Kombination aller drei Scheinwerfer: Die Lichtkante rechts setzt noch einen Akzent und löst das Objekt vom Hintergrund.

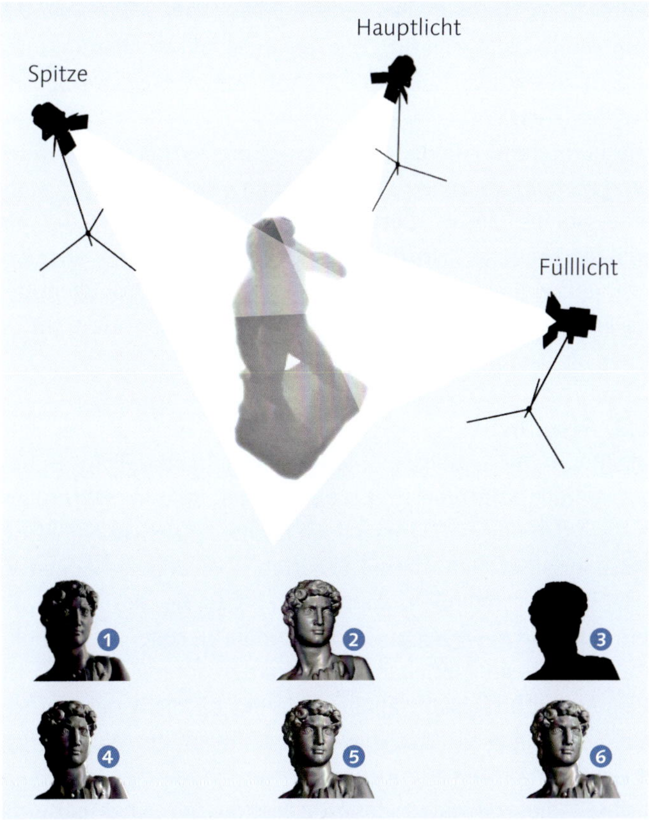

◂ **Abbildung 10.52**
Die Wirkung von Hauptlicht, Fülllicht und Spitze

Je nachdem, welche Wirkung Sie in Ihrem Bild erzielen wollen, werden Sie sich für eine Position des Scheinwerfers entscheiden. Diese Lichtquelle ist Ihr *Hauptlicht*, auch Grundlicht oder Führung genannt. Dieses Licht bestimmt sozusagen die Grundcharakteristik. Wenn die Sonne in einem Motiv mitspielt, dann übernimmt sie fast immer die Führung, d.h., im Zweifelsfall muss das Motiv so zu ihr gestellt werden, dass das Ergebnis passt. Es kann jedoch sinnvoll sein, weitere Lichtquellen aufzubauen, um z.B. Schatten aufzuhellen oder dem Motiv ein *Spitzlicht* hinzuzufügen.

10.6.2 Auflicht

Jede Lichtart hat besondere Vor- und Nachteile. Bei frontalem Licht hat man die Sonne oder den Scheinwerfer im Rücken. Als ich mit dem Filmen begann, habe ich stets darauf geachtet, die Sonne im Rücken zu haben, in dem Glauben, dies sei die optimale Position, und mich gerade bei Interviews über die vielen flauen Gesichter geärgert. Deshalb habe ich heute eine Aversion gegen Auflicht, gerade bei Interviews. Das frontale Licht lässt Schatten und Konturen verschwinden, es entstehen flache Bil-

▲ **Abbildung 10.53**
Aufstecklampe LEDZILLA von Dedolight mit Montageplatte für Consumer-Cam

der ohne Tiefe. Und Personen, die in grelles Gegenlicht schauen müssen, kneifen unweigerlich die Augen zu. Wenn allerdings die Farbe eine besondere Rolle spielt, dann lässt Auflicht sie besonders schön leuchten.

Eine verbreitete Art des Auflichts ist die *Aufstecklampe* oder *Reportagelampe*, die direkt auf der Kamera montiert wird. Mittlerweile gibt es dieses »Blitzlicht des Kameramanns« auch als dimmbares LED-Licht. In der Praxis würde ich es nur als *Fülllicht* verwenden, also zum Aufhellen von Schatten. Vor allem bei intensiver Handkameraarbeit stört der sich verändernde Lichtfokus eher, als dass er nützt.

10.6.3 Streiflicht

Streiflicht von der Seite ist so etwas wie das Standardlicht. Es betont besonders Konturen und schafft damit Tiefe im Bild. Allerdings kann sich dies bei Porträts auch nachteilig auswirken. Wenn die Nase einen großen, harten Schatten wirft und die Augen in den Höhlen verschwinden, dann ist es oft zu viel des Guten. In diesem Fall kann ein Auflicht auf der Kamera als sogenanntes Fülllicht für die nötige Aufhellung der Schatten sorgen. Deshalb ist ein kleines Reportagelicht ähnlich wie ein Blitzlicht beim Fotografieren eigentlich ein Must-have und sollte auf der Wunschliste nicht allzu weit hinten auftauchen.

Nachteil dieser kleinen Reportagelichter mit einer Leistung zwischen 50 und 150 W ist, dass sie eigentlich erwünschte Konturen zu sehr aufhellen. Oder es entstehen plötzlich doppelte Schatten im Bild, die einen irrealen Eindruck hinterlassen. Deshalb wird dieses Licht häufig gesoftet, entweder mithilfe eines eingebauten Diffusors, durch eine teure transparente Folie aus dem Fachhandel oder durch »weißes« Butterbrotpapier. Letzteres erfüllt auch seinen Zweck. Vorsicht: Reportagelichter sind häufig Kunstlichtlampen. Erhält das Motiv bereits seitliches Streiflicht von der Sonne, kommt es zu einer Mischlichtsituation. Am besten ändert man dann das Kunstlicht durch eine CTB-Folie oder einen vorklappbaren Filter auf Tageslicht, färbt es also blau ein. Viele LED-Leuchten bieten auch Bi-Color-Modi, bei denen Sie die Lichtfarbe zwischen Tageslicht und Kunstlicht stufenlos verändern können. Machen Sie bei Mischlicht unbedingt einen Weißabgleich. Achten Sie darauf, dass Licht aus beiden Lichtquellen auf das Weiß für den Abgleich fällt.

10.6.4 Gegenlicht

Gegenlicht ist eine extreme Lichtsituation, die digitale Kameras regelmäßig an ihre Grenzen bringt. Vor allem ältere Kameras mit

CCD-Sensoren reagieren durch unangenehmes *Blooming*, wenn die Sonne direkt auf den Sensor scheint. Auch wenn die Sonne »nur« überstrahlt, das Motiv dagegen deutlich unterbelichtet wirkt, ist der Oscar für die beste Kamera fern. Aber: Mit dem Gegenlicht passieren auch spannende Dinge, es entstehen grafische Schattenrisse, und transparente Materialien fangen an zu leuchten. Feine Strukturen, wie z. B. die Haare von Tieren, werden schön sichtbar. Und Wasser erhält im Gegenlicht lebendige Spitzlichter.

Ein Problem bei Gegenlicht sind Einstrahlungen, auch Newtonsche Ringe, Linsenreflexion oder Lens Flares genannt. Wollen Sie die abstrakten Farbmuster vermeiden, verwenden Sie mindestens eine Tulpe, besser eine Matte-Box mit Flags. Scheint die Lichtquelle direkt ins Objektiv, lassen sich die Einstrahler kaum verhindern und sollten aktiv in die Bildkomposition mit einbezogen werden.

▲ **Abbildung 10.54**
Lens Flares

Dem einen gelten die bunten Kreise eher als Bildfehler, andere finden sie besonders cool. Für diese Fraktion bieten viele Schnittprogramme mittlerweile künstliche Lens Flares. Schmutz auf der Optik fällt bei Gegenlicht sehr unangenehm auf, vor allem wenn sich die Kamera auch noch bewegt. Deshalb: Vor Gegenlichtaufnahmen ist immer das gründliche Putzen der Frontlinse angesagt!

10.6.5 Wirkung von Licht

Mit Licht lässt sich der Eindruck von Tiefe in einem Bild verstärken oder vermindern. Ein helles Motiv vor einem dunklen Hintergrund sorgt für Tiefe, geringe Kontraste, ein heller Hintergrund mit einem Schattenriss als Motiv im Vordergrund lässt ein Bild dagegen fast schon grafisch wirken.

▲ **Abbildung 10.55**
Porträt mit großer Tiefenwirkung

▲ **Abbildung 10.56**
Farbkontrast – kühler Hintergrund und warmes Motiv

Ein ähnlicher Effekt lässt sich mit Farbe erzielen. Kühle Blautöne im Hintergrund schaffen räumliche Distanz zu einem warmen Hautton im Vordergrund und umgekehrt. Ob man nun mehr Tiefe im Bild haben möchte oder nicht, ist natürlich der eigenen gestalterischen Freiheit überlassen.

10.6.6 Licht formen

Nein, wir gleiten nun nicht in den spirituellen Teil des Kamerahandwerks ab. *Lichtformer* nennen Fotografen und Kameraleute alle möglichen Vorsätze vor Scheinwerfern, um die Charakteristik des Lichts zu ändern. Licht wird im Wesentlichen weicher oder härter bzw. diffuser oder gerichteter. Der Unterschied ist im Vergleich gut sichtbar. Weiches Licht erzeugt z. B. in Gesichtern weiche Übergänge, es entstehen weniger oder keine Spitzen. Hartes Licht dagegen sorgt für Kontraste. Lichtformer gibt es wie Sand am Meer. Wer mit einer Aufstecklampe arbeitet, sollte sich entsprechende Filter, z. B. einen Frost zum Soften, besorgen. Im Falle eines Falles hilft auch Butterbrotpapier. Und noch ein Tipp: Nehmen Sie immer genug Wäscheklammern mit. Denn mit ihrer Hilfe lassen sich Folien oder eben auch Butterbrotpapier schnell und unkompliziert vor einen Strahler montieren. Als heiße Halogen- und HMI-Scheinwerfer das Lichthandwerk beherrschten, waren Lichtformer, wie sie Fotografen nutzen, eher die Ausnahme. Meist reduzierte man sich auf eine Frostfolie und Tore. Im Spielfilm wurden passende Diffusoren, die oft sehr groß waren, eingesetzt. Doch das kalte LED-Licht macht Lichtformer auch für den VJ verfügbar und einsetzbar.

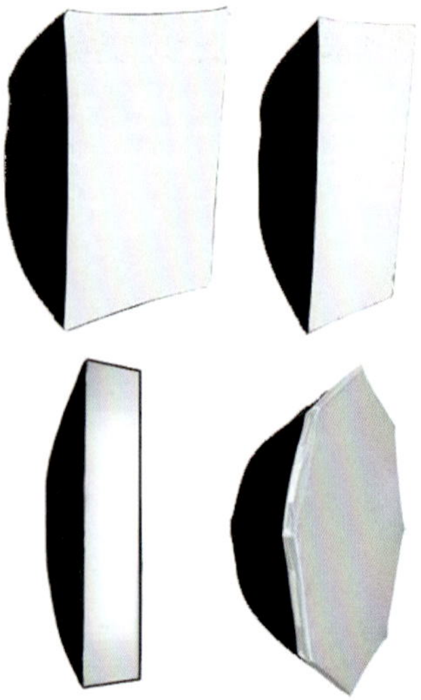

▲ **Abbildung 10.57**
Softboxen

10.6.7 Available Light

Available Light heißt, dass der Kameramann mit dem natürlich verfügbaren Licht auskommt, also auf den Einsatz von Filmlicht verzichtet. Der Trend kommt aus der Fotografie, und seitdem Canon, Nikon, Sony und Co. mit sechsstelligen ISO-Werten für ihre Kameras werben, hat die Available-Light-Mode auch die Filmwelt erreicht. Die vielen stimmungsvollen Fotos geben den Herstellern und den Fotografen, die sich der AL-Fotografie verschrieben haben, recht. Allerdings ist Available Light keine Ausrede für schlecht beleuchtete Motive. Die Lichtsituation sollte schon eine ganz eigene Stimmung erzeugen. Geradezu perfekt für Available-Light-Aufnahmen sind die sogenannte *blaue Stunde* und *Gegenlichtaufnahmen* bei Sonnenuntergang.

Im Beispielmaterial zum Buch finden Sie passend zum Thema Available Light unter FILME • LEHRFILME einen kleinen Lehrfilm mit dem Namen »AvailableLight.flv«.

▲ **Abbildung 10.58**
Blaue Stunde am Gardasee – der ideale Zeitpunkt für Available-Light-Aufnahmen

▲ **Abbildung 10.59**
Gegenlichtaufnahme bei Sonnenuntergang

◂ **Abbildung 10.60**
Available-Light-Situation: Glasbläser auf Murano

Tatsächlich reicht schon das Licht einer Kerze, um auf einen modernen Sensor ein Bild zu zaubern. Und auch die semiprofessionelle Konkurrenz von Sony und Panasonic macht das Halbdunkel so hell, dass zumindest die Szene zu erkennen ist. Die kleinen

Camcorder sind aufgrund der Sensorgröße sogar echte Lichtwunder. Doch im Gegensatz zur Fotografie sind den Filmern engere Grenzen gesetzt. Denn trotz der hohen Lichtempfindlichkeit der modernen Kamerasensoren kommt in der Fotografie zur hohen ISO-Zahl häufig noch eine verlängerte Belichtungszeit, an der der Filmemacher aber nicht schrauben kann. Und weil die Schärfentiefe bei offener Blende auf ein Minimum reduziert wird, muss man auf eine frei bewegte Kamera weitgehend verzichten. Das heißt, sobald es schummerig wird, sollte man die Kamera auf ein Stativ stellen. Aufnahmen im Kerzenschein verlangen auch nach einer ruhigen Kameraführung, sind heute aber dank der Available-Light-Fähigkeiten der Sensoren durchaus möglich.

Vorsicht vor Bildrauschen! | Vorsichtig sollte man mit dem ISO-Wahlrad umgehen. Auch bei guten Kameras beginnt ab 1.600 ISO meist ein zunehmend heftiges Rauschen, das manchmal nur unangenehm wirkt, oft aber auch das Bild unbrauchbar macht, z. B. durch Krisselmuster, farbige Bildsäume und Farbverfälschungen. Auch den Schalter des Restlichtverstärkers, bei den semiprofessionellen Kameras häufig *Gain* genannt, sollte man mit Vorsicht betätigen. Er hebt das Rauschen ebenfalls deutlich an.

▲ **Abbildung 10.61**
Nachtaufnahme vom Hafen am Gardasee. In den Häusern und den dunklen Partien rauscht es gewaltig.

Trotzdem gibt es einige Kameras, bei denen man mit Anheben von Gain oder ISO ein Motiv retten kann. Wichtig: Moderne Kameras bekommen Bildrauschen zwar immer besser in den Griff, aber Film wird immer auf Monitoren oder via Beamer ausgegeben, und diese elektronischen Medien sind besonders rauschanfällig. ISO 800 ist deshalb nicht für jede Kamera geeignet.

Nicht immer ist die natürliche Ausleuchtung auch stimmungsvoll. Auch wenn es technisch möglich ist, so ist das Interview im Kerzenschein nicht zwangsläufig auch schön. Ein Spitzlicht oder ein kleiner Aufheller würden dem Porträt vielleicht doch ganz gut tun, damit man den Interviewpartner zumindest erkennt.

Dual Gain oder Dual Native ISO | Licht spielt bei Videoaufnahmen eine noch einmal deutlich größere Rolle als in der Fotografie. Denn Bewegtbilder machen Bildrauschen schneller erkennbar als Einzelbilder. Wer bei schlechten Lichtverhältnissen unterwegs ist, neigt also dazu, den ISO- bzw. Gain-Wert anzuheben. Damit wird auch das Rauschen verstärkt, und gleichzeitig schrumpft der Dynamikumfang des Sensors, der bei der nativen ISO-Empfindlichkeit am höchsten ist.

Tatsächlich kann mit der Erhöhung der ISO-Einstellung ein erheblicher Verlust beim Dynamikumfang einhergehen: Statt etwa 14 stehen der Kamera dann nurmehr acht oder weniger Blendenstufen zur Verfügung. Nun haben alle Hersteller moderne Sensoren im Einsatz, die sie durch den Einsatz von zwei Verstärkern mit zwei nativen ISO-Stufen ausstatten – eine für Aufnahmen bei normalen Lichtverhältnissen, eine für Low-Light-Aufnahmen. Bei diesen beiden nativen ISO-Stufen wird der maximale Dynamikumfang des Sensors weitgehend ausgeschöpft, bei allen anderen Stufen kommt es zu Einbußen. Es gibt Kameras mit nativen ISO-Stufen von 500 und 2.500, 800 und 4.000 oder 800 und 12.800. Das Rauschverhalten kann bei der Wahl des nativen ISO-Werts geringer sein; dies sollten Sie sich aber gründlich bei jeder Kamera anschauen und dann entscheiden, wie viel Rauschen Sie akzeptieren. Rauschfreie Bilder produziert keine Kamera, auch nicht bei Wahl einer nativen ISO-Stufe. In Verbindung mit einem LOG-Format empfehlen die Hersteller in der Regel die Verwendung einer nativen ISO-Einstellung. Diesen Tipp sollten Sie beherzigen, da tatsächlich die Bilder dann auch am besten aussehen. Allerdings gibt es keine einheitliche Regel über alle Kameras hinweg, wie der native ISO-Wert technisch Die Signalverstärkung findet an unterschiedlichen Stellen im Verarbeitungsprozess des Sensorsignals statt, mit dann auch unterschiedlichen Ergebnissen. Vielmehr ist es so, dass die Hersteller versuchen, ihren Kunden ein Arbeitsge-

Die entfesselte LED-Leuchte
Unter Fotografen gilt der »entfesselte Blitz« als einer der Trends schlechthin. Dabei wird der Aufsteckblitz abgenommen und seitlich positioniert und per Funkauslöser gestartet. Aus einem Auflicht wird also ein Streiflicht. Wer die einschlägigen Bücher zum Thema kennt, weiß, dass sich die Bildqualität in der Regel mit diesem einfachen Trick gewaltig steigern lässt. Streiflicht ist einfach das schönere Licht.

Auch beim Filmen sollte man diese Technik berücksichtigen. Wenn ein Kameraassistent (= Familienangehöriger) zugegen ist, drücken Sie ihm die Lampe in die Hand und positionieren ihn richtig oder ersetzen ihn durch ein Leuchtenstativ. Einen Funkauslöser braucht es beim Filmen nicht, die Lampe brennt während der Aufnahme sowieso die ganze Zeit. Als Auflicht ist eine Aufstecklampe dagegen nur als Aufheller bei Tageslicht zu gebrauchen. Die Kombination aus Auf- und Streiflicht macht das Bild noch einmal schöner.

rät an die Hand zu geben, das optimale Ergebnisse erzielen kann. Bei welchen Einstellungen dies der Fall ist, sollten Sie durch Testaufnahmen, die Sie an einem möglichst guten Monitor begutachten, überprüfen. Und: Nicht immer ist die Verwendung von LOG-Verfahren sinnvoll, gerade wenn es ums Rauschverhalten geht. Bei Aufnahmen mit schlechten Lichtverhältnissen bekommt man oft die besseren Ergebnisse, wenn man in einer nativen ISO-Einstellung dreht und die Kamera das Rauschen bekämpfen lässt.

10.7 Ton

Die Kontrolle des Tons ist ein unbeliebtes Thema. Kameraleute legen die Verantwortung hierfür meist in die Hände des Assistenten, der, nachdem er das Stativ aufgebaut, alle Lampen montiert, das Set eingerichtet und die Kamera eingestellt hat, noch schnell den Ton »klarmachen« muss, damit die Aufnahme endlich in den Kasten kommt. Dabei ist guter Ton keine Sache, die so nebenher mitlaufen sollte. Ein Interview mit schlechtem und verrauschtem Ton kann noch so schön ausgeleuchtet sein, am Ende ist es kaum verwendbar.

Zur professionellen Tonausrüstung eines Kamerateams gehören ein externes Mikrofon mit Windschutz, eine Tonangel, ein Mischer sowie ein Kopfhörer zur Kontrolle. Dies ist das Arbeitsgerät eines Tonassistenten.

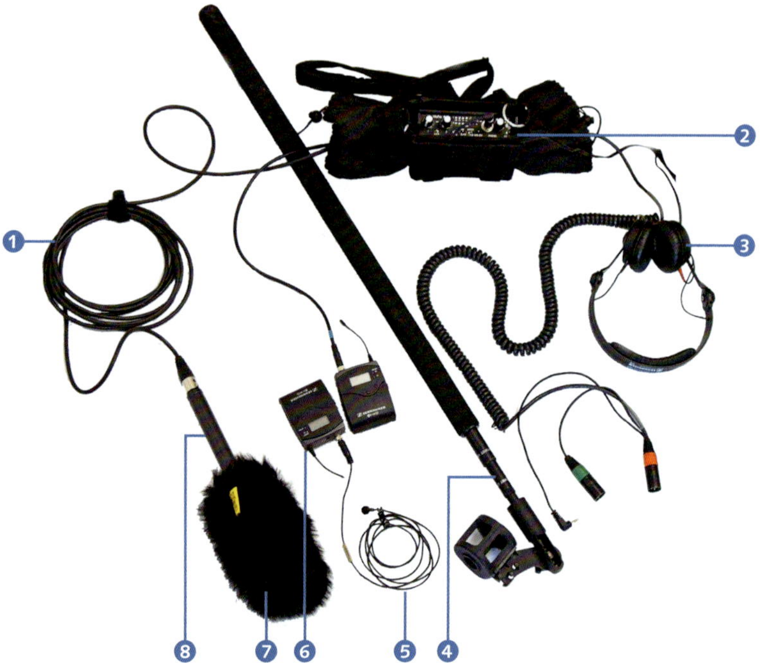

Abbildung 10.62 ▸
Professionelle Tonausrüstung bestehend aus: (1) XLR-Kabel, (8) Richtmikrofon, (7) Windschutz, (6) Funksender und -empfänger, (5) Ansteckmikro, (4) Tonangel, (2) Mischer, (3) Kopfhörer

Nur wenn Sie also regelmäßig jemanden an der Seite haben, der Ihnen die Tonaufnahme abnimmt, macht es Sinn, die etwa 2.000 € für die Ausrüstung auszugeben. Dann allerdings können Sie in fast jeder Situation den Ton optimal aufnehmen.

Und dies sind die Kernaufgaben des Tonassistenten: Zum einen muss er die Aufnahmesituation schnell und zutreffend beurteilen. Dazu gehört z. B., zu überprüfen, ob Störgeräusche die Aufnahme beeinträchtigen. Das kann naher Straßenlärm sein, aber auch Funkeinstrahlungen über ein Kabel oder eine weitere Funkanlage.

Moderne Kameras zeichnen bis zu vier Tonspuren auf, davon in der Regel einmal den sogenannten Kameraton, den üblicherweise das eingebaute Kameramikro liefert. Je nach Ausstattung der Kamera stehen zusätzlich noch ein, zwei oder sogar mehr Anschlüsse für externe Mikros zur Verfügung. Von diesen Anschlüssen sollte man unbedingt Gebrauch machen. Dann aber gilt es, den Überblick zu behalten. Denn Sie müssen nun die Audioeingänge, soweit möglich, auch den verfügbaren Spuren zuweisen. Legen Sie sich ein festes Muster zurecht, nach dem Sie am besten stur verfahren. Mein Vorschlag für vier Spuren:

- Spur 1: Kameramikro (manuell)
- Spur 2: externes Mikro (manuell)
- Spur 3: Kameramikro (Automatik)
- Spur 4: externes Mikro (Automatik)

Sie müssen also nicht immer alle Eingänge ausnutzen, können den Ton mal automatisch oder manuell auspegeln. Vorteil: In der Regel ist der manuell ausgesteuerte Ton lauter und dynamischer. Mit der Automatik, also bei eingeschaltetem Limiter, gehen Sie dagegen auf Nummer sicher. Haben Sie nur zwei Audiospuren zur Verfügung, sollten Sie auf einer Spur das Kameramikro im Automatikmodus aufzeichnen, auf der anderen das externe Mikro im manuellen Betrieb. Bei Interviewaufnahmen kann es auch sinnvoll sein, auf beiden Spuren das externe Mikro aufzuzeichnen, einmal automatisch, einmal manuell.

Schließlich muss der Tonassistent den Ton so einstellen, dass er möglichst laut, aber verzerrungsfrei aufgezeichnet wird. Dazu muss er den Ton auspegeln. Mit der Tonangel kann er nah an das Motiv heran, ohne dabei dem Kameramann im Weg zu stehen. Allerdings gehört etwas Übung dazu, den richtigen Abstand und die richtige Haltung zu lernen.

Das Tonstudio für unterwegs
Viele Kameraleute und erfahrene Tonassistenten sind dazu übergegangen, den Ton mithilfe eines separaten Rekorders aufzuzeichnen.

Vor allem Systemkamera-Filmer sind von den oft schlecht zu bedienenden oder schlicht fehlenden Audiofunktionen ihrer Kamera entnervt. Einziges Problem: Man muss den Ton später im Schnitt synchron ziehen.

▲ **Abbildung 10.63**
Externer Audiorekorder von Tascam

10.7.1 Atmo

Die Abkürzung steht für *Atmosphäre*, und der Begriff signalisiert schon, dass dieser Ton etwas Beiläufiges hat. Er läuft bei der Aufnahme synchron zum Bild mit und ist im einfachsten Fall wenigstens vorhanden. Ich ziehe deshalb eigentlich die Bezeichnung Geräusche vor, denn dann wird klar, dass es sich um etwas Wichtiges handelt. Oft lassen erst die Geräusche ein Motiv richtig präsent werden.

Abbildung 10.64 ▸
Eingebauter 4-Kanal-Mischer an Profikamera

Wer die Kamera entsprechend auf das externe Mikro umstellt, läuft Gefahr – sofern er nach dem Ende der Aufnahme nicht wieder alle Schalter zurückstellt –, bei der nächsten Aufnahme ebenfalls nur das Signal vom externen Mikro aufzuzeichnen. Wehe aber dem Tonassistenten, der Tage später gar kein Mikro angeschlossen hat. In diesem Fall zeichnet die Kamera nur große Stille auf. Sofern Ihre Kamera also Wahlmöglichkeiten anbietet, kontrollieren Sie regelmäßig vor Drehbeginn alle Einstellungen. Oder gewöhnen Sie sich an, sklavisch immer das Kameramikro auf einer Spur mitlaufen zu lassen und möglichst bei jeder Aufnahme den Ton über Kopfhörer zu kontrollieren.

Störgeräusche abschirmen
Versuchen Sie, Störgeräusche wie Straßenlärm so weit wie möglich abzuschirmen, indem Sie z. B. das Richtmikrofon weg von der Straße halten. Ansteckmikros sind bei hohem Umgebungslärm oft hilfreich, weil sie entferntere Tonquellen nicht so heranholen wie Richtmikrofone.

Eine gute Atmo ist jedoch mehr als nur der mehr oder weniger zufällig mit aufgezeichnete Ton des Kameramikros. Zwar fängt es zuverlässig immer irgendetwas auf, aber in der Regel verdient das Ergebnis tatsächlich allenfalls die Bezeichnung »Atmo«. Meist um ein Vielfaches besser klingt der Ton, der z. B. über ein externes Mikro mitgeangelt wird. Dabei wird das Mikro an einer sogenannten Tonangel befestigt und möglichst nah an die bildwichtige Tonquelle geführt, z. B. an einen Menschen, der über einen Kiesweg geht. Typischerweise verursachen die Schritte ein charakteristisches Knirschen.

Befindet sich die Kamera in einiger Entfernung, nimmt das eingebaute Mikro den Ton nur sehr distanziert auf. Zudem werden die Schritte wahrscheinlich von anderen Geräuschen überlagert. Besser ist es, wenn der Tonassistent mit einer Tonangel neben dem Darsteller hergeht und den Ton aus der Nähe mithilfe eines

Richtmikrofons aufnimmt. Dabei sollte er natürlich selbst keine Geräusche machen und auch nicht mitten durchs Bild laufen. Die Lösung besteht in solchen Fällen darin, den Ton nachträglich noch einmal aufzunehmen. In diesem Fall läuft die Atmo also nicht mehr synchron zum Kamerabild, sondern wird nachträglich im Schnitt an die Originalsequenz angelegt. Erfahrene Tonleute sind richtige Atmojäger. Sie erkennen, welche Akustik zu einem Bild benötigt wird, und versuchen immer, diesen Ton möglichst klar und von allen Umgebungsgeräuschen abgehoben aufzunehmen.

10.7.2 Sprache aufnehmen

Die Aufnahme von menschlicher Sprache ist eine der häufigsten Herausforderungen. Ziel ist es, ein oder mehrere Gesprächspartner gleichzeitig möglichst deutlich und klar voneinander getrennt aufzuzeichnen. Ein Kameramikro bietet im besten Fall einen halbwegs ordentlichen Mischton und ist nur in Ernstfällen sendefähig. Stattdessen kommen fast immer externe Mikros, häufig Ansteckmikros, zum Einsatz, die den Vorteil bieten, dass sie nah am Mund des Sprechers angebracht werden.

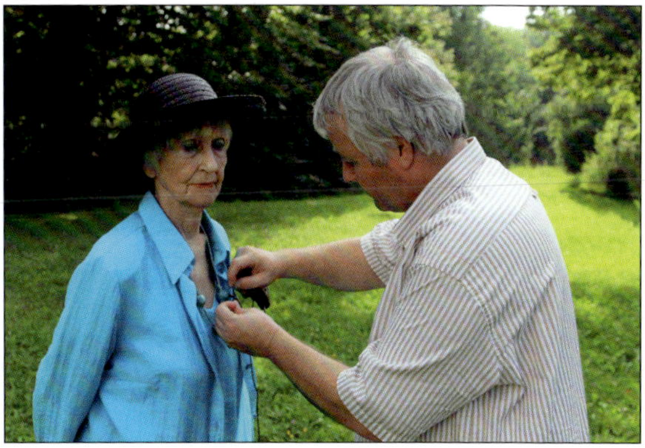

◂ **Abbildung 10.65**
Anstecken eines Funkmikrofons in Brusthöhe

Am günstigsten befestigt man sie in Brusthöhe am Revers. Bei zwei Gesprächspartnern verkabelt man am besten beide. Auch bei Interviews kann man die Tonangel gut einsetzen. In der Regel klingt die Aufnahme mit einem hochwertigen Richtmikrofon am natürlichsten.

10.7.3 Komplexe Tonsituationen

Dazu zähle ich z. B. Konzerte, bei denen es auf einen möglichst guten Klang ankommt, der jedoch in der Regel nicht mit dem Kameramikrofon eingefangen werden kann. Bewegt man sich mit der Kamera, so verändert sich gerade bei Konzerten der Klang

Kopfhörer auf!
Guter Ton entsteht nur, wenn wir uns bei der Aufnahme auch auf ihn konzentrieren. Deshalb sind VJs arme Schweine, denn neben dem Bild auch noch den Ton perfekt zu kontrollieren ist fast unmöglich. Gewöhnen Sie sich an, bei wichtigen Tonaufnahmen wie Interviews immer einen Kopfhörer aufzusetzen und mitzuhören. Ein Mikrofon hört anders als die Ohren. Vor allem technische Fehler lassen sich so schnell entdecken.

entscheidend. Je mehr man sich einem einzelnen Musikinstrument nähert, desto mehr hebt es sich aus dem gemeinsamen Klang heraus und drängt in den Vordergrund. Umgekehrt können Soloinstrumente fast untergehen. Noch komplizierter wird es, wenn das Konzert elektronisch verstärkt wird. Dann gibt es den richtigen Klang wahrscheinlich nur am Mischpult des Tonmeisters, der die Band abmischt. Am besten steckt man sein Mikro dort ein und schneidet den Sound »von der Quelle« mit. Damit die Kamera nicht an der Leine am Mischpult hängt, empfiehlt sich ein externer Tonrekorder oder Mischer.

Ähnlich anspruchsvoll sind große Sportveranstaltungen. Wer auf der Tribüne in einem Biathlonstadion sitzt, hat kaum eine Chance, den einzelnen Schuss aufnehmen zu können. Dazu wäre es wichtig, möglichst nah beim Schützen oder sogar an den Zielscheiben postiert zu sein. Wer nicht wie der übertragende Fernsehsender viele Kameras im Einsatz hat, der macht am besten Aufnahmen von allen wichtigen Tonquellen (Zuschauer, Schüsse, Treffer, Geräusche beim Skaten etc.) und mischt sie später im Schnitt zu einem »authentischen« Tonerlebnis.

10.7.4 Das eingebaute Kameramikro

Jede Kamera verfügt über ein eingebautes Mikro. Häufig werben die Hersteller mit technischen Features wie Stereo oder sogar 5.1-Surround-Ton. Doch diese toll klingenden Ausstattungsmerkmale täuschen nur darüber hinweg, dass es sich in aller Regel leider um qualitativ minderwertige Mikrofone handelt. Mit ihnen kann man allenfalls Atmo aufnehmen und – vorausgesetzt, man kennt sich mit den Eigenheiten seines Mikros aus – auch einmal eigene Aufsager oder kurze O-Töne. Sobald Sie Wert auf »besseren« Ton legen, kommen Sie um die Anschaffung eines geeigneten externen Mikros nicht herum (siehe auch Abschnitt 7.2.1, »Externes Richtmikro«). Umgekehrt sollte das Kameramikro jedoch immer »mitlaufen«, indem Sie es als feste Tonquelle auf eine Audiospur legen. Die Aufnahme des Kameramikros ist sozusagen »die letzte Rettung«. Denn dafür sind die universellen Eigenschaften der eingebauten Mikros optimal. Wie Sie die verschiedenen Mikrofone den Tonspuren zuordnen können, entnehmen Sie hoffentlich dem technischen Handbuch Ihrer Kamera.

Das größte Problem eingebauter Mikros ist jedoch die unzureichende Isolierung ihres Kameragehäuses. Deshalb fangen sie zuverlässig meist jede Handbewegung, jede Berührung der Kamera, jedes Brummen der Stellmotoren im Objektiv auf. Wenn das eingebaute Mikro Ihre einzige Möglichkeit ist, dann behandeln Sie die Kamera wie ein rohes Ei.

10.7.5 Das externe Mikro

Fast alle Kameras bieten irgendwo eine Anschlussmöglichkeit für ein externes Mikro, die einfacheren Camcorder leider in der Regel nur für einen Cinch- oder Klinkenstecker, die semiprofessionellen Kameras für XLR. Für die digitalen Spiegelreflexkameras gibt es Zubehör, mit dem sich nachträglich XLR-Kabel anschließen lassen. Alle Informationen über das richtige externe Kameramikro finden Sie in Kapitel 7, »Zubehör«. Hier soll es nur um die Verwendung der Mikros gehen.

Die empfohlenen Mikros mit ihrer ausgeprägten Richtcharakteristik eignen sich vor allem, um Sprache und jene Töne, die für den Film wichtig sind, aufzunehmen. Etwas platt gesagt: Mit einem Richtmikrofon nimmt man Töne auf, mit dem Kameramikro Geräusche.

Allerdings erledigt auch das beste Mikro diese Arbeit nicht von allein. Die Mikrofone haben eine deutliche Richtwirkung. Wenn Sie das Mikro also irgendwohin halten, dann werden Sie auch nur irgendwelche Töne aufnehmen. Dummerweise kommt der Ton auch nicht immer aus der gleichen Richtung, in die die Kamera gerade zeigt. Deshalb ist eine Montage auf der Kamera, z. B. im Blitzschuh, zwar in vielen Fällen gut, aber längst nicht in allen. Es kann durchaus sinnvoll sein, das Mikro abzunehmen und es optimalerweise einem Assistenten in die Hand zu drücken. Doch der Umgang mit dem Mikro will gelernt sein. Um Zugbelastung auf dem Stecker zu vermeiden, greifen Sie das Mikro, indem Sie eine Schleife mit dem Kabel legen. Andernfalls produzieren auch teure Stecker unangenehmes Knacken. Und auch teure Mikrofone sind anfällig für sogenannten Körperschall. Vermeiden Sie deshalb jeden unnötigen Kontakt mit dem Mikro. Beliebt, aber sehr störend ist z. B. das Kratzen oder Schaben am Mikro, vor allem wenn man es in der Hand hält.

Hall vermeiden
In Kirchen oder großen Sälen hallt es oft, sodass z. B. Interviews sehr verhallt sind. Leider lässt sich Hall auch später im Schnitt nicht herausfiltern, und die Sprache klingt dann oft wie aus einer Regentonne. Auch große glatte Flächen wie Fensterscheiben werfen den Schall zurück und sorgen damit für Hall. Deshalb: Vorhänge (schwere Stores) zuziehen oder den Interviewpartner z. B. in Richtung des Bücherregals sprechen lassen.

10.7.6 Ton einpegeln

Das Ziel eines guten Tonmeisters ist, den Ton immer so laut wie möglich aufzuzeichnen, ohne dass die Aufnahme verzerrt wird. Das passiert im digitalen Zeitalter unweigerlich, wenn der Pegel die *magische 0-dB-Grenze* überschreitet. Wer die kleinen Tonbalken im Sucher im Blick hat, erkennt eine zu hohe Aussteuerung daran, dass der Balken bis zum Anschlag reicht und kaum zittert. Der Ton »peakt« und ist in der Regel unbrauchbar. Profis versuchen daher, vorher die Lautstärke des Tons abzuschätzen und entsprechend die Aufnahmeleistung manuell einzupegeln, vorausgesetzt, die Kamera bietet eine manuelle Aussteuerung des Tons an. Man macht also quasi eine Art Testaufnahme und kontrolliert,

0 dB: die magische Grenze
Die magische Grenze für gelungene Tonaufnahmen liegt dabei bei 0 dB. Die 0-dB-Schwelle markiert die Grenze zwischen maximal ausgesteuertem und unbrauchbarem Ton. Übrigens: Korrekt müsste die Anzeige in dB FS skaliert werden, denn dies ist der Hinweis darauf, dass es sich um eine Dezibel-Full-Scale-Anzeige handelt, die bei 0 dB endet. Einige Kameras bieten kein Levelmeter mit einer skalierten Dezibel-Anzeige, aber immerhin ein Warnlämpchen, das die Übersteuerung des Signals anzeigt.

Levelmeter
Zwar ist es immer sinnvoll, den Ton über Kopfhörer zu kontrollieren, leider aber funktioniert dies in Sachen Lautstärke nicht so gut. Wieder einmal spielt uns unser Gehirn einen Streich. Gerade bei Sprechern merken wir in der Regel nicht, wenn diese unmerklich leiser werden. Deshalb sollten Sie die Lautstärke-Aussteuerung immer über ein Levelmeter an der Kamera oder im Display optisch kontrollieren.

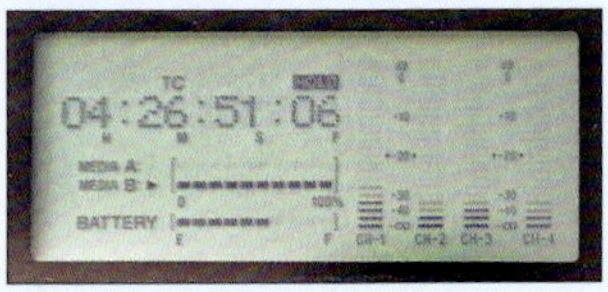

▲ **Abbildung 10.66**
4-Kanal-Pegelanzeige

wie weit der Pegel ausschlägt. Bei einem Interview beispielsweise lässt man den Interviewpartner ein paar Sätze sagen und versucht dabei herauszufinden, wie laut der Sprecher redet. Diese Spitzen sollten dann möglichst nah an die 0-dB-Grenze heranreichen. Zur Sicherheit kann man dann noch einen sogenannten *Limiter* hinzuschalten, der sicherstellt, dass der Pegel in keinem Fall über die 0-dB-Grenze hinausgeht. Das Ziel ist es also, so nah wie möglich an die 0 dB heranzukommen, aber nie über sie hinaus.

Genauso funktionieren viele Automatiken in Kameras. Sie versuchen, immer so laut wie möglich aufzuzeichnen. Das heißt, die Automatik macht keinen Unterschied zwischen der Stille einer windlosen Polarnacht und dem Toben des Polarsturms am folgenden Tag. Technisch wird sie beides auf das gleiche Niveau auspegeln. In sehr dynamischen Tonsituationen, also bei einem häufigen Wechsel zwischen Laut und Leise, treibt dies die Automatik an die Grenzen ihrer Funktionsfähigkeit und den Cutter an den Rand des Wahnsinns. Denn die Lautstärkeunterschiede werden von der Kamera eingeebnet. Negativ bemerkbar macht sich die Automatik auch bei der Aufnahme der Polarnacht, denn weil es gar so still ist, verstärkt die Automatik auf ihrer verzweifelten Suche nach Geräuschen das Eigenrauschen des Mikros. Die *Auto-Funktionen* bringen also selten etwas. Wenn die Kamera die manuelle Aussteuerung des Eingangssignals erlaubt, dann sollten Sie sich mit dem Einpegeln von Ton vertraut machen. Wer den Ton richtig eingestellt hat, darf ihn am Ende auch mit dem Limiter »begrenzen«, um vor unangenehmen Überraschungen sicher zu sein. Nur wenn Stress angesagt ist, sollte man den Ton der Automatik überlassen.

Anfänger machen oft den Fehler, übermotiviert zu sein. Sie versuchen, Tonschwankungen durch ein permanentes Verändern des Pegels auszugleichen. Beispiel: Viele, vor allem ungeübte Interviewpartner, beginnen ziemlich laut zu sprechen, werden aber zum Ende eines Satzes hin immer leiser. Ambitionierte Assistenten könnten nun verleitet sein, einfach zum Ende hin den Pegel etwas hochzuziehen. Doch dieses Verhalten wird meistens bestraft. Hat der Interviewte erst einmal wieder Luft geschöpft, spricht er mit lauter Stimme weiter. Im schlechtesten Fall ist der Ton dann schon verzerrt, im besten Fall hört man die Auf- oder Abblende. Die goldene Regel lautet: Der Ton wird auf die erfahrungsgemäß lauteste Passage eingestellt – und dann Finger weg vom Regler.

Doch was macht man, wenn man mit einem Jäger auf der Pirsch liegt und in Erwartung des drohenden Schusses den Regler schon einmal ziemlich weit heruntergezogen hat? Man hört kaum das Atmen des Schützen, geschweige denn Geräusche des

Wildes. In solchen Fällen empfehle ich, den Ton auf zwei Spuren aufzuzeichnen. Auf einem Kanal ist der Pegel auf den Schuss eingestellt, auf dem anderen auf die möglichst laute Aufzeichnung der Umgebungsgeräusche. Schnell reagierende Limiter sind in der Lage, den Knall in Millisekunden herunterzuregeln, und schaffen damit zusätzlich Sicherheit. Was auch möglich ist: den Schuss erst einmal Schuss sein lassen und am Ende separat aufzeichnen. Und nicht vergessen: dem Jäger anschließend die Kosten für die vergeudete Patrone erstatten.

Tondynamik und Limiter
Die Tondynamik einer Situation richtig zu beurteilen ist die große Kunst bei der Aufnahme. Ein Beispiel: Wir gehen auf die Pirsch mit einem Jäger. Die Blätter im Wald sorgen für ein angenehmes Grundrauschen.

▲ **Abbildung 10.67**
Beispiel Tondynamik

Plötzlich röhrt ganz in der Nähe ein Hirsch. Dieses Geräusch reicht nah an die 0-dB-Grenze heran. Danach überquert ein Flugzeug das Waldstück in großer Höhe, doch das Düsengeräusch ist deutlich wahrnehmbar, das Grundrauschen erhöht sich für einige Zeit. Während noch das Flugzeug über uns hinwegzieht, schlägt der Hund an. Es wird lauter. Nachdem der Hund aufgehört hat zu bellen und auch sonst wieder Ruhe eingekehrt ist, knallt plötzlich der Schuss direkt neben dem Mikro. Dieser Lärm ist deutlich zu laut und liegt im roten Bereich über der 0-dB-Grenze. Die weiße Kurve oben markiert den natürlichen Verlauf der Tondynamik. Eine Automatik würde das Signal deutlich quetschen und nah an die 0-dB-Grenze bringen. Deshalb sollten Sie manuell aussteuern. Damit das Schussgeräusch nicht komplett im digitalen Nirwana landet, schalten wir den Limiter ein, der den Knall halbwegs zu regulieren versucht. Zu beachten ist auch: Der Limiter kann häufig noch kalibriert werden, d. h., die Reaktionszeit und die dB-Grenze können verändert werden.

10.8 Probleme beim Drehen

Egal wie dick dieses Buch wird, beim Drehen werden Sie immer auf ein Problem stoßen, das so hier nicht behandelt wurde oder nur am Rande. Jeder Drehtag steckt voller Überraschungen, egal wie gut und perfekt man ihn vorbereitet. Gute Regie ist zu einem nicht unerheblichen Teil auch die Kunst, mit dem Unerwarteten zurechtzukommen und schnell Lösungen zu entwickeln und umzusetzen. Mein Tipp: Seien Sie erfinderisch, aber pfuschen Sie nicht. Wenn das Funkmikro partout nicht senden möchte, dann nehmen Sie ein Kabel oder gehen Sie im schlechtesten Fall mit der Kamera so nah heran, dass das Kameramikro einen halbwegs ordentlichen Ton aufzeichnet. Keinen oder nur sehr schlechten Ton aufzunehmen und auf Wunder im Schnitt zu vertrauen, ist dagegen der sichere Weg in die Hölle. Das Material ist wahrscheinlich nicht verwendbar. Einige öfters auftretende Probleme, die ein Stück weit auch vorhersehbar sind, will ich hier versuchen zu lösen.

10.8.1 Probleme am Set: Das Wetter

Häufigstes Problem ist das Wetter. Es regnet, die Sonne knallt vom Himmel oder versteckt sich hinter Nebel, es schneit oder friert. Wenn es sich um eine einzigartige, vorgeplante Landschaftsaufnahme handelt, die aber bei den am Drehtag herrschenden Wetterverhältnissen nicht realisierbar ist, dann fassen Sie sich schnell ein Herz und verschieben die Aufnahme. Vielleicht gibt es ja noch etwas anderes, das Sie realisieren können.

Regen | Haben Sie keine Wahl, dann machen Sie das Beste daraus. Ich habe bei einer Glockenweihe einmal acht Stunden in strömenden Regen gedreht. Alle Beteiligten waren bis auf die Knochen nass und der Regen wurde zu einem wichtigen Protagonisten im Film. Das ändert jedoch nichts daran, dass Kameras ab einem gewissen Feuchtigkeitsgrad den Dienst einstellen. Da wir nicht ausreichend Regenhauben dabeihatten (Fehler!), haben wir schließlich Müllsäcke genommen und für die Optik ein Loch hineingeschnitten. Allerdings war der Kameraton nun völlig unbrauchbar, weil die Tropfen wie Donnerschläge auf das Plastik trommelten. Mit einem Funkmikro haben wir einen der Protagonisten verkabelt, um wenigstens etwas Atmo mitzubekommen. Das hat aber tatsächlich den Dienst aufgegeben. Schließlich haben wir zur Sicherheit (und zum Glück) einige Minuten Atmo per Richtmikrofon von einem trockenen Hauseingang aus aufgenommen.

Frost | Schlimmer als Regen sind hohe Minusgrade. Viele Kamerahersteller schreiben, dass ihre Geräte bis 0 Grad einsetzbar sind, tatsächlich geht meiner Erfahrung nach auch wesentlich weniger – was aber nicht für Batterien und Akkus gilt. Bei einer Reportage im tiefsten Winter aus Sarajevo wurde ich einmal eingeschneit und musste Stunden bei minus 20 Grad in einer Hütte ausharren. Ich habe es gut überstanden, meine Kameraakkus nicht. In Sarajevo angekommen, funktionierte von zehn Akkus keiner mehr. Und leider war damals Strom zum Laden Mangelware in der Stadt. Wenn es kalt wird, dann kümmern Sie sich als Erstes um Ihre Akkus. Tragen Sie sie in einer Jackeninnentasche, oder lagern Sie sie im Warmen.

Wechseln Sie den Drehort vom Kalten ins Warme, dann beschlagen Ihnen unweigerlich Kamera und Optik. Wischen hilft in solchen Fällen nicht, weil die Feuchtigkeit der warmen Innenluft sofort erneut am kalten Gehäuse und Glas niederschlägt. Hier hilft nur Warten, bis die Kamera halbwegs warm ist, was auch schon einmal 30 Minuten dauern kann. Ideal für eine Drehpause.

Starke Hitze | Starke Hitze ist ein ernstes Problem, da sie tatsächlich zu Defekten führen könnte. Allerdings habe ich selbst bei einem Dreh in der irakischen Wüste bei 50 Grad noch keine Probleme bekommen. Sie sollten jedoch die Kamera auf keinen Fall längere Zeit in der prallen Sonne stehen lassen, da sich die meist schwarzen Gehäuse sehr schnell aufheizen. Bei Aufnahmen in 4K mit hoher Bildrate und Datenrate kommt es bei einigen Systemkameras immer wieder zu Notabschaltungen wegen drohender Überhitzung. Grund ist meist eine unzureichende Kühlung des Gehäuses oder fehlende Lüfter. In solchen Fällen bleibt Ihnen nichts anderes übrig, als zu warten, bis sich die Kamera ausreichend abgekühlt hat. Wenn Sie die Aufnahme nicht unterbrechen können, dann drehen Sie in einer geringeren Auflösung oder mit weniger Bildern.

Make-up | Nicht nur für die Ausrüstung bedeuten extremere Wetterverhältnisse Gefahren, auch ein Make-up zerfließt im Dauerregen, und eine frierende Moderatorin verliert deutlich an Charme. Entscheiden Sie als Regisseur schnell, ob Sie einen Dreh nicht lieber ins Warme oder Trockene verlegen, vielleicht auch einfach nur in eine Passage. Lassen Sie sich dabei nicht von fehlenden Genehmigungen aufhalten. Sprechen Sie die Eigentümer an, erklären Sie Ihre Notlage, und werben Sie um Unterstützung. In 90 % aller Fälle wird Ihnen geholfen werden.

10.8.2 Probleme mit der Ausrüstung

Die Kamera streikt, die Akkus sind alle, der alles entscheidende Kran ist zwei Meter zu kurz. Technische Probleme sind deshalb so ärgerlich, weil sie eigentlich vorhersehbar sind.

Wer mit leeren Akkus am Dreh steht, hat einfach versäumt, am Vorabend die Spannung zu kontrollieren und gegebenenfalls zu laden. Teuer und schwierig wird es immer dann, wenn Sie nicht alleine am Set stehen, sondern mit Ihnen fünf Mitarbeiter darauf warten, dass es losgeht. Schlimmer noch: Sie haben Models oder Schauspieler gebucht oder haben einen Interviewtermin, der nun zu platzen droht.

Meine Erfahrung ist: Keiner will von Ihren Problemen wirklich wissen. Vertrauen Sie nicht darauf, dass der Dreh an einem anderen Tag unter besseren Rahmenbedingungen erneut zustande kommt. Ihr Interviewpartner hat plötzlich so gar keine Zeit mehr (weil keine Lust), das Model stellt den Ausfall in Rechnung. Bauen Sie nicht auf Verständnis, sondern versuchen Sie, den Dreh unter allen Umständen zu retten. Ist die Kamera kaputt, leihen Sie sich einfach eine andere aus, auch wenn sie vielleicht nicht ganz Ihren Anforderungen entspricht. Strom am Set ist immer ein Problem, zumal wenn Sie für jedes Gerät eigene Akkus benötigen, also für die Kamera, den Monitor, das Gimbal, den Mischer, die Akkuleuchten …

Hilfreich ist es, wenn Sie mit einem System wie NP1 oder V-Mount arbeiten und mit einem Akkutyp möglichst viele Geräte betreiben können. Dann brauchen Sie nur ausreichend von den dicken Klötzen mitnehmen, und im Falle eines Falles kann Ihnen die nächste Produktionsfirma oder der nächste Kameraverleih aushelfen. In die gleiche Kategorie gehören durchgebrannte Brenner für HMI- und Halogenleuchten. Nehmen Sie immer eine Reservelampe mit. Geht eine kaputt, tauschen Sie sie sofort aus. Pfusch wäre es, wenn Sie die kaputte Leuchte durch eine LED-Lampe mit niedrigem CRI-Wert (Farbwiedergabe) ersetzen und so für bunte Einstrahler im Bild sorgen.

Ausrüstungsfehler sind sehr oft Folge fehlender Routine. Wenn Sie Ihren Tonmischer nur alle drei Monate verwenden, ist die Wahrscheinlichkeit groß, dass die Akkus leer sind. Haben Sie beim letzten Dreh die Sendefrequenzen am Funkmikro verstellt, weil Sie mit einem anderen Empfänger gearbeitet haben, dann ist es wahrscheinlich, dass es beim nächsten Mal nicht nur nicht funktioniert, sondern Sie auch Stunden brauchen, um den Fehler zu finden. Legen Sie sich deshalb eine Routine zurecht, mit der Sie unter allen Bedingungen zum Ziel kommen. Also z. B. ein langes XLR-Kabel, mit dem Sie das Mikro anstecken können. Wenn

Batteriemanagement
In Zeiten von Nickel-Cadmium-Akkus kümmerten sich Kameramänner sorgfältig um ihre Akkus. Nach einem Dreh wurden sie entladen und dann wieder komplett aufgeladen, um den sogenannten Memory-Effekt zu vermeiden, der die Akkus innerhalb kurzer Zeit nutzlos werden ließ. Mit dem Beginn des Lithium-Ionen-Zeitalters versprachen die Hersteller wartungsfreie Akkus. Ganz so ist es nicht gekommen. Aber: Li-Io-Akkus sind deutlich pflegeleichter. Besonders lange halten sie, wenn sie weder komplett entladen werden noch über Stunden oder Tage hinweg mit Maximalladung weiter am Ladekabel hängen. Auch kurzfristige Zwischenladungen z. B. nach einem Drehtag und obwohl der Akku noch nicht leer ist, beeinträchtigen die Lebensdauer nicht. Optimalerweise laden Sie den Akku wieder, wenn er eine Restspannung von 10 bis 20 % erreicht hat. Nicht jeder Ladevorgang ist auch ein Ladezyklus, der bei Li-Io-Akkus meist mit 500 Zyklen angegeben wird. Wenn Sie den Akku über längere Zeit nicht verwenden, dann lagern Sie ihn kühl und trocken und nicht komplett entleert. Bei Profiakkus sollten Sie auch ein entsprechendes Ladegerät kaufen, das dafür sorgt, dass Sie einen Akku nicht tiefentladen können, und das nicht permanent nachlädt, wenn er nicht rechtzeitig aus dem Gerät entfernt wird.

Sie einen Fehler suchen, dann gehen Sie immer von einem Ende zum anderen.

Beispiel Ton: Wenn Sie während der Aufnahme keinen Ton im Kopfhörer hören, dann gehen Sie vom Kopfhörer in Richtung Mikrofon und prüfen Sie in folgender Reihenfolge:

- Funktioniert der Kopfhörer? Kopfhörer in ein anderes Gerät einstecken oder Ton über Lautsprecher an Kamera abhören.
- Lautstärkeregler prüfen. Hören Sie auf Lautsprecher und Kopfhörer nichts, kann die Ausgabe ganz heruntergeregelt sein. Drehen Sie den Volume-Regler hoch.
- Funktioniert der Kopfhörer, überprüfen Sie, ob während der Aufnahme ein Pegel angezeigt wird. Prüfen Sie, auf welcher Spur der Ton aufgezeichnet wird. Gibt es keinen Pegel, dann checken Sie, ob das Kabel noch im Eingang steckt.
- Sitzt der Stecker korrekt, dann prüfen Sie den Funkempfänger oder das Kabel. Eventuell ist der Akku leer, oder die Frequenzen passen nicht zueinander. Ein gebrochenes Kabel tauschen Sie aus. Möglicherweise ist aber auch der Kontakt im Stecker in der Kamera gebrochen. Deshalb versuchen Sie Ihr Glück an einem anderen Eingang (wenn mehrere vorhanden) oder prüfen das Kabel an einem anderen Gerät.
- Passt so weit alles, dann ist wahrscheinlich das Mikro schuld. Prüfen Sie auch dort den Akku. Verwenden Sie die Phantomspeisung, dann kontrollieren Sie, ob diese auch an der Kamera eingeschaltet ist.

  So sollten Sie den Fehler zuverlässig finden. Sie verlieren den Überblick, wenn Sie in der Mitte anfangen, weil Sie nie wissen, ob nicht vielleicht irgendwo ein zweiter Fehler im System steckt. Legen Sie sich solche Routinen auch für andere Fehler zurecht, die den Dreh gefährden können.

10.8.3 Probleme mit dem Personal

Dies sind die schlimmsten Probleme. Denn ein übel gelaunter Interviewpartner oder eine unpässliche Moderatorin sind so etwas wie der filmische Super-GAU. Auch ein betrunkener Filmassistent kann sich als echtes Problem herausstellen. In diesem Fall sind Ihre Menschenkenntnis und das dazugehörige Feingefühl gefordert. Mängel an der Ausrüstung kann man mit Geld beheben, miese Stimmung nur schwer.

Ein ernstzunehmendes Problem ist Unterzucker, d.h., wenn Ihr Drehtag zehn Stunden ohne Pause vorsieht, dürfte die Laune bei allen ab der fünften Stunde im Keller sein. Planen Sie deshalb immer auch ausreichend Erholungszeiten ein, und sorgen Sie für Kalorien und Flüssigkeit. Lassen Sie sich selbst möglichst nie aus der Ruhe bringen, sondern versuchen Sie stets, den Gute-Laune-Bären zu geben. Motivation ist beim Filmen die halbe Miete.

Klappt etwas nicht auf Anhieb, dann wiederholen Sie es einfach. Wird die Aufnahme trotz mehrerer Wiederholungen nicht besser, ändern Sie sie. Beispiel: Ich habe einmal eine Moderatorin 20-mal aus einem Busch springen lassen, und dabei musste sie einen Satz mit dem hübschen Wort »Frühsommer-Meningoenzephalitis« sagen. Es hat keinmal geklappt. Und trotz entschiedener Anweisung der Redaktion, es nicht zu tun, haben wir schließlich die Abkürzung FSME verwendet. Nachträglich haben wir den Film so geschnitten, dass vor der Moderation erklärt wurde, wofür die Abkürzung steht.

Auch wenn solche Probleme vielleicht nicht so dramatische Auswirkungen haben: Seien Sie auch nett zu zwangsverpflichteten Mitarbeitern und Darstellern aus dem Familien- und Bekanntenkreis. Der Film über Venedig mit muffigen Kindern in der Gondel, in der Markuskirche, beim Mittagessen, im Vaporetto oder beim Glasblasen ist am Ende ein Film über muffige Kinder und eben nicht über Venedig.

Kapitel 11

Die Bildgestaltung

Fotografie und Filmen sind wie zwei Brüder. Viele formale Gestaltungskriterien sind identisch. Das gilt insbesondere für viele Aspekte der Bildgestaltung. In diesem Kapitel lernen Sie, Ihr Motiv richtig ins Bild zu setzen und dabei auch jene Regeln zu berücksichtigen, die nur für die Filmaufnahme gelten, z. B. den Achsensprung und die Tatsache, dass die Filmkamera sich während der Aufnahme bewegt.

11.1 Kadrierung

Als Kameramann ist es Ihre Aufgabe, ein Motiv so ins Bild zu setzen, dass die beabsichtigte Aussage vom Zuschauer verstanden wird. Dieses Problem eint Fotografen und Kameraleute. Beim Filmen kommen die Bewegung des Motivs und die Handlung als gestalterische Aufgabe hinzu. Dazu mehr in den folgenden drei Abschnitten. Zunächst konzentrieren wir uns ganz auf die fotografischen Schwierigkeiten. Dazu habe ich eine kleine Geschichte erfunden, die wir beispielhaft mit den gestalterischen Möglichkeiten des Films in Szene setzen wollen. Es ist eine typische Geschichte aus der Großstadt München. Ein weibliches Mitglied der dortigen High Society hat seinen brandneuen Ferrari verbotenerweise vor den Propyläen am Königsplatz geparkt, natürlich im absoluten Halteverbot. Als sich ein Wachmann zum Vollzug der Straßenverkehrsordnung nähert, eilt die Besitzerin zum Tatort zurück, um Schlimmeres zu verhindern. Die ganze Szene spielt natürlich im dreidimensionalen Raum.

Film und Fotografie
Sie sind wie zwei ungleiche Brüder. Sie haben gemeinsame Eltern, sehen aber ziemlich unterschiedlich aus. So wenig wie DSLRs von Haus aus zum Filmen geeignet sind, so wenig sind die gestalterischen Grundlagen vergleichbar. Keine Frage: Wer ein fotografisches Auge hat, wird auch beim Filmen schnell sein Motiv finden. Aber: Filmaufnahmen können nachträglich kaum beschnitten werden, und Film lebt von der Bewegung der Kamera.

In der Kamera wird daraus immer ein zweidimensionales Abbild. Trotzdem können wir Tiefe im Bild darstellen bzw. für den Betrachter den Raum spürbar machen. Das zweidimensionale Bild zwischen x- und y-Achse gestalten wir durch die richtige Kadrierung, den räumlichen Eindruck in die Tiefe (entlang der z-Achse) simulieren wir durch definierte Schärfentiefe. Der Kameramann entscheidet, wie er diese Szene gestalterisch auflöst. Dabei muss er die Geschichte verständlich erzählen. Er benötigt also Einstellungen, die zunächst das Problem erklären. *Ein Auto parkt im Halteverbot*. Dann muss erkennbar werden, dass die Polizei bereits vor Ort ist und die Besitzerin herbeieilt, um die Situation zu bereinigen. Polizist und Ferrari-Fahrerin werden wahrscheinlich einen längeren intensiven Disput miteinander haben. Der Kameramann wird also, um die sich entwickelnde Geschichte für jeden Betrachter ins Bild zu setzen, mehrfach den Bildausschnitt wechseln, wahrscheinlich auch die Kameraposition. In den folgenden Abschnitten geht es vor allem darum, wie man diese Einstellungen wählt, damit man sie anschließend auch zu einem sinnvollen Film montieren kann.

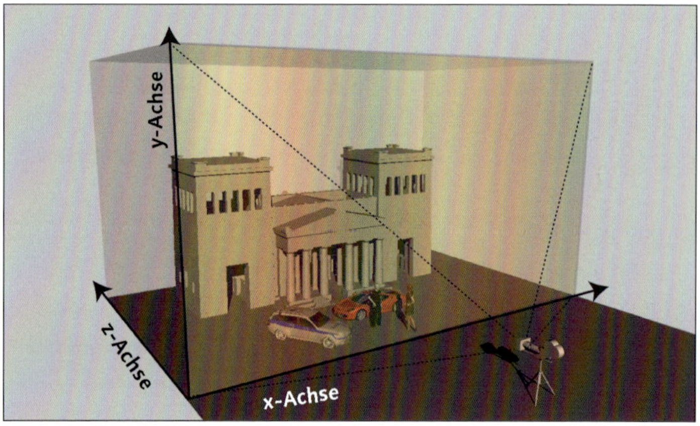

Abbildung 11.1 ▸
Der dreidimensionale Raum

Gestaltungsraster
Bei Filmproduktionen wird gerne ein Gestaltungsraster aus neun Quadraten verwendet. Es hilft gerade Amateuren oder weniger geübten Filmern, das Motiv richtig im Bild zu positionieren. Es sollte nicht in der Mitte, sondern, wenn möglich, auf einer der beiden Längsachsen positioniert werden.

▴ Abbildung 11.2
Gestaltungsraster Film

11.1.1 Der Goldene Schnitt

Fast jeder Fotograf hat sich mit diesem Begriff schon einmal herumgeschlagen – dem *Goldenen Schnitt*, einer der ältesten und gleichzeitig erfolgreichsten Regeln für die harmonische Bildgestaltung. Beim Goldenen Schnitt handelt es sich um eine Formel, die die Seitenverhältnisse und Proportionen eines Bildes festlegt. Am Set, noch dazu beim Drehen aus der Hand, ist sie kaum zu berücksichtigen. Deshalb versuchen sich viele Autoren in immer neuen Hilfskonstruktionen. Sehr beliebt ist das Gestaltungsraster mit neun Rechtecken. Die entsprechenden Hilfslinien lassen sich bei vielen Kameras sogar im Sucher oder auf dem Monitor einblenden.

Dieses Raster hilft vor allem, eine goldene Regel zu beherzigen: Das Motiv muss raus aus der Mitte. Doch wie weit nach rechts oder links ein Motiv im Zweifelsfall gerückt werden sollte, hängt auch maßgeblich vom Hintergrund ab. Und von der eigenen gestalterischen Wahrnehmung. Obwohl die Mitte nur selten eine gute Wahl ist, rücken gerade Einsteiger das Motiv gerne und intuitiv ins Sucherzentrum. Wer zum ersten Mal seine Kamera für ein Interview einrichtet, der wird den Interviewpartner zielgerade exakt ins Zentrum des Bildes setzen. Als Einsteiger sollten Sie sich deshalb immer wieder beim Blick durch den Sucher sagen: Raus aus der Mitte!

◄ **Abbildung 11.3**
Segelboot, richtig platziert

In der Fotografie gibt es unzählige Bücher über Porträt-, Natur-, Akt- oder Sportfotografie und vieles mehr, die sich alle im Wesentlichen mit einem Thema beschäftigen, nämlich wie das Objekt der fotografischen Begierde am besten in Szene, sprich in den rechteckigen Bildausschnitt eines Fotos, gesetzt werden kann. Nicht anders ist es beim Film. Nur gibt es wesentlich weniger Literatur über die richtige *Kadrierung* eines Kamerabildes.

Wer jedoch sein Thema entdeckt hat, der kann sich Anregungen gerade auch in der verfügbaren Fotoliteratur holen. Dies schult das Auge mehr als jede abstrakte Konstruktionsanleitung, die gerade bei hektischen Drehs nur schwer umzusetzen ist. Je entwickelter Ihre Wahrnehmung ist, desto souveräner und sicherer werden Sie intuitiv den richtigen Ausschnitt festlegen. Vor allem aber: Nutzen Sie die Flexibilität der modernen Kameras, und probieren Sie auch ungewöhnliche Einstellungen aus.

Konkurrenzbeobachtung
Holen Sie sich regelmäßig Anregungen bei anderen Fotografen und Filmern. Ein kurzer Blick in die Bildergalerien bei Google oder Vimeo zeigt, was andere aus einem Motiv gemacht haben. So vermeidet man Fehler und Dubletten.

11.1.2 Das Bild im Sucher festlegen

Der Bildausschnitt wird im Sucher festgelegt. Er gibt Ihnen den Rahmen vor, den es einzuhalten gilt. Das Sucherbild selbst entspricht allerdings nicht immer der Wahrheit. Um im Schnitt oder, noch wichtiger, bei der Präsentation später keine unangenehmen Überraschungen zu erleben, sollten Sie bei der Aufnahme die spätere Veröffentlichung bereits im Auge haben. Geht der fertige

Keine Beschnittzugabe
Fotografen lassen gerne etwas mehr Fleisch um das Motiv herum, das sie nachträglich in der Bildbearbeitung entfernen. Dieser »Beschnitt« ist sozusagen der letzte große gestalterische Akt des Fotokünstlers. Technisch ist das nachträgliche Beschneiden des Films kein Problem, nur leider passt das Bild dann nicht mehr ins Format oder ist unscharf. Deshalb gilt: Die Kadrierung muss im Sucher bei der Aufnahme endgültig festgelegt werden. Ein Trick, der in den letzten Jahren immer beliebter wurde: Sie drehen in einer höheren Auflösung statt am Ende erforderlich. Im Schnitt können Sie dann z. B. aus der viermal größeren 4K-Aufnahme ein sauber kadriertes 2K-Bild ausschneiden. Allerdings: 4K wird auch auf Abspielplattformen immer mehr zur Norm, d. h., Sie müssen 4K abliefern. Wollen Sie den Vorteil des nachträglichen Beschnitts weiter nutzen, müssen Sie wohl oder übel in eine 6K- oder 8K-Kamera investieren. Oder sauber kadrieren.

Film ins Internet, so müssen Sie keine abgeschnittenen Ränder befürchten. Spielen Sie dagegen den Film auf einem Fernseher ab, müssen Sie bei der Aufnahme den sogenannten *Safety-Cache* (auch *Overscan* genannt) einkalkulieren, einen Sicherheitsabstand zum Rand. Denn alte Röhrenfernseher und auch viele Plasma- oder LCD-Monitore schneiden einen mehr oder weniger großen Teil des Bildes ab. Rücken Sie einen Interviewpartner bereits bei der Aufnahme zu weit an den Bildrand, kann er am Ende sogar teilweise außerhalb des Monitors sitzen, was einen unfreiwillig komischen Reiz hat. Um auf Nummer sicher zu gehen, können Sie bei vielen Kameras den Safety-Cache als schmale Linie einblenden. Wenn Sie fürs Internet produzieren, kann der Sicherheitsabstand, wenn man sich erst einmal an ihn gewöhnt hat und man unwillkürlich noch etwas »Luft« zugibt, bereits zu groß sein, d. h., das Motiv sitzt zu mittig. Beschäftigen Sie sich deshalb intensiv mit den Eigenheiten Ihres Suchers, und versuchen Sie, ein Gefühl dafür zu entwickeln, wann die Einstellung »sitzt« und wann nicht. Übrigens: Leider zeigen auch nicht alle Sucher und Displays wirklich 100 % des Bildes an, sondern nur 98 % oder noch weniger. Und leider verheimlichen die Hersteller gerne solche Schwächen.

▲ **Abbildung 11.4**
Fehler 1: Der Kopf schwebt wie ein Ballon im Bild. Kinn und Haar enden exakt am Safety-Cache.

▲ **Abbildung 11.5**
Fehler 2: Der Safety-Cache wurde missachtet. Vor allem der Anschnitt am rechten Bildrand stört.

Ein Motiv richtig in Szene zu setzen ist die große Kunst eines erfahrenen Kameramanns. Ich staune immer wieder, mit welcher Sicherheit und Souveränität erfahrene Kameraleute in wenigen Minuten die Kamera und das Set einrichten. Die Erfahrung macht den Unterschied. Je mehr Sie drehen, desto geschulter wird Ihr Blick und desto eher erkennen Sie das »Bild« in der Realität. Dieser »geübte« Blick ist es schließlich, der aus dem Anwenden gestalterischer Regeln die eigene Handschrift entstehen lässt. Dabei gilt wie immer, wenn es um Regeln geht, dass die Einhaltung ebenso möglich ist wie der konsequente Tabubruch. Die Kunst eines erfolgreichen Regisseurs und Kameramanns liegt darin, die Kadrierung den aktuellen Sehgewohnheiten und der Aussage des

Films anzupassen. Als Beispiel sollen Abbildung 11.6 und Abbildung 11.7 dienen.

▲ **Abbildung 11.6**
Fehler 3: Falsche Blickrichtung. Das Mädchen schaut aus dem Bild heraus.

▲ **Abbildung 11.7**
Fehler 4: Langweiliger Bildaufbau. Der Kopf wurde in der Mitte platziert.

Das Mädchen schaut links aus dem Bild heraus. Abhängig von der Szene könnte diese Aufnahme auch gerade die richtige Lösung sein, etwa wenn kurz zuvor der Polizist in dieser Richtung aus dem Bild gegangen wäre. Der Bildaufbau in Abbildung 11.7 dagegen ist langweilig. Der Kopf wurde mittig platziert. Ungewöhnliche Lösungen für ein gestalterisches Problem entwickeln sich nur, wenn Sie experimentieren, etwas Neues ausprobieren. Natürlich sollten Sie das Ergebnis anschließend selbstkritisch analysieren, aber wenn Sie konsequent mit der Kamera arbeiten, werden Sie irgendwann Ihre eigene Bildsprache entwickeln.

▲ **Abbildung 11.9**
Gut: Nähere Variante. Die Mütze ist angeschnitten, das Kinn frei.

▲ **Abbildung 11.10**
Gut: Der Safety-Cache wurde berücksichtigt, der Kopf ist deutlich angeschnitten. Die Polizistin schaut ins Bild.

11.1.3 Konzentration auf das Motiv

Worauf kommt es bei der richtigen Kadrierung an? Ein Bild trifft immer eine Aussage, im optimalen Fall die, die der Urheber beabsichtigt. Ein Regisseur oder Kameramann sollte sich darum bemühen, sein Bild so zu gestalten, dass nur zu sehen ist, was die Aussage unterstützt, Überflüssiges und Ablenkendes dagegen nicht im Bild auftaucht. Umgesetzt auf unser Beispiel vom Königsplatz bedeutet das:

Vorausschauend kadrieren
Lebhafte Interviewpartner fallen schnell einmal aus dem Rahmen, wenn der Bildausschnitt zu eng gewählt wurde.

Dann müssen Sie die Kamera entweder nachziehen – was selten gelingt –, oder Sie müssen das Interview wiederholen. Erklären Sie ihm das Problem, und bitten Sie ihn, für das Interview möglichst ruhig stehen zu bleiben. Seien Sie großzügig, und rücken Sie den Kopf nicht zu nahe an den Bildrand. Redende Menschen wackeln mit dem Kopf, gestikulieren, verändern die Haltung. Zu leicht fällt der Kopf dann aus dem Bild, und Korrekturen sind nachträglich nur schwer möglich.

▲ **Abbildung 11.8**
Zu enger Bildausschnitt

Die Szene macht keinen Sinn, wenn nicht in der ersten Einstellung zumindest der Polizist und die Besitzerin des Sportwagens zu sehen sind. Auch der Ferrari sollte im Bild sein. Denn die meisten Zuschauer werden in dieser Konstellation sofort erahnen, um was es geht, nämlich um Falschparken. Würde man nur eine der beiden Personen zeigen, wüsste niemand, was Sache ist. Bildgestaltung heißt Konzentration auf das Wesentliche. Hat der Zuschauer die Situation erst einmal begriffen, möchte er natürlich mehr wissen. Tritt die Parksünderin frech auf oder versucht sie, den Polizeibeamten zu bezirzen? Ist der schadenfroh, oder erliegt er ihren Reizen und lässt sich erweichen? Um diese Geschichte zu erzählen und damit der Zuschauer mit seinen »Helden« mitfiebern kann, will er ihnen ins Gesicht schauen. Der Ferrari und das Ambiente stören nun. Nahaufnahmen sind gefragt. Ein Film ist also eine szenisch logische Abfolge verschiedener Einstellungsgrößen, in diesem Fall einer Totalen und mehrerer Nahen.

11.1.4 Einstellungsgrößen

Eine Totale schafft Orientierung, zeigt, wo die Handlung spielt. Die Nahen schaffen dagegen – wie der Name auch ausdrückt – Nähe. Wir sehen, ob sich der Polizist bereits darauf freut, der Dame einen saftigen Strafzettel aufzubrummen, und ob die Täterin den souverän wegsteckt oder willens ist, sich auf ein Streitgespräch einzulassen. In einem ordentlichen Film wollen wir natürlich alles mitbekommen und uns dann an den Reaktionen der Protagonisten erfreuen. Wir wechseln also innerhalb der Szene mehrfach das Motiv und verändern dabei die Einstellungsgröße.

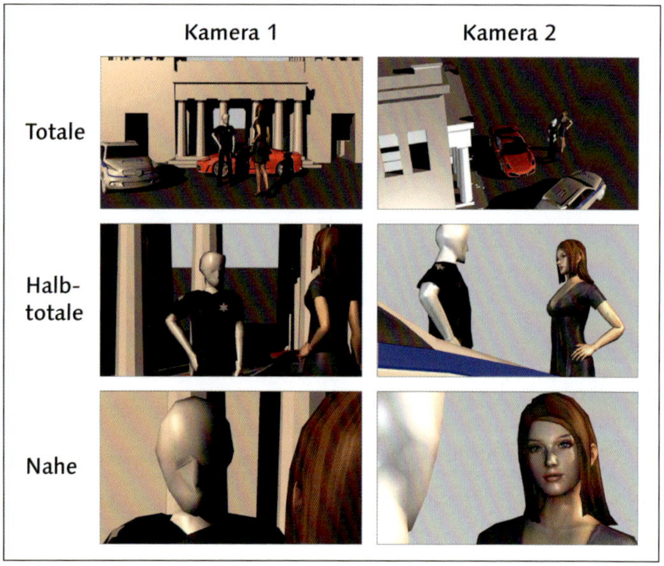

Abbildung 11.11 ▸
Verschiedene Kamerapositionen und Einstellungsgrößen

Folgende Einstellungsgrößen sind am häufigsten:

- **Totale**: Sie schafft den Überblick, erklärt die Handlung der Szene und enthält alle Details, die zum Verständnis notwendig sind. Die Totale wird deshalb auch gerne als sogenannter *Establishing Shot* verwendet, der den Schauplatz einer Szene vorstellt.
- **Halbtotale**: Sie differenziert, verdichtet auf den Handlungskern, erlaubt dem Zuschauer aber, den Überblick zu behalten. Die Protagonisten werden als Individuen erkennbar. Gestik und Mimik entfalten eine bildbedeutende Wirkung. Eine Halbtotale wird gerne als Zwischenschnitt verwendet, um zu vermeiden, dass der Zuschauer während einer Szene den Überblick verliert, z. B. wenn bereits mehrere nahe Einstellungen hintereinander geschnitten wurden.
- **Nahe**: Sie zeigt, worauf es ankommt. Von Nahen lebt jeder Film, er konzentriert sich auf den Kern einer Geschichte.
- **Detail (Close-up)**: Das Detail hebt einen Aspekt für kurze Zeit besonders hervor. Zum Beispiel kann mit dem Hochziehen einer Augenbraue die ganze vorausgegangene Aussage infrage gestellt werden.

◂ **Abbildung 11.12**
Einstellungsgrößen – je dunkler der markierte Bereich, desto näher ist die Einstellung (Close-up ist am dunkelsten markiert).

Vom Sinn der Einstellungsgrößen

Die **Totale** schafft den Überblick und erlaubt es dem Zuschauer, Zusammenhänge zu erkennen. Eine **Nahe** schafft tatsächlich Nähe, gerade bei Personen. In der Nahen wollen wir vor allem zuschauen. Die **Halbtotale** ist weniger distanziert als die Totale, verliert aber den Zusammenhang nicht aus dem Blick. Sie treibt die Geschichte voran. Das **Close-up** hebt ein Detail hervor, das für die Szene wichtig ist, also z. B. ein Augenzwinkern oder das Werkzeug einer großen Maschine in Aktion.

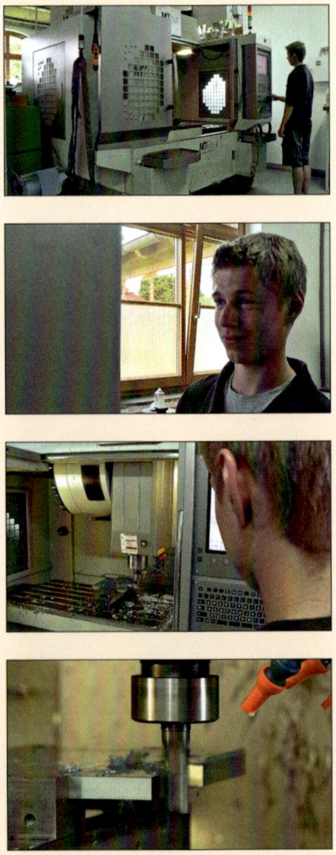

▲ **Abbildung 11.13**
Totale, Nahe, Halbtotale und Close-up einer Werkzeugmaschine

Totale, Halbtotale, Nahe und Detail sind die gebräuchlichsten Einstellungen. Allerdings kennen die Profis noch deutlich mehr Varianten.

Filmprofis können die Unterschiede gut erklären und sich stundenlang über deren Sinn und Bedeutung austauschen. So wird die Halbnahe häufig auch als das *Doppelte der Nahen* und die Halbtotale als *Hälfte der Totalen* definiert. Allerdings bezweifle ich, dass sich im Einzelfall auch immer eine unterschiedliche Bildwirkung einstellt, weshalb ich mich auf eine Zwischengröße beschränke. Die sogenannte *Amerikanische* spielt bei mir keine Rolle. Der Unterschied zwischen halbnah und halbtotal ist mir zu gering, sodass ich es vorziehe, nur von einer Halbtotalen zu sprechen, womit beide Einstellungsgrößen gemeint sind. Das sogenannte Close-up, im Beispiel nur die Augen, hebt ein Detail des Motivs hervor.

Praxistipp: Nimm zwei

Die meisten Anfänger drehen in der Regel halbtotale Einstellungen. Sie meiden die Totale genauso wie die Nahe. Im Schnitt tauchen damit schnell Probleme auf, denn die einzelnen Takes lassen sich kaum hintereinandermontieren.

Dabei könnte alles so einfach sein, wenn Sie eine einfache Regel beachten, die an das Erfolgsprodukt eines deutschen Süßwarenherstellers angelehnt ist: Drehen Sie von jeder Kameraposition aus zwei Einstellungen, eine Nahe und eine Totale. Diese Arbeitsweise hat Vorteile: Sie produzieren einmal automatisch die dringend benötigten Schnittbilder, und Sie müssen sich zum anderen zwingen, zwei deutlich unterschiedliche Einstellungen aufzunehmen. Gerade bei der Nahen ist es wichtig, dass Sie wirklich das Motiv durch eine entschiedene Bildgestaltung klar hervorheben. In der Regel scheuen wir gerade bei Personen diese Nähe, weil sie schon jenseits der natürlichen Distanzschwelle liegt. Eine nahe Einstellung lebt jedoch von ihrer Nähe zum filmischen Objekt. Gerade bei einem Dreh mit bewegter Kamera heißt dies, dicht ans Motiv heranzurücken. Drehen Sie vom Stativ, dann achten Sie darauf, dass Sie jede Einstellung lang genug aufzeichnen. Viele Anfänger starten die Kamera, kurz bevor sie zu zoomen beginnen, und schalten die Kamera aus, sobald sie die Endposition erreicht haben. Lassen Sie jeweils 10 Sekunden Vorlauf und auch nachher die Kamera 10 Sekunden weiterlaufen, dann haben Sie meistens schon eine Nahe und eine Totale produziert. Wenn Sie im Schnitt feststellen, dass Sie trotz dieses Tipps oft keine Nahe und keine Totale aufgenommen haben, dann stecken Sie sich zur Erinnerung und gegen Unterzucker doch einfach eine Tüte »Nimm 2« in die Kameratasche.

Für die Praxis halte ich also nur vier Unterscheidungen für relevant: Totale, Halbtotale, Nahe und Close-up. Wichtig: Wenn Sie für eine Szene Ihre Einstellungsgrößen gefunden haben, dann achten Sie darauf, diese in der Szene konsequent zu verwenden.

Wenn Sie aus einer Gruppe z.B. mehrere Personen aufnehmen, die sich miteinander unterhalten, sollten Sie die Einstellungsgrößen stets gleich wählen, also für jede Person die Halbtotale z.B. unterhalb des Beckens abschneiden oder in der Nahen knapp oberhalb des Haaransatzes und unterhalb des Kinns. Nur dann hat der Zuschauer auch den Eindruck, dass die Personen miteinander reden.

Totale und Nahe sind in gewisser Hinsicht einfacher aufzunehmen. Bei der Nahen oder dem Close-up sind die Lichtverhältnisse oft gleichmäßig bzw. der Hintergrund kann über- oder unterbelichtet sein, ohne dass dies den Bildaufbau zu sehr stört. Bei offener Blende sollte in einer Nahen der Hintergrund zudem unscharf gestellt werden. Bei der Totalen werden die Lichtverhältnisse häufig vom Tageslicht dominiert. Störende Bilddetails fallen nicht so sehr auf. Die Halbtotale hingegen erfordert sehr viel Sorgfalt. Details sind bereits gut erkennbar, und wenn sie stören, lassen sie sich kaum aus dem Bild heraushalten. Man muss am Set tatsächlich öfter »aufräumen«. Auch die Lichtverhältnisse verlangen die volle Aufmerksamkeit des Kameramanns, zu hohe Kontraste müssen möglicherweise ausgeglichen werden. Hinzu kommt, dass die Halbtotale eine sehr beliebte Einstellung ist, weil sie für Verständnis sorgt und zugleich einen Blick auf Details erlaubt.

11.1.5 Kamerawinkel (Perspektive)

Ein zentrales Gestaltungsmittel ist die Perspektive, aus der ein Motiv aufgenommen wird. In der Praxis unterscheidet man drei Perspektiven:

- **Normalperspektive**: Sie zeigt ein Motiv aus Augenhöhe. Die Kamera nimmt die Position eines normalen Betrachters ein, d.h., sie schwebt in Höhe des Motivs über dem Boden.
- **Vogelperspektive**: Die Kamera befindet sich deutlich über dem Motiv. Sie schaut auf es herab. Diese Perspektive ist vor allem geeignet, um einen Überblick zu schaffen. Gleichzeitig vermittelt sie dem Betrachter das Gefühl, das Objekt wäre klein, untergeordnet, schwach.
- **Froschperspektive**: Der umgekehrte Blick zur Vogelperspektive. Diesmal schauen wir von unten auf das Motiv, das dadurch besonders groß, überlegen und mächtig wirkt.

Extreme Perspektiven manipulieren den Zuschauer. Trotzdem ist eine der wichtigsten Forderungen an Kameraleute, für ein Motiv neue, ungewöhnliche Perspektiven zu finden. Beim Filmen kommt ein weiterer wichtiger Faktor hinzu. Viele Motive, insbesondere Menschen, passen nur schwer ins Breitbildformat

Extreme Perspektiven
Manchmal ist es schwer, Zusammenhänge aus einer normalen Perspektive herzustellen.

Im Beispiel geht es darum, eine Person und ihr Ziel, nämlich die Kirche im Hintergrund, zueinander in Beziehung zu setzen. Dies wäre in einer Totalen möglich oder eben in einer extremen Untersicht, bei der auch der Kirchturm komplett aufs Bild kommt.

▲ **Abbildung 11.14**
Extreme Untersicht

des Fernsehers (oder einer Kinoleinwand). Ein Fotograf kann dagegen sein Bild einfach im Hochformat anlegen, um z. B. eine Person formatfüllend einzufangen. Der Fernsehzuschauer müsste schon – würde der Kameramann Gleiches tun – seinen Fernseher hochkant stellen. Um trotzdem Personen, vor allem wenn sie mit einer Tätigkeit beschäftigt sind, einfangen zu können, bedienen sich viele Kameraleute eines Tricks. Sie suchen eine extreme Perspektive, um so handlungsrelevante Teile darstellen zu können.

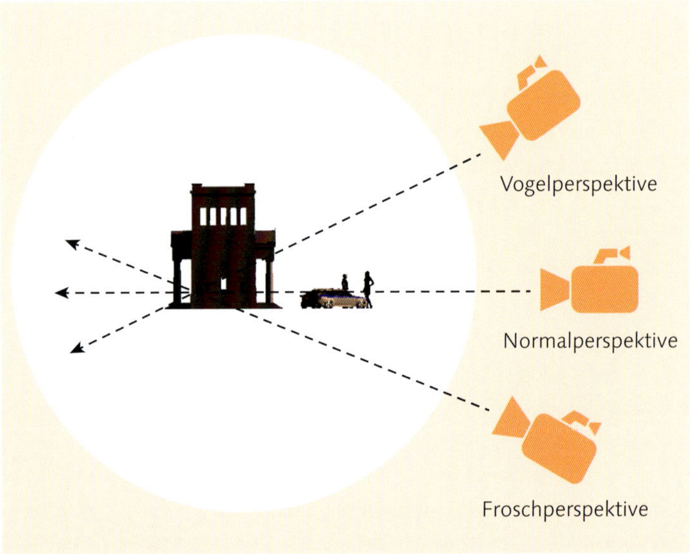

Abbildung 11.15 ▸
Kameraperspektiven

In der Fotografie drängt sich leicht der Eindruck auf, dass sich die Kunst der Bildkomposition zu einer Geheimwissenschaft entwickelt, in der Autoren ihre Überzeugungen mithilfe von Linien und Kurven verdeutlichen. Im Film sind diese Empfehlungen für das statische Bild vom Stativ zunächst ebenso richtig. Vor allem Naturfilmer können von den vielen guten Büchern profitieren, die es zum Thema Naturfotografie gibt. Doch sobald die Kamera oder das Motiv in Fahrt geraten, kommt eine weitere Dimension hinzu, die den klassischen Bildaufbau zunichtemachen kann. Oder Sie müssen statt einer gleich zwei gute Einstellungen finden und diese auch noch mit einer ruhigen Kamerafahrt miteinander verbinden. Ein Take sollte nämlich nicht nur mit einem gut komponierten Anfangsbild starten, sondern auch mit einer ebenso gut komponierten Einstellung enden. Eine große Herausforderung, wenn das Motiv in der Zwischenzeit 10 m zurückgelegt hat und dabei von der Kamera begleitet wird. Trotzdem meistern viele Kameraleute diese Herausforderung und komponieren ihre Fahrten im festen Rahmen eines 16:9-Bildes bis ins letzte Detail.

11.1.6 Formale Aspekte der Bildkomposition

Folgende Aspekte sollte man für eine erfolgreiche Bildkomposition berücksichtigen:

- **Grafik, Perspektive und Linien**: Dynamik kann auch durch lineare Strukturen erzeugt werden, etwa wenn Linien auf das Motiv hinführen. Diagonalen ziehen dabei mehr ins Bild als waagerechte oder senkrechte Linien, die parallel zum Bildrahmen laufen.
- **Tiefe**: Auch ein Videobild besteht aus Vorder-, Mittel- und Hintergrund. Nur ist die Trennung in verschiedene Bildebenen aufgrund der Schärfentiefeproblematik nicht immer ganz einfach. Bewegte Hintergründe, noch dazu, wenn sie unscharf sind, wirken äußerst attraktiv und dynamisch.
- **Farbe**: Farbige Kontraste können einem Bild eine ganz eigene Dynamik verleihen. Diesen Effekt kann man auch nutzen, indem man z. B. den Hintergrund farbig ausleuchtet oder gezielt auf »falsche« Farben setzt, etwa durch einen Weißabgleich auf Kunstlicht, Fenster erscheinen dann bläulich. Mit Farbe kann man auch zusätzlich für Tiefe sorgen. Ein kühler Hintergrund schafft mehr Tiefe als ein warmer.
- **Bewegung**: Wichtiger als eine bewegte Kamera ist die Bewegung des Motivs, und zwar möglichst die richtige Bewegung. Bei einer Schneeballschlacht wollen wir sehen, wie Bälle geworfen werden und wie sie ihr Ziel treffen. Und wir wollen sehen, wie die Getroffenen reagieren.

Ein weiteres Gestaltungsproblem insbesondere bei der Aufnahme von Gebäuden sind sogenannte *stürzende Linien*. Sie entstehen zwangsläufig, wenn Architektur im Mittelpunkt des Interesses steht. Je weitwinkliger die Aufnahme, desto eher fluchten die Linien. Das kann attraktiv aussehen, kann aber auch stören. Während in der Fotografie teure Tilt- und Shift-Objektive zur Verfügung stehen, um stürzende Linien zu vermeiden bzw. zu korrigieren, hat man im Film kaum eine Chance. Zwar kann man im Zeitalter der DSLRs auf vergleichsweise preiswerte Shift-Objektive zurückgreifen, doch sobald sich die Kamera bewegt, ist die Kontrolle des Bildes kaum noch praktikabel. Auch in der Bildbearbeitung (Postproduktion) ist eine nachträgliche Entzerrung viel zu aufwändig. Achten Sie stattdessen bereits bei der Aufnahme darauf, dass Sie stürzende Linien entweder vermeiden oder so in Szene setzen, dass sie attraktiv wirken, etwa weil sie die Perspektive eines Gebäudes besonders betonen. Aber: auch Schnittsoftware wird immer umfangreicher und bietet mittlerweile Funktionen wie eine Objektivkorrektur.

▲ **Abbildung 11.16**
Die Perspektive fluchtet auf das Motiv, den berühmten Altar in der Augsburger Basilika St. Ulrich und Afra.

▲ **Abbildung 11.17**
Vorder-, Mittel- und Hintergrund

▲ **Abbildung 11.18**
Farbkontrast Vorder- und Hintergrund

▲ **Abbildung 11.19**
Gestaltung durch Bewegung, im Beispiel verfolgt die Kamera die Pferde.

11.2 Die definierte Schärfentiefe

Im Beispielmaterial zum Buch finden Sie unter FILME • LEHRFILME den Lehrfilm »Schaerfentiefe.flv«, der Ihnen passend zu diesem Abschnitt im Buch weitere Informationen zum Thema Schärfentiefe bietet.

Erinnern Sie sich an unsere kleine Autoszene auf dem Münchner Königsplatz? Wir können die Geschichte auch durch geschickte Wahl der Schärfentiefe noch klarer erzählen.

Selektive Schärfentiefe
Dieser Begriff wird in der Literatur häufig für meine »definierte Schärfentiefe« verwendet. Ich habe mich für diesen Begriff entschieden, weil er genauer die Aufgabe des Kameramanns umschreibt. Nämlich mit einem möglichst exakt definierten Schärfeverlauf zu arbeiten, der das Motiv scharf aus dem Hintergrund herauslöst.

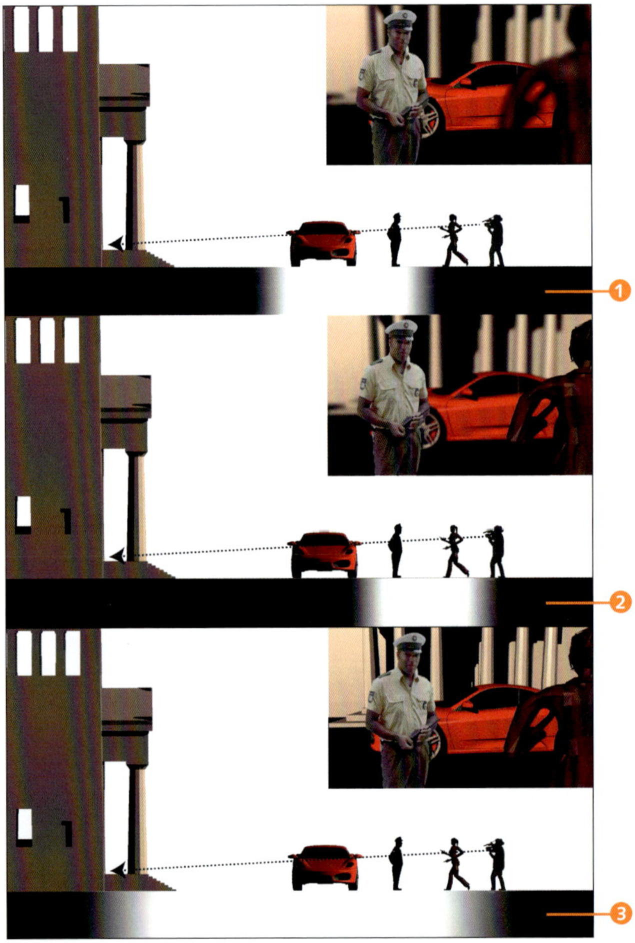

Abbildung 11.20 ▸
Veränderung der Schärfentiefe

Abbildung 11.20 zeigt, wie der Kameramann mit der Schärfentiefe spielen kann und dabei auch die Aussage ändert bzw. auf das Motiv verdichtet. Im obersten Beispiel ❶ liegt die Schärfentiefe auf dem Fahrzeug und dem Polizisten, Hintergrund und Person im Vordergrund sind unscharf. In Beispiel ❷ wurde die Schärfentiefe auf die Frau im Vordergrund und den Polizisten gelegt, das Auto ist bereits leicht unscharf. In Beispiel ❸ schließlich ist alles scharf.

Hier sehen wir eine Totale, in der alles scharf ist. Das Set ist sozusagen erklärt, der Platz mit historischem Ambiente (also bestimmt kein Parkplatz), der Polizist, die Dame, die zu ihrem Ferrari geht. Als Nächstes schneiden wir auf eine *Subjektive* der Dame. Doch nun zeigen wir nur den Polizisten scharf. Damit rückt er – als Hindernis auf dem Weg zum Auto – in den Mittelpunkt. Bliebe auch der Ferrari scharf, so würden gerade Männer vielleicht davon abgelenkt und versuchen, Details vom Sportwagen zu erhaschen, statt die entschlossene Miene des Polizeibeamten zu studieren.

Das souveräne Spiel mit der Schärfentiefe unterscheidet den Amateur vom Profi. Denn mit einer definierten Schärfentiefe bekommen Bilder nicht nur einen räumlichen Eindruck, mit ihrer Hilfe lässt sich eine Geschichte auch viel einfacher erzählen, z. B. die Interaktion zwischen Menschen. Das folgende Beispiel zeigt einige Screenshots aus einer Musikprobe.

Automatische Schärfentiefe (DEP)
Viele haben die Funktion an ihrer Kamera – wenn sie denn darüber verfügt – wahrscheinlich noch nie genutzt und kennen sie deshalb nicht: die automatische Berechnung der Schärfentiefe. Aber es gibt sie. Bei der Canon 7D heißt sie z. B. A-DEP (*Automatic Depth of Field*) und ist ein eigener Kameramodus. Er misst den Abstand zum nächstliegenden und zum entferntesten Motiv und stellt dazwischen scharf. De facto also eher eine eingebaute Schärfegarantie. Maßgeschneiderte Schärfenverläufe lassen sich damit nicht erzeugen. Und die Kamera blendet zum Teil bis zur kleinsten Blende ab, was wiederum zu Beugungsfehlern führen kann. Weil eine kleine Blende Helligkeitsverluste zur Folge hat, verändert die Kamera in Abhängigkeit zu der gewählten Brennweite die Belichtungszeit, was für DSLR-Filmer unerwünscht ist. Kurz: Die Kamera rechnet wirklich eine Menge, nur eine automatische »definierte« Schärfentiefe kann man damit nicht erzeugen.

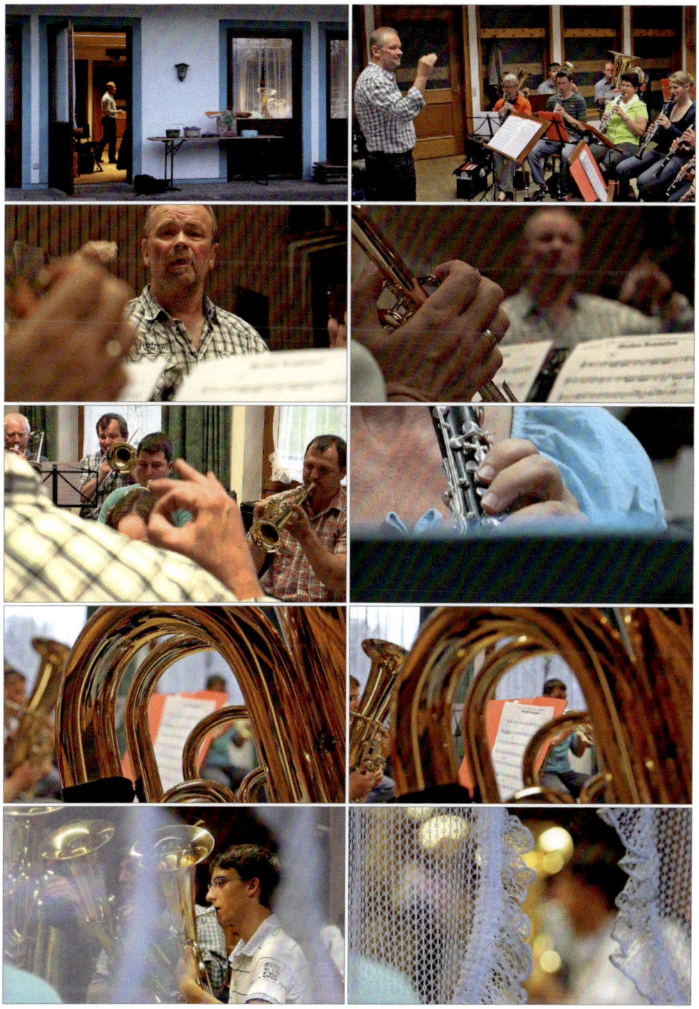

◂ **Abbildung 11.21**
Einstellungen aus der Szene »Musikprobe«

In der Szene von Abbildung 11.21 zeige ich, wie der Komponist eines Musikstücks zur 1250-Jahr-Feier in Hofheim das erste Mal mit den Musikern probt. Die ersten beiden Einstellungen erklären die Szene, zeigen das Gebäude und die Totale vom Raum. In den folgenden Einstellungen versuche ich, den Zuschauer in die Rolle der verschiedenen Akteure schlüpfen zu lassen, also den Blick aus der Position des Komponisten/Dirigenten oder einzelner Musiker mit der Kamera nachzuempfinden. Mit Schärfenverlagerungen lenke ich z. B. den Blick von der Tuba auf die brandneuen Noten zum Stück. Am Ende verwende ich wieder eine Schärfenverlagerung, um mich vom Geschehen zu entfernen, indem ich den Fokus zunächst auf die Musiker, dann auf den Vorhang vor dem Fenster lege.

Solche gestalterischen Effekte, die auch die Dramaturgie unterstützen, sind nur möglich, wenn man mit selektiver Schärfentiefe dreht. Das heißt: Nur das Motiv ist scharf, alles andere verläuft in einer mehr oder weniger starken Unschärfe. Die Schärfentiefe kann durch drei Faktoren kontrolliert werden:

1. Sensorgröße
2. Brennweite
3. Blende

Wer sich intensiver mit Filmen beschäftigt, wird auf die Dauer nicht darum herumkommen, sich mit dem exakten Zusammenhang zwischen Schärfe, Brennweite, Sensorgröße und Blende zu beschäftigen. Früher trugen Kameraleute entsprechende Schärfetabellen mit sich oder konnten sie sogar auswendig. Leider ist die Zeit vorbei, wo entsprechende *Blendenkurven*, an denen man das Schärfentiefeverhalten ablesen konnte, zur Grundausstattung eines Objektivs gehörten.

Die sogenannten Blendenkurven auf Fotooptiken zeigen an, wo bei welcher Blende und bei welcher Brennweite der Schärfentiefebereich liegt. Sie müssen dabei berücksichtigen, für welchen Sensor die Optik gerechnet wurde. Ein Objektiv für Vollformatsensoren bietet an DSLRs im APS-C-Format einen kleineren Schärfentiefebereich. Diesen sogenannten *Cropfaktor* des kleineren Sensors gilt es zu berücksichtigen.

Nutzer von DSLRs können sich den exakten Schärfentiefebereich ihrer Optik für die verwendete Kamera ausrechnen lassen. Apps für Smartphones und Internetseiten bieten hier mathematische Unterstützung bei der nicht ganz simplen Berechnung der Schärfentiefe. Eine der bekanntesten Websites ist *www.dofmaster.com*. Dort können Sie sich auch Tabellen für Ihre Kamera und die verwendeten Objektive erstellen und ausdrucken lassen. Für semiprofessionelle Kameras und die bevorzugten Standardobjektive ist man auf die Seiten der Objektivhersteller wie Fujinon oder Canon angewiesen. In der Praxis sollten Sie Ihre Optik und Ihre Kamera immer besser kennenlernen.

	Klein	Schärfentiefe	Groß
Sensor	< 1"	nimmt ab	> APS-C
Brennweite	< 50 mm	nimmt ab	> 50 mm
Blende	*f*/1,9; *f*/2	nimmt zu	*f*/16; *f*/32

◂ **Tabelle 11.1**
Der Einfluss von Blende, Brennweite und Sensor auf die Schärfentiefe

11.2.1 Kamerasensor und Schärfentiefe

Da Sie am Sensor Ihrer Kamera nachträglich nichts mehr ändern können, müssen Sie je nach Kameratyp vor allem die geschickte Wahl der Blende beachten. Denn auch die Brennweite ist durch den Abstand vom Motiv und durch den gewünschten Bildausschnitt nur begrenzt veränderbar. Je nach Sensortyp sollten Sie beim Drehen Folgendes beachten:

- **Kleiner Sensor**: Bei einer Sensorgröße von weniger als einem halben Zoll, was leider auf die meisten Camcorder zutrifft, wird es sehr schwer, einen kleinen Schärfebereich zu erzeugen. Wer auch noch weitwinklig (also mit kleiner Brennweite) dreht, ist chancenlos. Auf der anderen Seite ist dies gerade die Stärke der Camcorder, die im Handbetrieb als »Alles-scharf-Macher« auch gewagte Bewegungen erlauben (siehe Abschnitt 11.4). Auch bei vielen semiprofessionellen Kameras mit 2/3-Zoll-Sensor sorgt meist nur eine offene Blende für ausreichend geringe Schärfentiefe. Für diese Kameratypen empfiehlt es sich deshalb stets, mit möglichst offener Blende zu drehen, außer man will explizit alles scharf stellen.
- **Großer Sensor**: Er ist typisch für die Systemkameras sowie für eine neue Generation von Camcordern im semiprofessionellen Bereich mit Vollformat- oder APS-C-Sensoren. Diese Kameras eröffnen Ihnen viele Gestaltungsmöglichkeiten. Sie können mit der Schärfentiefe spielen. Schließen Sie die Blende, wenn Sie mehr Schärfentiefe benötigen, und öffnen Sie sie für weniger Schärfentiefe.

11.2.2 Blende und Schärfentiefe

Je offener die Blende ist, desto weniger Schärfentiefe erhalten Sie. Wie sich die Blende auf die Schärfentiefe auswirkt, zeigt folgendes Beispiel einer Vollformatkamera mit einem 55-mm-Standardobjektiv.

Tabelle 11.2 ▸
Einfluss der Blende auf die Schärfentiefe. Die Distanz zum Objekt beträgt 5 m.

Blende	Nahgrenze	Ferngrenze	Schärfebereich
f/2	4,55 m	5,54 m	0,99 m
f/8	3,59 m	8,23 m	4,64 m
f/16	2,80 m	23,19 m	20,39 m

Es ist gut erkennbar, wie allein mit der Blende der Schärfebereich von minimalen 62 cm auf komfortable 6,60 m ausgedehnt werden kann. Oder: Bei Blende *f*/2 werden der Hintergrund und der Vordergrund garantiert unscharf. Für ein Interview, bei dem der Hintergrund nicht ablenken soll, wäre *f*/2 also die Blende der Wahl. Allerdings: Bewegt sich der Interviewpartner gern nach vorn und hinten, besteht die Gefahr, dass er immer wieder aus dem Fokus gerät. Und viele Einsteiger glauben immer noch, die Schärfe nähme im etwa gleichen Verhältnis vor und hinter dem Fokuspunkt ab. Das ist falsch: Die Schärfe wächst dann hinter dem Fokuspunkt schnell, auch ins Unendliche, während Sie vor dem Fokuspunkt durch Abblenden kaum Meter gewinnen.

11.2.3 Brennweite und Schärfentiefe

Mithilfe einer definierten und bewusst eingesetzten Schärfentiefe können wir eine Geschichte also zuspitzen. Oft entsteht ein unscharfer Hintergrund eher zufällig, z. B. weil der Kameramann auf ein Motiv in die Nahe zoomt. Profis dagegen setzen die Schärfe ganz bewusst ein. Abbildung 11.22 zeigt ein Beispiel.

Abbildung 11.22 ▾
Beispiel Schärfentiefe

In diesem Beispiel wurde die Schärfentiefe allein durch die Veränderung der Brennweite erzeugt. Kinder suchen im Kongo nach Gold. Ein Arzt erklärt Patrick, worauf es ankommt, und zeigt ihm einen kleinen Quarz mit Goldeinschluss. In der Totalen wollte ich unbedingt die Kinder im Hintergrund sehen, denn um sie geht es schließlich in den Erklärungen des Arztes. In der Nahen hingegen sollen die Zuschauer die feine Goldspur im Quarz entdecken können, nun würden die Kinder eher stören. Deshalb habe ich sie unscharf dargestellt. Die größere Brennweite hat dabei natürlich geholfen. Ich habe jedoch auch einen ND-Filter benutzt, um mit offener Blende drehen zu können.

Gerade im HD-Zeitalter ist es ein wesentliches Problem, dass die Kamerasucher nicht immer die volle Auflösung unterstützen. Die Schärfe kann nicht korrekt mit bloßem Auge beurteilt werden und demzufolge natürlich auch nicht die Schärfentiefe. Hinzu kommt, dass vor allem DSLRs häufig gar nicht den richtigen Schärfeverlauf anzeigen, da sie bei offener Blende eingestellt werden. Das setzt allerdings voraus, dass Sie durch den optischen Sucher blicken und auf Live-View verzichten. Allerdings können Sie sich die tatsächliche Schärfentiefe auch im optischen Sucher über die Abblendtaste anzeigen lassen.

Schärfentiefe in der Praxis
Wenn Sie die Schärfentiefe bewusst einsetzen wollen, dann setzen Sie am einfachsten auf die Brennweite. Sobald Sie an ein Motiv heranzoomen, wird der Hintergrund zunehmend unschärfer. Reicht dies nicht aus oder wollen Sie nicht mit so großer Brennweite arbeiten (etwa weil Sie aus der Hand drehen), setzen Sie als Nächstes auf die Blende. Sie sollte möglichst offen sein, um ein Minimum an Schärfentiefe zu erhalten. Lässt sich wegen drohender Überbelichtung die Blende nicht öffnen, dann setzen Sie ND-Filter ein, um zusätzliche Blenden zu gewinnen.

11.2.4 Der »Filmlook«

Für Filmästheten ist es das entscheidende Merkmal, das Film (Kino) vom Video (Fernsehen) unterscheidet: die bewusst eingesetzte Schärfentiefe mit unscharfen Hinter- und Vordergründen. *Filmlook* nennen das die Experten und meinen damit, dass Kinobilder Tiefe besitzen, während Video häufig als flach abqualifiziert wird. Und sie haben recht. Der Grund für den auffälligen ästhetischen Unterschied ist technischer Natur. Denn Filmkameras setzen traditionell große Aufzeichnungsformate ein und haben folglich keine Probleme mit der definierten Schärfentiefe.

◂ **Abbildung 11.23**
Videokamera mit kleinem Sensor

Videokameras hingegen vertrauen auf deutlich kleinere Sensoren. Die Möglichkeiten, mit der Schärfentiefe zu spielen, sind also begrenzt. Fein raus sind dagegen Benutzer von Spiegelreflexkameras mit Kleinbild- oder APS-C-Sensoren. Ihre Kameras liefern eine ähnliche Schärfentiefe wie teure Filmkameras und sind deshalb bei Filmästheten heute besonders beliebt.

Praxistipp: Systemkamera und Schärfentiefe | Wenn Sie mit einer Systemkamera drehen, dann nutzen Sie diesen gestalterischen Vorteil der Kameras, wann immer Sie die Möglichkeit dazu haben. Allerdings bezahlen Sie den Filmlook auch mit Einschränkungen an anderer Stelle. Kamerabewegungen müssen sorgfältiger geplant werden und zwingen Sie möglicherweise, die Schärfe mitzuziehen. Eine Einstellung muss deshalb eventuell mehrmals wiederholt werden, bis die Schärfe sitzt und die Aufnahme im Kasten ist. Der bewusste Einsatz der Schärfentiefe, mit deren Hilfe Sie Vorder- und Hintergrund unscharf werden lassen, ist ein ästhetisches Gestaltungsmittel, das auch viel Sorgfalt erfordert. Denn Unschärfe allein macht das Bild noch nicht gut. Achten Sie auf Farb- und Helligkeitskontraste zum scharfen Bildteil. Spielen Sie mit der Schärfe, indem Sie die Schärfe verlagern, also sowohl Motiv als auch Hintergrund mal scharf erscheinen lassen. Oder das Motiv entsteht aus einem komplett unscharfen Bild und »schält« sich aus dem Hintergrund heraus.

Abbildung 11.24 ▸
Schwierig zu kontrollieren – definierte Schärfentiefe am kleinen Monitor

Bei Systemkameras haben Sie gelegentlich auch das umgekehrte Problem, also zu wenig Schärfentiefe. Dann liegt eine unschöne Unschärfe auf dem Motiv. Hier hilft nur, abzublenden oder die Brennweite zu ändern.

11.3 Und Action bitte

Im Beispielmaterial zum Buch finden Sie unter FILME • LEHRFILME einen Lehrfilm zu Actioncams. Die Datei heißt »ActionCams.flv«.

Mit dieser Aufforderung geben Hollywood-Regisseure zumindest dem Klischee nach das Startzeichen für die Schauspieler. Auch wenn ich viele Alternativen kenne, die berühmte Aufforderung »Action« macht durchaus Sinn. Denn sie deutet bereits an, dass in einem Film eigentlich etwas geschehen sollte. Leider filmen viele Anfänger um die Handlung herum. Auch weil sie Schwierigkeiten haben, schnell genug ein entsprechendes Bild einzustellen. Sie sollten darauf achten, dass sich im Bild möglichst immer etwas »rührt«. Sportfotografen kennen das Problem: Sie sind geradezu darauf spezialisiert, den richtigen Moment abzupassen, in dem der Spieler und der Ball im Bild sind, der Snowboarder zum entscheidenden Sprung abhebt.

◂ **Abbildung 11.25**
Der richtige Moment – Actionaufnahme beim Snowboarden

Dank an die Actioncams
Dank GoPro und Kollegen gibt es heute fantastische Aufnahmen von allen möglichen Sportarten. Wer allerdings glaubt, mit der Montage auf den Helm sei es getan, der irrt. Auch die Actioncams wollen ordentlich bewegt werden.

Nur dann kommen auch halbwegs actiongeladene Bilder zustande. Vorteil der kleinen Kameras: Sie sind robust, in ein wasserdichtes Gehäuse verpackt, und sie machen dank kleiner Sensoren und Weitwinkel alles scharf. Nachteile: Mit der Lichtempfindlichkeit hapert es bei einigen Modellen noch ziemlich, oder sie rauschen stark. Und die starke Verzerrung ist wirklich nur für Action geeignet, nicht für das Interview danach.

▴ **Abbildung 11.26**
Aufnahme mit GoPro an Teleskopstange und Ergebnis

Was bei Sportaufnahmen so selbstverständlich scheint, gilt auch für die meisten anderen Motive. Beim Kochen sehen wir lieber, wie der Koch die Suppe umrührt, statt eines Topfes, in dem nur etwas blubbert. Oder die klassische Aufnahme in Rom: Menschen werfen Münzen in die Fontana di Trevi. Im Film wollen wir sehen, wie die Menschen sich mit dem Rücken zum Brunnen drehen und dann die Münze im Wasser landet, am besten in Nahaufnahme. Um mit der Filmkamera Bewegungen einzufangen, müssen Sie wissen, was passiert.

▲ **Abbildung 11.27**
Junge an Seilbahn

▲ **Abbildung 11.28**
Bewegte Aufnahme

Beispielsweise turnen auf modernen Kinderspielplätzen die Kids begeistert an Seilrutschen. Um den Spaß der Kinder im Bild zum Ausdruck zu bringen, müssen wir uns mit den Kindern bewegen. Nur so haben wir die Chance, auch etwas von der Mimik einzufangen und damit die Freude für den Zuschauer nachvollziehbar zu machen. Keine einfache Sache, denn wir müssen in diesem Fall mit dem sich schnell bewegenden Filmmotiv mitlaufen.

Währenddessen Schärfe oder Blende nachstellen zu wollen ist völlig illusorisch. Damit das Bild scharf bleibt, versucht man deshalb, möglichst einen festen Abstand zum Motiv einzuhalten. Dazu muss man wissen, wie schnell die Kinder rutschen, in welche Richtung und bis wohin. Am besten schauen Sie den Kindern eine Zeit lang beim Spielen zu, um alle Abläufe kennenzulernen. Danach wählen Sie den optimalen Abstand, legen die Blende fest, und los geht's. Nach den ersten wahrscheinlich eher erfolglosen Versuchen werden Sie schnell ein Gefühl für das Motiv entwickeln und Ihre actionreiche Aufnahme sicher auf den Speicherchip bannen. Kurz: »Grooven« Sie sich ein.

11.3.1 Die Richtung auf dem Bildschirm

Schauen Sie sich die beiden folgenden Bilder einmal in Ruhe an.

▲ **Abbildung 11.29**
Schnecke von rechts nach links

▲ **Abbildung 11.30**
Schnecke von links nach rechts

Es handelt sich um das gleiche Bild, nur wurde es einmal horizontal gespiegelt. Wahrnehmungspsychologen haben solche Bilder untersucht und sind zu folgendem Ergebnis gekommen: Beim rechten der beiden Bilder, auf dem sich die Schnecke vom linken zum rechten Bildrand bewegt, geht eine Mehrzahl der Betrachter davon aus, dass die Schnecke auf dem Weg »zu einem Ort« ist, während sie beim linken Beispiel auf dem Rückweg ist, also »von einem Ort« kommt. Normalerweise werden gerne fahrende Autos für dieses Beispiel verwendet. Ich wollte verdeutlichen, dass das Problem der Richtung vielfältiger Natur ist und an vielen Stellen auftaucht.

◀ **Abbildung 11.31**
Richtungen auf Bildschirmoberfläche

Die Assoziation der Bewegungsrichtung mit bestimmten Handlungssträngen sollten Sie bereits bei der Aufnahme beachten. Würden Sie z. B. die beiden Aufnahmen der Schnecke kurz nacheinander in Ihren Film schneiden, hätte der Zuschauer unweigerlich den Eindruck, die Schnecke wäre auf dem Rückweg, möglicherweise auf der Flucht vor einem Feind, der im Weg war. Solche Schnittfolgen wirken deshalb oft auch unfreiwillig komisch. Wenn Sie z. B. die Kameraachse bei der Aufnahme nicht beachten, kann es Ihnen passieren, dass dieser Eindruck entsteht. Zwar lässt sich ein möglicher Fehler im Schnitt korrigieren, indem man das Bild horizontal spiegelt. Steht allerdings Schrift im Bild, erschiene diese ebenfalls spiegelverkehrt, und damit fällt die nachträgliche Korrektur flach.

Handkamera

Die Handkamera ist – zumindest für mich – nicht dazu da, Unruhe im Bild zu erzeugen, sondern Perspektiven zu eröffnen. In der folgenden Szene war die Aufgabe, eine Historikerin auf altrömischen und romanischen Fundamenten wandeln zu lassen. Und so habe ich es gelöst.

▲ **Abbildung 11.32**
Blick von unten, Füße nah

▲ **Abbildung 11.33**
Blick von oben, Person und Fundament im Blick

Natürlich wäre ein Kran eine schöne Möglichkeit gewesen, nur leider stand auf der Insel keiner zur Verfügung. Ziel ist es, die Handkamera möglichst ruhig zu führen.

11.4 Die bewegte Kamera

Sosehr ich in Kapitel 10, »Das Handwerk des Filmens«, für den Einsatz eines schweren, erschütterungsfreien Stativs geworben habe, in diesem Kapitel will ich Sie ermutigen, die Kamera von der Stativplatte zu lösen und aus der Hand zu filmen. Ich bin ein Fan der Handkamera und für mich zu dem Schluss gekommen, dass die meisten meiner Filme dort am besten sind, wo ich mit der Kamera nah am Geschehen bin. Aber bevor Sie nun das Stativ wieder vom Wunschzettel streichen, die Handkamera ist so etwas wie eine Geliebte, deren Lockungen man nicht immer folgen darf.

Ein Freund, der mich auf einigen Reisen als Assistent begleitete, stellte irgendwann entnervt die Kamera aufs Stativ und forderte ultimativ: »Ich schlepp das Ding nicht über die halbe Erdkugel, damit du es nicht benutzt. In Zukunft machst du erst alle notwendigen Einstellungen vom Stativ, dann darfst du versuchen, Kunst zu machen.« Diese Beharrlichkeit hat mir im Nachhinein das Leben gerettet. Denn schnell dreht man aus der Hand, weil man keine Lust hat, sich mehr Mühe zu geben. Fast immer ist dann auch das Ergebnis entsprechend. Also bei aller Begeisterung für bewegte Bilder, aus der Hand sollte nicht gedreht werden, weil man zu faul ist, das Stativ mitzuschleppen, oder weil es fix gehen soll. Bewegte Aufnahmen sollten zu Motiv und Szene passen. Und – die bewegte Kamera will gelernt sein. Es gibt drei gute Gründe, die Kamera zu bewegen:

1. **Die beobachtende Kamera**: Die Kamera bewegt sich, weil sie ein Motiv von allen oder zumindest von mehreren Seiten aus beobachtet. Der Kameramann bewegt sich um das Motiv herum, der Zuschauer wird Augenzeuge. Diese Art der bewegten Kamera ist vor allem etwas für ruhige Fahrten. Die Kamera wird also am besten auf einer Steadycam, einem Gimbal oder Stick montiert. Heftige Bewegungen fallen unangenehm auf, denn das »Wackeln« der Bilder entspricht nicht dem subjektiven Eindruck eines Zuschauers.
2. **Das bewegte Motiv**: Die Kamera folgt einem sich bewegenden Motiv. Dies sorgt für rasante Aufnahmen, das Motiv selbst bleibt in aller Regel scharf, der Hintergrund verwischt und unterstreicht mit dieser Bewegungsunschärfe die Geschwindigkeit. Auch hier kommen Stabilisationshilfen oft und gerne zum Einsatz. Oder die Kamera wird aus der Hand gehalten, dabei werden aber hektische Bewegungen vermieden.

◂ **Abbildung 11.34**
Handkamera

3. **Action**: Dies ist die Domäne der Handkamera. Die Szene enthält viel Handlung, die der Zuschauer verstehen soll. Dieses Prinzip ist nicht nur auf sogenannte Actionszenen im Spielfilm anwendbar, sondern auch auf vermeintlich ruhigere Handlungen, z.B. bei komplexen Handlungsabläufen. Die Kamera dokumentiert die einzelnen Geschehnisse, die zusammen eine sinnvolle Geschichte ergeben.

Auch wenn bei der beobachtenden Kamera die Kameraführung möglichst ruhig sein sollte, kann man aus der Hand drehen. Allerdings sollte man die Szenen nicht über Gebühr ausdehnen. Nehmen wir als Beispiel ein Interview. Wenn der Interviewte eine Handlung erklärt, die er gerade ausführt, so kann die Handkamera nicht nur gut aussehen, sondern sogar Sinn machen. Erzählt dagegen der Interviewte wichtige Dinge, auf die wir uns konzentrieren sollten, ist es eleganter, vom Stativ zu drehen.

Bewegte Motive rasant in Szene zu setzen ist eine der Lieblingsaufgaben für jeden Kameramann. Nicht nur die Produktion solcher Bilder macht viel Spaß, sie wirken auch immer besonders dynamisch.

Abbildung 11.35 ▼
Zwei Beispiele für Bewegungsunschärfe

Im linken Bild rast Patrick mit seinem Jeep durch Oberbayern, wir erzählen die Geschichte eines motorbegeisterten Bastlers. Patrick steht im Fokus und ist deshalb scharf. Der Kameramann sitzt im Fußraum des Beifahrersitzes. Im rechten Bild wird die Geschichte erzählt, wie Patrick im Jeep durch den Kongo fährt, auf Dienstfahrt sozusagen. Die Umgebung ist scharf, der Jeep hingegen verwischt. Für solche Aufnahmen ist es wichtig, dass das Objekt möglichst nah an der Kamera vorbeifährt.

Und an dieser Stelle kann man endlich auch einmal Entwarnung für den strapazierten Geldbeutel geben. Die Industrie bietet heute eine ganze Reihe preiswerter ordentlicher HD-Cams an, die mithilfe von Schrauben, Zwingen, Saugnäpfen, Gummibändern oder Klettverschlüssen an alle denkbaren fahrbaren Untersätze montiert werden können, also an Autos, Gleitschirme, Segelboote, Motorräder, Skateboards, Helme etc. Mit wenigen Hundert Euro kann man so seinem Spieltrieb richtig freie Bahn lassen.

▲ **Abbildung 11.36**
GoPro zur schnellen Montage, z. B. am Auto

11.4.1 Kamerafahrten

Nur letztere Technik verdient den Namen Kamerafahrt. Das Angebot an Stabilisierungshilfen für überzeugende Kamerafahrten bzw. ruhige Kameraführung ist unendlich:

- **Steady-Stick, Dollys, Rollstühle, Bollerwagen**: Diese Aufzählung ist durchaus ernst gemeint, und alle diese Untersätze und Hilfsstabilisatoren habe ich bei Dreharbeiten bereits benutzt.
  - *Rollstühle* bieten in Krankenhäusern eine optimale und damit naheliegende Möglichkeit, bewegte und ruhige Aufnahmen von Krankenhausfluren zu drehen. Wegen der luftgefüllten Reifen und der meist glatten Böden gelingen so oft sehr ruhige Fahrten.
  - Im *Bollerwagen* kann ein einigermaßen begabter Kameramann sogar noch das Stativ aufbauen und sich so neben dem Motiv entlangziehen lassen. Da Bollerwagen-Räder meistens sehr hart sind, muss der Untergrund möglichst glatt und eben sein. Pflastersteine eignen sich nicht für Aufnahmen aus dem Bollerwagen.
  - Professionelle Bollerwagen, die dieses Manko nicht haben, sind sogenannte *Dollys*. Der Kameramann sitzt in aller Regel auf einem Wagen, der über extra verlegte Schienen gezogen wird. Verzichtet man auf die Schienen, so werden luftgefüllte Reifen montiert.
  - *Steady-Sticks* sind gerade für leichte Handycams eine beliebte Alternative. Ihr Problem ist, dass die Hand immer noch in direkter Verbindung zur Kamera steht und damit für unnötige Unruhe sorgt. Auch die Körperbewegung überträgt sich auf die Kamera und damit auf das Bild.

© Panther

▲ **Abbildung 11.37**
Dolly von Panther

© Panther

▲ **Abbildung 11.38**
Filmkran von Panther im Einsatz

- **Gimbal**: Die elektronischen Bildstabilisatoren haben die Kameratechnik in den letzten Jahren ebenfalls revolutioniert, und zwar so sehr, dass mittlerweile auch Handkamerabilder vom Aussterben bedroht sind. Weil wir ohne großen Mehraufwand eigentlich jede Fahrt mithilfe eines Gimbals vor Verwackelungen schützen können, erwarten wir mittlerweile auch entsprechend ruhige Fahrten. Der Umgang mit einem Gimbal (siehe Abschnitt 8.3) will allerdings gelernt sein, denn auch wenn die Fahrt etwa ruhiger ist, so ist sie deshalb nicht zwangsläufig schön. Versuchen Sie sich so zu bewegen, dass Ihre Schritte möglichst nicht durch ein ständiges Auf und Ab der Kamera als Schwanken wahrgenommen werden. Auch ein Hin- und Herpendeln der Kamera ist lästig.

- **Autos**: Rasante Autofahrten werden meistens mit auf Autos montierten Kameras aufgenommen. Bereits ab 250€ gibt es solche Kamerasysteme, die mit Saugnäpfen am Blech befestigt werden. Alternative: ein Auto mit Schiebetüren und Heckklappe. So kann der Kameramann von vorne und der Seite andere Fahrzeuge verfolgen.
- **Spezialkameras**: Für Fallschirmspringer, Segelflieger etc. gibt es eine ganze Reihe von Spezialausrüstungen wie Helmkameras oder montierbare Modelle, die ebenfalls für rasante Aufnahmen sorgen. Entscheidend ist hierbei der Kameramann, der in der Lage sein muss, die Kamera in der Bewegung, also z. B. während des Flugs, zu kontrollieren.

Weitwinkelig drehen
Die meisten Zoomobjektive liefern leider nur ein leichtes Weitwinkel. Sofern es das Budget erlaubt, wäre deshalb eine Festbrennweite oder sogar ein Weitwinkelzoom für den Handkameramann eine lohnende Anschaffung.

© Walimex

▲ **Abbildung 11.39**
Weitwinkel-Festbrennweite von Walimex

Kamerafahrten sind sehr schön, und immer wenn Sie die Möglichkeit haben, eine Fahrt zu realisieren, sollten Sie diese nutzen. Was man dabei alles berücksichtigen sollte, würde jedoch den Rahmen dieses Buches sprengen. Neben der eigentlichen Aufnahme gehört dazu vor allem das Thema Sicherheit. Der Kameramann sollte bei der Aufnahme nicht sein Leben riskieren, nur weil er sich während einer Verfolgungsfahrt zu weit aus dem Kamerawagen beugt, und andere Verkehrsteilnehmer dürfen auf keinen Fall gefährdet werden. Berühmt ist der Fall einer Kamera, die sich während einer Aufnahme im fließenden Straßenverkehr losriss und die Windschutzscheibe des nachfolgenden Fahrzeugs durchschlug.

Wenn Sie aus der Hand drehen, dann achten Sie trotz der gegebenen Umstände auf eine möglichst ruhige und flexible Kameraführung. Dabei kann Ihnen der Bildstabilisator, über den die meisten Kameras heute verfügen, entscheidende Dienste leisten. Kleine Bewegungen, die die Handführung immer mit sich bringt, kann er wirkungsvoll beseitigen. Doch dies sind längst nicht die einzigen unangenehmen Bewegungen. Das wichtigste Geheimnis einer überzeugenden Handkameraführung ist die konsequente Bildgestaltung. Anfänger zittern sich meist über das Motiv hinweg, die Sequenz hat keinen Anfang und kein Ende. Beginnen Sie stattdessen mit einer klaren Einstellung, und enden Sie mit einer ebenso klaren Einstellung. Dazwischen bewegen Sie die Kamera konsequent z. B. im Tempo des Motivs.

11.4.2 Geschichten mit bewegter Kamera erzählen

Ein von mir bevorzugter Anlass für den Einsatz der Handkamera oder eines Gimbals ist die erzählende »Actionkamera«. Sie ist vor allem geeignet, um aktuelles Geschehen einzufangen. Hier ein ausführliches Beispiel: Eines Tages musste Patrick das Rettungsfahrzeug des Krankenhauses reparieren, nachdem die Fahrer mit Öl gestreckten Dieseltreibstoff getankt hatten. Der Dieselfilter hatte sich bereits zugesetzt, er musste ausgetauscht, der gesamte Tank geleert, der Diesel gereinigt und anschließend wieder in den Tank gepumpt werden – viel Action und keine Zeit, um alle Tätigkeiten mehrfach zu wiederholen. Abgesehen davon, dass die Arbeiter keine Lust gehabt hätten, den Tank mehrmals zu leeren, was – wie Sie gleich sehen werden – in Kamituga eine ziemliche Schweinerei ist.

Die Szene stammt aus dem Film »Patrick_im_Kongo« (ab 27:36 Min.), den Sie im Beispielmaterial zum Buch im Ordner Filme finden.

Totale: Der Rettungswagen steht funktionsunfähig vor dem Krankenhaus.

Die Motorhaube wird geöffnet …

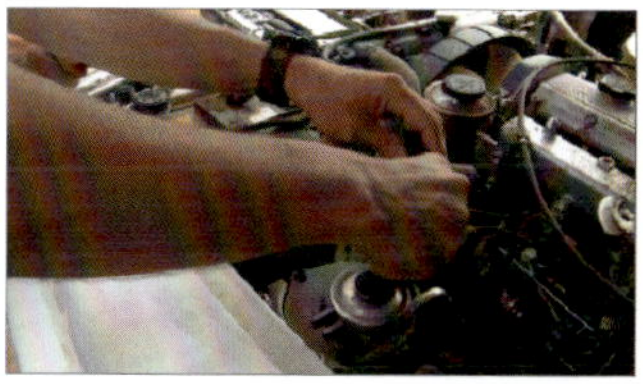

… und der Dieselfilter ausgebaut.

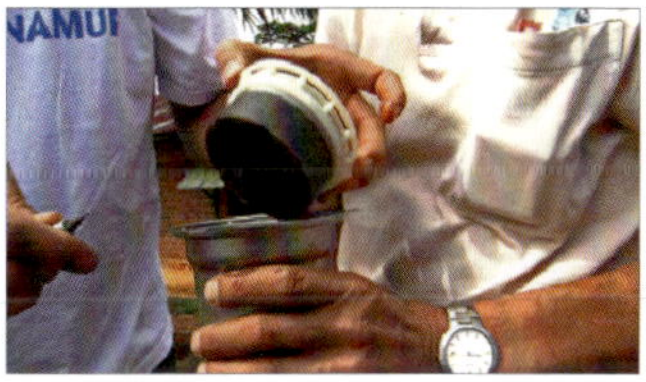

Ein Blick in den Filter bringt schnell Gewissheit.

Wasserbläschen – zu viel für den Filter.

Der Treibstoff wird durch ein Tuch gefiltert, um Wasser und Benzin zu trennen.

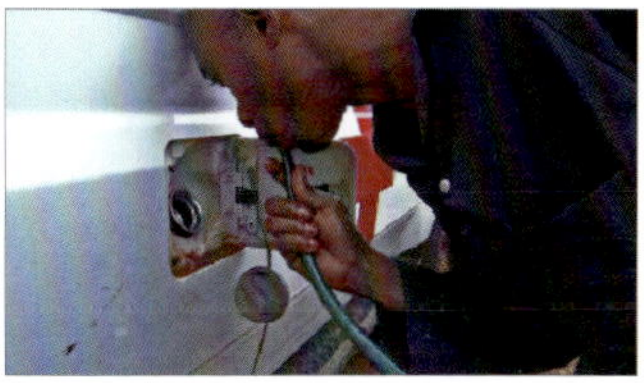

Der Tankwart saugt den …

… gereinigten Kraftstoff aus den Kanistern …

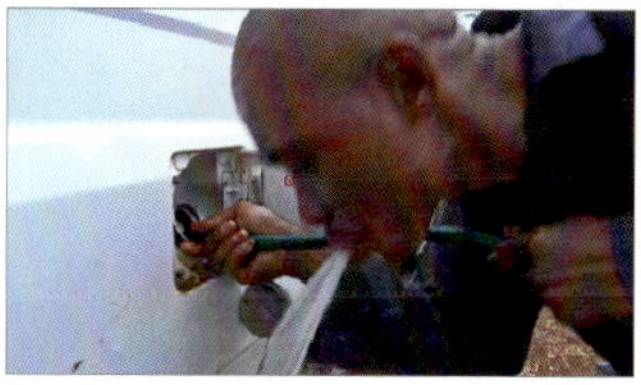

… was nicht ganz ohne Schwund funktioniert.

▲ **Abbildung 11.40**
Dieselreinigung auf Kongolesisch. Die Szene wurde komplett mit der Handkamera gedreht, vor allem um die vielen Details schnell und zuverlässig einfangen zu können.

Um alle Einstellungen, wie oben abgebildet, realisieren zu können, müssen Sie als Kameramann viel arbeiten. In Abbildung 11.41 sehen Sie, welche Positionen bei der Aufnahme gewählt wurden und wie die Kamera die Perspektive veränderte (siehe dazu auch den Kasten »Anordnung der Kameras, Einstellungen und Perspektiven«).

Anordnung der Kameras, Einstellungen, Perspektiven
Position 1: Totale, Kamera auf Augenhöhe
Position 2: Halbtotale und Nahe, Kamera Vogel- und Normalperspektive
Position 3: Halbtotale und Nahen, Kamera Vogel-, Normal- und Froschperspektive
Position 4: Totale, Kamera und Augenhöhe
Position 5: Halbtotale und Nahe, Kamera, Vogel-, Normal- und Froschperspektive

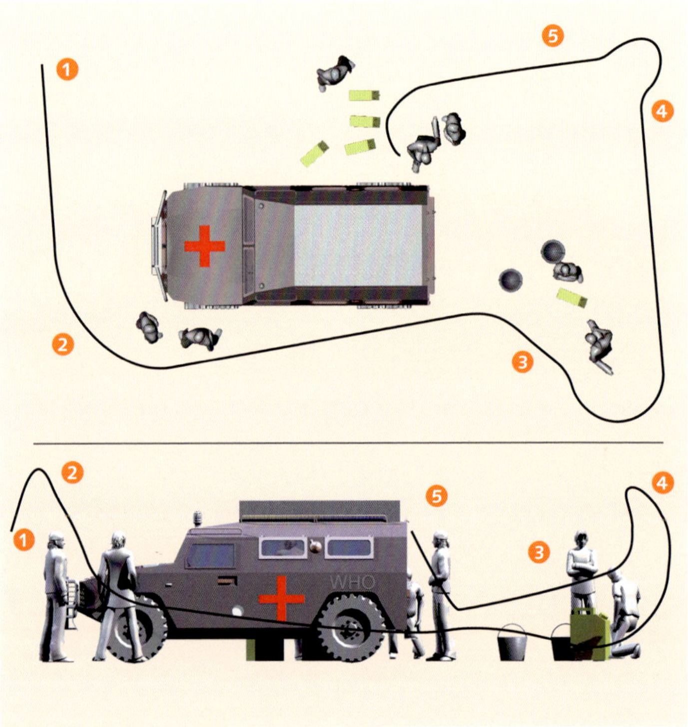

Abbildung 11.41 ▸
Handkamera in Aktion

Um die verschiedenen Einstellungen der Szene zu realisieren, wurden fünf Positionen gewählt. Position ❶ und ❹ liefern eine Totale, damit der Zuschauer den Überblick behält. Von der Position ❷ aus fängt die Kamera die Szene am Motor mit dem Ausbau des Filters ein, Position ❸ zeigt das Filtern des Diesels, aus Position ❺ drehen wir das abschließende Einfüllen des Kraftstoffs. Achsensprünge entstehen bei dieser Arbeitsweise zwangsläufig. An jeder Position entsteht jedoch eine eigene Achsendynamik, die Sie beachten sollten. Deshalb sollten Sie auch die Positionsänderungen drehen, um einen »bewegten« Gang über die Achse für den Schnitt einzufangen.

Beim Drehen der Szene habe ich das Objektiv auf maximales Weitwinkel eingestellt. Der Fokus stand auf minimaler Nahdistanz (ca. 1 m). Damit konnte ich vor allem die entscheidenden Nahen aus der Hand realisieren. Trotzdem habe ich sie – soweit möglich – zur Sicherheit jeweils noch einmal separat mit längerer Brennweite gedreht. Nur so gelingen natürlich Aufnahmen mit definierter Schärfentiefe, in denen Sie das Motiv »freistellen« können. Vor allem auch, um attraktive Nahen von den Gesichtern zu drehen, ohne die hässlichen Verzerrungen durch die Weitwinkeleinstellung in Kauf nehmen zu müssen.

Drehen Sie aber auch immer Nahen aus der Hand, damit im Schnitt die Aufnahmen von der Charakteristik her gut zusammenpassen. Wählen Sie eine normale Brennweite oder nur eine leichte Teleeinstellung. Bei großen Brennweiten und Naheinstellung beginnt das Bild trotz der ruhigsten Kameramannhand und des besten Stabilisierungssystems unweigerlich zu zittern. In der Praxis lassen sich so spannende »erzählende« Bilder produzieren, bei denen der Zuschauer jeden Arbeitsschritt detailliert verfolgen kann, z.B. das Filtern des Diesels, das Einfüllen des Kraftstoffs über den Schlauch oder den Ausbau des Filters.

Die Kamera bewegt sich immer an den Ort des Geschehens und versucht vor allem, die für das Verständnis wichtigen Nahaufnahmen einzufangen. Nur im Bild mit dem blauen Eimer sieht man z.B. das Wasser im Treibstoff als kleine Bläschen auf dem Diesel treiben. Entscheidend ist, dass Sie sich bei der Aufnahme trauen, wirklich nah an die einzelnen Motive heranzugehen, dazu gehören auch Personen. Dabei unterschreiten Sie zwangsläufig auch die natürliche Schamgrenze, die uns unbewusst zwingt, einen angemessenen Abstand zu anderen Menschen einzuhalten (ca. 1,30 m). Dieses Unterschreiten der natürlichen Schamdistanz müssen Sie sich antrainieren. Solange Sie freundlich sind, können Sie auf die Unterstützung Ihrer Darsteller hoffen, wenn Sie ihnen vermitteln, dass Sie wissen, was Sie tun, und alles, was Sie tun, dazu dient, den Darsteller besser aussehen zu lassen. Vergessen Sie jedoch nicht die für das Verständnis notwendigen Totalen. Sonst verliert der Zuschauer schnell den Überblick darüber, wo eigentlich gerade was passiert.

▲ **Abbildung 11.42**
Nahaufnahme vom gestreckten Diesel. Nur so sind die kleinen Bläschen zu erkennen.

11.4.3 Die richtige Handhabung einer Handkamera

Das wesentliche Problem gerade beim Drehen aus der Hand, insbesondere mit HD-Kameras, ist die Schärfe. Mit der Vollformatkamera hat man bei diesem Arbeitsstil größere Probleme, weil der große Sensor einen zu kleinen Schärfentiefebereich erzeugt. Helfen kann hier ein Weitwinkel, das die Aufnahmen aber unnötig verzerren würde. Ideal geeignet sind die kleinen Camcorder, die ein fast durchgehend scharfes Bild bei Weitwinkeleinstellung aufzeichnen und eine sehr geringe Nahdistanz erlauben. (Je nach Kameratyp kann man bis auf wenige Zentimeter ans Motiv heran-

Der Lehrfilm »Handkamera_Ton.flv« gibt Ihnen weitere Tipps für die Handhabung einer Handkamera und für guten Ton. Sie finden diesen Film im Beispielmaterial zum Buch unter FILME • LEHRFILME.

gehen.) Entscheidend ist das richtige Handling der Kamera. Es sind einfache Regeln, die Sie hier schon deutlich weiterbringen können. Was Sie vermeiden sollten:

- Stecken Sie Ihre Hand nicht in die Trageschlaufe 1 der Kamera.
- Halten Sie die Kamera nicht mit beiden Händen vor dem Körper 2, und greifen Sie die Kamera auch nicht von unten.
- Legen Sie Ihren »Kamera-Arm« nicht am Körper an, um die Kamera zu stabilisieren 3.

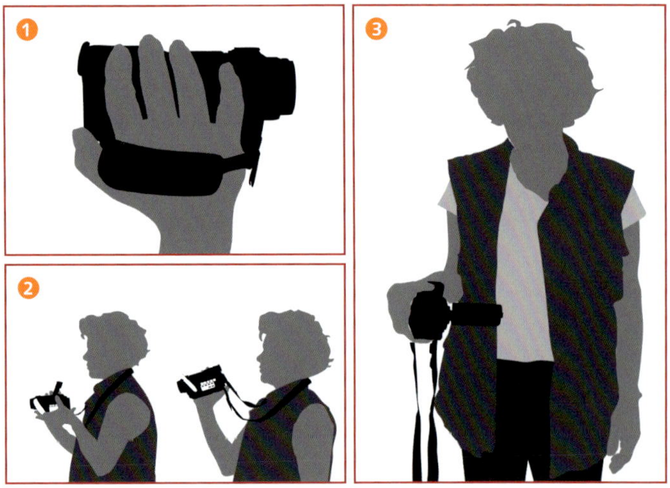

Abbildung 11.43 ▸
Was Sie bei der Handhabung einer Handkamera vermeiden sollten.

Was Sie machen sollten:

- Greifen Sie die Kamera von oben 4 oder wie in Position 5 von hinten.
- Legen Sie Ihren Arm nicht an, sondern winkeln Sie ihn vom Körper ab 6.

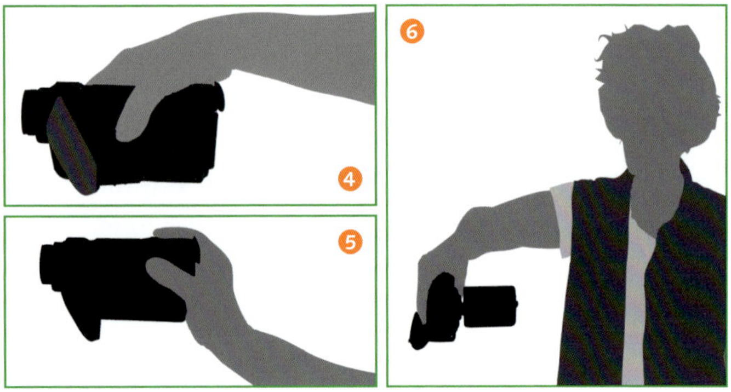

Abbildung 11.44 ▸
Was bei der Handhabung einer Handkamera hilfreich ist.

Wenn Sie aus der Hand drehen, versuchen Sie, die Kamera möglichst ruhig und kontrolliert zu führen. Im Zeitalter automatischer Bildstabilisatoren ist dies deutlich einfacher. Der Stabilisator gleicht insbesondere das Zittern einer unruhigen Hand und kleine Bewegungen aus. Schwieriger ist es, Körperschwankungen und Atmung zu kontrollieren. Halten Sie deshalb die Kamera immer möglichst vom Körper weg. Pressen Sie die Kamera nicht an sich in der Hoffnung, sie damit ruhiger halten zu können. Im Gegenteil: Sie übertragen nur unbewusste Körperbewegungen wie Atmen und Schwankungen auf die Kamera. Allerdings habe ich auch schon die gegenteilige Empfehlung gelesen. Daraus ziehe ich den Schluss, dass es nicht den einen Weg zum Erfolg gibt, sondern mehrere. Probieren Sie meinen Weg aus, und wenn Sie damit zurechtkommen, schreiben Sie mir eine E-Mail. Wenn nicht, dann schildern Sie mir Ihre Methode. Ich lerne gerne dazu.

11.4.4 Praxistipp: Schärfe und bewegte Kamera

Gimbals haben die Möglichkeiten der bewegten Kamera auch im Low-Budget-Bereich enorm erweitert, denn mittlerweile lässt sich bei den Gimbals der dritten Generation für die meisten Kameras auch die Schärfe über einen Motor kontrollieren. Trotzdem will ich Ihnen eine gerade für Handkameraaufnahmen einfache Methode ans Herz legen, die es Ihnen ermöglicht, zuverlässig und durchgehend scharfe und bewegte Aufnahmen zu drehen.

Drehen Sie möglichst weitwinkelig. Legen Sie die Entfernung zum Motiv fest, und stellen Sie scharf. Halten Sie dann während der Aufnahme möglichst immer den gleichen Abstand. Auch wenn Sie anfangs glauben, das kann nicht funktionieren, Sie werden schnell feststellen, dass die Weitwinkeleinstellung für durchgehend sichere Schärfe sorgt. Das Problem ist, die Kamera exakt aufs Motiv auszurichten. Wer hier versucht, den Aufnahmeverlauf über den Sucher zu kontrollieren, ist von Anfang an zum Scheitern verurteilt. Bei der bewegten Kamera heißt es, den Blick aufs Motiv zu richten und die Optik nach Gefühl zu kontrollieren. Ähnlich wie beim Schwenk oder Zoom gilt es, das Anfangs- und das Endbild möglichst ruhig zu halten, sodass nicht zwangsläufig in die Bewegung geschnitten werden muss. Auch mit einem Gimbal können Sie auf die gleiche Art und Weise für bestmögliche Schärfe sorgen. Aber: Sie haben auch die Möglichkeit, kompliziertere Aufnahmen zu realisieren, etwa indem Sie die Schärfe manuell nachführen oder auf Ihren Autofokus vertrauen. Je nach Aufnahmesituation sollten Sie Ihren Autofokus etwas anders konfigurieren (siehe Kapitel 8, »Filmen mit Systemkamera und DSLM«), zum Beispiel indem Sie die Ansprechzeit oder die Geschwindigkeit, mit der nachfokussiert wird, verändern.

11.4.5 Jemanden mit der Handkamera begleiten

Die einfachste Möglichkeit, eine gehende Person mit der Handkamera zu begleiten, ist, die Kamera mit einer Hand zu führen und mit der anderen zu stützen und der Person zu folgen. Der Kameramann kann dabei vor der Person hergehen, sie seitlich verfolgen oder hinter ihr laufen. Besonders dynamisch wirkt die Szene, wenn sich die Perspektive ändert. Die Bewegung selbst sollte mit der Person abgesprochen werden. Ich bitte die Darsteller, immer den gleichen Abstand zur Kamera zu halten und die Geschwindigkeit möglichst nicht zu ändern. Halten Sie die Kamera weg vom Körper, um Erschütterungen durch den eigenen Rumpf zu vermeiden. Die Kamera sollte möglichst frei bewegt werden können, d.h., das Objektiv kann aus dem Handgelenk horizontal und vertikal bewegt werden. Allerdings lebt die Szene nicht von zusätzlicher Kamerahektik, indem diese auf und ab und hin und her geschwenkt wird, sondern durch die möglichst harmonische und dynamische Bewegung des Motivs.

11.4.6 Schulterkamera

Wenn Sie professionelle Kamerateams z.B. in einer Fußgängerzone sehen, dann gilt Ihr Blick wahrscheinlich als Erstes der schweren Kamera, die auf der Schulter des Kameramanns ruht. Diese Kameras heißen auch *Schulterkameras* da man mit ihnen bevorzugt von der Schulter dreht.

Obwohl auch ich die meisten meiner Filme mit einer sogenannten Schulterkamera drehe, stelle ich mich in den seltensten Fällen der Kamera als Stativ zur Verfügung. Für Umfragen und schnelle Interviews ist die Schulter eine Möglichkeit, die Kamera zu fixieren. Doch wenn irgend möglich, ziehe ich ein Stativ vor oder drehe auch mit der Schulterkamera konsequent aus der Hand. Die Schulter ist für mich eher ein Kompromiss. Probieren Sie es aus: Ich finde, dass die Kamera sehr schnell zu wackeln beginnt, Atmung und Körperbewegung übertragen sich auf das Bild, und die abgewinkelte Hand sorgt für zusätzliche Unruhe. Schließlich stößt noch der Kopf gegen das Kameragehäuse, in der Summe also viele Gründe gegen die Schulter.

Aber sie hat den großen Vorteil, dass wir uns insbesondere bei Aufnahmen von Personen in der Regel auf Augenhöhe des Motivs befinden und damit erst einmal eine schmeichelhafte Perspektive produzieren. Viele Handkameraleute »schießen aus der Hüfte« und werden damit unfreiwillig untersichtig. Doppelkinn und Nasenlöcher setzen wir so erst recht in Szene. Versuchen Sie, eine permanente Froschperspektive zu vermeiden, auch wenn es im wahrsten Sinne des Wortes schwerfällt.

Schärfeprobleme
Um Schärfeprobleme zu vermeiden, stellen Sie die Zoomoptik in die maximale Weitwinkelposition (bei Verwendung eines Standardzooms), und bestimmen Sie in etwa die Distanz, die Sie zum Motiv einhalten wollen. Ich entscheide mich regelmäßig für 1 m, das entspricht auch in etwa der natürlichen Distanz zu Personen. Achten Sie darauf, nicht die von der Optik vorgegebene Naheinstellgrenze zu unterschreiten. Denn dann ist kein scharfes Bild mehr möglich.

Kapitel 12
Von der Einstellung zur Szene

Im vorangegangenen Kapitel haben Sie die fotografischen Aspekte des Filmens kennengelernt. Aber natürlich ist Filmen mehr. In diesem Kapitel geht es darum, eine Szene in Einstellungen aufzulösen und die Szenen so zu gestalten, dass sie im Schnitt sinnvoll montiert werden können.

12.1 Continuity – was man auf jeden Fall von Hollywood lernen sollte

In vielen Fachbüchern vor allem älteren Datums ist dies eines der wichtigsten Kapitel, und es könnte ebenso gut bereits in Teil I zu den Ausführungen zum Thema Drehbuch stehen wie in Teil III zum Thema Schnitt. Übersetzen lässt sich der Begriff nur schlecht. Das lateinische Wort Kontinuität bringt nicht mehr Klarheit ebenso wenig wie das deutsche »Stetigkeit«. Hinter *Continuity* verbirgt sich eine Philosophie, die in der Glanzzeit Hollywoods entstand. Vertreten wurde sie vor allem von Regisseuren wie Alfred Hitchcock. Dahinter steht die Idealvorstellung eines stetig fließenden Films, der seinen Zuschauer vollends in seinen Bann zieht. Er wird Teil des Geschehens und an keiner Stelle aus dem Erzählfluss gerissen. Gelingt dies, dann sind alle Regeln der Continuity perfekt umgesetzt worden. Hitchcock strebte deshalb z. B. an, möglichst einen Film ohne Schnitt zu drehen. Die Geschichte wird am Stück, ohne Unterbrechung erzählt. In seinem Film »Fenster zum Hof« ist er diesem Ideal ziemlich nahegekommen. Doch ein Film, der die Regeln der Continuity beachtet, muss nicht zwangsläufig ohne Schnitte auskommen. Vielmehr müssen die Schnitte so gesetzt sein, dass der Zuschauer sie nicht bemerkt. In vielen Fällen macht es auch gar keinen Sinn, auf Schnitte zu verzichten, da sonst z. B. auf – für das Verständnis wichtige – Nahaufnahmen verzichtet werden müsste.

12.1.1 Inszenierung

Setzen Sie Ihr Thema in Szene, auch und gerade im Dokumentarfilm. Häufig wird der Dokumentarfilm als Chronistenfilm missverstanden. Das mag für Kriegsberichterstattung und Beiträge über tagesaktuelle Politik gelten, für die allermeisten anderen Themen nicht. Viele Filme wären bis an die Absurdität komisch und auch langweilig, würde man als Chronist an die Aufgabe herangehen. Denken Sie beispielsweise an Filme, in denen ein Handwerk im Mittelpunkt steht. Es interessiert einen Zuschauer nicht die Bohne, wie ein Glasbläser auf Murano an einem bestimmten Tag gearbeitet hat. Wenn er sich den Film anschaut, dann will er mehr über die Kunst des Glasblasens erfahren. Um diesen Film zu drehen, müssen Sie den Handwerker, seine Arbeitsgeräte und das ganze Drumherum in Szene setzen. Andernfalls wird der Film misslingen. Wir wollen sehen, wo das Rohmaterial herkommt, wie das Glas geschmolzen wird, verstehen, wann ein Objekt gelungen oder misslungen ist. Dazu brauchen wir mehr als einen spontanen, schnell gedrehten Augenzeugenbericht. Viele schlechte Urlaubsfilme leiden gerade darunter, dass sie unstrukturierte subjektive Kurzeindrücke sinnlos aneinanderreihen, die es einem Dritten schwer machen, zu folgen. Wenn Sie sich für ein Thema entschieden haben, dann setzen Sie es konsequent um, und setzen Sie es in Szene. Versuchen Sie zu verstehen, was wichtig und unwichtig ist, was das Besondere.

»Wasser Marsch!« – Action in Szene setzen
Die Szene in Abbildung 12.1 ist spontan kaum zu drehen. Wenn Sie in einem laufenden Einsatz die Feuerwehrleute bitten würden, genau über der Kamera mit dem Löschen zu beginnen, Sie würden ausgelacht werden. Wenn Sie aber auch die Nahe haben wollen, dann müssen Sie diese wohl oder übel inszenieren. Dies ist kein Betrug am Zuschauer, sondern Alltag eines Dokumentarfilmers.

▲ **Abbildung 12.1**
Feuerwehrübung

12.1.2 Master-Scene-Verfahren

Die Altmeister Hollywoods setzen für die Wahrung der Kontinuität auf ein eigentlich einfaches Verfahren. Eine Szene wird mehrfach gedreht. Zunächst die sogenannte *Master Scene*, in der Regel eine Totale oder Halbtotale, die alle szenewichtigen Details enthält. Anschließend wird die Szene noch einmal aufgenommen, nun aber nähere Einstellungen bis hin zu Details. Oft sind mehrere Wiederholungen notwendig, um z. B. erst einen Protagonisten aufzunehmen, dann den anderen. Im Schnitt stehen so viele verschiedene Einstellungen aus unterschiedlichen Kamerapositionen mit verschiedenen Perspektiven und Einstellungsgrößen zur Verfügung – perfekt für den Schnitt. Das einzige Problem: Dieses Verfahren funktioniert meistens nur mit professionellen Schauspielern, die es gewohnt sind, eine Szene mehrfach zu spielen und dabei die Gestik und den Text bis hin zu ihren Positionen exakt zu wiederholen. Laien hingegen machen fast alles anders.

Im Beispielmaterial zum Buch finden Sie unter Filme • Lehrfilme einen Lehrfilm zum Master-Scene-Verfahren. Die Datei heißt »Master-Scene.flv«.

Halten sie den Kugelschreiber in der Totalen in der linken Hand, dann wechselt er in der Nahen in die rechte Hand. Wo beim ersten Mal noch herzlich gelacht wurde, gibt's bei der zweiten Aufnahme nur mehr ein freundliches Lächeln. Hier ein Beispiel: In der Totalen füllt der Verkäufer die Eiswaffel mit zwei Kugeln Eis.

◂▴ **Abbildung 12.2**
Szenenfolge Eisdiele

In der Nahen aber sieht man nur, wie Vanilleeis in die Waffel gefüllt wird. Der Grund: Der nächste Kunde verlangte Schokoladeneis. Diese Bilder lassen sich kaum aneinanderschneiden, ein klassischer *Anschlussfehler* wäre die Folge. Doch was soll man tun? Soll man den Eisverkäufer bitten, noch einmal eine Waffel mit Schokoladeneis zu füllen, obwohl doch niemand das Eis bestellt hat? Genau das, zumindest wenn Sie sich später im Schnitt nicht ärgern wollen. Aber ist das noch Dokumentarfilm oder bereits inszenierte Fiktion? Auch im Dokumentarfilm werden Szenen mehrfach gedreht und nachgestellt. Denn der Film wird ja für den Zuschauer produziert. Und der soll verstehen, wie die Kugel in die Waffel kommt. Das gelingt aber nicht, wenn er stattdessen darüber rätselt, warum sich das Schokoladeneis blitzschnell in Vanilleeis verwandelt hat. Dokumentarfilm ist nicht gleichbedeutend mit einem Dokument der Zeitgeschichte. Oft ist das Verständnis eines Vorgangs wichtiger als seine realistische Dokumentation.

12.1.3 Stop-and-go

Wer sich auf die Bildgestaltung konzentriert, verliert die Kontinuität leicht aus dem Blick. Ein Grund, warum in Hollywood dafür ein eigener Assistent beschäftigt wird (Script oder Continuity). Um sogenannte *Anschlussfehler* zu vermeiden und die Geduld Ihrer Darsteller nicht zu sehr zu strapazieren, können Sie das

Master-Scene-Verfahren etwas modifizieren. Ich nenne es »Stop-and-go«. Am Beispiel der Szene mit dem Eisverkäufer drehen Sie zunächst die Totale wie gehabt. Wenn der Eisverkäufer die erste Kugel Eis aus dem Behälter kratzt, stoppen Sie ihn. Stellen Sie die Nahe ein, am besten leert der Mann den Eiskratzer noch einmal und beginnt von vorne. Jetzt drehen Sie die Nahe, die Eiswaffel wird gefüllt. Wenn der Eisverkäufer die Waffel an den Kunden gibt, rufen Sie erneut »Stopp«. Drehen Sie nun die Overshoulder, die den Eisverkäufer zeigt und die Kundin unscharf im Anschnitt. Drehen Sie die Einstellung von dem Moment an, in dem der Eisverkäufer mit der Waffel aus den Tiefen seiner Kühltheke auftaucht und sie seinem Kunden übergibt. Bevor die junge Frau das erste Mal am Eis leckt, rufen Sie ein letztes Mal »Stopp«. Nun gehen Sie hinter den Eisverkäufer und drehen den Gegenschuss, also die Overshoulder mit dem Gesicht der Frau, die ihr Eis freudig entgegennimmt, und dem Kopf des Verkäufers im Anschnitt.

Stop-and-go in der Praxis

In der Szene mit der Feuerwehrübung wollte ich alle Schritte eines Löscheinsatzes zeigen. Nur spielt dieser gleichzeitig an fünf verschiedenen Orten. Anstatt nun fünfmal alles zu wiederholen, habe ich Schritt für Schritt jede Location abgedreht. Die Feuerwehrleute mussten auf mich warten.

◂▴ Abbildung 12.3
Feuerwehrübung an fünf verschiedenen Orten: Löschfahrzeug, Besprechung, Fahrzeug, Löschstelle, Hydrant

Der Vorteil dieser Stop-and-go-Methode ist: Sie zerlegt die Szene in einzelne Einstellungen, Sie müssen sich nur auf jeweils wenige Details konzentrieren und behalten leichter den Überblick. Nachteil: Ihre Protagonisten, allesamt ja Laien, verstehen oft nicht auf Anhieb, was sie eigentlich tun sollen, z. B. wenn Sie den Verkäufer bitten, doch die Kugel noch nicht in die Waffel zu füllen, sondern noch einmal in den Behälter zurückzugeben. Doch ich habe mit dieser Methode gute Erfahrungen gemacht, und Sie sollten sie einmal ausprobieren. Aber sie produziert Stress und Hektik – bei Ihnen und beim Darsteller. Gehen Sie deshalb ganz entspannt an die Sache heran, und denken Sie vor allem daran: Lassen Sie sich nie zu einem Tadel gegenüber einem ja meist kostenlos agierenden Darsteller hinreißen.

Grenzen der Stop-and-go-Methode | Dummerweise gibt es Szenen, in denen weder die Master-Scene-Technik noch Stop-and-go funktionieren. Dazu zählen z. B. alle Tierfilme. Ein Afrikanischer Löwe wird sich kaum überreden lassen, das Zebra noch einmal an der gleichen Stelle zu reißen wie in der ersten Szene. Auch ein plötzliches »Stopp« wird ihn kaum von seinem Handeln abbringen, ganz zu schweigen davon, dass das Zebra nicht warten wird, bis Sie Ihre Kamera umgebaut haben. Auch für andere Szenen sind diese inszenierten Verfahren untauglich, etwa bei Hochzeiten, Schiffstaufen oder Raketenstarts. Ich greife bei solchen »Ereignissen« konsequent zur bewegten Kamera, die es mir erlaubt, flexibel und dem Geschehen angemessen die Einstellungen zu ändern. Tierfilmer hingegen lösen das Problem oft durch Geduld. Sie bannen immer wieder ähnliche Einstellungen auf den Speicherchip, um schließlich im Schnitt aus verschiedenen Szenen jene »Filmszene« herzustellen, die dem Zuschauer das Jagdverhalten von Löwen am eindringlichsten vor Augen führt. Eine Alternative wäre es, mit mehreren Kameras zu drehen.

12.1.4 Zwischenschnitte

So ganz genau ist nicht definiert, was ein Zwischenschnitt eigentlich ist. Zwischenschnitte werden häufig als Bilder bezeichnet, die dem Cutter helfen, zwei wichtige Bilder aneinanderzumontieren. Weil es direkt nicht geht, z. B. weil die Einstellungen zu ähnlich sind, sucht sich der Cutter im Rohmaterial einen kleinen Bildschnipsel, der ihm über das Anschlussproblem hinweghilft. Besonders gern werden neutrale Nahen für solche Zwecke verwendet. Doch im Beispiel mit dem Eisverkäufer ist die Nahe vom Eiskratzer beileibe kein Zwischenschnitt, sondern eigentlich die interessanteste Einstellung der ganzen Szene. Oder haben Sie

Interner und externer Zwischenschnitt
Es gibt zumindest kurze filmtheoretische Abhandlungen auch über den Zwischenschnitt. Wurde dieser aus der Szene entnommen, dann heißt er *intern*. Beispiel: das Logo der freiwilligen Feuerwehr.

▲ **Abbildung 12.4**
Interner Zwischenschnitt

Zeigt er dagegen etwas, das außerhalb der eigentlichen Handlung liegt, z. B. die Kirche des Ortes, an dem die Handlung spielt und die der wichtigste Orientierungspunkt im Film »Hofheim 1250« ist, dann heißt dieser Zwischenschnitt auch *extern*.

▲ **Abbildung 12.5**
Externer Zwischenschnitt

Mir ist das ein bisschen zu theoretisch. Aber: Je dichter ein Zwischenschnitt an der Handlung dran ist, desto glaubwürdiger erscheint er. Halten Sie also beim Drehen Ausschau nach »internen« Zwischenschnitten.

Vorsicht DSGVO
Bei Aufnahmen von Zuschauern lauert der Datenschutz, allerdings bei weitem nicht so streng, wie vielfach der Eindruck erweckt wird. Bei Großveranstaltungen und Umzügen sind Sie relativ sicher. Hier gilt: Darsteller und Zuschauer müssen damit rechnen, gefilmt zu werden. Das trifft jedoch nicht auf kleine oder gar private Veranstaltungen zu, bei denen ein Besucher davon ausgehen kann, unentdeckt zu bleiben. Auf keinen Fall sollten Ihre Zwischenschnitte den Gefilmten kompromittieren.

schon einmal so aus der Nähe den Vorgang beobachtet? Trotzdem ist sie in gewisser Weise auch ein Zwischenschnitt, weil die Nahe die beiden Halbtotalen besser verbindet. Unser Problem mit der falschen Eiskugel können wir ebenfalls mithilfe eines Zwischenschnitts lösen, diesmal mit dem Bild des neutralen Beobachters der Szene. Zunächst zeigen wir in der Nahen, wie der Verkäufer Schokoladeneis aus dem Behälter kratzt, danach das Gesicht der Frau. Sie sieht dem Verkäufer zu und wartet auf sein Eis. Erst dann schneiden wir in die Overshoulder, in der der Verkäufer der Frau die Eiswaffel – leider nun ein Vanilleeis – reicht. Doch aufgrund des neutralen Zwischenschnitts mit der zuschauenden Frau glauben die meisten Zuschauer nun, dass der Verkäufer auf die Kugel Schokoladeneis noch eine Kugel Vanille gepackt hat. Den Anschlussfehler haben wir erfolgreich vertuscht. Wenn Sie mir jetzt nicht glauben, so liegt das einzig und allein daran, dass Sie wissen, dass ich geschummelt habe. Die meisten Zuschauer vertrauen jedoch dem Film, solange die Fehler nicht offensichtlich sind.

Abbildung 12.6 ▸
Ob Schokoladen- oder Erdbeereis – das Vertrauen in den Film ist groß, falsche Bilder werden oft nicht wahrgenommen.

Zwischenszene
Man kann auch ganze Szenen als Zwischenschnitt verwenden. In meiner Szene über die kleine Feuerwehrübung habe ich die Aufnahmen vom Öffnen des Hydranten als solche Zwischenszene benutzt. Damit kann ich die Zeit vom ersten Ausrollen des Schlauchs bis zum Befehl »Wasser Marsch!« erheblich kürzen. Und der Zuschauer hat den Eindruck, als liefe alles wie am Schnürchen.

Ein anderes Beispiel: In Interviewsequenzen sieht man oft den Fragesteller, wie er begeistert nickend den Worten des Sprechers lauscht – ein einfacher Zwischenschnitt, der noch dazu die Eitelkeit des Journalisten pflegt.

Zuschauer sind eine häufige Quelle für solche Zwischenschnitte. Wann immer Sie Zuschauer in einer Szene dabeihaben, sollten Sie ein paar Gesichter »mit drehen«. Doch es gibt weitaus mehr Möglichkeiten für Zwischenschnitte, von Wetterbeobachtungen (Wolken ziehen auf) über Tageszeiten (Sonnenauf- und -untergang) bis hin zu Details am Rande. Im Beispiel unserer kleinen Eisdielenszene könnte dies das Ablegen des Eiskratzers in der

Spülwanne sein oder der Augenblick, in dem der Kunde das Geld aus seinem Portemonnaie holt. Zwischenschnitte sollten allerdings nicht unfreiwillig komisch sein. Wenn Sie z. B. in die Eisdielenszene einen Sonnenuntergang einschneiden, dann denkt jeder Zuschauer intuitiv, dass das Ganze wohl sehr lange dauert.

Es gibt noch eine weitere Funktion von Zwischenschnitten, nämlich dann, wenn Sie eine Szene mit der Folgeszene verbinden. Beispielsweise setzen die Teilnehmer vor einer Regatta Bojen aus, die die Boote während des Wettkampfes passieren müssen. Am nächsten Tag geht das Rennen dann los. Wie erklären wir dem Zuschauer, dass die Regatta erst einen Tag später stattfand? Mithilfe eines Zwischenschnitts.

◄▲▼ Abbildung 12.7
Szene 1: Boje aussetzen (oben) Zwischenschnitt: Boje in der Dämmerung (Abbildung in der Mitte). Und die beiden unteren Bilder zeigen die Regatta am nächsten Tag im vollen Gange. Die obere Szene wurde mithilfe des Zwischenschnitts intuitiv mit der Folgeszene verbunden.

In vielen Fernsehserien wird immer der gleiche Zwischenschnitt verwendet, um dem Zuschauer klarzumachen, dass die Geschichte in der Zeit vorangeschritten ist. Beliebte Zwischenschnitte sind auch Fahrtszenen, die versinnbildlichen, dass der Protagonist den Ort wechselt, oder eine tickende Uhr. Berühmt geworden ist der Wecker in der Komödie »Und täglich grüßt das Murmeltier«, der dem Helden immer wieder den gleichen Tag einläutet.

12.1.5 Establishing Shot

▲ **Abbildung 12.8**
Establishing Shot: Die Feuerwehr kommt.

Diese Einstellung ist die Einführung in eine Szene. Der *Establishing Shot* zeigt uns, wo die Handlung spielt, und stellt die Akteure vor, schafft also Orientierung und Überblick. Viele Spielfilme beginnen mit aufwendigen Hubschrauberflügen, z. B. über eine Stadt. Zum Ende hin verdichtet die Kamera auf ein Fahrzeug, etwa das Einsatzfahrzeug eines Polizeibeamten auf dem Weg zum Tatort. In der letzten Totale bremst das Polizeiauto, die Tür öffnet sich, und der Held betritt die Szene. Das Ganze dauert 30 Sekunden, aber erzählt bereits fast die ganze Story: ein Polizist auf dem Weg zum Tatort. Ein Verbrechen ist passiert, und der Held steht am Anfang seiner Ermittlungen ganz allein mit der Suche nach dem Täter im Dickicht der Großstadt.

Ebenso wie konsequente Nahen verzichten Einsteiger leider auch auf echte Establishing Shots in ihren Erstlingswerken. Dass leider das Geld für einen Hubschrauber fehlte, ist dabei eher eine billige Ausrede. Vielmehr verlieren viele Kameraleute über die Begeisterung für Nahen den Blick aufs Wesentliche, nämlich die Handlung. Die folgende Szene zeigt zwei Jugendliche in einer klassischen Situation. Sie telefoniert, er wartet genervt. Die Szene macht jedoch nur Sinn, wenn wir am Anfang erfahren, dass die beiden zusammengehören.

Drohnen vor

Der Establishing Shot ist die Aufgabe schlechthin für all die Phantoms, Mavics, Karmas und Typhoons, kurz für alle Drohnen, die es schaffen, eine Kamera, die in ihrer Auflösung drehen kann, sicher zu starten und zu landen. Tatsächlich hat die Drohnenmanie der letzten Jahre hier die Ansprüche des Publikums deutlich in die Höhe geschraubt. Ein Film über den Staffelsee ist heute kaum denkbar ohne Luftaufnahme.

▲ **Abbildung 12.9**
Luftaufnahme vom Staffelsee

▲ **Abbildung 12.10**
Establishing Shot

Der Establishing Shot stellt in dieser Motivserie den Ort des Geschehens und die beiden Protagonisten vor. Der Zuschauer ist orientiert und wird sogar den 180-Grad-Schuss entlang der Achse akzeptieren.

▲ **Abbildung 12.11**
Szene Telefonterror

12.2 Die Sache mit der Achse

Es gibt ein Wort, mit dem erfahrene Cutter junge Filmschaffende zu Tode erschrecken können: *Achsensprung*. In der Regel schwingt dabei so viel Abscheu in ihrer Stimme mit, dass sich der Jungregisseur spontan dem Urteil des altgedienten Bildschaffenden unterwirft und schwört, künftig nie wieder ein ähnliches Sakrileg zu begehen. Das Problem dabei ist, dass dem unbedarften Anfänger seine Schandtat gar nicht aufgefallen ist. Im Gegenteil, er findet sowohl die Aufnahme als auch die Montage ganz gelungen. Aber darf man an dem geschulten Blick eines erfahrenen Cutters zweifeln? Man darf. Formal ist ein Achsensprung ein Schnittfehler, den es zu vermeiden gilt. Zumindest steht es so in den Lehrbüchern des klassischen Hollywood-Kinos, dessen Dogma des *Continuity Editings* sich zum Ziel gesetzt hat, durch keinen Schnitt oder gar Montagefehler den Erzählfluss zu unterbrechen. Aber tatsächlich gehört der Achsensprung zum Fernsehalltag. Auch den kritischen Blicken von Oscar-Juroren hält er mittlerweile stand, und zwar genauso als gewollte Regelverletzung wie als lässliche Sünde, die keinen stört. Das Problem des Achsensprungs wird immer gerne am Beispiel einer klassischen Dialogszene erklärt.

Die Kameras ❶ bis ❹ (siehe Abbildung 12.12) sind erlaubte Positionen, solange man nur Bilder dieser vier Kameras miteinander mischt. Aufnahmen der Kameras ❺ und ❻ dagegen würden seitenverkehrt erscheinen. Man würde über die Achse springen, die in diesem Fall der Blickachse zwischen den beiden Gesprächspartnern entspricht. Übrigens: Die Kameras ❺ und ❻ dürfen wieder miteinander gemischt werden – innerhalb ihrer Achse.

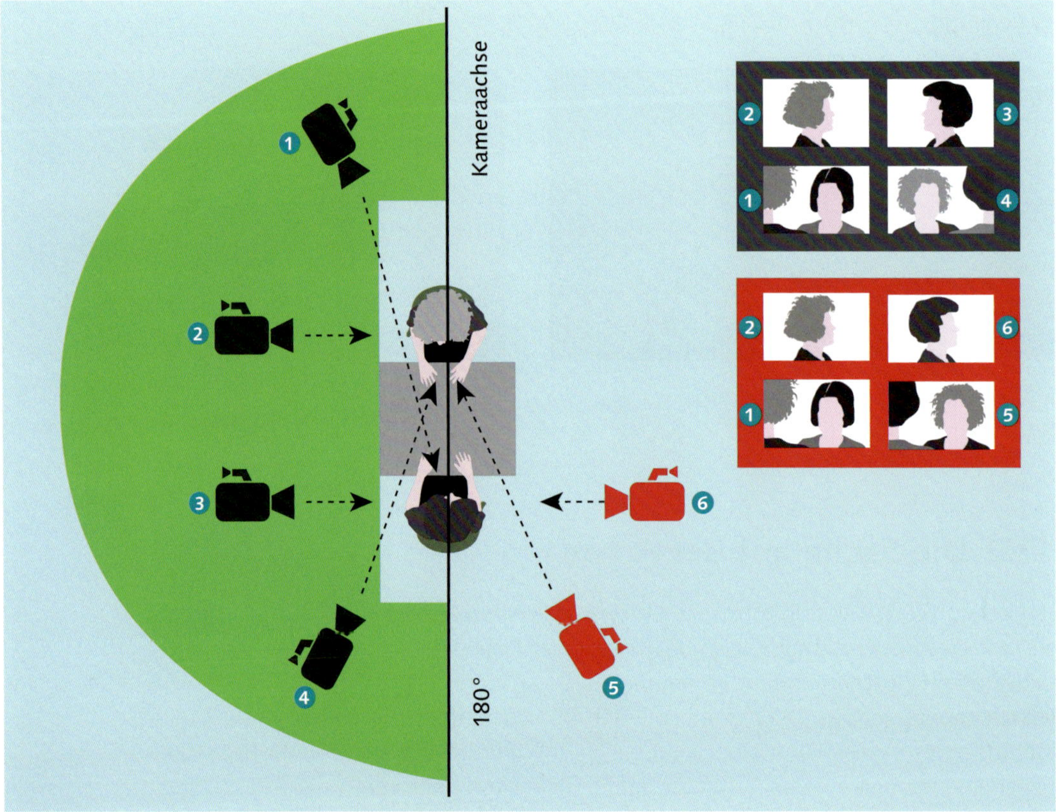

▲ **Abbildung 12.12**
Kameraachse am Beispiel eines Gesprächs zwischen zwei Personen an einem Tisch

12.2.1 Die 180-Grad-Regel

Zwei Gesprächspartner sitzen sich gegenüber, die Blickachse zwischen den Augen der beiden Personen bildet eine gedachte Linie. Die Kamera darf sich nur auf einer Seite dieser Achse bewegen, also maximal in einem Winkel von 180 Grad. Andernfalls würde diese Kameraachse übersprungen, und die Bilder erschienen seitenverkehrt. In unserem Beispiel aus Abbildung 12.12 sind also alle Kamerapositionen im grünen Bereich erlaubt. Kombinieren Sie nun Kamera ❶ und ❷ z. B. mit Kamera ❺ und ❻, dann schauen sich die beiden nicht mehr an, sondern blicken in die gleiche Richtung – für den Zuschauer verwirrend: Er verliert die Orientierung, weiß nicht mehr, wer nun eigentlich wo steht und mit wem spricht. Würde man z. B. die Bilder der Kameras ❷ und ❻ hintereinanderschneiden, so hätte man den Eindruck, die beiden Personen säßen hintereinander und nicht einander gegenüber. Aus dem Gespräch am Tisch würde eine Busfahrt.

12.2.2 Mehrere Achsen

Für Anfänger ist die Festlegung der Achse manchmal schwierig. Im Fall eines Dialogs zwischen zwei Personen ist es durchaus sinnvoll, die unsichtbare Blickachse zu beachten. Aber es gibt ja weit mehr Situationen im Leben eines Kameramanns. Und häufig kann sich die Achse in einer Szene ändern, bzw. es gibt mehrere Achsen. Dabei spielt die sogenannte *Line of Action* eine entscheidende Rolle. Sie gilt es, möglichst intuitiv zu erfassen und zu beachten. Im ersten Beispiel ist die Sache klar. Hier entspricht die Line of Action der Blickachse zwischen den beiden Gesprächspartnern. Doch wie sieht es im folgenden Beispiel aus?

In einer Kochszene reden der Koch und sein Gast miteinander. Die Line of Action wäre also wieder die Blickachse. Der Kameramann müsste sich für Kamerapositionen vor oder hinter den beiden Gesprächspartnern entscheiden. Da es hinter den beiden keinen Sinn machen würde, stünde er also im Halbkreis vor dem Küchenblock. Doch damit scheiden einige Einstellungen zwangsläufig aus, die äußerst attraktiv wären, nämlich alle sogenannten *Overshoulder-Schüsse*, bei denen man z. B. über die Schulter des Kochs in den Kochtopf blicken würde. Darauf wird der Regisseur einer erfolgreichen Kochsendung aber in keinem Fall verzichten. Eine Line of Action verläuft nämlich genauso zwischen den Kochenden und dem Herd. Die Folge ist, dass eine Kamera irgendwann immer die 180-Grad-Regel verletzt und zwangsläufig über die Achse springt.

▲ **Abbildung 12.13**
Küchenszene

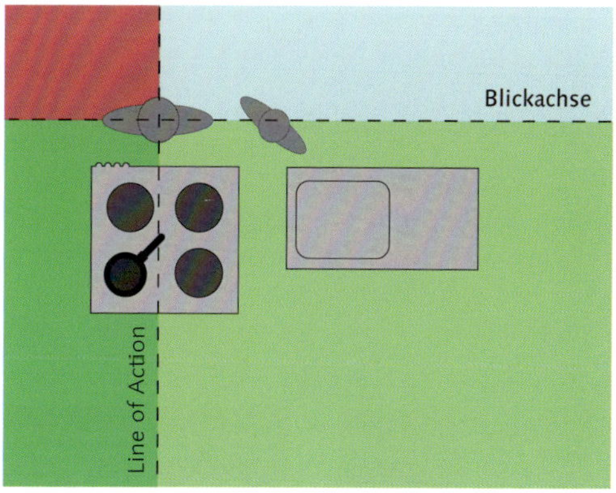

▲ **Abbildung 12.14**
Küchenszene: Während die beiden Protagonisten miteinander reden, wird die Blickachse zur Kameraachse.

12.2.3 Den Achsensprung »kaschieren«

Doch das Problem ist lösbar. Die einfachste Methode wäre z. B. ein neutraler Zwischenschnitt, etwa eine Nahaufnahme des Gemüses, das im Vordergrund drapiert ist. Oder die Kamera geht sichtbar über die Achse, und der Zuschauer versteht intuitiv, wie sich die Blickwinkel ändern. Doch häufig dauern solche Gänge einem ungeduldigen Zuschauer zu lang, man würde lieber schneiden. Mein Tipp: Legen Sie über jede Szene ein unsichtbares Kreuz. Spielen in der Szene Menschen mit, so liegt eine Achse immer auf der Blickachse der Protagonisten. Sind mehrere Personen im Raum, so entscheiden Sie sich für eine Blickachse, möglichst unter Einschluss Ihres Hauptdarstellers. Die andere Achse verläuft lotrecht zur ersten Achse, also im 90-Grad-Winkel. Sie erhalten damit immer vier Quadrate. Entscheiden Sie sich für eine Kameraposition in einem Quadrat. Die nächste Position muss innerhalb eines benachbarten Quadrats liegen. Wollen Sie auch im diagonal gegenüberliegenden Quadrat drehen, achten Sie darauf, dass Sie einen Zwischenschnitt aus einem der zu Position 1 benachbarten Quadrate drehen, möglichst mit veränderter *Einstellungsgröße*. In den allermeisten Fällen sollte es im Schnitt später keine Probleme geben.

Komplexe Aufnahmesituationen

Ausgangssituation: Vier Personen stehen sich gegenüber. Von der Kameraposition ❶ aus kann sich der Kameramann jeweils in eines der grünen Felder bewegen. Damit wird eine der beiden denkbaren Achsen zunächst zur Hauptachse. Konsequenz: Aufnahmen aus dem rot markierten Feld ❸ scheiden von vornherein aus.

Kameraposition ❷ wird nun zur neuen Ausgangssituation (das Feld ist nun weiß). Damit kann er in beide benachbarte Quadrate, also auch das orange markierte. Dies wäre bei Beachtung der Hauptachse jedoch ausgeschlossen.

Tipp: Zeigen Sie den Achsensprung am besten mit bewegter Kamera, indem Sie um die Person nahe Kameraposition ❷ herumgehen. Ändern Sie die Einstellung.

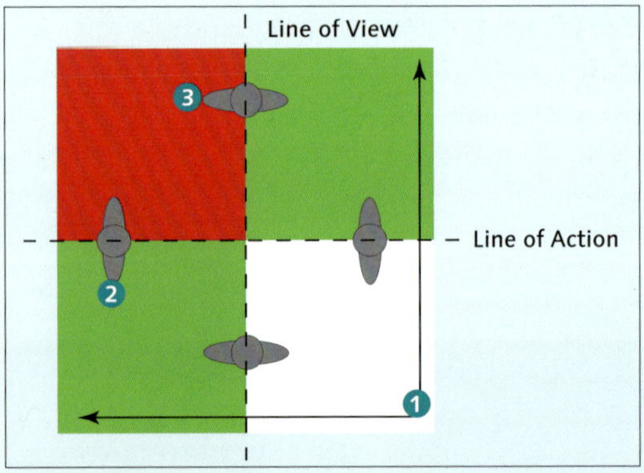

▲ **Abbildung 12.15**
Raster für komplexe Aufnahmesituationen

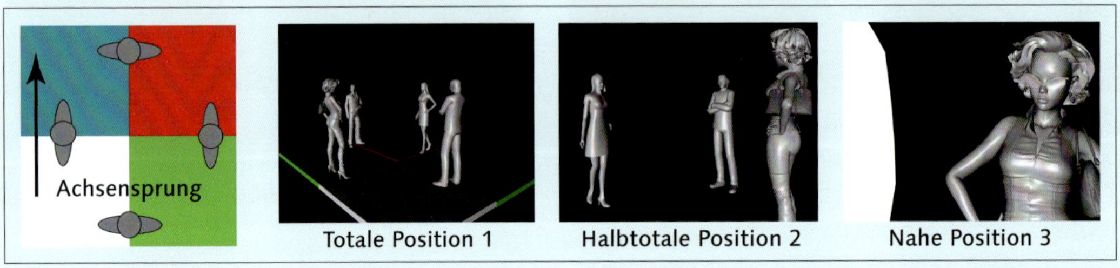

▲ **Abbildung 12.16**
Kameraposition ❷ als neue Ausgangsposition

12.2.4 Die 30-Grad-Regel

Eine andere Regel besagt, dass zwei *Kamerapositionen* mindestens 30 Grad auseinanderliegen sollten. Der Grund: Sind sich zwei Einstellungen zu ähnlich, lassen sie sich im Schnitt nur schlecht montieren. Die Einstellungen sollten sich deutlich voneinander unterscheiden. In der Praxis halte ich es für ausreichend, wenn Sie es sich angewöhnen, deutlich unterschiedliche Kamerapositionen zu suchen. Wie viel Grad es nun letztendlich sind, können Sie gerne nachmessen, halte ich aber für unwichtig. Wenn Sie sich, wie oben vorgeschlagen, in ein benachbartes Quadrat begeben, dann berücksichtigen Sie meistens auch automatisch die 30-Grad-Regel.

Die Filmtheorie bietet viele Lösungen auch für die kompliziertesten Aufnahmesituationen an. Für den Spielfilm sind diese theoretischen Überlegungen sinnvoll. Dokumentarisch arbeitende Filmer sollten das eigentliche Geschehen nie aus den Augen verlieren. Oft ist ein Motiv nur aus einer Kameraposition optimal einzufangen, im Beispiel unserer Kochszene der Blick in den Kochtopf etwa nur aus der Vogelperspektive.

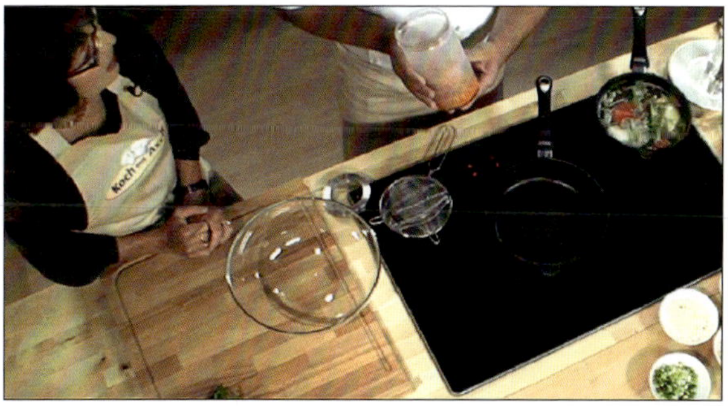

◂ **Abbildung 12.17**
Blick in den Kochtopf

Auf die Aufnahme zu verzichten, nur weil man noch mit theoretischen Überlegungen über die Kameraachse beschäftigt ist, wäre unsinnig. Da akzeptiert der Zuschauer eher einen Achsensprung, als dass seine Neugier unbefriedigt bleibt, wie es denn nun eigentlich im Topf aussieht. Doch wenn Sie sich unsicher sind, ob es hinterher im Schnitt nicht vielleicht Probleme geben könnte, dann nehmen Sie lieber noch einige Bilder mehr auf. Wechseln Sie dazu die Kameraposition, und verändern Sie die Einstellungsgröße. Haben Sie lieber zu viele Bilder als zu wenige. Weglassen können Sie Aufnahmen jederzeit, ein Nachdreh kostet Zeit und Geld und ist manchmal gar nicht möglich. Vielleicht müssen Sie Ihre Darsteller bitten, eine bestimmte Handlung, die in der Nahen zu sehen war, in der Totalen noch einmal zu wiederholen. In unserem Beispiel, in dem der Koch in der Nahen im Topf rührte, sollte er – für einen optimalen Anschluss – auch in der Totalen noch einmal umrühren.

Filmtheoretiker haben noch eine Menge mehr Empfehlungen parat, die oft wie Gesetze behandelt werden. Dazu gehört auch die Ansicht, dass die 180-Grad-Achse nicht voll ausgeschöpft werden sollte, also Aufnahmen von zwei gegenüberliegenden Standorten zu vermeiden sind. Ich hingegen mag diese extremen Positionen sehr und verwende sie auch häufig. In der Kochszene z. B. passen die Overshoulder in den Topf und der Gegenschuss auf den rührenden Koch für meinen Geschmack sehr gut zusammen.

Kapitel 13
Workshop Filmen

Das Herstellen von Filmen ist in vielen Aspekten handwerkliche Arbeit, die Übung braucht. In diesem Workshop erkläre ich Ihnen einige Standardsituationen und wie Sie sie bewältigen. Probieren Sie es aus.

Wenn Sie drehen, versuchen Sie, immer das Beste aus einem Motiv herauszuholen, auch wenn die Umstände noch so widrig erscheinen. Ein kleiner Positionswechsel bewirkt oft wahre Wunder, die eine Einstellung mehr, die Sie drehen können, aber vermeintlich nicht brauchen, stellt sich im Schnitt als Rettung für die ganze Szene heraus. Motivieren Sie sich – und Ihr Team –, sorgfältig und fleißig zu drehen. In den folgenden Abschnitten finden Sie praktische Anleitungen für verschiedene Standardsituationen. Und ich versuche, Ihre Begeisterung für das filmische Abenteuer zu wecken – etwa wenn es um das Filmen aus fahrenden Autos geht.

13.1 Interviews und O-Töne

»Nach 30 Sekunden«, hat ein Kollege mich einmal ermahnt, »musst du doch den ersten O-Ton bringen.« Bis dahin hatte ich bereits eine Minute aus meiner Sicht spannende Unterhaltung über die Willkür deutscher Behörden zusammengeschnitten. Man muss nicht, aber O-Töne sind gerade im Fernsehen ein beliebtes Mittel, um einen Beitrag zu gestalten. Gute O-Töne machen ihn besser. Doch leider gibt es O-Töne bei Hobbyfilmern nur ganz selten. Die Gründe sind fast immer die gleichen: Hemmungen, andere anzusprechen und um ihre Meinung zu bitten, und schlechte Tonqualität. Gerade O-Töne interessieren den Zuschauer. Und es gibt – das tägliche Fernsehprogramm stellt es eindrücklich unter Beweis – kaum ein Thema, über das sich nicht öffentlich reden lässt. Im Folgenden beschreibe ich Schritt für Schritt, wie ein Kamerateam einen O-Ton produziert, allerdings verzichten wir auf zusätzliches Licht. Der Interviewpartner soll vor dem Hintergrund freigestellt werden.

▼ Tabelle 13.1
Anforderungen bei der Aufnahme eines Interviews vom Stativ

	Inhalt	**Lernziel**	**Abschnitt**
Ton	externes Mikro verwenden	guter Ton mit guter Technik	Abschnitt 10.7
Licht	Available Light	verfügbares Licht optimal ausnutzen	Abschnitt 10.6.7
Bildgestaltung	richtige Kadrierung, bewegte Kamera	ruhige Kameraführung	Abschnitt 11.1
Regie	Szene zweimal wiederholen, Zwischenschnitte	Umgang mit Gesprächspartnern, Fragetechnik	Abschnitt 12.1
Schnitt	Tonfehler korrigieren, Ton verziehen, Bildfehler korrigieren	Rauschen unterdrücken, Beleuchtungsfehler ausgleichen	Abschnitt 21.1

Schritt für Schritt zum perfekten O-Ton

Interviews sind Teil der allermeisten Profifilme, ganz selten trauen sich jedoch Einsteiger an ein ordentliches Interview heran. Leider. Denn gelungene authentische O-Töne werten jeden Film auf. Ein O-Ton ist das kurze Statement eines Interviewpartners oder anderen »O-Ton-Gebers«, das aus einer konkreten Situation heraus entsteht und auf diese Bezug nimmt. Neben dem O-Ton-Geber sollte für den Zuschauer die Situation auch aus dem Bild heraus erfassbar sein. Dabei kann die Kamera den O-Ton-Geber auch aus dem Blick verlieren und Bilder einfangen, die einen inhaltlichen Bezug zum O-Ton herstellen.

Reihenfolge der Arbeitsschritte
Die Reihenfolge der Arbeitsschritte ist eine Empfehlung. Es kann jedoch notwendig sein, bereits vor dem Scharfstellen die Blende wenigstens so weit zu korrigieren, dass das Bild nicht hoffnungslos über- oder unterbelichtet ist, da andernfalls auch die Schärfe schwierig zu beurteilen ist.

1 Motivposition suchen

Stellen Sie den Interviewpartner möglichst so zur Lichtquelle, dass zwei Drittel des Gesichts ausgeleuchtet werden. Vermeiden Sie grelle Sonne, der Interviewpartner sollte in der Regel möglichst vor einem dunkleren Hintergrund stehen. Bei dunklen Haaren kann auch ein hellerer Hintergrund sinnvoll sein.

2 Kameraposition suchen

Stellen Sie etwa drei bis fünf Meter entfernt Ihr Stativ auf. Fahren Sie das Stativ so hoch aus, dass die Kamera in Kopfhöhe des Interviewpartners steht.

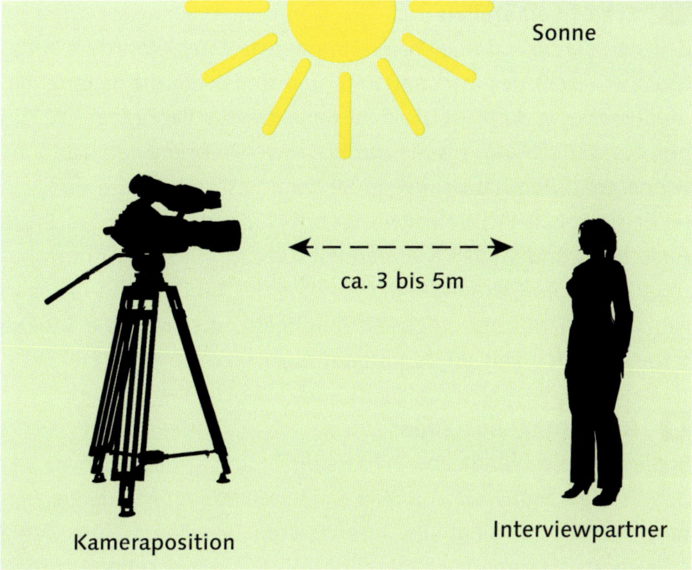

◂ **Abbildung 13.1**
Aufbau mit seitlichem Sonnenlicht

3 Bild einstellen

Wählen Sie den Bildausschnitt so, dass der Interviewpartner aus der Mitte heraus positioniert wird und ins Bild schaut, d.h. schräg an der Kamera vorbei. Üblich ist heute auch, dass der Interviewte direkt in die Kamera blickt. Verwenden Sie eine Telebrennweite von 70 bis 135 mm. Korrigieren Sie, wenn nötig, die Position des Interviewten oder der Kamera. Achten Sie auf störende Gegenstände im Hintergrund. Wählen Sie den Ausschnitt so, dass der Interviewte nicht bereits bei kleinen Bewegungen »aus dem Bild fällt«. Bei sehr aufgeregten Interviewten sollten Sie die Einstellung nicht ganz so eng wählen. Beachten Sie den Safety Cache und lassen Sie zudem Platz für eine Bauchbinde, sofern erforderlich.

Zusätzliches Licht
Wenn Sie die Sonne als Hauptlicht verwenden, dann sollten Sie die Schatten durch einen Aufheller oder eine Tageslichtlampe aufhellen. Bei grellem Sonnenlicht ist es empfehlenswert, sich einen Platz im Halbschatten zu suchen. Allerdings sollte kein unruhiger Schatten auf dem Gesicht entstehen, etwa durch Blätter, die sich im Wind bewegen.

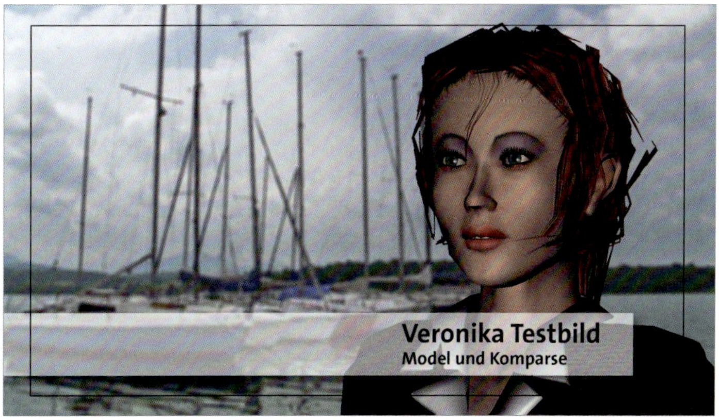

◂ **Abbildung 13.2**
Einstellung festlegen, Safety-Cache berücksichtigen

4 Schärfe einstellen

Zoomen Sie bis zur maximalen Brennweite Ihres Objektivs in das Motiv (Gesicht des Interviewten), und stellen Sie die Schärfe ein. Voraussetzung dafür ist, dass Ihr Objektiv durchzoombar ist. Ziehen Sie danach auf, bis Sie die Brennweite Ihrer Bildeinstellung wiedergefunden haben. Wenn Sie eine Festbrennweite oder ein nicht perfokales Objektiv verwenden, dann wählen Sie Ihren Ausschnitt und stellen Sie manuell oder mithilfe des Autofokus scharf. Wählen Sie die Blende so, dass der Hintergrund unscharf ist, das Gesicht aber möglichst durchgehend scharf. Die Schärfe muss auf jeden Fall auf den Augen sitzen.

5 Belichtung einstellen

Stellen Sie die Blende so ein, dass die ersten Streifen des 100%-Zebras (Belichtungswarnung) in weißen Bildteilen gerade erscheinen oder das Gesicht des Interviewten bei einem 70%-Zebra schraffiert ist (siehe auch Abschnitt 10.3.2, »Das Zebra«). Arbeiten Sie mit dem Histogramm, dann sollten die Helligkeitswerte für das Gesicht als bildwichtigster Teil rechts von der Mitte, also zwischen Weiß und mittlerem Grau, liegen.

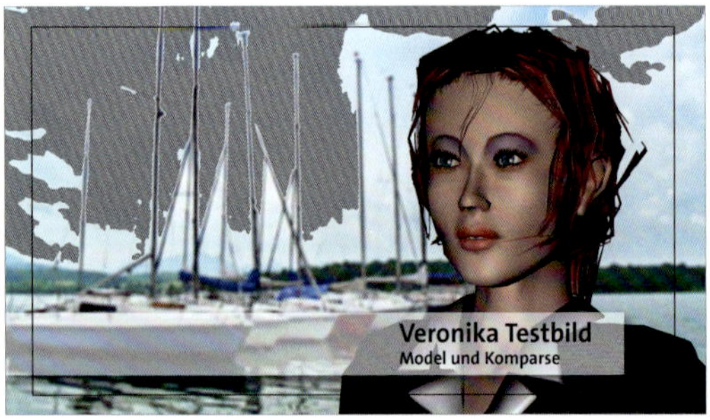

▲ **Abbildung 13.3**
Zebra bei 100%: Überbelichtungswarnung für Himmel

▲ **Abbildung 13.4**
Zebra bei 70%: Anzeige für korrekte Belichtung in den Hautpartien

6 Schärfentiefe beurteilen

Ist der Hintergrund noch scharf, dann öffnen Sie die Blende bis zur maximalen Öffnung, und korrigieren Sie die Überbelichtung durch Zuschalten geeigneter ND-Filter. Wenn Sie nicht über zuschaltbare ND-Filter verfügen, verwenden Sie eine Matte Box und die Einsteckfilter oder einen Fader.

Sind Sie mit dem Ergebnis nicht zufrieden, dann müssen Sie die Brennweite oder die Kameraposition ändern. Achten Sie darauf, dass der Kopf möglichst komplett scharf ist, also auch Nase, Haare und Ohren. Zu geringe Schärfentiefe wirkt bei Por-

Zum Nachlesen
Zu ND-Filter, Kompendium, Einsteckfilter und Fader siehe auch Abschnitt 7.6, »Filter und Matte-Box«.

träts schnell störend. Bleibt der Hintergrund zu scharf, dann vergrößern Sie den Abstand zwischen Hintergrund und Motiv.

7 Weißabgleich

Erst wenn die Position von Kamera und Motiv sowie die Einstellungsgröße feststehen, sollten Sie einen Weißabgleich (siehe auch Abschnitt 10.2, »Weißabgleich«) machen. Bei Porträts sind Hauttöne wichtig, deshalb empfiehlt sich ein manueller Weißabgleich. Halten Sie die Referenz (Papier, neutrales Weiß) vor das Gesicht des Interviewpartners. Achten Sie bei Mischlicht darauf, das Papier so zu halten, dass ein annähernd korrekter Wert erreicht wird. Besser: Versuchen Sie eine Lichtquelle zu eliminieren, etwa das Kunstlicht, indem Sie es ausschalten. Oder versuchen Sie einen Ort zu finden, wo eine Farbtemperatur klar dominiert, und drehen Sie mit dem entsprechenden Preset.

8 Ton einrichten

Verwenden Sie, sofern verfügbar, ein Ansteckmikro. Befestigen Sie es etwa in Brusthöhe an einem geeigneten Platz (Revers, Kragen, Knopfleiste). Verstecken Sie Kabel und Sender möglichst gut in einer Innentasche oder der Hosentasche. Arbeiten Sie mit einer Tonangel, dann montieren Sie das Richtmikrofon auf der Angel, und schließen Sie es mit einem ausreichend langen Kabel am Mischer oder direkt an der Kamera an.

9 Ton einpegeln

Aktivieren Sie das Levelmeter im Display Ihrer Kamera. Sofern Sie mit einem externen Mikrofon arbeiten (Ansteckmikro oder Richtmikrofon), kontrollieren Sie, welche Spur dem Mikrofon zugeordnet ist und dass am Levelmeter der Pegelausschlag der Spur angezeigt wird. Lassen Sie den Interviewpartner einige Sätze sprechen, um die Lautstärke zu kontrollieren. Positionieren Sie die Tonangel möglichst nah am Kopf des Interviewpartners, ohne dass sie diesen oder die Aufnahme behindert. Pegeln Sie die Lautstärke an der Kamera oder dem externen Mischer so ein, dass in den Spitzen (lauteste Stellen) die 0-dB-Grenze am Levelmeter erreicht wird. Achten Sie auf störende Hintergrundgeräusche.

10 Aufnahme

Stellen Sie sich neben die Kamera, sodass Sie den Interviewpartner und das Display beobachten können. Die Blickachse zwischen Ihnen und dem Interviewten sollte die Kameraachse kreuzen. Starten Sie die Aufnahme, und stellen Sie Ihre Fragen. Korrigieren Sie das Bild nur, wenn der Interviewpartner aus dem Bild

Kameramikro verwenden
Steht Ihnen nur das Kameramikro zur Verfügung, dann gehen Sie näher an das Motiv heran, um das Maximum herauszuholen, ich empfehle zwischen 1 und 2 m Abstand, abhängig auch von der Größe der Kamera. Bei einigen Kameramikros (Aufsteckmikros) lässt sich die Richtcharakteristik durch Austausch der Mikrofonkapsel ändern.

Die Kunst des Fragens
Stellen Sie keine geschlossenen Fragen, die der Interviewte nur mit Ja oder Nein beantworten kann. Beginnen Sie Ihre Fragen möglichst mit einem Fragewort, also wer, wann, wie, wo, warum. Formulieren Sie Ihre Fragen kurz. Vermeiden Sie, dass Ihr Interviewpartner Ihnen vorformulierte Antworten auswendig aufsagt oder sogar vorliest. Das wirkt fast immer steif und langweilig.

fällt. Schwenks und Zooms wirken in einem Interview störend, vor allem wenn sie sehr ruckartig erfolgen. Kontrollieren Sie den Ton während der Aufnahme über Kopfhörer. Müssen Sie die Einstellung korrigieren, dann machen Sie dies möglichst schnell und versuchen Sie die Antwort noch einmal aufzunehmen, indem Sie eine passende Frage am Ende des Interviews noch einmal stellen.

11 Ende der Aufnahme

Wenn das Interview beendet ist, stoppen Sie die Aufnahme, und kontrollieren Sie sie kurz. Achten Sie dabei besonders auf den aufgezeichneten Ton. Wenn Sie mit einem Ansteckmikro arbeiten, dann entfernen Sie es wieder. Stellen Sie den Audiomischer der Kamera auf den normalen Betrieb zurück (im Regelfall auf das Kameramikro).

13.1.1 Tipps für den perfekten O-Ton

Regie: Nehmen Sie den O-Ton möglichst zweimal auf. In der ersten Variante achten Sie auf den perfekten Ton und ein ruhiges Bild. In der zweiten Variante können Sie auch Alternativen wagen, wie z. B. langsame Zufahrten auf den Interviewten oder nahe Einstellungen, bei denen Sie die Kamera nachführen. O-Töne leben von ihrer Lebendigkeit. Ton und Licht müssen nicht perfekt, aber akzeptabel sein. Ein unverständlicher O-Ton ist nicht sendefähig.

O-Ton im On und O-Ton im Off

Wenn man sieht, wie jemand spricht und die Person auch gleichzeitig hört, spricht man von einem O-Ton *im On*. Wenn man eine Stimme hört, aber nicht den Sprecher, sondern andere Bilder sieht, spricht man von einem O-Ton *im Off*.

O-Töne beurteilen

In den seltensten Fällen sind Interviewpartner geübte Redner, die ihren Text fehlerfrei und gut betont in der gebotenen Kürze aufsagen. Eher wirken O-Töne aufgesetzt und künstlich. Dann liegt es an Ihnen, für Lockerheit zu sorgen. Mir sind einige »Ähs« und auch ein kleiner Verhaspler lieber, solange der O-Ton lebendig und authentisch wirkt. Aber Ihr Interviewpartner sieht das möglicherweise anders und hat Angst, die Kontrolle zu verlieren. Wenn er also bereit ist, Ihnen trotzdem ein Interview zu geben, dann schulden Sie ihm, dass er am Ende »gut rüberkommt«. Versuchen Sie deshalb, vorab einzuschätzen, was für ein Typ Ihr Interviewpartner ist. Redet er ohne große Hemmungen drauflos? Gut so. Dann müssen Sie nur auf den Inhalt achten und ihn mit kurzen Nachfragen dazu bringen, seine Geschichte vielleicht etwas zu raffen. Häufiger ist der Fall, dass Ihr Gesprächspartner versucht, etwas auswendig aufzusagen, oder sogar vom Blatt ablesen will. Das funktioniert nur bei Profis. Versuchen Sie, ihn von seinem Konzept abzubringen, indem Sie ihm von den Vorteilen des freien Sprechens überzeugen. Nehmen Sie ruhig auch eine Version auf, wie es sich Ihr Gesprächspartner vorstellt, um dann mit ihm gemeinsam daran zu feilen. Sorgen Sie trotz aller technischen Herausforderungen für eine angenehme, entspannte Atmosphäre.

Bei auffälligen Hintergrundgeräuschen sollten Sie die Einstellung so wählen, dass die Tonquelle auch im Bild zu erahnen ist. O-Töne sollten nicht zu lang sein. Erklärt der O-Ton-Geber aber etwas Interessantes und haben Sie die Möglichkeit, dies durch Schnittbilder oder durch eine entsprechende Kameraführung auch zu illustrieren, dann darf ein O-Ton auch einmal 45 Sekunden oder sogar eine Minute dauern.

13.1.2 O-Ton aus der Hand drehen (die bewegte Szene)

Interviews bzw. kurze O-Töne, die aus einer Situation heraus gedreht werden, wirken besonders echt und lebendig. Zudem haben Sie die Möglichkeit, das Interview zu kürzen, weil Sie die Sprache unter Schnittbilder schneiden können. Im Workshop »Schritt für Schritt: Einen O-Ton aus der Hand drehen« erkläre ich Ihnen, wie Sie die Szene aufnehmen und worauf Sie dabei beim O-Ton achten müssen.

▼ Tabelle 13.2
Anforderungen für die Aufnahme eines O-Tons mit der Handkamera

	Inhalt	**Lernziel**	**Abschnitt**
Ton	Kameramikro für Tonaufnahme verwenden	guter Ton mit schlechter Technik	Abschnitt 10.7.4
Licht	Available Light, Aufheller verwenden	verfügbares Licht optimal ausnutzen, Dynamik reduzieren	Abschnitt 10.6.7
Bildgestaltung	bewegte Kamera, Kameraachse berücksichtigen, Bewegungsraum festlegen	Kameraführung von Einstellung zu Einstellung zu Einstellung	Abschnitt 11.1
Regie	Szene zweimal wiederholen	Umgang mit Gesprächspartner, Fragetechnik	Abschnitt 12.1.2
Schnitt	Master-Scene-Verfahren	verschiedene Einstellungen passend zusammenschneiden	Abschnitt 12.1.2

Schritt für Schritt
Einen O-Ton aus der Hand drehen

In der Szene erklärt ein Schreiner beispielhaft seine Arbeit. Die Szene wird insgesamt dreimal aus verschiedenen Einstellungen gedreht, aus einer vierten Position drehen wir Zwischenschnitte, die zum Verständnis notwendig sind. Wir arbeiten also nach dem Master-Scene-Verfahren (siehe Abschnitt 12.1.2). In einer bestimmten Position soll der Schreiner mit dem Erzählen anfangen. Im Beispielmaterial zum Buch finden Sie die Szene mit dem Schreiner.

Die fertig geschnittene Szene »Schreiner.mp4« dieses Beispiels finden Sie im Beispielmaterial zum Buch im Ordner FILME.

Probleme
Abbildung 13.5 zeigt die vielfältigen Probleme der Aufnahme. Durch das Fenster im Hintergrund fällt viel Tageslicht in den Raum, ohne jedoch den Raum gleichmäßig auszuleuchten. Wir brauchen also einen Aufheller, um die starken Kontraste und Schatten etwas abzumildern. Gleichzeitig brauchen wir Licht für die zum Verständnis wichtigen Details. Bei der bewegten Kamera laufen wir schnell Gefahr, entweder das Fenster oder den Scheinwerfer »abzuschießen«.

1 Set einrichten

Positionieren Sie den Interviewpartner an dem für das Interview vorgesehenen Standort. Achten Sie darauf, dass das Gesicht, das ja in der Nahen gezeigt werden soll, nicht im Schatten liegt oder unvorteilhaft ausgeleuchtet wird. Setzen Sie gerade bei Aufnahmen in Innenräumen einen Aufheller ein, da das Tageslicht, das z. B. durch Fenster scheint, für eine hohe Dynamik sorgt.

2 Üben

Stellen Sie die Kamera an, suchen Sie die optimale Blende für das Gesicht. Stellen Sie das Objektiv auf maximale Weitwinkeleinstellung (bei Standardzoom), oder verwenden Sie eine mittlere weitwinklige Festbrennweite, z. B. 24 mm. Probieren Sie die geplante Bewegung aus, und achten Sie auf stark überbelichtete oder unterbelichtete Einstellungen, z. B. wenn Sie eine Nahe von den Händen gegen das Fenster filmen oder der Aufheller in die Optik einstrahlt. Versuchen Sie, kritische Passagen zu vermeiden. In der Regel gelingt das sehr gut, wenn Sie wirklich nah an das Motiv herangehen.

▲ **Abbildung 13.5**
Totale der Aufnahmesituation

Keine Angst vor Wacklern
Bewegen Sie die Kamera konsequent und zügig von einer Einstellung zur nächsten. Die Bewegungen selbst sind oft uninteressant, wirken aber sehr erzählend, da sie den Zuschauer »mitnehmen«. Wenn Sie eine Einstellung nicht auf Anhieb getroffen haben, dann korrigieren Sie konsequent nach. Versuchen Sie, die Einstellung anschließend ruhig für 10 bis 20 Sekunden zu halten, bis Sie zur nächsten Einstellung wechseln. Die Wackler, die bei dieser Aufnahmetechnik zwangsläufig entstehen, können Sie später im Schnitt entfernen und durch andere Einstellungen ersetzen, vorausgesetzt, Sie drehen aus mehreren Positionen.

3 Frageposition festlegen

Sprechen Sie mit Ihrem Interviewpartner den O-Ton in etwa ab und mit welcher Frage Sie seine Antwort einleiten werden. Sprechen Sie ab, ob er während der Antwort Sie oder die Kamera anschaut oder einfach weiterarbeitet. Testen Sie die Tonqualität mit einer Probeaufnahme. Legen Sie die maximale Nähe fest, die für den Interviewten noch angenehm ist, ein ordentlich kadriertes Bild erlaubt und für möglichst guten Ton sorgt.

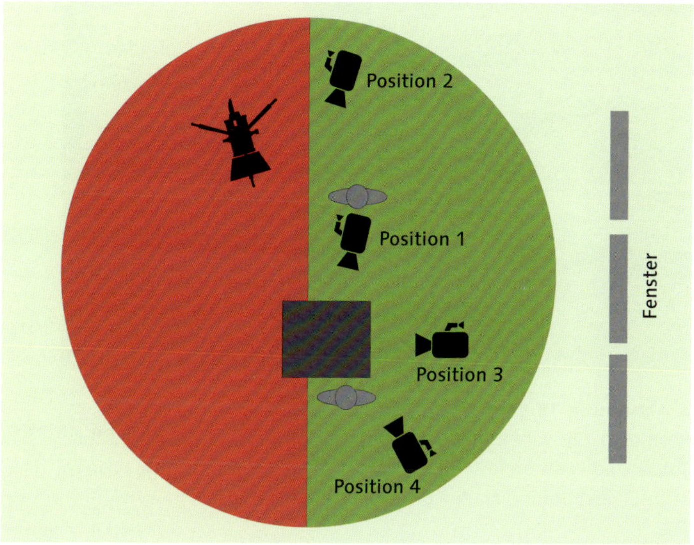

◂ **Abbildung 13.6**
Kamerapositionen und Einstellungen für die Aufnahme vom Schreiner

Stellen Sie störende Hintergrundgeräusche, soweit möglich, ab. Im Beispiel musste der Schreiner die Bohrmaschine während der Aufnahme abstellen, damit sein O-Ton verständlich war.

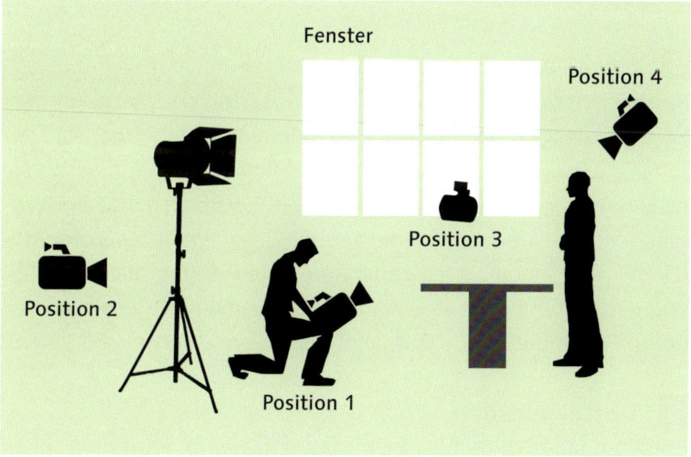

▴ **Abbildung 13.7**
Vier Kamerapositionen für vielfältige Einstellungsmöglichkeiten

4 Erste Aufnahme

Starten Sie die Aufnahme, und folgen Sie mit konsequenten Bewegungen den sich bietenden Motiven. Beginnen Sie mit einer Halbtotalen, und verdichten Sie auf die Werkbank und die Hände. Stellen Sie Ihre vereinbarte Frage, und ändern Sie die Einstellung auf den Kopf Ihres Gesprächspartners.

Kamerapositionen und Achsensprung
Bei der Aufnahme wird die 180-Grad-Regel maximal ausgeschöpft. Ein Achsensprung sollte vermieden werden, obwohl er bei einem Zwischenschnitt über ein Detail wahrscheinlich unschädlich wäre.

Position 1: Interviewposition. Die Kamera beginnt untersichtig in einer Halbtotalen und verdichtet auf den Kopf des Schreiners, der mit seinem O-Ton beginnt, sobald die Kamera auf Augenhöhe ankommt.

Position 2: Zurückversetzte Kamera von Position 1. Beginnt in der Totalen und verdichtet dann bis in die Halbtotale. Zeigt Interview im On.

Position 3: Kamera von der Seite, zeigt wichtige Details der Arbeitsschritte.

Position 4: Kamera aus Vogelperspektive für Zwischenschnitt. Führt nur leichten Zoom und leichte Drehbewegungen aus.

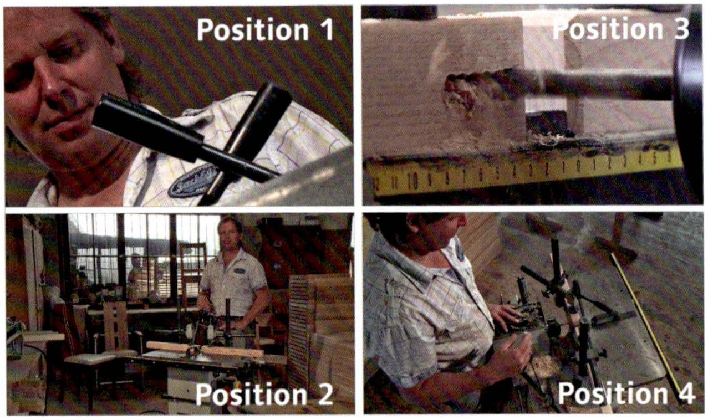

▲ **Abbildung 13.8**
Position 1 für Nahen und Unterlicht der Interviews; Position 2 für Totale und Halbtotale; Position 3 für Nahen der Werkbank; Position 4 für Overshoulder, Nahen und Halbtotalen

Halten Sie die Einstellung während der Antwort möglichst lange ruhig. Kontrollieren Sie die Audio-Pegelanzeige im Display. Verlassen Sie gegen Ende des Interviews die Einstellung, und suchen Sie eine letzte, neutrale Einstellung (z. B. die Werkbank). Stoppen Sie die Aufnahme.

5 Zweite Aufnahme

Besprechen Sie die Aufnahme und was Sie verbessern können. Wiederholen Sie die Aufnahme, beginnen Sie nun aber mit der Anfangseinstellung in der Totalen auf Position 2. Verdichten Sie maximal bis auf Position 2. So können Sie später einfacher zwischen den beiden Aufnahmen schneiden. Wenn Sie eine Aufnahme mit einem durchgehenden guten O-Ton haben, dann können Sie mit der dritten Aufnahme beginnen. Andernfalls wiederholen Sie die zweite Aufnahme noch einmal.

6 Dritte Aufnahme

Bei dieser Aufnahme beginnen Sie am besten in Position 4. Zwar nehmen Sie das Interview noch einmal auf, aber nun drehen wir vor allem neutrale Zwischenschnitte, die möglichst gut auch zum O-Ton des Schreiners passen. Drehen Sie die Kamera leicht, und mit etwas Übung schaffen Sie selbst in Überkopf-Haltung der Kamera noch einen gefühlvollen langsamen Zoom, sodass die Kamera am Schreiner vorbei auf die Werkbank verdichtet.

7 Vierte Aufnahme

Drehen Sie aus Position 3 die wichtigen Details wie das Einlegen des Werkstücks und das Bohren der Nut.

8 Tipps zur späteren Postproduktion

Ihren Charme entwickelt diese Aufnahmetechnik im Schnitt. Nun können Sie den O-Ton mit Detailaufnahmen und Overshoulder-Aufnahmen unterschneiden und damit die Erklärungen passend illustrieren. Dabei kann man den O-Ton auch gut kürzen, da man unter den Details und auch unter der Overshoulder schneiden kann. Weil der Mund des Schreiners nicht sichtbar ist, fällt eine mögliche Asynchronität nicht auf. Sie müssen bei allen Aufnahmen aber möglichst den ganzen Take filmen, da sonst das Risiko steigt, dass die Bewegungen nicht zusammenpassen. Achten Sie auf Anschlussfehler, die leicht entstehen, wenn der Schreiner z. B. plötzlich die Linke statt der Rechten verwendet. Beim Zuschauer sollte der entspannte Eindruck einer Unterhaltung entstehen, die während der Arbeit aufgenommen wurde.

Externes Mikrofon
Übrigens: Wenn Sie ein externes Mikrofon zur Hand haben, spricht nichts dagegen, es auch zu verwenden.

13.2 Stopptrick und Zeitraffer

Der Stopptrick hat seinen Namen vom Drücken der Stopptaste an der Kamera. Der Effekt war schon zu Beginn des Filmzeitalters ein beliebter Trick, um Zuschauer zu faszinieren. Einfachstes Beispiel: Ein Mann schnippt mit dem Finger und löst sich in Luft auf.

Der Effekt ist simpel. Erst zeichnet man den Mann auf, wie er mit dem Finger schnippt, dann stoppt man die Kamera, der Zauberer geht aus dem Bild, und man lässt die Kamera wieder laufen. Im Schnitt verschwindet der Mann innerhalb des Bruchteils einer Sekunde. Wenn man mag, kann man ihn auch langsam ausblenden oder wie bei »Raumschiff Enterprise« mit einem Videoeffekt in Licht tauchen – fertig ist das Beamen, im Kern nichts anderes als ein einfacher Stopptrick. Einen Stopptrick kann man sehr gut zur Aufnahme von Zeitrafferaufnahmen verwenden. Wie das funktioniert, erkläre ich Ihnen hier Schritt für Schritt.

▼ **Tabelle 13.3**
Anforderungen für die Aufnahme einer Zeitrafferaufnahme

	Inhalt	Lernziel	Abschnitt
Ton	Ton separat aufnehmen		–
Licht	Available Light	verfügbares Licht optimal ausnutzen	10.6.7
Bildgestaltung	Aufnahme vom Stativ, Bildkadrierung	Vorder- und Hintergrund beachten	Abschnitt 10.4 und Abschnitt 11.1
Schnitt	Sequenz importieren, Ton unterziehen, Bild gegebenenfalls stabilisieren	Import von Einzelbildern in eine Sequenz, Effekt Verkrümmungsstabilisierung anwenden	Abschnitt 20.2

Schritt für Schritt
Eine Zeitrafferaufnahme anfertigen

Ein Beispiel einer Zeitrafferaufnahme finden Sie im Begleitmaterial zum Buch im Ordner FILME. Die Datei heißt »Zeitraffer-See.mpg«.

Einen Stopptrick kann man sehr gut zur Aufnahme von Zeitrafferaufnahmen verwenden. Wie das funktioniert, erkläre ich Ihnen hier Schritt für Schritt.

1 Stativ aufbauen und Motiv einrichten

Bauen Sie Ihr Stativ so auf, dass es sicher und erschütterungsfrei steht. Beschweren Sie es gegebenenfalls mit Gewichten, die Sie z. B. auf die sogenannte *Spinne* legen – eine Verstrebung zwischen den Stativbeinen, die für zusätzliche Stabilität sorgt. Montieren Sie die Kamera, und richten Sie das Bild ein. Wenn möglich, sollte im Vorder- oder Hintergrund ein statisches Element mitspielen (Haus, Baum etc.), das unterstreicht die Zeitrafferwirkung. Kalkulieren Sie den Lauf der Sonne mit ein. Vermeiden Sie den direkten Einfall von Sonnenlicht ins Objektiv, da dies ein Nachjustieren der Blende erforderlich machen würde, was in der Zeitrafferaufnahme unangenehm auffallen kann.

2 Länge der Aufnahme kalkulieren

Moderne Camcorder und Fotoapparate können Sie auf Einzelbildaufnahme einstellen. Planen Sie die Länge der Aufnahme: Im Beispiel, das Sie auch im Beispielmaterial zum Buch finden, wollen wir den Tagesverlauf an einem See vom ersten Morgengrauen bis zum Sonnenuntergang verfolgen. Die Sonne geht um 6 Uhr auf und um 20 Uhr unter, d. h., wir haben 14 Stunden, die wir auf ca. 30 bis 60 Sekunden kürzen wollen. Das heißt, wir brauchen maximal 3.000 Einzelbilder (60 Sekunden × 50 Bilder = 3.000). 14 Stunden haben 50.400 Sekunden. Wenn wir also etwa alle 15 Sekunden eine Aufnahme schießen, haben wir am Ende ausreichend Bilder im Kasten.

Zeitraffer und Wi-Fi

Kameras wie die GoPro sind für Zeitrafferaufnahmen ideal geeignet, da sie stabil und wetterfest montiert werden können. Und über Wi-Fi übertragen Sie das Bild gleich auf das Bild des Kameramanns, wo es überprüft werden kann. Wenn Sie eine Wi-Fi-SD-Karte verwenden, können Sie auch aus dem Camcorder oder der DSLR das Bild sofort auf einen Laptop übertragen. Bei *Stop-Motion-Aufnahmen* können Sie dann schnell und großformatig überprüfen, ob die Aufnahme passt, z. B. bei der Animation von Bewegungen.

3 Stromversorgung sicherstellen

14 Stunden sind eine lange Zeit, und in dieser Zeit sollten Sie die Kamera möglichst nicht mehr berühren, auch nicht zum Wechseln des Akkus. Schließen Sie deshalb die Kamera, wenn es geht, an ein Netz an, bei einer GoPro z. B. an die 12-V-Speisung der Autobatterie.

4 Aufnahme starten

Starten Sie die Aufnahme, und rühren Sie die Kamera danach nicht mehr an. Versuchen Sie, zu vermeiden, dass während der Aufnahme andere nah an der Kamera vorbeilaufen, da dies oft störend wirkt. Berücksichtigen Sie für die Aufnahme das Wetter. Regen auf dem Objektiv stört die Aufnahme ganz erheblich.

Kontrollieren Sie regelmäßig, ob die Kamera läuft und die Aufnahmen macht. Für Zeitraffer sehr hilfreich sind Wi-Fi-Applikationen, die die Aufnahmen automatisch auf das Smartphone oder den Laptop überspielen.

Auf der Website zum Buch finden Sie ein Zusatzkapitel zum Thema »DVD oder Blu-ray-Disc erstellen«, das einige noch interessieren wird.

5 Stopp der Aufnahme und Import

Stoppen Sie die Aufnahme. Importieren Sie die Einzelbilder in Ihr Schnittprogramm. Achten Sie beim Import darauf, die Option FORTLAUFEND NUMMERIERTE EINZELBILDER auszuwählen, sodass im Schnittsystem bereits ein fertiger Clip angelegt wird. Kontrollieren Sie die Aufnahme, und schneiden Sie möglicherweise störende Einzelbilder, bei denen z. B. Personen durchs Bild gelaufen sind, heraus. Im Prinzip ist die Aufnahme nun fertig, und Sie können sie in ein Filmformat exportieren.

13.3 Aufnahmen mit Fahrzeugen

Die folgende Szene können Sie mit zwei PKW im Prinzip überall realisieren. Im Vorteil sind dabei alle Besitzer von Fahrzeugen mit Heckklappe und seitlichen Schiebetüren. Und natürlich kann man aus einem Auto nicht nur andere PKW filmen, sondern auch Radfahrer, Motorradfahrer oder andere rasante Verkehrsteilnehmer. Das Geheimnis gelungener Fahraufnahmen ist das Gefühl von Geschwindigkeit, die vor allem durch Bewegungsunschärfe im Hintergrund entsteht. Das heißt, Ziel ist ein scharfes sich bewegendes Motiv vor einem unscharfen Hintergrund oder hinter einem dynamisch und unscharf »fließenden« Vordergrund.

Vorfahrt für Sicherheit
Suchen Sie sich für Ihre Aufnahmen unbedingt eine abgelegene, möglichst wenig befahrene Straße. Die Sicherheit aller beteiligten, aber natürlich auch unbeteiligten Verkehrsteilnehmer hat absoluten Vorrang. Machen Sie sich immer bewusst, dass Sie wahrscheinlich gegen die Straßenverkehrsordnung verstoßen und damit möglicherweise auch Ihren Versicherungsschutz riskieren. Im Falle eines Falles drohen empfindliche Geldbußen, Schadensersatzforderungen und sogar strafrechtliche Konsequenzen. Deshalb: Denken Sie bei aller Begeisterung immer zuerst an die Sicherheit. Sichern Sie sich, die Kamera und die Ausrüstung vor Sturz. Stoppen Sie die Aufnahme, wenn weiterer Verkehr auftritt. Fahrer des Motivfahrzeugs und des Kamerafahrzeugs achten zuerst auf die Sicherheit, dann auf die Aufnahme.

◂ **Abbildung 13.9**
Aufnahme aus vorausfahrendem Fahrzeug. Der Kiesweg im Vordergrund verwischt.

Der einfachste Trick dazu ist ein Schwenk, der einem sich bewegenden Fahrzeug folgt. Doch man kann aus einem zweiten Fahrzeug, das dem Motiv mit etwa gleicher Geschwindigkeit folgt oder ihm vorausfährt, noch sehr viel dynamischere Aufnahmen erzeugen. Eine große Hilfe bei Fahraufnahmen können auch Actioncams sein, die sich leicht am Auto befestigen lassen. Perfekt ist natürlich ein Gimbal, das für zusätzliche Stabilität sorgt. Einhandgimbals erlauben es darüber hinaus auch, über die Bordkante hinauszufilmen bzw. auch extrem untersichtig zu werden.

Tabelle 13.4 ▼
Anforderungen bei Aufnahmen aus und von fahrenden Fahrzeugen

	Inhalt	**Lernziel**	**Abschnitt**
Ton	Kameraton		Abschnitt 10.7
Licht	Available Light, LED-Aufheller	verfügbares Licht optimal ausnutzen, Kontraste minimieren	Abschnitt 10.6.7
Bildgestaltung	Aufnahme aus fahrendem Auto	Kamerapositionen planen und umsetzen	Abschnitt 11.4
Regie	Fahrt, Distanz und Manöver absprechen		–
Schnitt	auf Anschlussfehler achten, gleiche Lichtstimmung berücksichtigen		–

Schritt für Schritt
Eine Fahraufnahme planen und aufnehmen

Eine fertige Fahraufnahme können Sie im Film »Patrick_im_Kongo.mp4« (01:25 Min.) sehen. Sie finden diesen Film im Beispielmaterial zum Buch im Ordner FILME.

Im Beispiel habe ich eine Szene mit Patrick verwendet, der mit seinem in 10 Jahren Arbeit aufwendig restaurierten Militärjeep einen Freund besucht, um sich vor seiner Abreise in den Kongo zu verabschieden. Ziel aller Fahraufnahmen ist es, das Motivfahrzeug und die Insassen aus möglichst dynamischen Perspektiven zu drehen. Wie das funktioniert, zeige ich Ihnen hier Schritt für Schritt.

Actioncams für Fahraufnahmen
Actioncams sind für Fahraufnahmen geradezu prädestiniert, da sie leicht sind, geschützt in einem stabilen Gehäuse sitzen und fast überall montiert werden können. Achten Sie jedoch darauf, dass der Saugfuß oder die Klemme wirklich festsitzen. Sichern Sie die Kamera über ein Kabel oder mit Panzerband vor Absturz.

1 Fahrtroute festlegen und mit allen Beteiligten das Vorgehen absprechen

Planen und besprechen Sie die Aufnahme mit allen Beteiligten im Detail. Klären Sie die Strecke und die geplanten Aktionen, vor allem wie Sie sich unter der Fahrt verständigen. Optimal ist der Einsatz von Funkgeräten, die jedoch nicht von den Fahrern, sondern von Beifahrern bedient werden. Sprechen Sie Handzeichen ab, mit denen Sie sich verständigen können, z. B. wenn das Motivfahrzeug den Abstand halten oder vergrößern soll. Suchen Sie eine Fahrtstrecke, die übersichtlich ist und auf der keine unerwarteten Überraschungen wie enge Kurven oder Schlaglöcher drohen. Fahren Sie die Strecke vorher ab, und identifizieren Sie Problemstellen, an denen die Aufnahme gegebenenfalls unterbrochen wird. Wichtig: Für die Strecke ist der Fahrer zuständig. Er muss den Kameramann vor Geschwindigkeitsänderungen und Problemen vorausschauend warnen.Vereinbaren Sie eine Geschwindigkeit, die während der Aufnahmen gehalten werden soll. Es reicht auch ein niedriges Tempo von 25 oder 30 km/h.

2 Fahraufnahmen produzieren

Setzen Sie sich in den Heckraum des vorausfahrenden Kamerafahrzeugs, sodass Sie sich selbst sichern und die Kamera gut halten können. Fahren Sie in der vereinbarten Distanz vor dem Motivfahrzeug her. Leider lässt sich der vorgesehene Sicherheitsabstand in der Regel nicht einhalten. Dirigieren Sie per Funk oder Handzeichen das Motivfahrzeug so zu sich heran, dass Sie die Aufnahme optimal im Kasten haben. Stellen Sie die Kamera weitwinklig ein, und halten Sie sie möglichst knapp über die Straße.

▲ **Abbildung 13.10**
Typische Fahraufnahme

Ist die Aufnahme im Kasten, produzieren Sie weiter Aufnahmen, etwa indem beide Fahrzeuge nebeneinanderfahren und Sie aus der geöffneten Schiebetür filmen. Dabei bitte unbedingt auf Gegenverkehr achten!

3 Totalen und Vorbeifahrten produzieren

So schön und spektakulär Fahraufnahmen auch sind, sie sind nur die halbe Miete. Ohne Totalen und Außenaufnahmen wird der Zuschauer die Situation kaum verstehen. Der Zuschauer will schließlich auch wissen, wohin die Reise geht. Schießen Sie deshalb auch schöne Aufnahmen vom vorbeifahrenden Fahrzeug. Achten Sie dabei auf einen stehenden Vordergrund. Das unterstreicht das Gefühl der Geschwindigkeit.

Licht im Auto
Innenaufnahmen in geschlossenen Fahrzeugen sind eine Qual. Denn die Lichtverhältnisse sind in der Regel so schlecht, dass sich kaum vernünftige Aufnahmen realisieren lassen.

▲ **Abbildung 13.11**
Dunkle Innenaufnahme

Flache Tageslicht-LED-Lampen schaffen hier zumindest etwas Abhilfe. Ansonsten versuchen Sie, das Fahrzeug so fahren zu lassen, dass möglichst viel Licht auf das Gesicht des Fahrers fällt. Wählen Sie eine enge Einstellung, bei der das Seitenfenster weitgehend ausgespart werden kann. Putzen Sie Front- und Seitenscheibe vor der Aufnahme.

▲ **Abbildung 13.12**
Gut sichtbar: Schmutz auf der Scheibe

Optimal sind Aufnahmen, bei denen der Innenraum nicht zu stark unterbelichtet ist und die Umgebung nicht überbelichtet.

Abbildung 13.13 ▸
Vorbeifahrender Jeep mit statischem Vordergrund

4 Lichtsituation beachten

Probieren Sie vor allem auflichtige Situationen, damit das Fahrzeug farblich gut zur Geltung kommt. Aber auch Gegenlichtaufnahmen haben ihren Reiz. Planen Sie die Aufnahmen so, dass sich alle Einstellungen im Schnitt montieren lassen. Extreme Lichtunterschiede wirken störend.

5 Innenaufnahmen

Machen Sie schließlich noch ebenso dynamische Innenaufnahmen. Im Falle von Patrick war dies vergleichsweise einfach, da der Jeep oben offen war und damit auch die Gesichter gut ausgeleuchtet wurden.

Abbildung 13.14 ▸
Aufnahme aus dem Fond

▴ Abbildung 13.15
Zwischenschnitt

Suchen Sie sich eine stabile Kameraposition im Fond und auf dem Beifahrersitz. Drehen Sie auch Zwischenschnitte, etwa vom Lenken, Schalten oder Bremsen.

Ein großes Problem bei Aufnahmen im Fahrzeug ist der fehlende Kameraabstand zum Fahrer, vor allem bei größeren Kameras. Hier bleibt Ihnen oft nichts anderes übrig, als die Kamera z. B. im Fußraum des Beifahrers auszurichten. Schöner sind jedoch Aufnahmen in Augenhöhe. Achten Sie auf einen schön verwischten Hintergrund.

▲ **Abbildung 13.16**
Aufnahme aus Fußraum

▲ **Abbildung 13.17**
Nahe mit verwischtem Hintergrund

Profis drehen auch Innenaufnahmen aus Begleitfahrzeugen, häufig mit auf Auslegern montierten Kameras. Dieser Aufwand ist jedoch nicht immer nötig, denn die Dynamik der Aufnahmen überspielt auch technische Mängel. Allerdings sollten Sie die Aufnahmen nur in angemessener Länge von einigen Sekunden einplanen. Bei langen Gesprächen oder Interviews im Fahrzeug müssen Sie den Aufwand erhöhen.

13.4 Aufnahmen nach der Stop-and-go-Methode

Es gibt Dinge, die lassen sich nicht wiederholen. Und deshalb bringt auch eine sorgfältige Planung nach dem Master-Scene-Verfahren nichts. Die Aufnahmen müssen auf Anhieb sitzen, Wiederholung ausgeschlossen.

Hier bietet sich die Stop-and-go-Methode an, bei der die Szene in einzelne Einstellungen zerlegt und nacheinander abgedreht wird. Sie haben diese Methode bereits in Abschnitt 12.1.3, »Stop-and-go« kennengelernt.

▼ **Tabelle 13.5**
Anforderungen bei Aufnahmen nach der Stop-and-go-Methode

	Inhalt	Lernziel	Abschnitt
Ton	O-Ton mit Handkamera aufnehmen, Atmo		Abschnitt 10.7
Licht	Available Light	verfügbares Licht optimal ausnutzen	Abschnitt 10.6.7
Bildgestaltung	viele Schnittbilder in kurzer Zeit produzieren	Kamerapositionen planen und Einstellungen realisieren	Abschnitt 11.4
Regie	Stop-and-go, Live-Charakter erhalten	Kommunikation mit Protagonisten, Achsensprung vermeiden	Abschnitt 12.1 und Abschnitt 12.2
Schnitt	auf Anschlüsse achten, Synchronpunkte suchen		–

Schritt für Schritt
Die Stop-and-go-Methode einsetzen

Die fertig geschnittene Szene dieses Beispiels finden Sie im Beispielmaterial zum Buch im Ordner FILME. Der Film heißt »Fischer.mp4«.

Als Beispiel habe ich eine Szene mit einem Fischer auf dem Staffelsee ausgewählt, der seine Netze kontrolliert und die gefangenen Fische einsammelt. Bei den Aufnahmen war nicht bekannt, ob überhaupt ein Fisch in den Netzen war, geschweige denn, wann ihn der Fischer aus dem Netz ziehen würde.

1 Vorbesichtigung

Wenn irgend möglich, sollten Sie das Set vorab besichtigen, um die Probleme besser beurteilen zu können. Dazu gehört insbesondere die Lichtsituation, aber auch das schwankende Boot und die Details der Arbeitsabläufe, die man als Laie nicht kennt.

Abbildung 13.18 ▸
Aufnahmen auf dem See

2 Ausrüstung auswählen

Wählen Sie die richtige Kamera und weitere Ausrüstung. Für die Aufnahmen im Ruderboot habe ich eine kleine HD-fähige Handycam genommen. Im engen Boot kann man sie leicht bewegen, auch über die Bordwand, um nah ans Motiv zu kommen. Sie ist leicht zu führen, und das Risiko, dass sie am Ende im Wasser landet, ist eher gering. Stellen Sie die Kamera weitwinklig ein, und legen Sie die Schärfe in den Nahbereich (ca. 60 cm im Beispiel mit der kleinen Handycam).

▴ Abbildung 13.19
Wichtige Einstellungen

3 Absprachen mit dem Protagonisten treffen

Erklären Sie Ihrem Protagonisten die entscheidenden Aufnahmen, die Sie unbedingt aufnehmen müssen, um den Film schneiden zu können. Im Beispiel gehört dazu das Auftauchen von gefangenen Fischen, wenn der Fischer das Netz einholt, und die Arbeit, wie er den Fisch aus dem Netz befreit. Sprechen Sie ab, wie sich Ihr

Protagonist am besten stellt und wie er Ihnen den Blick mit der Kamera auf das Motiv ermöglicht. Sprechen Sie mit ihm ab, dass er eine neue Aufgabe erst beginnt, wenn Sie ihm das Go dazu geben, und dass er auf ein Stopp unbedingt innehält.

4 Positionen ausprobieren

Probieren Sie, bevor es ernst wird, verschiedene Kamerapositionen aus. Denken Sie immer auch an die wichtigen Zwischenschnitte. Gewöhnen Sie Ihren Protagonisten an die Nähe zur Kamera, die für alle am Anfang schwer zu ertragen ist. Starten Sie die Aufnahme. Drehen Sie Zwischenschnitte wie Nahen von Gesicht, Händen, Boot und Wasser.

◂ **Abbildung 13.20**
Nahe vom Kopf des Fischers

5 Stopp bei kritischen Einstellungen

Sobald eine kritische, weil wichtige Einstellung erreicht wird, im Film das Herausziehen eines Fisches mit dem Netz, rufen Sie Stopp. Besprechen Sie noch einmal, wie es weitergeht, und suchen Sie die optimale Kameraposition. Klären Sie, ob die Szene im Zweifelsfall wiederholt werden kann. Prüfen Sie, ob die Kamera läuft, und geben Sie das Zeichen zum Beginn. Versuchen Sie, die Aufnahme möglichst nur zu unterbrechen, wenn alles danebengeht.

6 Interview

Sobald die kritische Aufnahme im Kasten ist, bitten Sie Ihren Protagonisten um einen kurzen O-Ton mit einer Erklärung, im Beispiel etwa, was für einen Fisch er gefangen hat und ob er viele Fische fängt. Versuchen Sie, die Nahe mit dem O-Ton einzufangen. Beobachten Sie mit einem Auge immer die Umgebung und den Fortschritt der Arbeiten, damit Ihnen wichtige Details nicht entgehen. Konzentrieren Sie sich ganz auf das Geschehen. Routine im Umgang mit der Kamera ist sehr hilfreich, da Sie dann den richtigen Abstand zwischen Kamera und Motiv leichter abschätzen können. Führen Sie alle Bewegungen ruhig und konsequent aus. Kontrollieren Sie nur Einstellungen über das Display, nicht aber Bewegungen.

Das Ergebnis meiner Dreharbeiten mit dem Fischer finden Sie im Beispielmaterial zum Buch. In Abschnitt 17.2 erkläre ich Ihnen, wie ich die Szene am Ende geschnitten habe.

TEIL III
Schnitt

Kapitel 14
Die Kunst des Filmschnitts

Wenn Sie die Dreharbeiten abgeschlossen haben, dann liegt zwar viel Arbeit hinter Ihnen, von einem Film ist freilich außer Filmschnipseln noch nichts erkennbar – ohne Schnitt kein Film. Doch Schnitt ist mehr als nur das Zusammenfügen von kurzen Filmsequenzen, die der Kameramann auf Band oder Speicherkarte gebannt hat. Ein guter Film lebt maßgeblich auch vom richtigen Rhythmus, von spannungsgeladenen Pausen, geschickt aufgebauten Erzählsträngen, kurz – von einer perfekten Dramaturgie und Ästhetik, die im Schnitt nun zum Vorschein gebracht werden muss.

14.1 Berufswechsel: vom Kameramann zum Cutter

Vor dem eigentlichen Schnitt steht ein guter Plan. Viele Autoren haben beim Drehen bereits den Schnitt im Kopf. Und wenn sie dann glauben, mit ausreichend Material gerüstet zu sein, verlieren sie das Interesse an den Dreharbeiten. Erst im Studio merken sie, dass die eine oder andere Aufnahme den Schnitt einfacher und damit den Film besser gemacht hätte.

Deshalb rate ich, konzentrieren Sie sich immer auf eine der beiden Aufgaben. Auch wenn Sie zu Sicherungszwecken Ihr Material am besten nach Drehschluss bereits auf den Schnittrechner überspielen, lassen Sie sich nicht dazu verleiten, bereits in den Schnitt einzusteigen. Ein kritischer Blick aufs Rohmaterial schadet nicht, vielleicht lässt sich die ein oder andere nicht ganz so geglückte Einstellung ohne großen Aufwand noch nachdrehen. Oder Ihnen kommt eine brillante Idee für eine Einstellung, die Sie unbedingt noch benötigen. Aber wenn es der Produktionsdruck nicht gerade unumgänglich macht, beginnen Sie mit dem eigentlichen Schnitt erst nach Abschluss aller Dreharbeiten.

14.2 Geschichten komponieren

Wenn Autor und Cutter sich zum ersten Mal im Schnitt treffen, prallen zwei Welten aufeinander. Im besten Fall hat der Autor spannende und aufregende Drehtage hinter sich, weiß, was alles passiert ist, und will möglichst viel davon in seinem Film unterbringen. Der Cutter hingegen weiß gar nichts. Er kennt die Bilder nicht, selten das Konzept, und von der Geschichte, um die es geht, hat er außer ein paar Stichworten wahrscheinlich noch gar nichts gehört. Und nun soll er innerhalb weniger Minuten anfangen, einen Film zu schneiden.

14.2.1 Die Rolle von Regisseur und Cutter

Bei größeren Projekten werden Cutter und Regisseur (Autor) einige Stunden damit verbringen, sich zusammen das gedrehte Material anzuschauen. Dann gehen sie vielleicht gemeinsam etwas essen und besprechen dabei die Szenenfolge, den roten Faden und Probleme, die beim Anschauen des Materials erkennbar geworden sind. Der Cutter ist dabei so etwas wie ein Sparringspartner des Autors. Er schaut auf das Material mit den kritischen Augen eines Kunsthandwerkers. Autoren hingegen neigen dazu, ihr Material durch eine rosa Brille zu sehen, freuen sich über die eine gelungene Einstellung, von der man so sehr gehofft hat, sie in den Kasten zu bekommen. Leider übersehen sie aber, was alles schiefgegangen ist.

Wenn es gut läuft, dann ergänzen sich die beiden, und am Ende wird ein toller Film entstehen. Dabei wird der Cutter im doppelten Sinn seinem Namen gerecht werden. Er montiert nicht nur die Aufnahmen, er schneidet vor allem auch viel Überflüssiges weg. Autoren fällt es häufig schwer, sich von Material zu trennen. Filme werden fast immer länger als geplant, viel zu oft länger, als ihnen guttut. Ein erfahrener Cutter ist die kritische Instanz, die weiß, was wirklich unverzichtbar ist und was getrost im elektronischen Mülleimer entsorgt werden kann.

14.2.2 Cutter – ein Beruf im Wandel

Kaum ein Beruf hat sich in den letzten vier Jahrzehnten mehr gewandelt als der des Cutters. In den 1970er-Jahren wurden die meisten Filme noch auf Film gedreht, d. h., der Cutter hatte mit Filmrollen zu tun, die er in einzelne Sequenzen zerlegte und zu einem Film zusammenklebte. In den 1980er-Jahren begann der endgültige Siegeszug von Video, zumindest in den Sendeanstalten. Das Handwerkszeug von Cuttern waren nun Player und Rekorder sowie Steuerungssysteme und Bildmischer. Häufig saß neben dem Cutter noch ein Tonassistent, der sich parallel zum Bildschnitt um den Ton kümmerte. Seit den 1990er-Jahren übernimmt der Computer zunehmend diese Aufgaben. Das Berufsbild wandelte sich zum dritten Mal. Denn nun muss ein Cutter auch viele, ihm bis dahin fremde Aufgaben übernehmen, z. B. das Erstellen von einfachen Grafiken und Bildtiteln, Sprachaufnahme und Tonmischung, Farb- und Bildkorrekturen. Der Cutter ist heute ein Allrounder der *Postproduktion*. Das lenkt manchmal etwas den Blick davon ab, dass die wesentliche Aufgabe des Cutters nach wie vor die Montage des Films ist. Einem schlecht geschnittenen Film helfen auch keine optischen Spielereien.

14.2.3 Regisseur und Cutter in einer Person

Ich unterstelle hier einmal, dass die meisten Leser gleichzeitig Cutter und Autor sind, in Ihrer Brust schlagen also zwei Herzen. Hören Sie auf beide, auch wenn der Autor in Ihnen zunächst im Vorteil ist, schließlich muss er Abstriche machen. Fördern Sie den Cutter in Ihnen, seien Sie selbstkritisch, und haben Sie Mut zum Kürzen. Für die meisten Einsteiger ist dies eine der schwierigsten Hürden auf dem Weg zum erfolgreichen Film. Vor allem aber: Denken Sie in Szenen. Genießen Sie die Freiheit, eine Szene zu gestalten, und pfeifen Sie auch einmal auf dokumentarische Treue (siehe Abschnitt 2.3, »Dokumentarisches oder szenisches Arbeiten«), die Sie ohnehin nicht erreichen können. Einen Vorteil Ihrer Multifunktionalität als Videojournalist gibt es allerdings: Sie müssen nicht zwei Mittagessen spendieren, obwohl Ihr Cutter eins verdient.

In der Kürze liegt die ...
Es ist eine Plattitüde, aber wenn sie irgendwo ihre Berechtigung hat, dann im Film. Einsteiger sind immer wieder überrascht, wie kurz eine Einstellung, eine Szene oder ein Film tatsächlich sein kann. Ein sieben Minuten langer Magazinbeitrag ist heute im deutschen Fernsehen bereits ein »langes Stück«. Sendeplätze für Reportagen oder Features mit 30 oder 45 Minuten Länge sind eine Seltenheit. Der Grund für diese Sparsamkeit bei der Sendelänge ist zumindest zum Teil der Erfahrung geschuldet, dass es der Zuschauer kurzweilig mag. Deshalb hilft es Einsteigern, wenn sie es sich zur Regel machen, statt der geplanten Sendezeit einfach die Hälfte zu schneiden, besser noch weniger.

14.3 Die Kunst, eine Geschichte in Bildern zu erzählen

Wie reiht man einzelne Bilder und Sequenzen zu sinnvollen, spannenden Szenen aneinander und dann die einzelnen Szenen zu einem spannenden und unterhaltsamen Film? Dieser Aufgabe widmen sich letztlich alle, die an der Erstellung eines Films mitwirken, aber kein Arbeitsschritt ist dabei am Ende so entscheidend wie der Schnitt. Stellen Sie sich vor, Sie haben für einen Spielfilm einen Schusswechsel zwischen Ganoven und Polizisten gedreht. Sie haben eine Totale aus der Vogelperspektive, sodass der Zuschauer weiß, wie viele Gegner am Showdown beteiligt sind, welche Partei in der Überzahl ist, wo vielleicht eine Falle zuzuschnappen droht. Sie haben attraktive Nahen von angespannten Gesichtern, rauchenden Revolvern und verletzten Männern.

Jeder halbwegs ordentliche Cutter ist in der Lage, aus all den einzelnen Szenen im Handumdrehen einen Krimi, eine Komödie und mit der richtigen Musik sogar einen Tanzfilm zu schneiden, ganz wie es ihm gerade gefällt. Grund dafür sind die Möglichkeiten eines Cutters, den Zuschauer zu manipulieren. Doch das ist nicht seine Aufgabe: Der Regisseur (Autor) hatte einen dramaturgischen Plan. Für ihn geht es in der Szene vielleicht darum, dass die Gerechtigkeit am Ende siegt oder gerade ums Gegenteil. Das heißt: Als Cutter erzählen Sie die Geschichte eines anderen, und Ihr Gefühl und Geschick im Schnitt entscheidet darüber, ob der Zuschauer den Film am Ende so versteht, wie Sie es sich als Autor gedacht und gewünscht haben. Um eine Geschichte punktgenau zu erzählen, muss Spannung aufgebaut werden, der Held in seinem verzweifelten Kampf gezeigt werden, das Böse hingegen, wie es am Ende unterliegt. Auch im vermeintlich »langweiligen« Dokumentarfilm ist es nicht anders, nur dass man in der Regel weniger Schnittbilder zur Verfügung hat. Auch hier entscheidet die Dramaturgie, ob eine Geschichte funktioniert.

Den Beispielfilm »Hochzeit.mpg« finden Sie im Beispielmaterial zum Buch im Ordner FILME.

Am Beispiel eines Hochzeitsfilms sehen Sie, wie jeder Film letztlich aufgebaut ist, aus einer Abfolge von Szenen, die ihrerseits aus mehr oder weniger vielen Einstellungen bestehen, also einer dramaturgisch geschickten Abfolge von Nahen, Totalen, von Interviews und O-Tönen (siehe Tabelle 14.1).

14.3.1 Den Zuschauer im Blick

Viele Hochzeitsfilme, auch von Profis, sind letztlich nur opulente Bilderfeuerwerke, ein Bilderteppich über mehr oder weniger kitschiger Musik, eine lange Folge schöner Aufnahmen von Braut und Bräutigam, garniert mit kleinen Highlights, die zu einer Hochzeit in der Regel gehören, wie der Kuss der Braut, die Brautentführung, das Werfen des Brautstraußes, das Anschneiden der Hochzeitstorte oder der erste Walzer des jungen Paares.

Für Zuschauer kann so ein Film schnell langweilig werden. Deshalb habe ich in meinem Hochzeitsfilm mehrfach versucht, dramaturgische Akzente zu setzen. Die Reihenfolge erscheint chronologisch. Bevor ich mit dem Schnitt begonnen hatte, überlegte ich mir, welchen Sinn der Film hat, wer ihn anschauen wird und was die Zuschauer erwarten. Das Ergebnis meiner Überlegungen: Alle Teilnehmer der Hochzeit werden eine Kopie des Films erhalten und sollten sich dabei möglichst wiederentdecken. Das Brautpaar sollte sich, wenn es sich den Film in ein paar Jahren anschaut, an die positive Stimmung auf der Hochzeit erinnern. In diesem Sinne ist es also ein Dokumentarfilm, wenn auch nur für eine sehr begrenzte Anzahl von Zuschauern.

Wichtiger als Quote – das Bild vom Zuschauer
Ausnahmslos jeder Film wird für seine Zuschauer gedreht. Je genauer Ihre Vorstellung vom potenziellen Konsumenten Ihres Werkes ist, desto überzeugender wird es werden. Das gilt für einen Reisefilm ebenso wie für eine Tierdokumentation im heimischen Garten oder die spannende Reportage. Stellen Sie sich Ihren fiktiven Wunschzuschauer als Person vor. Hat er viel Ahnung vom Thema, oder ist es wahrscheinlich Neuland für ihn? Ist er eher kritisch, oder will er einfach nur gut unterhalten werden? Je mehr Gedanken Sie sich hier machen, desto besser kennen Sie dessen Sehgewohnheiten und desto eher kann der Cutter seine Aufgabe erfolgreich bewältigen.

Szene	Einstellungen
 **Trauung**	
 **Auszug aus der Kirche**	
 **Empfang und Fotos**	
 **Brautstrauß werfen**	
 **Auftritt**	
 **Tanz, Einlagen und Torte**	

▲ **Tabelle 14.1**
Szenen und Einstellungen am Beispiel eines Hochzeitsfilms

Ein Erfolg ist der Film, wenn er genau das beschriebene Ziel erreicht. Deshalb: *Haben Sie immer Ihren potenziellen Zuschauer vor*

Augen, wenn Sie Ihren Film schneiden! Ob Sie mein Ergebnis überzeugt, können Sie im Beispielmaterial zum Buch kontrollieren. Dort finden Sie den Film »Hochzeit.mpg«. Meine Überlegungen zur Dramaturgie können Sie der folgenden Tabelle entnehmen.

Szene	Dramaturgie	Umsetzung
Szene 1: Hochzeit in der Kirche		
	Vorstellung des Brautpaares, Aufbau von Spannung auf den großen Moment, Zeigen der Anspannung bei den Beteiligten	Dokumentarischer Schnitt, Nahe vom Brautpaar mit echten Empfindungen, O-Töne. Keine Musik. Zwischenschnitte von Zuschauern
Szene 2: Auszug aus der Kirche		
	Euphorische Stimmung, Hochgefühl, Vermittlung von Freude: »Es ist geschafft!«	Einblenden eines passenden Musiktitels, der die Stimmung unterstreicht. Zeitlupe, langer Marsch aus der Kirche, Nahe vom Brautpaar
Szene 3: Gratulation		
	Retardierendes Moment, Euphorie abbauen. Neue Steigerung vorbereiten	Musik ausblenden, O-Töne untermischen, keine Zeitlupen. Dokumentarische Zwischenschnitte von Hochzeitsauto, Teilnehmern etc.
Szene 4: Empfang		
	Entspannung, komische Momente. Unterhaltung: »Wer war da?« »Wer hat was gemacht?«	Originalmusik von Liveband. Auf Takt geschnittener Clip von Schnappschüssen, kurze O-Töne
Szene 5: Fotografieren		
	Spannung aufbauen. Wer war dabei? Wer wurde mit wem fotografiert? Wer »stellt« sich wie an?	Musik, treibender Beat unterstreicht Anstrengung der Fotografin. Ungewöhnliche Perspektiven aus dem Blickwinkel der Fotografin
Szene 6: Brautstrauß werfen		
	Spannung steigern und auflösen. Wer fängt den Brautstrauß? Wer soll ihn fangen? Wie reagiert die Fängerin?	Takt und Lautstärke der Musik steigern. Kurzes Interview mit Braut, wer aus ihrer Sicht den Strauß fangen soll. Interview mit Freund der Fängerin: »Wie sieht es aus?«

▲ **Tabelle 14.2**
Überlegungen zur Dramaturgie

14.4 Von der Einstellung zur Szene zum Film

Wenn Sie den vorherigen Abschnitt gelesen haben, haben Sie vielleicht verstanden, dass am Anfang meines Konzepts Überlegungen zum ganzen Film, zu seinen potenziellen Konsumenten und zu den Erwartungen des Brautpaares standen. Erst danach habe ich mir überlegt, welche Szenen möglicherweise in den Film passen könnten und wie sie am besten aufeinanderfolgen, sodass der Zuschauer einerseits den Film versteht, andererseits sein Interesse immer wieder mit neuen Überraschungen geweckt wird. Dies sind klassische Überlegungen eines Autors oder Regisseurs. Jetzt erst kommt der Cutter ins Spiel. Denn er muss nun aus den einzelnen Einstellungen die Szenen genau so komponieren, dass das gewünschte Ziel erreicht wird. Er beschreitet also den Weg rückwärts. Aus dem Wirrwarr des vorhandenen Rohmaterials sucht er jene Einstellungen heraus, die am besten in die jeweilige Szene passen. Auch dazu ein Beispiel aus dem Hochzeitsfilm, und zwar die Szene mit dem Werfen des Brautstraußes (siehe dazu auch Tabelle 14.3).

Hoffentlich erscheint Ihnen diese Abfolge ebenso zwingend und logisch. Dann habe ich meinen Job ordentlich gemacht. Schauen Sie sich die ganze Szene vielleicht im Beispielmaterial zum Buch an.

Ich könnte die Szene auch ganz anders auflösen. Die Frage ist, ob sie dann besser wird oder besser beim Zuschauer ankommt. Im Rohmaterial waren nämlich viel mehr Einstellungen zu finden. Zum Beispiel musste die Braut zweimal werfen, weil beim ersten Mal noch gar nicht alle unverheirateten und interessierten Damen anwesend waren. Und beim ersten Mal fing tatsächlich jemand anders den Strauß. Abbildung 14.1 liefert den Beweis.

◂ **Abbildung 14.1**
Die erste Fängerin des Brautstraußes

Eine potenziell pikante Situation, die sich jedoch entspannt und von allein auflöste. Im Schnitt wäre die Geschichte mit dem doppelten Werfen zu kompliziert gewesen, deshalb habe ich sie auf die obige Abfolge eingekürzt. Für mich persönlich aber entscheidend war, dass die Episode keinem Teilnehmer im Gedächtnis geblieben ist. Hätte ich sie im Film erzählt, erhielte sie plötzlich ein unangemessenes Gewicht. Urteilen Sie selbst, ob ich die Geschichte nun verfälscht habe oder nicht.

▼ **Tabelle 14.3**
Szene »Werfen des Brautstraußes«

Einstellung Anfang	Einstellung Ende	Dramaturgie	Schnitt
Braut, Brautstrauß und potenzielle Fängerinnen			
		Establishing Shot: Darum geht's: der Brautstrauß in der Hand der Braut, gleich wird er geworfen.	bewegte Kamera, Gang um die Braut, Anfang Brautstrauß, endet auf Fängerinnen
Interview: »Wer soll den Strauß fangen?«			
		Interview mit Braut über Wunschkandidatin	Geheimnis verraten, deshalb Kamera untersichtig und leicht verwackelt
Braut macht sich bereit			
		Die Braut macht sich bereit und wirft.	bewegte Kamera, Musik, abgemischt mit Atmo
Fangen des Brautstraußes			
		Ergebnis, Spannung auf dem Höhepunkt: Wer ist die Gewinnerin? Reaktion	Fortsetzung bewegte Kamera, Schwenk mit Strauß, Gang auf Siegerin
Zwischenschnitt			
		kurze Entspannung, Ausblenden der Musik	Nicht unbedingt notwendig. Bewegte Kamera folgt zu Freund.
Interview mit Freund der Gewinnerin und potenziellem Bräutigam			
		Livestimmung, Schlussgag	Musik weg, O-Ton, Ende der Szene

14.4.1 Mit verfügbaren Bildern arbeiten

Die Kunst eines guten Cutters besteht darin, die Geschichte mithilfe der verfügbaren Bilder zu erzählen. Das häufigste Problem dabei sind sogenannte *Anschlussfehler*. Wie man sie vermeidet, erkläre ich in den folgenden Kapiteln. Vorab nur so viel: Anschlussfehler entstehen dann, wenn der Zuschauer aus dem Fluss der Geschichte gerissen wird, weil ihm ein Schnitt unglaubwürdig erscheint.

Schauen Sie sich deshalb die Anfangs- und Endeinstellungen der Szene noch einmal genau an. Obwohl die Aufnahmen nicht chronologisch entstanden, passen sie aneinander. Auf die Totale mit den Bewerberinnen um den Brautstrauß folgt die Nahe mit dem Interview der Braut und dem Brautstrauß im Vordergrund. Danach folgen eine Totale der Braut und eine längere Sequenz mit der bewegten Kamera. Die Braut wirft, und die Kamera verfolgt das Geschehen live für ca. 20 Sekunden. Beim Umschnitt von der Totalen der Fängerin auf die Halbtotale liegt der Verdacht eines Anschlussfehlers nahe. Der Brautstrauß hat plötzlich die Hand gewechselt. Im tatsächlichen Schnitt schwenkt die Kamera jedoch vom Gesicht einer Zuschauerin ein, sodass die Fängerin in der Zwischenzeit den Strauß in die andere Hand gewechselt haben könnte. Danach läuft die Szene wieder live ab, bis sie auf der letzten Einstellung mit dem etwas unschlüssigen Brautpaar in spe in der Halbtotalen endet.

So komplex kann Filmemachen sein. Doch keine Angst: Vieles, was hier sehr überlegt erscheint, entsteht häufig erst als Idee beim Sichten des Materials, also lange nach der eigentlichen Aufnahme. Beim Drehen bleibt für solche Gedanken in der Regel keine Zeit, bestenfalls hat der Kameramann eine vage Idee über die spätere Dramaturgie. Deshalb ist es so wichtig, dass er dem Cutter möglichst viele Optionen für den Schnitt offenhält, ihm also Bilder anbietet, mit denen der Film ganz unterschiedlich und ohne erkennbaren Anschlussfehler montiert werden kann. Diese sogenannten Zwischenschnitte machen Ihnen im Schnitt das Leben entscheidend leichter.

14.5 Der Workflow

Das Schneiden eines Films ist zuallererst eine kreative Aufgabe. Das soll jedoch nicht darüber hinwegtäuschen, dass viele technische und vorbereitende Arbeitsschritte notwendig sind, um an das große Ziel zu gelangen – einen fertigen Film. In Tabelle 14.4 gebe ich Ihnen eine Übersicht über die wichtigsten Arbeitsschritte, die heute in aller Regel in der Postproduktion erledigt werden müssen. Die detaillierten Erläuterungen, welche Aufgaben jeweils zu erledigen sind, finden Sie in Kapitel 16, »Das Schnittprojekt«.

Aktion	Beschreibung	Dauer bei ca. 10-minütiger Filmlänge (fertiger Film)
Überspielen von Bildmaterial	Anschließen der Kamera, Überspielen der Videosignale oder Kopieren der Files von der Speicherkarte, Bereitstellen anderer Medien wie Musik, Fotos, Grafiken	Circa 3 Stunden bei einem Drehverhältnis von 1:10 (= 10 Minuten Rohmaterial für 1 Minute Film). Hinzu kommt die Zeit z. B. für das Digitalisieren von Musik sowie für das Anlegen des Projekts.
Sichten	Durchschauen des gesamten verfügbaren Materials, Erstellen eines Sichtprotokolls	ca. 2 Stunden bei 100 Minuten Material
Organisieren des Materials	Umbenennen der Clips in der Schnittsoftware, Zusammenfassen von Clips in Ordnern, die einzelnen Szenen zugeordnet werden	ca. 1 Stunde
Schnittplan	Erstellen eines Schnittplans mit Szenenfolge	ca. 1 Stunde
Schnitt	Schnitt nach Schnittplan	ca. 2 Tage (= 5 Min./Tag)
Texten	Erstellen von Texten, die exakt auf die einzelnen Szenen passen	ca. 1 Tag
Sprachaufnahme	Aufnehmen der Texte und Anlegen der Clips an die entsprechenden Szenen	ca. 1 Stunde
Farbkorrektur	Anpassen aller Bilder, Prüfen auf technische Korrektheit	ca. 1 Tag
Mischung	Auspegeln der Sprache, Abmischen von Tönen, O-Tönen, Musiktiteln und Sprache	ca. 5 Stunden

▲ **Tabelle 14.4**
Workflow Schnitt

Die Zeitangaben beruhen auf Erfahrungswerten aus dem professionellen Schnitt. Je nach Komplexität und Aufwand kann sich der Schnitt auch deutlich länger hinziehen oder schneller erledigt werden. Manche Aufgaben, wie das Sichten und Organisieren des Materials, lassen sich auch in einem Schritt abarbeiten.

Die nächsten Kapitel zum Thema Schnitt lehnen sich weitgehend an diesen Workflow an. Das heißt, die einzelnen Aufgaben folgen auch chronologisch hintereinander. Zwar sind Abweichungen möglich und entwickelt jeder Cutter im Laufe seines Arbeitslebens seine eigenen Abläufe, ich habe mich jedoch an diese Reihenfolge gewöhnt.

In den nächsten Kapiteln werden Sie zu den einzelnen Aufgaben des Cutters detaillierte technische und gestalterische Ausführungen finden. Doch bei aller Begeisterung für die Technik hoffe ich, in diesem Kapitel auch Ihre Freude an den kreativen Aufgaben des Filmschnitts geweckt zu haben.

Kapitel 15
Das optimale Schnittsystem

Welches Schnittsystem ist das richtige? Diese Frage ist fast so schwierig zu beantworten wie die Frage nach der richtigen Kamera. Verschiedene Programmanbieter ringen genauso um die Gunst der Kunden wie Hersteller von Videoschnittkarten, Breakout-Boxen und Grafikkarten. Beworben werden Hard- und Software mit Features, die verlockend klingen, aber oft wenig oder gar keinen Sinn machen. In diesem Kapitel versuche ich, einen Pfad durch den Dschungel zu schlagen, und stelle Ihnen die wichtigsten Tools und Techniken und die marktbeherrschenden Systeme vor.

15.1 Videoschnitt am Computer

Die computergestützte Verarbeitung von Videosignalen galt lange als die größte Herausforderung für die sich rasant entwickelnde Computerindustrie. An allen Ecken zeigten die unhandlichen Videoströme die Mängel der Systeme auf. Hohe Datendurchsätze überforderten die CPU, das schnelle Wegschreiben der Daten auf Festplatten deren Speicherkapazität und Schreibgeschwindigkeit. Bevor computerbasierte Schnittsysteme, meist als NLE (*Nonlinear Editing System*, dt. non-linearer Videoschnitt) bezeichnet, den Durchbruch schafften, wurden Videosignale online verarbeitet. Das heißt, das Material wurde vom Aufzeichnungsband auf ein zweites Band, das sogenannte *Schnittmaster*, kopiert. Dieses Kopieren hatte immer Qualitätsverluste zur Folge. Und auch bei den Pionieren des Computerschnitts wurden die Filme zunächst nur in niedriger Auflösung digitalisiert und dann anhand einer Schnittliste nachträglich von den Originalbändern auf ein Master nachgeschnitten.

Waren aus redaktionellen Gründen Änderungen notwendig, wanderte das Aufzeichnungsband in die Zuspielmaschine; alle Teile, die weiterverwendet werden sollten, wurden auf ein neues Master kopiert, dazwischen die Änderungen eingefügt oder Kürzungen vorgenommen. So entstanden oft Kopien von Kopien von Kopien, die am Ende unansehnliche Bilder abgaben. Was heute kompliziert anmutet, war redaktioneller Alltag in allen TV-Sendeanstalten auf dieser Welt. Und auch so ließ sich bereits ein Rund-um-die-Uhr-Programm realisieren. Allerdings kostete ein Onlinearbeitsplatz schnell mehrere Hunderttausend Euro.

Abbildung 15.1 ▶
Videoschnittsystem mit Adobe Premiere Pro

Sobald die Sendeanstalten das Potenzial des computerbasierten Schnitts erkannten, ersetzten sie die aufwändigen Onlinesysteme durch computerbasierte NLE-Systeme.

Abbildung 15.2 ▶
Der Autor an seinem zum Schnittplatz aufgemotzten Notebook

Breakout-Box
Bei einer Breakout-Box handelt es sich um ein Gerät mit Ein- und Ausgängen für Video- und Audiosignale. Breakout-Boxen ermöglichen den Anschluss externer Geräte und unterstützen viele Signalwege. Mit dem Siegeszug des filebasierten Arbeitens sind die Breakout-Boxen freilich zunehmend überflüssig. Nur wer noch ältere Kameras und Zuspielgeräte etwa mit Kassetten sein Eigen nennt, benötigt die Boxen. Zunehmendes Problem wird natürlich, dass vor allem Notebooks nicht mehr über die notwendigen Eingänge wie etwa FireWire verfügen.

Bis heute beherrschen sie den Produktionsalltag in den TV-Sendestationen rund um den Globus. Und auch wenn die Technik deutlich preiswerter geworden ist, zum Schnäppchenpreis gibt es sie immer noch nicht. Ein ordentlicher 4K-Arbeitsplatz mit gutem

Monitor, Lautsprechern, Software und leistungsstarkem Rechner kostet etwa 15.000€. Aber für Amateure, die nicht täglich stundenlang Filme schneiden, gibt es auch deutlich günstigere Alternativen, oft sogar mit den gleichen technischen Features der Vorbilder aus der Profiwelt. Tabelle 15.1 listet auf, was zu einem ordentlichen Videoschnittplatz gehört:

▼ **Tabelle 15.1**
Komponenten eines Videoschnittplatzes

Produkt	Verwendung	Beispiel	Preis
Schnittsoftware	Macht aus einem Computer einen Schnittplatz.	Adobe Premiere Pro CC, Final Cut Pro XI, Avid Media Composer, DaVinci Resolve 20 etc.	Keine bis 1.000€, monatliche Abokosten z. B. ab 39,00€ für Adobe CC, 26€ für Premiere-Pro-Single-Lizenz
Videohardware	Beschleunigt die Überspielung, Wiedergabe und Ausgabe von Videomaterial	Canopus Edius, Avid Artist DNxIV, Blackmagic Ultra Studio oder DeckLink, AJA IO 4K Plus	250 bis 4.000€
Speichersysteme	Großer Festplattenspeicher für das Abspielen von Videos und das langfristige Speichern von Filmen; redundante Datensicherung	EonStor, SanDisk Professional, Blackmagic, Sony	500 bis 5.000€ und mehr
Monitore	Kontrolle von Video- und Audiosignalen	Sony, Panasonic, JVC, Eizo, Marshall, Asus	800 bis 5.000€ und mehr
Computerhardware	Unterstützt die speziellen Anforderungen von Schnittsystemen durch entsprechende CPUs, Grafikkarten und ausreichend Arbeitsspeicher.	HP, Nvidia, MSI, Apple, ASUS	PC ab ca. 1.000€, Notebook ca. 800 bis 7.500€
Lautsprecher	Monitoring für den Tonschnitt und die Tonmischung. Aktive oder passive Nahfeldmonitore, Zusatzhardware bei Passivlautsprechern	KRK, Genelec, Yamaha, Adam, JBL	ca. 300 bis 1.000€ je Aktivlautsprecher

15.2 Hardware

Auch wenn viele Cutter ihre Arbeit heute bereits am Laptop erledigen, Videoschnitt kann immer noch zu einer Hardwareschlacht ausarten. Denn mit der Arbeit wachsen die Wünsche, z. B. nach einem zweiten oder sogar dritten Monitor, nach einem ordentlichen Lautsprecher, einer komfortablen Maus oder zusätzlicher

Videohardware. In den folgenden Absätzen zeige ich Ihnen, was der Markt bereithält, was sinnvoll und möglicherweise überflüssig ist. An der Schwelle zum 4K-Zeitalter mit 10- oder sogar 12-Bit-Videos mit 120 Bildern pro Sekunde und hochkomprimierenden Videocodecs oder Raw-Formaten gilt eines mehr denn je: Wer am Videoschnittsystem spart, wird oft mit fehlender Performance bestraft. Das heißt: Bilder ruckeln und lassen sich damit nicht framegenau schneiden. Das gleichzeitige Abspielen von Bild und Ton funktioniert nicht, Blenden oder Bild-im-Bild-Effekte (PiP) werden nicht dargestellt, und der Export der Datei dauert ewig. Im Moment fordern die aktuellen Codecs die Hardware wieder enorm. Entsprechend leistungsfähige Systeme kosten entsprechend Geld. Wer von erweiterten Farbräumen und hochdynamischen Bildern profitieren möchte, sollte sich auch einen Monitor anschaffen, der die neue farbige Wunderwelt halbwegs anzeigen kann.

15.2.1 Laptop bzw. Notebook

Die meisten meiner Teilnehmer in Schnittkursen verwenden heute einen Laptop bzw. ein Notebook zum Schneiden. Die Performance eines durchschnittlichen tragbaren Computers reicht oft, leider aber nicht immer aus.

Dummerweise hat die Praxis gezeigt, dass es immer noch zu Performance-Problemen, gerade mit neueren Videocodecs, kommen kann. Während z. B. Filme im MPEG-2-Format ruckelfrei laufen, geraten H.265-Filme deutlich ins Stocken. Mit einem entsprechend leistungsfähigen Rechner, wie rechts beschrieben, sollte das Problem in den Griff zu bekommen sein. Eine Ursache ist oft die mangelnde Geschwindigkeit der internen Festplatte. Deshalb empfehle ich zumindest bei Notebooks, ganz auf die interne Platte als Arbeitsplatte zu verzichten und stattdessen immer auf externe und auf Geschwindigkeit getestete USB-C-Platten zu setzen.

Achten Sie darauf, dass die interne Festplatte für die Installation des Betriebssystems und der Software groß genug ist (meine Empfehlung: mindestens 1 TB. Notebooks haben es an sich, dass man gerne mit ihnen arbeitet und deshalb alle Software auf ihnen installiert. Dann wird der Platz schnell knapp, und ein Wechsel der Boot-Platte gestaltet sich schwerer als bei einem Desktop-PC.

Ganz wichtig: Testen Sie den Rechner vorab, um herauszufinden, ob das von Ihnen verwendete Videomaterial auch wirklich performant auf dem Rechner läuft. Am Ende zählt nur das Gesamtergebnis, nicht die Leistungsfähigkeit einzelner Komponenten. Ein Blick auf die Hardwareempfehlungen des Herstel-

Das Notebook zum Schneiden
Folgende technischen Anforderungen sollte Ihr Notebook erfüllen:

- moderner Multikern-Prozessor, hohe Taktraten über 3,0 GHz
- Nvidia-Grafikkarte GeForce RTX50-Serie (oder besser)
- 64 GB RAM oder mehr
- Audioausgang (Stereo)
- HDMI 2.1 oder DisplayPort
- 2 × USB C 3.2, Thunderbolt 3.0 oder 4.0
- interne SSD-Boot-Platte mit 1 TB
- Windows 11, macOS

lers Ihres bevorzugten Schnittprogramms hilft bei der Auswahl. Achten Sie auch auf vermeintliche Nebensächlichkeiten wie eine sehr leise Lüftung. Schnittprograme stellen einige Leistungsanforderungen an einen Computer, und es stört erheblich, wenn die Lüfter mehr »Atmo« verursachen als die Audiospuren im Schnittprojekt.

Notebooks und UHD (4K)
Es mag noch ausreichen, seine Filme in Full HD auszugeben, gedreht und geschnitten wird vielfach schon heute in 4K. Der Standard dazu heißt H.265, auch wenn sich UHD-Videos in H.264 kodieren lassen, nur werden die Dateien dann ungleich größer, oder die Qualität wird schlechter. H.265 läuft jedoch nur bei wirklich performanten Grafikkarten und Prozessoren so, dass man damit auch Videos schneiden kann. Eine kleine Erleichterung für die schwer gestressten Rechner ist die Verwendung einer All-Intra-Kodierung. Im Gegensatz zu den hocheffizienten, aber eben rechenintensiven Komprimierungsverfahren mit Long-GOP-Kodierung kann die Datei schon einmal doppelt oder sogar viermal so groß werden. Da jedes Bild ein vollwertiger Frame ist, fällt das Abspielen leichter, allerdings werden die Files eben deutlich größer. Das gilt auch für Raw-Material wie Redcode Blackmagic RAW, Avid ProRes RAW oder CinemaDNG. Wem seine 4K-Videodateien zu groß und sperrig werden, der sollte erwägen, mit sogenannten *Proxy-Files* zu arbeiten. Dabei wird der Film in niedriger Auflösung geschnitten, wohingegen anschließend die Sequenzen durch hochaufgelöste Dateien ersetzt und gerendert werden.

15.2.2 Computer

Das klassische Videoschnittsystem ist ein Desktop-PC mit einer leistungsfähigen Grafikkarte, redundantem Speichersystem und mindestens zwei Bildschirmen. Im folgenden Abschnitt stelle ich Ihnen die einzelnen Komponenten eines solchen Systems vor. Auch wenn Sie ein Notebook für Ihre Arbeit vorziehen, können Sie bei der Suche nach möglichen Performance-Mängeln hier fündig werden.

Adobe hat die technischen Anforderungen an die Hardware für Computer, auf denen Premiere Pro laufen kann, in den letzten Jahren nicht verändert. Selbst Windows 10, für das im Oktober 2025 der Microsoft-Support ausläuft, wird dort noch aufgeführt. Ein Praxistest mit einem leistungsfähigen Notebook hat mir gezeigt, dass selbst bei klarer Übererfüllung der Mindestanforderungen meine 4K-Filme nicht ohne Ruckeln wiedergegeben wurden. Man braucht schon einen echten Boliden. Für die Bearbeitung von 4K-Material und Sonys hauseigenem XAVC-Format empfiehlt die Firma schon einen Intel-i7-Prozessor. Für Premiere Pro sollte es zudem möglichst eine Nvidia-GeForce-Grafikkarte

Wie Apple Intel auf den ARM nimmt
Man mag den Computerhersteller aus Cupertino mögen oder nicht, die Firma greift immer wieder Technologien auf, um sie dort zum Blühen zu bringen, wo ihre Stärken liegen. Nachdem Apple bereits einmal aus der eigenen Produktion von CPUs ausgestiegen war, brachte das Unternehmen ziemlich überraschend Hardware mit einem eigenentwickelten M-Prozessor heraus. Dabei nutzt Apple die sogenannte ARM-Technologie, die mehr Leistung bei niedrigerem Stromverbrauch liefert. Apple hatte an der Entwicklung der Technologie als Anteilseigner an der britischen Firma ARM maßgeblichen Anteil. Schon seit den 90er Jahren gelten die Prozessoren und die ihnen zugrunde liegende RISC-Architektur als sehr leistungsfähig. Allerdings empfehlen Experten, wenn es um High-End-Schnittsysteme geht, nach wie vor Intel- oder AMD-Prozessoren. Tatsächlich ist die Antwort nicht so einfach, wie sie manchmal auch in den Augen überzeugter Apple-Anhänger erscheint. Denn der große Vorteil der Macs mit dem aktuellen M4-Prozessor liegt in der guten Abstimmung zwischen Hardware, Betriebssystem und Apple-eigener Software wie Final Cut – aus Nutzersicht ein überzeugendes Paket.

Der PC zum Schneiden
Folgende technischen Anforderungen sollte Ihr PC erfüllen:
- Intel-i9- oder AMD-Ryzen-Prozessor
- 750-Watt-Netzteil
- 32 GB RAM
- 2×2-TB-Festplatten (RAID 0)
- 1×1-TB-SSD-Bootplatte
- eine oder mehrere SSDs mit 2 TB oder mehr Speicher
- Nvidia GeForce RTX 2080 mit 8 GB RAM oder besser
- 2× DVI-Monitor
- 3× HDMI (1× In, 2× Out)
- 1× DisplayPort
- 4× USB 3.2 oder mehr
- Windows 11 Pro

sein, am besten ab der 5000er-Serie. Der Arbeitsspeicher sollte mindestens 32 GB groß sein, besser 64 GB. Wer viel für Rechenpower ausgibt, wird neben einem flüssigen Schnitt vor allem auch mit einem schnellen Export der fertigen Filme belohnt. In diesem Punkt haben aufgrund der engen Kooperation zwischen Hardware- und Softwareentwicklern Nutzer von Final Cut XI und Apple-Computern die Nase leicht vorn. Aber: Workstations und leistungsfähige Laptops mit Windows-Betriebssystem sind die Arbeitspferde auch in den Schnittstudios.

Zwar laufen die meisten Softwarepakete auch mit weniger Rechen- und Grafikpower, aber oft ruckeln die Videos, und Effekte müssen erst gerendert werden, bevor der Cutter das Ergebnis seiner Arbeit bewundern kann – nichts für ungeduldige Gemüter. Tipp: Bevor Sie die Software kaufen, prüfen Sie die Systemempfehlungen, die die meisten Hersteller online geben. Erfüllt Ihr Rechner die Anforderungen nicht, dann kaufen Sie lieber ein passendes Gerät, auch wenn ein 4K-tauglicher Laptop im Moment etwa 2.500 € und mehr kostet. Achten Sie allerdings in besonderem Maße auf die Empfehlungen zur Grafikkarte. Wenn Sie einen Desktop-PC vorziehen, dann sollte sich der Basisrechner durch eine leistungsfähige Hardware, leise Lüfter, viele Standardanschlüsse und freie Steckplätze für eine spätere Aufrüstung des Systems auszeichnen. Empfehlenswert ist ein Desktop-PC für alle, die viel, möglicherweise sogar beruflich schneiden wollen.

Lange Zeit gab es Spezialisten, die als Systemintegratoren komplette Video-Workstations anboten. Diese verschwinden zunehmend vom Markt. Stattdessen gibt es zunehmend Peripheriegeräte für Spezialaufgaben, wie die Transcodierung von Streams oder die Überwachung.

15.2.3 Video- und Grafikkarten

Obwohl mit immer höheren Auflösungen auch die Anforderungen an den Datendurchsatz steigen, ist die Zeit spezieller Videohardware zu Ende. Die meisten Hersteller wie Matrox oder Pinnacle haben die Produktion von speziellen Videoschnittkarten aufgegeben. Übrig geblieben für eine breite Anzahl von Applikationen wie Premiere Pro, Avid oder Final Cut ist Blackmagic mit seinen DeckLink-Karten bzw. den Geräten der UltraStudio-Serie oder Aja mit seinen I/O-Lösungen.

In den Anfangsjahren des computergestützten Videoschnitts waren die Softwareanbieter oft auf diese Zusatzhardware angewiesen, heute dominieren Standardgrafikkarten mit viel Arbeitsspeicher sowie schnelle CPUs und schnelle Speicherhardware den Markt.

▲ **Abbildung 15.3**
UltraStudio 4K

Spezielle Videoschnittkarten | Hersteller wie Adobe setzen z. B. konsequent auf den Marktführer Nvidia und nutzen die von der Grafikkarte zur Verfügung gestellte Technologie (CUDA, OpenGL) für die Performance-Steigerung des eigenen Programms Premiere Pro. Vorteil: Adobe Premiere Pro kann sehr viele Videocodecs nativ verarbeiten, d. h., es muss das eingelesene Material nicht erst in einen anderen Codec umsetzen. Allerdings ist der Nutzer, will er die Nvidia-Technologie nutzen, auch an die Grafikkarten des Herstellers gebunden. Viele Beobachter erwarten deshalb, dass sich künftig der offene Standard OpenCL durchsetzen wird, der von fast allen Herstellern von Grafikkarten (GPUs) unterstützt wird. Aber: Derzeit ist nicht absehbar, dass CUDA von Nvidia aufgegeben werden wird. Im Gegenteil: Nach wie vor gilt CUDA auch für viele Entwickler als State of the Art. Für den Anwender sind solche Strategiediskussionen zwischen konkurrierenden Unternehmen oft undurchsichtig und die Konsequenzen erst auf den zweiten Blick erkennbar. Wer jedoch auf das falsche Pferd setzt, läuft Gefahr, dass ein späteres Update seiner Lieblingssoftware plötzlich die Grafikkarte nicht mehr unterstützt. Dieses Schicksal erlitten in der Vergangenheit häufig Nutzer von speziellen Videografikkarten, die mit einem vom Hersteller entwickelten, proprietären Codec arbeiteten. Auch heute gibt es solche Karten noch, wie etwa die Storm 3G von Grass Valley.

Sie arbeiten in der Regel mit einem eigenen Codec, in den sie alles Material umsetzen, und je nach Ausstattung ermöglichen sie dann z. B. auch die Verarbeitung von mehreren unkomprimierten HD-Strömen in Echtzeit.

Breakout-Box | Spezielle Breakout-Boxen haben in der Vergangenheit dafür gesorgt, dass man ganz unterschiedliche Geräte und Signale an ein Schnittsystem anschließen konnte. Da heute die Videobearbeitung hauptsächlich ein rechnerinternes Problem ist, weil alle Files bereits auf dem Schnittrechner bzw. einer schnellen Festplatte liegen, sind solche Boxen zunehmend über-

GPU-Power
Schneiden ist ein intuitives Handwerk, d. h., am einfachsten wird es, wenn man möglichst schnell Änderungen an einem Film ausprobieren kann. Muss man vorher lange auf das Rendern der Dateien warten, verzichtet man gerne auf eine vielleicht entscheidende Kürzung oder Bildkorrektur. Deshalb sollten Sie immer eine überdurchschnittliche Grafikkarte für den Videoschnitt verwenden. Treffen Sie Ihre Entscheidung in Verbindung mit der Anschaffung Ihrer künftigen Schnittsoftware. Gleichzeitig haben Tests aber gezeigt, dass viele Schnittprogramme zunächst einmal die CPU in Anspruch nehmen und nur bei besonderen Aufgaben auf die Rechenleistung der GPU zurückgreifen. Deshalb sollten Sie auch immer auf eine ordentliche CPU achten. Zudem kontrollieren Sie in den Voreinstellungen gerade auch bei Premiere Pro, ob das Programm auch wirklich die leistungsfähige Grafikhardware verwendet, denn in den meisten Windows-Systemen ist auch eine integrierte Grafikeinheit in der CPU fest verbaut.

flüssig. Allerdings: Vor allem im Umfeld von Fernsehsendern und großen Studios gibt es eine Vielzahl an Kameras und möglichen Videoquellen. Eine Broadcast-Profilösung wie die Artist DNxIO von Avid oder Blackmagics Design UltraStudio 4K macht dort Sinn; für den Privatanwender oder kleinen Produzenten ist sie eher eine Nummer zu groß.

Abbildung 15.4 ▼
Die Artist DNxIO von Avid, einer der letzten Video-Hardware-beschleuniger in Verbindung mit einer Breakout-Box

Das Gleiche gilt für spezielle I/O-Karten etwa von Aja, die die Verarbeitung von SDI-Videoströmen in Echtzeit ermöglichen. Die Geräte verarbeiten Videoströme und setzen sie in ein herstellerspezifisches Format wie QuickTime oder DNxHR um.

Wenn Sie in eine moderne Kamera in Verbindung mit leistungsfähiger Software und einem ordentlichen Rechner investieren, sollten Sie Performance-Probleme in den Griff bekommen.

10-Bit-Video über HDMI
In der Vergangenheit gab es immer wieder Probleme mit der Übertragung von Video-Raw-Dateien bzw. Video mit 10 Bit Farbtiefe über HDMI. Deshalb setzen viele Videospezialisten nach wie vor auf den DisplayPort bzw. USB-C 3.2, der DisplayPort unterstützt. Grundsätzlich kann HDMI ab der Version 2.0 auch Video mit 10 Bit Farbtiefe übertragen und unterstützt auch den neuen Farbraum BT.2020. Wer trotzdem Probleme hat, sollte eventuell auch das Kabel überprüfen. Ist es älter, kann es sein, dass es nur HDMI 1.4. erfüllt und damit kein hochaufgelöstes 4K-Video überträgt.

Grafikkarten | Bei den Grafikkarten ist die Anzahl der Anbieter, nicht jedoch unbedingt der Produkte überschaubar geworden. Trotzdem gibt es auch hier immer wieder Überraschungen. So setzt Adobe bei Premiere Pro auf die gemeinsam mit Nvidia entwickelte Mercury Playback Engine, die von Nvidias hauseigener CUDA-Technologie angetrieben wird. Tipp: Wenn Sie eine Grafikkarte von Nvidia nutzen, dann verwenden Sie auch CUDA, denn das läuft schneller als OpenCL. Apple hingegen vertraut ganz auf OpenCL. Je nach macOS-Version berichten Nutzer über erhebliche Performance-Einbußen. Wer gerade bei der Arbeit mit neuen Codecs und hohen Auflösungen (4K) Probleme bekommt, sollte deshalb unbedingt schauen, ob es Treiberaktualisierungen für die Grafikkarte gibt oder ob reines Software-Rendering über die CPU nicht performanter ist.

15.2.4 Speichersysteme

Zwei Aspekte sind bei der Speicherung von Videodaten zu berücksichtigen: die Datensicherheit und die Übertragungsgeschwindigkeit. Filme beanspruchen sehr viel Platz auf der Festplatte und hohe Übertragungsraten. Dazu bietet Ihnen Tabelle 15.2 einige Beispiele:

Material	Datenrate	Länge	Speicherplatz
SD, 720 × 576, 16:9, MPEG-2	8 Mbit/s	1 min	60 MB
SD, DV	25 Mbit/s	1 min	187,5 MB
SD, DVCPro 25	25 Mbit/s	10 min	1,87 GB
HD, XDCAM EX	35 Mbit/s	20 min	5,25 GB
HD, DVCPRO HD, XDCAM HD 4:2:2	50 Mbit/s	10 min	3,74 GB
HD unkomprimiert	270 Mbit/s	10 min	20,25 GB
UHD (4K)	10 Gbit/s (240–800 Mbit/s)	1 min	75 GB (1,8 GB bis 6 GB)

◂ **Tabelle 15.2**
Datenrate und Speicherbedarf gängiger Videoformate. Bei UHD wird der neue Codec H.265 eine deutliche Reduzierung der Datenrate bringen (Angaben in Klammern).

Bei solchen Datenraten kommen enorme Datenmengen zusammen, die noch dazu schnell und ruckelfrei abgespielt werden wollen. Selbst USB-3.0-Platten kommen schnell an ihre Grenzen, wenn mehrere Streams gleichzeitig gelesen werden müssen, also z. B. in einem Schnittprojekt zwei Bilder überblendet werden und neben Musik und Kommentartext auch noch Atmo wiedergegeben werden muss. Bei Blenden und Effekten werden oft gleich zwei oder mehr Videoströme gelesen, ebenso, wenn ein Musikclip angelegt wurde. Dann übersteigt das Abspielen die physikalischen Möglichkeiten der Lesekopfe. Langfristig ausreichend Performance garantieren wohl Thunderbolt und USB-C, beide mit Übertragungsraten im Gbit-Bereich. Viele Videocutter vertrauen besonders gerne auf vermeintlich schnelle SSD-Platten. Tatsächlich aber schaffen viele der Speicherkarten nicht ansatzweise die versprochenen Lese- und Schreibraten. Sie werden sehr schnell heiß, und damit sinkt auch die Performance.

USB – Ärger mit der Stromversorgung

Obwohl USB 3.0 heute zum Standard aller Rechner gehört, gibt es ein eigenartiges Problem mit der Schnittstelle. Eine neu angeschlossene Platte wird oftmals nicht direkt vom System erkannt. Häufiger Grund: Probleme mit der Stromversorgung. Denn an einem USB-Ausgang älteren Typs stehen immer nur 500 mA Strom zur Verfügung. Dieser Wert wird schnell überschritten, wenn mehrere Geräte angeschlossen werden oder eine Festplatte ein echter Stromfresser ist. Tipp: Schließen Sie Festplatten über einen externen Hub an, der über eine eigeane Stromversorgung verfügt. Wie viel Strom sie benötigen, können Sie übrigens im Gerätemanager kontrollieren, um festzustellen, ob Strommangel die Ursache für die Arbeitsverweigerung ist. Mit der Einführung von USB-C sollte das Stromproblem gelöst sein. Jetzt stehen 3 Ampere zur Verfügung. Zudem überträgt das Kabel Daten mit Gbit/s-Geschwindigkeit. Bei USB-C-Kabeln gibt es leider Billigangebote, die ausschließlich als Ladekabel funktionieren und kein Bild übertragen. Lassen Sie sich von dem günstigeren Preis nicht verlocken, und prüfen Sie, was das USB-C-Kabel wirklich kann.

Ärger mit SSD-Platten
Viele Nutzer von SSD-Platten haben sich in den vergangenen Jahren über Probleme im Umgang mit den Platten beschwert. SSDs wurden sehr heiß und quittierten irgendwann den Dienst, meldeten sich einfach ab oder verloren einfach Daten. Darunter auch namhafte Hersteller wie SanDisk, die ihre Produkte gerne als besonders schnelle und extrem robuste Platten bewerben, die damit natürlich auch für den Einsatz im Videoumfeld geeignet sind. Auch ich habe in meiner umfangreichen Sammlung an toten SSDs entsprechende Exemplare. Zur Ehrenrettung sei aber auch gesagt: Mit der Pro-Blade-Familie arbeite ich nun seit fast zwei Jahren sehr erfolgreich. Die Speicherbausteine sind sehr robust, das Vierfachgehäuse arbeitet schnell und ohne Probleme. Das separate Transportgehäuse macht die Daten auch transportfähig.

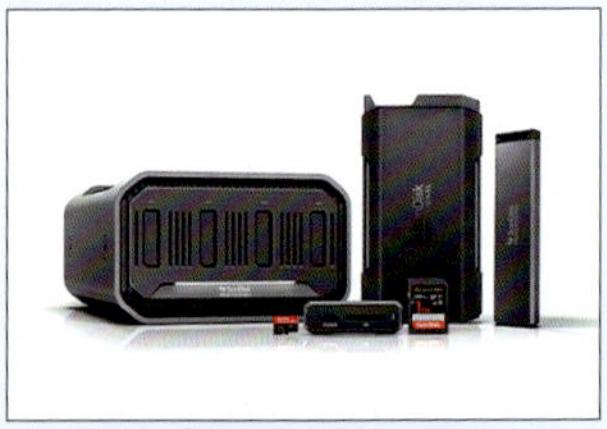

▲ **Abbildung 15.5**
Das Blade-Pro-System von SanDisk mit Wechsel-SSDs

Doch damit nicht genug. Im Zeitalter der bandlosen Produktion sind digitale Videoclips immer vom Untergang bedroht. Das Rohmaterial wird auf der Speicherkarte gelöscht. Die Kopie auf der Festplatte ist die einzig bestehende. Sollte der Festplatte irgendetwas zustoßen, dann ist das wertvolle Aufnahmematerial unwiederbringlich verloren. Das redundante Speichern in einem »sicheren Archiv« ist eine Möglichkeit, doch wenig sinnvoll. Zum einen findet man dort die Clips schlecht wieder, vor allem wenn das Archiv schnell wächst. Zum anderen geben auch die Archivplatten irgendwann ihren Geist auf, und dann ist auf einen Schlag sehr viel Material verloren.

Wohin mit alten Videobändern?
Wenn Sie noch viele Videobänder z. B. im Format MiniDV oder VHS besitzen, die Sie noch schneiden wollen, dann stoßen Sie damit oft auf folgende Probleme:

- Die Bänder lösen sich auf bzw. die Metallschicht löst sich ab. Folge: Informationsverlust, außerdem schmieren die Metallpartikel die Köpfe Ihres Videorekorders oder der Kamera zu.
- Das Abspielgerät ist kaputt, oder Ihr Computer bietet keine Schnittstelle mehr zum Überspielen des Materials an, üblicherweise ein FireWire-(IEEE 1394-)Anschluss.

Das erste Problem können Sie nur durch eine möglichst kühle und trockene Lagerung Ihrer Bänder verzögern, nicht verhindern. Prüfen Sie sehr alte Bänder vor der Verwendung. Klopfen Sie auf die Kassette. Rieselt brauner Staub aus ihr, dann legen Sie sie nicht mehr in ein Abspielgerät ein. Für das zweite Problem stellt die Industrie eine Reihe von Geräten zur Verfügung, die das nachträgliche Digitalisieren auch über USB ermöglichen.

RAID-Systeme | Die einzig sinnvolle Alternative ist das Arbeiten mit sogenannten *RAID-Systemen*. Dabei werden mehrere Festplatten so miteinander verbunden, dass eine möglichst hohe Datensicherheit und Performance erreicht wird. Auch wenn eine einzelne Disk aussetzt, können die gespeicherten Daten immer von einer oder mehreren Platten, die im System vorhanden sind, rekonstruiert werden.

Abbildung 15.6 ▶
Professionelles RAID-System mit 16 Festplatten

Der Vorteil der RAID-Systeme: Sie laufen sehr sicher, und im Falle eines Falles muss man einfach nur die funktionslose Festplatte austauschen, um wieder die volle Sicherheit für die Zukunft zu erhalten. Auch der Datendurchsatz lässt sich mit Mehrplattensystemen deutlich steigern.

Es gibt verschiedene sogenannte RAID-Level, beginnend bei RAID 0 bis hin zu RAID 5 und RAID 10. Es können auch noch mehrere RAIDs miteinander verbunden werden, sodass man schließlich eine große Vielfalt an Varianten erhält. Wenn Sie an die Anschaffung eines RAID-Systems denken, sollten Sie sich von zwei Überlegungen leiten lassen: nämlich wie viel Sicherheit und wie viel Performance Sie brauchen. Je nachdem können Sie Ihr Wunsch-RAID-System aus Tabelle 15.3 wählen und im Internet nach entsprechenden Angeboten auf die Suche gehen. Sicherheit erreichen RAID-Systeme durch redundante Datenspeicherung, also die Speicherung der gleichen Daten auf mehreren Platten, die zu einem einzigen System verbunden wurden. Performance-Steigerung erreichen RAID-Systeme durch das sogenannte *Striping*, d.h., mehrere Platten speichern die Files. So stehen mehr Schreib- und Leseköpfe zum Speichern und Abrufen der Dateien zur Verfügung.

Striping
Eine beliebte Empfehlung ist das Striping von z. B. zwei internen Festplatten eines Desktop-PCs. Dieses RAID-Level 0 bietet zunächst einmal deutlich mehr Performance. Der Nachteil: Fällt eine Platte aus, und das passiert unweigerlich irgendwann, sind die kostbaren Videodaten kaum oder nur schwer wieder zu rekonstruieren. Ich empfehle deshalb lieber ein RAID-5-System, das Performance und Sicherheit bietet.

▼ **Tabelle 15.3**
Übersicht über RAID-Systeme

RAID-Level	Verfahren	Sicherheit	Performance Schreiben	Performance Lesen
einzelne Platte	–	keine	entsprechend der Plattenspezifikation	entsprechend der Plattenspezifikation
0	Striping von 2 Platten	sehr schlecht	sehr hoch	hoch
1	Spiegeln	hoch	unverändert wie Einzelplatte	hoch
0 + 1	Striping und Spiegeln	sehr hoch	sehr hoch	sehr hoch
3	Parity Disk	gut	etwa wie Einzelplatte	sehr hoch
5	Parity Disk und Striping	gut	sehr hoch	hoch
10	Striping und Spiegeln	sehr hoch	sehr hoch	sehr hoch

Im Handel werden viele RAID-Gehäuse ohne Festplatten angeboten. Zu solchen Do-it-yourself-Lösungen sollten Sie nur greifen, wenn Sie etwas Begeisterung für die Technik aufbringen und

Spiegeln
Beim Spiegeln werden die Informationen einer Festplatte 1:1 auf eine zweite Platte übertragen. Das bringt keine zusätzliche Leistung, aber Sicherheit. Fällt die erste Platte aus, steht die zweite zum sofortigen Ersatz zur Verfügung.

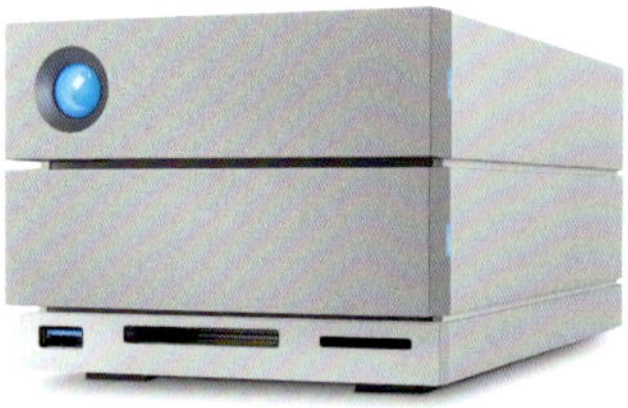

▲ **Abbildung 15.7**
Speichersystem mit Thunderbolt-Anschluss und zwei Festplatten, ausbaufähig auf bis zu 12 TB

sich auch gerne in kompliziertere Handbücher über RAID-Konfigurationen einarbeiten. Bei den RAID-Gehäusen mit mehreren Schächten für Festplatten wird neben USB 3.0 auch Thunderbolt als Anschluss immer beliebter.

Tipps zur Plattenpflege | Am besten spendieren Sie Ihrem Computer ein eigenes RAID-System oder zumindest eine eigene Festplatte nur für den Videoschnitt, d.h., auf der Platte landen nur Filme, die Sie bearbeiten. Abgeschlossene Projekte werden auf ein System zur langfristigen Speicherung überspielt. Vorteil: Sie können die Platte regelmäßig schnell und einfach defragmentieren und sorgen damit für optimalen Datendurchsatz. Früher wurden für die Videobearbeitung spezielle Platten empfohlen, die dann auch als Video-Disks vermarktet wurden – ein Marketinggag, der eine Festplatte als besonders leistungsfähig auszeichnen sollte. Moderne Festplatten erfüllen meist alle Anforderungen. Doch achten Sie beim Kauf auf die Lautstärke. Denn laute Festplatten stören beim Schnitt empfindlich, vor allem wenn es um den Ton geht.

Standard in der Datenspeicherung sind die sogenannten *Solid-State-Drives (SSD)*. Ihr Vorteil: Sie arbeiten geräuschlos und deutlich schneller als herkömmliche Festplatten. Zudem sind sie gegenüber Erschütterungen und Temperaturschwankungen unempfindlicher. Leider kosten die modernen Speicherlaufwerke im Moment noch deutlich mehr als eine vergleichbare Festplatte.

Die Industrie setzt zunehmend auch auf Optical Discs. Weil es ermüdend wird, über die hohen Kosten zu lamentieren, spare ich mir einen Hinweis darüber. Etwas preiswerter, aber für den Normalbürger auch nicht gerade erschwinglich, sind LTO-Laufwerke, die eine sichere Langzeitarchivierung von bis zu 30 Jahren auf Bändern versprechen. Ich habe einmal auf den Vorgänger AIT zur Speicherung auf Bändern gesetzt; das Format wurde nach nur 14 Jahren 2010 eingestellt, sprich es gibt keine Bänder und Laufwerke mehr. Wer LTO mehr vertraut, ist mit etwa 2.000€ für ein Laufwerk dabei.

15.2.5 Videomonitor

Einem großen Missverständnis will ich gleich zu Beginn vorbeugen: Unter einem Videomonitor verstehe ich einen separaten Monitor, der für die Wiedergabe von Videosignalen optimiert ist, und nicht die Computermonitore, die zur Bedienung eines Schnittprogramms unerlässlich sind.

Eines der größten Probleme bei der Beurteilung von Filmen ist die Wiedergabe des Films auf entsprechenden Monitoren. Ein

Full-HD-Monitor kostet in entsprechender Qualität immer noch ab 2.000€. Viel Geld, vor allem wenn die Kamera nur die Hälfte gekostet hat.

Natürlich kann man das Video auch auf einem Datenbildschirm begutachten, den es inklusive HDMI-Eingang bereits für wenige Hundert Euro gibt. Aber auch ordentliche Flachbildmonitore reichen nicht annähernd an einen hochauflösenden Videobildschirm heran. Schon viele Filmemacher erlebten böse Überraschungen, als sie ihr Meisterwerk zum ersten Mal auf einem Studiomonitor erblickten. Falsche Farben, ein flauer Kontrast, unerwartete Unschärfen und störendes Rauschen machten sich dort plötzlich unangenehm bemerkbar.

Der Fernseher als Kontrollmonitor
Dank HDMI ist der Anschluss eines modernen LCD- oder LED-Fernsehers an einen Computer kein Kunststück mehr. Allerdings: Nicht immer klappt die Ausgabe reibungslos, weil viele Fernseher mit den angelieferten Signalen recht eigensinnig umgehen. Hilfe verspricht hier EDID, eine Datenstruktur, die die Kommunikation zwischen TV-Gerät und Computer erleichtern soll, aber leider auch des Öfteren scheitert. Im Ergebnis wird das Bild falsch skaliert, oder der Monitor bleibt einfach dunkel. Im Internet finden Sie jedoch zahlreiche Empfehlungen, wie Sie die Sprachstörungen zwischen Computer und TV-Gerät bewältigen können. Wer UHD am Schnittrechner in voller Auflösung bewundern will und nicht über ein prall gefülltes Sparkonto verfügt, der sollte es auf jeden Fall ausprobieren.

◂ **Abbildung 15.8**
4K-kompatibler Studiomonitor von JVC

Der Nachteil der meisten Profimonitore ist, insbesondere wenn sie HD- oder sogar UHD-tauglich sind, der hohe Preis. Mehrere Tausend bis Zehntausend Euro wandern für einen Klasse-2- oder gar Klasse-1-Monitor über die Ladentheke.

Deshalb behelfen sich auch Profis öfter mit leistungsfähigen Computermonitoren oder sogar Fernsehern. Dank HDMI kann man die meisten Geräte heute an einen aktuellen Rechner anschließen. Doch längst sieht das Bild nicht immer gut aus oder läuft ruckelfrei und in der richtigen Auflösung. Tipp: Durchsuchen Sie vor einem Kauf die einschlägigen Foren, und fragen Sie dort konkret nach Erfahrungen mit dem Gerät Ihrer Wahl. Benutzen Sie eine Breakout-Box z. B. von Aja oder Blackmagic, dann können Sie das Videosignal auch hervorragend über SDI ausgeben.

Mit 4K hält nun auch der erweiterte Farbraum für die Videoproduktion Einzug in die Nachbearbeitung. Und der funktioniert nicht ganz problemlos. Letztlich kann der neue Farbraum BT.2020 mit seinen über 1 Milliarde Farben auf keinem Monitor dargestellt werden. Mit diesem Problem kämpfen Sie bereits bei der Aufnahme, wenn Sie einen LOG-Gamut verwenden oder z. B. HLG. Das Bild wird auf einem Standarddisplay mit dem klassischen sRGB-Farbraum (BT.709) nicht richtig angezeigt. Es wirkt matschig und flau. Damit die Farben richtig dargestellt werden, benötigt man entsprechende Tabellen zur Neuberechnung der Farben im jeweils anderen Farbraum. Diese Tabellen (LUT) muss nun auch der Monitor oder die Grafikkarte unterstützen, wollen Sie Farben richtig anzeigen. Nicht jeder Monitor ist dazu in der Lage. Bis BT.2020 Realität wird, müssen wir uns mit HLG und dem noch etwas kleineren Farbraum DCI begnügen, der aber auch bereits für wesentlich mehr Farbe im Bild sorgt. Achten Sie beim Kauf Ihres Monitors auf folgende Eigenschaften:

- **Kalibrierung**: Der Monitor sollte über ein eigenes Kalibrierungstool verfügen oder, besser noch, mit fremden Kalibrierungstools wie i1 Display Pro auf eine wirklichkeitsgetreue Farbwiedergabe einzustellen sein. Bei Fernsehern scheidet diese Möglichkeit meistens von vornherein aus. Bei der Kalibrierung wird vor allem die korrekte Farb- und Helligkeitswiedergabe eines Monitors eingemessen. Das entsprechende Korrekturprofil wird anschließend auf die Grafikkarte geladen.

Von der Röhre zum LCD zum OLED-Display

Cutter haben sich lange geweigert, ihre Filme an LCD-Monitoren zu schneiden. Dafür gab und gibt es zwei entscheidende Gründe:

- LCDs können kein reines Schwarz darstellen.
- LCDs verändern Luminanz und Chrominanz je nach Betrachtungswinkel, d. h., der Bildeindruck vor allem von Farbe und Helligkeit ist abhängig vom Winkel, in dem man auf den Monitor schaut.

Stattdessen haben sie ihre alten Röhrenmonitore behalten, die nun aber mehr oder weniger ausgestorben sind. Mittlerweile gibt es ordentliche LCD-Monitore, die für professionelle Ansprüche geeignet sind. Und die nächste Revolution ist mit den OLED-Bildschirmen im Gange. Moderne OLED-Displays sind zwar immer noch teuer, aber die Preise sinken kontinuierlich und die Qualität ist überragend. Wer Wert auf einen möglichst großen Blickwinkel legt, sollte darauf achten, dass das Display die IPS-Technologie (bei Samsung auch PLS) unterstützt. Zwar sind die Bildwiederholungsraten nicht ganz so hoch, aber die schräg angeordneten Bildpunkte erlauben Einsichten aus vielen Richtungen.

© X-Rite

Abbildung 15.9 ▸ Kalibrierungstool von X-Rite

- **Underscan-Anzeige**: Fernseher und Monitore schneiden immer einen mehr oder weniger breiten Rand vom Bild ab. Dumm, wenn man seinen Film auf YouTube hochlädt. Dort ist das Bild natürlich in voller Größe zu sehen. Um das Bild optimal kontrollieren zu können, sollte man den Monitor auf

Underscan schalten können, d. h., es wird wirklich das ganze Bild angezeigt.

Dual-Monitor-Lösung | Zum Schluss noch einen kurzen Abstecher an den Arbeitsplatz: Beim Schneiden schaut man oft stundenlang auf die Monitore. Schnittprogramme fordern darüber hinaus viel Platz auf dem Bildschirm. Deshalb empfehle ich Ihnen – sofern Ihre Grafikkarte dies zulässt – unbedingt eine Dual-Monitor-Lösung. Dann haben Sie ausreichend Platz für eine breite Timeline und schnellen Zugriff auf die meisten Fenster. Die Bildschirme sollten möglichst flimmerfrei arbeiten. In den letzten Jahren mehren sich die Warnungen vor einem hohen Anteil an blauem Licht, das Monitore aussenden. Dies soll insbesondere bei langen Sitzungen beim Schneiden zu Ermüdung, Kopfschmerzen und Schlaflosigkeit führen. Einige Hersteller bieten deshalb bereits Low-Blue-Light-Monitore an.

Achtung: Sie werden schnell feststellen, dass die Videobilder im Vorschaumonitor der Computerbildschirme anders aussehen als auf dem separaten Videomonitor. Wie Sie mit diesem Problem umgehen, erfahren Sie in Kapitel 21, »Der Feinschliff«.

DisplayPort für ein großes Bild
Die Popularität der HDMI-Schnittstelle hat den Start für den DisplayPort etwas hinausgezögert. Dank UHD dürfte sich der neue Stecker aber sehr schnell als Alternative durchsetzen und schon bald die klassische DVI/VGA-Schnittstelle zum Anschluss von Monitoren ablösen. Derzeit größter Vorteil: Der DisplayPort unterstützt bereits UHD und ermöglicht so z. B. eine Erweiterung des Computerbildschirms auf mehrere Monitore, die in einer Kette verbunden werden. In Thunderbolt wurde der DisplayPort integriert.

15.2.6 Lautsprecher

Die eingebauten Lautsprecher von Laptops und PCs sind leider völlig ungeeignet, um Filmton zu beurteilen, vor allem aber so abzumischen, dass am Ende ein ordentliches Klangbild entsteht. Hauptproblem ist das meist beschränkte Frequenzspektrum, sodass vor allem Bässe kaum zu hören sind. Seitdem Fernseher direkten Anschluss an die Stereoanlage haben, werden auch die Anforderungen an den Ton immer höher. Welche Lautsprecher Sie sich zulegen, ist ein bisschen abhängig von der Ausgabe des Films. Wenn Sie in der Regel Ihre Filme auf Blu-ray brennen, um sie anschließend an Fernsehgeräten abzuspielen, dann reicht ein kleines Set mit zwei Lautsprechern und einem Subwoofer für die Bässe. Streben Sie dagegen die große Kinoleinwand an, dann empfehle ich Ihnen die Wiedergabe über eine hochwertige 5.1-Anlage . Allerdings nur, wenn Sie die Technik auch nutzen. Mischen Sie Ihren Film trotzdem Stereo ab, dann reicht das kleine Set. Im Dokumentarumfeld rangiert nach wie vor Stereoton ganz oben, auch wenn viele Interviews nur mono aufgenommen werden. Ich habe mich deshalb für zwei Nahfeld-Aktiv-Lautsprecher mit einem Subwoofer entschieden. Vorteil: Sie nehmen wenig Platz weg, können direkt an den Mischer oder sogar das Notebook angeschlossen werden und liefern auch die notwendigen Bässe, selbst ohne Subwoofer. Wer keine Lautsprecher nutzen kann oder mag, etwa weil nebenan ein stillebedürftiger Kollege sitzt, der kann auch entsprechende Kopfhörer nutzen.

15.2.7 Tastatur und Maus

Sie sind die wichtigsten Arbeitsgeräte eines Cutters. Je professioneller Sie arbeiten, desto mehr verwenden Sie die Tastatur, statt sich mit der Maus über die Programmoberfläche zu klicken. Denn permanentes Mausklicken führt schnell zu Ermüdungserscheinungen. Arbeitsmediziner sprechen vom RSI-Syndrom (Repetitive-Strain-Injury-Syndrom). Um diese Berufskrankheit zu vermeiden, sollte man die Maus so wenig wie möglich benutzen, auf eine ergonomische Form achten, vor allem aber die Maus möglichst nah an der Tastatur ablegen. Regelmäßige Entlastungsübungen helfen vorzubeugen. Eine ergonomische Handablage verhindert einen permanenten Druck aufs Gelenk. Verschiedene Hersteller bieten farbkodierte Tastaturen an, die ein schnelles Erlernen der Shortcuts erleichtern, und spezielle Mausvariationen, die auf die Anforderungen der Schnittsoftware hin optimiert sind.

Der »Mausarm« – krank am Computer
Wer seinen Film schneidet, verbringt oft Stunden vor dem Computer. Am nächsten Tag macht sich die Arbeit durch Verspannungen im Nacken, Schmerzen in Arm, Schulter oder Handgelenk bemerkbar. Die Ursachen sind vielfältig. Gegen die Überlastung durch typische Computertätigkeiten, oft als »Mausarm« oder RSI-Syndrom bezeichnet, hilft Sport, eine regelmäßige Pause und vor allem das effiziente Arbeiten z. B. mit Kurzbefehlen anstelle von vielen Mausklicks. Bei langanhaltenden Schmerzen kann auch das sogenannte Karpaltunnelsyndrom die Ursache sein. Hier hilft nur der Gang zum Arzt.

© Avid

▲ **Abbildung 15.10**
Tastatur und Maus für den Avid von Logic, verfügbar auch für Final Cut Pro und Adobe Premiere Pro

15.2.8 Netzwerk und Schnittstellen

Im Profibereich ist die Netzwerkanbindung von Schnittrechnern eine schwierige Sache. Weil Performance ein kritisches Thema ist, verzichten die Sendeanstalten oft darauf, auf den Rechnern Antivirenprogramme und Firewalls zu installieren. Wer auf seinem Home-PC sowohl schneiden als auch ins Netz gehen möchte, sollte jedoch auf keinen Fall ungeschützt durchs weltweite Web surfen. Und wer seinen Film auf YouTube oder MyVideo veröffentlichen möchte, wird einen schnellen und möglichst direkten Zugang zum Netz zu würdigen wissen. Wenn Sie Ihren Schnittrechner ins Netz hängen, dann sollten Sie auf folgende Punkte achten:

- **Performance-Verlust**: Nach wie vor können viele Hintergrundprogramme, die CPU und Arbeitsspeicher belegen, zu einer schlechteren Performance führen. Stellen Sie an Ihrem System einen Performance-Verlust fest, so prüfen Sie, ob sich dies bei deaktivierter Antivirensoftware ändert. Hängen Sie den Rechner vorher vom Netz ab.
- **Automatische Updates**: Schnittsysteme sind sensible Systeme, vor allem wenn Sie zusätzliche Videokarten einsetzen, um die Leistung zu verbessern. Läuft Ihr System stabil, so kann sich ein Betriebssystem-Update oder ein Software-Update statt als erwünschte Verbesserung schnell als Verschlechterung herausstellen. Ich spiele auf meinem Schnittrechner Updates nur auf, wenn ich in den einschlägigen Foren im Netz ausreichend positive Erfahrungsberichte finde. Ansonsten gilt: »Never change a running system.«

Doch damit sind noch nicht alle Netzwerkaspekte abgedeckt. Schließlich wollen Sie ja auch Ihre Kamera an den Rechner anschließen, möglicherweise auch einmal andere Kameras. Deshalb sollten an einem Schnittrechner diverse Netzwerkschnittstellen verfügbar sein, vor allem aber ausreichend USB-Anschlüsse. Völlig aus der Mode gekommen ist ein iEEE-1394-Anschluss, landläufig auch als FireWire oder i.Link bekannt. Vor allem für Nutzer älterer Kameras wird es damit schwer, die Kamera direkt mit einem modernen Computer zu verbinden. Wenn Sie aus Performance-Gründen ein RAID-System anschaffen, dann schließen Sie dieses über *Fibre Channel, Thunderbolt* oder *eSATA* an. Die entsprechenden Anschlüsse müssen natürlich verfügbar sein. Wollen Sie Ihre Daten nur sicher auslagern, reicht auch eine Netzverbindung z. B. über Ethernet (LAN), bei großen 4K-Daten aber möglichst im Gbit-Standard.

15.2.9 DVD- und Blu-ray-Brenner

Ist der Film fertig geschnitten, dann will er noch veröffentlicht werden. Ihn stets nur aus der Schnittsoftware abzuspielen, ist keine gute Lösung. Die Standardlösung hieß früher, den Film auf eine CD, DVD oder Blu-ray zu brennen. Die Blu-ray erfüllt dabei auch durchaus die hohen Qualitätsansprüche von Filmemachern. Die DVD hingegen ist ein Relikt aus der Computersteinzeit. Die kommerzielle Zukunft gehört den internetbasierten Streamingdiensten wie Netflix oder Amazon Prime, YouTube oder Vimeo. Das heißt: Es ist entscheidend, den Stream zu speichern, und weniger wichtig, ihn auf eine Scheibe zu brennen. Noch dazu in einem proprietären Format.

Blu-ray und UHD
Die Zukunft der Blue-ray liegt in einer Nische für Filmenthusiasten und Sammler. Gegen die Streaming-Konkurrenz und Cloudspeicher konnte sich das System nicht durchsetzen. Die UHD Blue-ray unterstützt 4K, HDR-Video, bis zu 60 Bilder in der Sekunde und den größeren Farbraum BT.2020. Blu-ray ist nicht aufwärtskompatibel, d. h., wer 4K-Videos in diesem Format archivieren möchte, kann seinen alten Brenner nicht mehr nutzen. Immerhin: Neue UHD-Laufwerke verarbeiten auch alte Video-Blu-rays. Die Scheiben können mit 66 oder 100 GB beschrieben werden. Consumer-Brenner gibt es für ca. 250 €. Das Blu-ray-Konsortium setzt zur Videokomprimierung auf den Codec H.265/HEVC. Das war wohl richtig, retten wird es die Scheibe wohl nicht. Die Verkaufszahlen sinken seit Jahren stetig.

15.3 Software

Die Software ist das ausschlaggebende Werkzeug des Cutters. Sie entscheidet, ob der Schnitt intuitiv und leicht von der Hand geht oder mühsam und kompliziert. Bevor Sie sich für Computer, Monitore oder Grafikkarten interessieren, verschaffen Sie sich möglichst erst einen Überblick über die angebotene Software, und probieren Sie diese aus, bevor Sie sie endgültig kaufen. Fast alle Hersteller bieten entsprechende Trial-Versionen zum Download an und geben Ihnen auch gleich Empfehlungen für die optimale Hardware.

15.3.1 Was muss eine Schnittsoftware können?

Auch die Computerindustrie kommt in die Jahre, und damit werden auch Schnittsysteme immer stabiler und zuverlässiger. Auch wenn kein Programm fehlerlos arbeitet, in aller Regel verrichten Avid, Premiere Pro, MAGIX oder Final Cut Pro, Vegas, Edius oder DaVinci Resolve ihre Aufgaben klaglos, sodass man eigentlich sagen könnte: Suchen Sie sich das Programm heraus, das Ihnen am ehesten zusagt. Allerdings setzt der Geldbeutel schnell Grenzen.

Zum Glück bieten viele Anbieter von professionellen Lösungen abgespeckte Versionen für den Einsteiger. Den niedrigen Preis, oft unter 100€, bezahlt man mit dem Verzicht auf einige Features. Vielfach treffen Einsteiger deshalb die Entscheidung für das preiswerteste Angebot.

Lizenz oder Cloud
Adobe hat es mit der Einführung der CC-Produktfamilie vorgemacht: Die Zukunft der Software findet in der Cloud statt. Mit einer monatlichen Gebühr erhält man neben der Nutzungserlaubnis vor allem neue Programmversionen. Auch Avid bevorzugt mittlerweile das Abomodell, bietet aber auch noch eine Kauflizenz an. Cloud-Vorreiter Adobe fährt gut mit seiner Cloud-Strategie. Das Unternehmen hat seinen Umsatz in den letzten acht Jahren verdreifacht, ebenso den Gewinn. Apple und Blackmagic bieten Final Cut Pro XI bzw. DaVinci Resolve zum einmaligen Kaufpreis an. Blackmagic vertreibt nach wie vor die Einsteigerversion von DaVinci Resolve kostenlos.

Entdecken Sie jedoch erst einmal die Möglichkeiten des Editings, rücken andere Softwarepakete in den Mittelpunkt. Doch nun müssen Sie umlernen. Lieb gewonnene Eigenheiten des Anfängerpakets finden Sie bei der anderen Lösung nur schwer oder gar nicht. Deshalb mein Tipp: Schlimmer, als die Handhabung eines neuen Softwarepakets zu erlernen, ist es, von einem Programm auf ein anderes umzusteigen. Viele professionelle Cutter, die auf einem Avid angefangen haben, weigern sich, an Final-Cut-Pro- oder Premiere Pro-Systemen zu arbeiten, und umgekehrt. Consumer-Software wie MAGIX ist verpönt. Dabei kann man mit all diesen Produkten heute wunderbar und komfortabel Filme schneiden.

Viele Diskussionen über das angeblich »beste« System sind oftmals nur den Eitelkeiten geschuldet. Aber einige Argumente sollten Sie sich vor der Entscheidung genau überlegen:

15.3.2 Welche Software für wen?

Immer noch umfasst die Liste der Videobearbeitungssoftware auf Wikipedia annähernd 50 Programme. Wer Editing möglicherweise zu seinem Beruf machen möchte, sollte sich nach Lösungen für Profis umschauen. Dazu gehören der Avid Media Composer, Adobe Premiere Pro, Grass Valley Edius, mittlerweile auch wieder Apples Final Cut und DaVinci Resolve von Blackmagic. Wer seine berufliche Zukunft hinter dem Schnittrechner sieht, der sollte sich auch mit diesen Programmen beschäftigen. Wer dagegen auf Industriefilme setzt oder gleich seinen eigenen Spielfilm produzieren oder nur seine privaten Videos schneiden möchte, ist etwas freier, denn Videos lassen sich auch mit anderen Programmen hervorragend schneiden.

Eine Sonderstellung nimmt in meinen Augen Premiere Pro ein. Die Software läuft nun seit etlichen Generationen stabil und bietet alle professionellen Features. Seine wahre Stärke entfaltet das Programm im Zusammenspiel mit anderen Softwarepaketen, wie z. B. After Effects, Photoshop oder Audition. Und: Adobe setzt sich auch bei professionellen Produktionshäusern zunehmend durch. Mit der Creative Cloud bietet Adobe ein Paket an, das den leichten Austausch von Dateien zwischen den verschiedenen Programmen erlaubt. Ein Arbeitsplatz wird damit nicht nur zur Editing-Suite, sondern erlaubt auch anspruchsvolles Compositing und Animationen. Die Bedienung der jeweiligen Produkte nähert sich immer weiter an, sodass z. B. Effekte in allen Paketen den gleichen Namen tragen und auch gleich zu bedienen sind. Zudem unterstützt Adobe so gut wie jeden Codec. Wegen dieser vielen Argumente habe ich mich auch im professionellen Umfeld für Premiere Pro entschieden und zeige deshalb im Praxisteil dieses Buchs Beispiele, die mit der Software von Adobe erstellt wurden. In den Erläuterungen versuche ich jedoch immer, die allgemeingültigen Lösungswege aufzuzeigen, sodass sich viele Arbeitsschritte leicht und einfach auf andere Programme übertragen lassen.

Avid oder Premiere Pro belasten natürlich das Portemonnaie. Für Einsteiger gibt es auch preiswerte Alternativen, wie z. B. die Lösungen von MAGIX. Ein Problem ist allerdings, dass der Umstieg oft schwieriger ist als das Erlernen einer neuen Software. Wenn Sie also ambitionierter Editor und Filmemacher sind, dann sparen Sie nicht am Anfang am falschen Fleck. Eine Sonderrolle nimmt DaVinci Resolve von Blackmagic ein. Das High-End-Bearbeitungsprogramm gibt's tatsächlich kostenlos. Wer also will und vor allem mit einer Blackmagic-Kamera dreht, sollte auf jeden Fall eine Version herunterladen.

Erst testen, dann kaufen
Fast alle Anbieter erlauben es dem Kunden, ihre Programme während einer Testphase kostenlos auszuprobieren. Nehmen Sie diese Angebote unbedingt an, und verlassen Sie sich nicht allein auf die Kaufempfehlung einer Fachzeitschrift. Sie können – vorausgesetzt, die Software erfüllt Ihre Erwartungen – die Testversion anschließend einfach freischalten. Die parallele Installation mehrerer Schnittsysteme ist nicht optimal, für eine Testphase aber akzeptabel. Wenn Sie sich zum Kauf Ihres Favoriten entschlossen haben, deinstallieren Sie die anderen Programme wieder. Auf den Websites der Anbieter finden Sie auch Hardwareempfehlungen, die Sie unbedingt beachten sollten. Andernfalls riskieren Sie, dass Ihre Filme nicht ordentlich ablaufen oder angezeigt werden. Schauen Sie sich in den vielen Benutzerforen um, die in die Websites der Softwarefirmen integriert sind, oder auf unabhängigen Foren.

15.3.3 Codecs – die Arbeitstiere

Eine Zeit lang legte Sony auf seine Camcorder die Software Vegas kostenlos obendrauf. Der Grund: Ohne das Schnittprogramm des Unternehmens konnten die Videos, die mit Sony-Kameras aufge-

Rohe Bilddaten auch für Video
In der Fotografie sind sogenannte *Raw-Formate* längst gang und gäbe, für Videoanwender beginnt das Raw-Zeitalter erst. Die rohen Daten nutzen den Bitstrom des Sensors ohne anschließende Verrechnung durch den Logikchip. Nachträglich können so verlustfrei Korrekturen am Bild vorgenommen werden, wie z. B. die Bestimmung des korrekten Weißabgleichs. Andere, vor allem Profikameras, arbeiten von Haus aus mit – allerdings proprietären – Raw-Formaten. Noch ist der Umgang mit Raw aber eine raue Sache für den Anwender. Amateure dürften im Moment wenig Spaß am Umgang mit den sperrigen Daten haben, die erst umgewandelt werden wollen.

nommen wurden, nicht bearbeitet werden. Skurril daran war der Umstand, dass die Software in einigen Fällen teurer war als der Camcorder. Diese Geschichte aus den Anfangszeiten von AVCHD zeigt, wie wichtig die Unterstützung der diversen Codecs ist. Denn längst ist AVCHD nicht gleich AVCHD und MPEG-2 nicht gleich MPEG-2. Die Hersteller von Kameras berufen sich zwar auf die entsprechenden Standards, aber achten mit Argusaugen auf eigenständige Lösungen, so wie BMW, Mercedes, Toyota oder Chrysler zwar alle Autos herstellen, aber Design und Technik sich eben doch stark unterscheiden. Für die Kamerahersteller ist dies Teil ihrer Industriepolitik, für den Anwender schlicht nur ärgerlich. Doch damit nicht genug, auch die Hersteller von Schnittsoftware bevorzugen oft eigene Standards ebenso wie die Anbieter von Hardwarebeschleunigern. Um sicherzugehen, dass die Filme aus Ihrer Kamera auf dem Schnittprogramm Ihrer Wahl wirklich möglichst ruckel- und renderfrei laufen, lohnt es sich, die Empfehlungen auf den Seiten der Hersteller zu lesen bzw. in den technischen Angaben nach den unterstützten Codecs zu suchen.

Avid bietet mit dem DNxHD-Codec ein eigenes Format für sein Schnittsystem an und transcodiert eingespielte Dateien. Premiere Pro versucht dagegen, möglichst viele Codecs nativ zu unterstützen. Wenn Sie mehr über Codecs erfahren wollen, dann empfehle ich Ihnen noch einmal einen Blick in Abschnitt 5.2.

Mit 4K ist ein altes Problem in neuem Gewand zurückgekehrt. Selbst bei guter Hardwareausstattung laufen die Filme nicht flüssig. Ein Weg, dies zu vermeiden, ist das Arbeiten mit sogenannten Proxy-Files oder auch »Offline-Editing«. Die Idee ist einfach. Statt mit den hochaufgelösten Clips schneidet man den Film zunächst mit Kopien in niedrigerer Auflösung. Professionelle Software wie Adobe Premiere Pro oder Final Cut bieten dafür einen eigenen Workflow an, der bereits beim Kopieren der Files ansetzt und automatisch niedriger aufgelöste Proxy-Files erzeugt. Mehr dazu lesen Sie im nächsten Kapitel.

Von Containern und Codecs | Wenn auf Ihrer Kamera das Logo AVCHD prangt, dann signalisiert Ihnen der Hersteller, dass er ein bestimmtes standardisiertes Format unterstützt – eben AVCHD. Doch AVCHD ist nur ein sogenanntes Containerformat. Um beim Vergleich mit der Kraftfahrzeugindustrie zu bleiben, legt der Standard nur fest, dass ein Auto Räder, ein Lenkrad sowie einen Motor hat und bestimmte Abgasnormen erfüllt. Der Codec ist das eigentliche Arbeitstier, das die digitale Bilderflut in verarbeitbare Datenströme umwandelt. Die Konformität mit dem Containerformat garantiert leider noch nicht, dass man mit dem Produkt auch arbeiten kann. Wenn sich Ihre Schnittsoftware standhaft weigert, einen Clip anzuzeigen oder überhaupt ins Programm zu laden, dann sollten Sie sich auf die Suche nach dem passenden Codec machen. Im Regelfall werden Sie auf der Website des Kameraherstellers fündig.

15.3.4 Filter, Tools und Effekte

Die Effektfilter einer Software sind so etwas wie die Farbe beim Auto. Sie kann kaufentscheidend sein, ist aber für die Funktion des Fahrzeugs unerheblich. Ähnlich ist es mit den meisten Effekten, mit denen Softwarehersteller insbesondere im Consumer-Bereich früher ihre Lösungen bewarben. Da wurden Effektpakete im Bundle vertrieben, 100 neue Bildübergänge draufgepackt und viele neue Spezialeffekte angepriesen, nur um den Kunden zum Download der Testversion und später zum Kauf zu animieren. Diese Zeiten scheinen weitgehend vorbei. Heute zählen vor allem innere Werte wie Performance, 4K oder die Unterstützung von Kameraformaten. Die vielen angeblichen Effektübergänge sind oft wenig ansehnlich, ebenso wie die meisten vorgefertigten Effektfilter. Auf einige Tools zur Video- und Audiobearbeitung sollten Sie dagegen Wert legen, z. B. auf eine gute und schnelle Farbkorrektur, ein ordentliches 3DVE-Tool, gute Audioeffekte und ordentliche Keys.

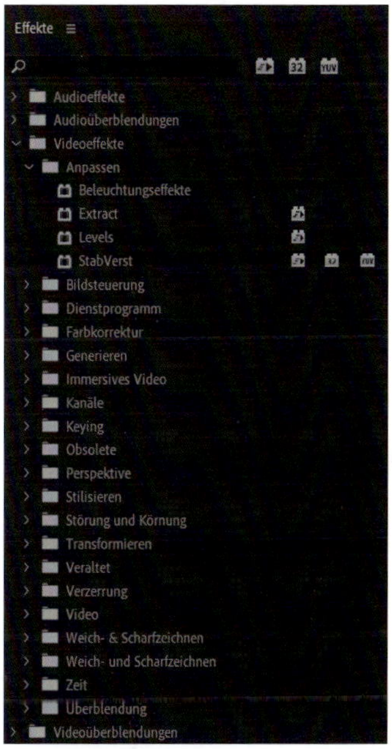

▲ **Abbildung 15.11**
Effekte-Toolbox

15.3.5 Farbkorrektur

Die Feinheiten der Farbkorrektur lernen Sie in Abschnitt 21.2, »Bildkorrekturen durchführen«, kennen. Wichtig ist, dass Ihre Software über ein entsprechend leistungsfähiges Tool zur Farbkorrektur verfügt. Bei Final Cut Pro ist dies Color, bei Premiere Pro gibt es seit einigen Jahren die Farbkorrektur Lumetri Color. Schicke Bildmanipulationen, sogenannte *Looks*, lassen sich hier per Mausklick zuweisen, um dem Film z. B. das farbentsättigte Aussehen eines deutschen Autorenfilms zu verleihen (mehr zum Thema in Kapitel 21, »Der Feinschliff«).

Das Beispiel und der Name Farbkorrektur suggerieren, dass mit diesen Software-Tools nur die Farbe verändert werden kann. Das ist falsch: Eine Farbkorrektur ermöglicht die Veränderung von Helligkeit, Kontrast, die Korrektur von Lichtern und Schatten und natürlich auch das Anpassen der Farbe. Mit dem Siegeszug von HDR-Video und die damit verbundene Notwendigkeit, mit Gammakorrekturkurve gedrehtes Material nachträglich zu korrigieren, hat das Thema Farbkorrektur noch einmal an Bedeutung gewonnen. Das Gleiche trifft auf die Verwendung von Raw-Material zu. Aus diesem Segment kommt die Software DaVinci Resolve

Farbkorrektur – vom Amateur zum Profi
Die Farbkorrektur ist für mich eine der Grenzen, die Einsteiger und Profis voneinander trennen. Ein Profi wird jedes Bild korrigieren, und wenn es nur ein paar Feinheiten sind. Wenn Sie erst einmal gesehen haben, wie eine konsequente Farbkorrektur (engl. grading) Ihren Film deutlich verbessert, werden Sie darauf nicht mehr verzichten wollen. Es gibt auch Profis allein für die Farbkorrektur, sogenannte Koloristen. Sie gehen aber einem eigenen Handwerk nach und sind richtige Spezialisten.

von Blackmagic, die sozusagen den Rolls-Royce unter den Farbkorrekturprogrammen darstellt, gleichzeitig heute aber auch alle Schnittfunktionalitäten bietet.

Abbildung 15.12 ▼
Farbkorrektur in Adobe Premiere Pro

15.3.6 Die Effektkategorie 3DVE

Diese Effektkategorie ist eine der wichtigsten zur Manipulation von Bildern. Die Abkürzung steht für *3D Digital Video Effects*. Die Idee dahinter ist, die eigentlich zweidimensionalen Videobilder im dreidimensionalen Raum zu bewegen. 3DVE-Filter dürfen aber nicht mit klassischen 3D-Animationsprogrammen wie Cinema 4D oder 3ds Max verwechselt werden. Vielmehr dienen sie dazu, Videobilder zu skalieren, zu drehen und zu animieren. Häufig werden mit Ihnen Bild-in-Bild-Effekte erzeugt, bei denen Bilder sich gegenseitig überlagern.

Abbildung 15.13 ▶
Bild-in-Bild-Effekt (engl.: *Picture in Picture*, PiP) erzeugt mit einem 3 DVE

15.3.7 Audiofilter – Limiter, Denoiser, Equalizer

Auch unter den Audiofiltern gibt es viele, die im Alltag keine Rolle spielen. Einige sind jedoch so wichtig, dass ohne sie ein ordentliches Arbeiten kaum möglich ist.

Zu den wichtigsten Filtern, deren Handhabung Sie schnell lernen sollten, zählen:

- **Limiter**: Begrenzt die Ausgabeleistung auf einen eingegebenen Pegelwert. Das ist wichtig, um insbesondere O-Töne auf maximal 0 dB auszupegeln und gleichzeitig das Clippen der Spitzen zu vermeiden.
- **Kompressor**: Auch damit können Sie die Lautstärke kontrollieren, gleichzeitig aber die Dynamik zwischen leisen und lauten Passagen verringern.
- **Denoiser**: Entfernt Rauschen aus der Aufnahme. Für diese Aufgabe gibt es in der Regel verschiedene Filter, die je nach Problem angewendet werden sollten. Um z. B. ein spezifisches Leitungsrauschen gerade von Funkmikros aus der Aufnahme zu filtern, ist die *Spectral Noise Reduction* besonders geeignet.
- **Equalizer**: Filter zum Manipulieren von Frequenzen. Damit kann die Klangcharakteristik verbessert oder verändert werden. Standardanwendung im Schnitt ist z. B. die Anpassung von Sprecherstimmen durch entsprechende Anhebung oder Absenkung von Bässen, Mitten und Höhen.

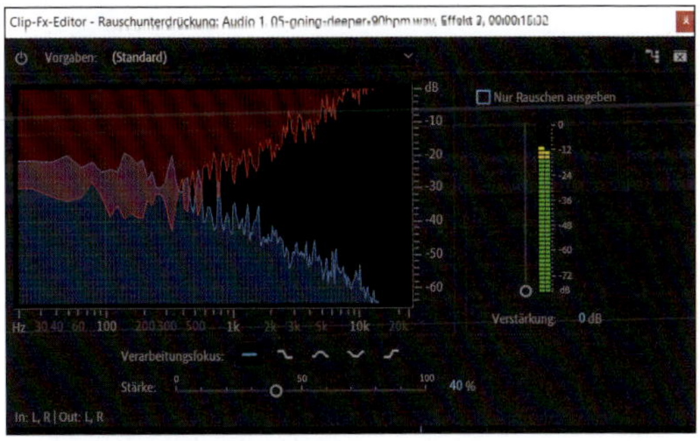

▲ **Abbildung 15.14**
Oberfläche des Filters »Rauschunterdrückung« in Premiere Pro

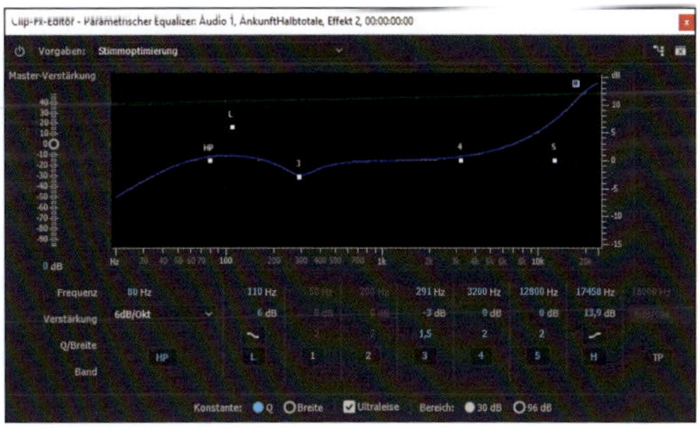

▲ **Abbildung 15.15**
Beispiel für einen parametrischen Equalizer

15.3.8 Keys (Chroma- und Luma-Key)

Das sogenannte *Keying* ist eine sehr anspruchsvolle Aufgabe, die große Sorgfalt bereits bei der Aufnahme und eine noch größere Leistungsfähigkeit der Software erfordert.

Key-Filter oder sogenannte Stanzen wählen ein möglichst exakt definiertes Farb- oder Helligkeitsspektrum in der Videosequenz aus. Der Cutter kann anschließend den ausgewählten

Bereich manipulieren, z. B. durch ein anderes Füllsignal, oder die Farbe durch eine andere ersetzen.

Externe Filter
Wer auf den Geschmack gekommen ist, hat eine unendliche Auswahl an Effektbibliotheken, die er bei Drittanbietern kaufen kann, etwa die bekannten Boris FX oder die Sapphire-Effekte. Auch diese sehr leistungsfähigen Programme gibt es nur noch im Abo, noch dazu zu durchaus happigen Preisen, die über denen für die Schnittprogramme liegen.

▲ **Abbildung 15.16**
Beispiel für einen Chroma-Key

So fliegt Superman durch New York oder bewegt sich Neo in atemberaubender Geschwindigkeit durch die Matrix. Leider sind die Farb- und Helligkeitssignale oft nicht so eindeutig wie gewünscht. Das führt zu hässlichen Key-Artefakten, z. B. dem sogenannten »Kriseln«, einem unangenehmen Bildrauschen.

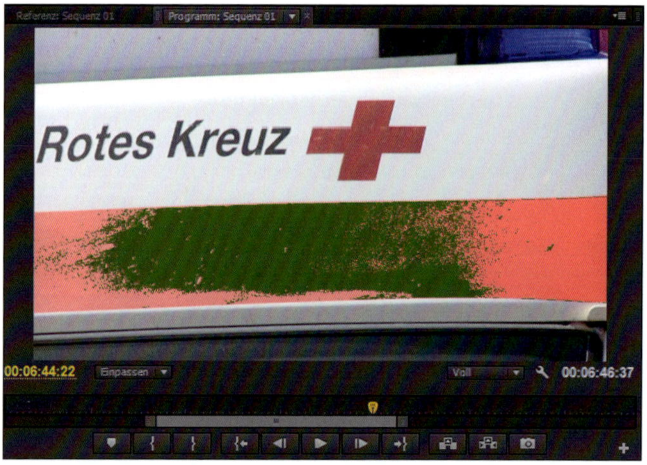

Abbildung 15.17 ▶
Beispiel für einen mangelhaften Chroma-Key, der zu Bildrauschen führt

Gute Key-Filter stellen deshalb viele Möglichkeiten zur Verfügung, das Stanzsignal möglichst exakt einzustellen und durch zusätzliche Effekte, wie z. B. Überblendungen und Kantenbereinigung, Fehler verschwinden zu lassen (mehr dazu in Abschnitt 19.3, »Keying«).

15.3.9 Schriftgenerator

Zu einem ordentlichen Film gehören immer auch ein Titel und ein Abspann, häufig auch sogenannte *Bauchbinden*, mit denen man dem Zuschauer erklärt, wo man gerade ist oder wer gerade spricht. Solche Schriftgrafiken werden mithilfe eines Schriftgenerators oder Title-Tools erledigt.

▲ **Abbildung 15.18**
Schriftgenerator in Premiere Pro

Früher musste man hierfür eine eigene Software kaufen, doch die meisten Schnittprogramme liefern ein entsprechendes Werkzeug heute von Haus aus mit. Viele Anbieter werben mit ihren bereits vorgefertigten Templates, die dem Nutzer die Arbeit erleichtern sollen. Ich halte von solchen vorgefertigten Grafiken eher wenig. Wichtiger ist es, dass man eigene Templates mit mehreren, ineinander verschachtelten Ebenen basteln kann, die man nur noch auf die jeweiligen Bedürfnisse anzupassen braucht.

15.3.10 Freie Software zur Videobearbeitung

Apple setzte mit dem kostenlosen iMovie einst einen Standard. Videoschnitt für lau wurde schnell zu einem der Verkaufsargumente für die Computer des Konzerns. Microsoft lieferte seinen Movie Maker ebenfalls kostenlos aus, aber wieder einmal hatte Apple die Nase vorn. In der Praxis unternehmen viele Einsteiger ihre ersten Versuche mit den Freeware-Tools, bevor sie sich auf die Suche nach einer kostenpflichtigen Software machen. Dagegen spricht nichts, schließlich sollte man erst einmal herausfinden, ob einem sein neues Hobby auch wirklich zusagt. Wenn man allerdings größere Filmprojekte plant, sollte man möglichst schnell den Umstieg schaffen.

Schneiden auf dem Tablet
Mit iMovie oder dem Windows Movie Maker (beide gibt es immer noch, obwohl von ihren Herstellern inzwischen ausgemustert) sowie einer Reihe anderer Apps kann man auch auf einem iPad oder einem anderen Tablet schneiden. Aber man muss nicht. Selbstverständlich kann ein Holzschnitzer auch mit einem Küchenmesser etwas anfangen, aber er wird darüber nicht ins Schwärmen geraten oder gar ein Buch schreiben. Natürlich ist es eine feine Sache, wenn man seine Videos vom Handy aufs Tablet überspielen und dort bearbeiten kann oder gleich das Tablet als Kamera benutzt. Doch neben einigen technischen Schwächen, die iMovie z. B. auf dem iPad an den Tag legt (keine Unterstützung für andere Videoformate als H.264), halte ich die Geräte einfach für zu klein und die Bedienung über den Touch-Screen für zu unpraktisch. Wer es freilich nicht erwarten kann, seine Aufnahme möglichst rasch auf YouTube wiederzufinden, der muss eben die Mühen der Videobearbeitung am Tablet auf sich nehmen.

15.4 KI im Videoschnitt

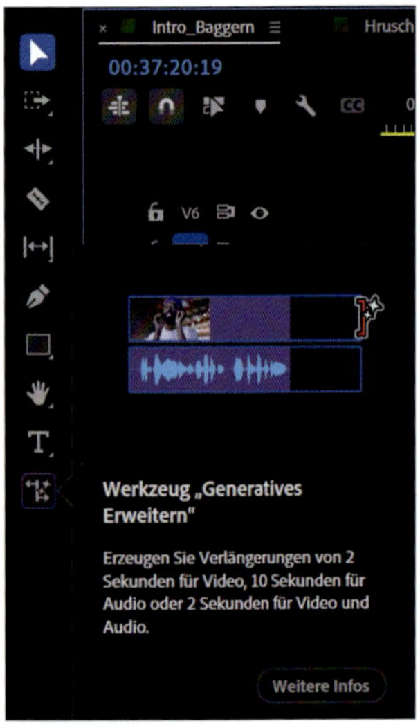

▲ **Abbildung 15.19**
Neu in der Werkzeugleiste von Premiere Pro: das Tool Generatives Erweitern

Nirgends in der Filmproduktion ist der Siegeszug der KI derzeit so spürbar wie bei Software zur Videobearbeitung. Adobe spendiert aktuell seinen Kunden neue Updates von Premiere Pro im Zwei-Monats-Rhythmus. Ein Anbieter von Computerhardware bewirbt seine neuesten Maschinen als »KI-Workstation«. Hier ein bunter Mix der neuen Werkzeuge, die auf KI setzen:

- **Generatives Erweitern**: Erweitert Bild und/oder Ton um benötigte Frames, z. B. wenn die Kamera zu früh abgestellt wurde und Blendfleisch fehlt.
- **Automatischer Musikschnitt**: Musiktitel werden an die Länge einer Szene angepasst, das Stück wird entsprechend geschnitten.
- **Speech-to-Text**: Erzeugt automatisch von Untertitel und Übersetzung in andere Sprachen.
- **Bearbeitung von Interviews im Textmodus**: Entfernt Pausen
- **Automatische Farbkorrektur**: vereinfachte Primärkorrektur
- **Verbessern der Sprachqualität**: Entfernt störende Hintergrundgeräusche.
- **Intelligente Suche**: automatische Szenensuche nach Suchbegriffen, die per Text eingegeben werden
- **Sprachgestützter Workflow**: Steuerung des Schnittprozesses durch gesprochene Anweisungen

Die Liste ist weder komplett noch final. Die Entwicklung hat gerade erst begonnen. Und wie bei anderen Werkzeugen auch ist davon auszugehen, dass alle Hersteller erfolgreiche und beliebte

KI-Funktionen der Konkurrenz nach und nach auch in ihre Programme übernehmen werden, während derzeit ein Wettrennen um das innovativste Feature im Gange ist. Und natürlich ist nicht alles perfekt, nur weil »KI« draufsteht. Fehler gehören zur KI dazu, und das wird wohl auch noch länger so bleiben. Bei einer Suche nach Clips aus dem Rohmaterial zu einem umfangreichen Filmprojekt fand Premiere Pro auf Anhieb die richtigen Szenen, aber auch ein paar falsche.

▼ Abbildung 15.20
Zusammenschnitt eines Interviews durch Copy und Paste im Transkript

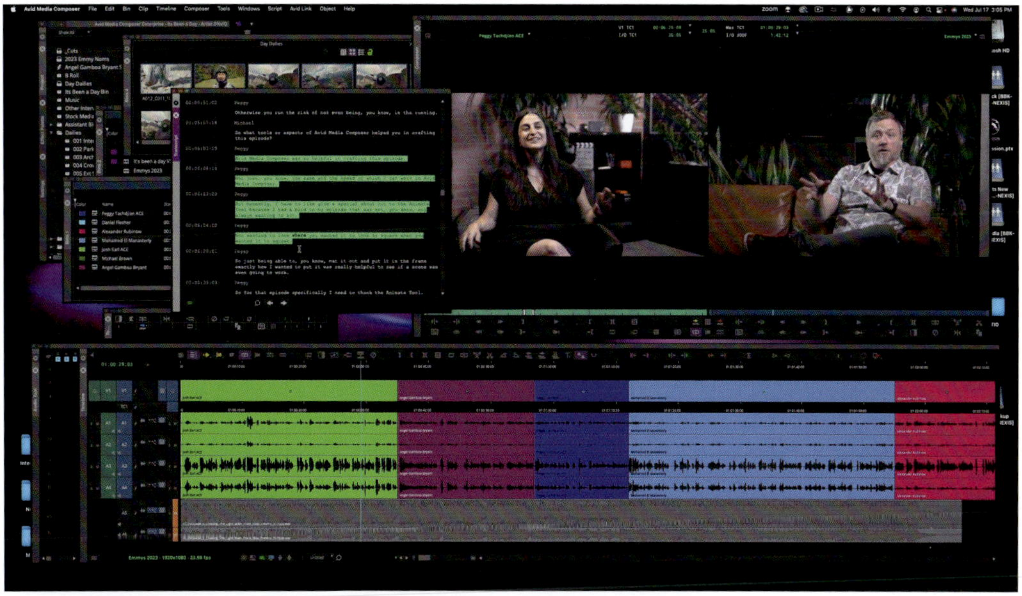

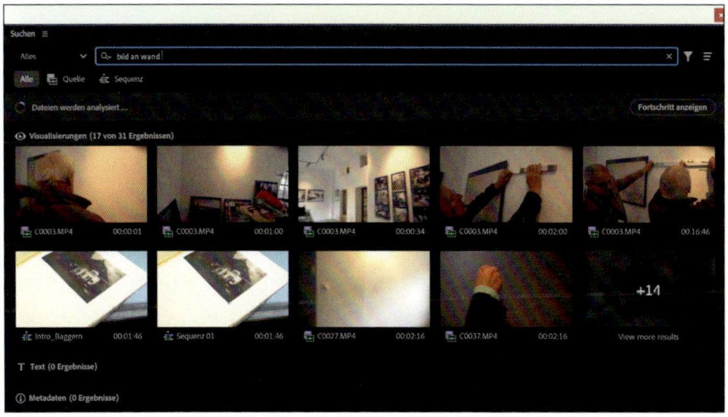

◂ Abbildung 15.21
KI kann viel, aber nicht alles. Bei der Sucheingabe »Bild an Wand« findet Premiere Pro die richtigen Clips, in denen Bilder aufgehängt werden, zeigt aber auch Clips an, in denen einfach nur Fotos eine Rolle spielen.

Was ebenfalls noch nicht fertig ist, sind die Geschäftsmodelle rund um die KI. Adobe greift in seinen Programmen auf Adobe Firefly bzw. Adobe Sensei als zentrale KI-Werkzeuge zu. Weil das Unternehmen zunächst einmal viele begeisterte Nutzer für die neuen Technologien gewinnen will, steht vieles derzeit noch kos-

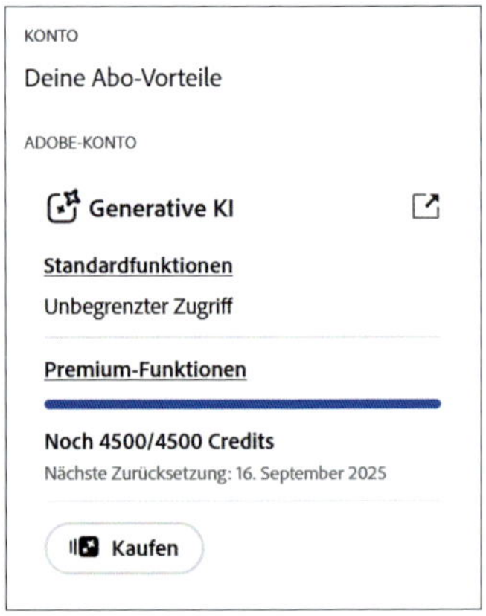

▲ **Abbildung 15.22**
Mein CC-Konto mit meinem aktuellen Guthaben

tenfrei zum Ausprobieren zur Verfügung. Für Tools wie das generative Erweitern werden generative Credits kassiert, von denen Cloud-Nutzer aber viele kostenfrei erhalten. Über das Creative-Cloud-Konto können Sie das Guthaben kontrollieren.

Ähnliche Modelle finden sich auch bei den vielen KI-Software-Tools zur Bildgenerierung. Und auch die Diskussionen sind schon erkennbar, etwa ob mit dem Abo eines Programmes wie Firefly oder Midjourney die Kostenseite erledigt ist oder sich Pay-per-Use-Modelle durchsetzen werden, bei denen jede Nutzung Kosten verursacht. Schon jetzt gibt es findige Nutzer, die sich an die mühsame Aufgabe wagen, auf den Cent genau auszurechnen, was ein KI-Bild kostet und was es eventuell kosten würde, ein vergleichbares Bild bei einer Bilderdatenbank zu kaufen oder klassisch mit der Kamera aufzunehmen. Absehbar ist, dass die KI für eine weitere Kostensteigerung insbesondere bei der Bearbeitungssoft- und -hardware sorgen wird. Denn die KI wird ihre Fähigkeiten nur ausspielen können, wenn ihr auch eine entsprechend leistungsfähige Hardware zur Verfügung steht, entweder in Form von zusätzlich nutzbarer Online-Rechenpower oder in Form von CPUs und GPUs, die KI unterstützen. Wohin die Reise geht, wird man erst in einigen Jahren beurteilen können.

15.5 Übersicht Videoediting-Software

Es gibt nach wie vor eine breite Palette von Softwareherstellern, die Programme zur Videobearbeitung anbieten. Regelmäßig scheiden einige Wettbewerber auch aus, dafür versuchen es immer wieder neue Anbieter. Im professionellen und semiprofessionellen Bereich beherrschen jedoch seit vielen Jahren einige wenige Unternehmen den Markt. Nachfolgend gebe ich Ihnen einen kurzen Überblick über die Platzhirsche. Wenn Sie ausprobieren wollen, welche Software am besten zu Ihnen und Ihrem Geldbeutel passt, dann können Sie eigentlich immer kostenlose Testversionen installieren. Bringen Sie etwas Geduld für den Download mit, und machen Sie sich darauf gefasst, dass einige Programme zum Beispiel auch eine Aktualisierung Ihres Grafikkartentreibers fordern. Auch die Ersteinrichtung, bei der Sie zum Beispiel die Festplatten für das Ablegen von Cache-Dateien konfigurieren, will in jeder Software erledigt werden.

15.5.1 Lightworks

Das Projekt Lightworks halte ich für eines der interessantesten Produkte. Denn die Freewareversion bietet bereits eine ganze

Palette professioneller Tools wie Farbkorrektur, Schriftgenerator oder Multicam-Schnitt. Einschränkungen muss man nur bei der Auswahl zwischen verschiedenen Ausgabeformaten (maximal HD = 1.280 × 720, H. 264) hinnehmen oder z. B. bei der Unterstützung von Grafikkarten zur Hardwarebeschleunigung. Wer mit dem Programm gut zurechtkommt, kann später einfach auf die Profiversion für etwa 390 € umsteigen oder eine Lizenz als Abo erwerben. Weiterer Vorteil: Lightworks gibt es für Windows, Linux und auch für macOS. Lightworks hinkt den großen Konkurrenten wie Premiere Pro, Avid oder DaVinci Resolve sicher etwas hinterher, aber schneiden kann man damit sicherlich. Und im Internet finden Sie eine große Community, die gerne weiterhilft. Es lohnt sich.

▼ Abbildung 15.23
Die Programmoberfläche von Lightworks 2025

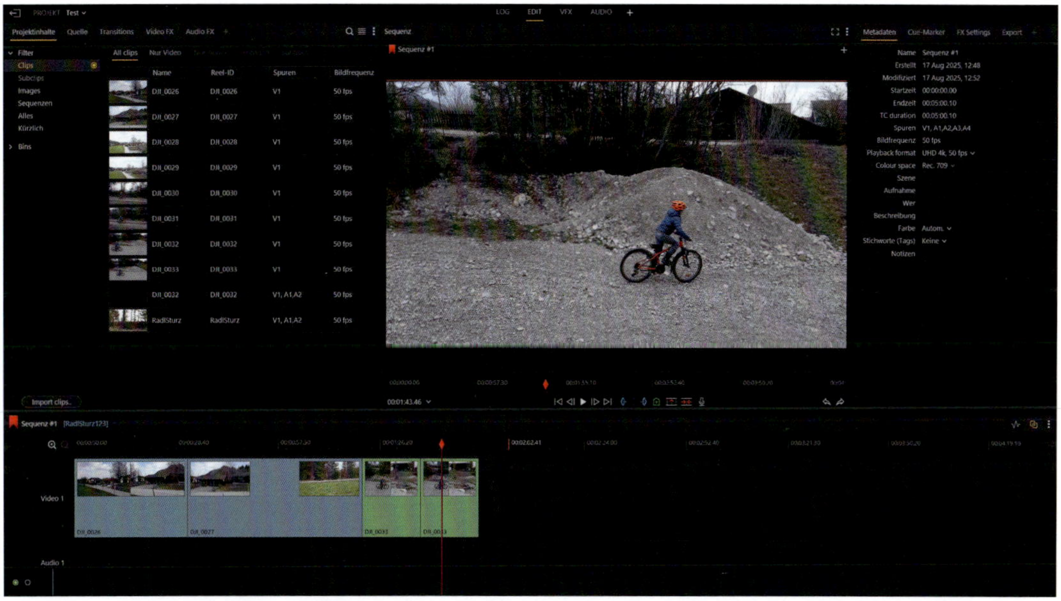

Denn wer erst einmal verstanden hat, wie das Programm funktioniert und wie man die Fenster sinnvoll anordnet, der kann mit Lightworks wirklich tief ins Thema Videoschnitt einsteigen. Ich vermisse an der Software kein professionelles Feature, wie etwa Messgeräte, variable Geschwindigkeitskontrolle oder die Unterstützung der verschiedensten Videoformate von der High-End-Kamera oder dem Handy. Selbst große Kinofilme wie Batman, Pulp Fiction oder Mission Impossible wurden mit der Software geschnitten. Diesen Erfolg verdankt Lightworks übrigens nicht der Tatsache, dass es die Software kostenlos gibt, sondern dass sie in ihren Anfangsjahren zu den teuersten Produkten am Markt zählte und das Beste für die Profis gerade gut genug war. Deshalb stehen für Lightworks auch viele Plug-ins von anderen Anbietern zur Verfügung, und deswegen arbeitet die Software mit diversen Grafik- und Videokartenherstellern zusammen. Wer im Schnitt also hoch hinauswill, aber mit Blick auf die Produktionskosten nur kleine Brötchen backen kann, der ist mit Lightworks gut bedient.

15.5.2 DaVinci Resolve 20

In eine vergleichbare Kategorie wie Lightworks fällt die Software DaVinci Resolve. Seit Jahren ist sie die führende Farbkorrektur im Profibereich. DaVinci-Color-Grading-Suiten versetzen Besucher immer wieder in ehrfurchtvolles Staunen ob der Menge an Technik. DaVinci Resolve kann jedoch nicht nur Bilder korrigieren, sondern liefert auch ein Schnittprogramm mit. Und das auch noch kostenlos. Die Firma Blackmagic bietet das Programm in einer etwas abgespeckten Version zum freien Download an. Die Profiversion Studio kostet etwas über 300€. Noch verwunderlicher ist, dass es kaum Einschränkungen gegenüber der kostenpflichtigen Version gibt, sodass dieses Angebot von Blackmagic wirklich mehr als großzügig ist.

Abbildung 15.24 ▼
Oberfläche von DaVinci Resolve 20

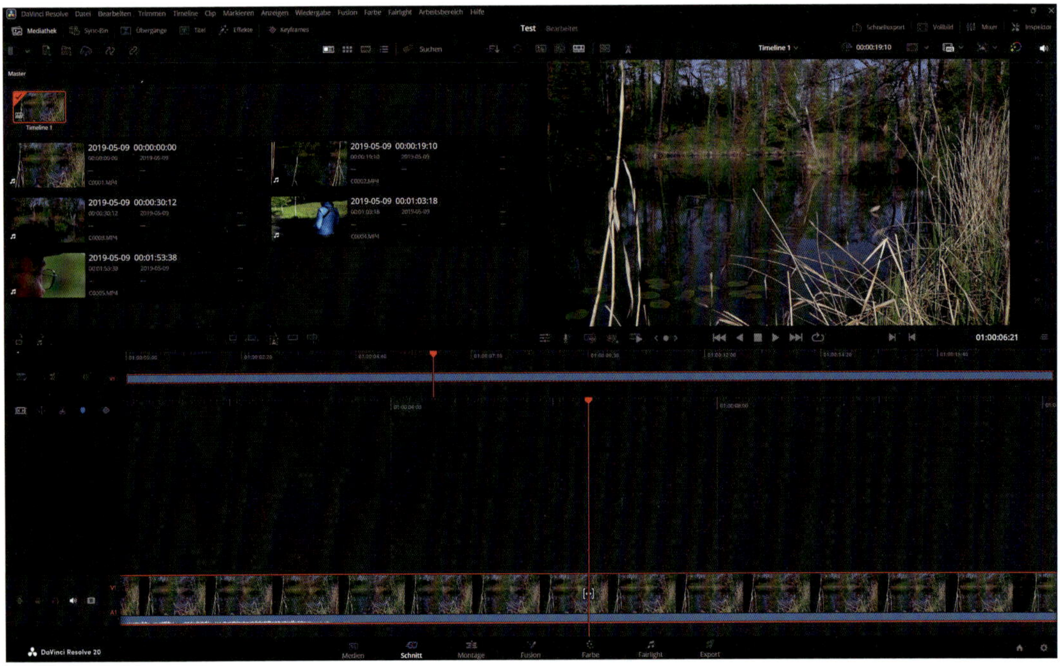

Auf der Website kann ein umfassendes Handbuch, allerdings nur in Englisch, heruntergeladen werden. Dazu gibt es auch deutschsprachige Videos für den Einstieg. Im Netz finden sich viele User, die bei praktischen Problemen weiterhelfen. Fazit: Für alle, die ernsthaft einsteigen wollen, eine gute Gelegenheit, sich tiefer in die Materie des professionellen Videoschnitts einzuarbeiten. Wer auch Hardware von Blackmagic – insbesondere Mischer und Kameras – nutzt, sollte sich DaVinci Resolve unbedingt anschauen, denn natürlich arbeiten die hauseigenen Produkte besonders gut mit der Software zusammen. Tatsächlich wird das Kalibrieren und Abgleichen von Studiokameras mit der auf Farbkorrektur spezialisierten Software zum Kinderspiel. Spezialtastaturen wie der DaVinci Resolve Speed Editor oder die Konsole zur Farbkorrekur runden das Bild deutlich nach oben ab.

▲ **Abbildung 15.25**
Der DaVinci Resolve Speededitor

15.6 Kostenpflichtige Software zur Videobearbeitung

Wenn Sie sich in die Untiefen des Internets bewegen, dann finden Sie dort viele erbitterte Debatten über »das einzig wahre Schnittsystem«. Dieser Streit war bis heute für keine Partei zu gewinnen, ihn hier fortzuführen, macht wenig Sinn. Stattdessen beschränke ich mich darauf, Ihnen kurz die wichtigsten Lösungen vorzustellen. Allerdings ist die Liste längst nicht vollständig. Neben den hier dargestellten Unternehmen gibt es noch eine Vielzahl weiterer Anbieter wie etwa Grass Valley mit Edius. Dass sie hier keine weitere Beachtung finden, ist meinem subjektiven Blick auf den deutschen Markt geschuldet und hat nichts mit der Leistungsfähigkeit der einzelnen Lösungen zu tun.

Avid und Adobe Premiere Pro gehören eindeutig ins Profilager. Ich würde jedem ambitionierten Einsteiger empfehlen, sich zumindest einmal an eines dieser Softwarepakete zu wagen. Vor allem dann, wenn Sie noch keine Schnitterfahrung haben. Wenn es ums Detail geht – und beim Schnitt geht es fast immer ums Detail –, dann spielen diese mächtigen Werkzeuge ihre Vorteile aus. Und da Sie ja sowieso eine Software neu lernen müssen, können Sie es ja auch mit einem Profiprogramm versuchen. Final Cut ist die professionelle Lösung für den Mac, aber natürlich läuft auch Premiere Pro auf Apple-Rechnern. MAGIX schließlich ist seit Jahren Marktführer im Consumer-Segment in Deutschland und hat sich deshalb eine etwas nähere Betrachtung verdient.

15.6.1 Avid Media Composer und Avid Studio

Die amerikanische Firma Avid Technology Inc. ist so etwas wie der Pionier des *Non-Linear Editings*. Anfang der 1990er Jahre brachte das Unternehmen seine Media Composer genannte Software auf den Markt, die ausschließlich auf Apple-Rechnern in Verbindung mit einer speziellen Hardwarevideokarte von Truevision lief. Das Revolutionäre: Die Auflösung mit der Abkürzung AVR77 überzeugte erstmals die kritischen Techniker in den weltweiten Sendeanstalten von der Qualität der Videobearbeitung am Computer. Die 1990er Jahre wurden damit zu einem Erfolgsjahrzehnt für das Unternehmen, das viele branchenverwandte Unternehmen aufkaufte und so zu einem echten Konzern heranwuchs. Eines der Erfolgsgeheimnisse von Avid war die enge Kooperation mit Cuttern, also den Personen, die letztendlich an den von Avid designten Arbeitsplätzen schufteten. Diese enge Abstimmung hat der Firma und dem Media Composer eine bis heute gerade in Deutschland ungebrochene Beliebtheit beschert.

Abbildung 15.26 ▼
Screenshot des Avid Media Composers

Nach einigen eher glücklosen Ausflügen ins Consumer-Geschäft konzentriert sich das Unternehmen wieder auf seine professionelle Kundschaft, was den Preis z. B. für den Media Composer über die 1.000-€-Grenze treibt. Allerdings gibt es auch den Media Composer mittlerweile im Abosystem und kostet da ab 26 € pro Monat bei einem Jahr Laufzeit. Auch Avid arbeitet an der ständigen Anpassung seiner Software an das Marktumfeld, deshalb stehen auch dort KI-Tools ganz oben auf der Agenda. Und das Unternehmen bietet mit anderen Werkzeugen wie Pro Tools zur Audiobearbeitung oder Sibelius zur Komposition weitere starke Produkte für Kreative an. Dazu kommen Speicherlösungen für das heimische Studio oder Cloud-Lösungen.

15.6.2 Adobe Premiere Pro

Ebenso wie Avid begann Adobe bereits frühzeitig mit der Entwicklung einer Schnittsoftware. Mit der Version 4 von Premiere startete 1994 ein Siegeszug für Adobe im Heimbereich. Etwa fünf Jahre lang war Adobe unangefochtener Marktführer bei Amateuren. Der Erfolg machte das Unternehmen satt, und man verschlief viele technische Entwicklungen. Bei den Profis war Adobe wegen der Verbreitung bei den Heimanwendern ohnehin unten durch.

Adobe entwickelte eine neue Strategie und erfand Premiere Pro für den Profibereich. Denn schließlich ist man dort mit Photoshop oder After Effects bereits gut vertreten und nah am Kunden. Anfangs war Premiere Pro nur mäßiger Erfolg beschieden. Mit der Integration in die Creative Suite und vor allem der immer weiter verbesserten Zusammenarbeit mit anderen Softwarepaketen von Adobe (After Effects, Photoshop) setzte sich die Creative Suite zunehmend auch im Profibereich durch. Adobe ist vor allem bei der Integration neuer Technologien sehr aktiv. So unterstützt Premiere Pro heute sowohl unkomprimierte Bilder von High-End-Kameras wie der RED als auch die Codecs der vielen Camcorder-Anbieter. Die Beispiele in diesem Buch wurden alle mit Premiere Pro erstellt, weshalb ich die Funktionen der Software noch umfangreich vorstelle.

Premiere Elements
Mit Premiere Elements stellt Adobe eine preisgünstige Alternative für den Heimanwender zur Verfügung, die jedoch ebenfalls viele Features enthält. Die Software kostet derzeit exakt 98,98€.

15.6.3 Final Cut Pro XI

Ursprünglich wurde Final Cut Pro als Schnittsoftware für Macromedia auf Basis von Windows entwickelt. Doch erfolgreich wurde sie erst, als Apple Final Cut Pro exklusiv für die Computer aus dem eigenen Haus vermarktete. Bis heute läuft Final Cut Pro nur auf Apple-Geräten.

In den USA lernten viele designverliebte Cutter schnell auf Final Cut Pro um und sagten Avid ade. Der Grund für die Bereitschaft zum Wechsel lag mit Sicherheit auch darin, dass Avid lange Zeit als einzige Software auf Apple-Rechnern lief und seine Beliebtheit gerade auch dieser Hardwareentscheidung verdankte. Viele Cutter stürzten sich deshalb auf die neue Apple-Software-Alternative in Form von Final Cut Pro. Final Cut Pro wurde von Apple konsequent als Profisoftware neben iMovie, das kostenlos bei jedem Apple-Betriebssystem dabei ist, weiterentwickelt – bis zum Jahr 2011. Damals präsentierte Apple die völlig überarbeitete Version Final Cut Pro X, die nur auf 64-Bit-Betriebssystemen läuft, mit einigen schwerwiegenden Mankos. So konnten z. B. mit Vorgängerversionen erstellte Projekte nicht mehr geöffnet werden. Die sensible Profigemeinde kochte vor Wut und kehrte Apple zum Teil erbost den Rücken. Immerhin hat Apple schnell reagiert und

Updates bereitgestellt, welche die schlimmsten Mängel behoben. Avid und Adobe lockten die Final-Cut-Kunden mit hohen Rabatten ins eigene Lager. Ein Argument: Der von Apple entwickelte Codec ProRes unterstützt zahlreiche Formate und wird auch bei der Aufnahme immer beliebter. ARRI und Blackmagic unterstützen ProRes. Material aus den Kameras kann damit nativ in Final Cut weiterverarbeitet werden. Natürlich arbeitet die App auf den gängigen Apple-Produkten wie MacBook oder iPad. Für das iPhone gibt es kostenlos die App Final Cut Camera. Für Mac-User bleibt das Programm damit erste Wahl. Derzeit kostet Final Cut Pro X 349,99 € im Mac App Store.

Abbildung 15.27 ▸ Die Programmoberfläche von Final Cut Pro X auf einem Mac

15.7 Das Schnittsystem konfigurieren

Nach wie vor sind Schnittsysteme komplexe technische Konstruktionen aus Hardware- und Softwarekomponenten, die auch einem modernen Standard-PC einiges abverlangen. Wenn Sie also beabsichtigen, viele und qualitativ hochwertige Videos zu produzieren, sollten Sie sich überlegen, ob Sie sich für Ihren Nebenberuf nicht einen eigenen Arbeitsplatz gönnen sollten, also einen eigenen Rechner mit dazugehöriger Hardware und natürlich dem Softwarepaket Ihrer Wahl. Sie kaufen sich damit ein angenehmes Arbeitsumfeld ein und sparen sich viel Ärger durch mangelnde Performance und unkontrollierbare Systemabstürze.

Ganz gleich, ob Sie sich für eine separate Lösung entscheiden oder die Software auf den Computer aufspielen, auf dem Sie bereits Office, Internet und sonstige Applikationen nutzen, sollten Sie in jedem Fall die Systemempfehlungen der Softwarehersteller berücksichtigen. Dazu gehören auch die Tipps zur Installation von Hard- und Software. Wenn irgendetwas nicht so funktioniert, wie Sie es sich vorstellen, suchen Sie Rat in den einschlägigen Foren. In Tabelle 15.4 finden Sie einige der wichtigsten Links:

▼ Tabelle 15.4
Links von Onlineforen zu Adobe Premiere Pro, Final Cut Pro, Avid und Vegas

Link	Unterstützte Produkte
http://forums.adobe.com/community/premiere	nur Adobe Premiere Pro
http://forum.slashcam.de/index.php	Final Cut Pro, Premiere Pro, Vegas, DaVinci Resolve, Edius, Avid, Pinnacle, MAGIX; der Fokus liegt auf Premiere Pro.
http://forums.creativecow.net	Avid, Premiere Pro, Vegas und vieles andere
http://www.finalcutprofi.de	Final Cut Pro
https://community.avid.com/forums/t/234062.aspx	Avid
https://forum.blackmagicdesign.com/	Blackmagic DaVinci Resolve

Die Installation der Programme läuft heute meist stabil und ohne größere Probleme. Wenn es doch einmal hakt, hilft ein Abstecher in die einschlägigen Foren oder auf die Hilfeseiten des jeweiligen Unternehmens. Folgende Tipps sollten Sie beachten, damit die Performance stimmt:

Je hochwertiger Ihr Material ist, desto rechenintensiver ist es. Das gilt insbesondere für H.265-Material und Aufnahmen in 4K mit 10 Bit und hohen Kodierraten. Kommt es zu Wiedergabe-Problemen, dann verteilen Sie zum Beispiel Videodaten und zusätzliche Audiodaten auf separate Festplatten. Legen Sie auch Vorschaudateien auf eine andere Festplatte als die hochaufgelösten Videodateien.

Arbeiten Sie mit sogenannten Proxy-Dateien. Alle Hersteller haben versucht, den etwas mühsamen Workflow mit den niedriger aufgelösten Dateien zu vereinfachen. Wenn Sie einmal wissen, wie Sie die Proxy-Files erzeugen und am Ende gegen die Originaldateien austauschen, verliert das Arbeiten mit Raw- oder 10-Bit-Daten seinen Schrecken.

Achten Sie auf die Gesamt-Performance des Systems. Schnelle Grafikkarte, viel Speicher und gute CPU helfen wenig, wenn die Festplatten keine Leistung bringen. Testen Sie bei Problemen die Leistung der Platte etwa mit Windows-eigenen Tools wie der PowerShell. Kontrollieren Sie, ob die externe Festplatte auch wirklich am richtigen, weil schnellen USB-Anschluss eingesteckt ist.

Kontrollieren Sie, ob Videomaterial wirklich über Ihre Grafikkarte gerendert wird. Installieren Sie jeweils die aktuellen Treiber

Ihrer Grafikkarte, denn oft verbessert sich die Wiedergabe mit der nächsten Version.

Außerdem können Sie die Vorschauqualität heruntersetzen und bei der Wiedergabe mit einer geringeren Auflösung arbeiten. Beim Schnitt kommt es maßgeblich darauf an, dass die Einstellungen perfekt zueinanderpassen, während Sie in der finalen Farbkorrektur das Bild möglichst gut beurteilen müssen.

Einsteigertipp: Aller Anfang ist schwer

So banal dieser Satz klingt, beim Schneiden trifft er auf jeden Fall zu. Die meisten Schüler/-innen, die ich in den letzten Jahren begleiten durfte, hatten die größten Probleme mit dem Schnitt – vor allem, wenn sie sich einsam vor den Rechner setzen und ihr Glück versuchen. Videoschnittsoftware ist mit Ausnahme der sehr einfachen Programme wie *iMovie* oder *Fotos* nicht sehr intuitiv. Trotzdem macht es in meinen Augen wenig Sinn, es mit diesen Programmen zu versuchen, wenn Sie nur halbwegs Filme herstellen wollen, wie ich es Ihnen in diesem Buch ans Herz lege. Umgekehrt muss es jedoch auch nicht immer gleich Premiere Pro oder Final Cut sein. Auch die sogenannten Consumer-Programme wie Premiere Elements oder MAGIX Video deluxe erfüllen zunächst einmal ihre Aufgabe. Dummerweise ist der Umstieg allerdings fast genauso schwer wie das Neulernen. Deshalb: Wenn das Budget annähernd so groß ist wie die filmischen Ambitionen, dann laden Sie sich doch eine kostenlose Trial-Version herunter, und versuchen Sie es mit einem der Profiprogramme. Besonders kommt Ihnen dabei natürlich Blackmagic mit DaVinci Resolve entgegen. Was die Hardware betrifft, besorgen Sie sich am besten einen PC, der mit Ihren filmischen Anforderungen mitwachsen kann. Aber es reicht für den Einstieg auch ein halbwegs ordentliches Notebook (i7) mit guter Grafikkarte, 32 oder 64 GB RAM und auf jeden Fall einem Thunderbolt- oder USB-C-Anschluss, wenn es nicht immer gleich 4K in 10-Bit-Qualität sein muss. Der Rest kommt dann mit der Zeit.

Kapitel 16
Das Schnittprojekt

Der Computer hat die Bildverarbeitung und den Computerschnitt revolutioniert. Viele Arbeitsschritte entfallen, seitdem Bilder einfach in einen Computer eingelesen, dort beliebig bearbeitet und schließlich in jeder gewünschten Qualität wieder ausgegeben werden können. Doch die zumindest vordergründige Vereinfachung des technischen Handlings täuscht über die eigentliche Aufgabe hinweg. Das Handwerk des Bildschnitts, die Kunst, eine Geschichte in bewegten Bildern zu erzählen, hat sich nicht verändert. Damit Sie den Einstieg in dieses Thema problemlos bewältigen, lernen Sie in diesem Kapitel, Ihr Rohmaterial zu organisieren und Ihren Arbeitsplatz optimal einzurichten.

16.1 Das Drama nimmt Gestalt an

Wie bei der Arbeit mit der Kamera kann man sich auch beim Schnitt schnell in den technischen Aspekten des Handwerks verlieren. Schneiden bedeutet nicht, sich möglichst viele verschiedene Effektfilter auszusuchen und anzuwenden. Schneiden heißt zuallererst, eine Geschichte in bewegten Bildern zu erzählen. Sie können noch so schöne Bilder gedreht haben, noch so kreativ schneiden – wenn die Dramaturgie Ihres Films nicht passt, schalten Ihre Zuschauer ab.

Filmhochschüler und Anfänger gleichermaßen berichten immer wieder von ihren ersten »Schlachten« im Schneideraum. Denn das, was hier vor sich geht, ähnelt tatsächlich einem Gemetzel. Schneiden bedeutet nämlich, sich von vielen, mühsam gedrehten Bildern zu verabschieden. Profis gehen von einem Drehverhältnis von 1:10 aus, d. h., nur 10 % Ihres Rohmaterials schaffen letztlich auch den Sprung in den fertigen Film.

Doch die wenigsten können so ohne Weiteres loslassen, und so entstehen immer wieder wahre Filmmonster, die eine Bahnfahrt von München nach Hannover in Echtzeit dokumentieren. Ich kann deshalb allen Anfängern nur raten: 5 Minuten oder noch weniger sind eine gute Länge für ein Erstlingswerk. Und 10 Minuten stellen schon eine echte Herausforderung dar.

Das Verhältnis von Rohmaterial zu Filmlänge
Früher war das sogenannte Drehverhältnis die kommerzielle Daumenschraube der Produzenten. Wer auf Film drehte, sollte möglichst wenig Material verschwenden, denn Celluloid war teuer im Einkauf und in der Verarbeitung. Videobänder waren da schon billiger, aber auch hier galt: Mehr als das Zehnfache der geplanten Sendezeit sollte der Kameramann nicht mitbringen. Im Zeitalter von im Prinzip unbeschränktem Speicherplatz auf SD-Karten und Festplatten gilt diese Beschränkung vordergründig nicht mehr. Aber: Wer viel dreht, muss auch viel Material sichten und verarbeiten. Deshalb sollte man auch als Amateur das Drehverhältnis im Hinterkopf behalten und nicht wahllos die Kamera einschalten.

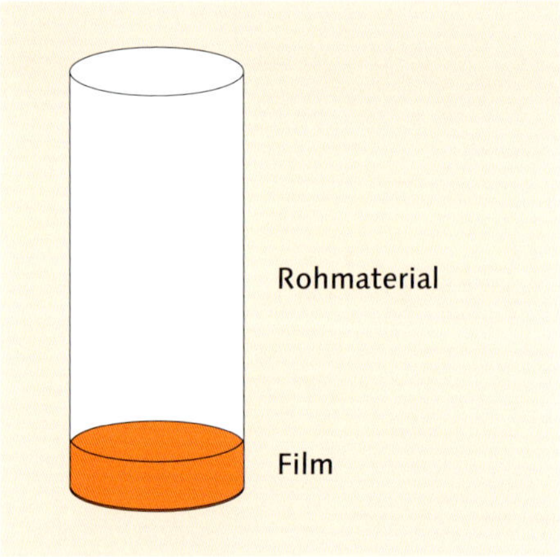

Abbildung 16.1 ▶
Verhältnis zwischen Rohmaterial und Länge des Films

16.2 Bausteine eines Films

Woraus besteht ein Film? Natürlich aus Bildern. Aber Film ist weit mehr. Zu einem guten Film gehören immer auch Töne, oft auch als *Atmo* bezeichnet, sowie Musik und in vielen Fällen auch grafische Elemente. Der Frage, wie man an Bildmaterial kommt, ist der ganze zweite Teil dieses Buchs gewidmet. Der Grund dafür ist, dass die Aufnahme guter Bilder für ein sehr komplexes und schwieriges Unterfangen gehalten wird, während man z. B. Musik in Sekunden aus dem Netz herunterlädt. An dieser Stelle sollen nun aber Töne, Musik und Grafik als Gestaltungsmittel eines Films wenigstens kurz zu ihrem Recht kommen. Bevor Sie an den endgültigen Schnitt Ihres Werkes gehen, überlegen Sie sich, inwieweit Sie vielleicht Musik, Geräusche und Grafiken einsetzen wollen. Besorgen Sie sich die entsprechenden Medien. Achten Sie darauf, dass Sie die Rechte anderer nicht verletzen bzw. die Nutzungsrechte einholen müssen (siehe Kapitel 4, »Be prepared«).

16.2.1 Video

Es klingt ein wenig seltsam, Video als eigenständigen Baustein eines Films aufzuführen. Woraus sollte ein Film denn sonst bestehen, wenn nicht aus bewegten Bildern? Allerdings fehlen oft Bilder, die durch Grafiken oder Fotos ersetzt werden müssen. In diesem Fall ist es ratsam, sich zu überlegen, ob ein Schnittprogramm das richtige Werkzeug zur Bearbeitung ist. Zwar lassen sich auch in Editing-Programmen Bilder und Grafiken animieren, aber andere Programme wie Adobe After Effects sind dazu wesentlich besser geeignet. Wenn also im Projektfenster nur wenige Videodateien zu finden sind, aber viele Fotos, dann sollten Sie vielleicht das Programm wechseln. Sammeln Sie alle Bilder und Videos in einem Materialordner, dem Sie einen eindeutigen Namen zuweisen. Kopieren Sie alle Videos in diesen Ordner. Empfehlungen zum Überspielen finden Sie in Abschnitt 16.3, »Der Weg von der Kamera in den Computer«.

16.2.2 Musik

Ein James-Bond-Film ohne James-Bond-Musik? Undenkbar. Wenn nur die ersten Töne von Martin Böttchers Winnetou-Melodie aus dem Radio säuseln, denken etwa 99% aller 40-Jährigen automatisch an edle Indianer, Prärie und Sonnenuntergang. Soundtracks von »Dirty Dancing« oder zum Kolumbus-Epos »1492« gehören heute ebenso zum Alltag wie Whitney Houstons unvermeidliches »I will always love you« aus dem Film »Bodyguard«. Der Song gehört sogar zum Standardrepertoire der meisten Teilnehmer an den diversen Castingshows.

Tatsache ist: Ohne Musik kommt kaum ein Film aus. Und der Grund ist einfach. Musik findet einen schnellen und unbewussten Zugang zum Hörer, provoziert Emotionen und trägt damit wesentlich zur Wirkung eines Films bei. Auch Dokumentarfilme bauen gerne auf diese direkte und unmittelbare Wirkung von Musik auf Menschen und sorgen so an den richtigen Stellen für Spannung, Mitleid, Angst oder Entspannung.

Im Alltagsfernsehen dagegen wird Musik häufig zur Untermalung wie im Kaufhaus missbraucht. Wenn eine lange, fade Grafikstrecke zu überwinden ist, legen Autoren gerne zur Ablenkung etwas Ambient-Musik unter, damit die absolute Geräuschlosigkeit gemildert wird. Immerhin haben es derartige Filmuntermalungen als Streaming-Playlist oder YouTube-Dauerloop sogar auf eine eigene Musik-Veröffentlichung geschafft. Ich will Sie ermutigen, für eine musikalische Gestaltung Ihres Films zu sorgen und dabei die Tücken der Beliebigkeit zu vermeiden. In den Rundfunkanstalten gibt es eigene Musikredakteure, die ihr immenses Wissen den Autoren zur Verfügung stellen. Vielleicht haben Sie ja einen musikbegeisterten Kenner auch in Ihrem Umfeld.

Ausgezeichnete Filmmusik
2010 verlieh das türkische Ministerium für öffentliche Arbeiten den Preis für die beste Filmmusik an den Film »Iki Dil Bir Bavul«. Dummerweise gehört der durchaus sehenswerte Streifen zu den wenigen Filmen, die ohne eigene Filmmusik auskommen. Bis heute ist unklar, ob es sich um ein filmhistorisches Statement des Ministeriums handelt oder ob dort die Preise ohne Ansehen (und Anhören) des Films vergeben werden.

Tipps für die richtige Musikauswahl | Leider erliegen viele Filmemacher der Verlockung, ihrem jeweils gerade bevorzugten Komponisten oder Interpreten filmisch ein Denkmal zu setzen. Und statt eines Films bekommt man in solchen Fällen mangelnder Distanz einen Musikclip vorgesetzt. Hier ein paar Tipps für die Auswahl des richtigen Musiktitels:

- **Hände weg von aktuellen Hits**: Wenn ein Song, den Sie für Ihren Film nehmen, gerade im Radio rauf und runter gespielt wird, dann führen Sie das Publikum zielsicher weg vom Film hin zum Hören. Vergleichbares gilt für Ohrwürmer. Und zu denen gehören nicht nur Mariah Careys Dauerbrenner, sondern durchaus auch klassische Stücke wie »Für Elise« oder »Carmina Burana«. Meiden Sie Klischees. Natürlich passt »El Condor Pasa« hervorragend zum peruanischen Hochgebirge. Leider denke ich automatisch auch an Simon & Garfunkel, was mich von dem herrlichen Panorama ablenkt. Aus Peru, Ecuador und Guatemala gibt es auch noch andere Songs, deren Sound uns sofort in die Anden entführt.

- **Vorsicht mit Gesang**: Wenn ein Song frei stehen kann und noch dazu der Text passt, dann ist das wunderbar. Doch wenn unter einem O-Ton oder Kommentartext gesungen wird, wirkt das schnell nervig, noch dazu, wenn man dem Text des Liedes gerne zuhören würde.
- **Vertrauen Sie den Musikern**: Nicht immer denken sich Musiker und Komponisten etwas, wenn sie ihrem Song einen Titel geben, aber oft. Vertrauen Sie dem Titel, und probieren Sie einen Song, den Sie z. B. über eine Internetrecherche gefunden haben, einfach einmal aus.
- **Erfüllen Sie Erwartungen**: Dies widerspricht meiner Forderung, Klischees zu meiden. Natürlich spricht die Verwendung eines Titels der ehemaligen peruanischen Grunge-Band Huelga del Hambre für die intime Kenntnis der lokalen südamerikanischen Musikszene und schmeichelt dem Ego des Autors. Aber die nicht mit diesem Wissen gesegneten Zuschauer sind möglicherweise erst einmal überfordert, wenn die Gitarrenriffs durch die klare Luft über den schneebedeckten Andengipfeln kreischen. Zu einem Porträt der modernen Metropole Lima passt die Band hingegen hervorragend.
- **Originalmusik bevorzugen**: Wenn in Ihrem Film Musik gespielt wird, dann sollte man das auch hören. Wenn die Aufnahme am fehlenden Mikro scheitert, dann versuchen Sie, eine Audioaufnahme von den Musikern zu ergattern.

Der schnelle Weg zur Musik
Schnittprogramme wie iMovie ebnen mit einem Klick den Weg zur firmeneigenen Musikbibliothek, im Falle von Apple zu Apple Music. Dort können Sie sich dann Ihre Musik zum Film aussuchen. Doch so einfach diese Methode erscheint, sie löst nicht die Frage der Rechte. Der Griff ins eigene Musikarchiv oder die Recherche im Streaming-Dienst kann potenziell teuer werden. Lesen Sie unbedingt die entsprechenden Empfehlungen in Kapitel 4, »Be prepared«, über Rechte. Sonst macht Ihnen die GEMA das Leben zur Hölle.

16.2.3 Geräusche

Filme leben oft von Geräuschen. Weil Darstellungen von sexuellen Handlungen schnell zu Problemen mit der FSK führen, wimmelt die Geschichte der Filmkunst nur so von andeutungsvollen Inszenierungen mithilfe von Geräuschen. Das ist ein beliebter und schon etwas abgenutzter akustischer Trick, um die Fantasie der Zuschauer in die richtige Bahn zu lenken. Während die Kamera züchtig vom Bett auf ein Wandbild fährt, quietschen die Bettfedern im Takt des Akts und in Dolby Digital. Solche Schlüsselgeräusche entstehen leider nicht zufällig, sondern werden am besten separat aufgenommen oder – sofern vorhanden – einer Geräuschbibliothek entnommen.

◂ **Abbildung 16.2**
Montage einer GoPro für die Aufnahme von Bildern einer Wüstensafari; zum Schutz steckt die Kamera im Plastikgehäuse. Der Ton ist deshalb kaum verwendbar und muss nachträglich separat aufgenommen werden.

Haben Sie auf jeden Fall Mut, Geräusche kreativ einzusetzen. Dazu einige Beispiele: Auf Ihrer Urlaubsreise bleiben Sie mit einer Motorpanne liegen. Bis Sie die Kamera aus dem Gepäck gezerrt haben, steht der Wagen bereits am Straßenrand, und eigentlich erwartet Ihre Frau von Ihnen, dass Sie sich um Abhilfe kümmern und nicht um Ihr dubioses Filmprojekt. Immerhin ist es Ihnen gelungen, Hilfe zu rufen und die anschließende Abschleppszene durch die Wüste auf Film zu bannen. Im Schnitt würden Sie nun gerne irgendwie die Situation einleiten. Ein Lösungsvorschlag: Nehmen Sie eine Fahrszene mit dem Auto in der Wüste (die Sie hoffentlich gedreht haben), und legen Sie einfach das typische Geräusch eines absterbenden Motors darunter, das Sie nachträglich zu Hause aufnehmen.

Jeder Zuschauer weiß in Sekunden, was Sache ist, und leidet mit Ihnen – obwohl Sie kein einziges Bild von der Szene gedreht haben. Anderes Beispiel: Sie schneiden einen Clip mit Aufnahmen der fotografierenden Touristen auf dem Markusplatz. Legen Sie unter die Sequenz noch einen Teppich mit den typischen Verschlussgeräuschen mehrerer Spiegelreflexkameras. So wirkt die Szene noch authentischer, selbst wenn die Touristen nur Handys und Cams verwenden. In Kapitel 18 erfahren Sie, wie Sie aus Musik, Atmo und Kommentar ein harmonisches Klangbild komponieren.

16.2.4 Grafik

Sie entführen Ihre Zuschauer auf eine Reise nach Südamerika. Leider wissen aber die meisten nicht auswendig, wo Peru, Bolivien, Ecuador und Guatemala liegen, geschweige denn Lima, Quito, der Titicacasee oder der Huascarán. Eine kleine Karte Südamerikas sorgt da schnell für den nötigen Überblick, und mit etwas

Geschick können Sie sogar Ihre Reiseroute animieren. Grafiken sorgen für Verständnis und Spannung. Ein Vorspann ist immer wie ein großes Versprechen und die aufwändige Gestaltung mittlerweile einigen Filmwettbewerben einen eigenen Preis wert.

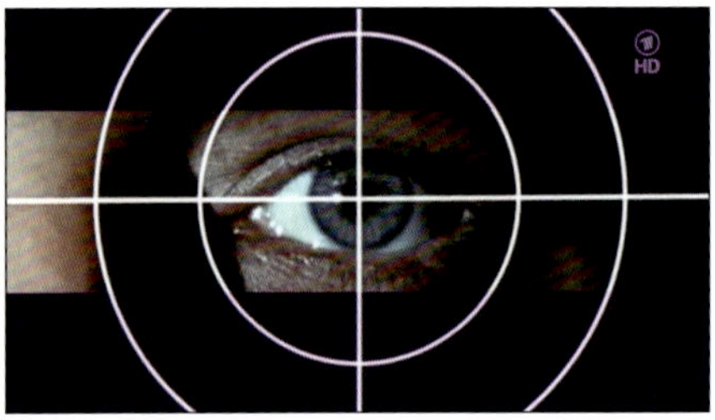

Abbildung 16.3 ▸
Das Auge im Fadenkreuz – seit Jahren Markenzeichen des Tatort-Vorspanns

Insert
Engl. für Einblendung. Fast alle Grafiken werden über bewegte Hintergrundbilder eingeblendet, deshalb werden Grafiken im Film meist als »Insert« bezeichnet.

Überspielung via HDMI
Sie können auch einen digitalen Videostrom über den HDMI-Ausgang Ihrer Kamera zum Überspielen nutzen. Allerdings benötigen Sie dazu auch einen HDMI-Eingang am Rechner oder eine separate Breakout-Box. An der Kamera sollte das Signal auf HDMI-Clean einstellbar sein, damit Sie wirklich nur das Video digitalisieren. Ich sehe in dieser Methode keinen Vorteil gegenüber einem Datentransfer der Clips. Anders sieht das aus, wenn Sie das Live-Signal am HDMI-Ausgang abgreifen. In der Regel liegt es dort in höchster Auflösung vor, während bei der Kodierung oft auf hocheffiziente Codecs mit allerdings auch hoher Komprimierung gesetzt wird. Mit einem externen Rekorder etwa von Atomos können Sie aber oft in höherer Qualität aufzeichnen.

Zu den Grafiken gehören auch die vielen Schriftinserts, die Sie häufig in Filmen finden:

- **Vorspann**: Zwar finden Sie in einem Vorspann auch immer die Namen der Darsteller, des Regisseurs, des Kameramanns, aber tatsächlich ist das nur Nebensache. In Wirklichkeit ist der Vorspann ein dramaturgisches Mittel. Er soll Spannung erzeugen und die Zuschauer in Erwartung versetzen. Dazu gehören auch die Namen von Stars, denn viele Zuschauer gehen nur wegen ihres Lieblingsdarstellers in einen Film. Und auch Ihre Zuschauer können mit einem witzigen oder spannenden Vorspann gefesselt werden.
- **Abspann**: Im Abspann entledigt sich Hollywood seiner Pflicht, die Mitwirkenden an einem Film zu nennen. Wenn auch Sie die Dienste von Schauspielern, Assistenten oder ähnlichen Helfern in Anspruch genommen haben, setzen Sie diese Tradition fort, und sagen Sie im Abspann danke. Im Englischen heißen die Namensnennungen im Abspann deshalb auch *Credits*.
- **Bauchbinde**: Wann immer ein Experte oder Interviewpartner im Fernsehen etwas sagt, wird sein Name genannt, oft noch mit einer Berufsbezeichnung als Zusatz oder einem kurzen Satz, der dem Zuschauer mitteilt, warum die Person etwas sagt. Überlegen Sie sich, wie Ihre Filmgrafiken aussehen könnten, und versuchen Sie, immer ähnliche Stilelemente zu verwenden. Mehr zum Thema finden Sie in Kapitel 18, »Montagetechniken, Ton und Grafik«.

Wenn Sie in den Schnitt gehen, sollten Sie Ihr Material komplett beisammen haben. Wenn noch etwas fehlt, liegt ein kurzer Abstecher in eine Medien-Library wie *stock.adobe.com* nahe. Tatsächlich helfen einem Stockmedien oft aus der Klemme. Bei aller Freude über den gerade gefundenen Musiktitel, der halbwegs passt und kaum etwas kostet: Verlieren Sie nicht die Rechte aus den Augen. Nur so schützen Sie sich vor unliebsamen Überraschungen.

16.3 Der Weg von der Kamera in den Computer

Einer der wichtigsten Arbeitsschritte ist das regelmäßige Überspielen des Rohmaterials auf einen anderen Datenträger, in der Regel also auf die Festplatte Ihres Schnittsystems. Planen Sie diesen unliebsamen Arbeitsschritt trotz aller Erschöpfung am besten noch am Abend eines Drehtages ein. Sie werden sich an diesen Tipp erinnern, wenn Sie das erste Mal Rohmaterial unwiederbringlich gelöscht haben, weil Sie glaubten, es sei schon überspielt. Es ist mir passiert, es ist erfahrenen Kameraleuten passiert, es wird auch Ihr Schicksal sein, wenn Sie sich nicht an eine kontinuierliche Datensicherung gewöhnen.

Zunächst muss Ihr Filmmaterial den Weg von der Kamera in den Computer finden. Bei neuen Kameras ist das relativ einfach, weil Sie die Speicherkarten in der Regel ohne Probleme in den Kartenleser des Computers einstecken können. Zeichnet Ihre Kamera noch auf Band auf, nutzen Sie entweder einen digitalen oder einen analogen Übertragungsweg.

	Format	Übertragungsweg/Kabel	Signal
Chip	H.265, H.264, AVCHD, MPEG-2	USB/Thunderbolt (bei Überspielung aus Kamera)	–
Band (digital)	HDV, DV, MPEG-2, SDI	FireWire (IEEE), USB 2.0 oder höher, SDI (BNC)	digitaler Datenstrom
Band (analog)	S-VHS, VHS, Hi8, Betacam	Cinch, BNC, miniDIN-Stecker	analoges Bildsignal (Y/C, FBAS)

◂ **Tabelle 16.1**
Speicherformate und ihr Übertragungsweg

Häufig stellt Ihnen Ihre Kamera zwei oder sogar drei Übertragungswege zur Verfügung. Das heißt, Sie können entweder direkt von der Speicherkarte überspielen oder einen digitalen oder analogen Signalweg nutzen. In diesem Abschnitt finden Sie für jeden Signalweg eine kurze Anleitung, was es zu beachten gilt. Die Überspielung von analogem Video sollten Sie vermeiden, da darunter die Bild- und Tonqualität leidet. Benutzen Sie eine analoge Kamera, bleibt Ihnen natürlich keine Alternative.

Sie sollten Ihre Rohdaten behandeln wie der Louvre die Mona Lisa. Anschauen ist erlaubt, Berühren streng verboten. Lassen Sie die Files nach dem Überspielen bis zum endgültigen Abschluss Ihres Projekts, wo sie sind und wie sie sind. Das bedeutet, dass ausreichend Speicherplatz möglicherweise auch langfristig zur Verfügung stehen muss. Wenn Sie Ihren Film fertiggestellt haben und sicher sind, die Daten nie wieder zu benötigen, können Sie sie löschen oder im Zweifelsfall konsolidieren, d.h. nur die für die Wiederherstellung des Filmprojekts benötigten Daten sichern und unbenutztes Rohmaterial löschen.

16.3.1 Datentransfer von der Chipkarte

Am einfachsten kopieren Sie alle Videodaten auf einen eigens für diesen Zweck reservierten Datenspeicher, z.B. eine externe USB-Platte. Unbedingt empfehlenswert ist ein RAID-System (siehe auch Abschnitt 15.2.4), das Ihre Daten vor einem kurzfristigen Verlust durch Ausfall einer Platte sichert. Zudem sind RAID-Systeme, die für den Videoschnitt geeignet sind, performanter als einzelne externe Festplatten.

Es muss nicht immer RAW sein
Vor allem für Dokumentationen, aber durchaus auch für anspruchsvolle Filmprojekte halte ich komprimierte Formate mit einer Farbunterabtastung von 4:2:2 auch für absolut ausreichend.

Der RAW-Workflow
Das RAW-Format ist auch im Film längst angekommen. Da nun Kameras – wenn auch mit Mühe – die breiten Datenströme verarbeiten können, müssen diese nicht nur ans Schnittsystem übertragen, sondern dort auch verarbeitet werden. Wer noch nie mit RAW-Files zu tun hatte, muss sich eine etwas andere Arbeitsweise angewöhnen. Zunächst einmal bedeutet RAW einen erheblichen Fortschritt, denn Sie bekommen damit Zugriff auf die unkomprimierten Rohdaten des Kamerasensors. Wichtige Einstellungen wie Schärfe, Farbabgleich, Gammakurven etc. können Sie nun im Schnitt festlegen. Die Qualität der Bilder steigt, vor allem aber können Fehler bei der Aufnahme wie ein falscher Weißabgleich korrigiert werden. Wenn Sie RAW-Dateien wie Apple ProRes, CinemaDNG, BlackmagicRAW oder Redcode in Ihrem Schnittprogramm öffnen, dann können Sie dort die entsprechenden Einstellungen vornehmen. Allerdings fordert RAW Ihren Rechner, weshalb viele Cutter lieber mit sogenannten Proxy-Files arbeiten. Dabei wird das RAW-Material in ein vom Schnittsystem bevorzugtes, komprimiertes Format wie Apple ProRes, DNxHD oder H.264 transcodiert. Erst beim Ausspielen werden wieder die hochaufgelösten RAW-Daten verwendet, sodass Sie auf modernen Rechnern mit guten Schnittsystemen die Vorzüge von unkomprimierten Videos nutzen können. Immer mehr Kamerahersteller unterstützen auch die interne Aufzeichnung von RAW-Video auf der Speicherkarte. Allerdings brauchen Sie große Speicherkarten und in der Regel auch mehrere. Bei den aktuellen Sony-Kameras wie der FX3 oder FX6 können Sie über HDMI oder SDI RAW-Video ausgeben und auf einem externen Rekorder wie etwa von Atomos aufzeichnen.

Datenaustausch mit der Kamerasoftware | Einige Hersteller liefern bzw. lieferten eigene Software bzw. Programme eines Partnerunternehmens zum Überspielen von Dateien mit der Kamera aus. Mittlerweile sehe ich kaum einen Grund zur Verwendung dieser Programme, und oft handelt es sich einfach nur um ein Lockangebot für ein Upgrade zu einer kostenpflichtigen Programmversion.

Viele Kameras verwenden das MXF-Format bei der Aufzeichnung. MXF ist ein Containerformat, das zum vereinfachten Datenaustausch zwischen Kameras und Schnittsystemen sowie zwischen Schnittsystemen verschiedener Hersteller entwickelt wurde.

Allerdings unterstützen nur die semiprofessionellen Camcorder und professionelle Softwarelösungen das Format. Nachteil des Formats: Laien können mit der komplizierten Dateistruktur auf dem Chip oft wenig anfangen. Das schützt die Daten aber immerhin davor, dass sie nachträglich unachtsam verändert werden.

Was Sie unbedingt beachten sollten: Auch wenn Ihre Software behauptet, MXF-Dateien verarbeiten zu können, so heißt das noch nicht, dass sie auch wirklich Ihren Film abspielt. Dazu muss sichergestellt werden, dass auch der entsprechende Codec (zu Codecs siehe Abschnitt 15.3.3, »Codecs – die Arbeitstiere«) installiert ist, in dem die Kamera aufzeichnet.

Im H.264/H.265-Zeitalter tragen die meisten Dateien in der Regel die Endung .mp4 oder ähnliche Namen wie .m4v. Drehen Sie mit einer Canon, dann landen meist MOV-Files auf Ihrer Festplatte. Die Endung .mov ist die übliche Abkürzung für QuickTime Movie. Aber auch dies sind MPEG-4-Dateien, da sie mithilfe eines H.264-Codecs erstellt wurden. Ähnliches gilt für viele andere Containerformate. Überspielen Sie die Files direkt aus der Kamera und haben Sie bereits bei der Aufzeichnung einen eindeutigen Namen in der Kamera vergeben, finden Sie nun viele Clips mit diesem Namen und einer fortlaufenden Nummer. Ich selbst verzichte darauf und lasse die Kamera die Clips einfach durchnummerieren. Denn sie landen ja auf meinem Rechner in einem eigens für sie angelegten und entsprechend bezeichneten Ordner. Danach fasse ich diesen Ordner nie wieder an.

16.3.2 Überspielen von digitalem Filmmaterial von Band oder DVD bzw. Aufzeichnen eines Livestreams

Wenn Sie noch auf Band oder DVD aufzeichnen, können Sie sich etwas Zeit lassen. Der große Vorteil von Videobändern und DVDs ist, dass man zunächst einmal ein sicheres Medium in der Hand hält. Lagern Sie das Material umsichtig, also nicht zu kalt, nicht

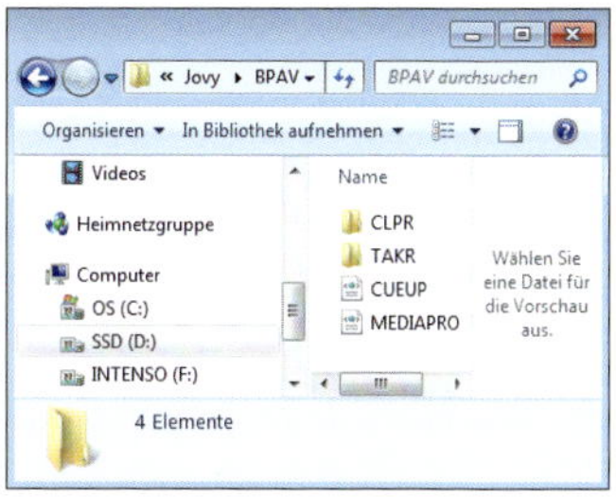

▲ **Abbildung 16.4**
MXF-Datenstruktur unter dem Windows-Explorer

Datenaustausch mit dem Windows-Explorer
Natürlich können Sie Ihre Dateien auch mithilfe des Windows-Explorers vom Chip auf die Festplatte befördern. In der Vergangenheit gab es dabei immer wieder Probleme mit verlorenen Metadaten.

Im Prinzip sollte es aber per Drag & Drop oder Copy & Paste funktionieren. Wichtig: Wenn die Audiodaten nicht im Clip enthalten sind, dann müssen sie extra kopiert werden. Beim Import von MXF-Dateien in Premiere Pro wurden immer wieder Fehler kolportiert. Der Tipp aus der Community lautet, in solchen Fällen stets den Media-Browser für den Datenimport zu verwenden. Ich habe bisher keine Probleme bei meinen Daten festgestellt.

▲ **Abbildung 16.5**
Überspielen unter Windows

feucht, und schützen Sie es vor direkter Sonneneinstrahlung und Hitze. Später muss das Material digitalisiert werden. Bei DV-Geräten funktioniert dies mithilfe eines FireWire-Kabels in der Regel problemlos. Oft bietet Ihnen bereits das Betriebssystem die Überspielung von DV-Material an. Adobe entfernte 2023 das Werkzeug zum Aufzeichnen eine Videosignals von einer angeschlossenen Kamera oder einem Abspielgerät. Adobe begründete dies damit, dass bandgestützte Workflows der Vergangenheit angehören. DaVinci Resolve 20 greift auf angeschlossene Hardware wie eine DeckLink-Karte zurück. Final Cut Pro zeichnet Livevideos auf, und nur Avid unterstützt noch das klassische Capturing. Kurz: Wenn Sie noch Bänder im Keller stehen haben oder tatsächlich noch mit einer Kamera mit Tapes aufnehmen, dann ist es dringend Zeit, sich von diesem Workflow zu verabschieden.

Wenn Ihr altes Material einen überschaubaren Umfang hat, nehmen Sie vielleicht die Dienste eines professionellen Dienstleisters an. Der überspielt Ihr Material gegebenenfalls auch mit einem hochwertigen Komponentensignal. Dabei treten deutlich weniger Verluste auf als bei der Überspielung über das klassische DIN-Kabel für S-VHS-Signale (Y/C) oder bei Verwendung eines einfachen FBAS-Signals. Diesen Signalweg nutzen Sie, wenn Sie das typische Kamerakabel mit einem gelben Stecker für Video sowie einem roten und einem weißen Stecker für den Ton verwenden. Tatsächlich gibt es noch ältere FireWire- oder IEEE-1394-Geräte zu kaufen, empfehlen möchte ich die Anschaffung nicht mehr. Stattdessen rate ich Ihnen, sich eine Capture Card anzuschaffen, die analoge Signale über USB in den Computer einspeist. Die Angebote sind reichlich, die Qualität mag ich hier nicht beurteilen. Ich verwende ein UltraStudio 4K Mini von Blackmagic, um meinen alten Betacam-Bändern zu einer digitalen Zukunft zu verhelfen, und habe damit gute Erfahrungen gemacht. Die so aufgezeichneten Clips importiere ich anschließend wie gewohnt in meine Schnittsoftware.

16.3.3 Videodaten in die Cloud

Auch ich bin davon überzeugt, dass die Zukunft der Cloud gehört. Und trotzdem habe ich meine Daten am liebsten bei mir, auch wenn die immer größer werdenden Videoprojekte oft mit vielen Hundert GB an Daten immer schwerer zu verarbeiten werden. Blackmagic oder Avid bieten umfangreiche Lösungen an für die Speicherung und Verwaltung großer Daten in Unternehmensnetzwerken mit der Möglichkeit eines verteilten Zugriffs von verschiedenen Endgeräten, die überall auf der Welt stehen können. Eine Cloud also, nur mit dem Unterschied, dass Sie den Cloud-

Speicher selbst kaufen und betreiben. Letztlich also eine lokale Lösung mit der Möglichkeit, dezentral auf die Videodaten zuzugreifen. Tatsächlich sind diese Lösungen also keine klassischen Cloud-Speicher-Lösungen, bei denen ein Anbieter die dauerhafte Speicherung und Sicherung der Daten übernimmt.

Jeder Speicher hat ein Lebensende, und ist dieses erreicht, bevor die Daten gesichert wurden, dann bricht Hektik aus. Cloud-Lösungen für große Filmprojekte sind deshalb in meinen Augen noch nicht verfügbar, unabhängig vom Preis und von der Verlagerung des Speicherplatzproblems auf Bandbreitenbeschränkungen in verfügbaren Netzwerken.

Eigener Cloud-Speicher?
Der eigene Cloud-Speicher ist eher etwas für Studios und größere Produktionsfirmen, bei denen die Kosten für die Speicherlösungen auch wieder erwirtschaftet werden.

16.3.4 Import von Dateien in ein Projekt

Dieser Schritt ist entscheidend für den späteren Fortgang des Projektes. Denn anders als etwa in Bildbearbeitungsprogrammen wie Photoshop werden die Filmdateien nicht Teil des Projektes, sondern lediglich mit diesem verknüpft. Andernfalls würden die Projektdateien enorm aufgebläht. Das Management dieser Verknüpfungen ist nicht einfach. Wenn Sie zum Beispiel mit externen Festplatten arbeiten und diese regelmäßig an- und abstecken, so kann die Zuordnung des Laufwerksbuchstaben verloren gehen. Die Verknüpfung kann dann nicht mehr gefunden werden, und das Filmmaterial ist offline.

16.4 Rohmaterial sichten

In gewisser Weise ist die Arbeit eines Editors oder Cutters das Spiegelbild der Arbeit des Kameramanns. Der Kameramann zerlegt den Film zunächst in Szenen und schließlich in einzelne Einstellungen. Der Cutter nimmt genau diese Takes und fügt sie wieder zu Szenen und schließlich zu einem kompletten Film zusammen. Ein Cutter scheitert immer dann, wenn er den großen Zusammenhang, die Story, während seiner Arbeit aus den Augen verliert. Davor schützen ihn meistens seine Erfahrung und Intuition. Ein guter Cutter weiß, was dem Erzählfluss zuträglich ist und was den Zuschauer verwirrt, irritiert oder langweilt. Und er hat einen großen Vorteil. Er ist nicht vorbelastet und kann – zumindest beim ersten Mal – das Rohmaterial als neugieriger Zuschauer begutachten. Auch wenn Sie als Videojournalist Cutter und Autor in einer Person sind, sollten Sie versuchen, Ihr Werk wie ein Cutter zu beurteilen, immer bereit, Takes und Szenen daraufhin abzuklopfen, ob sie wirklich der Geschichte dienlich sind. Doch dazu braucht man den richtigen Überblick.

16.4.1 Überblick verschaffen

Schauen Sie sich wenigstens einmal Ihr Rohmaterial in Ruhe an, ohne auch nur einen Gedanken an den Schnitt zu verwenden. Machen Sie sich Notizen über die verschiedenen Szenen, gute und schlechte Einstellungen, was Ihnen gefällt und was nicht. Dieses sogenannte »Sichten« des Rohmaterials ist eine der wichtigsten Vorarbeiten, bevor Sie mit dem Schnitt beginnen. Notieren Sie, welche Einstellungen und Szenen Ihnen gut gefallen und welche Sie unbedingt im Film haben wollen. Einstellungen mit schweren technischen Mängeln oder die einfach nicht das zeigen, was geplant war, sortieren Sie am besten gleich aus. Notieren Sie sich in einer Sichtliste, welche Szenen infrage kommen.

Tabelle 16.2 ▼
Beispiel einer Sichtliste, die so oder so ähnlich auch in Word erstellt werden kann

Motiv	TC In	TC Out	Anmerkung
	01:02:45:00	01:02:45:20	Totale Haus, Zufahrt auf »Flieger«
	01:02:55:10	01:04:01:25	Anfahrt Feuerwehr, Schwenks auf Haus mit Rauch, Totale
	01:04:35:15	01:05:22:46	bewegte Kamera, Feuerwehrleute
	01:05:23:00	01:05:58:01	Feuerwehrleute vor Haus, bewegte Kamera
	01:06:10:00	01:06:48:20	bewegte Kamera, Totale, Rettungswagen, Zufahrt auf Einsatzleiter
	01:06:50:00	01:07:12:13	Krankenwagen, Zufahrt auf Blaulicht
	01:07:15:00	01:08:15:37	bewegte Kamera, Feuerwehrleute legen Rettungsleiter an, Nahen Feuerwehrleute

Dieses »Luxusbeispiel« einer Sichtliste müssen Sie nicht unbedingt als Vorlage verwenden. Das »Grabben« von Screenshots ist eine Maßnahme, um das Beispiel für dieses Buch etwas ansehnlicher zu gestalten. Wichtige Bestandteile sind der Clipname, der jeweilige Anfangs- und End-Timecode der Einstellung und eine kurze aussagekräftige Beschreibung. Neben dem Motiv notiere ich gerne die Einstellungsgrößen, ob sich die Kamera bewegt hat oder nicht, ob eine Einstellung besonders gut ist, ob es sich um ein Interview handelt usw. Und: Dank künstlicher Intelligenz können Sie sich diese Arbeit mittlerweile auch ganz sparen. »Speech to text« ist mittlerweile Bestandteil der Programme aller großen Softwareanbieter. Beim Import Ihres Materials können Sie es bereits analysieren lassen und etwa Interviews transkribieren. Auch die Motiverkennung über die Suchfunktion ist heute so gut, dass alle zusammengehörenden Einstellungen einer Szene gut wiedererkannt werden.

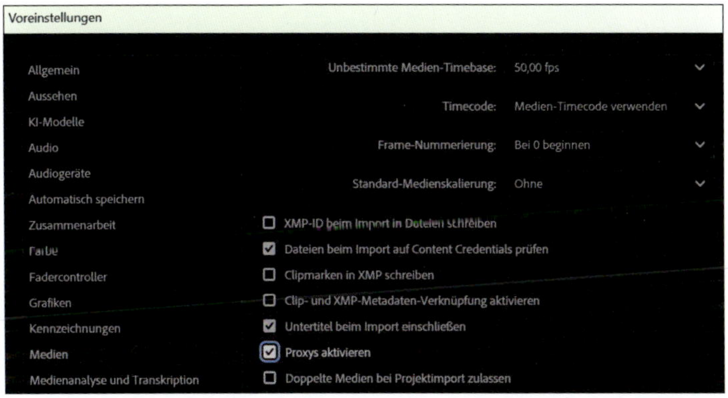

◄ **Abbildung 16.6**
Importeinstellungen in Premiere Pro mit Vorgaben für die Medienanalyse, Transkription von O-Tönen oder die Erstellung von Proxy-Files

16.4.2 Rohmaterial mit Software organisieren

Adobe hat mit der Version Premiere Pro 2021 den Import von Dateien neu aufgebaut. Der Media-Browser wurde zwar nicht abgeschafft, aber ist künftig nicht mehr so entscheidend. Dafür entstand ein Bearbeitungsbereich für den Import von Videodaten, vergleichbar etwa mit der Bibliothek in Lightroom. Entscheidende Neuerung war die einfache Verknüpfung von Videodaten und die gleichzeitige Erstellung einer an das Material angepassten Schnittsequenz. Das heißt: Premiere untersucht das Material und legt die Eigenschaften der Sequenz fest, also etwa Bildrate, Auflösung, Codec. Das kann hilfreich sein, aber nicht immer zielführend. Denn schließlich wissen nur Sie bzw. Ihr Kunde, in welcher Auflösung der Film letztlich zur Verfügung stehen soll. Sie können die Sequenzeinstellungen auch nachträglich ändern.

Proxy-Files

8K-Material läuft leider nicht problemlos auf jedem Schnittrechner. Wer auf einem älteren Notebook schneidet, kämpft dann mit ruckelnden oder sogar stehenden Bildern, Tonaussetzern oder im schlimmsten Fall einem eingefrorenen Bildschirm. Das erinnert etwas an die Anfänge des HD-Zeitalters, als H.264 den alten MPEG-Codec ablöste und CPU und Grafikkarte vor neue Herausforderungen stellte. 8K schafft darüber hinaus auch noch Engpässe beim Datendurchsatz von der Festplatte. Neben einer Optimierung des Systems bietet die Arbeit mit niedriger aufgelösten Proxy-Files eine Lösung des Problems. Statt mit dem hochaufgelösten Rohmaterial schneidet man in niedrigerer Auflösung und ändert, wenn man fertig ist, nur die Pfade zu den Dateien. Final Cut bietet dabei einen einfachen, aber etwas restriktiven Weg an. Auf Mausklick kodiert das Programm die Medien im eigenen ProRes-422-Format mit halber Auflösung neu. Ähnlichen Service bietet auch Premiere Pro. Da immer höhere Auflösungen bei der Aufnahme mit entsprechenden Datenraten uns noch auf Jahre begleiten werden, bleiben uns auch die Proxys noch lange erhalten, bis Hard- und Software leistungsstark genug für den Umgang mit allen Fileformaten und -größen sind. Der früher etwas sperrige Umgang mit den datenreduzierten Schnittkopien ist allerdings dank intelligenter Schnittsysteme heute weitaus einfacher.

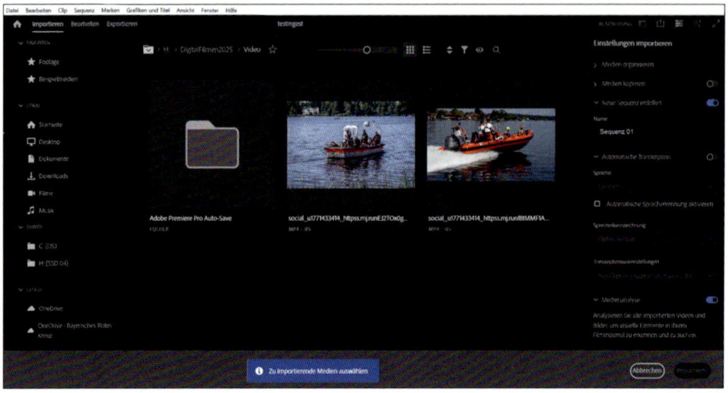

▲ **Abbildung 16.7**
Der neue Arbeitsbereich zum Importieren von Medien in Adobe Premiere Pro

Wenn Sie mit Proxy-Dateien arbeiten wollen, dann können Sie sie nach wie vor automatisch bereits beim Import erstellen lassen. Hierfür gibt es verschiedene Wege, zum Beispiel über den Adobe Media Encoder oder über den Media-Browser. Stellvertretend hier der Workflow über den Media-Browser: Setzen Sie im Media-Browser das Häkchen bei Importieren, und klicken Sie auf das Werkzeug daneben. Es öffnet sich eine Dialogbox, in der Sie als Aktion • Transkodierung festlegen und unter Vorgabe das Format auswählen oder selbst anlegen, das sie gerne verwenden möchthen. Zuletzt legen Sie noch fest, an welchem Speicherort das Proxy-File erstellt werden soll.

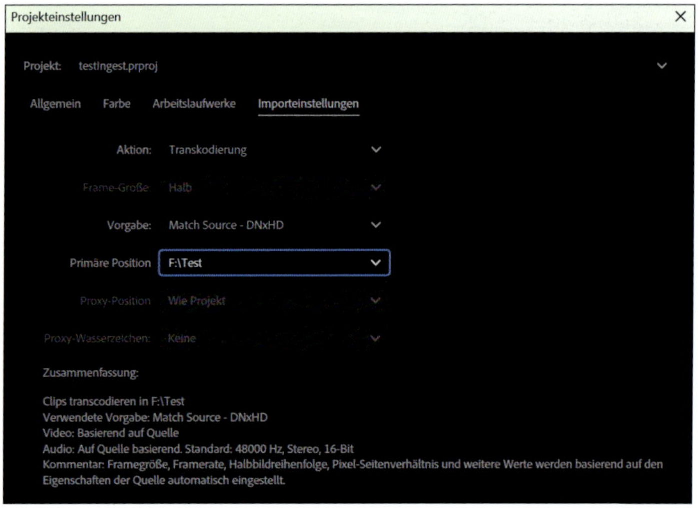

▲ **Abbildung 16.8**
Importeinstellungen in Premiere Pro zum Erstellen von Proxy-Files

Wenn Sie Ihr Material bereits importiert haben, aber während des Schnitts feststellen, dass es Probleme bei der Wiedergabe gibt, dann können Sie auch dann noch Proxys erstellen, indem Sie im Projektfenster die Datei auswählen und mit der rechten Maustaste klicken. Im Auswahldialog können Sie dann PROXY anklicken und die Vorgaben erstellen.

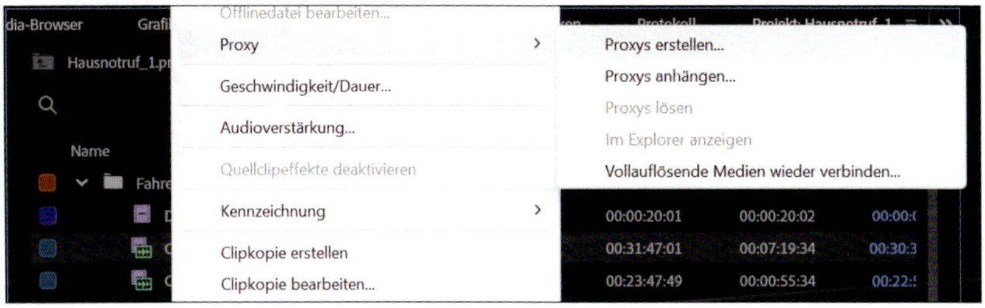

▲ **Abbildung 16.9**
Proxy im Projektfenster per Rechtsklick erstellen

In der Vergangenheit war das Arbeiten mit niedrig aufgelösten Proxy-Files gewöhnungsbedürftig. Mal kamen die Programme durcheinander, mal gingen Verknüpfungen verloren. In Premiere Pro ist die Arbeit heute relativ einfach. Deshalb empfehle ich Ihnen bei der ständigen Verwendung von sehr großen Files und der Notwendigkeit, diese durch Proxys zu ersetzen, die Aktivierung von Proxys in den Voreinstellungen.

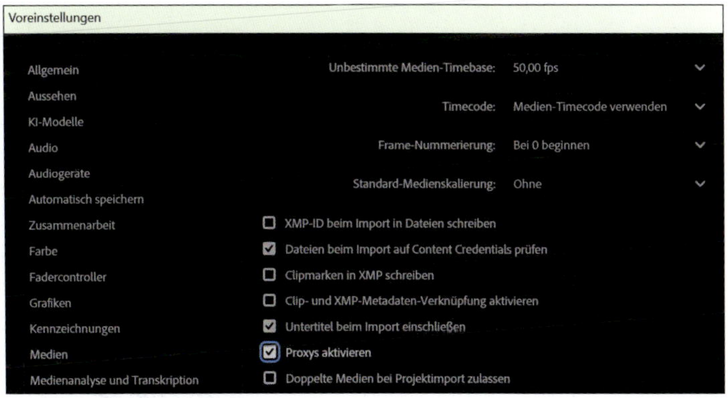

◄ **Abbildung 16.10**
Aktivierung der Proxys in den Voreinstellungen von Premiere Pro

Sie können bei einer Verknüpfung zwischen dem hochaufgelösten File und der datenreduzierten Kopie dann im Schnitt hin- und herschalten. Beim Export verwendet Premiere Pro immer die Originaldateien, es sei denn, sie stehen nicht zur Verfügung. Adobe empfiehlt, die Kopien in einem eigenen Verzeichnis abzulegen und mit dem Suffix *_proxy* zu kennzeichnen, damit es nicht zu falschen Zuordnungen kommt und Sie den Überblick behalten.

Metadaten Ja oder Nein?
Metadaten sind Informationen, die zu einem Filmstream gespeichert werden und die die Bearbeitung erheblich vereinfachen. Es können technische Informationen, Angaben zum Urheber, Schlagwörter zum Inhalt oder Informationen über die Aufnahme gespeichert werden. Anders als bei Fotos konkurrieren im Videobereich noch mehrere, miteinander nicht kompatible Formate. Immerhin versucht die IPTC mit dem Video Metadata Hub eine gewisse Standardisierung zu erreichen. Eine Alternative ist zum Beispiel das XMP-Format. Metadaten sind eine dauerhafte Verschlagwortung Ihrer Clips. Vorteil: Wer bei Beginn sein Rohmaterial aussagekräftig mit Metadaten anreichert, also z. B. einer kurzen Motivbeschreibung, Ort und Zeit der Aufnahme, Besonderheiten der Aufnahme und vielleicht auch einer kurzen Bewertung, etwa über die Vergabe von Sternchen, der findet im Schnitt die Clips sehr viel einfacher wieder, und das auch noch Jahre später. Zudem enthalten die Metadaten möglichst auch Informationen etwa über den Urheber und z. B. die Lizenzierung der Clips. Weiterer Vorteil: Entwickler lassen sich immer neue Tools einfallen, die mithilfe der Metadaten die Bildbearbeitung vereinfachen. Man muss freilich die Daten erst eingeben, bevor man von ihnen profitieren kann. Aber es lohnt sich. Viele Kamerahersteller erleichtern es mit Metadaten-Software, die bereits bei der Aufnahme erlaubt, für den Schnitt wichtige Informationen in den Metadaten zu speichern. Beispiel: Über Tools wie EssenceMark lassen sich via Smartphone oder Tablet Clips vorsichten, wichtige Aufnahmen für den Schnitt markieren und die Informationen in den Metadaten speichern. Aber: Die KI-gestützten Werkzeuge zur automatischen Motiverkennung machen diese Art von Werkzeugen in meinen Augen zunehmend überflüssig.

Die Möglichkeit, Metadaten anzulegen und zu speichern, ist maßgeblich mit dem sogenannten Containerformat *MXF* verbunden, einem offenen Format zur Verpackung von Video- und Audioströmen sowie Metadaten. Das MXF-Format ist zwar sehr universell, aber leider unterstützen es nicht alle Kamerahersteller und benutzen nicht immer die gleichen Standards. Deshalb kann es Ihnen passieren, dass Sie zwar fleißig Metadaten eingeben, diese aber im Schnittsystem nicht ankommen. Ob die Informationen übernommen werden, hängt davon ab, ob Ihre Software das Dateiformat der Kameraclips ohne Weiteres akzeptiert und die Metadaten korrekt ausliest. Wenn nicht, dann erledigen Sie das Sichten und Kennzeichnen besser direkt im Schnittsystem.

Die Zeitschere im Kopf
Wenn Ihr Film nun konkrete Gestalt annimmt, dann denken Sie immer auch an die Zeit. Wie lang darf eine Szene wirklich sein? Je länger Sie sich mit dem Filmemachen beschäftigen, desto mehr Routine werden Sie darin haben, die Dauer einer Einstellung oder Szene richtig abzuschätzen. Als wirklich nur grobe Hilfe ein paar Längen, die ich nicht zu überschreiten versuche:

- Einfache Szene: 20 Sekunden
- Interview: 30 Sekunden
- Trailer: 30 Sekunden
- Dokumentarische Schlüsselszene: nach Bedarf, nur solange spannend

16.5 Der Schnittplan

Auch wenn Sie Ihr Treatment (siehe Abschnitt 3.1.4) oder Drehbuch Einstellung für Einstellung akribisch abgedreht haben, dann halten Sie hoffentlich trotzdem noch nicht den fertigen Schnittplan in der Hand. Gerade Dokumentarfilme zeichnen sich dadurch aus, dass sie dem realen Leben Platz bieten. Das heißt: Während der Dreharbeiten ist viel Aufregendes passiert, das den Film über das eigentlich Geplante hinaus bereichert. Bevor Sie sich also in der Detailarbeit verlieren, machen Sie sich noch einmal Gedanken über das große Ganze. Jetzt ist Zeit, das ursprüngliche Konzept zu überprüfen, langweilige Szenen zu streichen und eventuell durch andere zu ersetzen, die anfangs vielleicht gar nicht eingeplant waren.

Im Kassettenzeitalter des Videoschnitts war es üblich, dass der Redakteur alle Bänder »sichtete« und dabei den exakten Timecode der einzelnen Einstellungen, zumindest aber aller Szenen notierte. Anders wäre ein Schnitt kaum möglich gewesen. So gewappnet ging man in den Schneideraum und kannte sein Material natürlich im Detail. An den ersten non-linearen Schnittplätzen mussten erst alle Aufnahmebänder vor dem eigentlichen Editing überspielt werden. Auch das war eine gute Gelegenheit für den Redakteur, sich den notwendigen Überblick zu verschaffen und in Ruhe zu überlegen, wie er seinen Film aufbauen wollte.

Doch heute wandert das meiste Rohmaterial in wenigen Minuten vom Chip ins Schnittsystem oder wird automatisch eingelesen. Der erste Kontakt findet also erst im Schnittprogramme statt. Trotzdem sollten Sie der Verlockung, sofort loszulegen, widerstehen und sich erst alle Clips wenigstens grob anschauen. Bei der Gelegenheit kann man sie auch gleich umbenennen. Dann ist es Zeit, sich einen Kaffee zu holen und wenigstens einen groben Schnittplan zu entwerfen. Für meinen Film über Patrick im Kongo sah dieser für die ersten Minuten im Film in etwa so aus wie in den folgenden Abbildungen.

Der rote Faden
Jeder Film braucht einen roten Faden. Vor dem Schnitt ist der späteste Zeitpunkt, ihn zu spinnen, andernfalls verlieren Sie sich im Projekt. Dieser Handlungsstrang legt fest, wie die Geschichte erzählt wird, z. B. chronologisch oder mithilfe von Rückblenden und vielen Zeitsprüngen.

Den Beispielfilm »Patrick_im_Kongo.mp4« finden Sie im Ordner FILME.

▲ **Abbildung 16.11**
Der grobe Schnittplan für den Film »Patrick im Kongo«: Glocken läuten, Patrick in der Kirche, Patrick mit Freund ...

▲ **Abbildung 16.12**
Weg zu Cap Anamur, Umzug, Flughafen Sonnenbrille ...

▲ **Abbildung 16.13**
... Warten am Flughafen, Fahrt durch den Dschungel, Ankunft Kamituga

Der Schnittplan muss natürlich nicht so anschaulich bebildert sein, aber die Schlagworte als Beschreibung der aufeinanderfolgenden Szenen sollten notiert werden. Einige Überlegungen zu meinem Schnittplan will ich Ihnen verraten:

- **Das Intro**: Selbstverständlich hätte der Film am Beginn anfangen können, also bei Patrick zu Hause in seiner Münchner Wohnung. Doch was für ein komplizierter Einstieg! Das Thema des Films heißt schließlich: ein engagierter Theologe bei seinem ersten Dritte-Welt-Einsatz als Entwicklungshelfer. Also wollte ich möglichst mit einer Szene aus dem Kongo beginnen, die nicht bereits alles verrät und bei der Patrick in ungewöhnlicher Weise im Mittelpunkt steht. Und ich wollte, dass man seine Begeisterung und zugleich seine Unsicherheit in der neuen Umgebung spürt. Dass dann noch spektakulär die Glocken geläutet wurden, um alle Zuschauer aufzuwecken, prädestinierte die Szene erst recht.
- **Zwischentrailer**: Besonders starke Szenen, bei denen ich mir sicher war, viel Material für spannende Schnitte zur Verfügung zu haben, wollte ich mit Musik unterlegen und so immer wieder ein neues Intro schaffen. Dahinter stand durchaus Berechnung, denn sollte der ein oder andere Zuschauer in der Zwischenzeit bereits geistig abgeschaltet haben, wollte ich ihn so wieder einfangen. Solche Szenen sind z. B. die Fahrt durch den Kongo, der Umzug oder auch der Dschungelausflug.
- **Schlussszene**: Der Film sollte nach 20 Minuten etwa da enden, wo Patrick nach 14 Tagen stand: euphorisch und sicher, den Anforderungen gewachsen zu sein. Hier wollte ich ihn alle Thesen formulieren lassen, die es ein halbes Jahr später zu überprüfen galt. Die Szene sollte Ruhe ausstrahlen und Platz für Patricks Gedanken lassen.

Der Aufbau der Schlussszene in Einstellungen sah so aus:

1. Die erste Einstellung öffnet mit einer Totalen der Unterkunft im Abendrot. Die Stimmung strahlt Ruhe und Abschied aus.

2. Einstellung zwei zeigt eine Halbtotale. Patrick kommt mit einem Buch aus dem Haus und setzt sich.
3. Die dritte Einstellung zeigt zunächst eine Nahe von Patrick. Er schlägt sein Buch auf, liest aber nicht, sondern schaut in die Umgebung.
4. Einstellung vier zeigt einen Overshoulder mit Patricks Blick über Kamituga in der Abendstimmung.
5. Einstellung fünf besteht aus einem Interview.
6. Die letzte Einstellung der Schlussszene zeigt Patrick, wie er beginnt zu lesen. Die Kamera entfernt sich.

◂ Abbildung 16.14
Anfangsbilder der Einstellungen der geplanten Schlussszene

Zwischendrin habe ich versucht, die Themen inhaltlich zusammenzufassen, um nicht vom Krankenhaus in den Urwald zur Baustelle, wieder ins Krankenhaus und zu den Minen zu springen.

Mit diesem Konzept ging ich an die Arbeit. Doch vorher überprüfte ich noch, ob ich nicht das Opfer meiner eigenen Begeisterung geworden war. Deshalb zeigte ich einigen Freunden und der Familie wichtige Szenen vorab, um anhand der Reaktionen festzustellen, ob auch Dritte die Geschichte so interessant fanden wie ich. Das Feedback war durchaus positiv. Aber ein Kollege monierte zu Recht, dass es ihm zu viel Patrick und zu wenig Kongo wäre. So entstand noch die Idee für den kleinen Zwischenclip über Kamituga und der Entschluss, beim nächsten Aufenthalt mehr Bilder vom Kongo zu machen. Die Szene finden Sie ab 10:39 im Film »Patrick im Kongo«.

Diese Arbeitsweise kann ich jedem nur empfehlen. Wenn Sie wie ich und die meisten Filmemacher eher empfindlich auf Kritik reagieren, dann wappnen Sie sich innerlich etwas, und bitten Sie um konstruktive Mitarbeit. Und selbstverständlich wird alles noch viel schöner, wenn die Szenen erst einmal geschnitten sind.

Planen Sie beim Schnitt bereits Ihren Kommentartext ein, egal, ob Sie ihn später live zum Film sprechen werden oder tatsächlich aufnehmen. Der Kommentartext hilft Ihnen, auf die Dramatur-

Den Beispielfilm »Patrick_im_Kongo.mp4« finden Sie im Beispielmaterial im Ordner FILME.

Die innere Stimme – der fiktive Kommentar
In Dokumentarfilmen gibt es in der Regel, aber nicht immer einen gesprochenen Kommentar. Bei der Planung des Schnitts kann dieser sehr hilfreich sein, um die Aussage auf den Punkt zu bringen. Vielen Filmemachern hilft es, wenn sie bereits beim Schnitt den späteren Kommentar sprechen – eine ideale Methode, um die richtige Länge zu treffen. Dass Sie den Text dann später wirklich verwenden und aufnehmen, ist gar nicht entscheidend.

gie zu achten. Und selbst wenn Sie keinen Kommentar zum Film liefern wollen, sondern allein auf die »Wucht Ihrer Bilder« vertrauen möchten, versuchen Sie, eine Dramaturgie der Bildfolge zu entwickeln, die eine kontinuierliche Spannung erzeugt.

16.6 Ein Filmprojekt beginnen

Die Beispielprojekte im Buch
Die Beispiele in diesem Buch wurden alle mit Premiere Pro erstellt, weshalb ich die Funktionen der Software noch umfangreich vorstelle (siehe Kapitel 17 bis Kapitel 20).

Ein Filmprojekt ist eine technisch herausfordernde Angelegenheit. In meinen Kursen haben Einsteiger immer wieder das Problem, zu verstehen, dass die Projektdatei kein Film ist und auch keine Filme enthält. Weil Filmprojekte oft große Datenmengen mit Hunderten GB und mehr enthalten, können diese nicht sinnvoll in der Projektdatei gespeichert werden. Ein Schnittprogramm verwaltet die Mediendaten nur und greift auf sie zu, die Daten selbst liegen jedoch separat irgendwo auf dem Computer, einer schnellen Videoplatte oder einem RAID-System. Wenn Sie also mit dem Filmschnitt beginnen, müssen Sie sich vorab Gedanken darüber machen, wie Sie Ihr Material optimal organisieren. Ich empfehle Ihnen, alle im Filmprojekt benötigten Daten in einem eigenen Projektverzeichnis zu sammeln. Legen Sie für alle Medien (Videoclips, Musik, Audiodateien, Bilder, Grafiken etc.) eigene Unterverzeichnisse an.

Projektdaten in einem Verzeichnis sammeln
Auf jedem Computer, ganz gleich, ob das Betriebssystem von Microsoft oder Apple stammt, gibt es zwei widerstreitende Ordnungsprinzipien: das Ihres favorisierten Betriebssystemherstellers und Ihr eigenes. Im Falle von Windows sind dies z. B. die Bibliotheken, in die alle möglichen Programme gerne automatisch Medien ablegen, z. B. auch Amazon beim Einkauf von Musik auf dem Portal. So landen Videos schnell im Ordner VIDEOS, wo sie in meinen Augen aber nicht hingehören. Ich persönlich lehne diese Entmündigung ab. Nur eine Person kann Ordnung in komplexen Filmprojekten halten: Sie selbst. Wenn Sie dennoch auf Daten aus den Bibliotheken zugreifen wollen, dann empfehle ich Ihnen, sie in das Projektverzeichnis zu kopieren, auch wenn das etwas mehr Speicherplatz erfordert.

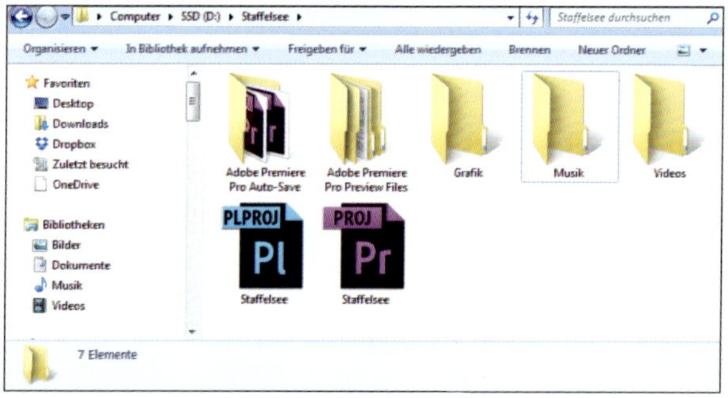

▲ **Abbildung 16.15**
Empfohlene Ordnerstruktur für ein Filmprojekt

16.6.1 Projektdaten anlegen

Die Daten eines Projekts werden in allen Schnittprogrammen in einer sogenannten *Projektdatei* gespeichert. Sie sollten sie behandeln wie ein rohes Ei, denn geht sie verloren oder wird sie beschädigt, beginnt die Arbeit ganz von vorne. Oder zumindest teilweise. Denn fast alle Programme legen mittlerweile permanent Sicherungskopien an, um im Falle eines Falles wenigstens einen Teil, oft Großteil der Arbeit zu retten.

Eine Projektdatei legen Sie in den meisten Schnittprogrammen beim Öffnen der Software an, wenn Sie dem entsprechenden Link NEUES PROJEKT folgen. Die Projektdaten, im Beispiel die Projektdatei von Premiere Pro und Prelude ④, können im Hauptverzeichnis ① abgelegt werden. Adobe fügt automatisch zwei weitere Ordner hinzu, einen für die Vorschaudateien ③ und einen für die Sicherungskopien ②. Alle Daten Ihres Projekts werden in einer (manchmal auch mehreren) Projektdateien gespeichert. Bei Premiere Pro haben diese Dateien die Endung .prproj. Dateien werden nur dann als Vorschaudateien gerendert, wenn Premiere Pro sie nicht in Echtzeit abspielen kann. In seltenen Fällen kann dies auch auf Audiofiles zutreffen.

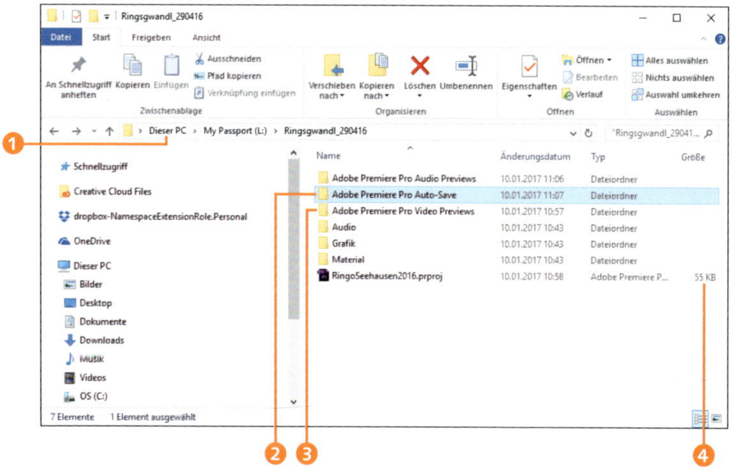

◀ **Abbildung 16.16**
Typische Verzeichnisstruktur eines Premiere-Pro-Projekts mit Ordnern für das Rohmaterial, Ordnern für die Vorschaudateien und die Sicherungskopien sowie den eigentlichen Projektdateien

Beide könnten Sie auch anderswo auslagern. Für den unangenehmen Fall, dass die Performance Ihres Rechners nicht ausreicht, um das Projekt ruckelfrei in Ihrer Schnittsoftware abzuspielen, kann es Sinn machen, Musik- und Vorschaudateien auf andere Platten auszulagern, was natürlich die Verwaltung Ihres Projekts erschwert. Bei schweren Performance-Verlusten empfehle ich lieber, das Projekt in einer niedrigeren Auflösung zu schneiden.

Never touch a running system!
Sobald Sie Ihr Projekt angelegt und die ersten Videos importiert haben, dürfen Sie die Verzeichnisstruktur Ihres Projektordners nicht mehr verändern. Auch die Namen der Clips oder Ordner sollten Sie ab sofort unangetastet lassen. Denn sonst findet sie das Schnittprogramm nicht mehr so ohne Weiteres wieder. Mein Tipp: Überspielen Sie Ihre Filmclips, wie in Abschnitt 16.3, »Der Weg von der Kamera in den Computer«, beschrieben, und rühren Sie sie danach unter Ihrem Betriebssystem nie mehr an. Ist dies unvermeidlich, z. B. weil der Speicherplatz ausgeht, dann kopieren Sie am besten das ganze Projektverzeichnis auf eine neue Festplatte.

»Fremdschneiden«

Alle Daten Ihres Projekts werden in einer (manchmal auch mehreren) Projektdateien gespeichert. Bei Premiere Pro tragen diese Dateien die Endung .prproj. Wenn Sie mehrere Schnittprogramme besitzen und sich mit ihnen auskennen, könnten Sie auf die Idee kommen, bestimmte Aufgaben in der einen Software zu erledigen, andere mithilfe der anderen. Davon träumen auch Cutter seit Jahren. Leider gibt es hier nur zarte, wenig vielversprechende Ansätze. Immerhin können Sie bei Adobe beispielsweise Projekte, die mit Premiere Pro erstellt wurden, in After Effects importieren und umgekehrt. Doch über die Herstellergrenzen hinweg funktioniert dies nicht zufriedenstellend.

Wenn Sie jedoch mit Ihrem Projekt »fremdgehen« wollen, bieten die Profiprogramme ein paar historische Tools, um wenigstens rudimentäre Informationen des Schnitts übernehmen zu können, z. B. mit dem Export einer Schnittliste. Für den Export erstellt das eine Programm eine sogenannte Edit Decision List (EDL) meist im Format CMX3000, das noch aus dem Online-Zeitalter stammt. Dabei müssen Sie jedoch die entsprechenden Tools beider Softwarepakete im Auge haben. Adobe empfiehlt z. B. die Beschränkung auf zwei Video- und zwei Audiospuren. Zum Glück haben sich andere schon vor Ihnen mit solchen Problemen herumgeschlagen. Hilfe finden Sie deshalb meistens in den einschlägigen Foren im Internet. In der Regel können Sie nur die Schnittdaten übertragen, Informationen über Effekte oder Blenden gehen meistens verloren. Übrigens: Premiere Pro unterstützt den Import von Projektdaten aus Final Cut und Avid Media Composer. Allerdings müssen Sie dabei einige Arbeitsschritte beachten, und es werden nicht alle Effekte und Bearbeitungen übernommen.

16.6.2 Daten importieren

Wenn Sie Ihre Daten auf den Computer überspielt haben, wird es Zeit, sie in Ihr Filmprojekt zu importieren. Die Wege dazu sind vielfältig, alleine Premiere Pro bietet mittlerweile drei verschiedene Möglichkeiten an. Die meisten Probleme gerade bei Einsteigern verursacht das fehlende Grundverständnis, was beim Dateiimport eigentlich passiert. Im Unterschied zu vielen anderen Programmen wie Excel, Word oder auch Photoshop enthält die Projektdatei eines Schnittsystems keine Medien. Computerbenutzer sind es aber gewohnt, dass sich mit dem Öffnen einer Worddatei nicht nur das Programm öffnet, sondern auch der Text. Projekt und Inhalt sind also eng miteinander verknüpft. Wegen der Größe der Filmdateien funktioniert dies bei Schnittprojekten nicht, da die Projektdateien andernfalls kaum mehr zu managen wären. Ein Schnittsystem verwaltet die Medienclips auf der Festplatte nur. Und damit die Software dies kann, müssen die Clips erst ins Projekt »importiert« werden, nachdem sie auf der Festplatte gespeichert wurden. Ihr Pfad des Speicherortes muss dem Schnittprogramm bekannt gemacht werden.

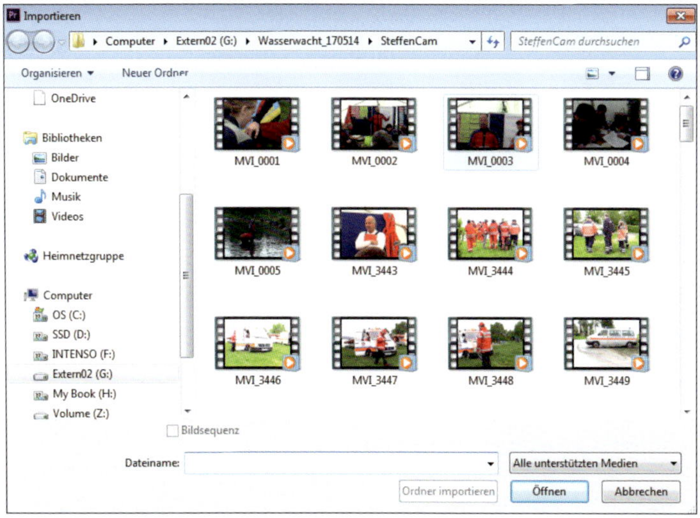

◂ **Abbildung 16.17**
Medienimport in Premiere Pro

Der klassische Weg in Premiere Pro ist dabei der rechte Mausklick ins Projektfenster und dort die Auswahl IMPORTIEREN. Es öffnet sich der Media-Explorer, über den Sie eine einzelne Datei oder einen ganzen Ordner mit Clips auswählen und importieren können. Seit der Version CS6 stellt Adobe auch den Media-Browser als eigenes Fenster zur Verfügung.

▾ **Abbildung 16.18**
Der Media-Browser

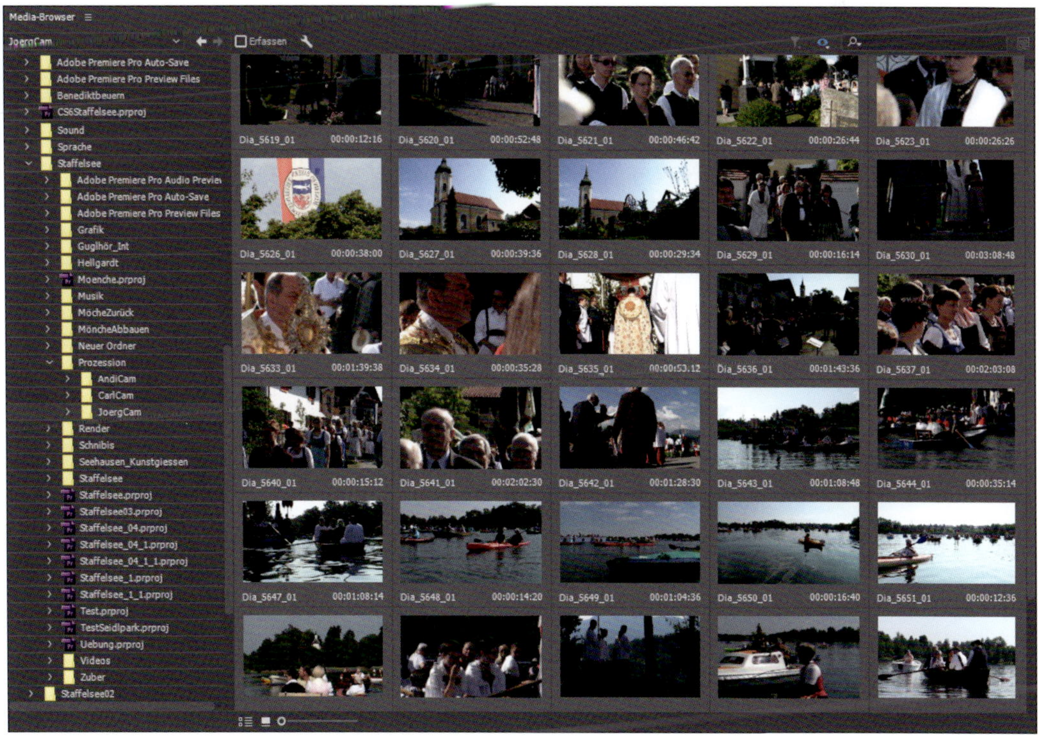

Ingest – Digitalisieren wie die Profis
In Sendeanstalten finden Sie häufiger eigene Arbeitsplätze für das Überspielen und Verwalten von Material. Das Rohmaterial wird dabei meist nicht nur überspielt, sondern auch in ein anderes Format transcodiert; manchmal werden parallel auch niedriger aufgelöste Proxy-Files angelegt. Diese Aufgabe übernehmen Softwaretools wie Cinegy, Metus Ingest oder Prelude. Für Einzelkämpfer lohnt sich der Aufwand für die teuren Arbeitsplätze nicht.

Dieses schicke Tool lässt Sie komfortabel nach Dateien suchen, zeigt bereits kleine Vorschaufilme und analysiert die Herkunft des Materials. Der Media-Browser unterstützt auch Drag-&-Drop-Operationen, d. h., Sie können Dateien aus dem Fenster ins Projektfenster ziehen und damit importieren. Vorsicht: Wenn Sie statt im Projektfenster viel im Media-Browser nach geeigneten Clips suchen, passiert es leicht, dass Sie ein und denselben Clip mehrfach importieren, was die Übersichtlichkeit ihres Projekts nicht gerade erhöht.

16.7 Projektformat festlegen

Hoffentlich haben Sie bereits vor dem ersten Dreh festgelegt, in welchem Format Sie später Ihren Film präsentieren wollen. Wenn nicht, wird es spätestens jetzt Zeit. Denn ob Avid, Final Cut, Premiere Pro oder MAGIX, jedes Schnittsystem erwartet von Ihnen beim Anlegen eines neuen Projekts bzw. einer Schnittsequenz die Festlegung der Rahmenbedingungen. Sie können heute in ein Projekt in der Regel zwar jedes Material importieren, das Ihre Software akzeptiert, aber es muss erst gerendert werden, wenn es nicht den Codec von Haus aus unterstützt. Und bei der Verwendung von sehr unterschiedlichem Rohmaterial mit verschiedenen Codecs, Frameraten und Auflösungen wird Rendern schnell zum Alltag. Es macht also keinen Sinn, die Entscheidung allzu weit nach hinten zu verschieben, denn Ihr Film braucht am Ende ein festgelegtes Format, in dem er ausgespielt wird. In solchen Fällen kann es sinnvoll sein, das Material vorab in einem Codec anzulegen, in dem Sie dann auch Ihr Projekt schneiden. Dazu brauchen Sie ein Werkzeug für das schnelle Transcodieren Ihrer Filme. Bei Adobe ist dies der Media Encoder.

Sie können solche Aufgaben häufig auch innerhalb Ihrer Schnittsoftware erledigen. Bei Adobe kann der Media Encoder auch aus Premiere Pro heraus gestartet werden. Häufig merken Sie auch gar nichts vom Transcodieren, etwa wenn Ihre Software automatisch Vorschaudateien anlegt. Diese sind nichts anderes als gerenderte Videodateien, die an Ihre Formatvorgaben angepasst wurden. Wenn der freie Speicherplatz auf der Systemplatte aus unerklärlichen Gründen immer kleiner wird, dann ist ein häufiger Grund, dass Ihre Schnittsoftware dort die Vorschaudateien ablegt. Sorgen Sie deshalb unbedingt dafür, dass auch die Vorschaudateien auf einer schnellen Videoplatte landen.

Der Adobe Media Encoder

Der Media Encoder ist die Video-Kodier-Maschine von Adobe. In Verbindung mit Adobe Prelude ist er die CC-Ingest-Lösung für den Einzelarbeitsplatz. Der Workflow ist intuitiv zu begreifen und umzusetzen. Sie erfassen Ihr Material mit Prelude, legen den Speicherort für Ihr Projekt auf Ihrer Videoplatte fest und das Format, in dem Sie Ihr Projekt schneiden möchten. Den Rest übernimmt der Media Encoder. Nach dem Starten überspielt er Ihr Material Clip für Clip in Ihrem Wunschformat und speichert es am Zielort. Ähnlich zeitsparend arbeitet übrigens der Media-Browser in Premiere Pro.

Diese Vorgänge können Sie auch automatisieren, indem Sie einen Ordner anlegen, den der Media Encoder automatisch überwacht. Sobald ein Clip im Ordner abgelegt wird, kodiert ihn der Encoder automatisch um und speichert ihn im neuen Format. Das Ganze läuft unbemerkt im Hintergrund; bei vielen Clips können Sie die Arbeit über Nacht erledigen lassen. Besonders hilfreich ist diese Art der Verarbeitung, wenn Sie Ihren Film in einer niedrigen Auflösung schneiden, aber am Ende mit einer höheren Qualität ausgeben wollen. Achten Sie für solche Aufgaben darauf, dass beim Transcodieren eine mit den Originalclips identische Verzeichnisstruktur entsteht und Sie gleiche Namen verwenden.

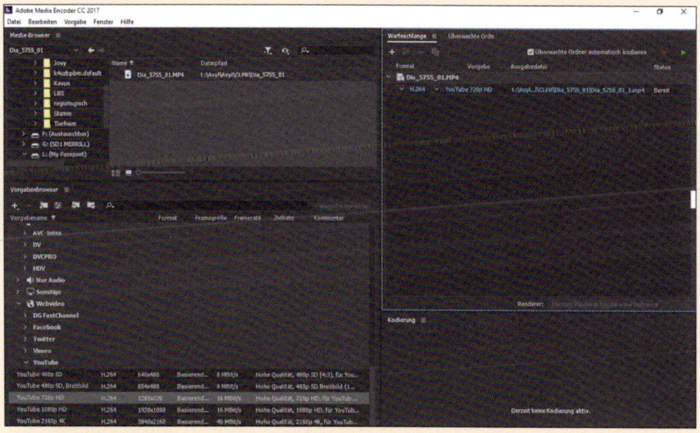

▲ **Abbildung 16.19**
Oberfläche des Adobe Media Encoders

Wenn Sie ein neues Projekt anlegen, dann müssen Sie sich in aller Regel für ein Format entscheiden. In Premiere Pro müssen Sie zunächst nur das Format einer sogenannten Sequenz festlegen, Sie können also in verschiedenen Auflösungen schneiden. Am Ende aber landen alle Sequenzen in einer finalen Sequenz, in der der fertige Film montiert wird. Und spätestens dann heißt es, sich Gedanken über das richtige Projektformat zu machen.

In analogen Zeiten war diese Entscheidung relativ einfach. Das sogenannte Mastertape, auf dem man seinen geschnittenen

Videoeinstellungen

In Adobe Premiere Pro können Sie für jede Sequenz ein eigenes Videoformat wählen. Neben der Auswahl des Codecs können Sie in der Regel folgende Parameter verändern:

- Bilder pro Sekunde (Timebase)
- Pixel-Seitenverhältnis
- Audio-Samplerate
- Bildgröße in Pixeln
- Render-Qualität

Film aufzeichnet, gab weitgehend auch das Aufnahmeformat vor. Heute arbeiten in großen Produktionshäusern Spezialisten, die sich mit nichts anderem als der Wahl des geeigneten Ausgabeformats beschäftigen. Denn für die Veröffentlichung im Kino, bei Fernsehanstalten, Streamingdiensten oder auf Blu-ray bevorzugen die diversen Medien stets auch eigene Formate. Wer da beim Schnitt einen entscheidenden Fehler macht, kann später das gewünschte Format vielleicht nicht oder nur mit Qualitätsverlusten liefern. Einfacher Tipp: Versuchen Sie immer, im bestmöglichen Format zu arbeiten, dann fallen spätere Ausspielungen in anderen Formaten nicht so sehr ins Gewicht.

16.7.1 Bildrate (Framerate)

Eine der wichtigsten Entscheidungen ist die Wahl der Bildrate für Ihr Projekt. Meine Empfehlung: Wählen Sie, wenn irgend möglich 50 Einzelbilder pro Sekunde, da weniger Bilder schnell ruckeln. Sie können in einem Projekt auch Material mit verschiedenen Bildraten mischen, diese sollten aber miteinander verwandt sein, d. h., die verschiedenen Bildraten sollten ein Vielfaches voneinander sein. Beispiele:

- Film: 24 und 48 BpS
- PAL (Europa): 25, 50, 100 BpS
- NTSC (USA): 30, 60, 120 BpS

24, 25, 30, 48, 50, 60, 100, 120 oder mehr Bilder pro Sekunde?
Die Frage ist schnell beantwortet. Je mehr Bilder pro Sekunde Sie zur Verfügung haben, desto schöner können Sie z. B. mit Zeitlupen spielen und desto schärfer werden Ihre Filme. Drehen Sie nur mit einer Kamera, dann drehen Sie am besten mit der höchsten Bildrate, die sie zur Verfügung stellt. Verwenden Sie dagegen mehrere Kameras, dann sollten Sie sich vorab Gedanken über die optimale Bildrate für Ihr Projekt machen. Besonders akut ist diese Entscheidung zurzeit bei Auflösungen von 4K oder höher. Durchaus aktuelle Kameras bieten hier nur 25 oder 30 Bilder an. Bleiben Sie dann lieber bei 2K. Ich ziehe eine Bildrate von mindestens 50 BpS vor und verzichte im Zweifelsfalle auf die höhere Auflösung. Keine echte Rolle spielt inzwischen die Fernsehnorm. Moderne Bildschirme, Fernseher oder Computer kommen mit 29,97 Bildern genauso gut zurecht wie mit 25 Bildern. Wer also nicht gerade eine alte DVD brennen möchte, kann den Vorteil der höheren Bildrate ausnutzen.

Die Software nimmt Ihnen bei einer Mischung von Material oft die Anpassung ab. In Premiere Pro wird Material mit 50 Bildern, das Sie in eine Sequenz mit 25 Bildern einfügen, automatisch angepasst. Der Grund: Premiere geht davon aus, dass eine aufgenommene Sekunde im Rohmaterial zunächst auch eine Sekunde im Film ergeben soll, und lässt einfach Frames (auf Deutsch: Einzelbilder) weg. Umgekehrt verdoppelt es die Einzelbilder und bietet Ihnen die Möglichkeit, diese automatisch zu verblenden, sodass die Übergänge noch weicher wirken. Wollen Sie wirklich etwas an der Laufgeschwindigkeit des Clips ändern, dann müssen Sie dies explizit angeben.

Mischen Sie dagegen Material mit 48, 50 und 60 Bildern pro Sekunde (BpS) in einem Projekt mit 50 BpS, so müssen Sie sich auf unliebsame Fehler gefasst machen, denn bei der Transcodierung kann zwischen den beiden Bildraten nicht sauber umgerechnet werden.

Eine Spezialität des amerikanischen Filmformats NTSC ist die Unterscheidung zwischen *Drop-Frame* und *Non-Drop-Frame*. Denn bei US-Produktionen gibt es eigentlich nur 29,97 Bilder pro Sekunde und nicht 30. Nun gibt es Kameras, die nehmen 30 Bilder pro Sekunde auf oder 29,97 pro Sekunde. Dazu gehören vor allem ältere DV-Kameras, die in NTSC aufzeichnen. Aber auch einige moderne Kameras bieten das NTSC-Format an. Importiert man dieses Material in eine Sequenz mit einem Non-Drop-Frame-Timecode, so wird die Sequenz je nach Länge um einige Bilder oder Sekunden länger als Echtzeit. Um einen Timecode zu haben, der wirklich die exakte Länge anzeigt, hat man den Drop-Frame-Timecode entwickelt. Dieser lässt jedoch nicht, wie der Name unterstellt, einzelne Frames weg, sondern ändert nur die Nummerierung der Bilder.

▲ **Abbildung 16.20**
Festlegen der Formatvorgaben für eine Sequenz in Adobe Premiere Pro

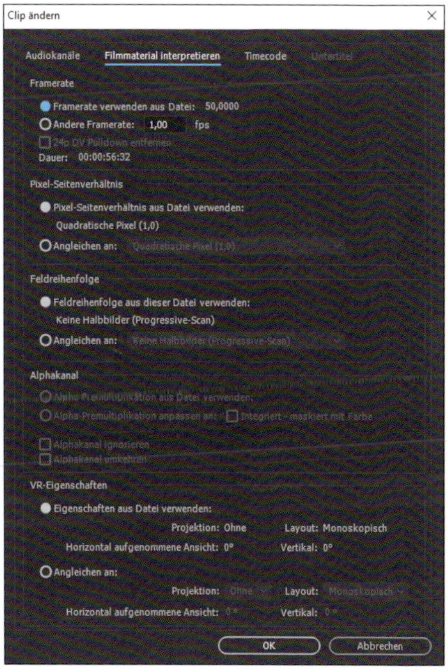

▲ **Abbildung 16.21**
Menü zum Anpassen der Bildrate, des Pixel-Seitenverhältnisses und der Halbbildreihenfolge in Premiere Pro

Ist man sich unsicher, welchen Timecode das Rohmaterial liefert, dann erstellt man am besten aus einem Clip eine neue Sequenz. Premiere Pro passt den Timecode an die Framerate des Originals an. Welcher Timecode hier von der Software gewählt wurde, kann man dann in den Sequenzeinstellungen kontrollieren.

Wenn Sie die Sequenzeinstellungen selbst festlegen, dann müssen Sie sich etwas in die Spezifikationen der zur Verfügung gestellten Videoformate einarbeiten. In Adobe sind das zum Beispiel DNxHD von Avid, ProRes von Apple, AVCHD oder XDCAM.

UHD ist nicht 4K
Aber fast. Und deshalb werden die Begriffe häufig synonym verwendet. UHD ist eine Fernsehnorm mit einem Seitenverhältnis von 16:9 und einer Auflösung von 3.840 × 2.160 px. 4K wird für die Bezeichnung eines Standards im digitalen Kino verwendet mit einem Seitenverhältnis von 17,07:9 und einer Auflösung von 4.096 × 2.160 px. Beide Standards haben eine ungefähre Breite von 4.000 px und werden deshalb gleichermaßen umgangssprachlich als 4K bezeichnet. Ähnlich verhält es sich mit Full HD und 2K.

Zu all diesen Formaten gibt es unterschiedliche Codecs mit verschiedenen Auflösungen zum Beispiel in SD, HD, Full HD, UHS, 2K oder 4K. Innerhalb einer Formatfamilie gibt es dann noch Codecs, die sich hinsichtlich Farbsampling, Kodierrate und Rechentiefe unterscheiden. Für UHD und 4K werden oft andere Standards verwendet als für Full HD und HD oder SD. Kurz gesagt, es gibt eine ganze Fülle von Codecs, die durch Kürzel wie HQ, HQX oder LB gekennzeichnet werden. In diesem Dschungel den Überblick zu behalten ist nicht ganz einfach. Um trotzdem nicht stecken zu bleiben und jeweils den richtigen Codec für Ihr Schnittprojekt zu finden, sollten Sie sich einmal für eine Codecfamilie entscheiden und mit deren Spezifikationen näher beschäftigen. Sicherlich am umfangreichsten ist hier Avid mit DNxHD und DNxHR. Informationen über die einzelnen Codecs finden Sie zum Beispiel in der Wikipedia oder in den White Papers des Unternehmens zu seinen Codecs. Vergleichbares gilt für Apples ProRes-Standard. Diese beiden Codecfamilien sind in der Nachbearbeitung besonders beliebt und oft anzutreffen.

16.7.2 Halbbild oder Vollbild

Auch die Entscheidung zwischen sogenannten Halb- und Vollbildern ist im HD-Zeitalter keine Herausforderung mehr. Grundsätzlich gilt: Vollbilder sind immer die bessere Alternative. Nur wenn Sie viel altes Material im PAL-Standard verwenden, können die 50 Halbbilder pro Sekunde die bessere Wahl sein. Wenn Sie alles in Vollbildern aufgenommen haben, nun aber in Ihren Film animierte Schriftgrafik (Crawl oder Roll) einbinden wollen, sollten Sie auf keinen Fall ein 25p-Format für Ihr Projekt wählen. So langsam können Sie Bildtitel gar nicht laufen lassen, dass sie nicht doch durch störendes Ruckeln auffallen. In 50p gibt es damit kein Problem. Und selbst 25i (ehemals 50i, also 50 Halbbilder pro Sekunde) ist für bewegte Schriftgrafiken und auch schnelle bewegte Aufnahmen besser als 25p. Denn das ist ja gerade der Sinn des *Zeilensprungverfahrens*, Bewegungen flüssiger erscheinen zu lassen.

Wenn Sie Ihr Material überwiegend in 50p gedreht haben, so macht es wenig Sinn, das Projekt nun mit 100 Bildern pro Sekunde anzulegen, nur weil Ihre Software das kann. Denn nun müssen alle Videos nicht nur umgerechnet werden, das Ergebnis sieht auch nicht besser aus. Haben Sie hingegen einige Clips mit 100 oder mehr Bildern pro Sekunde (fps) gedreht, etwa um schöne Zeitlupe darzustellen, dann ist es ja gerade Ihr Ziel, dieses Material in einem Projekt mit 50 fps langsamer laufen zu lassen (siehe auch den Abschnitt 19.2.1, »Zeitlupe«).

▲ **Abbildung 16.22**
Beispiel für Crawl

Interlaced und deinterlaced
Vielfach wird »interlaced« und »deinterlaced« mit Halb- und Vollbildern verwechselt. Dem ist nicht so. Interlaced sind alle Bilder, die aus Halbbildern aufgebaut sind. Deinterlaced sind alle Bilder, die man durch verschiedene Bearbeitungsverfahren in Vollbilder umgerechnet hat. Diese Verfahren sind ordentlich, aber nicht verlustfrei, d.h., am Ende erhält man nicht das gleiche Ergebnis, als wenn man von Anfang an sein Video progressiv, also mit Vollbildern, aufgezeichnet hätte. Alle Schnittprogramme bieten Ihnen verschiedene Methoden zum Umrechnen von Halbbildern in Vollbilder an. So können Sie auswählen, ob erst mit den ungeraden oder den geraden Linien begonnen werden soll, und manchmal auch zwischen verschiedenen Interpolationsverfahren. Wenn Sie tief in die Technik einsteigen, verstehen Sie, warum welches Verfahren für Ihr aktuelles Problem am besten geeignet ist. Einfacher – und auch bei Profis Alltag – ist die Trial-and-Error-Methode, d.h., Sie probieren alle Verfahren aus, bis Sie ein zufriedenstellendes Ergebnis erhalten.

Eine gute Entscheidungshilfe ist eine kritische Bewertung Ihres Filmmaterials. In dem Format, in dem Sie das überwiegende Material gedreht haben, sollten Sie auch schneiden. Allerdings nur, wenn die Auflösung in diesem Fall dem späteren Veröffentlichungsformat entspricht oder dies sogar übertrifft. Manchmal ist es jedoch unumgänglich, Material zu mischen. Dabei erlebt man die seltsamsten Überraschungen, wie z.B. Konvertierungsfehler. Die folgende Abbildung zeigt ein Beispiel.

▼ **Abbildung 16.23**
Rechts der Konvertierungsfehler von 50p auf 25p

Diese beiden Aufnahmen für ein Musikvideo habe ich im 50p-Format, also mit 50 Vollbildern pro Sekunde, aufgezeichnet. Aus Versehen habe ich das Projekt jedoch im 25p-Format angelegt. Das Ergebnis: Meine Hardware rechnet einfach zwei Vollbilder zu einem zusammen. Bei Bewegungen führt dies zu den geistähnlichen Schatten, die Sie im linken Bild sehen. Das rechte Bild zeigt die Musikerin ohne den störenden Konvertierungsfehler. Ich teste deshalb in der Regel vor dem Schnittbeginn die verschiedenen Materialien in einem Projekt.

HD oder SD | Grundsätzlich gilt: je größer, desto besser. Also wenn Sie auf einer HD-Kamera gedreht haben, schneiden Sie auch in HD. Wenn Sie einen Film unbedingt in HD abliefern müssen, aber das meiste Material nur in SD gedreht haben, legen Sie das Projekt trotzdem in HD an. Sie sehen wenigstens sofort, was aus Ihrem Material wird.

Normwandlung: Aus SD wird HD
Aus SD HD zu machen, ist ein Unterfangen, das offensichtlich immer noch viele Menschen bewegt. Es gibt eine Reihe von Tools, die die Skalierung der Bilder für Sie erledigen, allerdings mit mehr oder weniger guten Ergebnissen. Setzen Sie eine Hardwarevideokarte ein, sollten Sie erst einmal versuchen, mit der zurechtzukommen. Hardwareskalierungen sind meistens besser als Softwareskalierungen und arbeiten auch schneller. Wenn das Ergebnis inakzeptabel ist, machen Sie sich auf die Suche nach geeigneten Softwaretools. Bevor Sie jedoch Geld ausgeben, laden Sie sich eine Trial-Version herunter, und experimentieren Sie mit der Software. Und natürlich ist das sogenannte *Upscaling* auch eine der jüngsten Domänen für KI-gestützte Tools. Die Ergebnisse sind auf jeden Fall besser als früher übliche Verfahren, die sich auf ein Wiederholen von Pixeln beschränkten. Wie gut das hochskalierte Material wird, sollten Sie immer kritisch auf Ihrem Monitor beurteilen, der natürlich im besten Falle auch eine höhere Auflösung unterstützt.

Gibt es keinen kommerziellen Grund für die Skalierung, dann lassen Sie das Material lieber in der Standardauflösung. Denn schöner wird es in keinem Fall, nur größer.

In Premiere Pro können Sie Material, das nicht den Anforderungen Ihres Projektes entspricht, durch die Option FRAME FÜLLEN in der Timeline auf die Vorgabegröße hochskalieren.

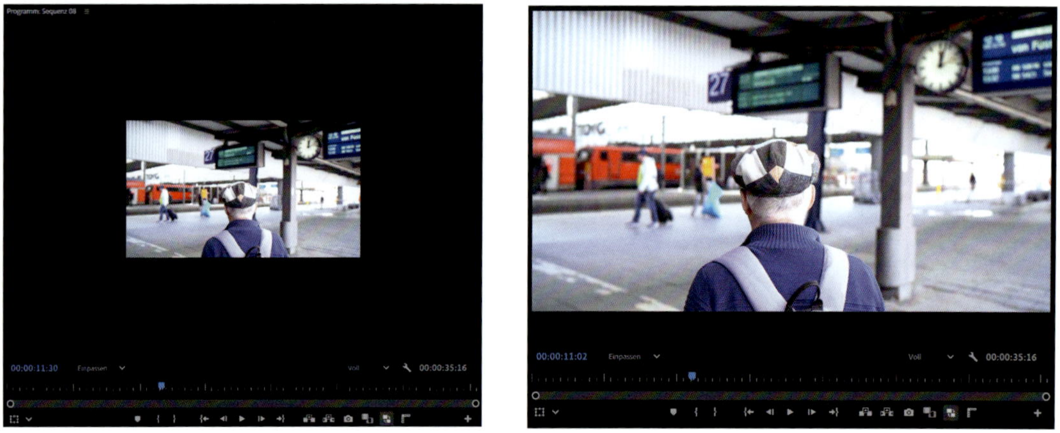

▲ **Abbildung 16.24**
Linkes: kleines Bild. Rechts: Bild auf 4K in der Timeline durch FRAME FÜLLEN hochskaliert

16.7.3 Seitenverhältnis (Aspect-Ratio)

Ein Sonderproblem ist die Verwendung von Material in einem abweichenden Seitenformat. Heute arbeiten eigentlich alle Kameras im Format 16:9. Mit dem Siegeszug der Flachbildschirme in deutschen Wohnzimmern hat sich dieses Format durchgesetzt. Doch wer noch eine ältere Kamera verwendet oder Archivmaterial, das in 4:3 aufgezeichnet wurde, der hat ein Formatproblem. Leider gibt es bis heute keine Methode, die wirklich zufriedenstellend ist. Konvertierungen sind immer mit Fehlern behaftet. Entweder müssen Sie das Material verzerren, Unschärfe in Kauf nehmen oder schwarze Balken akzeptieren.

◂ **Abbildung 16.25**
Originalbild in 4:3 – Format: PAL, 720 × 576 px, Seitenverhältnisquotient: 1,09

▴ **Abbildung 16.26**
Bild mit schwarzen Balken rechts und links. Das PAL-16:9-Format hat ebenfalls 720 × 576 px, die aber deutlich breiter sind. Sie haben einen Quotienten von 1,46. Das Bild wirkt gestaucht, links und rechts erscheinen schwarze Balken.

▴ **Abbildung 16.27**
Bild in die Breite gezerrt. Um das volle Format auszuschöpfen, muss das Bild in der Breite gezerrt werden. Der Faktor liegt bei ca. 134 %. Bei Gesichtern wirkt sich das Zerren sehr negativ aus.

▴ **Abbildung 16.28**
Bild vergrößert. Will man die Zerrung beseitigen, muss man auch die Höhe entsprechend anpassen. Ein Teil des Bildes verschwindet. Und: Die Vergrößerung führt zu Unschärfe.

In der Vergangenheit war auch das umgekehrte Problem häufig, also die Anpassung von 16:9 breiten Bildern an das schmale 4:3-Format. Mit dem Verschwinden der alten Röhrenfernseher aus dem Alltag hat sich das Problem weitgehend erledigt. In den allermeisten Fällen haben wir es bei den heute verwendeten Bildformaten auch mit quadratischen Pixeln zu tun, also Pixeln mit einem Quotienten von exakt 1. Sogenannte *anamorphotische* Formate mit gezerrten Pixeln gibt es jedoch nach wie vor, vor allem im Kinobereich. Wer solches Material verarbeiten will, muss darauf entsprechend Rücksicht nehmen.

16.7.4 Stereo, Mono oder Surround-Ton

Audioeinstellungen des Projekts
Auch das Audioformat Ihres Films oder einer Sequenz müssen Sie zu Beginn festlegen. Premiere Pro ist hier sehr belastbar, d. h., Sie können in eine Sequenz ganz unterschiedliche Audioformate importieren, die Software mischt sie automatisch im Format der Masterspur zusammen.

Ein wichtiger Aspekt ist die Festlegung des Audioformats. Auch hier will die Software wissen, ob am Ende der Film mono, stereo oder mit 5.1-Ton ausgespielt und vorgeführt wird. Das bedeutet übrigens nicht, dass Sie in ein Stereoprojekt keine 5.1-Spuren importieren können. Dies funktioniert ohne Probleme. Nur wird der Ton in Stereo abgemischt, d. h., der Surround-Ton geht verloren. Meine Projekte sind fast immer in Stereo, denn viele Musiktitel sind in Stereo, und die Fernsehsender wollen Stereo. Ausgestrahlt wird ebenfalls in Stereo. Aber fast alle DVD- und Blu-ray-Programme werben mit sagenhaftem 5.1-Surround-Ton oder sogar 7.1-Kanälen. Ich habe bis heute nur ein Projekt in 5.1 hergestellt, und der Kunde hat es im Nachhinein sehr bedauert. Denn eigentlich hatte er kein Konzept für Surround-Ton, sondern fand es nur attraktiv, mit dem Kürzel für seine Produktion zu werben. Wer seine Töne fast nur mit dem Kameramikro einfängt, wird schon Probleme haben, ordentliche Stereoeffekte zu produzieren, auch wenn die meisten eingebauten Mikros heute in Stereo aufnehmen. Allerdings: So kann z. B. auch Amazon Prime Dolby 5.1. Stereoplattenspieler und Radio wurden längst durch Soundanlagen ergänzt, die Mehrkanalton unterstützen. Es wird also Zeit, dass sich auch einfache Dokumentarfilmer ein paar Gedanken über den guten Ton machen und vielleicht alte Stereopfade verlassen.

Ich gehe allerdings davon aus, dass Stereo in der Regel ausreicht. Damit benötigt man zwei Tonspuren, moderne Kameras liefern oft gleich vier parallele Spuren. Bevor man den ersten Clip in die Timeline zieht, sollte man deshalb unbedingt die optimalen Tonspuren aussuchen und dem Clip zuordnen, denn sonst legt Ihnen die Software viele überflüssige Tonspuren in die Timeline.

Samplerate
Im digitalen Zeitalter gilt eine Audioabtastrate, die sogenannte *Samplerate*, von mindestens 48 kHz. Audio-CDs verwenden weiterhin 44,1 kHz. Beim Import werden die Audioströme entsprechend umgerechnet.

Überhaupt sollten Sie versuchen, die Anzahl der Spuren auf das Notwendige zu reduzieren, da die Timeline sonst schnell unübersichtlich zu werden droht. Ein Konzept zur Planung der Video- und Audiospuren in einem Projekt stelle ich Ihnen in Abschnitt 17.2.1 vor.

Ein Weg, überflüssige Spuren zu vermeiden, ist es, nur die Audiospuren des Rohmaterials zu verwenden, die auch verwendbaren Ton enthalten.

Beispiel: Sie haben zwar vier Tonspuren aufgenommen, aber nur die ersten beiden sind gut. Außerdem wollen Sie diese gleich in einer Stereospur zusammenfassen. Dann können Sie in Premiere Pro Ihre Audiokanäle neu ordnen und vor allem den unbrauchbaren Ton eliminieren, bevor er Ihnen wertvolle Tonspuren verstopft. Unbrauchbare Tonspuren erkennen Sie, wenn Sie im Quellmonitor die Waveform der Audiokanäle anzeigen lassen. Identifizieren Sie die Kanäle mit dem besten Ton, und ordnen Sie diese anschließend dem Clip zu.

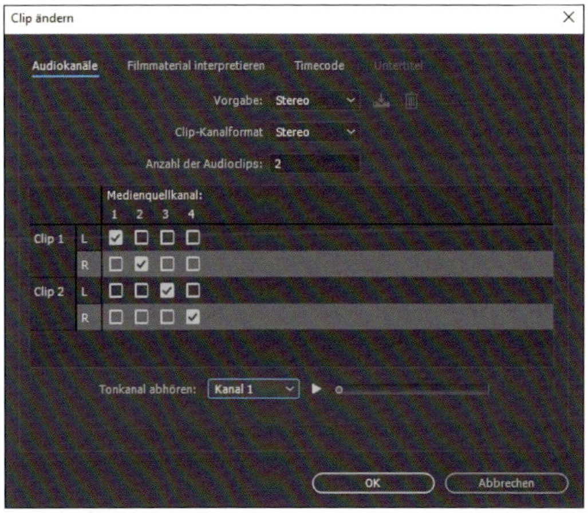

▲ **Abbildung 16.29**
Zuordnung der Audiokanäle eines Clips

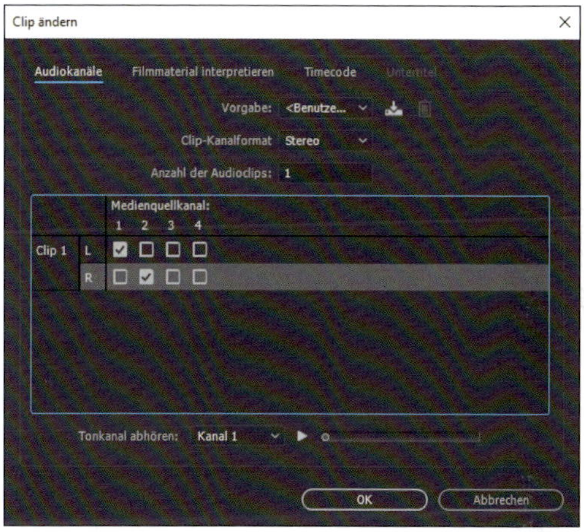

▲ **Abbildung 16.30**
Geänderte Zuordnung der Tonspuren

Wenn Sie Premiere Pro, aber auch anderen Programmen beim Import Ihres Materials etwas zuschauen, dann merken Sie, dass die Software bei den Audiospuren oft länger braucht als beim Video. Der Grund: Premiere analysiert das Audiomaterial vorab und versucht es bereits bestmöglich auszusteuern. Dazu legt es sogenannte Peak-Dateien an, die wie von Zauberhand in Ihrem Materialordner auftauchen.

16.8 Das User Interface

Die Benutzeroberflächen von non-linearen Schnittsystemen ähneln sich heute in etwa so wie Schraubenzieher im Baumarkt. Natürlich gibt es solche mit blauem, rotem oder grünem Griff, welche mit drei, fünf oder sieben Sternen, längere und kürzere, billige für 1,50€ und Luxusdreher für 15€. Am Ende aber laufen sie alle in einer schmalen Klinge zusammen, die in den Schlitz einer Schraube passt. Nicht anders ist es mit Software zum Bearbeiten von Videoclips. Die wichtigsten Bedienelemente sind fast immer gleich oder lassen sich entsprechend öffnen und auf dem Monitor gruppieren.

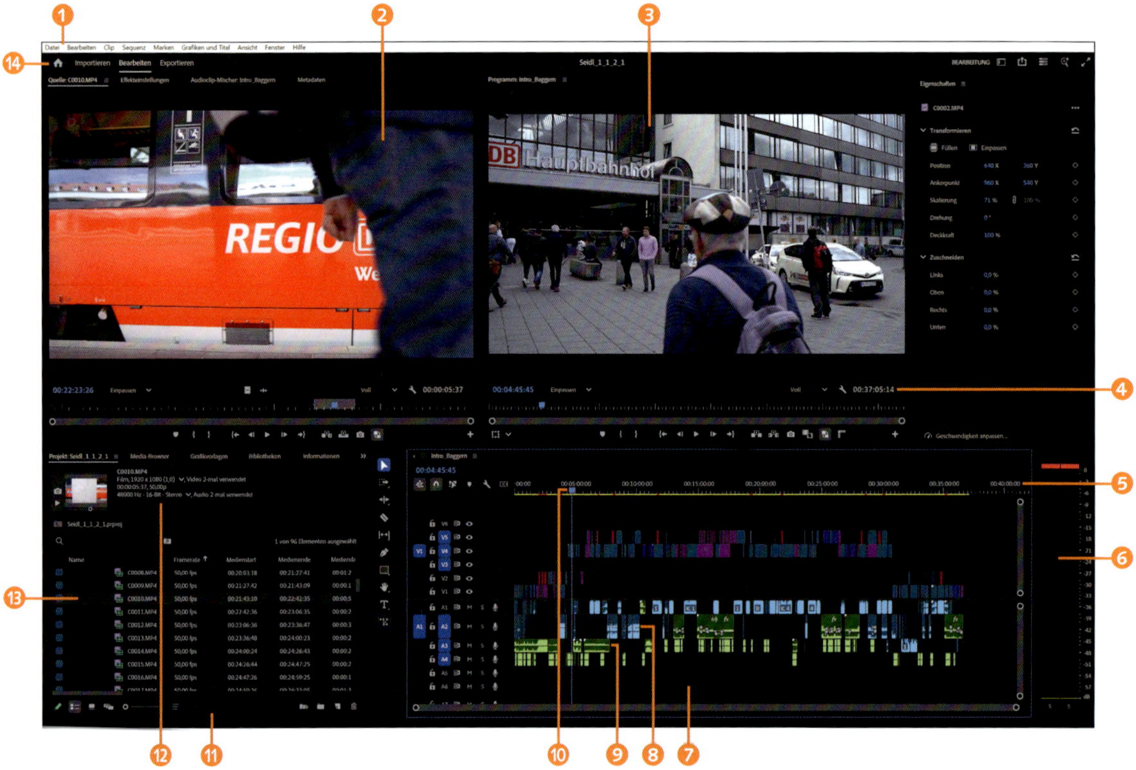

▲ **Abbildung 16.31**
Standardbenutzeroberfläche »Bearbeitung« in Adobe Premiere Pro

1. Befehlsleiste
2. Vorschaumonitor
3. Programmmonitor
4. Zeitsteuerung
5. Zeitleiste
6. Audiopegel
7. Schnittfenster
8. Videospur/Clip
9. Audiospur
10. Abspielkopf
11. Werkzeugleiste
12. Projektfenster
13. Clip
14. Bearbeitungsmodi

Customizing
Die individuelle Anpassung der Oberfläche, das sogenannte *Customizing*, ist ein Merkmal professioneller Software. Leider nutzen viele Kunden am Anfang die Möglichkeiten viel zu selten, da sie mehr mit den Funktionen als mit der Unordnung auf der Oberfläche kämpfen. Beim Schneiden sollten Sie jedoch unbedingt die Oberfläche an die verschiedenen Aufgaben wie Schnitt, Mischung, Farbkorrektur oder Überspielen von Filmmaterial anpassen, um sich die Arbeit so angenehm wie möglich zu machen.

Die meisten Programme lassen Ihnen viel Freiheit, wie Sie Ihre Oberfläche organisieren, oder bieten Ihnen für diverse Aufgaben unterschiedliche Fenster-Layouts an. Wenn Sie mit einem neuen Programm zu arbeiten beginnen, investieren Sie etwas Zeit in die Möglichkeit, die Oberfläche Ihrer Software zu konfigurieren. Denn es ist eine menschliche Eigenheit, dass wir nur ungern einmal lieb gewonnene Gewohnheiten aufgeben. Auch wenn sich eine Arbeitsweise als umständlich herausstellt, können wir nur schwer von unseren alten Vorlieben lassen. Wer gleich richtig einsteigt, kann sich das Leben sehr erleichtern. In Tabelle 16.3 finden Sie ein paar Empfehlungen, wie Sie Ihren Arbeitsplatz an die diversen Aufgaben anpassen können.

Zwei Monitore für die Programmoberfläche
Schnittprogramme bieten sehr viele Funktionen, und deshalb herrscht oft Enge auf dem Monitor. Ich empfehle deshalb unbedingt, für die Benutzeroberfläche des Programms zwei oder mehr Monitore zu verwenden. Die Kosten halten sich auch für gute Monitore im Rahmen, der Zugewinn beim Arbeiten ist dagegen enorm. Bei drei Monitoren kann das Programm mit seinen vielen Fenstern und Bedienelementen auf zwei Monitore ausgedehnt werden. Da ist vor allem für die Timeline praktisch. Im dritten Monitor läuft dann der fertige Film (Programmmonitor). Solche Lösungen lassen sich kostengünstig erst mit einem DisplayPort oder Thunderbolt realisieren, der es erlaubt, drei Monitore miteinander zu verbinden. Andere Lösungen setzen auf spezielle Grafik- und Videokarten. Der Standard ist also im Moment die 1-Monitor-Lösung mit einem externen Programmmonitor, der in der Regel über HDMI angeschlossen wird. Sie können, bei Verzicht auf einen separaten Programmmonitor, auch über die Grafikkartenoptionen die Programmoberfläche auf zwei Monitore ausdehnen.

	Schnitt	Mischung	Effekte	Farbkorrektur
Vorschau Zuspieler	ja	nein	nein	nein
Vorschau Timeline	ja	ja	ja	ja
Timeline	ja (möglichst groß)	ja (möglichst groß)	ja	ja
Messmonitor	nein	nein	ja	ja
Projekt	ja	nein	nein	nein
Effektspuren und Effekte	nein	ja (Audio)	ja	ja
Audiomischer	nein	ja	nein	nein
Werkzeugleiste	ja	ja	ja	ja
Audiopegel	ja	ja	nein	nein

▲ **Tabelle 16.3**
Empfehlung für die Oberflächenkonfiguration

Die meisten Anbieter erlauben einen flexiblen Aufbau der Benutzeroberfläche aus an- und abdockbaren Fenstern, die man nach individuellen Vorlieben gruppieren und auf dem Monitor anordnen kann. Eine sinnvolle Konfiguration Ihrer Arbeitsoberfläche könnte aussehen wie in den folgenden beiden Abbildungen.

In Premiere Pro können Sie bereits fertige Oberflächenkonfigurationen durch Anklicken (FENSTER • ARBEITSBEREICH) auswählen oder die Oberfläche durch ein Verschieben von Fenstern schnell Ihren Bedürfnissen anpassen und als künftigen Standard für spätere Projekte speichern. Ähnliche Möglichkeiten stellen auch andere Profiprogramme zur Verfügung.

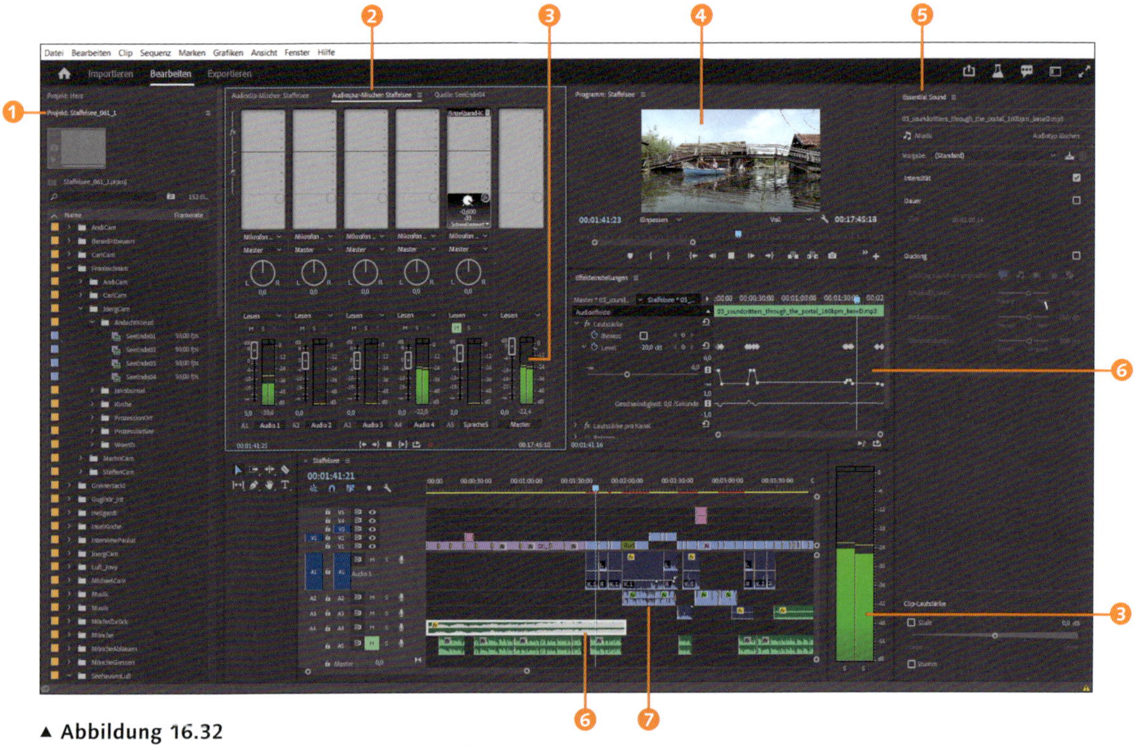

▲ **Abbildung 16.32**
Mögliche Oberflächenkonfiguration zur Audiobearbeitung und Tonmischung

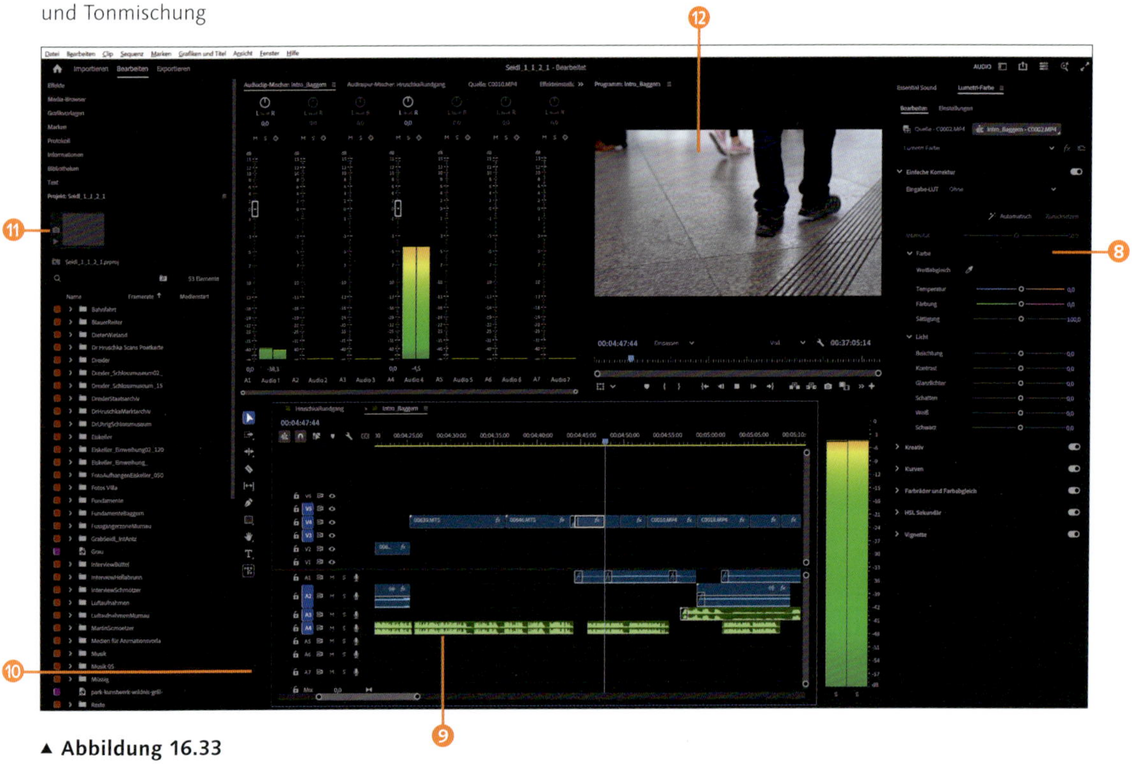

▲ **Abbildung 16.33**
Mögliche Oberflächenkonfiguration für die Farbkorrektur

❶ Projektfenster	❼ Schnittfenster
❷ Audiomischer	❽ Lumetri-Effekte
❸ Audiopegel	❾ Schnittfenster
❹ Programmmonitor	❿ Werkzeugleiste
❺ Adobe Essential Sound	⓫ Projektfenster
❻ Clip mit Effekteinstellungen	⓬ Programmmonitor

Ihre Präferenzen können Sie in der Regel abspeichern und so für spätere Projekte speichern. Ich habe z. B. vier Standardkonfigurationen:

1. Beim *Einlesen von Dateien* will ich möglichst viele Informationen im Projektfenster sehen, also Angaben zum Clip wie die Länge, die Anzahl der Audiospuren, die Bildgröße, die Bildrate, den verwendeten Codec oder etwaige Marken und Kommentare.
2. Beim *Schnitt* dagegen lege ich Wert auf ein ordentliches Vorschaufenster, einen gleich großen Programmmonitor und ein möglichst großes Schnittfenster, das mir das lästige Ein- und Auszoomen soweit möglich erspart. Zusätzlich will ich meistens vier Videospuren in der Timeline angezeigt bekommen und, soweit möglich, die vier ersten Audiospuren, davon wenigstens zwei mit Waveform. Im Projektfenster brauche ich dagegen nur noch die Clipnamen und vielleicht die Länge. Zusätzlich benötige ich jedoch den Zugriff auf Video- und Audiofilter sowie Effekte und Blenden.
3. Bei der *Farbkorrektur* brauche ich nur den Programmmonitor. Zusätzlich öffne ich einen Referenzmonitor für die Messgeräte für die technische Bildkontrolle (Vektorscope, Waveform und Histogramm). Nur jetzt lasse ich mir im Schnittfenster die Videospuren mit Bildern anzeigen, die Audiospuren können komplett verschwinden. Anhand der Anfangsbilder der einzelnen Clips erkennt man schnell, welche Szenen z. B. ähnlich korrigiert werden müssen.
4. Zu guter Letzt habe ich eine Einstellung für die *Mischung* gespeichert. Anstelle der Projektverwaltung beansprucht nun der Mischer Platz auf dem Monitor, die Videospuren sind möglichst klein, dafür sehe ich alle belegten Audiospuren, soweit möglich mit angezeigter Waveform.

Quell- und Programmmonitor
Ich verwende für Schnittprojekte immer zwei Vorschaumonitore: einen für die Quelle, einen für das Programm, auch wenn das viel Platz kostet.

Wenn Sie wie die Profis schneiden wollen (siehe Abschnitt 17.4.2, »Der exakte Schnitt«), dann brauchen Sie diese Anordnung. Einige Programme, wie z. B. MAGIX Video deluxe, haben aber sehr viel Programmierkunst darauf verwendet, auch die Arbeit mit einem Monitor zu optimieren.

16.8.1 Die Timeline

Das Schnittfenster oder die Timeline ist das Operationsgebiet beim Schneiden. Clips, die es hierherschaffen, sind definitiv im Film. Über oder unter jeder Timeline sehen Sie eine Skala, die je nach Vergrößerung in Frames, Sekunden und Minuten eingeteilt ist, den sogenannten *Timecode* oder auch Zeitleiste.

Die Zeit im Film

Zeit spielt im Film eine wesentliche Rolle. Deshalb läuft bei der Aufnahme wie bei der Wiedergabe immer eine Uhr mit. Manchmal bemerken Sie sie gar nicht, aber sie ist immer präsent. Diese Uhr heißt Timecode und kennt neben Stunden, Minuten und Sekunden auch noch Frames, auf Deutsch Einzelbilder.

▲ **Abbildung 16.34**
Timecode

Ein normales Video besteht nach der europäischen Fernsehnorm PAL aus 25 Einzelbildern, von denen jedes aus zwei Halbbildern aufgebaut ist. In HD-Zeiten sprechen wir nur noch von Vollbildern. Videomaterial aus Halbbildern heißt auch *interlaced* und wird mit einem kleinen »i« abgekürzt. Standardfernsehmaterial wird technisch deshalb auch als 25i (alt) oder 50i (neu) bezeichnet. HD setzt dagegen auf progressives Video aus Vollbildern, abgekürzt mit einem kleinen »p«. Dafür finden Sie auch immer wieder die Abkürzung 25p oder 50p, je nach Anzahl der Vollbilder. Der Timecode ist so etwas wie die eindeutige ID eines Bildes. Redakteure und Cutter haben gelernt, sich über den Timecode zu verständigen. Wenn Sie z. B. eine Einstellung in der Timeline suchen, die nach der aktuellen Cursorposition liegt, bewegen Sie sich im Cutter-Jargon nicht »nach hinten«, sondern »Richtung Ende«. Umgekehrt geht ein Profi in »Richtung Anfang«.

In der Timeline wird Ihnen der Timecode als durchgehende Zeitleiste über den Spuren angezeigt. Je nachdem, wie lang Ihr Projekt ist und wie stark Sie den Zeitausschnitt vergrößern, sehen Sie nur die Sekunden oder sogar die einzelnen Frames. Oft hängt ein gelungener Schnitt davon ab, ob er wenige oder sogar nur einen Frame früher oder später gesetzt wird. Deshalb müssen Sie in einem Projekt oft zwischen der Übersicht über 1 Minute und wenigen Frames hin- und herschalten. Dazu verwenden Sie eine Lupe oder, besser noch, entsprechende Kurzbefehle, die es Ihnen erlauben, in die Timeline hinein- und aus ihr herauszuzoomen.

Je nach Software finden Sie unter oder über dem Timecode bei einem neuen Projekt leere Spuren, meistens zwei, drei oder vier Spuren für Bilder und vier oder mehr Spuren für Töne. Sie können in einer Timeline in der Regel 99 oder sogar beliebig viele Bild-

Frames statt Sekunden

Sie können die Timeline statt in Sekunden auch auf Frames umstellen, d. h., es werden alle Frames von 0 bis zum Ende des Films durchnummeriert. Dies macht in der Regel nur bei Animationen Sinn, die normalerweise nicht in einem Schnittprogramm erstellt werden. Wenn Sie mit digitalisiertem Filmmaterial arbeiten, sollten Sie den Timecode an das Filmformat anpassen.

Highspeed-Material in der Timeline

Highspeed-Material zeichnet sich dadurch aus, dass es mit Hunderten oder sogar Tausenden Einzelbildern pro Sekunde aufgenommen wird. In der Timeline werden die vielen Einzelbilder dann auf die BpS Ihres Projekts verteilt. Beispiel: Die Aufnahme eines Schusses dauert gerade 2 Sekunden, Sie haben aber 2.000 Bilder zur Verfügung. In einem Projekt mit 50 BpS werden daraus 40 Sekunden (= 2.000 : 50) Material. Der Schuss läuft also in Zeitlupe. Sind Ihnen die 40 Sekunden zu lang, müssen Sie den Clip beschleunigen oder einzelne Bilder entfernen.

spuren öffnen und fast unbegrenzt Audiospuren. Mein in puncto Spuren bisher anspruchsvollstes Projekt benötigte 16 Bildspuren und etwa 20 Tonspuren. Normalerweise reichen mir jedoch vier, maximal sechs Videospuren und sechs Audiospuren.

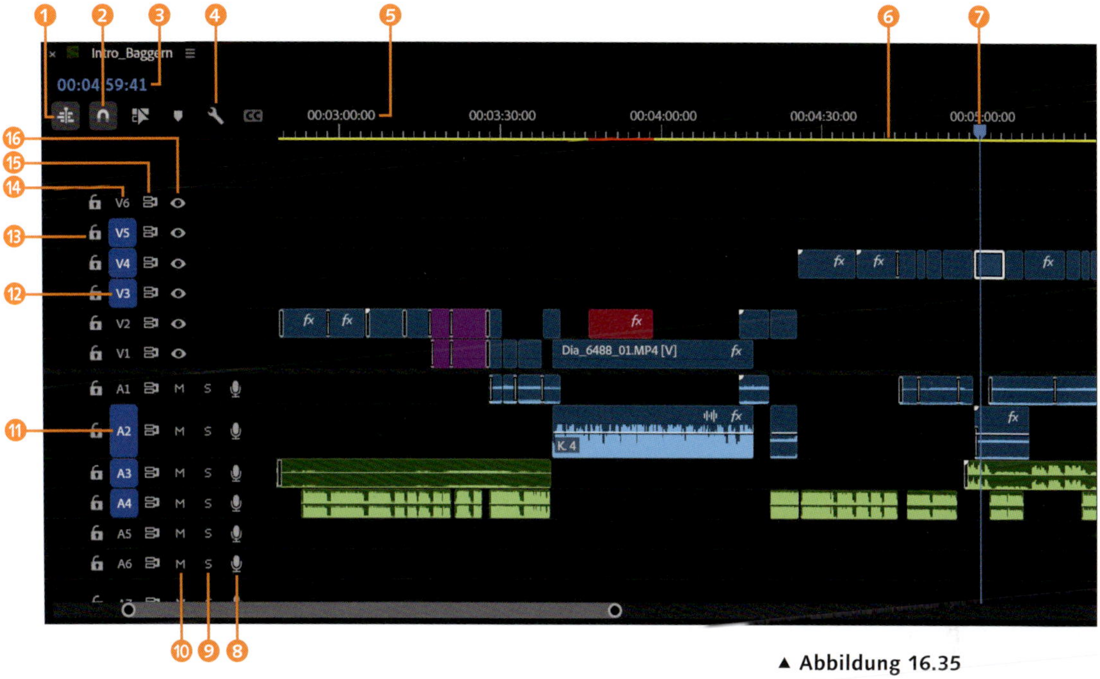

▲ **Abbildung 16.35**
Schnittfenster (Timeline) in Premiere Pro

1. Sequenzdarstellung (Einfügen von Sequenzen als ein Clip oder mit Einzelclips beim Verschachteln von Sequenzen)
2. Ausrichten (magnetisches Andocken von Clips)
3. Timecode der Position des Abspielkopfes
4. Einstellungen für Anzeige (z. B. Effektspuren oder Thumbnails)
5. Timeline
6. Statusanzeige (Rendering erforderlich oder nicht)
7. Abspielkopf
8. Voiceover-Aufzeichnung
9. Solospur (Audiospur alleine abspielen)
10. Audiospur stumm schalten
11. Audiospur
12. Videospur
13. Spur für Bearbeitung sperren
14. Zielführung Videospur (aktive Spur nimmt Inhalte aus Quellmonitor auf)
15. Synchronisationssperre
16. Spursichtbarkeit

Video- und Audiospuren | Die Video- und Audiospuren können Sie mit vielen Informationen über die Beschaffenheit eines Clips versorgen. Statt der farbigen Klötzchen können Sie auch Bilder in den Videospuren anzeigen lassen. Das erleichtert ab und zu die

Orientierung, weil man den Anfang einer Szene leichter findet. Andererseits erschwert es den Überblick über Veränderungen, die man während des Schnitts am Take vorgenommen hat. Fast alle Programme markieren Clips, bei denen die Laufgeschwindigkeit verändert oder ein Effekt hinzugefügt wurde.

Die Anzeige von Bildern in den Clips können Sie ab- und anschalten. Ebenso finden Sie in der Regel Buttons, über die Sie eine Spur vor Veränderungen schützen können, sie sichtbar oder unsichtbar schalten können.

Die verschiedenen Ansichten machen zu verschiedenen Zeitpunkten durchaus Sinn. Suchen Sie deshalb in Ihrer Software die entsprechenden Schalter, über die Sie Ihre Spuren managen können. Bei Audiospuren bietet Ihnen die Software meistens die Möglichkeit, die sogenannte *Waveform* anzuzeigen.

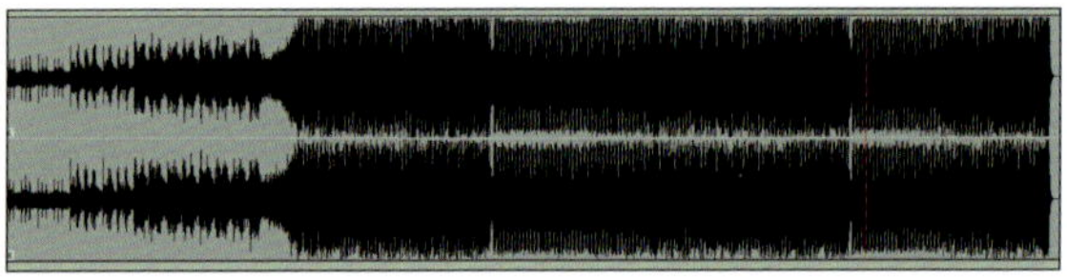

Abbildung 16.36 ▸
Waveform-Anzeige eines Audioclips

Diese grafische Darstellung der Lautstärke (Amplitude) vereinfacht es, z. B. Musik auf den Takt zu schneiden. Ein Akzent des Grundbeats lässt sich leicht ansteuern und das darüberliegende Bild framegenau auf den Schlag schneiden. Bei Sprache ist es manchmal notwendig, knapp am Ende eines Satzes oder sogar mitten im Satz zu schneiden. Es ist nicht ganz einfach, genau jenen Frame zu finden, an dem das eine Wort endet und das andere noch nicht anfängt. Auch hier hilft die Waveform, um die beste Schnittmöglichkeit zu finden. Ein Tipp: So schön die grafischen Wellenformen auch sind, vergessen Sie nie, darauf zu hören, was Sie schneiden. Ton sieht nicht aus, sondern hört sich immer nur an.

Wenn Sie von allen Audiospuren die Waveform anzeigen lassen und in allen Videospuren möglichst groß die Einzelbilder, dann wird es schnell eng in der Timeline, vor allem, wenn Sie mit mehreren Audio- und Videospuren arbeiten. Zudem stellt die Anzeige der Waveform für einige Programme eine größere Herausforderung dar, d. h., sie fangen plötzlich an, beim Abspielen zu ruckeln. Stellen Sie Performance-Probleme fest, können Sie als eine Gegenmaßnahme die Waveform-Darstellung ausschalten.

▴ **Abbildung 16.37**
Die Werkzeugleiste in Premiere Pro

Werkzeugleiste | Die Toolleiste kennen Sie aus anderen Programmen wie Photoshop oder Word. Hier können Sie alle Werkzeuge auswählen, die Sie für den Arbeitsalltag benötigen. Neu ist in den letzten Jahren hinzugekommen, dass einige Werkzeuge ihre

Eigenschaften ändern können, so wie das Adobe-Vielnutzer z. B. auch von der Werkzeugleiste in Photoshop kennen. Ein Klick auf das kleine Dreieck in der rechten unteren Ecke öffnet die Auswahl.

Effekte | Das Auswahlmenü mit den Effekten gehört zum ganzen Stolz der Programmierer, verstecken sich dort doch all die schicken Spielereien, mit denen sich Bilder verzerren, verfälschen, verfremden und optimieren lassen. Vieles davon ist überflüssig, einiges sehr schick, weniges unverzichtbar. Mehr darüber lesen Sie in Kapitel 19, »Videoeffekte«.

Shortcuts oder Mausklicks?

Unter Profis ist die Beherrschung der Tastaturbefehle (Shortcuts) so etwas wie ein sicheres Erkennungszeichen. Wer eine Blende per Drag & Drop aus dem Effektordner auf die Clips in der Timeline zieht, anstatt den Cursor auf dem Schnitt zu positionieren und mit einem Tastendruck die Blende anzuwenden, outet sich als blutiger Anfänger. Doch lassen Sie sich nicht zu sehr von diesem »Geheimwissen« beeindrucken. Natürlich arbeiten Sie mit Tastaturbefehlen schneller und entspannter. Aber von einem Profi kann man auch erwarten, dass er sein Werkzeug beherrscht. Für alle anderen haben Ingenieure die Maus erfunden.

Trotzdem empfehle ich Ihnen, einige Tastaturbefehle Ihrer Software nach und nach zu lernen, z. B. Speichern, Trimbefehle, Standardvideo- und -audioblende, Timeline abspielen, Effekt rendern, Schnitt setzen, Sequenzmarke setzen, Mark In und Mark Out setzen, in das Schnittfenster hinein- und herauszoomen. Sofern Ihre Software sie nicht bereits freiwillig mitliefert, erstellen Sie sich eine Tabelle mit den wichtigsten Kurzbefehlen, und legen Sie sie neben die Tastatur. So prägen Sie sich in kürzester Zeit die praktischen Shortcuts ein. In Premiere Pro können Sie mit `Strg`+`Alt`+`K` die Tastaturbefehle aufrufen und, wenn Sie mögen, Ihre eigene Belegung programmieren. Sie sollten diese allerdings unter einem neuen Namen speichern.

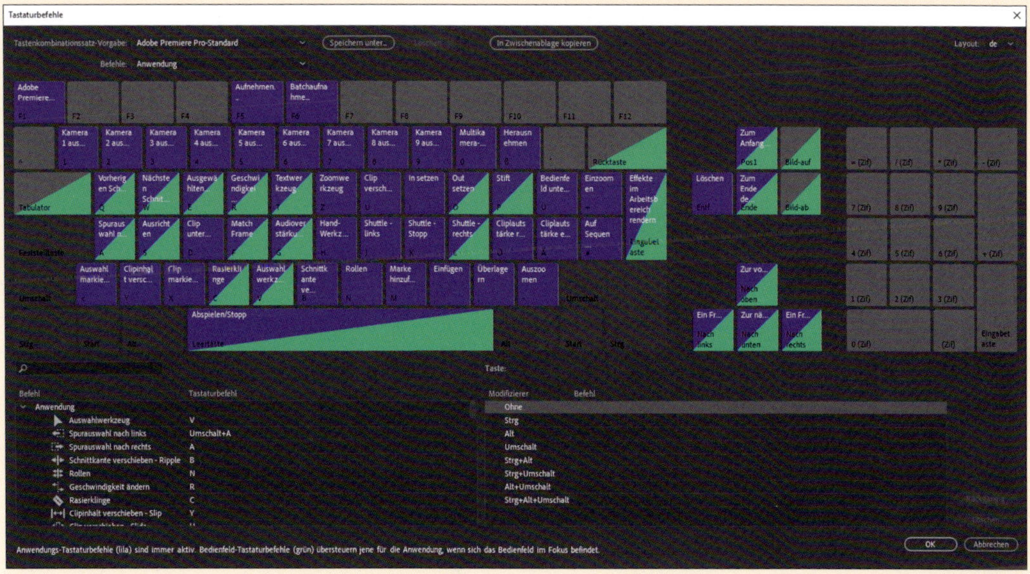

▼ Abbildung 16.38
Übersicht über Tastaturbefehle in Premiere Pro

16.9 Verwaltung der Festplatte

Die Verwaltung der Festplatten bei Videoschnittsystemen erfordert etwas mehr Aufwand und Pflege. Wenn Sie regelmäßig Filme schneiden, reicht ein einfaches Löschen nicht mehr benötigter Dateien nicht aus. Auch sollten Sie auf das gewählte Dateisystem Ihrer Festplatten achten.

16.9.1 Festplatten defragmentieren

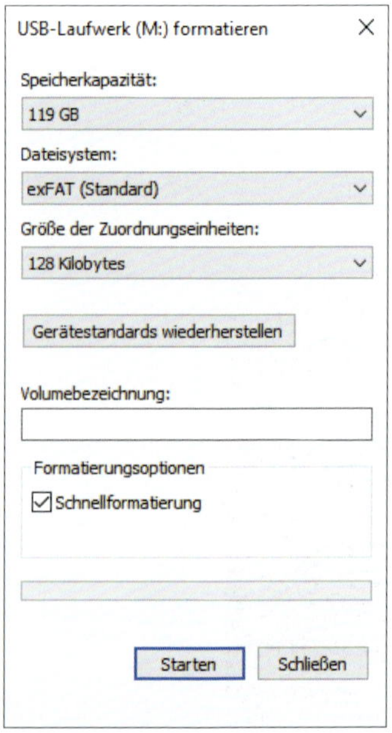

▲ **Abbildung 16.39**
Formatierungstool unter Windows 10

Unter Windows-Betriebssystemen sollte Ihre Videofestplatte mit dem NTFS-Dateisystem formatiert werden. Leider werden USB-Sticks und auch einige Platten mit dem älteren FAT32 formatiert. Oder die Benutzer wählen aus Versehen FAT32 beim Formatieren aus. Wählen Sie beim Formatieren einer neuen Platte für den Videoschnitt auf jeden Fall NTFS aus.

Beim Überspielen von Rohmaterial legen die Betriebssysteme die neuen Files einfach an den nächstbesten freien Platz. Reicht der nicht für das ganze File aus, wird die Datei auf mehrere Speicherorte verteilt. Die Platte und die Files werden stark fragmentiert, was zu enormen Leistungseinbußen führen kann. Selbst Power-Systeme mit redundanten Platten und externer Videohardware kommen bei fragmentierten Dateien schnell ins Stottern und wollen plötzlich Dateien rendern, die sie eigentlich problemlos abspielen könnten.

Defragmentieren Sie deshalb Ihre Laufwerke häufig, vor allem, wenn Sie ein neues Projekt aufspielen und alte Files vorher löschen oder auf einem anderen Laufwerk sichern wollen.

Unter Windows XP konnte man sich den Zustand seiner Festplatte noch grafisch anzeigen lassen. Die roten Balken signalisierten Handlungsbedarf. Unter Windows 7 gibt es nur mehr Prozentwerte. Ein allgemeiner Tipp lautet, dass ab 10% die Platte defragmentiert werden sollte. Meine Erfahrung ist: Da Videodateien schnell mehrere GB Platz beanspruchen, werden sie relativ schnell auch fragmentiert. Sobald Sie Performance-Verluste Ihres Systems feststellen, sollten Sie deshalb die Festplatte neu ordnen lassen.

Seit Windows 8 heißt defragmentieren nun optimieren und wird vom Betriebssystem automatisch einmal pro Woche ausgeführt, außer Sie schalten diese Funktion ab. Sollten Sie akuten Bedarf haben, können Sie die Platte auch unter Windows 8 manuell defragmentieren lassen.

Unter Windows 11 erreichen Sie das Tool unter den Eigenschaften der jeweiligen Platte oder auch wieder über das gute alte Defragmentieren. Geben Sie *Defragmentieren* einfach in der

Suchleiste ein. Übrigens: SSD-Platten dürfen nicht defragmentiert werden, da sie aufgrund ihrer Bauart versuchen, Daten über alle Speicherzellen zu verteilen. Eine Defragmentierung würde diesem *Wear Leveling* genannten Prozess entgegenwirken und die Abnutzung des Speichers beschleunigen. Sie können die Platten allerdings optimieren, was Leistung und Lebensdauer erhöhen soll. Windows 11 erkennt SSD-Platten und bietet Ihnen das Trimmen automatisch als Option an.

Öfters sind allerdings volllaufende Systemplatten das Problem, auf denen Adobe standardmäßig häufig Vorschaudateien von Premiere und anderen Programmen ablegt. Diese können sehr groß werden. Deshalb sollten Sie regelmäßig den sogenannten Medien-Cache leeren. Das Gleiche gilt etwa auch für den Browserverlauf.

▾ Abbildung 16.40
Medien-Cache in den Voreinstellungen von Premiere Pro löschen

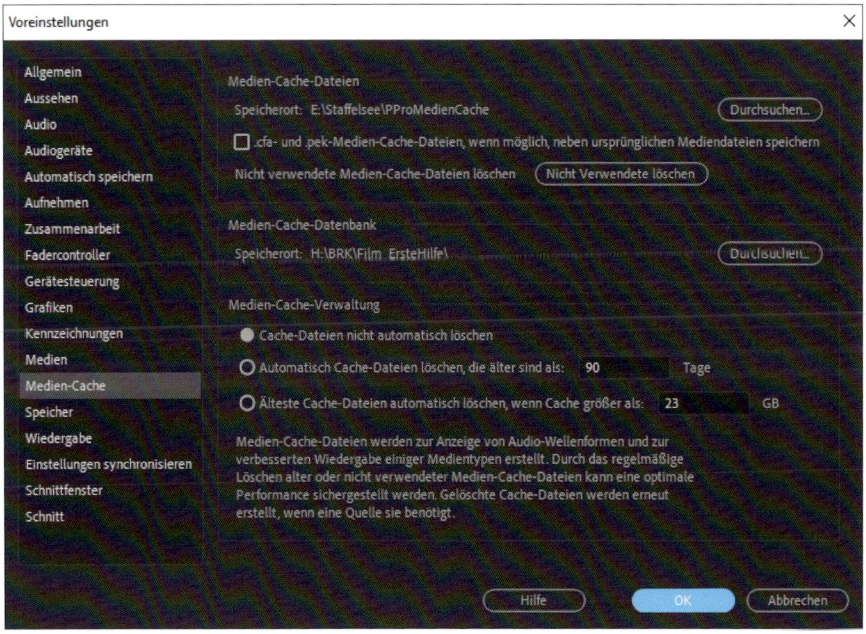

16.9.2 Schneiden mit LOG- und RAW-Material

Mit dem Siegeszug von High-Definition-Video (HDR) ist das Cutter-Leben zwar schöner, aber nicht einfacher geworden. Hauptproblem ist, dass ein Standardcomputermonitor heutzutage nicht in der Lage ist, die korrigierte Gammakurve automatisch auf das Material anzuwenden. Das wird sich in den nächsten Jahren ändern, im Moment aber muss man nach einem Weg suchen, der den großen Kontrastumfang auch auf Standardmonitoren sichtbar macht, die noch mit dem Farbraum Rec.709 (BT.709) arbeiten.

BT.709, 35 %   BT.2020, 76 %   Menschliches Auge, 100 %

▲ **Abbildung 16.41**
Auf dem Weg zum menschlichen Sehen – Farbräume heute und morgen

Denn die schöne bunte Welt von morgen, in der der Farbraum BT.2020 dann 76 % der Farben anzeigen kann, die das menschliche Auge wahrzunehmen in der Lage ist, beginnt erst in einigen Jahren. All die heutigen Fernseher und Monitore, die mit ihrer HDR-Video-Fähigkeiten auf sich aufmerksam machen, unterstützen im Moment nur den als Zwischenstandard festgelegten DCI-P3. Entsprechende Monitore kosten jedoch ab ca. 1.500 €, Fernsehgeräte sind nur unwesentlich günstiger. Bei aller Begeisterung für die Farben, vergessen Sie nicht, dass im 4K-Zeitalter die meisten Fernseher und auch Computermonitore noch immer ihr Bild in sRGB ausgeben. Wichtiger als die Darstellung von mehr Farben ist deshalb die korrekte Darstellung der Farben im kleineren Farbraum. Dazu gehören die Verwendung der entsprechenden LUTs, um das jeweilige LOG-Format richtig zu dekodieren, und ein ordentlich kalibrierter Monitor.

Ähnlich ist es mit kontrastreicheren Bildern im sogenannten HLG- oder HDR+-Standard, manchmal tauchen auch Bezeichnungen wie Dolby Vision oder HDR10 auf. Monitore, die so gekennzeichnet sind, unterstützen die Wiedergabe von Videos, die mit 10 Bit aufgezeichnet wurden, bei Dolby Vision sogar 12 Bit. Mit der erhöhten Rechentiefe geht auch ein deutlich größerer Farbumfang einher. Etwas anders funktioniert HLG. Dabei wird auch wieder die Gammakurve angepasst. Im Ergebnis können auf entsprechenden Fernsehern SDR- und HDR-Signale gleichermaßen wiedergegeben werden.

Um trotzdem bereits heute Videos für die Endgeräte von morgen schneiden zu können, muss man im Schnitt ein wenig tricksen. Um überhaupt HDR-Video produzieren zu können, muss entsprechend kontrastreiches Material gedreht werden. Der Kameramann verwendet deshalb meist ein Aufnahmeformat mit einer Korrektur der Gammakurve. Das sogenannte LOG-Format wird auf dem Display der Kamera und auf einem Standardmo-

LUTs
Sogenannte Lookup-Tabellen zur Korrektur von Videomaterial gibt es auch in einer einfacheren Variante zur Korrektur der Ausgabe auf einem Monitor. Für die Korrektur von Fotos bzw. die richtige Anzeige von Druckausgaben können entsprechende Monitorprofile geladen werden. Die LUTs zur Korrektur von Videomaterial greifen dagegen tief in den Produktionsprozess ein. Denn im Prinzip muss man sich vor Drehbeginn bereits Gedanken machen, wie das Material anschließend korrigiert werden soll.

nitor nur sehr flau und farbentsättigt angezeigt. Um die wahre Pracht sehen zu können, muss man das Material interpretieren. Dazu gibt es mehrere Wege: Der erste und einfachste: Man korrigiert das Material mit der Farbkorrektur seines Programms und wendet den selbst kreierten Look einfach auf alle Clips an, die im gleichen LOG-Format gedreht wurden. Schneller und einfacher: Man verwendet die von den Herstellern zur Verfügung gestellten LUTs, die das Material richtig interpretieren. Diese Lookup-Tabellen (LUT) genannten Dateien, die alle Informationen enthalten, wie das Material für die korrekte Anzeige auf einem Standardmonitor umgesetzt werden muss, findet man zum Download auf der jeweiligen Homepage des Kameraherstellers oder werden mit einem kostenpflichtigen Kameraupdate geliefert.

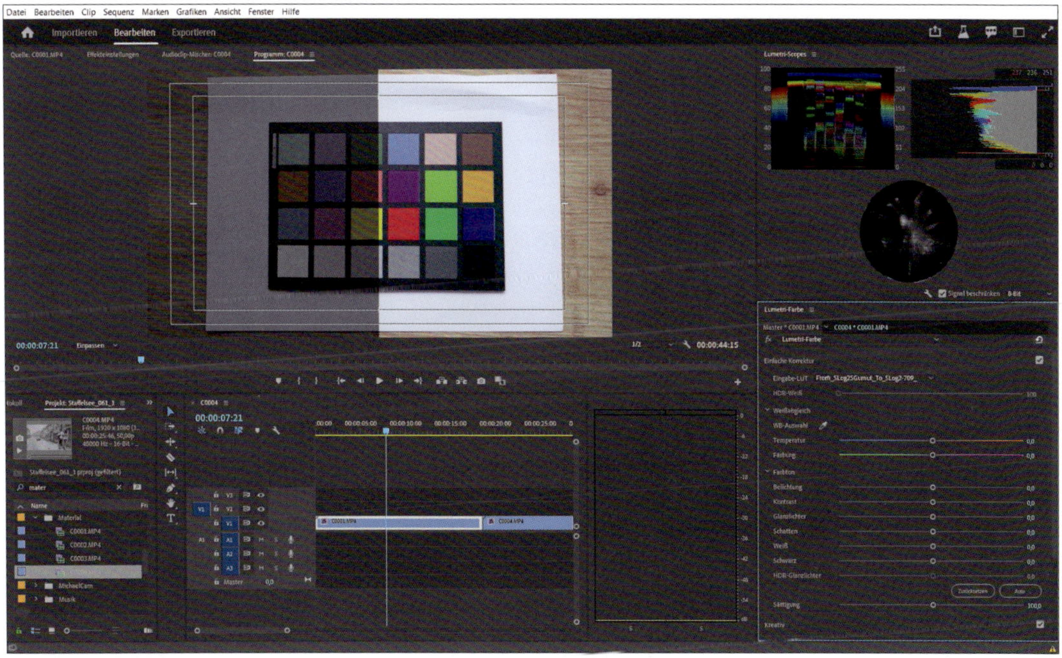

▲ Abbildung 16.42
Vorher-nachher-Darstellung einer mithilfe einer LUT korrigierten Farbkarte

Mit der Zuordnung einer passenden LUT funktioniert die Korrektur per Mausklick. Trotzdem können (und sollten) Sie später das Material weiter korrigieren. Die LUT bildet sozusagen nur die Basis, damit das Material verarbeitet werden kann. Sie könnten das LOG-Material auch ganz von Hand korrigieren und sich auf diesem Weg Ihre Gammakorrektur sozusagen selbst herstellen.

Abbildung 16.43 ▸
Manuelle Korrektur eines Bildes in den Lumetri-Effekten. Nach den Basisanpassungen von Helligkeit, Kontrast und Sättigung habe ich die RGB-Kurve noch etwas bearbeitet, um tiefe Schwarzwerte zu behalten und um in die hellen Bildanteile etwas mehr Zeichnung zu bekommen.

Die eigene Korrektur können Sie dann wiederum als LUT oder Look exportieren, um sie künftig auch auf andere Clips anwenden zu können. So entstehen eine Reihe von Korrekturen, die Sie bei verschiedenen Anbietern zum Teil kostenlos, zum Teil gegen Entgelt beziehen können. Sie können das LOG-Material damit nicht nur technisch korrekt wiedergeben, sondern auch ästhetische Vorlagen einfach und schnell auf Ihr eigenes Material anwenden.

In den meisten Programmen können Sie die LUTs einfach zuordnen. Exemplarisch hier wieder der Weg in Premiere Pro.

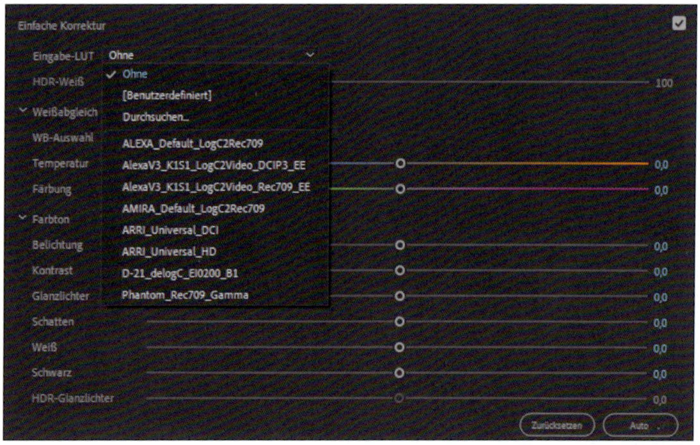

Abbildung 16.44 ▸
Auswahl von LUTs in der Lumetri-Farbkorrektur

Leider stellt Premiere Pro von sich aus nur die LUTs für die High-End-Kameras von ARRI und die DJI Phantom zur Verfügung. Dabei liegen LUTs anderer Hersteller durchaus auf der Festplatte in einem entsprechenden Ordner, nur greift Premiere nicht auf diese älteren LUTs zu. Findige User kopieren nun einfach diese LUTs aus dem Verzeichnis *Legacy* in den Ordner *Technical*, den Adobe beim Start von Premiere Pro ausliest.

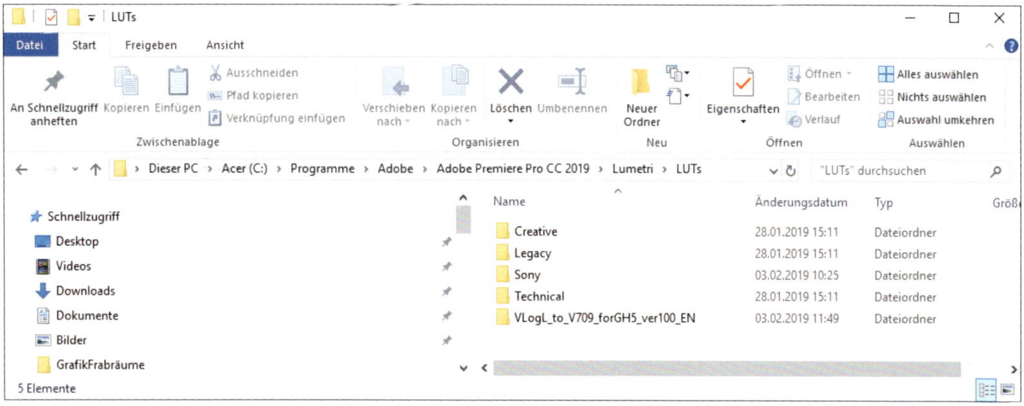

▲ **Abbildung 16.45**
Der Pfad zu den LUTs in der Adobe-Programmbibliothek

1D- vs. 3D-LUTs
LUTs sind gar nicht so neu, früher haben sich aber nur eingeweihte mit den Tabellen beschäftigt. Endanwender kennen sie vielleicht aus Photoshop. Im Videobereich sind sie relativ neu, aber mittlerweile unverzichtbar. Trotzdem ist das Durcheinander noch groß. So bieten die Softwareunternehmen, aber auch Dritthersteller sogenannte Looks zum Kauf oder Download an, die das Bildmaterial korrigieren. Hinter den Looks steckt nichts anderes als LUTs. Deshalb kann man sie in Premiere in der Lumetri-Farbkorrektur sowohl in der *einfachen Korrektur* als auch in der *Kreativ-Korrektur* einsetzen. Es gibt viele Suffixe für LUT-Dateien wie .cube, .ilut, .lut, .itx, .3dl oder .look. Einen wirklichen Unterschied gibt es zwischen 1D- und 3D-LUTs. 1D-LUTs erlauben eine Veränderung des Kontrasts und der Gammakurve in jedem Farbkanal. 3D-LUTs können die Sättigung und Helligkeit verändern und erlauben eine Korrektur von Farbwerten über die Grenzen der Farbkanäle hinweg.

Adobe warnt ausdrücklich davor, die älteren LUTs zu verwenden. Angeblich wird das Programm instabil. Nutzer berichten auch, dass LUTs nach dem Kopieren zwar erscheinen, die LUTs aber vertauscht sind. Im Moment habe ich deshalb meine LUTs etwa für Sony S-LOG oder Panasonic V-LOG einfach in eigene Ordner neben den Technical-Ordner kopiert. Gleichwohl halte ich das Kopieren von neuen LUTs, die im modernen .cube-Format vorliegen, für unproblematisch. Um nicht mühsam jedes Mal eine LUT für jeden Clip von Hand zuordnen zu müssen, kann man die Farbkorrektur auch auf eine Einstellungsebene anwenden und diese über alle Clips hinweg in eine eigene Spur legen.

Was ist RAW?
RAW-Daten sind keine Videostreams, sondern Sensordaten, die erst noch aufbereitet werden müssen, um sie sichtbar zu machen. Normalerweise übernimmt diese Aufgabe ein Rechenchip in der Kamera, der mithilfe eines Codecs die Daten interpretiert und komprimiert. Vorteil der Aufzeichnung von Filmen im RAW-Format ist ein Höchstmaß an Qualität und Flexibilität in der Postproduktion. Ähnlich wie in der Fotografie können auch im Film nachträglich viele Parameter wie der Weißabgleich ohne Verlust festgelegt werden. Nachteil: RAW-Daten sind sehr groß und deshalb schwer zu verarbeiten. Das liegt u.a. daran, dass die RAW-Daten meist als Sequenz von Einzelbildern abgelegt werden, nicht aber als fertiger Stream. Allerdings zeigt Blackmagic mit seinem neuen RAW-Format bereits einen Weg auf, wie künftig die einst sperrigen RAW-Files so einfach zu handhaben sind wie komprimierte Streamingformate.

Die Arbeit mit RAW-Material ist noch einmal etwas aufwändiger. Der normale Workflow sieht die Arbeit mit Proxy-Files vor, d.h., der Schnitt erfolgt nicht im ursprünglichen RAW-Format, sondern mit einer komprimierten Kopie. Allerdings bieten Schnittsysteme wie Premiere Pro oder Final Cut auch eine native Verarbeitung einiger RAW-Formate wie etwa ARRIRAW oder RED RAW an. Im Videoschnitt haben sich vor allem zwei Formate zur Arbeit mit komprimierten Videos durchgesetzt: Apples ProRes und Avids DNxHD. Bei beiden Codecs handelt es sich um Codecs zur intraframebasierten Videokomprimierung. Sie sind so etwas wie die Arbeitspferde unter den im Schnitt bevorzugten Videocodecs. Premiere Pro unterstützt beide Codecs. Der übliche Weg unabhängig von der Schnittsoftware könnte so aussehen, das Material zunächst im herstellereigenen Tool zu entwickeln und anschließend in einer komprimierten, aber qualitativ hochwertigen Version auszuspielen und damit zu schneiden. Alternativ kann man das Material auch nativ verarbeiten – mit dann möglicherweise auftretenden Problemen bei der Performance. Beide Wege setzen jedoch voraus, dass man sich mit der Farbkorrektur etwas beschäftigt. In der Regel rentiert sich der Aufwand nur für äußerst hochwertige Produktionen. Deshalb spielt er hier nur am Rande eine Rolle. Allerdings wird sich dies in Zukunft wohl ändern. Canon hat mit der C200 gleichzeitig ein neues RAW-Format vorgestellt – Canon Cinema RAW Light –, das ein Zwischending zwischen RAW- und LOG-Format darstellt. Vorteil: Die Dateien werden deutlich schlanker, aber dank einer Kodierrate von 1 Gbit/s doch immer noch recht üppig im Vergleich etwa zu einer 4K-LOG-Aufnahme, die mit 150 Mbit/s kodiert wird.

Eine Sonderstellung in diesem Spiel nimmt die australische Firma Blackmagic ein. Der Blackmagic-RAW-Codec ist nach Meinung von Blackmagic so etwas wie die eierlegende Wollmilchsau. Der Codec läuft schneller, braucht weniger Platz und bietet trotzdem alles, was RAW auszeichnet. Und weil Blackmagic das einzige Unternehmen ist, das sowohl Kameras herstellt als auch mit DaVinci Resolve die führende Farbkorrektur-Software, die gleichzeitig auch den kompletten Schnitt beherrscht, hat das Ganze etwas sehr Bestechendes. Allerdings tun sich andere Hersteller schwer, in ihre Software die notwendige Unterstützung für das Konkurrenzprodukt einzubauen. Blackmagic bietet auf seiner Website einen Blackmagic RAW Installer zum Download an, der den Codec auch für Drittsoftware wie Premiere Pro verfügbar macht.

Kapitel 17

Die ersten Schritte

Dies ist ein Buch übers Filmemachen, nicht über die Bedienung eines speziellen Schnittsystems. Geht das überhaupt? Ich glaube ja. Computerbasierte Schnittsysteme funktionieren heute alle nach einem ähnlichen Prinzip, mit feinen Unterschieden. Wenn man allerdings erst einmal weiß, wo Mark In und Mark Out liegen, wie die Timeline organisiert ist und wo die Projektdaten zu finden sind, kann man fast jedes Programm benutzen. In diesem Kapitel zeige ich Ihnen, wie Sie den Einstieg in den Schnitt finden – softwareunabhängig.

17.1 Der erste Kontakt

Filme schneiden ist vergleichbar mit Lego spielen. Wenn Sie sich die Timeline eines fertigen Films einmal im Ganzen anschauen, stellen Sie fest, dass in den verschiedenen Spuren verschiedenfarbige Klötzchen übereinanderliegen, ganz so wie auf einer alten Lego-Grundplatte mit den klassischen Steinen mit 2, 4, 6 oder mehr Noppen.

▼ **Abbildung 17.1**
Mauer aus Lego-Steinen

Stellen Sie sich einfach vor, die roten Klötzchen stehen für Videoclips, die blauen für Musik und die grünen für Atmo und O-Töne. Oberhalb der Musikspur finden Sie O-Töne und Atmo. Manchmal sind die grünen und roten Klötzchen gleich groß, d.h., Video- und Audiospur stammen aus dem gleichen Clip. Manchmal passen sie nicht ganz zueinander, dann wurde der Ton wahrscheinlich verzogen, d.h., der Ton im Film kommt an dieser Stelle nicht

Die Aufgaben des Cutters
Als Cutter lösen Sie drei gestalterische Aufgaben mithilfe Ihres Schnittprogramms:

1. Einstellungen auswählen: Suchen Sie in Ihren Clips die guten Einstellungen, und markieren Sie diese.
2. Einstellungen sortieren: Ordnen Sie die ausgewählten Einstellungen im Schnittfenster in einer dramaturgisch sinnvollen Reihenfolge.
3. Anschlussfehler beseitigen: Sorgen Sie dafür, dass dem Zuschauer der Übergang von einer Einstellung zur nächsten nicht auffällt.

vom ursprünglichen Video, sondern es wurde die Audiospur aus einem anderen Clip verwendet. Die Bodenplatte legt die Länge Ihres Films fest. Wichtig ist, dass Ihr Film am Ende durchgehend rote Steine enthält, also überall ein Bild zu sehen ist. Schön ist es, wenn Sie zu jedem roten Stein auch einen grünen Stein gesellen, aber wenn die Audiospur partout nichts Vernünftiges enthält, dann können Sie die Leere auch mit Musik füllen.

Wenn Sie Erfahrung mit Lego haben, dann wissen Sie, dass Sie die Steine natürlich beliebig austauschen können, am Ende erhalten Sie immer eine gleich große Mauer bzw. einen gleich langen Film. Nur die Reihenfolge der Einstellungen hat sich geändert.

17.1.1 Besonderheiten von Adobe Premiere Pro

Adobe Premiere Pro ist das Programm aus den Kreativtools von Adobe, das für die Videobearbeitung zuständig ist. Premiere Pro hat eine wechselvolle Geschichte. Heute ist es eines der führenden Standardprogramme für die professionelle Videobearbeitung. Interessant sind besonders:

- **Individuelle Konfiguration der Oberfläche**: Im Videoschnitt werden sehr viele Aufgaben erledigt. Neben dem eigentlichen Schnitt ist dies die Farbkorrektur, die Audiobearbeitung, der Import und Export von Material oder die individuelle Anpassung von Effekten. Jeder dieser Arbeitsbereiche braucht Platz auf der Oberfläche, der selbst bei großen Bildschirmen schnell nicht mehr vorhanden ist. Sie können in Premiere Pro die Oberfläche ganz auf Ihre Bedürfnisse zuschneiden und wahlweise Fenster auf der Oberfläche positionieren oder entfernen. Und Sie können für jede Aufgabe Ihre Konfiguration separat speichern. Das heißt, Ihre Oberfläche sieht nicht immer unbedingt so aus wie hier im Buch, aber Sie können sie mit wenigen Klicks entsprechend anpassen. Alle Fenster lassen sich in einem beliebigen Feld an- und abdocken, und auch die Felder selbst können Sie in Größe und Form beliebig verändern.
- **Nutzung der GPU**: Adobe setzt zur Verbesserung der Wiedergabe beim Schnitt und zur Beschleunigung des Videoexports auf CUDA und OpenCL. CUDA ist eine proprietäre Technologie des Graphikkartenherstellers NVIDIA. Diese enge Bindung an NVIDIA wird häufig kritisiert, trotzdem läuft Premiere Pro signifikant schneller, wenn Sie die GPU-Unterstützung und CUDA bei Nutzung einer Grafikkarte von NVIDIA aktivieren.

Software kennenlernen
Es gibt viele Wege, sich eine neue Software anzueignen. Der einfachste ist der, spielerisch die Funktionen auszuprobieren. Vor allem Kinder steigen so erstaunlich schnell auch in sehr komplexe Softwarepakete ein. Erwachsene tun sich oft schwerer. Und auch das Lesen von Handbüchern ist nicht jedermanns Sache. In dem Fall empfehle ich Videotutorials, die es zu den meisten Programmen gibt. Sie sind so aufgebaut, dass Sie parallel zum Film mit Ihrer Software Klick für Klick arbeiten können. Wenn Sie die ersten drei, vier Anleitungen einmal durchgearbeitet haben, lernen Sie schnell, die Software auch intuitiv zu bedienen.

Viele entscheidende Arbeitsschritte in einem Videoprojekt finden statt, bevor Sie den ersten Schnitt machen. Sie müssen Ihr

Material importieren, organisieren und das Format des späteren Films in den Sequenzeinstellungen festlegen und eine Sequenz erstellen. Alle wichtigen Arbeitsschritte erkläre ich in den folgenden Kapiteln. Damit Sie sich schneller zurechtfinden, möchte ich Ihnen an dieser Stelle empfehlen, beim Einstieg in Premiere Pro oder jedes andere Videobearbeitungsprogramm zunächst ein paar Probeschnitte zu machen. Dann verstehen Sie intuitiv, worauf es ankommt und wie das Programm funktioniert, bevor sie detailliert in eine Software einsteigen.

17.1.2 Das Schnittsystem kennenlernen

Wenn Sie zum ersten Mal an Ihrem Schnittsystem arbeiten, spielen Sie erst einmal ohne Rücksicht auf Verluste im Programm herum. Öffnen Sie die Software, legen Sie ein neues Projekt an, wählen Sie die Standardansicht aus, und importieren Sie einige verfügbare Videoclips ins Projektfenster. Wenn Sie noch nicht wissen, wie Sie Ihr Material in ein Projekt importieren können, dann schauen Sie noch einmal in Abschnitt 16.3.

▼ Abbildung 17.2
Der Arbeitsbereich BEARBEITEN in Premiere Pro

In der Standardansicht sollten Sie die Timeline sehen, das Projektfenster mit den Medien, einen Vorschaumonitor, oft auch als Quelle bezeichnet, und den Programmmonitor. Alle modernen Schnittsysteme unterstützen Drag-&-Drop-Operationen. Ziehen Sie einfach einen Clip mit der Maus aus dem Projektfenster, und legen Sie ihn im Schnittfenster (Timeline) ab. Setzen Sie irgendwo einen *Mark In* und etwa 10 Sekunden dahinter einen *Mark Out*.

Klicken Sie dazu auf die Buttons mit den geschweiften Klammern. Für den sogenannten Mark In ⓬, also den Beginn eines Clips, nehmen Sie die offene Klammer, für den Mark Out ❻, also das Ende Ihres Clips, die geschlossene Klammer. Der Clip wird nun farbig markiert.

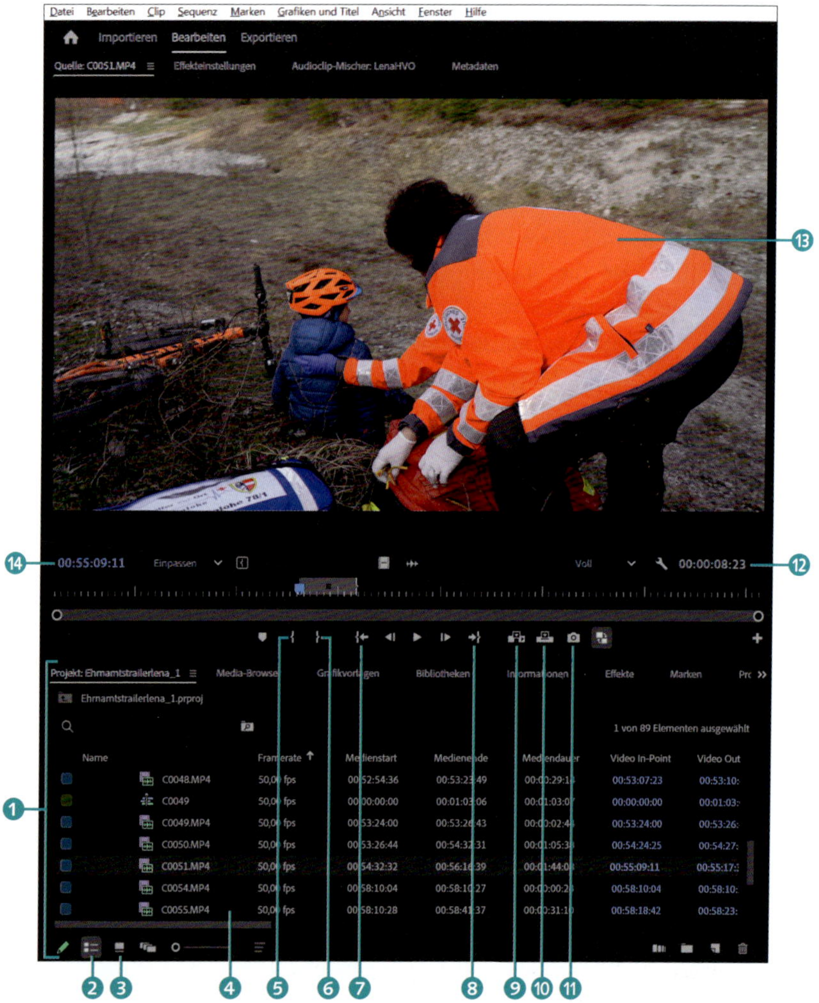

Abbildung 17.3 ▸
Der Vorschaumonitor (Quelle) von Premiere Pro und das Projektfenster in der Listenansicht.

❶ Projektfenster
❷ Listenansicht
❸ Bildansicht
❹ Clips
❺ Markierung In setzen
❻ Markierung Out setzen
❼ zu Mark In gehen
❽ zu Mark Out gehen
❾ Einfügen
❿ Überschreiben
⓫ Standbild erstellen
⓬ Dauer Clip
⓭ Vorschaumonitor
⓮ Timecode (Position des Abspielkopfs)

Der Mark In legt den Anfang eines Clips fest, der Mark Out das Ende. In und Out sind also sozusagen die digitale Schere des Computerschnitts. Achten Sie beim Setzen der Markierungen darauf, dass sie möglichst exakt Anfang und Ende markieren. Unschöne Wackler oder andere Bildfehler sollten Sie gleich wegschneiden und nicht mit ins Schnittfenster kopieren. Sie können übrigens in der Timeline die Länge eines Clips immer wieder verändern.

Sie können den In- und Out-Punkt jederzeit neu setzen und dadurch Beginn, Dauer und Ende Ihres Clips neu festlegen. Neben den klassischen Navigationsbuttons zum Abspielen des Clips, die Sie in Abbildung 17.3 sehen können, finden Sie je nach Programm auch einige Buttons, mit denen Sie den markierten Bereich des Clips in das Schnittfenster Timeline befördern können. In Premiere Pro wären das z. B. die Schaltflächen ❾ und ❿.

Die Unterschiede zwischen *Insert* (Einfügen) und *Overwrite (Überschreiben)*, den beiden Kopierarten, die viele Programme zur Verfügung stellen, lernen Sie in Abschnitt 17.2.3, »Insert und Overwrite«, kennen.

Fenster zurücksetzen
Sieht die Darstellung bei Ihnen anders aus, dann können Sie die Standardansicht in Premiere Pro aufrufen, indem Sie im Menü FENSTER den ARBEITSBEREICH BEARBEITUNG auswählen. Die Fenster lassen sich in allen Adobe-Programmen per Drag & Drop verschieben und so intuitiv zu einer eigenen Arbeitsfläche zusammenbauen.

Sie können die jeweiligen Arbeitsbereiche individuell anpassen und Fenster völlig neu gruppieren. Docken Sie dazu die Bedienfelder durch Ziehen mit gedrückter linker Maustaste in den Andockbereich eines Arbeitsbereiches.

17.1.3 Ein erster Schnitt

Ziehen Sie den Vorschaumonitor mit gedrückter linker Maustaste auf eine Videospur in das Schnittfenster. Beobachten Sie, wohin der Ton kopiert wird und wohin das Bild.

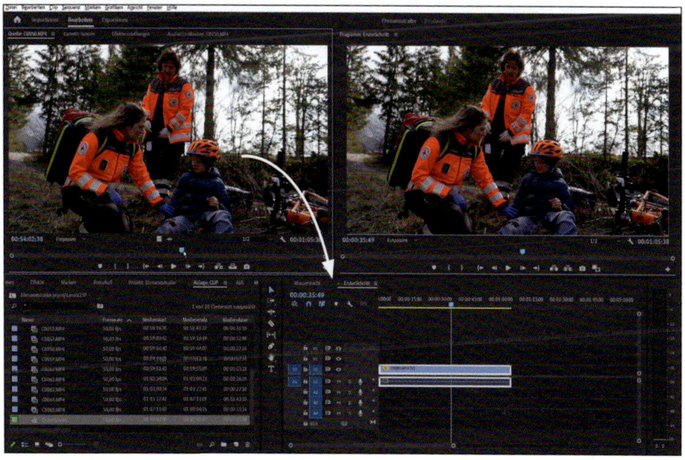

▲ **Abbildung 17.4**
Clip aus Vorschaumonitor per Drag & Drop in das Schnittfenster ziehen

In Abbildung 17.4 sehen Sie nun den etwa 15 Sekunden langen Clip mit einer Bild- und einer Audiospur. Das Bild liegt in der zweiten Videospur der Sequenz, der Ton in der ersten Audiospur. Im Schnittfenster können Sie den Clip nun mit der Maus anfas-

Drag & Drop im Schnittfenster
Die meisten Schnittprogramme lassen eine sehr intuitive Bearbeitung der Clips im Schnittfenster zu. Allerdings verliert man bei dieser Arbeitsweise schnell das Gefühl für den exakten Schnitt, da man selten bildweise arbeitet. Für grobe Anpassungen in der Timeline ist die Methode jedoch gut geeignet. Klicken Sie jeweils einen Clip an, und verändern Sie die Länge bei gedrückter linker Maustaste. Wenn Sie in die Mitte eines Clips klicken und die linke Maustaste gedrückt halten, können Sie den ganzen Clip verschieben.

Einen Clip abspielen
Alle mir bekannten Schnittsysteme verwenden zum Abspielen von Clips die klassischen Buttons, wie Sie sie von der Fernbedienung Ihres DVD-Players her kennen. Mit dem Play-Button können Sie einen Clip abspielen, mit den Pfeiltasten mit Längsstrich bildweise vorwärts- oder rückwärtsgehen. Klicken Sie auf eine der Pfeiltasten mit einer geschweiften Klammer, springen Sie zum In- oder Out-Point in einem Clip.

sen und die Länge durch Ziehen verändern. Probieren Sie es aus. Achten Sie darauf, wie sich das Bild jetzt im Programmfenster verändert.

Wiederholen Sie die ganze Übung nun mit einem zweiten Clip, und platzieren Sie ihn hinter dem ersten Clip. Achten Sie darauf, dass die beiden Clips ohne Zwischenraum aneinanderstoßen. Damit ist Ihr erster Schnitt perfekt.

Klicken Sie in die Timeline etwas vor dem Schnitt, sodass der Abspielkopf Ihnen dorthin folgt. Klicken Sie auf den Play-Button, und das Video beginnt zu spielen. Sobald der Abspielkopf über die Position des Schnitts fährt, springt das Bild im Programmmonitor um.

Sie können den Film auch starten und stoppen, indem Sie die Leertaste drücken. Damit haben Sie auch gleich Ihren ersten Shortcut gelernt, der in vielen Programmen identisch ist. Gewöhnen Sie sich so an das Look & Feel Ihres neuen Werkzeugs.

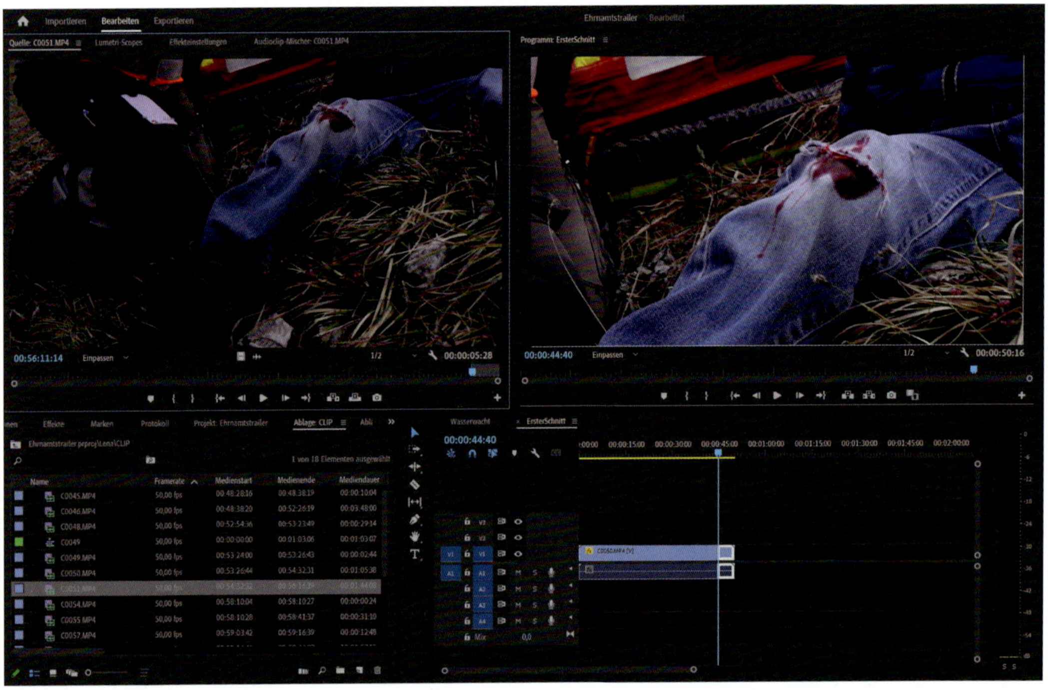

▲ **Abbildung 17.5**
Ablage von zwei Clips im Schnittfenster. Im Quellmonitor steht der Abspielkopf am Ende des ausgewählten Clips, im Programmmonitor und im Schnittfenster genau auf dem Schnitt, sodass das erste Bild des zweiten Clips angezeigt wird.

Versuchen Sie, spielerisch die Oberfläche des Programms kennenzulernen, indem Sie z. B. zwischen den verschiedenen Ansichtsarten der Clips in der Timeline hin und her schalten. Lassen Sie sich kleine Bildchen wie in den Beispielen anzeigen oder einen nüchternen farbigen Balken. Aktivieren Sie die sogenannte *Waveform-Anzeige* für einen Audioclip. Auf den nächsten Seiten lernen Sie, wie Sie einen Clip exakt dort positionieren können, wo Sie ihn haben möchten, wie Sie Anfangs- und Endbild auf den Frame genau festlegen können und nach welchen Kriterien Sie das Ergebnis beurteilen sollten.

Der Blick ins Handbuch
Auch wenn Teil II, »Schnitt«, sehr umfassend ist, kann ich Ihnen in diesem Buch leider nicht die technische Handhabung Ihrer Software im Detail erklären. Dafür gibt es Softwarehandbücher. Und in ein solches sollten Sie auf jeden Fall einen Blick werfen, um die Funktionalitäten Ihres Programms kennenzulernen. Bei Premiere Pro gibt es eine umfangreiche Online-Hilfe, die als Handbuch dient. Und natürlich gibt es beim Rheinwerk Verlag auch ein Buch zum Thema: Adobe Premiere Pro von Robert Klaßen.

Die meisten Handbücher von Herstellern sind sehr technisch, d. h., sie beschränken sich auf Erklärungen, wie etwas funktioniert, gehen aber nicht unbedingt darauf ein, wie oder wann man diese Funktionen am besten anwendet. Diese Lücke will ich schließen, indem ich mehr über die kreativen Aufgaben des Cutters schreibe in der Hoffnung, dass Ihnen mit diesem Buch zusammen mit dem Handbuch zu Ihrer Software der schnelle Einstieg in die Videobearbeitung gelingt. Ich verwende daher hier die Fachbegriffe, die Sie so auch in jedem Handbuch wiederfinden.

17.2 Die Basiswerkzeuge des Filmschnitts

Es gibt nicht die eine Schnitttechnik. Viele Cutter haben ihren ganz eigenen Stil. Einige legen In und Out bereits bildgenau im Vorschaumonitor fest, bevor sie den Clip in das Schnittfenster kopieren. Andere organisieren sich die Clips grob in der Timeline und entscheiden dann erst über den richtigen In- und Out-Punkt. Einige arbeiten nur mit Shortcuts, andere mauseln sich über die Oberfläche ihrer Software bis zur Sehnenscheidenentzündung. Hier einige Grundregeln, die Sie nach meiner Ansicht beachten sollten:

- **In und Out im Vorschaumonitor möglichst exakt festlegen**: Aufgabe eines Cutters ist, eine Aufnahme so zurechtzuschneiden, dass sie optimal in den Film passt. Es macht wenig Sinn, ein bisschen an einem Clip herumzuschnipseln und die eigentliche Aufgabe auf später zu vertagen, nämlich dann, wenn sich ein Clip mit vielen anderen in der Timeline befindet und die

Arbeiten mit Proxy-Files
Wenn Sie aus Performance-Gründen mit Proxy-Files arbeiten, dann können Sie in Premiere Pro sehr einfach zwischen den hochaufgelösten und den Arbeitskopien umschalten.

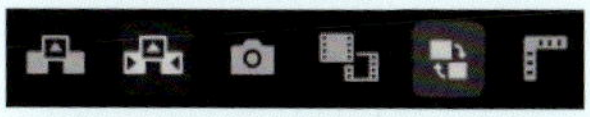

▲ **Abbildung 17.6**
Ein Icon in der Werkzeugleiste des Programmfensters – der Button zum Umschalten zwischen Vollbild und Proxy

Sollte Ihr Video nicht flüssig im Programmmonitor laufen, dann können Sie die Auflösung von voll auf ½ oder sogar ¼ heruntersetzen. Oder Sie erzeugen doch noch datenreduzierte Proxy-Files. Beim Schnitt sollten alle Clips ohne Verzögerung starten und ohne Ruckeln abzuspielen sein.

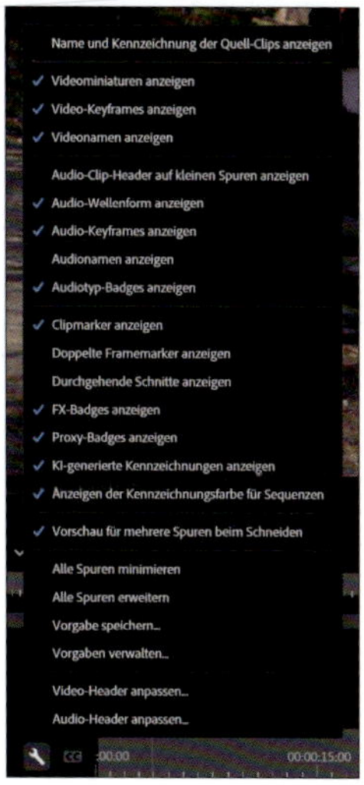

▲ **Abbildung 17.7**
Hinter dem Schraubenschlüssel in der Werkzeugleiste des Programmfensters verbergen sich eine Menge Einstellmöglichkeiten, die das Arbeiten erleichtern.

Übersicht immer schwieriger wird. Wenn ein Clip im Vorschaumonitor gelandet ist und eine Einstellung Ihr Wohlgefallen gefunden hat, markieren Sie den In- und den Out-Punkt so, dass die Einstellung optimal ins Konzept und damit in die Timeline passt. Spätere Nachjustierungen sind deshalb ja nicht ausgeschlossen.

- **Auf Spuren achten**: Wenn Sie einen Clip in die Timeline kopieren, achten Sie darauf, dass er auch wirklich in der richtigen Spur landet. Je mehr Spuren Sie benötigen, desto unübersichtlicher wird Ihr Projekt (siehe auch Abschnitt 17.2.1, »Arbeiten mit Spuren«). Umgekehrt lässt es sich manchmal in drei oder mehr Spuren besser arbeiten. Besonders wichtig ist diese Regel für den Ton, denn in den Audiospuren sammelt sich erfahrungsgemäß mehr Material als in den Videospuren. Legen Sie sich deshalb ein Konzept für die Spurenbelegung zurecht (mehr dazu lesen Sie in Kapitel 18, »Montagetechniken, Ton und Grafik«). Gewöhnen Sie sich an, die Zielspuren in der Timeline bewusst zu aktivieren. Camcorder liefern, wenn sie nicht auf Stereo umgestellt wurden, was ich empfehle, oft einen 5.1.-Ton. Dementsprechend unübersichtlich kann es im Schnittfenster werden
- **Kontrolle**: Wenn Sie einen Clip in die Timeline kopiert haben, kontrollieren Sie, ob er auch wirklich da sitzt, wo er hingehört, vor allem aber, ob Sie nicht aus Versehen einen anderen Clip überschrieben haben.

Der Abspielkopf
Der Abspielkopf (Playhead) ist eine feine Linie, die frameweise durch einen Film läuft, wenn er abgespielt wird. In der Regel zeigt der Abspielkopf das Bild hinter der Position an, steht also am Anfang eines Frames. Wenn Sie Markierungen setzen, dann in der Regel an der Position des Abspielkopfes. Der Abspielkopf ist in der Timeline und im Programmmonitor synchron. Im Vorschaumonitor steht ein Abspielkopf zum Navigieren durch einen Clip zur Verfügung.

Kanäle ändern
Wenn Sie die Anzahl der Kanäle in Ihrem Projekt ändern möchten, dann können Sie das in Premiere Pro mit einem Rechtsklick auf den Clip im Projektfenster erledigen. Wählen Sie im Kontextmenü ÄNDERN • AUDIOKANÄLE aus. Im folgenden Menüfenster können Sie die Spuren und Kanäle neu ordnen. Eine Stereospur enthält z. B. zwei Kanäle, einen für links, einen für rechts.

17.2.1 Arbeiten mit Spuren

Videoschnittprogramme stellen ihrem Nutzer oft unbegrenzt viele Spuren zur Verfügung. Da gilt es, den Überblick zu behalten und von Beginn an das Arbeiten mit den Spuren zu beherrschen.

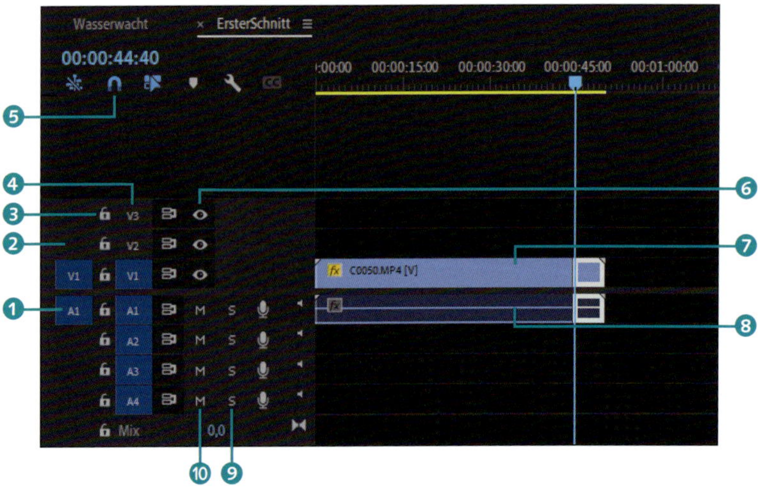

Abbildung 17.8 ►
Die wichtigsten Bedienelemente für Video- und Audiospuren

1. Quelle (Audio) einfügen (Quellpatching)
2. Quelle (Video) einfügen (Quellpatching)
3. Spur schützen
4. Spur aktivieren (Zielführung)
5. Clip ausrichten
6. Spur unsichtbar schalten
7. Videospur
8. Audiospur
9. Spur alleine abspielen (Solo)
10. Spur stumm schalten

Premiere Pro fügt Clips aus dem Vorschaumonitor immer in die am Spuranfang markierten Spuren ein. Die aktiven Spuren sind mit einem leider nur schlecht sichtbaren Schatten unterlegt. Mit dem Schloss vor jeder Spur können Sie diese vor jeder Bearbeitung schützen. Mit dem Auge in der Videospur sorgen Sie dafür, dass alle Clips, die in der Spur liegen, nicht mehr angezeigt werden. In den Audiospuren können Sie mit dem S-Button (Solo) im Programmmonitor die Spur allein aktiv schalten. Alle anderen Spuren sind dann stumm. Mit dem M-Button (Mute) erreichen Sie genau das Umgekehrte. Diese Spur ist dann nicht mehr hörbar. Wichtig ist noch der Hufeisenmagnet links oben in jedem Schnittfenster. Ist der Button gedrückt, werden die Clips automatisch ausgerichtet, d. h., Sie können neue Clips z. B. per Drag & Drop exakt im Anschluss an einen anderen Clip positionieren.

Die Werkzeugleiste

Sie spielt in Premiere Pro keine so große Rolle wie in anderen Programmen. Trotzdem sollten Sie sie kennenlernen. Ihr Standardwerkzeug ist das AUSWAHLWERKZEUG ganz oben in der Leiste. Von oben nach unten: Mit dem Pfeil können Sie Clips markieren und mit gedrückter linker Maustaste anfassen und neu positionieren oder die Länge verändern. Mit dem Werkzeug SPURAUSWAHL können Sie alle Clips links oder rechts vom Cursor in einer Spur oder auch mehreren Spuren auswählen. Mit dem Werkzeug LÜCKE SCHLIESSEN können Sie Löcher in der Timeline löschen. Das Werkzeug ROLLEN erlaubt es, zwei aneinanderliegende Clips gleichzeitig zu verändern. Mit der RASIERKLINGE können Sie an der Cursorposition einen Schnitt einfügen. Mit der LUPE können Sie Bereiche aus der Timeline vergrößern, um sie im Detail anzusehen.

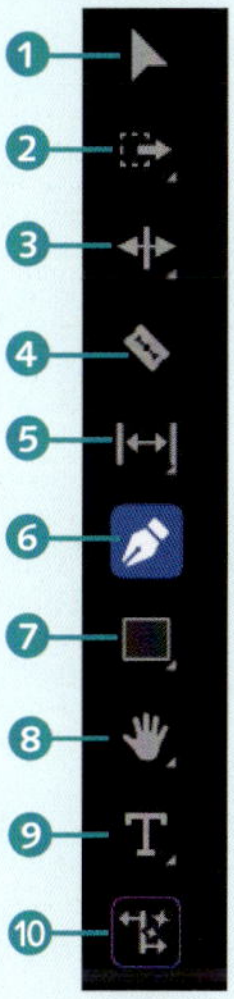

Abbildung 17.9 ▶
Die Werkzeugleiste in Premiere Pro

1. AUSWAHLWERKZEUG: Zum Auswählen eines Clips und Ändern der Länge
2. SPURAUSWAHL: Wählt alle Clips rechts oder links des Mauszeigers aus.
3. SCHNITTKANTE VERSCHIEBEN, ROLLEN, GESCHWINDIGKEIT ÄNDERN: Verzieht den Schnitt nach vorne oder hinten und kann die Geschwindigkeit verändern (Clip kürzen).
4. RASIERKLINGE: Setzt den Schnitt an die Mauszeigerposition.
5. CLIPINHALT VERSCHIEBEN, CLIP VERSCHIEBEN: Ändert In und Out synchron oder verschiebt den Clip.
6. STIFT: Mit dem Zeichenstift erstellen Sie eigentlich Pfade, vergleichbar dem ähnlich aussehenden Werkzeug in Photoshop und After Effects.
7. Rechteck-Werkzeug, Ellipse-Werkzeug: Zum Erstellen von vorgegebenen Formen (Rechteck, Kreis)
8. HAND, ZOOM: Verschiebt den Anzeigebereich im Schnittfenster, zoomt
9. TEXTWERKZEUG, VERTIKALES TEXTWERKZEUG: Zum Anlegen von Texten (Bauchbinden, Titel, etc.)
10. Generatives Erweitern: Ein neues Tool, das mithilfe von KI Video in der Timeline um bis zu 2 Sekunden verlängert, Audio um bis zu 10 Sekunden

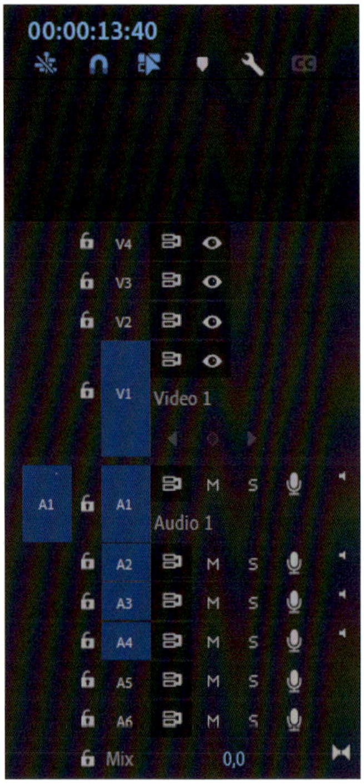

▲ **Abbildung 17.10**
Viele Video- und Audiospuren in neuer Sequenz

17.2.2 Spuren im Schnittprojekt planen

Um Probleme mit Tonversatz (siehe Abschnitt 17.2.6, »Audio- und Videospuren verknüpfen und trennen«) und unübersichtliche Audiospuren von Anfang an zu vermeiden, sollten Sie Ihr Videoprojekt sorgfältig planen. Bei mir heißt das, dass ich von Haus aus jedem Projekt acht Audiospuren und drei Videospuren spendiere. Das passt so gerade eben noch auf einen Monitor und bietet genug Platz für die Arbeit. Beim Anlegen einer neuen Sequenz müssen Sie sich für eine Bildgröße, Framerate und ein Format Ihres Masters entscheiden und auch für einen Videocodec, in dem Ihr Film am Ende ausgespielt werden soll. Sie können ein zu Ihrem Rohmaterial passendes Videoformat bequem aus einer Liste wählen und unter Einstellungen noch individuell anpassen. Oder Sie wählen ein anderes Format. Egal, welche Bildgröße oder Framerate Ihr Material hat, Premiere Pro versucht immer, es an die Vorgaben Ihrer Sequenz anzupassen. Sie können die Vorgaben allerdings später auch ändern oder sich beim Ausspielen für einen anderen Codec entscheiden. Im Schnitt sollten Sie auf höchstmögliche Qualität und Performance beim Abspielen achten.

Der Vorteil der vielen Audiospuren liegt in folgender, einfacher Überlegung: Der Ton in einem Projekt folgt in aller Regel dem Bild, d. h., wir schneiden zunächst einmal unser Bild fertig und kümmern uns erst in der Audiomischung wirklich um den Ton. Vor allem die Atmo, also Geräusche, benötigen unsere besondere Aufmerksamkeit. Oft ist sie zu leise oder zu laut, passt nicht zum Bild oder fehlt. Beim Bildschnitt lassen wir solche Probleme erst einmal links liegen. Um keine der wertvollen Töne zu verlieren, kopieren wir möglichst immer den Ton mit, auch wenn wir schon ahnen, dass wir ihn nachträglich vielleicht ändern müssen. Deshalb brauchen wir viel Platz für die Geräusche. Um nun flexibel arbeiten zu können, macht es Sinn, die Töne auf mehrere Spuren zu verteilen, um nachträglich den Ton optimal anpassen zu können.

Auch für die Musik gebe ich immer zwei Spuren aus, z. B. wenn ich einmal von einer Musik in die nächste blenden möchte oder um innerhalb einer Musik schneiden zu können. Die anderen beiden Spuren reserviere ich für den Kommentarton. Sie können in Premiere Pro unterschiedliche Audioformate wie Stereo, Mono oder 5.1 miteinander mischen. Alle Töne werden im Format des Masters (= Sequenz) gerendert (im Beispiel: Stereo).

Sie können die Anzahl der Spuren schon beim Erstellen einer neuen Sequenz festlegen, indem Sie in den Einstellungen für die Spuren entsprechend viele Audiospuren anlegen. Wenn Sie herausgefunden haben, wie viele Spuren Sie benötigen, können

Sie Ihre Vorgaben speichern und künftig auf alle neuen Sequenzen anwenden.

Legen Sie nicht zu viele Spuren an, nur weil Ihr Programm keine technischen Grenzen setzt. Auch erfahrene Cutter verlieren schnell den Überblick über zu viele Spuren. Audiospuren können Sie durch die Verwendung von Submix-Spuren reduzieren.

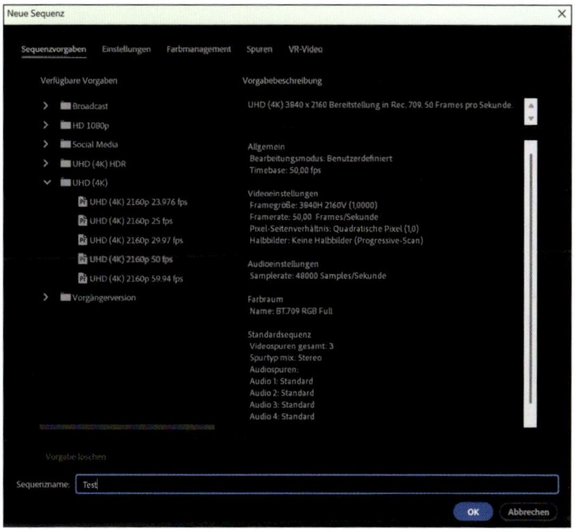

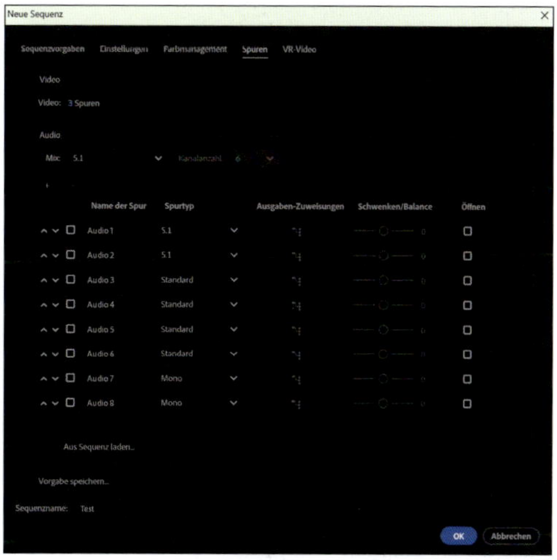

▲ **Abbildung 17.11**
Sequenzverwaltung in Premiere Pro. Aus den Sequenzvorgaben können Sie einfach Ihr Wunschformat aussuchen, das Sie unter den Einstellungen noch individuell anpassen können. Unter dem Reiter SPUREN können Sie die Anzahl der Video- und Audiospuren festlegen und diese gleich beschriften

Auch nachträglich können Sie neue Video- und Audiospuren unkompliziert hinzufügen, indem Sie z. B. in Premiere Pro SEQUENZ • SPUREN HINZUFÜGEN auswählen oder mit der rechten Maustaste in die Spurverwaltung im Schnittfenster klicken.

Relativ neu ist die Möglichkeit eines expliziten Farbmanagements. Ist es deaktiviert, bleiben die Farbeigenschaften des Rohmaterials erhalten. Bei aktivem Farbmanagement werden alle Materialien in das ausgewählte Format der Sequenz konvertiert. Premiere Pro sorgt nun für konsistente Farben.

Das Master

Dieser Begriff stammt aus der Filmwelt, als noch ein Original geschnitten wurde, von dem dann Kopien angefertigt wurden. Im Computerzeitalter und bei Adobe ist das Master die Sequenz. Sie hat ein festes Videoformat und wird am Ende (egal, wie viele Spuren Sie anlegen) als ein Bild mit dem Mix aller Tonspuren ausgegeben. Sie können mehrere Sequenzen in einem Projekt anlegen, etwa um Teile Ihres Films zu schneiden und am Ende alle Sequenzen in einer Hauptsequenz zu vereinen. Diese wäre dann – auch im ursprünglichen Sinne – wieder Ihr »Master«, das Sie in verschiedenen Formaten exportieren können. Sie können Sequenzen ineinander verschachteln. Änderungen an einer Ursprungssequenz wirken sich auch auf die Sequenzen aus, in die sie eingefügt wurde. Sie können entscheiden, ob Sie eine Sequenz als einen Baustein in eine andere Sequenz einfügen oder mit allen einzelnen Clips.

Kleines Lexikon für Schnitt-Englisch
Schnittprogramme werden – mit Ausnahme von Magix – von Firmen aus den USA entwickelt. Deshalb herrschen traditionell englische Begriffe vor. Hier die wichtigsten Begriffe und ihre Übersetzungen:

Insert = Einfügen
Overwrite = Überschreiben
Timeline = Schnittfenster

17.2.3 Insert und Overwrite

Es gibt zwei grundsätzliche Möglichkeiten, wie Sie Bild und Ton aus dem Vorschaubereich in die Timeline kopieren:

- **Erste Methode »Insert«**: Sie insertieren einen neuen Clip. Dabei fügen Sie ihn an der Stelle, an der der Abspielkopf gerade steht, in die Timeline ein, d.h., dort, wo der Abspielkopf steht, wird der Anfang des Clips positioniert in der Länge, wie Sie ihn mithilfe von Mark In und Out im Vorschaumonitor gekennzeichnet haben. Haben Sie keine In- und Out-Punkte gesetzt, wird der komplette Clip eingefügt. Alle bereits in der Timeline hinter dieser Stelle vorhandenen Szenen (blau) werden um die Länge des neuen Clips (rot) nach hinten verschoben (siehe ❶).

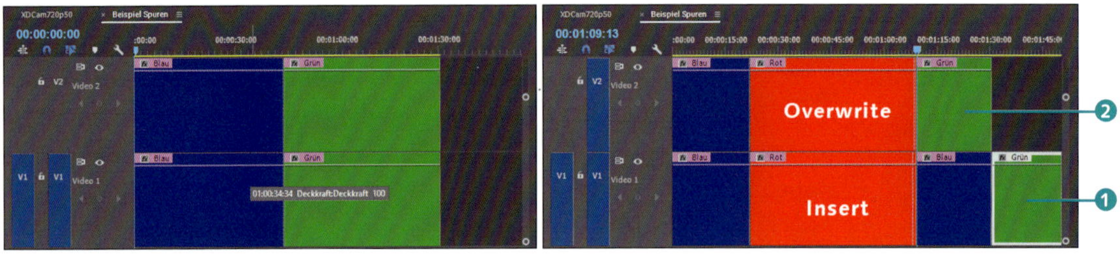

▲ **Abbildung 17.12**
Insert und Overwrite im Vergleich: Links ist die Ausgangssituation zu sehen, rechts das Ergebnis nach Overwrite bzw. Insert.

- **Zweite Methode »Overwrite«**: Sie überschreiben eine alte Einstellung mit einer neuen. Bei diesem Overwrite genannten Kopiervorgang ersetzt das neue Bild das alte. Das Problem dabei: Ist das neue Bild (rot) länger, wird beim Overwrite möglicherweise auch ein Stück der alten Einstellung (blau) überschrieben, was nicht immer beabsichtigt ist (siehe ❷). Oder der neue Clip ist zu kurz. Dann bleibt ein Rest des alten Clips stehen, der in der Regel nicht mehr sinnvoll ist.

Beide Methoden haben also ihre Tücken, und man sollte deshalb immer ein Auge auf die Spuren im Schnittfenster haben, um zu kontrollieren, was gerade passiert. Überprüfen Sie vor jedem Einfügen eines neuen Clips, in welcher Spur Video und Audio jeweils landen sollen. Kontrollieren Sie, ob der Schnitt auch tatsächlich so ausgeführt wurde, indem Sie die betroffenen Spuren sichtbar im Schnittfenster positionieren. Wählen Sie aktiv die Zielspur aus, indem Sie das Quellpatching der jeweiligen Spur im Schnittfenster aktivieren. Die Probleme halten sich in Grenzen, solange wir uns relativ frei im Schnittfenster bewegen können. Vielleicht erinnern Sie sich an das Beispiel mit den Lego-Steinen. Stellen Sie sich vor, Sie schneiden einen Film passend auf einen Musiktitel. Die Musik fungiert als unveränderliche Grundplatte. Zwar kann man auch Musik verlängern oder kürzen, aber sie lässt sich nicht frameweise an jeden Schnitt anpassen. Im Gegenteil, die Bilder werden passend zu den Beats der Musik montiert. Mit den folgenden Problemen müssen Sie rechnen:

Problemfall Insert-Schnitt | Sie fügen einen neuen Clip ohne Ton ein und vergessen, eine neue Zielspur im Schnittfenster anzuwählen ❸. Prompt entsteht in der Musikspur eine Lücke. Hätte der Clip auch eine Audiospur, würde der Ton an dieser Stelle eingefügt, die Musik wäre also durch Atmo unterbrochen.

Beim Einfügen mit Insert endet der neue Clip (rot) wahrscheinlich nicht auf einem passenden Beat, sondern irgendwo. Beim Einfügen wird das Bild zudem nach hinten verschoben.

▼ Abbildung 17.13
Schnittprobleme in Audiospuren bei Overwrite und Insert-Schnitt

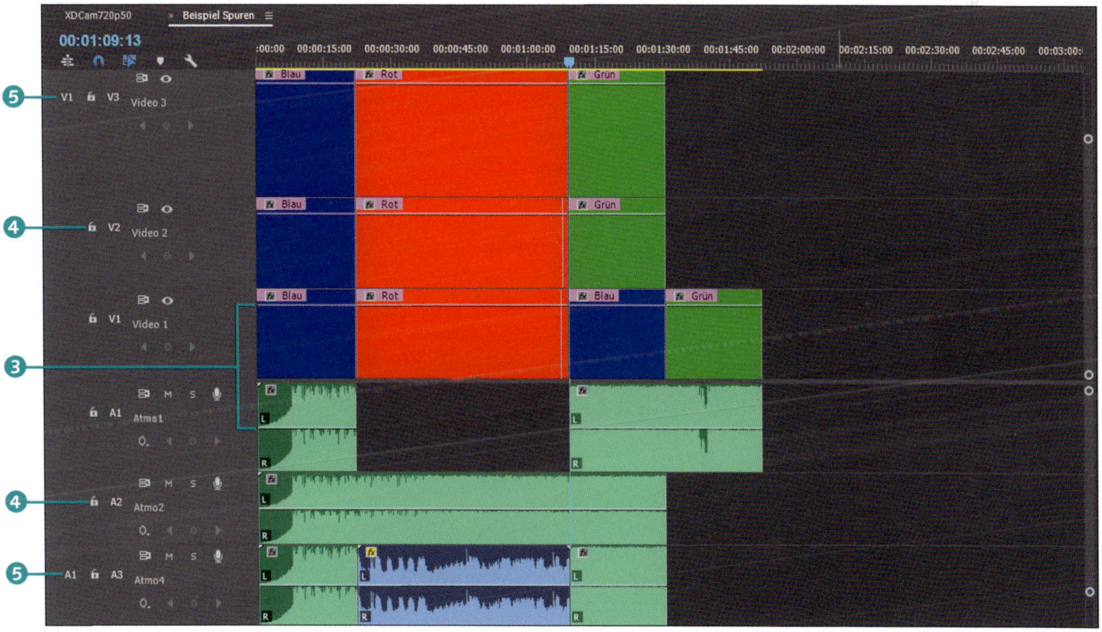

Problemfall Overwrite-Schnitt | Beim Einfügen eines Clips ohne Ton erhalten wir mit dieser Methode das richtige Ergebnis ❹. Das Bild wird ersetzt, die geschnittene Sequenz verändert sich nicht in der Länge, und die Musikspur bleibt unberührt.

Verfügt der neue Clip über eine Audiospur, so wird die Musik überschrieben ❺. Statt Musik hören wir jetzt die Atmo.

Lösen können Sie solche Probleme nur durch ein sinnvolles Konzept für die Spurbelegung und aktives Quellpatching, d. h., Sie wählen im Schnittfenster die Spuren aus, die aus dem Quellmonitor Material zugewiesen erhalten.

Mark In, Mark Out
Wenn Sie Clips aus dem Quellmonitor ins Schnittfenster befördern, dann setzen Sie dazu in der Regel Schnittmarken. Diese können sowohl im Quellmonitor als auch im Schnittfenster gesetzt werden. Im Quellmonitor markiert Mark In den Beginn des Clips und Mark Out das Ende. Im Schnittfenster markiert Mark In das Frame, ab dem der Clip eingefügt werden soll, Mark Out das Ende. Wie das im Detail funktioniert, erfahren Sie in Abschnitt 17.4.2, »Der exakte Schnitt (3-Punkt-Schnitt)«.

Viele Clips zusammenfassen
Wenn der Rohschnitt steht, haben Sie häufig das Problem, dass Änderungen an einer Stelle mitten im Film notwendig werden. Die bereits geschnittene Sequenz muss wieder auseinandergenommen, geändert und wieder zusammengefügt werden. Am besten arbeiten Sie wie ein Chirurg, d.h., Sie schaffen an der Position ein entsprechend großes Loch, sodass Platz zum Arbeiten entsteht. Dazu müssen aber alle nachfolgenden Clips, die nicht verändert werden sollen, markiert und komplett in einem Stück verschoben werden. Sie können dies in Premiere Pro sehr praktisch mit dem Werkzeug SPURAUSWAHL erreichen, das alle Clips in einer oder mehreren Spuren nach der Cursorposition markiert, oder Sie markieren die Clips mit dem AUSWAHLWERKZEUG. Markierte Clips können Sie auch gruppieren und damit später am Stück wieder an den Anschluss zurückversetzen.

Fazit | Insert und Overwrite sind zwei Methoden, Clips vom Vorschaumonitor in die Timeline zu kopieren. So funktioniert Ihre Schere, deren sichere Handhabung Sie üben sollten, um dem Projekt keine schlimmeren Verletzungen zuzufügen. Auch Profis erleben immer wieder böse Überraschungen, wenn ein unbedachtes Kopieren von Clips in die Timeline dort einen schwer zu behebenden Clipsalat in einer unbeobachteten Spur hinterlässt.

Die Rasierklinge
Auch wenn der Clip bereits im Schnittfenster liegt, können Sie ihn immer noch bearbeiten, z.B. durch Drag & Drop, indem Sie ihn an den jeweiligen Enden mit der Maus anfassen und dann verlängern oder kürzen. Es gibt noch eine andere, praktische Methode, einen Schnitt an der aktuellen Cursorposition zu setzen: das RASIERKLINGE-Werkzeug. Einige Cutter lehnen die RASIERKLINGE strikt ab, aber im Prinzip funktioniert sie so wie der sehr gebräuchliche Schnitt an der Cursorposition, den Sie mit dem Shortcut `Strg`+`K` erledigen. Schön: Premiere Pro schneidet nur an ausgewählten Clips, d.h., Sie können zum Beispiel nur das Video schneiden und den Ton in Originallänge belassen.

Sie positionieren den Cursor dort, wo der Clip enden soll, und klicken entweder den entsprechenden Button im Menü an oder verwenden den Shortcut. An der Stelle erscheint ein sauberer Schnitt, und Sie können den Teil, der Ihnen nicht gefällt, einfach löschen. Fertig. Die RASIERKLINGE unterscheidet sich nur dadurch, dass Sie sie frei über dem Clip positionieren können, was gerade bei langen Projekten nicht immer sehr exakt ist. Wenn Sie genau arbeiten wollen, müssen Sie das Schnittfenster bis auf Frameebene vergrößern. Generell bevorzuge ich den exakten Zuschnitt eines Clips bereits im Vorschaumonitor. Wenn ich aber schnell einen Clip zurechtstutzen möchte, greife ich auch schon einmal zur Klinge.

17.2.4 Extract und Delete

Zum Schneiden brauchen Sie noch zwei weitere Methoden, nämlich das *Extrahieren (extract)* bzw. *Löschen (delete)* von Clips und »Lücken« aus der Timeline.

Bis zu einem gewissen Grad sind die beiden Methoden das Gegenteil von Insert und Overwrite. Sie können mit ihrer Hilfe definierte Bereiche aus einer oder mehreren Videospuren löschen und dabei entweder eine Lücke hinterlassen oder den gelöschten Bereich gleich schließen, indem Sie die nachfolgenden Clips automatisch verschieben. Es sind also Methoden, die im Schnittfenster angewendet werden. Markieren Sie die Bereiche, die Sie bearbeiten wollen, wieder mit Mark In und Mark Out. Wollen Sie nur einen Clip löschen, klicken Sie ihn an, und drücken Sie die `Entf`-Taste.

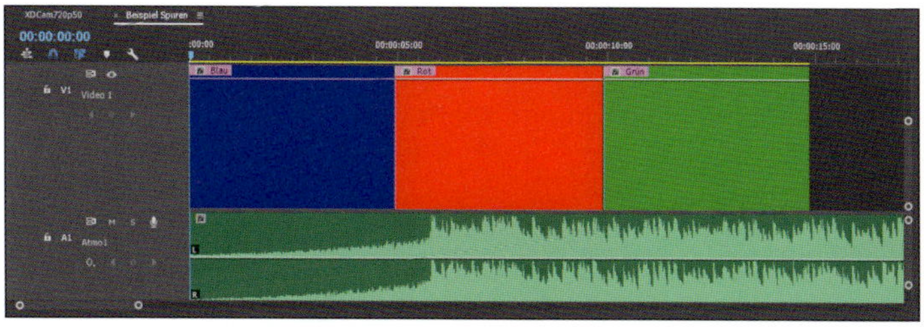

◂ **Abbildung 17.14**
Original: drei gleich lange Clips in der Videospur und ein Musikclip in der Audiospur 1

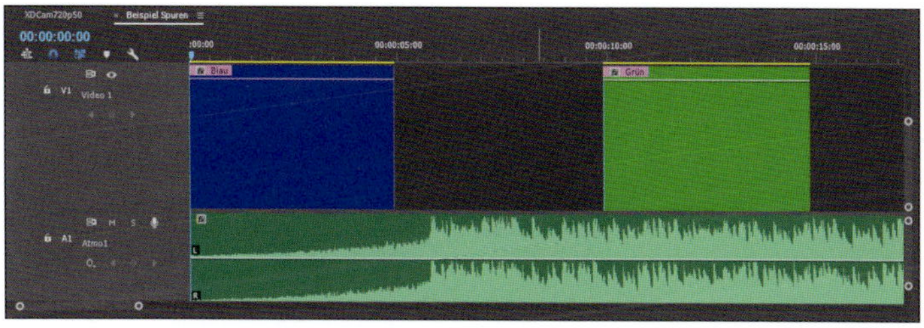

◂ **Abbildung 17.15**
Delete Clip: Der rote Clip wurde markiert und gelöscht. Es bleibt ein Loch in der Größe des gelöschten Clips. Die Audiospur bleibt unberührt.

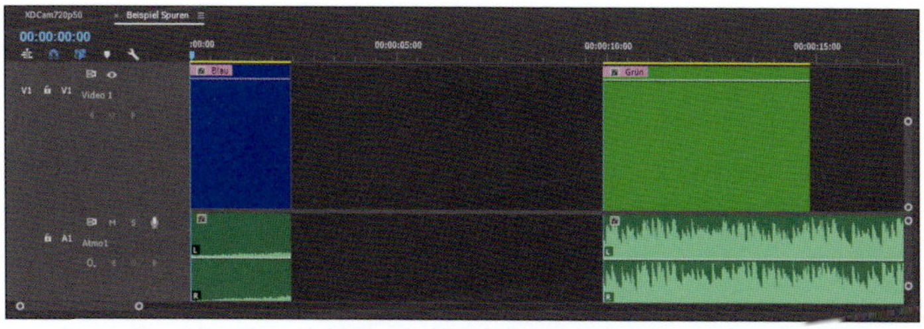

◂ **Abbildung 17.16**
Herausnehmen I: In der Timeline wurde ein Bereich markiert, der einen Teil des blauen und den roten Clip einschließt. Beim Extrahieren wird auch der Audioclip gelöscht.

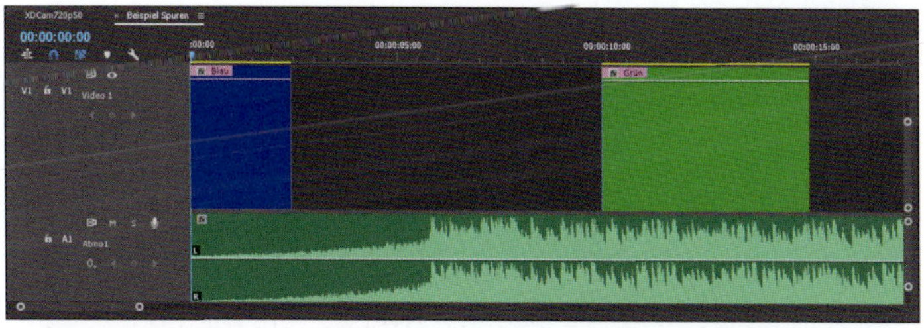

◂ **Abbildung 17.17**
Herausnehmen II: In diesem Beispiel wurde die Audiospur deaktiviert (siehe Markierung). Sie bleibt erhalten. Es wurden Teile von zwei Clips entfernt.

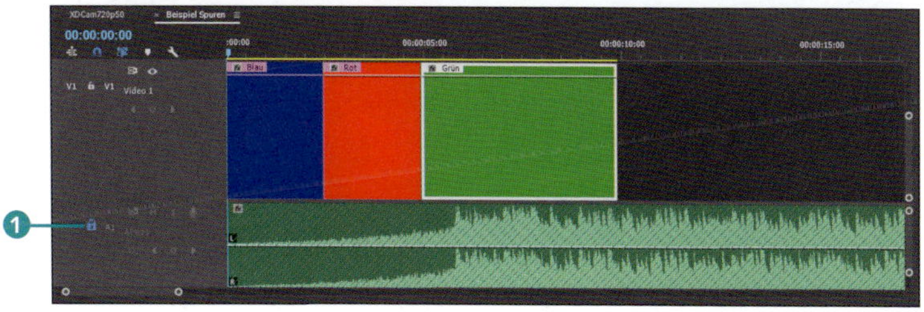

◂ **Abbildung 17.18**
Extrahieren (Löschen und Loch schließen): Das Loch wurde beim Extrahieren gleich geschlossen, die nachfolgenden Clips rücken nach vorne. Der Audioclip musste gesperrt **1** werden (Schloss).

Am Beispiel können Sie sehen, dass auch beim Entfernen von Clips aus dem Schnittfenster Vorsicht geboten ist. Sonst entstehen Lücken, wo Sie keine brauchen. Probieren Sie die Methoden Ihrer Software, die alle mehr oder weniger ähnlich sind, in Ruhe aus. Übrigens können Sie auf diese Art auch Lücken löschen. Wichtig: Um wirklich kontrolliert zu arbeiten, sollten Sie auch in der Timeline mit Mark In und Mark Out arbeiten.

17.2.5 Rollen

Eine weitere Methode, Clips in der Länge zu verändern, steht Ihnen ebenfalls nur in der Timeline zur Verfügung, das sogenannte *Rollen*. Sie können mithilfe des Rollens zwei aneinandergrenzende Clips in einem Arbeitsschritt dynamisch um die gleiche Anzahl an Frames verändern, sodass die Gesamtlänge beider Clips gleich bleibt. Praktisch ist dies vor allem, wenn Sie O-Töne unter einem anderen Bild weiterlaufen lassen möchten. Sie ziehen das neue Bild einfach über die Spur, das alte Bild verkürzt sich entsprechend. Das Rollen können Sie auch sinnvoll einsetzen, wenn Sie Bewegungen schneiden und bereits einen exakten Synchronpunkt gefunden haben. Jetzt können Sie auch Schnittalternativen elegant ausprobieren, indem Sie einfach ein paar Frames hin und her rollen und beobachten, was passiert. Die Audiospuren lassen sich übrigens auch mit rollen. Dazu ein Beispiel: Die Ausgangssituation: Drei Clips in der Timeline sind passend zum Ton fertig geschnitten. Zwischen dem blauen und roten Clip wollen wir die Länge so ändern, dass weder die Gesamtdauer des Clips geändert wird noch eine Lücke entsteht. In der Werkzeugleiste wählen Sie das Tool ROLLEN (1) aus.

Schneiden in die Bewegung
Das Rollen bietet sich vor allem bei Bewegungen an. Wollen Sie z. B. in die Totale eines gehenden Menschen eine Nahe einschneiden, so suchen Sie einen Punkt, bei dem die Bewegung in beiden Einstellungen synchron ist, z. B. ein Fuß gerade aufgesetzt wird. Mithilfe des Rollens können Sie nun ausprobieren, ob der Schnitt früher oder später harmonischer aussieht, ohne die Synchronizität zu verlieren.

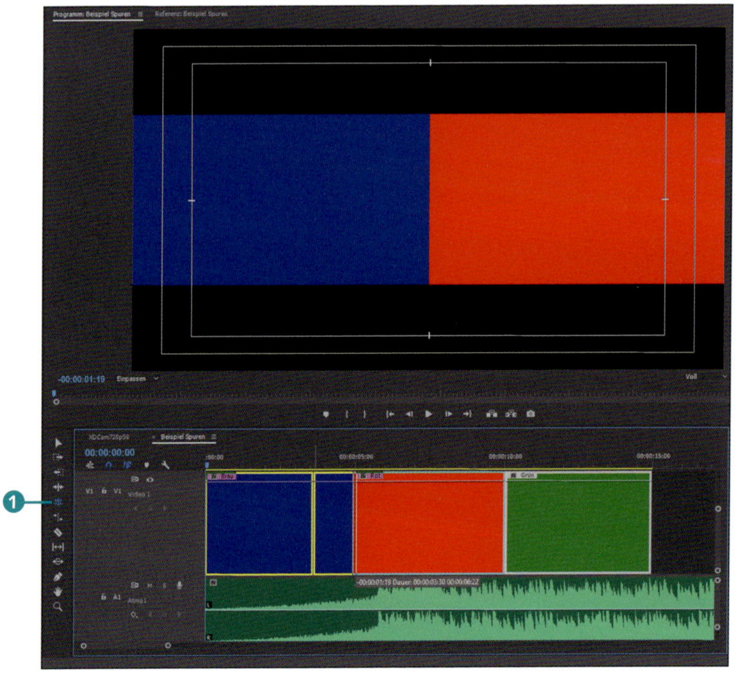

Abbildung 17.19 ▸
Methode ROLLEN

Das Ergebnis: Der rote Videoclip wurde verlängert, der blaue Clip um die gleiche Länge verkürzt. Die Audiospuren bleiben unverändert. Während des Rollens werden im Programmmonitor Anfangs- bzw. Endframe der beiden Clips angezeigt.

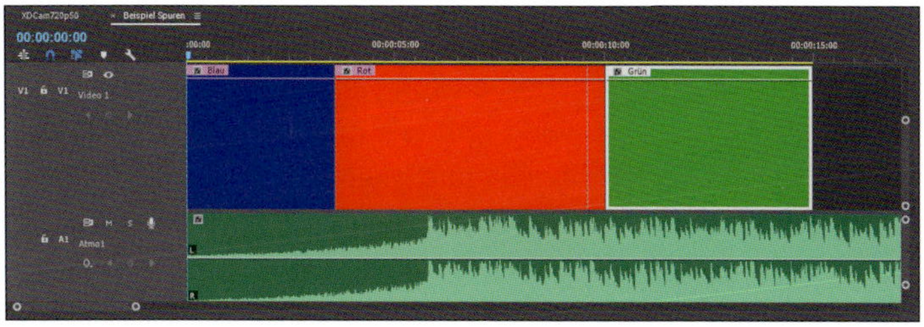

◂ **Abbildung 17.20**
Ergebnis der Methode ROLLEN: Der rote Clip ist nun verlängert, der blaue verkürzt.

17.2.6 Audio- und Videospuren verknüpfen und trennen

Mit das Schlimmste, was einem Cutter passieren kann, ist asynchroner Ton, also z. B. ein Interview, bei dem die Worte nicht mehr zu den Lippenbewegungen des Sprechers passen. Zuschauer erkennen den Fehler bereits, auch wenn der Ton nur ein oder zwei Frames daneben liegt. Schnittprogramme verwenden deshalb viel Energie darauf, ein unbeabsichtigtes Verziehen des Tons zu vermeiden. Standardmäßig sind Video- und Audiospur zunächst einmal miteinander verkoppelt, d. h., ändern Sie das Bild, ändert sich der Ton automatisch mit.

Im Beispielmaterial zum Buch finden Sie einen kurzen Beispielclip zum Thema asynchroner Ton. Der Clip »asynchroner-Ton.mp4« ist zu finden unter FILME • LEHRFILME.

◂ **Abbildung 17.21**
Beispiel für Interview, zunächst noch mit synchronem Ton

▲ **Abbildung 17.22**
Anzeige des Frameversatzes im Clip im Detail

Ein sogenannter *Frameversatz* zwischen Bild und Ton ist auch unbeabsichtigt kaum möglich. Miteinander verknüpfte Clips werden beim Anklicken eines Clips automatisch zusammen ausgewählt. Sie können allenfalls Teile des Tons (oder Bildes) löschen. Doch im Cutter-Alltag wollen Sie oft genau dies tun. Ein Beispiel sehen Sie in Abbildung 17.23. Auch im Beispielmaterial zum Buch finden Sie ein Beispiel zum asynchronen Ton.

Wie asynchroner Ton wirkt und wie man möglicherweise Stellen mit Bild-Ton-Versatz findet und gegebenenfalls wieder repariert, können Sie mit einer kleinen Übung selbst nachvollziehen. Kopieren Sie eine O-Ton- oder Interviewsequenz ins Schnittfenster, möglichst so wie in Abbildung 17.22. Sperren Sie die Videospur durch Anklicken des Schlosses, und verziehen Sie anschließend die Audiospur mit gedrückter linker Maustaste um einige Sekunden.

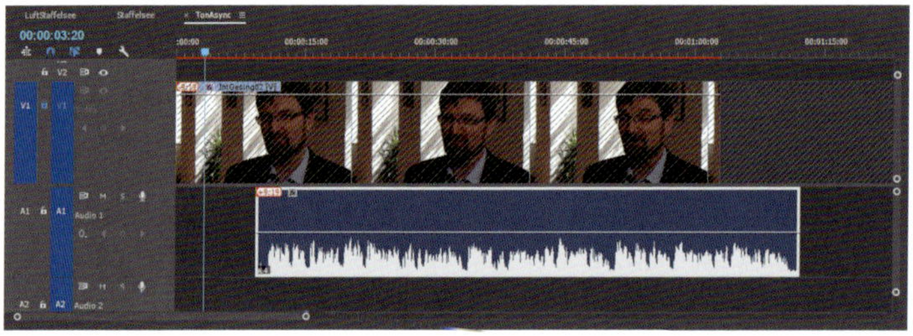

Abbildung 17.23 ▶
Tonversatz um 9 Sekunden und 19 Frames nach hinten

Spielen Sie das Beispiel ab, um sich die Auswirkungen anzuschauen. Probieren Sie den Versatz um nur ein oder zwei Frames aus, um ein Gefühl dafür zu entwickeln, wann ein Frameversatz auffällt (Profis gelingt dies häufig schon bei einem Frame).

Das Problem tritt leider häufig zunächst unbemerkt auf, vor allem wenn Sie stark in die Timeline gezoomt haben, also nur einen kurzen Ausschnitt von wenigen Sekunden überblicken. Bei Einfügungen, aber auch beim Extrahieren oder Schließen von Lücken kann es weiter hinten zu Asynchronität kommen. Sie erkennen asynchrone Files beim Abspielen oder mit einem Blick auf den Clip-Anfang, in dem der Zeitversatz (bei verknüpften Audio- und Videostreams) angezeigt wird. Häufig tritt das Problem beim sogenannten *Verziehen* von O-Tönen auf.

Bild und Ton trennen
Adobe hat das Konzept zur Vermeidung von Asynchronität zwischen Video und Audio etwas geändert. Früher waren Bild und Ton fest miteinander verknüpft; wollte man den Ton separat positionieren, musste die Verknüpfung erst aufgehoben werden. Nun lassen sich Bild und Ton beliebig versetzen, der entstehende Versatz wird immer angezeigt. Wenn Sie die Anzeige nervt, dann können Sie Bild und Ton markieren und mit einem rechten Mausklick die Verknüpfung aufheben. Mit dieser neuen Arbeitsweise steigt grundlegend auch das Risiko, asynchronen Ton zu erzeugen, wenn Sie den Audioclip z. B. verschieben. Andererseits lässt es sich so schneller arbeiten, und der Verzicht auf den Mausklick schont die Maushand.

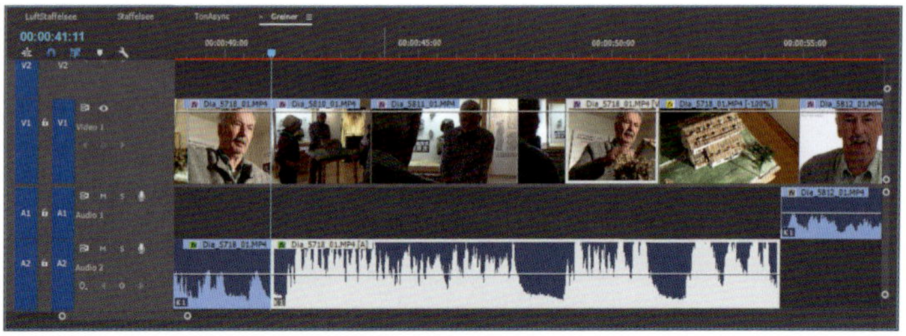

Abbildung 17.24 ▶
Der Ton aus dem markierten Clip (hell) wurde sowohl unter die Clips davor als auch danach gelegt (verzogen).

Dieses Unterziehen von O-Tönen ist eine beliebte Schnittmethode, die oft auch als *L-Schnitt* bezeichnet wird. O-Töne und Szenen können so elegant zu einer festen Einheit verwoben werden. Deshalb sollte Ihnen die dazugehörige Technik in Fleisch und Blut übergehen. Und so geht's:

Trennen Sie Bild und Ton voneinander, indem Sie die Verknüpfung lösen (siehe Kasten »Bild und Ton trennen«). Verlängern Sie den Clip Richtung Anfang und Ende. Verschieben Sie dabei auf keinen Fall den Clip, da die Lippenbewegungen sonst asynchron werden. Am Ende verknüpfen Sie sicherheitshalber wieder Video und Audio miteinander. Vergessen Sie dies, behandelt Premiere Pro Video und Audio künftig getrennt und achtet nicht mehr auf die Synchronizität. Bei miteinander verknüpften Clips zeigt Ihnen das Schnittprogramm hingegen sofort, wenn die Synchronizität nicht mehr stimmt.

Clips gruppieren
Sie können Clips auch in Gruppen zusammenfassen und damit etwas Ähnliches erreichen wie beim Verknüpfen. Wählen Sie die Clips aus, und drücken Sie die rechte Maustaste. Wählen Sie im Menü den Eintrag GRUPPIEREN aus. Klicken Sie nun auf einen der in einer Gruppe zusammengefassten Clips, werden automatisch alle Clips ausgewählt. Sie können ab sofort nur noch die ganze Gruppe löschen oder verschieben, jedoch nicht mehr einzelne Clips in der Gruppe.

Das Gruppieren macht vor allem dann Sinn, wenn Sie in einer Sequenz viele Szenen zusammenschneiden. Dann können Sie fertige Szenen als Gruppe markieren, etwa um sie im Film als Ganzes zu verschieben. Eine Gruppierung können Sie über das Auswahlmenü mit der rechten Maustaste auch wieder aufheben.

Ein Frameversatz geschieht fast immer unbeabsichtigt. Bei Interviews und markanten O-Tönen ist er ein schwerer Schnittfehler. Selbst Brandungsgeräusche, die nicht zum Bild der sich brechenden Wellen passen, erkennen Zuschauer intuitiv. Das Risiko steigt mit der Größe Ihres Projekts in einem Schnittfenster. Gewöhnen Sie sich deshalb an, lange Filme in mehreren Sequenzen zu schneiden. Sie können diese in Premiere Pro und anderen Programmen später verschachteln, d.h., in eine neue Sequenz bereits geschnittene Sequenzen einfügen.

Tonversatz reparieren
Sie können asynchronen Ton in Premiere Pro reparieren. Heben Sie dazu eine möglicherweise noch bestehende Verknüpfung zwischen Bild- und Audioclip auf. Wählen Sie beide Clips aus, und klicken Sie rechts mit der Maus. Wählen Sie aus dem Menü SYNCHRONISIEREN aus. Danach erscheint ein kleines Auswahlmenü, wo Sie wahlweise den jeweiligen Clip-Anfang oder das Ende als Synchronisationspunkt verwenden können oder den Timecode. Da Video und Audio aus dem gleichen Clip stammen, eignet sich am besten der gemeinsame Timecode. Nach Bestätigung mit OK laufen Bild und Ton wieder synchron.

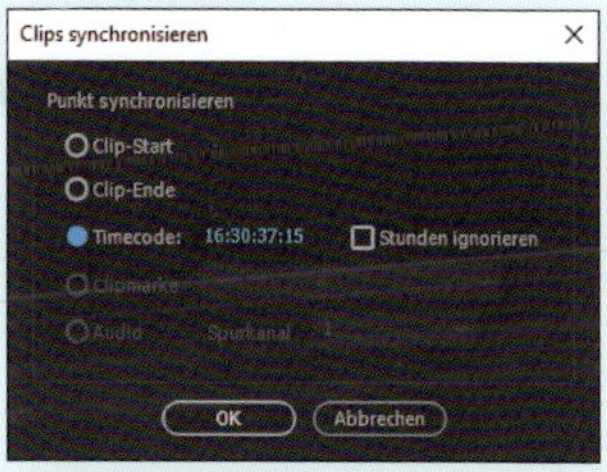

▲ **Abbildung 17.25**
Clips synchronisieren

17.3 Probleme des Cutter-Alltags

Die Basiswerkzeuge eines Cutters haben Sie nun kennengelernt. Nun müssen Sie lernen, wie ein Cutter zu denken. Während der Autor nur seine Geschichte im Kopf hat, kämpft sich ein Cutter durch den Berg von Einstellungen wie eine Näherin durch ihre Schnittmusterbogen. Die Aufgabe ist ähnlich. Die eine schneidet möglichst exakt aus den Stoffbahnen Ärmel, Rücken und andere Teile, um sie anschließend passgenau zu vernähen. Der Cutter sucht Einstellungen heraus, um sie möglichst »unsichtbar« aneinanderzufügen.

17.3.1 Beispiel: Eine Szene auf Musik schneiden

Dazu ein Beispiel: Eine Szene wird auf Musik geschnitten. Die Musik gibt den Takt und die Länge vor. Alle Schnitte sollen auf die Beats passen. Deshalb habe ich die wesentlichen Bassschläge mit Marken im Schnittfenster gekennzeichnet. Exakt auf jeder Marke (mit einer Ausnahme, um nicht zu stereotyp zu werden) soll ein Schnitt liegen. Damit haben wir die Basis für einen Filmclip. Die Handlung: ein Zumba-Kurs mit über 100 Teilnehmern in einer Turnhalle. So wie hier sieht die fertige Timeline aus.

Um die Problematik beim Schnitt zu verstehen, schauen wir uns einen kleinen Bereich im Detail an und denken dabei wie ein Cutter.

Abbildung 17.26 ▼
Schnittfenster des geschnittenen Projekts. Die wichtigsten Takte aus der Musik in Audiospur 1 wurden mit Marken gekennzeichnet. In Audiospur 2 liegt die Atmo.

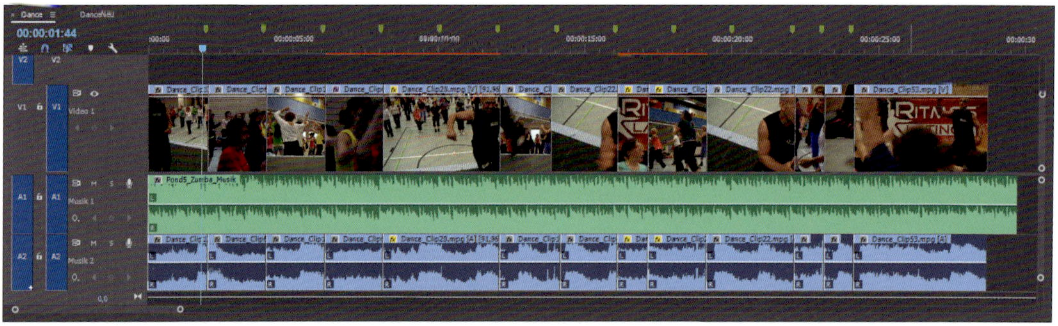

▲ Abbildung 17.27
Bei diesen Szenen gibt es Detailprobleme beim Schneiden.

Bevor wir uns aber diesen problematischen Szenen zuwenden, erst einmal die Informationen, worauf Sie beim Schneiden auf Musik generell achten sollten:

- **Länge**: Eine Einstellung muss wirken, d. h., Sie können sie nicht beliebig verkürzen oder verlängern. Bei einem Schwenk sollten Sie im Regelfall z. B. erst schneiden, wenn die Kamera ganz steht, also die Bewegung zu Ende ist. Oder aber: Sie schneiden mehrere Kameraschwenks hintereinander und immer vor dem Stand. Damit sich ein fließender Bildeindruck einstellt, sollten Sie fünf oder mehr Motive hintereinander kalkulieren und natürlich dann auch die entsprechende Länge. Auch die Musik gibt immer eine gewisse Gesamtlänge vor. Zudem sollten Sie auf die Akzente achten, damit der Schnitt wirklich sitzt.
- **Anschluss**: Manche Bilder lassen sich allerdings nicht hintereinanderschneiden, z. B. sehr ähnliche Aufnahmen. Im Beispielvideo, das Sie im Beispielmaterial zum Buch finden, ist das Hauptproblem die Bewegung. Die Gruppe und der Trainer wurden etwa zwei Stunden lang mit einer Kamera aus verschiedenen Aufnahmepositionen gefilmt. Natürlich haben sich dabei die Stücke und die Bewegungen geändert. Die Kunst im Schnitt liegt darin, Nahen und Totalen sowie Gegenschüsse aus verschiedenen Perspektiven zu finden, bei denen die Bewegungen stimmen. Und das Ganze soll natürlich dann noch auf den Takt passen. Folgende Probleme galt es zu überwinden.

Der richtige Anschluss
Dies ist das Kernthema des guten Schnitts. Ziel eines Cutters ist es, den Bildfluss so zu gestalten, dass der Zuschauer nie den Faden verliert. Wenn Sie die »Nimm zwei«-Regel von Abschnitt 11.1.4 beachtet haben, sollte das Risiko fehlender Anschlussbilder schon minimiert sein. Denn eine Totale und eine Nahe der gleichen Einstellung lassen sich häufig miteinander kombinieren. Und: Dank KI lässt sich aus dem Rohmaterial vielleicht noch ein fehlender Zwischenschnitt generieren, zum Beispiel, indem Sie nachträglich eine Nahe in hoher Auflösung herausrechnen lassen.

Problem 1: Die Länge | Die Länge der Einstellungen ist durch den Takt der Musik vorgegeben, da die Musik nicht mehr geändert werden soll. Der Schnitt muss möglichst auf einem Takt liegen.

Problem 2: Anschluss | Weil bei der Aufnahme der Ton eher schwierig war, war von Anfang an klar, dass ich das Video auf ein ausgewähltes Stück von der Konserve schneiden wollte. Trotzdem sollten sich die Tänzer im Rhythmus bewegen und natürlich auch klatschen. Also habe ich die entsprechenden Handbewegungen auf die Musikakzente gelegt. Jetzt musste ich natürlich für jede Anschlussaufnahme ein passendes Klatschen finden, bei dem auch noch die Bewegung der Tänzer sitzen musste.

Problem 3: Fester Mark In oder Mark Out | Manchmal ist das Bild fertig, bevor der Akzent zum Schneiden kommt, oder es muss unbedingt noch etwas länger stehen. Oder in einer Einstellung passiert nicht das, worauf wir warten. Im Beispiel finden Sie eine Szene, bei der die Tänzer zum Einstieg in der Halbtotalen richtig klatschen. Dummerweise klatschen sie jedoch nicht beim

Zwischenschnitte
Das Thema ist so wichtig, dass man es nicht oft genug erwähnen kann. Für die Lösung der meisten Schnittprobleme – und von denen gibt es viele – sind sogenannte *Zwischenschnitte* die Lösung. Sie erlauben es, zwei Aufnahmen miteinander zu verbinden, die nicht direkt hintereinanderstehen können. In unserem Beispiel wäre dies z. B. eine Nahe von den Füßen.

▲ **Abbildung 17.28**
Zwischenschnitt

nächsten Akzent, auch wenn sonst die Bewegung stimmt. Also muss ich die Aufnahme vorher beenden und auf die Nahe-Einstellung mit dem Trainer umschneiden. Der klatscht dafür schön im Takt. Das richtige Timing für den Umschnitt habe ich mit der Methode ROLLEN gefunden.

Abbildung 17.29 ▸
Lösung eines Schnittproblems durch Rollen

17.4 Die Basistechniken des Filmschnitts

Schneiden ist eine framegenaue Angelegenheit. Es erinnert etwas an das Legen eines Puzzles. Nur fehlt die Gewissheit, dass am Ende auch ein Bild entsteht. Doch so kompliziert ist es nicht, vor allem wenn Sie als Kameramann bereits den Schnitt im Hinterkopf hatten. Entscheidend ist es, den Einstieg zu finden und Schritt für Schritt für alle auftretenden Detailprobleme Lösungen zu entwickeln.

Auf den nächsten Seiten stelle ich Ihnen zwei Methoden vor, die am Ende zum Ziel führen. Die erste Technik, der sogenannte *Rough Cut*, ist etwas experimenteller und setzt mehr auf »Trial and Error«. Interessanterweise erscheint diese Methode vielen als schneller (daher der Name) und wird auch von erfahrenen Cuttern gerne angewendet, wenn die Zeit drängt. Der Rough Cut ist intuitiver und teilt die beiden wichtigsten Aufgaben beim Schneiden – das Identifizieren der wichtigen Einstellungen und ihre Montage – auf mehrere Arbeitsschritte auf.

Die zweite Technik, den *exakten Schnitt*, bevorzugen viele Profis, die den richtigen In- und Out-Point einer Einstellung intuitiv sicher beurteilen können und genau wissen, wie sie eine Szene aufbauen können.

17.4.1 Der schnelle Schnitt – Rough Cut

Beim Rough Cut arbeiten Sie die drei Aufgaben des Cutters, also das Identifizieren der benötigten Einstellungen, die Montage zu einer Szene und das Beseitigen von Anschlussfehlern, in drei separaten Arbeitsgängen hintereinander ab.

Markieren Sie zunächst alle Einstellungen, die für eine Szene infrage kommen, möglichst exakt, und kopieren Sie diese ungeordnet in die Timeline. Dabei kommen Ihnen die Programme entgegen, denn sie fügen einen neuen Clip hinter dem Abspielkopf ein und positionieren den Abspielkopf anschließend automatisch am Ende. Die Arbeit funktioniert wie am Fließband, Clip für Clip landen die Einstellungen wie an einer Perlenschnur im Schnittfenster. Lassen Sie dabei völlig außer Acht, ob die Reihenfolge der Einstellungen passt. Konzentrieren Sie sich nur darauf, möglichst sämtliche infrage kommenden Einstellungen zu finden, zu markieren und in die Timeline einzufügen. Wichtig dabei ist: Alle Clips sollten sorgfältig bearbeitet werden, d. h., Sie sollten am Ende sicher sein, die besten Einstellungen gefunden, markiert und in das Schnittfenster kopiert zu haben. Clippen Sie auch ähnliche Einstellungen, also z. B. die Wiederholung eines Takes. Nur wenn eine Einstellung eindeutig besser ist, verzichten Sie auf die zweite. Sehr schnell füllt sich so die Timeline mit einer ansehnlichen Zahl Clips.

Rough Cut oder Rohschnitt
Viele Programme bieten Tools für einen schnellen, sogenannten *Rohschnitt* an oder platzieren das importierte Material gleich in einer neu erstellten Sequenz. Mir geht diese Arbeitsweise gegen den Strich, weil ich damit erst einmal Unordnung in der Timeline habe, die ich nicht einmal selbst erzeugt habe. Das einfache Platzieren von Clips leistet nicht, was Cutter unter einem Rohschnitt verstehen. Da stimmt am Ende des Rohschnitts auch bereits die Reihenfolge. Danach folgt der sogenannte *Feinschnitt*, in dem Anschlussfehler repariert werden. Auch beim *Rough Cut* erledigen Sie am Ende den Feinschnitt.

Tipp: Um den Berg von Einstellungen nicht zu groß werden zu lassen, macht es Sinn, immer nur Einstellungen einer Szene in der Timeline zu sammeln und dann aufzuräumen. An einem Beispiel aus der Praxis werde ich Ihnen die Arbeit Schritt für Schritt erklären.

Es geht um einen Fischer, der mit dem Motorboot zu seinen am Vortag ausgelegten Netzen fährt. Er kontrolliert die Netze und sammelt die gefangenen Fische ein. Einen kurzen Lehrfilm zu diesem Beispiel finden Sie auch im Beispielmaterial zum Buch. Gedreht wurde die Szene im Stop-and-go-Verfahren, das ich in Kapitel 12, »Von der Einstellung zur Szene«, beschrieben habe. Das heißt, der Fischer ging seinem Handwerk mehr oder weniger wie gewöhnlich nach, bei notwendigen Einstellungsänderungen bat ich ihn kurz, zu warten, bis ich die Kamera in die richtige Position gebracht hatte, etwa als er die Fische aus dem Wasser zog. Da wollte ich natürlich nah dran sein.

Im Beispielmaterial finden Sie zum Rough Cut einen passenden Lehrfilm. Die Datei »FilmRoughCut.flv« liegt unter FILME • LEHRFILME. Die fertig geschnittene Szene »Fischer.mp4« finden Sie im Ordner FILME.

▲ **Abbildung 17.30**
Timeline – Beispiel Rough Cut

Auswahl der Einstellungen | Damit Sie sich die Geschichte besser vorstellen können, sehen Sie hier alle Einstellungen, die ungeordnet in meiner Timeline gelandet sind, im Überblick.

▲ **Abbildung 17.31**
Anfangs- und Endbilder der ersten Einstellungen

Genauso wie Sie musste ich mich als Cutter durch den Bilderwald erst einmal durcharbeiten, d.h. die wichtigsten Einstellungen identifizieren:

▼ **Tabelle 17.1**
Wichtige Einstellungen identifizieren

Motiv	Einstellungen	Länge
Fischer holt Netz ein, Fisch im Netz	2 Einstellungen, bewegte Kamera: Nahe Netz kommt aus Wasser, Fisch wird eingeholt und landet im Netz auf dem Boden des Bootes oder Fischer hält Fisch hoch.	je ca. 20 Sekunden
Heranrudern ans Netz, Netz einholen	1 Einstellung, bewegte Kamera: von hinten, Rudern, keine Einstellung von vorn	ca. 40 Sekunden
Fisch aus Netz befreien	mehrere Einstellungen, Zwischenschnitte aus verschiedenen Perspektiven	je ca. 5 bis 10 Sekunden
Netz waschen	2 Einstellungen: Halbtotale und Nahe Netz im Wasser	je ca. 5 Sekunden
Motorboot fahren	4 Einstellungen, 2 statisch, 2 bewegt: Anfang auf Bug, Schwenk auf Totale mit Fischer am Steuer	je ca. 5 Sekunden
Schnittbild Boot	Fischer arbeitet mit Netz.	ca. 5 Sekunden

Sortieren der Einstellungen | Völlig klar ist, dass eine der beiden Einstellungen mit dem Herausziehen eines Fisches auf jeden Fall im Film landen muss, und zwar die beste. Hier sehen Sie die beiden infrage kommenden Einstellungen im Vergleich.

▲ **Abbildung 17.32**
Vergleich der beiden Einstellungen »Fische im Netz«

Mir persönlich gefällt die linke Einstellung besser. Doch sie hat einen erheblichen Nachteil: Sie findet das falsche Ende.

◀ **Abbildung 17.33**
Ende der linken Einstellung mit zwei Fischen im Boot

Die Szene im Kopf entwickeln
Dies ist die entscheidende kreative Leistung eines Cutters. Er muss die Geschichte anhand des vorhandenen Materials nun erzählen. Dabei schert es einen guten Cutter wenig, wie die Handlung sich in Wirklichkeit entwickelte. Ihn interessiert es, die wichtigen Details zu erzählen und damit auch im Bild zu zeigen. Film ist nicht real, bemüht sich aber im Falle von Dokumentationen um Authentizität. Wenn Sie Ihre Szene im Kopf entstehen lassen, dann achten Sie bereits auf die Länge. Komprimieren Sie die Szene auf das für den Zuschauer Wesentliche. Lassen Sie Nebensächlichkeiten weg.

Der gefangene Fisch landet nämlich neben einem ersten bereits im Boot liegenden Leidensgenossen. Doch wie der erste aus dem Wasser gekommen ist, haben wir im Film gar nicht gezeigt. Im Gegenteil: Aus Sicht des Zuschauers sind wir erst vor wenigen Sekunden mit dem Boot angekommen. Dass da ein Fisch spontan freiwillig ins Boot gesprungen ist, glaubt niemand. Also habe ich mich für die Sequenz entschieden, in der der erste Fisch aus dem Netz gezogen wird. Die Clips mit dem zweiten Fisch landen erst einmal am Ende der Timeline, dem Vorhof zum Löschen. Dorthin habe ich schnell auch drei weitere Clips aussortiert, nämlich alle Einstellungen, in denen der Fischer mit dem Boot fährt.

Abbildung 17.34 ▸
Bootsfahrt über den See

Auch hier ist der Grund einfach. Es fehlen mir die passenden Anschlussbilder. Ich habe in meinem Rohmaterial keine Einstellung gefunden, in der der Motor abgestellt wird. Da ich immer an Bord war, fehlt auch eine Einstellung, wie das Boot z. B. nur durchs Bild fährt. Daher musste ich mich schweren Herzens von meinen schönen dynamischen Fahraufnahmen trennen – selbst schuld, zu wenige Schnittbilder. Nach diesen Entscheidungen bleiben nur noch wenige Einstellungen übrig, die es nun in die richtige Reihenfolge zu bringen gilt. Die ist schnell gefunden und schon beim Auswählen der richtigen Einstellungen in meinem Kopf entstanden (siehe Tabelle 17.2).

Reihenfolge	Inhalt
1	Fischer rudert zum Netz.
2	Fischer holt Netz aus dem Wasser.
3	Halbtotale Fischer arbeitet mit Netz.
4	subjektive Fahrt auf Nahe Netz
5	Nahe Kopf und Hände des Fischers
6	Halbtotale aus Froschperspektive
7	Nahe Fisch im Netz
8	Vogelperspektive Fischer arbeitet Fisch aus Netz.
9	Nahe Fisch, Schwenk auf Kopf Fischer
10	Nahe Fisch

Tabelle 17.2
Ausgewählte Einstellungen in die richtige Reihenfolge bringen

Konflikte eines Cutters | Das Cutter-Leben ist nicht einfach. Oft stehen Sie vor der Entscheidung, ob Sie eine möglicherweise fantastische Einstellung zugunsten des besseren Erzählflusses aus dem Film weglassen – ein schwieriger Konflikt. Denn eigentlich sollten Sie versuchen, immer die besten Einstellungen in Ihrem Film zu verwenden. Doch sperrt sich eine Einstellung vehement gegen eine harmonische Ehe mit anderen Clips, dann verzichten Sie lieber auf sie. Denn im Zweifelsfall sollte sich eine Einstellung dem Film unterordnen. Ganze zehn Einstellungen haben es also am Ende in den Film geschafft. Die Tabelle erinnert Sie hoffentlich stark an eine mögliche Schnittliste, die ich natürlich vor Beginn der Arbeit erstellt habe.

Anschlussfehler beseitigen | Nun geht es in einem dritten Arbeitsgang darum, im Feinschnitt die nicht unerheblichen Anschlussprobleme zu lösen. Und die sehen folgendermaßen aus (auf den folgenden Bildern ist jeweils das Anfangs- und Endbild der Einstellungen der Szene zu sehen):

▲ **Abbildung 17.35**
Einstellung 1: Fischer rudert, Schwenk auf Ruder

▲ **Abbildung 17.36**
Einstellung 2: Fischer legt Ruder weg, holt Netz aus Wasser.

▲ **Abbildung 17.37**
Einstellung 3: Zwischenschnitt, Boot von außen, Fischer arbeitet am Netz.

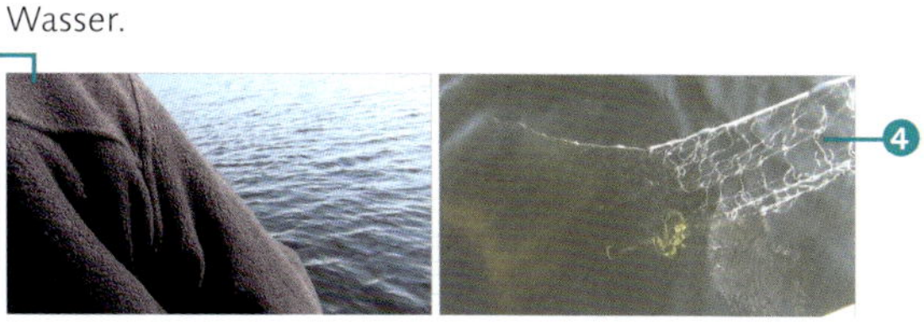

▲ **Abbildung 17.38**
Einstellung 4: bewegte Kamera, Fahrt über den Rücken auf Netz nah

▲ **Abbildung 17.39**
Einstellung 5: bewegte Kamera, Fahrt von Gesicht auf Hände

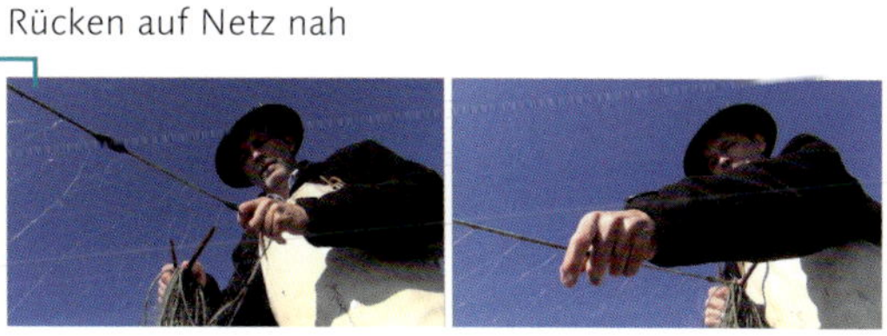

▲ **Abbildung 17.40**
Einstellung 6: Umschnitt in Froschperspektive

▲ **Abbildung 17.41**
Einstellung 7: Bewegte Kamera, Netz nah auf Fisch, Fisch wird ins Boot gezogen.

▲ **Abbildung 17.42**
Einstellung 8: Vogelperspektive, Fisch wird aus Netz gearbeitet.

▲ **Abbildung 17.43**
Einstellung 9: Nahe Fisch im Netz, Hände Fischer, bewegte Kamera auf Gesicht Fischer

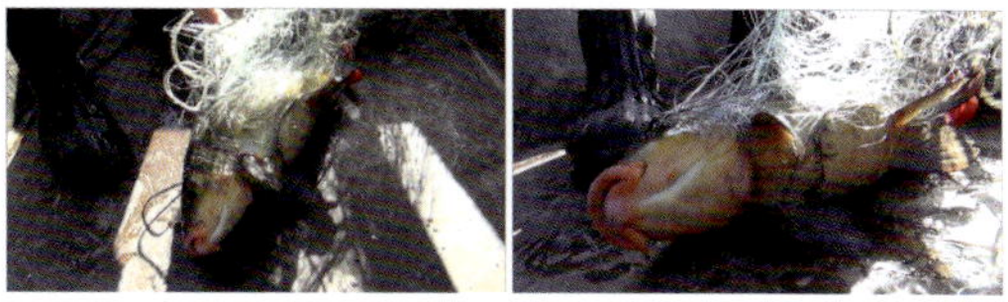

▲ **Abbildung 17.44**
Einstellung 10: Nahe Fisch, verdichtet auf Kopf

Keine Angst vor Goofs
Auf über 90 Filmfehler, sogenannte *Goofs*, bringt es allein »Der Pate«, traut man der internationalen Filmdatenbank IMDb. Interessant für Amateure sind die Goofs, die dort für den Klassiker »Casablanca« aufgelistet werden. Unter anderem verschwindet eine Flasche von Zauberhand, oder ein Weinglas fällt um und wird als Whiskeyglas wieder aufgehoben. Dies sind typische Anschlussfehler, die vor allem Filmfreaks auffallen, die Zeit und Muße haben, sich einen Film Bild für Bild anzuschauen. Wenn Sie dabei sind, einen solchen Goof zu produzieren, testen Sie, ob der Fehler einem normalen Zuschauer auffällt. Übersieht Ihr Testpublikum Ihn, dann rein damit. Dass Sie sich jedes Mal an der entsprechenden Stelle über sich selbst ärgern, ist Strafe genug.

Löcher im Film
Beim Rough Cut entstehen leider leicht schwarze Löcher im Film. Dies sind leere Stellen in der Timeline mit einem oder wenigen Frames. Der Grund ist meist, dass die Clips mit Drag-&-Drop-Operationen in der Timeline zurechtgeschnitten werden und der Schnitt nicht im Detail kontrolliert wird. Suchen Sie solche Löcher, die als schwarze Blitzer unangenehm auffallen, und schließen Sie sie, indem Sie sie extrahieren.

- **Problem 1**: Ich wollte unbedingt zeigen, wie der Fischer zum Netz rudert, um nicht sofort mit dem Einholen des Netzes anzufangen. Leider musste ich dafür am Ende von Einstellung 2 eine etwas unentschiedene Einstellung ❶ in Kauf nehmen, auf der eigentlich nichts zu sehen ist, die aber unter dem Aspekt eines passenden Anschlusses unvermeidbar war. Da die ersten beiden Szenen bewegt sind, fällt das ähnliche Anfangsbild (Schulter des Fischers) nicht negativ auf.
- **Problem 2**: Am Ende von Einstellung 2 wechselt die Kamera von der linken auf die rechte Seite des Bootes und fährt dabei auch noch über den Rücken des Fischers. Was weder spannend ist noch schön. Hier hilft nur ein Zwischenschnitt. Zum Glück habe ich am Ende der Dreharbeiten von einem zweiten Boot aus einige Einstellungen des Fischers beim Aufräumen gemacht ❷. Und von diesen Aufnahmen passt Einstellung 3. Zwar stimmt die Tätigkeit nicht, aber das weiß ja keiner. Denn: Es hätte so sein können.
- **Problem 3**: Ein weiterer Kompromiss ist der Anschluss ❸ zwischen Einstellung 3 und 4. Wieder sehe ich nur die Schulter, die ich jedoch dringend brauche. Denn in der Totalen von Szene 3 sieht man das Netz nicht, es muss also erst aus dem Wasser kommen. Die Einstellung gibt es jedoch nicht (ich stand ja immer hinter dem Fischer, und seine Schulter hat alles verdeckt). Die Fahrt auf das Netz »überspielt« den Kompromiss. Endlich befinde ich mich am Ort des Geschehens, dem Netz. Und jetzt flutscht der Schnitt wie dem Fischer das Netz durch die Hand.
- **Problem 4**: Da es sich eine ganze Weile hinzog, bis der erste Fisch im Netz hing, brauchte ich einen Zwischenschnitt, um die Szene zu kürzen. Zum Glück hatte ich die Hände des Fischers beim Einholen des Netzes in vielen Variationen gefilmt. Ein klassischer Zwischenschnitt zwischen Einstellung 4 und 5 ❹. Leider musste ich die Einstellung 4 etwas länger laufen lassen als eigentlich notwendig, weil das Netz gespannt sein musste. Denn in Szene 5 zieht der Fischer bereits kräftig daran.
- **Problem 5**: Der Umschnitt ❺ von Szene 5 auf 6 ist mein Privatvergnügen. Er ist nicht unbedingt notwendig, aber ich wollte auf die extreme Untersicht nicht verzichten. Puristen schütteln hier vielleicht den Kopf. Die Einstellungen ähneln sich sehr, deshalb besteht zudem die Gefahr, dass das Bild springt. Dieses Problem habe ich umschifft, indem ich die Bewegung auf den Frame genau angepasst habe. Entscheidend waren Position und Haltung der Hand zu Beginn von Szene 6. Sie musste exakt der Handhaltung am Ende von Szene 5 entsprechen. (Wenn Sie genau hinschauen, finden Sie einen Unterschied,

der im laufenden Bild aber nicht zu entdecken ist. Der Zeigefinger liegt bei Szene 6 auf der falschen Seite der Schnur.)

- **Problem 6**: In Szene 9 finden Sie meinen letzten Kompromiss. Denn eigentlich lief die Einstellung andersherum, d.h. ein Schwenk vom Kopf des Fischers auf den am Boden zappelnden Fisch. Doch dann hätte der nächste Schnitt nicht mehr gepasst, weil die beiden Einstellungen sehr ähnlich sind. Also habe ich die Einstellung umgedreht ❻, nun läuft sie rückwärts. Und schon passt alles wunderbar.

Die zentrale Szene 7, in der unser Fisch im Netz zappelt und an Bord geholt wird, lasse ich in voller Länge laufen, vor allem weil die Kamera das ganze Geschehen gut einfängt, ohne unmotiviert zu wackeln. Beim Zuschauer steigt die Erwartung.

Einstellung 8 ist ein sehr guter Zwischenschnitt, der an die vorangegangene Nahe vom Fisch passt. Auch die Nahen vom Fischer bei der Arbeit, also von Gesicht und Händen, fügen sich problemlos ein. Fazit: Eine 1-minütige Szene in ca. 40 Arbeitsminuten erstellt, sechs Probleme gelöst, etwa zehn Einstellungen ins filmische Nirwana verabschiedet – Cutter-Alltag. Wenn es bei Ihnen nicht ganz so flott von der Hand geht, dann liegt dies in aller Regel an mangelnder Erfahrung. Noch ist Ihnen das Zusammenspiel zwischen Nahen und Totalen, von Schuss und Gegenschuss nicht vertraut. Sie werden jedoch schnell feststellen, wie sich Ihr Blick für Schnittalternativen schärft und Sie bereits beim Drehen die fertige Szene im Kopf entwickeln. In Tabelle 17.3 sehen Sie noch einmal alle Arbeitsschritte hintereinander.

Laufrichtung eines Clips ändern
Das Umdrehen der Laufrichtung eines Clips ist ein beliebter Trick bei Cuttern. In Premiere Pro erledigen Sie die Aufgabe mit einem Mausklick. Wichtig: Wenn Sie die Laufrichtung ändern, darf die Mogelei nicht durch rückwärtslaufende Bewegungen auffallen, also Wasser, das nach oben fließt, Fußgänger, die rückwärtslaufen, eine Ampel, die von Rot auf Gelb springt. Sie werden erstaunt sein, was alles geht (und was nicht).

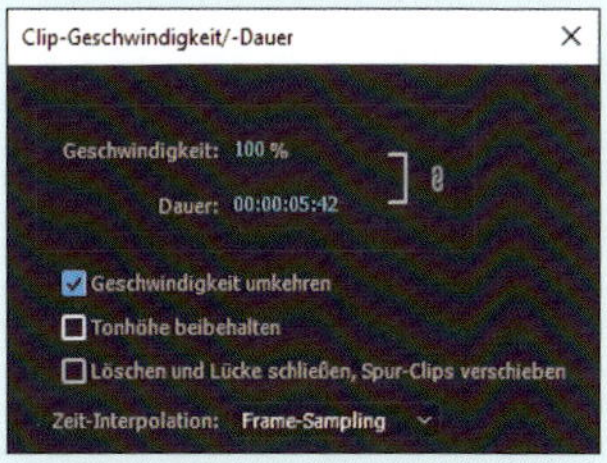

▲ **Abbildung 17.45**
Ändern der Laufrichtung durch Setzen des Häkchens bei GESCHWINDIGKEIT UMKEHREN

	Aufgabe	Beispiel
1.	alle Einstellungen aus dem Rohmaterial heraussuchen, exakt zuschneiden und in die Timeline kopieren	24 Clips in Timeline
2.	zentrale Einstellungen für Dramaturgie identifizieren	erster Fisch im Netz
3.	unlösbare Anschlussprobleme vorab identifizieren, überflüssige Clips löschen	Bootsfahrt, Fisch liegt bereits im Boot
4.	Einstellungen in richtige Reihenfolge bringen	Rudern, Netz einholen, Fisch im Netz, Nahen
5.	Schnitt für Schnitt auf Anschlussfehler untersuchen, wenn nötig Zwischenschnitte suchen, In und Out anpassen	Szene 2 und Szene 8

◂ **Tabelle 17.3**
Arbeitsschritte beim Rough Editing

Das *Rough Editing* entzerrt schnitttypische Aufgaben wie das Heraussuchen von Bildern und das Sortieren. Doch es gibt auch Nachteile: Erstens ist das Clippen der Bilder auf Dauer ermüdend und das nachträgliche Löschen überflüssiger Einstellungen aus der Timeline frustrierend. Zweitens werden die Clips erst in der Timeline endgültig angepasst. Das bedeutet, Sie müssen permanent in die Timeline hinein- und aus ihr herauszoomen, was die Arbeitszufriedenheit nicht gerade hebt. Abhilfe schafft hier der exakte Schnitt.

17.4.2 Der exakte Schnitt (3-Punkt-Schnitt)

Das Arbeiten in der Timeline nach der Rough-Cut-Methode wird bei wachsendem Umfang des Projekts leider unübersichtlich. Irgendwo liegen ein paar verlorene Clips herum, und man weiß gar nicht, welche noch benötigt werden und welche nicht. Wenn Sie, wie im vorangegangenen Abschnitt beschrieben, arbeiten, gewöhnen Sie es sich an, aufzuräumen, sobald Sie eine Szene fertiggestellt haben. Auch wenn Sie die einzelnen Einstellungen mühsam herausgesucht haben: Was im Film keinen Platz hat, hat auch in der Timeline nichts verloren. Im stereotypen Auswählen der Clips liegt der Grund, warum gerade Einsteigern das Rough Editing gefällt. Die größten Probleme beim Schneiden werden nämlich auf drei Arbeitsschritte aufgeteilt: Erst kümmert man sich nur um die Einstellung, dann um die Reihenfolge, dann um die Anschlüsse.

Das richtige Timing
Mit etwas Übung finden Sie schnell heraus, wo Sie optimal In und Out setzen. Der In für den nächsten Clip wird gerade bei Filmen, die auf Musik geschnitten werden, oft in der Timeline gesetzt. Ein Musikakzent gibt den Zeitpunkt für den Umschnitt vor. Die Länge dagegen legt man am besten im Vorschaumonitor fest, weil eine Einstellung oft nur eine bestimmte Länge stehen bleiben kann, z. B. weil ein Bildfehler (etwa Wackler) die Einstellung zunichtemacht. Wenn Sie erst einmal etwas geübt haben, werden Sie schnell ein Gefühl für das richtige Timing entwickeln. Dazu gehört auch, die Länge von Einstellungen richtig zu beurteilen, also herauszufinden, wie lange eine Totale stehen bleiben muss, damit der Zuschauer die Situation begreift, und wie lange z. B. ein spannendes Detail.

Erfahrene Cutter, die ihr Rohmaterial kennen, entwickeln intuitiv bereits beim Sichten eine Vorstellung davon, wie die Szene »funktioniert«. Sie haben einen sechsten Sinn für potenzielle Zwischenschnitte, die Anschlussprobleme lösen helfen. Deshalb bewegen sie sich kontrolliert durch das Rohmaterial und sind in der Lage, auch mehrere Schnitte im Voraus zu denken. Statt wie am Fließband erst einmal viele Clips herauszusuchen, arbeitet man sich beim exakten Schnitt also kontrolliert von vorne nach hinten durch das Material. Vorteil dieser Arbeitsweise: Die ganze Aufmerksamkeit gilt immer dem jeweils anstehenden Schnitt. Voraussetzung ist, dass Sie das Rohmaterial gut kennen.

Die Standardtechnik ist der sogenannte *3-Punkt-Schnitt*. Sie ähnelt der 3-Punkt-Regel beim Klettern. Anfänger, die sich zum ersten Mal im Fels bewegen, lernen, dass von Händen und Füßen immer drei sicheren Kontakt zum Fels haben müssen, also jeweils nur eine Hand oder ein Fuß den nächsten Halt suchen darf. So ist es auch beim Schnitt: Sie legen entweder zwei Ins und ein Out oder ein In und zwei Out-Punkte fest. Der fehlende In- oder Out-Punkt ergibt sich zwangsläufig, ein Absturz ist ausgeschlossen.

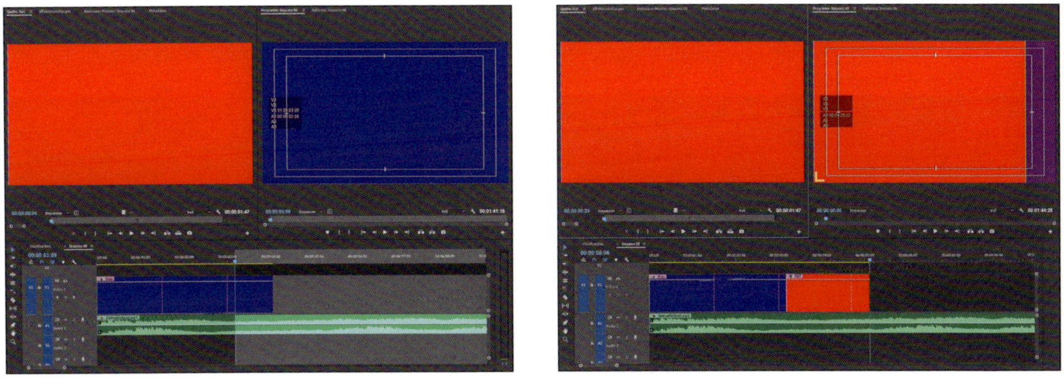

▲ **Abbildung 17.46**
Priorität für Mark In und Mark Out im Vorschaumonitor: Die Länge des Clips wird im Vorschaumonitor festgelegt. Nach dem Einfügen überschreibt der rote Clip den blauen ab der Stelle des ursprünglich gesetzten In-Punkts.

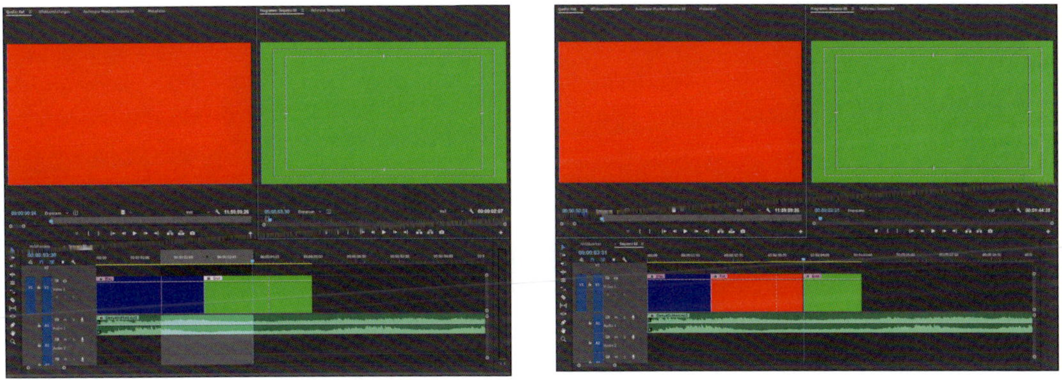

▲ **Abbildung 17.47**
Priorität für Mark In und Mark Out im Schnittfenster: Die Länge des Clips wird in der Timeline festgelegt. Nach dem Einfügen überschreibt der rote Clip den blauen und den grünen zwischen In und Out.

Solange Sie immer am Ende einer Szene arbeiten, reicht es, wenn Sie In- und Out-Punkt im Vorschaumonitor und nur den exakten In-Punkt in der Timeline markieren. Das Ende richtet sich automatisch nach der Länge der Einstellung im Vorschaumonitor. Gilt es jedoch, eine Lücke in der Timeline exakt zu füllen, müssen Sie In- und Out-Punkt in der Timeline markieren und brauchen nur den In-Punkt im Vorschaumonitor zu setzen. Alternativ können Sie auch den Out-Punkt im Vorschaumonitor markieren, wenn Ihnen das Ende der Einstellung wichtiger ist als der Einstieg.

Beim exakten Schnitt arbeiten Sie sich Schnitt für Schnitt nach dieser Methode durch Ihr Rohmaterial. Die exakte Reihenfolge der Einstellungen in der Timeline steht dabei bereits fest. Die

Arbeiten mit mehreren Sequenzen
Bei langen Filmen mit entsprechend vielen Clips in der Timeline ist es sinnvoll, zunächst einzelne Szenen auf jeweils eigene Sequenzen aufzuteilen. Damit sparen Sie sich lästiges Ein- und Auszoomen und behalten einfacher den Überblick. Die einzelnen Sequenzen können Sie am Ende in einer Mastersequenz zusammenfügen. Änderungen in einer Sequenz werden automatisch in den Master übernommen.

richtigen In- und Out-Punkte finden Sie durch den Vergleich der aufeinanderfolgenden Schnittbilder in den Monitoren.

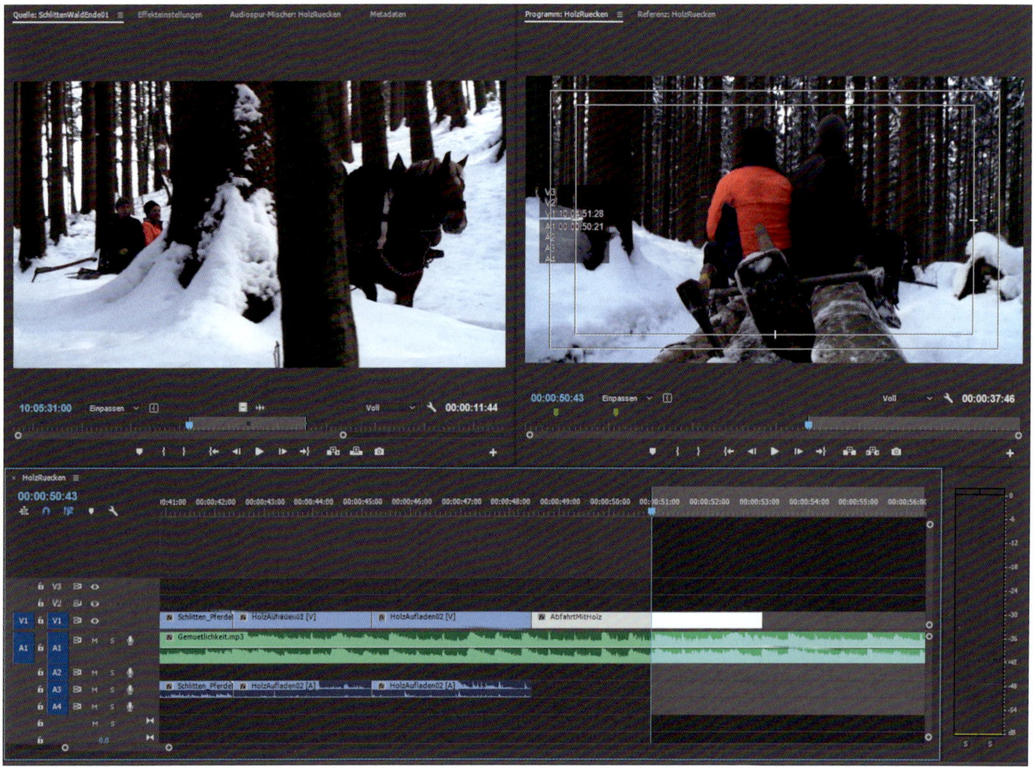

▲ **Abbildung 17.48**
Praxisbeispiel für 3-Punkt-Schnitt. In- und Out-Marke wurden im Quellmonitor gesetzt, im Schnittfenster eine In-Marke in der Mitte des letzten Clips.

Dies ist auch der wesentliche Grund, warum Profi-Cutter immer mit zwei Monitoren in ihrer Software arbeiten. Nur mit jeweils einem Monitor für die Vorschauansicht und einem für die Programmansicht können Sie auch exakt schneiden.

Nach dem Schnitt sollten Sie das Ergebnis immer kurz abspielen und visuell beurteilen. Sitzt ein Schnitt auf Anhieb nicht perfekt, können Sie ihn entweder in der Timeline kontrollieren (z. B. durch Rollen), oder Sie machen den Schnitt durch [Strg]+[Z] rückgängig und ändern die jeweiligen In- und Out-Punkte.

17.4.3 Zeitinterpolation (4-Punkt-Schnitt)

Manchmal lässt sich ein Problem jedoch auch mithilfe dieses kontrollierten Schnitts nicht lösen, vor allem wenn die einzige mögliche Einstellung nicht in eine klaffende Lücke in der Timeline passen will. In diesem Fall können Sie mithilfe Ihrer Software experimentieren. Setzen Sie In- und Out-Punkt jeweils in der Timeline und im Vorschaumonitor, und fügen Sie den Clip ein. Sie werden überrascht sein.

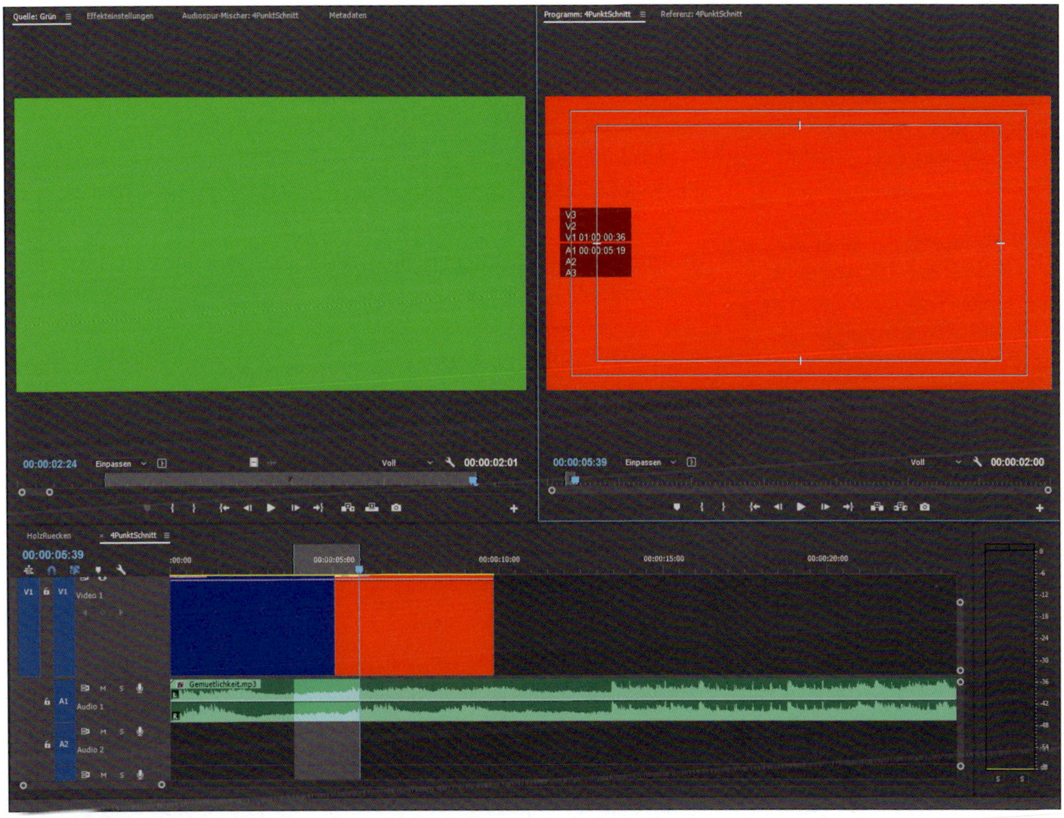

▲ **Abbildung 17.49**
Der 4-Punkt-Schnitt im Schnittfenster mit Quell- und Programmmonitor

Die meisten Programme erkennen nämlich das Problem und bieten Ihnen an, es für Sie zu lösen, indem sie den neuen Clip exakt auf die Länge der Lücke dehnen oder stauchen. Das heißt, der Clip läuft schneller (Zeitraffer) oder langsamer (Zeitlupe). Probieren Sie es aus. Im Beispielmaterial zum Buch finden Sie ein Beispielprojekt von Premiere Pro, anhand dessen Sie den 4-Punkt-Schnitt selbst testen können.

Oft ist das Ergebnis zufriedenstellend, manchmal wirkt die Zeitlupe jedoch künstlich oder der Zeitraffer lächerlich, vor allem wenn die Werte zu extrem werden, also sehr langsame Zeitlupen oder unnatürliche Beschleunigungen. Kommt das Ergebnis Ihren Vorstellungen nahe, ist aber noch nicht perfekt, dann kann es Sinn machen, die Geschwindigkeit manuell zu ändern und In und Out neu zu setzen.

Wenn auch der 4-Punkt-Schnitt keine Lösung bringt, sollten Sie nach einer neuen Lösung für die Szene suchen. Oft kann man Probleme mit einem neutralen Zwischenschnitt aus der Welt

Im Beispielmaterial zum Buch finden Sie unter Projekte • 4-Punkt-Schnitt ein Beispielprojekt für einen animierten Zähler. Fügen Sie ihn mit einem 4-Punkt-Schnitt in die Timeline ein, sodass er beschleunigt oder verlangsamt wird. Probieren Sie ruhig auch extreme Werte zur Geschwindigkeitsveränderung aus.

Zeitmanipulation zur Lösung von Schnittproblemen
Premiere Pro meldet, wenn die Länge einer Einstellung nicht zur Länge des für sie reservierten Platzes in der Timeline passt. Sie können nun wahlweise einen der fixierten In- oder Out-Punkte ignorieren oder Premiere Pro die Geschwindigkeit der Einstellung so ausrechnen lassen, dass sie passt.

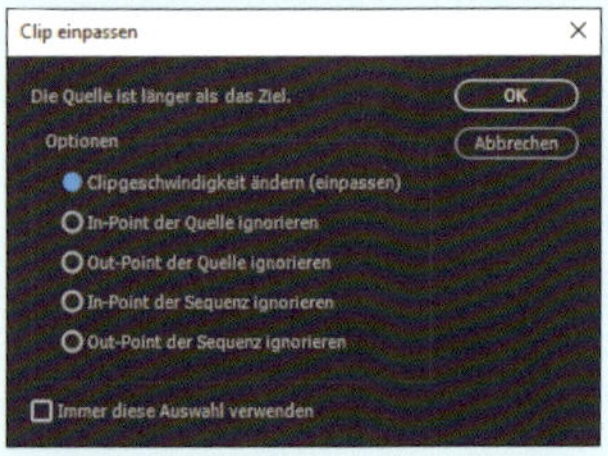

▲ **Abbildung 17.50**
Auswahlmenü Clip einpassen mit Zeitinterpolation

schaffen, der danach wieder mehr Schnittmöglichkeiten eröffnet, z.B. indem man zwischen zwei Totalen eine Nahe einfügt. Wie komplex solche Probleme auch bei vermeintlich einfachen Szenen werden können, illustriert das folgende Beispiel.

Eine einfache Szene: Der Bürgermeister meiner Heimatgemeinde geht zu einem bekannten Aussichtspunkt oberhalb des Riegsees, um ein Interview zu geben. Wir wollen zeigen, wo der Aussichtspunkt liegt, natürlich das Panorama am See einfangen und den Interviewpartner vorstellen. Doch so einfach und logisch die Szene erscheint, es gibt mehrere Probleme. Zum einen erkennt man in der ersten Totalen kaum die Person des Bürgermeisters. Da wir zwangsläufig über die Achse springen mussten, läuft der Bürgermeister in der Nahen und der zweiten Totalen in die entgegengesetzte Richtung. Die Lösung dieses Problems finden Sie im Übungsprojekt »Buergermeister.prproj« im Beispielmaterial zum Buch.

▲ **Abbildung 17.51**
Bild 1: Totale von unten, Bewegungsrichtung von links nach rechts

Abbildung 17.52 ▶
Bild 2: Nahe, Bewegungsrichtung von rechts nach links

Im Beispielmaterial zum Buch finden Sie das kleine Beispielprojekt »Buergermeister.prproj« unter PROJEKTE • BUERGERMEISTER. Die mithilfe des 4-Punkt-Schnitts fertig geschnittene Szene finden Sie im Ordner FILME. Die Datei heißt »Buergermeister.mpg«.

◂ **Abbildung 17.53**
Bild 3: Totale II, Bewegungsrichtung von rechts nach links

17.5 Nach dem Schnitt ist vor dem Schnitt

Auch wenn Sie alle Szenen fertig geschnitten haben und Ihre Timeline möglicherweise schon einen ziemlich aufgeräumten Eindruck macht, bleibt noch viel zu tun. Und damit meine ich nicht die noch ausstehenden Standardaufgaben wie Tonmischung und Sprachaufnahme, sondern Dinge, die noch im Schnitt erledigt werden müssen. Zum einen gibt es trotz sorgfältiger Planung wahrscheinlich einige Bildübergänge, die wenig harmonisch aussehen. In der Regel vor allem zwischen zwei Szenen, da sich hier häufig nicht nur das Motiv verändert, sondern auch die Farbigkeit eines Bildes. Hier gilt es zu überlegen, ob man die Übergänge nicht mit einer Blende oder einem anderen Effekt weicher macht (zu Blenden und Effekten siehe Abschnitt 18.2, »Schnitt und Blenden«).

Möglicherweise müssen dazu aber Anfangs- oder Schlusseinstellung noch einmal ausgetauscht werden, damit die Blende auch gut aussieht. Oder Sie wollen die Reihenfolge der Szenen nachträglich ändern und stellen fest, dass nun zwei sehr ähnliche Einstellungen aufeinanderstoßen, die auch mithilfe einer Blende den Zuschauer verwirren. Die nun notwendigen Arbeiten wie das Markieren von mehreren Clips, das Neupositionieren und die Änderung einzelner Einstellungen werden Sie wahrscheinlich im Schnittfenster erledigen.

Achten Sie bei der Auswahl darauf, wirklich immer alle Clips, die Sie versetzen wollen, auch auszuwählen. Oft übersieht man kleine Audiostückchen in einer untergeordneten Spur, wenn man das Auswahlwerkzeug benutzt. In Premiere Pro bietet das SPURWERKZEUG hier oft die Lösung. Ebenso funktioniert das Gruppieren von Clips, mit dem man sicherstellen kann, wirklich alle Clips

Die erste Vorführung
Wenn Sie kurz davorstehen, Ihren Schnitt abzuschließen, wird es Zeit für einen ersten Test. Zeigen Sie Ihr Werk Freunden, und beobachten Sie deren Reaktionen. Schauen Sie wirklich hin, wann sinkt die Aufmerksamkeit, wann steigt sie? Ein guter Film entfaltet bereits seine Magie, wenn er fertig geschnitten ist, also auch ohne Kommentartext oder Grafiken. Sprechen Sie möglicherweise die wichtigsten Informationen zum Film, ohne die er sonst unverständlich wäre. Achten Sie vor allem darauf, ob Ihre Schlüsselszenen funktionieren, also z. B. ein kleiner Gag auch wirklich verstanden wird und ankommt.

einer Szene mit einem Mausklick auszuwählen. Zudem sollten Sie nun darangehen, die Audiospuren zu »putzen«, d. h. störende Töne zu löschen und durch passende Töne zu ersetzen. Dazu werden Sie bei einzelnen Clips die Verknüpfungen aufheben müssen, um den Ton unabhängig vom Bild bearbeiten zu können (darauf wird später noch in Abschnitt 21.3.2, »Fehler beseitigen«, eingegangen). Achten Sie darauf, jede Szene auch akustisch zu gestalten, d. h. einen durchgängigen Audioeindruck zu schaffen. Bei Gesprächen wirkt es z. B. sehr harmonisch, wenn Sie einen O-Ton unter das Bild eines Zuhörenden verziehen.

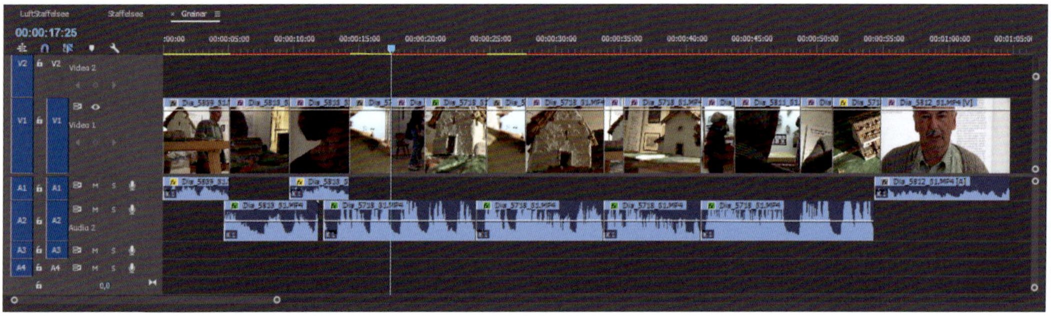

▲ Abbildung 17.54
Schnittfenster mit einer ca. einminütigen Szene, in der ein Interviewpartner Besuchern eines Museums die Ausstellungsstücke erklärt. In den beiden genutzten Audiospuren wurde der Ton so aneinandergereiht, dass alle wichtigen Aussagen so prägnant wie möglich enthalten sind. Mit den vielen Schnittbildern von Ausstellungsstücken, Besuchern und immer wieder eingestreuten Interviewteilen wurde eine lebendige Szene gebastelt, die den Zuschauer live am Museumsbesuch teilhaben lässt.

Mit solchen »Tricks« lassen sich übrigens Interviews oder Gespräche gut kürzen.

Erst wenn der Schnitt fertig steht, sollten Sie darangehen, Ihre Grafiken einzubauen, Effekte anzuwenden und den Ton zu mischen. Denn wenn Sie nachträglich den Schnitt doch noch einmal korrigieren, können diese Arbeiten plötzlich hinfällig werden.

Einsteigertipp: Schnell schneiden lernen
Suchen Sie sich ein kleines Projekt von vielleicht 2 bis 3 Minuten Länge. Es sollte alles enthalten, was einen Film ausmacht, also Musik, Szenen zum Zuschauen, Kommentarton und vielleicht einen kleinen Trailer. Drehen Sie das notwendige Filmmaterial am besten selbst, Sie können aber auch Übungsmaterial aus diesem Buch von der Webseite herunterladen oder das Übungsmaterial von Adobe verwenden. Öffnen Sie Ihr Schnittprogramm und importieren Sie das Material. Probieren Sie zunächst mit Hilfe von Drag & Drop, Clips im Schnittfenster zu organisieren, und machen Sie sich so mit dem Programm und dem Grundprinzip des Schneidens vertraut. Öffnen Sie dann eine neue Sequenz (Master), und schneiden Sie das kleine Filmprojekt. Verwenden Sie dazu die Methode des exakten Schnitts wie oben vorgestellt. Wenn Sie fertig sind, zeigen Sie den Film einem wohlwollenden Dritten, der oder die sich aber nicht scheuen sollte, Ihnen auch ehrlich zu sagen, was an Ihrem ersten Kunstwerk nicht hundertprozentig sitzt. Versuchen Sie, alle Fehler zu korrigieren, egal ob Sie die Meinung Ihres Kritikers teilen oder nicht. So gewöhnen Sie sich daran, Ihren Film durch die Augen eines Zuschauers zu betrachten.

Kapitel 18
Montagetechniken, Ton und Grafik

Die erste Szene ist geschafft. Doch eine Szene allein macht noch keinen Film. Zum fertigen Kunstwerk gehören immer ein perfekter Ton und meistens gute Grafiken, sei es als Insert, als Landkarte oder Animation. Und dann wollen die vielen Szenen noch miteinander verbunden werden durch entsprechende Übergänge. In diesem Kapitel lernen Sie, wie Sie Ihrem Film ein einheitliches Gesicht geben.

18.1 Von Szene zu Szene – Übergänge

Ein Film besteht nicht nur aus Einstellungen, sondern auch aus Szenen. Eine Szene stellt eine in sich abgeschlossene Handlungseinheit innerhalb eines Films dar. Einfacher ausgedrückt: Wenn eine Szene zu Ende ist, beginnt eine neue Handlung. Für den Cutter heißt dies, dass er dem Zuschauer gegebenenfalls mitteilen muss, dass es nun an einem anderen Ort weitergeht, möglicherweise sogar noch in einer anderen Zeit. Deshalb wird für die Verknüpfung von Szenen häufig kein Schnitt, sondern eine Blende verwendet.

Filmemacher verwenden den Begriff sogar für eine besondere Szenenart, die sogenannte *Rückblende*. Davon spricht man, wenn sich der Protagonist an etwas in der Vergangenheit Liegendes erinnert. Optisch eingeleitet wird diese Art der filmischen Vergangenheitsbewältigung gerne mit einer opulenten Blende. Doch längst nicht jeder Szenenwechsel erfordert eine Blende. Und nicht jede Blende signalisiert einen Zeit- oder Ortssprung. Stattdessen können Sie einen weichen Übergang auch als gestalterisches Mittel einsetzen. Etwa, wenn Sie viele ähnliche Aufnahmen miteinander kombinieren wollen. Allerdings reicht die Blende nicht immer, daher müssen manchmal auch aufwändigere Lösungen gefunden werden.

Continuity – einheitliche Gestaltung über den Film
Zu der Forderung nach Continuity aus Abschnitt 4.4 gehört auch, dass Sie für Übergänge, die das Gleiche darstellen, auch gleiche Arten des Übergangs verwenden. Also immer ein und dieselbe Blende, möglichst auch mit derselben Länge. Das Gleiche gilt für Grafiken wie Bauchbinden oder Karten. Auch hier sollten Sie sich um ein gemeinsames Muster bemühen, das Sie auf alle vergleichbaren Fälle anwenden. Denn bei jeder Abweichung unterstellt der Zuschauer unbewusst, dass die Änderung etwas bedeutet. Kann er die Bedeutung nicht intuitiv erfassen, fängt er an, darüber nachzudenken, und vergisst den Film.

18.2 Schnitt und Blenden

Wenn aus einem Clip eine Einstellung wird – der Take
Bisher habe ich immer von Clips gesprochen, wenn ich Rohmaterial meine, und von Einstellungen, wenn ein Stück eines Clips in der Timeline platziert wurde. Dort stellt der Schnipsel aber natürlich auch wieder einen kurzen Clip dar. Damit man nun Clips im Rohmaterialordner von Clips in der Timeline unterscheiden kann, verwende ich dafür den englischen Begriff *Take*. Ein Take ist also ein Clip, der in einer Timeline platziert wurde und einen definierten Anfang und ein definiertes Ende hat.

Die häufigste Methode, zwei Einstellungen zu montieren, ist der einfache Schnitt. Seinen Namen verdankt er dem Filmschnitt, bei dem tatsächlich mit einem Messer oder einer Schere die Filmstreifen zerschnitten und so eine Einstellung »herausgenommen« wurde, um sie in das Schnittmaster einzufügen. Daher stammt auch der englische Begriff *Take* für eine ausgewählte Einstellung in einem Film (siehe auch der nebenstehende Kasten). Im Zeitalter des computerbasierten Schnitts werden die Einstellungen im Clip markiert und anschließend der Take in die Timeline kopiert. Take für Take wird so eine Einstellung an die nächste gefügt, eine Szene an die nächste. Das erste Bild eines Takes folgt unmittelbar auf das letzte Bild des vorhergehenden Takes. Fertig ist ein Schnitt. In der Timeline markiert die Grenze zwischen zwei Clips den Schnitt.

Das Gehirn eines durchschnittlichen TV-Zuschauers ist an diese Art der Bildmontage so sehr gewöhnt, dass sich in den letzten Jahrzehnten die sogenannte *Schnittfolge* deutlich gesteigert hat. Wenn Sie sich von der Richtigkeit meiner These überzeugen wollen, dann leihen Sie sich in einer Videothek einmal den ersten Bond-Film (»James Bond jagt Dr. No«) und den letzten, »Skyfall«, aus. Ein Vergleich jeweils der ersten Minuten reicht völlig, um zu erkennen, wie rasant der Schnitt in den letzten 50 Jahren geworden ist. Ursprünglich wollte man einen Schnitt eher vermeiden. Eine Szene wurde möglichst in einer Einstellung gedreht. Mittlerweile folgen Schnitte in kurzem Abstand, oft innerhalb weniger Sekunden aufeinander, manchmal bleiben den Bildern nur noch wenige Frames, um zu wirken. Wie gut das Ergebnis ankommt, ist auch vom Publikum abhängig. Ältere Zuschauer empfinden schnelle Bildfolgen oft als hektisch, jüngere Zuschauer erwarten geradezu viele schnelle Schnitte. Unabhängig von den Sehgewohnheiten des Publikums entwickeln viele Cutter im Laufe der Jahre ihren eigenen Erzählrhythmus.

Der Schnitt sollte im besten Fall »unsichtbar« sein. Das Hin- und Herspringen der Fernsehbilder zwischen Nahen und Totalen, von Motiv zu Motiv kennt der Zuschauer. Wenn Sie gutes Material vor sich haben, werden Sie wahrscheinlich nichts anderes brauchen als perfekte Schnitte. Doch manchmal sind Brüche in einem Film unvermeidlich. Und dann brauchen wir mehr als einen Schnitt.

18.2.1 Einfache Blende

Sie finden den Film mit dem Namen »Patrick_im_Kongo.mp4« im Beispielmaterial zum Buch im Ordner FILME.

Die Blende ist ein dramaturgisches Mittel, um dem Zuschauer zu signalisieren, dass sich in der Geschichte ein Bruch ereignet. Wir springen an einen anderen Ort, oder die Handlung spielt in einer anderen Zeit. Mit einem einfachen Schnitt würden wir den Zuschauer wahrscheinlich aufs Glatteis führen.

◂ **Abbildung 18.1**
Die Funktion einer Blende an einem Beispiel aus dem bereits bekannten Film mit Patrick im Kongo, den Sie auch im Beispielmaterial zum Buch finden.

In Kapitel 16, »Das Schnittprojekt«, habe ich bereits erzählt, warum ich in dem Film mit Patrick mit einer Szene aus dem Kongo einsteige. Aber natürlich will der Zuschauer wissen, wie der Badener Patrick überhaupt in das Land gekommen ist. Wie hat er sich vorbereitet, wie reagierten die Freunde? Also muss der Film irgendwann zurück nach Deutschland und diesen Teil der Geschichte erzählen. Damit der Zuschauer auch optisch nachvollziehen kann, was passiert, habe ich dem Sprung eine lange üppige Blende spendiert. Der Zuschauer weiß intuitiv: Jetzt geht es an einem anderen Ort zu einer anderen Zeit weiter. Zwei Takes in der Timeline miteinander zu verblenden ist eine einfache Sache.

Sie ziehen aus dem Effektordner Ihrer Software den Effekt per Drag & Drop auf die beiden Clips in der Timeline oder positionieren den Abspielkopf über dem Schnitt und verwenden den Shortcut für die Standardblende (in Premiere Pro Strg+D). In einigen Programmen können Sie auch intuitiv eine Blende erzeugen, indem Sie die Clips in der Timeline übereinanderziehen. In den Einstellungen zur Blende können Sie in der Regel immer die Länge durch Eingabe von Zahlenwerten verändern. In der Timeline können Sie es auch mit der Maus versuchen. Ich bevorzuge jedoch Zahlenwerte, weil ich Wert darauf lege, dass meine Blenden möglichst gleich lang sind.

Abspielkopf positionieren
Wenn Sie beim Schneiden Ihres Films so weit sind, dass Sie die Übergänge zwischen zwei Szenen angehen können, dann ist es hilfreich, die einzelnen Schnitte exakt anspringen zu können. Um mit dem Abspielkopf an die entsprechende Position zu gelangen, können Sie in Premiere Pro mit der ↑- oder der ↓-Taste zum letzten oder nächsten Schnitt springen. Sie können aber auch einfach die beiden Takes auswählen und den Kurzbefehl für die Standardblende Strg+D verwenden. Dies funktioniert auch bei mehreren ausgewählten Takes.

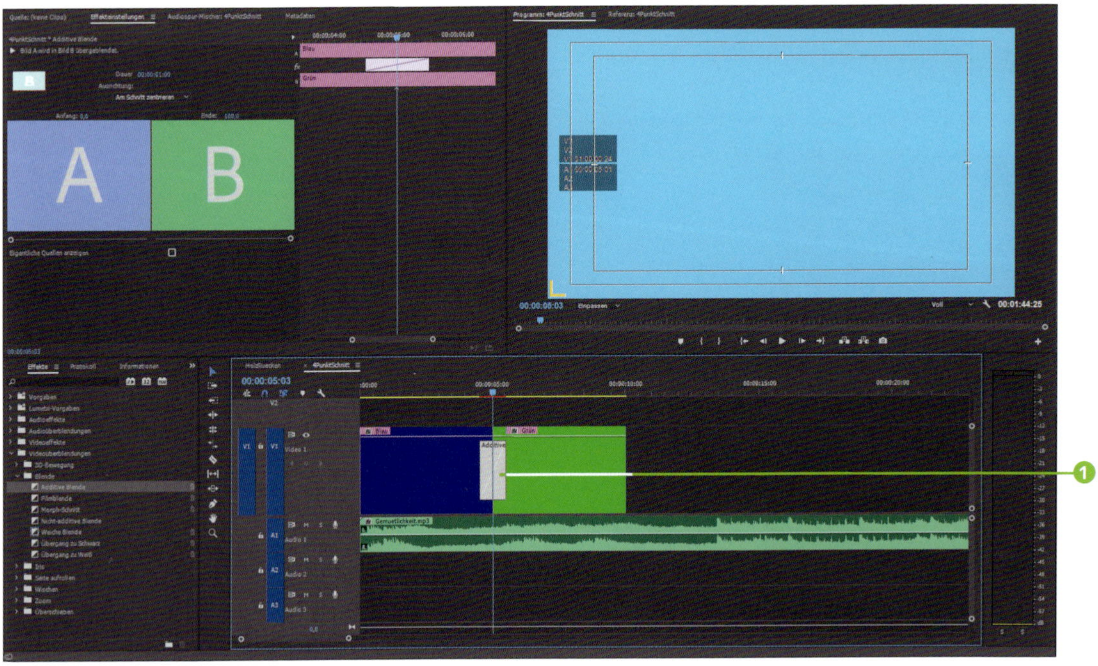

▲ **Abbildung 18.2**
Auswahlmöglichkeiten für eine einfache Blende (1) in Premiere Pro. Aus Blau und Grün ergibt sich in der 50:50-Mischung beider Farbflächen in der Mitte der Blende der Farbton Türkis.

Blende positionieren
Sie können in Premiere Pro Anfang oder Ende einer Blende festlegen, wenn Sie in den EFFEKTEINSTELLUNGEN die Position der Blende auswählen: AM SCHNITT ZENTRIEREN, BEGINN AN SCHNITT, ENDE AM SCHNITT. Positionieren Sie die Blende am Schnitt, so liegt an diesem Punkt die Mitte der Blende, d. h. die Transparenz beider Bilder liegt jeweils bei 50 %.

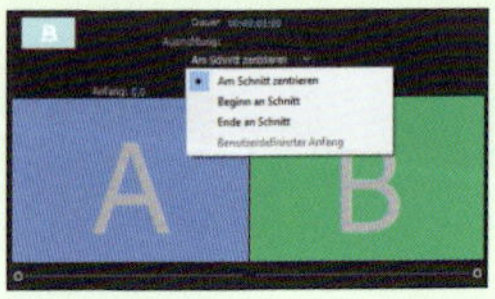

▲ **Abbildung 18.3**
Positionierung einer Blende in den EFFEKTEINSTELLUNGEN

Überprüfen Sie jede Blende, indem Sie sie in Echtzeit abspielen. Denn manchmal reicht das vorhandene Material für eine Blende nicht aus. Es fehlt sogenanntes *Blendfleisch*, also Frames, die im eigentlichen Take nicht enthalten sind, nun aber für die Blende benötigt werden. Für Schnittprogramme ist diese Aufgabe erst einmal kein Problem. Wissen Sie noch, aus welchem Clip der Take entnommen wurde, verwenden Sie einfach die benötigten Bilder vor dem Einstieg oder nach dem Ende. Allerdings können dabei zwei Probleme auftreten:

1. Der Clip stellt nicht ausreichend Bilder zur Verfügung, z. B. weil Sie den In-Punkt ganz an den Anfang oder den Out-Punkt ganz ans Ende gesetzt haben. In diesen Fällen sollten Sie die Blende neu positionieren.
2. Es gibt zwar ausreichend Bilder, aber die machen sich unschön bemerkbar. Dazu gehören etwa plötzliche Wackler, Anfang oder Ende von Schwenks und Zooms, Auf- und Abblenden oder technische Fehler. In der Blende merkt der Zuschauer noch, dass irgendetwas mit dem Bild nicht stimmt, das verschwindet oder kommt.

Für das erste Problem bietet Premiere Pro eine einfache Lösung. Steht nicht ausreichend Blendfleisch zur Verfügung, wird die Blende dort positioniert, wo sie möglich ist. In früheren Versionen versuchte die Software, die fehlenden Bilder zu errechnen, allerdings mit wenig zufriedenstellenden Ergebnissen. Dank KI und der Möglichkeit, Premiere Pro mithilfe der Funktion GENERATIVES ERWEITERN einfach 2 Sekunden Material hinzurechnen zu lassen, sollte dieses Problem heute gelöst sein. Auch das zweite Problem sollten Sie so in den Griff bekommen, allerdings können Sie den fehlerhaften Take auch noch einmal neu clippen und dabei das benötigte Blendfleisch berücksichtigen.

18.2.2 Effektblenden

Längst haben sich Blenden ein weitaus größeres Einsatzgebiet erobert und kommen auch dann zum Einsatz, wenn ein klassischer Schnitt eigentlich ausreichen würde. Beliebt sind Blenden z. B. in Musikvideos, als Übergang zwischen Nahen und Totalen eines Sängers. In diesem Fall ist die Blende ein Gestaltungsmittel, sie erfüllt keine dramaturgische Funktion. Wie immer im Film tobt auch an dieser Stelle ein Streit zwischen Puristen und Kreativen. Wo die einen nicht ganz zu Unrecht den inflationären Gebrauch von Blenden kritisieren, fordern die anderen, ebenso nicht ganz zu Unrecht, gestalterische Freiheit. Einig sind sich beide erst wieder, wenn es um den Einsatz von sogenannten Trick- oder Effektblenden geht.

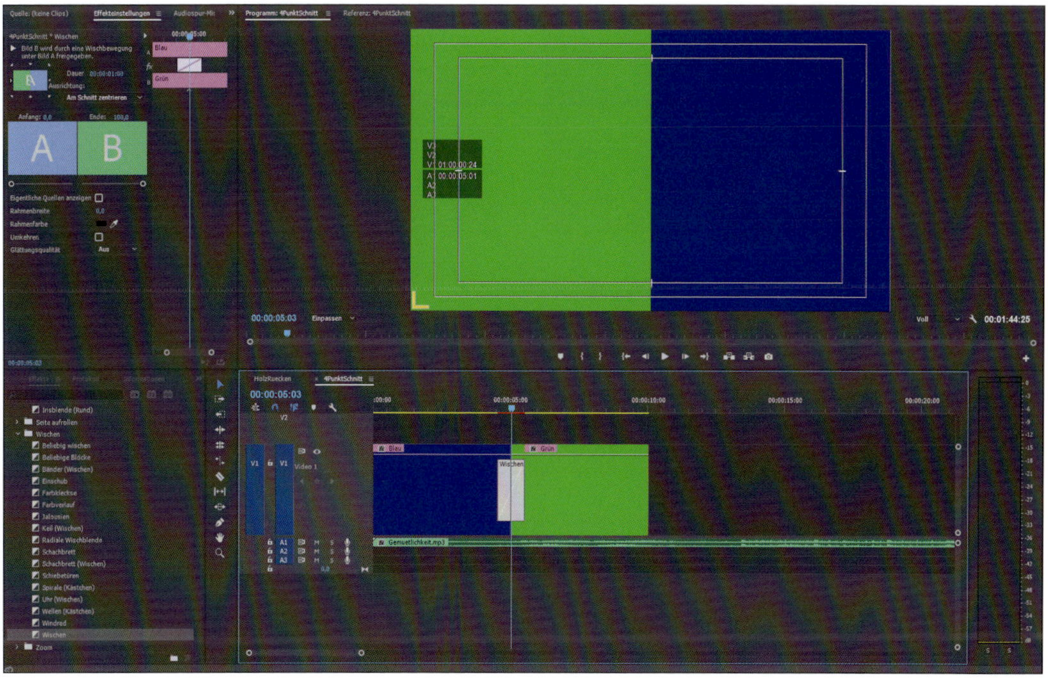

▼ Abbildung 18.4
Wischblende zwischen einem blauen und einem grünen Take. Die Blende ist mittig platziert. An der Position des Abspielkopfes wird der Übergang der Blende mit 50 % angezeigt. Die beiden Bilder sind jeweils zur Hälfte sichtbar.

Blendenvielfalt
In Premiere Pro finden Sie eine recht umfangreiche Auswahl an Videoblenden unter Effekte • Videoüberblendungen. Bearbeitet und individuell angepasst werden können die Blenden dann in den Effekteinstellungen.

Wer einmal einen Blick in den Ordner Transitions oder Videoüberblendungen seiner Schnittsoftware wirft, entdeckt dort eine wahre Flut von Effektblenden, die eines gemeinsam haben: Sie sind nicht besonders hübsch. Nur einer dieser Blendentypen hat es neben der Standardüberblendung halbwegs zu Cutter-Ehren gebracht: der *Wipe* oder auch *Schiebeblende* genannt. Dem Rest bleiben bis heute die Weihen der Filmkunst versagt, sodass man darüber rätseln kann, warum sich Programmierer trotzdem die Mühe machen, immer neue Varianten dieser optischen Sünden zu entwickeln. Die Antwort finden Sie bei YouTube und MyVideo.

▲ **Abbildung 18.5**
Wipe (Jalousie)

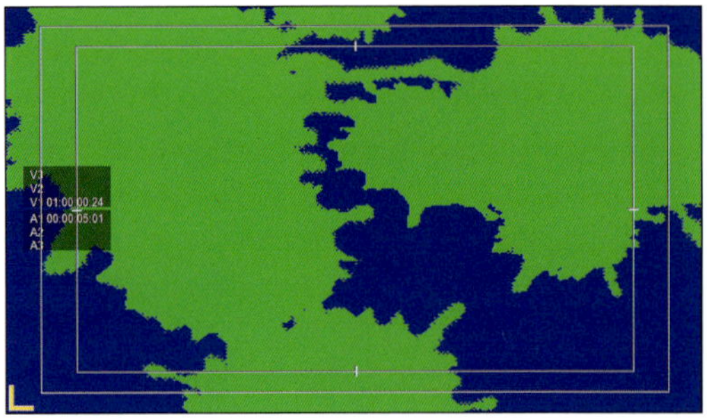

▲ **Abbildung 18.6**
Farbkleckse

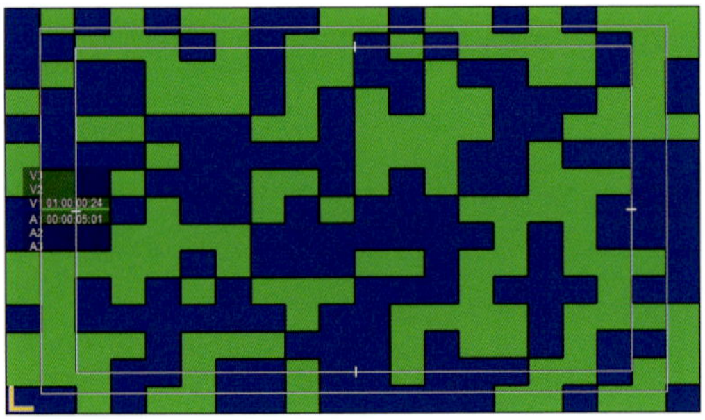

▲ **Abbildung 18.7**
Blöcke mit schmalem schwarzem Border

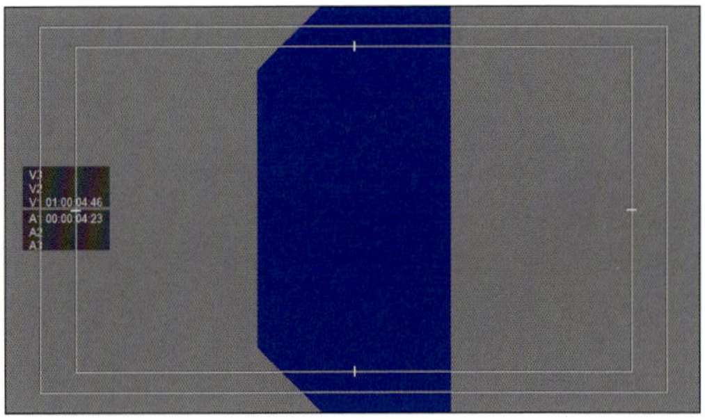

▲ **Abbildung 18.8**
Effekt Einzoomen & Auszoomen. Dieser Effekt ist gar nicht einmal so hässlich. Zum Ende des endenden Takes wird ins Bild gezoomt, zu Anfang des beginnenden Takes aus dem Bild herausgezoomt. Das schafft etwas Hektik, die aber dort, wo es passt, durchaus wirkungsvoll sein kann.

Immersives Video und Blenden
Für immersives Video wurde eine ganze Palette von Effekten und Blenden entwickelt, die Artefakte vermeiden, insbesondere Nahtlinien, an denen das Material zusammengefügt wurde.

Wenn Sie erst einmal die vielen Effektblenden gefunden haben, können Sie mit diesen auch noch spielen. Das Aussehen vieler Effektübergänge lässt sich variieren (in Premiere Pro in den Effekteinstellungen). Sie können die Länge der Blende im Effektfenster festlegen, Beginn und Ende und z. B. Breite sowie Farbe eines Trennstriches zwischen den Bildern. Dieser *Border* wird vor allem bei Wipes verwendet, also Wischblenden.

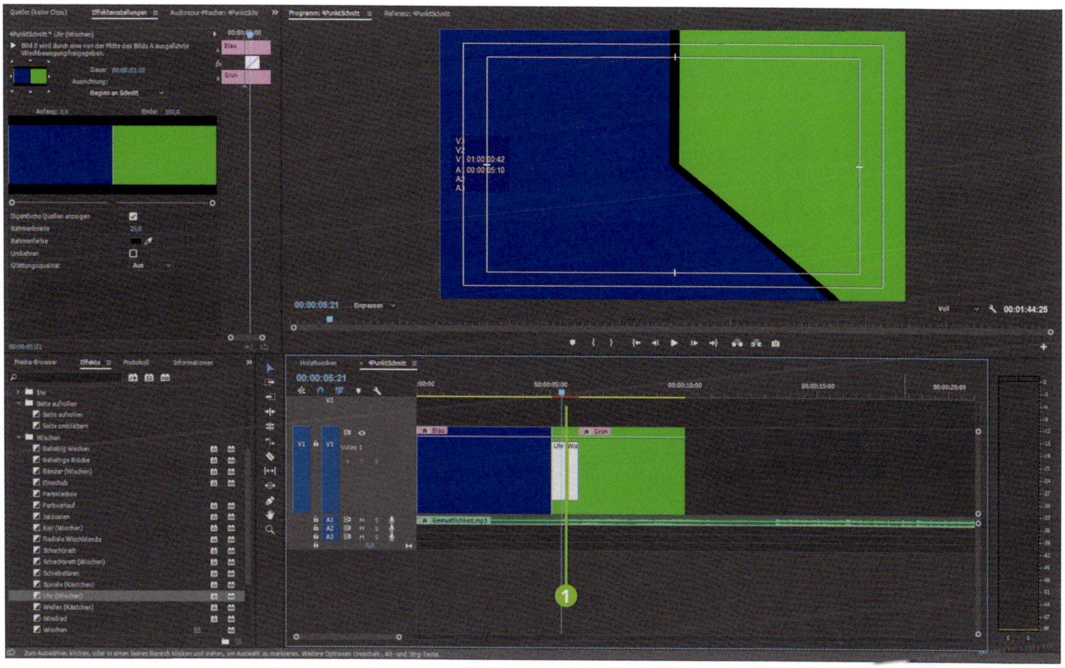

▲ **Abbildung 18.9**
Einstellen von Effektdauer, Anfang und Ende der Blende sowie Farbe und Stärke des Borders am Beispiel des Effekts Uhr

Die Blende wird meistens als Symbol ① in der Timeline angezeigt. Sie erstreckt sich über die beiden Clips, die verblendet werden, und kann mit der Maus auch interaktiv verlängert oder verkürzt werden. Damit Sie eine Blende einfügen können, müssen die Clips aneinanderstoßen. Andernfalls wird auf Schwarz abgeblendet.

▲ **Abbildung 18.10**
Effektvoll eingesetzte Videoblende: Filmer bei Sonnenuntergang

Standardblende einstellen
Unter der *Standardblende* verstehen Cutter die Blende, die bei der Verwendung des entsprechenden Shortcuts (Strg + D) von ihrem Programm verwendet wird. In Premiere Pro können Sie jede Blende per rechten Mausklick auf den Effekt im Effektordner als Standardblende einstellen. Die Dauer der Blende müssen Sie jedoch unter den Voreinstellungen anpassen. Unter Bearbeiten • Voreinstellungen • Allgemein können Sie dort die Länge der Standardvideo- und -audioblende einstellen.

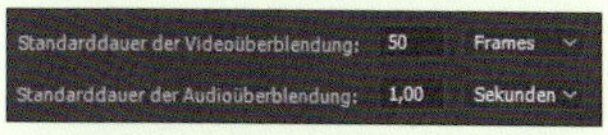

▲ **Abbildung 18.11**
Voreinstellungen für Standardblende

18.2.3 Die richtige Länge

Ich habe lange Zeit im häufigen Wechsel mit zwei Cuttern gearbeitet. Der eine schwor, dass eine Standardblende grundsätzlich 16 Bilder lang zu sein habe, besser zehn Frames. Der andere zog 25 Bilder für eine lange Blende vor, die kurze Blende sollte zwölf Frames währen. (Das bezog sich auf Filmmaterial mit 25 Bildern bzw. 50 Halbbildern.) Das Irre daran: Jeder hatte auf seine Art in der Regel recht. Bei dem einen sahen die kürzeren Blenden besser aus, bei dem anderen die längeren. Experimente, beide von ihrem Schema abzubringen, zeigten tatsächlich auch hässlichere Ergebnisse. Das richtige Timing ist beim Film eben alles, und am Ende ist es immer auch das Geheimnis eines erfahrenen Cutters.

Allerdings gibt es auch Grenzen. Blenden über mehrere Sekunden werden erst kitschig, dann unansehnlich, dann unverständlich. Zu kurze Blenden kenne ich eigentlich nicht. Der beliebte Weißblitz, den knallharte investigative Journalisten verwenden, um den sperrigen O-Ton eines Politikers so zurechtzuschneiden, dass die Aussage ins Konzept passt, ist eine kurze Auf- und Abblende in ein weißes Bild, Dauer: zwei bis vier Frames. Wenn Sie einen Blendenteppich schneiden, dann verwenden Sie möglichst immer gleich lange Blenden. Denn nichts liebt der Mensch so sehr wie Regelmäßigkeit – bis es ihm langweilig wird. Dann sollten Sie aber nicht eine andere Blendenlänge ausprobieren, sondern mit dem Blenden lieber aufhören.

Die Blende als Stilmittel
Zuschauer lieben Blenden. Wenn Sie Menschen einen Gefallen tun möchten, dann blenden Sie nur Sonnenuntergänge, majestätische Wellenbewegungen, fliegende Wolken und strahlende Kindergesichter ineinander, und die meisten Zuschauer sind glücklich. Blenden vermitteln immer etwas Abgehobenes und Ästhetisches. Diese Eigenschaft hat zu einer Inflation von Blenden geführt. Denn die Blende ermöglicht es uns, auch Einstellungen aneinanderzureihen, die eigentlich nicht zusammenpassen. Schnittfehler können so im wahrsten Sinne des Wortes ausgeblendet werden. Aber Blenden schaffen immer Distanz zwischen Zuschauer und Film. Aus Bildern wird eher ein Bilderteppich, aus Teilhabe am Geschehen Meditation. Die Suggestivkraft des Films, seine Zuschauer völlig in den Bann zu ziehen, leidet unter der Blendeninvasion. Deshalb gilt nach meiner Ansicht für Blenden das Gleiche wie für Alkohol: Zu viel davon ist Gift.

18.3 Der Ton zum Film (Rough Editing)

Wenn Sie Ihr Projekt nach dem Bildschnitt abspielen, wird es hoffentlich schon ganz gut aussehen, aber ziemlich sicher schrecklich klingen. In den Audiospuren der Timeline liegen an verschiedenen Stellen Musikclips und diverse Audiotakes. Wenn Sie meine Ratschläge zum Thema »Video importieren« in Abschnitt 16.3 befolgt haben, dann sollten Sie im Schnittfenster unter jedem Videoclip nur ein, maximal zwei Tonspuren mit der dazugehörigen Atmo (Geräusche) finden, dazu die Audiospuren, die die Musik enthalten.

In der Regel sind die Hintergrundgeräusche viel zu laut oder auch zu leise, und Interviews und O-Töne verschwinden z. B. hinter der Musik. Vorführen kann man sein Filmprojekt so schlecht. Um es einigermaßen präsentabel zu machen, wollen wir in einem ersten Durchgang die Töne etwas sortieren und je nach Gewicht die Lautstärke anpassen. Dazu brauchen Sie ein Konzept, wie Sie die Audioclips möglichst effektiv auf die verschiedenen Spuren verteilen. Wichtig dabei ist: Diese Arbeit ist noch nicht die eigent-

Morphen
Das unmerkliche Verschmelzen von zwei Aufnahmen war einmal der letzte Schrei in der Videowelt. Jetzt sehe ich den Effekt nur noch selten. Als Blende wird das Morphen allerdings häufig eingesetzt, um einen Tonschnitt zu vertuschen, bei dem die Interviewbilder nicht ganz exakt zusammen passen. Das funktioniert oft blendend, ist aber mit großer Zurückhaltung zu verwenden, weil der Tonschnitt möglicherweise unmerklich wird und damit Manipulationen Tür und Tor geöffnet werden.

liche Mischung, in der alle Töne und verfügbaren Tonquellen so ins Verhältnis gesetzt werden, dass ein harmonisches Klangbild entsteht. Mehr über die Audiomischung erfahren Sie im folgenden Abschnitt 18.4. Die erste und wichtigste Aufgabe ist, dass Sie kontrollieren, ob wirklich alle Audioclips in der für Sie richtigen Spur gelandet sind. Zur Erinnerung präsentiert Tabelle 18.1 noch mal mein Konzept für die Zuweisung von Audiospuren.

Audiospur	Ton
1. (Stereo)	Musik
2. (Stereo)	Musik
3. (Stereo oder Mono)	O-Töne 1
4. (Stereo oder Mono)	O-Töne 2
5. (Stereo oder Mono)	Atmo 1
6. (Stereo oder Mono)	Atmo 2
7. Sprache (Stereo)	Sprache 1
8. Sprache (Stereo)	Sprache 2

▲ **Tabelle 18.1**
Verteilung der Tonspuren

Der Vorteil, für jede »Tonart« zwei Spuren zu reservieren, liegt darin, dass man so auch blenden kann, also z.B. von einer Musik in die andere, von einer Atmo zur anderen oder bei knapp geschnittenen Umfragen auch O-Töne. Die Atmospuren lege ich nach unten, weil hier am ehesten der Bedarf nach weiteren Spuren entsteht. Da die Sprache in der Regel erst ganz am Ende aufgenommen wird, kann sie – wenn es so weit ist – einfach als eigenständige Spur am Ende eingefügt werden.

Um die verschiedenen Stufen zur Bereinigung der Audiospuren nachvollziehen zu können, habe ich hier ein einfaches Projekt vorbereitet, das Sie auch im Beispielmaterial zum Buch mit dem dazugehörigen Übungsmaterial finden. Es besteht zunächst nur aus vier Audiospuren, zwei für die Musik, zwei für die O-Töne. Den Arbeitsbereich habe ich in Premiere Pro auf die Ansicht AUDIO umgestellt.

In dem kurzen Trailer geht es immer noch um unsere Zumba-Gruppe, die Sie bereits in Kapitel 17 kennengelernt haben. Der Trainer gibt Anweisungen und klatscht immer wieder in die Hände. Die Schüler, die die Bewegungen einstudiert haben, machen es ihm nach. Bei der Aufnahme lief natürlich laute Musik, trotzdem

Remix: KI und Musikschnitt
Die künstliche Intelligenz hat auch den Musikschnitt revolutioniert. Wollte man früher einen Musikclip exakt auf Länge schneiden und auch noch einen richtigen Einstieg und Schluss hören, dann musste oft mühsam das Stück gekürzt, mussten Teile entfernt und Takte gezählt werden. Dank dem Remix-Tool in der Werkzeugleiste gehören solche Arbeiten nun der Vergangenheit an. Das Werkzeug befindet sich hinter dem Icon für die Trimwerkzeuge RIPPLE, ROLLEN und GESCHWINDIGKEIT ÄNDERN. Wenn Sie mehr Kontrolle über das Ergebnis wünschen: Im Bedienfeld ESSENTIAL SOUND können Sie in die Details von Remix einsteigen.

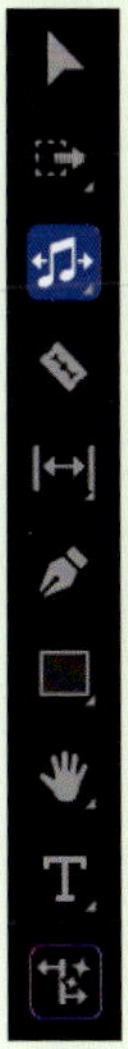

◂ **Abbildung 18.12**
Das Werkzeug REMIX in der Werkzeugleiste zum Ändern der Länge von Musikstücken

Im Beispielmaterial zum Buch finden Sie unter PROJEKTE • AUF_TON_SCHNEIDEN zwei Projektdateien, mit denen Sie den Video- und Audioschnitt auf Musik selbst üben können. Die Dateien heißen »VideoschnittAufMusik.prproj« und »AudioschnittAufMusik.prproj«.

habe ich die O-Töne des Trainers und das Klatschen halbwegs ordentlich aufnehmen können. Diese Geräusche möchte ich nun im Film hören, um größere Authentizität zu erreichen. Weil die verschiedenen Einstellungen natürlich nicht an einem Stück aufgenommen werden konnten, muss ich im Schnitt eine neue Musik unterlegen. Den Trailer habe ich zunächst so geschnitten, dass alle Bewegungen auf den Takt der Musik passen. Nun muss ich noch für die richtige Geräuschkulisse sorgen.

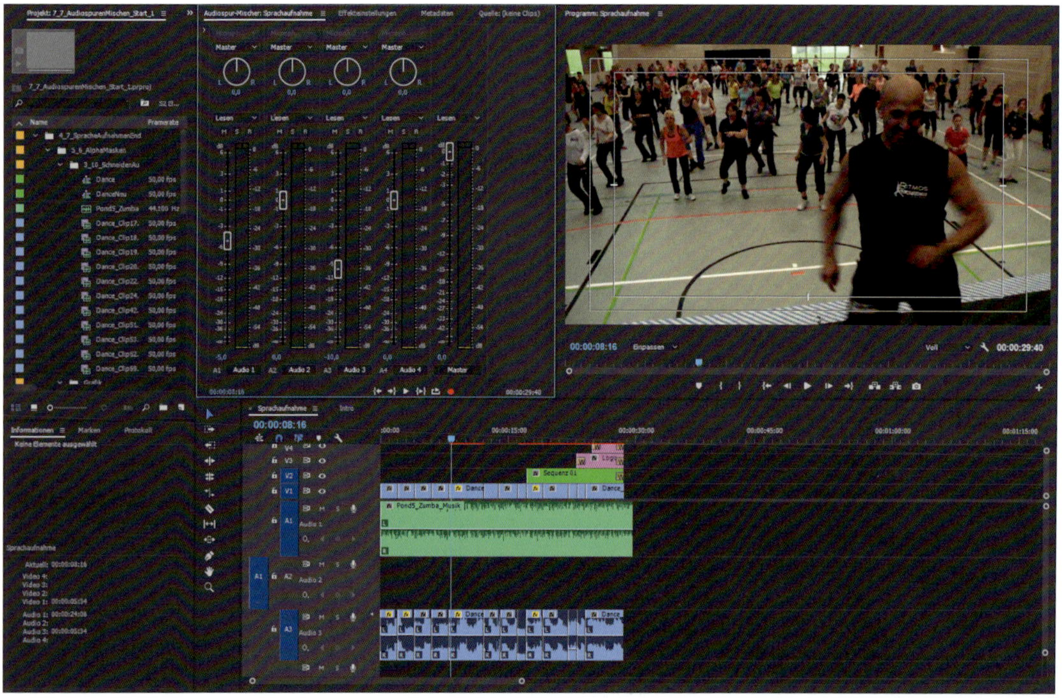

▲ **Abbildung 18.13**
Kleiner Filmtrailer mit vier Audiospuren, drei davon sind nur sichtbar, da die Tonspuren breiter gezogen wurden.

18.3.1 Tonlücken füllen

Fast immer gibt es Clips, bei denen sich leider keine verwendbare Audiospur findet, z. B. weil der Kameramann nicht aufgepasst und schlicht vergessen hat, wenigstens das Kameramikro einzuschalten. Oder eine Tonquelle war so laut, dass außer kratzendem Lärm kein differenziertes Geräusch zu hören ist. Das ist oft der Fall, wenn man in der Nähe verkehrsreicher Straßen dreht. Im Rauschen der fahrenden Autos gehen alle anderen Töne unter. In solchen Fällen entstehen Tonlücken im Film, die es zu schließen gilt. Optimal ist es, wenn Sie in einem anderen Clip die passenden Sounds finden. Sie bieten alle möglichen und unmöglichen Töne zum Download über die jeweilige Website an. Letztlich ist diese Arbeit nichts anderes als die Aufgabe, die im Spielfilm ein »Geräuschemacher« übernimmt. Wenn ich Sie für guten Ton begeistern konnte, dann versuchen Sie es doch selbst einmal, und nehmen Sie fehlende Geräusche nachträglich auf. Auf jeden Fall sollte am Ende eines Rough Cuts (siehe Abschnitt 17.4.1, »Der schnelle Schnitt – Rough Cut«) keine Atmolücke mehr in Ihrem Projekt klaffen.

18.4 Ton normalisieren

Wenn Sie mit dem eingebauten Kameramikrofon arbeiten, dann sind die O-Töne selten gleich laut. Sobald Sie die Position der Kamera verändern, ändert sich auch die Lautstärke im Film. Drehe ich auf der Bühne in unmittelbarer Nähe zum Trainer, dann sind seine Zurufe sehr präsent, drehe ich hingegen eine Totale von der Rückseite der Halle, dann ist er kaum zu hören. Unter den Videoclips liegen zunächst alle O-Töne in Originallautstärke. Einige sind lauter, anderer leiser, was auch an der zugehörigen Waveform gut zu erkennen ist.

Lautstärke im Film
Die Lautstärke wird im Film in dB (= Dezibel) angegeben. Die maximale Lautstärke beträgt 0 dB. Ton, der lauter als 0 dB ist, klingt angekratzt oder wird völlig unbrauchbar. Sie dürfen Ton also immer nur maximal auf 0 dB aussteuern. Doch Film ist komplizierter. Im Internet und in technischen Richtlinien finden Sie unterschiedliche Empfehlungen für die verschiedenen Medien und die verlangte Lautstärke. So sollen TV-Beiträge auf –9 dB eingepegelt werden, Kinofilme auf –6 dB. Doch im Schnittprogramm können Sie dies zunächst vergessen. Dort gilt die 0-dB-Grenze. Wollen Sie wirklich die Lautstärke reduzieren, können Sie die Masterspur normalisieren und dabei auf einen gewünschten Spitzenwert absenken. Und wenn Sie ganz unternehmungslustig sind, dann gehen Sie auf die Seite der EBU und lesen sich unter dem Link *https://tech.ebu.ch/docs/tech/tech3343.pdf* durch, was sich Europas Rundfunkanstalten zum Thema Film und Lautstärke überlegt haben. In der Praxis sind die Empfehlungen von R 128 noch nicht wirklich angekommen.

◄ **Abbildung 18.14**
Gut zu erkennen sind anhand der zugehörigen Waveform die eher gleichmäßig ausgesteuerte Musik (1) und die Pegelsprünge in den Geräuschen (2).

Diese *Pegelsprünge* genannten Unterschiede in der Lautstärke (leise (4) und laute (3) Passagen) der einzelnen Audiotakes wollen wir ausgleichen, d. h. auf den Sendepegel von 0 dB anpassen. Suchen Sie in Ihrem Schnittprogramm nach der entsprechenden Funktion

Normalisieren, die sich manchmal hinter den Effekten, manchmal im Menü zur Audiobearbeitung verbirgt. Sie können das Normalisieren auf einzelne oder mehrere Clips gleichzeitig anwenden.

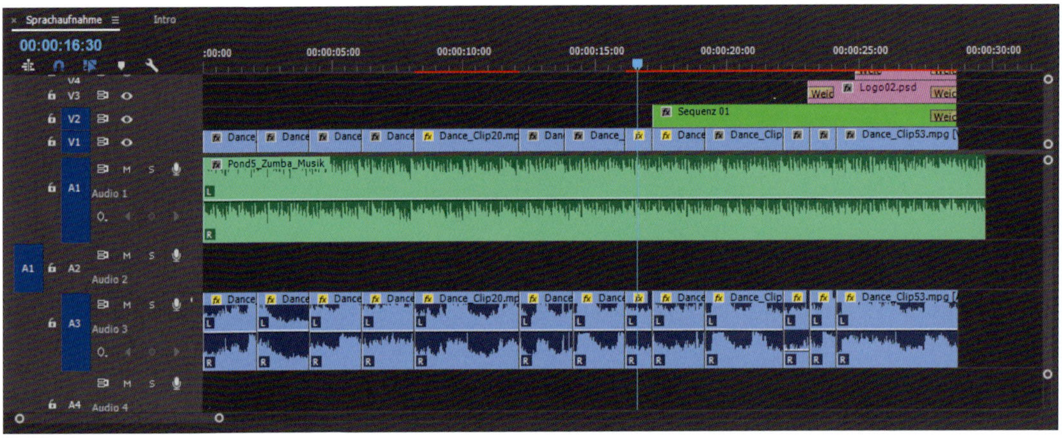

▲ **Abbildung 18.15**
Normalisierte Tonspur

Normalisieren in Premiere Pro

In Premiere Pro erreichen Sie das Auswahlmenü zum Normalisieren, indem Sie mit der rechten Maustaste auf den Clip klicken und im Kontextmenü die Auswahl Audioverstärkung treffen. Danach öffnet sich eine kleine Dialogbox. Hier können Sie nun den Ton normalisieren oder auch nach Ihren Vorstellungen lauter oder leiser machen. Das Feld Spitzenamplitude gibt Ihnen an, wie viel Dezibel die maximale Spitze unter der 0-dB-Grenze liegt. Ganz neu in Premiere Pro ist die Eigenschaft der Waveform, sich live einer Lautstärkenveränderung anzupassen. Statt der Audioverstärkung bietet sich künftig auch die Verwendung des Filters Lautstärke in den Effekteinstellungen an.

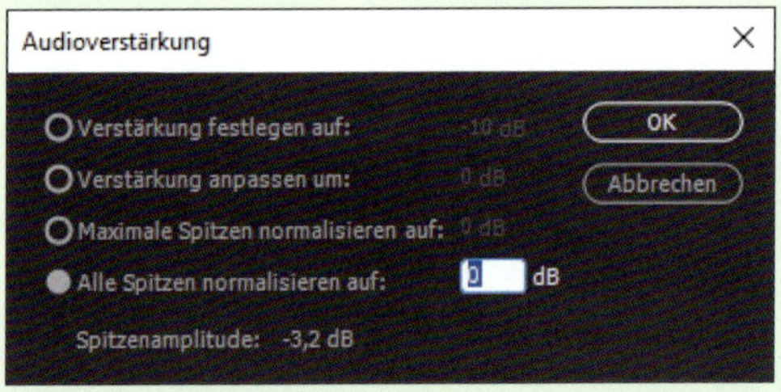

▲ **Abbildung 18.16**
Dialogfeld Audioverstärkung

Nun sind auch die vorher leisen Clips deutlich lauter. Das heißt aber nicht, dass sie deshalb auch verwendbar sind. Denn neben den O-Tönen des Trainers haben wir natürlich auch alle möglichen Geräusche in der Halle wie die Originalmusik, Gespräche, Rauschen oder Tanzgeräusche mit aufgenommen. Wir können jetzt aber schnell beurteilen, welche Töne geeignet sind und welche wir besser austauschen. Dazu verteile ich die Audiotakes auf die beiden Atmospuren.

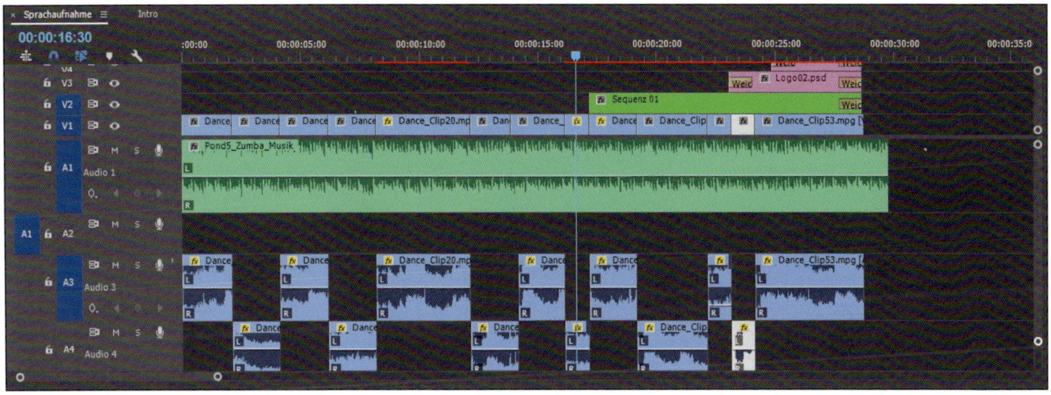

▲ **Abbildung 18.17**
Audiotakes, aufgeteilt auf zwei Audiospuren

Anschließend kontrolliere ich die Takes noch einmal und lösche die mit unbrauchbarem Ton. Die entstehenden Tonlöcher fülle ich durch Ton aus den benachbarten Clips, indem ich diese entsprechend verlängere. Dazu muss ich vorab die Verknüpfung zwischen Video- und Audiospur aufheben. Clips in Spuren, die untereinanderliegen, lasse ich etwas überlappen. Man könnte jedoch auch alle Clips wieder in eine Spur einfügen und miteinander verblenden, so wie ich es in Spur A2 mit den Takes gemacht habe, die aneinanderstoßen. Wenn Sie so weit O-Töne und Geräusche gesäubert haben, vergessen Sie nicht, die Clips wieder miteinander zu verknüpfen, um später einen unbeabsichtigten Frameversatz zu vermeiden.

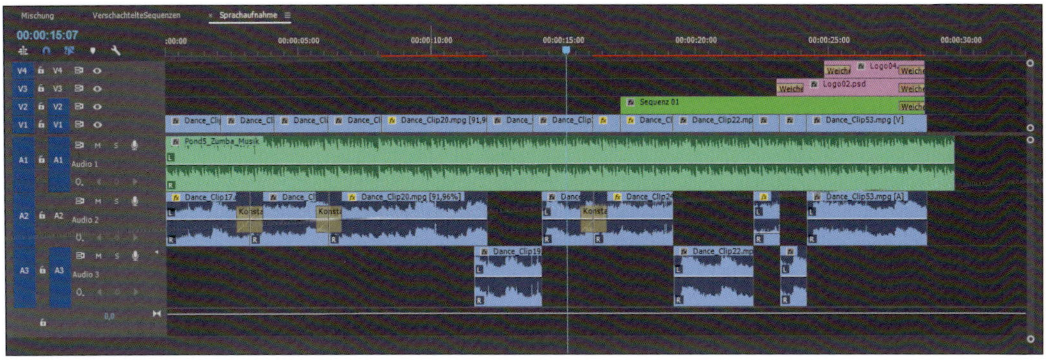

▲ **Abbildung 18.18**
Bearbeitete Clips

Statt des fehleranfälligen Rücktransports der Clips in die Audiospur 3 wähle ich eine andere Methode, um Ordnung zu schaffen. Ich lege eine sogenannte *Submixspur* an, um die beiden Atmospuren in eine Spur zu mischen. Das Beispiel ist zwar recht einfach, aber die Arbeitsweise ist leicht zu verstehen.

18.4.1 Arbeiten mit Submixspuren

Der Vorteil von Submixspuren ist, dass sie die Mischung vereinfachen. Anstatt jeden Clip oder jede Audiospur einzeln anzupassen, können Sie sich bequem auf eine Spur konzentrieren, in der Sie jeweils gleichartige Tonquellen versammeln.

Submixspur anlegen
Eine Submixspur erstellen Sie wie eine normale Audiospur. Klicken Sie mit der rechten Maustaste auf das graue Feld links neben der Spur, und wählen Sie AUDIO-SUBMIX-SPUR HINZUFÜGEN aus. Die neue Spur finden Sie am Ende der Audiospuren im Schnittfenster.

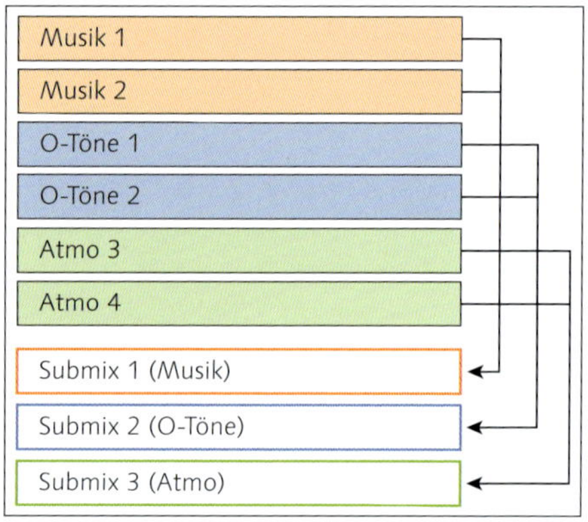

Abbildung 18.19 ▸
Reduktion von Audiospuren auf Submixspuren

Ab jetzt können wir die Lautstärke zwischen den einzelnen Spuren einfach kontrollieren. Denn nicht jeder Ton sollte prinzipiell gleich laut zu hören sein. Hier einige Empfehlungen für verschiedene Tonquellen:

- Musik: –5 dB. Musik ist meistens komprimiert und deshalb sehr präsent. Eine Vollaussteuerung (= 0 dB) klingt deshalb gerade in einer Mischung mit anderen Geräuschen und Tönen oft zu laut.
- O-Töne: 0 dB. O-Töne sollten immer sehr gut verständlich sein. Deshalb empfehle ich hier eine Vollaussteuerung. Dafür sollten Sie sie immer mit einem Limiter versehen, um eine Übersteuerung zu vermeiden. Wie das geht, erfahren Sie in Abschnitt 15.3.7.
- Geräusche: –20 dB bis 0 dB. Solange es sich nur um Hintergrundgeräusche handelt, sollte die Atmo zwar hörbar sein, aber eben nur im Hintergrund. Das Quaken eines Frosches hingegen hat die Qualität eines O-Tons und kann sogar voll ausgesteuert werden, solange er frei steht. Die Rufe und das Klatschen aus dem Beispiel liegen bei ca. –10 dB.
- Sprache: 0 dB. Kommentarton muss immer präsent sein und deutlich über der Musik und den Geräuschen liegen. Deshalb maximale Aussteuerung. Das Lautstärkeverhältnis zu anderen Audiospuren wird in der Mischung festgelegt.
- Master: 0 dB, außer die technischen Spezifikationen des Mediums, für das Sie produzieren, verlangen eine Absenkung der maximalen Lautstärke z. B. auf –3 dB oder –6 dB.

Ton hören
Wenn Sie sich mit der Tonbearbeitung beschäftigen, sollten Sie auch immer auf den Ton hören, d. h. Lautsprecher angeschlossen haben. Diese sollten qualitativ an Ihr für den Film vorgesehenes Medium heranreichen. Für eine YouTube-Veröffentlichung reicht der eingebaute Lautsprecher des Laptops, bei einer Kinoproduktion sollten Sie schon auf eine 5.1-Anlage der Spitzenklasse Zugriff haben. Der Regelfall sind ein Paar Aktivboxen, die möglichst gut sind.

Sie können eine neue Submixspur im Schnittfenster in der Regel anlegen wie eine weitere Audiospur. Um mit ihr sinnvoll arbeiten zu können, müssen Sie jedoch das Fenster mit dem *Audiospur-Mischer* aktivieren.

18.4.2 Der Audiospur-Mischer

Der Audiospur-Mischer ähnelt sich in den verschiedenen Schnittprogrammen auffällig. Der Grund ist, dass sich die Entwickler in der Regel an Standard-Tonmischpulten orientieren, die sie in der Software nachahmen. Im Audiospur-Mischer finden Sie für jede Audiospur in der Timeline einen eigenen Kanal. Über den Pegel (VU-Meter) können Sie die Lautstärke des Signals kontrollieren. Liegt ein Clip über der 0-dB-Grenze, wird dies im Peakmeter mit einem roten Warnlämpchen angezeigt.

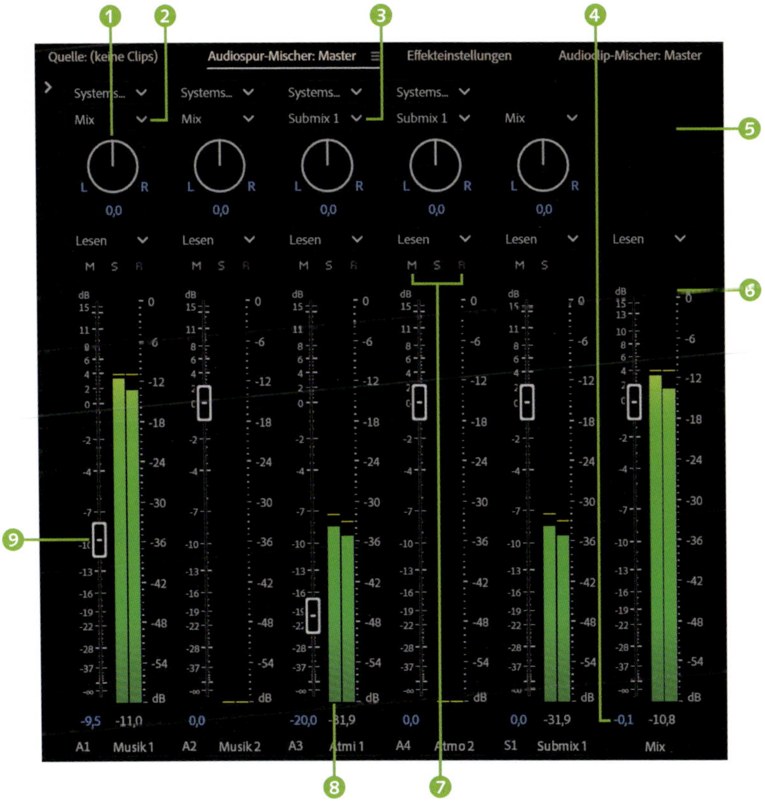

◂ **Abbildung 18.20**
Audiospur-Mischer mit Bedienungselementen in Premiere Pro

1. Tonschwenk/Balanceregler
2. Kanal (Audiospur)
3. Submix
4. Lautstärkereglung (numerisch)
5. Mix (Master)
6. Peakmeter (Übersteuerung)
7. Schaltflächen: Stumm, Solo, Aufnahme
8. Levelmeter, VU-Anzeige (Pegel)
9. Fader (Lautstärkeregler)

Kanalarbeiten
In Premiere Pro können Sie sehr flexibel die Audiokanäle eines Clips aufteilen, neu zuordnen oder auch entfernen. Ein einfaches Beispiel: Viele Kameras zeichnen etwa einen Interviewton auf zwei Kanälen auf, oft weil das Stereo-Kameramikro verwendet wurde. Der Ton ist aber nur scheinbar stereo, Sie könnten also den Kanal in einen Monokanal umwandeln. Umgekehrt können Sie auch einen Kanal in beide Spuren einfügen und so Monoton in einer Stereospur erzeugen. Sie können gleich aufgenommene Clips bereits beim Import entsprechend behandeln oder im Projektfenster die Kanäle neu zuweisen oder erst in der Timeline die Spuren und Kanäle organisieren. Mehr Flexibilität ist kaum möglich. Um die Übersicht zu behalten, sollten Sie sich mit den Kanalzuordnungen etwas beschäftigen. Mein Tipp: Verwenden Sie für ähnliche Audiospuren immer die gleiche Kanalaufteilung.

Im Beispiel leite ich die beiden Atmospuren unseres Tanzclips nicht an die Masterspur, sondern an die Submixspur weiter. Dort kann ich sie jetzt gemeinsam bearbeiten, also die Leistung auf –10 dB absenken, indem ich den Fader entsprechend nach unten ziehe. Das Gleiche mache ich mit der Musikspur. Dort reduziere ich die Leistung auf –5 dB.

Wenn Sie das Projekt nun abspielen, hören Sie bereits, dass die Musik etwas leiser, aber deutlich dominanter ist als die Geräusche in der Submixspur. Die Rufe und das Klatschen sind immer gleich laut im Hintergrund, aber gut wahrnehmbar. Das Arbeiten mit der Submixspur hat neben der einfachen Lautstärkeregelung auch den Vorteil, dass ich alle Geräusche nun gleichmäßig mit einem Effekt belegen kann, im Beispiel mit einem Dynamics-Filter, der dafür sorgt, dass kein Rufer oder Klatscher übersteuert.

Beachten Sie, wenn Sie die Lautstärke einer Spur im Audiospur-Mischer verändern, werden Sie dies auch hören. Intuitiv drehen Anfänger dann gerne den Lautstärkeregler ihres Lautsprechers hoch, weil ihnen der Ton nun leiser erscheint. Damit machen Sie die Arbeit im Audiospur-Mischer zunichte. Deshalb: Während der Tonarbeiten Hände weg vom Volume-Regler des Lautsprechers!

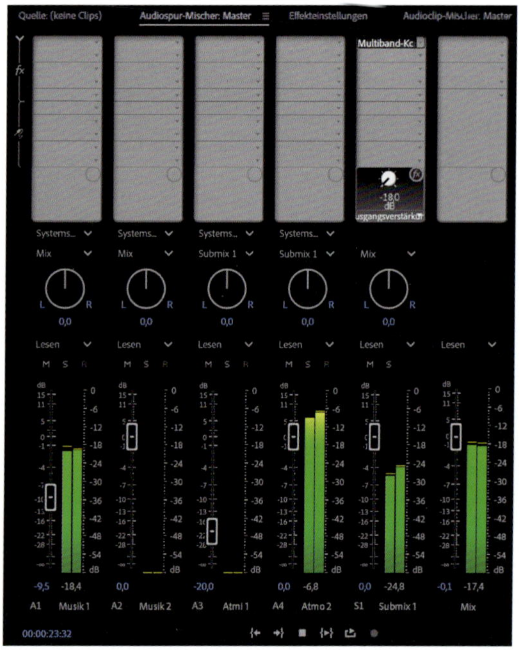

Abbildung 18.21 ▸
Audiospur-Mischer mit Effekt

Wenn Sie schon einige Zeit mit Ihrem Schnittprogramm arbeiten, aber noch nie bewusst den Audiospur-Mischer verwendet haben, liegt das möglicherweise daran, dass Premiere Pro und andere

Schnittprogramme Ihnen viel Arbeit abnehmen. Denn Sie hören beim Abspielen im Lautsprecher die sogenannte Masterspur, in der alle Töne zusammengemischt werden. Im Hintergrund übernimmt die Software dabei auch Aufgaben wie die Verteilung von Monospuren auf ein Stereo-Master.

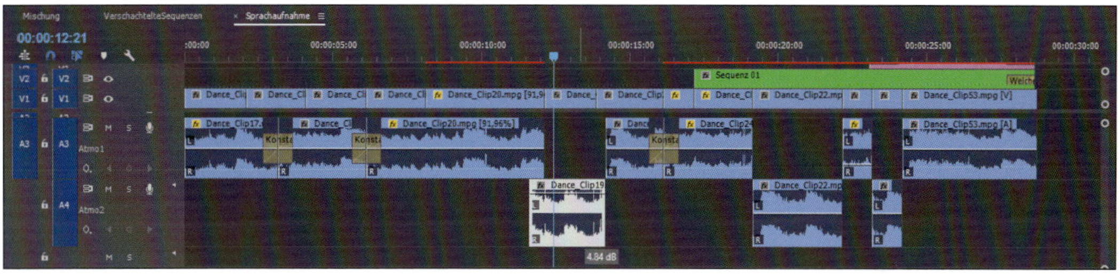

▲ **Abbildung 18.22**
Clip in Audiospur 4 (hell markiert) mit veränderter Lautstärke

Wenn Sie einzelne Clips leiser oder lauter machen wollen, können Sie dies auch im Schnittfenster erledigen, indem Sie den Lautstärkeregler im Clip mit der Maus nach unten ziehen. Allerdings lassen sich die Effekte in den Clips nicht sehr exakt kontrollieren. Etwas besser funktioniert es im eigens dafür geschaffenen Audioclip-Mixer. Ich arbeite allerdings bevorzugt mit Keyframes in den EFFEKTEINSTELLUNGEN und passe deshalb auch dort gegebenenfalls die Lautstärke einzelner Clips an. Sie können eine Spur auch einfach stumm schalten, sie wird dann auch nicht mehr an die Masterspur gesendet. Allerdings fehlen die Töne dann auch komplett im Film.

Lautstärke in den Effekteinstellungen

Für Premiere Pro ist die Lautstärke nur ein Effekt, der standardmäßig auf jeden Audioclip angewendet wird.

Dementsprechend können Sie die Lautstärke eines Clips auch im Fenster mit den EFFEKTEINSTELLUNGEN verändern, entweder durch Eingabe einer numerischen Zahl (neben PEGEL) für die Dezibel oder durch interaktives Absenken und Erhöhen des Reglers. Dabei setzt Premiere Pro Keyframes, sodass Sie die Lautstärke über die Laufzeit eines Clips verändern können. In jedem Keyframe wird der feste Wert für die Lautstärke zu einem festen Zeitpunkt gespeichert. Zwischen zwei Keyframes errechnet die Software einen Verlaufswert. Mithilfe von Keyframes können Sie also auch Audioblenden realisieren, wenn Sie den ersten Keyframe auf Unendlich (klein) und den zweiten z. B. auf 0 dB setzen.

◀ **Abbildung 18.23**
Effekteinstellungen für Lautstärke mit Keyframe-Animation

Mithilfe des Audiospur-Mischers können Sie den Ton sehr exakt kontrollieren und wie ein Tonmeister der alten Schule arbeiten. Bevor wir den Ton nun mischen können, wenden wir jedoch noch – soweit notwendig – einige Audioeffekte an, um Tonprobleme zu lösen.

18.4.3 Filter zuordnen

Einige Arten von Tönen verlangen eigentlich immer eine Spezialbehandlung: O-Töne und Interviewtöne. Der Grund: Nicht geübte Sprecher – und dazu zählen 98% der Menschheit – sprechen für Filme leider viel zu dynamisch. Das heißt, zwischen der leisesten und lautesten Stelle einer O-Ton-Passage liegen oft 30 oder 40dB. Zu viel für die meistens schlechten Boxen, mit denen Filme gerade am Computer abgehört werden, und auch für die menschlichen Ohren.

Abbildung 18.24 ▼
Dynamische Waveform eines Interviewtons

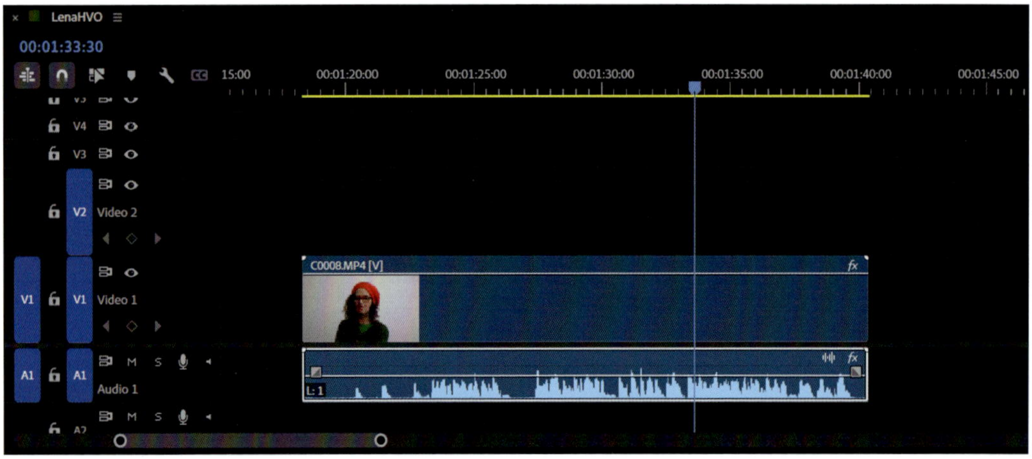

Profisprecher sind in der Lage, einen Text fast immer gleich laut, aber trotzdem mit sehr variabler Stimme zu gestalten. Zwischen der lautesten und der leisesten Passage eines von einem Profisprecher eingelesenen Textes liegen oft nur 10dB. Ein Flüstern ist technisch kaum leiser, klingt jedoch trotzdem geheimnisvoll und konzentriert. Laien senken dagegen deutlich die Stimme und werden leider unverständlich. Schlimmer noch: Die meisten Menschen fangen einen Satz oft sehr laut an, verstummen aber zum Ende eines Satzes geradezu. Im Alltagsgespräch fällt uns diese sehr dynamische Sprechweise nicht auf, im Fernsehen sehr wohl. Denn wir verstehen plötzlich ganze Satzteile nur schwer. Ein guter Grund, um abzuschalten. Doch zum Glück können wir diese menschliche Schwäche mit einem technischen Trick ausgleichen, indem wir das Signal komprimieren.

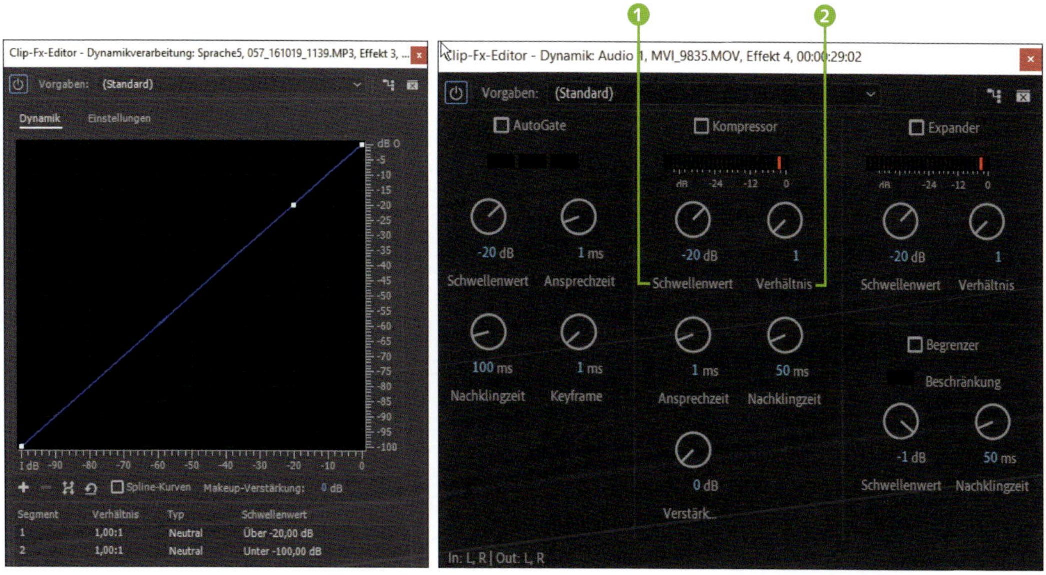

▲ **Abbildung 18.25**
Links der Filter DYNAMIKVERARBEITUNG in Premiere Pro, rechts der schon einmal als veraltet von Adobe gebrandmarkte Dynamik-Filter in aktuellem Design.

Es gibt einfache und sehr differenziert arbeitende Kompressoren. Hier will ich Ihnen nur die einfache Anwendung eines Kompressors auf ein Signal vorstellen. Adobe verfolgt gerade bei den Audiofiltern eine etwas eigenwillige Politik: Regelmäßig werden Filter überarbeitet bzw. durch neue ersetzt; offensichtlich unter dem Druck der Community, die den ein oder anderen liebgewonnenen Filter vermisst, kehrt der alte Filter wieder zurück. Ältere und bekannte Filter wie Dynamik wurden in den Ordner Veraltete Audioeffekte verbannt, sind aber nun wieder in den Ordner Audioeffekte – Amplitude und Komprimierung zurückgekehrt. Dafür ist der Ordner mit dem herabwürdigenden Namen komplett verschwunden. Wer mehr über die vielfältigen Funktions- und Einstellungsmöglichkeiten erfahren möchte, dem lege ich ein Studium der Adobe-Hilfe-Seiten zu den Audiofiltern ans Herz. Um Einsteigern das Arbeiten etwas einfacher zu machen, liefert Adobe aber viele Filter mit praktischen Standardvorgaben aus. Weil ich glaube, dass grundlegende technische Prinzipien wichtiger Audiofilter am älteren DYNAMIK-Filter einfacher zu erklären sind, verwende ich zunächst diesen als Beispiel.

Der Kompressor des Dynamik-Filters | Ein Kompressor minimiert die Schwingungsbreite eines Signals. Wenn Sie sich ein unkomprimiertes Signal wie eine Gebirgslandschaft vorstellen, dann

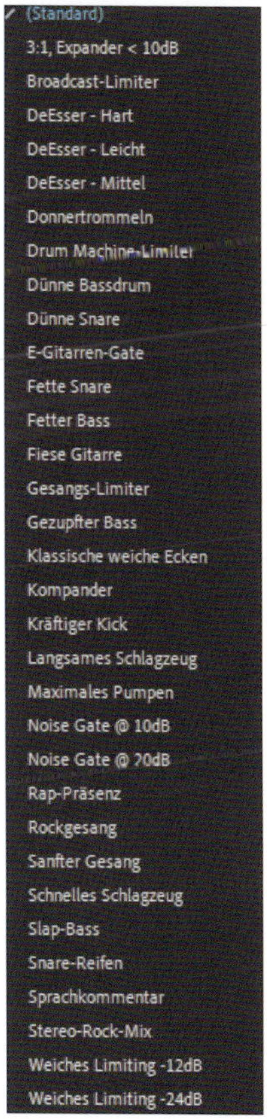

▲ **Abbildung 18.26**
Vorgaben für den Filter DYNAMIKVERARBEITUNG

ebnet ein Kompressor die Unterschiede zwischen Tälern und Gipfeln ein. Es entsteht eher eine sanfte Hügellandschaft, die Abstände zwischen der lautesten Stelle (Gipfel) und der leisesten (Tal) werden verringert. Die wesentlichen Stellschrauben eines Kompressors sind zum einen der sogenannte SCHWELLENWERT ❶ (Threshold), ab dem der Kompressor das Signal bearbeitet. Mit dem VERHÄLTNIS (RATIO) ❷ (siehe Abbildung 18.25) wird zum anderen das Kompressionsverhältnis angegeben. Bei einem Verhältnis von 2:1 wird das Signal über dem ausgewählten Schwellenwert um den Faktor 2 reduziert. Probieren Sie den Filter spielerisch aus, um seine Auswirkungen kennenzulernen. Mit dem Filter MULTIBAND-KOMPRIMIERUNG gibt Ihnen Adobe einen leistungsstarken Kompressor an die Hand, mit dem Sie insbesondere die Masterspur in den Griff bekommen. Der Filter lässt Sie einzelne Frequenzbänder getrennt voneinander komprimieren. Für die besonders häufig anzutreffende Komprimierung von Sprache stellt Premiere Pro den Effekt SPRACHAUSSTEUERUNG nicht mehr zur Verfügung. Dafür können Sie nun unter den VORGABEN im Filter DYNAMIKVERARBEITUNG die Auswahl SPRACHKOMMENTAR auswählen. Adobe bietet Ihnen dann eine Korrektur an, wie sie im Regelfall für Sprache passt.

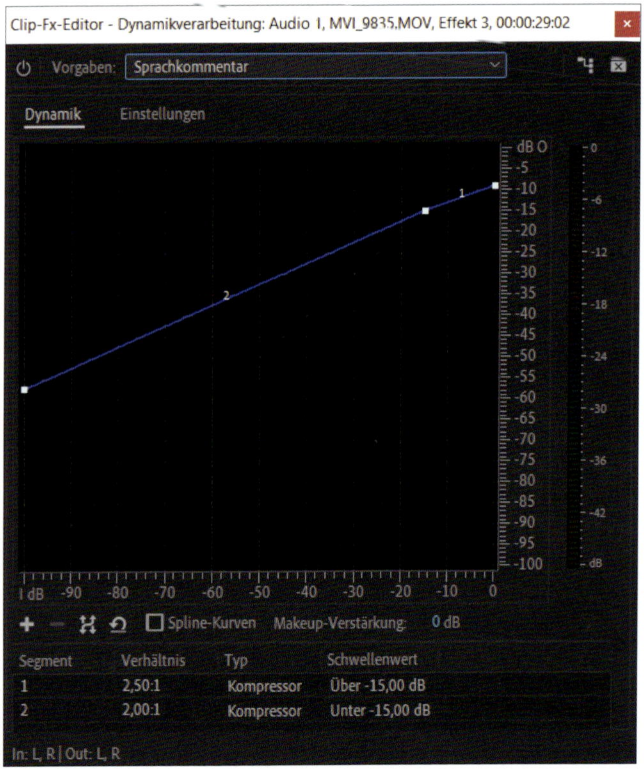

Abbildung 18.27 ▸
Der Filter DYNAMIKVERARBEITUNG mit der Vorgabe für die Anpassung von Sprachkommentaren.

Der Begrenzer des Dynamik-Filters | Der *Begrenzer* bzw. Limiter ist technisch ein besonders leistungsfähiger Kompressor mit einer Ratio von 1:10. Er sorgt dafür, dass alle Töne in der Spitze einen Schalldruckpegel von 0 dB nicht überschreiten, ihm aber möglichst nahekommen. In Schnittprogrammen steht Ihnen eigentlich immer ein Software-Limiter zur Verfügung. Probieren Sie ihn aus, und verstärken Sie den Ton über die 0-dB-Grenze hinaus. Sie werden feststellen, dass der Pegel immer bei 0 dB bleibt, aber nie das rote Warnlämpchen für eine Übersteuerung auftaucht. Unter den moderneren Effekten finden Sie zwei Limiter, den *Hard Limiter*, der Ihnen erlaubt, das Eingangssignal anzuheben und gleichzeitig die Spitzen abzuschneiden. Die maximale Amplitude dieses Filters sollte nie bei 0, sondern höchstens bei –0,3 dB liegen.

Der neuere Audioeffekt DYNAMIKVERARBEITUNG kann ebenso wie sein Vorgänger DYNAMIK als Kompressor oder Limiter dienen.

Das Begrenzen (Limiter) und Komprimieren eines Signals sollten Sie nur auf O-Töne und Interviews anwenden, die zu dynamisch sind. Musik von CDs oder entsprechenden Portalen ist in der Regel bereits optimal ausgesteuert und komprimiert. Eine nochmalige Komprimierung führt zu einem schlechteren Klangeindruck oder fällt unter das Verdikt des *Loudness War*, mit dem engagierte Tonmeister das übermäßige Komprimieren von Musik heute kritisieren. Deshalb: Verständlichkeit in Filmen ist ein Gebot der Zuhörerfreundlichkeit. Übermäßige Kompression macht Ton oft langweilig.

Wünschenswerte Dynamik erhalten | Auch wenn ich Ihnen auf den letzten zwei Seiten beschrieben habe, wie Sie den Dynamikumfang einzelner Spuren sowie von Spuren untereinander anpassen können, sollten Sie diese Arbeiten nicht einfach automatisch ausführen, sondern immer ins Ergebnis »hineinhören«. Denn Zahlenwerte sind das eine, Hören etwas anderes. Für wichtige Töne und Geräusche sollten Sie immer ein offenes Ohr haben, z. B. für sehr prägnante Töne, vor allem wenn sie auch noch durch das Bild unterstrichen werden. Reißt ein Frosch im Film sein Maul auf, so möchten wir ihn auch lautstark quaken hören und nicht nur ein automatisch um 20 dB reduziertes Quieken. Der Froschsound müsste also aus der reduzierten Atmospur herausgenommen und z. B. in der O-Ton-Spur abgelegt werden. Denn in gewisser Weise handelt es sich ja auch um einen O-Ton. Je mehr Sorgfalt und Zeit Sie in die Audiobearbeitung Ihres Projekts investieren, desto schöner und authentischer wird es klingen.

Das Anpassen und Pegeln von Geräuschen macht Arbeit, keine Frage. Warum diese Mühe, wenn doch schon so schöne Musik

Nebenwirkungen von Audiofiltern
Leider arbeiten die meisten Audiofilter nicht nebenwirkungsfrei, d. h., sie verändern schnell und deutlich die Charakteristik des aufgenommenen Tons oder heben Nebengeräusche unangenehm hervor, die dann ausgefiltert werden müssen, und zwar am besten vor der Kompression. Vergleichen Sie das Komprimieren von Ton mit dem Schärfen eines Fotos. Das kommt auch immer zum Schluss. Die meisten Filter können Sie während des Abspielens dynamisch verändern, um die Auswirkungen der jeweiligen Einstellung auch akustisch beurteilen zu können. Vergleichen Sie die Wirkung des Filters immer wieder mit dem Original, indem Sie in den Effekteinstellungen das fx-Symbol ab- und anschalten.

Loudness War
Fernsehsender, Werbeindustrie und Musiklabels haben es gerne laut. Deshalb versuchen sie, ihr jeweiliges Medium lauter klingen zu lassen als die Konkurrenz. Weil die maximale Grenze für den Lautstärkepegel bei 0 dB liegt, gibt es nur die Möglichkeit, die leisen Stellen weiter anzuheben. Das erhöht die Lautheit, d. h. den subjektiven Eindruck der meisten Hörer, die ein derartiges komprimiertes Signal als lauter empfinden. Auffällig wird dies oft bei Werbung, die einige Fernsehsender lauter abstrahlen als ihr normales Programm.

unter dem Film liegt? Probieren Sie es aus, und schalten Sie probeweise einmal alle Atmospuren stumm. Sie werden schnell feststellen, dass Ihr Film nicht mehr klingt. Geräusche gehören einfach dazu.

Denoiser
Denoiser sind Filter, die das Rauschen aus einem Tonsignal filtern. Berühmt bis heute ist der erste derartige Filter, der von Ray Dolby entwickelt wurde. In der aktuellen Version hat Adobe nun konsequent alle Bezeichnungen eingedeutscht, weshalb der Denoiser nun Rauschunterdrückung heißt. Im Prinzip finde ich das unterstützenswert, aber die englischen Fachbegriffe haben sich mittlerweile auch dank Adobe so eingebürgert, dass sie auch diese präsent haben sollten.

Weiterer Filter – Denoiser | Obwohl wir noch einige Arbeitsschritte von der Mischung entfernt sind, kann es Sinn machen, bereits in einem so frühen Stadium der Tonbearbeitung noch einen zweiten Filter anzuwenden: die sogenannte *Rauschunterdrückung*. Beim Einsatz von Funkmikros tritt z. B. immer ein wahrnehmbares, allerdings auf wenige Frequenzen beschränktes Rauschen auf. Das lässt sich durch einen entsprechenden Filter leicht beseitigen. Zusammen mit dem Limiter kann man dann den Effekt durch Copy & Paste in einem Arbeitsgang auf alle gleichartigen Clips anwenden.

18.5 Schriften und Grafik

Grafik und Design
Dass Grafik und Design irgendwie zusammenhängen, liegt auf der Hand. Trotzdem lieben es einige Filmemacher, in ihrem Film möglichst viele unterschiedliche Stilelemente einzuführen. Lassen Sie es. Beschränken Sie sich auf einige wesentliche Merkmale wie Farbe, Layer, Schrifttyp und -größe. Dann designen Sie Ihren Film.

Kaum ein Film verzichtet auf Schriftgrafik. Im Spielfilm hat sich die Gestaltung aufwändiger Vorspanne zu einem Wettbewerb von Grafikern und Effektspezialisten entwickelt. Ein probates Mittel, den Zuschauern klarzumachen, wo der Kampf gegen das Böse James Bond gerade hinführt, ist das Einblenden des Namens des exotischen Schauplatzes. Früher war das *Titling* ein eigener Job. Schriften wurden separat abgesetzt, aufgenommen und dann in den Film einkopiert. Erst seit etwa 25 Jahren übernimmt der Computer diese Arbeit, ein sogenannter Schriftgenerator, ein *Titling Tool*, gehört heute zur Standardausstattung jedes Schnittsystems.

18.5.1 Software-Plug-ins und -Add-ons

Eigentlich liefern alle Computerschnitt-Systeme ein eingebautes Title-Tool mit. Das war nicht immer so. Lange Zeit mussten sie separat erworben werden. Marktführer war lange Jahre die Firma Inscriber, die für viele Applikationen einen Schriftgenerator als Plug-in anbot. Mittlerweile haben die Hersteller das Heft selbst in die Hand genommen, und ein Titelgenerator gehört zur Grundausstattung.

MAGIX bietet mit dem 3D-Maker eine aufgebohrte Version an, mit der man schnell und einfach 3D-Schriften erzeugen und animieren kann. Avid setzt auf Marquee als Standard-Titler, und Premiere Pro liefert nun das integrierte Tool Essential Graphics, das Sie über den Arbeitsbereich GRAFIKEN erreichen oder einfach mit dem Titel-Werkzeug in der Werkzeugleiste öffnen. Originelle und vor allem kreative Titel lassen sich heute auch problemlos mit Photoshop oder 3D-Programmen erstellen. Premiere Pro stellt Ihnen eine Reihe von Vorgaben zur Verfügung, zum Beispiel für Rolltitel (Abspann) oder sogenannte Bauchbinden.

▼ **Abbildung 18.28**
Vorgabe für die Animation von Fußballergebnissen aus Essential Graphics

18.5.2 Bauchbinden und Schriftzugeinblendungen (Titling)

Das häufigste Grafik-Insert ist die sogenannte *Bauchbinde*. Ihren Namen hat sie in den Kindertagen des Fernsehens erhalten, als Personen in Interviews noch bis zum Bauch gezeigt wurden. Gemeint ist damit im einfachsten Fall die Einblendung des Namens, eingebürgert hat sich, dass in einer Unterzeile auch noch die Funktion des Interviewpartners genannt wird.

Schrift im Film
Wer lesen will, der greift zum Buch. Texte im Film sind immer nur Hilfestellungen. Sie sollten kurz und schnell lesbar sein. Verwenden Sie deshalb möglichst einfache Schrifttypen ohne Serifen. Im SD-Zeitalter waren Schriften oft übergroß und wirkten plump. Im HD-Zeitalter können wir filigraner arbeiten, zu klein sollten die Schriften aber auf keinen Fall sein.

◂ **Abbildung 18.29**
Der klassische Aufbau einer Bauchbinde: Layer/Fond 1, der Name 2 des Interviewten und eine Unterzeile 3 mit weiteren Informationen zur Person

Verzichten Sie aber darauf, ganze Romane zu verfassen. Zuschauer neigen dazu, Text unbedingt lesen zu wollen. Ist das individuelle Lesetempo aber recht langsam, passiert es, dass die Schrift zu schnell ausblendet, und der Zuschauer fühlt sich um wichtige Informationen betrogen. Umgekehrt ist auch nicht gut, aber besser. Versuchen Sie, das richtige Timing für eine Schrifteinblendung herauszufinden, indem Sie den Text laut und langsam mitlesen. Und dann geben Sie immer noch 1–2 Sekunden hinzu.

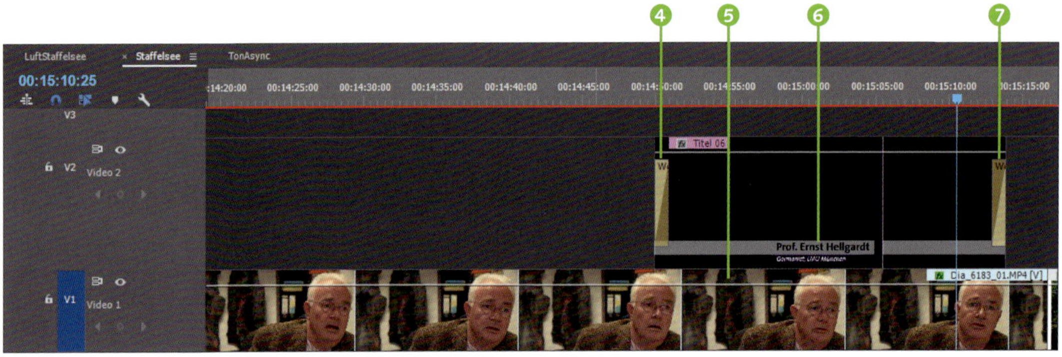

▲ **Abbildung 18.30**
Das Beispiel für eine einfache Bauchbinde mit farbigen Layern in der Schnittleiste. Zu sehen sind die Aufblende ❹, der dazugehörige Filmclip ❺, die Bauchbinde ❻ und die Abblende ❼.

▲ **Abbildung 18.31**
»Bauchbinde« am Kinn

▲ **Abbildung 18.32**
»Bauchbinde« in Brusthöhe

Modern ist es heute, den Kopf des Interviewpartners formatfüllend ins Bild zu setzen. Damit bleibt eigentlich kein Platz mehr für eine Bauchbinde. Sie klebt stattdessen über dem Kinn oder verdeckt im schlimmsten Fall sogar den Mund. Ich persönlich ziehe die Brustbinde vor, bin aber gleichzeitig auch ein Fan von nahen Einstellungen. In diesem Fall müssen Sie während des Interviews möglichst zügig – z. B. in einer Interviewpause oder während der nächsten Frage – an den Interviewten heranzoomen, was nicht ohne Risiken ist. Denn in der Zufahrt können Sie kaum schneiden. Bauchbinden werden eigentlich immer während eines Interviews ein- und ausgeblendet. Modern sind farbige Layer als Hintergrund, die jedoch leicht transparent sein sollten. Die Bauchbinde ist die häufigste Art des sogenannten *Inserts*:

- **Insert**: Grafik, die nur Teile des Fernsehbildes verdeckt. Inserts werden im einfachsten Fall ein- und wieder ausgeblendet. Ein klassisches Insert ist z. B. auch die Senderkennung (Logo) oder das Berichts-Insert mit den Credits für Autor, Kameramann und Cutter.
- **Crawl**: Er gehört zum Standardwerkzeug von Nachrichtensendern, die häufig gleich mehrere Crawls übereinander einset-

zen. Es handelt sich dabei um eine Schriftzugeinblendung am Laufband.

◂ **Abbildung 18.33**
Beispiel für einen Crawl mit Layer

Das Laufband bewegt sich zumindest im Abendland von rechts nach links und bietet Platz für längere Informationen, z. B. als »Tickerzeile« für aktuelle Nachrichten oder »Börsenticker« mit den jüngsten Aktienkursen.

- **Roll**: Seine Domäne ist der Abspann. In endloser Reihe kommen Darsteller und Filmmitwirkende hier zu ihrem Recht. Weil bei den über 1.000 Mitarbeitern, die heute an einer Hollywood Produktion beteiligt sind, keiner bis zum Schluss im Kino sitzen bleiben will, läuft der Roll heute meist ziemlich schnell. Schön ist das nicht, aber notwendig.

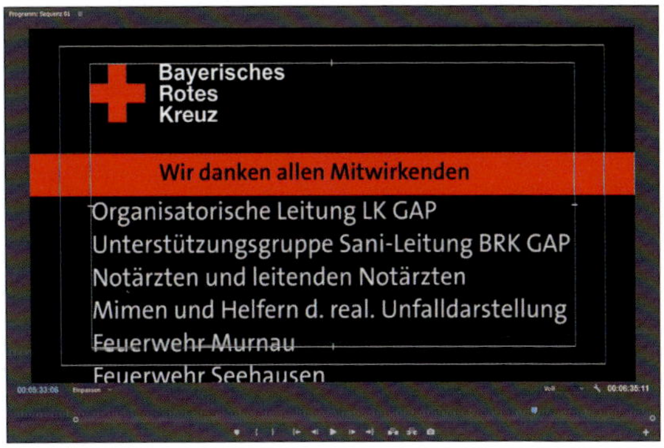

◂ **Abbildung 18.34**
Beispiel Roll mit Credits

Schrift im Fernsehen ist eine Wissenschaft für sich. Achten Sie unbedingt auf gute Lesbarkeit, denn nichts nervt mehr als ein unverständlicher Buchstabensalat, der durchs Bild rollt. Ein technisches Problem ist die Geschwindigkeit, mit der Crawls oder Rolls ablaufen, vor allem in 25p-Projekten. Läuft die Schrift zu schnell, stellt sich ein nerviges Ruckeln ein, läuft sie zu langsam, langweilt sich der Zuschauer. Wer aufwändige Inserts durchs Bild laufen lässt,

Zuschneiden
Der Effekt ZUSCHNEIDEN hat es nun ebenso wie POSITION, SKALIEREN und LAUTSTÄRKE in die Standard-Effekteinstellungen von Premiere Pro geschafft. Das nachträgliche Verändern der Bildgröße etwa für PiP-Effekte gehört schließlich auch zu heutigen Standardaufgaben. Jedes Mal erst den Filter heraussuchen und zuordnen zu müssen ist da lästig. Adobe hat den Ruf der Community offensichtlich verstanden.

sollte deshalb lieber aufs alte Halbbild setzen oder sein Projekt mit 50 Vollbildern laufen lassen.

Mit Insert, Crawl und Roll sind die kreativen Möglichkeiten moderner Fernsehschriftgrafik längst nicht erschöpft.

18.5.3 Animierte Grafik-Inserts

Der Platz auf den Bildschirmen ist eng, seitdem Fernsehanstalten über immer ausgefeiltere Techniken zur Erstellung von Grafiken verfügen. Neben reinen Texten wollen Logos eingeblendet werden, gibt es Textzitate oder grafische Spielereien, wie z. B. die etwas lästigen Programmhinweise am unteren Bildrand oder Gewinnspiele mit der Einblendung der Nummern für SMS und Telefon-Hotline. Während Schriften früher oft plump wirkten, feuern viele Sender heute geradezu grafische Feuerwerke ab. Da variiert ein Font die Farbe, wird geblättert und geblendet, spielt ein halbes Marionettentheater über der Bauchbinde. Ihre Existenz verdanken solche Spielereien einer mittlerweile einfachen Technik: dem *Alphakanal*. Diese Maske sorgt dafür, dass eine Schrift oder Grafik problemlos freigestellt werden kann. Wie Sie einen Alphakanal erstellen und verwenden können, lernen Sie ab Abschnitt 19.3.3, »Alpha-Key und Travelling-Matte«.

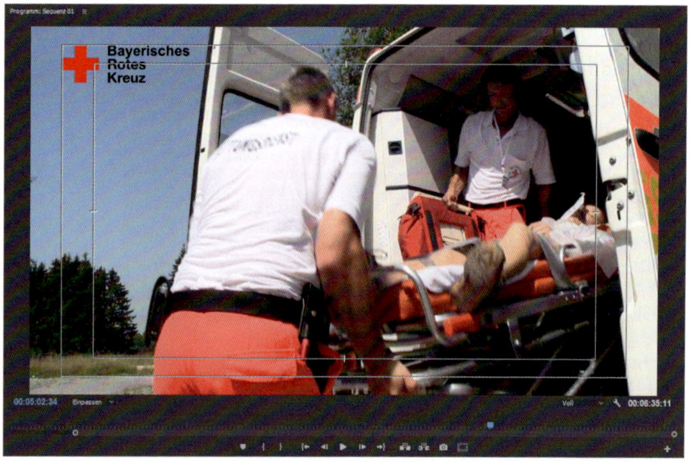

Abbildung 18.35 ▸
Beispiel für Logoeinblendung

Die Cloud und Photoshop
Photoshop ist ein professionelles Bildbearbeitungswerkzeug, das Nutzern der Adobe Cloud ebenso zur Verfügung steht wie Premiere Pro – zumindest wenn Sie die Software nicht als Standalone-Version gemietet haben. Wenn Sie gerne Grafiken in Ihre Filme einbauen, sollten Sie auch Photoshop als ein Standardwerkzeug verwenden, wenn es das nicht ohnehin schon ist. Photoshop-Dokumente lassen sich einfach in Premiere Pro importieren. Mit der Möglichkeit, auch die Photoshop-Ebenen zu importieren, können Sie etwa einfache Stopptricks in Windeseile animieren.

In der Adobe Cloud geht es noch einfacher. Premiere Pro erkennt die Transparenz der Layer in Photoshop-Dokumenten. So braucht man nicht einmal mehr einen Alphakanal anzulegen, sondern positioniert Text oder Logo in Photoshop, speichert das Dokument und lädt es in Premiere Pro. Danach legt man den Clip in eine übergeordnete Videospur: Fertig ist das Insert.

In der Timeline können Sie es mithilfe einer Keyframe-Animation nun auch noch bewegen oder z. B. farblich verändern. Änderungen können Sie interaktiv aus Premiere Pro heraus starten, indem Sie den Clip anwählen und mit der rechten Maustaste IN PHOTOSHOP BEARBEITEN auswählen. Sobald Sie das Dokument dort neu speichern, werden alle Änderungen auch in Premiere übernommen. Im Folgenden ein Beispiel für eine Titelanimation.

Schritt für Schritt
Eine Titelanimation erstellen

Zu unserem Beispielfilm der Rettungsübung erstellen wir einen kleinen Titel mit einfachen Animationen. Während ein Rettungswagen im Hintergrund dynamisch durch das Bild fährt, wollen wir einen Titel und einen Untertitel mit Ort und Tag der Übung einblenden.

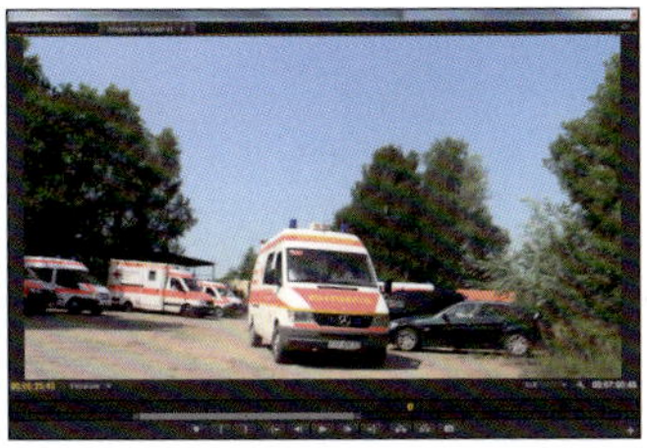

▲ **Abbildung 18.36**
Hintergrundbild: Geeignetes Hintergrundbild suchen

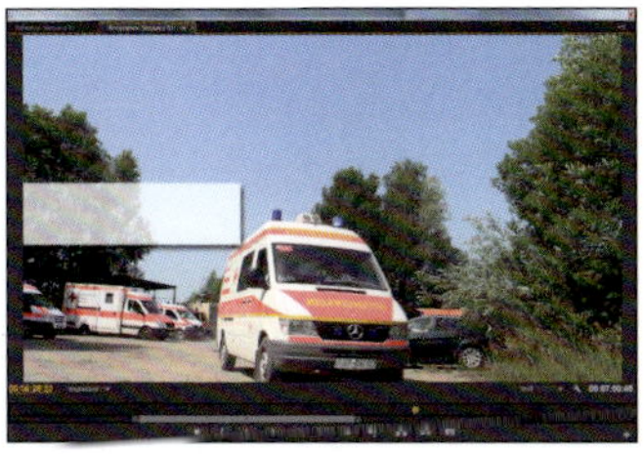

▲ **Abbildung 18.37**
Animation Layer: Weißer Hintergrund für Titel schiebt sich vom linken Rand her ins Bild.

▲ **Abbildung 18.38**
Blende Titel: Titel wird auf dem weißen Layer eingeblendet, sobald dieser steht.

▲ **Abbildung 18.39**
Animation Layer: Grauer Hintergrund für Untertitel schiebt sich vom rechten Rand her ins Bild.

▲ **Abbildung 18.40**
Blende Untertitel: Untertitel wird auf dem grauen Layer eingeblendet, sobald dieser steht.

▲ **Abbildung 18.41**
Blende Logo: Logo wird auf weißem Layer eingeblendet.

Damit sich die Schriften besser vom Hintergrund abheben, legen wir jeweils einen Layer unter. Die Layer sind transparent, d.h., das Hintergrundbild scheint leicht durch, und haben jeweils einen schmalen Schatten, der für einen plastischeren Eindruck sorgt. Technisch sieht der Ablauf folgendermaßen aus:

Neues Dokument in Photoshop anlegen
Photoshop kennt sich mit Film und Fernsehen aus. Wenn Sie ein neues Bild anlegen, können Sie aus diversen Vorgaben für Standardvideoformate das richtige für Ihr Projekt aussuchen. Hier können Sie auch gleich einen transparenten Hintergrund festlegen lassen. Das neue Dokument zeigt Ihnen auch gleich den Safety-Cache an, außerhalb dessen Sie keine Schriften platzieren sollten.

1 Erstellen einer Vorlage in Photoshop

Legen Sie ein neues Photoshop-Dokument (»*.psd«) an. Erstellen Sie die beiden Layer, jeden auf einer eigenen Ebene. Verwenden Sie dazu das Rechteckwerkzeug, oder erstellen Sie eine passende Auswahl, und füllen Sie diese mit Ihrer Wunschfarbe, im Beispiel Weiß für den ersten Layer ❷ und Grau für den zweiten Layer ❻. Mit einem Doppelklick in die Ebenen können Sie diesen den Effekt SCHLAGSCHATTEN zuweisen, ein kleines fx-Symbol ❼ an der Ebene zeigt an, dass ein Effekt zugewiesen wurde. Platzieren Sie das Logo ❶ im Dokument. Legen Sie die beiden Schriften (❸ und ❺) über die Ebenen mit den Hintergrundlayern an.

Damit Sie keine aufwändigen Alphamasken erstellen müssen, verwenden Sie einen transparenten Hintergrund ❹ in Photoshop. Wichtig: Obwohl die Layer später transparent werden, legen Sie ihre Deckkraft erst im Schnittprogramm fest. Die Vorlagen können Sie natürlich auch in einem anderen Programm erstellen oder mit dem Schriftgenerator Ihrer Software.

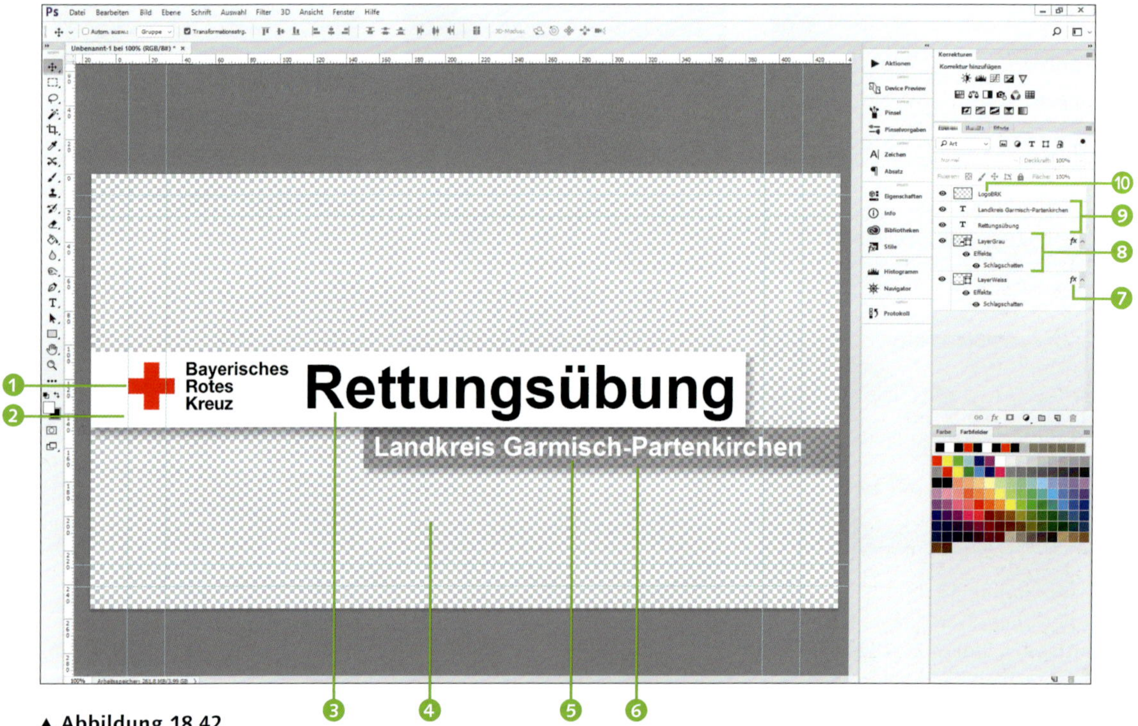

▲ **Abbildung 18.42**
Erstellen eines Titels in Photoshop. Im Ebenen-Bedienfeld sind das Logo ❿, die Schrift-Ebenen ❾ und die Layer-Ebenen ❽ zu sehen.

2 Das Photoshop-Dokument in Premiere Pro importieren

Premiere Pro ist auf den Import von Dateien, die mit anderen Adobe-Programmen erstellt wurden, spezialisiert. Deshalb können Sie nun einfach das Photoshop-Dokument mit den Ebenen importieren. Dabei haben Sie bei IMPORTIEREN ALS ⓫ die Wahl zwischen dem Import der Datei mit zusammengefügten Ebenen oder dem Erstellen einer eigenen Datei für jede Ebene. Letzteres ist genau das, was wir brauchen, denn wir wollen ja die Schriften, das Logo und die Layer einzeln animieren. Klicken Sie auf OK.

◂ **Abbildung 18.43**
Dialogfeld zum Import von Ebenen aus Photoshop-Dateien

3 Ebenen auf Videospuren verteilen

Nach dem Import können Sie jede Ebene als eigenständigen Clip in eine Videospur ziehen. Achten Sie auf die Reihenfolge, damit am Ende der erste weiße Layer natürlich auch hinter der Titelschrift liegt. In Premiere ist die höhere Spur immer auch die übergeordnete, so wie in Photoshop die höhere Ebene die untere überdeckt. Das heißt, Sie können die Ebenen wie im Photoshop-Dokument anordnen.

◂ **Abbildung 18.44**
Verteilung der Photoshop-Ebenen auf Videospuren

4 Titel animieren

Nun können wir mit der Animation beginnen. Wir haben zwei Arten von Animationen. Bei den beiden Layern verändern wir die POSITION ①, bei den Schriften und dem Logo die DECKKRAFT ②, sodass der Eindruck einer Blende entsteht. In den EFFEKTEINSTELLUNGEN sieht die Titelanimation dann beispielsweise so aus wie in Abbildung 18.44.

After Effects

Mit After Effects stellt Adobe eines der wichtigsten Werkzeuge für das *Compositing* und die Erstellung von Filmanimationen zur Verfügung. Auch auf dieses Tool können Sie als Abonnent der Adobe Cloud zugreifen. Wer After Effects erlernen will, muss sich allerdings ordentlich Zeit nehmen, denn das Programm verfügt über sehr viele Funktionen. Für Nutzer von Premiere Pro ist der Einstieg etwas leichter, weil der Austausch von Projektdateien zwischen beiden Programmen völlig unkompliziert ist und sich auch die Bedienung in Ansätzen ähnelt.

Das Prinzip der Keyframes ist einfach. Sie fixieren den Zustand eines Wertes zu einem bestimmten Zeitpunkt in der Timeline. Ändert sich der Wert zu einem späteren Zeitpunkt in einem weiteren Keyframe, errechnet das Programm zwischen den beiden definierten Punkten für jeden Frame einen Zwischenwert. Sie können fast beliebig viele Keyframes zu einer Animationsspur hinzufügen. Und Sie können mehrere Animationsspuren miteinander kombinieren, also z. B. DECKKRAFT und POSITION gleichzeitig ändern. In den Beispielfenstern sehen Sie, dass die Geschwindigkeit, mit der die Animation abläuft, verändert werden kann. Zum Beispiel könnte die Schrift am Anfang langsamer und am Ende schneller einblenden. Solche Anpassungen führen oft zu einem besonders harmonischen Ergebnis. Mehr darüber erfahren Sie in den Abschnitten über die Effektanimation mithilfe von Keyframes in Abschnitt 19.1.1.

Abbildung 18.45 ▼
Animation des weißen Layers: einfache Animation durch Veränderung der Parameter für die Position. Zu Beginn der Animation liegt die horizontale Position bei –482 (px) und damit der weiße Layer außerhalb des Bildrandes. Beim zweiten Keyframe liegt die Position bei 640 (px) und damit der Layer exakt an seinem Platz.

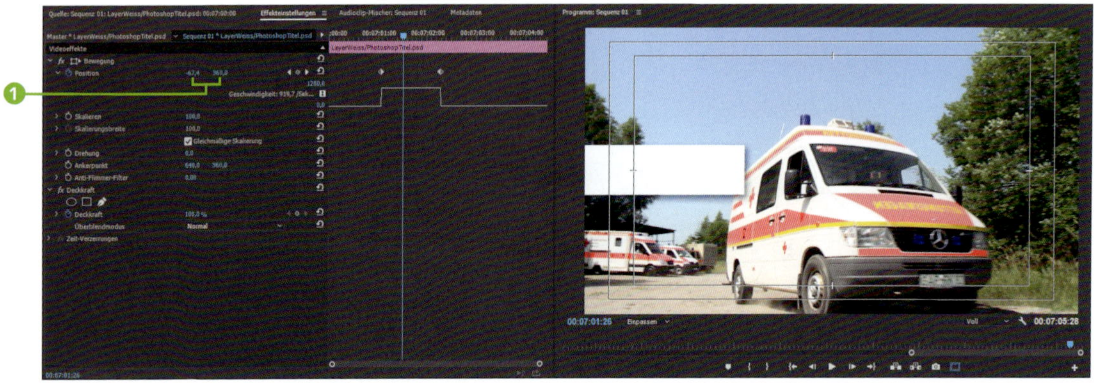

▲ **Abbildung 18.46**
Einblenden Schrift: Einfache Animation durch Veränderung des Wertes für die Deckkraft. Zu Beginn der Blende liegt dieser bei 0 %, am Ende bei 100 %. Im Verlauf der Animation nimmt die Deckkraft linear zu ❸.

Schrifteffekte in anderen Programmen | Wenn Sie im Erstellen von Schriftgrafiken Ihr neues Hobby entdeckt haben, dann begeistern Sie sich mit Sicherheit für die raffinierten Effekte und Methoden, die Ihnen Compositing-Programme wie Adobe After Effects zur Verfügung stellen. Hier können Sie mit Schrift fast alles anstellen. Ein Beispiel dafür finden Sie im Beispielmaterial zum Buch unter ÜBUNGEN • REISEWEG.

▼ **Abbildung 18.47**
Animation des Reiseweges in einer Landkarte mit Adobe After Effects

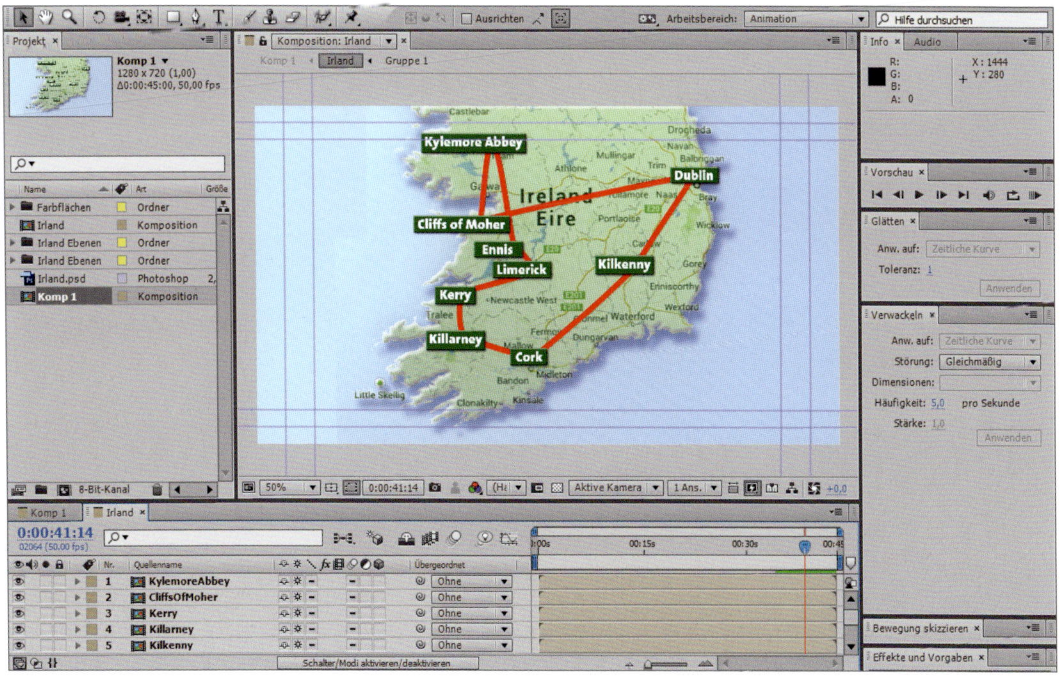

Mittlerweile hat die 3D-Welt auch die Schriftgrafik eingeholt. Häufig animieren Schriftgrafiker ihre Logoideen in 3D-Programmen wie Maya, Cinema 4D oder 3ds Max. Am Ende dieses Buches gehe ich auf die Möglichkeiten von Animation und Compositing noch etwas ein, an dieser Stelle sei nur so viel verraten: Das technische Bindeglied zwischen Animation und Film ist wiederum der Alphakanal. Das heißt, wenn Sie entsprechende Animationen erstellen, müssen Sie sie mit dem Alphakanal exportieren. Häufig werden Sie dazu die Option des Exports als Bildersequenz wählen, bei der die Animation als Folge von durchnummerierten Einzelbildern ausgespielt wird. So eine Bildersequenz können Sie in jedes Schnittsystem wieder einlesen. In der Regel erkennt es die Bilderfolge und den Alphakanal automatisch und fügt die Bilder zu einer entsprechend transparenten Sequenz zusammen.

Kapitel 19
Videoeffekte

Digitale Effekte sind das Salz in der Suppe des Computerschnitts. Vor allem wenn der Zuschauer nicht merkt, dass getrickst wurde. In diesem Kapitel lernen Sie die wichtigsten und vor allem auch mächtigsten Effekte und ihren sinnvollen Einsatz in einem kreativen Videoprojekt kennen.

19.1 Grundtechniken

Zum Glück sind die Zeiten vorbei, in denen die Hersteller von Programmen mit Hunderten kostenlosen Gratiseffekten ihre Softwarepakete beworben haben. Die Anzahl der mitgelieferten Effekte sagt nichts über die Qualität des Produkts aus. Im Gegenteil: Die meisten vorgefertigten Effekte sind eher hässlich. Deshalb lautet die wichtigste Regel beim Einsatz von Effekten: Lieber keinen Trick als einen schlechten. Aber natürlich können richtig eingesetzte Videoeffekte einen Film noch zusätzlich würzen, vor allem wenn man bereits bei der Produktion alles so vorbereitet hat, dass der Effekt richtig zur Geltung kommt. Die Handhabung von Effekten ist dabei von Software zu Software sehr unterschiedlich, im Kern bieten jedoch fast alle Programme das Gleiche. Die wichtigsten Effekte erlauben die Manipulation von:

- Zeit, also der Geschwindigkeit des Clips
- Ort, also der Position des Clips im Bild
- Farbe und Oberfläche
- Schärfe

Dummerweise ist die Welt der Effekte noch einmal deutlich bunter als die Welt der Anbieter von Sof≤tware. Zwar gehören die meisten Standardeffekte zum festen Repertoire jeder Software,

Noch mehr Software-Plug-ins
Es gibt viele Spezialaufgaben, die Standardsoftware wie Premiere Pro, DaVinci Ressolve, Final Cut Pro oder Avid nicht anbieten. Dazu gehören vor allem aufwendige Spezialeffekte. Sie sind die Domäne von Drittherstellern wie von Boris-FX (heute z. B. Continuum und Sapphire), Red Giant oder digieffects. Auch für die Verarbeitung von 3D-Filmen gibt es entsprechende Plug-ins, etwa von Cineform. Plug-ins werden in die Stammanwendung, also z. B. Premiere Pro, installiert und können aus dieser als zusätzlicher Effekt gestartet werden. Die Adobe-Website führt derzeit über 30 Plug-ins auf (*http://helpx.adobe.com/de/premiere-pro/plug-ins.html*).

viele Tools werden aber von Drittherstellern als sogenannte *Plug-ins* angeboten. Die Funktionen und Möglichkeiten dieser Programme füllen ganze Bücher. Und leider funktionieren die Effekte oft ganz unterschiedlich. Trotzdem haben sich einige Grundtechniken bei allen Programmen durchgesetzt.

19.1.1 Keyframe-Animation und Effektspuren

Die Einstellungen der meisten Effekte in fast allen Softwarepaketen funktionieren mithilfe von sogenannten *Keyframes*. Keyframes sind so etwas wie die Start- und Zielmarke einer Animation. Sie legen mithilfe von Schlüsselbildern (engl. *Keyframe*) den Zustandswert eines Bildes zu einem genauen Zeitpunkt (Frame) fest. An einem Praxisbeispiel lässt sich die Handhabung der Keyframes besser erklären. Wir bauen uns einen sogenannten *Picture-in-Picture-Effekt*, häufig auch als PiP abgekürzt. Solche Effekte sind von Zeit zu Zeit sehr populär und eine Möglichkeit, Ereignisse parallel darzustellen. So könnte ein einfacher Effekt aussehen: Wir wollen das Aufstellen eines Maibaums Schritt für Schritt in drei Einstellungen zu einer Szene kombinieren.

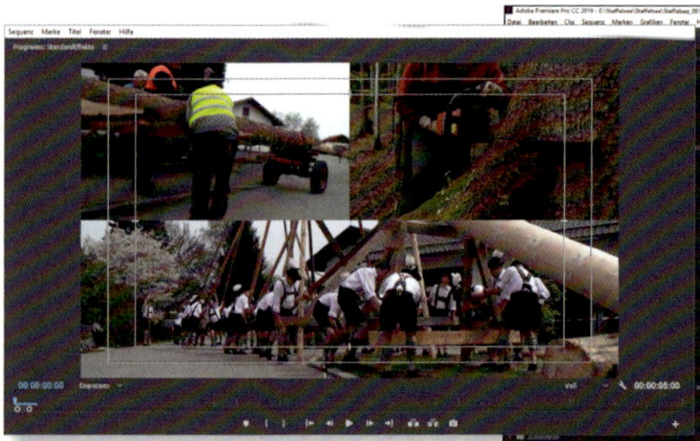

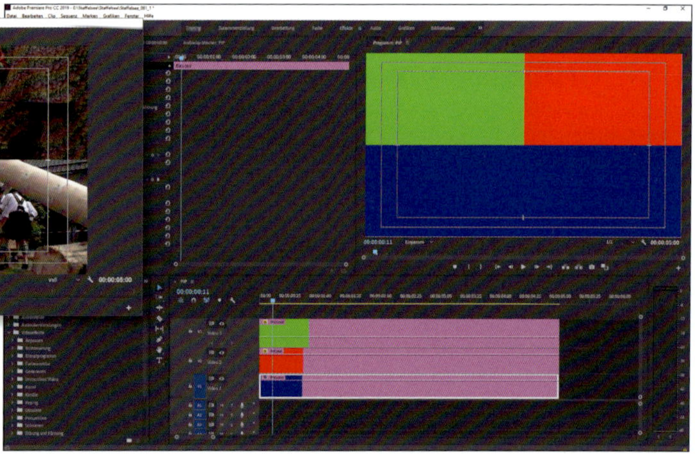

▲ Abbildung 19.1 ▸
PiP-Effekt aus drei Bildern, rechts die schematische Darstellung, links mit den realen Bildern

Um die Bilder so gruppieren zu können, muss bei den beiden oberen Bildern die Größe (Skalierung) verändert und das untere Bild beschnitten (Crop) werden. Doch damit nicht genug: Wir wollen ähnlich wie bei unserer Titelanimation in Kapitel 18 die Bilder auch noch ins Bild fliegen lassen, d. h., die Bilder verändern ihre Position.

Um die einzelnen Schritte zu verstehen, die die Animation ermöglichen, sollten Sie sich die Denkweise von Effektprofis aneignen. In ihrer Vorstellung verlaufen parallel zur Timeline Effektspuren, die sie mithilfe von Keyframes manipulieren können. Dabei gibt es viele verschiedene Effektspuren.

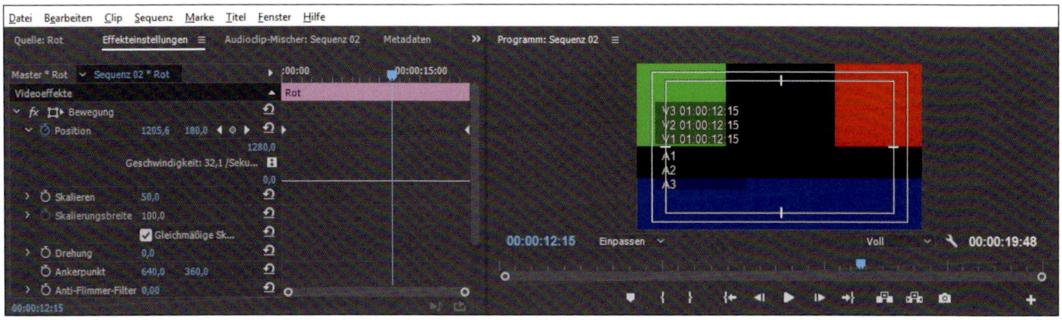

▲ **Abbildung 19.2**
Animation der Bilder vor schwarzem Hintergrund. Im Programmmonitor sehen Sie, wie sich das grüne und rote Quadrat sowie das blaue Rechteck vor den schwarzen Hintergrund schieben.

Für unser Beispiel brauchen wir folgende drei Standardspuren: Skalierung (Größe), Position und Zuschneiden.

	Skalierung	Position	Zuschneiden Oben
Blaues Bild	nein	nein	ja
Grünes Bild	ja	ja	nein
Rotes Bild	ja	ja	nein

▲ **Tabelle 19.1**
Effektspuren für jedes Bild

Die Effekteinstellungen | GRÖSSE und ZUSCHNEIDEN sind Standard-Effektspuren, die in Premiere Pro automatisch für jeden Clip zur Verfügung gestellt werden und im Fenster EFFEKTEINSTELLUNGEN zu finden sind. Das Fenster mit den EFFEKTEINSTELLUNGEN finden Sie in Premiere Pro in der Standardansicht neben dem Quellmonitor. Sie müssen also nicht erst den entsprechenden Effekt BEWEGUNG ❶ (siehe Abbildung 19.5), der die beiden Spuren POSITION ❷ und SKALIEREN ❸ (Größe) zur Verfügung stellt, im Fenster EFFEKTE suchen und auswählen.

Die Effektspur zum Zuschneiden des Bildes erreichen Sie über den Effekt ZUSCHNEIDEN (VIDEOEFFEKTE • TRANSFORMIEREN • ZUSCHNEIDEN), der in früheren Versionen nicht in den Standard-Effekteinstellungen zu finden war.

Die Effektspur OBEN ❹ ändern wir auf den Wert 50 % und schneiden damit die obere Bildhälfte komplett weg. Ohne diesen Effekt würde statt eines schwarzen Hintergrundes dort das blaue Bild zu sehen sein.

Effekte auswählen
Den Zugriff auf die Effekte finden Sie in aller Regel in einem eigenen Fenster. In Premiere Pro heißt es EFFEKTE und befindet sich in der Standardansicht in einem eigenen Reiter neben den Projektdaten.

Ziehen Sie aus dem jeweiligen Ordner die Video- oder Audioeffekte sowie Blenden auf den Clip. Oder wählen Sie einen Clip aus und weisen Sie ihm einen Effekt durch Doppelklick zu. Die Einstellungen und Keyframes verändern Sie im Fenster EFFEKTEINSTELLUNGEN.

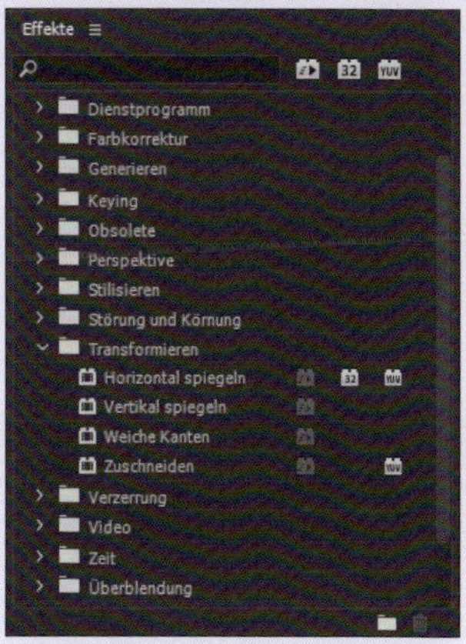

▲ **Abbildung 19.3**
Fenster EFFEKTE in Premiere Pro

Effekte direkt im Schnittfenster manipulieren
Sie können die Spuren in einigen Programmen auch direkt im Schnittfenster einblenden und dort bearbeiten. In Premiere Pro klicken Sie mit der rechten Maustaste auf das kleine fx-Symbol links oben am Clip-Anfang. Anschließend können Sie die Effektspur auswählen, die Sie bearbeiten möchten, und dann mit der Maus intuitiv anpassen. Ich empfehle jedoch wegen der größeren Kontrolle, die Animationen in der passenden Arbeitsumgebung zu erledigen, in Premiere Pro ist das das Fenster Effekteinstellungen. Wichtigster Vorteil neben der größeren Übersichtlichkeit: Sie können numerische Werte auch über die Tastatur eingeben.

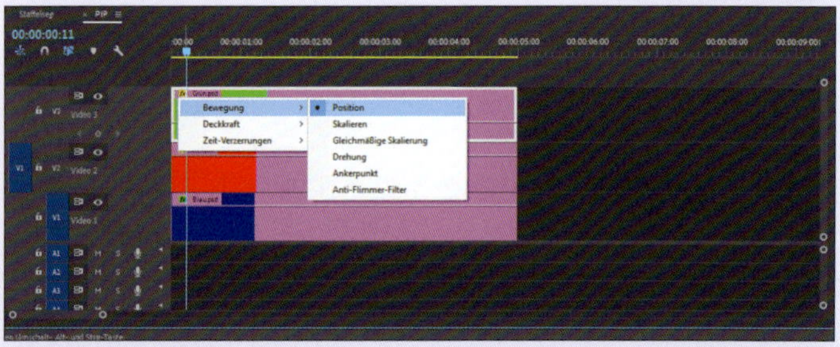

▲ **Abbildung 19.4**
Effektspuren im Schnittfenster

Abbildung 19.5 ▼
Effektspuren und Keyframes im Fenster Effekteinstellungen

In den Effekteinstellungen sehen Sie ganz oben rechts den Timecode ❺ aus dem Schnittfenster. Wie in der Timeline können Sie auch hier den Abspielkopf frei bewegen und das Projekt sogar abspielen. Links finden Sie die verschiedenen Spuren, die zur Verfügung stehen. Zum besseren Verständnis habe ich die beiden Effektspuren Position und Skalierung ausgeklappt. Die dritte Spur mit dem Effekt Zuschneiden finden Sie im Effektfenster unten.

In der Spur zur Animation der Größe (Skalierung) finden Sie zwei Keyframes, die durch eine elegant geschwungene Linie verbunden sind. Der erste Keyframe legt fest, dass das Bild an dieser Stelle keine Größe hat (= 0%), also nicht sichtbar ist. Am Ende der Animation hat die Skalierung einen Wert von 100%, d.h., das Bild hat die Originalgröße erreicht. Zusätzlich habe ich die Geschwindigkeit der Animation geändert. Anstatt sich gleichmäßig (linear) zu bewegen, wächst der Clip zunächst schneller und bremst dann langsam ab, bis er an der vorgesehenen Position zum Stillstand kommt – eine Punktlandung sozusagen. Diese wesentlich harmonischere Bewegung erreicht man, indem man der Spur ein dynamisches Verhalten zuweist. Dies können Sie jedoch nur, wenn Sie zumindest einen der beiden Keyframes in einen sogenannten *Bézier-Keyframe* umwandeln. Erst dann können Sie neben den absoluten Werten auch noch das Interpolationsverhalten ändern (zum Interpolationsverfahren siehe den folgenden Abschnitt »Die Kunst der Interpolation«).

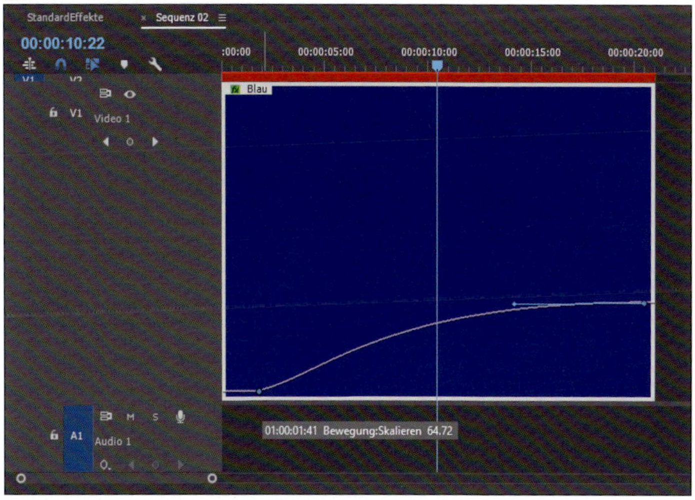

◂ **Abbildung 19.6**
Angezeigte Effektspur in Clip

Natürliche Bewegungen
Das Arbeiten mit Bézier-Keyframes und Splines setzt schon einen vertieften Einstieg in Animationstechniken voraus. Wenn Sie darauf verzichten wollen, dann achten Sie darauf, immer lineare Keyframes zu verwenden, da die Animation andernfalls schnell unkalkulierbar wird. Dynamische Animationen wirken zwar harmonischer, weil sie natürliche Bewegungsabläufe nachahmen können, sind aber deutlich aufwendiger zu erstellen.

Geschwindigkeit der Effektspuren | In Adobe Premiere Pro lässt sich die Geschwindigkeit der meisten Effektspuren anpassen und damit ein natürlicherer Eindruck erzielen. Sehr gebräuchlich sind bereits vordefinierte Verhaltensweisen, die meistens als *Ease In* und *Ease Out* bezeichnet werden, auf Deutsch bei Premiere Pro »langsam einschwenken« und »langsam ausschwenken«:

- **Ease In (einschwenken)**: Das Bild startet langsam und beschleunigt.
- **Ease Out (ausschwenken)**: Das Bild startet schnell und bremst zum Ende hin ab.
- **Ease In und Out**: Kombination beider Verhaltensweisen

In der Spur OBEN ZUSCHNEIDEN des grünen Clips finden Sie einen einfachen linearen Keyframe angezeigt. Da wir den Wert während der Animation nicht verändern, bräuchte es den Keyframe eigentlich nicht, da er automatisch für den ganzen Clip gilt.

Die Kunst der Interpolation | Weil Computerprogramme heute sehr intuitiv zu bedienen sind, vergisst man häufig, dass sich hinter jeder Software ausgeklügelte Algorithmen verbergen, die auf mathematischen Funktionen beruhen. Bei der Interpolation von Keyframe-Animationen bekommt man wieder ein Gefühl für die technischen Wurzeln seiner Schnittsoftware. Normalerweise werden die Veränderungen zwischen zwei Keyframes linear berechnet. Beispiel: Nimmt die Deckkraft eines Bildes zwischen zwei Keyframes, die 100 Bilder auseinanderliegen, linear ab, dann verändert sich die Deckkraft von Bild zu Bild um genau 1 %. Bei einer dynamischen Änderung kann die Abnahme anfangs schneller oder langsamer erfolgen. Statt einer Linie beschreibt eine Kurve das Verhalten.

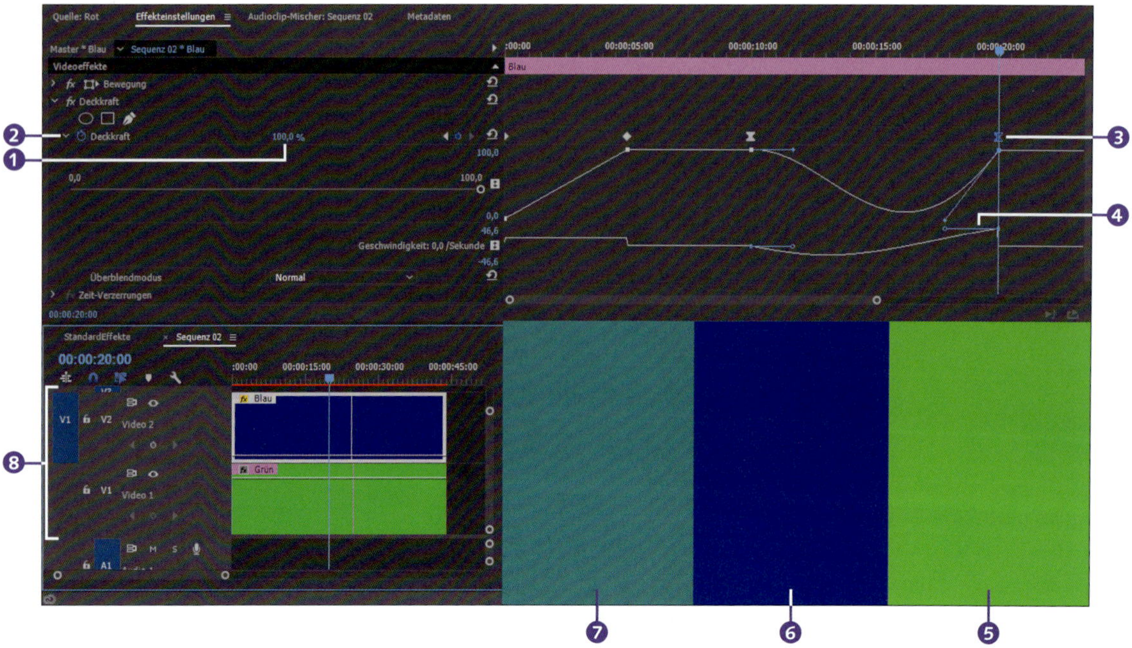

Abbildung 19.7 ▼
Kurven und Keyframes: Hier ist die lineare und dynamische Veränderung der Deckkraft **2** zu sehen. **1** zeigt den Zustandswert des Keyframes an der Position des Abspielkopfes.

Die Kurve lässt sich intuitiv verändern, indem man mit der gedrückten linken Maustaste die *Splines* verändert. Splines ❹ sind Anfasser an den Bézier-Keyframes ❸, die Richtung und Verzerrung einer Kurve festlegen. Im Beispiel liegen in der Timeline Clips in zwei Videospuren ❽. Hier beschreibt eine Linie zwischen dem ersten und zweiten Keyframe den linearen Anstieg der Deckkraft von 0 auf 100%. Nach 2 ½ Sekunden liegt die Deckkraft bei genau 50%, d.h., das Bild ist eine Mischung aus Blau und Grün, also Türkis ❼. Bei der folgenden Animation mithilfe einer dynamischen Kurve habe ich zwischen dem 3. und 4. Keyframe eine Ab- und Aufblende innerhalb von 5 Sekunden angelegt. Das Bild ist zu Beginn der Animation blau ❻. Die Kurve verläuft so, dass in der Mitte die Deckkraft wieder bei 0% liegt, also der Programmmonitor nur den unteren, grünen Clip ❺ zeigt.

Videoeffekte schnell kennenlernen
Einige Videoeffekte haben es wirklich in sich, und dem Einsteiger fällt es schwer, seine Funktion schnell zu durchschauen. Oft hängt die Wirkung vieler Einstellungsmöglichkeiten davon ab, dass man einen Basiswert erst einmal verändert. Um einen Effekt schnell verstehen zu lernen, ist es sinnvoll, erst einmal mit der Maus im Programmonitor an den verschiedenen Einstellmarkierungen zu ziehen. Beobachten Sie, wie sich die Werte im Fenster EFFEKTEINSTELLUNGEN verändern.

19.1.2 Arbeiten mit Zahlenwerten

Sie können die meisten Effekte auch intuitiv bedienen, z.B. eine Änderung der Position. Doppelklicken Sie dazu in den Programmmonitor. Wählen Sie in der Timeline einen Clip aus und im Fenster EFFEKTEINSTELLUNGEN den Effekt, den Sie benutzen möchten. Nun können Sie mit der Maus und der gedrückten linken Maustaste im Programmmonitor z.B. die Position des Clips verändern.

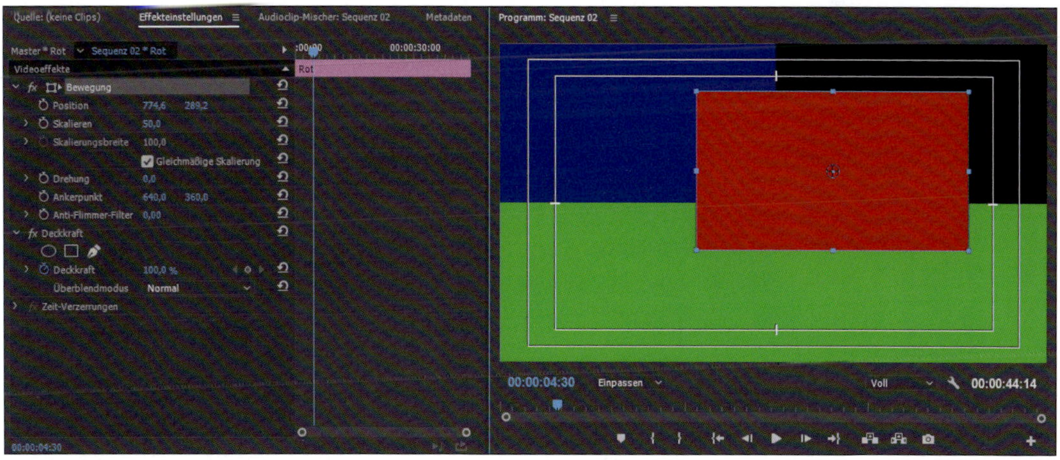

▲ **Abbildung 19.8**
Intuitives Verschieben des blauen Frames

Allerdings passen am Ende die Bilder bei dieser wenig genauen Arbeitsweise kaum zusammen. Es ist sehr schwierig, die einzelnen Bilder nur mit der Maus zu platzieren. Und leider sieht man im HD-Zeitalter bereits eine feine Linie mit nur einem Pixel Breite. Bei einer Verwendung des Effekts BEWEGUNG und der Effektspur POSITION müssen wir uns wohl oder übel mit Geometrie, also der Höhe und Breite sowie dem Mittelpunkt eines Bildes, beschäftigen.

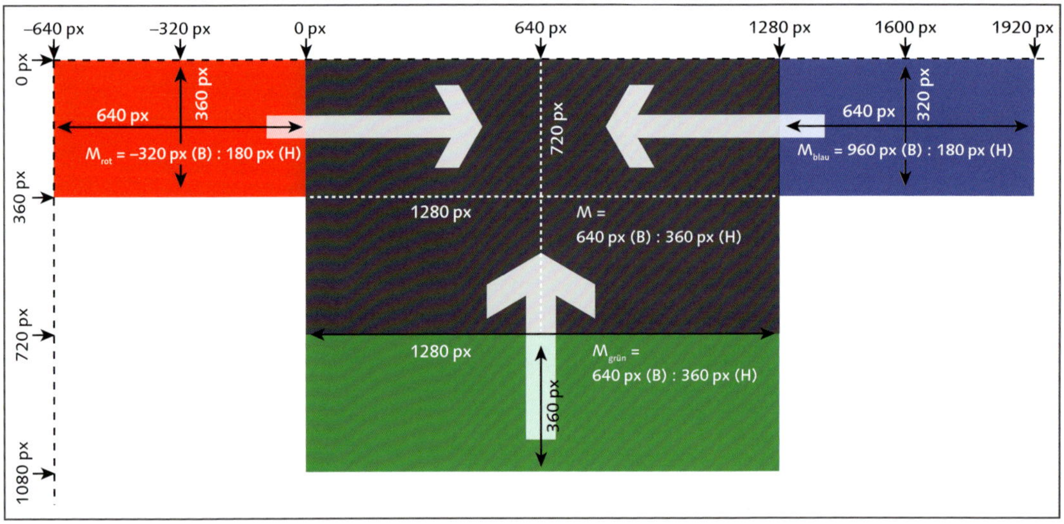

▲ **Abbildung 19.9**
Höhe und Breite sowie Mittelpunkt der Clips in Abhängigkeit vom Bildschirm

Der Ankerpunkt
Was für Einsteiger oft schwer zu verstehen ist, ist der sogenannte *Ankerpunkt*. Er beschreibt den Mittelpunkt eines Bildes relativ zum Original. Ein Beispiel: Das blaue und das rote Bild haben eine Originalgröße von 1.280 × 720 px. Der Ankerpunkt liegt in der Mitte (Kreuzungspunkt der Bilddiagonalen), also bei 640 px (B) und 360 px (H). Wir könnten die kleine Bewegung nun auch durch Veränderung des Ankerpunkts animieren, obwohl wir die Größe des Bildes auf 50 % verändert haben, bleibt der Ankerpunkt gleich.

In Abbildung 19.9 sehen Sie, wie unser kleiner PiP-Effekt bei Beginn der Animation aussieht: Das rote, blaue und grüne Rechteck liegen komplett außerhalb des sichtbaren Bildbereichs (Grau). Um die Keyframes festzulegen, müssen Sie die Zahlenwerte des jeweiligen Bildmittelpunkts eingeben. Da das grüne und das rote Feld vorher jeweils um 50 % verkleinert (skaliert) wurden, liegt der Mittelpunkt tatsächlich auch in der Mitte. Anders beim grünen Feld. Hier wurde die obere Hälfte mithilfe des Effekts Zuschneiden abgeschnitten. Trotzdem bleibt der Mittelpunkt mathematisch dort, wo er auch im Gesamtbild liegt. Sichtbar ist er deshalb an der oberen Kante des Bildes. Und so, wie in Abbildung 19.10 dargestellt, verändern sich die Werte, wenn Sie die Bilder auf ihre Endposition schieben.

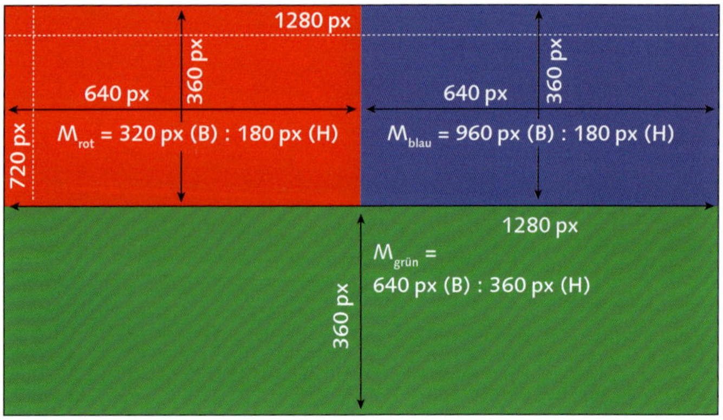

Abbildung 19.10 ▶
Ende der PiP-Animation

So sieht das Ende des Effekts aus. Folgende Zahlenwerte für die jeweilige Mittelposition müssten Sie also in die entsprechende Animationsspur des Ankerpunktes des Clips eingeben, wenn Sie den Effekt nachbauen möchten.

	Keyframe Anfang		**Keyframe Ende**	
Mittelpunkt	Breite	Höhe	Breite	Höhe
Clip grün	640 px	360 px	640 px	360 px
Clip rot	–320 px	180 px	320 px	180 px
Clip blau	1.600 px	180 px	960 px	180 px

◂ **Tabelle 19.2**
Zahlenwerte PiP-Effekt. Anmerkung: Die Werte in Tabelle 19.2 und in den Grafiken oben gelten für ein HD-Bild mit der Größe von 1.280 × 720 px.

Diese Werte können Sie verwenden, wenn Sie mit Adobe Premiere Pro arbeiten. Andere Programme verwenden nicht immer den Mittelpunkt eines Clips für seine Positionierung, sondern z. B. die linke obere Ecke. Probieren Sie es einfach aus. Der Vorteil von Zahlenwerten liegt in der guten Kontrolle, die wir so über den Effekt bekommen. Schieben Sie mit der Maus die einzelnen Clips an der Startposition nach außen, laufen Sie Gefahr, ein paar Pixel zu viel einzugeben. In diesem Fall erscheinen die Bilder nicht mehr zum gleichen Zeitpunkt am Bildrand und treffen sich damit auch nicht in der Mitte. Gewöhnen Sie sich deshalb an, möglichst mit Zahlenwerten zu arbeiten, um maximale Kontrolle über die Effekte zu bekommen. Bei komplexen Effekten verlieren Sie andernfalls schnell den Überblick und ärgern sich, wenn Sie den Fehler nicht so leicht finden.

19.2 Geschwindigkeitseffekte

Zeitlupe und Zeitraffer sind Effekte, die im besten Fall bei der Aufnahme bereits als solche eingeplant werden. Denn das Rohmaterial besteht bei Zeitlupen aus möglichst vielen Bildern und zeigt eine attraktive Bewegung, die dem Bild Dynamik verleiht. Bei Zeitrafferaufnahmen wird die Kamera möglichst statisch »eingemauert«, sodass der Zuschauer am Ende ruckelfreie Langzeitaufnahmen bewundern kann.

Technisch sind beide Effekte im Schnitt schnell realisiert. Man zieht den jeweiligen Effekt in die Timeline, meist reicht ein Klick mit der rechten Maustaste (im Kontextmenü dann den Punkt Geschwindigkeit/Dauer wählen), um auf das Manipulationsfenster für die Zeit zugreifen zu können. Je nach Software kann

Ton und Geschwindigkeit
Während Zeitlupen und Zeitraffer meistens gut aussehen und einen Film bereichern, gilt dies nie für den Ton. Audiospuren, die zu langsam laufen, klingen dumpf, Audiospuren, die zu schnell laufen, spitz und hell. Sprache wird immer verzerrt und damit unbrauchbar. Auch rückwärtslaufender Ton macht allenfalls Verschwörungstheoretikern Spaß, die Geheimbotschaften verschlüsseln wollen. Es ist deshalb ratsam, den Ton immer so zu belassen, wie er ist, also die Tonhöhe und die Laufgeschwindigkeit beizubehalten. Eventuell sitzen einige markante Töne anschließend falsch. In diesen Fällen sollten Sie die Töne wieder richtig unter dem dazugehörigen Bild positionieren und unter den ganzen Clip eine einheitliche Atmo legen, die passt.

jetzt eine Bildrate oder ein Prozentwert eingegeben werden, und schon ist der Effekt fertig. In aller Regel können Sie die Laufrichtung eines Clips auch umdrehen, etwa indem Sie negative Werte eingeben oder das entsprechende Kästchen GESCHWINDIGKEIT UMKEHREN ❶ aktivieren.

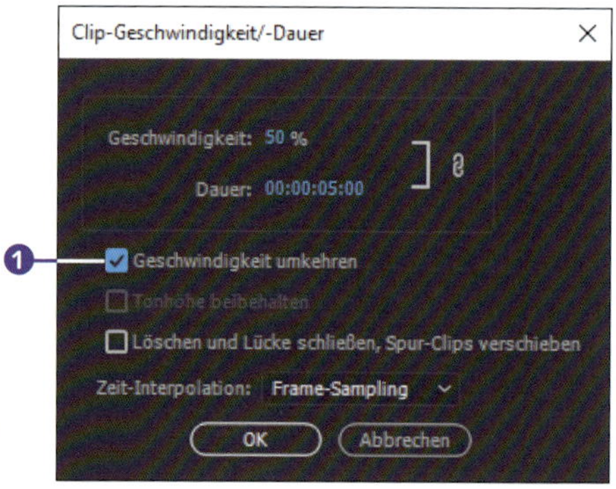

Abbildung 19.11 ►
Dialogfenster zum Verändern von Laufrichtung und Geschwindigkeit eines Clips in Premiere Pro

19.2.1 Zeitlupe

Zeitlupenaufnahmen sind dann sinnvoll, wenn die Verlangsamung dem Zuschauer neue Einblicke in Bewegungsabläufe erlaubt, z. B. das Flügelschlagen eines Kolibris oder das Aufprallen eines Wassertropfens auf die Wasseroberfläche.

© Michael Guglhör

Abbildung 19.12 ►
Einzelbild aus Zeitlupenaufnahme einer Libelle

Frames überblenden
Bei Zeitlupen ist es häufig der Fall, dass die Bildrate des Clips nicht mehr mit der des Films übereinstimmt. Beispiel: Die Zeitlupe besteht aus 25 Bildern pro Sekunde, die Sequenz aus 50 Bildern. Premiere Pro und andere Programme verdoppeln in diesem Fall einfach die Anzahl der Bilder, d. h., jedes Einzelbild kommt zweimal vor. Um die Bewegungen fließender erscheinen zu lassen, können Sie die Option FRAMES ÜBERBLENDEN auswählen. Dann wird das zweite Bild nicht einfach verdoppelt, sondern als Blende zwischen dem ersten und dritten Bild errechnet.

Solche Aufnahmen faszinieren den Zuschauer und sorgen für hohe Aufmerksamkeit. Oft werden jedoch mehr oder weniger beliebige Aufnahmen verlangsamt, um eine Szene zu dramatisieren. Technisch sind solche spontanen Zeitlupen oft ein kritisches Unterfangen. Das menschliche Auge kann zwischen 20 und 30 Bildern pro Sekunde auflösen, d. h. als Einzelbilder wahrnehmen. Erst dann beginnen die Bilder, zum fließenden Film zu verschmelzen. Dreht man einen Film im 50p-Format, also mit 50 Vollbildern pro Sekunde, dann bleiben bei einer 50%igen Zeitlupe immer noch 25 Bilder pro Sekunde erhalten. Bei einer 25%igen Zeitlupe sind es aber schon nur noch 12 Bilder, zu wenig für eine ruckelfreie Darstellung. Noch schlimmer wird die Situation, wenn man in einer niedrigen Bildrate dreht, z. B. mit nur 25 Vollbildern pro Sekunde.

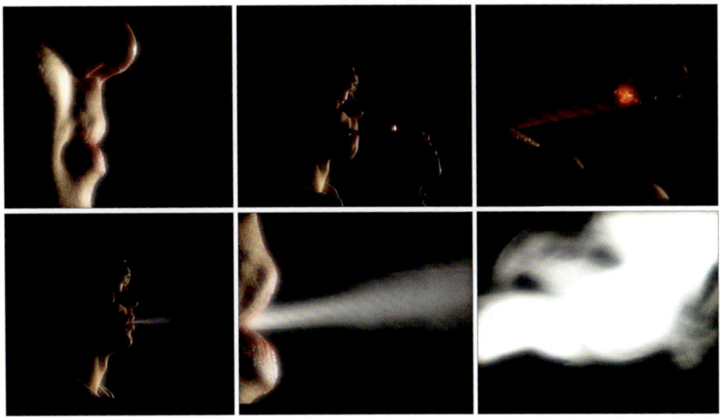

◂ **Abbildung 19.13**
Bildsequenz Rauchen. Alle Bilder laufen in Zeitlupe.

Die obige Sequenz habe ich im DV-Format mit 50 Halbbildern aufgenommen. Eigentlich sieht alles gut aus – bis man sich ein Bild, das mit einer Highspeed-Kamera aufgenommen wurde, im Vergleich ansieht. Vor allem älteres Material im 50i-Format eignet sich nicht wirklich für Zeitlupen.

Als es kein anderes Format gab, mag es akzeptabel gewesen sein, im HD-Zeitalter ist man Besseres gewöhnt. Allerdings gibt hier nicht die Bildgröße den Ausschlag, sondern die Anzahl von 50 Vollbildern und mehr pro Sekunde. Wenn Sie Zeitlupen einplanen, dann nehmen Sie so viele Bilder, wie Sie bekommen können. Am besten z. B. 100 BpS, eine Geschwindigkeit, die auch Consumer-Cams zunehmend unterstützen. 60p (das US-Format unterstützen auch viele Kameras, die für den europäischen Markt bestimmt sind) sind besser als 50p. Legen Sie aber bitte nicht wegen einer einzelnen Zeitlupe Ihr Projekt nun in 60p an. Wenn Sie bei der Aufnahme die Kamera auf 60p umschalten, dann nur für diesen Zweck. Am Ende muss das Material wieder auf 50p umgerechnet werden. Dabei kann es auch zu Bildfehlern, vor allem Zeilensprüngen kommen.

Noch mehr Tricks mit der Zeit – animierte Geschwindigkeitsänderungen
Filme wie »Matrix« verdanken dieser Technik ihre spektakulärsten Effekte. Eine Kugel kann im Flug verlangsamt werden, ebenso die Ausweichbewegung des Helden. Sobald die tödliche Bedrohung am Ziel vorbeigeflogen ist, beschleunigt der Film wieder und zeigt die abnorme Reaktionsfähigkeit des Helden, die es ihm erlaubt, lebend durch den Kugelhagel zu turnen. Die Lösung solcher Aufgaben funktioniert über eine dynamische Änderung der Geschwindigkeit, d. h., wir erstellen eine Keyframe-Animation. In Premiere Pro verwenden Sie für solche Zeiteffekte den Filter ZEIT-NEUZUORDNUNG. Mit seiner Hilfe können Sie Änderungen der Clipgeschwindigkeit nun harmonisch ein- und ausschwenken, also abbremsen oder beschleunigen. Premiere Pro ordnet die notwendige Effektspur von Haus aus jedem Clip zu.

19.2.2 Zeitraffer

Zeitrafferaufnahmen überzeugen vor allem dann, wenn sie neue, dem Zuschauer überraschende Einblicke in eine geheimnisvolle Welt präsentieren. Typische Beispiele sind etwa Langzeitbeobachtungen von sich öffnenden Blüten oder Bäumen im Wechsel der Jahreszeiten oder Aufnahmen von Tagesverläufen (siehe dazu auch Abschnitt 13.2, »Stopptrick und Zeitraffer«).

▲ **Abbildung 19.14**
Sonnenuntergang in Zeitraffer

Überaus beliebt sind auch Totalen von belebten Verkehrsknotenpunkten oder Landschaften, die den Ablauf eines Tages versinnbildlichen. Planen Sie solche Aufnahmen sorgfältig. Suchen Sie einen Kamerastandort, der möglichst abseits liegt. Achten Sie auf den Verlauf der Sonne. Denn bei Gegenlichtaufnahmen sollte die Blende nachgestellt werden. Die Kamera ruht dann hoffentlich auf einem schweren und stabilen Stativ, damit anschließend keine Ruckler die Aufnahme stören.

Typisch für Zeitrafferaufnahmen ist die Aufnahme von Einzelbildern. Diese Bilder müssen dann als zusammenhängende Sequenz importiert werden.

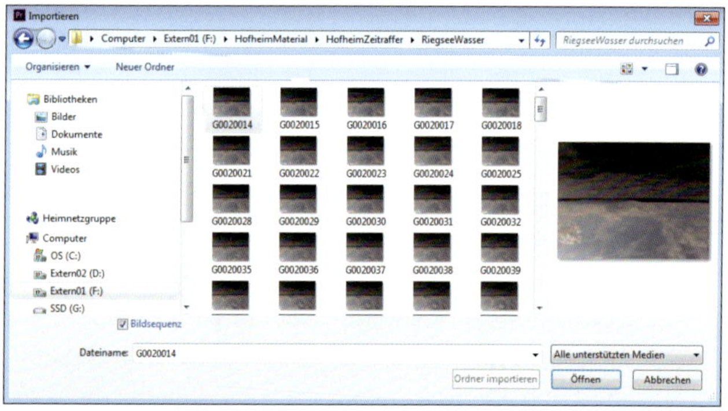

▲ **Abbildung 19.15**
Import einer Sequenz

Die meisten Programme fügen durchnummerierte Einzelbilder einem Projekt bereits als lauffähigen Film hinzu, wenn die entsprechende Option beim Import ausgewählt wurde. Achten Sie bei der Aufnahme darauf, dass Ihre Kamera die Bilder richtig durchnummeriert. Leider fällt die Entscheidung, eine Aufnahme zu beschleunigen, häufig erst im Schnitt. Das Ergebnis ist dann nicht selten mangelhaft, vor allem wenn sich die Kamera während der Aufnahme bewegt hat. Allerdings gibt es eine Reihe von Softwaretools, mit deren Hilfe man eine Sequenz nachträglich »entwackeln« kann, zumindest in bestimmten Grenzen. Man findet sie unter Bezeichnungen wie Stabilizer oder Autotracker, in Premiere

Fehlbilder suchen
Bei Zeitrafferaufnahmen machen sich einzelne Bilder oft unliebsam bemerkbar. Das sind Bilder, bei denen ein Objekt noch vor der Optik steht (häufig der Kameramann) oder so schnell durchs Bild rauscht, dass die Bewegung nicht mehr erkennbar wird (vorbeifahrende Autos). Bei solchen Problemen sollten Sie die störendenden Einzelbilder von Hand aus der Timeline eliminieren. Löschen Sie die Bilder nicht aus dem Windows-Verzeichnis, da die Nummerierung sonst nicht mehr stimmt.

▲ **Abbildung 19.16**
Kameramann im Bild

Pro hört der entsprechende Effekt auf den wenig einleuchtenden Namen VERKRÜMMUNGSSTABILISIERUNG (VIDEOEFFEKTE • VERZERRUNG • VERKRÜMMUNGSSTABILISIERUNG). Aber er gehört zu den leistungsfähigsten seiner Art und Premiere Pro kann sehr effektiv Verwackelungen aus einer Aufnahme entfernen. Eine intensive Beschäftigung mit dem Effekt z. B. auf den dazugehörigen Hilfeseiten von Adobe lohnt sich, vor allem wenn das automatisch erzeugte Ergebnis nicht so zusagt wie erwartet.

▲ Abbildung 19.17
Effekt VERKRÜMMUNGSSTABILISIERUNG in Premiere Pro

Bildsequenz importieren
Wenn Sie mehrere Einzelbilder importieren wollen, die hintereinander aufgenommen wurden, dann öffnen Sie den Ordner mit den Bildern und wählen das erste Bild aus. Setzen Sie den Haken beim Kontrollkästchen BILDSEQUENZ im Importfenster, und klicken Sie auf ÖFFNEN. Premiere Pro stellt Ihnen dann die Sequenz als Videodatei zur Verfügung.

Ein Beispiel für eine nachträglich stabilisierte Aufnahme finden Sie im Beispielmaterial zum Buch im Ordner FILME. Die Datei heißt »Bildstabilisierung.mp4«.

Der Effekt arbeitet weitgehend automatisch. In einem ersten Arbeitsgang analysiert er das zu stabilisierende Bild, im zweiten Durchgang wird es neu ausgerichtet. Im Beispiel geht es darum, die Aufnahme einer Kamerafahrt entlang einer Kirchenmauer zu begradigen. Da ich aus der Hand gefilmt habe, führt die gerade Linie der Mauer im Film eine richtige Wellenbewegung aus.

▼ Abbildung 19.18
Fertig gerechneter Effekt mit Vergrößerung des Originalbildes um 133 %

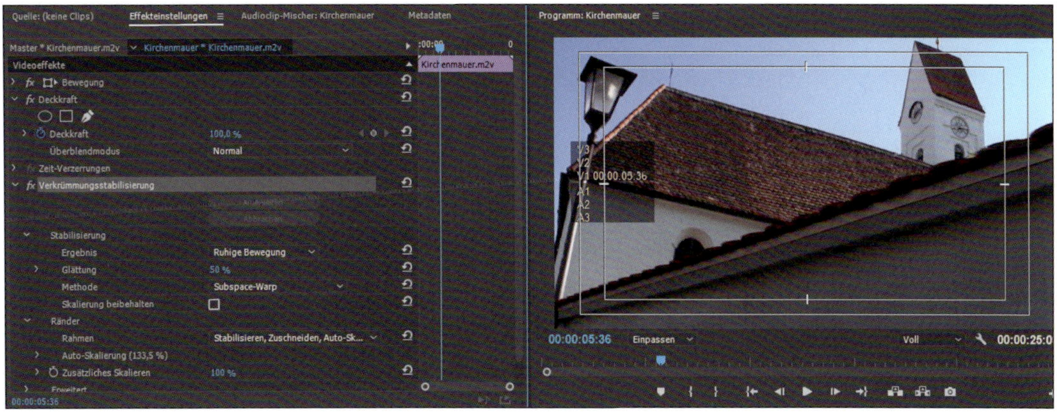

Bei anderen Tools muss manchmal von Hand ein Fixpunkt (oder mehrere) markiert werden, der über den Filmverlauf hinweg kontrolliert wird. Nachteil aller Verfahren ist, dass das Original vergrößert werden muss. Damit steigt das Risiko, dass das Bild unscharf wird. Vergrößerungen ab 110 % der Originalgröße sollte man immer sehr kritisch beurteilen. Im Beispiel liege ich mit 133 % bereits deutlich darüber. Man kann versuchen, einen Kompromiss zwischen der Bildstabilisierung und der Vergrößerung zu finden, indem man etwa einen Wert für die maximale Skalierung eingibt. Schick ist, dass ähnlich wie bei den Technologien zur Berechnung von Panoramen in Photoshop und Lightroom nun auch fehlende Bildteile ergänzt werden können. Bei unserem Beispiel habe ich zunächst die Standardeinstellung verwendet, bei der der Effekt automatisch skaliert und beschnitten wird. Schaut man sich das Ergebnis nach der reinen Stabilisierungsberechnung an, dann sieht man die schwarzen Keile, die durch die Neuberechnung entstanden sind.

Abbildung 19.19 ▼
Unterschiedliche Berechnungsverfahren zum Zuschnitt des stabilisierten Bildes. Oben wurden die Kanten synthetisiert, unten wurde das Bild nur neu berechnet, aber nicht skaliert und zugeschnitten.

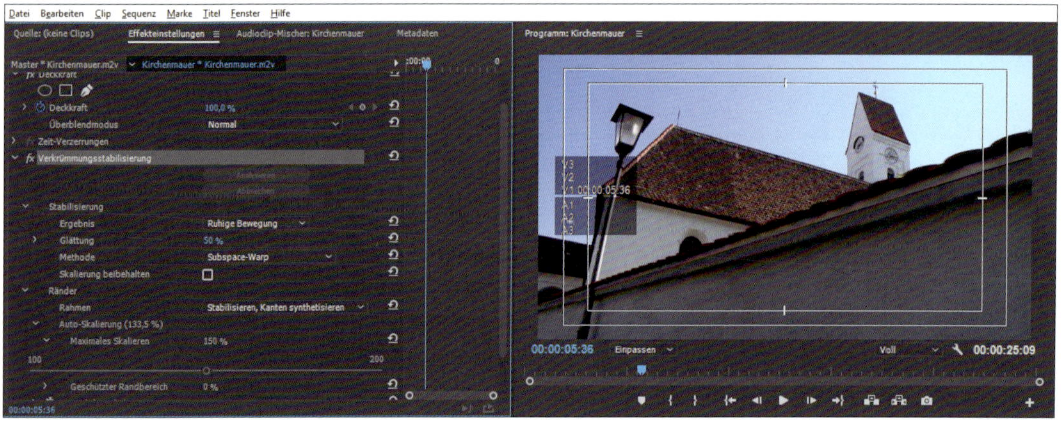

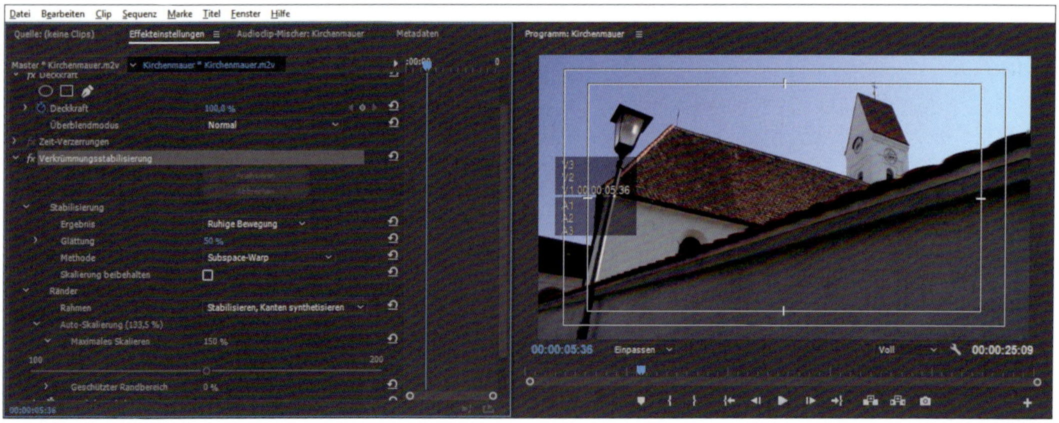

Mit Kanten synthetisieren werden fehlende Bildteile wie der Himmel ergänzt. Natürlich muss man auch dieses Ergebnis kritisch prüfen.

Bildstabilisierung mit KI

In Abschnitt 4.6 über künstliche Intelligenz habe ich ja bereits ein Beispiel gezeigt, wie ich mithilfe von Midjourney aus einem Anfangs- und einem Endbild eine stabile Fahrt erzeugt habe. Ich bin mir sicher, dass diese Funktionalität in den nächsten Jahren in jedem Schnittprogramm als Standardfunktion Einzug erhält. Der große Vorteil: Effekte wie die Verkrümmungsstabilisierung gehen oft zulasten der Auflösung. Bei KI-generierten Videos wird dagegen immer in der vollen Auflösung gerechnet. Allerdings müssen wir damit rechnen, für die Funktionalität zusätzlich zur Kasse gebeten zu werden.

19.3 Keying

Unter *Keying* versteht man den Austausch von definierten Anteilen eines Videosignals durch ein neues Signal. Key-Effekte wurden schon in den Kindertagen des Films verwendet, um Bildinhalte gegen andere auszutauschen. Legendär sind die Verfolgungsjagden in Jerry-Cotton-Filmen aus den 1960er-Jahren, bei denen der FBI-Agent in einem Berliner Studio im Auto saß. Die Häuserschluchten New Yorks im Rückfenster wurden mithilfe eines Key-Effekts ins Bild kopiert. Leider passten die Bewegungen von Auto und Hintergrundaufnahme nicht unbedingt zusammen, sodass der Effekt deutlich zu sehen ist. Und das ist das Problem von Stanzen: Sind sie bei der Aufnahme nicht bereits sorgfältig geplant und realisiert worden, kämpft der Cutter anschließend mit den technischen Problemen von Keys, insbesondere unsauberen Rändern, störendem Rauschen oder Farbsäumen.

Keys sind in der Regel sehr komplizierte Effekte, die viele Einstellungsmöglichkeiten anbieten. Hier werde ich einen relativ einfachen Chroma-Key erklären. Das Beispiel stammt übrigens aus der Key-Hölle (siehe nebenstehender Kasten) und wurde am Ende in After Effects und Premiere Pro erstellt. Die Bildidee ist ein Klassiker. Ein Darsteller steht vor einem monochromen Hintergrund, einem sogenannten *Bluescreen*. Das Farbsignal kann mithilfe des Effekts separiert werden und damit der blaue Hintergrund gegen jedes beliebige Bild ausgetauscht werden.

Die Key-Hölle

Viele Kollegen und auch ich haben schon viele Tage in ihr verbracht: der »Key-Hölle«. In ihr braten alle, die versuchen, eine qualitativ schlechte Key-Aufnahme nachträglich zu retten, z. B. indem sie nachträglich Masken bauen, um Farbsäume zu entfernen. Wenn Sie selbst nicht in dieser Hölle enden wollen, dann halten Sie sich an folgende Grundregeln:

- Wenden Sie keine Keys auf Material an, das mit niedrigem *Farbsampling* (schlechter als 4:2:2) aufgezeichnet wurde.
- Keyen Sie kein Material, das bei der Aufnahme nicht bereits regelgerecht erstellt wurde.
- Fangen Sie nicht an, Masken zu bauen, wenn der Key nicht halbwegs ordentlich auch ohne Masken aussieht.

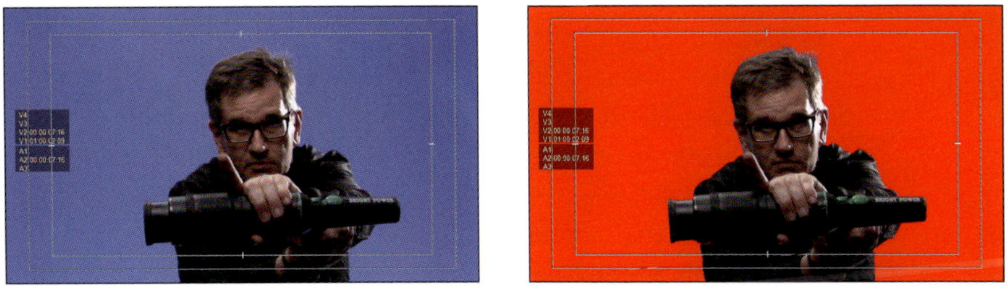

▼ **Abbildung 19.20**
Beispiel für einen Chroma-Key. Links die Aufnahme mit dem originalen blauen Hintergrund, rechts wurde der Hintergrund gegen eine Farbfläche ausgetauscht.

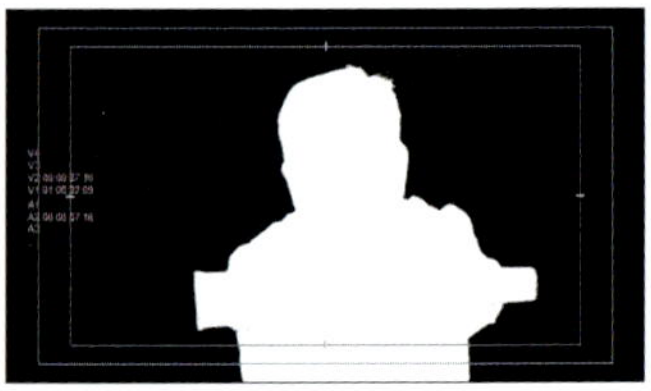

▲ **Abbildung 19.21**
Die erzeugte Alphamaske, die im Effekt optimiert werden kann

Im Beispiel zeige ich die Funktionsweise des ULTRA-KEY. Nachdem Sie den Effekt VIDEOEFFEKTE • KEYING • ULTRA-KEY aus dem Effektordner auf den Clip gezogen haben, wählen Sie die Key-Farbe im Original mit der Pipette ❹ aus. Probieren Sie im blauen Hintergrund testweise verschiedene Stellen aus, Sie werden feststellen, dass der Key nicht überall gleich sauber funktioniert. Sobald Sie den Toleranzregler verändern, sollten Sie ein Ergebnis sehen, allerdings noch ein recht unsauberes. Kontrollieren Sie den Key, indem Sie im Auswahlfeld AUSGABE ❺ zwischen der ZUSAMMENGESTELLT-Ansicht und der Ansicht des Alphakanals, also der durch den Key erstellten Maske, hin- und herschalten.

Nun müssen Sie den Effekt verfeinern, damit wirklich das ganze Bild gestanzt wird, aber auch nicht mehr. Problematisch sind vor allem die Haare, durch die an einigen Stellen der blaue Hintergrund scheint. Dazu verwenden Sie die verschiedenen Effektspuren des Effekts ULTRA-KEY ❸, den ich aufgrund seiner feineren Einstellmöglichkeiten dem klassischen Chroma-Key vorziehe.

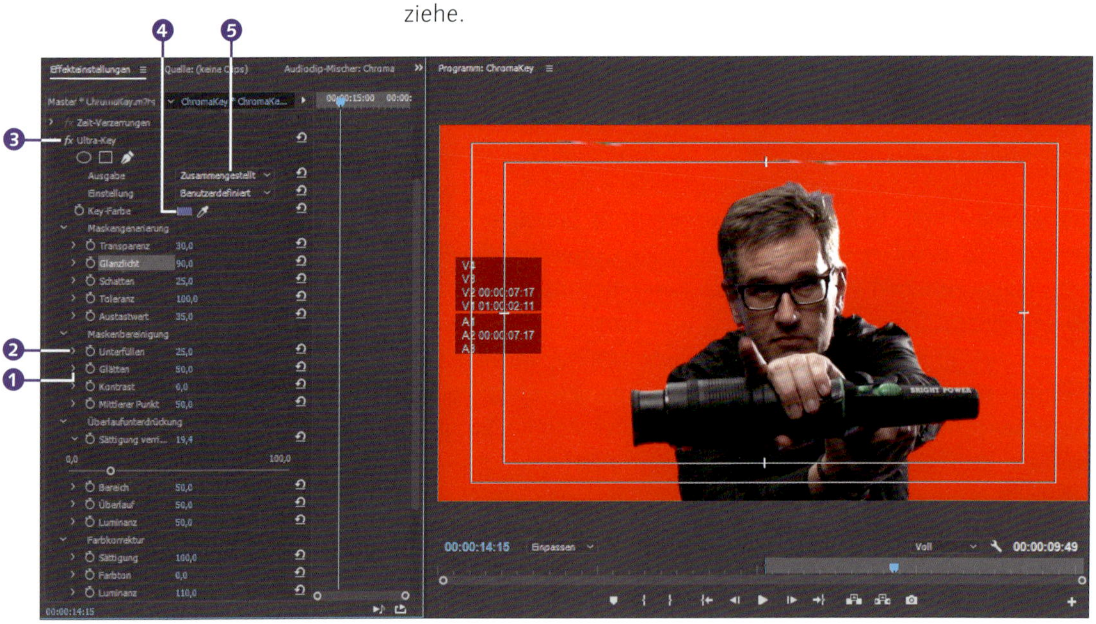

▲ **Abbildung 19.22**
Effekteinstellungen des ULTRA-KEY in Premiere Pro

Auch wenn Sie den Bluescreen hervorragend ausgeleuchtet haben, gibt es gerade an den Kanten zum Motiv immer Probleme. Zudem gibt es auch im Motiv noch blaue Bildanteile, die ebenfalls mit ausgestanzt werden. Sie können den Key verfeinern, indem Sie im Maskenmodus arbeiten und versuchen, die Unsauberkeiten zu eliminieren.

Als Nächstes heben Sie im Bereich MASKENBEREINIGUNG den Wert für das sogenannte UNTERFÜLLEN ❷ etwas an. Er dehnt den Key-Bereich um einige Pixel ins Original aus. So vermeiden Sie Farbsäume. Allerdings entstehen durch das Unterfüllen harte Kanten, die Sie mithilfe der Effektspur GLÄTTEN ❶ (im Beispiel waren es 50 %) verwischen. Damit ist der Basiseffekt fertig. Im Beispiel habe ich auch noch die Schatten angehoben und im Motiv die Luminanz erhöht.

Der Chroma-Key ist der häufigste, aber längst nicht einzige Key-Effekt. Im Folgenden erkläre ich Ihnen, wann Sie welchen Effekt am besten verwenden und worauf Sie achten müssen.

Bilder laufen lassen
Um Keys und ihre Sauberkeit gut beurteilen zu können, müssen Sie die Sequenz immer abspielen. Viele haben sich schon beim Einstellen eines Einzelbildes verkünstelt, um dann beim Abspielen festzustellen, dass die Mühe völlig umsonst war. Denn erst wenn sich die Bilder bewegen, werden störende Farbsäume, transparente Stellen und andere Fehler wirklich sichtbar. Leider oft an Stellen, an denen man sie gar nicht erwartet.

19.3.1 Luminanz-Key

Beim Luma-Key wird der Helligkeitswert eines Bildes zum Ausstanzen verwendet. In der Praxis spielt er heute fast keine Rolle mehr, da er nicht allzu sauber funktioniert. Ab und zu kann es Sinn machen, eine Grafik mit seiner Hilfe über einen Key auszustanzen.

19.3.2 Chrominanz-Key

Der oben bereits technisch vorgestellte Chrominanz-Key wird vor allem bei Liveaufnahmen eingesetzt. Klassisch wurde dazu früher ein blauer Hintergrund verwendet, weshalb er oft auch als Bluescreen-Effekt bezeichnet wird. In der Praxis funktionieren Chrominanz-Keys jedoch mit jeder Farbe. Nur eignen sich einige besser als andere. Sehr beliebt ist auch ein grüner Hintergrund. Welche Farbe Sie verwenden, ist letztlich egal. Nur Rot eignet sich nicht, da Rottöne die menschliche Hautfarbe dominieren und deshalb schnell unsaubere Keys entstehen. Bei der Aufnahme sollte der Hintergrund möglichst gleichmäßig ausgeleuchtet werden. Denn jeder Lichtreflex oder Schatten verändert den Farbwert. Hier ein Beispiel aus dem Alltag, aufgenommen vor einem blauen Hintergrund.

Blondes Gift
Blonde Haare sind leider besonders schwer zu keyen. Der Grund: Der Hintergrund strahlt farbiges Licht zurück, das in blondem Haar schnell als Farbstich sichtbar wird und damit einen sauberen Key zunichtemacht. Ausreichend Abstand zum Hintergrund bei der Aufnahme, eine Licht-Spitze für das Haar und gut frisierte Haare helfen, den Key sauber zu halten.

Über der rechten Schulter der Moderatorin sitzt ein heller Fleck, nach unten wird das Blau dunkler. Das sind keine optimalen Voraussetzungen. Trotzdem sieht der Key im Ergebnis halbwegs gut aus. Aber beurteilt man den Key vor einem schwarzen oder weißen Hintergrund, so treten die Fehler in Erscheinung. Dabei sieht man nicht bei jedem Hintergrund alle Mängel gleichermaßen. Deshalb kann es sinnvoll sein, einen andersfarbigen Hintergrund oder eine graue Fläche einzukeyen. Oft erlaubt die Software auch, die ausgestanzte Maske separat zu begutachten.

Schenken Sie Farbsäumen besondere Aufmerksamkeit. Vor allem in blonden Haaren oder vergleichbar feinen Strukturen wird ein sauberer Key schwierig. Mächtige Keyer bekommen solche neuralgischen Stellen mithilfe von zusätzlichen Masken gut in den Griff. Einfache Keyer erlauben meist nur weiche Kanten. Wer jedoch zu großzügig mit der Transparenz umgeht, läuft Gefahr, dass auch wichtige Bildstellen durchsichtig werden, in unserem Beispiel die Augen der Moderatorin.

Key-Effekte beurteilen und einstellen

▲ **Abbildung 19.23**
Key-Vorlage: Gut erkennbar ist die ungleichmäßige Ausleuchtung des Hintergrunds.

▲ **Abbildung 19.24**
Fertiger Key: auf Anhieb kaum erkennbare Störungen vor Hintergrund

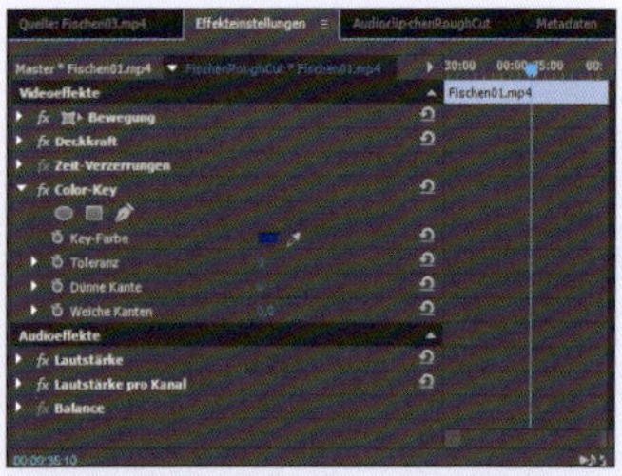

▲ **Abbildung 19.25**
Effekteinstellungen des Effekts Color-Key

▲ **Abbildung 19.26**
Fehler Kante: gut sichtbarer blauer Farbsaum vor schwarzem Hintergrund, Sägezähne an Kante

▲ **Abbildung 19.27**
Fehler Kante: Gleiche Einstellungen vor weißem Hintergrund. Der Farbsaum ist schlechter erkennbar.

▲ **Abbildung 19.28**
Maske: Harte Kanten sind als Sägezähne erkennbar. Sie lassen sich in der Maskenansicht gut beurteilen.

▲ **Abbildung 19.29**
Fehler Transparenz: Weiche Kante beseitigt Farbsaum. Durch die Augen schimmert Hintergrund.

▲ **Abbildung 19.30**
Fehler Transparenz: Augen erscheinen vor hellem Hintergrund deutlich zu hell.

▲ **Abbildung 19.31**
Maske: Weiche Kante beseitigt Sägezähne und blauen Farbsaum. Transparente Augen sind als graue Kreise erkennbar.

Chroma-Key und Farbtiefe
Mit der entsprechenden Sorgfalt bei der Aufnahme und leistungsfähiger Software steht einem eindrucksvollen Chroma-Key nichts im Wege. Außer das Aufnahmeformat macht am Ende einen Strich durch die Rechnung. Denn die meisten Consumer-Cams und leider auch die DSLRs arbeiten mit (sehr) farbreduzierten Signalen, die nur schlecht für Chroma-Keys geeignet sind. Optimal ist entweder RAW-Material, also unkomprimiertes Video oder ein Codec, der ein Farbsampling von 4:2:2 oder höher unterstützt. Abtastraten von 4:2:0 oder 4:1:1, wie sie für viele AVCHD- oder ältere DV-Codecs typisch sind, reichen für saubere Keys meistens nicht. Planen Sie viele Keys oder spielen diese eine herausragende Rolle in Ihrem Film, sollten Sie eventuell nur für die Aufnahme einen externen Rekorder ausleihen, der mit einer höheren Rate aufzeichnet. Voraussetzung dafür ist allerdings ein Signalausgang (SDI/HDMI) an Ihrer Kamera, der ein möglichst unkomprimiertes Signal mit dem hohen Farbsampling zur Verfügung stellt. Und den finden Sie wahrscheinlich nur bei (semi-)professionellen Kameras.

Die Maske vor Augen
Um einen Key gut einstellen zu können, arbeiten Sie möglichst viel in der Maskenansicht. Denn mit jedem Key erstellen Sie eine solche Maske. Je feiner die ist, desto besser sieht das Ergebnis aus. Achten Sie vor allem auf graue Maskenanteile und die Ränder. Viele Effektwerkzeuge stellen Ihnen mehrere Videospuren zur Verfügung, um Probleme mit Transparenzen und Kanten in den Griff zu bekommen.

19.3.3 Alpha-Key und Travelling-Matte

Der *Alphakanal* ist ein vierter Bildkanal, der eine Schwarz-Weiß-Maske enthält. Dort, wo der Alphakanal weiß ist, wird das Bild herausgestanzt, dort, wo es schwarz ist, wird es wie durch eine Maske geschützt und bleibt erhalten. Graue Bildanteile im Alphakanal definieren transparente Bereiche. Somit lassen sich sehr feine Keys erzeugen, vorausgesetzt, man verfügt über einen entsprechend sauberen Alphakanal. Der große Vorteil des Alphakanals ist, dass er sehr exakt arbeitet und auch transparente Bereiche festgelegt werden können. Dazu sehen Sie in Abbildung 19.32 ein Beispiel.

Zum Thema Alphakanal finden Sie den Lehrfilm »Alphamaske.flv« im Beispielmaterial zum Buch. Die Datei liegt unter FILME • LEHRFILME.

◂ **Abbildung 19.32**
Doppelter Key-Effekt mit Schrift

Das Hintergrundbild im Original ❶ soll als Füllsignal für die Schrift ❸ dienen. Es wird als Hintergrund genutzt. Die erste Maske ❷ besteht aus Schrift mit Hintergrund, wobei die rote Markierung hier die Maske zeigt. Die zweite Maske wird als eine Art »Loch«-Stanze als sogenannte Differenz-Maske verwendet.

19.3.4 Beispiel: Schrift mit Hintergrundsignal füllen

In unserem Beispiel wollen wir für einen Musikclip das Logo der Band einblenden. Der Gag: Im Schriftzug soll das Hintergrundbild zu sehen sein, allerdings farblich unverändert. Einige Programme wie After Effects bieten Tools, mit denen sich die Arbeit in einem Zug erledigen lässt. Zur besseren Erläuterung der Funktionsweise des Alphakanals haben wir eine Variante mit einem Zwischenschritt gewählt. In Photoshop oder irgendeinem anderen Programm, mit dem man Pixelgrafiken erstellen und bearbeiten kann, bauen wir uns das Logo zusammen, die Schrift auf grauem Hintergrund. Im Kanal-Fenster legen Sie einen vierten Kanal an, den sogenannten *Alphakanal*. Sein Inhalt wird von den meisten Schnittprogrammen als Maske automatisch erkannt und verarbeitet. Allerdings müssen Sie die Grafik dazu in einem Format speichern, das den Alphakanal auch unterstützt. Dazu verwenden Sie das sogenannte *TGA-Format*, das sich für die Bildbearbeitung im Videobereich als Standard etabliert hat. Sobald Sie die Grafik importiert und in einer Videospur über den Hintergrund platziert haben, keyt Adobe Premiere Pro (und die meisten anderen Programme) die Schrift automatisch aus. Der Hintergrund erscheint.

Alphakanal als Maske verwenden | Hier noch mal eine Zusammenfassung des ersten Arbeitsschritts:

1. **Alphamaske anlegen**: Um einen Alphakanal als Maske zu verwenden, müssen Sie zunächst in Photoshop (oder einem Programm Ihrer Wahl) eine Alphamaske erstellen. Legen Sie dann die Schrift und den Hintergrund an. Wechseln Sie anschließend von dem Ebenen-Fenster in das Kanal-Fenster, und duplizieren Sie den blauen Farbkanal. Es entsteht damit ein 4. Kanal, und zwar der Alphakanal. Speichern Sie die Grafik als 32-Bit TGA.

Abbildung 19.33 ▼
Der Alphakanal ist eine Schwarz-Weiß-Maske. Schwarze Bereiche werden geschützt, weiße nicht. Maskierte Bereiche werden rot angezeigt.

2. **Alphamaske ins Schnittprogramm importieren**: Um die Alphamaske nun zu verwenden, legen Sie den Hintergrund auf die Videospur 1 ❶ und importieren die gerade erstellte TGA-Grafik mit Alphakanal, welche Sie auf Spur 2 ❷ legen. Der Alphakanal wird in Premiere Pro automatisch erkannt.

▲ **Abbildung 19.34**
Der erste Arbeitsschritt, die Schrift mit dem Hintergrundsignal zu füllen, ist nun abgeschlossen.

19.3.5 Beispiel: Den Hintergrund einkeyen

Noch benötigen wir den Hintergrund. Zu diesem Zweck verwenden Sie die im ersten Arbeitsschritt erstellte Sequenz als Vorlage für eine neue Sequenz. Wenn Ihre Software diese Funktion nicht unterstützt, rechnen Sie die Szene als eigenständigen Clip heraus, und kopieren Sie ihn in die Timeline einer neuen Sequenz.

Nun können Sie einen Alphakanal direkt auf den Clip anwenden, indem Sie einen entsprechenden Key einsetzen. Dieser heißt z. B. *Differenz-Key*, *Matte-Key* oder bei Adobe *Bildmaske-Key*. Beim Bildmaske-Key brauchen Sie die Grafik nicht einmal mehr ins Projekt zu importieren, sondern Sie weisen den Key über ein Auswahlfenster direkt dem Clip als Matte zu. Besondere Aufmerksamkeit sollten Sie dem feinen Schatten widmen. Dieser hat das Keying nämlich überstanden. Bei einem Chroma-Key käme es gerade in transparenten Bereichen zu Problemen, da hier ja auch immer die Farbe durchscheint.

Alphakanal als Key-Kanal zuweisen | Hier noch mal eine Zusammenfassung des zweiten Arbeitsschritts:

1. **Alphamaske in Photoshop erstellen**: Legen Sie die Maske nur im Alphakanal an, und verwenden Sie keine anderen Bildelemente. In den Ebenen befindet sich nur der weiße Hintergrund. Deshalb ist auch die rote Maske sichtbar (siehe Abbildung 19.35). Speichern Sie das Bild wieder als 32-Bit-TGA.

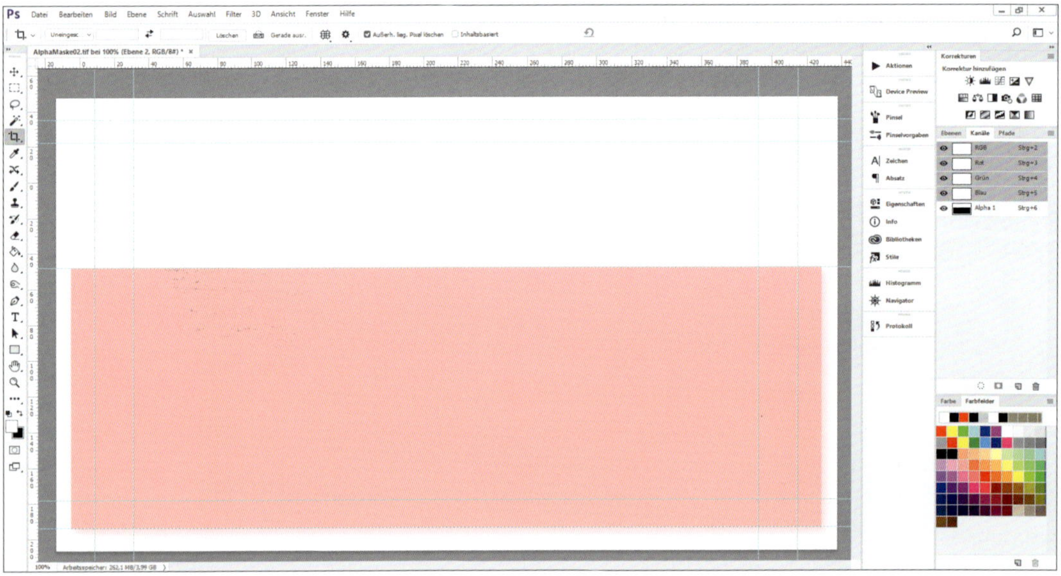

▲ **Abbildung 19.35**
Der Alphakanal unterstützt auch Transparenzen. Der Schatten wurde als Verlauf angelegt. Graue Bereiche erscheinen transparent. Je heller, desto mehr ist vom Key-Signal zu sehen.

2. **Alphamaske verwenden**: Der ersten Sequenz in Videospur 2 wird die Grafik nun als Bildmaske zugewiesen. Der Alphakanal wird verwendet, um ein »Loch« in Sequenz 1 zu schneiden. Der Schatten bleibt erhalten. Farben Sie abschließend noch den Hintergrund ein.

▲ **Abbildung 19.36**
Arbeitsschritt 2: Hintergrund einkeyen

Schriftgeneratoren wie das Adobe-eigene Titling-Tool stellen Schriften ebenfalls über einen separaten Alphakanal frei. Man bräuchte also nicht unbedingt Photoshop oder ein anderes Grafikprogramm.

Doch damit nicht genug: Sie können eine Maske nun auch noch animieren bzw. aus einem Film eine sich bewegende Maske extrahieren, die sogenannten *Travelling-Matte*. Eine solche Maske habe ich auch bei unserem Anfangsbeispiel mit dem zeichnenden Mann erstellt, um die Hand mit dem Zeichenstift sauber vom Hintergrund zu trennen. Allerdings sind Videoschnittprogramme dazu nicht mehr das geeignete Werkzeug, sondern z. B. Compositing- und Effektspezialisten wie After Effects.

Das Band-Logo im Einsatz können Sie in den Filmen »CorkyQ_thisisthelive.mpg« und »CorkyQ_Videostar.mpg« sehen. Beide Filme finden Sie im Beispielmaterial zum Buch im Ordner FILME.

19.4 3DVE

Hinter dem Kürzel verbirgt sich eine Klasse von Videoeffekten, die die Manipulation von Bildern in den drei Raumebenen erlaubt. Jedes Bild kann also in der x-, y- und z-Achse verschoben werden.

◂ **Abbildung 19.37**
Bild mit 3DVE-Effekt, in mehreren Achsen gedreht und neu positioniert

Obwohl ein TV-Bild immer zweidimensional ist, kann man so einen dreidimensionalen Eindruck erzeugen, der Raumtiefe simuliert. Sie können Bilder kippen und drehen und kleiner und größer werden lassen. Alle Einstellungen lassen sich über die Zeit hinweg manipulieren, sodass Sie realistische Bewegungen animieren können. Als die 3DVE-Effekte noch neu waren, überfluteten Hobby-FX-Spezialisten die Zuschauer mit immer neuen Variationen fliegender Bilder, die schwerelos durch den virtuellen Raum des Fernsehers schwebten. Da der Effekt auf jede Videoebene separat angewendet werden kann, lässt sich eine bunte Vielfalt von Bildern miteinander kombinieren. So können z. B. sich drehende Würfel gezaubert werden, die auf jeder Seite ein anderes Bild zeigen.

Die Fantasie kennt dabei keine Grenzen, allenfalls die Leistungsfähigkeit des Rechners setzt dem ungebremsten Einsatz des Tools Limits.

Sequenzen verschachteln
Gerade für das Arbeiten mit Effekten ist es häufig notwendig, zunächst in einem Schnittfenster einige Vorarbeiten zu erledigen, um am Ende das Ergebnis als eigenständigen Film weiter verwenden zu können. Früher musste man dazu die Sequenz rendern und als Film exportieren. In Premiere Pro können Sie eine Sequenz in eine andere Sequenz einbetten und dort als eigenständigen Film verarbeiten. Änderungen an der Ursprungssequenz wirken sich sofort auch auf die Folgesequenz aus. Sie können Sequenzen auch mehrfach verschachteln.

19.5 Farb- und Oberflächeneffekte

Der Griff in den Farbeimer
Sogenannte Looks sind mittlerweile zum festen Bestandteil der Arbeit im Schnitt geworden. Mit ihrer Hilfe können Sie Ihrem Film ein einheitliches Aussehen verpassen, etwa indem Sie Szenen in kühles Blau oder einen warmen Goldton tauchen. Solche Looks gibt es häufig kostenlos zum Download von anderen Cuttern, manchmal gegen einen Unkostenbeitrag von Firmen. In den Lumetri-Effekten kann man einen Look im Fenster KREATIV per Mausklick laden und auf einen Clip anwenden. Möchte man mehrere Clips gleichzeitig verändern, empfiehlt es sich, eine Einstellungsspur über die Szene zu legen und dort den Look anzuwenden. In Kapitel 21, »Der Feinschliff«, lernen Sie Looks noch besser kennen. Wie aus einem Farbeimer können Sie sich dort auch ansprechende Farbeffekte auswählen und auf Ihr Video anwenden. Hinter den Looks verbergen sich oft aufwendige Neuberechnungen, die weit über das simple Einfärben eines Clips hinausgehen.

Wenn Cutter signalisieren wollen, dass eingeschnittenes Filmmaterial älter ist oder ein Teil des Films in der Vergangenheit spielt, dann färben sie das Video gerne im Farbton Sepia ein. Dieser orangebraune Ton erinnert, wann immer er auftaucht, an verblasstes 8-mm-Filmmaterial oder den Rotstich alter U-Matic-Kameras.

Der Effekt ist einfach herzustellen. In der Regel reicht es, ihn auf den Clip zu legen und den Farbton Sepia in einem einfachen Kontrollfeld mit der Pipette auszuwählen. Es entsteht ein monochromes Farbbild, dem man ganz nach Wunsch auch Grün, Blau oder jede beliebige Farbe verpassen kann.

Wer z.B. das schlecht aufgelöste monochrome Bild einer Video-Überwachungskamera simulieren will, der sollte es einmal mit einem flaschengrünen Farbton versuchen. Echte Experten entdecken freilich schnell, dass ein Bild damit zwar anders, aber nicht unbedingt realistisch erscheint. Den Eindruck einer Überwachungskamera würde z.B. das typische grobe Zeilenmuster niedrig auflösender Billigkameras noch deutlich verstärken. Nicht nur Farbe, sondern auch die Oberfläche will also verändert werden. Zum Glück lassen uns die Softwarehersteller hier nicht im Regen stehen, sondern überschütten uns wieder mit vorgefertigten Effekten, die die Oberfläche manipulieren. So lässt sich per Drag & Drop schnell hochauflösendes HDTV-Material in alten grobkörnigen Film verwandeln. Auf Wunsch gibt es unregelmäßige Flecken, Staubkörner und Haare auf der Linse dazu. Die folgende Übersicht über weitere Effekte ist rein willkürlich und gibt keine Wertung wieder.

▲ **Abbildung 19.38**
Das Original

▲ **Abbildung 19.39**
Blendeneffekt

▲ **Abbildung 19.40**
Beleuchtungseffekt

▲ **Abbildung 19.41**
Pinseleffekt

▲ **Abbildung 19.42**
Solarisation (Umkehren)

▲ **Abbildung 19.43**
Rauschen

▲ **Abbildung 19.44**
Blur (Bewegungsunschärfe)

Eine sehr beliebt gewordene Variante der Oberflächeneffekte ist der sogenannte *Glow-Effekt*. Er betont helle Kanten und Flächen. Bilder erscheinen so leicht überbelichtet, ohne jedoch an Kontrast zu verlieren. Im Ergebnis entstehen Bilder, die einen verträumten, romantischen Eindruck erwecken. Und weil dem so ist, lassen Cutter bei RTL, SAT1 und Kollegen es gerne massiv »glühen«.

Alles Einstellungssache
Premiere Pro und andere Programme haben ein hilfreiches Mittel erfunden, um Effekte auf mehrere Clips anzuwenden: die *Einstellungsebene*. Nutzer von Photoshop kennen diese Technik schon länger. Effekte, die Sie in einer Einstellungsebene platzieren, wirken sich auf alle darunter liegenden Ebenen aus. So lassen sich z. B. Hintergründe schnell einfärben, ohne mühsam jedem Clip den Videoeffekt zuweisen zu müssen.

◂ **Abbildung 19.45**
Glow-Effekt mit gleichzeitiger Kontrastanhebung

Fast genauso wirkungsvoll, aber subtiler ist es, wenn man den Effekt fast unsichtbar anwendet, also ein deutlich sichtbares, unnatürliches Überstrahlen vermeidet. Die hellen Flächen werden nur so weit angehoben, dass das Bild im Ergebnis kontrastreicher und brillanter erscheint.

Mittlerweile lassen sich auch ganze Scheinwerfer nachträglich in einer Aufnahme simulieren. Teile eines Bildes werden dann abgedunkelt, andere erscheinen heller. Wer hier Geschick beweist, kann eine fade, flaue Aufnahme noch richtig aufpeppen. Man sollte jedoch nie vergessen, dass diese Lichteffekte immer künstlich sind und nie einen echten Spot ersetzen können. Der 2D-Strahler aus der Effektpalette wird nie wissen, wo in der Realität Licht und Schatten tatsächlich hingefallen wären. Deshalb sollte man diese Effekte, die darüber hinaus sehr rechenintensiv sind, stets mit der gebotenen Vorsicht verwenden.

Scharf, schärfer, am schärfsten

Ein Effekt soll hier noch besonders hervorgehoben werden: der *Scharfzeichnungsfilter*. Eines vorweg: Wer sein Bild einfach falsch fokussiert hat, wird auch mit elektronischer Hilfe aus einer schwammigen Aufnahme kein knackig scharfes HD-Bild zaubern. Wer aber nur etwas danebenlag oder ein Freund extremer Schärfe ist, der sollte sich mit den entsprechenden Tools beschäftigen. In der Adobe-Welt heißt der Filter der Wahl UNSCHARF MASKIEREN (bei Premiere Pro: VIDEOEFFEKTE • WEICH- UND SCHARFZEICHNEN • UNSCHARF MASKIEREN). Was ein bisschen widersprüchlich klingt, hat seinen Grund in der technischen Arbeitsweise des Filters. Für den Anwender spielt das keine Rolle, denn er muss sich nur auf drei einfache Regler konzentrieren.

▲ **Abbildung 19.46**
Hier sehen Sie die Einstellungsmöglichkeiten von UNSCHARF MASKIEREN und das Ergebnis der Schärfung.

Am brisantesten ist dabei der Regler RADIUS. Theoretisch können Sie ihn bis auf den Wert 250 verschieben. Doch bei 2,0 sollte spätestens Schluss sein. Dann werden nämlich deutlich Artefakte vor allem an Kanten sichtbar. Experten nennen solche Bilder auch »überschärft«. Abbildung 19.46 zeigt ein Beispiel für ein nachträglich geschärftes Bild. Das linke obere und das rechte untere Quadrat wurden nachträglich geschärft. Schauen Sie sich vor allem das Schlagzeug und den HiHat-Ständer im linken unteren Quadranten an.

19.5.1 360- und 180 Grad Videos

Keine Ausgabe dieses Buches, ohne dass es einen neuen Trend zu bestaunen und zu besprechen gäbe. Einige dieser Trends kamen und gingen – wie 3D als Standard oder Lichtfeldfotografie –, andere schummelten sich eher ins Leben und wurden dafür zum echten Renner wie HDR-Video. Der aktuelle Trend lautet 360-Grad-Video, also Filme in Rundumansicht, die sich am schönsten mit einer VR-Brille erkunden lassen. Dass VR-Video zum echten Renner werden kann, dafür muss wieder einmal Robert Rodriguez herhalten, der mit »The Limit« ebenfalls einen VR-Film produziert hat, allerdings nur in 180 Grad. Ansonsten bevorzugen Immobilienmakler die Technik, um ihren Kunden eine Rundumansicht ihres Angebotes zu vermitteln. Die Produktion eines VR-Films ist mit sehr viel Aufwand verbunden. Dramaturgie und Set funktionieren nach gänzlich anderen Kriterien: Ein Hauptproblem ist es, die Kamera und die Filmcrew im Bild zu verstecken, denn bei einer 360-Grad-Perspektive gibt es ja kaum noch Geheimnisse. Richtig spannend wird die Technik, wenn man selbst auch noch interaktiv ins Geschehen eingreifen kann. Damit überschreitet der Film jedoch die Grenze zum Gaming. Und tatsächlich glaube ich, dass dieser Technik dort eine große Zukunft gehören kann. Beim Film freilich bin ich etwas skeptisch. Da wollen wir uns doch eher zurücklehnen und den Helden beim Sterben zusehen, anstatt selbst den Tod zu finden. Auf jeden Fall bieten natürlich Premiere Pro oder Final Cut und Spezialsoftware-Pakete wie Fusion alles, was man braucht, um seinen 360-Grad-Film zu bearbeiten.

19.6 Rendern

Je leistungsfähiger Ihre Hardware ist, desto eher können Sie um dieses Thema einen Bogen machen. In aller Regel werden Sie jedoch feststellen, dass Ihr Film nicht mehr ruckelfrei läuft, sobald Sie einen oder mehrere Effekte auf einen Clip anwenden. Der Hintergrund: Viele Effekte funktionieren nicht in Echtzeit, sondern müssen erst gerechnet werden. Und das erledigt das sogenannte *Rendern*. Dabei erstellt das Schnittprogramm eine Kopie des Clips, allerdings mit angewendetem Effekt. Diese gerenderten Clips werden separat gespeichert und sind nichts anderes als eigenständige Filme. Sobald Sie den Effekt verändern, wird die Verknüpfung zum bereits gerenderten Clip gelöscht, und Sie müssen den Effekt erneut rechnen lassen.

Effekte in Echtzeit

Bei Verwendung einer Nvidia-Grafikkarte laufen in Premiere Pro viele Effekte in Echtzeit, müssen also nicht gerendert werden. Diese sind im Effektordner mit einem kleinen Logo gekennzeichnet.

Achten Sie darauf, wo Ihre Software die gerenderten Clips ablegt, um zu verhindern, dass eine Festplatte »zuläuft«, die Sie

Rendern in Premiere Pro
Muss ein Clip gerendert werden, so markiert ihn Premiere Pro mit einem roten Balken ❷ in der Timeline. Gerenderte Bereiche werden dagegen gelb ❶ angezeigt.

Wenn nichts gerendert werden muss, zeigt das Programm einen gelben Balken unter dem Timecode.

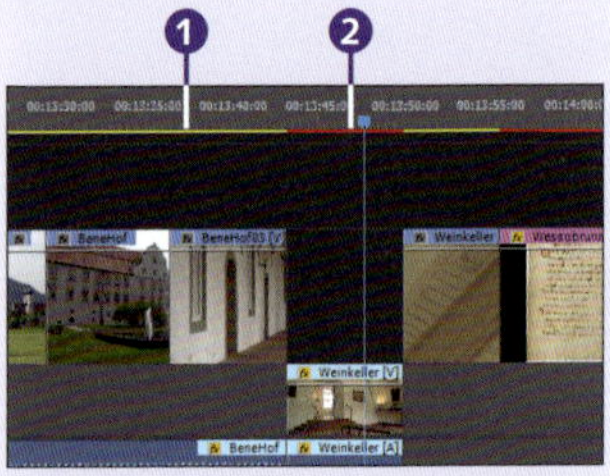

▲ **Abbildung 19.47**
Timeline mit Anzeige für gerenderte und nicht gerenderte Clips

nicht im Blick haben. Ganz fatal kann es sein, wenn die Systemplatte für die gerenderten Files verwendet wird. Da es sich ja um normale Filmclips handelt, haben die Ordner schnell eine Größe von mehreren Gigabyte. Läuft auch ein bereits gerenderter Film nicht ruckelfrei, liegt der Ordner möglicherweise auf einer langsamen Platte, die von Haus aus nicht geeignet ist, Videomaterial performant abzuspielen. In Premiere Pro können Sie die sogenannten Arbeitslaufwerke ❸ über die PROJEKTEINSTELLUNGEN zuweisen. Die Render-Dateien liegen im Ordner für die Videovorschau. Ändern Sie den Pfad bei Bedarf auf einen Ordner auf einer schnellen Videoplatte.

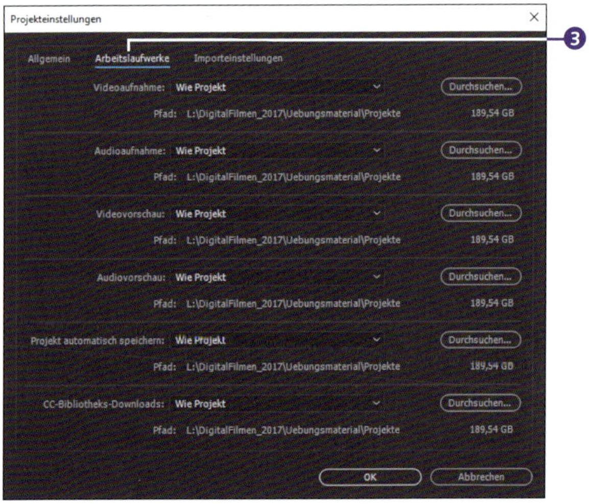

Abbildung 19.48 ▶
Dialogfenster PROJEKTEINSTELLUNGEN

Einsteigertipp: Effekte Schritt für Schritt
Es gibt Tekkis unter den Cuttern, die sich mit wahrer Inbrunst auf jeden neuen, spektakulären Effekt stürzen und es in ihrem Video an jeder Ecke krachen, explodieren, rauchen und dampfen lassen. Aus ihnen werden dann Visual Artists, die auf den Anruf von Roland Emmerich oder George Lucas warten und auf einen Job im nächsten Actionknaller hoffen. Für Cutter ist und bleibt die Montage der Filme die Hauptaufgabe. Effekte spielen dabei eine wichtige, aber immer dem Erzählstrang untergeordnete Rolle. So sollten Sie auch an das Thema herangehen: Wann immer Sie in Ihrem Film auf ein gestalterisches Problem stoßen, bei dem Ihnen möglicherweise ein Effekt helfen kann, beschäftigen Sie sich mit dem Thema. Wenn Sie einen PiP-Effekt animieren können, dann haben Sie kein Problem mehr, 4K-Material in einem 2K-Schnittfenster neu zu positionieren und so das Bild perfekt zu kadrieren. Die Stabilisierung von verwackelten Aufnahmen macht Ihre Fahrten noch ruhiger und damit flüssiger. Toneffekte helfen Ihnen, störende Geräusche zu entfernen und damit Sprache verständlicher zu machen. So verwendet, werden Effekte zu Ihrem täglichen Begleiter, obwohl Sie im Bild unsichtbar bleiben.

Manchmal müssen Sie in die Tiefen des Filmhandwerks hinabzusteigen, um zu verstehen, was Effekte tatsächlich leisten. Nur dann können Sie sie auch wirklich anwenden. Wenn Sie zum Beispiel eine Sprachspur perfekt aussteuern wollen, dann sollten Sie wissen, was »normalisieren« bedeutet und wie ein Kompressor arbeitet. Nehmen Sie sich die Zeit, um sich die Themen, die hinter einem Effekt stecken, zu erarbeiten, indem Sie im Internet die entsprechenden Seiten von Wikipedia bis zu den Hilfeseiten der Software-Hersteller durchstöbern. Dann probieren Sie Ihr neues Know-how aus, bis Sie es in jedem beliebigen Projekt sicher anwenden können.

Kapitel 20

Workshop Schnitt

Der Schnitt von Filmen ist in vielen Aspekten handwerkliche Arbeit, die Übung braucht. In diesem Workshop erkläre ich Ihnen einige Standardsituationen und wie Sie sie bewältigen. Probieren Sie es aus.

20.1 Premiere Pro: Ein neues Projekt anlegen

Wenn Sie mit dem Schneiden Ihres Films beginnen, sollten Sie sich einige Gedanken über das dazugehörige Premiere-Pro-Projekt machen, insbesondere über das Video- und Audioformat und eine möglichst übersichtliche Struktur der Dateien.

	Inhalt	Lernziel	Abschnitt
Projekt	Projekt anlegen	Speicherorte festlegen, Performance erhöhen	Abschnitt 16.6
Sequenz	Video- und Audioformat festlegen	Codec auswählen, Bildrate und Bildgröße festlegen, Vorschauauflösung bestimmen	–

◂ **Tabelle 20.1**
Aufgaben beim Erstellen eines neuen Projekts und einer ersten Schnittsequenz

Premiere hatte das Management von Rohmaterial mit der Version 2021 komplett überarbeitet. Zwar stehen alle bekannten Werkzeuge wie der Mediabrowser oder die Voreinstellungen nach wie vor zur Verfügung, aber Premiere Pro will Ihnen viel lästige Arbeit abnehmen, indem es gleich mit dem Materialimport beginnt und dabei automatisch die für Sie wichtigen Sequenzeinstellungen übernimmt. Sie wählen einfach nur die Clips zu Ihrem Projekt aus und importieren sie. Premiere Pro erstellt automatisch eine Sequenz und arrangiert alle Clips in der Timeline. Ich bezweifle, dass dies so sinnvoll ist, auch wenn es gerade Einsteigern auf Anhieb nützlich erscheint. Doch Reihenfolge, In und Out, Länge der Clips etc. passen nie. Und: Sie verlieren den Überblick über die wichtigen Grundeinstellungen Ihres Projekts und vergessen womöglich. sie anzupassen. Deshalb erkläre ich Ihnen hier im Detail, wie Sie die Voreinstellungen nach Ihren Wünschen verändern können.

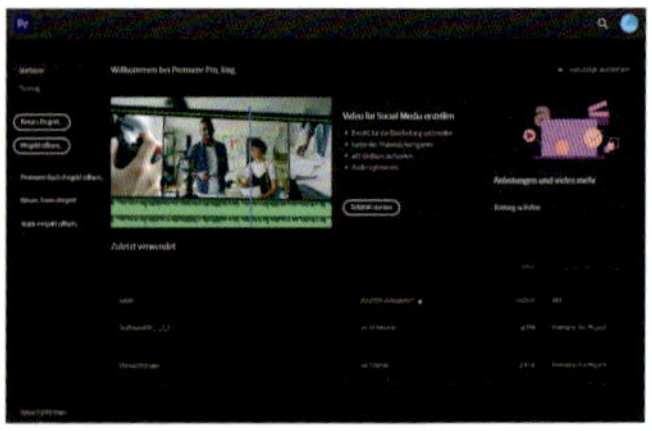

▲ **Abbildung 20.1**
Der Startbildschirm von Premiere Pro

Schritt für Schritt
Ein neues Projekt in Premiere Pro anlegen

1 Premiere starten

Starten Sie Premiere Pro, indem Sie das Icon in der Taskleiste oder auf dem Desktop anklicken, oder wählen Sie Premiere Pro aus der Übersicht der verfügbaren Programme/Apps aus.

2 Neues Projekt anlegen

Klicken Sie links auf den Button NEUES PROJEKT. Es öffnet sich das Importfenster von Premiere Pro. Wählen Sie die Festplatte mit Ihren Filmdateien. Sie können auch Dateien von verschiedenen Festplatten auswählen und miteinander kombinieren. Die ausgewählten Dateien werden angezeigt.

Abbildung 20.2 ▼
Ein neues Projekt

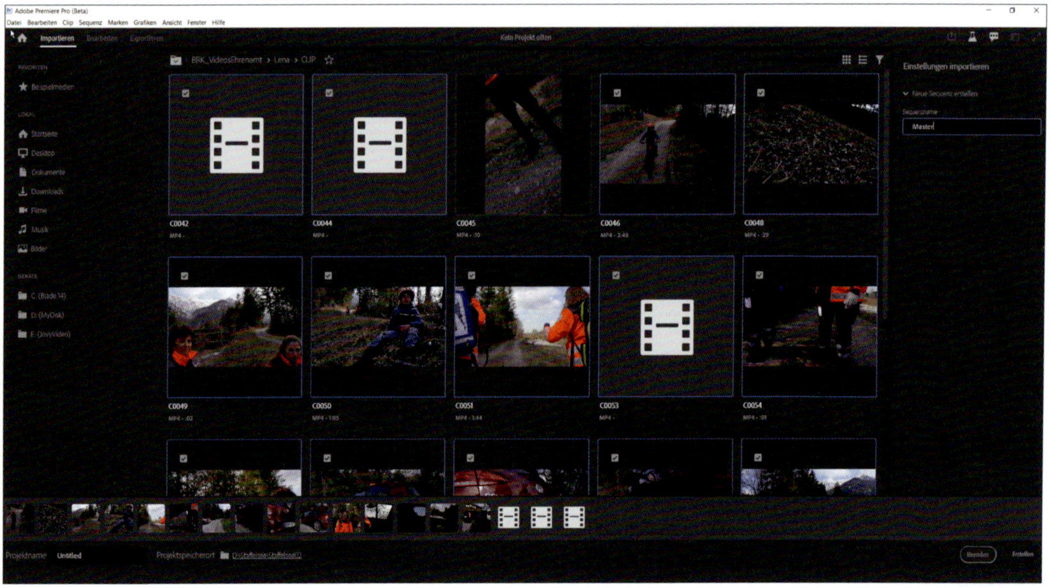

Vergeben Sie einen Namen für ihre Schnittsequenz, zum Beispiel den Titel des Filmes, und für das Projekt. Wichtig: Legen Sie unten unbedingt einen Pfad zum Speicherort des Projektes fest. Dort werden zunächst alle Vorschaudateien, Anpassungsdateien für Töne und Projektdateien gespeichert. Sobald Sie rechts unten Erstellen anklicken, öffnet Premiere Pro Ihr neues Projekt und kopiert bereits alle Clips in eine Sequenz.

▼ **Abbildung 20.3**
Timeline einer neuen Sequenz mit allen Clips

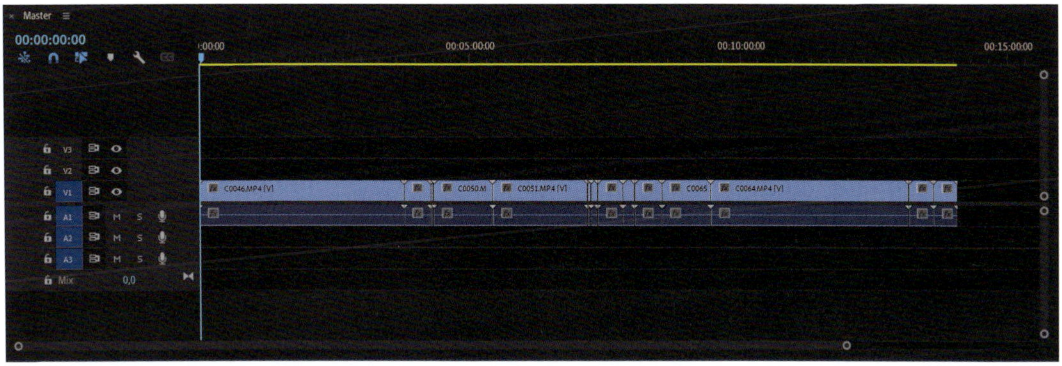

3 Projekteigenschaften zuweisen

Passen Sie die Projekteinstellungen an, indem Sie sie unter Datei • Projekteinstellungen öffnen. Wechseln Sie zunächst auf den Reiter Allgemein. Wählen Sie dort, sofern verfügbar, die Mercury Playback Engine – GPU-Beschleunigung (CUDA) aus.

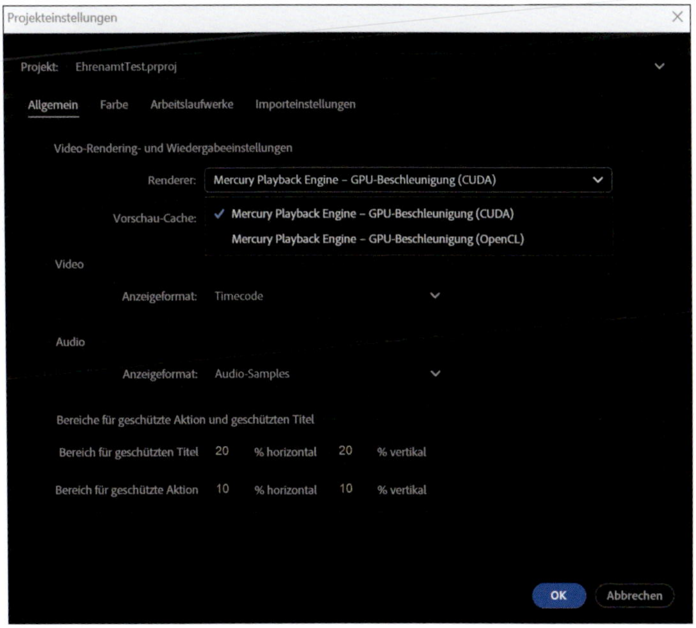

◂ **Abbildung 20.4**
Auswahl der Mercury Playback-Engine

Mercury Playback Engine
Adobe hat die *Mercury Playback Engine* entwickelt, um eine optimale Videowiedergabe auch mit Standardgrafikkarten zu ermöglichen. Zu Beginn hat das Unternehmen ausschließlich auf Nvidia gesetzt und die CUDA-Technologie des größten Grafikkartenherstellers genutzt. Es ist noch nicht ganz sicher, wie es mit CUDA weitergehen wird, allerdings lässt Nvidia keine Absicht erkennen, die Technologieplattform in Rente zu schicken. Adobe greift heute trotzdem bei Bedarf auch auf OpenC zurück und unterstützt auch andere Grafikchips. Die Option zum Rendern von Videos über Software hat Adobe im August 2025 aus Premiere Pro ganz entfernt. Trotz einiger Anstrengungen, ein Decoding via CPU performant hinzubekommen, hat Adobe nun die Segel gestrichen und setzt ganz auf Grafikkarten. Oder fast. Wenn Sie den Software-Renderer bevorzugen, können Sie Premiere Pro in einem entsprechenden Modus starten, indem Sie während des Startvorgangs die Hochstelltaste [⇧] gedrückt halten.

4 Arbeitsplatten verwalten

Klicken Sie auf den Reiter Arbeitslaufwerke ❶ neben Allgemein. Wenn Sie eine schnelle Videoplatte für Ihr Projekt und die Videodateien ausgewählt haben, dann brauchen Sie hier nichts zu ändern, sondern belassen es bei der Voreinstellung für alle Arbeitslaufwerke Wie Projekt. Stellen Sie bei Ihren Projekten jedoch immer wieder Performance-Schwierigkeiten fest, dann kann es sinnvoll sein, unterschiedliche Speicherorte auszuwählen. Das Gleiche gilt, wenn Ihre Videoplatte fast voll ist. Sinnvoll ist dann z. B. die Auslagerung der sogenannten Vorschaudateien ❷ auf ein anderes Laufwerk.

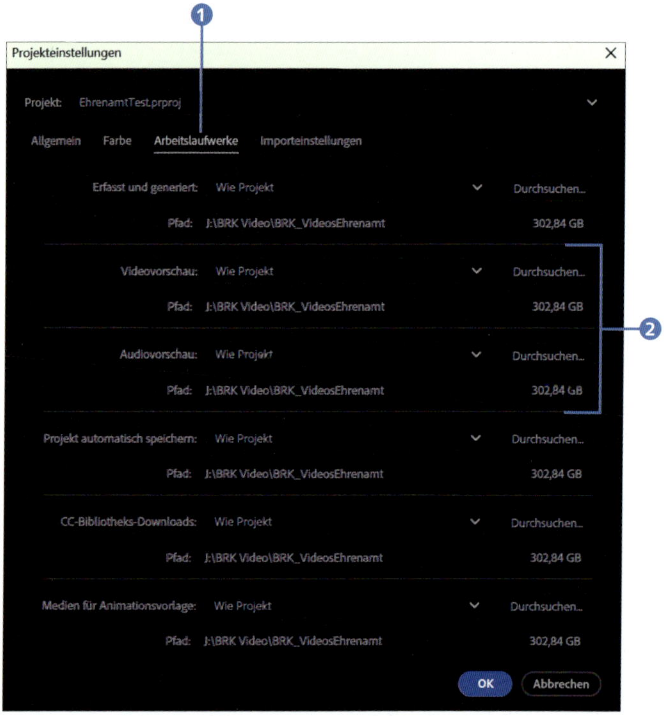

▲ **Abbildung 20.5**
Zuweisung der Pfade unter Projekteinstellungen • Arbeitslaufwerke

Die Zuweisung von getrennten Laufwerken für die Video- und Audioaufnahme gibt es heute in Premiere Pro nicht mehr. Sie war mit dem Einlesen von Videobändern eng verknüpft, die Adobe aus dem Programm entfernt hat. Sie können die Vorschaudateien bzw. gerenderten Files aber auf andere Platten auslagern, um die Performance des Systems zu erhöhen. Dazu gehört auch, den Ordner mit den Autosave-Dateien auf eine andere Platte als die Projektdaten zu legen – eine Vorsichtsmaßnahme für den Fall, dass die Videoplatte doch einmal ihren Geist aufgibt.

5 Speicherort für Medien-Cache-Dateien zuweisen

Premiere Pro nutzt zusammen mit anderen Programmen eine Datenbank, in der die Verweise zu den Mediendaten enthalten sind, zum Teil auch indizierte Mediadaten, sogenannte CFA-Files, die schnell mehrere GByte Speicherplatz benötigen. Premiere Pro legt den sogenannten Medien-Cache auf der Systemplatte an. Im Moment verwenden immer mehr User schnelle, aber vergleichsweise kleine SSD-Platten als Systemplatte, die dann durch Premiere Pro mit Daten vollgestopft werden. Deshalb: Wenn Ihre Systemplatte nur noch wenig freien Speicherplatz bietet, dann weisen Sie dem Medien-Cache einen anderen Speicherort zu.

Sie können den Speicherort der Datenbank und der Files ändern, indem Sie die VOREINSTELLUNGEN (BEARBEITEN • VOREINSTELLUNGEN • ALLGEMEIN) öffnen und dort den Eintrag MEDIEN ❶ anklicken. Wählen Sie bei MEDIEN-CACHE-DATENBANK über DURCHSUCHEN ❷ einen neuen Speicherplatz aus.

Medien-Cache bereinigen
Sie können unter BEARBEITEN • VOREINSTELLUNGEN den Medien-Cache auch bereinigen und nicht mehr benötigte Dateien löschen lassen. Sie sollten jedoch sicherstellen, dass Sie die Medien im Moment tatsächlich nicht mehr benötigen, u. a. weil Sie alte Filmprojekte abgeschlossen haben.

Sie können die CFA-Files auch manuell löschen, indem Sie nach großen Dateien suchen und diese dann über den Explorer löschen. Auch hier gilt: Stellen Sie vorher sicher, dass Sie sie wirklich nicht mehr brauchen. Die Originaldateien bleiben natürlich in jedem Fall erhalten. Wenn Sie das Projekt also noch einmal öffnen, dann müssen die Dateien einfach neu gerendert werden.

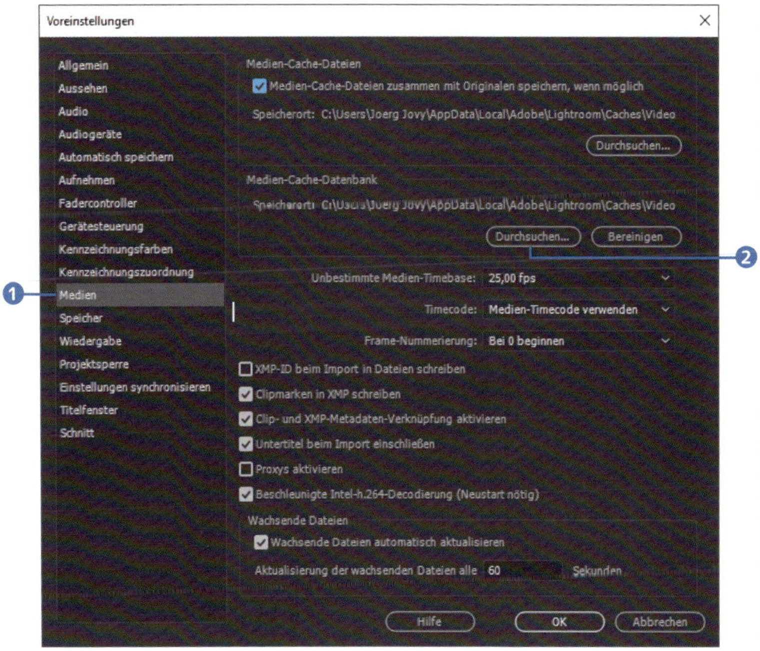

▲ **Abbildung 20.6**
Medien-Cache-Verwaltung in den VOREINSTELLUNGEN

6 Sequenz anlegen

Legen Sie eine neue Sequenz an, indem Sie mit der rechten Maustaste in das Projektfenster klicken und im Kontextmenü NEUES OBJEKT und dann SEQUENZ anklicken oder unter DATEI • NEU den Eintrag SEQUENZ auswählen.

Sequenz aus Clip erstellen
Wenn Sie wissen, dass Ihre Schnittsequenz das gleiche Format verwenden soll wie Ihr Rohmaterial, dann können Sie Premiere Pro die Arbeit überlassen. Ziehen Sie bei einem neuen Projekt den Clip einfach auf das Schnittfenster, und das Programm erstellt automatisch eine passende Sequenz. Sie können auch einen Clip im Projektfenster auswählen, mit der rechten Maustaste das Auswahlmenü öffnen und dort NEUE SEQUENZ AUS CLIP auswählen.

Formatentscheidung
Wenn Sie für ein festes Ausgabeziel, zum Beispiel Instagram, arbeiten, dann kann es Sinn ergeben, gleich den Codec passend zum Ausgabeformat auszuwählen. Haben Sie in 4K gedreht, verlieren Sie zwar Auflösung, aber Sie können Ihre Bilder z. B. im Schnitt zusätzlich animieren oder zuschneiden – ein erheblicher kreativer Gewinn. Andernfalls rate ich immer, die maximale Auflösung des Rohmaterials zu wählen, da so spätere Exporte in ein kleineres oder eben das größtmögliche Format immer möglich sind.

Wählen Sie aus den SEQUENZVORGABEN ❶ Ihr bevorzugtes Format aus. In Abbildung 20.7 finden Sie eine Übersicht über die von Premiere Pro zur Verfügung gestellten Formatvorgaben für eine neue Sequenz. Rechts werden Ihnen alle Informationen zur gewählten Sequenz angezeigt. Unter dem Reiter SPUREN ❷ können Sie auch noch weitere Video- und Audiospuren anlegen. Vergeben Sie einen sinnvollen Namen. Haben Sie mit mehreren Kameras gedreht, wählen Sie zunächst die Kamera, mit der Sie bevorzugt gearbeitet haben, und dann aus dem Untermenü die passende Bildgröße und Bildrate. Entspricht Ihr Rohmaterial den SEQUENZVORGABEN, so läuft es ohne vorheriges Rendering in Echtzeit, andernfalls kann es zu Rucklern bei der Wiedergabe kommen.

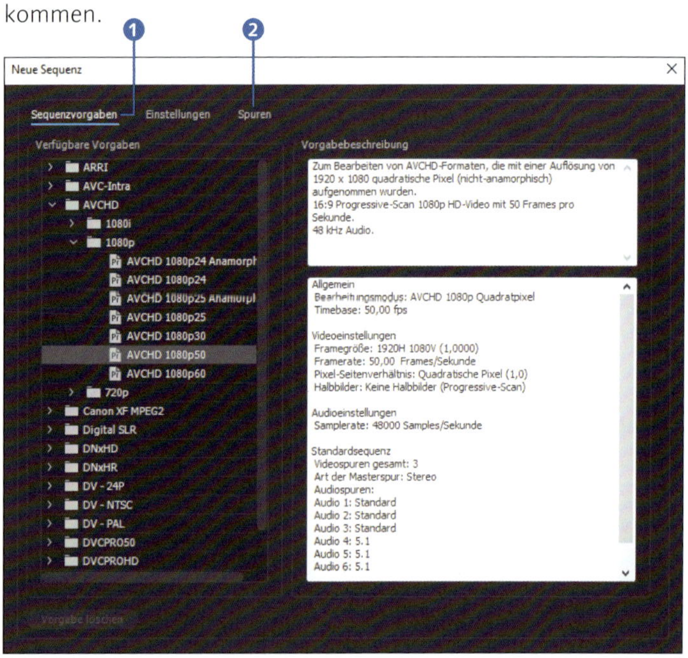

Abbildung 20.7 ▸
Auswahl des richtigen Formats (Codecs)

7 Wiedergabe-Auflösung festlegen

Wenn Ihr Computer relativ neu ist und über eine gute Grafikkarte verfügt, sollte die Wiedergabe kein Problem sein, vor allem wenn Sie auf einer schnellen Videoplatte arbeiten. Kommt es bei der Wiedergabe zu Problemen, dann können Sie die Auflösung reduzieren.

Wählen Sie dazu aus dem Menü ❸ im Vorschau- oder Programmmonitor eine niedrigere Auflösung aus. Allerdings werden Sie nun auch beim Abspielen deutliche Fehler erkennen, die der niedrigeren Auflösung geschuldet sind. Wer bereits mit Bandmaterial gearbeitet hat, wird sich unangenehm an die Drop-out-ähnlichen Schlieren erinnert fühlen.

▲ **Abbildung 20.8**
Auflösung im Programmmonitor einstellen

20.2 Medien importieren

An den Möglichkeiten, Video- und Audiofiles in Premiere Pro einzubinden, hat Adobe in den letzten Jahren intensiv gearbeitet. Resultat ist der *Media-Browser*, der seit geraumer Zeit nun neben dem klassischen Projektfenster als Verwaltungstool steht. Seine Funktionalität ist so herausragend, dass auch ältere Premiere-Nutzer anfangen, ihrem gewohnten Projektfenster untreu zu werden. Aber im Unterschied zu anderen Programmen verwalten Schnittprogramme nur Medienfiles, die außerhalb der eigentlichen Projektdatei gespeichert sind. Im Media-Browser sehen Sie *alle* Dateien. Dauerhaft nutzen können Sie sie nur, wenn sie ins Projekt importiert werden.

	Inhalt	Lernziel	Abschnitt
Medien	Media-Browser	Medien identifizieren und importieren	Abschnitt 16.6.2
Verwaltung	Ordner anlegen	Medien in Ordnern strukturieren	–

◂ **Tabelle 20.2**
Aufgaben beim Medienexport

Schritt für Schritt
Den Media-Browser optimal nutzen

Arbeitsbereich zurücksetzen
Falls Sie die Benutzeroberfläche in Premiere Pro bereits stark angepasst haben, sich aber nicht mehr zurechtfinden, haben Sie die Möglichkeit, die Oberfläche wieder auf Standardeinstellungen zurückzusetzen. Wählen Sie dazu unter Fenster • Arbeitsbereich den Menüpunkt Bearbeitung.

Hier zeige ich Ihnen, wie Sie den Media-Browser optimal nutzen können, vor allem wenn Sie Ihr Projekt mit Prelude vorbereitet haben.

1 Media-Browser auswählen

Klicken Sie auf den Reiter Media-Browser ① im Fenster Projekt. Sollte dieser nicht angezeigt werden, öffnen Sie diesen über Fenster • Media-Browser. Suchen Sie Ihre Videoplatte bzw. das Verzeichnis mit den Videodateien, die Sie importieren möchten. Sie können Videodateien auch direkt von der Kamera importieren (sofern diese über ein Speichermedium verfügt und über USB angeschlossen und erkannt wurde). Allerdings wären diese offline, sobald Sie die Kamera vom Computer trennen.

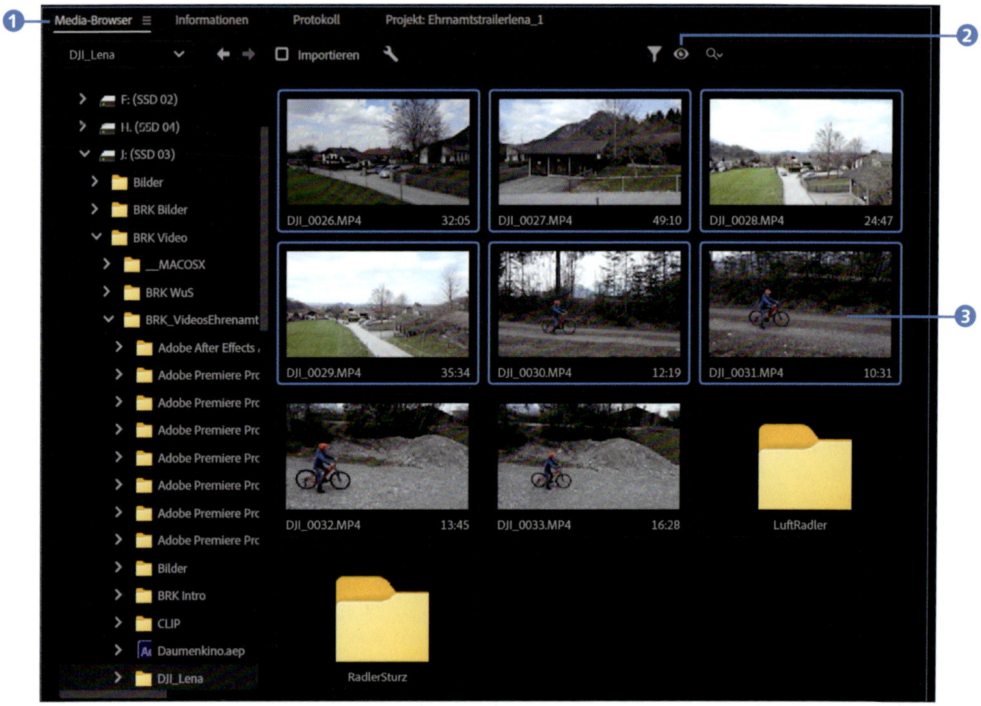

Abbildung 20.9 ▼
Media-Browser

Der Media-Browser erkennt automatisch das Containerformat der meisten Formate, also z. B. AVCHD, XDCam, MFX, Redcode oder P2. Wenn Sie auf das Auge ② neben dem Suchfenster klicken, zeigt er Ihnen alle Formate an, die er in einem Ordner und möglicherweise Unterverzeichnissen gefunden hat. Finden Sie Ihre Dateien nicht, dann wählen Sie hier Dateiverzeichnis aus, um wirklich alle Dateien sehen zu können. Gefundene Videodateien werden als Thumbnail ❸ (Vorschaubild) angezeigt und können im Media-Browser abgespielt werden (dazu auf das betreffende Vorschaubild klicken und den erscheinenden Abspielkopf mit gedrückter linker Maustaste nach rechts oder links ziehen).

2 Medien importieren

Wählen Sie einzelne Dateien oder Ordner aus, die Sie importieren möchten. Klicken Sie auf eine Datei oder einen Ordner mit der rechten Maustaste, und wählen Sie IMPORTIEREN aus. Mit einem Klick auf den Schraubenschlüssel öffnen Sie die Importeinstellungen in den PROJEKTEINSTELLUNGEN. Premiere Pro wechselt nach dem Import ins Projektfenster, und Sie können kontrollieren, ob die Dateien dort angekommen sind. Premiere Pro wird je nach Format darauf hinweisen, dass einige Dateien möglicherweise nicht importiert werden konnten. Etwas lästig: Häufig handelt es sich bei der Fehlermeldung auch um Dateien, die zum Containerformat gehören und nicht importiert werden müssen. Klicken Sie die Meldung weg. Sollte Ihre Videodatei jedoch nicht importiert worden sein, dann versuchen Sie es noch einmal, kontrollieren Sie aber nun, ob auch die Videodatei in der Fehlermeldung enthalten ist. In diesem Fall ist die Datei möglicherweise beschädigt oder das Format wird von Premiere Pro nicht unterstützt.

3 Dateien organisieren

Wechseln Sie zurück ins Projektfenster. Dort sollte Ihre Datei oder der Ordner mit allen enthaltenen Bilddateien angezeigt werden. Ich bevorzuge den Import ganzer Ordner, weil diese Struktur dann auch im Projektfenster übernommen wird und das Wiederfinden von Dateien auch unter dem Betriebssystem erleichtert.

Hände weg von Videodateien
In dem Augenblick, in dem Sie Videodateien in Ihr Projekt importiert haben, dürfen Sie sie unter Windows nicht mehr anfassen, also weder an einen anderen Ort verlegen noch umbenennen noch löschen. Andernfalls findet Premiere Pro die Dateien nicht mehr und markiert sie als offline.

Sie können im Projekt verloren gegangene Verknüpfungen wieder reparieren, allerdings müssen Sie sie erst finden. Und das kann einige Zeit in Anspruch nehmen. Deshalb: Rühren Sie einmal importierte Dateien unter Windows am besten nicht mehr an.

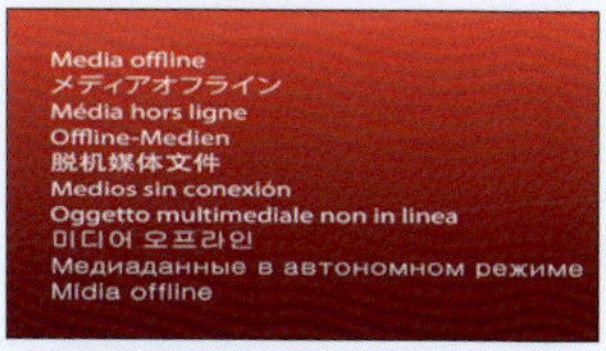

▲ **Abbildung 20.10**
Warnmeldung für Offline-Mediafile

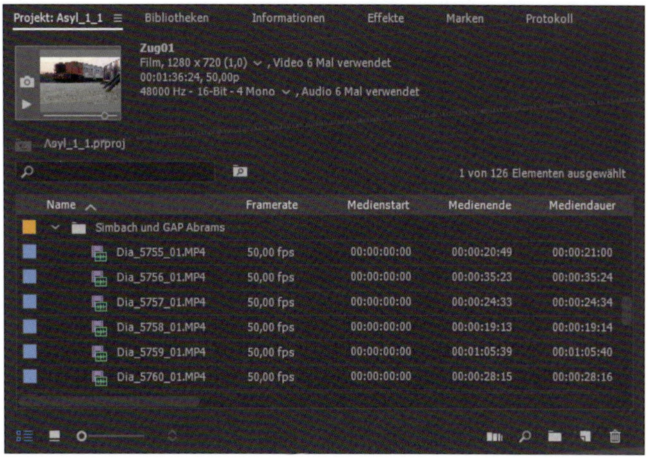

◄ **Abbildung 20.11**
Projektfenster mit nicht umbenannten Videodateien

Benennen Sie die Dateien um (Rechtsklick und UMBENENNEN wählen), sodass Sie Einstellungen und Motive schnell finden. Verwenden Sie dabei eindeutige Namen für die Szene, Einstellung, das Motiv und mögliche Kamerabewegungen (Schwenk, Zoom). Im Anschluss könnte Ihr Projektfenster wie hier abgebildet aussehen. Alternativ suchen Sie nach den Einstellungen mithilfe der Suchfunktion, und schauen Sie, welche Files Premiere Pro findet.

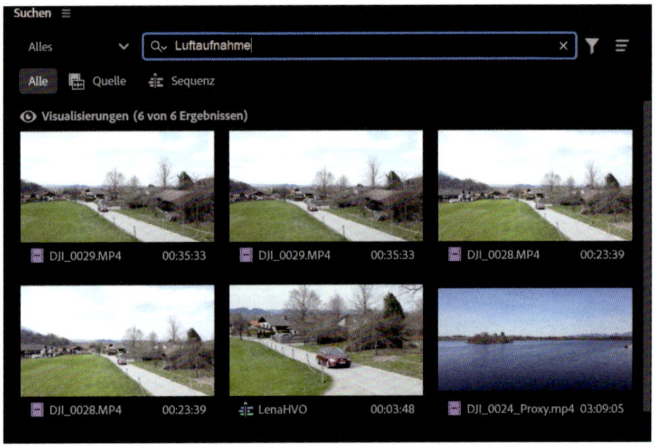

Abbildung 20.12 ▸
Die Suchfunktion in der Menüleiste rechts von Premiere Pro. Bei der Eingabe des Begriffs »Luftaufnahme« findet das Programm zielsicher meine Drohnenaufnahmen. Sie können aber auch nach Motiven und Bildinhalten suchen.

Die ideale Ordnung
Im Idealfall gelingt es Ihnen, z. B. für jede Szene einen eigenen Ordner anzulegen und dort alle benötigten Videodateien so umzubenennen, dass Sie sie jederzeit intuitiv wiederfinden. Da Sie wahrscheinlich nur einen Ordner für das Rohmaterial eines ganzen Tages angelegt haben, müssen Sie also weitere Verzeichnisse anlegen und die Clips entsprechend verteilen. Das lohnt sich vor allem bei größeren Projekten, bei denen sich viele Clips im Projektfenster ansammeln.

Wichtig: Die Dateinamen und Ordnernamen sind nach diesem Arbeitsschritt nicht mehr identisch mit den Clipnamen auf Ihrer Festplatte. Den Dateipfad und den Clipnamen finden Sie z. B. wieder, indem Sie den Clip mit der rechten Maustaste im Projektfenster auswählen und aus dem Kontextmenü MEDIENDATEIEIGENSCHAFTEN auswählen. Im sich öffnenden Fenster finden Sie alle wichtigen Informationen über den Clip und das dahinter verborgene Rohmaterial.

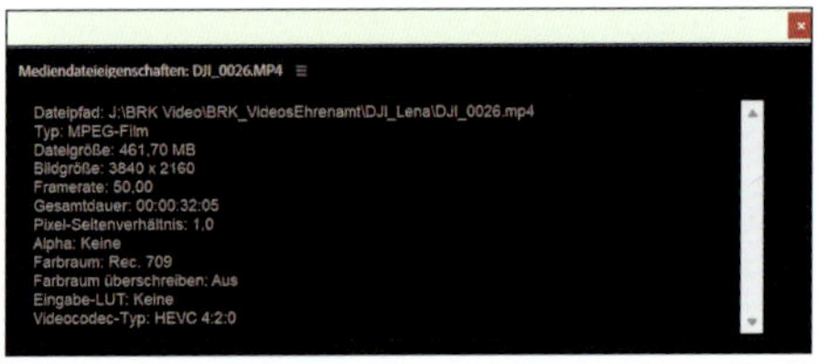

Abbildung 20.13 ▸
Fenster MEDIENDATEIEIGENSCHAFTEN

Ebenfalls hilfreich und bereits vor dem Schnitt gut zu erledigen sind Anpassungen der Audiokanäle oder des Filmmaterials, das alle gleichzeitig importierten Medien betrifft. Markieren Sie im Projektfenster die Clips, bei denen Sie Änderungen vornehmen möchten. Klicken Sie mit der rechten Maustaste, und wählen Sie aus dem Menüpunkt ANPASSEN die Unterfunktion FILMMATERIAL INTERPRETIEREN aus. Sie können nun zum Beispiel die Framerate oder die Pixel-Ratio ändern.

Musik von CD importieren

Falls Sie noch mit CDs arbeiten: Premiere Pro kann CDs nicht rippen wie andere Schnittprogramme. Sie müssen die einzelnen Titel erst konvertieren. Als Abonnent der Cloud können Sie dies sehr einfach mit Adobe Audition erledigen, solange Audition diese Funktion noch unterstützt und Ihr Rechner über ein Laufwerk verfügt oder Ihr externes Laufwerk vom Betriebssystem noch unterstützt wird.

1. Klicken Sie in Audition auf DATEI • AUDIO VON CD EXTRAHIEREN.
2. Wählen Sie aus dem Fenster mit der Titelübersicht die Titel aus, die Sie extrahieren möchten. Wenn Sie für jeden Titel eine eigene Datei erzeugen möchten, dann entfernen Sie das Häkchen bei IN EINE DATEI EXTRAHIEREN. Nach dem Bestätigen mit OK rippt Audition Ihre ausgewählten Titel. Der Kopiervorgang dauert etwas.

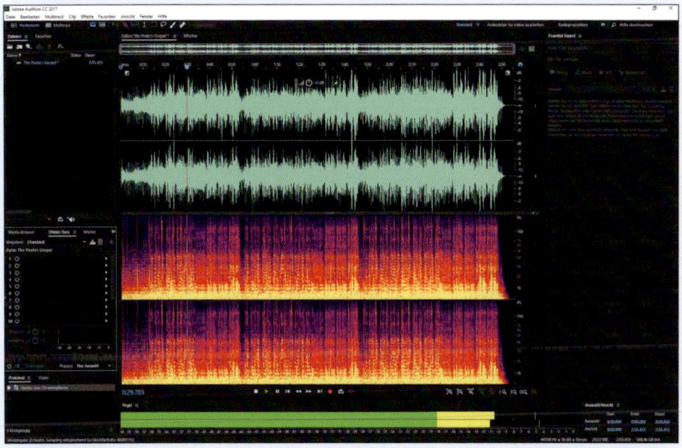

▲ **Abbildung 20.15**
In Audition extrahierter Titel

3. Speichern Sie den Titel über das Menü DATEI • SPEICHERN UNTER. Geben Sie als Dateipfad möglichst ein Verzeichnis in Ihrem Projektordner an. Wenn Sie alle Musiktitel in einem Musikverzeichnis sammeln, dann geben Sie den Pfad zu diesem an.
4. Importieren Sie die Musikdatei über den MEDIA-BROWSER in Premiere Pro.

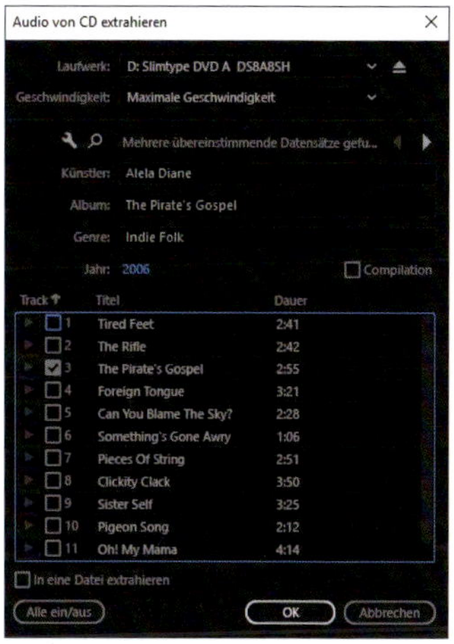

▲ **Abbildung 20.14**
Der Dialog beim Extrahieren von Audio-Dateien einer CD

Achtung
Wenn Sie nur einzelne Videostreams importieren und dabei die Ordnerstruktur des Containerformats außer Acht lassen, stehen Ihnen im Anschluss möglicherweise die Metadaten und bei getrennten Video- und Audiodateien auch Ton oder Bild nicht mehr zur Verfügung.

4 Audiokanäle zuordnen

Bei größeren Projekten mischen Sie oft Material aus mehreren Kameras. Deshalb ist es sinnvoll, die Audiokanäle möglichst immer auf die gleichen Spuren zu verteilen. Beispiel: Ihr Schnittprojekt arbeitet mit acht Stereospuren, Ihre Kamera liefert aber vier Monospuren. Davon sind wiederum zwei überhaupt nicht brauchbar. In Premiere Pro haben Sie die Möglichkeit, Ihr Rohmaterial entsprechend zu organisieren. Wählen Sie den Clip, oder markieren Sie mehrere gleichartige Clips, und wählen Sie über die rechte Maustaste das Menü ANPASSEN und dann AUDIOKANÄLE aus.

Achtung
Die Verwendung von Musik in Filmen muss vom Urheber in der Regel genehmigt werden. Bitte beachten Sie die Hinweise zum Urheberrecht in Abschnitt 4.5.2.

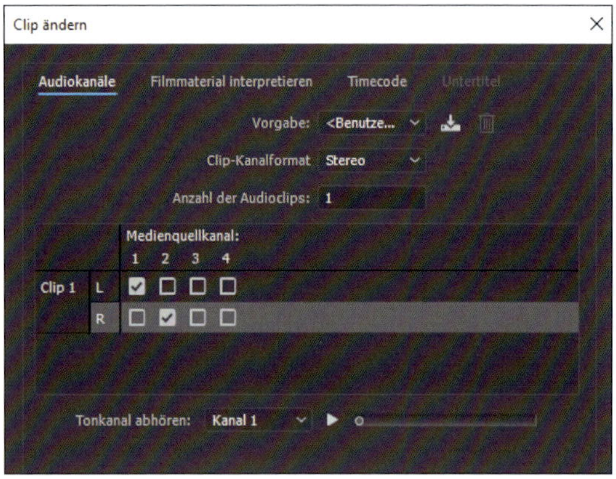

Abbildung 20.16 ▸
Zuordnung der Audiokanäle

Filmmaterial interpretieren
Ähnlich wie bei den Audiokanälen kann es sein, dass Sie auch Ihr Filmmaterial an das Projekt bzw. die Sequenz anpassen wollen, etwa indem Sie die Bildrate verändern oder die Aspect-Ratio der Pixel. Wichtig wird diese Möglichkeit vor allem, wenn es darum geht, einen im Film enthaltenen Alphakanal zu aktivieren oder zu deaktivieren. Sie erreichen das Auswahlmenü ebenfalls über die Option ÄNDERN im Projektfenster.

Im Beispiel wählen Sie aus einem Clip mit vier Audiospuren nur zwei aus und weisen diese einer Stereospur zu, die zwei Kanäle erhält. Diese wird jedoch zur Stereospur und kann damit zwei Kanäle aufnehmen. Wir ordnen der Stereospur dann die Kanäle 1 und 2 zu, die ordentliche Tonaufnahmen enthalten. Bestätigen Sie Ihre Eingabe mit OK. Wenn Sie den Clip nun ins Schnittfenster ziehen, werden Sie feststellen, dass er dort nicht mehr mit den unübersichtlichen vier Spuren landet, sondern mit einer ordentlichen Stereospur. Sie können übrigens auch einen Kanal in einer Stereospur zweimal zuweisen, sodass Sie zwar eine Stereospur, aber Mono-Ton erhalten.

20.3 Szene schneiden

Das Beispielprojekt »RoughCut.prproj« finden Sie im Beispielmaterial zum Buch unter PROJEKTE • ROUGHCUT.

In dieser Übung wollen wir eine einfache Szene zunächst nach der Rough-Cut-Methode schneiden. Sie finden das Beispielprojekt im Beispielmaterial zum Buch unter PROJEKTE • ROUGHCUT. Die Datei heißt »RoughCut.prproj«.

Tabelle 20.3 ▸
Aufgaben beim Rough Cut

	Inhalt	Lernziel	Abschnitt
Schnitt	Rough Cut	Einstellungen identifizieren, in Schnittfenster kopieren, Einstellungen zu Szene montieren, Anschlussfehler vermeiden	Abschnitt 17.4.1

Überspielen Sie das Material und das dazugehörige Premiere-Pro-Projekt auf ein schnelles Laufwerk. Öffnen Sie das Projekt, und verknüpfen Sie anschließend das Material neu, indem Sie alle Clips markieren und mit der rechten Maustaste auf einen Clip klicken. Wählen Sie im Kontextmenü Medien verbinden aus, und bestimmen Sie das Zielverzeichnis auf Ihrer Festplatte. Eine passende Sequenz habe ich bereits im Projekt angelegt und die Clips entsprechend umbenannt.

Achtung
Die folgende Übung sollten Sie versuchen, möglichst selbstständig zu machen, die Schrittanleitung dient hier vor allem zur groben Orientierung. Vergleichen Sie Ihr Ergebnis mit dem im Beispielmaterial zum Buch. Am Ende können Sie anhand der Tabelle 20.4 mit den exakten Timecodes kontrollieren, wie weit Sie von meinem Vorschlag entfernt liegen.

Schritt für Schritt
Den Rohschnitt vorbereiten

In der Szene verlässt ein junges Pärchen ein Museum. Die junge Frau erledigt erst einmal ein langes Telefonat, während er gerne das nächste Café ansteuern würde. Die geschnittene Szene dauert am Ende etwa 20 Sekunden.

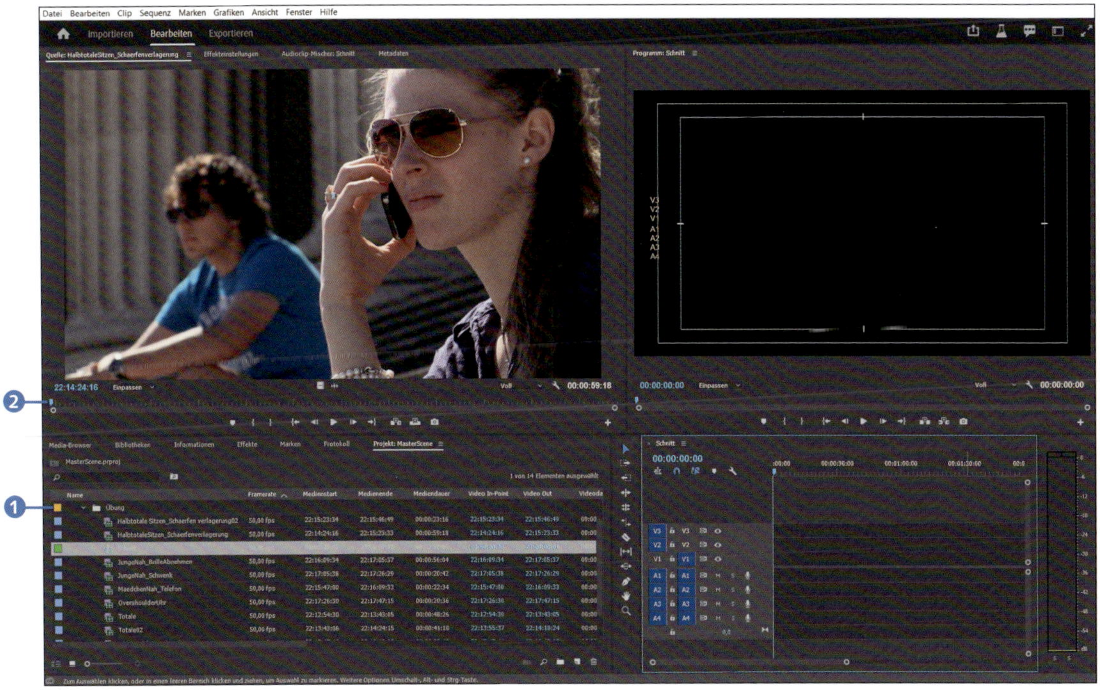

▲ **Abbildung 20.17**
So sollte Ihr Projekt beim Start in etwa aussehen – das Projekt vor dem Schnittbeginn.

1 Clip im Quellmonitor öffnen und durchschauen

Öffnen Sie den ersten Clip »Totale_DarstellerKommen« (im Ordner Uebung ❶), indem Sie im Projektfenster doppelt auf ihn klicken oder ihn mit der gedrückten linken Maustaste in den Quellmonitor ziehen. »Scrubben« Sie durch den Clip, indem Sie mit der gedrückten linken Maustaste den Abspielkopf ❷ im Quellmonitor vom Anfang in Richtung Ende bewegen. Sie können den Clip so schnell durchschauen. Alternativ können Sie ihn durch Drücken der Leertaste oder des Play-Buttons abspielen.

2 Mark In und Mark Out setzen

Setzen Sie zunächst den Mark In, indem Sie den Abspielkopf auf den Frame setzen, in dem das Pärchen zwischen den Säulen auftaucht. Suchen Sie danach den richtigen Mark Out, bis beide sitzen (Mark In (Timecode 22:13:56:37) und Mark Out (Timecode 22:14:18:24) in Einstellung »Totale«. Länge: 21 s).

Abbildung 20.18 ▼
Mark In und Mark Out setzen: Das Pärchen taucht zwischen den Säulen auf und setzt sich anschließend.

> **Szene planen**
> In der Übung wird eine einfache Geschichte erzählt. Ein junges Paar kommt aus dem Museum. Sie muss dringend telefonieren, er hat Hunger und möchte schnellstens etwas essen gehen. Doch sie will erst einmal ausgiebig telefonieren. Zunächst muss der Zuschauer verstehen, was Sache ist, also dass das Mädchen und der Junge zusammengehören. Deshalb müssen sie in der Totalen aus dem Museum kommen. Dann müssen wir am besten ebenso wie der Junge vom Telefonieren genervt sein. Das würde in Echtzeit vielleicht 1 Minute dauern. Zu lange für einen Film, deshalb müssen wir mehrfach hin- und herschneiden. Mit der Uhr in der Nahen symbolisieren wir, dass Zeit vergeht. Zum Schluss haben wir die Halbtotale, die mittels Schärfenverlagerung eine Verbindung zwischen den beiden Protagonisten herstellt.

Sie können die Markierungen setzen, indem Sie in der Abspielleiste des Quellmonitors auf das jeweilige Symbol klicken oder für den Mark In auf [I] und für Mark Out auf [O].

3 Markierte Einstellung in das Schnittfenster kopieren

Sobald Sie Mark In und Mark Out gesetzt haben, kopieren Sie die Einstellung in das Schnittfenster. Klicken Sie dazu auf den Button Überschreiben ❸, oder drücken Sie die [.]-Taste. Achten Sie darauf, dass der Abspielkopf am Anfang der Timeline steht.

Clippen Sie anschließend alle weiteren Einstellungen aus den vorhandenen Clips, und kopieren Sie so alle infrage kommenden Takes in das Schnittfenster. Wenn Sie nach Ihrem eigenen Gefühl selbst ausprobieren wollen, wo Mark In und wo Mark Out jeweils hingehören, werfen Sie erst einmal keinen Blick auf die Timecodes, die ich gewählt habe. Andernfalls können Sie sich an der folgenden Tabelle 20.4 orientieren.

Clip	Mark In	Mark Out	Anfangsbild	Endbild
HalbtotaleSitzen_Schaerfenverlagerung	22:14:37:05	22:14:39:26		
	22:14:39:49	22:14:43:35		
	22:14:51:07	22:14:56:17		
	22:15:00:36	22:15:03:45		
	22:15:11:45	22:15:17:21		
Halbtotale Sitzen_Schaerfen verlagerung02	22:15:31:42	22:15:35:27		
MaedchenNah_Telefon	22:15:50:18	22:15:53:06		
	22:15:54:47	22:15:58:42		
	22:16:06:13	22:16:08:47		
JungeNah_BrilleAbnehmen	22:16:53:11	22:16:57:27		
JungeNah_Schwenk	22:17:11:46	22:17:20:04		
OvershoulderUhr	22:17:35:08	22:17:38:33		
UhrMaedchen_Schaerfenverlagerung	22:18:02:04	22:18:07:03		

▲ **Tabelle 20.4**
Timecodes für Mark Ins und Mark Outs

In der Tabelle finden Sie relativ viele Variationen der halbtotalen Einstellung aus dem Clip »HalbtotaleSitzen_Schärfenverlagerung«. Beim Rough Cut landen alle potenziellen Kandidaten in der Timeline. Die Timeline sollte jetzt in etwa so aussehen.

Abbildung 20.19 ▼
Schnittfenster mit allen Einstellungen

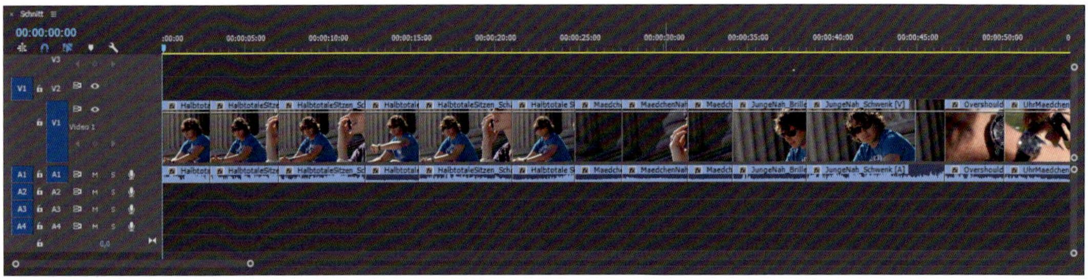

Schritt für Schritt
Eine Szene schneiden

Nun gilt es, sich Gedanken über die Geschichte zu machen und den Schnitt weiter zu verfeinern.

Kürzen durch Schneiden
Merken Sie sich den Befehl [Strg]+[K]. Mit ihm setzen Sie einen Schnitt an der Position des Abspielkopfes quer durch alle Clips, die sich an dieser Stelle in aktivierten Spuren befinden. Premiere Pro teilt an dieser Stelle einen Clip in der Timeline in zwei Teile. Den nicht mehr benötigten Teil können Sie dann einfach löschen. Statt des Tastaturbefehls können Sie auch die Rasierklinge verwenden. Positionieren Sie die Klinge genau über der feinen Linie des Abspielkopfes.

1 Schnittfenster aufräumen

Schaffen Sie zunächst Platz am Beginn der Timeline, indem Sie alle Clips markieren und mit gedrückter linker Maustaste Richtung Ende verschieben. Lassen Sie zu Beginn etwa 1 Minute Platz, obwohl ich maximal 30 Sekunden für die Szene plane.

2 Szene schneiden – der Rohschnitt

Setzen Sie die Totale »Totale_DarstellerKommen« wieder an den Anfang. Mit gut 21 Sekunden ist die Einstellung jedoch viel zu lang. Da wir kein Schnittbild zur Verfügung haben, müssen wir also vom Ende her denken. Der *Out* liegt dort, wo das Paar sitzt. Den *In* legen wir etwa 6 Sekunden davor. Verkürzen Sie den Clip mit der Maus, indem Sie zunächst das Ende des Clips anfassen und Richtung Anfang ziehen. Der neue *Out* sollte dort liegen, wo beide sitzen und das Mädchen nach vorne blickt. Anschließend kürzen Sie den Clip vom Anfang her. Ziehen Sie am linken Ende mit gedrückter linker Maustaste, bis der Clip noch eine Länge von ca. 6 Sekunden hat.

Der Vorhof zur Hölle
Einstellungen, die es voraussichtlich nicht in den Film schaffen, rücken Sie weiter ans Ende der Timeline. Löschen Sie sie noch nicht, vielleicht brauchen Sie sie ja doch noch einmal. Das Löschen erledigen Sie erst nach dem Feinschnitt.

3 Zweite Einstellung suchen und zurechtschneiden

Als Nächstes wollen wir dem Mädchen beim Telefonieren zuschauen. Dazu brauchen wir eine möglichst lebendige Einstellung. Suchen Sie die passende Einstellung, indem Sie mit dem Abspielkopf über die Sammlung von Einstellungen scrubben, die

Sie weiter Richtung Ende geparkt haben. Ich entscheide mich für eine Einstellung aus »MaedchenNah_Telefon« mit dem Timecode 22:16:06:13 bis 22:16:08:47.

4 Dritte Einstellung suchen und zurechtschneiden

Als Nächstes benötigen wir den Gegenschuss mit dem entnervten Jungen. Ich entscheide mich für eine Einstellung aus »JungeNah_BrilleAbnehmen« mit dem Timecode 22:16:53:11 bis 22:16:57:27, weil er hier so schön schnauft.

Rücken Sie den Clip so an den Anfang, dass er in der Timeline ohne störendes schwarzes Loch direkt an den vorausgehenden Clip »MaedchenNah_Telefon« anschließt. Allerdings hätte ich gerne, dass er erst zu seiner Freundin schaut. Deshalb müssen Sie die Einstellung noch umdrehen. Klicken Sie mit der rechten Maustaste auf den Clip, und wählen Sie aus dem Menü den Eintrag GESCHWINDIGKEIT/DAUER aus. Drehen Sie im Popup-Fenster die Ablaufrichtung um, indem Sie bei GESCHWINDIGKEIT UMKEHREN ein Häkchen setzen.

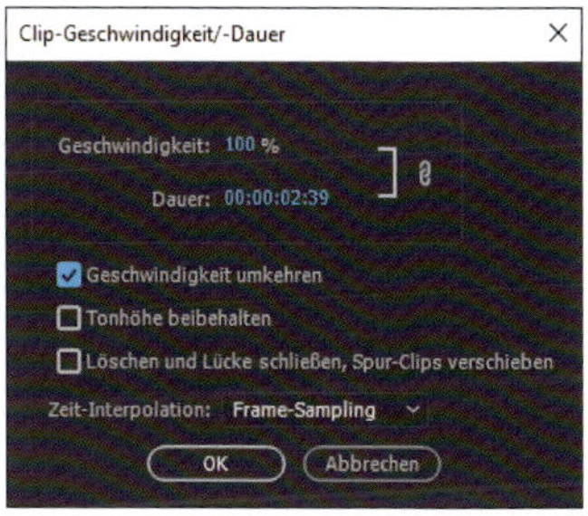

▲ **Abbildung 20.20**
Dialog zum Einstellen der Clip-Geschwindigkeit

5 Vierte Einstellung suchen und zurechtschneiden

Nachdem wir die beiden Protagonisten in der Nahen kennengelernt haben, müssen wir nun wieder zeigen, dass die beiden zusammengehören. Es wird Zeit für eine Halbtotale. Ich entscheide mich aus dem Clip »HalbtotaleSitzen_Schaerfenverlagerung02« für die Einstellung mit dem Timecode 22:15:31:42 bis 22:15:35:27. Fügen Sie den Clip ebenfalls nahtlos an die vorhergehende Szene mit dem Jungen an.

Hier noch eine kurze Begründung für meine Wahl: In der Einstellung schüttelt der Junge ebenfalls den Kopf, während die Schärfe wieder auf dem Mädchen im Vordergrund liegt. Sobald der Junge nun entnervt auf die Uhr schaut, verlegt der Kameramann die Schärfe auf ihn. Hübsch.

Rohschnitt
Mit der Auswahl der Clips und ihrer Sortierung in der richtigen Reihenfolge haben Sie den Rohschnitt abgeschlossen. Wenn Sie die Szene abspielen, dann werden Sie schnell feststellen, dass die Anschlüsse noch nicht passen, aber die Szene bereits »funktioniert«, d. h., ein neutraler Zuschauer versteht, worum es in der Szene geht. Im Rohschnitt stimmen also Reihenfolge und Einstellung, die Übergänge müssen jedoch noch angepasst werden ebenso wie der Ton.

6 Fünfte Einstellung suchen und zurechtschneiden

Nun ist es Zeit für die Uhr. Positionieren Sie aus dem Clip »UhrMaedchen_Schaerfenverlagerung« die Einstellung mit der Nahen der Uhr und dem Mädchen im Hintergrund (TC 22:18:02:04 bis 22:18:07:03) wieder am Ende der bereits geschnittenen Szene.

7 Sechste Einstellung suchen und zurechtschneiden

Als Letztes schneiden wir zurück in die Halbtotale, von der ja noch einige Varianten übrig sind. Ich entscheide mich für die Einstellung mit dem Timecode 22:15:00:26 bis 22:15:03:44 aus dem Clip »HalbtotaleSitzen_Schaerfenverlagerung«.

8 Rohschnitt speichern und aufräumen

Spielen Sie die Szene von Anfang bis Ende, um Ihren Rohschnitt zu kontrollieren. Wenn Sie damit zufrieden sind, speichern Sie das Projekt mit der Tastenkombination [Strg]+[S], und löschen Sie alle am Ende der Timeline liegenden Clips, die nicht mehr gebraucht werden. Das Schnittfenster sollte jetzt in etwa so aussehen.

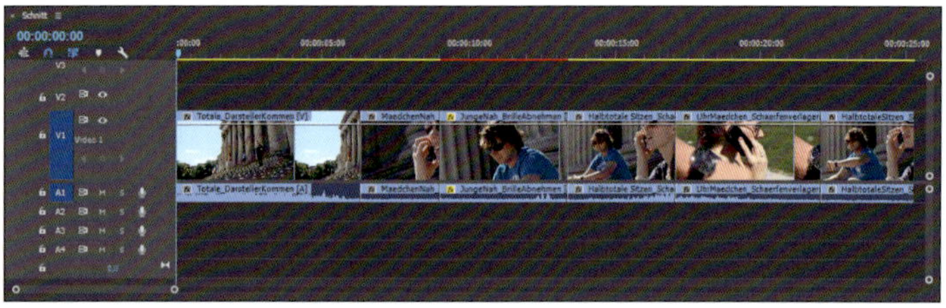

Abbildung 20.21 ▸
Das Schnittfenster am Ende des Rohschnitts

9 Feinschnitt: »Totale_DarstellerKommen«

Beim Abspielen haben Sie hoffentlich festgestellt, dass einige Schnitte noch gar nicht sitzen. Folgende Probleme gilt es zu lösen: Die Kopfhaltung des Mädchens in der Totalen (TOTALE_DARSTELLERKOMMEN) und in der Nahen passen nicht zusammen. Hier müssen wir den exakten Zeitpunkt für den frühestmöglichen Umschnitt finden. Das Problem: In der Totalen bewegt das Mädchen den Kopf heftiger als in der Nahen. Verlängern Sie die Totale, bis das Mädchen den Kopf so hält wie in der Nahen »Maedchen-Nah_Telefon«. Das Problem, das bleibt: In der Nahen spricht das Mädchen, während es in der Totalen nur zuhört. Allerdings verspielt sich dieses Detail, solange man es nicht weiß.

Abbildung 20.22 ▾
Die beiden passenden Anschlussbilder: links das Ende der Totalen, rechts das erste Bild aus der Nahen mit dem telefonierenden Mädchen

10 Feinschnitt: »JungeNah_BrilleAbnehmen«

Der nächste Schnitt passt ebenfalls nicht. Die Haltung des Kopfes des Jungen in der Nahen und der Halbtotalen muss aufeinander abgestimmt werden. Doppelklicken Sie auf den Clip mit dem Jungen in der Nahen JUNGENAH_BRILLEABNEHMEN, sodass er wieder im Quellmonitor geöffnet wird. Setzen Sie den Mark Out weiter in Richtung Ende, wenn der Junge wieder zu seiner Freundin schaut. Der neue Mark Out liegt bei TC 22:16:22:46. Vor der

Verlängerung müssen Sie die dahinter liegenden Clips etwas Richtung Ende verschoben haben, um für Platz zu sorgen. Andernfalls funktioniert die Operation nicht.

11 Feinschnitt: »HalbtotaleSitzen_Schaerfenverlagerung«

Passen Sie nun die anschließende Halbtotale HALBTOTALESITZEN_SCHAERFENVERLAGERUNG an, indem Sie eine Einstellung suchen, in der der Junge ebenfalls in Richtung Mädchen schaut, den Kopf aber schüttelt. Der neue Mark In liegt deutlich Richtung Anfang, sodass der Clip länger wird. Mein neuer Mark In: 22:15:31:30.

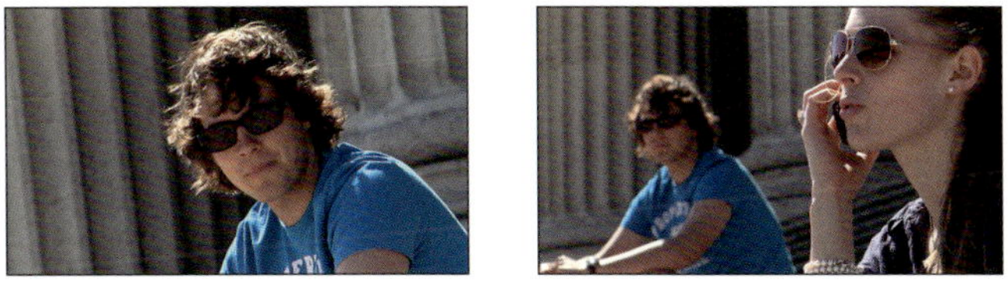

▲ **Abbildung 20.23**
Letztes Bild der Nahen und erstes Bild der Halbtotalen

12 Feinschnitt: »HalbtotaleSitzen_Schaerfenverlagerung«

Beim nächsten Schnitt zwischen der Halbtotalen und der Nahen mit der Uhr im Vordergrund stimmt gar nichts. In der Halbtotalen hebt der Junge zunächst den Arm, um auf die Uhr zu schauen, und lässt ihn dann wieder sinken. In der Nahen ist der Arm natürlich noch gehoben. Wir müssen also schneiden, während der Junge den Arm gehoben hat. Positionieren Sie den Abspielkopf zunächst auf dem Schnitt zwischen der Halbtotalen HALBTOTALESITZEN_SCHAERFENVERLAGERUNG und der NAHEN UHRMAEDCHEN_SCHAERFENVERLAGERUNG. Sie können mit der [↑]- und [↓]-Taste exakt mit dem Abspielkopf von einem Schnitt zum nächsten springen. Stellen Sie sicher, dass die Videospur 1 aktiviert ist. Gehen Sie dann mit der [←]-Taste Bild für Bild Richtung Anfang. Weil Sie den Film rückwärts abspielen, sieht es so aus, als würde der Junge den Arm heben, tatsächlich senkt er ihn natürlich. Wenn der Junge den Arm ruhig hält, setzen Sie mit [Strg]+[K] einen Schnitt und löschen den hinteren Teil des Clips.

13 Feinschnitt: »UhrMaedchen_Schaerfenverlagerung«

Die Einstellung mit der Uhr aus dem Clip UHRMAEDCHEN_SCHAERFENVERLAGERUNG ist viel zu lang. Sie muss vorne und hinten gekürzt werden. Kürzen Sie den Clip am Anfang so weit, dass die Uhr zunächst scharf ist und dann die Schärfe auf das Mädchen im Hintergrund verlegt wird. Schneiden Sie etwa 2 Sekunden später in die letzte Einstellung. Da der Junge in der Nahen leider

Cliplänge im Schnittfenster kontrollieren
Die Drag-&-Drop-Operationen im Schnittfenster sind naturgemäß nicht sehr exakt. Sie können trotzdem halbwegs Ihre Arbeit kontrollieren, wenn Sie auf die Hinweise achten, die Ihnen Premiere Pro automatisch einblendet, wenn Sie Clips im Schnittfenster mit der Maus manipulieren.

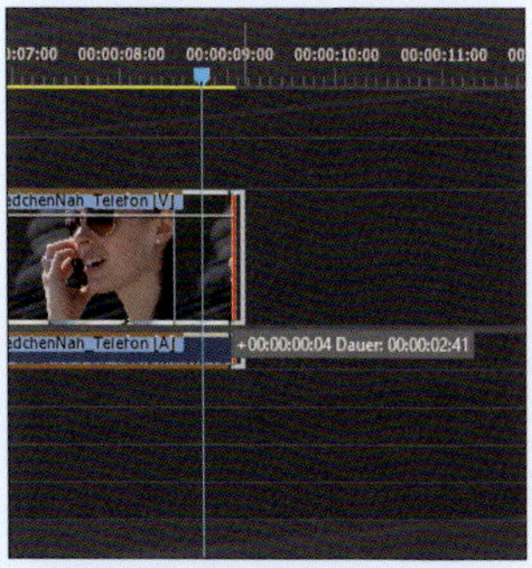

▲ **Abbildung 20.24**
Einblendung der Veränderungen am Clip

den Arm nicht wieder senkt, müssen wir etwas unbeholfen in die Halbtotale umschneiden, während der er den Arm noch gehoben hat. Schöner wäre es, wenn wir in die Bewegung schneiden könnten. Suchen Sie den In-Punkt für die Halbtotale, kürzen Sie sie entsprechend, und ziehen Sie sie nahtlos an das Ende des Clips mit der Uhr heran.

14 Speichern und Kontrolle

Speichern Sie das Projekt, und spielen Sie die komplette Sequenz ab. Suchen Sie bei Schnitten, die Ihnen nicht gefallen, nach Alternativen, möglicherweise auch im Rohmaterial. Sie kennen jetzt Ihre Szene und werden passende Einstellungen schnell finden.

Wenn Sie das Projekt mit dem Originalmaterial nachgeschnitten haben, kennen Sie jetzt auch die Vor- und Nachteile des Rough Cuts. Vor allem Anfänger tun sich mit dieser intuitiven Arbeitsweise leichter. Vielfach wird behauptet, der Rough Cut sei schneller. Ich bezweifle das. Auf jeden Fall ist die Methode unsauberer. Da Sie das Material jetzt kennen, können Sie auch einmal versuchen, es mithilfe des exakten Schnitts nachzuschneiden. Lesen Sie dazu auch Abschnitt 17.4.2, »Der exakte Schnitt (3-Punkt-Schnitt)«.

In Tabelle 20.5 finden Sie zur Kontrolle die Timecodes, und zwar der verwendeten Clips aus dem Quellmonitor und der Timeline im Schnittfenster.

Tabelle 20.5 ▼
Die Timecodes der verwendeten Clips aus dem Quellmonitor und der Timeline im Schnittfenster

Clip	Quelle		Schnittfenster	
	Mark In	Mark Out	Mark In	Mark Out
»Totale_DarstellerKommen«	22:14:05:48	22:14:11:22	00:00:00:00	00:00:05:24
»MaedchenNah_Telefon«	22:16:06:13	22:16:08:47	00:00:05:25	00:00:08:09
»JungeNah_BrilleAbnehmen«	22:16:19:19	22:16:22:46	00:00:08:10	00:00:11:37
»HalbtotaleSitzen_Schärfenverlagerung2«	22:15:31:30	22:15:33:41	00:00:11:38	00:00:13:49
»UhrMädchen_Schärfenverlagerung«	22:18:07:15	22:18:10:25	00:00:14:00	00:00:17:10
»HalbtotaleSitzen_Schärfenverlagerung«	22:15:01:44	22:15:05:14	00:00:17:11	00:00:20:32

20.4 Offlinemedien wieder verknüpfen

Es sollte nicht passieren, aber in meinen Kursen war es eines der häufigsten Probleme. Aus irgendeinem Grund, meistens weil man doch die Clips mithilfe des Windows-Explorers verschoben hat, meldet Premiere Pro nur noch Offlinemedien. Und so können Sie die Verknüpfungen reparieren.

▲ **Abbildung 20.25**
Anzeige von Offlinemedien in Premiere Pro

Schritt für Schritt
Clips wieder neu verknüpfen

1 Offlineclips auswählen

Markieren Sie mit gedrückter Strg-Taste alle Offlineclips im Projektfenster. Klicken Sie mit der rechten Maustaste auf einen der selektierten Clips, und wählen Sie MEDIEN VERKNÜPFEN. Es öffnet sich ein Suchfenster.

▼ **Abbildung 20.26**
Medien verknüpfen

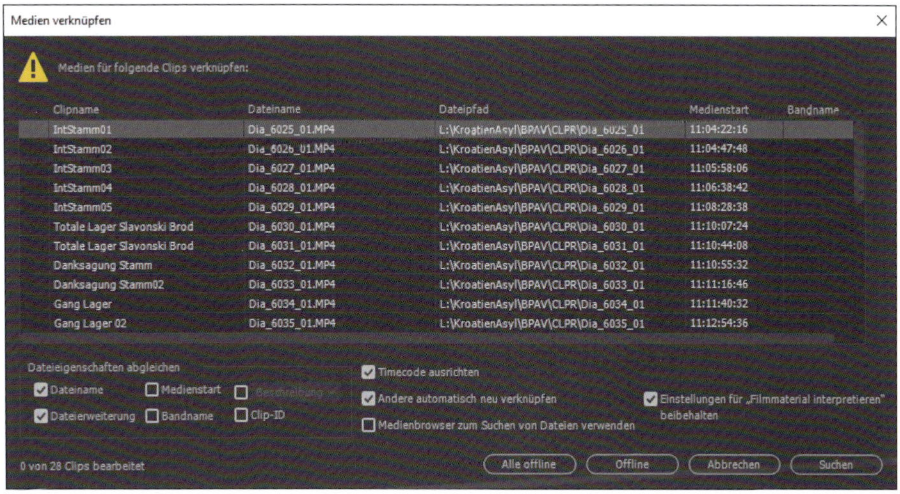

2 Medien suchen

Klicken Sie rechts unten auf den Button SUCHEN, um den Explorer zu öffnen. Premiere Pro zeigt Ihnen den Namen des oben stehenden Clips an und den verloren gegangenen Dateipfad. Sie können nun – sofern Sie wissen, wohin die Daten verschoben wurden – den neuen Zielort aussuchen. Setzen Sie unbedingt ein Häkchen bei NUR EXAKTE TREFFER ANZEIGEN ①.

Achtung, doppelte Namen
Einige Kameras haben die Eigenheit, dass sie die mit ihr aufgenommenen Clips nicht fortlaufend durchnummerieren, sondern immer wieder von vorne anfangen. Gerade bei größeren Projekten kann dies dazu führen, dass Clipnamen doppelt vorkommen. In diesem Fall müssen Sie kontrollieren, ob der über die Suchfunktion gefundene Clip wirklich der richtige ist.

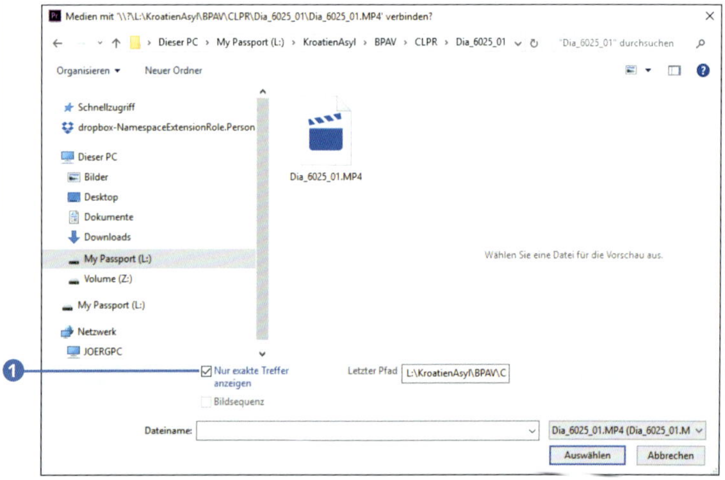

Abbildung 20.27 ▸
Suchfenster

Der Explorer zeigt Ihnen dann nur die richtige Datei an. Entfernen Sie das Häkchen, wenn Sie die Datei nicht finden und für den besseren Überblick sich alle Dateien anzeigen lassen wollen. Wählen Sie die Datei aus, sobald Sie sie gefunden haben. Premiere wird nun aller Voraussicht nach auch alle anderen Clips wiederfinden und verknüpfen. Nur wenn beim Umkopieren etwas schiefgegangen ist, müssen Sie den Suchvorgang für die nächsten Clips wiederholen.

Premiere Pro setzte bei der Suche bereits früher auf den Explorer, in etwas älteren Versionen stellte Adobe ein eigenes Tool für die Dateiensuche zur Verfügung.

3 Medien verknüpfen

Wählen Sie das gefundene Ergebnis aus, und Adobe verknüpft die Datei im Projektfenster mit der Datei auf der Festplatte. Gleichzeitig versucht Premiere Pro, alle anderen Dateien nach dem gleichen Prinzip zu verbinden. Wurden also alle Dateien gleichzeitig verschoben, ist die Arbeit erledigt. Andernfalls meldet das Programm die noch fehlenden Dateien, und man kann mit der Suche von vorne beginnen.

TEIL IV
Präsentation

Kapitel 21
Der Feinschliff

Wenn der Schnitt fertig ist, sind Cutter und Autor noch lange nicht am Ende. Im Feinschliff geht es darum, Bilder zu korrigieren, Töne anzugleichen, Fehler zu beseitigen – kurzum, das Kunstwerk zu polieren. Bei Einsteigern fallen viele dieser Arbeiten unter den Tisch aus Unwissenheit, weil das richtige Werkzeug fehlt oder die Motivation. Dabei kann eine ordentliche Bildkorrektur einen Film um Klassen verbessern. Wenn dann das Bild endlich fertig ist, verlangt der Ton ein letztes Mal Ihre Aufmerksamkeit, erst, um alle Töne anzupassen, dann, um den Kommentar aufzunehmen und schließlich den Ton zu mischen.

Dieses Kapitel könnte genauso gut am Ende von Teil III stehen. Doch ich habe es bewusst hierher gepackt, weil der eigentliche Schnitt nun beendet sein sollte. Und beendet heißt, dass es keine Szene, keine Einstellung mehr gibt, die Sie freiwillig noch einmal ändern möchten, bei der Sie unsicher sind, ob sie nicht anders noch besser aussehen könnte. Der Schnitt ist nun abgeschlossen. Jetzt kommt der Feinschliff an Bild und Ton. Glücklicherweise müssen Sie dazu das Arbeitsgerät nicht wechseln, sondern können am Schnittrechner und wahrscheinlich sogar bei Ihrer Software bleiben. In der Realität der Fernseh- und Filmproduktion übernehmen die Mischung und die Bildkorrektur häufig Spezialisten. Die folgenden Arbeitsschritte sind so etwas wie die Kür bei der Filmherstellung. Jetzt geht es darum, aus einem guten Film mit guten Bildern und spannenden Geschichten einen besseren Film zu machen.

Dabei geht es auch bereits um die Ausspielung des fertigen Films. Denn für eine Kinovorführung mit Dolby-Surround-Ton werden Sie möglicherweise einen anderen Ton herstellen als für ein YouTube-Video, das über höhenlastige Computerlautsprecher abgespielt wird.

Noch einmal RAW
Gerade das Thema Farbkorrektur wird sich in den nächsten Jahren mit der wachsenden Verbreitung von RAW-Formaten noch entscheidend verändern. Denn wenn die Bestimmung von Farbe, Kontrast, Helligkeit, Tiefen und Lichtern heute eher Zusatzaufgabe ist, so werden Sie bei Verwendung von RAW-Bildern künftig darauf nicht verzichten können. Die Integration von RAW schreitet voran. Redcode, oder das hauseigene DNG-Format unterstützt Adobe bereits seit langem. Nun sind auch ARRIRaw und, über ein Plug-in, Blackmagic RAW hinzugekommen. Die nativen Aufnahmeformate der meisten professionellen Produktionskameras wie XDCAM, XAVC, Canon XF, Canon RAW, DNxHD , Apple ProRes RAW unterstützt Premiere Pro ohne Probleme. Die richtige Decodierung erkennt Premiere Pro automatisch oder die Einstellungen lassen sich in LUMETRI-FARBE anpassen.

21.1 Bildkorrektur

Lumetri-Farbe
Die Ziele von Adobe im Bereich Farbkorrektur waren einst recht hochfliegend. Mit SpeedGrade wollte man eine eigenständige Farbkorrektur im Markt etablieren, am Ende blieben die *Lumetri-Effekte* über. Sie sind nun das Werkzeug für das Feintuning der Bilder in Premiere Pro – und damit wichtiger denn je zuvor. Denn ohne Farbkorrektur können Aufnahmen, die mit LOG- oder HLG-Formaten angefertigt wurden, gar nicht mehr richtig dargestellt werden, geschweige denn richtig ausgegeben. Die Gammakorrektur von Videobildern ist heute fast schon Standard im Videoschnitt. Deshalb ist eine intensive Beschäftigung mit dem Thema für brillante und zeitgemäße Filme in 4K unerlässlich.

Die Bilder kommen aus der Kamera, wie sie nun einmal sind. Wenn Sie bis hierher meine Ratschläge beachtet haben, haben die Bilder die Tendenz, nicht das Optimale aus dem zur Verfügung stehenden Farbraum herauszuholen. Zur Erinnerung: Um überbelichtete Bildanteile zu vermeiden, blenden wir im Zweifel lieber etwas ab. Und in den Kameraeinstellungen reizen wir in der Regel nicht das Optimum an Kontrast und Farbe aus. In der Folge haben wir möglicherweise Bilder, die zunächst etwas flau erscheinen. Das überlassen Profis der sogenannten Farbkorrektur (engl. *Grading*). Allerdings: Wenn es schnell gehen muss, empfehle ich Ihnen, bereits in den Kameraeinstellungen für das bestmögliche Bild zu sorgen, das dann sofort *out of the camera* verwendet werden kann.

Fotografen sind es gewohnt, ihre Fotos mit einem RAW-Editor wie Lightroom aus der Kamera zu holen und dort wesentliche Einstellungen wie Kontrast, Farbe und Schärfe vor der eigentlichen »Ausbelichtung« vorzunehmen. Das RAW-Format macht diese Manipulationen vergleichsweise einfach. Im Video arbeiten wir im Moment zumindest im Regelfall noch mit komprimierten Bildern. Das heißt, wir haben im Normalfall keine vergleichbaren Möglichkeiten, unsere Bilder zu verbessern. Eine Korrektur zu Beginn der Schnittarbeiten, etwa gleich nach dem Einspielen oder Importieren aller Clips, würde bei der Filmproduktion deshalb wenig Sinn machen. Denn eine Korrektur des kompletten Rohmaterials wäre viel zu aufwändig. Allerdings: Wenn Sie mit LUTs bei der Aufnahme arbeiten, können Sie sie bereits im Projektfenster automatisch auf alle Clips anwenden, die mit einer LUT aufgenommen wurden. Wählen Sie die dazugehörige LUT unter dem Menü Anpassen aus.

Zudem dürfen Filmemacher nicht nur auf die Brillanz des einzelnen Motivs achten, sie müssen den ganzen Film im Auge behalten. Stichwort *Continuity*.

Dazu ein kleines Beispiel: Wir drehen mit einem Darsteller, der erst in einer Außenaufnahme zu sehen ist, dann im Inneren eines Raums. Er wechselt also von einer Tageslichtsituation in eine Kunstlichtumgebung. Haben wir alles richtig gemacht, sollte das orange T-Shirt in beiden Situationen den gleichen Farbton haben. Doch wenn wir die Bilder aneinanderschneiden und kritisch beurteilen, werden wir feststellen, dass das Orange das eine Mal etwas bläulich wirkt, das andere Mal intensiver leuchtet. Wir wollen aber, dass das T-Shirt in allen Sequenzen gleich ist. Eine leichte Farbkorrektur ist also vonnöten. Ging jedoch bei der Aufnahme etwas daneben, also lag z. B. in einer Szene unser Weißabgleich daneben, dann ist die ganze Kunst eines erfahrenen *Coloristen* – wie die Spezialisten für Farbkorrektur heißen – gefragt.

21.1.1 Farbmanagement – ein heißes Eisen

Adobe hat mit Premiere Pro 2025 sein Farbmanagement ein weiteres Mal komplett überarbeitet und trägt damit den ständig steigenden Anforderungen und der stetig wachsenden Vielfalt der Formate Rechnung. Im Kern müssen Sie vor Beginn drei Entscheidungen treffen:

1. **Aufnahmefarbraum**: Farbraum, mit dem die Kamera das Bild aufgezeichnet hat. Bei modernen Kameras, mit denen man den erweiterten Dynamik- und Farbumfang der Sensoren nutzen möchte, meistens LOG-Formate. Wenn Sie FARB-MANAGEMENT FÜR AUTOMATISCH ERKANNTE LOG- UND RAW-MEDIEN im Reiter PROJEKT des Einstellungsmanagers von LUMETRI-FARBE durch Setzen des entsprechenden Häkchens aktivieren, erkennt Premiere Pro bei den gebräuchlichsten Kameras den Aufnahmefarbraum automatisch.
2. **Arbeitsfarbraum**: In diesem Farbraum wird geschnitten und gearbeitet. Allerdings gibt es keine Einstellung »Arbeitsfarbraum« z. B. in den Voreinstellungen zum Projekt. Der Arbeitsfarbraum kann für jede Sequenz angepasst werden. Standard ist eine Rec.-709-Darstellung, aber mit der Auswahl GROSSER FARBRAUM werden die Farbräume von HLG- oder LOG-Files weiter unterstützt.
3. **Ausgabefarbraum**: Vielfach wird auch vom *Darstellungsfarbraum* gesprochen. Gemeint ist der Farbraum des Ausgabemediums, im Regelfall also der Monitor, in dem das Programmbild angezeigt wird. Unterstützt dieser Monitor nur Rec. 709, so wird zwar in einem größeren Farbraum gearbeitet, aber die Farben soweit möglich auf den kleinsten verfügbaren Farbraum umgerechnet. Achtung: Beim Export verwendet Adobe den Ausgabefarbraum als Farbraum des Files, nicht den Arbeitsfarbraum der Sequenz.

Früher war alles leichter. Da gab es einen Farbraum (Rec. 709) für HDTV und wer in dem arbeitete, konnte sich vergleichsweise sicher fühlen. Kamera und Monitor können in der Regel mit Videos, die in Rec. 709 oder dem sehr verwandten sRGB aufgenommen wurden, gleichermaßen umgehen. Es gilt: »What you see is what you get«.

Im UHD-Zeitalter wird alles schwieriger. Denn die Kamera zeichnet nun z. B. in DCI-P3 auf und verwendet damit deutlich mehr Farben, als ein Standard-Monitor wiedergeben kann, der nur Rec. 709 unterstützt. Aber auch mit der Anschaffung eines Monitors, der einen großen Farbraum wie AdobeRGB darstellen kann, ist es nicht getan. Denn am Ende muss ja das Material auf einem Standard-TV-Gerät abgespielt werden und das kann meist nur wieder Rec. 709. Wenn man nun daran geht, sein Material zu schneiden und am Ende auch die Farbe so anzupassen, dass sie gut aussieht, dann muss man sich stets vor Augen halten, für welches primäre Wiedergabegerät gearbeitet wird (Smartphone, TV, Computer, Kino, etc.). Und dementsprechend sollte man auch seine Geräte konfigurieren.

Premiere Pro erlaubt alle notwendigen Einstellungen in der Lumetri-Farbkorrektur. Unter dem entsprechenden Reiter findet man alle wichtigen Vorgaben. Und: Adobe versucht zu erkennen, in welchem Farbraum die Kamera aufgezeichnet hat, welchen Farbraum der Ausgabemonitor unterstützt und natürlich in welchem Farbraum die Sequenz geschnitten wird. All das funktioniert automatisch. Hoffentlich! Wenn nicht, dann muss man sich doch in die Tiefen der Farbräume bewegen, um die richtigen Einstellungen zu finden.

21.1.2 Die Voraussetzungen

In den Jahren des Onlineschnitts wurde jedes Bild beim Kopieren vom Zuspielband auf den Master eingepegelt. Dabei kontrollierte der Cutter den subjektiven Bildeindruck am Monitor. Allerdings täuscht dieser schnell über die wahre Beschaffenheit des Bildes hinweg. Den Ausschlag gaben deshalb fast immer zwei Messgeräte, das *Vektorskop* und ein *Waveform-Monitor*, mit deren Hilfe schnell und einfach das Signal auf technische Unzulänglichkeiten hin geprüft werden konnte. Diese penible Korrektur, in der Bild für Bild eingemessen wurde, ist im Zeitalter des Computerschnitts leider etwas verloren gegangen – zulasten der Qualität.

- **Waveform-Monitor**: Ein Waveform-Monitor liefert Ihnen eine Auswertung der Luminanz Ihres Bildes, d. h., er gibt Auskunft über die Helligkeitsverteilung.
- **Vektorskop**: Das Vektorskop gibt Auskunft über die Farbverteilung im Bild. Dabei ist die Sättigung der jeweiligen Farbe umso höher, je weiter sich der Signalpunkt vom Zentrum entfernt. Ein Schwarz-Weiß-Bild wäre nur ein Punkt in der Mitte des Messgeräts. Die Messpunkte zeigen an, wo bei einem richtig eingemessenen Farbbalken die Anzeigen für die jeweilige Farbe liegen sollten.
- **Histogramm**: Hinzu kommen nun neue Messmethoden, die Sie vielleicht schon aus der Fotografie kennen oder auch von

Praxistipp: Messen statt schauen
Unser Gehirn betrügt uns leider, und deshalb geben wir uns schnell auch mit schlechten Bildern zufrieden. Wenn Sie bisher noch nicht mit Waveform-Monitor und Vektorskop gearbeitet haben, dann gewöhnen Sie es sich an. Pegeln Sie alle Bilder mithilfe der Tonwertkorrektur so ein, dass die hellsten Lichter nach IRE bei 100 und die dunkelsten Tiefen bei 0 liegen (= 1 V und 0,3 V). Kontrollieren Sie die Farben mithilfe des Vektorskops, und verändern Sie die Farbe gegebenenfalls mithilfe des Effekts FARBBALANCE.

Ihrer Kamera. Allen voran das Histogramm. Dieses praktische Werkzeug, das die Häufigkeitsverteilung von Helligkeit und Farbe im Bild anzeigen kann, wird immer wichtiger.

▲ **Abbildung 21.1**
Arbeitsbereich FARBE in Premiere Pro mit Anzeige der Messgeräte. Die LUMETRI SCOPES können Sie auch als Fenster in einen anderen Arbeitsbereich integrieren.

Eine Standardschnittsoftware, die etwas auf sich hält, liefert Ihnen diese Messgeräte zur Beurteilung Ihrer Bilder mit. Ich bevorzuge – vielleicht schon aus Tradition – den althergebrachten Waveform-Monitor für die Anzeige der Helligkeitsverteilung und ein Histogramm, das auch die Farbverteilung anzeigt. Den einfachen Waveform-Monitor finde ich praktisch, weil er schnell zeigt, ob das Bild korrekt belichtet wurde, vor allem auch, ob Tiefen fehlen, also das Bild in den dunklen Bereichen beschnitten ist. Dies ist sehr häufig die Ursache für flaue, kontrastarme Bilder, die sich einfach korrigieren lassen. Für dieses Kapitel verwende ich zunächst die Bordmittel von Premiere Pro.

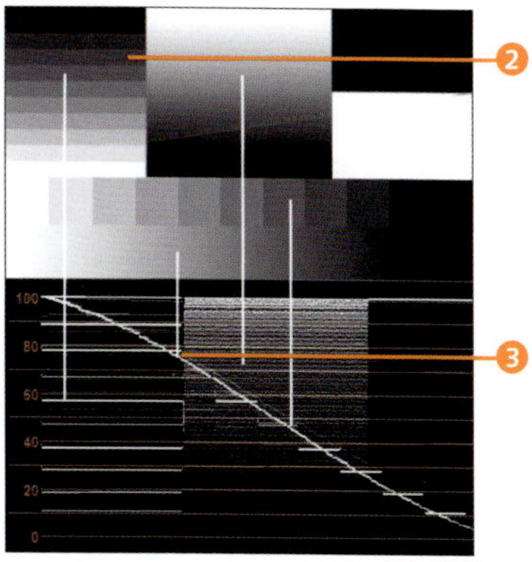

▲ **Abbildung 21.2**
Waveform-Monitor mit Testbild

21.1.3 Der Waveform-Monitor

Der Waveform-Monitor ❶ gibt die Helligkeit als Häufigkeitsverteilung wieder. 100 % Weiß entsprechen einem Messwert von 100 IRE. Reines Schwarz dagegen entspricht 0 IRE. IRE ist die international übliche Skalierung. Bei PAL-Systemen wird häufig auch die Einheit mV verwendet. Dann reicht die Skala von 300 bis 1.000 mV. Schauen wir uns das Beispiel etwas genauer an:

Waveform-Monitor und Vektorskop in Premiere Pro
In Premiere Pro rufen Sie die Messgeräte über ein eigenes Fenster auf. Die LUMETRI SCOPES haben dort den früheren REFERENZMONITOR abgelöst. Praktisch ist die Anzeige des Programmonitors und der Lumetri Scopes nebeneinander. Eine entsprechende Konfiguration der Bedienoberfläche erreichen Sie mit Auswahl von FARBE als ARBEITSBEREICH.

▲ **Abbildung 21.3**
Die Einstellungsmöglichkeiten für die Messgeräte

Mit einem Klick auf den Schraubenschlüssel im Fenster für die Scopes können Sie dieses konfigurieren. Sie können dabei sowohl auswählen, welche Messgeräte Sie angezeigt haben wollen, als auch, ob die Messgeräte die Farbe oder nur die Helligkeit auswerten sollen.

Das hier zu sehende Testbild ❷ besteht aus vertikalen und horizontalen Verläufen jeweils von Weiß zu Schwarz. Alternativ zu den Verläufen enthält es Testbalken (unterer Bildrand) mit jeweils 10-Prozent-Graustufen.

Die im Waveform-Monitor zu sehende Kurve ❸ entspricht dem Balken (Verlauf) im Testbild unten. Die Treppe entspricht dem darüber liegenden Balken mit Abstufungen. Die feinen Striche in der Mitte gehören zum vertikalen Grauverlauf im Testbild. Im Monitor links sind jeweils bei den Zehnereinheiten feine helle Streifen zu erkennen. Sie gehören zu den vertikalen Balken links im Testbild.

21.1.4 Das Vektorskop

Das Vektorskop ❹ gibt den Sättigungswert der Farben in einem Bild wieder. Die Messpunkte für die Grundfarben aus dem RGB- und dem CMYK Farbspektrum, also Rot, Grün und Blau sowie Cyan, Magenta und Gelb sollten in den dazugehörigen Markierungen liegen. Damit haben wir ein einfaches Kalibrierungssystem. Zeichnen Sie mit Ihrer Kamera – sofern möglich – einen Farbbalken auf. Bewerten Sie die Farbabstimmung mithilfe des Vektorskops. Korrigieren Sie Farbabweichungen mit der Farbkorrektur LUMETRI-FARBE, sodass die Messpunkte für die Grundfarben in den dazugehörigen Markierungen liegen. Die Korrektur können Sie dann auch auf andere Bilder aus derselben Kamera als Standardkorrektur anwenden.

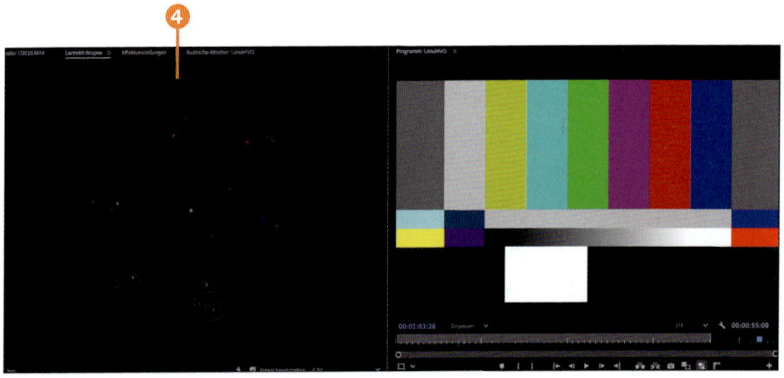

▲ **Abbildung 21.4**
Ein HDTV-Farbbalken mit dem dazugehörigen Vektorskop-Messbild

Wie man die Anzeige eines Messgeräts bei einem realen Bild interpretiert, soll der folgende Abschnitt zeigen.

21.1.5 Histogramm

Das Histogramm zeigt die Häufigkeitsverteilung von Luminanz- und Chrominanzwerten in einem Bild.

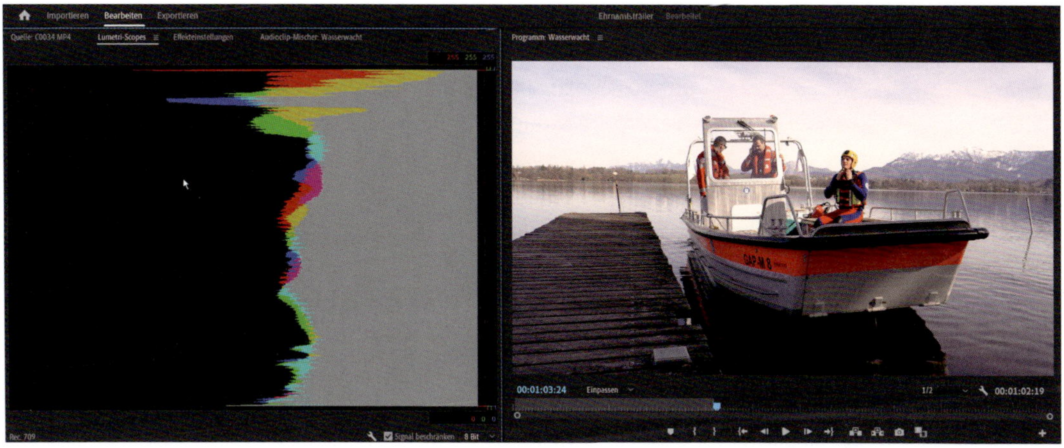

▲ **Abbildung 21.5**
Bild im Programmmonitor mit dazugehörigem Histogramm

Wenn man einmal das Prinzip verstanden hat, ist das Histogramm leicht zu lesen und bietet viele hilfreiche Informationen. In Photoshop und Lightroom ist das Histogramm waagerecht angeordnet, wegen des begrenzten Platzes auf der Oberfläche von Premiere Pro hat Adobe es senkrecht angeordnet. Die Skala reicht von 0,0,0 für RGB Schwarz bis 255,255,255 für RGB Weiß. Die hellen Bereiche oder Lichter finden Sie also oben, die sogenannten Schatten unten. Diese Fotografenterminologie sollten Sie übernehmen, weil Adobe nun auch in Premiere Pro mit diesen Begriffen arbeitet, nur Lichter heißen in Premiere *Glanzlichter*. Am oberen Ende, also in den Lichtern, erkennen Sie eine feine graue und blaue Spitze. Dies sind die Werte für den blauen Himmel und die weißen Wolken, die geschätzt ein Drittel des Bildes einnehmen, aber sehr hell sind. Das heißt, es gibt viele hellblaue und weiße Pixel im oberen Bereich des Bildes, deshalb dort die Spitze. Der rote Hügel repräsentiert die rote Lackierung im Boot in den mittleren Tonwerten, und die blaue Spitze in den Schatten repräsentiert das Wasser. Graue Bereiche stehen für eine Gleichverteilung der einzelnen Farbwerte.

Abbildung 21.6 ▼
Histogramm für einen Farbbalken. Gut erkennbar: Die reinen Farbflächen sorgen im Histogramm nur für eine feine lange Spitze. Genau ein gegenteiliges Bild ergibt der Grauverlauf von Schwarz zu Weiß. Er erzeugt ein fast gleichmäßiges Histogramm ohne auffällige Täler oder Hügel. Die sanfte Kurve ist der Tatsache geschuldet, dass der Verlauf nicht exakt von der rechten zur linken Bildkante angelegt wurde, sondern jeweils erst etwas innerhalb des Bildes beginnt. Deshalb kommen Schwarz und Weiß etwas häufiger vor.

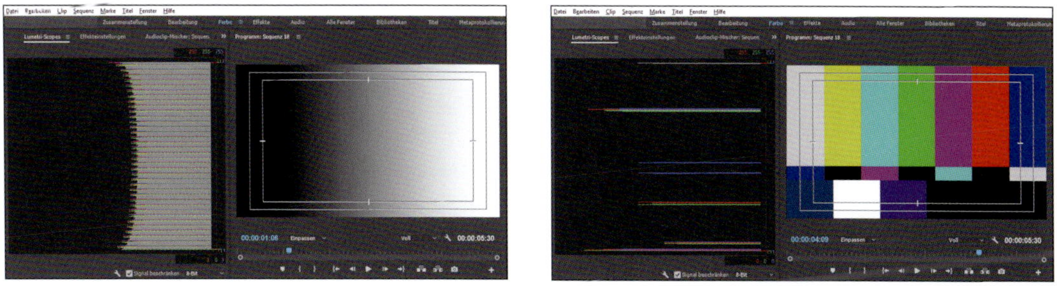

21.1.6 Messgeräte in der Praxis

In Abbildung 21.7 sehen Sie ein Bild aus der Schreinerwerkstatt und die dazugehörige Auswertung des Waveform-Monitors. Im Waveform-Monitor können wir die Luminanz der Videoszene beurteilen. Für uns entscheidend ist eine Analyse der Lichter und Tiefen sowie der Mitten.

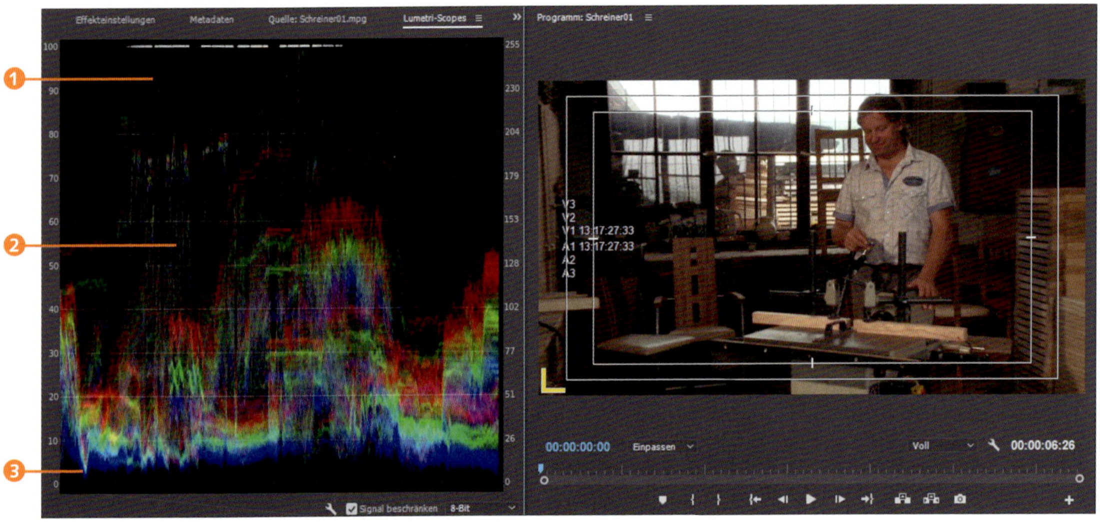

▲ **Abbildung 21.7**
Der Waveform-Monitor in der Praxis

Einfache Korrektur in Premiere Pro
In Premiere Pro können Sie das Bild aus der Schreinerwerkstatt mit einer einfachen Korrektur in den Lumetri-Effekten bearbeiten. Öffnen Sie den Arbeitsbereich FARBE, und wählen Sie die EINFACHE KORREKTUR. Sie erreichen die Regler auch unter den EFFEKTEINSTELLUNGEN. Da die Gegenlichtaufnahme naturgemäß zu kontrastreich ist, verringern wir den Kontrast. Die Glanzlichter senke ich deutlich ab, die Schatten hebe ich dagegen an. Dabei gehen die tiefen Schatten verloren, deshalb senke ich den Schwarzwert noch einmal etwas ab.

- **Lichter** ❶: Das Bild zeigt deutlich helle Passagen in den Lichtern, wobei in den Spitzen der Blauanteil überwiegt.
- **Mitten** ❷: In den Mitten gibt es kaum Tonwerte, obwohl dort zum Beispiel das Gesicht liegen sollte.
- **Tiefen** ❸: Vor allem in den Schatten sammeln sich Tonwerte.

Ein Praxisbeispiel für die Farbanalyse mithilfe des Vektorskops zeigt Abbildung 21.8.

- **Gelb** ❹: Die gelben Bojen sind gut erkennbar an der Wolkenbildung im linken Abschnitt des Vektorskops.
- **Cyan** ❺: Der Himmel ist nicht blau, sondern cyanfarben, d. h., er enthält viele Grünanteile.
- **Rot** ❻: Nur geringe Rotanteile im eher grauen Steg. Deshalb finden sich die Farbwerte für den Steg nahe der Mitte (Grau).

Wenn Sie auf die Messgeräte regelmäßig einen Kontrollblick werfen, werden Sie schnell die Strukturen Ihres Bildes in der Anzeige wiedererkennen.

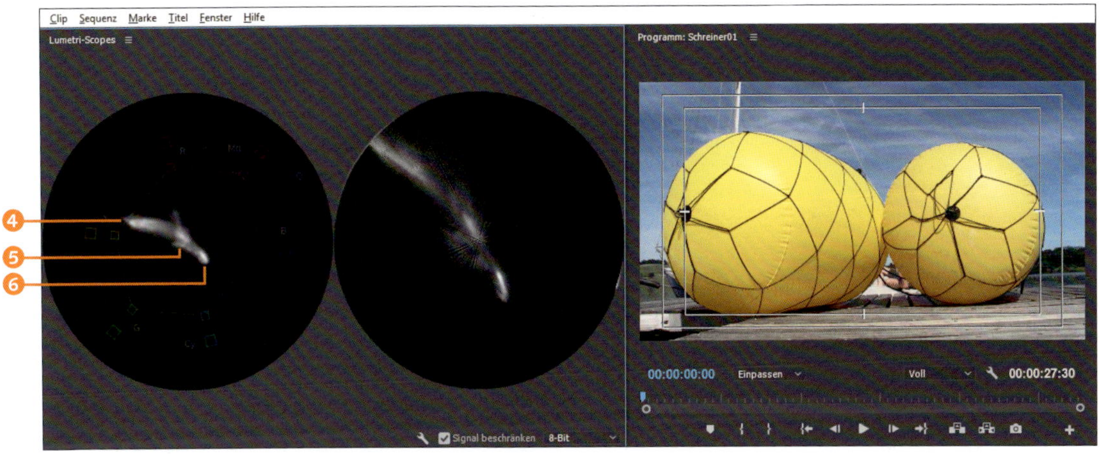

▲ **Abbildung 21.8**
Das Vektorskop in der Praxis. Je näher die Farbwerte am Mittelpunkt liegen, desto weniger gesättigt sind die Farben.

Im Waveform-Monitor achten Sie vor allem auf dichte weiße Wolken, die eine Konzentration von Helligkeitswerten anzeigen. Versuchen Sie, durch einen Vergleich zwischen Bild und Waveform-Monitor herauszufinden, ob die Verdichtung Folge eines technischen Fehlers ist oder notwendiger und richtiger Bestandteil des Bildes. Extreme Werte und auffällige Häufigkeiten sind immer verdächtige Anhaltspunkte für eine Korrektur, jedoch nicht zwangsläufig korrekturbedürftig. Liegt eine Wolke nah oder jenseits der 100%-Kennlinie oder 0%-Kennlinie, dann stimmt etwas in den Lichtern oder Schatten nicht. Übrigens sollten jenseits der beiden Kennlinien keine Bildanteile liegen. Wenn Sie hier sichergehen wollen, begrenzen Sie das Bild entsprechend, indem Sie einen *Limiter* aktivieren.

Das Vektorskop hilft Ihnen, die Sättigung der Farben und mögliche Farbabweichungen zu beurteilen. So könnte der Himmel im Bild mit den Bojen durchaus etwas blauer sein. Eine Farbkorrektur stellt Ihnen nicht nur dieses Messgerät zur Verfügung, sondern auch zahlreiche Methoden und Möglichkeiten, das Bild mithilfe der Monitore kontrolliert zu verändern. Dazu gehört eine einfache Korrektur, bei der Sie nur einige Basiseinstellungen verändern, die sich immer auf das gesamte Bild auswirken:

- **Farbton (Hue)**: Erlaubt die gleichmäßige Veränderung der Farbtöne. Dabei wird ein Farbkreis mit 360° angegeben.
- **Helligkeit (Luminance)**: Hebt oder senkt die Helligkeit des Gesamtbildes. 100% Helligkeit entsprechen Weiß, 0% entspricht Schwarz.
- **Farbsättigung (Saturation)**: Erhöht oder erniedrigt die Farbsättigung. Keine Farbsättigung hinterlässt ein Schwarz-Weiß-Bild.

Doch diese Regler allein reichen noch nicht. Entscheidend ist noch der Kontrastregler, der es erlaubt, die Helligkeitswerte zu spreizen oder zu verdichten. Die Korrektur innerhalb dieses häufig als *HLS* abgekürzten Systems ist die Basiskorrektur, die für Standardaufgaben gute Dienste leistet. Aber Vorsicht: Veränderungen wirken sich immer auf das ganze Bild aus! Eine reine Anhebung der Mitten, wie sie im Beispiel der Werkstatt-Totalen angemessen wäre, funktioniert so nicht.

Korrektur der Chrominanz in Premiere Pro

Die beiden Bojen wirken dank des Kontrastes recht knallig. Aber dieser Eindruck lässt sich noch verstärken, wenn man das Bild korrigiert. Denn der Himmel ist zu sehr cyanfarben, und die Bojen sind zu wenig gelb.

Der Effekt, den ich verwendet habe, heißt Farbbalance. Er stellt eine einfache HLS-Korrektur dar. Mit der Änderung des Gelbtons wird auch der Himmel blauer. Achten Sie darauf, dass der Gelbton nicht über die Markierung hinausreicht.

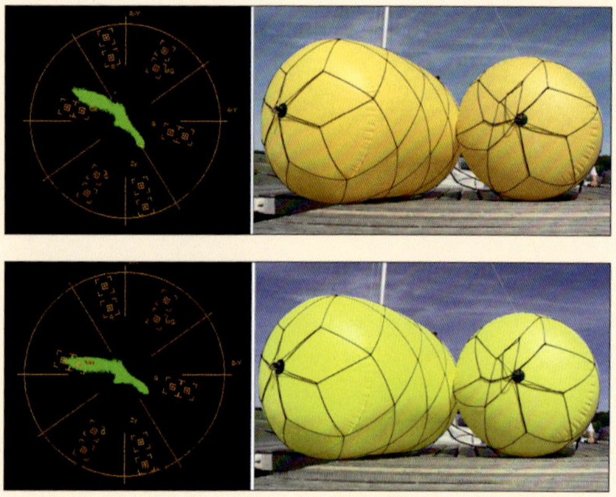

Abbildung 21.9 ▸
Vorher, nachher: Korrektur mithilfe des Effekts Farbbalance

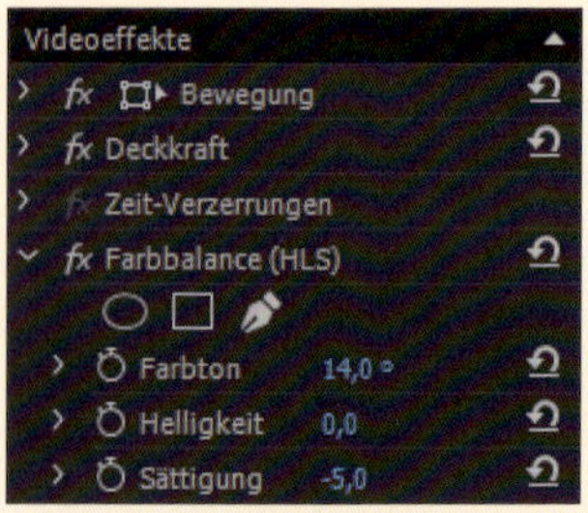

◂ **Abbildung 21.10**
Effekt Farbbalance (HLS). Achtung: Dieser Effekt wurde 2025 aus Premiere Pro entfernt. Allerdings nutzen ihn noch viele. Deshalb führe ich ihn hier noch auf, verbunden mit der Hoffnung, dass Adobe das Tool zurückbringt, da es seit Jahrzehnten von vielen Cuttern standardmäßig verwendet wird. Gleichwohl lässt sich das Korrekturmodell auch in der einfachen Korrektur von Lumetri-Farbe anwenden. Hue entspricht dort dem Regler Färbung, Luminance = Belichtung und Saturation = Sättigung.

Deshalb gibt es zahlreiche, wesentlich feinere Methoden. Dazu zählt z. B. das separate Anheben oder Absenken des Schwarzwertes, die Veränderung der Mitten oder Lichter. Und das Ganze funktioniert je nach Farbkorrektur nicht nur im angestammten RGB- bzw. YUV-Farbraum, sondern z. B. auch im CMYK-Modus, den Sie vielleicht aus der Druckgrafik kennen. Ein Wechsel des Farbraums kann durchaus sinnvoll sein, z. B. wenn es um Hauttöne geht. Diese werden nämlich maßgeblich vom Farbton Gelb bestimmt. Doch reines Gelb stellt RGB (Rot, Grün, Blau) gar nicht zur Verfügung, CMYK (Cyan, Magenta, Yellow) hingegen schon. Ungesunde und falsche Hauttöne lassen sich also gerade in diesem Farbraum einfacher korrigieren. Allerdings bewegen wir uns hier bereits auf Expertenniveau. Für den Alltag machen wir um solch komplizierte und feine Korrekturen einen Bogen und beschränken uns auf das HSL-System und die getrennte Korrektur von Lichtern, Mitten und Schatten.

Das Einmessen des Kamerabildes mithilfe eines Farbbalkens und des HSL-Systems
Wenn Ihre Kamera einen Farbbalken generiert, dann können Sie kamerabedingte Fehler oder Abweichungen relativ einfach korrigieren. Sie ziehen den Farbbalken in die Timeline und legen einen einfachen Farbkorrekturfilter als Effekt auf den Clip. Kontrollieren Sie nun sowohl das Ergebnis im Waveform-Monitor als auch im Vektorskop. Pegeln Sie Helligkeits- und Farbwerte optimal aus. Nun können Sie diesen Effekt auf jeden anderen Clip durch Copy & Paste anwenden und so automatisch korrigieren. Allerdings lassen sich Aufnahmefehler, wie z. B. Unter- oder Überbelichtung oder gar ein falscher Farbabgleich, so noch nicht entfernen. In diesen Fällen kann es sinnvoll sein, die automatische Korrektur zu entfernen und von vorne anzufangen. Die dann gefundene Korrektur können Sie speichern und auf alle vergleichbar aufgenommenen Clips anwenden. Speichern Sie eine Farbkorrektur, indem Sie in den Effekteinstellungen den Effekt LUMETRI-FARBE auswählen und mit der rechten Maustaste VORGABE SPEICHERN anklicken. Sie weisen anderen Clips die Korrektur standardmäßig zu, indem Sie im Projektordner die Clips markieren, mit der rechten Maustaste das Auswahlmenü öffnen, ANPASSEN auswählen und die Farbkorrektur allen Clips zuordnen.

21.1.7 Monitor kalibrieren

Die Farbkorrektur eines Bildes ist leider vergebliche Liebesmüh, wenn man nicht weiß, wie das Bild eigentlich aussieht. Das Problem dabei ist, dass die Monitore von Schnittrechnern eher zufällige Farbwerte anzeigen. Selbst zwei fabrikneue Bildschirme der gleichen Serie geben nicht dasselbe Bild wieder. Während man Kontrast und Helligkeit noch halbwegs mithilfe eines Computermonitors und am besten unter Zuhilfenahme des Waveform-Monitors justieren kann, sind Versuche, auch die Farbe anzupassen, ohne einen kalibrierten Monitor zum Scheitern verurteilt. Ein kalibrierter Monitor gibt die Farbe exakt wieder. Farbverfälschungen, die z. B. Folge eines falschen Weißabgleichs sind, lassen sich ohne einen Monitor, der die »Wahrheit« zeigt, kaum erkennen, geschweige denn korrigieren. Dies ist der Grund, warum in professionellen Schnittstudios die Kontrolle des Bildes immer mithilfe eingemessener hochwertiger Monitore erfolgt. Die Bildanzeige in den Vorschaufenstern der Computerbildschirme ist dagegen für eine Farbkorrektur unbrauchbar. Profis messen ihre Monitore regelmäßig ein. Auch Laien können dies heute ohne Probleme und

Wenn der Cutter blau sieht
Im Blue-Only-Modus werden nur die blauen Pixel eines Bildes angezeigt. Mithilfe eines HD-Farbbalkens lassen sich nun Helligkeit, Kontrast und Sättigung perfekt einstellen. Auf der Webseite *www.burosch.de* finden Sie ein Testbild zum Download und bei Wikipedia (*de.wikipedia.org/wiki/blue_only)* eine detaillierte Erklärung zum Einmessen des Monitors mit seiner Hilfe. Die Firma Burosch hat zwar zu Ende 2024 den Betrieb eingestellt, bietet aber die von ihr entwickelten Testbilder bis auf Weiteres kostenlos zum Download an.

▲ **Abbildung 21.11**
Farbbalken

mit geringem finanziellem Aufwand erreichen, wenn sie ein entsprechendes Messgerät kaufen.

Abbildung 21.12 ▸
Colorimeter zur Kalibrierung eines Monitors von Datacolor

© Datacolor

Die Geräte sind einfach zu bedienen. Sie erstellen ein Farbprofil des Monitors und speichern es. Computermonitore lassen sich mit mithilfe eines Colorimeters relativ leicht kalibrieren, spezielle Videomonitore und TV-Geräte mithilfe eines PCs auch. Die Anschaffung lohnt sich, wenn Sie halbwegs Kontrolle über Ihr Bild bekommen wollen. Haben Sie sich einen professionellen Monitor mit einer *Blue Only*-Funktion geleistet, dann können Sie diesen auch ohne externe Kalibrierungshilfe einstellen.

Die Kalibrierung des Monitors sollte regelmäßig wiederholt werden. Leider nimmt unser Gehirn leichte Farbverfälschungen nicht sofort wahr. Im Gegenteil, es geht davon aus, dass unser System »richtig« eingestellt ist. Das Erstaunen ist dann häufig umso größer, wenn wir einen Film zum ersten Mal an einem anderen Gerät abspielen. Die Farben erscheinen plötzlich ganz anders. Keine Panik, denn oft liegt das nicht am Schnittsystem, sondern an dem noch viel schlechter kalibrierten Fernseher. Doch wer an mehreren Bildschirmen feststellt, dass die Farben nicht so sind, wie sie eigentlich aussehen sollten, der sollte dringend auch das Schnittsystem kontrollieren und gegebenenfalls einmessen.

21.2 Bildkorrekturen durchführen

Adobe hat das Konzept zur Farbkorrektur immer wieder gravierend verändert. Heute gibt es nun ausschließlich die Lumetri-Farbkorrektur, wer mit einer älteren Version von Premiere Pro arbeitet, muss deshalb eventuell in der Adobe-Hilfe nach den Beschreibungen für früher verwendete Effekte suchen.

Wenn man den Arbeitsbereich FARBE aktiviert, präsentiert sich Premiere Pro in neuem Gesicht. Neu sind vor allem die EFFEKTEINSTELLUNGEN oben rechts im Bild. Sie lehnen sich bereits deutlich an die vergleichbaren Tools in anderen Adobe-Programmen wie Lightroom an. Im Beispiel habe ich eine stark rot eingefärbte Aufnahme eines Sees, die Rotfärbung ist dem Sonnenaufgang geschuldet, wirkt aber unnatürlich, besonders wegen des fast grauen Himmels.

▼ Abbildung 21.13
Unkorrigiertes Bild vor der Farbkorrektur

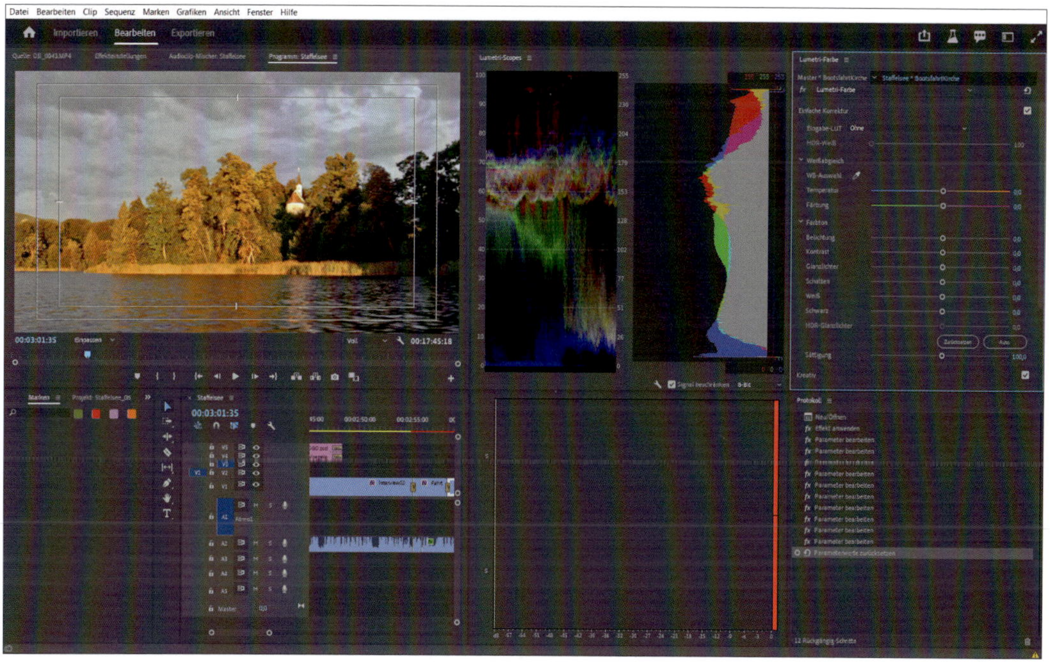

Besonders einfach ist nun die primäre Farbkorrektur, also in der Regel die Bestimmung eines korrekten Farbabgleichs oder auch die bewusste Verschiebung eines Bildes hin zu kälteren oder wärmeren Tönen. Mit einem Klick der Pipette auf einen neutralgrauen Bereich ist der Abgleich erledigt. Vorausgesetzt, man findet einen entsprechenden Bereich, etwa weil man eine graue Fläche zur Verfügung hat oder sie während einer kurzen Testaufnahme in Form einer Graukarte ins Bild gehalten hat. Aus der Fotografie übernommen sind auch die klassischen Regler für die Aufhellung der Schatten und die Korrektur der Lichter. Wer sich damit noch nicht auskennt, sollte einfach mit den Reglern spielen, sie funktionieren sehr intuitiv und selbsterklärend. Vorsicht: Ein zu starkes Anheben der Schatten erzeugt gerade bei komprimierten Bildern auch deutliches Bildrauschen.

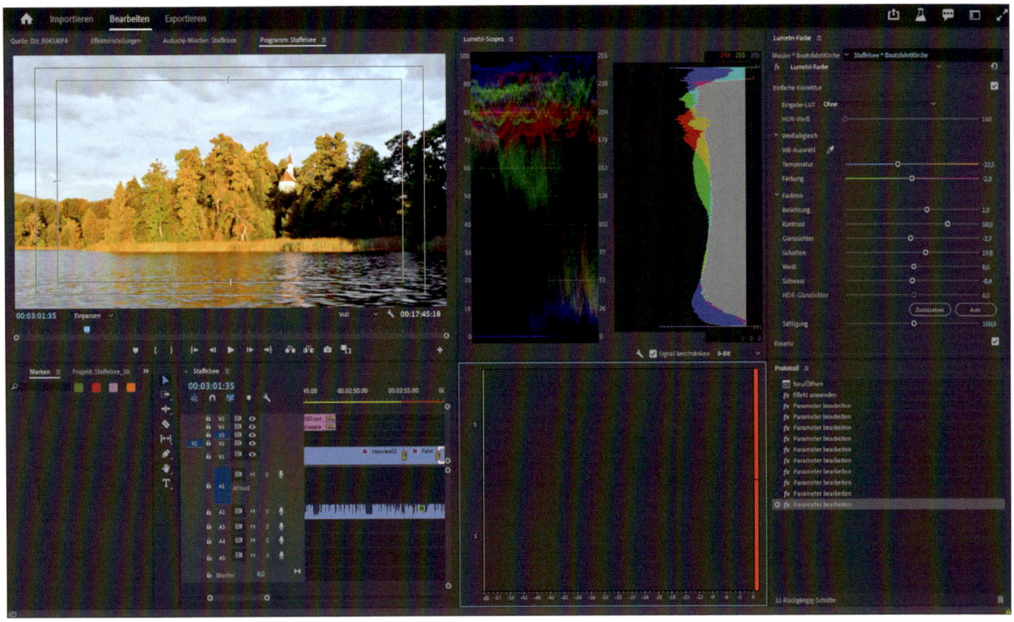

Abbildung 21.14 ▲
Das Ergebnis nach der einfachen Korrektur

Mit dem LUMETRI-FARBE gelingt die Korrektur recht einfach. Der Weißabgleich kann wieder etwas in den blauen Bereich gedreht werden. Das Signal ist etwas gestaucht (erkennbar vor allem am Waveform-Monitor, dem die hellen Bereiche bei 100% ebenso fehlen wie die tiefen Schatten bei 0%). Mit der deutlichen Anhebung des Kontrastes verlieren vor allem die verschatteten Bäume rechts an Zeichnung. Sie saufen ab. Deshalb habe ich die Schatten noch einmal aufgehellt, indem ich den gleichnamigen Regler deutlich nach links gezogen habe. Gleiches gilt für die Lichter. Mit ihrer Erhöhung verliert der Himmel seinen bedrohlichen Charakter durch die Unterbelichtung.

Arbeiten mit LUTs

Die Arbeit mit sogenannten *Lookup-Tabellen* (LUT) wird immer wichtiger. Denn spätestens wenn RAW Alltag ist und man nicht jedes Bild bzw. jeden Clip individuell anpassen möchte, empfiehlt es sich, eine Standardkorrektur anzuwenden, um z. B. die Eigenheiten einer Kamera wie leichte Farbstiche oder eine besonders flache Grundeinstellung zu korrigieren. Premiere Pro bietet bereits für einige Kameras solche LUTs an, man kann sie sich jedoch auch selbst erstellen. Die Arbeit lohnt sich, denn es macht die Korrektur vor allem immer der gleichen Bildfehler sehr viel einfacher und schneller. Entscheidend wird der Einsatz von LUTs bei der Arbeit mit Rohmaterial, das in einem LOG- oder HDR-Format aufgezeichnet wurde. Ohne die Korrektur der Gammakurve kann das Material nicht richtig am Monitor angezeigt werden. Laden Sie deshalb die passende LUT, die vom Hersteller der Kamera zum Download angeboten wird, von seiner Website herunter.

LUMETRI-FARBE bietet mehr als diese einfache Korrektur. Wer die tiefer liegenden Reiter durchforstet, findet dort neben der Möglichkeit, mit Kurven zu arbeiten, vor allem auch eine sekundäre Farbkorrektur. Deren Prinzip erkläre ich unten.

The Easy Way: die automatische Farbkorrektur
Selbstverständlich übernimmt Adobe auf Wunsch heute auch ganz das Ruder bei der Farbkorrektur. Ein Klick auf den Button Automatisch in Lumetri-Farbe, und die künstliche Intelligenz zerrt an den Reglern. Die Ergebnisse stellen im Regelfall eine Verbesserung dar und zeigen auf jeden Fall die Richtung an, in die es gehen könnte. Aber ich vertraue der KI noch nicht so ganz. So findet Premiere Pro zum Beispiel auch den selbstgenerierten Farbbalken zu kontrastreich und zu sehr gesättigt. Warum das so ist, konnte ich nicht ergründen, es macht mich aber nachdenklich. Am Ende entscheiden immer Sie über das Aussehen Ihrer Clips. Wenn Sie sich dabei von Adobe Sensei unter die Arme greifen lassen wollen, dann bitte. Adobe verspricht auch, dass ihre KI auf Farbkonsistenz über mehrere Aufnahmen hinweg achtet. Wenn es so ist, dann finde ich das toll. Trotzdem gilt in meinen Augen wie beim Umgang mit der KI generell: Vertrauen ist gut, Kontrolle ist besser.

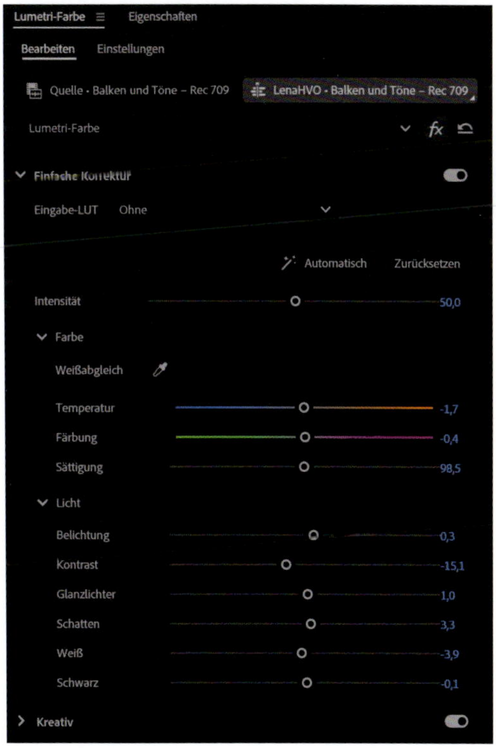

▲ **Abbildung 21.15**
Die Einstellungen von LUMETRI-FARBE. Mit dem Button rechts oben kann der Effekt sichtbar oder unsichtbar geschaltet werden.

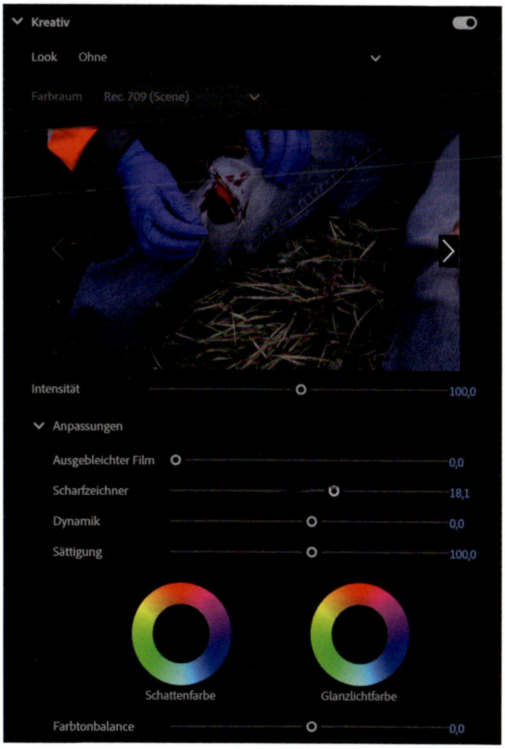

▲ **Abbildung 21.16**
Der Abschnitt KREATIV in Lumetri-Farbe mit dem wichtigen Werkzeug zum Scharfzeichnen

Lumetri-Looks für Kreative

Adobe bietet zahlreiche sogenannte *Looks* an, mit denen Sie Ihren Bildern per Mausklick ein bestimmtes Aussehen verpassen. Technisch handelt es sich dabei ebenfalls um LUTs, nur dass sie diesmal zur Farbverfälschung und nicht zur Farbkorrektur eingesetzt werden. Unter dem Abschnitt KREATIV erreicht man das Dropdown-Menü mit den bekannten Looks, die mit einem Klick das Bild auf wundersame Weise in warme Goldtöne oder kühles Blau tauchen. Zudem stehen auch die aus anderen Adobe-Programmen bekannten Regler für Dynamik, Sättigung und ein Scharfzeichner zur Verfügung und vieles mehr.

▲ **Abbildung 21.18**
Lumetri-Looks

Schön ist das Tool zur schnellen Erzeugung oder Entfernung von Vignetten. Vignetten sind objektivtypische Abschattungen an den Bildrändern. Diese werden – da es sich um Objektivfehler handelt – als hässlich empfunden und entfernt. Allerdings sorgen Vignetten auch für Tiefe im Bild, deshalb wenden viele Regisseure und Coloristen absichtlich Vignetten auf ihre Bilder an.

Wenn Sie sich fragen, wann man nun Vignetten entfernt und wann anlegt, dann folgen Sie vielleicht gerne folgender Überlegung: Eine vom Objektiv erzeugte Vignette ist immer gleich. Damit entsteht eine Art Tunnelblick. Coloristen verändern dagegen die Vignetten von Einstellung zu Einstellung. Also: Entfernen Sie die Vignetten, und ersetzen Sie sie durch neue, abwechslungsreiche, vorausgesetzt, Sie mögen die Möglichkeiten, die Ihnen Adobe im Reiter VIGNETTE anbietet.

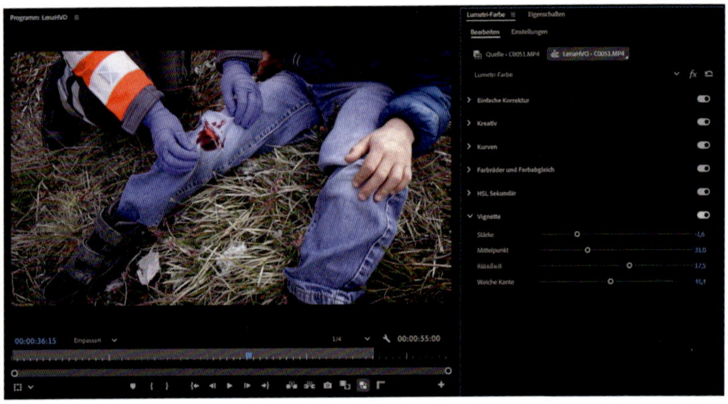

▲ **Abbildung 21.17**
Der Abschnitt VIGNETTE in Lumetri-Farbe

Eine einfache Farbkorrektur verfolgt folgende Ziele:

- optimale Einstellung von Helligkeit und Kontrast
- Korrektur zu dunkler Bildanteile, insbesondere zu dunkler Gesichter
- Korrektur von Farbverfälschungen
- Beschneidung von Spitzen bei 100 %

Diese häufig auch primäre Farbkorrektur genannte technische Aussteuerung von Bildern wirkt sich immer auf das ganze Bild aus. Das heißt, wenn wir etwas an der Farbe ändern, wirkt dies nicht selektiv auf einzelne Bildanteile, sondern auf alle Pixel.

Bei der einfachen Farbkorrektur gibt es einen relativ simplen Weg: Pegeln Sie das Bild so aus, dass es exakt in den Normbereichen von Waveform-Monitor und Vektorskop liegt. Ein einfaches Beispiel zeigt Abbildung 21.19.

Dieses Bild wirkt eigentlich ganz natürlich. Blicken Sie jedoch auf den Waveform-Monitor, erkennen Sie schnell, dass das Bild sowohl nach unten ① wie nach oben ② noch Spielraum bietet. Wenn Sie den Kontrast des Bildes anheben, dann werden die hellen Bildanteile noch heller, die dunklen dunkler. Ziehen Sie dazu den Kontrastregler Ihres Tools einfach etwas auf.

▲ **Abbildung 21.19**
Aufnahme vor der Korrektur mit Luminanzanzeige im Waveform-Monitor

Im Beispiel habe ich ihn sogar auf ziemlich drastische 75,0 erhöht. Gleichzeitig habe ich die Schatten und den Schwarzwert leicht abgesenkt, um die Mitten weiter aufzuspreizen und das ganze Helligkeitsspektrum auszunutzen. Im Waveform-Monitor zeigt sich der Himmel nun als breitere Wolke knapp unter der 100 %-Marke, aber ohne Spitzen, die darüberliegen. Wasser und Bergkette verteilen sich gleichmäßig über das ganze Helligkeitsspektrum.

Durch das Absenken der Schatten nimmt die Farbsättigung deutlich zu. Das Bild wirkt insgesamt sehr viel blauer. Deshalb habe ich die Sättigung etwas verringert, damit das Blau nicht so unnatürlich wirkt. Das Bild ist kontrastreicher und wirkt deshalb schon deutlich gefälliger. Plötzlich erscheint das unkorrigierte Bild flau. Sie können sich durch Aktivieren und Deaktivieren des Häkchens neben dem Reiter EINFACHE KORREKTUR die Veränderung zwischen vorher und nachher anzeigen lassen. Doch leider ist auch etwas anderes passiert: Der Himmel, der anfangs noch blau war, ist jetzt weiß und nur noch an einer Ecke leicht hellblau. Dies ist der Grund, warum viele Color-Artists den Kontrastregler scheuen und prinzipiell die Finger von ihm lassen. Ich kann mich dem eingeschränkt anschließen. Es gibt jedoch viele Bilder, die sich auf diese Weise schnell und zufriedenstellend korrigieren lassen.

▲ **Abbildung 21.20**
Das Bild mit der einfachen Bildkorrektur

Um die feinen Blauverläufe im Himmel wieder herzustellen, kümmere ich mich in einem zweiten Arbeitsgang mithilfe der sogenannten Kurven um den Blauanteil in den Lichtern. Das Histogramm stelle ich mit einem Rechtsklick ins Messgerätfenster von Luminanz auf Waveform-Typ RGB um. Nun sehe ich auch die Verteilung der Farben im Helligkeitsspektrum. Gut erkennbar ist der hohe Blauanteil.

▲ **Abbildung 21.21**
Das Bild mit korrigiertem Blau und einem Waveform-Monitor mit RGB-Darstellung, d. h., die Häufigkeit aller Farbwerte im Bild wird angezeigt. Blau ist die klar dominierende Farbe.

Jetzt öffne ich die Kurven und wähle zunächst die weiße Kurve, die sogenannte *Masterkurve*, aus. Sie korrigiert gleichmäßig alle drei Farbkanäle. Die hohen Lichter spreize ich weiter auf, indem ich einen Kontrollpunkt setze und die Lichter nach links ziehe. Da die Kurve automatisch auch die Mitten und Tiefen beeinflusst, muss ich dies mit weiteren Korrekturpunkten rückgängig machen, die den linearen Kurvenverlauf wiederherstellen. Anschließend wähle ich nur die blauen Farbanteile aus und erhöhe die Sättigung gezielt in den Lichtern.

Ein weiteres Beispiel: Diesmal ist das Bild von Haus aus sehr kontrastreich. Der Waveform-Monitor zeigt einige deutliche Spitzen bei 100 % und vor allem viele sehr dunkle Bildanteile nahe der 0-IRE-Grenze. Dieses Bild ist zu kontrastreich, es fehlen die Mitten – gut erkennbar am dunklen Monitor des Echolots oder am dunklen Ärmel rechts.

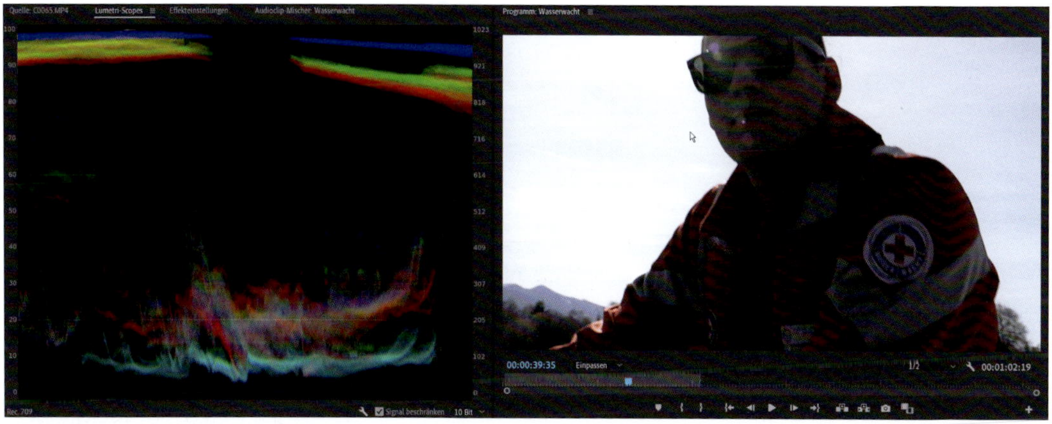

▲ **Abbildung 21.22**
Sehr kontrastreiche Gegenlichtaufnahme, der die Mitten fehlen. Insbesondere das Gesicht ist deutlich zu dunkel.

Ich beginne wieder mit den einfachen Korrekturen. Zur 100-IRE-Grenze ist noch etwas Platz, deshalb erhöhe ich leicht die Belichtung um 0,5, bis die helle Wolke im Waveform-Monitor mit den Spitzen knapp unter der 100er-Grenze liegt. Anschließend senke ich den Kontrast deutlich um –75 ab. Zwar rutschen die Lichter wieder etwas nach unten, aber die helle Wolke im unteren Bereich des Waveform-Monitors verteilt sich bereits besser, und im Bild wird der Fahrstand deutlich aufgehellt und besser erkennbar.

Im nächsten Schritt schiebe ich die Lichter mithilfe des Reglers Glanzlichter wieder etwas nach oben (Korrekturwert +5), die Schatten öffne ich jedoch deutlich (+35). Nun sind Echolot und der rote Ärmel gut erkennbar. Ein Klick auf das Häkchen rechts oben schaltet die Korrektur wahlweise an und aus, um den Unterschied besser beurteilen zu können.

Kontrast – ja oder nein?
Das Gehirn liebt Kontraste, deshalb sind uns kontrastreiche Bilder lieber als flaue. Aber nur am Anfang. Denn mit dem Anheben des Kontrastes geht auch viel Zeichnung verloren. Hauttöne leiden unter dem Kontrastregler enorm. Tipp: Viel hilft nicht viel. Wenn Sie das Bild technisch sauber einpegeln und vor allem die Mitten anheben, dann sollte dies reichen.

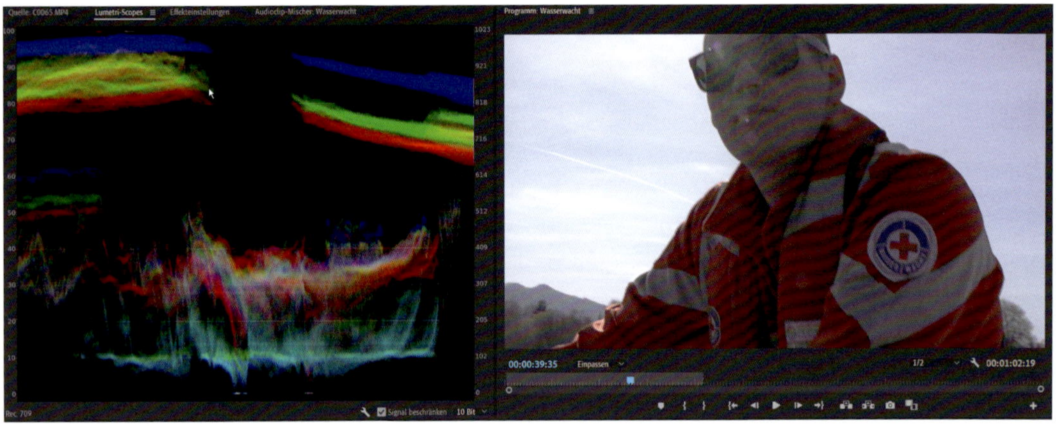

▲ **Abbildung 21.23**
Das korrigierte Bild mit einer auch im Waveform-Monitor gut erkennbaren besseren Verteilung der Helligkeit. Die Lichter wurden abgesenkt, die Schatten aufgehellt.

Mit diesen einfachen Korrekturen bekommen Sie die meisten Standardprobleme bei Ihren Aufnahmen in den Griff. Richten Sie aber den Blick nicht stur auf das Messgerät, sondern achten Sie immer auf die Auswirkungen im Bild. Es gibt Bilder mit geringerem Kontrast, die genau daraus ihren Reiz beziehen. Typisch sind zum Beispiel Aufnahmen mit Dunst oder Nebel. Wer hier zu kräftig den Kontrast erhöht, verliert die weichen Verläufe, die für Nebelaufnahmen typisch sind.

Ein anderes Beispiel sehen Sie in der folgenden Abbildung.

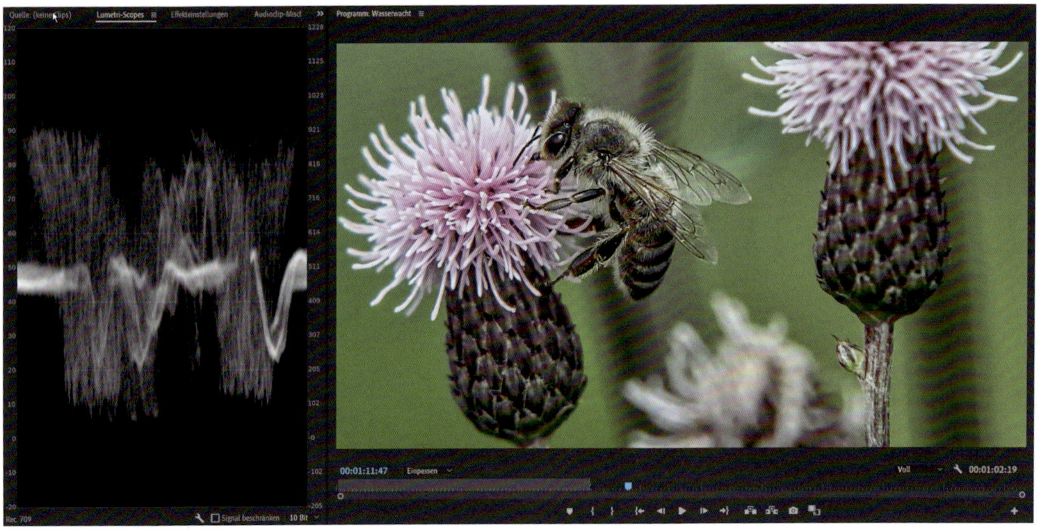

▲ **Abbildung 21.24**
Diese Aufnahme einer Biene zeigt eine gestauchte Helligkeitsverteilung.

Nach einer Standardkorrektur, bei der das ganze Luminanzspektrum durch Erhöhung des Kontrastes ausgeschöpft wird, wirkt das Grün im Hintergrund satter, die Biene selbst brillanter. Aber die Blüten verlieren deutlich an Zeichnung. Das Bild wirkt zwar auf Anhieb gefälliger, aber verliert an feinen Details. Hier wäre eine Korrektur mit Masken wahrscheinlich sinnvoller, die insbesondere die Blüten vor zu viel Kontrast schützt.

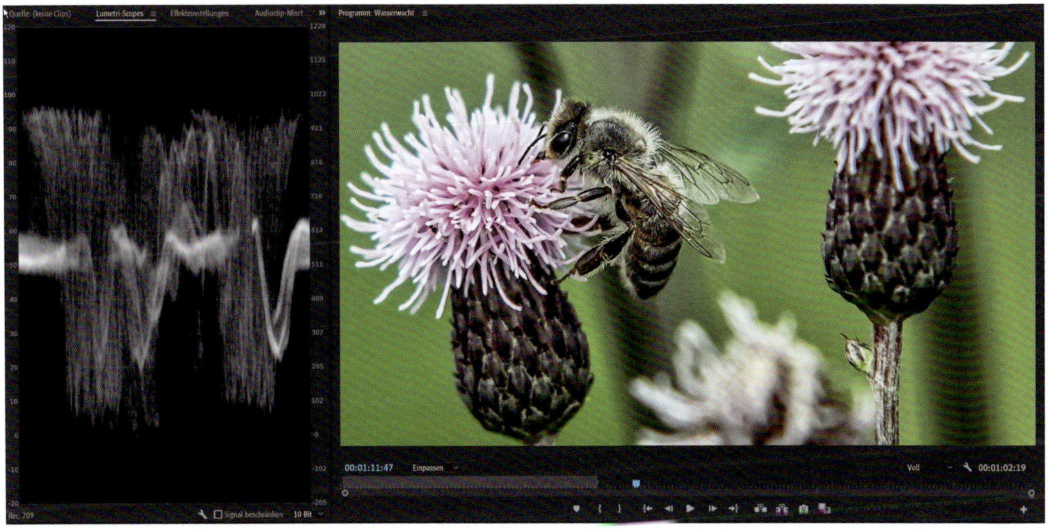

▼ Abbildung 21.25
Jetzt schöpft das Bild den Helligkeitsbereich des Farbraumes aus. Dafür verlieren Teile der hellen Blüten an Farbe und werden weißlich.

In der Regel aber schadet mehr Kontrast nicht. Einsteigern empfehle ich deshalb, gerade beim ersten Umgang mit ihrer Schnittsoftware und den Tools zur Farbkorrektur, regelmäßig den Kontrastregler zu benutzen und dabei die Auswirkungen auf das Bild über den Monitor genau zu beobachten. So entwickeln Sie schnell einen Blick für zu flaue Bilder, die an der Tagesordnung sind. Viele Kameraleute scheuen sogar davor zurück, den maximalen Kontrast bereits aus der Kamera herauszuholen, da damit die Gefahr steigt, später unkorrigierbare Bildfehler wie über- und unterbelichtete Stellen im Bild zu produzieren.

Kameraleute neigen aus Angst vor Überbelichtungen dazu, die Blende zu kneifen. Manchmal tun sie dabei zu viel des Guten. Das Bild »säuft ab«. In den dunklen Passagen sind kaum noch Strukturen zu erkennen, die eigentlich hellen Bildteile liegen irgendwo in der Mitte, es fehlen die Lichter.

21.2.1 Korrektur von Überbelichtung und Unterbelichtung

Unterbelichtung ist ein häufiges Problem. Oft fehlte bei der Aufnahme einfach Licht, zum Beispiel weil selbst eine Aufstecklampe nicht zur Verfügung stand. Ein typisches Beispiel: Aufnahmen im Auto von der Rücksitzbank.

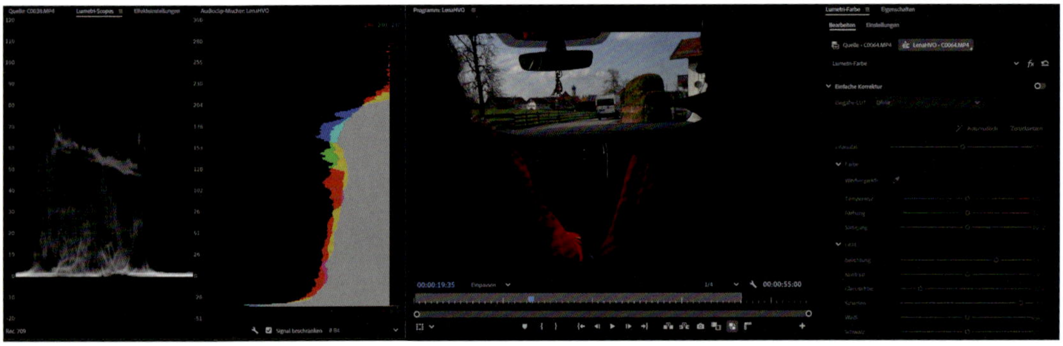

▲ **Abbildung 21.26**
Unterbelichtetes Bild von der Rückbank

Soll halbwegs erkennbar sein, wie der Blick durch die Frontscheibe aussieht, sind Fahrer und Beifahrer zwangsläufig meist unterbelichtet. Wollen Sie dies nachträglich korrigieren, müssen Sie schon rabiat an den Reglern ziehen und vor allem die Belichtung und die Schatten massiv anheben. Zwar werden die Personen nun besser erkennbar, aber im Bild wird auch sogenanntes *Rauschen* sichtbar.

Abbildung 21.27 ▼
Das gleiche Bild nach einer massiven Aufhellung. In den Jacken und der Rückenlehne beginnt es bereits sichtbar zu rauschen.

Premiere Pro verfügt auch über eine Autokorrektur. Klicken Sie einfach auf den Button, und die Software versucht ihr Glück. Hier das unterbelichtete Beispiel mit der Autokorrektur.

Die Helligkeit der Bereiche vor dem Auto korrigiert die Funktion zuverlässig, indem sie die Belichtung entsprechend erhöht. Aber vor den absaufenden Schatten kapituliert sie weitgehend. So entspricht das Bild nicht unserer menschlichen Wahrnehmung. Ob Sie der Autofunktion vertrauen mögen, ist eine individuelle Entscheidung. Wenn Sie sich jedoch erst einmal an die Arbeit mit den vielen Einstellungen gewöhnt haben, geht die Standardkorrektur in der Regel sehr schnell von der Hand. Auf ähnliche Clips können Sie mit Copy & Paste eine einmal festgelegte Korrektur kopieren.

▲ **Abbildung 21.28**
Autokorrektur der Aufnahme aus dem Auto

Wenn es im Video rauscht

Nichts fürchten Ästheten mehr als Bildrauschen, das vor allem beim nachträglichen »Hochziehen« eines Bildes, sprich der Korrektur eines zu dunklen Bildes, unangenehm zum Vorschein kommt. Sobald Sie am Kontrast oder der Helligkeit in Ihrem Bild schrauben, sollten Sie auf der Hut sein und nach dem Feind Ausschau halten. Zuerst macht sich das Rauschen in dunklen, je nach Kamera auch in gesättigten Farbflächen bemerkbar. Tritt es als Folge einer großzügigen Farbkorrektur auf, so können Sie versuchen, etwas gemäßigter zu Werke zu gehen. Oder Sie lassen die Tiefen unberührt und konzentrieren sich mehr auf Mitten und Lichter. Letztendlich müssen Sie jedoch immer einen Kompromiss zwischen der Erkennbarkeit und der Ästhetik schließen. Und im Zweifelsfall plädiere ich für Erkennbarkeit. Nimmt das Rauschen unerträgliche Ausmaße an, können Sie Ihr Glück mit einem Entrauschungsfilter versuchen. Allerdings werden Sie in Premiere Pro zum Entfernen von Bildrauschen keinen Filter mehr finden. Solche Filter hießen schon mal »Rauschunterdrückung«, »DeNoise« oder »Median«; keiner ist mehr unter den Effekten zu finden. Verzweifelte Nutzer empfehlen, den Effekt VR: Rauschunterdrückung zu verwenden, der speziell für immersives Video entwickelt wurde. Auch ich stehe etwas ratlos vor dem Thema, hoffe aber auf Einsicht bei Adobe – am liebsten in Form eines Reglers in Lumetri-Farbe.

▲ **Abbildung 21.29**
Links das ursprüngliche Foto, rechts das gleiche Bild korrigiert, aber nun mit gut sichtbarem Rauschen

Auch das umgekehrte Problem, eine Überbelichtung, tritt häufig auf. Früher galten überbelichtete Aufnahmen als unbrauchbar und konnten nicht gerettet werden. Mittlerweile bieten die hochaufgelösten Bilder genug Informationen, sodass ähnlich wie bei der Bearbeitung von Fotos auch im Video einige Reserven schlummern, die auch Überbelichtungen im Nachhinein korrigierbar machen.

21.2.2 Video begrenzen

Vor allem stark über- und unterbelichtete Aufnahmen, bei denen die hellsten Lichter über 100 IRE liegen und die tiefsten Schatten unter 7,5 IRE, gelten als technisch unbrauchbar. Sie können durch einen Videobegrenzer das Signal in den technisch zulässigen Bereich einpegeln.

Das Tool steht Ihnen als Effekt in der Bearbeitung zur Verfügung, Sie können ihn im Fenster VIDEOEFFEKTE • EFFEKTE • FARBKORREKTUR • VIDEOBEGRENZER einfach auswählen und auf jeden Clip legen oder ihn am Ende beim Ausspielen Ihres Filmes automatisch auf alle Aufnahmen anwenden lassen.

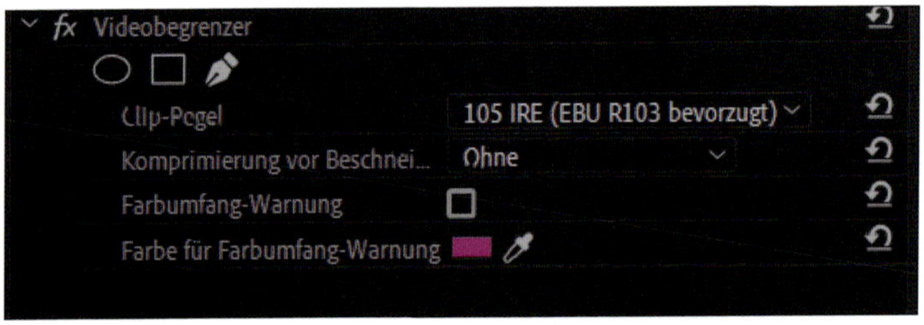

▲ **Abbildung 21.32**
Ausschnitt aus den Effekteinstellungen für den Effekt »Videobegrenzer«, der dafür sorgt, dass Ihre Einstellungen die geltenden Sendernormen einhalten

21.2.3 Die Korrektur der Farbe

Bisher haben wir uns vorrangig mit der Korrektur der Helligkeit beschäftigt. Zwar hat dies auch immer Auswirkungen auf die Farbe und insbesondere die Farbsättigung, aber eine echte Kontrolle der Farbe ist sie nicht. Aber natürlich nennt Adobe seine Bildkorrektur nicht LUMETRI-FARBE, ohne zahlreiche Tools zur Kontrolle der Farbe hineinzupacken. Auch hierfür zwei Beispiele:

Das erste Beispiel zeigt Lena im Wasser beim Sonnenuntergang. Ihr Kleid ist eigentlich weiß, aber das Licht der Sonne taucht alles in warmes Rot – wie ich finde, besonders unangenehm bei den Hauttönen. Hier wäre weniger mehr.

Entsättigt oder poppig?
Unter deutschen Filmschaffenden tobt seit Jahrzehnten ein Streit über die Frage, ob Film nun eher kräftig farbig sein sollte wie in »Miami Vice« oder schwarz-weiß. Die vorherrschende Meinung geht immer noch eher in Richtung entsättigt, d.h., weniger Farbe ist mehr.

▲ **Abbildung 21.30**
Entsättigte Farben

▲ **Abbildung 21.31**
Sättigung angehoben

Wenn Sie die vornehme Blässe lieben, dann haben Sie mit dem Sättigungsregler der Farbbalance das richtige Werkzeug in der Hand. Nur anheben sollten Sie die Sättigung nicht oder nur sehr vorsichtig. Denn schnell wird aus Poppig Kaputt.

▲ **Abbildung 21.33**
Aufnahme bei Sonnenuntergang im Wasser

Mit einem Klick mit der Pipette auf die Haut nehmen Sie die Farbe auf und können nun in den Farbsättigungskurven exakt den Tonbereich der Haut etwas entsättigen.

Im Vektorskop sehen Sie, wie die deutlich nach links zu den Rot- und Gelbwerten ausschlagende Farbwolke weiter ins Zentrum zu den neutralen Grautönen rückt.

▲ **Abbildung 21.34**
Das Bild nach der Korrektur. Der Rotton ist deutlich reduziert, wenn auch nicht verschwunden. Da die Sonne alle Farben stark verändert, beeinflusst eine einfache Korrektur auch alle Bereiche. Würde man also versuchen, das Kleid wieder reinweiß erscheinen zu lassen, würde auch die Haut grau, und selbst das Wasser sähe plötzlich seltsam aus.

Auch umgekehrt ist die Korrektur über die Kurven sinnvoll. Im zweiten Beispiel ist die Sättigung insgesamt nicht so wie gewünscht. Das Wasser und das Rot am Boot sind viel zu flau. Auch das Vektorskop zeigt, dass zu den Grenzwerten hin noch Platz ist.

▲ **Abbildung 21.35**
Flaue Aufnahme von einem Wasserwacht-Boot auf dem Staffelsee

Sie können durch das Ziehen der Linie nach oben die Sättigung aller Farben gleichmäßig erhöhen. Das reicht für das Rot. Zudem habe ich die Sättigung für Blau separat überdurchschnittlich nach oben gezogen. So wirkt die ganze Szene frischer und lebendiger.

Abbildung 21.36 ▼
Nun wirken Blau und Rot satter.

Der Lumetri-Farbe-Bereich stellt noch eine Reihe weiterer Funktionen insbesondere in den Kurven zur Verfügung, die es wert sind, entdeckt zu werden. Allerdings: Farbveränderungen können sich dramatisch im Bild auswirken und sollten nur an entsprechend kalibrierten Monitoren erfolgen. Andernfalls wird Ihre Bildkorrektur zu einem Blindflug durch den Regenbogen. Wenn uns aber das Rot am Boot nicht zusagt, können wir es mit einem Klick in ein leuchtendes Grün umfärben.

Ein sehr mächtiges Werkzeug also, das allerdings auch die Farbe der Jacken und der Gesichter sehr zu ihrem Nachteil verändert.

▲ **Abbildung 21.37**
Wasserwacht mit untypischem Grün

21.2.4 Die Farbkorrektur für Profis

Farbkorrektur ist eine anspruchsvolle Aufgabe, die viel Erfahrung und soweit möglich auch eine optimale Arbeitsumgebung erfordert. Dazu gehören zum Beispiel eine möglichst neutrale Umgebungsbeleuchtung und auf jeden Fall ein kalibrierter Monitor. Unter diesen Voraussetzungen ist es auch sinnvoll, sich an die Lumetri-LUTs für die kreative Bildbearbeitung zu wagen, denn dann können Sie mit einem Klick Ihre Videos anpassen: zum Beispiel, indem Sie eine entsprechende Korrektur auf eine Einstellungsebene anwenden, die über der kompletten Sequenz liegt.

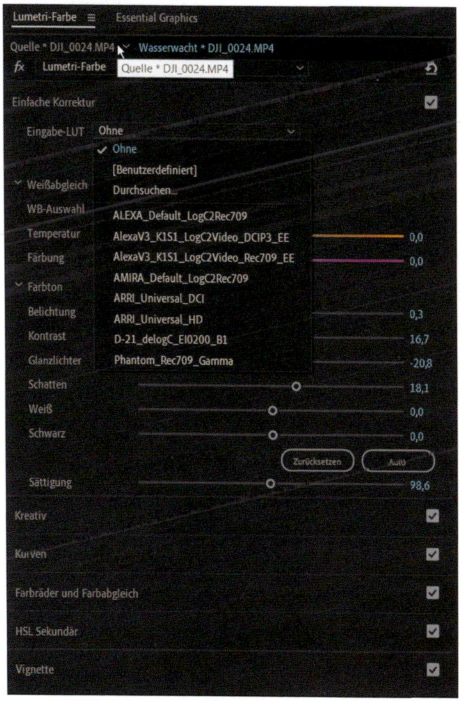

◀ **Abbildung 21.38**
Auswahl von LUTs in LUMETRI-FARBE

Premiere Pro liefert bereits eine Reihe von LUTs mit, die sich an Vorbildern von Filmmaterial und sehr häufig gewünschten Farbänderungen orientieren.

Im Internet können Sie viele weitere LUTs anderer Cutter zum Teil kostenlos oder gegen Bezahlung herunterladen. Sie können jedoch auch Ihre eigene LUT entwickeln, um mit wenig Aufwand Standardkorrekturen umzusetzen oder jedes Projekt einfach Ihrem spezifischen Look anzupassen.

Die zweite Korrektur | Im Werkzeugkasten Ihres Schnittsystems werden Sie wahrscheinlich auch ein Tool mit dem Namen Secondary Color Correction finden. In Premiere Pro ist die zweite Farbkorrektur Teil von Werkzeugen zur Farbkorrektur wie der Dreiwege-Farbkorrektur oder der RGB-Farbkorrektur. Diese finden Sie mittlerweile jedoch im Ordner mit den veralteten Effekten. Adobe setzt ganz auf Lumetri und dort auf die HSL Sekundär-Farbkorrektur. Diese zweite Farbkorrektur ist vor allem geeignet, um einzelne Farben oder Bildbereiche zu korrigieren. Dazu werden Masken verwendet, die entweder von Hand eingefügt oder mithilfe eines sogenannten Farbsamples definiert werden. Auch dazu ein Beispiel.

▲ **Abbildung 21.39**
Rettungsboje mit ausgebleichten Farben

Bei der irischen Rettungsboje finde ich den Kasten und die Boje etwas flau. (Sie müssen meine Meinung nicht teilen, für Übungszwecke ist das Beispiel hervorragend geeignet.)

Wenn ich die Sättigung erhöhe, werden alle Farben gleichermaßen bunt. Ich dagegen will nur diese beiden Elemente korrigieren. Dabei hilft die HSL Sekundär-Farbkorrektur in Lumetri-Farbe, die Sie weiter unten im Arbeitsfenster finden. Wählen

Sie die Pipette aus, und klicken Sie Rettungsring und Aufbewahrungskasten an. Premiere Pro sammelt nun die Farbinformationen der ausgewählten Bereiche. Sie werden mehrmals mit der Pipette mit dem +-Zeichen ins Bild klicken müssen, um möglichst alle Bereiche zu erwischen. Es ist unvermeidlich, dass Sie auch einige kleinere Bereiche im Gras erwischen.

▼ **Abbildung 21.40**
Korrektur mit aktivierter Einstellung FARBE/GRAU

Damit Sie besser sehen, was ausgewählt wurde und was nicht, setzen Sie im Kästchen unter den Farbfeldern ein Häkchen vor FARBE/GRAU. Nun werden nur die ausgewählten Bereiche richtig angezeigt, der Rest verschwindet unter grauer Farbe. Nun können Sie im Feld KORREKTUR das Gelb kräftig erhöhen und damit Kasten und auch Rettungsring leuchten lassen.

▲ **Abbildung 21.41**
Die finale Korrektur

Mithilfe der RAUSCHUNTERDRÜCKUNG und des WEICHZEICHNERS können Sie die Kanten etwas verwischen und kleine Störelemente beseitigen. Die zweite Farbkorrektur, die sich nur auf Bildteile auswirkt, klappt nie ganz perfekt. Die Masken werden immer ein paar Unsauberkeiten wie im Gras aufweisen, es sei denn, es handelt sich wirklich um einen eng begrenzten Farbbereich im Bild. Sie verwendet das sogenannte *HSL-Farbmodell*, das zwar sehr gebräuchlich ist, aber nicht unbedingt ein Garant für perfekte Ergebnisse. Die Farbwerte werden im HSL-Modell nicht wie in RGB über die Farbanteile der Grundfarben definiert, sondern durch einen Wert für den Farbton (H, Hue), die Farbsättigung (S, Saturation) und die Helligkeit (L, Lightness). Dadurch ist eine intuitivere Bedienung möglich, weil die Auswirkungen der einzelnen Parameter eher nachzuvollziehen sind als die abstrakte Farbmischung aus Grundfarben.

Sie können die Auswahlbereiche durch Anfassen und Verziehen der Dreiecke ausweiten oder einschränken. Mit dem HSL-Model können Sie schnell zum Beispiel auch reine Helligkeitsmasken erstellen, indem Sie die Häkchen bei H und S entfernen und nur den Helligkeitsbereich verwenden. Mit einem Doppelklick auf den jeweiligen Bereichsregler setzen Sie alles wieder auf Anfang.

21.2.5 Vorsicht, Haut!

Besonders empfindlich reagieren Zuschauer auf unnatürliche Hauttöne. Hauttöne liegen besonders in den Mitten und zeichnen sich durch sehr weiche Übergänge und feine Strukturen aus. Korrigiert man nun die Mitten, so gehen diese Töne schnell verloren. Deshalb korrigieren Experten Hauttöne am liebsten mit Gradationskurven, die es ihnen erlauben, die Mitten besonders fein zu behandeln. In Premiere Pro stehen Ihnen dafür die RGB-KURVEN zur Verfügung. Sie finden diese bei EFFEKTE • VIDEOEFFEKTE • FARBKORREKTUR. Mit ihrer Hilfe können Sie die einzelnen Farbkanäle sehr individuell bearbeiten. Ziel einer nachträglichen Farbkorrektur sollte sein, diese möglichst natürlich und, wenn es geht, immer gleich wirken zu lassen. Andernfalls sorgen wir möglicherweise für Spekulationen über den Gesundheitszustand eines Akteurs, wenn dieser während eines Films mehrfach die Farbe wechselt.

Besonders gravierend wirken sich zum Beispiel farbige Spots auf den Hautton aus. Unnatürliche Hauttöne lassen sich besonders gut mit dem Vektorskop erkennen. Hauttöne sollten sich entlang der i-Achse häufen, die zwischen Gelb und Rot verläuft. Um wirklich nur bzw. überwiegend Hauttöne im Bild zu haben, können Sie in den Effekteinstellungen das Bild entsprechend zuschneiden, also alle Bildteile, die keine Haut zeigen, entfernen. Liegen die Farben nicht nahe der Achse, dann sollten Sie das Bild korrigieren. Ein Problem dabei ist, dass insbesondere die Gelbtöne für einen natürlichen Hautton ausschlaggebend sind, Gelb aber im RGB-Farbmodell nicht vorkommt. Sie müssen also ein bisschen experimentieren, um die Hauttöne möglichst exakt an die i-Linie zu manövrieren.

▼ Abbildung 21.42
Ein stark beschnittenes Bild, auf dem maßgeblich nur noch Haut zu erkennen ist. Im Vektorskop richten sich die Farben entlang der i-Achse aus, die auch als *Hauttonlinie* bezeichnet wird.

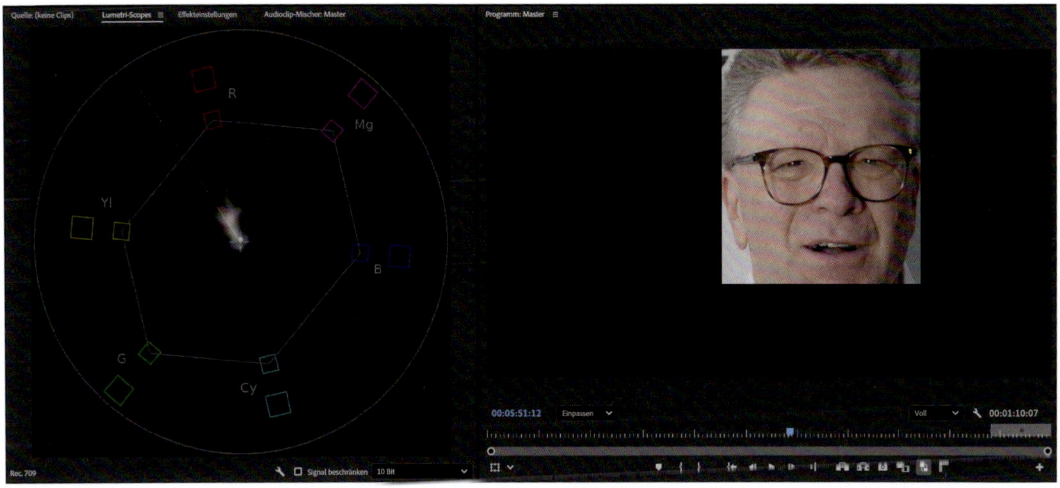

Was natürliche Hauttöne auszeichnet, darüber wird unter Experten gestritten. Es gibt jedoch Empfehlungen. Die vorherrschende Farbe in Hauttönen ist Gelb. Deshalb ist das CMYK-Farbschema, das reines Gelb kennt, auch besser zur Korrektur von Hauttönen geeignet. Im RGB-Farbschema ist Gelb eine Mischung aus Rot und Grün. Diese beiden Farbtöne sollten deshalb den Hautton dominieren. Dabei sollte der Rotanteil jedoch den Grünanteil deutlich überwiegen. Blau spielt nur eine untergeordnete Rolle. Optimalerweise liegen Hauttöne im oberen Bereich der Mitten, also bei ca. 70 % (im Waveform-Monitor).

Wenn Sie mit einer Pipette nun Hauttöne im Bild messen, sollten Sie in etwa die RGB-Werte aus Tabelle 21.1 erhalten.

Aber Vorsicht: Je nach Farbschema (PAL, HD, sRGB, Adobe RGB etc.) können die Werte variieren! Und natürlich gibt es auch noch Unterschiede in der Hautfarbe selbst und dem Hauttyp. Als einfache Faustformel hilft deshalb eher: mehr Rot als Grün, mehr Grün als Blau. Daran ändert sich übrigens auch nichts mit der Hautfarbe. Ob Weiß oder Schwarz, die Farbe bleibt in etwa gleich, nur die Helligkeit ändert sich.

Farbe	Wert
Rot	225
Grün	175
Blau	100

▲ Tabelle 21.1
RGB-Wert für hellen Hautton

Geheimnisvolles Gamma

Für Profikameras, aber auch viele semiprofessionelle Kameras finden Sie im Internet Empfehlungen für bestimmte *Gammakurven*. Nur mit diesen Einstellungen, so versprechen die Anbieter, holen Sie das Maximum aus Ihrer Kamera heraus. Unrecht haben sie nicht, und da die Settings in der Regel kostenlos sind, so stolz sind die Autoren auf ihre Empfehlung, kann man durchaus mit den Werten spielen. Wichtig ist, dass Sie Ihre Bilder dann auch vergleichen. Hinter der Gammakurve steckt letztlich ein Korrekturalgorithmus, der das Bild eines Sensors dem menschlichen Sehverhalten anpasst. Je besser das gelingt, desto schöner das Bild. Vielfach wird die Gammakorrektur vereinfacht mit einer Korrektur der Mitten gleichgesetzt. Zwar wirkt sie sich dort am nachhaltigsten aus, aber sie beeinflusst das ganze Bild. Wenn Ihnen Ihr Bild zu kontrastarm erscheint oder in den Tiefen zu wenig Zeichnung enthalten ist, dann können Sie es einmal mit einer Gammakorrektur versuchen. Aber Vorsicht: Zu kräftiges Erhöhen des Gammawerts führt zu Bildrauschen, und bereits geringes Absenken kann das Bild unbrauchbar machen!

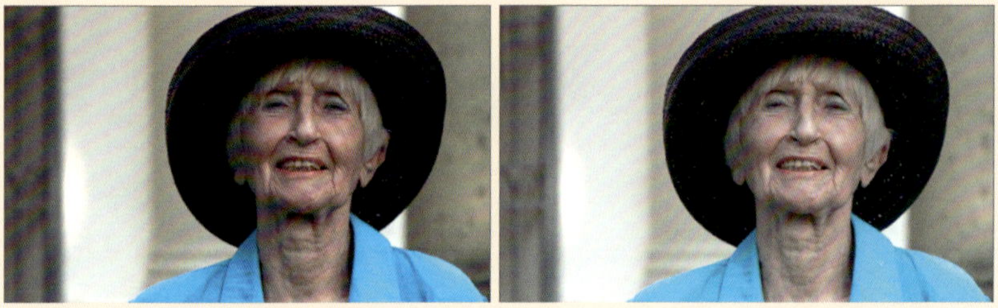

◂ **Abbildung 21.43**
Links Originalbild, rechts mit korrigiertem Gammawert. Die dunklen Partien sind deutlich aufgehellt.

Lumetri Looks

In Premiere Pro kommt man an den *Lumetri Looks* kaum vorbei, zu verführerisch sind die Effekte, die mit einem Mausklick gleich das ganze Bild aufpeppen. Ich bin kein großer Fan dieser automatischen Looks, aber man kann sich mit ihrer Hilfe Appetit machen, selbst die Farbkorrektur voranzutreiben.

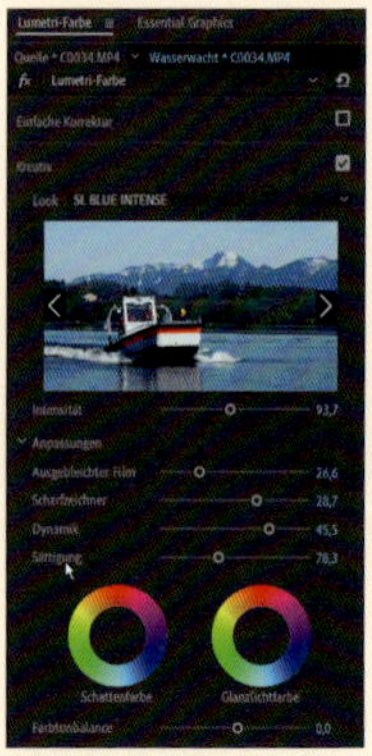

▴ **Abbildung 21.44**
Lumetri Looks

21.2.6 Der Look im Film

Es gibt so etwas wie den *Look* eines Films, was nur sehr oberflächlich mit »Aussehen« zu übersetzen wäre. Der Look ist eher so etwas wie ein Designkonzept für Bilder. Und er sorgt für Continuity, denn durch den einheitlichen Look wird sichergestellt, dass der Film möglichst eingängig konsumiert werden kann, weshalb einige Autoren das sogenannte *Grading* auch meiden wie der Teufel das Weihwasser.

Entsättigung oder knallige Farben? | Sehr trendy und angesagt ist es zumindest zurzeit, Filme zu entsättigen. Liebhaber der Krimiserie »Tatort« wissen dies. Die Farben wirken oft reduziert, pastelliger als in Wirklichkeit. Manchmal hat man auch den Eindruck, im deutschen Fernsehen herrscht ständig Herbst und leichter Nebel. Noch filigraner wird dieser Look, wenn einzelne Farben mehr und andere weniger reduziert werden, also eine selektive Farbkorrektur vorgenommen wird. Berühmtes Beispiel ist das Mädchen mit dem roten Mantel, das in Steven Spielbergs »Schindlers Liste« durch das ansonsten schwarz-weiße Warschauer Ghetto läuft.

Den umgekehrten Weg beschreitet »CSI Miami«. Dort herrschen knallige Kontraste und ein warmer rot-orangefarbener Grundton vor. Der Look im Film kann also so etwas wie ein Erkennungssignal für eine ganze TV-Serie werden oder – wie im

Beispiel von Spielberg – zum Inhalt passen. Ich ziehe letztere Variante deutlich vor und bin ansonsten ein Fan eines weitgehend natürlichen Eindrucks. Spielen ist natürlich nicht verboten und deshalb auch hier ein Beispiel, in dem es weniger um korrekte Farben, sondern vielmehr um einen gezielten Look geht.

▲ **Abbildung 21.45**
Beispiel für einen gezielten Look

Wenn Ihnen die zweite Version besser gefällt als die erste, dann gefällt Ihnen mein Look offensichtlich. Doch was hat sich verändert?

Zum einen habe ich den Kontrast stark angehoben, sodass jetzt sowohl wirklich schwarze Stellen im Bild enthalten sind (Grasinsel, Bootsrumpf vorne) als auch weiße (Himmel). Zudem habe ich die Farbsättigung gezielt erhöht, dabei aber Wert darauf gelegt, dass sich nur bestimmte Bereiche verändern. So ist das Rot der Schwimmwesten und des Wasserwachtbootes jetzt deutlicher zu erkennen. In den lichten Teilen habe ich den Blauanteil erhöht. So wirkt der Himmel knackiger, und im Wasser erhöht sich ebenfalls der Blauanteil. Schließlich habe ich die Insel deutlich in den Mittelpunkt gerückt, indem ich in den grünen Mitten ebenfalls die Sättigung erhöht habe. Als Letztes habe ich eine Vignette über das Bild gelegt, die jeweils in den Ecken für Randabschattungen sorgt. In der Fotografie ist so etwas mittlerweile eher verpönt, im Fernsehen sorgt es für mehr Tiefe im Bild.

Vignetten | Bei Vignetten handelt es sich um Randabschattungen, wie sie eigentlich Objektive erzeugen. Im Film können Sie ganz unterschiedliche einsetzen, z. B. nur waagerechte Schatten am unteren und oberen Rand oder vertikale Schatten links und rechts. Die Vignetten lassen sich mit der Farbkorrektur COLOR in Premiere Pro einfach erzeugen oder auch als separate Datei in Photoshop mit dem Verlaufstool erstellen. Sie finden Vignetten häufig auch im Effektkasten Ihres Schnittprogramms.

Vignette in Premiere Pro
Sie brauchen Photoshop nicht, um eine Vignette zu erzeugen, Sie haben auch in Premiere Pro die entsprechenden Bordmittel.

1. Erzeugen Sie eine transparente Ebene, und legen Sie diese über das Bild.
2. Wenden Sie den Videoeffekt GENERIEREN • KREIS an.
3. Vergrößern Sie den Kreis, bis er nur mehr die Ecken ausfüllt, ändern Sie dazu Größe und Skalierung.
4. Verpassen Sie Ihrem Kreis eine weiche Kante, kehren Sie ihn um, und wählen Sie Schwarz als Farbe aus.

Fertig. Passen Sie das Ergebnis an, bis es Ihnen gefällt.

▲ **Abbildung 21.46**
Vignette in Premiere Pro

▲ **Abbildung 21.47**
Hier ist eine vertikale Vignette über der Bootszene zu sehen.
Die Verschattung im Vordergrund wirkt besonders attraktiv.

Wenn Sie nicht über ein Schnittprogramm verfügen, das die transparenten Ebenen von Photoshop unterstützt, dann erzeugen Sie nur ein schwarzes Bild und den entsprechenden transparenten Verlauf im *Alphakanal*.

Vignetten in Photoshop erzeugen

Wählen Sie das Verlaufswerkzeug ❷ in der Werkzeugleiste aus. Bestimmen Sie den gewünschten Verlaufgradienten ❶, der einen Verlauf zwischen der Vorgrundfarbe und Transparenz erzeugt ❸.

Deaktivieren Sie die Sichtbarkeit des Hintergrundes und anderer Ebenen, sodass nur ein transparenter Hintergrund sichtbar bleibt. Speichern Sie das Ergebnis ab, und importieren Sie es in Ihr Schnittprogramm.

▲ **Abbildung 21.48**
Eine Vignette wird in Photoshop erstellt.

21.3 Tonkorrektur

Auch der Ton benötigt in aller Regel einige Korrekturen. Da die Tonspuren nach dem eigentlichen Schnitt ziemlich ungeordnet auf ihre weitere Bearbeitung warten, erfordert es in diesem Stadium etwas Einfühlungsvermögen. Bei der Tonkorrektur geht es darum, Tonfehler zu beseitigen, nicht darum, einen fertigen Sound zu erstellen. Das bleibt die Aufgabe der *Mischung*. Welche Fehler können auftreten? Viele Arbeitsschritte habe ich in Kapitel 18, »Montagetechniken, Ton und Grafik«, bereits erklärt. In diesem Abschnitt stelle ich Ihnen eine Alternative vor, die ich bevorzuge.

21.3.1 O-Töne angleichen

Wenn Sie Ihre O-Töne bereits, wie in Kapitel 18, »Montagetechniken, Ton und Grafik«, erklärt, normalisiert haben, dann sollte die Waveform aller Clips in der O-Ton-Spur recht gleichmäßig aussehen. Mit anderen Worten, zwischen einem lauten und einem leisen Geräusch besteht kein Unterschied mehr. Deshalb mag ich das Normalisieren nicht sehr, sondern passe alle O-Töne lieber von Hand an, indem ich den Audiopegel entsprechend anhebe oder absenke. Viele Geräusche stehen am besten im Hintergrund, andere haben es verdient, im Film auch wahrgenommen zu werden. Leider ist das Durchklicken aller Clips und das kurze Reinhören etwas stupide Fließbandarbeit. Sie lohnt sich jedoch, wenn Sie Ihrem Zuschauer auch ein Klangbild zum Genießen vorsetzen wollen. Das Plätschern eines Baches oder Meeresrauschen hören wir alle gerne, rauschenden Straßenlärm dagegen lieber nicht. Ähnlich wie beim Sehen konzentriert sich unser Gehirn auch beim Hören auf das Wesentliche und blendet überflüssiges Hintergrundrauschen aus. Allerdings sollte selbst das nie fehlen, denn die Abwesenheit von Atmo registriert unser Unterbewusstsein als einen Mangel. Viele Gründe also, den Tönen seine ganze Aufmerksamkeit zu widmen und individuell festzulegen, wie laut oder leise ein Sound sein soll.

21.3.2 Fehler beseitigen

Wenn Sie in Ihrem Projekt so weit vorangeschritten sind, dass Sie sich ganz auf Fehler im Ton konzentrieren können, dann sollten alle Töne, wie in Kapitel 18, »Montagetechniken, Ton und Grafik«, beschrieben, den jeweils passenden Spuren zugeordnet, normalisiert, soweit notwendig, oder mit einem Limiter ausgestattet sein. Was bleibt, sind nun die Probleme.

Es gibt einige Tonfehler, die sich unangenehm bemerkbar machen. Dazu gehören laute Knackser, feines Knistern oder dumpfe Schläge – alles Geräusche, die z. B. durch unvorsichtiges

Hantieren mit dem externen Mikro entstehen können, oder Körperschall, der vom Camcorder aufs eingebaute Mikrofon übertragen wird. Gerade bei O-Tönen machen sich solche Tonfehler unangenehm bemerkbar. Wenn möglich, schneiden Sie solche Störgeräusche einfach heraus, z. B. indem Sie auf dem Rohmaterial eine vergleichbare Tonsequenz suchen und diese unter das Bild »verziehen«. Dies ist die eleganteste Methode, um fehlende oder schlechte Geräusche zu ersetzen.

Den Beispielclip »Rudern-Ton.mp4« mit korrigiertem Ton finden Sie im Beispielmaterial zum Buch im Ordner FILME.

Ein Beispiel: In dieser Szene rudern zwei Männer über den Staffelsee. Die Aufnahme in Abbildung 21.49 habe ich mit langer Brennweite vom Ufer einer Insel im See gemacht. Wir hören das Schlagen der Ruder auf dem Wasser nur in einiger Entfernung, zudem wird es von den anderen Geräuschen überlagert, nämlich den Motoren eines in der Nähe vorbeifahrenden Fischerbootes und eines Privatfliegers, der über dem See übte. Kein guter Ton also.

▲ **Abbildung 21.49**
Rudern mit Ton

▲ **Abbildung 21.50**
Zweite Einstellung mit besserem Ton

Zum Glück hatte ich auf dem See eine andere Szene gedreht, bei der ich ganz nah am Ruderboot von einem zweiten Boot aus drehte. Den Ton von dieser Einstellung »ziehe« ich nun auch unter die andere Szene. Dabei muss ich natürlich darauf achten, dass die Geräusche synchron zum Bild laufen. Diese Methode ist auch gut geeignet, um technische Störgeräusche wie Wind, Griffgeräusche am Mikro oder Kracher zu ersetzen. Ich ziehe sie technischen Lösungen wie einem DeClicker oder DeCrackler immer vor. Mit diesen beiden Audiofiltern können Sie solche Tonprobleme bestenfalls abmildern.

Schwierig sind leider O-Töne oder Interviews, denn hier können wir aus inhaltlichen Gründen ja den Ton nicht einfach gegen eine andere Passage austauschen. Allerdings sollten wir auch solche radikalen Lösungen in Betracht ziehen, wenn das Interview wegen schwerer Tonmängel kaum zu verstehen ist.

Etwas anderes sind z. B. Probleme wie ein permanentes Zischen bei S-Lauten oder Plopp-Geräusche bei harten Konsonanten wie P oder T. Beides sind Phänomene, die im Zusammenspiel zwischen Sprecher und Mikro entstehen können. Profisprecher machen zu Beginn ihrer Karriere deshalb meistens einen Mikrofontest, um zu überprüfen, ob sie zischen oder ploppen. Durch technische Vorrichtungen bei der Aufnahme, wie z. B. einen Ploppschutz, lassen sich derartige Mängel reduzieren, oder die Betroffenen trainieren eine neue Aussprache.

Bei Dokumentarfilmen ist dies keine Lösung, schließlich können wir nicht jeden Interviewpartner erst einmal in die Sprecherziehung schicken. Schnittprogramme bieten uns deshalb technische Lösungen wie einen DeEsser, der Zischlaute reduziert.

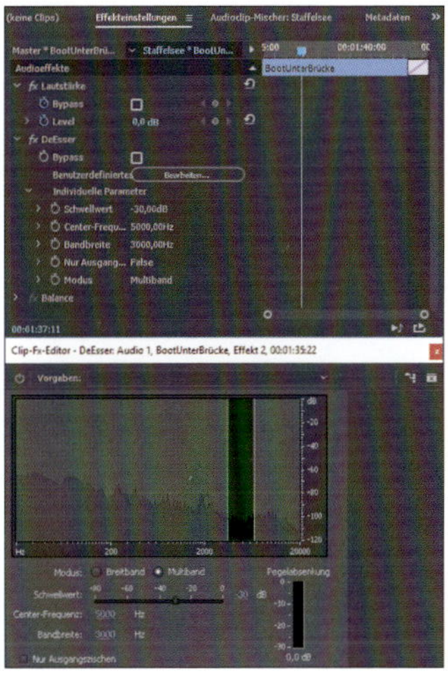

▲ **Abbildung 21.51**
DeEsser in Premiere Pro: Oben die individuellen Parameter geöffnet in den Effekteinstellungen, darunter angeordnet die grafische Benutzeroberfläche

21.3.3 Tonkorrektur mit Audioprogrammen

Wenn Sie es jedoch ganz genau nehmen, dann können Sie problematische Töne in eigenen Audioprogrammen wie Adobe Audition oder ProTools bearbeiten. Diese mächtigen Audiowerkzeuge erlauben eine sehr feine Bearbeitung der Tonspuren. Audition können Sie ähnlich wie Photoshop noch dazu sehr einfach aus Premiere Pro starten und einen Clip an das Programm zur Bearbeitung übergeben. In Audition stehen dann auch so einfach zu bedienende Werkzeuge wie der Effekt Stimmoptimierung zur Verfügung, der einen Interviewton automatisch nach Plopp- und Zischlauten untersucht und diese beseitigt.

▼ **Abbildung 21.52**
Stimmoptimierung in Adobe Audition

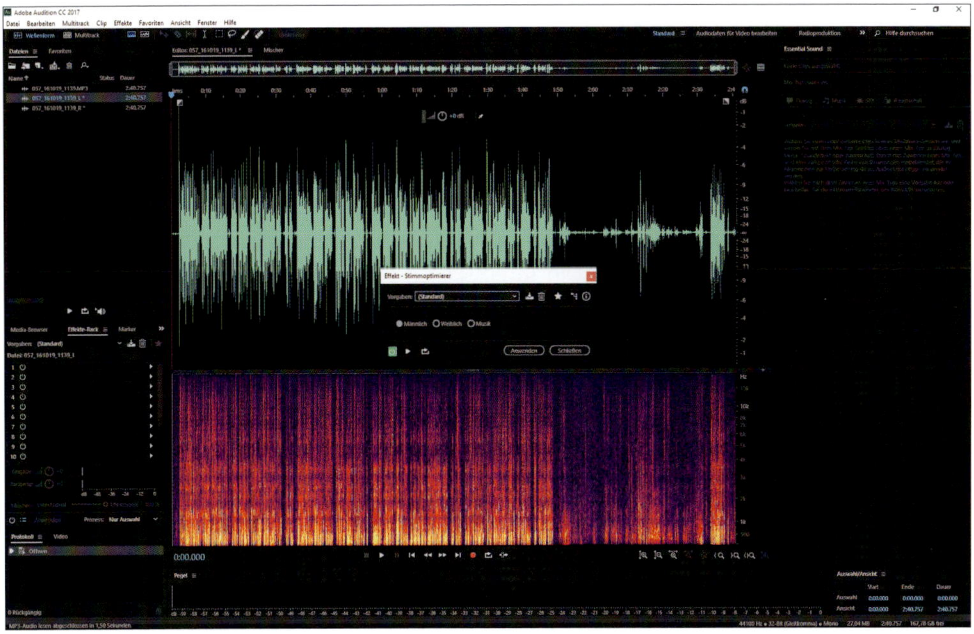

21.4 Der fertige Sound zum Film – Mischung

Ziel der Mischung ist, einen harmonischen Sound zu produzieren. Die Geräusche sollen vor allem in frei stehenden Passagen gut zu hören sein. O-Töne und Kommentarton müssen immer präsent und gut verständlich sein. Die Musik kann phasenweise im Vordergrund stehen, insbesondere unter O-Tönen wird sie jedoch in der Regel abgeblendet. Läuft sie unter einem Kommentarton weiter, darf sie nur im Hintergrund zu hören sein. Früher standen auf Videobändern nur zwei, maximal vier Spuren zur Verfügung. Deshalb hat man zunächst Musik, O-Töne und Geräusche in eine Spur, die sogenannte *IT-Spur*, zusammengemischt. Danach hat man die Sprachaufnahme gemacht und als letzten Arbeitsschritt IT-Ton und Sprache gegeneinander abgemischt. Dafür gibt es heute eigentlich keinen Grund mehr, trotzdem simulieren viele Cutter zumindest so eine Art IT-Mischung, damit das Projekt schon während des Schnitts besser klingt. Sie können Musikstücke, Geräusche und O-Töne auch bereits in eine eigene Submixspur mischen und erhalten dann in etwa das, was früher der IT-Ton war. Ich bevorzuge es jedoch, wenn nicht allzu viele Tonspuren das Projekt unübersichtlich machen, erst in der finalen Mischung die Lautstärke jedes Clips festzulegen. Dadurch erreiche ich einen besonders lebendigen Ton, der mehr Abwechslung ins Video bringt.

21.4.1 Kommentar und Sprachaufnahme

Die Sprachaufnahme ist sozusagen der letzte Akt, bei dem es noch einmal darum geht, Medien zu erzeugen. Der Bildschnitt sollte zu diesem Zeitpunkt bereits fertiggestellt sein. Bevor Sie zur Aufnahme des Kommentartextes schreiten, müssen Sie diesen natürlich noch schreiben – außer Sie sind ein Genie und sprechen den Ton einfach live auf. Sie sind also als Autor noch einmal richtig gefordert. In Redaktionen stünde Ihnen jetzt der kritischste Augenblick in Ihrem Filmprojekt bevor. Sie müssten den bis dahin abgeschlossenen Filmschnitt präsentieren und dazu live den fertigen Kommentartext lesen. Wenn Sie Glück haben, werden die Kollegen noch einmal am Text mit Ihnen feilen. Wenn Sie Pech haben, schickt man Sie zurück in den Schnitt und verlangt Änderungen. Da Sie Ihr eigener Redakteur sind, gehen wir einmal davon aus, dass der Schnitt perfekt sitzt. Es geht also nur noch um einen ebenso perfekten Kommentar. Fast alle Dokumentarfilme setzen auf ergänzenden Text, in dem Situationen und Szenen erklärt werden. Je geschickter Sie allerdings O-Töne und Atmos einsetzen, desto weniger sind Sie auf den »Hörfunk« zum Film angewiesen. Der Dokumentarfilmer Jörg Adolph hat es in seinem sehenswerten Film über die Oberammergauer Passionsfestspiele fertiggebracht, fast 2 ½ Stunden ohne Kommentar auszukommen. Doch so bewundernswert solche Glanzstücke auch sind, manchmal helfen ein paar Worte zur rechten Zeit dem Zuschauer weiter.

Nehmen Sie sich Zeit fürs Formulieren. Profis, bei denen jedes Wort sitzen muss, schreiben den Text oft schon während des Schnitts. Ich ziehe es vor, ihn nachträglich mit etwas Abstand zu verfassen. Dann kann ich mich auch ganz auf den Text konzentrieren, und oft fällt mir noch das ein oder andere Wortspiel ein, das Text und Film lebendiger macht. Folgende Regeln sollten Sie beim Abfassen des Textes beherzigen:

- **Weniger ist mehr**: Auch wenn Sie glauben, Ihr Film wäre die geeignete Gelegenheit, der Welt mitzuteilen, dass in Ihnen noch ein Kunsthistoriker oder zumindest Reiseführer schlummert: Vermeiden Sie möglichst lange theoretische Abhandlungen. Auch die Aneinanderreihung von Fakten ist selten eine Bereicherung, abgesehen davon, dass dabei kaum jemand zuhört. Beschränken Sie sich auf das Wesentliche, und gönnen Sie den Zuschauern auch Pausen, in denen sie Musik und Bilder genießen dürfen.
- **Nicht gegen das Bild texten**: Wenn Kommentar und Bild nichts mehr miteinander zu tun haben, öffnet sich die sogenannte *Text-Bild-Schere*. Besonders anfällig für diesen Fehler sind Szenen ohne große Aussagekraft, von denen der Autor glaubt, all das sagen zu können, was bisher ungesagt blieb. Versuchen Sie stattdessen, die Szene zu beschreiben, ohne im Kommentar die Informationen aus den Bildern einfach nur zu wiederholen. Ein Beispiel für eine Text-Bild-Schere lässt sich fast jeden Abend in der »Tagesschau« bewundern, wenn im Bild das Berliner Bundeskanzleramt zu sehen ist und darüber getextet wird, was hinter den Mauern gerade passiert.
- **Lebendig formulieren**: Verwenden Sie vor allem starke Verben, und verzichten Sie auf umständliche Substantivierungen. Beispiel: »Jetzt ist die Zeit gekommen, dass die Kinder auf dem zugefrorenen See wieder Schlittschuh laufen können.« Besser: »›Eis frei‹ heißt es, und die Kinder flitzen mit ihren Stahlkufen über den zugefrorenen See.« Meiden Sie lange Schachtelsätze und komplizierte Fremdwörter. »Funkisch« nennen Fachleute diese Art des Formulierens.

Wenn der Kommentartext fertig ist, muss er aufgenommen werden. Da er am Ende sehr präsent sein wird, sollte dies mit möglichst hoher Sorgfalt geschehen. Das heißt, möglichst ohne Rau-

USB-Mischer
Sehr hilfreich bei der Sprachaufnahme sind solche kleinen Mischer, die über ein USB-Kabel angeschlossen werden und jeden Computer in ein Aufnahmestudio verwandeln. Das Eingangssignal, also Ihre Stimme, lässt sich präzise aussteuern, und dank des Headsets nehmen Sie Ihren Ton soweit möglich ohne störende Hintergrundgeräusche auf.

▲ **Abbildung 21.53**
USB-Mischer

schen, möglichst ohne störende Nebengeräusche, möglichst ohne Akustikeffekte wie Hall, die die Verständlichkeit beeinträchtigen.

Schritt für Schritt
Sprache in Premiere Pro aufnehmen

Sie können Ihren Kommentar natürlich in die Kamera sprechen und dann das File auf den Computer überspielen. Mehr Kontrolle haben Sie, wenn Sie Premiere Pro und Ihren Computer auch als Aufzeichnungsgerät verwenden. Sie können dann live direkt in die für die Sprachaufnahme reservierte Audiospur aufnehmen. Und so geht's:

1 Spur zur Sprachaufnahme aktivieren

Öffnen Sie den Audiomischer, und aktivieren Sie die Spur für die Sprachaufnahme zur Aufnahme, indem Sie den Button »R« ❶ anklicken. Er wird rot markiert. In der neuesten Version von Premiere Pro hat Adobe das Procedere deutlich vereinfacht. Wenn Sie in der Spur, in der Sie Ihren Kommentar aufnehmen wollen, das Mikrofon ❷ anklicken, dann werden alle Einstellungen automatisch vorgenommen, eine Uhr zählt 3 Sekunden herunter, und die Sprachaufnahme beginnt. Sie können sie durch Drücken der Leertaste beenden.

Abbildung 21.54 ▼
Audiomischer zur Sprachaufnahme direkt in Audiospur 3

2 Audiogeräte konfigureren

Öffnen Sie in den Voreinstellungen die Audiogeräte, und wählen Sie dort die Einstellungen aus. Unter den Einstellungen wählen Sie Aufnahme aus und dort den Eingang Ihres Mikrofons, das Sie z. B. am Mikrofoneingang Ihres Laptops angeschlossen haben.

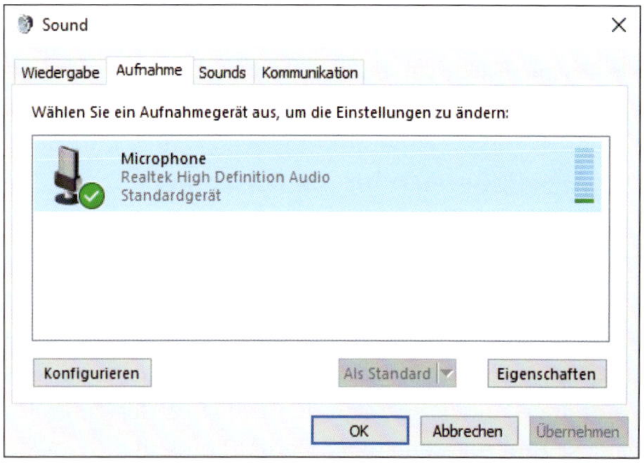

◂ **Abbildung 21.55**
Konfigurationstool für Audiogeräte

3 Aufnahme starten

Starten Sie die Aufnahme, indem Sie den Record-Button anklicken und auf Play klicken. Mit dem Drücken des Stopp-Buttons wird die Aufnahme angehalten und das Audiofile im Projektordner und in der Audiospur vor der aktuellen Position des Abspielkopfes abgelegt.

Profis setzen sich für Sprachaufnahmen in schallisolierte Sprecherkabinen. Wenn Sie dazu keine Möglichkeit haben, dann versuchen Sie, dem Ideal eines trockenen, rauschfreien Tons möglichst nahezukommen. Gehen Sie für die Sprachaufnahme möglichst nicht in den Keller. Und auch wenn Ihr Schnittsystem über eine Live-Recording-Funktion verfügt, sehr wahrscheinlich nehmen Sie auch das Rauschen des Rechners auf.

Wenn Sie eine ordentliche Stimme haben und noch dazu gut und lebendig vorlesen können, herzlichen Glückwunsch. Von meinen wahrscheinlich etwa 1.000 Beiträgen, die ich bis heute gedreht habe, habe ich nur zwei selbst besprochen. Und da ließ es sich einfach nicht verhindern. Trotzdem ist falsche Scham nicht angebracht. Sie sind der Autor des Films und deshalb immer berechtigt, auch den Kommentar zu sprechen. Nur Mut! Wenn Sie Ihre eigene Stimme, bei mir selbst ist es so, gar nicht mögen, dann suchen Sie sich einen Sprecher. Wichtiger noch als die Stimme ist die richtige Betonung beim Lesen. Stellen Sie sich bei der Aufnahme Ihr Publikum vor, und versuchen Sie, den Text

Sprachaufnahme im Wohnzimmer
Gut geeignet für Sprachaufnahmen sind große Wohnräume mit Vorhängen und vielen Möbeln, möglichst auch Bücherregalen. Sprechen Sie nicht in Richtung großer Fensterfronten, da diese den Schall besonders gut zurückwerfen und damit für Hall sorgen. Gehen Sie nah ans Mikro heran, montieren Sie jedoch vor dem Mikro einen sogenannten Ploppschutz. Der verhindert, dass gerade bei harten Konsonanten wie p, b oder t ein kurzer Luftstoß für ein unangenehmes »Ploppen« auf der Aufnahme sorgt.

möglichst zu »erzählen«, statt ihn vorzulesen. Das wirkt lebendiger und angenehmer.

21.4.2 Die Mischung

Nun können wir an die sogenannte Mischung gehen. Dazu kann es hilfreich sein, die Oberfläche etwas anders zu organisieren. Vorschaufenster und Videospuren sind nun nicht mehr ganz so entscheidend, da während der Mischung das Bild nur eine untergeordnete Rolle spielt. Deshalb baue ich für die Mischung meinen Arbeitsbereich noch einmal um.

21.4.3 Der Arbeitsbereich für die Mischung

Als neues Arbeitsgerät fällt vor allem der Audiomischer auf. Er erinnert stark an einen klassisches Studiomischern mit Fadern für das Einstellen der Lautstärke und Levelmeter 2 zur optischen Kontrolle der Pegel aller Tonspuren. Wichtig sind die EFFEKTEINSTELLUNGEN 1 zum Anpassen der Lautstärke aber auch zur Bearbeitung einzelner Audioeffekte und natürlich unser zentrales Schnittfenster 3 zum Auswählen der Clips.

Abbildung 21.56 ▼
Der Arbeitsbereich für die Mischung

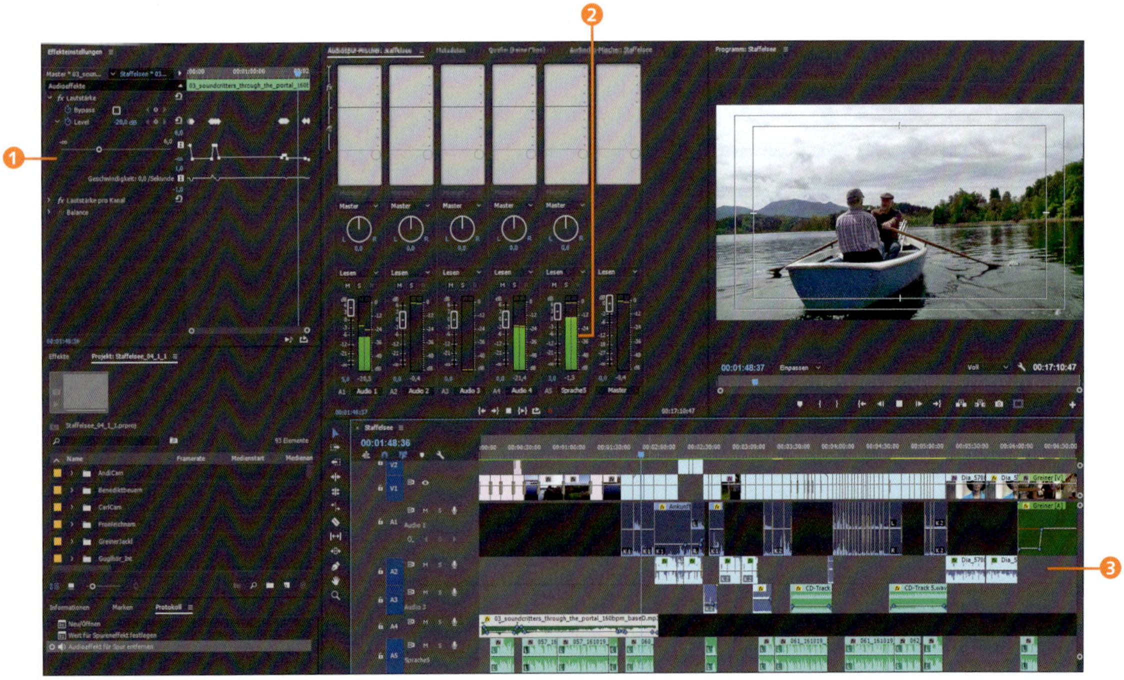

- **Timeline**: In der Timeline können Sie die einzelnen Clips auswählen. Sie können Auf- und Abblenden dort auch optisch kontrollieren. Die unteren Clips stehen für den Kommentar, der obere Clip für die Musik. Während einer Sprechpause (Lücke) wird die Musik etwas angehoben und wieder abgesenkt, sobald der Sprecher erneut einsetzt.

- **Effekteinstellungen**: In den EFFEKTEINSTELLUNGEN setzen Sie die Keyframes in der Effektspur, in diesem Fall der Lautstärke. Die vier Keyframes zeigen die Auf- und Abblende während der Sprechpause an. Geben Sie wenn möglich numerische Werte für ein exaktes Ergebnis an.
- **Pegel**: Mit den Pegeln können Sie das Mischungsverhältnis und letztendlich die Lautstärke kontrollieren. Im Beispiel liegt die Musik in der Lautstärke ca. 20 dB unterhalb der Sprache. Zusammen erreichen Sie maximal 0 dB Leistung auf dem Master. Auf keinen Fall sollte der Ton übersteuern, also über 0 dB liegen.

21.4.4 Das richtige Lautstärkeverhältnis finden

Bei digitalem Ton sollten die Pegel niemals über die 0-dB-Grenze hinaus ausschlagen. Ansonsten ist der Ton übersteuert, und im digitalen Zeitalter ist das gleichbedeutend mit kaputt. Sie hören die Zerstörung, die ein übersteuerter Masterpegel anrichtet, durch unangenehme Kratzgeräusche anstelle eines verständlichen Tons.

Es gibt viele Empfehlungen, wie das Lautstärkeverhältnis zwischen den verschiedenen Audiospuren zu sein hat, wie laut also z. B. Musik im Verhältnis zu einem darüber liegenden Kommentarton zu hören sein sollte. Wie meistens bin ich auch hier der Auffassung, dass es dafür keine goldene Regel gibt. Am Ende müssen Sie je nach Klangeindruck entscheiden. Aber es gibt ein paar grobe Anhaltspunkte.

Lautstärke der menschlichen Stimme
Es gibt leider einen schmalen Bereich, in dem gerade die menschliche Stimme leicht angekratzt erscheint, aber doch noch verständlich klingt. Deshalb lege ich auf Kommentar- und O-Töne immer einen Limiter, da ich diese Spuren möglichst nah an die 0-dB-Grenze auspegeln möchte. Mehr zum Umgang mit dem Limiter, wo Sie den Effekt finden und wie Sie ihn einsetzen, finden Sie in Abschnitt 18.4.3 unter »Der Begrenzer des Dynamik-Filters«.

Situation	Kommentar oder O-Ton	Musik	Atmo
Jingle: kurzer Trailer mit Musik und Geräuschen	nicht vorhanden	–10 dB bis Maximum	–40 dB bis Maximum
Kommentar/O-Ton über Musik und Atmo	0 dB	–25 bis –15 dB	–45 bis –20 dB
Kommentar/O-Ton über Atmo	0 dB	nicht vorhanden	–45 bis –20 dB
Geräusch allein	nicht vorhanden	nicht vorhanden	–10 bis –5 dB
Musik allein	nicht vorhanden	–10 bis –5 dB	nicht vorhanden

◄ **Tabelle 21.2**
Richtwerte für Lautstärke verschiedener Audiospuren

Der richtige Lautsprecher
Gerade bei der Mischung kommt es auf den guten Ton an, also – so die landläufige Schlussfolgerung – auch auf entsprechend gute Lautsprecher. Doch das ist ein Trugschluss. Optimal sind Lautsprecher, die mit denjenigen vergleichbar sind, die bei der bevorzugten Wiedergabe Ihres Films verwendet werden. Bei einer DVD also möglicherweise ein Fernsehgerät oder Computer. Und die Lautsprecher dort sind in der Regel nicht High-End, sondern eher Durchschnitt. Gerade Computerlautsprecher bestechen nicht durch Brillanz und Dynamik. Meistens fehlt es ihnen an Bässen, weshalb von Kritikern ihre Wiedergabequalität oft auch als »Quäken« abqualifiziert wird. Wenn Sie für solche Abspielgeräte produzieren, sollten Sie lieber über vergleichbare Monitore den Ton akustisch kontrollieren, statt auf den satten Sound Ihrer Dolby-Surround-Anlage zu vertrauen. Umgekehrt gilt natürlich: Wenn Sie einen Film in 5.1 abmischen, sollten Sie das Ergebnis natürlich auch bereits während der Mischung auf entsprechenden Lautsprechern kontrollieren.

Gesang und Kommentar
Eine goldene Regel besagt, dass Sprache nie über Gesang gelegt werden sollte. Ich halte mich an diese Regel, gebe aber zu, dass es im Fernsehen täglich Beispiele auf die Ohren gibt, die das Gegenteil belegen. Wenn Sie Gesang und Sprache miteinander mischen, dann sollte der Gesang jedoch deutlich in den Hintergrund treten.

Unschwer zu erkennen ist, dass Sprache, sei es als Kommentar oder O-Ton, immer möglichst präsent sein sollte. Nichts nervt mehr, als wenn ein Sprecher nicht zu verstehen ist. Sind im Hintergrund Geräusche oder gar Musik zu hören, müssen Sprache und Hintergrund deutlich voneinander getrennt werden, da sonst die Verständlichkeit leidet. Allerdings empfindet hier jeder etwas anderes, und nicht jede Musik kann gleich behandelt werden. Musik mit starken Beats sollte mehr in den Hintergrund treten als leises unakzentuiertes Gesäusel.

21.4.5 Vorbereitung der Mischung

Ein Trick, Musik und Sprache besser miteinander auszusöhnen, ist, die Musik stark zu komprimieren. Denn meistens wirken starke Akzente störender als die Musik selbst, durch die Kompression werden sie sozusagen eingeebnet. Für Musikfreunde bedeutet allein die Vorstellung häufig schon eine Beleidigung, wünschen sie sich doch gerade sehr dynamische Aufnahmen. Aber beim Film steht das Gesamtkunstwerk im Vordergrund, deshalb hilft eine Kompression in manchen Fällen weiter. Wollen Sie die Musik freilich frei stehen lassen, würde ich auf die Kompression eher verzichten.

Wenn Musik oder Geräusche allein stehen, pegele ich sie nie so laut aus wie die Sprache. Sie wird also nie lauter als –5 dB. Ausnahmen mache ich hier nur, wenn die Musik absolut im Vordergrund steht, z. B. bei Konzertaufnahmen. Dient die Musik nur der Untermalung, dann sollte sie nach meinem Geschmack nie die Präsenz von O-Tönen oder Sprache bekommen. Das Gleiche gilt für Geräusche. Geräusche sind grundsätzlich individuell zu beurteilen. So steril, wie Videoaufnahmen ohne Atmo wirken, so nervös machen einen permanente Pegelsprünge. Wenn im Film ein Schuss fällt, dann sollte dies kein Signal sein, das den Zuschauer aus dem Sessel schießen lässt. Gut hörbar – ja, erschrecken – nein. Auf Lautstärkesprünge reagiert der Zuschauer immer mit dem Griff zur Fernbedienung, sofern er die Macht gerade an sich reißen kann.

Aus dem vorher Gesagten ergibt sich schnell, dass die Mischung, also das Lautstärkeverhältnis der einzelnen Spuren im Film, an verschiedenen Stellen immer wieder neu festzulegen ist. Steht die Musik für sich allein, dann sollte sie lauter sein, spricht der Kommentator, muss sie ausgeblendet oder deutlich leiser werden. Die Mischung ist also eine Abfolge von Auf- und Abblenden der verschiedenen Tonspuren. Bevor wir damit loslegen können, sollten wir die einzelnen Spuren jedoch harmonisieren. Der Kommentarton wird wahrscheinlich immer gleich laut sein, außer bei der Aufnahme ist etwas schiefgelaufen. Schon die O-Töne werden aber unterschiedlich laut sein, mal lag die Einstellung etwas daneben, mal verschlug es dem Interviewten zunehmend die Stimme. Kommentarton und O-Töne sollten Sie also grundsätzlich normalisieren, d.h. so auspegeln, dass die lautesten Passagen gerade die 0-dB-Grenze erreichen. Obwohl viele Programme einen entsprechenden Button anbieten, höre ich mir lieber die einzelnen Clips an und lege die Audioverstärkung von Hand und mit Blick auf das Levelmeter selbst fest.

Die Lautstärke der Musik reduziere ich von Haus, indem ich am Mischer den Fader auf –5 dB einstelle. Die Geräusche bringen es bei mir nur selten auf über –20 dB. Innerhalb einer Sequenz gleiche ich Atmos aneinander an, indem ich die Lautstärke vermindere oder in eher seltenen Fällen auch mal hochziehe.

Gleichzeitig verblende ich alle Atmoclips miteinander, sodass die Spuren am Ende etwa so aussehen.

Audioclips verblenden
Dies ist eine elegante Möglichkeit, um noch vorhandene Pegelsprünge zwischen den Clips weiter zu eliminieren. Sie können in Premiere Pro alle Clips einer Spur auswählen und mit dem Befehl Strg + ⇧ + D auf alle Clips die Audioblende anwenden. Hören Sie sich danach jedoch unbedingt die Töne noch einmal an. Denn manchmal kommt eine unangenehme Störung, z.B. ein redender Kameramann, in der Blende zum Vorschein.

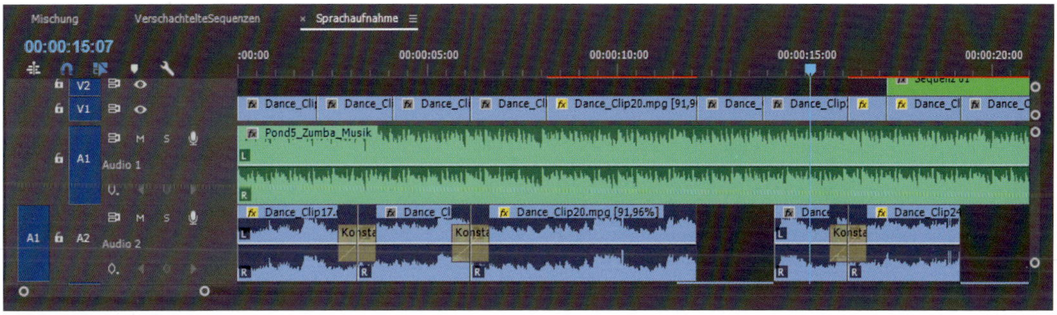

▲ **Abbildung 21.57**
Verblendete Audioclips in der Timeline in den Spuren 3 und 4

21.4.6 Mischen mithilfe von Keyframing

Nun können wir mischen. Ich erledige diese Arbeit mithilfe von Keyframes, weil ich damit die meiste Kontrolle über jedes Frame habe. Beim Keyframing legen Sie in der jeweiligen Audiospur die jeweilige Lautstärke mithilfe eines Schlüsselframes fest. Ich mache dies gerne manuell, es gibt jedoch Methoden, mit denen Sie live durch Anpassen der Regler mischen, Premiere Pro zeichnet dann die Keyframes automatisch auf. Mir gefällt das weniger, ich kenne aber Cutter, die damit glänzend und schnell einen Beitrag abmischen.

Ganz wichtig: Ab jetzt sollten Sie ganz genau hinhören. Denn es ist nicht so, dass jede Auf- und Abblende immer in etwa gleich lang ist. Mal will man einen bestimmten Akzent gerade noch hören, bevor die Musik ganz verschwunden ist, mal sollte ein neuer Akzent auf keinen Fall zu hören sein, weil er dem Zuschauer den Eindruck vermittelt, hier gäbe es zwar etwas Spannendes zu hören, was er aber leider verpasst.

Bevor Sie die ersten Keyframes setzen, sollten Sie die wichtigste Grundregel aller Cutter befolgen: Ab sofort Finger weg vom Volume-Knopf Ihres Lautsprechers oder – falls Sie darüber verfügen – von den Reglern Ihres Audiomischers. Stellen Sie den Lautsprecher so ein, dass Sie die O-Töne und den Kommentar klar und deutlich hören. Kommt nun eine zu laute Passage, dann müssen Sie diesen Fehler in der Timeline korrigieren. Wer intuitiv einfach den Saft runterdreht, macht sich zwar das Leben angenehmer, verfehlt aber sein Ziel. Denn auf die Mischung in der Timeline hat das Drehen am Volume-Knopf keinen Einfluss.

21.4.7 Sprache, Musik und Atmo harmonisch abmischen

Die neuralgischen Stellen bei der Mischung sind die Übergänge zwischen Musik und Atmo einerseits und Kommentar und O-Tönen andererseits. Ich stürze mich in der Regel zuerst auf die Musik. Noch mal zur Erinnerung: O-Töne und Kommentar sind eigentlich fertig und maximal ausgesteuert. Die Musik muss immer dort ab- bzw. aufgeblendet werden, wo ein O-Ton/Kommentar beginnt oder endet. Wählen Sie die Audiospur im Keyframe-Editor aus, und bewegen Sie den Cursor auf den Anfang eines O-Tons.

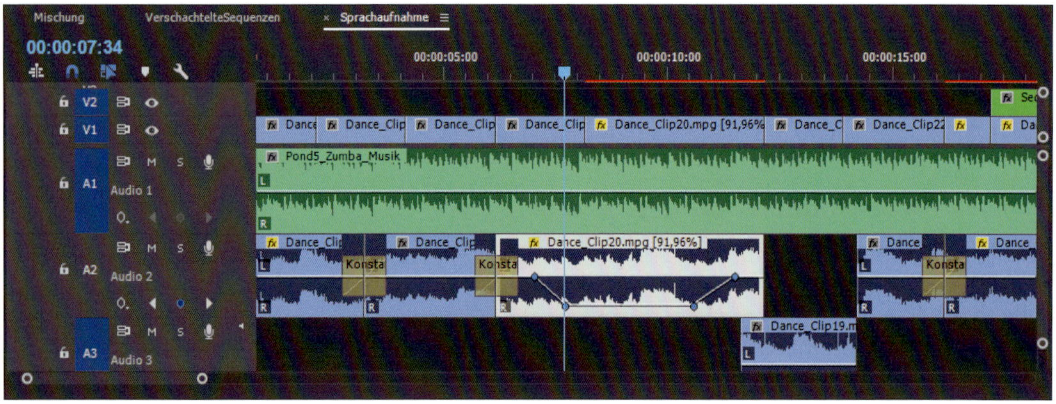

▲ **Abbildung 21.58**
Der zu bearbeitende Musikclip in Premiere Pro

Hören Sie sich die Stelle einmal vorurteilsfrei an. Die Musik erscheint wahrscheinlich zu laut, sobald der O-Ton beginnt. Haben Sie die Musikspur bereits um 5 dB reduziert, setzen Sie kurz vor dem Beginn des O-Tons einen Keyframe und kurz nach dem Beginn einen zweiten. Ziehen Sie den zweiten Keyframe nun mit der Maus auf –15 oder –20 dB, oder geben Sie den Wert manuell ein ❶ (das bevorzuge ich). Über die Pfeile ❻ können die Keyframes ❷ einzeln angesprungen werden. Zwischen den beiden Keyframes sollte etwa 1 Sekunde liegen. Hören Sie sich die Stelle erneut an. Versuchen Sie, zu beurteilen, ob Sprache und Musik harmonisch ineinander übergehen. Die Musik sollte nicht zu schnell ausblenden, aber bei Beginn des O-Tons bereits deutlich leiser sein.

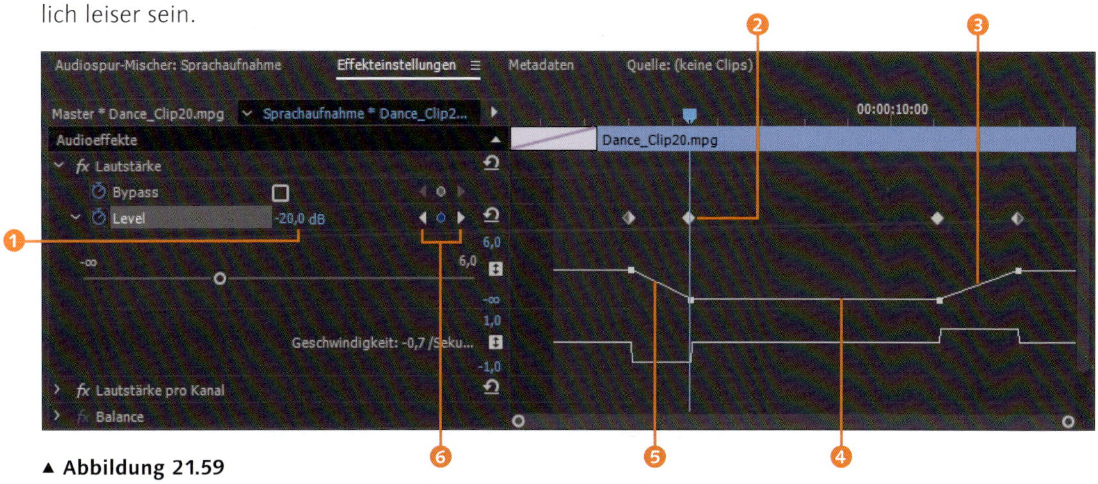

▲ Abbildung 21.59
Keyframe-Animation der Lautstärke: Vor Beginn des in der Timeline darüber liegenden O-Tons wird abgeblendet, kurz vor Ende beginnt die Aufblende.

Probieren Sie Alternativen aus, indem Sie den ersten Keyframe z. B. etwas nach vorne ziehen, den zweiten etwas nach hinten und damit die Abblende ❺ verlängern. Wenn Ihnen die Blende gefällt, dann springen Sie zum Ende des O-Tons und blenden die Musik wieder auf ❸. Setzen Sie erneut zwei Keyframes, den ersten nun mit –15 dB, den zweiten wieder mit 0 dB. Versuchen Sie auch hier, durch Ausprobieren eine Aufblende zu kreieren, die harmonisch klingt. Sobald Sie mit Auf- und Abblende zufrieden sind, hören Sie sich die ganze Passage an.

Kontrollieren Sie alle Passagen, indem Sie konzentriert hören. Stimmt das Mischungsverhältnis, oder gibt es zwischendrin Stellen, an denen die Musik zu dominant wird, etwa weil im Hintergrund der Schlagzeuger zu einem unerwarteten Solo ansetzt? Entweder ist die Musik dann ungeeignet, und Sie müssen sie ganz ausblenden oder im Zweifelsfall eine andere Musik suchen. Manchmal bricht auch die Stimme des Sprechers etwas in der Lautstärke ein. Wählen Sie den Clip aus, und korrigieren Sie die Sprache entsprechend mit Keyframes, indem Sie die Leistung zum Ende des Takes hin um ein paar dB erhöhen.

Wannen bauen?
Mit vier Keyframes erzeugen wir im Musikclip die typische Wannenform ❹. Wegen des eigentümlichen Bildes, das die Keyframes in der Musikspur nun zeigen, bezeichnen Cutter diesen Teil der Arbeit auch als *Wannenbauen* oder *Bettenmachen*. Am Ende ist die Sprache in ein Musikbett gelagert, das hoffentlich größtmögliche Verständlichkeit erlaubt und der Musik gerecht wird.

So können Sie nun von einem O-Ton zum nächsten springen, von einer Kommentarsequenz zur nächsten und die Musik anpassen. Wenn Sie einige Mischungen hinter sich haben, wird Ihnen die Arbeit zunehmend zügig von der Hand gehen.

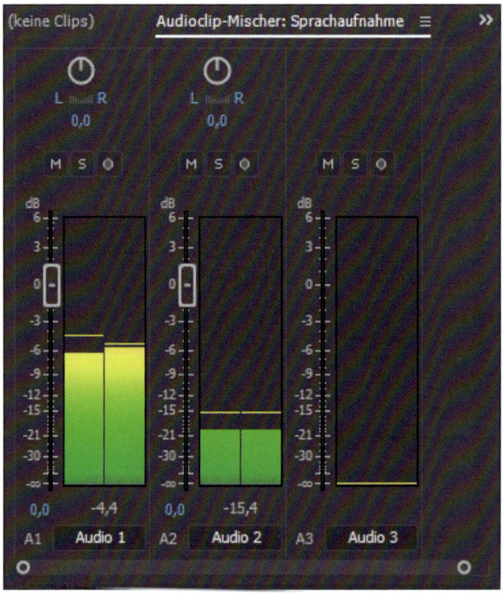

Abbildung 21.60 ▸
Der Audioclip-Mischer

Mischung hören und sehen
Die Mischung eines Films ist eine anstrengende Sache. Für einen 30-Minuten-Film mit vielen Tonquellen veranschlage ich einen halben, manchmal auch ganzen Tag. Beim Spielfilm dauert das Ganze sehr viel länger, weil hier ja auch viele prägnante Geräusche verwendet werden. Leider ermüdet unser Gehirn schnell bei dieser Arbeit und überhört z. B. Pegelsprünge in der Sprachaufnahme. Dagegen hilft nur, die Lautstärke immer wieder mit einem Blick auf das Levelmeter zu kontrollieren, um sicherzugehen, dass uns das Gehirn nicht gerade betrügt.

Bleibt noch die Atmo. Die mische ich ganz am Ende dazu. Dabei suche ich mir wieder die Passagen, die am lautesten zu hören sein sollen, also z. B. den berühmten Schuss. Im Film von Patrick wollte ich z. B. das Knistern des selbst gebastelten Schweißgeräts laut hören. Suchen Sie solche Stellen, und legen Sie am Mischer den maximalen Lautstärkewert fest. Nun müssen Sie alle Stellen finden, die zu laut oder zu leise sind. Anstatt Keyframes einzusetzen, pegele ich bei Geräuschen bis auf wenige Ausnahmen immer den ganzen Clip. Früher habe ich dies über die Funktion Normalisieren erledigt, seit der Version CS6 stellt Premiere Pro den Audioclip-Mischer zur Verfügung, über den man gleichzeitig Zugriff auf die Clips in allen Spuren an der Position des Abspielkopfes hat – sehr praktisch, wenn man sich erst einmal an den Umgang gewöhnt hat.

Mit einem Rechtsklick auf den Clip können Sie die sogenannte Audioverstärkung öffnen und manuell festlegen, um wie viel dB der Clip lauter oder leiser werden soll. Über das gleiche Fenster können Sie den Clip auch normalisieren.

Wenn Sie mit der Audiomischung fertig sind, ist der Film wahrscheinlich bereit zur Ausspielung. Bevor Sie nun erwartungsfroh auf den Export-Button drücken, lehnen Sie sich zurück, und schauen und hören Sie sich Ihr ganzes Werk noch einmal an.

Dazu gehört immer etwas Überwindung, weil Sie in der Regel nun jeden Frame schon x-Mal gesehen und gehört haben, alle Mängel kennen und sich an den gelungenen Passagen bereits sattgesehen haben. Trotzdem. Holen Sie sich einen Kaffee, und lehnen Sie sich zurück. Zwingen Sie sich dazu, sich den ganzen Film ohne Unterbrechung anzuschauen. Entdecken Sie einen leicht zu behebenden Fehler, drücken Sie nicht gleich die Stopp-Taste. Schreiben Sie sich den Timecode auf, oder merken Sie sich die Stelle. Sie läuft bestimmt nicht davon.

Wenn Sie alle Fehler behoben haben, die Ihnen bei diesem kritischen Durchlauf aufgefallen sind, ist es Zeit, das erste wohlmeinende Publikum vor dem Monitor zu versammeln. Denn vielleicht reagieren unbeteiligte Zuschauer auf die eine oder andere Stelle anders als von Ihnen erwartet. Und auch dann kann man ja noch etwas ändern, an der fertigen DVD hingegen nicht. Wenn Sie aber am Ende Ihrer Kräfte oder hundertprozentig von Ihrem Werk überzeugt sind, dann wird es Zeit, sich Gedanken zu machen, wie man den Film unters Publikum bringt.

Kapitel 22
Die Veröffentlichung eines Films

Wenn der Film fertig ist, muss er noch in einer verwendbaren Form »ausgespielt« werden. Früher hieß das, den Film auf Band oder Film aufzuzeichnen. Heute wird das Schnittfenster für das jeweilige Ausgabegerät als File exportiert. Darauf sollten Sie achten, wenn Sie Ihr Projekt zur Präsentation fertigstellen.

22.1 Im digitalen Dickicht

Nun wird es Zeit, Ihren Film in die Freiheit zu entlassen. Das heißt, anstatt ihn wie bisher ausschließlich über den Monitor Ihres Schnittrechners anzuschauen, machen Sie ihn fertig für die Vorführung, möglicherweise an beliebigen Orten. Auf DVD oder Blu-ray gebrannt, kann er in jedes Abspielgerät gesteckt und an jedem TV-Gerät oder Beamer abgespielt werden. Oder Sie hoffen, auf Vimeo und YouTube viele Klicks einzusammeln. Doch für allein diese drei Plattformen (DVD, Blu-ray, Internet) sollten Sie Ihren Film in drei verschiedenen Formaten ausspielen. Denn der Dschungel von Auflösungen und Standards lichtet sich auch am Ende der Filmproduktion nicht – im Gegenteil, er wird noch etwas dichter.

Eigentlich sollte im Digitalzeitalter alles einfacher werden, versprach zumindest einmal die Industrie. Im Moment sieht es nicht so aus, als ob sie die Zusage einhielte. Der Kampf um den Bildschirm ist ein Geschäft um Milliarden, und den versuchen Unternehmen auch mit eigenen Standards zu gewinnen, mit denen sie um die Gunst der Zuschauer und Kunden werben. Für Filmproduzenten ist das ein überflüssiges Übel, dem sie sich aber dennoch stellen müssen. Vor der Vorführung müssen Sie sich notgedrungen mit den technischen Spezifikationen von Abspiel-

Der Schock
Wenn Sie Ihren Film zum ersten Mal auf einem anderen Ausgabegerät bewundern, stellen Sie sich darauf ein, dass Sie Ihr eigenes Werk nicht wiedererkennen. Denn in den allermeisten Fällen wird sich die Farb- und Kontrastwiedergabe deutlich von der Ihres Schnittmonitors unterscheiden. Selbst wenn der Abspielmonitor besser sein sollte als Ihr Schnittmonitor, so werden Sie sich doch nach dem vertrauten Bild zurücksehnen. Um es kurz zu machen: Leben Sie mit dem Schock. Denn wenn das Ausgabegerät nicht kalibrierbar ist, haben Sie keine Möglichkeit, Abhilfe zu schaffen. Wenn Sie sichergehen wollen, dass Ihr Bild so aussieht, wie Sie das wollen, müssten Sie auch das Abspielgerät exakt einmessen.

geräten, Überspielkabeln, Bildschirmen, Monitoren und Beamern beschäftigen. Tabelle 22.1 gibt einen Überblick über die bis heute verwendeten Normen und Standards.

	Abspielgeräte	**Signalweg**	**Anzeigegeräte**
Beispiele	Computer, DVD-Player, Spielekonsole, Blu-ray-Player	HDMI, VGA, DVI, DisplayPort, Thunderbolt	Computerbildschirm, Fernseher, Beamer, Handy
Gängige Standards	PAL, NTSC, SVGA, XGA	HDMI, SDI, DVI, VGA, DisplayPort, Cinch, Scart, Komponenten	WVGA, HD Ready, Full HD, UHD I + II, WXGA, WUXGA, 2K, 4K
Auflösungen	720 × 576 (4:3) 720 × 576 (16:9) 800 × 600 1.024 × 768 1.280 × 1.024 1.600 × 1.200 2.048 × 1.536 3.840 × 2.160 7.680 × 4.320		720 × 576 854 × 480 1.280 × 720 1.440 × 960 1.920 × 1.080 1.920 × 1.200 3.200 × 2.400 3.840 × 2.160 4.096 × 2.160 5.120 × 2.880 7.680 × 4.320

▲ **Tabelle 22.1**
Übersicht über Normen und Standards

Diese Tabelle ist nicht vollständig und soll Ihnen vor allem vor Augen führen, dass Fernsehen und Computer noch längst nicht so zusammengewachsen sind, wie es uns die Medien glauben machen wollen. Auch wenn wir heute Fernsehsendungen bereits über das Handy abrufen können und Netflix-Produktionen aus den USA bei uns zur Primetime im TV laufen. Immerhin. Computer und TV-Geräte verwenden heute vielfach die gleichen Auflösungen und Formate. Hinzugekommen sind nun vor allem neue Bildgrößen für Videos in sozialen Netzwerken wie Instagram, Facebook oder TikTok.

Abbildung 22.1 ▶
Beispielhafte Videogrößen auf Smartphones (Instagram): Quadrat 1.080 × 1.080, Landscape 1.080 × 608, Porträt 1.080 × 1.350

Bei Filmen bevorzugt Instagram die klassische Full-HD-Auflösung im Format 1.920 × 1.080.

Instagrams Mutterkonzern Facebook verwendet ähnliche Videogrößen, verrät aber auf seinen Seiten nur die gewünschten Seitenverhältnisse. Und die sind wahlweise 16:9 oder 9:16 für Videos, die das ganze Smartphone-Display ausnutzen, oder quadratische (1:1) oder vertikale (4:5) Größen. Ähnlich sieht es bei TikTok aus.

22.1.1 Abspielgeräte

Die Welt der Abspielgeräte liegt der Videowelt am nächsten. DVD-Player und auch Blu-ray wurden entwickelt, um Videos abzuspielen. Die jeweiligen Spezifikationen bauen auf den klassischen Videoformaten wie MPEG-2 und MPEG-4 auf.

Die Computerwelt dagegen hat von Anfang an immer auch andere Formate bevorzugt. Beispiel der Systemverwirrung: Während sich im Fernsehbereich Full HD mit 1.920 × 1.080 Pixeln durchgesetzt hat, unterstützen moderne Computermonitore 1.920 × 1.200 Pixel. Zudem arbeiten Grafikkarten mit allen möglichen Frequenzen, also z. B. 50 Hz, 65 Hz, aber auch 75 Hz und mehr. Vor allem ältere Fernseher reagieren dagegen längst nicht auf jede Frequenz, auf denen ihnen irgendeine Grafikkarte Bildinformationen liefern möchte. Das problematische Abspielgerät ist also der Computer. Allerdings können Sie dessen Einstellungen auch am einfachsten manipulieren. Wenn also einmal nichts geht, obwohl Sie das Kabel und den richtigen Sitz aller Steckverbindungen kontrolliert haben, sollten Sie sich der Anzeige Ihres Computers widmen.

22.1.2 Anzeigegeräte

Anzeigegeräte, also Fernseher, Computermonitore, Beamer, aber auch Handys und Tablet-PCs sind eine Welt für sich. Viele unterstützen vieles, aber längst nicht jedes Gerät alles. Immerhin kennen die Hersteller die Probleme und versuchen deshalb, mit einer Vielzahl von Signalen umzugehen. So verwirrend die verschiedenen Auflösungen, Standards und Formate auch für Sie sein mögen, in vielen Fällen sorgen die Geräte untereinander für die entsprechende Abstimmung und suchen nach einer optimalen Lösung für den Nutzer.

So skalieren Fernseher die unterschiedlichsten Bilder ins bestmögliche Ausgabeformat. Bilder, die im Format 1.280 × 720 angeliefert werden, rechnet ein Full-HD-Fernseher auf 1.920 × 1.080 hoch. Problematischer ist es bei Beamern, denn da trifft man oft auf Geräte mit ganz unterschiedlichen technischen Spezifikationen. Wenn Sie einen DVD-Player mit einem S-Video-Kabel anschließen, sollte es so gut wie nie Probleme geben. Verwenden Sie dagegen ein HDMI-Kabel, und der Monitor bleibt trotzdem schwarz, müssen Sie im Handbuch des Beamers nach den unterstützten Auflösungen und Frequenzen suchen und möglicherweise Ihre Grafikkarte entsprechend umstellen.

Ein Blick unter die Motorhaube

Wenn Sie die vielfältigen Probleme interessieren, die beim Abspielen eines Videos allein über den PC auftreten können, müssen Sie einen Blick unter die Motorhaube Ihres Computers werfen. Dort warten die Konfigurationstools der Grafikkartenhersteller.

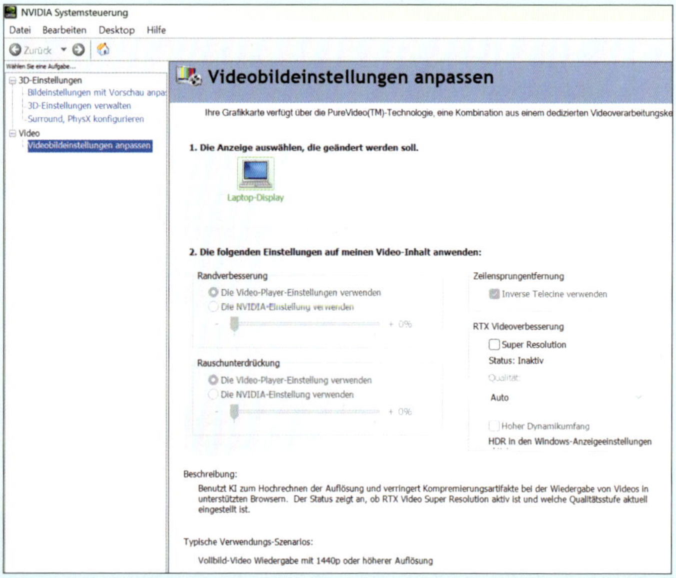

▲ **Abbildung 22.2**
Einstellungen für Nvidia-Grafikkarten

Sie können das jeweilige Tool über einen rechten Mausklick auf Ihren Desktop starten. Im Menü sollte dann die Systemsteuerung Ihres Grafikkartenherstellers zu finden sein. Die Einstellungsmöglichkeiten sind sehr komplex und spiegeln die Problematik der vielen Standards in ihrer ganzen Komplexität wider. Läuft Ihr Video nicht richtig, etwa weil Halbbilder angezeigt werden, wo eigentlich keine zu sehen sein sollten, dann suchen Sie die Einstellungen im Grafiktreiber. Auch die Farbeinstellungen lassen sich schnell anpassen. So bekommen Sie einen Beamer, der sich sträubt, schnell in den Griff.

22.1.3 Übertragungswege (Kabel und Anschlüsse)

Zwischen einem Abspielgerät und einem Anzeigegerät sorgt immer ein Kabel für Verbindung. Leider gibt es auch hier viele unterschiedliche Standards:

- **Analoges Video (FBAS, S-VHS, Komponente)**: An den meisten TV-Geräten, Beamern, aber auch Abspielgeräten wie VHS-Playern oder DVD-Playern und Kameras finden Sie noch die vertrauten Anschlüsse aus einer nun allerdings untergehenden Videowelt. Für qualitativ hochwertige Videoausspielungen ist allein das dreifaserige Komponentensignal geeignet. Allerdings sind die wenigsten Geräte für die Ausspielung von HD-Signalen über diesen Weg ausgelegt. Und während bei digitalen Signalwegen wie SDI auch gleich die Audiosignale transportiert werden können, kann analoges Video dies nicht.
- **Digitales Video (SDI)**: Dieser Standard regiert bis heute in der Profiwelt der Fernsehsender. Auch viele moderne Beamer verfügen über einen entsprechenden Eingang, leider aber bieten die wenigsten Ausgabegeräte insbesondere im Home-Bereich einen SDI-Anschluss.
- **VGA**: Der klassische analoge Anschluss für alte Computermonitore. Ab 2015 haben die ersten Hersteller auf einen VGA-Anschluss an ihren Geräten komplett verzichtet. Längst hat sich der digitale Nachfolger DVI durchgesetzt. VGA ist nicht für die Wiedergabe von Full HD ausgelegt, deshalb sollte man, wenn irgend möglich, auf den DVI-Anschluss setzen.
- **DVI**: Einige Zeit galt die Schnittstelle als Quasistandard für die digitale Übertragung von Bildsignalen. Nachdem erst Computerbildschirme über DVI angeschlossen wurden, fand sich die digitale Schnittstelle plötzlich, wenn auch nur sehr kurz, an DVD-Playern wieder. Doch dann kam HDMI, das ursprünglich nur für den Home-Entertainment-Bereich entwickelt worden war, und räumte den Markt auf.
- **HDMI**: Zurzeit ist das *High Definition Multimedia Interface*, wie HDMI ausgeschrieben heißt, der Standard schlechthin. HDMI unterstützt alle gängigen HD-Formate und bietet sogar noch etwas Luft nach oben. Neben Bild wird auch Mehrkanalton übertragen. Auch die Industrie setzt zunehmend auf HDMI, etwa bei der Verkabelung von Showräumen. Fazit: Obwohl HDMI nur als Consumer-Standard gedacht war, nutzen heute Kamerahersteller, Computer- und Monitorhersteller, DVD-Player und Spielekonsolen die Schnittstelle. Auch wenn HDMI damit für HD-Video sozusagen den universellen Anschluss zur Verfügung stellt, ein paar Schwierigkeiten drohen dennoch. Erstens: HDMI handelt sozusagen zwischen Abspielgerät und Ausgabegerät aus, wie man sich optimal verständigt. Manchmal funktioniert die Kommunikation jedoch nicht, und der Bildschirm bleibt schwarz. Zweitens: Der Standard unterstützt den Kopierschutzstandard HDCP. Wer seine

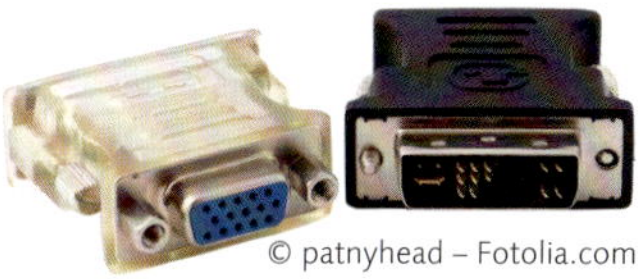

▲ **Abbildung 22.3**
Digitaler (DVI) und analoger (VGA) Anschluss für Videosignale vom Computer

USB-C und Thunderbolt
Relativ neu ist der Trend, Video, Strom und Daten über die gleiche Schnittstelle zu transportieren. Den Anfang machte USB-C. Über den flachen Stecker, der an eigentlich allen Smartphones heute Standard ist, lassen sich Videosignale oder Daten ebenso übertragen wie analoges Audio und externe Geräte mit Strom versorgen. Thunderbolt 3 sieht aus wie USB-C, passt ebenfalls in den Stecker und unterstützt die USB-3.1-Spezifikation. Thunderbolt ist allerdings schneller und unterstützt auch weitere Standards wie den Mini-DisplayPort oder PCI Express 3.0. Fazit: Jedes Thunderbolt-Kabel kann auch USB, aber nicht umgekehrt.

Format	Abspielmedium
MPEG-2	TV, DVD
MPEG-2/MPEG-4, H264, H265, Quicktime, u. v. m.	Computer
H.264/MPEG-4 AVC	Blu-ray, Internet
H.265/HEVC	UHD Blu-ray, Internet
YouTube, MPEG-4	Internet
unkomprimiert (oder max. Auflösung), JPEG 2000 (DCI), MPEG-4	Archiv, Kino
QuickTime, MXF/AAF	Austauschformate zwischen Schnittsystemen

▲ **Tabelle 22.2**
Übersicht über Videoformate

Videos mit einem ausgefeilten Kopierschutz versieht, kann Probleme bekommen.

▲ **Abbildung 22.4**
Anschlusspanel eines Beamers

- **DisplayPort**: Dem DisplayPort, der bereits von Apple und anderen Computerherstellern unterstützt wird, soll die Zukunft gehören. Allerdings hapert es bislang an passenden Ausgabegeräten. Noch sind Kabel und Stecker auch relativ teuer. Zum Glück unterstützt DisplayPort auch HDMI, sodass man im Zweifelsfall mit einem Adapter die alten Kabel weiternutzen kann. Der DisplayPort ist auch Teil des Thunderbolt-Standards.

22.2 Eine Frage von Format – die Ausspielung

Um einen Film vor Publikum präsentieren zu können, muss er in ein gängiges Format gebracht werden. Zwar könnte man theoretisch den Film immer aus dem Schnittprogramm abspielen, aber auf Dauer wäre dies sehr unpraktisch und unhandlich. Je nachdem, wie man den Film präsentieren möchte, bieten sich verschiedene Formate an:

Haben Sie sich zu Beginn Ihres Projekts, wie in Kapitel 5, »Das digitale Bild«, empfohlen, ausreichend Gedanken über das Format gemacht, dann ist die Ausspielung eigentlich nur Routine. Wenn nicht, dann könnte es nun zu Problemen kommen, vor allem wenn die Auflösung Ihres Projekts niedriger ist als nun benötigt.

22.2.1 Videoplayer

Alle Computer können heute Videos abspielen. Leider kann aber nicht jeder Computer jeden Film abspielen. Über die Videoeigenschaften eines Rechners entscheidet der installierte Medienplayer, bei Windows-Rechnern also der Windows Media Player als Standardsystem, bei Apple-Computern QuickTime. Windows unterstützte lange Zeit neben den hauseigenen Microsoft-Formaten (WMV) auch das Abspielen von AVIs und MPEG-Dateien, darunter auch MPEG-2. Wer dieses Standardformat auf einem Mac präsentieren wollte, musste erst für knapp 20 $ eine entsprechende Komponente im Apple-Store erwerben. Mittlerweile unterstützt auch nicht mehr jede Windows-Version von Haus aus MPEG-2. Und Microsofts Player weigerte sich schon immer, Apples QuickTime-Format wiederzugeben. Die Ursache liegt in den verwendeten Codecs. Glücklicherweise lassen sich fehlende Codecs über Pakete wie CCCP auch nachträglich installieren. Oder man greift gleich zu einem anderen Videoplayer, wie dem sehr populären VLC Media Player. Den gibt es für Apple- und Windows-Rechner, und er spielt anstandslos die meisten Formate ab (*www.videolan.org*). Darüber hinaus ist der Player frei verfügbar, kostenlos und auch noch einfach zu bedienen.

Dummerweise ist es aber recht unpraktisch, jedem potenziellen Betrachter seines Videos auch noch den passenden Player zur Verfügung zu stellen oder ihn zu bitten, einen bestimmten Codec nachzuinstallieren. Deshalb sollte man beim Veröffentlichen eines Films auf Standardformate zurückgreifen. Solange Sie einen Film nur vom Computer abspielen wollen, empfehle ich den H.264/MPEG-4-Codec, wenn Sie sicherstellen möchten, dass der Film auf allen halbwegs modernen Geräten problemlos läuft.

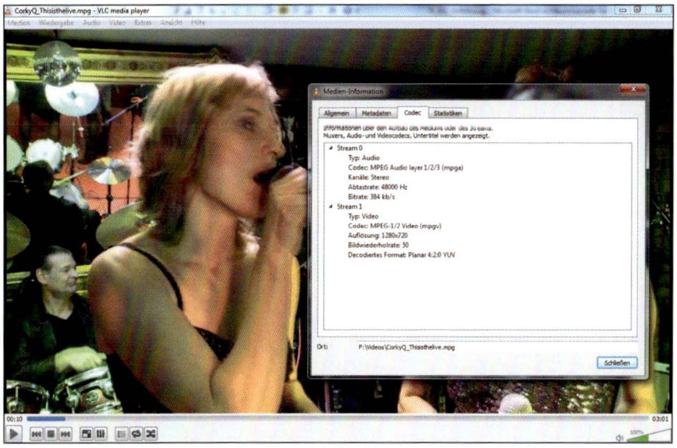

▲ **Abbildung 22.5**
VLC Media Player mit eingeblendeten Codec-Informationen

AV1
Erstmals sind zwar nicht alle, aber viele Unternehmen dabei, einen gemeinsamen Standard für die Videokomprimierung im Internet aus der Taufe zu heben. Die Alliance for Open Media kämpft nach wie vor um die Akzeptanz von AV1 als lizenzfreiem Videocodec für 4K und 8K. Zu den Unterstützern zählen u.a. Google und YouTube, Microsoft, Intel, Nvidia, Amazon und Netflix. Damit gibt es ein breites Bündnis von der Chipproduktion über Computerhardware bis zu den künftigen Nutzern. AV1 wäre dann ein aussichtsreicher Konkurrent zu H.265/HEVC für die Verbreitung von Videoinhalten via Internet und Streamingdiensten. Vorteil: AV1 soll im Gegensatz zu HEVC lizenzfrei sein und trotzdem die neue UHD-Welt (4K) auf die Bildschirme zaubern. Aber: Premiere Pro, Final Cut und Avid unterstützen bis heute AV1 nicht. Nur Blackmagic ist dabei, fordert aber besondere Hardware wie eine bessere Nvidia-Grafikkarte. Und da liegt wohl bis heute das Problem. AV1 ist ressourcenhungrig und bringt damit den ein oder anderen Computer an seine Grenzen. Und: Apple und Avid sind seit jeher Anbieter eigener Codecs wie Apple ProRes oder DNxHD.

▲ **Abbildung 22.6**
Logos von DVD und Blu-ray

22.2.2 DVD und Blu-ray

Die DVD war lange Jahre die Königin aller Scheiben, deshalb ist sie bis heute beliebt, vor allem weil in fast jedem Haushalt ein entsprechender Player am Fernsehen angeschlossen ist. Blu-ray ist der für das hochauflösende Fernsehen entwickelte Nachfolger.

Mit DVD ist in diesem Fall nicht nur ein Datenträger gemeint, sondern ein nach den DVD-Spezifikationen erstellter optischer Datenträger. Denn natürlich können Sie eine DVD auch als Daten-DVD nutzen. Soll sie aber in jedem DVD-Player laufen, muss die Scheibe über ein spezielles Authoring-Programm erstellt und beschrieben werden. Als Basisformat jeder DVD dient MPEG-2. Wenn Sie also einen Film auf einem Computer und einer DVD abspielen wollen, bietet es sich an, ihn zunächst als MPEG-2-File auszuspielen. Wie das funktioniert, erfahren Sie in Abschnitt 22.3, »Ausspielen eines Films«, wie Sie eine DVD mit Menü erstellen, im folgenden Kapitel.

Zwar kann MPEG-2 auch HD, aber der gebräuchlichste Codec zur Erstellung einer Blu-ray-Disc ist H.264/MPEG-4 AVC. Beim Export Ihres Films aus dem Schnittprogramm wird Ihnen häufig einfach nur BLU-RAY als Option angeboten, die Software codiert dann Ihren Film in diesem Format.

22.2.3 Fernsehen

Die Ausgabe auf Fernsehgeräte ist in zweierlei Hinsicht ein Problem. Ältere Fernsehgeräte, die ausschließlich PAL-Auflösung wiedergeben, verlangen auch nach Halbbildern. Und sie unterstützen keine quadratischen Pixel, d. h., sie wollen anamorphes Material, wenn es nicht zu unschönen Verzerrungen kommen soll. Das HD-Zeitalter hat hier aber deutliche Fortschritte gemacht. Nun sind quadratische Pixel auch im TV-Bereich Standard, und die anamorphen Formate aus dem »PALennium« sind mehr oder weniger passé. Wenn Sie jedoch auch auf älteren TV-Geräten unbedingt sichtbar sein wollen, müssen Sie die technischen Vorgaben einhalten. Gleichwohl ist es dringend Zeit, von der alten Röhre nun endgültig Abschied zu nehmen.

22.2.4 Videos im Browser

Das Internet hat in den letzten Jahren rasante Fortschritte gemacht, insbesondere aber die verfügbare Download-Bandbreite. Früher mussten Videos stark komprimiert werden, um ruckelfrei über das Web zu streamen oder in einer akzeptablen Zeit heruntergeladen werden zu können. Im Breitband-Zeitalter spielt das keine Rolle mehr. Da landen ganze Spielfilme schneller auf einer

Festplatte, als den meisten Filmschaffenden lieb ist. Abgespielt wird das Video dann über den lokalen (clientseitigen) Player. Etwas anderes ist es, wenn Video über das Netz gestreamt werden soll. Dann sind die Videofähigkeiten des Browsers gefragt, und da herrscht wieder Streit. Apple setzt z. B. mit seinem Browser Safari auf das hauseigene QuickTime. Der Internet Explorer liebt dagegen natürlich Microsoft-Formate, Google Chrome bevorzugt VP8 und VP9. Zwar haben sich die Hersteller darauf verständigt, mit HTML5 und SVG offene Standards zu unterstützen, aber noch sind wir weit davon entfernt, dass standardkonforme Videos tatsächlich überall abgespielt werden können. AV1 soll hier den großen Durchbruch bringen. Ob sich auch Kamerahersteller mit dem Codec der Internetdienste- und Computerhersteller anfreunden werden, wird die Zukunft zeigen.

Wer sichergehen will, dass sein Video im Internet angeschaut werden kann, sollte also sein Video auf einer großen Videoplattform einstellen oder ein gängiges Format wählen. Es gibt aber auch Umwege. Webseiten können auch so konfiguriert werden, dass sie auf dem Rechner des Nutzers nach einer geeigneten Wiedergabekomponente suchen und diese zum Abspielen verwenden. Der Microsoft Media Player kann auch als Webkomponente in Internetseiten integriert werden. Wie Sie Ihren Film in Videoportalen veröffentlichen, können Sie in Abschnitt 22.4, »Videoportale«, nachlesen.

22.2.5 Kino

Das Zelluloid hat über 100 Jahre die Geschichte des Films geprägt, obwohl er schon lange eigentlich aus Cellon oder Polyester besteht. Die großen Hollywood-Studios liefern ihre Blockbuster nicht mehr auf Film aus, stattdessen gibt es Datenträger. Damit gehört der Film weitgehend der Vergangenheit an. Während es für Amateure früher unerschwinglich war, ihren Film nachträglich auf Zelluloid auszugeben und damit im Kino vorzuführen, können Sie heute, bewaffnet mit einer Blu-ray-Scheibe, auch im Kino Ihr Ziel erreichen. Fast alle Kinos sind mittlerweile mit digitalen Projektoren ausgerüstet, die Filme im Full-HD-Format wiedergeben. Diese erste Generation der 2K-Projektoren wird inzwischen von 4K-Projektoren abgelöst. Viele Kinobetreiber haben die neuen Geschäftsmöglichkeiten entdeckt und bieten ihre Kinosäle auch zur Miete an. Wenn Sie im Kino präsentieren wollen, testen Sie vorab Ihren Film, bevor Sie Ihre Freunde einladen. Vor allem dem Ton sollten Sie eventuell neue Aufmerksamkeit widmen. Denn Kino kann sehr viel mehr Ton als ein Standard-PC.

▲ **Abbildung 22.7**
Kinosaal

Datenaustausch zwischen Schnittsystemen
Natürlich können Sie einen Film ausspielen und dann in einem anderen Schnittsystem wieder einladen. Viel schicker wäre es jedoch, wenn Sie auch Ihre Projektdaten in eine andere Software hinüberretten können. Die Industrie hat deshalb das *AAF-Format* entwickelt, das genau dies leisten soll. Auch Adobe Premiere Pro bietet den Export von AAF-Dateien an, die dann z. B. im Avid Media Composer weiterbearbeitet werden können. Allerdings funktioniert dies nur eingeschränkt. Die Videoeffekte gehen verloren und leider auch Blenden. Deutlich verbessert haben Final Cut Pro und Adobe die Zusammenarbeit.

22.3 Ausspielen eines Films

Auch wenn die Ausführungen oben recht verwirrend sein mögen, eines sollte Ihnen auf jeden Fall klar geworden sein. Das Ausgabeformat Ihres Films ist aller Voraussicht nach nicht identisch mit dem Codec Ihrer Kamera. Mit einem Film in Sonys Profiformat XDCAM werden Sie nicht viel Spaß haben, außer Sie haben ein XDCAM-kompatibles Abspielgerät. Ein letztes Mal müssen Sie sich also für ein oder im Zweifelsfall sogar mehrere Formate entscheiden, in denen Sie Ihr Werk exportieren. Dabei macht es Ihnen Premiere Pro heute ziemlich einfach. Musste früher der Media Encoder angeworfen werden – ein eigenes, auch heute noch sehr nützliches Werkzeug –, so reicht jetzt ein Klick auf den Reiter EXPORTIEREN im Hauptmenü. Nun müssen Sie sich nur noch von links nach rechts durch die Menüs arbeiten, und Ihr Film ist zur Vorführung bereit.

Bei mir ist der Regelfall die Ausspielung als Mediendatei, die dann weitergegeben werden kann. Sie können Ihr Werk jedoch aus Premiere Pro heraus auch direkt in einem sozialen Netzwerk einstellen.

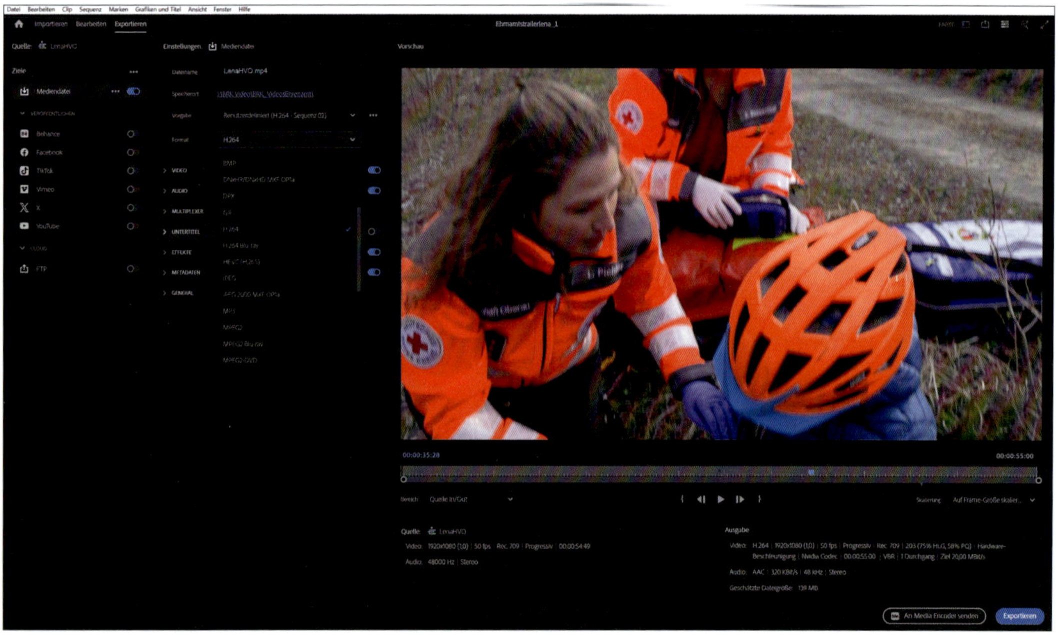

▲ **Abbildung 22.8**
Formatvielfalt beim Exportieren aus Adobe Premiere Pro

22.3.1 Wahl des Formats

Im Moment verwende ich soweit irgend möglich den H.264-Standard zum Export meiner Filme, wohlwissend, dass H.265 vor der Tür steht und zahlreiche Vorteile bietet wie gleiche Qualität bei geringerer Datengröße. Damit bin ich im Regelfall für diverse Zwecke gut gerüstet, z. B. für den Upload auf YouTube oder zur Auslieferung auf einem USB-Stick und im Internet oder auf Bluray und als abspielbare Mediendatei auf dem Computer. Für mich ist der etwas veraltete Codec nach wie vor mein Arbeitstier, auch für Videos in 4K-Auflösung. Alle Profiprogramme bieten Ihnen jedoch eine breite Palette von Formaten an.

H.264/MPEG-4 verwende ich, wenn ich mit Full-HD-Material zu tun habe, das z. B. auf Blu-ray abgespielt werden soll. Etwa das Apple-Videoformat QuickTime, wenn Sie Ihren Film in andere Schnittsysteme importieren wollen. Lange Zeit war QuickTime im Profibereich so etwas wie der universelle Videostandard, deshalb können die meisten Systeme mit den MOV-Files umgehen. Allerdings gehen so natürlich alle Bearbeitungsschritte im gerenderten File verloren. Für UHD und vor allem UHD-2 wird H.265/HEVC der Standard der Wahl sein oder AV1.

22.3.2 Das Problem mit den Pixeln

Es ist ein aussterbendes Problem, aber es existiert noch und bringt Laien immer wieder an den Rand der Verzweiflung. Die Welt des Fernsehens und des Computers wachsen zwar zusammen, aber noch herrscht ein gewisses Durcheinander. Maßgeblich dafür verantwortlich sind die *anamorphen* TV-Formate. Anamorph bedeutet, dass die Pixel des Films nicht quadratisch sind, sondern rechteckig. Ein PAL-Bild in 16:9-Auflösung hat die gleichen Zeilen und die gleiche Pixelanzahl wie das Pendant im alten 4:3-Format, nämlich 720 × 576 Pixel. Die 16:9-Pixel sind nur breiter. Computer und HD-Bilder zeigen dagegen nur quadratische Pixel an.

Die Konsequenz: Erstellt man z. B. eine DVD, die über einen Standardfernseher abgespielt werden soll, so sollte man das passende TV-Format wählen, also die Zerrung entsprechend berücksichtigen und ein anamorphes Format wählen. Andernfalls erscheint das Bild seltsam verzerrt (siehe Abschnitt 16.7, »Projektformat festlegen«). Und beim *Downscaling* in ein altes PAL-Format werden die Vollbilder auf Halbbilder aufgeteilt.

22.3.3 Beschneiden des Bildes

Wenn Sie nicht im Projektformat bleiben können, dann müssen Sie möglicherweise das Bild vor dem Export zuschneiden. Das gilt insbesondere, wenn Sie HD-Material mit quadratischen Pixeln in ein PAL-Format mit anamorphen Pixeln exportieren wollen oder Full-HD-Material ins größere Cinema-4K-Format. Zunächst einmal will Ihnen Adobe die Last der Wahl der richtigen Einstellungen abnehmen und bietet Ihnen mit einem Klick auf den Button

Export mit Adobe Premiere Pro
Der Export von Filmen funktioniert in Premiere Pro über den Adobe Media Encoder, den Sie mit einem Klick auf EXPORTIEREN öffnen. 2021 hat Adobe den Medienexport aus Premiere Pro neu organisiert, im Hintergrund arbeitet jedoch nach wie vor der Media Encoder, der automatisch mit der Schnittsoftware installiert wird. Sie können den Media Encoder nach wie vor separat starten und nutzen. Die Bedienung unterscheidet sich jedoch mittlerweile gravierend von der in Premiere Pro, auch wenn grundlegend alles gleich ist. Nutzen Sie den Media Encoder vor allem für Hintergrundaufgaben wie die Transkodierung von Rohmaterial. In Premiere Pro wurde der Exportvorgang übersichtlicher gestaltet und vor allem an die Erfordernisse der Zeit angepasst. Sie können nun noch einfacher Ihre Filme etwa für die Veröffentlichung in Videoportalen wie YouTube ausspielen und gleich direkt aus dem Schnittprogramm hochladen. Ich werde allerdings auch weiterhin zunächst meine Filme als Mediendatei ausspielen.

MIT QUELLE ABGLEICHEN ein passendes Format an. Sie können Ihr Material jedoch auch skalieren. Allerdings: Von Full-HD auf 4K habe ich keinen Weg ohne Ränder gefunden.

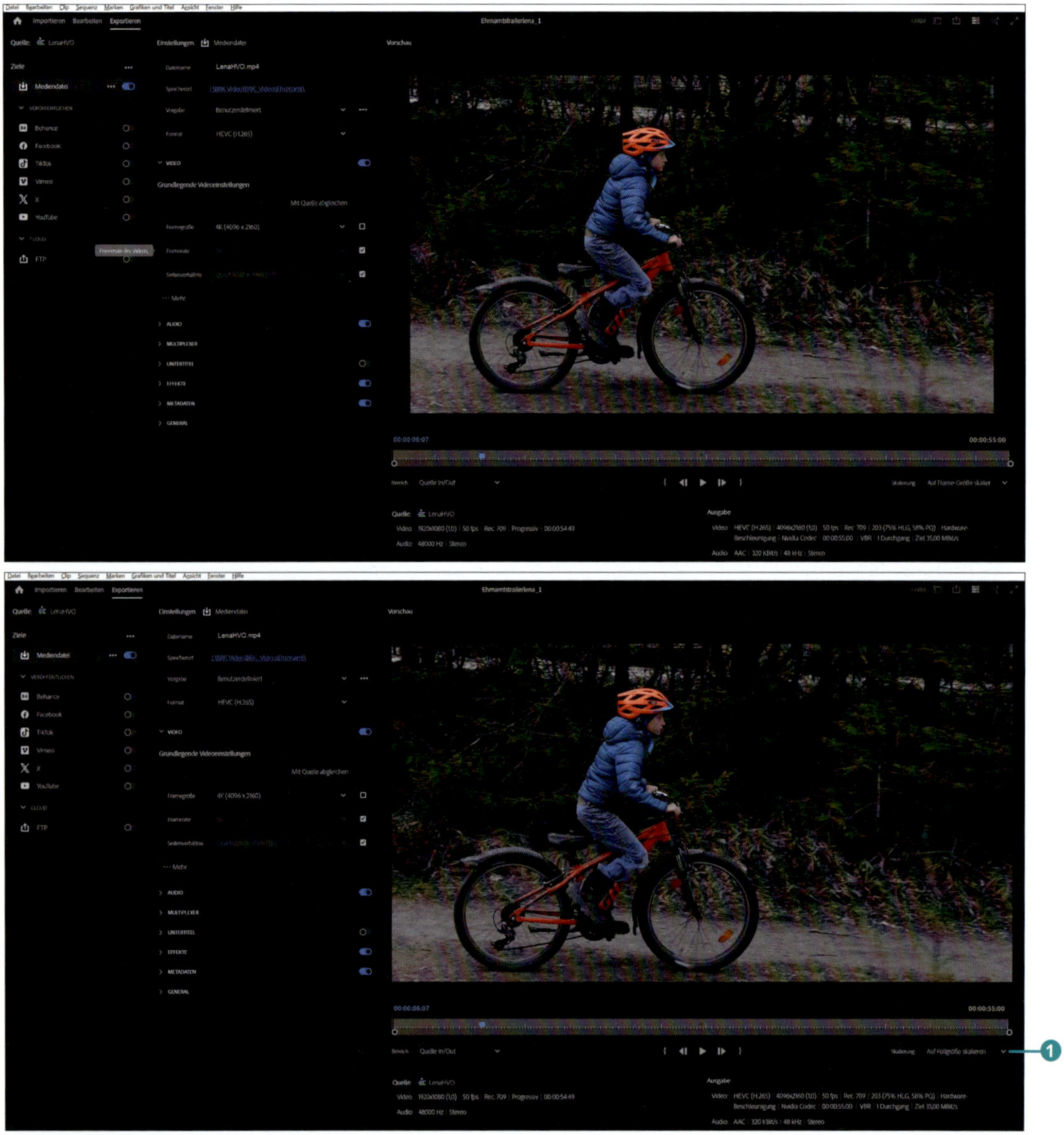

▲ **Abbildung 22.9**
Beim Upscaling von Full HD in 4K erscheinen schwarze Ränder (oben), die sich durch die Auswahl von AUF FÜLLGRÖSSE SKALIEREN (1) beseitigen lassen.

Sie können eigentlich alle Vorgaben, die ein Video am Ende festlegen, bei der Ausgabe ändern. Dazu gehören insbesondere die Pixel-Ratio (Seitenverhältnis), die Framerate und eben die Framegröße. Je nachdem, wo Verzerrungen oder unschöne schwarze Streifen auftauchen, können Sie diese durch Dehnen oder Skalieren entfernen oder zumindest etwas abmildern.

Derzeit wird der Export eines Videos nur durch den Hardware-Renderer unterstützt, wenn Sie H.264 oder H.265 als Codecformat auswählen. Auf TV-Geräten erscheint der schwarze Rand dagegen nicht, weil er außerhalb des angezeigten Bereichs liegt (Safety-Cache). Ein vergleichbares Problem tritt auf, wenn Sie das *Seitenverhältnis* der Pixel ändern. Aber Achtung: Verändern Sie nicht Format und Seitenverhältnis in den Exporteinstellungen durch die Option QUADRATPIXEL! Bitte beachten Sie: Die formatfüllende Ausgabe durch die Skalierung des Bildes führt möglicherweise zum Qualitätsverlust.

Vergrößerungen haben immer auch Unschärfe zur Folge. Ist das Bild jedoch sehr kontrastreich, so sollte sich die Skalierung nicht unangenehm bemerkbar machen. Ich persönlich finde Verzerrungen deutlich unschöner, weil z. B. gerade Gesichter plötzlich zu breit oder zu schmal wirken.

22.3.4 Up- und Down-Konvertierung

Mittlerweile erscheint die ständige Konvertierung von Material mit unterschiedlichen Bildgrößen und abweichenden Pixelformaten eher als Anachronismus. Aber: Auch im HD-Zeitalter ist nicht alles quadratisch und 16:9. So entspricht UHD eben nicht 4K, auch wenn beides oft miteinander verwechselt wird. Wenn Sie aber auch ungewöhnliche Ausgabemedien bedienen wollen oder müssen, dann ist Hilfe rar. Deshalb hier noch einmal die wichtigsten Informationen zum Thema Konvertierung.

Wenn Sie auf Ihrem Full-HD-Fernseher noch Standard-PAL-Programme anschauen, werden Sie Zeuge, wie gut Ihr Gerät Bilder hochkonvertiert. Wenn Sie nah an den Monitor herangehen, können Sie freilich schnell die unschönen *Blockings* erkennen und auch, dass das Bild insgesamt unscharf ist. Was Ihr Fernseher automatisch macht, die Größenskalierung, versuchen auch viele Filmemacher, nämlich ihren Film nachträglich in ein größeres Format zu konvertieren. Wenn Sie sich in die hinteren Reihen unserer TV-Sender-Landschaft verlaufen, wo alte Fernsehserien gerne zum hundertsten Mal abgenudelt werden, dann können Sie sich ein gutes Bild vom schlechten Skalieren machen. Die sogenannte Up-Konvertierung ist nicht einfach und in der Regel eher ein fauler Kompromiss. Bei der Konvertierung muss das Bild nicht nur größer gerechnet werden, es gibt auch noch Farbraumunterschiede zwischen HD und SD.

Hier ein kurzes Beispiel für die Up-Konvertierung: Das in der folgenden Abbildung zu sehende Originalvideo hat das Format von 4:3 (PAL) und verfügt über rechteckige Pixel. Es soll auf das HD-Format im Seitenverhältnis von 16:9 gebracht werden.

Blockings
Sichtbares Abtastraster des verwendeten Codecs, meist erkennbar an rechteckigen Blöcken, die vor allem in bewegten Bildern auftreten.

Rendern vor dem Export
Bevor Sie Ihren Film exportieren, sollten Sie ihn – soweit notwendig – rendern und noch einmal kontrollieren. Zwar rendert Premiere Pro das Projekt vor dem Export, aber unliebsame Überraschungen, die nach dem Rendern zutage treten, können Sie nachträglich natürlich nicht mehr beseitigen.

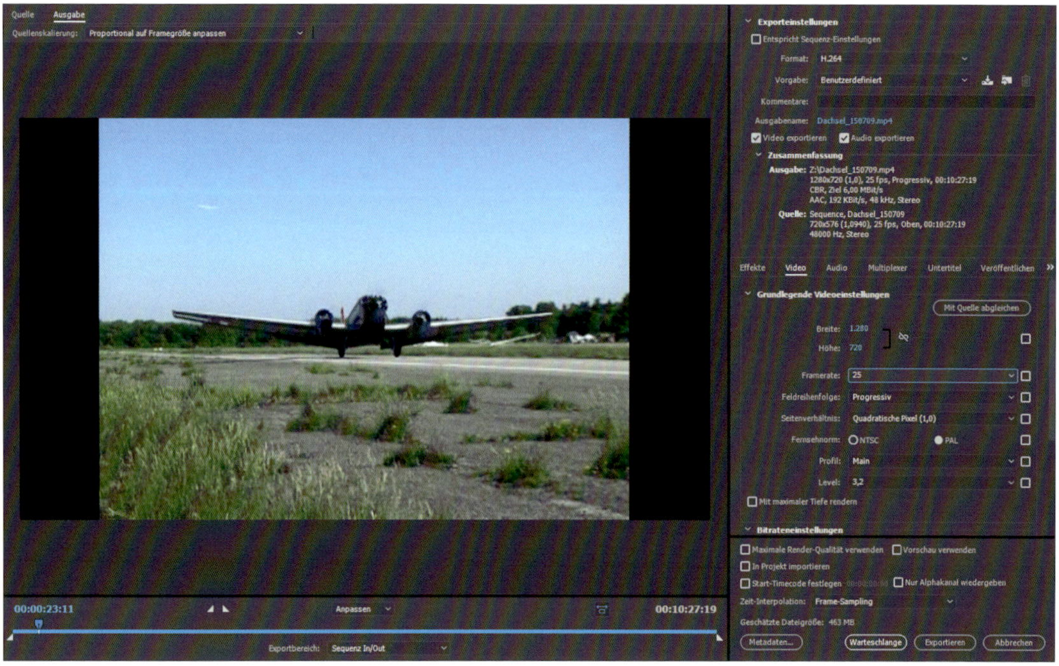

▲ Abbildung 22.10
Das Originalvideo im Format 4:3 (PAL) mit rechteckigen Pixeln

Premiere Pro bietet Ihnen zwei einfache, schnelle Möglichkeiten. Sie wählen in der Quellenskalierung entweder die Methode Proportional in Framegrösse einpassen und zuschneiden oder Auf Framegrösse verzerren. Die Skalierung auf die Formatgröße erzeugt Unschärfe und die Dehnung erzeugt Unschärfe und eine horizontale Streckung.

Abbildung 22.11 ▼
Aus 4:3 PAL wird 16:9 HD.

Wenn Sie das gedruckte Ergebnis für so schlecht nicht halten, dann ist dies auch ein wenig der Größe des Bildes geschuldet. Auf einem 40-Zoll-HD-Display wirkt das skalierte Bild deutlich schlechter. Beim Exportieren wurde dabei die höchste Qualitätsstufe verwendet, was zu entsprechenden Renderzeiten führt (im Beispiel benötigten 20 Sekunden Material ca. 5 Minuten). Bei schwächeren Rechnern kann sich der Exportvorgang stundenlang hinziehen. Es ist deshalb nicht die schlechteste Idee, die Skalierung, wenn möglich, der Hardware zu überlassen. Und dann gibt es ja noch die vielen KI-gestützten Software-Tools, die alle damit werben, aus einem alten PAL-Video einen 4K-Kinofilm zu zaubern. An dieser Stelle kann ich Sie nur ermutigen, es auszuprobieren, denn hier ist die Entwicklung noch stark im Fluss. Ihnen das Ergebnis wirklich hundert oder mehr Euro wert ist!

Leider ist auch der umgekehrte Weg nicht verlustfrei möglich. Bei der Konvertierung von HD-Material in SD verliert das Bild ebenfalls, wenn auch nicht so deutlich.

▾ Abbildung 22.12
Beispiel für Down-Konvertierung HD in SD

Die Abbildung zeigt, was passiert, wenn HD- in das SD-Format gebracht wird. Beide Formate haben zwar das Seitenverhältnis 16:9, aber eine unterschiedliche Aspect-Ratio der Pixel. Deutlich tritt nach der Down-Konvertierung von HD in SD der Qualitätsverlust hervor: Die SD-Version (rechts) ist unschärfer als die HD-Version (links). Auch die Farbe hat sich verändert. Bei einer Ausgabe mit Halbbildern wäre das Ergebnis noch schlechter.

22.3.5 Halbbilder oder Vollbilder

Grundsätzlich sind Vollbilder besser als Halbbilder. Das stimmt, wenn wir über 50 Vollbilder in der Sekunde reden, also z. B. die Formate 1080/50p oder 720/50p. Bei 25p kann die Sache schon anders aussehen, denn schnelle Bewegungen oder Schriftanimationen wie ein Crawl fangen leider schnell an zu ruckeln, wenn die Schrift nicht unerträglich langsam über den Bildschirm laufen soll. In diesen Fällen kann es sinnvoll sein, das Material doch in

De-Interlacing
Beim De-Interlacing werden die Halbbilder mithilfe eines Interpolationsverfahrens zu Vollbildern verrechnet. Damit verschwindet das typische Kammmuster, allerdings ist das errechnete Vollbild qualitativ mit einer Vollbildaufnahme nicht vergleichbar.

Halbbildern zu errechnen, vorausgesetzt, Ihr Monitor zeigt auch Halbbilder an. Im Internet und auf Computermonitoren regieren Vollbilder, d. h., hier würden die Halbbilder wieder zu Vollbildern zusammengerechnet. Wenn Sie Ihren Film für einen Computer ausgeben, wählen Sie bitte immer die Option BILDER ZUSAMMENFÜGEN. Dahinter verbirgt sich ein automatisches *De-Interlacing*.

22.3.6 Datenrate festlegen

Hier gilt: Viel hilft nicht immer viel. Nehmen wir als Beispiel MPEG-2. Der Standard sieht für SD-Bilder Codierungsraten von bis zu 15 Mbit/s vor. Doch zwischen einem Bild, das mit 8 oder 10 Mbit/s codiert wurde, und einem, das mit 15 Mbit/s codiert wurde, werden Sie kaum einen Unterschied feststellen. Die meisten Fernsehsender strahlen ihr Programm z. B. über Satellit deshalb mit 8 Mbit/s aus. Viel weniger ist allerdings auch nicht gut. Bei einer deutlich bewegten Kameraführung leidet das Bild enorm unter zu niedrigen Datenraten. Bei 4 Mbit/s kann es schon passieren, dass ein Fußball im Flug verschwindet oder zu einem unansehnlichen Streifen verschmiert.

Audio codieren
Es gibt diverse Möglichkeiten, den Ton zu exportieren. Bei Verwendung von MPEG-2 wird der Ton im Format MPEG-1 ausgespielt. Bei Verwendung des H.264-Codecs sollten Sie standardmäßig auf AAC vertrauen, in Einzelfällen können Sie auch PCM verwenden.

AAC steht für *Advanced Audio Coding* und ist sozusagen das Audio-Pendant zu AVC, d. h. eine HD-Weiterentwicklung von MPEG. Bei PCM handelt es sich um ein Modulationsverfahren zur Audiocodierung. Wählen Sie 48 kHz als Abtastrate und 384 kbit/s als Bitrate für die Codierung.

Das Besondere am H.264/MPEG-4-Standard ist, dass mit ihm Videos sowohl für die Ausgabe auf Mobilfunkgeräten als auch fürs 4K-Kino möglich sind. Eine Empfehlung ist deshalb nicht so einfach. Grundsätzlich gilt: Je mehr Bewegung im Film enthalten ist, desto höher sollte die Bitrate gewählt werden. H.264 und H.265 arbeiten gegenüber MPEG-2 erheblich effizienter und kommen deshalb auch mit vergleichsweise niedrigeren Datenraten zurecht. In Premiere Pro stellen Sie die Bitrate im Menü VIDEO ein.

Format	Datenrate
MPEG-2 SD 720 × 576 px	max. Bitrate: 15 Mbit/s, empfohlen: 8 Mbit/s
MPEG-2 HD 1.080/50p	max. Bitrate: 80 Mbit/s, empfohlen: 25 Mbit/s
H.264/AVCHD (1.080/50p)	max. Bitrate: 960 Mbit/s, empfohlen: 10–20 Mbit/s
H.265/HEVC (UHD/4K)	max. Bitrate: 960 Mbit/s, empfohlen: 50 Mbit/s

▲ **Tabelle 22.3**
Empfohlene Datenraten für verschiedene Ausgabeformate

Größe des Films kalkulieren
Premiere Pro hilft Ihnen, die endgültige Größe Ihres Werks vorauszuberechnen. Je nach Einstellungen der Video- und Audio-Bitrate zeigt das Programm die geschätzte Dateigröße an. Sie können Änderungen an der Bitrate vornehmen und erfahren sofort, wie groß das File werden wird – sehr praktisch, wenn Sie z. B. auf einer DVD oder Blu-ray-Disc nur begrenzt Platz zur Verfügung haben.

Sie können die Qualität verbessern, wenn Sie bei der Codierung variable Bitraten verwenden. Die Idee dahinter: Bei einer variablen Bitrate wird bei Bildern mit hohem Codierungsaufwand (Bewegung, Blenden) eine höhere Bitrate verwendet, bei weniger anspruchsvollen Bildern eine niedrigere. Im Ergebnis wird das Gesamtvideo besser bzw. die durchschnittliche Datenrate niedriger. Aber Vorsicht: Einige Ausgabegeräte haben Probleme mit dem Decodieren variabler Bitraten! Wenn Sie sichergehen wollen, dass Ihr Film überall läuft, dann wählen Sie eine konstante Bitrate.

▼ Abbildung 22.13
Export mit variabler Bitrate in zwei Durchgängen

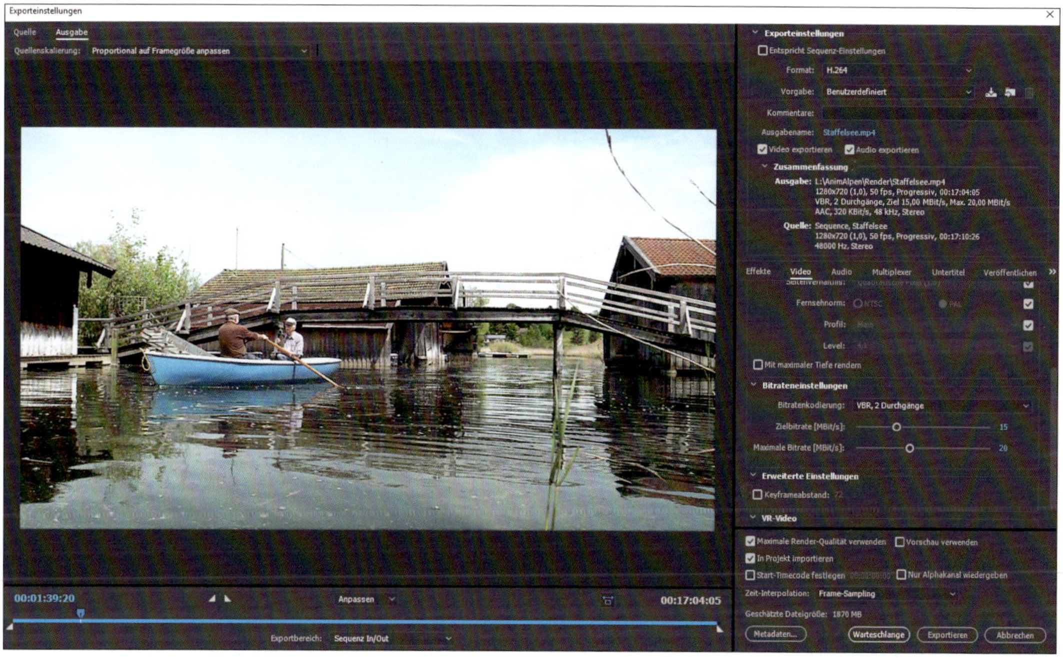

22.3.7 Experteneinstellungen

Wenn Sie sich bis hierher durchgekämpft haben, aber noch immer nicht zufrieden mit Ihrem Ergebnis sind: Es gibt noch eine Reihe weiterer Schrauben, an denen Sie beim Rendern Ihres Films drehen können. Allerdings sind diese Einstellungen, wie z. B. die Änderung der *GOP-Struktur* (Group of Pictures) eines MPEG-Videos, etwas für Spezialisten. Auch wenn Sie in Internetforen lange Ausführungen über das eine oder andere Thema finden, ich selbst und 99,99 % aller Cutter lassen die Experteneinstellungen links liegen.

22.4 Videoportale

Wer stolz auf sein Video ist, der möchte es gerne einem möglichst breiten Publikum zeigen. Und nirgends gibt es mehr potenzielle Zuschauer als auf den einschlägigen Videoportalen im Internet.

Die meisten Programme bieten Ihnen die Codecs für die diversen Portale als Voreinstellung an. Adobe folgt nun der Konkurrenz mit seiner Überarbeitung des Exportwerkzeuges. Sie können Ihr Video ebenso wie in MAGIX oder Premiere Elements direkt zu YouTube und Co. hochladen. Umgekehrt können Sie jedoch Ihren Film auch in einem Standardformat herausrechnen und die Konvertierung dem Portal überlassen. Wenn Sie aus Premiere Pro heraus den direkten Weg in eines der sozialen Netzwerke suchen, dann müssen Sie sich dort vor dem Export anmelden und den Pfad zur Datei festlegen.

22.4.1 YouTube

YouTube ist ohne Zweifel das größte Videoportal weltweit. Wenn Ihre Schnittsoftware nicht ohnehin YouTube-Formate für den Export anbietet, können Sie bei der Google-Tochter auch andere Formate wie MPEG-2 oder MPEG-4 abliefern. Die Transcodierung erledigt dann YouTube. Sobald das Video online steht, können Sie den Link Freunden und Bekannten schicken und auf eine Karriere als YouTube-Filmer hoffen. Das YouTube-Video lässt sich auch einfach auf der eigenen Homepage einbinden. YouTube generiert Ihnen dazu einen kleinen Codeschnipsel, den Sie in Ihre Seite integrieren können.

YouTube-Empfehlungen für den Upload von HD-Videos (1080p)

- Codec: H.264
- Auflösung: 1.920 × 1.080 px
- Progressiver Scan
- Geschlossene GoP
- CABAC
- Variable Bitrate
- Farbraum 4.2.0
- Video-Bitrate: 12 Mbit/s (Full HD), 4K bis zu 68 Mbit/s
- Audio Codec: AAC-LC
- Audio-Abtastrate: 96 oder 48 kHz
- Audio-Bitrate: 384 kBit/s

22.4.2 Vimeo

Vimeo tickt etwas anders als YouTube. Das Portal versteht sich als »Filmemacher-Portal«.

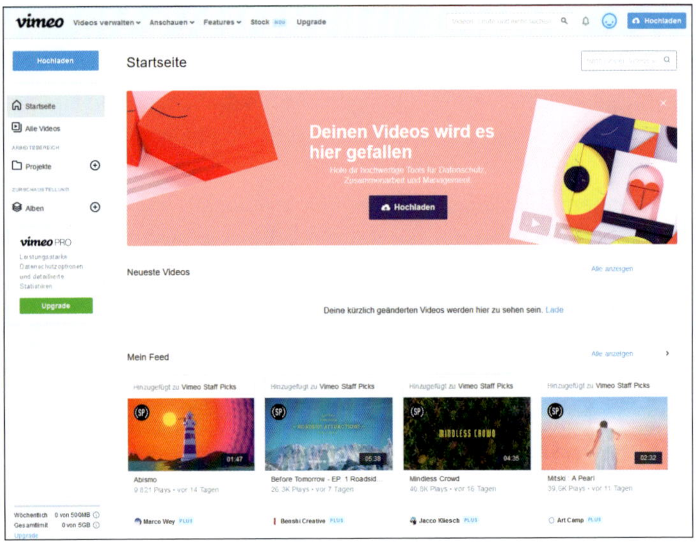

Abbildung 22.14 ▸
Startbildschirm auf vimeo.com

Vimeo kostet – will man es denn nutzen – Geld. Dafür bekommt man Zugriff auf eine durchaus empfehlenswerte Library zum Filmemachen und kann seine Filme kommerziell vertreiben.

Wer sich Anregungen für seinen eigenen Film holen möchte, der findet auf *www.vimeo.com* viele, darunter auch qualitativ herausragende Produktionen, die Lust auf Film machen.

22.4.3 Videos online verkaufen

Stock-Libraries wie *www.shutterstock.com*, *www.stock.adobe.com* oder *www.istockphoto.de* verkaufen Ihr Video auch. Allerdings gelten dafür mittlerweile genauso strenge Kriterien wie für Fotos. Das heißt, Sie müssen Urheber und Nutzungsberechtigter des Videos sein und die notwendigen Rechte bei allen erkennbaren Darstellern eingeholt haben. Mehr darüber erfahren Sie in Abschnitt 4.5, »Recht«. Wenn Sie diese Vorgaben erfüllen, sollten Sie Ihr Video in möglichst hoher Qualität in sinnvolle Schnipsel aufteilen und hochladen. Die Preise für gute Videos sind durchaus attraktiv. Wer allerdings eine professionelle Karriere als Kameramann ins Auge fasst, sollte nicht auf die Videoportale als Abnehmer hoffen. Denn wer mit seinen Clips wirklich erfolgreich sein will, benötigt viel Know-how und eine ordentliche Portion Glück.

Die großen Netzwerke wie YouTube oder Instagram prüfen mittlerweile, ob zum Beispiel eine verwendete Musik auch lizenziert ist. Wenn nicht, dann lehnt das Netzwerk die Veröffentlichung in der Regel ab.

Vimeo-Empfehlungen für den Upload von HD-Videos (1080p)
Das Videoportal Vimeo bietet unter HILFE ausgiebige Tutorials für den Export der unterschiedlichsten Ausgabeformate und aus diversen Schnittprogrammen an.

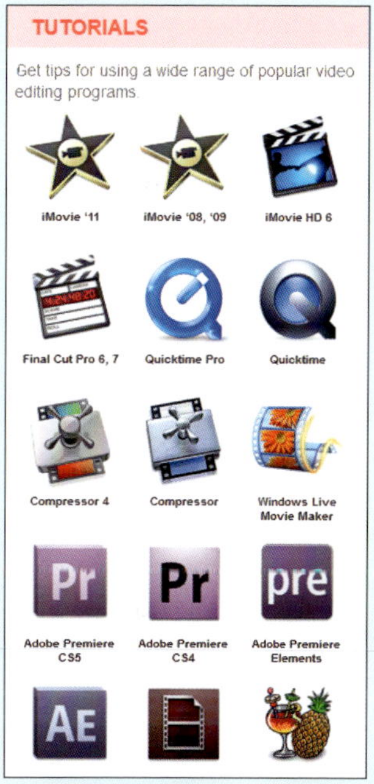

▲ **Abbildung 22.15**
Vimeo bietet eine ansehnliche Auswahl an Tutorials.

Kapitel 23
Liveproduktion

Bei einer Liveübertragung kommt es auf die Koordination von Kameraarbeit, Übertragungstechnik, Bild- und Ablaufregie an.

23.1 Eine neue Entwicklung

Dieses Kapitel nehme ich mit der aktuellen Ausgabe erstmals auf. Der Grund ist einfach: Immer öfter begegnen mir selbst bei kleinen Veranstaltungen Teams, die mit einem Bildmischer und drei Kameras bewaffnet ganze Sportveranstaltungen live ins Internet übertragen. Was früher einen immensen Technikaufwand im sechsstelligen Bereich erforderte, erledigen nun zwei, drei Techniker mit ein paar Euroboxen voll Ausrüstung. Wenn es sein muss, reicht ein Laptop mit einer Breakoutbox oder einem Ethernet-Switch. Auch diese Entwicklung sehe ich kritisch, denn Technik allein macht keine guten Bilder.

Aber: Wenn Bildmischer, Kameras und Netzwerktechnik immer preiswerter werden, eröffnen sich auch kleinen Firmen neue Möglichkeiten und Märkte. Und gleichzeitig steigt die Nachfrage. Kein mittelständisches Unternehmen, dass etwas auf sich hält, verzichtet auf den Livestream im Internet, zum Beispiel bei Produktankündigungen oder Aktionärsversammlungen. Der massiv gestiegene Einsatz von Videokonferenzsystemen haben das Medium Film und die dazugehörige Technik alltäglich werden lassen. Mit ein paar Tausend Euro ist man als selbstständiger Medienproduzent in der Lage, auch diesen Bereich der Film- und Fernsehproduktion abzudecken.

Diese Entwicklung ist maßgeblich verknüpft mit zwei Unternehmen: der australischen Firma Blackmagic, die es sich auf die Fahne geschrieben hat, professionelle Videotechnik bezahlbar zu machen. Ebenso wie NewTek, der digitale Videopionier, der mit dem Video Toaster bereits Ende der 80er-Jahre den ersten computerbasierten Videomischer auf den Markt brachte. Mit einer Einsteckkarte verwandelte NewTek einen Commodore Amiga in einen Vierkanal-Echtzeit-Mischer. Wer Produktionen, die auf Basis des Video Toasters auch für das deutsche Fernsehen entstanden, heute anschaut, den wird es ob der reduzierten Farben und pixeligen Kanten etwas gruseln. Aber der Video Toaster konnte Dinge, die sonst nur High-End-Mischer wie zum Beispiel von Grass Valley beherrschten.

NewTek – seit 2019 Teil des norwegischen Vizrt-Konzerns – stellte 2015 mit dem Network Device Interface NDI einen Standard zur Übertragung von Videosignalen über Computernetzwerke vor. Damit wurde die letzte Hürde zu einem bruchlosen IP-Workflow in der Video-Liveproduktion genommen. Heute, etwa zehn Jahre später, gibt es viele Produkte, die es erlauben, Kameras mit Computern zu verbinden, sie nicht nur zu steuern, sondern gleichzeitig Farbe und Bildausschnitt zu kontrollieren, die eingehenden Videosignale zu bearbeiten und zu mischen und auf Monitoren und Beamern oder ins Internet zu streamen. Deshalb wird es Zeit, diesem wachsenden Markt auch hier einen angemessenen Platz einzuräumen.

Abbildung 23.1 ▸
Mein Live-Teststudio

23.2 Überblick

Liveproduktionen zeichnen sich dadurch aus, dass zwischen der Aufnahme des Contents und seiner Verbreitung im Bestfall wenige Millisekunden liegen. Technische Manipulationen sind nur eingeschränkt möglich, zum Beispiel in Form von Echtzeiteffekten, eine inhaltliche Korrektur zumindest derzeit nicht. Das macht auch den besonderen Reiz von Liveübertragungen aus: Was gesendet wird, kommt wenige Augenblicke später ungefiltert beim Empfänger an.

Zumindest sollte es so sein. Tatsächlich ist diese »Macht« der Liveproduktion vielen Programmverantwortlichen ein Dorn im Auge. Deshalb wird zwischengespeichert und gefiltert. Berühmte Beispiele sind die Entfernung von missliebigen Ereignissen zum Beispiel bei großen Sportveranstaltungen. Den jungen Fabio, der bei der WM-Eröffnung in Brasilien ein Transparent auswickelte, um auf die Situation seiner indigenen Bevölkerungsgruppe hinzuweisen, sahen nur die Besucher im Stadion in São Paulo, nicht aber die Zuschauer vor den TV-Geräten. Als sich bei den Winterspielen in Sotschi der fünfte olympische Ring nicht entfalten wollte, schnitt das russische Staatsfernsehen kurzerhand die Sequenz aus der Generalprobe ein, bei der alles funktioniert hatte. Besonders autoritäre Staaten mögen keine Pannen – und setzen deshalb ganz auf Zeitverzögerung. 10 Sekunden bis wenige Minuten Zeitversatz sind durchaus möglich. Tatsächlich jubelten bei der letzten Fußball-WM die Zuschauer, die Streaminganbieter nutzten, deutlich später über ein Tor als Zuschauer vor den TV-Geräten.

Wenn ich hier von Liveproduktion rede, dann meine ich Produktionen, bei denen keine künstliche, inhaltlich begründete Zeitverzögerung vorgesehen ist, sondern bei denen es um die schnellstmögliche Übertragung aller Signale zum Empfänger geht. Live eben.

23.2.1 Broadcasting vs. Streaming

Das Ergebnis ist heutzutage oft sehr ähnlich. Eine Sendung wird live ins Internet übertragen. Wer möchte, kann sich auf den Stream aufschalten oder die Sendung noch einmal von Beginn an anschauen. Irgendwo dazwischen liegt der Unterschied zwischen Broadcasting und Streaming. Denn Streaming ist heutzutage fast jede Übertragung von Medien. Auch das klassische Fernsehen wird gestreamt, zum Beispiel über Satellit oder Kabel. Aber es fehlt der Rückkanal, der es dem Betrachter erlaubt, den Stream zu steuern, also zum Beispiel die Übertragung zu unterbrechen, um sie später fortzusetzen.

Ich für meinen Teil erkläre deshalb Broadcasting gerne als Streaming ohne Rückkanal. Häufig wird jedoch mit der Zielgruppe argumentiert.

Latenz oder die verschwundene Zeit

Latenz ist eines der wichtigsten technischen Probleme bei Liveübertragungen. Es geht um die Verzögerung, die zwischen einem Ereignis und seiner technischen Übertragung bis zum Nutzer auftritt. Diese Verzögerungen haben vielfältige Ursachen. Ein Signal wird von Kameras in Kabeln an ein Aufzeichnungsgerät geschickt, dort wird das Bild kodiert und zum Beispiel ins Internet übertragen. Dabei können besonders lange Laufzeiten auftreten. Beim Empfänger muss eine Soft- oder Hardware das Signal wieder dekodieren und schließlich auf einem Monitor ausgeben. Wenn dabei Bild und Ton verschiedene Wege gehen, kann es zwischen Bild und Ton auch noch einen ärgerlichen Versatz geben: Bild und Ton werden asynchron.

Kaum noch Unterschiede
Die Unterschiede verschwimmen, seitdem Anbieter wie Netflix oder Amazon Prime, aber auch die klassischen Rundfunkanbieter mit ihrem Programm über Streaming ein immer weiter wachsendes Publikum erreichen. Am Ende ist also alles Streaming, und die Übertragungstechnik spielt zumindest für den Nutzer keine wahrnehmbare Rolle mehr.

- Broadcasting ist dann die gleichzeitige Übertragung von Inhalten an ein breites Publikum; das Gegenteil ist Narrowcasting, wenn nur ein begrenztes Zielpublikum erreicht werden soll. Beispiel: Die Übertragung einer Mitarbeiterversammlung in einem Unternehmen.
- Streaming ist dagegen ein technischer Begriff, der in der Regel die Übertragung von Inhalten von einem Server zu einem individuellen Nutzer (Punkt-zu-Punkt-Übertragung) beschreibt. Jeder Nutzer stellt also seine eigene Verbindung her.

Es gibt aber auch den sogenannten Multicast (Punkt-zu-Mehrpunkt), bei dem der Stream an angemeldete Empfänger gesendet wird – ein Stream für alle sozusagen. Das wiederum ähnelt schon sehr einem Broadcast, bei dem zumindest theoretisch alle Empfänger erreicht werden, die im Besitz eines geeigneten Empfangsgerätes sind.

23.2.2 Liveszenario

Im Schaubild habe ich einmal ein klassisches Liveszenario aufgezeichnet.

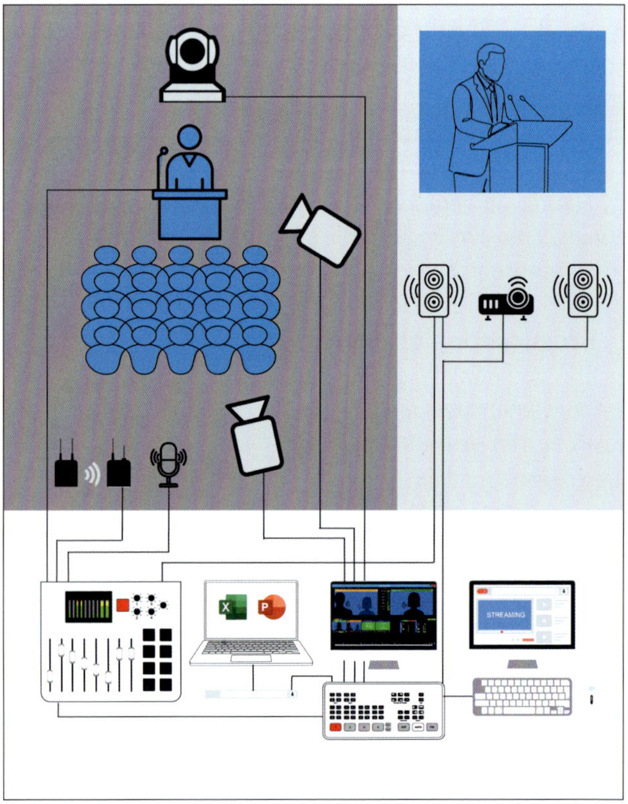

Abbildung 23.2 ▸
Schaltbild Liveproduktion

Typische Herausforderung: eine Veranstaltung, bei der ein Sprecher auf eine Leinwand übertragen wird, der Vortrag wird durch eine Präsentation oder durch Zuspielmedien ergänzt. Bei größeren Veranstaltungen gibt es oft noch eine Moderation, die nicht über ein Mikrofon spricht, sondern ein drahtloses Mikro trägt; vielleicht gibt es eine Band, die für musikalische Unterhaltung sorgt. Für das Bild sorgen zwei Kameras, die von Menschen bedient werden, eine PTZ-Kamera wird automatisch gesteuert. Der Ton wird in einem Audiomischer von der Hallentechnik gemischt und an die Soundanlage ausgegeben. Zusätzlich wird das Signal in den Videomischer eingespeist, um auch Bild zum Ton zu haben. Im Bildmischer werden alle Quellen gemischt und entschieden, welches Bild auf einem Beamer in der Halle ausgegeben wird. Das gleiche Signal wird auch für Internetstreaming kodiert und ausgespielt.

Obwohl dieses Setup nicht weiter anspruchsvoll klingt, müssen bereits eine Menge Verbindungen hergestellt werden, viele davon per Kabel, einige drahtlos wie zum Beispiel ein Funkmikrofon oder auch die Videoübertragung des Signals von der PTZ-Kamera. Dazu kommt noch ein Haufen Stromkabel und – was ich der Einfachheit hier unterschlagen habe – ein paar Lichtquellen, die das Ganze auch halbwegs sauber ausleuchten. Kurz: Selbst bei kleinen Liveproduktionen gibt es eine Menge zu tun, Kabel zu ziehen, Funkstrecken aufzubauen, das Ganze zu testen und so zu verbergen, dass es die Veranstaltung nicht stört, geschweige denn eine Gefahrenquelle darstellt.

Und: Der Teufel liegt bei Liveproduktionen im Detail. So geben Livekameras im Regelfall ihr Signal an einem SDI-Ausgang aus, den Laptop mit der Präsentation kennt jedoch nur HDMI. Der Bildmischer bietet vielleicht beide Eingänge an oder kennt nur »entweder, oder«. Das bedeutet: Ein Signal muss gewandelt werden, z. B. von HDMI auf SDI. Der Beamer wiederum mag nur HDMI. Das Signal muss erneut gewandelt werden. Durch die Konvertierung gibt es wieder Zeitverzögerungen (Latenz).

Und damit wird auch gleich ein zweites Problem offenbar: Weil Video und Audio oft ganz getrennte Signalwege gehen, etwa weil die Hallentechnik mitgenutzt werden soll, können Bild und Ton im Laufe der Zeit asynchron werden. Dann spricht der Redner auf der Leinwand nicht nur zeitverzögert, sondern auch nicht lippensynchron. Viele Herausforderungen, die es zu bewältigen gilt.

Unfallgefahren vermeiden

Auch wenn Sie kein gelernter Veranstaltungstechniker sind, tragen Sie die Verantwortung für die Sicherheit. Kabel dürfen keine Stolperfalle darstellen, Beamer sich nicht aus der Verankerung lösen und Zuschauern auf den Kopf fallen. Das gilt auch für umstürzende Lampen und endet bei der richtigen Hallenlautstärke. Kurz: Neben dem Aufbau der Technik gilt es, diese auch zu sichern (z. B. mit Safetys, die Beamer an ein Rig ketten, Gewichte, die Stative vor dem Kippen bewahren, oder Kabelschächte, die Kabel sicher und für Rollstuhlfahrer passierbar verstauen. Und dazu gehört natürlich eine ausreichende Produktionsversicherung, entweder Ihre eigene, oder der Veranstalter sichert entsprechende Unfälle ab.

23.3 Von der Kamera bis zum Konverter: die Technik

Die Studiotechnik einmal ausgenommen, erinnert der Rest der notwendigen Technik wie Kameras, Mikrofone oder Licht doch stark an einen etwas größeren ENG-Einsatz. Tatsächlich gibt es aber viele feine Unterschiede, die am Ende den Einsatz von Spezialtechnik nicht unerlässlich, aber sinnvoll machen. Wer Liveproduktionen zum Aufgabenfeld seiner Produktionsfirma machen möchte, der sollte einige Überlegungen im Vorfeld anstellen.

23.3.1 Das Produktionsformat

Es gibt ihn, den 8K-Bildmischer. Aber brauchen wird man ihn vorerst nur für ganz spezielle Anwendungen. Der Produktionsalltag wird derzeit gleichermaßen von 4K und Full HD geprägt. Wer zukunftssicher unterwegs sein möchte, sollte sich überlegen, gleich in 4K-taugliche Ausrüstung zu investieren.

Dabei sollten Sie sich immer vor Augen halten: Ein 4K-Bildmischer ist nur sinnvoll mit 4K-Kameras, 4K-Monitoren, 4K-Kabeln, 4K-tauglichem Speicher etc. Kurz: 4K-Liveproduktion kostet mehr als Full HD. Wer ins Thema nur einmal hineinschnuppern möchte, kann auch mit einem kleinen Full-HD-Mischer üben, denn die Bedienkonzepte sind immer die gleichen. Damit ist auch klar, dass das schwächste Glied in der Kette am Ende das Produktionsformat vorgibt. Wer keine 12g-Kabel verwendet, wird sich mit einer 4K-Produktion schwertun. Kann der Beamer nur Full HD, ergibt eine 4K-Produktion keinen Sinn. In der Regel sind alle Geräte und Kabel abwärtskompatibel, aufwärts geht dagegen nichts. Mit einer durchgängig 4K-tauglichen Technik sind Sie also den meisten Herausforderungen gewachsen, aber auch mit Full HD erfüllen Sie die Anforderungen vieler Kunden.

Das Produktionsformat ist ein wesentlicher Schlüssel zum Erfolg einer Liveproduktion. Denn tatsächlich reicht es nicht, sich für 4K oder Full HD zu entscheiden, auch die Framerate sollte tunlichst bei allen an der Produktion beteiligten Geräten die gleiche sein. Wer mit seiner Kamera auch so unterwegs ist und dann gerne z. B. in 6K auf seiner Speicherkarte aufzeichnet, muss in der Liveproduktion die Auflösung auf 4K umstellen. 50 Bilder pro Sekunde sind vielleicht gar nicht gefordert, oder eine Kamera kann nur 4K mit 25 Bildern ausgeben. In diesem Fall müssen alle Kameras und natürlich auch der Bildmischer entsprechend eingestellt werden. Passen Kameraauflösung und Produktionseinstellungen am Bildmischer nicht zueinander, dann bleibt das Bild oft schwarz. Das gilt übrigens auch für fertige Zuspielvideos, die im falschen Format kodiert wurden. Ein Techniker rauft sich auf der Suche nach dem Fehler schnell die Haare, vor allem wenn sich mehrere Fehler überlagern. Das bedeutet auch: Sie müssen mit den Menüs aller Kameras und natürlich der Studiotechnik vertraut sein. Wer in vier verschiedenen Kameramenüs nach den Einstellungen sucht, verzweifelt nicht selten. Damit nicht genug: Auch der Monitor spricht ein Wörtchen mit. Kann er z. B. kein 4K, sondern nur HD, dann bleibt das Bild auch schwarz, selbst wenn es im Mischer angezeigt wird.

Fazit: Sie werden eine Liveproduktion nur erfolgreich fahren können, wenn Sie die Auflösung aller Komponenten miteinander matchen. Wenn es auf Anhieb nicht klappt, dann verfolgen Sie das Signal von der Quelle (Kamera) bis zur Mündung (Beamer/ Internet), am besten, indem Sie es hinter jedem Ausgang mit einem Monitor überprüfen.

Internet
Egal, ob Sie bereits NDI- oder SMPTE-2110-kompatible Geräte benutzen, ohne Internet oder zumindest ein IP-Netzwerk funktioniert heute kaum noch eine Produktion. Selbst Studiomischer und Bedienkonsole werden meistens über Ethernet verbunden. Dann braucht eine Kamera schnell noch ein Update, oder ein Zuspielgerät muss irgendwie ins Netz eingebunden werden. Die Lösung lautet fast immer: Internet. Dank einer wachsenden Anzahl an Endgeräten, die PoE-fähig sind, brauchen Sie auch nicht unbedingt ein zweites Kabel. Die Kehrseite der Medaille: Der Videoproduzent muss sich auch mit dem Aufbau eines stabilen Internets vor Ort beschäftigen.

23.3.2 Netzwerk

Die Wahl eines Netzwerkstandards ist in meinen Augen ein entscheidender Punkt, denn mit der Auswahl der Netztechnologie treffen Sie auch Entscheidungen über Latenz und Kosten. Ein 50 m langes, 4K-taugliches 12G-SDI-Kabel kostet etwa 400 €. Wenn sie drei Kameras im Einsatz haben, dann kosten allein die Kabel schon über 1.000 €, Ersatzkabel nicht eingerechnet. Vergleichbare HDMI-Kabel sind nicht preiswerter, aber die flachen Stecker können nicht arretiert werden, im Gegensatz zum BNC-Stecker der SDI-Kabel. Relativ neu ist die Nutzung von Ethernet auch für die Übertragung von Kamerasignalen. Hier konkurrieren zwei Standards: NDI und SMPTE 2110. Cat-6-Ethernet-Kabel übertragen bis zu 10 GB/s und erreichen damit die Übertragungsraten von 12G-SDI-Kabeln. Beide können damit unkomprimiertes 4K-Video und 60 Hz übertragen. 100 Meter Cat-6- oder Cat-7-Kabel kosten einen Bruchteil des Geldes für SDI-Kabel. Aber die wenigsten Kameras verfügen über einen Ethernet-Ausgang (RJ45). In Tabelle 23.1 finden Sie einen Überblick über die verfügbaren Netzwerktechnologien für die Übertragung von Videosignalen.

▾ Tabelle 23.1 Verfügbare Netzwerktechnologien für die Übertragung von Videosignalen

Name	Kabel/Stecker	Datenübertragung	Vorteile/Nachteile
Serial Digital Interface (SDI)	Koaxialkabel/BNC	HD 1.920 × 1.080 (3G), 2,97 GB/s UHD/HD 2160p25 und 1920p50 (6G), 6 GB/s UHD, 2160p60 (12G), 12 GB/s	+ Übertragung unkomprimierter Signale + niedrige Latenz (1f) + feststellbare Steckverbindung – teuer

Name	Kabel/Stecker	Datenübertragung	Vorteile/Nachteile
High Definition Multimedia Interface (HDMI)	Kupfer oder Lichtwelle/ Flachstecker	HDMI 1.2, 3,96 GB/s HDMI 1.3 und 1.4, 8,16 GB/s HDMI 2.0, 14,4 GB/s HDMI 2.1, 42,67 GB/s	+ vielfach eingesetzt + Übertragung unkomprimierter Signale – Kopierschutz (HDCP) – Beschränkungen bei Kabellänge
NDI	Ethernet/RJ45	100 MB/s	+ preiswerte Verkabelung mit Ethernet + Standard-Ethernet-Geräte nutzbar (Switches, Router) + einfache Handhabung und Integration + arretierbarer Stecker (RJ45) + rückkanalfähig – bisher wenige Unterstützer – keine unkomprimierten Signale – proprietärer, aber zugänglicher Codec
SMPTE 2110	Glasfaser	1,1 GB/s	+ unkomprimiertes Video

▲ **Tabelle 23.1**
Verfügbare Netzwerktechnologien für die Übertragung von Videosignalen (Forts.)

Zulassung Funknetz
Wie immer, wenn gefunkt wird, gilt es, ein Augenmerk auf staatliche Regularien zu werfen. Gerade in großen Veranstaltungshallen oder auf Messen, wo wahrscheinlich mehrere Funksysteme betrieben werden, ist ein nicht zugelassenes und gleichzeitig in andere Funknetze einstrahlendes System störend. Ich empfehle im Zweifelsfalle einen Blick auf die Seiten der Bundesnetzagentur.

Funklösungen | Neben den kabelgebundenen Netzwerken gibt es auch eine wachsende Anzahl von Funklösungen, die in der Regel SDI- oder HDMI-Signale übertragen. Auch hier hat ein deutlicher Preisverfall dank neuer Anbieter erheblich für eine Alltagstauglichkeit gesorgt und für den Einsatz auch in kleineren Produktionsumgebungen mit geringerem Budget.

Ist die Funkfrequenz grundsätzlich frei nutzbar, so sollte das Gerät auch die vorgeschriebene Sendeleistung nicht übersteigen. Zwar wird die Bundesnetzagentur den Störer wahrscheinlich nicht so schnell finden (bzw. gar nicht erst suchen, im Gegensatz zu Funkern, die z. B. ins Mobilfunknetz einstrahlen), aber der Kollege sucht zuverlässig nach der Störquelle, die ihm gerade das Bild versaut, und hat wahrscheinlich auch schlechte Laune. Seit 2021 hat die Bundesnetzagentur das 6-GHz-Frequenzspektrum (Wi-Fi 6E) zur Nutzung insbesondere für Übertragungen mit hohen Bitraten freigegeben. Der Pionier bei Videofunkstrecken, Teradek, nutzt diesen Frequenzbereich. Allerdings ist die Nutzung nur in Innenräumen zugelassen. Für die Nutzung von Funksystemen im 5-GHz-Spektrum ist ein automatisches Frequenzmanagement,

DFS, vorgeschrieben, das den Kanal sofort wechselt, wenn auf der Frequenz ein Radarsystem funkt. Systeme ohne DFS müssen sich mit dem 2,5-GHz-Wi-Fi begnügen. Trotzdem gibt es auch Angebote im Fachhandel z. B. von 5-GHz-Funkstrecken ohne DFS. Die meisten Videofunkstrecken übertragen ein FHD-Signal mit maximal 60 Bildern/s, es gibt bereits auch 4K-Funkstrecken. Schick finde ich, dass immer mehr Hersteller Funkempfänger mit integriertem Monitor anbieten. Damit wird das Funksignal leicht kontrollierbar, und die Funkstrecke kann z. B. für eine Remote-Schärfekontrolle benutzt werden.

Latenz
Noch ein kurzes Wort zum Dauerthema Latenz: Hier lohnt es sich, vor dem Kauf einen genauen Blick in die technische Beschreibung zu werfen. Einige Anbieter loben sich für eine Latenz von 70 ms, was immerhin bei einem 50p-Signal dann doch 3 bis 4 Frames entspricht. Tatsächlich gibt es jedoch – natürlich gegen etwas mehr Geld – nahezu latenzfreie Videofunkstrecken.

23.3.3 SDI

SDI ist der Goldstandard bei der Übertragung von Videosignalen. Viele – aber nicht alle – Kameras verfügen über einen entsprechenden Ausgang. HDMI hat dagegen so gut wie jedes Gerät an Bord. Geht es nach den Rundfunkanstalten, dann gehört SMPTE 2110 als dem neuen Standard für die Übertragung von Video- und Audiosignalen über Internettechnologie die Zukunft. Ständig wird SMPTE 2110 weiterentwickelt, denn die Rundfunkanstalten haben Konkurrenz bekommen – von NDI: dem Network Device Interface, das auf die Einbindung möglichst vieler Geräte in eine einfach zu verwaltende Netzwerkinfrastruktur setzt und darauf verzichtet, das bestmögliche Signal zu übertragen, und stattdessen auf viele Features mit komprimierten Signalen baut.

Unter dem Druck der NDI-Konkurrenz gibt es nun auch die Möglichkeit, SMPTE 2110 über eine Cat-6-Verkabelung zu schicken und damit eine kostengünstige Netzwerkinfrastruktur aus Routern, Switches und Kabeln zu nutzen, statt in moderne, aber teure Glasfaser investieren zu müssen. NDI wird häufig als eine Insellösung abqualifiziert, aber es ist eine Insel, auf der es sich gut leben lässt – und Liveproduktionen sind ohnehin meist zeitlich begrenzte Installationen für eine Veranstaltung oder einen Event. Es gibt eine Reihe von NDI-Kameras, die z. B. in Videokonferenz-Lösungen eingesetzt werden. Im Broadcast-Bereich ist vor allem Vizrt (ehemals NewTek) mit Mischern unterwegs.

HDMI und SDI übertragen Video- und Audiodaten, bei NDI und SMPTE 2110 kommen noch Metadaten hinzu. Vor allem bei NDI ist auch ein Rückkanal einfach nutzbar, was zum Beispiel die Farbkorrektur der Kameras, ihre Steuerung oder auch die Integration einer Intercom erlaubt. Blackmagic hat SMPTE 2110 in eigene IP-Lösungen integriert, die die Nutzung des neuen Standards über eine Cat-6-Verkabelung erlauben und rückkanalfähig sind. Da Standard-Ethernet jedoch nicht genug Datenbreite für 4K-Video mit mehr als 30 Bildern zur Verfügung stellt, setzt

Blackmagic für Material mit einer höheren Auflösung auf einen eigenen Codec, der die Signale entsprechend komprimiert.

23.3.4 Genlock/Reclocking

Ein Problem beim Einsatz mehrerer Kameras und Studiogeräte ist die Synchronisation von Bild- und Audiodaten. Der Umstieg von analogen auf digitale Produktionsumgebungen hat die Notwendigkeit, die Signale zu synchronisieren, nicht überflüssig gemacht, auch wenn viele Bildmischer erst einmal auch ohne einen sogenannten Genlock funktionieren. Wollen Sie jedoch sicherstellen, dass alle Geräte im gleichen Takt laufen, dann ist der Einsatz eines Genlocks unverzichtbar. Bei der digitalen Videoproduktion wird in der Regel ein Tri-Level Sync eingesetzt. Dabei handelt es sich tatsächlich um ein analoges HD-Signal, das über entsprechende Kabel (SDI) verteilt wird.

Bei Liveproduktionen ist es oft unumgänglich, dass große Kabelstrecken überwunden werden müssen. SDI ist zertifiziert für ca. 100 m. Bei längeren Kabelwegen kommt es zu einer Signalverschlechterung, z. B. durch den sogenannten Jitter-Effekt. Müssen längere Wege überwunden werden, können Verstärker mit Reclocking-Funktion eingesetzt werden, die dafür sorgen, dass das Signal aufbereitet wird und vor allem wieder synchron läuft.

23.3.5 Kameras

Pan, Tilt und Zoom
PTZ-Kameras können schwenken, neigen und zoomen, das heißt, sie bieten alle gängigen Möglichkeiten, ein Bild einzustellen, über die eine Kamera auf einem Standardstativ mit einem Zoomobjektiv auch verfügt. Schon geraume Zeit werden diese Kameras vor allem für die Aufzeichnung von Sportveranstaltungen eingesetzt, da hier oft viele Aufnahmestandorte notwendig sind, die nicht von Personal besetzt werden können. Wird das Signal per Ethernet übertragen, dann ist auch das Stromproblem gelöst. PoE machts möglich.

Grundlegend sind die meisten Kameras für einen Live-Einsatz geeignet, aber nicht unbedingt praktisch. Das betrifft vor allem Systemkameras im Fotokamera-Design. Man kommt zwar an ein brauchbares Signal über den HDMI-Ausgang heran, aber der Stecker rutsch leicht aus der Buchse, wenn er nicht mit einer Halterung fixiert wird. Dazu ist wiederum ein Cage notwendig, an dem die notwendigen Anbauten festgeschraubt werden können, zum Beispiel auch einen größeren Monitor, der es einem Kameramann erlaubt, das Bild wirklich zu kontrollieren. Die kleinen – noch dazu unscharfen – Displays sind dazu ungeeignet.

Zum Einsatz kommen in der Regel auch Zoomobjektive, um ohne Objektivwechsel den Bildausschnitt anpassen zu können. Diese sind jedoch häufig schwer und beanspruchen die normalen Mounts stark. Schließlich sind Systemkameras meist nicht fernsteuerbar, zum Beispiel um Blende, Farbe oder ISO einzustellen und gegebenenfalls über mehrere Kameras hinweg zu synchronisieren. Kurz: Es geht, aber gut ist etwas anderes.

Wer ein klassisches Fernsehstudio besucht, sieht dort Kameras auf riesigen Pumpenstativen, die sich lautlos bewegen und in der Höhe verstellt werden können. Die Preise liegen im mittleren bis oberen fünfstelligen Bereich. Deutlich darunter ist der Markt stark in Bewegung. Auf der einen Seite gibt es Kameras in einem klassischen, aber deutlich am Studioeinsatz ausgerichteten Design. Stellvertretend seien hier die Blackmagic-Studiokameras hervorgehoben. In Verbindung mit den Bildmischern des Herstellers, den Remote-Einheiten und gegebenenfalls der Live-Farbkorrektur in DaVinci Resolve stellt dieses Bundle ein einzigartiges Angebot dar, noch dazu zu einem guten Preis-Leistungs-Verhältnis.

◂ **Abbildung 23.3**
Studioproduktion einer Kochshow

Daneben wächst die Zahl der fernsteuerbaren PTZ-Kameras. Viele von ihnen setzen auf NDI als Netzwerktechnologie, aber es gibt auch PTZ-Kameras mit dem klassischen SDI-Ausgang. Dank der Fernsteuerbarkeit ersetzen die Kameras auch gleich noch einen zusätzlichen Kameramann, allerdings muss dann das Personal am Bildmischer diese Aufgabe mit übernehmen.

Der NDI-Entwicklerkonzern Vizrt bietet rund um NDI eine ähnlich breite Produktpalette wie Blackmagic mit Bildmischern, Replay-Rekordern oder KI-Features, die zum Beispiel die Verfolgung eines Objektes in Echtzeit oder 3D-Simulationen ermöglichen. Beispiele sind die animierte Rekonstruktion eines Angriffs mit Torabschluss und die Klärung existenzieller Fragen wie etwa, ob der Angreifer im Abseits stand oder nicht.

Wer von großen Liveproduktionen als One-Man-Show träumt, kommt nicht darum herum. seine Kameras fernzusteuern. Entsprechende PTZ-Remote-Controller gibt es zuhauf, sie kosten zwischen 300 und 3.000€. Wichtig: Achten Sie vor dem Kauf darauf, dass Kameras und Controller die gleich Sprache sprechen. Die entsprechenden Protokolle für eine reibungslose Kommunikation heißen Visca, Visca oIP oder ONVIF, Pelco und natürlich NDI.

Akkus
Viele Kameras können mit einem Akku betrieben werden. Ist es entsprechend groß dimensioniert, dann hält er auch einige Stunden durch. Ansonsten droht zumindest während einer längeren Liveproduktion ein plötzlicher Bildausfall, wenn der Akku am Ende ist. Rechtzeitiger Akkuwechsel vermeidet den peinlichen Bildausfall, setzt aber voraus, dass man den Ladezustand stets im Blick hat.

▴ **Abbildung 23.4**
PTZ-Controller von AVMATRIX

23.3.6 Intercom und Tally

Das Beispiel mit dem Austausch eines leeren Akkus macht es deutlich: Hin und wieder müssen Bildregie und Kameramann auch miteinander sprechen, und sei es nur, um auf das fehlende Bildsignal hinzuweisen. Komplexere Veranstaltungen folgen aber einer unvorhersehbaren Dramaturgie, zum Beispiel weil der eigentliche Favorit beim Autorennen nicht mehr vorn liegt und die Kameraleute sich auf ein »neues Ziel einschießen« müssen.

Für die Kommunikation zwischen Regie und Kamerapersonal sorgen sogenannte Intercoms, eine Kombination aus Kopfhörer und Mikrofon. Viele Systeme setzen heute auf Funkübertragung, dank Duplex-Übertragung auch in hoher Qualität und ohne Ausfälle. Kabelgebundene Lösungen gehören eher der Vergangenheit an, da jede Strippe weniger am Set das Leben erleichtert. Der Umgang mit einer Intercom muss etwas geübt werden, vor allem weil sie eines nicht ist: ein Betriebstelefon für gelangweilte Kameraleute, die sich während der Produktion über das Kantinenessen austauschen. Es herrscht Disziplin, und im Zweifelsfalle kann die Aufnahmeleitung/Regie durch das Drücken einer Announce-Taste alle Headsets stumm schalten. Professionelle Intercom-Systeme erlauben zudem eine 2-Wege-Kommunikation (4-Wire), bei der Hören und Sprechen getrennt werden. So kann z. B. auch der Sendeton in die Intercom eingespeist werden. Unterstützen die Kopfhörer Noise-Cancellation, ist das System auch für den Einsatz in lauter Umgebung geeignet.

PMR-Funkgerät statt Intercom
Wenn es nur wenig zu besprechen gibt oder die Kameras während einer Veranstaltung einfach nur ein Bild übertragen, dann können Sie auf eine aufwändige Intercom auch verzichten und stattdessen einfache PMR-Funkgeräte einsetzen. Allerdings sollte dann wirklich Funkdisziplin herrschen und vor allem jede Form von Signalton während der Veranstaltung abgeschaltet werden. Funkgeräte haben es an sich, dass sie schnell stören. Auch PMR-Funkgeräte werden häufig mit einfachen Kopfhörern oder Headsets ausgeliefert.

Damit ein Kameramann weiß, dass sein Bild gerade live on air geht, gibt es ein einfaches Signalsystem, das Tally. In der simpelsten Form handelt es sich um Rotlicht, das angeht, wenn der Bildmischer das Eingangssignal einer Kamera auf den Programmausgang legt: Für den Kameramann das Signal, das Bild zu halten oder die abgesprochene Kamerabewegung auszuführen (Schwenken, Zoomen). Etwas aufwändigere Systeme können einen Kameramann auch vorwarnen, dass sein Bild demnächst eingeschnitten werden soll. Das Tally kann sowohl auf der Kamera aufgesteckt werden als auch in das Monitorbild eingespielt werden. Studiokameras haben meistens ein Tally-System mit an Bord.

23.3.7 Bildmischer

Der Bildmischer ist das Herz einer Studio- bzw. Liveproduktion und steht deshalb oft am Anfang aller Überlegungen. Dabei sind die Geräte oft mehr als nur ein Videomischer, sie bieten oft auch die Möglichkeit, Eingangssignale zu konvertieren, zusätzliche Audiomischerfähigkeiten, Unterstützung für Intercom und Tally und natürlich Effekte wie Upstream- und Downstream-Key.

Spielend einfach mixen
Handbücher sind out. Wenn Sie Ihren neuen Videomischer kennen lernen wollen, dann schließen sie am besten zwei Quellen an und probieren die verschiedenen Methoden, Bilder zu mischen, einfach aus, indem Sie die Tasten drücken und beobachten, was passiert. Sie werden ziemlich schnell verstehen, wie das Gerät funktioniert. Kompliziertere Effekte wie Keys lassen sich mit einem Videotutorial schnell einstudieren. Ein Blick ins Handbuch ist erforderlich, um das Gerät überhaupt zum Spielen zu bringen, zum Beispiel um Videosignale und Projektformat aufeinander abzustimmen.

Wie bei den Kameras bieten die Branchenführer wie Sony, Grass Valley, Ross oder Panasonic, die vor allem auf Broadcaster bzw. Großveranstalter spezialisiert sind, fast alles, was für Geld zu kriegen ist, vorausgesetzt, man hat einiges davon. Auch der NDI-Spezialist Vizrt verschenkt seine Videomischer der TriCaster-Serie nicht gerade. Für die meisten Produktionshäuser mit kleinerem Geldbeutel ist wahrscheinlich wieder Blackmagic mit seinen ATEM-Mischern die erste Wahl. In ähnlichen Preisregionen von wenigen tausend Euro bewegen sich auch Datavideo und Roland. Noch günstiger geht es nur mit echten Einsteigergeräten wie der ATEM-Mini-Serie von Blackmagic oder softwarebasierten Mischern z. B. von vMix oder OBS. Neben den Bedienkonzepten und der bei Softwareprodukten noch zu lösenden Frage, wie Bildsignale eigentlich in den Computer kommen, liegt der Hauptunterschied vor allem in der deutlich höheren Latenz von Software.

▲ **Abbildung 23.5**
Vorder- und Rückseite eines ATEM-Constellation-4K-Videomischers von Blackmagic Design

Nachfolgend erkläre ich die wichtigsten Funktionen, die in der Regel in jedem heutigen Mischer in ähnlicher Form zu finden sind. Die Beispiele orientieren sich jedoch an der Bedienung der ATEM-Mischer von Blackmagic.

Übergangsarten
Cut: ein harter Schnitt; kann auch durch Drücken einer neuen Quelle in der Programmleiste ausgeführt werden

- Blende: Klassische Blende; die Dauer kann verändert werden.
- Dip: Überblendung in eine Farbfläche und dann auf die nächste Quelle
- Wipe: Wischblende mit einer Grenze, die farblich verändert werden kann
- DVE: digitaler Video Effekt, Veränderung von Position und Größe der Quellen
- Stinger: mehr oder wenig aufwändig vorproduzierte Mischeffekte zum Erzeugen individueller Bildübergänge. Können oft auch online gekauft werden.

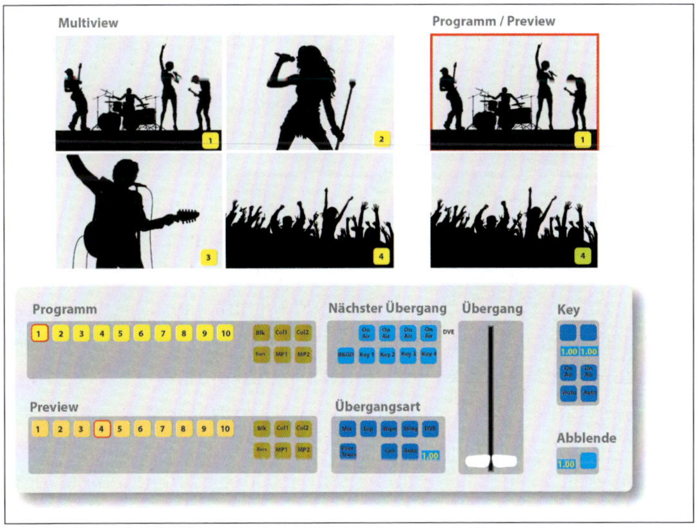

◂ **Abbildung 23.6**
Grundfunktionen eines Mischers

Im klassischen Layout eines Bedienpanels für einen Videomischer – gleichgültig, ob Hard- oder Software – haben Sie zunächst für jede Videoquelle eine Taste. Dabei können Sie zwischen Programm und Preview unterscheiden. Jede aktive Quelle in der Programmleiste wird auch ausgespielt.

Neben Kamerasignalen können Sie meistens auch auf im Bildspeicher abgelegte Videosequenzen oder Standbilder zugreifen. Mit einem Drücken der entsprechenden Programmtaste können

Sie jedes Bild sofort live schalten. Wollen Sie stattdessen einen Übergangseffekt einsetzen, wählen Sie ihn in der Übergangsart aus. Mit dem Drücken der Auto-Taste wird die ausgewählte Quelle mit einem Effekt als Programm ausgegeben. Typische Übergänge neben dem harten Schnitt sind Blenden, Wipes, Dips und DVE-Effekte.

Mischer bieten neben Standardeffekten meist auch Key-Effekte, mit denen sich Logos, Bauchbinden oder Grafiken ein- und ausblenden lassen.

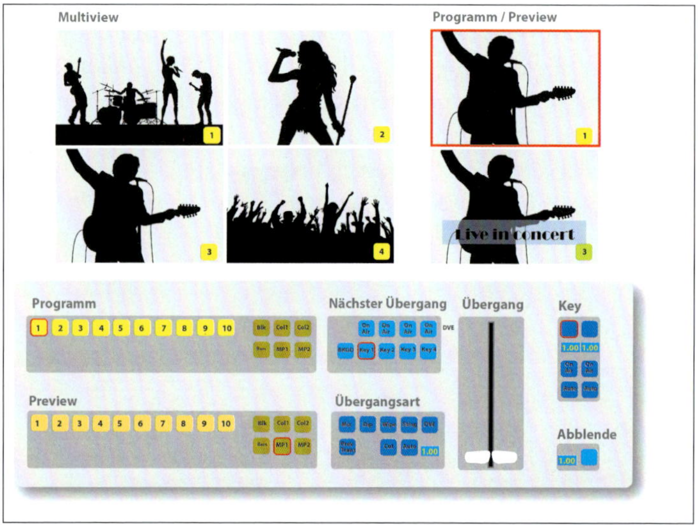

Abbildung 23.7 ▸ Titelgrafik als Overlay mit Downstream-Key

Hardwaremischer | Hardwaremischer bieten drei große Vorteile: Sie sind vergleichsweise einfach zu bedienen, bringen alle notwendigen Anschlüsse mit und arbeiten mit einer niedrigen Latenz. Hardwaremischer erlauben das Mischen von Video- und Audiosignalen in einem Gerät. Das heißt: Mit einem Videomischer bewaffnet, können Sie bereits in die Liveproduktion ziehen (wenn Sie auch Kabel, Kameras und den Rest mitbringen). In Verbindung mit einer klassischen Bedienkonsole erlauben sie eine komfortable und einfache Bedienung. Weil Computer eine stetig wachsende Rolle spielen, können Bildmischer und viele andere Geräte häufig auch über den Laptop gesteuert werden, der über USB oder Ethernet angeschlossen wird. Allerdings empfinde ich das Drücken von Tasten als intuitiver und vor allem bei längeren Produktionen auch deutlich entspannter.

Die Audio- und Videoanschlüsse auf der Rückseite bieten die Möglichkeit, entsprechend der Anzahl der Eingänge Kameras oder andere Videoquellen (Aufzeichnungsgeräte, Abspielgeräte, Live-Feeds) anzuschließen. Die Ausgabe erfolgt auf Kontrollmonitoren

Multiview
Sehr angenehm: ein sogenannter Multiview-Ausgang, der mehrere Quellen in einem Ausgangssignal zusammenfasst, sodass die Eingangssignale und Programm und Preview mit einem Monitor überwacht werden können.

und mittels Programmausgang, an dem das fertig gemischte Signal in der gewählten Auflösung ausgegeben wird.

◂ **Abbildung 23.8**
Bedienpanel für Bildmischer von Skaarhoj

Softwaremischer | Softwaremischer wie vMix ahmen Hardwaremischer nach. Darüber hinaus bieten sie viele Zusatzfunktionen wie Streaming in Social-Media-Netzwerke oder die Einbindung von Videokonferenz-Software wie Teams oder Zoom. In Verbindung mit einem entsprechend leistungsfähigen Speicher kann die Software auch für Instant-Replay-Funktionen wie zum Beispiel Zeitlupenaufnahmen verwendet werden. Allerdings werden viele Operationen im Computer bzw. auf der Grafikkarte ausgeführt. Das sorgt fast immer für höhere Laufzeiten, also Latenz. Um diese soweit möglich zu vermeiden, sollten Sie Ihren Computer optimal auf die Nutzung mit dem Softwaremischer anpassen. Die meisten Hersteller geben dazu detaillierte Empfehlungen; in vMix finden Sie zum Beispiel ein Diagnose-Tool, das hilft, störende Drittanbieter-Software zu finden und gegebenenfalls außer Betrieb zu nehmen.

Ein Problem bleibt aber natürlich: Irgendwie müssen die Kamerasignale auch noch in den Computer gelangen. In Verbindung mit NDI sind Lösungen wie vMix sehr flexibel. Neben NDI-Kameras können über ein Standardnetzwerk auch weitere Quellen problemlos eingebunden werden, zum Beispiel der Videostream des Desktops eines anderen Computers (etwa bei der Übertragung von Computerspielen), Computerkameras, Smartphones oder Ausgabesignale von Grafikprogrammen, die NDI unterstützen. Selbstverständlich können aber auch die herkömmlichen Videosignale wie SDI oder HDMI eingebunden werden, allerdings benötigt der PC dafür spezielle Hardware wie Capture-Karten oder Breakout-Boxen.

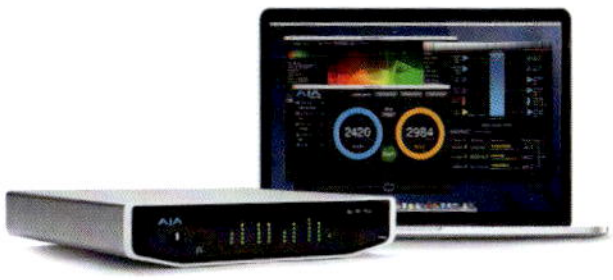

▴ **Abbildung 23.9**
Breakout-Box von Aja

23.3.8 Patchfelder und Kreuzschienen

Natürlich können Sie die Kameras immer aufs Neue an die Eingänge Ihres Videomischers anschließen, ebenso Kontrollmonitore an die Ausgänge. Doch das ist meistens mühsam und wenig flexibel. Patchfelder vereinfachen die Arbeit bereits erheblich, vorausgesetzt, Sie wissen, hinter welchem Stecker sich welcher Ein- oder Ausgang befindet. Wer aufwändiges Suchen während einer Produktion vermeiden möchte, sollte seine Steckfelder entsprechend beschriften.

Abbildung 23.10 ▼
Belegung eines Steckfeldes mit 16 SDI-Anschlüssen

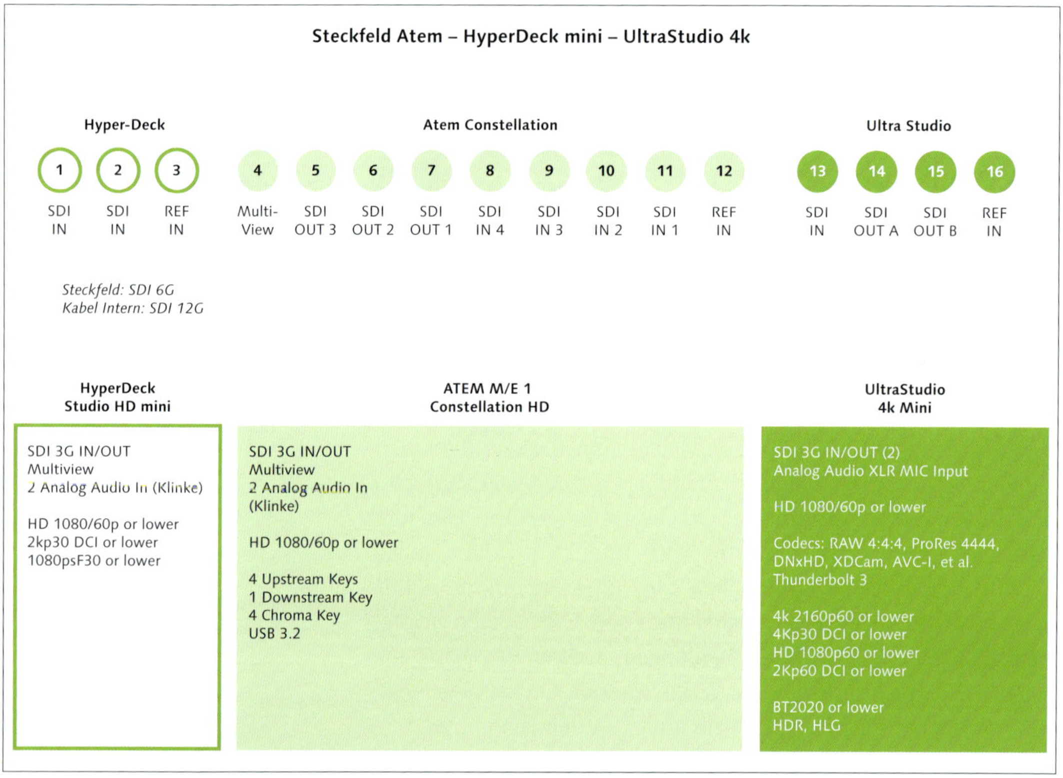

Noch komfortabler sind Kreuzschienen, die es erlauben, alle Ein- und Ausgänge beliebigen miteinander zu kombinieren.

23.3.9 Instant Replay

Sportübertragungen sind ohne die zeitnahe Wiederholung von strittigen Entscheidungen, Tor- oder Jubelszenen kaum mehr denkbar. Das heißt: Eingangssignale müssen nicht nur in Echtzeit verarbeitet werden, sondern auch noch aufgezeichnet werden und auf Knopfdruck zum erneuten Abspielen zur Verfügung stehen. Sowohl Hardware- wie auch Softwaremischer erlauben die Integration entsprechender Hardware. Im einfachsten Fall benötigen Sie ausreichend performanten Speichers, ansonsten die Einbindung spezieller Hardware wie etwa der HyperDeck-Lösungen von Blackmagic.

▲ Abbildung 23.11
HyperDeck 4K von Blackmagic Design

Sie verbinden eine Recordinglösung mit der Möglichkeit, den aufgezeichneten Stream schnell und einfach auch wieder abzuspielen. Bei der Wiedergabe kann die Geschwindigkeit geändert werden, sodass Zeitlupen und Zeitraffer-Darstellungen möglich sind. Wer eine entsprechende Lösung von TriCaster im Einsatz hat, kann zum Beispiel auch noch animierte Grafiken und KI-getriebene Spielzuganalysen in seine Liveübertragung einbinden.

23.3.10 Licht und Ton

Leider ist es in der Regel mit etwas Broadcast-Technik bei Liveveranstaltungen nicht getan. Das Set will auch noch ausgeleuchtet werden, und am Ende macht erst ein guter Ton den Event auch zum multimedialen Erlebnis.

Eine Warnung vorweg
Wenn Sie nicht das Ziel haben, eine Veranstaltungsfirma aufzubauen, dann lassen Sie die Finger von Licht und Ton. Denn neben erheblichen weiteren Investitionen brauchen Sie dann noch mehr Zeit zum Auf- und Abbau, entsprechendes Personal, und wahrscheinlich reicht der VW-Bus nicht mehr, sondern es muss ein Lkw mit mindestens 7,5 t her.

◂ **Abbildung 23.12**
Großveranstaltung. Licht und Ton hängen unter der Decke.

Häufig bieten die Betreiber professioneller Veranstaltungssäle entsprechende Technik und Personal, ich habe aber auch schon Hallen für 3.000 Leute gesehen, in die alles eingebaut werden musste. Das Problem: Viele auf Veranstaltungstechnik spezialisierte Firmen bieten auch Übertragungstechnik an, um als Alleinunternehmer auftreten zu können. Schlau ist, wer sich eine entsprechende Firma sucht und als Subunternehmer im Fahrwasser mitfährt. Denn am Ende entscheidet das Know-how und nicht die Technik über den Erfolg. Und für Veranstaltungslicht reicht das 3-Leuchten-Kameramann-Set in der Regel nicht mehr aus. Für ausreichende Grundhelligkeit werden meist einige KW Leistung mehr benötigt, und dann wollen Wände und Hintergründe auch noch stimmungsvoll in farbiges Licht getaucht werden. Moderator und Sprecher soll ein Verfolger aus der Masse herausheben, und – das hat zwar nichts mit Licht zu tun – ein bisschen Nebel darf dann auch noch sein.

Die größte Herausforderung ist aber, das Ganze so zu montieren, dass das Licht nicht im Weg steht, nicht blendet und nicht ins Bild strahlt, das heißt, es muss hoch aufgehängt werden, am besten unter die Hallendecke. Das ist auch ein guter Platz für den Ton, denn wenn in einer großen Halle auch auf den hinteren Plätzen etwas verständlich sein soll, dann hängt das notwendige Line Array am besten auch unter der Decke. Wer dagegen mit Stativen die Fluchtwege zustellt, weil anders Leuchten und PA mangels Hebebühne und Hängepunkten nicht aufgebaut werden können, scheitert in der Regel schon bei der Abnahme. Weil dies aber kein Buch für Veranstaltungstechnik ist, hier also meine ausdrückliche Warnung: Finger weg von Licht und Ton.

Tipp
Nehmen Sie einen Belichtungsmesser mit, und messen Sie schon einmal aus, wie hell es wo sein wird.

Stattdessen ist Kooperation das Gebot der Stunde. Und das bedeutet: Mit dem oder den verantwortlichen Techniker/n vor Ort (egal, ob von Veranstaltungsraum oder externer Technikfirma) möglichst frühzeitig Kontakt aufnehmen, spätestens aber am Tag der Veranstaltung. Wenn der Hallenton vom separaten Audiomischpult in den Videomischer zugespielt werden kann, dann klingt die Videoübertragung zumindest schon einmal, und Sie können Ihr eigenes Anliegen zum Beispiel zur Ausleuchtung der Rednertribüne bei einem Experten abgeben, der Zugriff auf alle verfügbaren Scheinwerfer hat. Bei großen Produktionen sollte immer auch ein Vorabtermin unter Beteiligung aller Technikfirmen möglich sein, um mögliche Probleme frühzeitig anzusprechen.

23.4 Let's go live

Bei Liveübertragungen – egal, ob auf einem Beamer oder ins Netz – gilt, ab Beginn der Übertragung gibt es keine Ausreden mehr. Bleibt der Bildschirm dunkel, steht zuverlässig zwei Minuten später der verantwortliche Auftraggeber neben einem, was Konzentration und Problemlösungsfähigkeiten nicht gerade steigert. Sind Bild und Ton zwar da, aber asynchron oder sehr schlecht, dann muss man sich schon einmal Gedanken um die Rechnung und deren Bezahlung machen. Auf der anderen Seite: Ist alles vorbei, dann ist es auch vorbei. In der Regel gibt es nach einer Veranstaltung außer vielleicht etwas Manöverkritik nicht mehr viel zu besprechen. Nach der Show ist vor der Show. Hier ein paar Tipps, um wenigstens das ganz große Debakel zu vermeiden.

23.4.1 Ablaufplanung

Ablaufplanung – das klingt nicht sehr sexy, ist aber der Schlüssel zum Erfolg. Wer keine Ahnung hat, was eigentlich passiert, weiß auch nicht, was er filmen soll. Selbst bei einer langweiligen Expertenkonferenz, bei dem der Redner ständig auf eine große Leinwand übertragen werden muss, gibt es ein Ende, an dem zum Beispiel ein Dankeschön an alle Teilnehmenden projiziert werden soll. Wer nicht weiß, wer der letzte Redner ist, wird seinen Einsatz mit Sicherheit verpassen. Regel: Je mehr Kameras im Einsatz sind, je mehr Einstellungen gefordert sind, umso detaillierter sollte der Ablaufplan sein.

Wenn es um minutiös durchgeplante Events wie zum Beispiel die Jahreshauptversammlung eines Börsenunternehmens geht, dann sollten etwaige Texteinblendungen wie die Namen der Verantwortlichen, Tagesordnungspunkte oder auch Präsentationen zur richtigen Zeit auf dem Bildschirmen erscheinen. Dabei hilft es ungemein, wenn man nicht nur »Rede des Vorstandsvorsitzenden« als Stichpunkt im Ablauf stehen hat, sondern auch ein aktuelles Foto des CEO. Denn betritt er nicht die Bühne, weil verspätet, dann hebt eine falsche Namenseinblendung den Fehler erst richtig heraus.

▼ **Tabelle 23.2**
Beispiel Ablaufplan

Position	Abschnitt	Bild	Anmerkung	Dauer
1	Eröffnung der Veranstaltung	Willkommensgruß auf der Leinwand	Zuspielung aus Bildspeicher	ab Beginn – 30 min. (Einlass in Veranstaltungsraum)
2	Begrüßung durch Moderation	Blende auf Moderator, der die Bühne von links betritt	Totale Bühne, Umschnitt auf Nahe	1 min 30 sek
3	Einspielung Firmenvideo	Firmenvideo »100 Jahre xy«	Anmoderation, harter Schnitt in Video	4 min
4	Moderation	Blende auf Moderation aus letztem Standbild (Firmenlogo)	Moderator groß	1 min
5	Begrüßung Firmenchef Dr. Max Master	Totale, Auftritt, Umschnitt auf Halbtotale	Einblendung Namenszeile mit Funktion über Nahe	ca. 1 min
6	Gespräch	2 Nahen, Halbtotale, Zwischenschnitt Publikum aus Hallenkamera bei Applaus		ca. 3 min.

Ob ein Ablaufplan in dieser oder einer ähnlichen Form aufgebaut wird, halte ich für nicht entscheidend. Wichtig sind folgende Informationen:

Ein Beispiel aus dem Praxisalltag
Ich habe einmal mein eigenes Armageddon erlebt, als 12 Models die Schmuckstücke von 20 Teilnehmern an einem internationalen Schmuckwettbewerb vorstellen sollten und der Name des Designers unter seiner Kreation eingeblendet werden sollte. Nach dem 3. Model war die Übersicht dahin, weil sich die Models nicht an die abgesprochene Reihenfolge hielten und keine Bilder der Preziosen vorlagen. Kurz darauf sollte Catherine Deneuve bei einem Gastauftritt eine Halskette mit einem besonderen Diamanten tragen, der Veranstalter hatte aber versäumt, der Schauspielikone Bescheid zu sagen. Ergebnis: Sie trug keine Kette bei ihrem Auftritt, trotzdem suchten die ahnungslosen Kameraleute wie vereinbart ihr Dekolleté auf der Suche danach ab. Die Bilder waren an Peinlichkeit kaum zu überbieten. Fazit: Eine Ablaufplanung ist das A und O jeder gelungenen Liveübertragung.

Weniger ist mehr
Zu viel Information macht einen Plan nicht wertvoller, sondern schlecht lesbar. Gerade wenn Kameraleute gefordert sind, die meistens nur mit einem Auge aufs Klemmbrett schauen, sollte man sich auf die wichtigsten Informationen beschränken, die dafür möglichst groß geschrieben sind.

- Eindeutige Nummerierung: Jeder Beteiligte muss schnellstmöglich erkennen können, über welchen Abschnitt man gerade spricht und was eventuell die eigene Aufgabe ist.
- Inhaltliche Beschreibung: Was sollte sich tun? Damit können etwa auch Kameraleute erkennen, wenn es im Ablauf eine Änderung gab. Selbst wenn es keine Intercom gibt, finden sie möglicherweise selbstständig, an welchem Punkt die Veranstaltung gerade angekommen ist.
- Bildbeschreibung: Hinweis für Kameraoperator und Bildmischer
- Dauer: zur groben Abschätzung, wie lange ein Einsatz geplant dauert und ab wann eine Änderung von Einstellungsgrößen etc. verlangt ist

Der größte Feind des Ablaufplans sind das reale Leben und Spontaneität. Dazu gehören Moderatoren, die mal eben einen Ausflug ins Publikum machen, ohne dass eine Kamera ihnen folgen kann, oder Ereignisse, die einen ganzen Ablauf durcheinanderbringen. Legende ist der Torfall im Halbfinalspiel der Champions-League Dortmund gegen Real Madrid, der zu einer einstündigen Verzögerung des Spielbeginns führte. Aber es geht auch mit weniger, etwa wenn ein Showact kurzfristig ausfällt oder einfach bei einem Stromausfall. Fast ebenso grausam sind Redner, die die geplante Redezeit satt überziehen und damit zumindest für optische Langeweile sorgen.

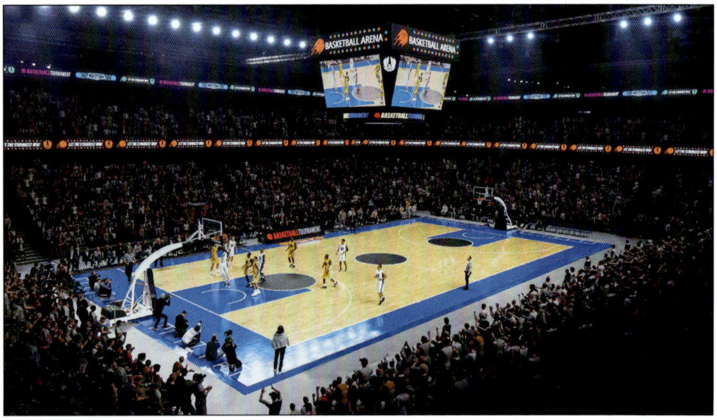

▲ **Abbildung 23.13**
Liveübertragung eines Basketball-Spiels mit Videowürfel

Zur Ablaufplanung gehört auch ein grundlegendes Verständnis für die Art der Veranstaltung. Wer für eine Sportübertragung verantwortlich ist, muss nicht unbedingt Fan der Sportart sein, sollte aber ein Grundverständnis für den Ablauf und die Spielregeln mitbringen. So ist es zum Beispiel bei Tennis oder Volleyball uninteressant, eine Großaufnahme des Aufschlägers zu zeigen, dafür aber zu verpassen, ob es ein Ass wurde oder der Ball im Aus gelandet ist. Die Zeitlupenstudie des Aufschlagkönigs ist etwas für Spielunterbrechungen oder Pausen.

23.4.2 Aufbauplanung

Wer sich Gedanken darüber gemacht hat, welche Aufnahmen er während einer Veranstaltung produzieren möchte, der weiß auch, wie viele Kameras er für die Einstellungen benötigt und wo diese positioniert sein müssen. Und er weiß auch, ob es ausreicht, die Kameras per Fernsteuerung zu kontrollieren, oder ob Schwenks und Zooms im Livebild notwendig sind, die man lieber einem Kameramann als Stellmotoren überlässt. Kurz: Einer verlässlichen Material- und Personalplanung steht nichts im Wege.

Einer der beliebtesten Sätze von Produktionsfirmen ist: »Wir haben ohnehin etwas mehr eingepackt.« Bedeutet: »Wir haben alles mitgenommen, was wir haben, in der Hoffnung, es reicht.« Dumm nur, wenn etwas fehlt, wie etwa ein Konverter, der das SDI-Signal am Ende in HDMI umwandelt, um es auf dem Beamer auszugeben, der nur über einen HDMI-Eingang verfügt.

Ich habe irgendwann angefangen, mein Material in beschrifteten Euroboxen zu verstauen. Benötige ich Akkus für eine oder mehrere Kameras, wandert die Box mit den Stromspeichern samt dazugehörigem Ladegerät ins Auto. Ich habe irgendwann alle älteren 3G-SDI-Kabel entsorgt und nehme nur noch 12G-Kabel mit, weil es mir zu dumm war, den Fehler zu suchen, wenn der Monitor dunkel blieb. Audiomischer inklusive mehrerer XLR-Kabel in verschiedenen Längen und Kaltgerätekabel: eine Box. Kurze SDI-Kabel für meine Patchfelder: eine Box. Eine eigene Kiste gibt es für einen Ethernet/Wi-Fi-Router mit Cat-6-Kabeln und einem Switch sowie einem Starlink-Satelliten samt Schüssel, um vor Ort einen unabhängigen Internetzugang gewährleisten zu können. Videomischer in HD und Videomischer in 4K habe ich in tragbaren Racks verbaut. Handbücher bzw. Schaltplan für die Belegung der Patchfelder liegt bei, alle Geräte sind in einer Steckdosenleiste bereits eingesteckt. Die Stromaufnahme aller im Rack verbauten Geräte habe ich addiert und auf einem Schild notiert. Natürlich kann man es auch übertreiben, aber seitdem ich halbwegs Ordnung in mein Lager gebracht habe, ziehe ich etwas ruhiger in Liveproduktionen. Und ja: Ich überprüfe regelmäßig den Ladestand meiner Akkus und versuche, sie regelmäßig zu laden bzw. auf Erhaltungsspannung zu laden. Meine ältesten Akkus sind mittlerweile zu meiner eigenen Überraschung seit 22 Jahren im Einsatz.

23.4.3 Einsatzplanung

Bei der Personalplanung ist meine Vorgehensweise sehr einfach: Es gibt nur einen unverzichtbaren Posten, den des Produktionsleiters. Seine Aufgabe: Überwachung des Budgets. Ansonsten muss er nur die Aufgaben aller nachfolgenden Positionen mit übernehmen, wenn er diese einspart:

- Bildmischer: Operator für Videomischer, schneidet das fertige Bild
- Bildregie: übernimmt die Ablaufleitung, übt Einstellungen und Szenen ein, entscheidet während der Übertragung in Abstimmung mit dem Bildmischer, welche Bilder on air gehen
- CCU-Operator: misst Kameras ein und gleicht Farbe und Helligkeit verschiedener Kameras an; überwacht die richtige Belichtung während der Aufnahme
- Kameramann/-frau: Bedienung der Kamera
- Kameraassistenz: kümmert sich bei fahrbaren Kameras um Video- und Stromkabel, richtet Kamera ein, zieht bei Bedarf die Schärfe (Focus-Puller)
- PTZ-Operator: steuert Kameras remote
- Grip/Bühne: baut Stative, Kamerakräne, Steadycam etc. auf und bedient das Zubehör während der Produktion
- Tontechniker*in: bedient Audiomischer und kümmert sich um angeschlossene Audiogeräte (Mikrofone, Musikinstrumente, Zuspielgeräte sowie Monitore etc.); pegelt alle Audioquellen ein und kümmert sich um optimalen Klang
- Netzwerktechniker*in: errichtet lokales Netzwerk, gegebenenfalls mit Internetzugang, wenn notwendig
- Intercom-Techniker*in: richtet Kommunikationstechnik ein
- Aufbauhelfer*innen: Stagehands, die Kisten tragen und vor Ort beim Auf- und Abbau helfen

Die Liste ist weder vollständig noch eine Minimalanforderung. Wer keinen Kamerakran dabeihat, muss auch kein Personal für seine Bedienung einplanen. Wenn man nur vom Audiomischer eines Kollegen das Ausgangssignal abgreift, benötigt man keinen eigenen Tontechniker. Gibt es nur eine ferngesteuerte Kamera, kann diese wahrscheinlich auch der Produktionsleiter bedienen. Aber: Wenn der Etat nur noch ein Gehalt hergibt, sollten Sie sich ernsthaft überlegen, ob Sie den Job überhaupt annehmen. Ich jedenfalls plane immer mit zwei Personen, denn manchmal hat man auch einfach nur einen schlechten Tag, und nichts funktioniert. Dann hilft jemand, der sich ebenfalls mit der Technik auskennt, ungemein. Damit ist auch gesagt: Achten Sie auf Redundanz. Für eine Produktion essentielle Geräte und Zubehör sollten eventuell zweimal vor Ort sein oder im Falle eines Falles schnell beschafft werden können.

23.4.4 Aufbau und Probe

Je nach Größe und Komplexität der Veranstaltung sollten Sie entsprechend Zeit für den Aufbau und vor allem einen Funktionstest einplanen. Weil Hallenmieten oft teuer sind, ist ein Aufbau am Vortag nicht immer möglich. Deshalb werden Produktionstage oft sehr lang. Ich gehe davon aus, dass der Aufbau selbst bei kleinen Veranstaltungen mindestens einen halben Tag dauert. Kommen mehrere Kameras zum Einsatz und gibt es erhöhte Anforderungen wie die Zuspielung von Material aus anderen Quellen (Laptop, Zuspielfilme etc.), so muss alles organisiert, getestet und einsatzbereit gemacht werden. Einsatzbereit heißt, dass der komplette Produktionsweg überprüft wurde. Wird das Bild auf eine Leinwand übertragen, muss auch die angeschlossene Videowall oder der Beamer getestet werden. Bei einem Streaming ins Internet z. B. zu einer Streamingplattform muss die Verbindung überprüft werden. Wer sich dabei auf ein öffentliches WLAN in einer Halle verlässt, darf sich nicht wundern, wenn die Performance in die Knie geht, sobald die ersten Besucher eingelassen werden. Ein entsprechender Check kostet immer Zeit. Wenn der Auftraggeber Zeit und Geld hat, dann besteht gerade bei komplizierten Aufträgen wie Sportveranstaltungen die Möglichkeit, einen Probedurchlauf zu machen oder beim Aufwärmen zu üben. In der Regel übernehmen Firmen – vorausgesetzt, der Auftraggeber ist zufrieden – die Übertragung mehrerer ähnlicher Veranstaltungen. Dann kommt mit der Zeit auch die notwendige Routine, und Vorlaufzeiten können verkürzt werden.

23.4.5 Versicherungen

Versicherungen sind ein schwieriges Thema, vor allem im Umfeld von vielen Selbstständigen und selbstständig tätigen Subunternehmen.

- Als Produktionsfirma sollten Sie immer eine Haftpflichtversicherung abschließen, die Sie vor Personen- und Sachschäden schützt. Wer einmal mit einem defekten Kabel einen Kurzschluss in einer Messehalle verursacht hat, gerät angesichts der drohenden Regressforderungen schnell ins Schwitzen.
- Eine Equipmentversicherung, die vor Schäden oder Diebstahl schützt, ist meistens volumenabhängig und setzt voraus, dass man den Wert des eingesetzten Materials beziffern kann.
- Wirklich wichtig ist eine Unfallversicherung. Selbstständige sind in der Regel nicht unfallversichert. Angestellte müssen Sie

Und noch einmal: Konsistenz
Bei Liveproduktionen sollten Sie ähnlich auf Konsistenz – also eine gleichbleibende Farbgebung und Helligkeit der Bilder – achten wie bei geschnittenen Filmen. Nur können Sie diesen Job nicht in Ruhe am Ende erledigen, sondern müssen die Bilder aus den verschiedenen Quellen vorab entsprechend angleichen. Bei Liveproduktionen ist dies mit erheblichem Aufwand verbunden, der am einfachsten über entsprechende Controller erledigt werden kann. Blackmagic bietet zumindest für die eigenen Kameras ein entsprechendes Tool auch in seinem ATEM-Mischer an. Mit der neuen Kamera-App von Blackmagic lassen sich auch Smartphones anpassen, auch wenn es mühsam ist. Machen Sie sich die Mühe, und passen Sie die Bilder vor Übertragungsbeginn wenigstens so gut wie möglich an. Zumindest Farbabgleich und Helligkeit sollten stimmen.

unfallversichern. Schwierig wird es, wenn sich viele Selbstständige in einer Halle treffen und sich ein Unfall mit ernsthaften Konsequenzen ereignet. Grundsätzlich gelten für alle Beteiligten die eingängigen Unfallverhütungsvorschriften. Dazu gehört im Zweifelfalle eine ganz Menge Vorschriften der gesetzlichen Unfallversicherung DGUV mit Bezug zu weiteren Einzelnormen zum Beispiel für den Bühnenbau.

Hier ist nicht der Ort, um dies im Details zu behandeln, aber Sie sollten sich gegebenenfalls mit dem Thema beschäftigen.

23.4.6 Liveproduktion

Wenn alles funktioniert, dann steht einer entspannten Produktion nichts im Wege. Im Gegenteil: Ich finde Auf- und Abbau immer stressiger, auch wenn jeder Fehler am Bildmischer sofort sichtbar ist. Doch mit etwas Routine werden Sie schnell lernen, Fehler zu vermeiden.

Leider lassen sich Liveübertragungen in den seltensten Fällen üben, weil es im Regelfall an Protagonisten fehlt. Neuralgisch sind immer Medienwechsel, also zum Beispiel das Zuschalten eines Präsentationslaptops, bei dem der aufgeregte Präsentator den HDMI-Stecker aus der Buchse gezogen hat. Versuchen Sie, solche Fehlerquellen zu vermeiden, indem Sie lockere Kabel festkleben und den Gebrauch des Laptops mit den Bedienern vorab besprechen und üben. Ansonsten hilft es nichts, das Kabel muss wieder eingesteckt werden, und wenn kein anderer es tut, dann tun Sie es am besten selbst. Hauptsache, die Show geht weiter.

Liveveranstaltungen leben von den Überraschungen, auch wenn die Veranstalter diese meistens hassen und eine perfekte Inszenierung wünschen. Ihre Aufgabe ist es, unvermeidbare Änderungen im Ablauf möglichst nicht sichtbar werden zu lassen.

Beispiel: Ein angekündigter Ehrengast verspätet sich, der Ablauf wird umgestellt, die falsche Bauchbinde liegt im Bildspeicher zum Abruf bereit. Die richtige für den nächsten Sprecher ist gerade nicht auffindbar, vielleicht wissen Sie auch gar nicht so genau, wer jetzt kommt. Dann verzichten Sie im Zweifelsfalle vorerst auf eine Einblendung und holen diese nach, wenn Sie sicher sind, dass die richtige Bauchbinde abrufbar ist.

Oder eine Kamera zittert permanent, weil sie auf einem schwingenden Holzboden steht. Mit Publikum im Raum wird der Mangel erst erkennbar. Schneiden Sie auf eine andere Kamera, und puffern Sie die Kamera oder bauen Sie sie möglichst geräuschlos um. In der Zwischenzeit wird Ihr Bildangebot vielleicht etwas eintönig erscheinen, aber das fällt oft nicht auf. Wenn der Umbau scheitert, dann wechseln Sie auf ein Weitwinkel und verwenden die Kamera als Totale und versuchen, die Nahe mit einer anderen Kamera zu realisieren.

Es gibt unendlich viele Fehlerquellen während einer Veranstaltung; versuchen Sie, diese so gut wie möglich zu umschiffen oder angemessen zu reagieren. Und beherzigen Sie den Grundsatz: »Irgendwie geht es immer weiter.«

23.4.7 Der Abbau

Nach der Übertragung ist vor der Übertragung. Wer nach 5 Stunden Aufbau, 2 Stunden Anfahrt, 3 Stunden Übertragung noch 4 Stunden Abbau und Heimfahrt vor sich hat, neigt dazu, alles Material möglichst schnell zu verstauen und ins Fahrzeug zu bringen. Doch was Sie dabei an Zeit möglicherweise einsparen, müssen Sie im Nachgang teuer mit Mehrstunden und möglicherweise Materialschäden bezahlen. Kabel, die falsch aufgerollt werden, gehen schneller kaputt. Wenn Kisten erst komplett ausgeräumt werden, um alles wieder am angestammten Platz zu verstauen, dann dauert dies länger, als wenn man etwas mehr Sorgfalt beim Einpacken walten lässt. Am schlimmsten finde ich ehrenamtliche Helfer, die spontan zu Werke schreiten und alles in Eigenregie abbauen, was ihnen in die Hände fällt. Dann ist das eigene Funkmikro plötzlich beim Kollegen verpackt, oder alle Kabel landen in der gleichen Kiste. Ich habe mir deshalb angewöhnt, möglichst nichts selbst abzubauen, aber alles zu verpacken. Ich weiß, was in jede Kiste gehört und wann sie fertig ist und ins Fahrzeug gebracht werden kann. Das hilft, Schwund und Schäden vorzubeugen.

Kapitel 24
Die Archivierung

Wenn ein Projekt abgeschlossen ist, blockiert es kostbaren Speicherplatz auf dem Schnittrechner. Über kurz oder lang stößt jeder Filmemacher auf das Problem der langfristigen Archivierung. Hier finden Sie wichtige Tipps für die Archivierung und Speicherung Ihrer Filme.

24.1 Projekte konsolidieren

Bevor Sie darangehen, Ihr Projekt zu speichern, sollten Sie sich Gedanken machen, was Sie wirklich speichern wollen. Das gesamte Rohmaterial oder nur die Szenen, die Sie bereits im Film verwendet haben? Gibt es Einstellungen, die Sie vielleicht später noch einmal brauchen? In welchem Format wollen Sie das Material speichern? All diese Fragen sollten Sie sich stellen, bevor Sie Ihr Projekt archivieren.

Ein normales Schnittprojekt enthält in der Regel sehr viel mehr Material, als eigentlich benötigt wurde. Das normale Drehverhältnis beträgt 10:1, d. h., das Rohmaterial ist zehnmal länger als der eigentliche Film. Bei Amateuren, die dazu neigen, den Rec-Button viel zu selten zum Abschalten der Kamera zu drücken, ist das Verhältnis oft noch schlechter. Schließlich kostet Material ja nichts mehr. Spätestens wenn die Festplatte voll ist, stellt sich diese Annahme als Irrtum heraus, und man würde gerne einiges Material loswerden, ohne gleich alle wertvollen Bilder zu löschen. Dabei hilft das sogenannte *Konsolidieren* eines Projekts.

Die Idee dahinter ist einfach. Das Projekt wird auf das in der Timeline enthaltene Material reduziert. Leider funktioniert das Konsolidieren von Projekten nicht in allen Programmen gleich. Deshalb lesen Sie bitte unbedingt in Ihrem Handbuch nach, was

Ihre Software im Detail macht. Letztendlich erhalten Sie fast immer das gleiche Resultat.

In Adobe Premiere Pro müssen Sie sich mit dem Projektmanager beschäftigen, im Avid Media Composer mit dem Media Tool. In Final Cut Pro sorgt der Medienmanager für den Datenexport.

24.1.1 Material organisieren

Für das Archivieren von Material bietet Adobe Premiere Pro einen einfachen Weg an. Nach dem Starten des Projektmanagers über Datei • Projektmanager im Menü von Premiere Pro können Sie dort eine Kopie Ihres fertigen Projekts erstellen. Der Projektmanager kopiert alle Dateien in ein neues Verzeichnis und erstellt eine neue Projektdatei. Damit wäre eigentlich alles erledigt. Sie verfügen nun über eine deutlich datenreduzierte Kopie. Testen Sie diese unbedingt.

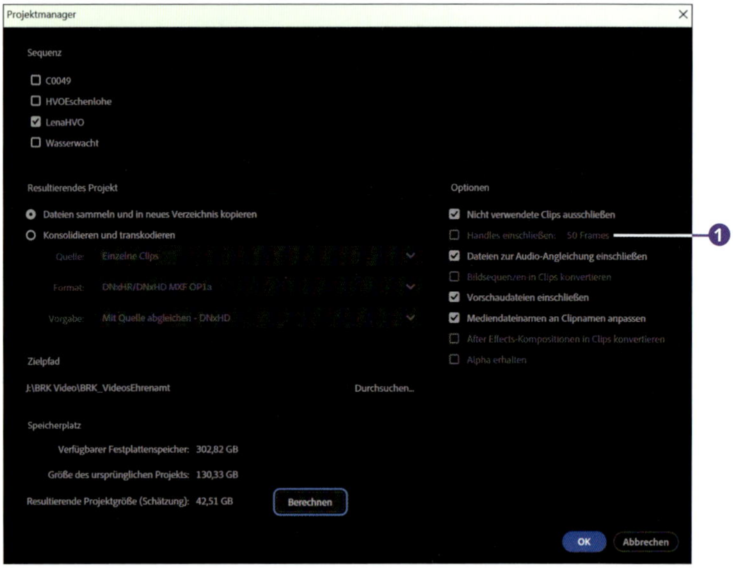

▲ **Abbildung 24.1**
Projektmanager in Premiere Pro

Kontrollieren Sie, dass kein File als »offline« gemeldet wird. Einige Effekte sind aller Voraussicht nach nicht mit exportiert worden. Wenn diese sehr aufwändig waren, rendern Sie diese vorher als eigenständiges File, und bauen Sie dieses in die Timeline ein. Premiere Pro bietet Ihnen nun auch an, das Projekt nicht nur in ein datenreduziertes neues Projekt zu überführen, sondern dabei auch gleich alle Medien in einem gemeinsamen Format zu transcodieren, sodass sie zu Archivierungszwecken alle Filme in einem Format verfügbar haben.

Die Projektdatei
Anders als in den meisten anderen Programmen enthalten die Projektdaten von Schnittsoftware nie die Mediadaten, also das Filmmaterial, Bilder, Musik etc.

Schließen Sie beim Export auch Clips ein, die zwar nicht den Sprung in die Timeline geschafft haben, aber trotzdem erhaltenswert sind, z. B. weil sie besonders gelungen sind, dokumentarischen Wert haben oder weil Sie bereits wissen, dass Sie das Material noch für ein anderes Projekt benötigen. In diesem Fall müssen Sie die Clips entweder separat von Hand exportieren oder in einem eigenen Schnittfenster platzieren.

24.1.2 Länge der Clips festlegen

Bevor Sie das Projekt exportieren, legen Sie die Länge der Handles ❶ fest. In deutschen Schneideräumen werden die Handles umgangssprachlich als »Fleisch« bezeichnet. Gemeint sind damit jene wichtigen Sekunden vor und nach einem Schnitt, den man möglicherweise später einmal für eine Blende benötigt. Da die Clips ja zurechtgeschnitten werden, fehlt dieses wichtige Material nach dem Konsolidieren. Seien Sie deshalb großzügig, und geben Sie mindestens 2 Sekunden hinzu. Bei einem 50p-Projekt entspricht das 100 Frames (50 Bilder/Sekunde × 2 Sekunden).

24.1.3 Speicherplatz errechnen

Premiere Pro errechnet Ihnen auf Wunsch automatisch, wie viel Speicherplatz das zugeschnittene Projekt künftig auf der Festplatte beanspruchen wird. Vergleichen Sie, wie groß die Ersparnis gegenüber dem Originalprojekt ist. Lohnt sich das Konsolidieren nicht mehr, archivieren Sie lieber das Originalprojekt.

Archivieren, aber richtig

Wenn Sie nach den vorangegangenen Seiten etwas ratlos sind, ist dieser Kasten eventuell das, worauf Sie warten – eine klare Empfehlung, wie man seine Daten am besten langfristig archiviert. Im Regelfall sollten Sie im Schnittprojekt all jene Clips verwendet haben, die es wert sind, in einem Film gezeigt zu werden. Nur diese Clips wollen wir archivieren. Dazu ist das Konsolidieren sehr praktisch. Dass auch noch Projektdaten gesichert werden, halte ich dagegen für eher unerheblich. Wenn einige Einstellungen, die Ihnen persönlich gut gefallen, nicht im Film enthalten sind, kopieren Sie diese in die Timeline, um sie ebenfalls vor dem Untergang zu retten. Archivieren Sie neben den Originalclips immer auch eine Version des fertigen Films, möglichst in der Originalauflösung des Projekts. Wenn alles sicher auf dem endgültigen Speichermedium angekommen ist, können Sie die Dateien über das Betriebssystem löschen und anschließend die Festplatte formatieren.

24.1.4 Projekt exportieren

Sobald Sie das Konsolidieren starten, kopiert der Computer die zugeschnittenen Mediafiles an den angegebenen Speicherplatz und erstellt ein neues Projekt. In diesem Projekt wurden alle Pfade so angepasst, dass sich das Projekt ohne Schwierigkeiten starten lässt. Wenn Sie das Projekt nachträglich umkopieren – z. B. auf Ihre Archivplatte –, achten Sie darauf, an der Dateienhierarchie innerhalb der Ordner nichts zu ändern. Andernfalls findet Premiere beim Starten die Mediendateien nicht. Die Dateien werden als Offline-Media angezeigt. Sie lassen sich allerdings einfach wieder zuordnen.

24.2 Speicher

Wenn Sie von Ihrem Projekt einen kompakten Datensatz zur Speicherung erstellt haben, stellt sich die Frage, wohin damit. Schließlich sollte vom Schnittrechner alles verschwinden.

Medium	Größe	Haltbarkeit	Vorteil	Nachteil
CD	bis 700 MB	je nach Typ zwischen 10 und 20 Jahre	einfache Handhabung, preiswert	zu kleiner Speicherplatz für Filmprojekte, Geräte verschwinden vom Markt
DVD	bis 8,5 GB	zwischen 10 und 20 Jahren	einfache Handhabung, ausreichend Speicherplatz	Geräte verschwinden vom Markt
Blu-ray (HD und UHD)	25 GB, 50 GB, 100 GB	bis zu 50 Jahre (Herstellerangaben)	einfache Handhabung, großer Speicherplatz	teuer, Geräte verschwinden vom Markt
HD	mehrere TB	5 bis 10 Jahre, je nach Gebrauch	preiswert (Kosten/GB), flexibel, schnell verfügbare Daten	kurze Lebensdauer
Magnetband (LTO)		bis zu 30 Jahre	preiswerte Datenträger	Teure Abspielgeräte. Mittlerweile bei LTO10 angekommen. Im professionellen Umfeld durchaus verbreitet
Cloud (z. B. Adobe Cloud, Dropbox oder auch Anbieter wie YouTube)	im Prinzip unbeschränkt, abhängig vom Ausbau	im Prinzip unbegrenzt	redundanter Speicher mit hoher Ausfallsicherheit	teuer, nur beschränkte Verwaltung

▲ **Tabelle 24.1**
Übersicht über Speichermedien

Leider gibt es kein Speichermedium, das man vorbehaltlos empfehlen könnte. Die Vor- und Nachteile müssen Sie selbst abwägen. Auch große Fernsehsender haben sich davon verabschiedet, jede gedrehte Minute archivieren zu wollen. Stattdessen wandern nur die fertigen Filme ins Archiv. Rohmaterial speichere ich heute ausschließlich auf Festplatten. Zwar sind auch diese vom Untergang bedroht, doch Rohmaterial verliert für mich in wenigen Jahren den Wert. Schon nach vier, fünf Jahren merken Sie, wie sich die Welt um Sie herum verändert hat. Plötzlich mutet Ihr Filmmaterial »alt« an, obwohl digitale Daten ja eigentlich zeitlos sind. Alte Autos fahren durchs Bild, die Mode ist nicht zeitgemäß, Logos von Unternehmen tauchen auf, die nicht mehr existieren, oder die Architektur hat sich merklich verändert. Eine Ausnahme machen für mich nur Familienaufnahmen, von denen ich weiß, dass meine Kinder sie vielleicht irgendwann einmal haben möchten. Diese kopiere ich seit Jahren in schöner Regelmäßigkeit von einem Datenträger auf den nächsten.

Projektdaten in der Adobe Cloud speichern

Auch wenn wir auf die Cloud als einzigen Arbeitsplatz noch etwas warten müssen, Adobe und andere Unternehmen stellen bereits heute sinnvolle Anwendungen zur Verfügung. So macht es Sinn, seine Projektdateien und Drehbücher in die Cloud zu verlagern, und Profis machen sich gerne die Möglichkeit zunutze, ihre Rechnereinstellungen über die Cloud zu synchronisieren. Wenn Sie mobil mit Premiere Clip arbeiten, können Sie über die Cloud auch Videos vom Smartphone mit Premiere Pro synchronisieren. Damit können Sie dafür sorgen, dass etwa Premiere Pro an jedem Ort der Welt und auf jedem Rechner so startet, wie Sie das gerne möchten.

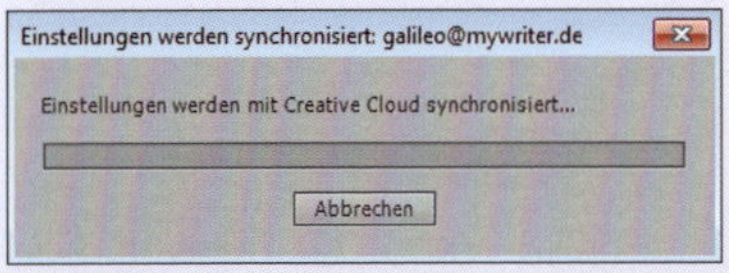

▲ **Abbildung 24.2**
Synchronisation der Voreinstellungen

24.2.1 Optische Datenträger: CD, DVD und Blu-ray

Die optischen Speicher gelten vielen als die idealen Datenträger. Deshalb werden sie auch gerne zur Archivierung verwendet. Allerdings treten je nach Herstellungsprozess gerade bei CDs und DVDs unterschiedlich schnell Probleme auf, z.B. weil sich die Datenschicht von der Trägerschicht ablöst. Wenn Sie optische Datenträger zur Archivierung verwenden, lagern Sie sie möglichst trocken und bei niedriger Luftfeuchtigkeit. Die Umgebungstemperatur sollte etwa 25° C betragen, Temperaturschwankungen mögen die Scheiben nicht so gern. Besonders gekühlte Räume

▲ **Abbildung 24.3**
Einfach im Handling – optische Speichermedien wie CD, DVD und Blu-ray

sind nicht notwendig. Schützen Sie die Scheiben vor direkter Sonneneinstrahlung. Vermeiden Sie ein Verkratzen und Verschmutzen der Unterseite. Dies kann später dazu führen, dass die CD nicht mehr lesbar ist.

- **CD**: Gepresste CDs sind haltbarer als gebrannte. Deshalb bietet sich Brennen nicht für eine dauerhafte Archivierung an, unabhängig von dem geringen Datenvolumen. Auch ein kleines Filmprojekt werden Sie kaum auf eine CD brennen können.
- **DVD**: DVDs bieten mit 4,7 bzw. 8,5 GByte bereits einen ansehnlichen Speicherplatz. Auch sie halten nur zwischen 10 und 20 Jahren, und für die Pflege gilt das Gleiche wie für die CDs. Obwohl die DVD technisch als veraltet gilt, wird der Standard weiterentwickelt. DVD 18 würde sogar 17 GByte Speicherplatz bieten. Das Problem ist jedoch, dass schon eine DVD 9 nicht auf jedem Gerät abspielbar ist. Diese Probleme können in Zukunft noch größer werden.
- **Blu-ray**: Eigentlich wären sie das optimale Speichermedium. Mit bis zu 100 und mehr GByte Speicherplatz bieten sie auch großen Filmprojekten eine langfristige Heimat. Dummerweise steigt mit der Datendichte auch die Empfindlichkeit für Kratzer und Verschmutzung, sodass die Scheiben schneller nicht mehr lesbar sind.

Die Haltbarkeit optischer Medien wird oft mit 80 Jahren angegeben, bei schlechten Lagerungsbedingungen kann es deutlich weniger sein. Da es die Scheiben noch keine 80 Jahre gibt, kann keiner sagen, wie lange sie wirklich halten. Die Firma Verbatim, die im letzten Jahrzehnt ihre Rohlinge schon mit einer Lebensdauer von 100 Jahren bewarb, verspricht eine durchschnittliche Lebensdauer für ihre neue 100 GByte große M-Disc von 1.000 Jahren. Auch diese Aussagen beziehen sich allein auf Labortests und Hochrechnungen. Sony und Panasonic haben zusammen die Archival Disc (AD) mit vorerst 300 GByte Speicherplatz für die Langzeitspeicherung entwickelt. Geht es nach den beiden Herstellern, soll die AD später auch einmal 1.000 GByte Daten aufnehmen können. Ein großes Problem ist das zunehmende Verschwinden von Laufwerken. Kaum ein Rechner und kein modernes Notebook verfügt noch über ein optisches Laufwerk. Entweder legen Sie sich ein externes Laufwerk zu, oder Sie pflegen Ihren alten Rechner gut.

24.2.2 Festplatte

Da der Preis für Festplatten stetig sinkt, archivieren viele ihre sensiblen Daten auf externen Festplatten. Prinzipiell ist dies wegen des großen Speicherplatzes und der komfortablen Handhabung eine gute Angelegenheit. Aber Festplatten gehen relativ schnell kaputt. Wer also wirklich sichergehen will, muss regelmäßig sein Archiv umkopieren, was eine aufwändige Angelegenheit ist. Wenn es doch einmal passiert und die lebenswichtigen Rohdaten eines laufenden Projektes unlesbar sind, dann können Sie Ihr Glück mit einem Recovery-Tool wie EaseUS Data Recovery versuchen. Damit konnte ich schon mehrfach verloren geglaubte Daten wiederherstellen. Besonders SSD-Platten vergessen öfter, wer sie sind. Dann ist die Datenstruktur nicht mehr lesbar oder beschädigt. Um Fehler dieser Art möglichst zu vermeiden, gewöhnen Sie sich an, Ihre Festplatte vor dem Abstecken abzumelden und nicht einfach den Stecker aus dem Rechner zu ziehen. Ist Ihnen eine Platte jedoch aus größerer Höhe heruntergefallen, vielleicht auch noch im Betrieb, dann können Sie sicher sein, dass ein sogenannter Head-Crash sie ruiniert hat. Dann hilft nur die Hoffnung auf Wunder bei einem professionellem Datenretter, der Ihre Filme oder Teile davon wiederherstellen kann – gegen in der Regel fürstliche Entlohnung und meist ohne Garantie.

Sie können den Aufwand reduzieren, indem Sie stattdessen ein RAID-System betreiben. Fällt eine Platte einmal aus, tauschen Sie sie einfach gegen eine neue aus. Doch dummerweise gehen auch RAID-Systeme irgendwann kaputt. Um ein möglichst langes Leben von Festplatten zu garantieren, sollten Sie Schläge oder sogar einen Sturz vermeiden. Selbst aus geringer Höhe kann die Platte unheilbaren Schaden nehmen. Halten Sie die Platte von Magnetquellen fern.

24.2.3 Band

Wenn Sie noch mit einem Camcorder mit Magnetbandaufzeichnung arbeiten (MiniDV, DV, DVCPro, Betacam SP), ist Ihr Rohmaterial ja automatisch archiviert. Magnetbänder halten bis zu 30 Jahre. Allerdings kann sich bei hoher Luftfeuchtigkeit und Wärme die Magnetschicht bereits vorher ablösen. Trotzdem ist die Bandarchivierung keine schlechte Sache. Spielen Sie auch den fertigen Film auf ein Band auf, und Sie können sich wenigstens für ein bis zwei Jahrzehnte sicher fühlen. Vorausgesetzt, das Abspielgerät – im Zweifelsfall also die Kamera – geht nicht kaputt.

Es gibt auch magnetbandbasierte Speichersysteme, die für die Datenspeicherung eingesetzt werden. Nachdem die Industrie mit der teuren AIT-Technik nach nur 14 Jahren gescheitert ist, versucht sie es nun in einem neuen Anlauf mit LTO. Wieder gibt es viele Versprechungen, teure Geräte und Bänder. Ob LTO erfolgreicher sein wird als AIT, bleibt dahingestellt, in den Consumer-Bereich wird es die Technik wohl nicht schaffen.

Magnetbänder sollten kühl, aber nicht zu kühl gelagert werden. Die älteren Acetatbänder benötigten besonders kühle Lagerräume. Die modernen Magnetbänder auf Polyesterbasis leiden eher, wenn es zu kalt wird. Wird es kälter als 11 °C, können die Bänder anfangen, zu schwitzen. Wichtig ist die trockene Lagerung, damit die Oberfläche nicht klebrig wird.

24.2.4 Abspielgeräte

Auch wenn Sie sich für einen Datenträger entschieden haben, sind Sie noch nicht aus dem Schneider. Sie müssen neben den Medien auch ein geeignetes Abspielgerät vorrätig halten. Und da sieht es schlecht aus. Einige Beispiele: Diskettenlaufwerke gehörten einst zur Standardausrüstung eines Computers. Jetzt können Sie nur noch externe Geräte kaufen.

Auch für CD und DVD sieht die Zukunft nicht rosig aus, auch wenn beide Medien noch anzutreffen sind. Wenn Sie langfristig Ihre Filme und das Rohmaterial sichern wollen, sollten Sie möglichst auch ein Ersatzabspielgerät vorrätig halten.

24.2.5 Software

Final Cut Pro hat vor Jahren vorgemacht, wie schnell es gehen kann. Die Version X der Software war nicht mehr abwärtskompatibel. Das heißt, ältere Final-Cut-Pro-Projekte ließen sich nicht mehr öffnen. Der Aufstand unter den Nutzern war entsprechend. Doch mit diesem Risiko stehen Apple-User nicht allein da. In den vergangenen Jahren sind viele Softwareprodukte einfach vom Markt verschwunden. Wer Projekte mit ihnen erstellt hat, ist verpflichtet, einen Rechner nur für die Ausführung dieser alten Projekte am Laufen zu halten, mit alten Betriebssystemen und möglicherweise sogar alter Hardware. Deshalb macht das Archivieren von Projektdaten aus meiner Sicht nur eingeschränkt Sinn, etwa dann, wenn Sie wissen, dass der Film in absehbarer Zeit noch einmal umgeschnitten wird. Adobe importiert auch frühere Schnittprojekte, spendiert Premiere Pro aber regelmäßig ein neues Dateiformat. Mit dem Erfolg, dass sich viele Kopien auf der Festplatte ansammeln.

24.2.6 Cloud-Lösungen

Die Lösung der Archivprobleme für Videoprojekte liegt möglicherweise in der Cloud. Denn professionell gemanagte Serverfarmen mit entsprechend redundant ausgelegten Speicherkapazitäten bieten das höchste Maß an Sicherheit. Doch im Moment ist dies Zukunftsmusik. Die 100 GByte, die Adobe zurzeit mit seiner Cloud-Lösung anbietet, reichen für Schnittprojekte und vor allem das enthaltene Rohmaterial nicht aus. Und auch die Bandbreite für den Upload von Daten macht Cloud-Lösungen zumindest für Video noch uninteressant. Aber die Zukunft liegt in der Wolke. Dropbox bietet derzeit 3 TB Speicher für 19,99 € im Monat, Strato seine HiDrive genannte Cloud-Lösung mit 3 TB für 15 €/Monat. Wenn Sie sich für eine Cloud-Lösung entscheiden, sollten Sie jedoch nicht vergessen, dass zumindest für Videoinhalte auch eine entsprechende Datenanbindung vorhanden sein sollte. Mit einer Upload-Geschwindigkeit von 1 MB/s kann sich die Sicherung von 1 TByte Datenvolumen viele Stunden hinziehen.

Eine Alternative ist da vielleicht ein eigenes NAS-Storage zu Hause und die Einrichtung einer eigenen Cloud, z. B. mit einer kostenfreien Software wie OwnCloud. Vorteil: Zu Hause kann man vom breitbandigen WLAN profitieren oder sogar ein Netzwerkkabel verwenden, unterwegs hat man trotzdem, wenn vielleicht auch schmalbandigeren Zugriff auf seine Daten.

Von Avid und Blackmagic gibt es passend zu den eigenen Systemen entsprechende Hardware-Angebote. Vergessen Sie jedoch nicht: Auch der eigene Speicher hält nicht ewig und will regelmäßig gepflegt und gewartet werden. Und Speicherlösungen die früher einmal weit verbreitet waren, sind in ein paar Jahren möglicherweise völlig vom Markt verschwunden, sodass es schwierig mit Reparatur und Ersatzteilen wird.

Speichern in der Cloud
In der Zukunft werden Daten wohl alle in der Cloud gespeichert werden. Nicht nur, weil Speicherplatz in Serverfarmen billig ist, sondern weil die Anbieter von Software dies so wollen. Schließlich können sie für die Services Geld verlangen. Die Frage ist, wann diese Zukunft kommt. Im Moment reicht der z. B. von Adobe angebotene Cloud-Speicher von 20 GByte nicht aus, große und vor allem viele Projekte samt Rohmaterial zu speichern. Schon die Übertragung von 4K-Clips über Premiere Clips an Premiere Pro kann hier für Engpässe sorgen. Auch Anbieter von Speicherplatz wie Dropbox wollen Geld und knausern mit den Terabyte. Bis 2028 sollen einer Schätzung zufolge ca. 400 ZByte (Zettabyte) an Speicherplatz zur Verfügung stehen, aber nicht unbedingt für Video. So bietet Adobe derzeit kein Upgrade für höheren Speicherbedarf an. Im Schnitt kostet ein Gigabyte Cloud-Speicher im Moment etwa 1 bis 5 Cent pro Monat. Ein normales Projekt von ca. 5 Minuten Länge bringt es inklusive des konsolidierten Rohmaterials auf ca. 20 GB. Das macht zwischen 20 und 50 Cent für ein kleines Filmprojekt. Bei einem Spielfilm steigen die Kosten um ein Vielfaches, da hier mit höheren Datenraten gearbeitet wird.

24.3 Archivorganisation

Ein Archiv macht nur dann Sinn, wenn Sie Ihre Filme und Filmclips auch wiederfinden. Wenn Sie viel drehen und schneiden, wächst Ihnen die Datenflut bald über den Kopf. Deshalb sollten Sie sich frühzeitig Gedanken über die Organisation Ihres Archivs machen.

Worauf kommt es dabei an? Sie brauchen Informationen darüber, wo die Filme möglicherweise gespeichert sind und was sie eventuell zeigen. Das heißt, Sie brauchen möglichst einen Index (Schlagworttabelle) und ein Verzeichnis der Datenträger, auf denen Ihre Filme gespeichert sind. Klassischerweise ist dies eine Aufgabe für eine Datenbank. Im Internet finden Sie eine ganze Reihe entsprechender Softwarelösungen. Die meisten sind zwar zum Archivieren von Spielfilmen gedacht, aber da sie oft Volltextsuche unterstützen, lassen sich damit auch einzelne Videoclips organisieren. Allerdings bedeutet dies immer, sich noch in eine weitere Software einzuarbeiten. Wer dazu Lust hat, wird sicherlich ein Programm finden.

Ich verwende lieber einfache Bordmittel wie Excel und Word. Word unterstützt über die Suchen-Funktion ebenfalls das Auffinden bestimmter Begriffe. Ich persönlich mache es mir noch einfacher. Alles Wichtige zu einem Film schreibe ich in ein Word-Dokument, drucke es aus und lege es zum Speichermedium, in meinem Fall also einem Aktenordner, der zu meiner Festplatte gehört. Und so sieht meine Sichtliste aus:

Film: Venedig

Länge	31min 22sek
Material	XDCamEX, 720/50p, 35mb/s
Ton	Stereo, MPEg1, 48 khz
Kamera	Jörg Jovy
Schnitt	Jörg Jovy
Copyright	Jörg Jovy, 2009

Schnittliste

Motiv	Clip
Totale Markusplatz, Schnittbilder Touristen, Fotografieren etc.	Ven_1823_01.mp4 Ven_1824_01.mp4 Ven_1825_01.mp4 Ven_1826_01.mp4
Cafe Markusplatz, Schnittbilder	Ven_1827_01.mp4 Ven_1828_01.mp4
Fahrt Boot Canale Grande mit Vorbeifahrt Markusplatz	Ven_1829_01.mp4 Ven_1830_01.mp4 Ven_1831_01.mp4 Ven_1832_01.mp4
Schnittbilder Markuskirche	Ven_1833_01.mp4 Ven_1834_01.mp4 Ven_1835_01.mp4
Schnittbilder Dogenpalast	Ven_1836_01.mp4 Ven_1837_01.mp4

Abbildung 24.4 ▸
Schnittliste für Filmprojekt

Ganz oben ❷ trage ich wichtige Daten des Films ein: Material, Länge, Autor, Copyright etc. Auf der linken Seite ❶ trage ich Angaben zum Motiv, zu Einstellungen und besondere Merkmale ein. Auf der rechten Seite ❸ halte ich den Namen des Clips fest.

In eine Liste trage ich ein, wenn auf der Festplatte ein neues Verzeichnis mit einem neuen Projekt angelegt wurde. Das Word-Dokument kopiere ich in den Projektordner ebenso wie den sogenannten Master, also ein File des fertigen Films in bestmöglicher Auflösung.

24.3.1 Bei einem System bleiben

Egal, auf welchem Speichermedium Sie bevorzugt Ihre Filme archivieren, und egal, mit welchem Programm Sie einen Index erstellen: Haben Sie sich einmal für ein System entschieden, dann bleiben Sie dabei. Wenn ein Teil der Filme auf DVDs gespeichert ist, andere auf Festplatte, verlieren Sie schnell den Überblick und müssen sich schon um zwei technische Medien kümmern.

24.3.2 Beschriften

Beschriften Sie den Datenträger, den Sie für die Archivierung verwenden. Kleben Sie ein Etikett auf, auf das Sie alle Projekte vermerken, die auf ihm gespeichert sind. Nichts ist lästiger, als 21 USB-Platten nacheinander auf der Suche nach dem richtigen Projekt anschließen zu müssen.

24.3.3 Platte defragmentieren

Wenn Sie Ihre Arbeitsplatte aufgeräumt haben und sicher sind, dass sich alle wichtigen Daten auf der Archivplatte befinden, folgt der letzte Arbeitsschritt: Löschen Sie das Projekt, und defragmentieren Sie die Platte (gilt für klassische Festplatten). Falls kein anderes Projekt auf der Platte liegen sollte, können Sie sie auch formatieren. Dann ist sie quasi jungfräulich und bereit für den nächsten Film.

Index

C

D

E

F

L

M

N

O

P

Q

R

S

T

U

V

W

X, Y

Z